ITALIA

Atlante stradale 1:200000

Touring Editore

ITALIA - Atlante stradale

ITALY - Road atlas ▪ ITALIEN - Strassenatlas ▪ ITALIE - Atlas routier ▪ ITALIA - Atlas de carreteras

Touring Club Italiano

Presidente: Franco Iseppi
Direttore generale: Fabrizio Galeotti

Touring Editore

Direttore contenuti turistico-cartografici: Fiorenza Frigoni

Sviluppo progetto cartografico: Antonella Buono
Redazione e realizzazione: D. Cavazzoni, C. Giussani, C. Grilli, I. Odoni, P. Zetti
Coordinamento tecnico: Francesco Galati

Hanno collaborato alla realizzazione del volume
Esecuzione cartografica: InfoCartoGrafica - Piacenza
Impaginazione indice dei nomi: Studio Tragni - Milano
Realizzazione indice tematico: Francesco Cocchi
Prestampa: Emmegi Group - Milano

Concessionaria di pubblicità: Progetto srl, 00184 Roma, viale del Monte Oppio 30, tel. 064875522, fax 064875534;
38122 Trento, via Grazioli 67, tel. 0461231056, fax 0461231984;
www.progettosrl.it – info@progettosrl.it

Distanze stradali ufficiali secondo il Ministero dei Trasporti
Le distanze stradali riportate nella cartografia T.C.I. al 200 000 sono considerate ufficiali dal Ministero dei Trasporti. Tale ufficialità si limita però alle distanze fra località non comprese nel prontuario pubblicato a corredo del decreto (18 novembre 1982) dello stesso Ministero; il decreto è apparso nella Gazzetta Ufficiale della Repubblica Italiana, supplemento al n. 342 del 14 dicembre 1982, e si riferisce al trasporto di merci lungo la viabilità normale e non a pedaggio.

I dati contenuti in questo atlante sono stati accuratamente controllati prima di andare in stampa. Tuttavia, essendo suscettibili di variazioni, consigliamo i lettori di accertarsene prima della partenza. L'editore non può assumersi la responsabilità per i danni o gli inconvenienti da chiunque subiti in conseguenza di informazioni qui riportate.

Chiuso in redazione il: 30/09/2013 - Per contatti con la redazione, segnalazioni, suggerimenti o consigli, scrivere a: redazionecartografica@touringclub.com

Si ringraziano vivamente quanti hanno collaborato all'edizione rinnovata di quest'opera, in particolare i numerosi Soci e i Consoli del TCI, i Compartimenti e le Sezioni dell' ANAS, le Amministrazioni Regionali e Provinciali, gli Uffici Tecnici Comunali, gli Ispettorati Forestali, i Consorzi di Bonifica, le Ferrovie dello Stato, le Società delle ferrovie private, la Società Autostrade, le Società Concessionarie Autostrade e quelle costruttrici di strade.

Stampa e legatura: Giunti Industrie Grafiche - Iolo (PO)

FSC
www.fsc.org
MISTO
Carta
da fonti gestite in
maniera responsabile
FSC® C023532

© 2014 Touring Editore
Corso Italia 10 - 20122 Milano
www.touringclub.com

Codice H1602A
EAN 9788836562404

Sommario

Contents ▪ Inhaltsverzeichnis ▪ Sommaire ▪ Sumario

Quadro d'unione
Key to maps / Übersichtskarten / Tableau d'assemblage / Mapa general

Nord / Northern Italy / Norden / Nord / Norte _____ 4-5
Centro / Central Italy / Zentrum / Centre / Centro _____ 6-7
Sud / Southern Italy / Süden / Sud / Sur _____ 8-9

Informazioni per viaggiare
Information for traveller / Informationen für Reisende / Renseignements pour voyager / Informaciones para viajar

Autostrade / Motorways / Autobahnen / Autoroutiers / Autopistas _____ 10-11
Ferrovie / Railways / Eisenbahnen / Lignes de chemin de fer / Ferrocarriles _____ 12-13
Traghetti / Ferries / Fähren / Ferries / Transbordadores _____ 14-15
Aeroporti / Airports / Flugplätze / Aéroports / Aeropuertos _____ 16-17
Norme per la circolazione / Driving requirements / Verkehrsordnung / Normes pour la circulation / Normas para la circulación _____ 18-19
Distanze stradali / Road distances / Strassenentfernungen / Distances routières / Distancias de carreteras _____ 20-21

Cartografia stradale 1:200 000
Road maps 1:200 000 / Strassenkarten 1:200 000 / Cartes routières 1:200 000 / Mapas de carreteras 1:200 000

Quadro d'unione - Legenda / Key to maps - Key / Übersichtskarten - Zeichenerklärung / Tableau d'assemblage - Légende / Mapa general - Signos convencionales ____ 22-23
Cartografia / Road maps / Strassenkarten / Cartes routières / Mapas de carreteras _____ 24-321

Attraversamenti di aree metropolitane 1:100 000 e piante di città con punti di interesse turistico
Route maps 1:100 000 and city maps with points of interest / Stadtpläne mit Durchfahrtsstrassen 1:100 000 und Stadtpläne mit Sehenswürdigkeiten / Plans de traversée de zones urbaines 1:100 000 et cartes de la ville avec les points d'intérêt / Planos de accesos 1:100 000 y mapas de la ciudad con puntos de interés

City Maps Mobile - località con informazioni turistiche e ZTL (Zona a Traffico Limitato)
City Maps Mobile - tourist information and ZTL (Limited Traffic Zone) / City Maps Mobile - Orten mit Tourist Info und ZTL (verkehrsberuhigte Zone) / City Maps Mobile - localités avec informations touristiques et ZTL (Zone à Trafic Limité) / City Maps Mobile - informaciónes turísticas y ZTL (zona de tráfico limitado)

Quadro d'unione / Key to maps / Übersichtskarten / Tableau d'assemblage / Mapa general _____ 322-323
Legenda / Key / Zeichenerklärung / Légende / Signos convencionales _____ 324-325
Attraversamenti di aree metropolitane / Durchfahrtspläne / Route maps / Plans de traversée de zones urbaines / Planos de accesos ____ 326-361
Piante di città / Town plans / Stadtpläne / Plans de ville / Planos de ciudades _____ 362-469

Indice dei nomi
Index of place names / Ortsregister / Index des noms / Índice de topónimos

Avvertenze per la consultazione / How to use the index / Erläuterungen / Comment consulter l'index / Advertencias para la consulta ____ 470-471
Indice / Index / Register / Index / Índice _____ 472-577

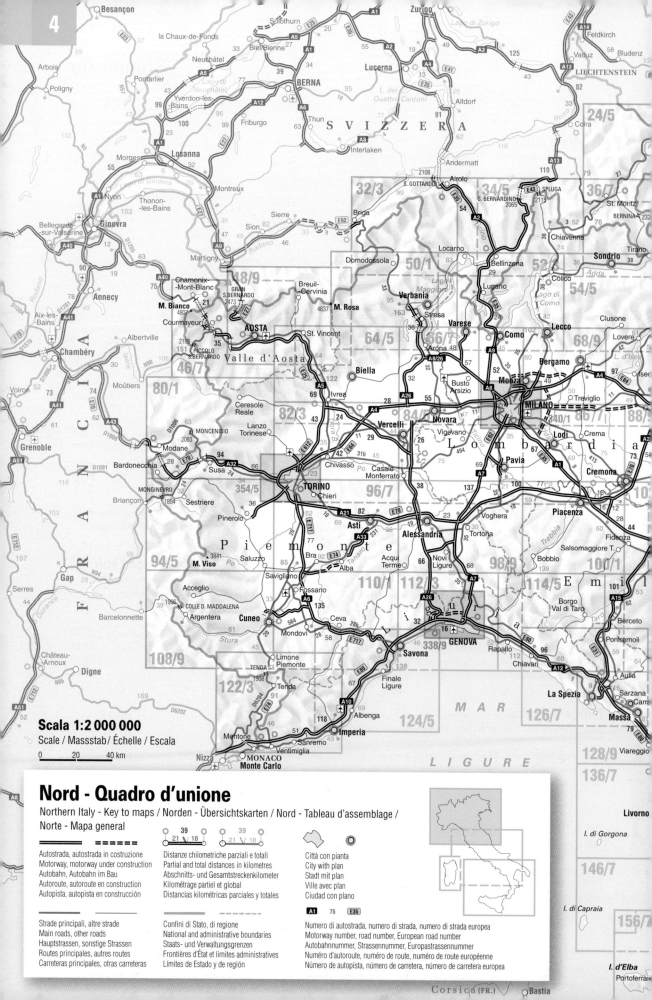

Nord - Quadro d'unione

Northern Italy - Key to maps / Norden - Übersichtskarten / Nord - Tableau d'assemblage /
Norte - Mapa general

────── / ══════	Autostrada, autostrada in costruzione / Motorway, motorway under construction / Autobahn, Autobahn im Bau / Autoroute, autoroute en construction / Autopista, autopista en construcción
Città con pianta / City with plan / Stadt mit plan / Ville avec plan / Ciudad con plano
Strade principali, altre strade / Main roads, other roads / Hauptstrassen, sonstige Strassen / Routes principales, autres routes / Carreteras principales, otras carreteras
Confini di Stato, di regione / National and administrative boundaries / Staats- und Verwaltungsgrenzen / Frontières d'État et limites administratives / Límites de Estado y de región

Distanze chilometriche parziali e totali / Partial and total distances in kilometres / Abschnitts- und Gesamtstreckenkilometer / Kilométrage partiel et global / Distancias kilométricas parciales y totales

Numero di autostrada, numero di strada, numero di strada europea / Motorway number, road number, European road number / Autobahnnummer, Strassennummer, Europastrassennummer / Numéro d'autoroute, numéro de route, numéro de route européenne / Número de autopista, número de carretera, número de carretera europea

Scala 1:2 000 000
Scale / Massstab / Échelle / Escala

0   20   40 km

6

MAR LIGURE

128/9
136/7

Viareggio · Lucca · Montecatini Terme · Pistoia

140/1

142/3

A11 77
Prato
A1
FIRENZE
Empoli
Arno

Pisa
E76
20
33
36
18

Livorno
59

336/7
62 58
79

Bibbiena

Sarsina · SAN MARINO · San Marino · Pesaro · Fano

Urbino · Fossombrone · Senigallia

Marche

A12
138/9
Poggibonsi
E35
69
Sansepolcro

Arezzo
E78
Citta di Castello
Gubbio
Fabriano

I. di Gorgona

146/7
Cecina
Volterra
73
27
Siena
328
103 Cortona
150/1
25
48
78

PERUGIA
Assisi
26

152/3

Toscana

I. di Capraia

156/7
109

148/9
71
Montalcino
91

Umbria

160/1
Todi
31
34
113
Orvieto
E35

162/3
Spoleto
62

I. d'Elba
Portoferraio

158/9
Follonica
52
Grosseto
Ombrone
97

223
E80

66
Folfigno
Visso

Nera

I. di Pianosa

166/7
Orbetello

Acquapendente
131
Montefiascone
49
34
Orte
19
26
168/9
Viterbo
Vetralla
95
Narni
M. Terminillo
2216
Terni
23
Antrodoco
Rieti
170/

A1
40
74

I. di Montecristo
I. del Giglio

I. di Giannutri

Tuscania
Tarquinia
13
1b
30
15
Lazio
L. di Bracciano 72
77

Tevere

Corsica (FRANCIA)
C. Corso
Bastia
Ponte Leccia
Casamozza
24
26
Corte
N193
50
Aleria

Civitavecchia
A12
Bracciano
91
352/3
46
Tivoli
72
ROMA
CITTA DEL VATICANO
34
E80
Subiaco
31
A1
47
Fiug

Fiumicino
Lido di Ostia
28
148
176/7
178/9
180/1

Corsica (FR.)
Porto Vecchio
N198
Bonifacio
Bocche di Bonifacio
296/7
S. Teresa Gallura
I. Maddalena
I. Caprera
Palau
Porto Cervo

190/1
Anzio
Velletri
64
Latina
56
M. Circeo
448

298/9
I. Asinara
Stintino
19
Porto Torres
Castelsardo
65
Tempio Pausania
103
Golfo Aranci
Olbia
302/
45
199
304/5
47
59

300/1
19
Sassari
36
E25
597
E840
56
Oschiri
Ozieri
103

I. di Conghinas
70

C. Caccia
Alghero
131
Siniscola
MAR

S. Antioco
Bosa
120
306/7
88
Bitti
43
102
131 d.c.n.
TIRRENO
I. di Ponza

Sardegna
Macomer
Nuoro
Dorgali
308/9

310/1
Abbasanta
32
42 89
124
312/3
Sorgono
94
Monti d.
1834
Gennargentu
Tortoli
Arbatax
Oristano
131
Laconi
Lanusei
Barumini
48
314/5
Guspini
92
95
316/7
69
Villacidro
96
Sanluri
131
44
Muravera
Iglesias
130
Monastir
Cagliari
Quartu S. Elena
Carbonia
59
S. Antioco
65
332/3
77
I. di S. Pietro
I. di S. Antioco
Teulada
Pula
320/1
318/9
C. Spartivento
C. Carbonara

Scala / Scale/ Massstab/ Échelle / Escala

| 1:200 000 | 1:100 000 |

Centro - Quadro d'unione

Central Italy - Key to maps / Zentrum-Übersichtskarten / Centre
d'assemblage / Centro - Mapa general

Autostrada, autostrada in costruzione
Motorway, motorway under construction
Autobahn, Autobahn im Bau
Autoroute, autoroute en construction
Autopista, autopista en construcción

Distanze chilometriche parziali e totali
Partial and total distances in kilometres
Abschnitts- und Gesamtstreckenkilometer
Kilométrage partiel et global
Distancias kilométricas parciales y totales

Strade principali, altre strade
Main roads, other roads
Hauptstrassen, sonstige Strassen
Routes principales, autres routes
Carreteras principales, otras carreteras

Confini di Stato, di regione
National and administrative boundaries
Staats- und Verwaltungsgrenzen
Frontières d'État et limites administratives
Límites de Estado y de región

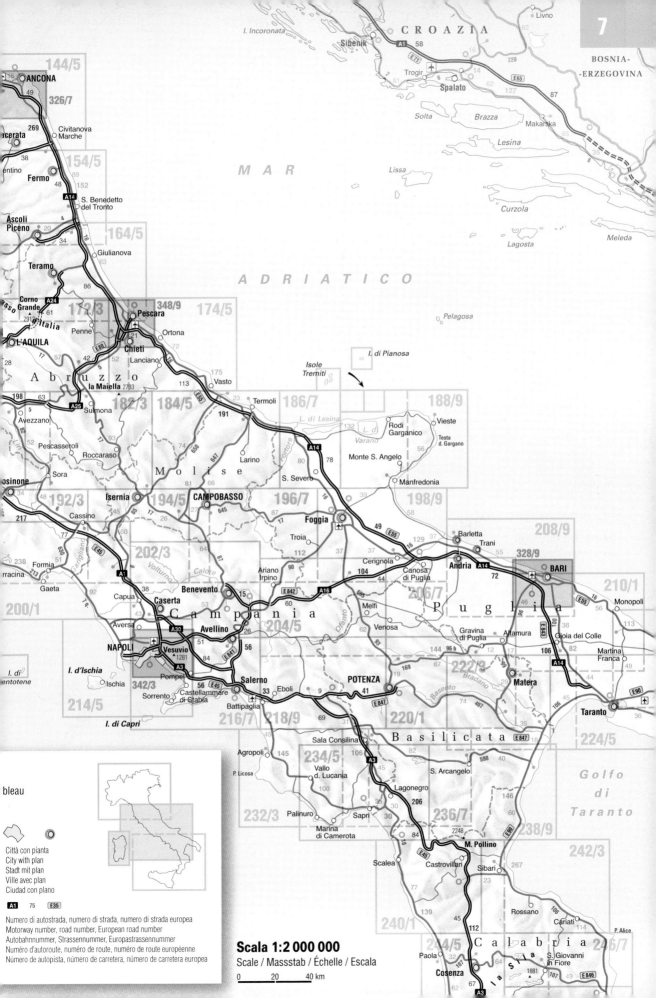

Sud - Quadro d'unione

Southern Italy - Key to maps / Süden - Übersichtskarten /
Sud - Tableau d'assemblage / Sur - Mapa general

Autostrada, autostrada in costruzione
Motorway, motorway under construction
Autobahn, Autobahn im Bau
Autoroute, autoroute en construction
Autopista, autopista en construcción

Distanze chilometriche parziali e totali
Partial and total distances in kilometres
Abschnitts- und Gesamtstreckenkilometer
Kilométrage partiel et global
Distancias kilométricas parciales y totales

Strade principali, altre strade
Main roads, other roads
Hauptstrassen, sonstige Strassen
Routes principales, autres routes
Carreteras principales, otras carreteras

Confini di Stato, di regione
National and administrative boundaries
Staats- und Verwaltungsgrenzen
Frontières d'État et limites administratives
Límites de Estado y de región

A1   75   E35

Numero di autostrada, numero di strada,
numero di strada europea
Motorway number, road number,
European road number
Autobahnnummer, Strassennummer,
Europastrassennummer
Numéro d'autoroute, numéro de route,
numéro de route européenne
Número de autopista, número de carretera,
número de carretera europea

Città con pianta
City with plan
Stadt mit plan
Ville avec plan
Ciudad con plano

Scala 1:2 000 000

Scale / Massstab / Échelle / Escala

0   20   40 km

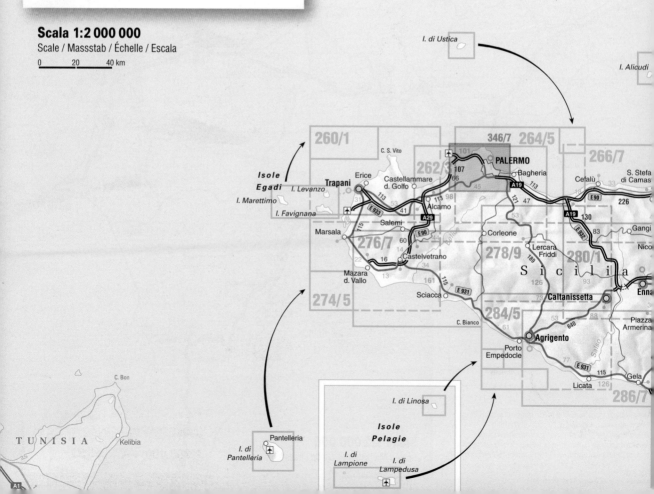

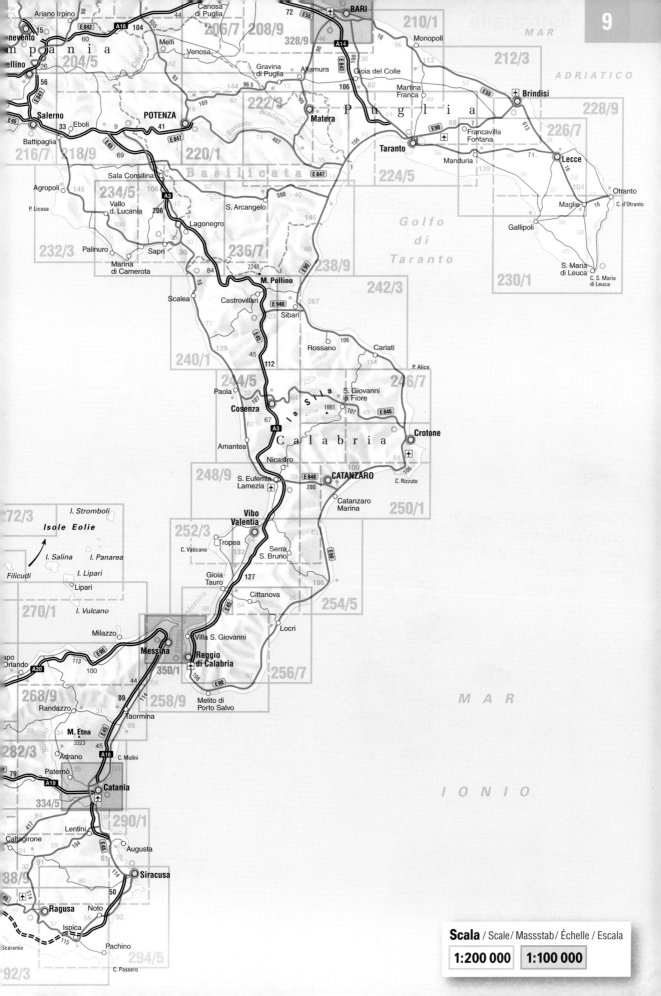

Informazioni sul traffico
Traffic info
- Radio Rai
- Isoradio 103.3
- RTL 102.5

Autostrade e trafori autostradali
Motorways and tunnels / Autobahnen und Tunnel / Autoroutes et tunnels / Autopistas y túneles

Sigla e denominazione
Numbering and name / Nummer und Bezeichnung / Numéro et nom / Numero y nombre

A1	MILANO-NAPOLI
	Diramazione ROMA Nord
	Diramazione ROMA Sud
A3	NAPOLI-REGGIO DI CALABRIA
A4	TORINO-TRIESTE
A5	TORINO-AOSTA
A4/A5	IVREA-SANTHIÀ
A6	TORINO-SAVONA
A7	MILANO-GENOVA
A8	MILANO-VARESE
A8/A26	Diramazione GALLARATE-GATTICO
A9	LAINATE-COMO-CHIASSO
A10	GENOVA-VENTIMIGLIA
A11	FIRENZE-PISA Nord
	Diramazione LUCCA-VIAREGGIO
A12	GENOVA-ROSIGNANO-CIVITAVECCHIA-ROMA
A13	BOLOGNA-PADOVA
	Raccordo FERRARA-PORTO GARIBALDI
	Diramazione PADOVA Sud
A14	BOLOGNA-TARANTO
	Ramo BOLOGNA-CASALECCHIO
	Diramazione per RAVENNA

A15	PARMA-LA SPEZIA
A16	NAPOLI-CANOSA
A18	MESSINA-CATANIA
A18	SIRACUSA-GELA
	CATANIA-SIRACUSA
A19	PALERMO-CATANIA
A20	MESSINA-PALERMO
A21	TORINO-BRESCIA
	Diramazione FIORENZUOLA D'ARDA
A22	BRENNERO-MODENA
A23	PALMANOVA-TARVISIO
A24	ROMA-L'AQUILA-TERAMO
	Penetrazione urbana
A25	TORANO-PESCARA
A26	GENOVA-GRAVELLONA TOCE
A26/A4	Diramazione STOPPIANA-SANTHIÀ
A26/A7	Diramazione PREDOSA-BETTOLE
A27	VENEZIA-BELLUNO
A28	PORTOGRUARO-PORDENONE-CONEGLIANO
A29	PALERMO-MAZARA DEL VALLO
	Bret. AEROPORTO "FALCONE E BORSELLINO"
	Diramazione TRAPANI-ALCAMO
	Diramazione per BIRGI

A30	CASERTA-SALERNO
A31	VICENZA-PIOVENE ROCCHETTE
A32	TORINO-BARDONECCHIA
A33	ASTI-CUNEO
A34	VILLESE-GORIZIA
A50	Tangenziale Ovest MILANO
A51	Tangenziale Est MILANO
A52	Tangenziale Nord MILANO
A53	Raccordo BEREGUARDO-PAVIA
A54	Tangenziale PAVIA
A55	Tangenziale Nord TORINO
A55	Tangenziale Sud TORINO
	Diramazione MONCALIERI
	Diramazione PINEROLO
	Raccordo TORINO-CASELLE
A56	Tangenziale di NAPOLI
A57	Tangenziale di MESTRE
	Raccordo MARCO POLO
A90	GRA Grande Raccordo Anulare
A91	ROMA-FIUMICINO
T1	TRAFORO DEL MONTE BIANCO
T2	TRAFORO DEL GRAN S. BERNARDO
T4	TRAFORO DEL FRÉJUS

Autostrada a pedaggio / Toll motorway / Gebührenpflichtige Autobahn / Autoroute à péage / Autopista con peaje

Autostrada a carreggiate separate / Motorway with dual carriageway / Zweibahnige Autobahn / Autoroute à chaussées séparées / Autopista de dos calzadas separadas

Autostrada senza pedaggio / Free motorway / Gebührenfreie Autobahn / Autoroute libre / Autopista libre

Autostrada a carreggiata unica / Motorway with single carriageway / Einbahnige Autobahn / Autoroute à une seule chaussée / Autopista con calzada única

Raccordi autostradali / Motorway junctions / Autobahnanschlüsse / Échangeurs autoroutiers / Ramales de autopistas

Autostrada in costruzione / Motorway under construction / Autobahn im Bau / Autoroute en construction / Autopista en construcción

Altre strade / Other roads / Sonstige Strassen / Autres routes / Otras carreteras

Principali gestori tratte ferroviarie

Main railway operating companies / Wichtige Eisenbahnbetreiber / Principaux concessionnaires tronçons ferroviaires / Principales empresas de administración de ferrocarriles

ITALIA	**Trenitalia-Gruppo Ferrovie dello Stato** Tel.: 892021 - 06 3000 Internet: www.trenitalia.com **Italotreno-NTV Nuovo Trasporto Viaggiatori** Tel.: 060708 Internet: www.italotreno.it
PIEMONTE	**GTT Gruppo Torinese Trasporti** Tel.: 800019152 (numero verde) Internet: www.comune.torino/gtt/ **SSIF Società Subalpina Imprese Ferroviarie** Tel.: 0324 242055 Internet: www.vigezzina.com
LIGURIA	**AMT Genova** Tel.: 848000030 Internet: www.amt.genova.it
LOMBARDIA	**FNM Ferrovie Nord Milano** Tel.: 02 85111 Internet: www.ferrovienord.it
TRENTINO--ALTO ADIGE	**SAD Trasporto locale** Tel.: 0471 450111 Internet: www.sad.it **TT Trentino Trasporti** Tel.: 0461 821000 Internet: www.ttesercizio.it
FRIULI VENEZIA GIULIA	**FUC Ferrovie Udine-Cividale** Tel.: 0432 581844 Internet: www.ferrovieudinecividale.it
EMILIA-ROMAGNA	**TPER Trasporto Passeggeri Emilia-Romagna** Tel.: 840151152 (numero verde) Internet: www.tper.it
TOSCANA	**LFI La Ferrovia Italiana** Tel.: 800115605 (numero verde) Internet: www.lfi.it
UMBRIA	**Umbria Mobilità** Tel.: 075 9637637 Internet: www.umbriamobilità.it
LAZIO	**ATAC Agenzia per la mobilità del Comune di Roma** Tel.: 06 57003 Internet: www.atac.roma.it
ABRUZZO	**SANGRITANA Ferrovia Adriatico Sangritana** Tel.: 0872 7081 Internet: www.sangritana.it
CAMPANIA	**EAV Ente Autonomo Volturno** Tel.: 800211388 (numero verde) Internet: www.eavcampania.it
PUGLIA	**FERROTRAMVIARIA** Tel.: 080 5299111 Internet: www.ferrovienordbarese.it **FG Ferrovie del Gargano** Tel.: 0881 725188 Internet: www.ferroviedelgargano.com **FSE Ferrovie del Sud Est e Servizi automobilistici** Tel.: 800079090 (numero verde) Internet: www.fseonline.it
PUGLIA-BASILICATA	**FAL Ferrovie Appulo Lucane** Tel.: 080 5725263 Internet: www.ferrovieappulolucane.it
CALABRIA	**FC Ferrovie della Calabria** Tel.: 0961 896111 Internet: www.ferroviedellacalabria.it
SICILIA	**FCE Ferrovia Circumetnea** Tel.: 095 541250 Internet: www.circumetnea.it
SARDEGNA	**ARST-Trasporti regionali della Sardegna** Tel.: 800865042 (numero verde) Internet: www.arst.sardegna.it

Peschici
Manfredonia
Barletta
Trani
Andria
Bari
Spinazzola
Gioia d. Colle
Altamura
Brindisi
Matera
Francavilla
Potenza
Taranto
Lecce
Metaponto
Otranto
Nardò
Lagonegro
Sibari
Gagliano del Capo
S. Giovanni in Fiore
Paola
Cosenza
Crotone
Lamezia Terme
Catanzaro
Catanzaro Lido
Villa S. Giovanni
Reggio di Calabria

AV/AC Rete Alta Velocità-Alta Capacità, Frecciarossa-Eurostar/AV

Frecciargento-Eurostar/AV

Frecciabianca-Eurostar City/AV

Intercity

Eurocity

Italo Treno

Linee principali
Main lines
Hauptlinien
Lignes principales
Líneas principales

Linee secondarie
Secondary lines
Nebenlinien
Lignes secondaires
Líneas secundarias

Linee in costruzione
Lines under construction
Im Bau befindliche Linien
Lignes en construction
Líneas en construcción

Traghetto ferroviario
Train ferry
Eisenbahnfähre
Train ferry
Transbordador ferroviario

Traghetti
Ferries · Fähren · Ferries · Transbordadores

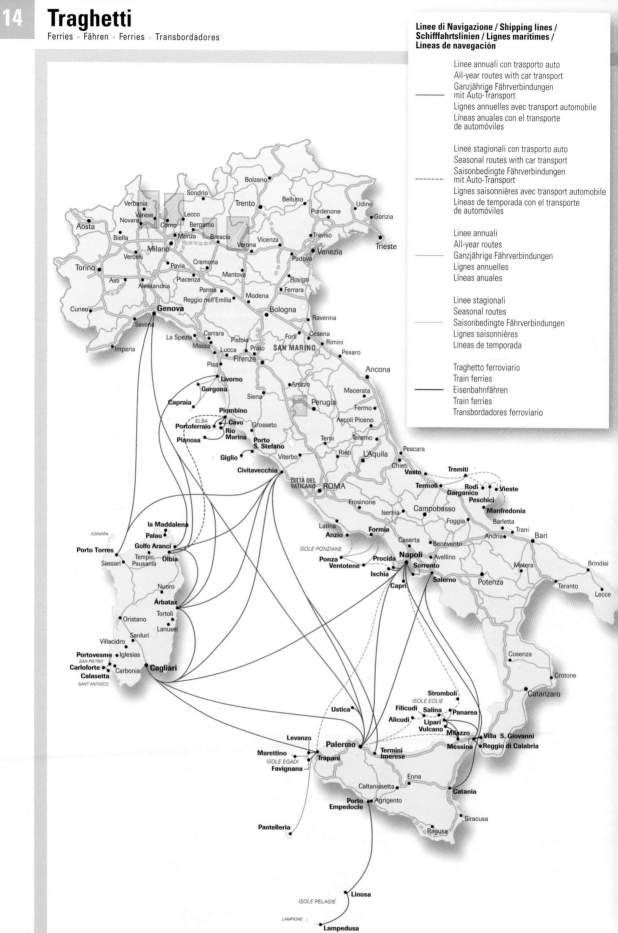

Linee di Navigazione / Shipping lines / Schifffahrtslinien / Lignes maritimes / Líneas de navegación

Linee annuali con trasporto auto
All-year routes with car transport
Ganzjährige Fährverbindungen mit Auto-Transport
Lignes annuelles avec transport automobile
Líneas anuales con el transporte de automóviles

Linee stagionali con trasporto auto
Seasonal routes with car transport
Saisonbedingte Fährverbindungen mit Auto-Transport
Lignes saisonnières avec transport automobile
Líneas de temporada con el transporte de automóviles

Linee annuali
All-year routes
Ganzjährige Fährverbindungen
Lignes annuelles
Líneas anuales

Linee stagionali
Seasonal routes
Saisonbedingte Fährverbindungen
Lignes saisonnières
Líneas de temporada

Traghetto ferroviario
Train ferries
Eisenbahnfähren
Train ferries
Transbordadores ferroviario

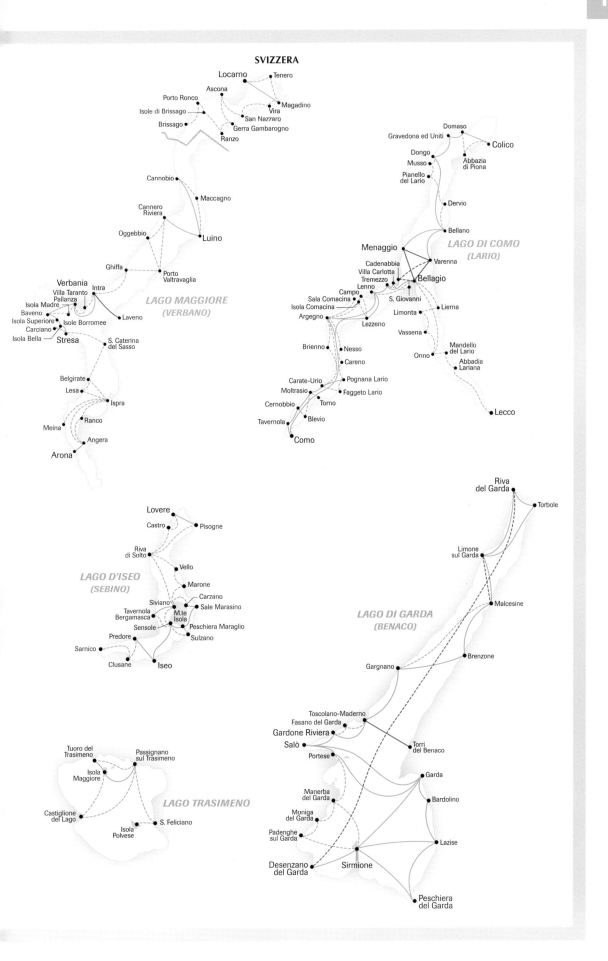

Aeroporti
Airports · Flugplätze · Aeroports · Aeropuertos

Principali aeroporti
Main airports / Wichtige Flugplätze / Principaux aeroports / Principales aeropuertos

ALBENGA Aeroporto Internazionale "Clemente Panero"
www.rivierairport.it

ALGHERO Aeroporto di Alghero
www.aeroportodialghero.it

ANCONA Aeroporto di Ancona Falconara "R. Sanzio"
www.ancona-airport.com

AOSTA/AOSTE Aeroporto Valle d'Aosta-Aéroport "Corrado Gex"
www.avda-aosta.it

BARI Aeroporto di Bari "Karol Wojtyla"
www.aeroportodipuglia.it

BERGAMO "Il Caravaggio" Bergamo Orio al Serio International Airport
www.orioaeroporto.it

BOLOGNA Aeroporto internazionale "G. Marconi" di Bologna
www.bologna-airport.it

BOLZANO/BOZEN Aeroporto Bolzano Dolomiti
www.abd-airport.it

BRESCIA Aeroporto di Brescia "G. D'Annunzio" di Brescia Montichiari
www.aeroportobrescia.it

BRINDISI Aeroporto del Salento
www.aeroportodipuglia.it

CAGLIARI Aeroporto "M. Mameli" di Cagliari Elmas
www.sogaer.it

CATANIA Aeroporto Internazionale "V. Bellini" di Catania Fontanarossa
www.aeroporto.catania.it

COMISO Aeroporto Civile di Comiso
www.aeroportodicomiso.it

CROTONE Aeroporto "S. Anna" di Crotone
www.aeroporto.kr.it

CUNEO Aeroporto Internazionale di Cuneo-Levaldigi
www.aeroporto.cuneo.it

FIRENZE Aeroporto di Firenze "Amerigo Vespucci"
www.aeroporto.firenze.it

FOGGIA Aeroporto di Foggia "G. Lisa"
www.aeroportodipuglia.it

FORLÌ Aeroporto di Forlì "L. Ridolfi"
www.forliairport.com

GENOVA Aeroporto "C. Colombo"
www.airport.genova.it

LAMEZIA TERME Aeroporto Internazionale di Lamezia Terme
www.sacal.it

LAMPEDUSA Aeroporto Lampedusa
www.enac.gov.it

L'AQUILA Aeroporto dei Parchi "Giuliana Tamburro"
www.aeroportodeiparchi.it

MILANO Aeroporto Intercontinentale Milano-Malpensa
www.sea-aeroportomilano.it

MILANO Aeroporto Internazionale Milano-Linate "E. Forlanini"
www.sea-aeroportomilano.it

NAPOLI Aeroporto Internazionale di Napoli Capodichino
www.portal.gesac.it

OLBIA Aeroporto di Olbia Costa Smeralda
www.geasar.it

PADOVA Aeroporto Civile di Padova "G. Allegri"
www.padova-airport.it

PALERMO Aeroporto "Falcone e Borsellino"
www.geasp.it

PANTELLERIA Aeroporto di Pantelleria
www.aeroportodipantelleria.it

PARMA Aeroporto Internazionale "G. Verdi" di Parma
www.parma-airport.it

PERUGIA Aeroporto Internazionale dell'Umbria Perugia "S. Francesco d'Assisi"
www.airport-umbria.it

PESCARA Aeroporto Internazionale d'Abruzzo
www.abruzzoairport.it

PISA International Airport "G. Galilei"
www.pisa-airport.com

REGGIO DI CALABRIA Aeroporto dello Stretto "T. Minniti"
www.aeroportodellostretto.it

RIMINI Aeroporto Internazionale "F. Fellini" di Rimini-Repubblica di San Marino
www.riminiairport.com

ROMA Aeroporto Intercontinentale "L. da Vinci" di Roma-Fiumicino
www.adr.it

ROMA Aeroporto Internazionale "G. B. Pastine" di Roma-Ciampino
www.adr.it

SALERNO Aeroporto di Salerno-Costa d'Amalfi
www.aeroportosalerno.it

TARANTO Aeroporto di Grottaglie
www.aeroportodipuglia.it

TORINO Aeroporto Internazionale di Torino-Caselle "S. Pertini"
www.aeroportoditorino.it

TRAPANI Aeroporto "V. Florio" di Trapani Birgi
www.airgest.it

TREVISO Aeroporto di Treviso "A. Canova"
www.trevisoairport.it

TRIESTE Aeroporto Internazionale "Friuli Venezia Giulia" di Trieste Ronchi dei Legionari
www.aeroporto.fvg.it

VENEZIA Aeroporto di Venezia "M. Polo"
www.veniceairport.it

VERONA Aeroporto "V. Catullo" di Verona Villafranca
www.aeroportoverona.it

Divieti

General advice / Verbote / Défenses / Prohibiciones

Limiti di velocità
Speed limit
Zulässige Höchstgeschwindigkeit
Limites de vitesse
Velocidad máxima

Autostrade: 130 km/h (con possibilità fino a 150 km/h sulle autostrade a tre corsie più corsia di emergenza per ogni senso di marcia, dove appositamente segnalato).

Strade extraurbane: 110 km/h per le principali; 90 km/h per le secondarie e le locali.

Centri abitati: 50 km/h.

In caso di precipitazioni atmosferiche di qualsiasi natura, la velocità massima non può superare i 110 km/h per le autostrade ed i 90 km/h per le strade extraurbane.

Per i primi tre anni dal conseguimento della patente non è consentito il superamento della velocità di 100 km/h per le autostrade e di 90 km/h per le strade extraurbane principali.

Motorway speed limit: 130 km/h (150 km/h if motorway has three lanes and hard shoulder on each carriageway, where explicitly signaled).

Non-urban speed limit: 110 km/h on primary routes; 90 km/h on all other roads.

Urban speed limit: 50 km/h.

In case of rain or snowfall, maximum speed is always 110 km/h on motorways and 90 km/h on other non-urban roads.

For three years after getting your driving license you must not exceed 100 km/h on motorways and 90 km/h on non-urban roads.

Tutor
Speed cameras and tutoring systems
Geschwindigkeitsmessung
und Abschnittskontrolle
Radars automatiques et contrôle de vitesse
Tutor

Sistema che rileva, in base al tempo di percorrenza, la velocità media dei veicoli. Attualmente è attivo su circa 2500 km di rete autostradale nazionale e viene indicato con una segnaletica di preavviso. È gestito dalla Polizia Stradale.

Speed cameras and tutoring systems (which calculate speed according to travel time) are active on 2500 km of motorways. They are explicitly signaled and report to traffic corps.

Sicurezza

Safety / Sicherheit / Sécurité / Seguridad

Dispositivi di sicurezza
Safety devices
Sicherheitsvorrichtungen
Dispositifs de sécurité
Dispositivos de seguridad

Obbligo dell'uso delle cinture di sicurezza anche posteriori.

Obbligo dell'uso di sistemi di ritenuta omologati e adeguati al loro peso per i bambini di statura inferiore a 1,50 m.

Obbligo di indossare gilet o bretelle retroriflettenti quando si scende dal veicolo e si circola sulla strada (comprese corsie di emergenza o piazzole di sosta).

Obbligo dell'uso del casco protettivo omologato ai conducenti e ad eventuali passeggeri di ciclomotori e motoveicoli.

Divieto per il conducente di far uso durante la marcia di telefoni portatili o cuffie sonore. È consentito l'uso di apparecchi a viva voce o dotati di auricolare.

You must wear your seatbelt, even when sitting on the back seat.

You must use appropriate child seats for children shorter than 1.50 m.

You must wear a reflecting vest when leaving your vehicle on lay-bys or shoulders.

You must wear a helmet while riding motorbikes (passengers too).

You must not use mobiles or headphones while driving. You may use earphones or hands-free speakerphones.

Valori alcolemici
Alcohol
Alkohol
Alcool
Alcohol

Vietata la guida in stato di ebbrezza. Il limite massimo consentito è di 0,5 mg/ml.

You must not drive under the influence of alcohol. The maximum allowable limit is 0.5 mg/ml.

Sostanze stupefacenti
Drugs
Psychoaktive Substanzen
Stupéfiants
Estupefacientes

Vietata la guida in stato di alterazione psico-fisica dopo aver assunto sostanze stupefacenti o psicotrope.

You must not drive under the influence of drugs.

Uso delle luci
Lights
Fahrzeugbeleuchtung
Eclairage
Iluminación automotriz

Obbligo dell'uso delle luci di posizione e dei proiettori anabbaglianti fuori dai centri abitati. Per i ciclomotori e i motocicli è obbligatorio l'uso di tali dispositivi anche nei centri abitati.
In caso di nebbia con visibilità inferiore a 50 m o di precipitazioni atmosferiche di qualsiasi natura deve essere usata, se in dotazione, la luce posteriore per nebbia.

You must use daylight traffic lights and low beams outside urban areas. Motorcycles must use them in urban areas too. In case of fog, rainfall or snowfall you must turn fog lamps on.

Uso dei pneumatici invernali
Snow tires
Winterreifen
Pneus d'hiver
Neumáticos de invierno

Obbligo di avere a bordo pneumatici invernali quando stabilito dall'ente proprietario della strada.

You must be equipped with snow tires, where required.

Servizi

Services / Dienstleistungen / Services / Servicios

Pedaggi autostradali
Motorway tolls
Maut
Péage autoroutier
Peaje vial

Le autostrade sono soggette a pedaggio.
Il pagamento può essere effettuato in contanti, utilizzando carte (Viacard, Bancomat, Carte di Credito) o con Telepass utilizzando le porte di ingresso dedicate.

All motorways are toll roads. You may pay cash, with cards (Viacard, Bancomat, credit cards) or Telepass, driving through the appropriate passage.

Punti Blu
Blue Points
Blaue Punkte
Points bleus
Puntos Azules

Centri di assistenza dove è possibile ricevere informazioni sui servizi autostradali, saldare mancati pagamenti di pedaggio, acquistare il Telepass e la Viacard.

Blue points are info centers where you can ask about motorway services, settle non-paid tolls and buy Telepass and Viacard.

Soccorso stradale
Emergency services
Rettungsdienst
Secours autoroutier
Asistencia en carretera

Servizio per la rete stradale ed autostradale gestito, tra gli altri, da ACI ed Europe Assistance-Vai.
ACI: tel. 803116 (800 116 800 per gli automobilisti stranieri in possesso di un telefono mobile con gestore estero).
Europe Assistance-Vai: tel. 803 803.
È possibile effettuare la richiesta anche utilizzando le colonnine SOS.

Emergency services are managed by ACI and Europe Assistance-Vai.
ACI: 803116 (800 116 800 for drivers with a foreign telephone line manager).
Europe Assistance-Vai: 803 803.
You can also ask for help using the SOS totems.

Autobahn: 130 km/h (150 km/h wenn die Autobahn drei Fahrstreifen und einem Seitenstreifen in jeder Richtungsfahrbahn hat).	**Autoroute:** 130 km/h (150 km/h si l'autoroute a trois voies et une bande d'arrêt d'urgence pour chaque chaussée, où signalé).	**Autopistas:** 130 km/h (150 km/h en autopistas con tres carriles por sentido y arcén, cuando señalado).
Landstrasse: 110 km/h für die wichtigste Strassen, 90 km/h für die anderen.	**Route:** 110 km/h sur les routes principales, 90 km/h sur les routes secondaires.	**Vías interurbanas:** 110 km/h en vías principales, 90 km/h en vías secondarias y locales.
Ortsgebiet: 50 km/h.	**Route communale:** 50 km/h.	**Vías urbanas:** 50 km/h.
Bei Regen oder Schnee ist die zulässige Höchstgeschwindigkeit 110 km/h für die Autobahnen und 90 km/h für die anderen Landstrassen.	En cas de précipitation, le limite de vitesse est 110 km/h pour l'autoroute e 90 km/h pour les autres routes.	En caso de precipitaciones atmosféricas la velocidad máxima es 110 km/h en autopista y 90 km/h en vías interurbanas.
Für drei Jahre nach dem Führerschein ist die zulässige Höchstgeschwindigkeit 100 km/h für die Autobahnen und 90 km/h für die anderen Landstrassen.	Pour trois ans après avoir obtenu le permis de conduire, le limite de vitesse est 100 km/h pour l'autoroute et 90 km/h pour les autres routes.	Hasta tres años después conseguir la licencia de conducción no se puede superar la velocidad máxima de 100 km/h en autopista y 90 km/h en las vías interurbanas principales.
Das Tutor ist ein System bei dem die Durchschnittsgeschwindigkeit über eine längere Strecke gemessen wird. Heute ist ein solches System auf 2500 km von Autobahnen im Einsatz. Es wird angezeigt und von der Verkehrspolizei kontrolliert.	Les radars automatiques et autres systèmes de contrôle (qui mesurent la vitesse sur la base de la durée du trajet) sont actifs sur 2500 km d'autoroutes. Ils sont toujours signalés et gérés par la police routière.	Sistema que calcula la velocidad media de un vehículo en función del tiempo de viaje. Actualmente está activo en 2500 km de autopistas y es controlado por la policía de tráfico.

Es ist verboten ohne Sicherheitsgurten zu fahren (in Rücksitzen auch).	Les ceintures de sécurité sont toujours obligatoires, aussi à l'arrière.	El cinturón de seguridad, también el trasero, es obligatório.
Kinder, die kleiner als 1,50 m sind, dürfen immer in Kindersitze transportiert werden.	Il faut utiliser des dispositifs de retenue pour les enfants de stature inférieure à 1,50 m.	Las sillas homologadas de retención infantil son obligatórias para los niños de estatura inferior a 1,50 m.
Eine Warnweste ist gesetzlich vorgeschrieben, wenn man in Rastplätze oder Seitenstreifen aus dem Fahrzeug aussteigt.	Il faut porter un gilet fluorescent pour descendre du véhicule sur la bande d'arrêt d'urgence où dans une aire de repos.	Lo reflectantes son obligatórios para salir del coche en el arcén o en las áreas de descanso.
Das Tragen eines Schutzhelmes ist für Motorradfahrer gesetzlich vorgeschrieben.	Le pilot et le passager d'une motocyclette doivent toujours porter un casque.	El casco es obligatório para el conductor de motociclos y para el pasajero.
Die Benutzung von Mobiltelefone oder Kopfhörer während der Fahrt ist verboten. Freisprecheinrichtungen und Ohrhörer sind erlaubt.	Il est interdit d'utiliser portables ou casques audio pendant la conduite. Il est permis d'utiliser casques intra-auriculaires ou kits mains-libres.	El uso del móvil y de los auriculares circumaurales es prohibido durante la conducción. El manos libres y los auriculares intrauriculares son permitidos.
Das Fahren unter dem Einfluss von Alkohol ist verboten. Die erlaubte Promillegrenze ist 0,5 mg/ml.	Il est défendu de conduire sous l'empire d'un état alcoolique. La concentration maximale admissible est de 0,5 mg/ml.	Es prohibido conducir en estado de ebriedad. La cantidad máxima permitida es 0,5 mg/ml.
Das Fahren unter dem Einfluss von Psychoaktive Substanzen ist verboten.	Il est défendu de conduire sous l'empire de stupéfiants.	Es prohibido conducir bajo el efecto de todos estupefacientes.
Fahrzeugscheinwerfer und Abblendlichten sind ausserhalb städtischer Gebiete vorgeschrieben (für Motorrade auch in städtischen Gebieten). Nebelscheinwerfer dürfen bei erheblicher Sichtbehinderung durch Regen, Nebel oder Schneefall benutzt werden.	Les feux de position et les feux de croisement doivent être toujours allumés hors des centres habités (pour les cycles, même dans les centres habités). En cas de brouillard ou de forte pluie, il faut allumer les feux de brouillard arrière.	Fuera de las áreas urbanas las luces de posición y las de cruce son obligatórias (para los motociclos son obligatorias en las áreas urbanas también). En caso de niebla o precipitaciones hay que utilizar las luces traseras antiniebla (cuando disponibles).
Winterreifen sind vorgeschriebene, wo die Strassenbetriebsgesellschaft so bestimmt.	Il faut avoir des pneus d'hiver où le concessionnaire de la route l'exige.	Es obligatorio tener neumáticos de invierno cuando establecido por la gestión de la vía.

Eine Maut wird für alle Autobahnen erhoben. Man kann in bar, mit Karten (Viacard, Bancomat, Kreditkarten) oder mit Telepass durch die besondere Spuren zahlen.	Le péage s'applique sur toutes les autoroutes. On peut payer comptant, avec des cartes (Viacard, Bancomat, Carte de crédit) ou avec Telepass par les passages dédiés.	En todas autopista hay que pagar un peaje. Se puede pagar en efectivo, con tarjetas (Viacard, Bancomat, tarjetas de crédito) o con Telepass utilizando los pasajes especiales.
Informationsbüros wo man Informationen über die Autobahnen bekommen, Maute zahlen und Telepass kaufen kann.	Centres d'assistance pour recevoire informations sur les services autoroutiers, pour payer les péages et acheter Telepass et Viacard.	Son puntos de asistencia donde se puede buscar informaciones sobre los servicios viales, pagar peajes y comprar Viacard o Telepass
Die Betriebsgesellschaften für Autobahnen und Landstrassen sind ACI und Europe Assistance-Vai. ACI: 803116 (800 116 800 für ausländische Mobiltelefone). Europe Assistance-Vai: 803 803. Man kann auch durch die SOS Punkte Hilfe suchen.	Service routier et autoroutier géré par ACI et Europe Assistance-Vai. ACI: 803116 (800 116 800 pour les téléphones étrangers). Europe Assistance-Vai: 803 803. On peut chercher secours aussi en utilisant les colonnes SOS.	En todas vías y autopistas el servicio es prestado por ACI y Europe Assistance-Vai. ACI: 803116 (800 116 800 para los conductores con móvil extranjero). Europe Assistance-Vai: 803 803. Se puede buscar ayuda utilizzando también las columnas SOS.

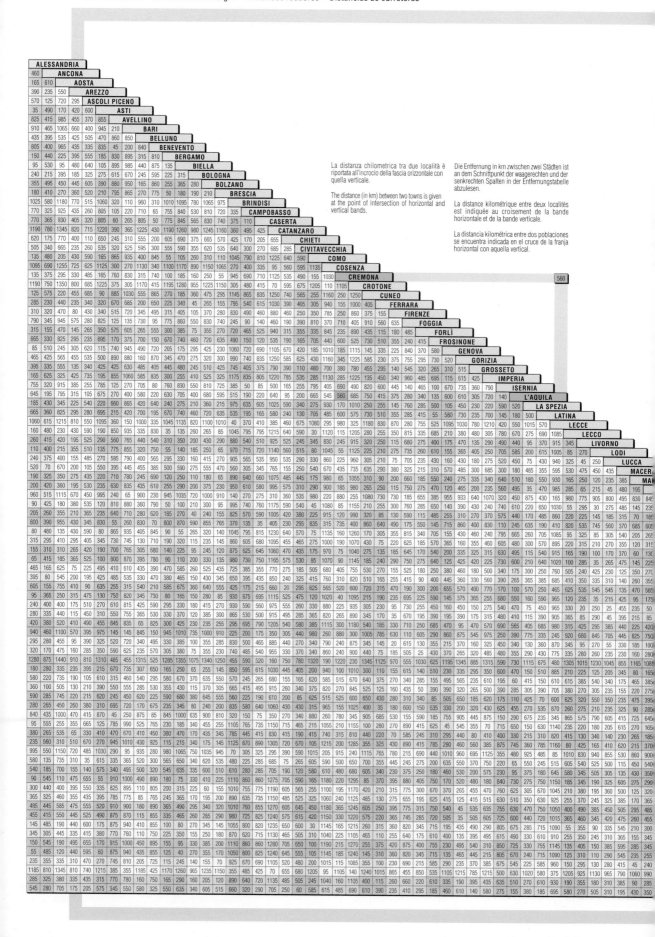

La distanza chilometrica tra due località è riportata all'incrocio della fascia orizzontale con quella verticale.

The distance (in km) between two towns is given at the point of intersection of horizontal and vertical bands.

Die Entfernung in km zwischen zwei Städten ist an dem Schnittpunkt der waagerechten und der senkrechten Spalten in der Entfernungstabelle abzulesen.

La distance kilométrique entre deux localités est indiquée au croisement de la bande horizontale et de la bande verticale.

La distancia kilométrica entre dos poblaciones se encuentra indicada en el cruce de la franja horizontal con aquella vertical.

Distance matrix (cities along the diagonal):

ALESSANDRIA · ANCONA · AOSTA · AREZZO · ASCOLI PICENO · ASTI · AVELLINO · BARI · BELLUNO · BENEVENTO · BERGAMO · BIELLA · BOLOGNA · BOLZANO · BRESCIA · BRINDISI · CAMPOBASSO · CASERTA · CATANZARO · CHIETI · CIVITAVECCHIA · COMO · COSENZA · CREMONA · CROTONE · CUNEO · FERRARA · FIRENZE · FOGGIA · FORLÌ · FROSINONE · GENOVA · GORIZIA · GROSSETO · IMPERIA · ISERNIA · L'AQUILA · LA SPEZIA · LATINA · LECCE · LECCO · LIVORNO · LODI · LUCCA · MACER[ATA] · MA[NTOVA]

Le distanze chilometriche sono calcolate secondo i percorsi più brevi o più rapidi, sono quindi indicative e approssimate.

The distances in kilometers are calculated based on the shortest or fastest routes. Therefore, they are approximate and given strictly as an indication.

Die Kilometerentfernungen wurden nach den kurzesten und schnellsten Stecken berechnet, die Angaben sindemnach ungefähre Hinweise.

Les distances en kilomètres sont calculées suivant les parcours les plus brefs ou les plus rapides et ne sont donc qu'approximatives.

Las distancias Kilométricas se calculan según recorridos más cortos o más rápidos; son, por lo tanto, indicadoras y aproximadas.

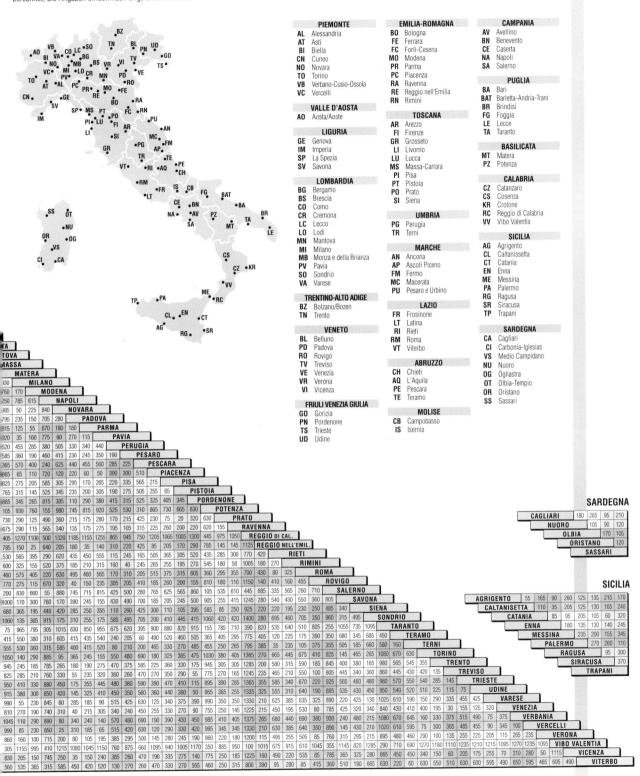

PIEMONTE
- **AL** Alessandria
- **AT** Asti
- **BI** Biella
- **CN** Cuneo
- **NO** Novara
- **TO** Torino
- **VB** Verbano-Cusio-Ossola
- **VC** Vercelli

VALLE D'AOSTA
- **AO** Aosta/Aoste

LIGURIA
- **GE** Genova
- **IM** Imperia
- **SP** La Spezia
- **SV** Savona

LOMBARDIA
- **BG** Bergamo
- **BS** Brescia
- **CO** Como
- **CR** Cremona
- **LC** Lecco
- **LO** Lodi
- **MN** Mantova
- **MI** Milano
- **MB** Monza e della Brianza
- **PV** Pavia
- **SO** Sondrio
- **VA** Varese

TRENTINO-ALTO ADIGE
- **BZ** Bolzano/Bozen
- **TN** Trento

VENETO
- **BL** Belluno
- **PD** Padova
- **RO** Rovigo
- **TV** Treviso
- **VE** Venezia
- **VR** Verona
- **VI** Vicenza

FRIULI VENEZIA GIULIA
- **GO** Gorizia
- **PN** Pordenone
- **TS** Trieste
- **UD** Udine

EMILIA-ROMAGNA
- **BO** Bologna
- **FE** Ferrara
- **FC** Forlì-Cesena
- **MO** Modena
- **PR** Parma
- **PC** Piacenza
- **RA** Ravenna
- **RE** Reggio nell'Emilia
- **RN** Rimini

TOSCANA
- **AR** Arezzo
- **FI** Firenze
- **GR** Grosseto
- **LI** Livorno
- **LU** Lucca
- **MS** Massa-Carrara
- **PI** Pisa
- **PT** Pistoia
- **PO** Prato
- **SI** Siena

UMBRIA
- **PG** Perugia
- **TR** Terni

MARCHE
- **AN** Ancona
- **AP** Ascoli Piceno
- **FM** Fermo
- **MC** Macerata
- **PU** Pesaro e Urbino

LAZIO
- **FR** Frosinone
- **LT** Latina
- **RI** Rieti
- **RM** Roma
- **VT** Viterbo

ABRUZZO
- **CH** Chieti
- **AQ** L'Aquila
- **PE** Pescara
- **TE** Teramo

MOLISE
- **CB** Campobasso
- **IS** Isernia

CAMPANIA
- **AV** Avellino
- **BN** Benevento
- **CE** Caserta
- **NA** Napoli
- **SA** Salerno

PUGLIA
- **BA** Bari
- **BAT** Barletta-Andria-Trani
- **BR** Brindisi
- **FG** Foggia
- **LE** Lecce
- **TA** Taranto

BASILICATA
- **MT** Matera
- **PZ** Potenza

CALABRIA
- **CZ** Catanzaro
- **CS** Cosenza
- **KR** Crotone
- **RC** Reggio di Calabria
- **VV** Vibo Valentia

SICILIA
- **AG** Agrigento
- **CL** Caltanisetta
- **CT** Catania
- **EN** Enna
- **ME** Messina
- **PA** Palermo
- **RG** Ragusa
- **SR** Siracusa
- **TP** Trapani

SARDEGNA
- **CA** Cagliari
- **CI** Carbonia-Iglesias
- **VS** Medio Campidano
- **NU** Nuoro
- **OG** Ogliastra
- **OT** Olbia-Tempio
- **OR** Oristano
- **SS** Sassari

SARDEGNA

	CAGLIARI	NUORO	OLBIA	ORISTANO	SASSARI
CAGLIARI		180	265	95	210
NUORO			105	90	120
OLBIA				170	105
ORISTANO					120
SASSARI					

SICILIA

	AGRIGENTO	CALTANISETTA	CATANIA	ENNA	MESSINA	PALERMO	RAGUSA	SIRACUSA	TRAPANI
AGRIGENTO		55	165	90	260	125	135	215	170
CALTANISETTA			110	35	205	125	130	165	240
CATANIA				85	95	205	105	60	320
ENNA					180	135	130	140	245
MESSINA						235	200	155	345
PALERMO							270	260	110
RAGUSA								95	300
SIRACUSA									370
TRAPANI									

Tavola delle distanze

Città (riga)	Distanze
MILANO	330
MODENA	760 170
NAPOLI	250 785 615
NOVARA	985 50 225 840
PADOVA	795 235 150 705 280
PARMA	815 125 55 670 180 180
PAVIA	920 35 160 775 60 270 115
PERUGIA	620 455 285 380 505 330 340 440
PESARO	585 360 190 460 415 230 245 350 190
PESCARA	365 570 400 240 625 440 455 560 285 225
PIACENZA	865 65 110 720 120 220 60 50 390 300 510
PISA	825 275 205 585 305 295 170 265 220 335 565 215
PISTOIA	765 315 145 525 345 235 200 305 190 275 505 255 65
PORDENONE	885 345 265 815 385 110 290 380 415 315 525 325 405 345
POTENZA	105 930 760 155 980 745 815 920 525 530 310 865 730 665 830
PRATO	730 290 125 490 360 215 175 280 170 215 425 230 75 20 320 630
RAVENNA	675 290 115 565 340 135 175 275 195 105 315 225 260 200 220 620 155
REGGIO DI CAL.	405 1270 1100 500 1320 1185 1155 1255 865 945 750 1205 1065 1005 1300 445 975 1050
REGGIO NELL'EMIL.	785 150 25 640 205 180 35 140 310 220 425 85 205 170 290 785 145 145 1125
RIETI	530 565 395 290 620 435 450 555 115 245 165 505 365 305 520 435 285 300 770 420
RIMINI	600 325 155 520 375 185 210 315 160 40 245 265 255 195 270 545 180 50 1005 180 270
ROMA	460 565 405 220 630 495 460 565 170 305 515 375 315 605 360 295 355 700 430 80 325
ROVIGO	770 275 115 670 320 40 150 235 305 205 410 185 260 200 155 810 180 110 1150 140 410 160 455
SALERNO	200 830 660 55 880 745 715 815 425 500 280 765 625 565 460 335 565 260 710 535 610 445 685 335
SAVONA	1000 170 300 760 170 390 245 155 430 490 700 185 205 245 500 905 255 415 1245 280 540 430 550 360 805
SIENA	680 365 195 440 420 285 250 355 110 260 425 300 110 105 395 585 85 250 1080 220 195 230 250 485 340
SONDRIO	1060 135 305 915 175 310 255 375 80 240 420 140 280 240 420 1400 280 705 350 960 315 495
TARANTO	75 965 795 305 1015 830 850 955 675 620 395 900 880 820 915 155 785 710 390 820 535 640 510 805 255 1055 735 1095
TERAMO	415 550 380 310 605 415 435 540 240 205 60 490 520 460 505 365 405 295 775 405 120 225 175 390 350 680 345 685 450
TERNI	555 530 360 315 585 400 415 520 80 210 240 465 305 195 795 385 35 235 1010 235 160 580 160 35 235 705 165 445 60
TORINO	1050 140 290 885 95 365 245 155 550 480 690 180 325 365 475 1030 380 405 1365 270 665 445 675 410 925 145 465 265 1080 670 630
TRENTO	945 245 185 785 265 180 190 275 470 375 585 225 360 330 175 945 305 305 1285 200 580 315 590 185 845 400 380 165 980 565 545 355
TREVISO	825 285 210 760 330 55 235 330 350 250 470 270 350 290 55 775 270 165 1245 235 495 100 805 45 940 535 500 100 135 420 135
TRIESTE	950 410 330 880 450 175 355 445 480 380 590 390 470 410 115 895 390 285 1365 355 585 355 585 340 670 220 925 565 460 480 980 570 540 285 145
UDINE	915 380 300 850 420 145 325 410 450 350 560 360 440 380 50 865 365 255 1335 325 555 310 640 190 895 535 430 450 950 540 510 280 190 75
VARESE	990 55 230 845 60 285 185 90 515 425 630 185 285 245 500 1300 260 625 385 365 350 350 350 145 530 55 365 1610 590 150 290 335 455 425
VENEZIA	810 270 190 740 310 40 215 305 340 240 450 255 330 270 90 755 250 145 1225 215 450 80 785 425 320 340 840 430 410 400 195 30 155 125 320
VERBANIA	1045 110 290 890 80 340 240 140 570 480 690 190 390 430 450 985 410 405 1375 265 680 440 690 380 930 240 440 430 210 1020 610 595 75 300 365 485 455 90 345 100
VERCELLI	990 85 230 850 25 310 185 65 515 420 630 120 305 340 420 1080 305 535 1375 215 590 355 610 355 890 160 455 1235 625 110 250 330 375 535 490 75 345 110
VERONA	860 160 100 715 200 80 105 195 385 295 500 145 280 245 190 860 220 180 1200 115 495 255 505 85 760 315 295 215 895 480 460 290 100 135 255 225 205 115 265 235
VIBO VALENTIA	305 1155 995 410 1215 1080 1045 1150 760 875 660 1095 940 1005 1170 350 885 950 100 1015 675 915 610 1045 355 1145 820 1285 290 710 690 1270 1180 1095 355 1145 1210 1210 1095 1095
VICENZA	830 205 150 745 250 35 150 240 385 240 470 135 335 140 775 365 325 280 865 325 450 340 150 60 205 175 255 70 310 280 50 1115
VITERBO	560 535 365 315 585 450 420 520 120 270 260 470 330 270 565 460 250 315 800 390 95 280 25 510 510 600 595 490 650 595 490 695 490

Cartografia stradale
Road maps · Strassenkarten · Cartes routières · Mapas de carreteras

Strada di grande comunicazione: a quattro corsie, larga o media, stretta; asfaltata
Primary route: four lanes, wide or medium, narrow; metalled
Fernverkehrsstrasse: vierspurig, breit oder mittler, eng; mit Asphaltbelag
Route à grande circulation: à quatre voies, large ou moyenne, étroite; revêtue
Carretera principal: cuatro carriles, ancha o mediana, estrecha; asfaltada

Strada di interesse regionale: a quattro corsie, larga o media, stretta; asfaltata
Regional connecting road: four lanes, wide or medium, narrow; metalled
Regionale Verbindungsstrasse: vierspurig, breit oder mittler, eng; mit Asphaltbelag
Route de liaison régionale: à quatre voies, large ou moyenne, étroite; revêtue
Carretera de enlace regional: cuatro carriles, ancha o mediana, estrecha; asfaltada

Altre strade
Other roads
Sonstige Strassen
Autres routes
Otras carreteras

Strada non asfaltata di importante collegamento, strada praticabile con difficoltà
Important unmetalled road, road praticable with difficulty
Wichtige Verbindungsstrasse ohne Asphaltbelag, Schwierig befahrbare Strasse
Importante voie de liaison non revêtue, route praticable avec difficulté
Carretera de enlace importante sin asfaltar, carretera utilizable con dificultad

Autostrada e strade in costruzione o in progetto, strada in galleria
Motorway and roads under construction or planned, road tunnel
Autobahn und Strassen im Bau oder geplant, Strasse im Tunnel
Autoroute et routes en construction ou en projet, tunnel routier
Autopista y carreteras en construcción o en proyecto, túnel de carretera

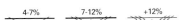

4-7%   7-12%   +12%

Pendenze; la salita è indicata dalla direzione delle frecce
Steep hill rising in the direction of the arrows
Steigungen; die Pfeilrichtung gibt die Steigung an
Montées et descentes; les flèches indiquent le sens de la montée
Pendientes, subiendo en el sentido de las flechas

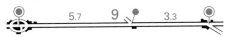

5.7   9   3.3

Distanze chilometriche parziali e totali
Partial and total distances in kilometres
Abschnitts- und Gesamtstreckenkilometer
Kilométrage partiel et global
Distancias kilométricas parciales y totales

A 1   N° 141   E 27

Numero di autostrada, numero di strada statale o di ex strada statale, numero di strada europea
Motorway number, national road number or ex national road number, European road number
Autobahnnummer, Nationalstrassennummer oder Exnationalstrassennummer, Europastrassennummer
Numéro d'autoroute, numéro de route nationale ou ex route nationale, numéro de route européenne
Número de autopista, número de carretera nacional o ex carretera nacional, número de carretera europea

Staz.   Gall.

Ferrovia a un binario, a due binari, tranvia, ferrovia a cremagliera o funicolare
Single track railway, double track railway, tramway, rack railway or funicular
Eingleisige und zweigleisige Eisenbahn, Strassenbahn, Zahnradbahn oder Seilbahn
Chemin de fer à une voie, à deux voies, tramway, chemin de fer à crémaillère ou funiculaire
Ferrocarril de vía sencilla y doble, tranvía, ferrocarril de cremallera o funicular

Ferrovia in costruzione, ferrovia dismessa, passaggio a livello, cavalcavia, sottopassaggio
Railway under construction, disues railway, level crossing, road bridge and underpass
Eisenbahn im Bau, Eisenbahn ausser Betrieb, Bahnübergang, Überführung und Unterführung
Chemin de fer en construction, chemin de fer hors service, passage à niveau, passage supérieur et passage inférieur
Ferrocarril en construcción, ferrocarril fuera de servicio, paso a nivel, paso superior, cruce subterráneo

Funivia, seggiovia, linea di navigazione
Cableway, chair-lift, shipping line
Seilschwebebahn, Sessellift, Schifffahrtslinie
Téléphérique, télésiège, ligne de navigation
Teleférico, telesilla, línea marítima

Rovine, castello, chiesa
Ruins, castle, church
Ruine, Schloss, Kirche
Ruines, château, église
Ruinas, castillo, iglesia

Albergo, monumento, campo di battaglia, cimitero
Hotel, monument, battle-field, cemetery
Hotel, Denkmal, Schlachtfeld, Friedhof
Hôtel, monument, champ de bataille, cimetière
Hotel, monumento, campo de batalla, cementerio

Aeroporto civile, aeroporto turistico
Civil airport, airfield
Verkehrsflughafen, Flugplatz
Aéroport civil, aérodrome
Aeropuerto civil, aeródromo

312

Faro, valico e quota (in metri), dogana
Lighthouse, mountain pass with altitude (in meters), customs
Leuchtturm, Bergpass mit Höhenangabe (in Metern), Grenzübergang
Phare, col et altitude (en mètres), douane
Faro, puerto de montaña con su cota de altitud (en metros), aduana

  9

Traghetto, golf, grotta
Car ferry, golf-course, cave
Autofähre, Golfplatz, Höhle
Bac passant les voitures, terrain de golf, grotte
Transbordador para coches, campo de golf, gruta

BARI ASTI, URBINO Arona, Sori, Feriolo

Capoluoghi di regione e di provincia, centri importanti, comuni e altre località
Regional and provincial capitals, important towns, municipalities and other places
Regional- und Provinzhauptstädte, wichtige Orte, Gemeinden und Ortschaften
Chefs-lieux de région et de province, centres importants, communes et autres localités
Capitales de región y de provincia, centros importantes, municipios y otras localidades

Confini di Stato, di regione e di provincia
National and administrative boundaries
Staats- und Verwaltungsgrenzen
Frontières d'État et limites administratives
Límites de Estado y de unidades administrativas

Località di grande interesse, molto interessanti, interessanti
Places of particular interest, places of considerable interest, places of interest
Besonders sehenswerte Orte, sehenswerte Orte, beachtenswerte Orte
Localités très intéressantes, localités intéressantes, localités remarquables
Localidades de gran interés, muy interesantes, interesantes

Tratto di strada panoramica; parco, riserva, area protetta
Beautiful scenery; natural park, nature reserve
Landschaftlich schöne Strecke; Naturpark, Naturschutzgebiet
Parcours pittoresque; parc naturel, zone protégée
Tramo pintoresco; parque natural, reserva natural protegida

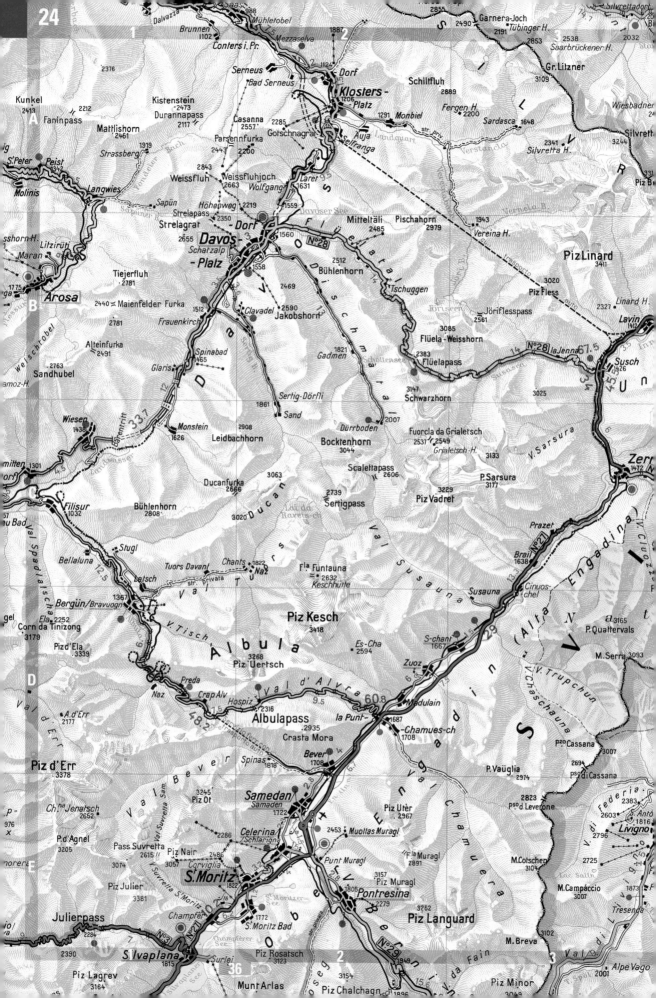

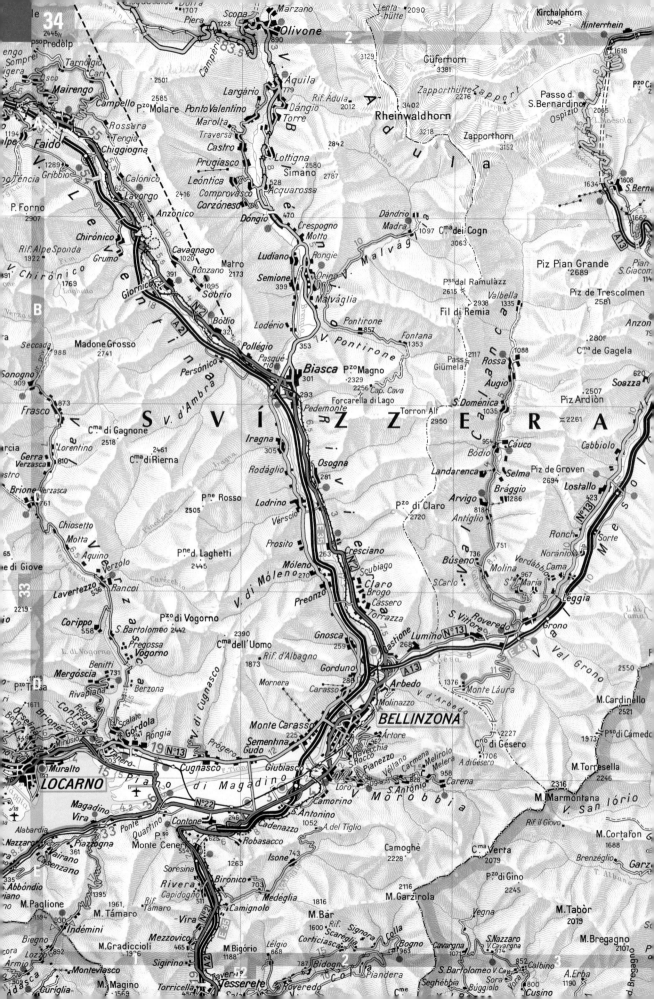

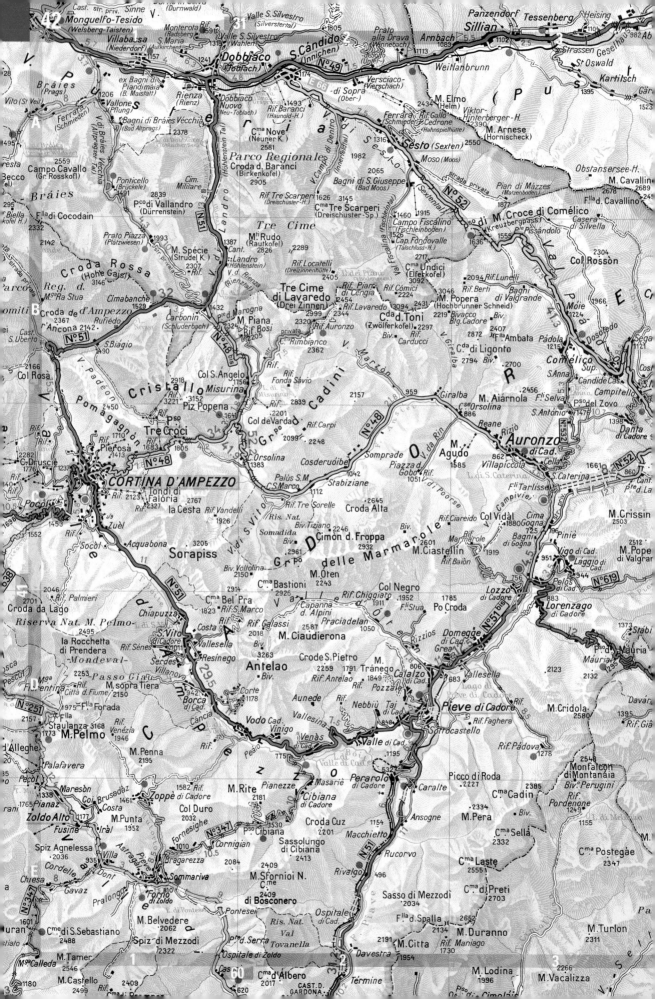

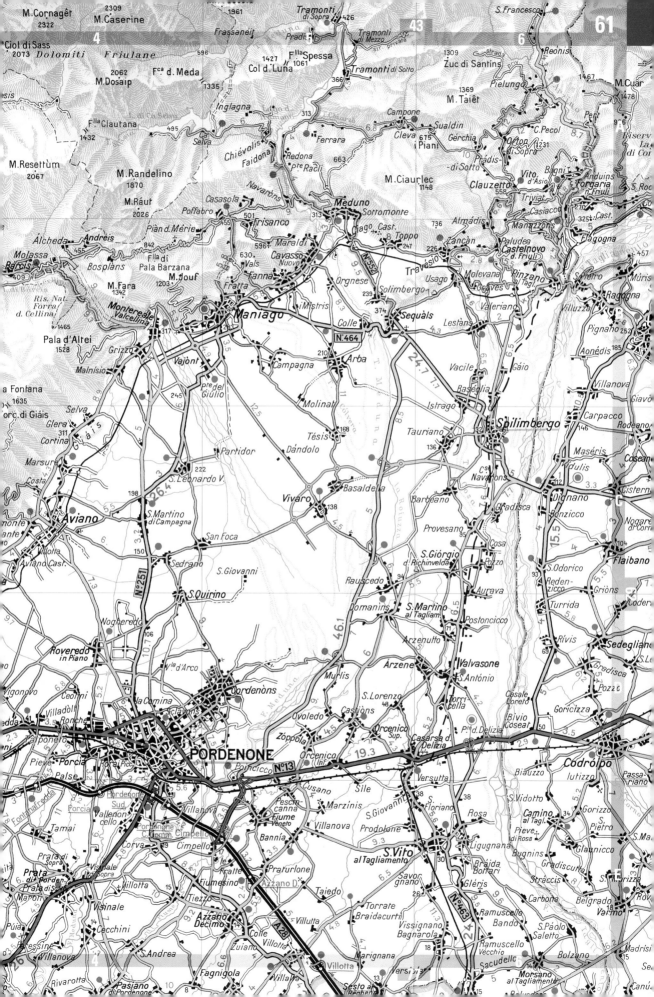

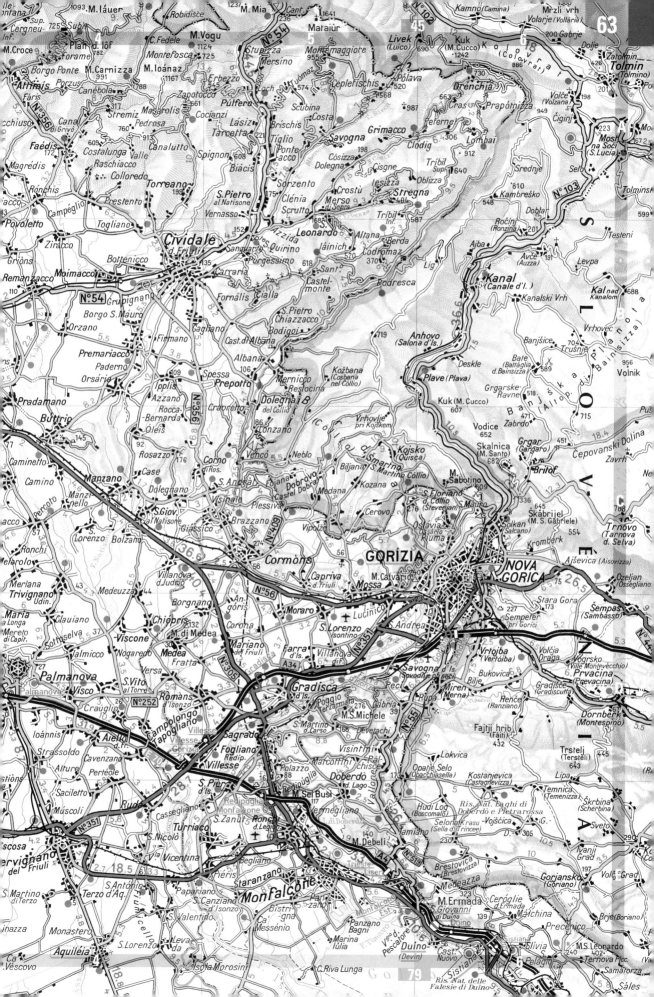

MAR ADRIÁTICO

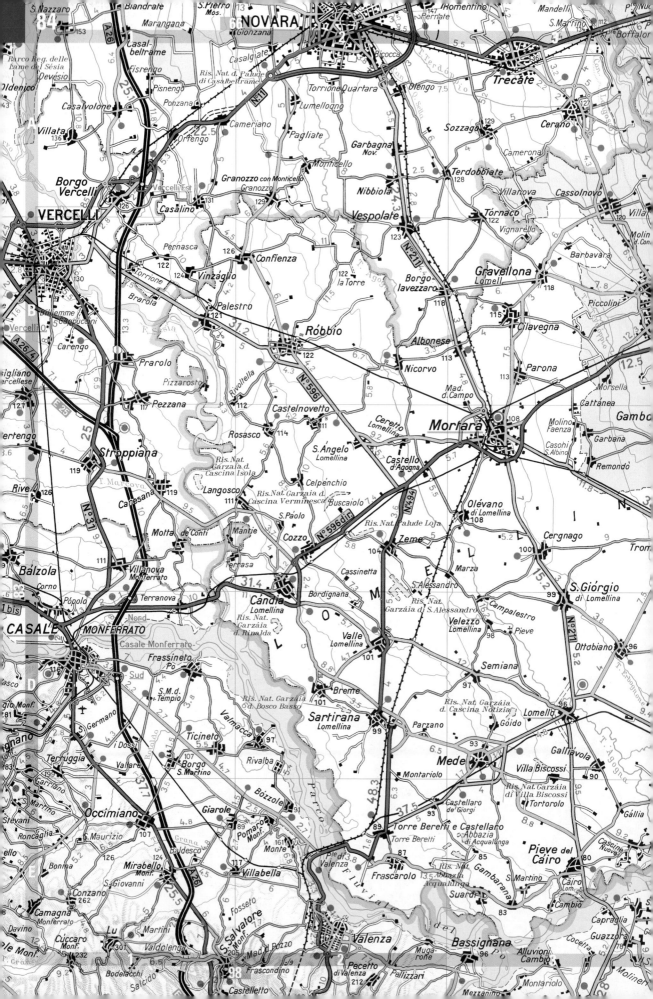

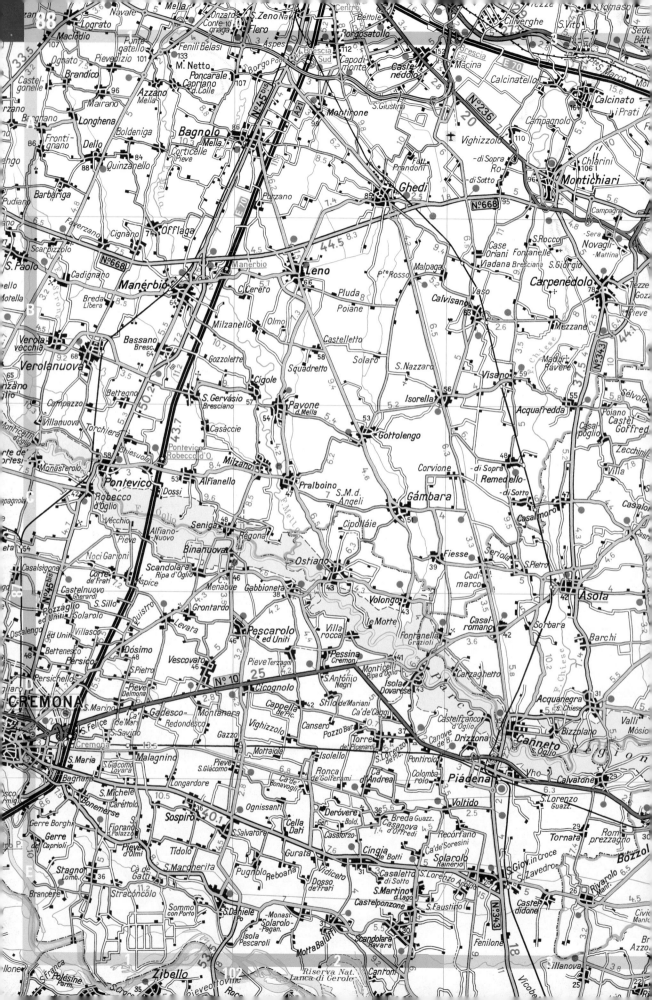

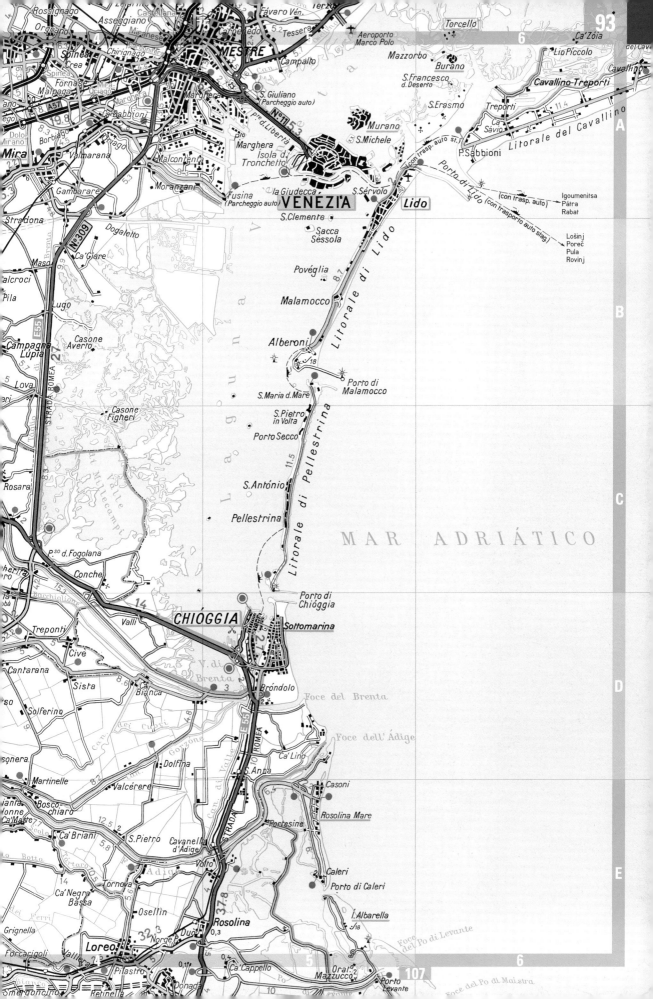

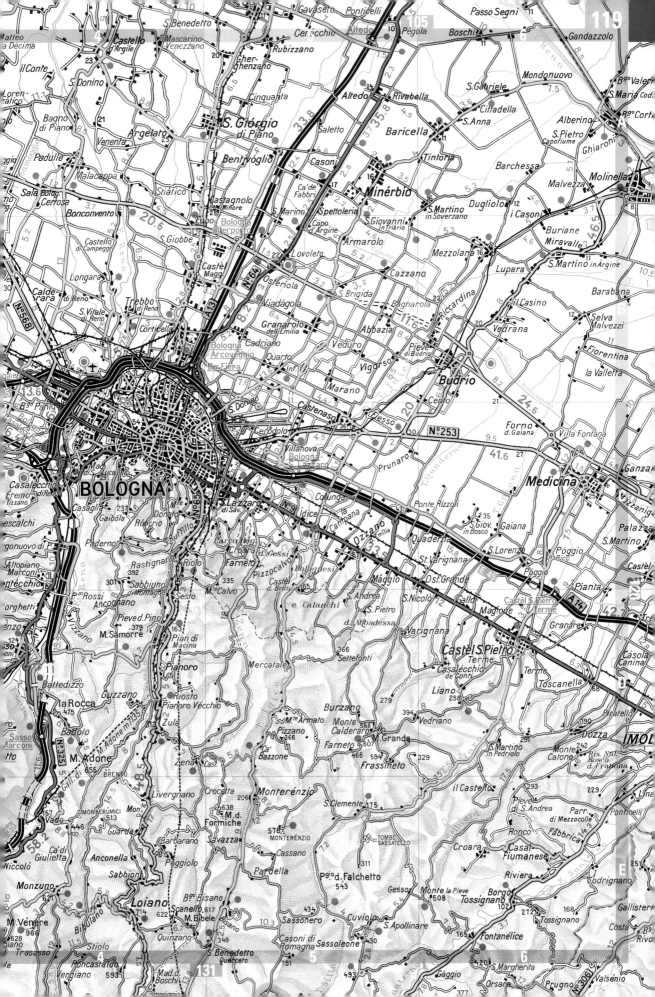

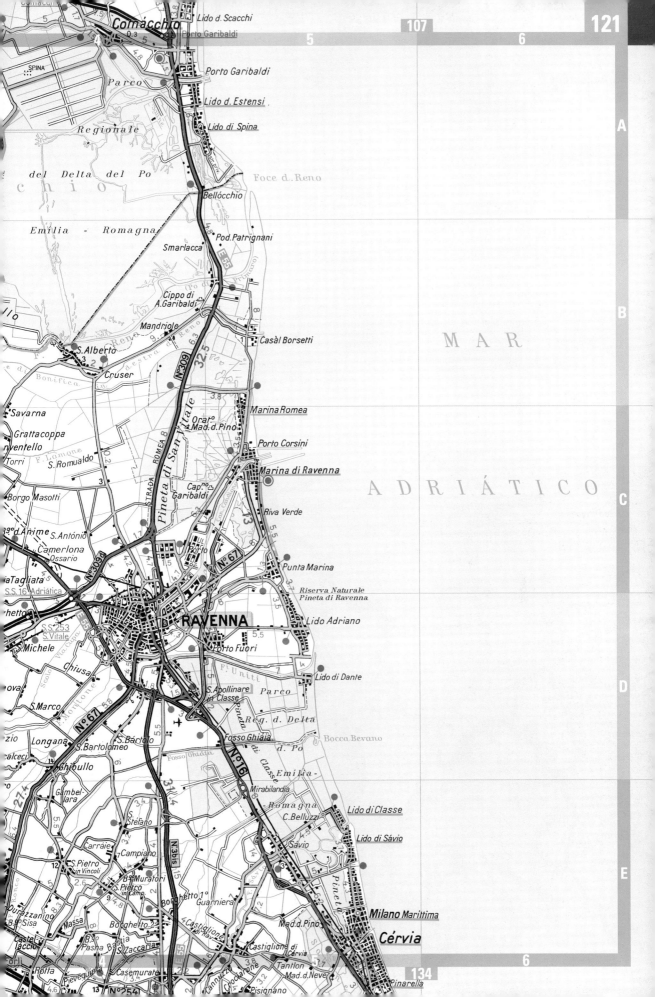

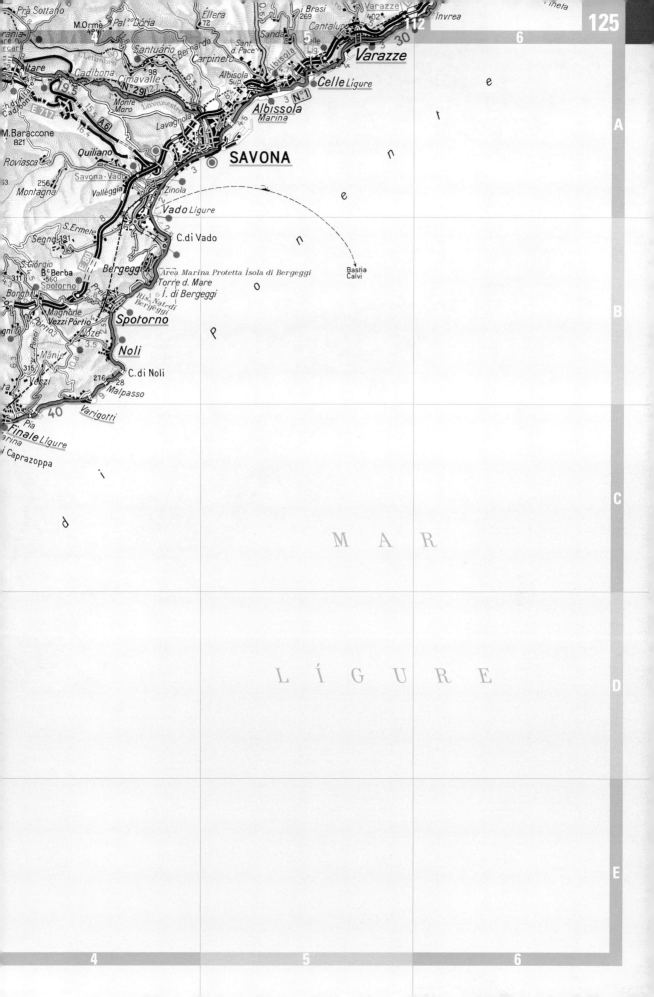

Prà Sottano
M.Orme
Pal.zo Dòria
Éllera
i Brasi
269
Varazze
Invrea
Santuário
S.Bernardo
Carpineto
Sant.
d. Pace
Celle
Lig.
30
Varazze
Altare
Cadibona
Cimavalle
Albisola
Sup.
Celle Ligure
ràniaⁿ
carì
E 717
Cadibona
M.Baraccone
821
Monte
Moro
Lavanestre
Albissola
Marina
N° 1
Roviasca
Quiliano
Lavagnola
A
Montagna
256
Savona-Vado
Valléggia
Zinola
3
SAVONA
S.Ermete
Vado Ligure
Segno 191
2
C.di Vado
nt
e
S.Giórgio
B.co Berba
560
Spotorno
Bergeggi
Area Marina Protetta Ísola di Bergeggi
Torre d. Mare
Ris. Nat. di
Bergeggi
Í. di Bergeggi
o
B
Magnòne
Vezzi Pórtio
Spotorno
Vòze
3.5
Noli
P
315
Vèzzi
276
C.di Noli
28
Malpasso
40
Varigotti
Pia
Finale Ligure
i Caprazoppa
i
d
C
M A R
D
L Í G U R E
E
Bastia
Calvi

A

MAR ADRIÁTICO

B

C

liano Marina

Riccione

Misano
Adriático

Cattólica

Gabicce Mare

Gabicce Monte

Ca'Rastelli

Montalbano

Parco

Casteldimezzo

Cella

Cattólica

S.Giovanni
in Marignano

Granarola

Fiorenzuola
di Focara

Monte

S.Bartolo

Tombaccia

Mercato

Gradara

la
Siligata

S.Marina

S.Andrea
in Casale

Pian
di Ventena

S.Stefano

Roncáglia

brighe

Ca'M.di S.
Bartolo

D

Bréscia

S.Maria
Pietrafitta

S.Maria Fabbr

PÉSARO

orciano

S.Maria H.Monte

Tavúllia

234

S.Maria Fabbr

Rom.

S.Rocco

Case
Bruciate

Pesaro-Urbi

Béttola

267

Pozzo
Alto

137

Villa
Fastiggi

150

11.5 Fosso Sejore

Meleto

Bgo S.Maria

Grotte

S.Veneranda

84

Trebbiantico

Montegri
dolfo

Montécchio

Usteria
Nuova

Chiusa
di Ginestreto

Villa
Ceccolini

Novilara

215

daina

603

Belvedere
Fogl.

302

Bottega

Apsella

Castello

Montelabbate

la Valle
di Ginestr

Candelara

S.Andrea

Fenile

FANO

Talácchio

140

Cappone

S.Angelo
in Lizzola

312

Ginestreto

S.M.d'
Arzilla

Terme

Centinarola

Mad.
del Ponte

Colbórdolo

Ripe

293

Farneto

125

Carignano

Eremo
di M.Giove

Massano

Monte
gáudio

Monte
S.Maria

Cáiro
116

Villagrande

S.Cesareo

Magliano

Cuccurano

Bellocchi

E

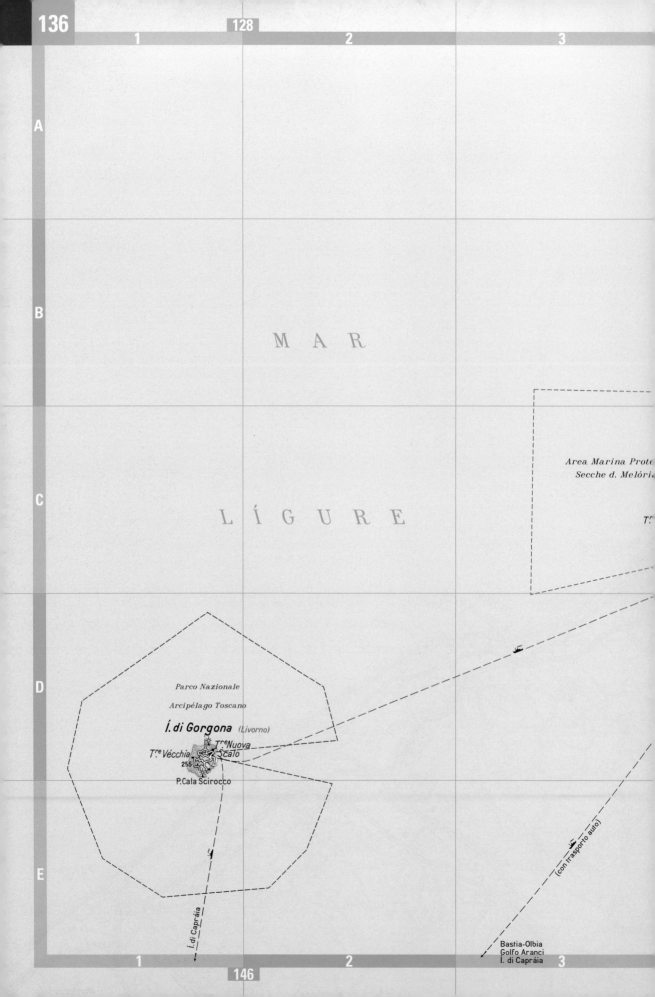

M A R

L Í G U R E

Area Marina Prote
Secche d. Melória

T.

Parco Nazionale

Arcipélago Toscano

Í. di Gorgona *(Livorno)*

T.re Nuova
T.re Vécchia Scalo
255
P. Cala Scirocco

(con trasporto auto)

Í. di Capráia

Bastia-Olbia
Golfo Aranci
Í. di Capráia

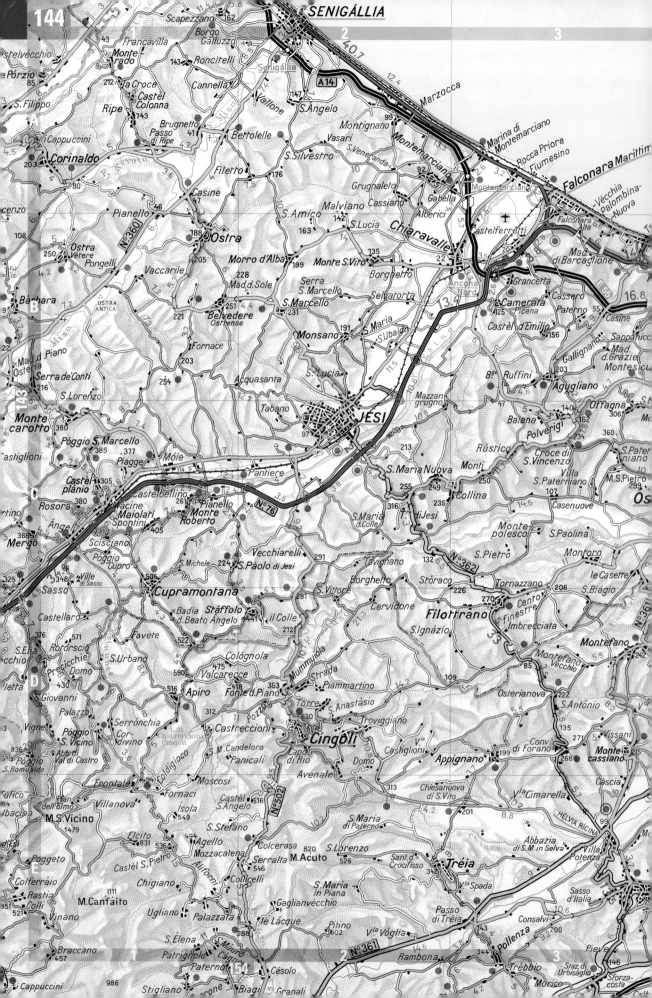

Bar - Kérkira - Durrës - Pátra - Stari Grad - Zadar

(stagionale con trasporto auto)

(con trasporto auto)

Igoumenitsa - Split

ANCONA

Borghetto

Pocatoral

nocchio

Cándia

Baráccola

Pian di S. Biazzaro

Pietralacroce

Tavernelle 236 M. dei Corvi

Montacuto

Scóglio d. Trave

Varano

Póggia

Parco

Regionale

Portonovo

S. Maria di Portonovo

Angeli

del

M. Cónero

572

M A R

A D R I Á T I C O

Massignano

Badia di S. Pietro

Cónero

Fonte d'Ólio

Camerano

S. Lorenzo

Sirolo

S. Biágio

Stéfano

Áspio T.

125

56

Numana

Óstimo Stazione

Cóppo

Marcelli

265

Svarchi

Abbadia

S. Rocchetto

S. Sabino

Crocette

Campocavallo

Ossário

Castelfidardo

Musone

P.to Recanati

Scossicci

Loreto

Porto Recanati

F. Potenza

Bagnola

Costa Bianca

No 77

Castelnuovo

145

Montarice

Parr. di

Chiarino

S. Maria

in Potenza

Recanati

265

No 571

S. Girio

20

A 14

S. Leopardo

16

S. Firmano

Sambucheto

Potenza
Picena

Cappucc.

Montecanepino

Porto Potenza

Picena

Monte

lupone

S. Ignázio

Giardino

Buonaccorsi

Mad. d. Monte

Monte Nuovo

S. Lucia

Mad. d. Pianto

Alviano

T. Ásola

Fontespina

Civitanova Marche

157

Monte

cosaro

Morrovalle

Civitanova M.
Alta

S. M. Apparente

MACERATA

Passionisti

S. Liberata

S. M. d. Vérgini

S. M. a Piè

di Chienti

Civitanova M.

Civitanova
Marche Ovest

No 485

S. Cláudio
al Chienti

Staz. di Morrovalle

Tródica

Piediripa

Montecosaro

Macerata Est-

Corridonia

Morrovalle

S. Filippo

Casette
d'Ete

Cascinare

Corva

**Porto
Sant'Elpidio**

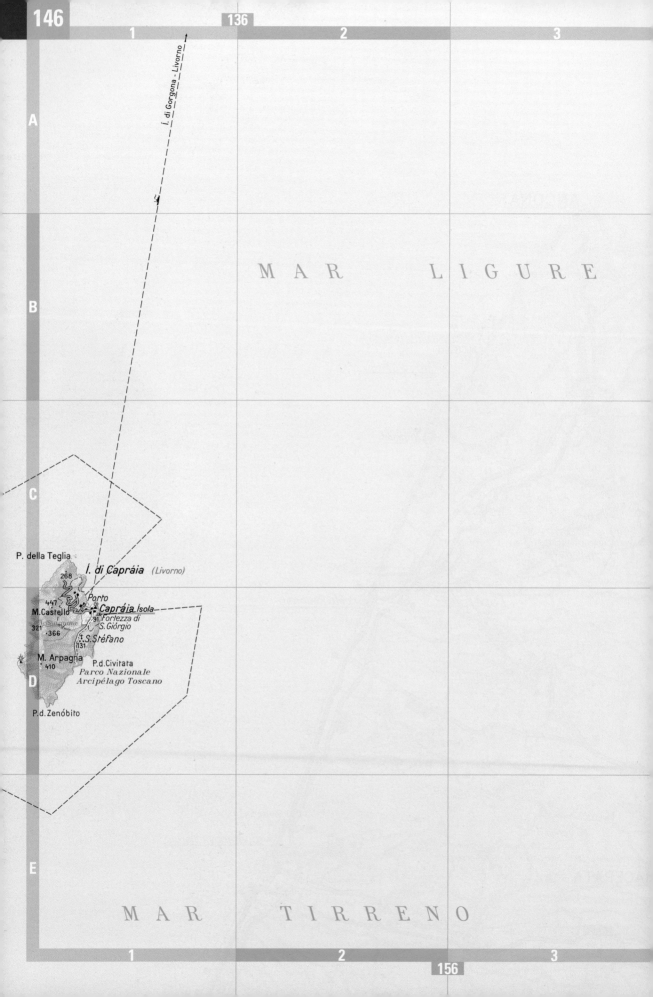

I. di Gorgona - Livorno

M A R   L I G U R E

P. della Teglia

Í. di Capráia *(Livorno)*

·268

·447

M.Castello

321

·366

†S.Stéfano

·131

M. Arpagna

·410

P.d.Zenóbito

Porto

Capráia Ísola

91 *Fortezza di S. Giórgio*

P.d.Civitata

Parco Nazionale Arcipélago Toscano

M A R   T I R R E N O

4 | **5** | **6**

Secche di Vada

Mazzanta

S. Pietro
in Palazzi

Cécina

Ris. Nat.

Marina
di Cécina

d. Tomboli

di Cecina

Staz.
Bibbona-Casale

la Califórnia

Montescudáio

Casino di T.

C. Ceciáia

Guardist.

Casale
Maritt.

A

M. Pozzác.

Bibbona

Ris. Nat.
di Bibbon

Marina di Bibbona
Forte di Bibbona

S. di Bólgheri

S. Guido

Bólgheri

Villa d. Póggio

Cast. lionce.

B

il Palone

V.la le Sabine

Casone

Marina di Castagneto
Carducci

St. Castagneto Card.

V.la Margherita

Donorático

T.re Segalari

Castagneto
Carducci

Pte d'Oro

Branco

C. Rossa

Casone

Capo di Monte

Sasse

M. C

Pod. Pianali

S. Vincenzo

S. Carlo

M. Calvi

Prata

Rca DI S. SILVESTRO

Riva d. Etruschi

Botro
ai Marmi

Mad. di Fucinaia

C. Cavalleggeri

Rimigliano

Lumiere

Campiglia
Maritt.

Terme

Cafággio

Caldana

D

Venturina

la Torráccia

Golfo di Barat

P.gio
all'Agnello

St. di
Campiglia
Mar.

Banditelle

Baratti

St. Populónia

la Sdriscia

Populónia

TOMBE
ETRUSCHE

F. Cornia

Staz. Fiorentina
di Piombino

C. Vignarca

St. Vignale-Rioforte

P. Rio Fanale

M. Massoncello

Torre del Sale

Carbo

E

Salívoli

Porto Vécchio

Marina di Salivoli

Piombino

la Rocchetta

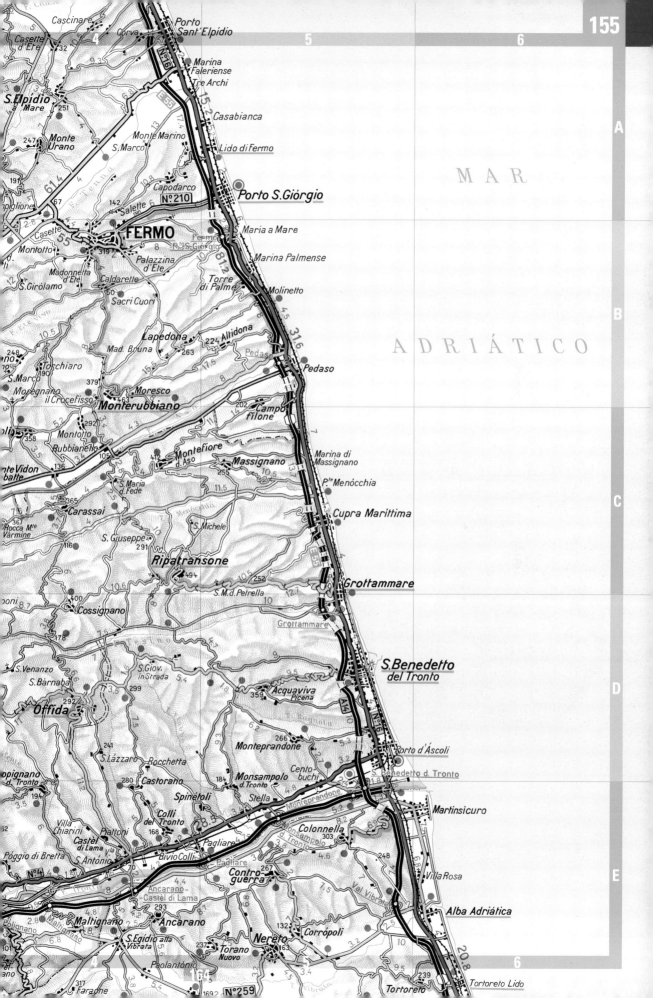

MAR

ADRIÁTICO

Cascinare
Casette d'Ete
Corva
Porto Sant'Elpidio
Marina Faleriense
Tre Archi
S.Elpidio a Mare
Monte Urano
S.Marco
Monte Marino
Casabianca
Lido di Fermo
Capodarco
Salette
Porto S.Giórgio
FERMO
Fermo P.ta S.Giorgio
S.Maria a Mare
Montotto
Palazzina d'Ete
Marina Palmense
S.Girólamo
Madonnetta d'Ete
Caldarette
Torre di Palme
Casette
Sacri Cuori
Molinetto
Lapedona
Mad. Bruna
Altidona
Pedaso
Toschiaro
S.Marco
Moresco
il Crocefisso
Monterubbiano
Campofilone
Mosegnano
Montotto
Rubbianello
Montefiore d.Aso
Massignano
Marina di Massignano
S.Maria d.Fede
P.le Menócchia
MonteVidon Combatte
Carassai
S.Michele
Cupra Marittima
S.Giuseppe
Ripatransone
Cossignano
S.M.d.Petrella
Grottammare
Grottammare
S.Venanzo
S.Bárnaba
S.Giov. in Strada
S.Benedetto del Tronto
Offida
Acquaviva Picena
Monteprandone
Porto d'Áscoli
S.Lázzaro
Rocchetta
Monsampolo d.Tronto
Centobuchi
S. Benedetto d. Tronto
Castorano
Stella
Monteprandone
Spinetoli
Martinsicuro
Villa Chiarini
Piattoni
Colli del Tronto
Colonnella
Póggio di Bretta
Castèl di Lama
S.António
BivioColli
Pagliare
Monsampolo d.Tronto
Villa Rosa
Ancarano-Castèl di Lama
Controguerra
Val Vibrata
Alba Adriática
Maltignano
Ancarano
S.Egidio alla Vibrata
Nereto
Corrópoli
Torano Nuovo
Paolantónio
Faraone
Tortoreto
Tortoreto Lido

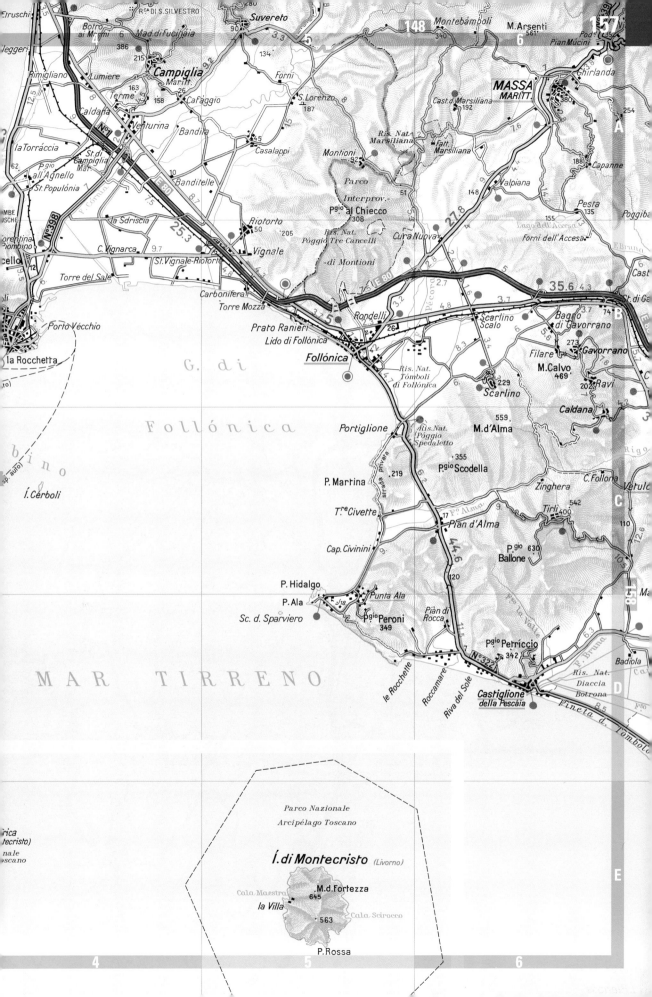

Martinsicuro

Villa Rosa

A

Alba Adriática

20.8

Tortoreto Lido

15.3

32.3

B

Giulianova Lido

Giulianova

S. M. a Mare

N.55

MAR

Cologna Spiàggia

N.16

Giulianova-
Mosciano S. Angelo

7.7

Cologna

227

Giammartino

9.7

6.5

Montepagano

286

7.8

Roseto degli Abruzzi

ADRIÁTICO

C

Morro
d'Oro

215

Casal
Thaulero

4.1

capoli

S. M. di
Propezzano

Roseto

Scerne

5.3

11

4.8

68

7.8

186

Casoli

7.8

Fontanelle

176

Pineto

6

S. Margherita

Atri
Pineto

Area Marina Protetta
Torre del Cerrano

263

8.7

321

acomo

270

7

Atri

Mutignano

Ris. Nat.
anchi di Atri

444

Mad. d. Grázie

8.2

N.16

28

D

N°553

Silvi
Paese

Villa
Bozza

20.5

Silvi

Silvi Marina

Villa
S. Romualdo

Mad.
Addolorata

S. Silvestro

Marina

272

Castilenti

9

Sorricchio

Città S. Angelo

Città
S. Angelo

Montesilvano
Marina

Elice

259

317

130

12.2

Mad. d. Pace

8.5

Mad. d'Angeli

Cipressi

Montesilvano

Ris. Nat.
Pineta di S. Filomena

Split

N°81

166

Montesilvano
Colle

160

S. Filomena

E

259

Piccianello

135

Cant

Picciano

170

7.4

Cappelle sul Tavo

35

S. Giovanni

PESCARA

S. Lucia

122

438

253

Collecorvino

3.5

31

219

Pineta D'Avalos

N.16

S. M. in Colleromano

Bárberi

S. Maria

Spoltore

Zona Ind.

174

Pretaro

Loreto

170

Caprara

129

E.55

N.16 bis

4

5

6

(con trasporto auto stagionale)

1 2 3

A

Formiche di Grosseto

*Parco Nazionale
Arcipélago Toscano*

T.e di
Collelungo
T.e dell'Uc **158**
S.RABANO
Cala di Forno
Torre
Pgio Raso
280

Pgio
Lecci
St.d'Alberese
124
M.Cornuto
246
Collécchio
236
C.Ma
107

232
82

Maremma

No 1

218
St.di Talamone
Bengodi
Talamone
Fonteblanda
13

S.Donato
Vécchio

B

Bocca d'Albegna
Ale
E 80

VIA AURÉLIA ETRUSCA
83

Ris.Nat.
Laguna di
Orbetello

Tómbolo di d.l Giannella

Laguna

C

P.Lividónia
Porto
S.Stéfano
S.Liberata
Orbetello
3
Terraros
Or
M.Spaccabellezze
P.Cala Grande
255
No 440
2.5

(con trasporto auto)

Í.Argentarola
Cala Píccola
Cala Píccola
Conv.to
Passionisti
Cala G

Monte Argentário
M.Fili
Porto

P.d.Fenáio
235
Giglio Castello
C.d'Uomo
635
Í Telégrafo
I'l'Isol

P.Faraglione
407
Giglio Porto
Ísola Rossa
1

Giglio Campese
207
Giglio Porto
Cala d.Canelle
P.di T.re Ciana
P.Avoltore

Í.del Giglio
(Grosseto)
Pgio d.Pagana
498
Cala d.Alberi

*Parco Nazionale
Arcipélago Toscano*

D

P.d.Capel Rosso

(stagionale)

E

VILLA ROMANA
P.Secca
78
la Spalmatóio
88
Í.di Giannutri (Grosseto)
i Grottoni
P.d.Capel Rosso

*Parco Nazionale
Arcipélago Toscano*

1 2 3

Città S. Angelo
S. Silvestro
Marina
S. Angelo
Mad. d. Pace
Montesilvano Marina
Montesilvano
Montesilvano Colle
Ris. Nat. Pineta di S. Filomena
S. Filomena
PESCARA
Split (con trasporto auto stagionale)
Cappelle sul Tavo
S. Lucia
S. Giovanni Madonna
Ilecorvino
Spoltore
Zona Ind. Pesc
Pineta D'Avalos
Pretaro
Francavilla al Mare
Caprara d'Abruzzo
M.d.Lago
Moscufo
Sambuceto
Sambuceto
S. Giovanni Teat
Fontanelle
S. Silvestro
Foro
St. di Tollo-Canosa Sann.
Lido Ríccio
P. di Ferrúccio
Pianella
Cerratina
Castellana
Villanova
Villanova
Pescara-Chieti
Dragonara
Salvatezza
Torremontanara
Torrevecchia Teatina
Francavilla C.
Saviri
ORTONA
Rapattoni
Cepagatti
Vallemare
Chieti Scalo
CHIETI
Villareia
Castelferrato
Ripa Teatina
Miglianico
Sconchiglio
Aquilano
Villa S. Tommaso
Cimit. Canades. P. di Acqua
Villa S. Anni
Olivèri
Chieti
Villareia
Villámagna
Tollo
Collesecco
Villa Grande
Casino Vezzani
Villa S. Leonardo
Brecciarola Cant.
pte di Alento
S. Rocco
Giuliano Teatino
Villa Tucci
Crecchio
Villa Caldari
Villa Apollinare
Villa Torre
Manoppello Scalo
S.M. Arabona
Bucchiánico
Vacri
Ari
Canosa Sannita
Villa Rogatti
Ripacorbária
Casalin contrada
C. Spaccato
S. Giov.
S. Pietro
le Piane
Guastámeroli
Trégli
Tu riva tignani
Reginaldo
Semivicoli
Arielli
Frisa
Giusta
Manoppello
Terranova
Dándalo
Viano
Poggiofiorito
Serramonacesca
Fara Filiórum Petri
Casacanditella
S. Basile
Spaccarelli
LANCIANO
Villa Martelli
Scorciosa
Lettomanoppello
S. Rocco
Roccamontepiano
S. Martino
S. Marrucina
Filetto
Villa Andreoli
Villa Romagn
S. Liberatore a Maiella
Iconicella Práie
Orsogna
Nasuti
Castèl Frentano
S. Rocco
Villa Stanazzo
Roccamorice
Pretoro
Rapino
Crocetta
S. Croce di Eusánio
Villa Elce
Mad. d. Mazza
P.so Lanciano
T.re D. Colle
Guardiagrele
Comino
St. di Guardiagrele
Piano d' Fonti
Rizzacorno
Parco
C. d. Civita
S. Spírito a Maiella
S. Salvatore a Maiella
S. Bartolomeo
S. Domènico
N° 363
Ciommi
S. Eusánio d. Sangro
Verratti
Ris. Nat. Lago di Serranella
Deconta
Nazionale
la Maielletta
Piana d. Mele
Bocca di Valle
Pissavini
Capolegrotte
Capoposta
i Banchetti
Larona
Guarenna
San Tommaso
Piazzano
mánico Terme
Croce
S. Nicolao
Grotta S. Giovanni
Pennapiedimonte
Pte Avella
Aventino
Palombaro
Blockhaus
della
Majella
Grotta Caprara
il Martellese
Cásoli
S. Angelo
Altino
Colli
Perano
S. Amico
S. Marco
S. Eufémia a Maiella
Mor Mar
S. Luca
M. Acquaviva
Fara
S. Martino
Civitella Messer Raimondo
Mácchie
Archi Staz.
Archi
Capríglia
Malpassággio
M. Amaro

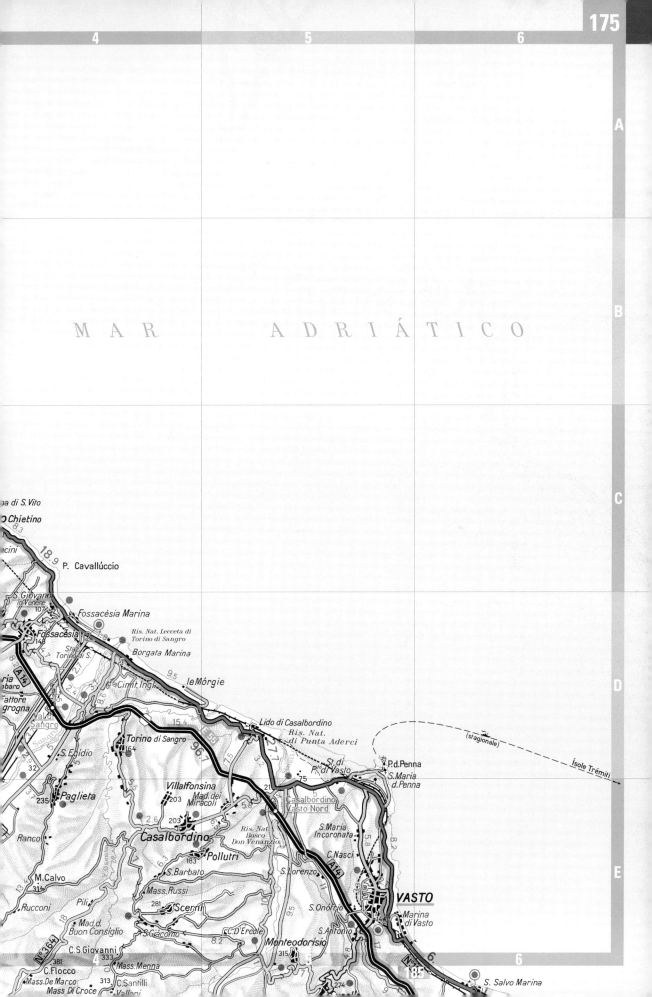

A

M A R   A D R I Á T I C O

B

C

...na di S. Vito

...o Chietino
83

...acini

18.9   P. Cavallúccio

S. Giovanni
in Venere
107   Fossacésia Marina

Fossacésia
148
Staz.
Torino di S.

Borgata Marina

Ris. Nat. Lecceta di
Torino di Sangro

...ria   Cimit. Ingl.   le Mórgie
...baro
...attore
...grogna

Val di
Sangro

9.5

15.4

E55

Lido di Casalbordino

Ris. Nat.
di Punta Aderci

D

(stagionale)

Ísole Trémiti

S. Egidio
164   Torino di Sangro

96.7

7.5

St. di
P.o di Vasto

P.d. Penna

S. Maria
d. Penna

32

5

Paglieta
235

Villalfonsina
203   Mad. dei
Miracoli

2.6   203

Casalbordino

Pollutri
183

S. Barbato

Ris. Nat.
Bosco
Don Venanzio

21

75   5

Casalbordino
Vasto Nord

5.8

S. Maria
Incoronata

C. Nasci

5.8

8.2

E

Ranco

M. Calvo
311

Rucconi   Pili

Mass. Russi

Scerni
281

S. Lorenzo

9.5

S. Onófrio

A14

VASTO

Marina
di Vasto

Mad. d.
Buon Consiglio

S. Giácomo

C. D'Ércole

8.2

Monteodorisio

315

S. Antonio

N.364

C. S. Giovanni
333

Mass. Menna

C. Flocco
381

Mass. De Marco
313   C. Santilli

Mass. Di Croce   Valloni

274

S. Salvo Marina

1   2   3

A

Civitavecchia Nord
M. Tolfáccia

M. Paradiso
327

TERME
TAURINE

CIVITAVÉCCHIA

M. Quartáccio
344

120

Vill.gio d. Fanciullo
Aurélia
T.re Marangone

Civitavécchia Sud

A12

S. Severa

(con trasporto auto)

11.2

5.2

6.8

Palermo - Tunisi

(con trasporto auto)

C. Linaro

Cast.

Grottini

S. Marinella

S. Severa

Ólbia

PYRGI

Ris
Macchiat

B

Arbatax - Cágliari

(con trasporto auto)

C

M A R

D

T I R R E N O

E

1   2   3

4   5   6

S. Salvo Marina
Marina di Montenero
Vasto Sud
M.Bello
121
E 55
23.5
Petacciato Marina
Mass. Rampa
Mass. Luciano
Petacciato
225
5.5
Torre Saracena
Térmoli
C.S.Blásio
125
10
15
Ísole Trémiti
A
162.
9.5
C.d.Sentinella
S.M. Valentina
Mass. D'Amário
180
169
C.Gessaro   168
Mad.d.Viandante
Térmoli-Molise
Campomarino
160
S.Giácomo degli Schiavoni
Lido di Campomarino
Montenero di Bisáccia   273
C.Serramano   282
6.5
51
31
S.Éramo
Mass. Giordano
9.3
B
Tavenna   550
Montecilfone
N°483
S.Éramo
M.Cóccia   235
St.Guglionesi-Portocannone
E 55
C.d.Fico   234
Guglionesi   369
Portocannone   149
C.Savino
40
Torre di Ramitelli
Palata
N°157
405
2.5
5.3
83
il Monte   541   520
S.Léucio
5.8
N°647
33
Clitérnia Nuova
28
S.Giusta   3
C.d.Termine   214
Staz.di S.Martino
6.4
Chié
acquaviva   425
N°87
S.Martino in Pénsilis   281
C
526   C.di Acquaviva
C.Coppere   361
10
S.Martino in Pénsilis
265   C.S.Giovanni
Imauro
Mass. D'Elisis
P.te Liscione
8
il Convento
9.6
12.5
250   M.Peloso
i Cappuccini   Cant.
Ururi   4.2
Mass.Bosco Pontoni
186
Guardialfiera   285
P.te Scipione di Blasi
341
Larino
S.Leonardo
St.di Ururi
Rotello
265
N°480
11.2
Sra Guardiola   669
C.Fara   334
Casone Cantalupo
476
M.Cece   697
10.5
Mass. Ricci
N°376
mararo   505
13.2
654
6.3
188   Cant.
C. Ruggero   1253
D
bottáccio
Sant.°Mad. d.Difesa   641
Montório nei Frentani
RUD. DI GERIONE
Rotello   845
Mass. Piscicelli
8.8
52.6
270
Casacalenda
Áia Paglia
Mass. Stallone
Mórrone del Sánnio   839
Conv.to di S.Onófrio
7591
Montelongo
TORRE DI MAGLIANO   608
S.Croce di Magliano
E
Castellino del Bifermo
Cerro Rúccolo   889
Bonefro   620
Mass. Abbazia
Ripabottoni   654
817
N.376
S.Giuliano di Púglia   452
M.Calvo   409
Mass. il Casone
CAST. DI DRAGONARA
St.di Ripabottoni-S.Elia   100
515
Colletorto   373
C.d'Armi   251
E
V.ta Centocelle
Mass. Vallevona
St.di Campolieto-Monacilioni   751
230
N.212
Mass. Don Tommaso
101   Cant.
Mass. D'Ardes
Tav.d.Trattuiro   735
Campolieto
4   5   6
196   S.Elia a Pianisi   666
Casalnuovo Monterotaro   430   167

MAR

1　2　3

A

B

Lido di Tor
Foce Schiapparo
Ris. Nat.
Lago di Lés
Láure
St. di Chiéuti-
Serracapriola
Marina di Chiéuti
Bocca Nuova
28.1
P. Pietre Nere
Torre Scampamorte
Torre Mozza
Torre Fortore
Marina di Lésina
C. Acquarotta
3.2
13.1
St. di Ripalta
Cornone
Torre di
Ramitelli
Pod. S. Nicola
Lago　di　Lésin
C. Zappino
3
Mass.
Viarelle
S. Ágata
C. Caniglia
di Sotto
C. Chirò 14
12.4
Í. di S. Clemente
8.4
Ripalta
Póggio
Imperiale
6
Lésina
Mass.
Caniglia
di Sopra
60.8
Mass.
Zaccagnino
10.4
C. S. Matteo
St. di
Lésina
S. Vito
Chiéuti
221
64
3
Mass. Nisi
Mass.
S. Nazzário
69.5
San Nicand
Gargánico
11.4
28
148
Coppa
di Rose
6.3
A14
Mass.
Scarpelli
Mass.
S. Spirito
8.6
29
Convº d. Cappuccini
258
5.4
73
10.6
8.7
Póggio　Imperiale
512
Pso di Ingarano
274
12.6
160
106
St. di
Poggio Imperiale
9.5
Mass. S. Sabino
269
Serracapriola
Parco
Reg.
Mass.
Coppa di Rose
Mass. Cavaliere
Mad. dell'Incoronata
Apricena
St. di Apricena Sup.
185
54.6
5.5
Medio　Fortore
141
Mad. degli Ángeli
5.5
4.6
73
Mass. Zaccagnino
C. Mascia
4.6
C. De Luca
te di Civitate
Mass. Chirò
Mass. Difensola
141
5.5
St. di Apricena
78
CASTELF
685
7.5
Cant.
CHIESA DI CIVITATE
222
TORRIONE
6.8
dei Monaci
21.6
C. Galassi
Posta Nuova
Mass. Mezzana
d. Quércia
Nº 376
C. Alborino
9
S. Páolo
di Civitate
187
Capp. di Belmonte
C. D'Alfonso
Mass.
Torre
d. Giunchi
4.3
St. di S. Marco
in Lámis
29
8.3
Mass. Piscicelli
Mass. Pietra Cipolla
12.2
3.8
473
M. della Do
119
7.6
Cant.
10.1
4.6
Mass.
la Marchesa
Mass. Russo
Vla Ciáccia
Torre-
maggiore
168
S. Severo
S. Matteo
E
C. d'Armi
251
Mass.
Casone d. Valle
68
Mass. Resicata
8.5
4.8
3
Nº 272
4.3
Casone
12
Pte d. Porco
5.8
4.5
Mass. Cúpeta
Palmieri
7.8
Mass.
Petrofiani
C. Mortore
C. Mascia
4
Mass. Zannotti
10.2
9.8
Mass.
li Gatti
3.6
Mass. S. Giusta
la Cámera
C. Rubino
2.3
Mass. Tabanaro
122
Mass.
Coppa Castello
Ple
S. Giusta
5.2
Mass.
Ratino
Mass. Figurella
Mass. Pazienza
Pte S. Maria
Mass. Sicária
197
CAST. DI DRAGONARA
Mad. della
Mass. Stilla
114
205
CASTEL
li Cálici
1　2　3

Nº 16
Nº 89

4 5 6

A

A D R I Á T I C O

Ísole Trémiti

Torre di M.Pucci

St.di Péschici

Valazzo

Bellariva

Rodi
Gargánico 42

S.Menáio

S.Michele

342

Cappuccini

B

Torre Mileto 7

Capoiale

Ris. Nat.
Ísola di Varano

Foce di Varano 16.8

Lido
d.Sole

St.di
Ischitella

Mass.
Montanari

C.Valente

Ischitella

310

M.Grande

507

520

Vico
del Gargano

Fucito

M.d'Élio 260

C.Metilde

C.Forquet 13 107

N.693

L. DI V a r a n o

S.Nicola
Varano

Crocifisso
di Varano

le Taverne

C.di Ventrella

M.la Tribuna

530

M.Iacovizzo 680

13.5

F.ta Bivio
Capoiale

C.Vocino

640

M.lo Sfrizzo

N.89

St.di S.Giácomo 14.8

Torre
Antonáccia

St.di
Carpino

S.Anna

238

C.De Perna

147

777

C.Gaggiano

Bagno

Bosco di
Spina Pulci

589
P.zo di Nido
di Corvo

Mass.
D'Addetta

Wad.di Lorето

165

Cagnano
Varano

Carpino

M.di Mezzo

C

Parco

Coppa Ferrata
913

Mass.
De Simone

M. Vernone
648

839

C.Cantoniera
634

N.528

794

Mass.
Azzar

C.Campanozzi

N a z i o n a l e

C.Rignanese

M.Spigno
1008

668

Cant.

D

711

M.la Serra
754

Coppa di Mezzo
902

664
C.Massarotto

Mass. Paolino
728

105

Coppa

Gratta di
Montenero

Montenero
1014

M.Calvo
1055

Alveo d.r S.Egidio

Mass.
Cornello

643

884

Monte S.Ángel
796

Coppa di Mastro Stéfano
799

Maria SS.
ignano

S.Marco
in Lámis
550

S.Matteo
in Lámis

i Cappuccini

S.Giovanni
Rotondo
566

Posta Padovano

Cant.

N.272
527

M.degli Ángeli

Mad.d.

Mass.
Valente

11.5

697

Borgo Celano

Coppa della Macchia
683

C.Campolato

Grava di
Campolato

Ruggiano
578

541

Tomaiuolo

S.Maria
di Pulsano

la Pace

N.89

16

Mad. di
Stignano

C.Surdo

Pal. Léccia

S.Salvatore
535

Castello

gnano
ánico
590

M.Ividori
512

C.la Torre

l'Annunziata

N.273

Mass. Polverácchio

E

Villanova

G.ta Paglicci
le Grotte

Mass. Palacane

Mass. Piccirella

Mass.
don Gennaro

Mass. Miscilli

13.5

Castello

Manfredónia

grande

Mass. Del Bono

Posta M.ª Granata

P.le Ciccalento
P.le Petrosino 22

126

Cant.

Mass. Russo

S.Maria
di Siponto

Lido di
Siponto

Cappelli

Mass.
Mercaldi Nuova

Cabo da Uccello

Mass. Carmela

Mass.
Resecata

S.Leonardo di Siponto

4 5 6

1

2

3

A

Area Marina Protetta
Ísole Trémiti
Parco Nazionale
del Gargano

56

I. Capráia
o Caprara

I.S. Nicola

i Camèroni

S. Nicola di Trémiti

Vill.gio Vacanze d. T.C.I. 176

I.S. Dómino

G.ta d.Bue Marino

G.ta d. Sale

Vasto

Térmoli

Vieste
Rodi Gargánico

I. Pianosa

Rif.d.Pescatori

Parco Nazionale
del Gargano

Isole Trémiti

I. Pianosa

I. S. Domino

Rodi
Gargánico

188/9

186/7

198/9

Foggia

Barletta

Andria

Trani

Bari

208/9

B

Ísole Trémiti

Rodi
Gargánico 42

Bellariva

S. Menaio 342

Valazzo

Torre Mileto 7

Capoiale

Ris. Nat.
Ísola di Varano

Foce di Varano

Lido
d. Sole

St. di
Ischitella

16.8

Ischitella

do di Torre Mileto

M.d'Élio
260

C.Metilde

Torre Varano

Muschiaturo

Mass.
Montanari

C.Valente

445

520

507

6.6

310

M.Grande

Ris. Nat.
di Lésina

Láuro

C. Forquet

107

Crocifisso
di Varano

C.di Ventrella

L. DI VARANO

M. la Tribuna

530

C.De Perna

C.
Saggese

3.2

S.Nicola
Varano

Torre
Antonáccia

C

C.Gaggiano

N.693

C.Vocino

2.7

238

St. di
Carpino

S.Anna

147

Bívio
Capoiale

6.2

M. lo Sfrizzo

N.89

14.8

640

St. di S.Giácomo

Bagno

Carpino

M. di Mezzo

M.di Mezzo

224

Bosco di
Spina Pulci

589

P.zo di Nido
di Corvo

Mass.
D'Addetta

Mad. di Loreto
165

Cagnano
Varano

8

12.6

648

San Nicandro
Gargánico

Coppa Ferrata
913

Mass.
De Simone

M. Vernone

20.3

C.Cant
634

186

C.Campanozzi

P   a   r   c   o

N   a   z   i   o   n   a   l   e

839

del

Garg

M.la Serra
754

Coppa di Mezzo
902

664

C.Massarotta

M.Spigno
1008

D

CASTEL PAGANO

685 M.Castello

P   R   O   M   O   N   T   O   R   I   O

215

del

DEL

711

Grotta
di Montenero

M.Calvo
1055

728

Mass. Paolino

Coppa di Mastro Stéfano
799

Montenero
1014

133

Mass.
Cornello

M.degli Ángeli

884

Sant.Maria SS.
di Stignano

S.Marco
in Lámis

S.Matteo
in Lámis

i Cappuccini

S.Giovanni
Rotondo
566

Posta Padovano

Alveo d.Rs.Egidio   Cant.

N.272

527

7.3

9.5

Marco
Lámis

11.5

550

697

Borgo Celano

5.6

1-7

9.3

C.Campolato

463

578

541

Ruggiano

Mad. di
Stignano

C. Surdo

6.5

Coppa della Macchia
683

Grava di
Campolato

della Donna
638

1.5

Pal. Léccia

S.Salvatore
535

Tomaiuolo

S.Maria
di Pulsano

E

Rignano
Gargánico
590

M.Ividori
512

C. la Torre

l'Annunziata

Mass.Valente

la Pace

N.89

Mad. di Cristo

Mass. Palacane

3.6

P.te Villanova
24

le Grotte

Mass. Piccirella

Mass.
don Gennaro

N.273

Mass. Miscilli

Mass. Poleverácchio

13.5

3.6

Mass.
Mezzanagrande

G.ta Paglicci

Mass. Del Bono

Manfredónia

Castello

3

Mass. Saldoni

Posta M.ra Granata

P.te Piccalento
P.te Petrosino 22

Mass. Russo

S.Maria
di Siponto

Lido di
Siponto

Mass. Caso

126   Cant.

Mass. le Mosce

MAR ADRIÁTICO

A

→ Ísole Trémiti

(stagionale)

(stagionale)

Manacore

d. Gargano

Pèschici
83

P.di S.Nicola
Torre di Calalunga
Torre Usmai
Scoglio Paradiso
Torre di Sfinale

Baia di Manacora

S.M. di Mad.
di Loreto
Calena
207

Coppa d.Fornaro
271

6.3
7.8

40.6

Ísola la Chianca

Spiaggia Scialmarino

B

MERÍNUM
S.M. di Merino
263
Coppa dei Fossi
221

Torre di Porticello

P.Lunga
S.Lorenzo

ppuccini
295

Coppa Sartágine

3
35

Piscina Comunara

7.5

Cava di Tufo

.9

Faro di S.Eufémia

319

N°89

Vieste
43
la Pietà

B. Manatecco

rgano

M.Cálena
485
Il Parchetto

13.5

680

M. Nicola
490

M. Chiaconcello
403

C.Mafrolla

Spiaggia d. Castello

Spiaggia di Pizzomunno

C

F
ivizzo

B. Sfilzi

B.d. Ginestra

19

C. Cupari

Lido di Portonuovo

Centro turístico
Gattarella
64

cola di S.Felice

o
R
E
S
T
A

U
m
b
r
a

341

S.Salvatore
385

Testa del Gargano
129

Baia di Campi

794
C.Forestale

G

A
R
G
A
N
O

Torre Palermo

832

Pietra Appesa
685

Cala Sanguinára

Portogreco

G.ta d. Marmi

Mass.
Azzarone

M. Iacotenente

682

Cant. Torre di Sagro
408

355

Baia di Pugnochiuso

Pugnochiuso

C.Guida

Valico d.Lupo
Torre Autrara

Coppa
S.Tecla

4.5

Cala d. Pérgola

D

C.Impiombato

M.Sacro
872 ·CONVENTO

N°89

M.Barone
355

G.ta d. Sogni

Baia dei
Gabbiani

Mass. Armillotti

52

5.5

Torre del Segnale

G.ta Smeralda

Báia d. Zágare

668

19.3
3

Acqua d.Rose

Coppa Guardiola
641

C'Ángelo

M.Acuto
539

Mattinata

P.º di Mattinata

7.5

Mad. d. Líbera

198
Bivio
la Cávola

P. Rossa

Grottone

7.5

Castello

Villággio
d'Arcángelo

E

Mass.
Torre Varcaro

(stagionale)

4   5   6

A

B

C

D

E

1
2
3

Guardapasso

VIA

Prática di Mare
(LAVÍNIUM)

Pomézia

Cant.

Campoleone

Cimit.Mil.
Tedesco

S. Prócula Magg.

Cant.

Campoleone
Scalo

Zingarini

B.go S. Rita

N.601

Cant.

Cant.

Tor Vaiánica

Campo
lémini

Árdea

Aprília

Spiággia
di Rio Torto

C.a la Fossa

Fossignano

N.207

178/9
180/1

Roma

Frosinone

190/1
192/3

Latina

200/1

Isole Ponziane

Napoli

214/5

Tor S. Lorenzo

Lido di
Lollia

Cant.

Lido di Tor
S. Lorenzo

Campo di Carne

Cant.

Marina
di Tor S. Lorenzo

Lido d. Pini

St. Padiglione

Lido d. Gigli

Lavínio

Staz.
Lido di Lavínio

Lido di Lavínio

Ris. Nat. Tor Caldara
Lido di Cincinnato

Cimit. Milit.
Brit.

Lido d. Sirene

Cim. Milit.
Amer.

Lido di Marechiaro

Nettuno

Ánzio

Anzio

Terracina

Í. Zannone

M. Pellegrino

194

Fórmia

Parco Naz. d. Circeo

Ponza

P. Tramontana

Í. di Gavi

S. Silvério

Í. Palmarola

la Piana

P. dell'Incenso

253

P. Vardella

P. Bosco

le Forna

Faraglioni di
Mezzogiorno

M. Core

Í. di Ponza

201

i Confin

Sp.gia di Frontone

177

S. María

Chiáia di Luna

G.te di Pilato

ÍSOLE PONZIANE

M. Guárdia

Ponza

280

le Formiche

(Latina)

P. della Guárdia

(con trasporto auto stagionale)

Sc.o la Botte

Colledoro
180
Mad. d. Monti
le Cone
MONTELUNGO

Ple Ulica
154
Cant.
Castel Ginnetti
220
Cori
398
M. Lupone
1378
Montelánico
97
Campo di Montelánico
757
51

Cle Nuovo di Presciano
le Castella
M. Arrestino
853
Ospedaletto
M. Perentile
1021
S. Pietro
604
539
Carpineto Rom
M.

Carano
Tomba di Menotti Garibaldi
Cisterna di Latina
77
il Castellone
NORBA
Norma
410
M. Gorgoglione
928
M. Pizzóne
709
1421
N°609
1536
M. Semprevisa
695
la Faggeta

Tre d. Padiglione
54
Isola Bella
VIA APPIA
63.5
5.4
4.8
Doganella
NINFA
Abb.a di Valvisciolo
Sermoneta
257
744
562
501
Mad. d. Angeli
Croce Moschitto
647
Chiesa Nuova
Suso
9.3

Campo- verde
25.8
Bgo Flora
Cant.
Casale d. Palme
Bgo Carso
Latina Scalo
Bassiano
861
Mad. d. Neve
612
M. Acquapuzza
505
M. Nero
445
229
Sezze
819

le Ferriere
29
6.2
Bgo Podgora
Epitáffio
Tor Tre Ponti
St. di Sezze
31.5
M. Trevi
6.2

Bgo Montello
8.3
31
Cant.
LATINA
N°156
Fáiti
3.9
Bocca di Fiume
6.2

Tre Cancelli
Bgo Bainsizza
Bgo Piave
7.5
S. Michele
6.7
Casal Traiano
N°7

Bgo S. Maria
Cant.
N°148
Bgo Pasúbio
Pontinia
Cant.

Acciarella
13
6.3
Bgo Sabotino
Cerreto Alto
4.8
Bgo Isonzo
3.5
5.7
Bgo Grappa

7
Lido di Foce Verde
Lido di Latina
3.6
Fogliano
3.2
Bgo S. Donato
40.7

Tre Astura
Lido di Capo Portiere
L. di Fogliano
6.4
Cant. Bella Fárnia

13.5
Cant. Cerasella
Bgo Vódice

L. di Caprolace
Cant. Capo d'Omo
25
Selva del Circeo
4.3

Fórmia (con trasporto auto)
Ventotène
Íschia
3.3
Sabáudia
17
S. Vito
19

P. dell'Arco
139
73
I. S. Stéfano
Ventotène (Latina)
Montenero
Molella
9.6
CIRCE
FONTE DI LUCULLO

Ris. Nat. e Area Marina Protetta
I. di Ventotène e S. Stéfano
Emissario Romano
Tre Páola
Grotta d. Maga Circe
541
M. Circeo
la Coña
Tre Vittó
S. Felice Cr

Faro di Torre Cérvia
MURA CICLOPICHE

Golfo di

Manfredónia

A

B

C

D

S. Maria di Siponto
Lido di Siponto
Mass. Pariti
Leonardo di Siponto
Mass. S. Spírito
Villággio Residenziale
Sciale Bórgia
Vigna Bálsamo
Vasche di Colmata
Candelaro
Scalo dei Saraceni
Mass. Gramázio
Mass. Cúpola
Ippocampo
e
Posta Berardi
Lido di Rivoli
44.2
azienda ccarini
ola degli Olivi
Cant.
9.5
Mass. Sipari
Zapponeta
Sette Poste
Mass. Conga Agnelli
5.2
97
N.159
Foce Aloisa
Torre Pietra
Mass. Inacquata
5.3
Foce Carmosina
Mass. S. Vito
Mass. Cáira
Riserva Naturale Saline di Margherita di Savóia
Canale Carapelle
S. Angeloni
Canale Carapellotto
N.545
Mass. la Risáia
SALÁPIA
Tressanti
22
Montaltino
Cant.
Salin e
4.5
la Luparella
Margherita di Savóia
Mass. Posta Nuova
Lupara
Mass. Trionfo
Mass. Anzani
17
Mass. Cafiero
Mass. Don António.
N.544
Trinitápoli
3.8
C. di Pace
Foce dell'Ofan
Mass. ramezzo
Mass. Posta del Preti
9
Mass. Mavellia
la Pila
Posta Uccello
Mass. Mangione
T.re d'Ofanto
Cant. 6.8
48
C. Ciarleta
P.te Staffa
13.6
Mass. Cándida
le Quattro Masserie
S.M. dei Manzi
Mass. Picocca
S. Michele
St. di Margherita di Savóia-Ofantino
35.9
Sálice
Mass. la Mácchia
Mass. Pozzo Colmo
6.5
Mass. Finocchio
8.2
N.93
ichele d. Vighe
Mass. l'Oliva
Cerignola E.
E.55
S. Ferdinando di Púglia
68
CANNE
Museo Canne d. Batt.
Montaltino
T.re Giúlia
Mass. De Biase
N.16
C. Colapatella
N.16
Cant.
St. Casalonga
22.2
Mass. S. Vincenzo
Mass. il Toro
94
9.4
C San Martino
S. Samuele di Cafiero
Casalonga
Mass. Poggiofranco
119
Mass. S. Maria
G. d. Mercante
Cerignola
120
Tannóia
6.8
N.98
P.te ROMANO
Canosa
V.la Pesce
Mass. Pozzelle
A14
16.3
T.re d. Guára
Mass. Torricelli
126
Ist.o di Agrária
15.6
Mass. Pignatella
le Torri
N.98
Canosa di Púglia
la Cappella
Mass. Arnieci
osta corvera
S. Stéfano
156
Mass. S. Andrea
12.5
12.4
LÉUCIO
T.re di Bocca
Istit. Agrário
anni nte
Mass. i Pavoni
N.529
Salve Regina
E.842
T.re Rivera
Mass. T.re di Bocca
Mass. Cóccia
le Palombe
22.3
N.98
T.re Lazzarel
Mass. Cafora Lupi
Cerignola O.
Mass. Tavoletta Pavoncelli
Cant. S. Doménico
Petrone
Mass. d. Calvário
Posta Locone
Masseria Volturina
Montegrosso
224
Trianelli
Mass. di Pozzo Mónaco
Cant. Mad. di Ripaltao
Locónia
Mass. Monte Carafa
397
M. Grosso
S. Pietro
Bellaveduta
196
Mass. Spannoletti

MAR

A Foce dell'Ofanto
T.re d'Ofanto

N°16 15 BARLETTA

N°93
Montaltino
T.re d. Guardia
T.re Filannino
d. Mercante
B Mass. Dazzei
E 55 Mass. Accetta
Andria-Barletta
C. S. Elena
Mass. S. Francesco
T.re d. Guárdia
S.M. d. Miracoli 137
ANDRIA
C. Gioia
Mass. Paolillo
it. Agrário
S. Salvatore
T.re Lizzarelli 262
C Mon. alla Disfida di Barletta
Mass. S. Agostino
Mass. Leonetti
Mass. Quadrone 225
N°98
Lama di Carro
Mass. Abbondanza
C. Messori
Fémmina Morta
Mass. Frasca 373 M. Ripanno
p.ta di o Spirito
D 500
M. Pietroso 531
Castèl d. Monte 540
N°170
Mass. Sanzanelli
Spada
Mass. Coleti Piccola
M. Maccarone 520
Citulo
S.ta Cecibizzo 458
Mass. Sorvo
Mass. Ceci
C. Piano d. Mónaco 606
Cant.
Savignano 653
Mass. Piedepiccolo 490
S. Magno 480
Malcangi
T.re Ferlizza
T.re di Nebbia
E Parco   Nazionale
Mass. iminiero
M. Cáccia 680
Mass. Giuncata 642 671
Torre Disperata
Mass. Taverna Nuova
Senárico
M.gia l'Esca 595
Mass. Piano d'Annaia
-di Sotto
M u r g dell'
Mass. Garagnone
Mass. Calderoni
Múrgia Lampazzo
-di Mezzo
Trullo -di Sopra
Mass. Camerino 511
CASTELLO DI GARAGNONA 601 638
Mass. Melodia

N°16 Trani
T.re d. Guardia
Abb.a di S.M. di Colonna
la Testa
C° di Monsignore
Valle Iuna Biscéglie Ripalta
S. Maria di Giano Torre Calderino
16
Trani 136
C°. Tarricone T.re di Pacciano
E 55
N°378
DOLMEN LA CHIANCA Mad.na di Zappino
Mass. S. Croce
il Pulo
Molfetta
Cimadomo T.re di Pettine 57.3
C°Colonnello
Corato 232 T.re Moscata
Mad. d. Grazie Bell.d V.la Fenicia P.te di Gurgo
Sette Torri
Sant. Terlizzi 256 Cno S.M.
Ruvo di Puglia Soverето
33.5 N°98
C. Lovino
T.re dei Guardiani 12
T.re d. Vento
T.re d. Monte S. Giórgio Palombaio
Mass. Quinto 343 Bosco C. Marinelli B. Valente
Mass. Palanella Mass. C° Ficco T.re di Lerma Mariotto
Mass. Quartodipalo 319
Mass.le Matine di Jatta 330
Mass. Nuova d. Duca T.re Tuono
la Cavallerizza V.la Rogadeo Mass. del Sole Stab. Ferrara
M.le Vigne di Cotugno 454 485 Múrgia d. Ceraso 459 Quasano 1.5
Mass. Modesti
Alta   Múrgia Mass. Castelli 490

Múrgia di Serraficaia
Franchini

A

B

C

D

4 5 6

A D R I Á T I C O

Ragusa (Dubrovnik)

Durrës-Bar

Kérkira-Igoumenitsa

Sami-Pátra

(con trasporto auto)

(con trasporto auto)

(con trasporto auto)

(con trasporto auto)

Giovinazzo

Nº 16

S. Spírito

7.2

7.8

2.3

T.re S. Bartolomeo

Balese

Padre Eterno

3.7

DOLMEN

Bitonto

Fiera del Levante

Punta S. Cataldo

Gran Porto

BARI

Parco Reg. di Lama Balice

8.5

Osp.

fl

8.5

6.8

6.3

118

A14

Bari Nord

Nº 98

E 55

Bitonto

MENHIR

S. M. di Grotte

Nº 16

S. Anna

3.3

S. Giórgio

12.2

Torre a Mare

Trappeto del Principe

Modugno

5.2

Carbonara di Bari

Céglie d. Campo

49

Nº 100

E 55

Mass. Macário

Mass. d. Barc

Palo d. Colle

9.3

8.5

6.5

Máter Dómini

Balsignano

Bari Sud

3.6

3.4

Céglie d. Campo

Ognissanti

Triggiano

Mad. di Loreto

S. Maderno

10

Crocif.º d'Auricarro

Mass. Guaccero

Bitetto

139

7.2

Bitritto

102

Loseto

Valenzano

Capurso

Nº 634

Noicáttaro

98

S. Lorenzo

170

Binetto

164

Cno Comandante

6.2

129

S. M. d. Piano

Cellamare

Rutigliano

Mass. d. Stel

Grumo Appula

11

3.6

6.3

152

Adélfia

Nº 457

Parco d. Principe

Mass. d. Madonna

Cariello Nuovo

Mad. d. Jlazzo

T.re Frasca

Toritto

233

2.7

Sannicandro di Bari

183

Mad. di Torre

Nº 8 43

Mass. S.Martino

186

Mass. Purgatório

Imbasciani

Masseria

Mass. Macário

9.3

Parco d. Principi

Zella

8.4

Mass. Gonnelli

Mad d. Mellito

Múrgia Suagna 402

St. San Leandro

Mass.

Le Monacelle

253

a Rena

Mass.

Cno Ciacci

Nº 172

4 5 6

A

B

C

D

E

Mola di Bari

Cozze

Barone

E 55

Mass. Fieno

Staz. di Cozze

N°16

S.Vito

M.S.Michele

Mass. Roberti

Mass. Rubiola

136

Mass. Carbonelli

54

Polignano a Mare

Mad. Stella

Mass. Tarsia

Mass. Tangarelli

S. Caterina

Mass. Monterrone

S.M. dell'Isola

219

Conversano

Mass. S.Bárbara

V.le Torri

C.no de Luca

Mass. Lamalico

Mass. Due Torri

Monópoli

S.Stéfano

N°377

C.no d'Érchia

V.la Miani

Basile

Cozzana

Passarello

Cristo Re

Mass. Affaitati

Ostuni

T.re Cíntola

Lamandia

S.Egnázia

Turi

Mass. Agnano

207

Triggianello

Mass. S.Pietro

Mass. della Zingara

M.S.Nicola

290

Mass. Cónchia

88

S.Procópio

Garrappa

T.re Egnázia

EGNÁZIA

Tre Castiglione

N°634

Gorgo freddo

Mácchia di Monte

Savelletri

Castellana Grotte

289

Via Antonelli

Tre Nuova

Grotte di Castellana

Impalata

Lóggia di Pilato

Mass. Martucci

Fasano Staz.

Mass. Strambone

Grotte di Putignano

Mass. Termineto

2.3

393

Tateo

Mass. Guardino

S.Lucia

Mass. la Cerasina

M. Scopa

Putignano

372

395

376

Fasano

Mass. S.Angelo

Mass. dell'Erba

Selva

118

N°172

Mass. Cavallerizza

335

Mass. Mazzalorsa

305

Mad. d'Grazie

Pin-Pon

S. Michele

441

M.Sério

Mass.d. Chiesa

4.7

308

Mass. Badessa

Cocolicchio

5.6

Laureto

Pezze di Greco

Mass. Giordano

Mass. Casaboli

Coréggia

S.Marco

Pezzolla

Salamina

M.400

Signora Pulita

Villa Scózia

420

N°604

411

Mad.d.Scala

Mass. Morea

424

Noci

38

V.la Gabrieli

C.S.Vincenzo

Scia Agria Gigante

484

Mass. Cristi

Mass. Zippo

Alberobello

N°172 dir

Trito

Marinello

Caranna

Locorotondo

410

Figazzano

Sisto

Valle d'Itria

394

C.Gemmabella

Cant.

Mass. Cassano

Mass. Cavaruzzo

Mass. Nigri

Mass. Chiáffele

S.Giovanni

Mass. Calliandro

Mass. 417 Múrgia Albanese

Riserva Naturale

Murge Orientali

Stábile

M.440 M.Angiulli

369

Mass. Malatizza

Lama di Rose

Mass. Chiancarello

Mass. i Mónaci

514

Mass. Orímini

Mass. Risana

Martina Franca

Miia

Mass. Gnignero

Mass. Primicério

Mass. Paretone

N°377

M.Orsetti

461

Croce Grande

Mad. d.Pozzo

Pozzo Salemo

388

Mass. Nicolia

Mass. Montanaro

124

Mass. Ginestra

Ris. Nat. Bosco d. Pianelle

Mass. Piovácqua

Mass. Selvaggi

St. di S.Páolo

4 5 6

A

MAR

ADRIÁTICO

B

Durrës

ovigno
re S. Sabina

Lido Specchiolla
Mad. d.
elvedere
Mass. Cóccolo

Punta Penna Grossa
T.re Guaceto
Area Marina Protetta
Torre Guaceto

Vlorë

(stagionale)

(con trasporto auto)

Sc. di Ápani

Posticeddu   T.re Testa

P. Penne

C

Mass. S. Giuseppe
Cast. Serranova
Ris. Naturale
Torre Guaceto

Mass. Apani

Mass. Caputi

Mass. Sbidrì

(con trasp. auto)

Kérkira-Igoumenitsa-Pátra

Mass. Badessa
75

9.5

9.3

I. S. Andrea

I.le Pedagne

Grotta S. Biágio
Cant.

S.M. d. Casale

Capo **Bianco**

N° 16

4.5

4.2

N° 379d

21   St. di S. Vito
d. Normanni

Mass. Formica
Gr. S. Giovanni

Mass. Reshinco

Capo di T.re Cavallo

Mass. Pellegrino

BRINDISI

Parco Reg. Salina
di Punta d. Contessa

Mass. Campi
Mass. Belloluogo

Mass. Cáfaro

di Cillaresé

Mass. S. Lucia

Mass. Villanova

N° 605

Mass. Madre

13.8

Mass. Buffì

Cast. Acquaro

Mass. Casignano

Cant.

S. Elia

4.8

P. della Contessa

T.re Mattarelle

S. Caruso

12.6

Mass. Simoni

E 90   N 7
VIA APPIA   ANT

Mass. Palmarini

Mass. Nicoletto

Mass. Pigna Flores

Mass. Trullo

Cerano

11.3

Mass. Partémio

Mass. Albanesi

Mass. Paticchi

T.re S. Gennaro

lia
21

7.6   Mass. Capece
82

7

Mass. Cerrito
59

37

Mass. Maime

Lariano
V.la Pizzorusso

Mesagne

Tuturano

N° 613   38

N° 16

Conv. S. M. di Cotrino
104
Mass. Paradiso

Mass. Muro

Mad. d. Grázie

Mass. S. Teresa

Scorsonara

Leánzi

Lindir

VALÉSIO

Mass. S. Doménico

Mass. le Torri
1.8

Mass. la Capineri

8.6

8.9

Mass. Úggio

Mass. Angelini

Mad. di Galiano

S. Pietro Vernótico

Torchiarolo

Mass. S. Susanna
72

Capp. d. Crocifisso

Mass. Bosco Colombo
63

81   Mass. Muro   55.4

Mass. Pólito

Mass. Callieri
Blasi

36
40.5

S. Elisabetta

Mass. C.di Mosto

Mass. Martucci
5.4

Mass. Spinella

Mass. Guidone
52

Mass. Santoria

Mass. Monticello
70
7.4

Cellino S. Marco

S. M. d. Alto

Mass. Gagliardi

Cósimo Mácchia
d   8.6

Torre S. Susanna

Mass. Guarnácchia
52

San Dónaci

Mass. Carritelli

Squinzano

227
226

Naturale
Castèl Volturno
Foce del Volturno
della Foce
Pineta Grande
del Volturno
e Costa Lícola
Cant.
B.go DOMITIO
V.gio Cóppola
S. Sóssio

S.M.
a Pantano

Riserva Naturale
Ischitella Lido
Castelvolturno

L. di
Pátria
4

St. Giug.
Quá

Quadrívio
di Pátria

LITÉRNUM
Marina di
Lago di Pátria
12
Zacc.

Riserva Naturale della
Marina di
Varcaturo

Foce del Volturno e Costa Lícola

Lido di Lícola
M. Rusc.
141

CUMA

Area Marina

Protetta

Regno di Nettuno

L. d.
Fusar.
di M.
Baía
Ca.

Torregáveta
Cappella

Parco Reg. dei Campi Flegrei
100

Acquamorta
Monte
di Prócida
Spiaggia
di Miliscola

Canale di

Ísola d'Íschia (Nápoli)

(con trasp. auto)

C. Bove
Prócida

Casamicciola Terme
P. Cornácchia
Baia di S.
Montano
Lacco Ameno

Lido di
Prócida
51
l'Olmo
91

Ischia Porto
S. MARGH. VÉCCHIA
Centane
66
I. di Prócida

Montevérgine

Chiáia
Fango
Máio
168
Íschia
109
P. Solchiaro

Forío
Monterone
311
Ischia
Ponte
I. Vivara
Mar di Chiaiolella
18

M. Epomeo
401
788
Fiaiano
Cast. Rís. Nat.
Isola di Vivara
Sp.gia di
Citara
Fontana
452
Piedi-
monte
199
Carta Romana

Cuotto
Buona
pane
155
210
Campagnano

P. Imperatore
232
366
N 270
395

Panza
155
Serrara
Testáccio
Barano d'Íschia
P. S. Pancrázio

Succhivo

S. Angelo
Lido d. Maronti

P. S. Angelo
106

Ventoténe

(stagionale)

Càtania-Càgliari-Palermo (con tras.

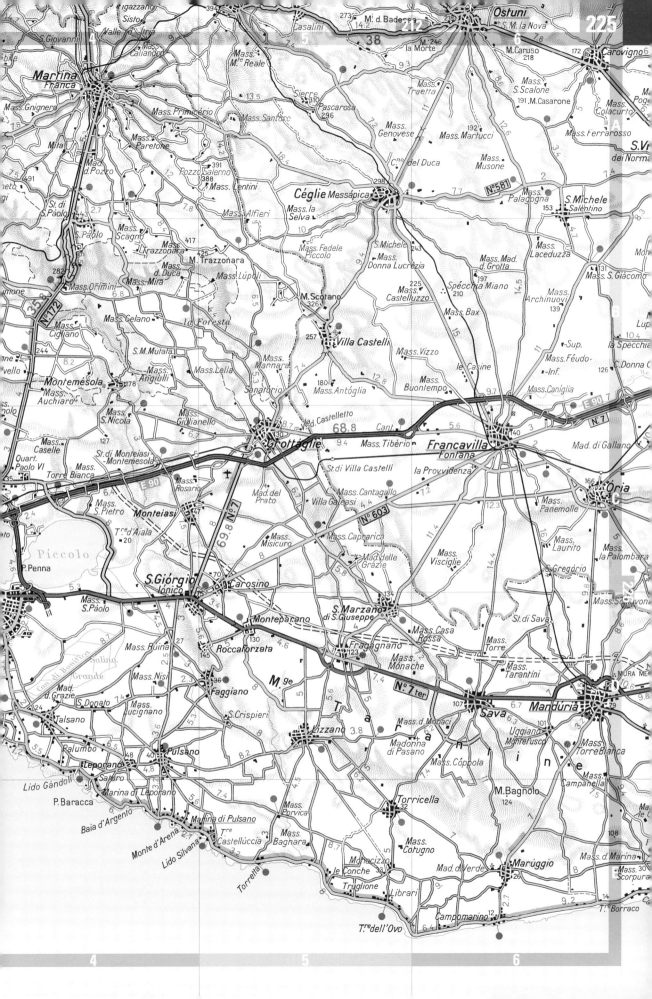

Mass. Maime
T.re S. Gennaro
Lindinuso
Leanzi
N°63
N°16
VALÉSIO
Mad. di Galiano
T.re Specchiolla
S. Pietro Vernótico
C.di Mosto
Casa l'Abate
Mass. 2.4
Mass. Callieri
Torchiarolo
Mass. la Badessa
T.re Rinalda
36
A
Cellino S. Marco
S. Elisabetta
Parco Reg.
Mass. Monacelli
Bosco e Paludi
T.re Chianca
40.5
S.M.d'Alto
S. Maria di Cerrate
di Rauccio
Borgo Grappa
Squinzano
Mass. Gagliardi
Mass. Barrera
Mass. Ospedale
Frigole
Villa Baldassarri
Mass. Ghietta
Capp. d'Aurio
le Moline
Mass. Scolo
Borgo Piave
Trepuzzi
Surbo
Mass. Nuova
S. Cataldo
B
Bellaromana
Campi Salentina
N°16
Mass. Cucchiarari
Riserva Naturale S. Cataldo
V.la S.Elia
N°7 ter
S. Ligório
C. Morello
Nóvoli
Mass. Panareo
LECCE
N°543
Specchia dell'Alto
Mass. Cesine
Ris. N. Le Ces
Borgo Pace
v.la Convento
Materdómini
Acáia
Carmiano
Riesci
RUDIÆ
Merine
Vanze
Conv. d. cescani
Arnesano
Strudà
Véglie
Magliano
S. Pietro in Lama
Cavallino
Lizzanello
Acquárica di
Monteroni di Lecce
Lequile
Pisignano
C
Mad. d. Balli
S. Cesário di Lecce
Vérnole
Mass. Trozza
Dragoni
Castri di Lecce
DÓLMEN PLACA
Mele
Leverano
Mass.Vittório
S. Donato di Lecce
Caprárica di Lecce
DÓLMEN GURGULANTE
s. Albaro
N°101
Galugnano
Mad. della Pietà
Calimera
Copertino
Conv. la Grottella
Mass. Tramacere
Mass. Gesuini
Martignano
Giúdice Giórgio
S. M. di Cásole
Mass. li Mónaci
N°664
Sternatia
Zollino
D
Mass. Pendinello
S. Bárbara
N°476
Mass. il Duca
Mass. Matélica
Martano
Ss. Marina e Cristina
Conv. S. Pasquale
doro
Mass. Corsari
Cant.
Mass. S. Giuseppe
Mass. Barrotta
Vill. Resta
Cast. di Agnano
Collemeto
Soleto
Castrignano de' Greci
Mass. Brusca
Nardò
Mass. Pennella
Galatina
Corigliano d' Otranto
Melpignano
Bagno del Salen
Grotta I.Bernardini
St.di Nardò Centr.
Mass. Pagani
Mag. d. Grázie
Noha
Sogliano Cavour
Mass. l'Appidè
Cursi
Mass. dell'Alto
Cenate
Galatone
Secli
Aradeo
Piani
Morigino
S. Caterina
Mondonuovo
Sigole
Cutrofiano
Máglie
E
S. Maria al Bagno
St.di Secli
Neviano Aradeo
N°101
Mass. Ravenna
Neviano
la Ruga
Mass. Piscópio
Scorrano
Lido Conchiglie
Mass. Portolano
Mad. di Consolazione
Mass. Donna Láura
N°459
Mass. Luca Giovanni
Capuccini Sanárì
S. Máuro
Sannicola
S. Simone
Túglie
Collepasso
Mass. Pecorara
Mass. Fontana

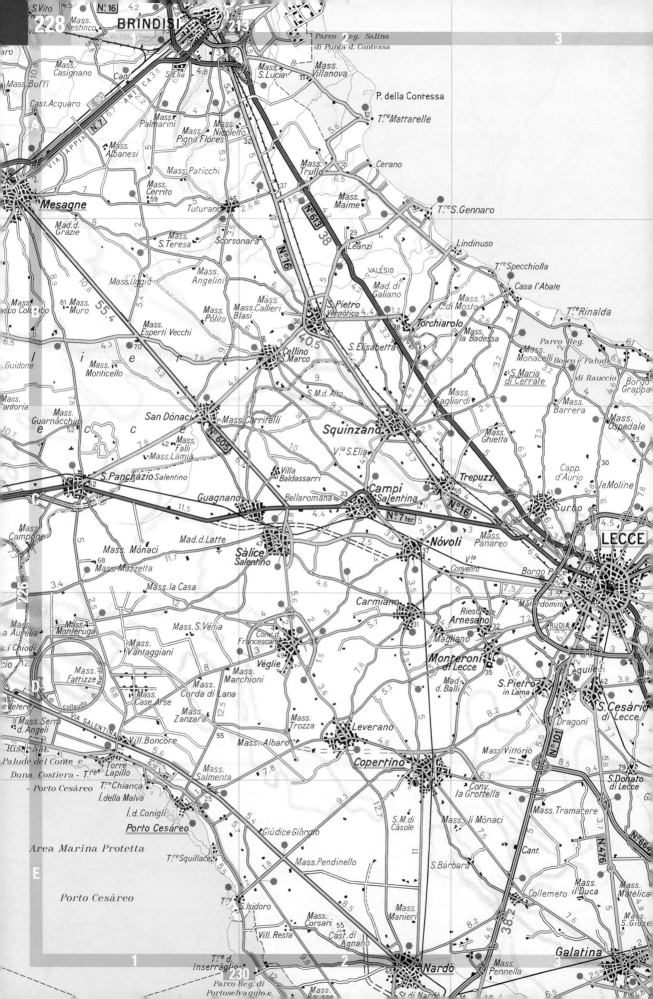

A

M A R

B

A D R I Á T I C O

ianca

Frigole

o Piave

6.5

Mass. Scoto

S. Cataldo

Mass. Nuova

Mass.
Cucchiararì

Ligório   6.8

C. Morello

N° 543

43

Spécchia
dell'Alto

Mass. Cesine

Riserva Naturale
S. Cataldo

Ris. Nat.
Le Cesine

C

5.2

2.2

Acáia

36

T.re Spécchia Ruggeri

6.5

3.3

Vanze

Merine

32

6

44

Strudà

7.5

Mass.
Campone

N° 611

44.4

San Foca

Roca Vécchia
T.re

D

allino

1.6

39

Lizzanello

33

3.7

Acquárica di Lecce

Pisignano

3.7

7

Vérnole

4.2

Mass. Scalilla

8

Torre dell'Orso

47

38

5

DÓLMEN
PLACA   36

Castri di Lecce

4.2

Melendugno

Roca
Nuova

Caprárica
di Lecce

60

DÓLMEN
GURGULANTE

5.6

S. Andrea

Mad.
della Pietà

56

Calimera

C.no Mare

5.5

5.8

Mass.
Specchiulla

91

Martignano

6.6

Borgagne

4.2

Frassanito

Vill. Turistico

esuini

29.5

8.2

Mass.
le Lame

Mass.
Pozzello

Alimini
Grande

13.4

nafia

4.75

Zollino

5.3   4.5

Conv.
S. Pasquale

6.3

C.no dei Turchi

E

82

Martano

Ss. Marina
e Cristina

Carpignano
Salentino

75

Torre
S. Stéfano

1.8

4.5

Serrano

Alimini
Piccolo

Soleto

Mass.
Barrotta

90

Castrignano
de' Greci

100

14.6

Mass.
Ferranterusso

N° 611

Mass.
Muzza

9.3

97

3.6

Cánnole

231

Mass. Ficola

6   Coriglianò
d'Otranto

89   Melpignano

Bagnolo
del Salento

P.S. Nicola

Otranto

T.re d. Inserrag. 228

Galatina

Agnaño

Nardò

Parco Reg. di
Portoselvaggio e
Palude del Capitano

Mass.
Brusca

St. di Nardò
Centr.

Mass.
Pennella

Noha

Grotta
M. Bernardini
Mass. dell'Alto

Cenate

Mass.
Pagani

Mad. d. Grázie

Galatone

can. dell

A

S. Caterina

Mondonuovo

Mass.
Ravenna

Secli

Aradeo

N.º 101

Lido Conchiglie

Mass.
Portolano

Mad. d.
Consolazione

St. di Secli
Neviano Aradeo

Neviano

Ila
Ruga

C.na
Liffa

S. Máuro

Mass.
Donna Láura

Rivabella

Chiesa
nuova

Sannicola

S. Simone

Tuglie

Collepasso

B

Í. S. Andrea

Mass.
Mosca

Mad. delle
Grázie

St.ªS. Eleuté
195

Faro S. Andrea

Cappuccini

Alézio

6.

N.º 459

Parabita

Gallipoli

Lido S. Giovanni

il Cármine

S. Pietro

S. Anastásia

Matino

Báia Verde

Samaria

Parco Reg.
Ísola di S. Andrea –
– Litorale di Punta Pizzo

Mass. Sáuli

C. Anzina

N.º 274

L'Angúria

Taviano

T.re del Pizzo

Mass.
Giannelli

Castelforte

Melissano

Marina
di Mancaversa

Tabarano

Rácale

Posto Rácale

M. li Specchi

Alliste

C

M A R

T.re Suda

Felline

Capilungo

Mass. Ninfeo

Mass.
Giuranna

Mass.
Grande

Posto
Rosso

Pazze

I Ó N I O

AUSÉNTUM

Torre S. Giovanni

Litorale di

D

T.re Moz
P. del Mad

E

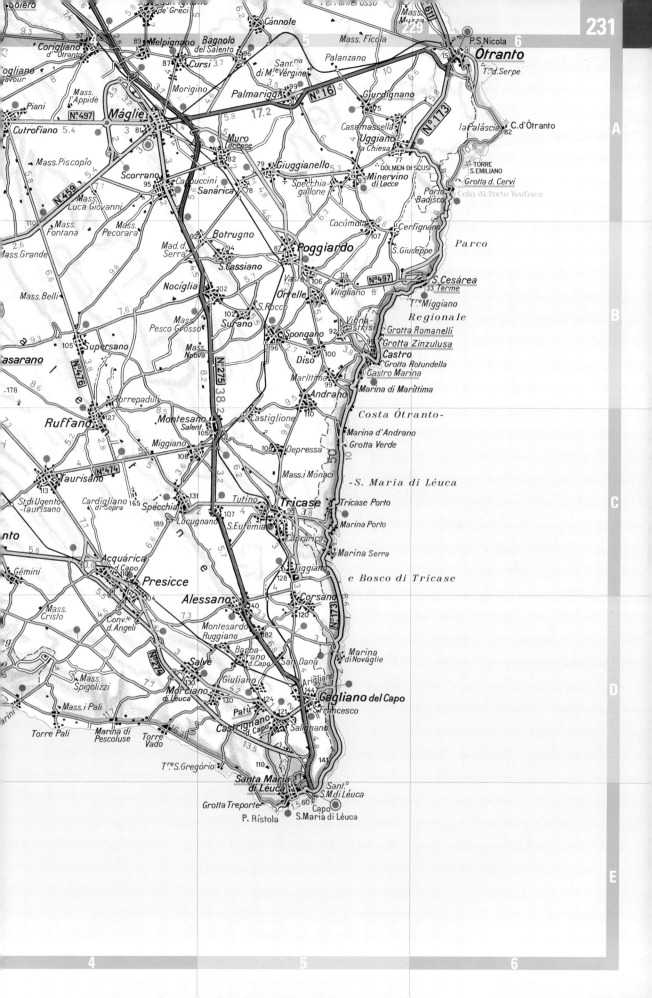

A

B

C

D

E

T.re Kernot

Belelli

Láura

St. di
Capáccio
Roccadáspide

CAPÁCCIO VÉCCHIO

N.166   12

Cavallo

Volparo

M. Soprano
·1082

Roccadáspide

Tempio di Cerere
PAESTUM
Témpio di Nettuno
T.re di Paestum

Licinella

Spinazzo

419   Capáccio
5.2   1024

M. Sottano
632

1210
M. Vésole
9.6

Staz. Ogliastro
Cil.

Trentinara
606

250   Mad. di
Loreto
Giungano

Parco

M.S. Andrea
643

Erédita

Postiglione

Chiusa
Vécchia

Montefo
Cilen

Agrópoli
Conv.
S. Francesco

Ogliastro
Cilento

452

Finocchito

M.S. Leo
665

Monte
Cicerale

475

Cicerale   392   L

P. Tresino

M. Tresino
355

S. Biágio

S. Giuliano

Prignano Cilento
379
il Bosco

Ostigliano

M. Pie

Torchiara   360

St. di Torchiara

Laureana
Cilento

Copershio

S. Antuono
Bivio
S.M. Tempitelle

410

311

Lago

126

Matonti
452

Rutino

540
Orria

C.S. Pietro

Perito
465

S. Maria di
Castellabate

9.3

Rocca
Cilento

St. di Rutino
386

Lustra

8.2

Vatolla
462

Castellabate
278

S. Marco

Torretta

Camella
425

Mercato
Cilento

S. Lucia

Fasana

Perdifumo

688·Pta
Carpinina

M. di Stella
1131

520   Sessa Cilento

Omignano

M. Licosa
326

Zoppi

S. Mango

P. Licosa
Í. Licosa

Licosa

Serramezzana

540

Area
Marina Protetta
S. Maria di Castellabate

C. la Pietà

Ogliastro
Marina

Case d. Conte

15.5

Fornelli

Montecorice

S. Mauro
Cilento

1131

Guarrazzano

Stella Cilento
386

St. di Vallo-
Castelnuovo

Pantana

Rosaine
121

Ortodonico
241

Ama-
lafede

S. Giovanni

M. Forma
442

280

7.2

Agnone

Casal Sottano

Galdo

Acquavella

St. di
Casal Ve

C. Capitello
85   6.5

437

Celso

Casal
Velino

·370

Póllica
170

Acciaroli

Cannicchio

Pioppi   N.267

Marina
di Casal Velino

VÉLIA
Castellam
di Vélia

T.re la Punta

10.6

Marina
di Ascea

M   A   R   T   I   R   R   E   N   O

T.re del T

Guárdia
Perticara

B. la Mendola

Palazzine S. Maria

T.pa d. Mulo
409

Serra
d. Croce

B.ta S. Ant.

Tempa Candore
700   900

S.ra Malacapa
1077

35.3

B. Castiglione

B.
V. Carbone

S.ra Petrizza
539

365

Monticchio
341

Caputo

S.ta d. Mónache
1116

Mad. d. Stella

le Serre
851

498 Aliano

5.3

Capra

B.ta S. Ant.

Mad. del
occorso
1025

Armento
679

C.sta S. Luca

N° 92

730 Gallicchio

19.4

Missanello
604

Alianello Nuovo

M. Coppa
589

Bosco
Caprárico

723

S.ra Cavallo

T.pa S. Pietro
755

78

S.ra S. Barbano
724

719   11.5

256

Alianello

Mass. S. Vito

36.2   N° 598

2.5

F. Agri

B. Caliuvo

B. Cáccia

S. Arcángelo
388

N° 92

Cant.

M.ge di
S. Orónzio
690

4.7   4.1

6.5

S. Martino d'Agri
666

S. Maria
Orsoleo

C. Lacersa

M. S. Arcángelo
858

Cant.

M. Raparello
1288

Mad. d.
Castellana

Roccanova
648

5

12.5

C. Trafiore

741
M. Passeretto

Abb.a
di S. Angelo
783

S.ra Croce
1001

894

780

844

Castronuovo
di S. Andrea
650

T.pa Ácqua Seccagna
729

16.5

207

5.5

Mass.
Paglierone

M. S. Oronzo
540

S. Chírico
Raparo
180

Cant.
d. Titolo
191

514

12.6

601

S.ra S. Giovanni

Mass.
Barletta

Castelsaraceno

T.pa Coda di Volpe
924

la Montagna
855

S.ra Lampo
768

20

Senise
335

Monte
Cotugno

C. di Margherita
560

T.no il Cupone
1124

630

Calvera

S.ra S. Giovanni

Chiaromonte
1941

T.pa Altare
483

6.2

Carbone
650

10.5

Teana
806

5.4

S. Gio

416

Serra di Bernardo
989

Capp.
S. Maria

745

2.4   6.8

S.ra di
Mannella
589

Alpi
1893

S.ra Moreto
904

Rif.

Fardella

8.5

No 92

1133
M. Pallareta

900 951

S.ra d. Cerrosa

N° 653

Noépoli

1676

400

Latrónico
888

13.8

49.1

3.1

421

Francavilla
in Sinni
775

814

Cant.

B. Madarosa

Calcinara
Cant.
513

S. Maria
Episcopia
530

Manca
di Basso

8.3

M. Catarozzo
873

S. Costantino
Albanese
1083

650

Cersósimo
548

800

S. Páolo Albanese

Mileo

Manca
di Sopra

12.5
Tav.

Sagittário

Villaneto

T.pa S. Nicola

M. Pelato
1109

Magnano

B. Magnano

Crópani

S. Severino
Lucano
774

Mancine
M. Carámola
1524

26

p.te Malafede
537

M. Carnara
1284

la Fagosa
1003

Parco

S.ra Cappellina Voscari

Nazionale

Castellúccio-
Inf.

576 Gallizzi

Torre
Sálice

Terranova
di Pollino
926

N° 92

Pezzo
la Corte

Scarpalèggia

Varco

Mezzana-
M. Pelato
1396

Casa d. Conte

Ale

Viggianello
549

1228

Torno

Frida

Temp.ne Bruscata
1415

326

M. Serra

S. Pasquale

1301 Timpa
d. Demónio

Mad. di
1537 Pollino

Destra
d. Donne

1000

Rotonda
580

Prástia

Serra di Crispo
2053

la Falconara
1656

S. Maria

V. di Máuro

del

C. d'Impiso
1573

Pollino

B. di
Jayoforano

S. Onófrio

P.te
Cornúto

Rif.
De Gásperi

S.ra del Prete
2181

Ris. Nat.
Gole del
Raganello

S. Anna

Timpa di S. Lorenzo
1652

1713

M. Sparviere

p.te
Incugnatore
V.la Meliscio

M. Cerviero
1443

Il Fortino
1083

Coppola di Páola
1919

C. d. Drágone
1606

2248
M. Pollino

S.ra d. Ciávole
2127

2267

S.ra Dolcedorme

830 S. Lorenzo
Bellizzi

Mormanno
911

CONV.TO
DI COLLORETO

1987

Bosco d.

S.Lorenzo
Bellizzi
Cºd. Barone
1024.
M.Mostarico
774
Pagliara

Cerchiara di Calábria
965
M.Séllaro
1439
650
N.92
12.2

B. G.
S.Vénere
S.M.d.Armi
230
A
Trebisacce

Villapiana
206

i Giardini

Civita
450

Francavilla
Marittima
94
La Silva
6.
B.Drisa

Tre Saraceno

Tre di Férgiala

S.ºMad.d.Catena
533
34.1
N.92

Cassano all'Iónio
Laurópoli
245
8.5

Bagotto
8.6
T. Raganello

Villapiana Lido

Tre Cerchiara
Villapiana Scalo

B
6.8

Síbari
N.534
2.8
5.5

Bruscata

Marina di Síbari

Tre d.Chiesa
Dória
7.4
Staz.
Cassano all'Jónio
E 844 24.6
N.534
7.5
Caselle

Apollinára
3.5

i Casoni

Laghi di Síbari

Pte Crati

Riserva Naturale della
Foce d. Fiume Crati

ándria Luci
6.5
SÝBARIS-
COPIA

Tre
d.Ferro
Thúrio

Ricota Grande

Pio di Síbari

Spezzano
Albanese
284
Cantinella

Torricelle

Marina Schiavonea

C
320
Terranova
da Síbari
360
36
6.3

Colucci

Villgio
Frasso

Fabrízio Grande

Lido
S.Angelo

N.106bis
5.4
S.Agatá
Cant.
N.106
N.106r
E 90
Rossano Staz.
52.

Corigliano
Scalo
S.Irene
Piragineti
Amica

Sra Castello
Sra Cagliano
366
S.Nicola
147
Pte Luquani
113
Corigliano
Cálabro
207
Rossano
Mad.
d.Grázie
275
274
N.177
434

S.Cosmo
Albanese
448
Vaccarizzo
Alban.
428
S.Giórgio
Albanese
456
S.Maria d.Pátire
609
143
Paludi
430

D
S.Demétrio
Corone
521
14
782
Piana
Caruso
CITT
CAS

Paganía
Vallone Cupo
618
Chimento
C.ºo d. Pesco
1183
378
340
Cant

7
558
S.Sofia
d'Epiro
905
836
Sra Crista d'Acri
1124
750
1010
M.Scarborato
962
828

signano
Dúglia
826
Mácchia
850
S.Giácomo
d'Acri
Baraccone
Sra Castagna
1310

Sra di Buda
927
674
Montagnola
998
1006
Ris. Nat. Trentacoste
M.Paléparto
1481
M.Iurentino
1064
Destro

E
N.660
Acri
720
S.Giórgio
8.5
S
i
l
a
M.Angelo
G
r
e
c
a
N.177
477
Ortiano
1136
1040
1256
703
Longobucco
784

950
848
Abbº d.
Sambucina
1183
M.d.Noce
1117
1262
1069.
N.660
M.Forgiari
1424
Altare
1651
Sra Pomieri
1274

A

B

MAR IÓNIO

C

C. Trionto

Mirto
21

a Foresta

N.531

Mirto
Castello
60

Fiumarella

S. Giâcomo

St. di Calopezzati

Cant.

230

Crosia

217

Marinella

236.

Calopezzati

217

Marina
di Mandatoríccio

St. di Pietrapáola

448

C. Vecchiarello

St. di Mandatoríccio-
-Campana

palati

C. S. Elia

217

Cᵗᵒ Cipodero
365

S. Cataldo

Caloveto

385

355

N.383

S. Morello
409

Cariati Marina

562

542
M.
Colonina

647

Pietrapáola

12.6

Cariati

370

P. Fiume Nicà

N.106

375

C. d. Rose
624

521

561

Mandatoriccio

N.108 ter

400

Cant.

Terravécchia
472

Cassía

St. di Crúcoli

Torretta

Cᵗᵒ Granato
878

Cant.

Scala Coeli

Sorvito

zo 396

Mad. di
Manipuglia

M. Basilico
1013

620

735

du Lampo

380

1038
882

4

Sra Ceraso
799

656

236

5

Crúcoli

6

Cappella

212

78

Mad. di M

Crúcoli

M. Lelo 529

C.zo Cerzullo 532

Timpa Melognara 374

Cant. 435

304 Cant.

Cappella

Mad. di Mare

P. Alice

212 78

Ciro

321

Ciró Marina

418

Mad. d'Ifri

A

Umbriático M. 696 22 Mazzagullo

Perticaro

M. Ménnola

236

Anastasia

Torre Melissa

Verzino 549 720

564 Cant. 660 3.5

M. Súvaro

531 590

274 Cant.

437

le Vigne

M. Castello 605

Sra di Frea 429

Pallagorio 554

610

S. António 518

Carfizzi 512

S. Nicola dell'Alto 579

Sra Buongiorno 403

328

256 Melissa

359 S. Maria dell Udienza

Sra S. Basílio 333

B

le Múrgie 404

Strôngoli PETELIA 342 N°492

Cant.

Marina di Stróngoli

Zinga 393

Mad. d. Acquadolce

Casabona 287

Trivio Pagliarella 49

St. di Marina di Stróngoli

S.M.d.Scala 365

528

Sra Militino 177

38

Sra Mulara 189

Fasana

Spinello

Belvedere di Spinello 310

Sra Polligrone 290

Rocca di Neto 165

Settleporte 80

Bucchi

C

P.te di Pietralunga 80

Polligrone

Cicória 9.3

27.6

5.5

N°107

Gabella Grande

Alfilia Cant.

M a

413 174

S. Severina 326

M. Ángelo 277

163 Cant.

2.2

E 846

Rocca-bernarda 126

22

M.565 Fuscaldo

Mad.di Condolio

Scandale 350

Sra di Galloppá 179

Mad. d. Soccorso 288

Bívio Passovécchio

D

S. Mauro Marchesato

Gullo

Aprigianello

CROTONE

il Cármine 130

N°109 ter

100

T.ne Centonze 260

Papanice 157

S. Leonardo

Cant. 207

58

P.te a Tre Luci 65

N°106

T.ne Rosso

C. Colonna SANT. HERA LACÍNIA

N°109 32.6

Cant. 129

Cutro 218

172 Cant.

Sálica

M. Perrotta 172

Scifo 149

Mariedda

E

C. Viscigliero 178

Cant.

21 Términe Grosso 54

St. di Cutro

S. Anna

S. Pietro

160

Vérmica

Marinella

Area

Rosito 202 Antenna

S. Fantino

Vill.gio Turistico

Marina

Fallania 196

Isola di Capo Rizzuto 96

Protetta

C. Cimiti

MAR IÓNIO

CROTONE

MAR

TIRRENO

G. di Gióia

P.ta di Zambrone
Marina di Zambrone
Zambro
222

Sábbie Bianche 7
Tropea 61
Parghelia
Conv.
Mandarádoni 383
Daffinà
S.Domènica 4.8
Fitili
S.Giovanni
Gásponi
Zaccanópoli 262 430
P.Ciaramiti
Drapia
Zungri 583 2
Caria
8.7
Tre Galli
Cresta di Zu.
433
619
608
Tre Ruffa
Brivadi
Brattiró
S.Nicolò
Barbalaconi
Spilinga
2.8
St.di Ricadi
Lampa-
zone 455
Orsigliadi 284
19 2
C.Vaticano 124
Ricadi
Panaia
Coccorinello
S.Maria
M.Poro
Mad.d.Cármine
710
Ór
Coccorino
670
14.5
Ro
561
Caroniti
Ga
177
Comèrconi
Mandar
Jóppolo
Preitoni
Badia
Cároni
231
Tre di Jóppolo
145
212
Lim
Nicótera
Nicótera
Marina
9
Gióia del
Tirreno
10.6
3.5
pte d.
F.Mésima
3.5
Annega
Villággio Práia
6.2
Rosarno
S.Ferdinando
B.di Rosarno
Spartimento
4.3
No 18
10.7
69.8
Marina di
Gióia Táuro 29
5.5
9
Drosi
71
Gióia Táuro
cordopairi
Riz
6
87
Gióia Táuro
Pietrenere
il Baraccone
189
19 2
Sandulli
13.
Taureana
Cannavà
Lido di Palmi
pte
Sc.Agliastró
Vécchio
Cirello
1.6
Tródio
Palmi
C.Barbi
Quarantano
Inf.
Marina di Palmi
228
S.M
Palmi
579
M.S.Elia
Seminara
544
290
Castellace
189
S.Anna
Barritteri
243
Bagnara-S.Elia
viola
Melicuccà
Ceramida
Melicucca
432
Pellegrini
213
No 112b
Grimoldo
4.5
No 112
Bagnara
352
Cosol

MAR

IÓNIO

St. di Montáuro
Montepaone Lido
Olivadi
Montepaone
M. la Rosa
Petrizzi
Soverato Sup.
Soverato
Soverato Marina
Argusto
Gagliato
Satriano
Marina di Dávoli
alba di Cardinale
Dávoli
S. Doménica
rinale
S. Sóstene
St. di S.Sóstene
S. Andrea
Apóstolo d. Ionio
S. Andrea Apóstolo d. Iónio
Marina
M. Trematerra
Isca s Iónio
Isca Marina
M. Pietra Cavallera
M. Petina
V. Galliporo
Mad. d. Salute
Chiesa d.
Angeli
Badolato Marina
M.S. Nicola
Badolato
M. Bobbolo
Elce
d. Vecchia
S. Caterina
d. Iónio
S. Caterina d. Iónio-Marina
S. Stefano
Marina di S. António
Cucolia
Guardavalle
S. Giovanni
Vécchio
dinandea
Bagni di Guida
M.S. Páolo
Vinciarello
Bivongi
M. Consolino
St. di Guardavalle
Pazzano
Stilo
V. di Guardavalle
Guardavalle Marina
illaggio
Bívio
Guardavalle
S. Maria
d. Stella
Monasterace
Punta Stilo
M. Mammicómito
Pietra
Pte di ferro
Cant.
CAULÓNIA
Conv. di S. Bruno
Monasterace
Marina
Camini
Ellera
Stignano
Riace
Tre Ellera
Ursini
Cant.
Placánica
Ss. Cosma
e Damiano
Tre di Riace
M. Singa
Riace Marina
lónia
Tre S. Fili
Focà
Bosco
Catalano
Marina di Caulónia
Roccella
Jónica

Í. Eólie-Salerno

C. Rasocolmo
Sparta
Acquarone
S. Saba
Casa Bianca
373
Mortelle
Síndaro Marina
S. Giorgio
S. Nicolò
P. del Faro o
C. Peloro
Orto Liuzzo
M. Pace
419
S. Lucia
Faro Sup.
Torre Faro
Villafranca
Messina N.
Castanea
d. Furie
373
S. Giovanni
422
Curcuraci
Ganzirri
S. Agata
Ganzirri
Villafranca
Tirrena
Rometta
Marea
Diviero
Gesso
265
S. Nicola
Castanea
Rizzotti
Pace
Contemplazione
Paradiso
Porticello-
S. Trada
Cannitello
Scilla
38
Scilla
Favazzina
Nocellari
645
Buon Signore
Fondaconuovo
Spadafora
Bauso
Serro
Calvaruso
Rizzo
Badiazza
Catarratti
S.S.
Annunziata
Me-
Me-Rocca
366
Salvatore
dei Greci
MESSINA
Villa S.
Giovanni
Acciarello
Campo
Villa
Campo Cal.
Concessa
M. Scrisi
S. Trada
677
Adórno
551
S. Rocco
Fiumara
Colelli
S. Roberto
280
S. Nicola
N°670
San Peri
Milanesi
Rosali
Villa S. Giuseppe
Pettogallico
Villa Mesa
M.M.
982
Calanna
511
Grangiara
S. Martino
Rapano
Saponara
Maiorani
Cavallari
S. Pietro
160
Camaro
Nunziatella
Bordonaro
Cumia
Santo
Gazzi
Catona
Gállico
Gállico
Marina
Sambatello
286
Diminniti
N°184
S. Giovanni
635
Cerasi
Roccavaldina
S.S.
Salvatore
S. Cono
S. Doménica
Rometta
l'Antennamare
Me.-S. Filippo
Me.-S. Filippo
Sup.
S. Lucia
Contesse
Pistunina
Gállico
324
S. Nicola
M.Chiarello
760
Cármine
562
Réggio di C.
Orfi
640
Arasi
573
Monforte
S. Giórgio
Mad. di
Crispino
Pellegrino
Zafferia
Inf.
Larderia
Tipoldo
Sup.
Messina Sud
168
Mili
S. Marco
Tremestieri
Messina Sud-
Tremestieri
Archi
Pentimele
Réggio di C.
Vito
C. Portanova
V. Pellrara
Trizzino
Terreti
Vinco
P.zo Bottino
1076
Mili S. Pietro
199
Mili Marina
Galati-
Sup.
Moleti
Galati Marina
Réggio
DI CALÁBRIA
Consolazione
S. Elia di C.
Spirito Santo
Cannavò
Mosórrofa
Catakórmo
S. Salvatore
P.zo d. Moda
1015
S. Stéfano
Medio
S. Stéfano
di Brigal
S. Marghér.
Ponte S. Stéfano
Pézzolo
Molino
Briga
Briga Marina
S. Sperato
Gallina
Pozzi
M.S.D.
974
M. Poverello
1279
M. Scuderi
1253
Altolia
Giampilieri
Sup.
P.to Schiavo
S. Páolo
Giampilieri Marina
Mad. d. Buoncons.
S. Gregório
Croce Valanidi
Pernasiti
Oliveto
Rosário V.
Itála
Croce
Guidomandri
Sup.
Scaletta
Sup.
Scaletta Zanclea
Scaletta Marina
Guidomandri Inferiore
Marina d'Itála
S. Leo
Palerriti
Péllaro
C.se
S. Antonio
Mad. d.
Oleandro
Alì
Guidomandri
P. di Péllaro
Lume
Fiumed.
200
743
Alì Terme
Bocale
S. Filippo
Motta S. Giovanni
Pagliara
Allume
Scíglio
Rocche-
nere
Nizza di Sicília
Lazzaro
M. Ágliola
Molaro
Roccalumera
Furci Sículo
Capo dell'Armi
Saline Jóniche
S. Teresa di Riva
St. Saline Jóniche
S. Aléssio Sículo
C. S. Aléssio

Valletta

1   2   3

P. Mugnone   116 P. Tróia
Isola Bianca   Cast.
M.Falcone
Cala Spalmatore   686   **Í. Maréttimo   Í S O L E   É G A D I**
Maréttimo
P. Libéccio   .482
P. Lisandro   (Trápani)
(con trasporto auto)

A

P.dei Sorci
Pzo d Mónaco
Gr.d.Genovese .278
Í. di Lévanzo   P. Altarella
il Faraglione   Lévanzo   Trápani

P. Basano
P. Martino

252
P.Sottile   M.S.   Favignana
Caterina   4.8
314
Í. Favignana

Area Marina Protetta   Í.Galera   Í.Galeotta   P. Longa
Ísole Égadi   P. Fánfalo

B

C. Grosso

Nápoli

C   Cágliari

(con trasporto auto)

Í.Asinelli   Tonnᵃ di Bonagia
G. di Bor

Stele   10.7
Virgiliana   Pizzolungo

Tonnᵃ S. Cusumano
Lido di S. Giuliano   Erice   .751
C. Grosso   **TRÁPANI**   .527   Valder
P.dei Sorci   Milo   8.6 Fico
Pzo d Mónaco   Í.Colombáia   3   .47
Gr.d.Genovese .278   Saliné
Í. di Lévanzo   P. Altarella   (con trasporto auto)   Ris. Nat.   Trápani   8.2
il Faraglione   Lévanzo   Í.Maraone   Í. Formica   Saline   Xitta   Stᵈ di Milo
di Trápani   Belvedere

D   Maréttimo   Torre   36   **Paceco**
Núbia   Núbia   8
e Paceco   7   993
Marino   Ali   7.8
Í S O L E   É G A D I   Salina Grande   Pietre   130
tagliate   Timpone
(Trápani)   Torre   26   Palma   Fontana-   Margherita
di Mezzo   Maráusa   salsa   3.7
P.Sottile   252   Lido   Guarrato
M.S.   Favignana   Maráusa   C.Solina   la Pérg
Caterina   4.8   Maráusa   Staz.di   M.Si
314   Maráusa
Í. Favignana   Birgi   Locogrande   Rilievo   Cant.
Í.Galera   Í.Galeotta   P. Longa
Area Marina Protetta   P. Fánfalo   Trᵉ S.Teodoro   Birgi Novo   Cant.

E   **Ísole Égadi**   Saliné   Í.S.Maria   Birgi
Straboria   Í.S.Pantaleo   Vecchi   St.di
Ragattisi
Í.ᵉ dello   MÓZIA   S. Leonardo   N.115   11.3
Stagnone   12.8
Stagnone   50
Dara   Granatello   M.Bo
Í.Grande   3   314   Pozzillo   B° Zaff
62
Pantelleria   Túnisi   (con trasporto auto)   Riserva Nat.   S.M.del   Grignani
Ísole dello Stagnone di   Rosario   Mad.d.Cava
1   2   Marsala   St.di

260/1

I. Marettimo   Trapani   Palermo

Isole Egadi   Marsala   262/3

274/5

A

B

G O L F O   d i

C A S T E L L A M M A R E

Capo S.Vito
Torrazzo
P.di Sólanto
Grotta di Cala
Cala Mancina
S. Vito lo Capo
Tonn.ª del Secco
532
M.Mónaco
S. Giuseppe
Grotta Racchio
P. Tannure
Timpone
Golfo d. Cófano
P.Lunga
Mácari
M.Acci
829
Torre dell'Impiso
M. Passo d. Lupo 868
Tonnarella dell'Uzzo
P.del Saraceno
Ris. Nat.
Sc.Scialandro
Riserva
913
Ficarella
M.Cófano
M. Cófano 659
Castelluzzo
M.Speziale
P.di Capreria Gr.
Cornino
Scurati
M.Palatimone
Naturale
a.Buguto
a.
Custonaci
595
P.le Biro dello Zingaro
Purgatório
451
132
Báglio Messina
10.3
M.Scardina
Tonnara di Scopello
M. Búfara
325
Luppino
680 T.re Bennisti
Scopello
Assieni
Sperone
C. Puntazza
Bonagía
93
Pte. di Lentina
M.Spáragio
C.De franchis
Cala Bianca
d.Misericórdia
1110
agósía
142
Lentina
376
Visicari
N°187
Crocevie
Castell di Báida
297
Badía
M.le Cúrcie
351
56.4
Mad. d.Scala
Castellammare del Golfo
Chiesa Nuova
3.8
Balata di Báida
Alcamo Marina
Trappeto
zi
Battáglia
P.zo d.Niviere
Balestrate
Buseto Palizzolo
1042
Cast. Calatubo
Véle
M.Luziano
Buseto Sup.
M. Inici
1064
243
476
2.9
405
M.Scorace
Cast. d'Inici
St. Alcamo diramaz.
S.Antônio
lápola
642
Alcamo O.
Tangi
Murfi
388
M.Abbatello
Terme Segestane
462
Álcamo
Ballata
Bruca
M.Ferricini
601
Báglio Rizzo
336
N°113
179
M.Pietrafiore
St.di Bruca
436
Mad. dell'Alto
A 29 dir
M.Bonifato
affilo
TÉMPIO 318 SEGESTA
P.zo d.Bosco
Cant. Bosco di Álcamo
Ris. Nat.
532
Fulgatore
432
St.d Alcamo
Ponte Binuara
N°119
Fulgatore
Ummari
St.di Calatafimi
64
N°933
Méndola
389
Mad.d. Giubino
Baglionovo
M.Bernardo
526
N°113
M.ª Grande
751
Calatafimi-Segesta
529
Sirignano
170
M.Castellacoto di Fratáccia
546
M. di Pietralunga
Mass. Falcone
Vita
Caltafalsa
Cant.Cúddia
pte.d. Collura
M.Polizzo
713
M. Baronia
630
St.di Gallitello
Gallitello
Bordino
275
J.Cúddia
128
B.º Guarine
220
M.C. sino
304
Mass.Mondell
312
C.Tafele
275
149
B.ºFazio
9.4
Filci
M.Sette Soldi
543
N°188 A
Ulmi
Posilleti

C

D

E

4   5   6

1   2   3

A

Area Marina Protetta
Capo Gallo Ísola d. Fémmine
Capo Gallo

Cágliari - Túnisi
I. di Ústica
Génova
I. Éolie
Salerno - Nápoli

(con trasporto auto)
(con trasporto auto)
(stagionale)
(con trasporto auto)

Ris. Nat.
Capo Gállo
T.re di Mondello
Í. d. Fémmine   35
P. di Barcarello
Ris. Nat. Í. d. Fémmine
P.del Passággio
P. Matese
M. Gallo
Partanna
Mondello
Ísola delle
Fémmine
Sferracavallo
Addáura
P. di Priola
Tommaso Natale
V.la Scalea
Pallavicino
Capaci
Tommaso Natale
Patti
440
T.re d. Rótolo
P.zo Manolfo
Carollo
S. Rosella
458
P.ta di Capaci
Ris. Nat. Grotta Conza
Vérgine Maria
Golfo
di Carini
T.re Muzza
Pilieri
Carini
B.vio Foresta
ZIN Zona Ind. N.
S. Lorenzo
M. Pellegrino
606
Arenella

Golfo
di
Palermo

Villa Grázia di Carini
M. Castelláccio
890
Mortillaro
Resuttana
Acquasanta
Fondo Dominici
Susinna
Ris. Nat. Grotta d. Molara 444
PA-V.Bélgio
Udito
Villa Fanny
Torretta
Passo di Rigano
S. Erasmo
C.Mongerbino
Stazione di Carini
d.Furi
Carini
170
V.la Guarino
559
Torretta
132
PALERMO
Romagnolo
T.re Mongerbino
Aspra
M.Catalfano 374
Boccadifalco
la Rocca
S. Erasmo
S.Martino d. scale
Bandita
Acqua dei Corsari
Ficarazzi
SOLUNTO
P.zo Cirina
867
M. Cúccio
1050
Castelláccio
766
Monreale
Molara
Villagrázia
Ciaculli
Villabate
Bagheria
Giardinello
Montelepre
Ságana
M. Gibilmesi
1152
369
Aquino
B.go Greco
Malpasso
Croce Verde
M.Grifone
Villabate
Bagheria
Casteldáccia
M. Saraceno
964
M.d.Fiera
P.zo d'Aci
790
Pioppo
531
Altofonte
Villa Ciambra
832
Gibilrossa
263
M.gna Grande
645
M. Porcara
388
Altavilla Milicia
Sant. del Romitello
718
Mass. Amenta
Damiani
350
Belmonte Mezzagno
356
Piano d. Stoppa
Borgetto
M. Gradara
V.la Renda
Giacalone
103
573
P.zo Neviera
853
Mad. di Póveri
Misilmeri
P.lla d'Áccia 294
M. Corvo
424
M. Matassaro Renna
1151
d. Páglia
797
Mad. di Bosci
762
Ris. Nat.
P.lla d. Pianetto
588
580
Cant.
M. Signora
Serre d. P'Izzuta
P.zo Cervo
945
Guastella
M.d.Fiera
Mass. la Chiusa
Piana d.Albanesi
125
S. Cristina
Gela
674
M. Gulino
846
P.te Murtiddi
P.zo Mangiatoriello
619
la Pizzuta
Ginestra
S.Giuseppe Jato
S.ta d.Ginestra
855
609
M. Leardo
1016
P.zo Parrino
977
531
Marineo
Bolognetta
San Cipirello
852 M.Jato
1099
1233
Kumeta
902
M.Maganoce
S. Agata
Mass. S.Agata
768
Mass. Rossella Dara
P.ta S.Vito
P.lla Bordonaro
477
Mass. Stallone
330
Mass. Kaggio
P.te Buffa
Baucin
P.te Cafesa
253
P.ta di Zabía
522
P.ta Cerudda
P.ta d'Arcera
Bagni di Cefalá
Cefalá Diana
563
Ris. Nat.
Trivio Balarelle
M. Raitano
477
600
Mass. Lupotto
Bívio Lupotto
Mass. Castelláccio
582
Bívio Lupo
Ris. Nat.
609
Godrano
693
Schirò
750
Villafrati
P.lla di Blasi
551
Pernice
S.ta d. Rosario
Ficuzza
S. Bárbara
P.te la Deputazione
663
Fóndaco Tavolacc
Sparácia
T.re d Fiorr
346
R.che di Rao
672
Bosco d. Ficuzza
P.zo Nicolosi
937
Bosco d. Ficuzza
Mezzojuso
M. Galiello
574
P.lla di Póira
Rocca Busambra, Bosco del Cappelliere
1613
P.zo di Casa
1211
Carcilupo
Mass. Rubina
e Gorgo del Drago
278
Giardinello

Secca Colombara
Sc. del Médico
P. Gorgo Salato   *Area*
M. Guárdia di Turchi *Marina Protetta*
248 *Í. di Ústica*
Banco Apollo   C. Falconiera
P. d. Spalmatore   Ústica
Ris. Nat.
Ísola di Ústica
P. dell'Arpa

Ísola di Ústica
(Palermo)

I. di Ustica

272/3
I. Eolie o Lipari
I. Alicudi
270/1
Milazzo

Palermo

264/5

Cefalù

266/7   268/9

A

B

M A R   T I R R E N O

C

Altavilla Mília
P.te S. Michele
48.5   C. Grosso
71
A19
7.6   S. Nicola l'Arena
P.zo Selva a Mare   Artale
874
S. Onófrio
Trabía   4.5
Términi   Imerese
Nº 113
P.te Saraceno
M. Rosamarina
540
362
Términi
Imerese
Castello
120
St. di Cerda
1.2
Cant.
M. S. Calógero
1326
Ris. Nat.
521
Caccamo
S. M. del Cármine
Monte S. Calógero
Sciara   210
553
Cerda   274
Bívio Cerda
P.zo d. Guárdia   594
A19
Scillato

Campofelice
di Roccella   Cast.
V.la Lalumia
A20
Buonfornello
Buonfornello
HIMERA
M. Bovitello
430
S. Ágata
326
Villáurea   262
488
Nº 120 Cant.
Cant.

C. Pláia
Bívio Lásc
Cefal
387
Nº 113
56
Lásca
Collesano
M. d'Oro
808
468   5.5
M. Cucullo
1425
P.lla di Mare
582   582
522
Cant. d'Inferno
1475
M. Fanusi
377
601
P.zo S. Angelo
249

D

E

Ventimiglia
540 di Sicília
S. Isidoro
V. Fagiano
Ciminna
521
M. Misciotto
740
Nº 285
635
P.zo Bosco
692
St. di Cáuso
Sambuchi
811
St. di
Montemaggiore
S. Pietro
Monaco
745
Monaco
St. Sciara-
Aliminusa
Aliminusa
450
M. Scardilla
9.3
600
M. Roccelito
Montemaggiore
Belsito
516   279
364
Mad.
degli Angeli
Granza
220
R.ca di Sciara

4   5   6

MAR

Cefalù

T.re S.Lucia   30   T.re Caldura
C. Pláia   Settefrati   9.2   P. di Finale o
di Raisigerbi   Vill.gio Turistico
Bivio Láscari   Cefalù   8.7   57   4.6   3   St. Póllina
387   497   Castelbuono   10
Campofelice   Cast.   P.ne Nuova   N°113   E.90   20   8.5   Finale
di Roccella   5   Láscari   S.Ambro.   Pollina   Póllina
V.la Lalumia   Sant.o di   Osserv.   7.764
14.5 56   Gibilmanna   Geofisico   437   P.te Parrin
A20   Gratteri   1081   Pizzo   P.lla di Montenero   304   P.zo Torretta   76   Borrello
HIMERA   Buonfornello   657   S.Angelo   205   681   I'an
M. Bovitello   P.zo Dipilo   590   Aquiléa   Castelbuono
di Cerda   430   1385   Isnello   Mad.   423   18
262   Villáurea   S.Ágata   C.S.Nicola   del Palmento   13.5
265   N°120   326   488   4.5   739   Liccia   P.te Paratore   22.2   Pintorna
Cerda   553   Cant.   M.d'Oro   Munciarrati   P.te Nocilla   N°286
274   Collesano   808   468   5.5   T.re Montaspro   Zucchi   P.zo Carbonara   M.Miccio   Botindar
P.lla di Cáscio   M.Cucullo   Rif.Orestano   Piano   1979   1977   S.Giuseppe   1049
401   1425   582   P.zo Antenna Grande   Regionale   Geraci
P.zo Guardia   P.lla di Mare   582   522   Cant.   15   Piano Battáglia   P.lla Manderini   Siculo   898
Cant.   E.932   d   Cant.   d'Inferno   M. dei Cervi   n   Rif.Marini   1206   Cast.   P.zo Có
A19   1794   o   i   M.S.Salvatore   Madonie   P.lla d.Bafurco
M   795   330   P.lla di Sette   1475   1865   M.Múfara   1912   1120
Frati   Scillato   M.Fanusi   V.di S.Nicola   1660
601   218   e   987   Biv.di Geraci
naggiore   Scillato   377   delle   M.Corvo   N°1
1145   P.zo S.Angelo   249   15   Madonie   Soltana   Peralia   1058   C.se S.Pietr
Granza   R.ca di Sciara   Catarineci   Lucia   Jo Dico
220   1080   Mad.dell'Alto   Gr.a d.805   fasano   Madonnuzza
Sclafani   Caltavuturo   Nociazzi   C.se Catalani   1000   Sobrana
Bagni   635   685   Mad.d.Pietá   Vecchiuzzo   Calcarelli   75.9   Gioiotti
491   M.Piombino   Polizzi   1010   Cant.   fasano   Pianello   803   Verdi
947   Generosa   917   Castellana   Gioia   1008   M.a d.Arbuchi
Mass.   Cant.   765   Sicula   Giàia   970
Mandragiumenta   806   Mass.Balate   832   Blufi   Guarráia   587
N°120   799   M.Fichera   Nero   685   Bompietro
P.lla Mangiante   871   Cant.   700   Gangi
871   2   Locati   Librizzi
Valledolmo   903   1081   P.zo Comune   Mass.   3
il Cássaro   169   1038   Xireni   E.932   C.se S.Pietr
P.zo Sampieri   1052   T.re Monzello

A

T I R R E N O

S. Ágata Milit.

Acquedolci 6

B

Torre d. Láuro

Marina di Caronía

22.2

N°113

A20

Furiano

M.S. Fratello 718

Nicetta

S. Fratello 675

Chiesa d. Grázia

Canneto

Caronia 304

10.2

E 90

Villa Margi

Torremuzza

7.3

Castèl di Tusa

8.2

S.Stefano di Camastra

Reitano S.Stefano

Cant. Marafò

la Pietà

P.zo di Pagano 860

P.zo Filio 833

Parco Regionale

C.se Mamma

C

Tusa

S. Maria di Palati

Tusa 614

Motta d'Affermo 660

Reitano 423

S. Croce di S. Stéfano

P.zo di Luminária 1260

Cast. di Marescotto

Pettineo 300 924 825

M.S. Cuono

Cant.

M. Trefináidi 1167

V. Rubino

33

P.zo Nido 1287

P.zo Taverna 1027

Vuturu 1223

T.re Migáido 439

983

Mistretta 950

C.zo Salomone 1093

dei Nébrodi

b r o d o

Castelverde

P.ta Botticedda

6.5

1030

49.8

N°117

P.lla dell'Óbolo 1544

N°503

M. Pelato 1561

C. Mafauda 1469

M. Pomiere

1237 p.ta Montagna 776

Castèl di Lúcio

S. Lucia

1347

Timpa d'Ariddu

N

M. Castelli 1566

1350

P.lla Cerasa

Orto Nuceri

1313

1342

M. Acuto

C. Me

15.2

V. Turgisaro

Cant. Castelli

C.le del Contrasto 1107

1139 Capizzi

949

D

18.5

P.so Malopasseto 1070

Riserva Naturale

M. Sambughetti 1558

Sambuchetti-Campanito

1059

M.dell'Annunziata 1234

N°120

M. Timponivoli 1209

M. della Grassa 1121

C. Graffagna

1050

Portella S. Martino

Salamone

Cerami 970

58.5

72.5

M. Vaccarra 853

1091

Mass. S. Agrippina 719

Pancallo

Serra di Falco

P.lla di Nicosia 990

Gangi

886

Cant.

Cant.

Cant. 657

Portelle

839

1.5

6.5

1120 Troina

1191 3.2

Balza di Pezzalunga 1053

Sperlinga 750

578

160

809

818

P.lla d. Mónaco

Capuano

M. Zimmara 1332

5.6

V.le Pidone

V.le Pietralunga

Musa

Soprana

Schino d. Croce

1013

60 M.S. Pietro

B. di Sperlinga

Nicosia

542

C. La Motta

268

A

B

Messina

ndiera

C.di Milazzo
78
Baronia
Paradiso
635
Croce
al Promontorio
Tono Addolorata

Golfo di

Milazzo

Villa
Rome
Due Torri
Rometta
Marea

Buon Signore
Fondaconuovo
Spadafora
Venético Marina
Fondachello
S.Andr

Milazzo

T I R R E N O

S.Giovanni

Fossazzo

Paco Nuovo
St.S.Filippo
-S.Lucia

Monforte
Marina
Giammoro

Tracoccia
Valdina

S.Martino
225
227
Venético
Rapano

Grangiara

213

S.Marina
Bastione
22
S.Pietro
S.Maria
di Grazie
Olivarella

Milazzo-I.Eolie
Corriolo
65
123

Caltafi

Torre
grotta
Carda

Pace
d.Mela
Zifronte

44
350
Rocca
valdina
S.S.
Salvatore

8.3

S.Domen

258

Caldera

Barcellona
107

8.7
64
33.8

Meri

60

S.Filippo
del Mela

Soccorso
210
80
Sicamino

Gualtieri
Sicamino
151

260
S.Pier
Niceto
287

Monforte
S.Giorgio

1287

442

Mad
Cris

Mongiove
C.Tíndari
Ris. Nat. L. di Marinello
TYNDARIS
Sant°

rti

Lido Marchesana
Castroreale Terme
Marchesana Marina

215
S.Lucia
del Mela

Sicaminò
287

Pellegrino

D

Ve Malluzzo
Scala

Oliveri Falcone

Tonnarella

E 90

S.Biagio

115
Nasari
192
24
Portosalvo

Cannistrà
S.Páolo

Acquaficara
Proto
notaro
194

la Gala

P.zo Sálici
745

P.zo Frara
822

575

M.Litto
N°113
Falcone

Terme
Vigliatore
145
Furnari
Grotte

Rodi
Cant.
Sulleria

Migliardo
500

M.Poverelló
1279

9.5

Quattrofináite
569

110
Mazzarra
S.Andrea
LONGANE
Milici

488
Bafia

C.d.Re
1180

Catalímita

P.zo d.Croce
1214

Ris. Nat.
Fiumedinisi
e M. Scuderi

1253
M.Scuderi

Castroreale
394

Frássani

Campogrande

M.Pomaro
828

P.zo Súghero
1113

M.Fossazza

1240
298

P.zo Russa
1066

P.zo dell'Acqua Bianca
1210

Fiumedinisi

200

758

Basico 528

S.Bárbara
600
730

Casale
CAST.

M.Barca
806

E

540

M.Pito
S.Conc

Tripi
142

P.zo Croce

822

Pellizzaro
eria

M.Burello
960

M.Bámmina
746

S.Marco Fantina

P.zo Torno
901

P.zo di Verná
1286

P.zo Faleco
1021

743

900

906

Argentera

Raiú

Montalbano
Elicona

C.Fontana
d'Ercole

S.Basílio
Novara
di Sicilia

Mandanici

41

Badia

Pagliara

1113

Badiavécchia

R.ca Novara
1340

P.lla Pertusa

Rubino

P.zo Barramanco
877

Rimiti

Locadi
325

Scíglio
Rocche

Allume

Mon ti   Pelo ri tani

269

5 6

Í. Filicudi

P. Perciato
Fossa Felci
773
Val di Chiesa
Pecorini
P.Stimpagnato
Filicudi Porto
C.Graziano

Ris. Nat. Ísola di Filicudi
e Scógli Canna
e Montenassari

Ísola Salina
(con trasporto auto)

Í. Alicudi

Filo d.Arpa
675
Ísola di Alicudi
118
Alicudi Porto

Riserva Nat.

(con trasporto auto)

I. di Ustica

I. Alicudi

272/3

I. Eolie o Lipari

270/1

Milazzo

Messina

Reggio di
Calabria

Palermo

Cefalù

264/5

266/7 268/9

258/9

Í S O L E

O

Í. Filicudi

P. Perciato
Fossa Felci
773
Val di Chiesa
Pecorini
P.Stimpagnato
Filicudi Porto
C.Graziano

Ris. Nat. Ísola di Filicudi
e Scógli Canna
e Montenassari

(con trasporto auto)

Ísola Alicudi (con trasporto auto)

Í. Salina

P. di Perciato
Malfa
Pollara
5.5
Capo Fa
M.d.Porri
860
Ris. Nat.
le Montagne
M.Fossa d.Felci
962
S. Mar
P.Valle
la Spina
Valdichiesa
Leni
d. Felci
e d. Porri
Lingua
Rinella
P.Grottazza

Canale d

Í. Lípar

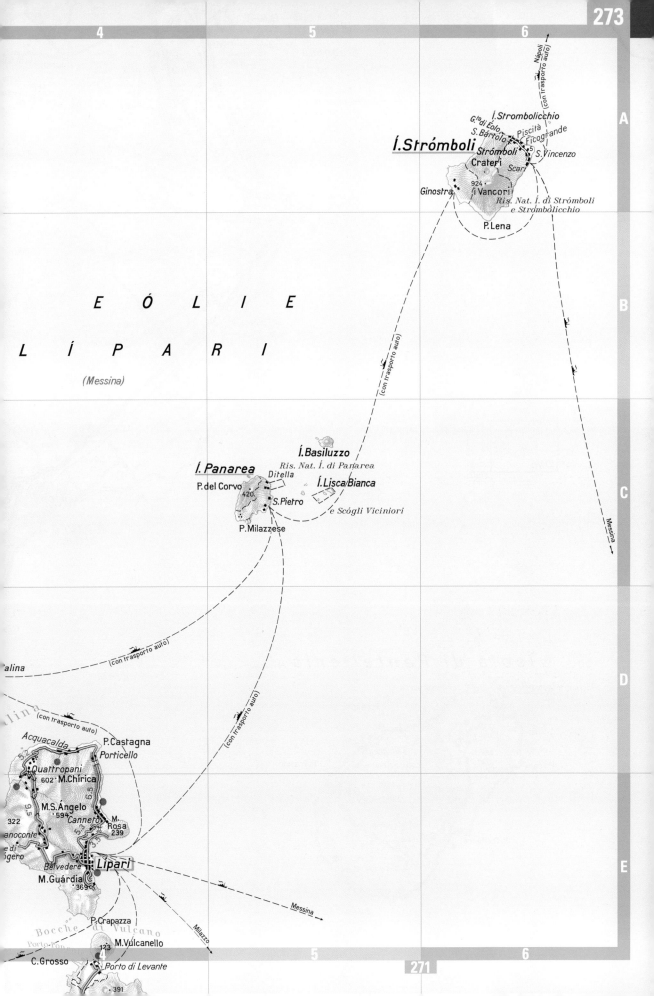

Í.Strómboli

Í.Strombolicchio
Gᵗᵃ di Eolo
S.Bártolo
Piscità
Ficogrande
S.Vincenzo
Strómboli
Crateri
Scari
924
Ginostra
í Vancori
Ris. Nat. Í. di Strómboli
e Strombolicchio
P.Lena

E Ó L I E

L Í P A R I

(Messina)

(con trasporto auto)

Napoli
(con trasporto auto)

Messina

Í.Basiluzzo
Ris. Nat. Í. di Panarea
Í.Panarea
Ditella
P.del Corvo
420
S.Pietro
Í.Lisca Bianca
P.Milazzese
e Scógli Viciniori

(con trasporto auto)

(con trasporto auto)

salina

(con trasporto auto)

alina
(con trasporto auto)
Acquacalda
P.Castagna
Porticello
Quattropani
602 M.Chirica
6,5
M.S.Ángelo
594
Canneto
M.
Rosa
239
322
anoconte
e di
gero

Belvedere
M.Guárdia
369

Lipari

Messina

Bocche di Vulcano
Porto-Pon
P.Crapazza

Milazzo

Messina

123
M.Vulcanello
C.Grosso
Porto di Levante
391

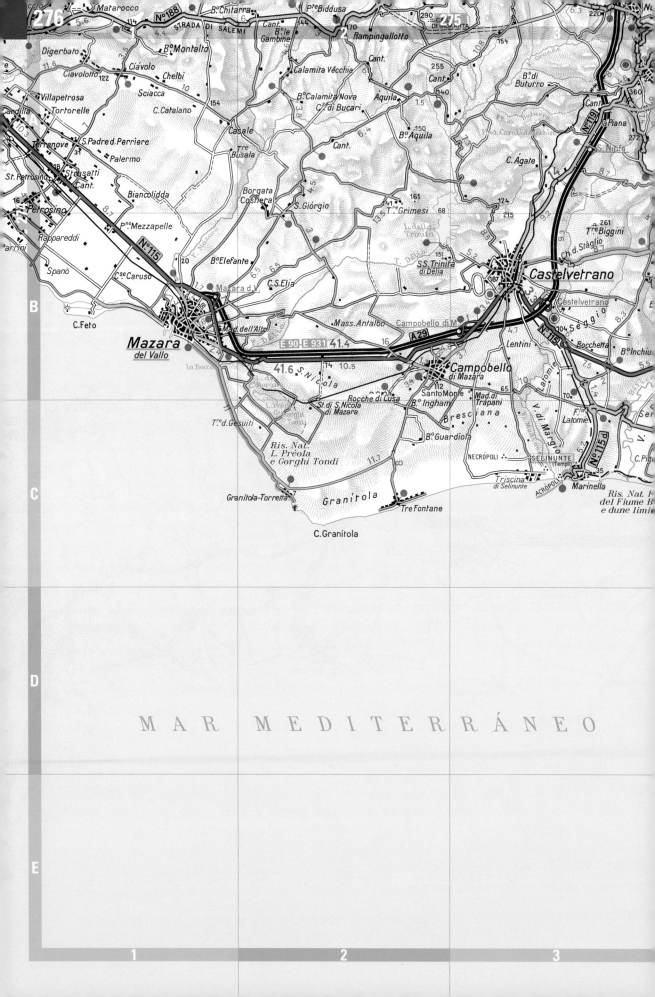

MAR MEDITERRÁNEO

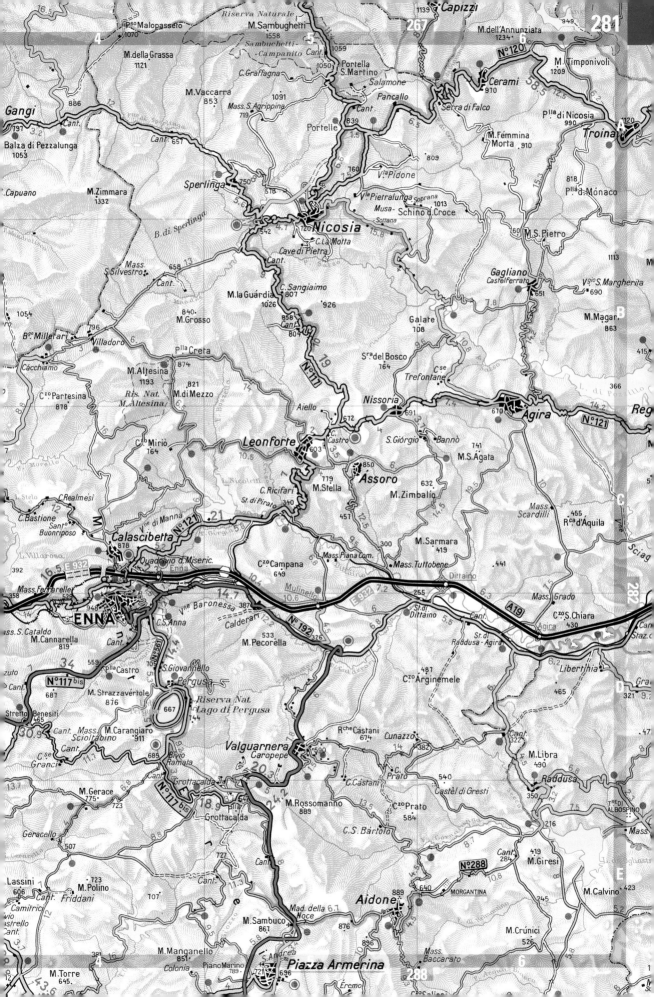

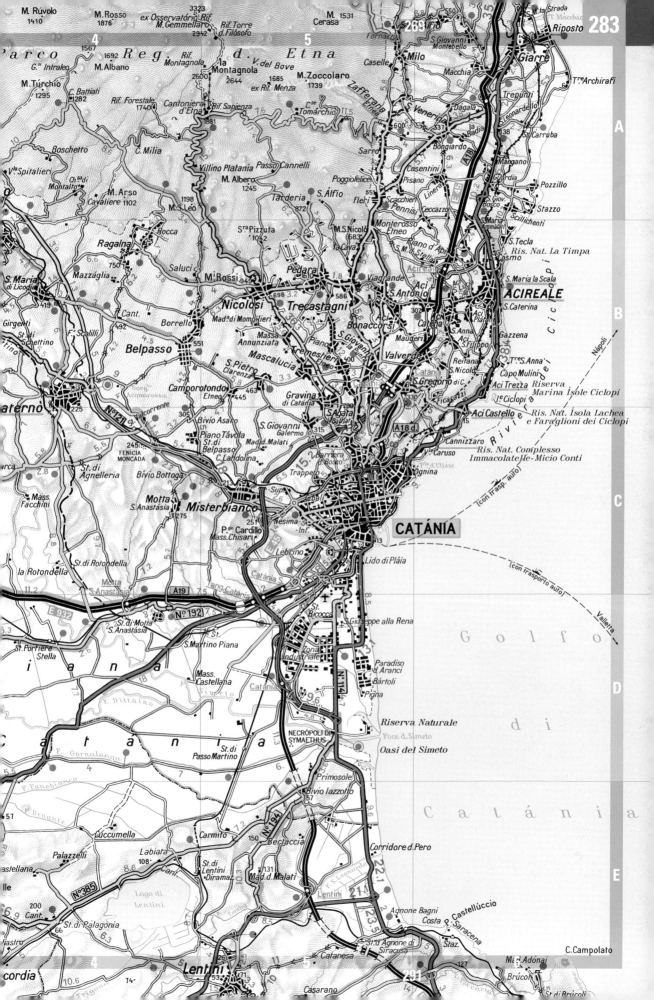

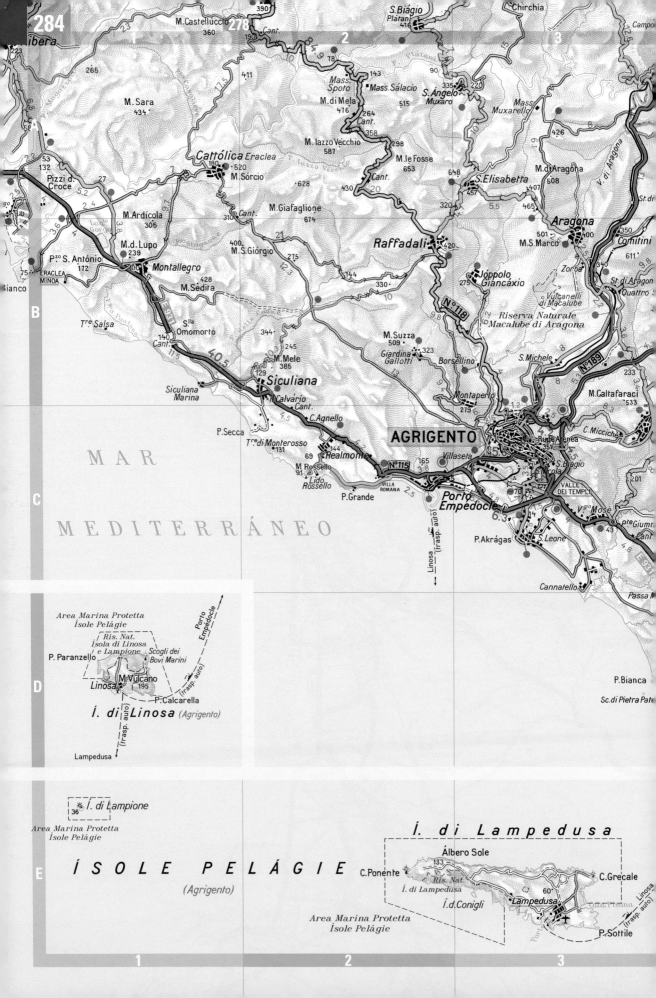

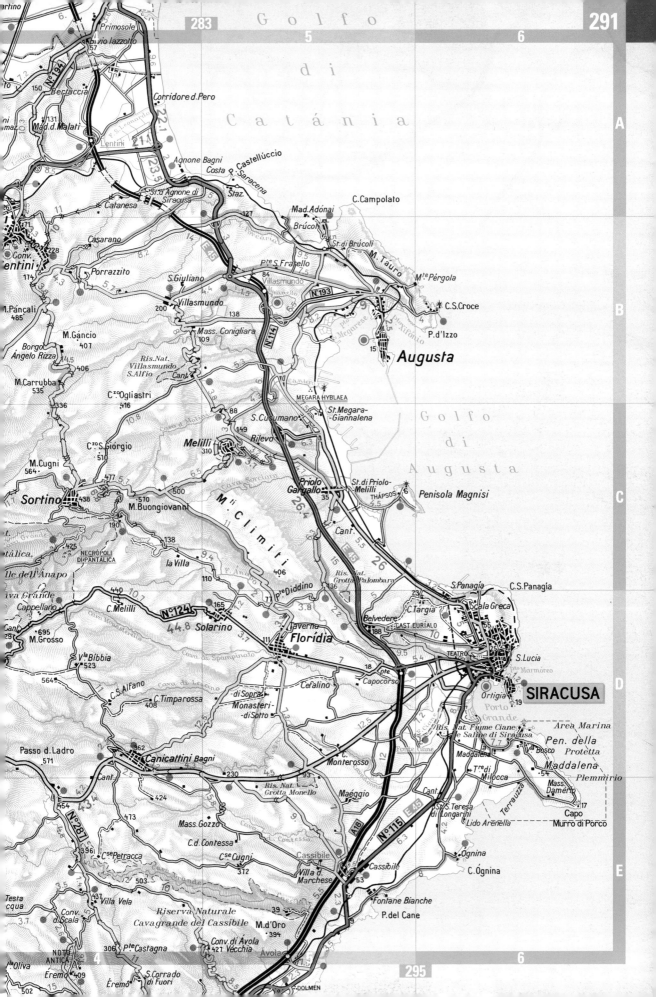

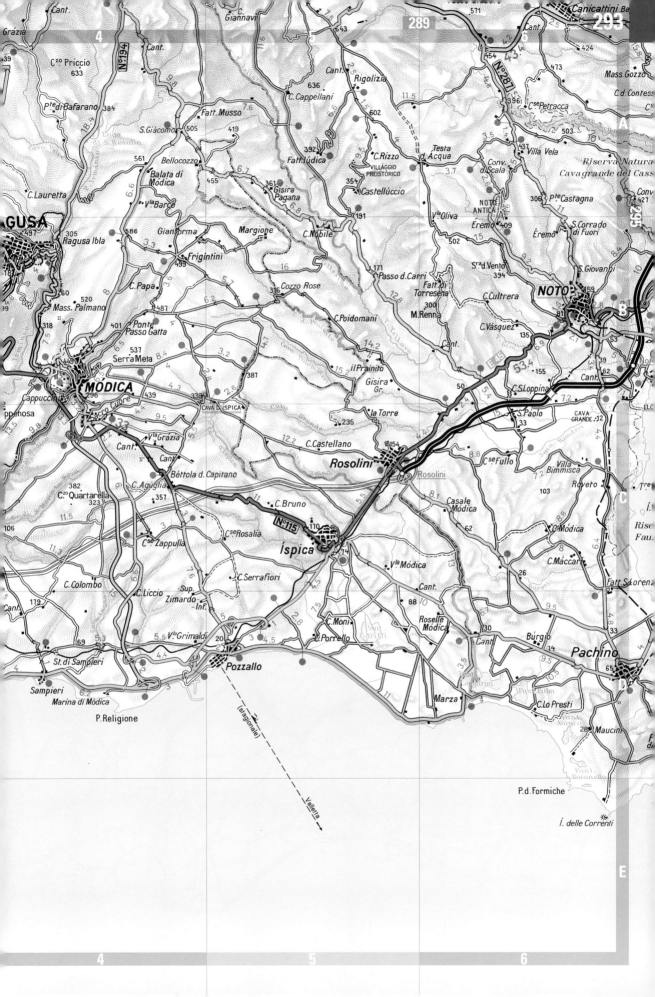

C. d'Anàpo
406
P.te Diddino
Ris. Nat.
Grotta Palombara
136
S. Panagía
C. S. Panagía
5
6
A
72
65
71
3.8
2.2
2.2
Javerna
Belvedere
C. Tàrgia
Cala Greca
CAST. EURIALO
3.7
Floridia
111
188
10
9.5
5.4
TEATRO
pte
S. Lucia
S. Lucia
pte Marmóreo
18
pte
Capocorso
Ortigia
19
SIRACUSA
di Sopra
Cefalino
Porto
Monasteri-
di Sotto
Grande
Pen. della
12.5
Ris. Nat. Fiume Ciane
e le Saline di Siracusa
7.7
Via Bosco
Area Marina Protetta
C.
Monterosso
la
Maddalena
Maddalena
Forte Pinne
230
45
93
T.re di
Milocca
54
Plemmirio
Ris. Nat.
Grotta Monello
Maéggio
Cant
Terrauzza
Mass.
Damério
17
essa
Cose Cugni
312
Cassibile
St. S. Teresa
di Longarini
4.2
Lido Arenella
Capo
Murro di Porco
Villa d.
Marchese
53
Cassibile
8
Ognina
C. Ógnina
rale
ssibile
Fontane Bianche
P. del Cane
M. d'Oro
394
nv. di Avola
Vécchia
Ávola
7.5
2.3
DOLMEN
Lido di Ávola
28.5
Ávola
Marina di Ávola
3.7
Golfo
C
Calabernardo
5.6
Lido di Noto
di
ELORO
Noto
N o t o
re Vendícari
D
Í. Vendícari
serva Nat. Óasi
unística di Vendícari
M A R
I Ó N I O
nzo
Marzamemi
Grotta Calafarina
E
7.5
Riserva Naturale
Ísola di Capo Pássero
6.6
Capo Pássero
Portopalo
di C. Pássero
21
Í. Capo Pássero
20
Portopalo
4
5
6

1   2   3

Riserva Nat.
d. Bocche di Bonifácio

C O R S I C A

P.to di Stagnolo
Corbo 240
C. di Parmentile
45
P. Capice
T.re d.S.Manza
127

N. 196
C. d'Arbia
128
Conv. d. Trinità 219
Gurgazo
90
C. Foce di Lera
Conv. di S.Giuliano

C. di Feno
Cala di Paragnan

Grotta d.Sdragonato le Càmere
Falaises
Bonifácio

Í. di Porág.
Í. di Rétini
Í. di Cavallo
Í. di S.Bainzo

P. S. António
90
Faro di Pertusato

P. d. Sperone
Í. di Lavezzi
P. d. Becche

(con Trasporto auto)

Sc. di Lavezzi

B o c c h e   d i   B o

Capo Testa
Í. Municca
P.Falcone
P. di B.
Í.e Marmorata
la Marmorata
Cala Sambuco

S.Teresa Gallura
la Ficáccia
Marazzino
la Licciola
125

la Colba
S. Reparata
Porto Pirosu
Buoncammino
N. 133 b
V. d'Erica

218
82
Val di Mela
P.to Pozzo
10

Ciuchesu

Cala Vall'Alta
Spiaggia di Rena Maiore
Serra Pauloni 361
Rena Majore
NUR D'ANTUNCEDDU
139

M.Russu 89
Campovaglio
M. Iu Sulianu 284

Littichedda
M.Saccheddu 337
192

P.di li Francesi
Porto di Vignola
S.Giovanni
228
Camporotondo M.240 Aglientu
69

Portobello di Gallura
Vignola
135
100
Capriolu
175
Bassacut

Vignola Mare Agnata
NUR TUTTUSONI
S.Lu

P.ta Cappeddu 314
Colti
300
S.Sin

Serra Tamburu 218
Cala Sarraina
Malti
10

S.Maria
92

Ciabattu
NUR BALAIANA 233
S.Lu

li Vaccaggi 266
P. Cruzitta
Aglientu
li Férruli
11,8

Crisciuleddu 175
315
M.S.Leonardo 299

Costa Paradiso
Iu Colbu
490
Cant.
Luogosanto
Capriule 215

Porto Lecci
M.Puntaccia 640
S.M.d.Neve
M.Casteddu

L
377
M.Pitrighinosu
S.Biágiu
la Traessa 425
S.António

M.Padru 587

M.Tinnari 216
A
S.ra di Iu Tassu 765
la Casedda
409
M.Candela

Isola Rossa
182
M.Beccazzittu 708
494

E Trinità
G
636
M.Abbalata
380
M.Pulchiana 674
462
S.M.d.Grázie M.S.Pietro 502

Paduledda la Scalitta 209
S.Pietro Mártire 365
S.António de li Colti
Cant. Scupetu
L

Trinità d'Agultu
NUR. IZZANA 425
S.Pietro di Ruda 352
N. 133

Badesi
M.Littigheddu 692
302
F.e Riu Piatu
F.a S.Leonardo

4   5   6

A

MAR TIRRENO

I.to Perduto

B

Í. la Presa
.49
Í.S.Maria
.49
Í.Razzoli
65
Í.Piana
Í.Corcelli
M.Budello
8.8
Í.Barrettini
Í.Budelli
P. Marginetto

P a r c o   N a z i o n a l e

P.Abbatóggia
Vill.gio Vacanze T.C.I.
P. Cannone
P.Galera
d e l l' A r c i p é l a g o
Í.Spargi
153
V.lo Piras
Guardia Preposti
Í.Giardi-
nelli
Becco
di Vela
160
Í.Caprera
d i   l a   M a d d a l e n a
Í. Maddalena
C. Azara
Moneta
Madonnetta
Í. i Mónaci
Cla.Frances
M.
Tejalone
212
P. Sardegna
di
Garibaldi
Í.S.Stefano
P. Rafael
la Maddalena
111
101
Stagnali
M.Altura
106
P.Coda
Palau
P. Puddu
Barrabisa
Centro Vélico
4.7
N.° 133
109
C.d'Orso
P.Rossa
39
5.5
Í. Porco
Capannaccia
P.te Liscia
P. Rossa
Í.d. Bisce
71
48.3
Cann.Cuconi
G. delle Saline
Í.d.Cappuccini
C.Ferro
46
F.a Surrau
P. Battistone
395
Báia
253
M.Canu
Sardinia
153
Poltu
Quatu
P.to Cervo
Vill.gio
Isuledda
Liscia
Í.di li Nibani
Cuncosu
Tanca
Manna
di Vacca
P. Martino
335
Laconia
Porto Páglia
139
Cannigione
197
M.Moro
421
M.Zoppu
M.Rúiu
260
P.Occhione
387
311
Abbiadori
Péveru
C.Capáccia
Bilianu Saldu
P. Baignoni
Romazzino
53
241
Capriccioli
M.Mazzolu
Arzachena
77
Í.Mortório
7.9
10
Í.le Cámere
Mulino di
Arzachena
3.5
30
Í. Soffi
NUR.
ALBUCCIU
230
M. Villico
S.Michele
169
U
282
S.Pantaleo
358
Portisco
R
Aglientina
P.d.Volpe
A
Cant.
479
Cugnana
Verde
P.to Rotondo
P. d. Canigione
S.Giovanni
35
Pirazzolu
323
P.Cugnana
649
163
P.di Montilongu
93
295
la Crucitta
Cala Sabina
M.Canareddu
198
Marana
C.Figari
340
S.Giácomo
279
Casagliana
Golfo
Aranci
N.° 125
F.a Marinella
P. Littu Petrosu
642
Sole Ruju
N.S.de su Monte
Rudalza
C a n t.
M.Plebi
52
Í.di Figarolo
P. de su Aspro
473
M.sa Curi
P.sa Turrita
303
Ólbia 2
416
Nodu

C

D

E

1 **2** **3**

A

P. Caprara o dello Scorno

C. Molla

Cala Arena

P.d. Scomúnica
·408
Elighe Mannu
C.Bianche 184
391 P. Sabina
P. Maestra Serre *Cala d'Oliva*

P.to Mannu d. Reale

Oss. Piano Mannu
la Reale 318

Í. Asinara

Trabúccato

Area Marina Protetta
Ísola dell'Asinara P. Trabúccato

·195 *Rada della Reale*

P.Tumbarino *Tumbarino*
241 29 *Cala
Scombro di Dentro*

B

*Cala
Scombro di Fuori* *Parco Nazionale
dell'Asinara*

P. Maestra Fornelli
265

Fornelli
·64
S.Maria
P.Barbarossa

·24 **Í. Piana**

C.del Falcone
Torre Pelosa *Cala d.Pelosa*
Rada d. Fornelli

189· *Cala di Vacca*
Torre Falcone P.Negra
·141
M.d.Crocetta *le Vele*

P.Scoglietti
C. Cóscia di Donna Cuile S.Lorenzo **Stintino**
Pischina Salida

C

Cala di Capotagliato
*Stagno di
Casaráccio* Tonnara Saline

Coda della Carasanta
Cuile Novo

Í.d. Porri

Ezi
Nodiggheddu

P.Rumasinu
122

Stagno di Pilo

Issi

D

NUR.MINCIAREDDA **Porto Tórres**
Pozzo S.Nicola
(Casteddu) Zona S.Gavino a Mare
Industriale
12 T.re di Abbacurrente 3.5
4.3 113 6.8 *Platamona
Lido*
Sc.Businco M.Elva 58 7.7
P. de lu Nibaru Lampianu NUR.MARGONE Cant.
Scala Erre 48 li Pedriazzi 19
M.S.Giusta 2.5 Rosário
251 3.3 Cant.Baiona MONTE
93· Biancareddu Piàn de D'ACCODDI
Sórres
C.Mannu Tronco
P.Padedda Cant. M. Alvaro 16 NUR. Reale
·222 342 SPERANZA la Crucca
la Pedràia 5 62
238 163 P. Pedru Ghisu N.131
P. de lu 305 Campanedda 25 Vizili...
Pisanu C.S.Giórgio 23.5
E *Porto Pálmas* 5.2 Palmádula NUR.MACCIADOSA S.Gavino
87 20 144 7.9 P.te
C. dell'Argentiera 19 C.Deroma 79 Zunchini Bancali
221 *Argentiera* 9.5 Monteforte la Corte 11.5 Cant. 31
4.8 NUR.BAZZINITTA C. Saccheddu
Joánnes Ábbas 142 6
M. Forte C.Élighe Longu M.Nurra
·464 42 13.2
1 **2** **3** 100
P.lu Caparoni 3.5
·444 **300**
P.te Crabolu

Golfo

Asinara

P.li Canneddi
M.Tinnari
Baia Trinità
Í.Rossa
Isola Rossa
2.6

Paduledda
la Scalitta
209
S.Pietro
365
Trinità
d'Agultu

Badesi Mare
Badesi
M.Lit
la Tozza
Muntiggioni
Baia
delle Mimose
Azzagulta

Codaruina
S.Pietro a Mare
Valledória
lu Razzoni
Castelsardo
Í.Frigianu
P.Campolandru
la Ciaccia
la Muddizza
Viddalba
 lu Bagnu
M.Ossoni
348
Peruledda
NUR.ELPÍGHIA
C.se Pedrumalu
Terme di
Casteldória
P.la Menta
329
Multeddu
S.Maria
Coghinas
228
M.Rúiu
533
P.Tramontana
l'Elefante
199
M.Vignoli
379
CASTEL DORIA
Cant.
S.Giovanni
VILLA ROMANA
Cant.Pédras de Fogu
Tergu
Littigheddu
NUR.CULTU
215
Cant.C
Maritza
NUR.
BACCHILEDDI
350
Pulpazo
S.Giácomo
306
Bulzi
201
S.Pietro di Simbranos
Fa Coghina
M.Tudderi
435
196
534
Sédini
S.d.Immagini
NUR.SAS LÁDAS
S.Giorgio
Montere
C.Bellimpiazza
NUR.ALVU
S.Nicola
DI SILÁNIS
124
Marina
di Sorso
Cant.
M.Eri
Piana
Ederas
597
S.Pancrázio
M.Ultana
254
Pérfugas
354 550
M.sos Páris
607 593
Grotta de
su Coloru
Laerru
1772
S.Pietro
Poligosu
Modditonalza
Sorso
Pirastreddu
M.Alma
496
su
Bullone
Téttile
M.Cau
233
A   n   g
Íspiridu
Santu
Mártis
Oloitti
Sénnori
281
Rca sa
Márghine
519
M.S.Lorenzo
581
Nulvi
478
S.Pantaleo
313
M.Attalzú
C.Rúiu
S.Giusepp
S.Lorenzo
134
280
334
356
NUR.SA PATADA
465
S.Vittória
452
l   o
NUR.ÓRRIA
409
Chiaramonti
430
C.Ruiu
S.Pasquale
240
529
M.Iscóba
629
S.M.
Maddaléna
275
M.Sass
S.Giácomo
Rodda
Quadda
S.Maria
in Iscalas
Osilo
673
M
559
Lughérres
S.Giusta
350
OSILO
690
505
S.Francesco
SÁSSARI
330
167
445
Cant.
St.di
Fenosu
C.Ispádula
M.Aldu
465
402
640
Cant.Carralzu
300
C.Ena Longa
Oppodr
Scala di
Giocca
411 M.
Túdurighe
M.Pedrosu
677
M.Pilosu
NUR.
BAIOLU
629 NUR.

Coda della Carasanta
Cuile Novo
298

1   2   3

Barcellona - Ajaccio | Civitavécchia
Génova

Í.d. Porri

Ezi
Nodigghéddu

Stagno di Pilo

Porto Tórres
S.Gavino a Mare

P.Rumasinu
122

Issi

NUR. MINCIAREDDA

Stagno
di Genana

Zona
Industriale

T.re di Abbacurrente
Platamona Lido

A

Pozzo S.Nicola
(Casteddu)

12

Sc.Businco

M.Elva

Cant.
li Pedriazzi

58   7.7

P. de lu Nibaru

Lampianu

Scala Erre   48

NUR. MARGONE

2.5

19

Cant.

M.S.Giusta
251

3.3

Rosário

MONTE
D'ACCODDI

S.M
di P.

C.Mannu

93   Biancareddu

Cant. Baiona

Piàn de
Sórres

Ottava

la Crucca

P.Padedda
222

Canáglia

Cant.

M. Alvaro
342

16

NUR
SPERANZA

Tronco
Reale

la Pedráia

238   163

5

Campanedda

62

B

P. de lu
Pisanu

Palmádula

C.S.Giórgio

P. Pedru Ghisu
305

NUR. MACCIADOSA

79   P.te
Zunchini

S.Gavino

23.5   N 131

Vizílliu

Porto Pálmas

5.2

20   144   7.9

C.Deroma

la Corte

NUR. BAZZINITTA

11.5   Cant.

31

Bancali

Predu
Niedd

C.dell'Argentiera

87

Argentiera

Monteforte

4.8

Joánnes Ábbas

C.Saccheddu

42   13.2

19
221

M.Forte
464

C.Élighe Longu
142

M.Nurra

100

P. lu Caparoni
444

P.te Crabolu

su Pirastru

Tottubella
53

C. Veniuri
F.ta Arcone

55

St.S.Giórgio

C

63   T.re Negra

N 291

Cant.Ferru

Porto Ferro

T.re
Bantine Sale

35.8   36.8

NUR.
BONASSAI

M.Rosso
236

66

NUR. LABIOLU

Cala d.Turco

215
M.Zirra

4.8   5.2

San
Marco

68

Olmedo

N 127bis

Villa
Assunta

S.M. la Palma

3.6

Piani

M.Miale Ispina
267

150

113   Cant. Scala Cavall

T.re d.Porticciolo

Guardia Grande

NECROP. ÁNGHELU RÚIU

Cala Viola

M.Doglia
431

Puntetta
d.Ghisciera

107

230

Reg.
Mugoni

sa Segada

St.
Mamuntánas

Cant. Rúdas

32

M.Crasta

Parco
P. Cristallo

326

26.5

Surigheddu

275

D

Cala della Barca

361

Í. Piana
105

M.Timidone

Porto
Conte

Torre
Nuova

NUR. PALMAVERA

Cant.

N 127bis

4.6

M.Maiore
267

Putifigari

331

T.re d.Pegna

271

Tramariglio

Porto
Conte

Fertilia

S.Giovanni

S.Agostino
Vecchio

C. Angelo Custode

8.5

Cala d'Inferno

131

Cala d.
Calcina

M.Rudedu
173

P.Negra

Lazzaretto
Bombarde

Í.d.
Maddalena

P.te Tuvu de Giorzi

Í. Foradada

203

G.ta Verde

C.Galera

Sant. di
Valverde
95

318

G.ta di Nettuno

168

G.d. Ricami

P.d. Gíglio

ALGHERO

7.5

G.ta di Nereo

C.Cáccia

Area Marina Protetta
Capo Cáccia-Ísola Piana

Cala Bona

S.Anna

M.Pettenadu
349

P. sa Casa
507

P.te Taffara
319

Cala Burantina

Capp.la
Scala Piccada
355

M.Arviganu
452

618

Villanov
Montelec
567

E

65

Capp.la
la Speranza

Cant.Monte
Fulcadu

697

Cant.

T.re Poglina

Cala Gricea

N 292

415   P.te di Cáitta

717   N.S.d'Interríos

493

Pedra Ettóri
118

657

sa Mesa de s'Attentu

NUR. ÁPPIU
500

37

590   M.Teti

585

1   2   3

I⁰ le Cámere
I. Soffi

Volpe

P.d. Canigione

Fa   93
Cala Sabina
Baia   3.5
Caddínas
Golfo Aranci   340   C.Figari
d'Aranci
Monte

141
I. di Figarolo

(con traghetto ferrov.-automob.)

Nodu
Pianu

Pittulongu

Golfo
di
Ólbia

(con trasporto auto)

Génova
(stag. con trasp. auto)
La Spézia
Livorno
Livorno
(con trasporto auto)
(con trasporto auto)
(stag. con trasp. auto)
Civitavécchia
Arbatax

P. Timone
Cala di Levante

P.Castelláccio
510

P.Cannone   I.Tavolara
565

Area Marina Protetta

P. Rúia

d.Bocca

C.Ceraso
140

218
P.to Legnaiolo

Lido
d.Sole

Cant   Porto Istana   I. Piana
Porto S.Páolo

Porto
S.Páolo   Costa Dorata   Porto d. Taverna

olo   51   I.Molarotto
P. la Guárdia   I. Molara
158

Tavolara-Punta Coda Cavallo

M.Rúiu   C.ia di M.Petrosu
317   108
Vaccileddi   6
Monte Petrosu   8.2   103
C.Coda Cavallo

S.Giusta

P.Altora
340   P.to Brandinchi

Nuragheddu   Marina di lu Impostu
P. Sabbatino

51.7   S.gno di S.Teodoro

6.2

la
Suaredda

lu Lioni   1.6
Cala d'Ambra

Casteddácciu   Terra   16
828   Padedda   Cant   **S.Teodoro**

M A R

Stráulas   P.d'Ottiolu

P. Ultía   Ottiolu
Nieddu   331   Luddui
P. Maggiore   9   Berruiles   Agrústos
971   Malamuri   Birgalavó

Franculácciu   **Budoni**
Maiorca
di Colloredda   Strúgas   5.3
819   S.Pietro   P. dell'Asino

178   S.Gavino   Limpiddu   I. dei Pedrami
Brunella   Solità
sos Ríos   S.Lorenzo   Tanaunella
Talavà   Muriscovo   S'Iscala
su   Tamarispa   123
Cossu   6.3   P. la Batteria
348
513
S.Giacomo   Cuc.ru de Luna   Cant. Orvili

T I R R E N O

46   4.5   CAST. D. FAVA
22   **Posada**
45   FERONIA

8.2
25   2.5

Torpé   S. Giovanni

497   173
M.Núrres   la Caletta
NURAGHE
GORROPIS
11.4   M.Tundu

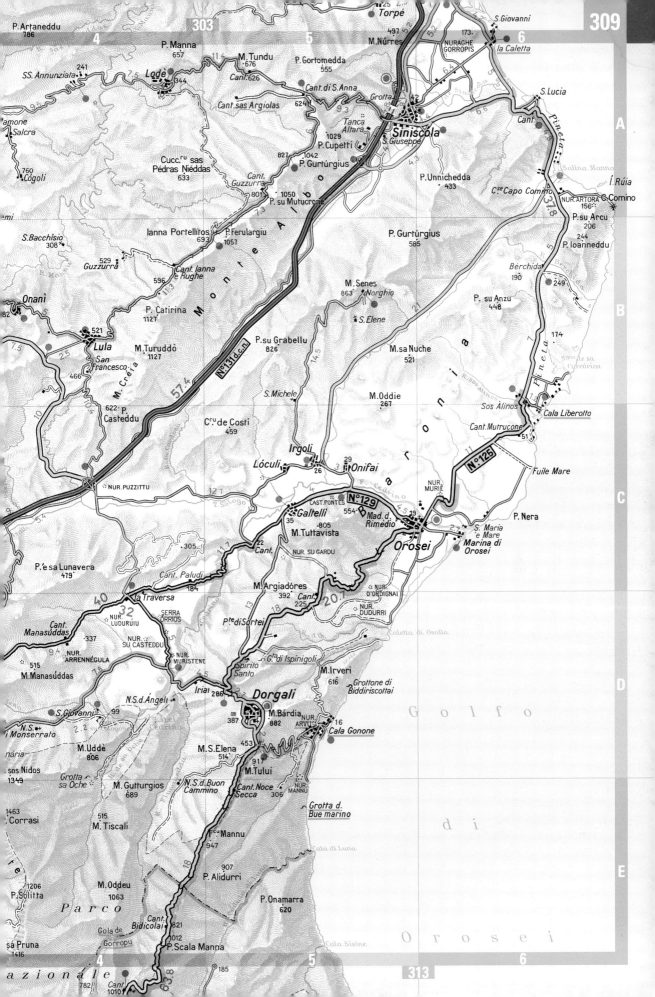

P. Artaneddu
786

SS. Annunziata
241

amone
• Salcra

P. Manna
657

M. Tundu
·676

P. Gortomedda
555

Lodè
·344

Cant. 626

Cant. di S. Anna

Cant. sas Argiolas
624

760
• Cógoli

Cucc.ru sas
Pédras Niéddas
633

Cant.
Guzzurra
801

1050
P. su Mutucrone

S. Bacchísio
308

Ianna Portellítos
693

P. Ferulargiu
1057

821
1042
P. Cupetti
1029

P. Gurtúrgius

827

S. Giuseppe

Grotta

Siniscola

Tanca
Altara

Onani

P. Catirina
1127

529
Guzzúrra
596

Cant. Ianna
e Rughe

113

Lula
521

M. Turuddò
1127

San
Francesco
466

M. Creia

P. su Grabellu
826

S. Michele

P.
Casteddu
622

Cru de Costi
459

Nº 131 d.c.n.
57.4

14.5

M. Senes
863
Norghio

• S. Elene

P.Unnichedda
• 433

P. Gurtúrgius
585

M.sa Nuche
521

M. Oddie
267

Csе Capo Comino

NUR. ARTORA
156

P. su Arcu
206

P. Ioanneddu
244

Bérchida
190

249

174

P. su Anzu
448

S. Lucia

Pineta

Salina Manna

Í. Rúia

C. Comino

Sono le sa
Curcúrica

Sos Álinos

Cant. Mutrucone
51

Cala Liberotto

Irgoli

Lóculi
26

29
3
Onifai

4

Nº 125

NUR.
MURIE

Fuile Mare

P. Nera

NUR. PUZZITTU

12.7

T. So no

Cast. PONTES
Galtelli
35
·805
M. Tuttavista

Nº 129
554

Mad. d.
Rimedio

19

Orosei

S. Maria
e Mare

Marina di
Orosei

305

Cant. Paludi

22
Cant.

NUR. SU GARDU

207

P.'e sa Lunavera
479

la Traversa
184

40

32

NUR.
LUDURÚIU

SERRA
'ÓRRIOS

117

13

18

M. Argiadóres
392
Cant.
225

P.te di Sortei

NUR.
D'ORDIGNAI

NUR.
DUDURRI

Caletta di Osalla

Cant.
Manasúddas
·337

9.4

NUR.
ARRENNÉGULA

NUR.
SU CASTEDDU

NUR.
MURISTENE

Spirito
Santo

Gla di Ispinigoli

M. Irveri
616

Grottone di
Biddiriscottai

M. Manasúddas
515

N.S. d. Ángeli

Iriai
286

Dorgali

387

M. Bárdia
882

NUR.
ARVU

16
Cala Gonone

Golfo

N.S.
i Monserrato

M. Uddè
806

sos Nidos
1349

Grotta
sa Oche

M. Gutturgios
689

N.S. d. Buon
Cammino

M.S. Elena
514

M. Tului
917

Cant. Noce
Secca
306

NUR.
MANNU

Grotta d.
Bue marino

di

453

Corrasi
1463

M. Tiscali
515

F.cu Mannu
947

Cala di Luna

P.Solitta
1206

M. Oddeu
1063

P. Alidurri

907

P. Onamarra
620

Orosei

Parco

 şa Pruna
1416

Gola de
Gorropu

Cant.
Bidicolai
821
1012
P. Scala Manna

185

Corrasi

Cant.
782
1010

azionale

Torpé

497
M. Núrres
25

52
52

NURAGHE
GORROPIS

S. Giovanni

173

la Caletta

6.4

6.6

318

A

B

C

D

E

6

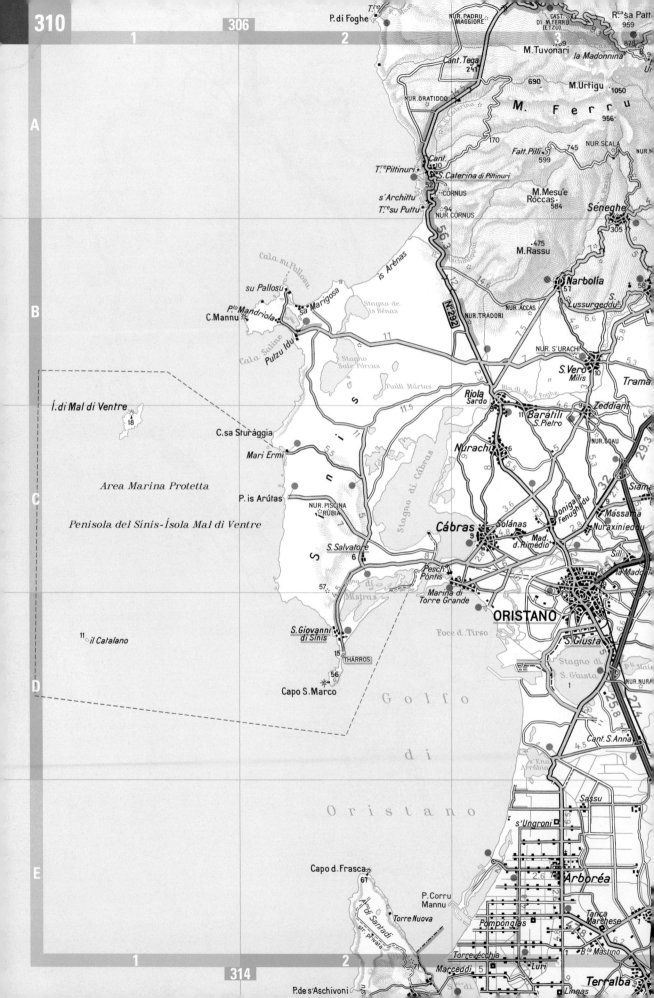

Tre·
P. di Foghe
NUR. PADRU MAGGIORE
CAST. DI M.FERRÙ (ET.ZU)
R.ca sa Patti 959
M. Tuvonari
la Madonnina
875

A

Cant. Tega 241
690
M. Urtigu 1050
NUR.ORATIDDO
M. FERRU
956
170
Fatt. Pili 599
745
NUR.SCALA
NUR. N
Cant. 110
T.re Pittinurí
S. Caterina di Pittinuri
52
CORNUS
M. Mesu'e Roccas 584
Séneghe 305
s'Archittu
T.re su Puttu
94
NUR.CORNUS
·475
M.Rassu

B

Cala su Pallosu
is Arênas
Narbolia 51
S. Lussurgeddu
su Pallosu
P.to Mandriola
C.Mannu
sa Marigosa
Stagno de. is Bénas
NUR.ACCAS
NUR.TRADORI
NUR. S'URACHI
S. Vero Milis
10
Trama
Cala Saline
Putzu Idu
11
S. Vero Milis
Riola Sardo
Zeddiani
Riu di Mare Foghe
Paúli Múrtas
Stagno Sale Pórcus
11.5
Barátili S.Pietro
11

C

Í. di Mal di Ventre
18
NUR.GOAU
C.sa Sturággia
Nurachi
Mari Ermi
Siam
P. is Arútas
NUR. PISCINA RUBIA
Stagno di Cábras
Donigala Fenughédu
Mássama
Area Marina Protetta
Nuraxinieddu
Penisola del Sínis-Ísola Mal di Ventre
S. Salvatore
6
Cábras
9
Solánas
Mad. d.Rimédio
Sili
la Maddal
8
Pesch. Póntis
3
57
Stagno di Mistras
Marina di Torre Grande
ORISTANO
il Catalano
11
S. Giovanni di Sinis
15
THÁRROS
S. Giusta

D

56
Capo S.Marco
Foce d. Tirso
Stagno di S. Giusta
1
P.te Mai
NUR.NURA
G o l f o
Cant. S. Anna
4.5
25.8
27.4
s'Ena Arrúbia
d i
Saşşu
s'Ungroni

E

Capo d. Frasca
67
Arboréa
2.6
O r i s t a n o
P. Corru Mannu
Tanca Marchese
Torre Nuova
Pompongias
Torrevécchia
Luri
Marceddi 5
Linnas
Terralba
P. de s'Aschivoni

MAR DI

SARDEGNA

Torrevécchia
Marceddi
Luri
B.ta Mastino
Linnas
Terralba

P. de s'Aschivoni
S. Antònio di Santadi
S.M. di Neàpoli
S. Nicoló d'Arcidano

T.re di Flumentórgiu
C. Puxeddu
Case Cara
T.re d. Corsari
P.to Palma

M. Funesu
555

M. Nurecci
324

M. Perdosu
345
sa Tellura
Pardu Atzei

Col. M.na Funtanazza
str. priv.

Cala Campu Sali
Marina di Árbus
M. Arcuentu
412
M. Ur

P. Nuracciolu
338
Piccalinna
C. Múrg

Montevécchio
310
Villaggio Righi

Arcu sa Tella
343
P. s'Accorradroxiu
726

Piscinas
Ingurtosu
608
Casárgiu
311
381
559
Arbus
137

Naracáuli
254
P. Tintiliónis
98

Piscinas
273
C. Atzeni
394

Seivu
Bau Gennamari
498
Cant. Bidderdi
C. Marigosa
826
Gonnosfana

P. Máiru
724
M. Línas
1236
P. Perda de sa Me

C. Pécora
P. Mumullónis
499
444
M. Cidrò
P.te Riu Sessini
401

Portixeddu
52.3
Fluminimaggiore
M. Lisone
1094

S. Lucia
M. Argentu
501
63
438
105

S. Nicolao
Gr. de su Mannáu
M. Conca s'Omu
616
Arénas
M. Anze

Buggerru
Sra Trígus
651
Candiázzus
TÉMPIO DI ÁNTAS
P. CampoSpina
348
sa Duchessa
M. Anze
903

Planu Sartu
S. Angelo
549
570
939
670

Malfidano
Scalíttas
S. Luigi
757
Malacalzetta

Cala Doméstica
M. Palma
403
Arcu Genna Bogai
C. Fratelli
S. Benedetto
807
Perdu Carfa

Acquaresi
Cse Lenzu
273
P. S. Michele
906
185

M. Guardianu
531
Montecani
Marganai

Sc.o Pan di Zúcchero
141
M. S. Pietro
661
240
311

Masua
N.S. d. Buon Cammino
329
IGLESIAS
Domusnóvas

Nébida
Monteponi
176
C. Corrias
Stáz. di Villamassárgia

Fontanamare
N.126
Campo Pisano
108

Golfo di Gonnesa
S. Giovanni
17
425
Barega

Porto Páglia
Tonnara
Seddas Moddizzis
Gonnesa

M.Mela 974

Grotta su Mármuri

Ulássai

M.Astili

Páolo

NUR. CARDEDU

NUR. TRUNCONI

N.S. di Buoncammino

M.Lusei 1113

Cant. Arqueri 1110

Ussássai

670

Cardedu

3

109

Jerzu

S.Bárbara 572

M.Lumburau 828

NUR. S'OMU 1422

Pizzu 'e Monte 541

Cant.

Genna 'e Crésia

le Grázie

267

C.Meloni

Museddu

sa Perda Pera

447

Arcu is Crabiólas 889

I.S. Vittória 1212

P.Coróngiu 1008

S.António

G.na su Ludu 852

868

P.su Crabiolu

157

631

M.Ferru 875

Marina di Gá

900 M.sa Pranárgia

Br.cu Niada 838

Corte Pórcus. 872

Cant.M.Codi 830

M.Codi 849

M.Arbu 812

546

3

Arcu de Sárrala de Susu 233

C.Sferracavallo 598

NUR. ALERI

Sassa Putzu 142

M.sa Colla 724

24

S.Salvatore

Perdasdefogu 599

16

Tertenia 139

N125

sa Foxi Manna

NUR.ARRAS

495

P.te Coróngiu

461

M.Siddu 584

T.re S. Giovanni di Sárrala

Cant. Sclamóris 189

18.5

Fontana Pedda de Coni

M.Rasu 646

599 NUR. ANASTASI

M.is Cròbus

Melisenda

Barisoni

C.Tela Niedda

Perda is Furónis 674

P.te su Santu

Cúc.ru Tundu 215

Escalaplano 338

9.6

Salto

di

NUR.CRÉSIA

Cant. Masonedili

C.ru Luggérras 537

NUR. DE IS BARESUS

P.to Santoru

S.Giovanni

M.Pran 'e Sartu 417

8

M.s'Ollasteddu 670

NUR.PERDU LOI

P.s'Accettori 589

M.Maracónis 364

FUNTANA COBERTA

9.3

Corti Rósas

4.7

463

Cant. S.Giórgio

255

P.de sa Cala

M.Cárdiga 673

24

67

82

Ballao

539

98

S.Pietro 398

558

Perda Lada

TORRE DI MÚRTAS

S.MICHELE

CAST. DI QUIRRA

Í. di Quirra o Scóglio di Múrtas

CAST. SASSAI 430

11.2

N.387

Armúngia 366

N.S. Bonária

10.6

Cal. Lundra

73

NUR. CORRULIA

M.Parrédis 630

S.Nicola 296

Cant. S.Bárbara

Cala de s' Acqua durci o Cala di Múrtas

S.Lucia

S.Nicoló Gerrei 367

M.Pardu 543

Baccu Scóvas 613

Quirra

324

M.Ordini

C.S.Lorenzo

S.Cristolu 502

Villasalto

M.su Piroi 605

563

15.5

Flumendosa

N.387

Br.cu Scióllas 439

P.sa Modditzi 250

Arcu Genna Arrela 831

Cant. Riu Gironi

196

Conca s'Égua 670

672

sa Matt 'e Abramu 133

NUR. ISCROCCA

N.125

8.2

CAST. GIBAS

P.to Corallo

M.Casárgius 735

631

Genn'Argiólas 775

S.Vito 15

Villaputzu 11

2.5

9

Muravera

11

Foce del Flumendosa

M.Génis 979

422

701

R.ca Arricelli

126

M.Narba 659

1.8

250

574

Baccu Arródas

S.Giovanni

S.Picci 13

P.Masenzías 700

M.Nieddu Mannu

C.Picci

772

Br.cu Coxinadróxiu

M.Acutzu Sarrabesu 398

Cant.

63

NUR. ASORU

21

T.re delle Saline

M.Idda

S.Priamo

V.gio Colustrai

1067

erpeddi

40

su Concali
426

S. Lu

A

253
CAST. DI
ACQUAFREDDA

94

Zinnigas

M. Orri
723

M. Arcosu
948

Orbai

G
L

M. Rósas
609

240 Rosás

Colle d Campanasissa

290
Cant.

206

P.te Bau Préssiu

P. Rócca Steria
1009

319
Case
Perdu Melis

E

is Paucéris

B

Terraseo
325

197
Tani

614

M.S. Miai

Coróngiu

455
a Fossatéula

Barega
87

4

121
Villamassárgia

M. Exi
369

8.3

5

3.5

S. Giovanni

8.7

M. Tasua
454

Piolánas
12.5

U Sirri

si

BÓNIA

is Fonnésus
111

Serbariu

S. Giovanni
332

492
is Pillónis

M.S. Michele
Arénas

Loccis

Coremò
45

Perdáxius
98 2

Pésus

is Méddas
112

M. Narcao
481

is Píntus

N.S. de is Grázias
69

Narcao
125

Riomúrtas

is Aios

136

Terrúbia

l'Osteria

is Pittáus
172

Núxis
196

NUR. PERDOSU

N°293

468 Giriadroxiu

Acquacadda

P.te Isca

Villaperúccio

is Piréddas
92 3

Santadi
135

M. Nieddu
1041

M. sa Mirra
1087

1116

M. is Carávius

is Paucéris

720

M. is Paucéris
Mannu

473

285

320

Tratalias
17

44 L. di Monte
Pranu

strada
privata 6.7

67

Santadi
Basso 107

Terresoli 13.5

Pantaleo

P. Maxia
1017

431

C

Pálmas

is Pistis

5

Giba
57

N°195

Piscínas

Barrua

su Benatzu

557

le Grotte
is Zuddas

P. Sébera
979

Cortióis

Cant.

Villarios

Masaínas

is Fiáscus

su Rai

is Scáttas

Genniomus

P. Órgiu Trudu

is Cannonéris
715

P. sa Cresia
864

Porto Botte

Ogno
di
Porto Botte

is Solinas

M. Cogótis
438

is Caríllus
114

is Dómus

Perdaiola

S. Anna Arresi

M. Culurgioni
443

Gúttyru Sporta

M. Orbai
688

119

P. Spinosa
682

C. Palacé

D

P. Menga

116

is Pillónis

C. Péddis

215

NUR.
BARUSSA

NUR. MALEDÉTTA

sa Portedda

89

195

10.6

M. Árbus

S. Isidoro

Teulada
63

M. Perdáia

437

P. is Crábus
576

P. Ev

55

C. de Foxi

23

24

P.te Salvatore
Troga

102.2

254

Cant.
301

M. Maria
477

84

66

Dómus de Maria

N°195

s'Arcu de
Genneruxi

267

M. Lapanu
319

M.s'Impeddau

T.re Budello

349

13

Campionna

Nuraxi de Mesu

352

M. Filau
363

Chia

24

Pinus Vi

I. Rossa

263

T.re di
Piscinni

142

M. Maria

sa Perda Longa

176

BITHIA

T.re di Chia

Porto Campana

P. di Cala Piombo

C. Malfatano

Capo Spartivento

E

C. Teulada
223

4

5

6

CÁGLIARI

G. di Quartu

GOLFO DI CAGL

G. d. Ángeli

MAR

Trápani-Tunis

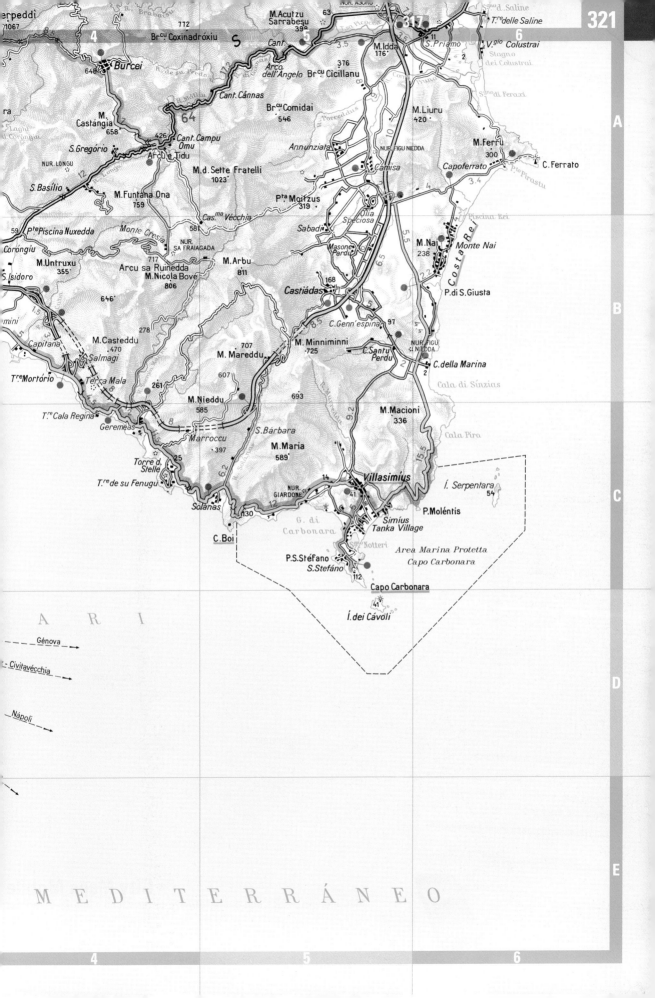

MEDITERRÁNEO

Attraversamenti di aree metropolitane e piante di città con indice tematico

Route maps and town plans with index by topic • Stadtplänemit Durchfahrtsstrassen und Hinweisen • Plans de traversée de zones urbaines et plans de ville avec index thématique • Planos de accesos y planos de ciudades con índice temático

Scala 1:100 000
Scale / Massstab / Échelle / Escala

| 0 | 1 | 2 | 3 | 4 | 5 km |

Hai trovato un errore?
Vuoi inviarci un consiglio? Scrivi a:

Found any mistake? Any suggestion
you'd like to give us? Send us a mail:

redazionecartografica@touringclub.com

⊡ City Maps Mobile

Piante di città+QR Code con informazioni turistiche e indirizzo Internet
Town plans+QR Code with tourist information and Internet address /
Stadtpläne+QR-Code mit touristeninformation und Internet-Adresse /
Plans de ville+QR Code avec informations touristiques et adresse Internet /
Planos de ciudades+QR Code con informaciones turísticas y dirección de Internet

http://mobile.touringclub.com/roma

Attraversamenti di aree metropolitane / Route maps / Durchfahrtspläne / Plans de traversée de zones urbaines / Planos de accesos

Ancona	326-327	Padova	344-345
Bari	328-329	Palermo	346-347
Bologna	330-331	Pescara-Chieti	348-349
Cagliari	332-333	Reggio di Calabria-Messina	350-351
Catania	334-335	Roma	352-353
Firenze	336-337	Torino	354-355
Genova	338-339	Trieste	356-357
Milano	340-341	Venezia	358-359
Napoli	342-343	Verona	360-361

Rimando alla pagina sviluppo del centro
Refer to the page of the city centre
Verweis auf Stadtkernseite
Roma Renvoi à la page du centre ville
440-441 Referencia a la pagina del centro ciudad

• • Piante di città / Town plans / Stadtpläne / Plans de ville / Planos de ciudades

Rimando alla pagina dell'area metropolitana
Refer to the page of the metropolitan area
Verweis auf Stadtbezirkseite
Roma Renvoi à la page métropolitain
352-353 Referencia a la pagina del distrito metropolitano

Agrigento	363	Frosinone	397	Potenza	435
Alessandria	362	Genova	398-399	Prato	437
Ancona	364-365	Gorizia	400	Ragusa	436-437
Andria	362	Grosseto	401	Ravenna	438
Aosta / Aoste	363	Iglesias	403	Reggio di Calabria	439
Arezzo	366	Imperia	400-401	Reggio nell'Emilia	436
Ascoli Piceno	367	Isernia	405	Rieti	438
Asti	366	Lanusei	403	Rimini	443
Avellino	367	L'Aquila	402	Roma	440-441
Bari	368-369	La Spezia	404-405	Rovigo	444
Barletta	369	Latina	405	Salerno	444
Belluno	369	Lecce	406	Sanluri	446
Benevento	370	Lecco	407	Sassari	445
Bergamo	372-373	Livorno	407	Savona	447
Biella	371	Lodi	408	Siena	448
Bologna	374-375	Lucca	409	Siracusa	451
Bolzano / Bozen	376-377	Macerata	408	Sondrio	446
Brescia	378-379	Mantova	410	Taranto	450-451
Brindisi	371	Massa	411	Tempio Pausania	449
Cagliari	380-381	Matera	412	Teramo	449
Caltanissetta	382	Messina	413	Terni	452
Campobasso	383	Milano	414-415	Torino	453
Carbonia	382	Modena	416	Tortolì	454
Carrara	383	Monza	417	Trani	456
Caserta	384	Napoli	418-419	Trapani	454-455
Catania	386-387	Novara	420	Trento	455
Catanzaro	385	Nuoro	420	Treviso	456
Cesena	385	Olbia	421	Trieste	458-459
Chieti	389	Oristano	431	Udine	457
Como	389	Padova	422-423	Urbino	459
Cosenza	388	Palermo	424-425	Varese	460
Cremona	390	Parma	426	Venezia	462-463
Crotone	390	Pavia	427	Verbania	461
Cuneo	391	Perugia	428	Vercelli	466
Enna	391	Pesaro	429	Verona	464-465
Fermo	396	Pescara	430	Vibo Valentia	468
Ferrara	392-393	Piacenza	431	Vicenza	467
Firenze	394-395	Pisa	432-433	Villacidro	468
Foggia	396	Pistoia	434	Viterbo	469
Forlì	397	Pordenone	434		

*QR Code è un marchio registrato di DENSO WAVE INCORPORATED

Per utilizzare il QR Code* scarica e installa gratuitamente il software di lettura sul tuo smartphone. Inquadra il codice con la fotocamera e segui le istruzioni per entrare nel mondo mobile di Touring Editore.
È necessario un collegamento Internet, i cui costi potrebbero dipendere dal proprio piano tariffario.
Se non si dispone di uno smartphone, si prega di utilizzare l'indirizzo Internet.

The QR Code* can be used after downloading and installing the software free on a smartphone.
Point your camera at the code and follow the instructions to enter the mobile world of Touring Editore.
Internet connection required. Costs vary according to user plan.
If you don't have a smartphone, please use the Internet address.

Zur Benutzung des QR Code* laden Sie die Lesesoftware kostenlos herunter und installieren Sie die auf Ihrem Smartphone.
Richten Sie Ihre Kamera auf den Code und befolgen Sie die Anweisungen für den Zugriff auf die mobile Welt von Touring Editore.
Sie brauchen dazu eine Internetverbindung, die Kosten richten sich nach Ihrem Tarifplan.
Sollten Sie kein Smartphone besitzen, nutzen Sie bitte die Internet-Adresse.

Pour utiliser le QR Code* téléchargez et installez gratuitement le logiciel de lecture sur votre smartphone.
Cadrez le code avec la caméra et suivez les instructions pour entrer dans le monde mobile de Touring Editore.
Il faut une connexion Internet, dont le coût pourrait dépendre de votre tarif des appels.
Si vous n'avez pas de smartphone, s'il vous plaît utiliser l'adresse Internet.

Para utilizar el QR Code* descarga e instala gratuitamente el software de lectura en tu smartphone.
Enfoca el código con la cámara fotográfica de tu smartphone y sigue las instrucciones para entrar en el mundo móvil de Touring Editore.
Se necesita una conexión a Internet cuyo coste podría depender del propio plan tarifario contratado. Si usted no tiene un Smartphone, por favor use la dirección de Internet.

Legenda attraversamenti di aree metropolitane

Key of approach route maps · Zeichenerklärung der Durchfahrtspläne · Légende des plans de traversée
de zones urbaines · Signos convencionales de planos de accesos

Autostrada a carreggiate separate, autostrada a carreggiata unica
Motorway with dual carriageway, motorway with single carriageway
Zweibahnige Autobahn, Einbahnige Autobahn
Autoroute à chaussées séparées, autoroute à une seule chaussée
Autopista de dos calzadas separadas, autopista con calzada única

Svincolo autostradale, stazione a barriera, area di servizio
Motorway crossing, toll barrier, service area
Autobahnanschlussstelle, Gebührenstelle, Raststätte/Tankstelle
Bretelle de l'autoroute, barrière de péage, aire de service
Salida de autopistas, barrera de peaje, área de servicio

A13

Numero di autostrada
Motorway number
Autobahnnummer
Numéro d'autoroute
Número de autopista

Strada di scorrimento a quattro corsie, strada di scorrimento a due corsie
Four-lane outlet roads, two-lane outlet roads
Vierspurige Schnellstrasse, zweispurige Schnellstrasse
Route à quatre voies, route à deux voies
Carretera de cuatro carriles, carretera de dos carriles

Altre strade
Other roads
Sonstige Strassen
Autres routes
Otras carreteras

Autostrada e strade in costruzione o in progetto
Motorway and roads under construction or planned
Autobahn und Strassen im Bau oder geplant
Autoroute et routes en construction ou en projet
Autopista y carreteras en construcción o en proyecto

Distanze in km parziali e totali
Partial and total distances in kilometres
Abschnitts- und Gesamtstreckenkilometer
Kilométrage partiel et global
Distancias kilométricas parciales y totales

Ferrovia e stazione
Railway and station
Eisenbahn und Bahnhof
Chemin de fer et gare
Vía férrea y estación

Metropolitana e stazione
Subway line and station
U-Bahn mit Haltestellen
Métro et station
Metro y parada

Metropolitana in costruzione
Subway line under construction
U-Bahn im Bau
Métro en construction
Metro en construcción

Funicolare, funivia, seggiovia
Funicular, cableway, chair-lift
Seilbahn, Seilschwebebahn, Sessellift
Funiculaire, téléphérique, télésiège
Funicular, teleférico, telesilla

Linea di navigazione
Shipping route
Schifffahrtslinie
Ligne de navigation
Línea marítima

Confine di Stato
National boundary
Staatsgrenze
Frontière d'État
Límite de Estado

Confine di regione
Administrative boundary
Verwaltungsgrenze
Limite administrative
Límite de región

Confine di provincia
Provincial boundary
Provinzgrenze
Limite de province
Límite de provincia

Giardino, parco; parco regionale
Garden, park; regional park
Garten, Park; regionaler Naturpark
Jardin, parc; parc régional
Jardín, parque; parque regional

Edificio urbano interessante; chiesa, abbazia
Interesting building; church, abbey
Sehenswertes Gebäude; Kirche, Abtei
Édifice urbain intéressant; église, abbaye
Edificio urbano interesante; iglesia, abadía

Castello, fortificazione; villa, palazzo
Castle, defensive works; villa, palace
Schloss, Festung; Villa, Palast
Château, fortification; villa, palais
Castillo, fortificación; villa, palacio

Resti archeologici, terme
Excavation sites, spa
Archäologische Funde, Heilbad
Restes archéologiques, station thermale
Yacimientos arqueológicos, estación termal

Golf, campeggio
Golf-course, camp-site
Golfplatz, Campingplatz
Terrain de golf, camping
Campo de golf, camping

H **P**

Ospedale, parcheggio
Hospital, car-park
Krankenhaus, Parkplatz
Hôpital, parking
Hospital, aparcamiento

Aeroporto civile, aeroporto turistico
Civil airport, airfield
Verkehrsflughafen, Flugplatz
Aéroport civil, aérodrome
Aeropuerto civil, aeródromo

Faro, grotta
Lighthouse, cave
Leuchtturm, Höhle
Phare, grotte
Faro, gruta

Cimitero
Cemetery
Friedhof
Cimetière
Cementerio

Legenda piante di città 325

Key of town plans · Zeichenerklärung der Stadtpläne · Légende des plans de ville
Signos convencionales de planos de ciudades

Autostrada
Motorway
Autobahn
Autoroute
Autopista

Arteria di attraversamento
Main thoroughfare
Hauptdurchfahrtsstrasse
Artère de traversée
Vía transversal

Via principale
Main road
Hauptstrasse
Rue principale
Calle principal

Altre vie
Other roads
Sonstige Strassen
Autres routes
Otras calles

Rampa pedonale
Steps
Stiege
Marches
Rampa peatonal

Zona pedonale
Pedestrian zone
Fussgängerzone
Zone piétonne
Zona peatonal

Ferrovia e stazione
Railway and station
Eisenbahn und Bahnhof
Chemin de fer et gare
Línea férrea y estación

 S.GIOVANNI

Stazione della metropolitana e sua denominazione
Underground station and its name
U-Bahnstation und Name
Station de métro et son nom
Estación de metro y su nombre

Monumento o museo di grandissimo interesse
Monument or museum of particular interest
Denkmal oder Museum, besonders sehenswert
Monument ou musée très intéressant
Monumento o museo de gran interés

Monumento o museo molto interessante
Monument or museum of considerable interest
Denkmal oder Museum, Sehenswert
Monument ou musée intéressant
Monumento o museo muy interesante

Monumento o museo interessante
Monument or museum of interest
Denkmal oder Museum beachtenswert
Monument ou musée remarquable
Monumento o museo interesante

Funicolare, funivia, seggiovia
Funicolar, cableway, chair-lift
Seilbahn, Seilschwebebahn, Sessellift
Funiculaire, téléphérique, télésiège
Funicular, teleférico, telesilla

Chiesa
Church
Kirche
Église
Iglesia

Ufficio pubblico
Public office
Öffentliches Amt
Service public
Oficina pública

Ufficio informazioni turistiche
Tourist Information Centre
Informationsstelle
Information touristique
Oficina de información turística

Ospedale
Hospital
Krankenhaus
Hôpital
Hospital

Parcheggi principali
Selected car-parks
Wichtige Parkplätze
Principaux parcs de stationnement
Aparcamientos principales

Giardino, parco
Garden, park
Garten, Park
Jardin, parc
Jardín, parque

Cimitero
Cemetery
Friedhof
Cimetière
Cementerio

ZTL www.comune.fi.it

ZTL (Zona a Traffico Limitato)
e sito ufficiale del comune
ZTL (Limited Traffic Zone)
and official website of the town
ZTL (verkehrsbeschränkte Zone)
und der offiziellen Website der
Stadt
ZTL (Zone à Trafic Limité)
et site officiel de la ville
ZTL (zona con limites de tráfico)
y sitio oficial de la ciudad

Principali punti di interesse

Main points of interest /
Wichtige interessante Punkte /
Important points d'intérêt /
Principales puntos de interés

 Edifici religiosi
Religious buildings
Religiöse Bauten
Édifice religeux
Edificio de carácter religioso

 Edifici monumentali
Interesting buildings
Sehenswertes Gebäude
Édifice urbain intéressant
Edificio urbano interesante

Musei
Museums
Museen
Musées
Museos

Ancona
364-365

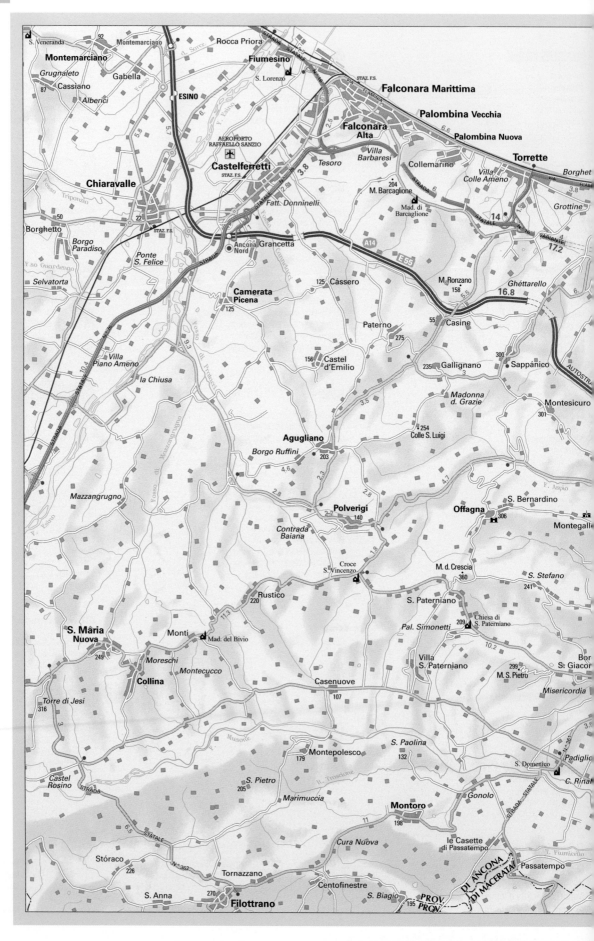

0 1000 2000 m

MAR

S. CIRIACO

ANCONA

ARCO DI TRAIANO
MUSEO ARCHEOLOGICO NAZIONALE
LOGGIA D. MERCANTI
S. MARIA D. PIAZZA   la Sedia del Papa
H
STADIO COMUNALE
GARIBALDI V.LE D. VITTORIA
VIA - ISONZO
LAZZARETTO
MONUMENTO AI CADUTI
ROCCA
B.go Rodi
STAZIONE F.S.
DE GASPERI
Pian di S. Lazzaro
Parco Comunale
Scogli Lunghi

ADRIÁTICO

lombella
atora
Fornetto
Casette
nocchio
ntelungo

San Francesco
le Grazie
Pietralacroce
Scogli del Cavallo
Menconi
M. Carlin 181
CIMIT. DI TAVERNELLE
Tavernelle
M. dei Corvi 236
Scoglio del Trave
Montacuto

(con trasporto auto)

Zadar
Bar
Igoumenitsa
Pátra
Durrës
Kérkira
Split
Stari Grad

Passo di Varano
STAZ. DI VARANO
Villa Vivanti
187
Varano
STADIO D. CÓNERO
Parco
Portonovo
2.2
S. Maria di Portonovo
Zona Ind. Baráccola
198
Baráccola
Candia
Carradori
Angeli
Poggio
258
Casette d. Poggio
Case S. Antonio
M. Cónero 572
Badia di S. Pietro 476
Villa Marchetti
Regionale
8
8
254
Massignano
S. Domenico
Ponte dell'Aspio
Aspio Terme
Camerano 231
S. Giovanni
S. Germano
Fonte d'Olio
S. Lorenzo
Sirolo
Ancona Sud Osimo
S. Biagio
4.1
del Cónero
Villa Burattini
Numana
Coppo
4.5
Svarchi Alti
Marcelli
Fornace
132
Abbadia
97
Ósimo Stazione
STAZ. F.S.
A14
Villa Virginia
Svarchi
S. Rocchetto
15.1
simo
S. Sabino 115
3.3
Contrada Incagiata
Badorlina
2.6
Crocette
19
CÓNERO
Fornaci 1.2
2
OSSARIO DI CASTELFIDARDO
Villa Lunghi
44
199
Borgo S. Agostino
Castelfidardo
Campanari
Campocavallo
Contr. Quercia Bella
Villa Gentilucci
Bivio Brandoni
Villa Berghigna
Villa Papa
Loreto Stazione
Scossicci
PROV. DI ANCONA
PROV. DI MACERATA
4.7
Musone
SANT. D. S. CASA
Borgo di M. Reale
Loreto
Villa Costantina
Loreto-Porto Recanati
le Grotte
STAZ. F.S.
3
Porto Recanati

Bari
368-369

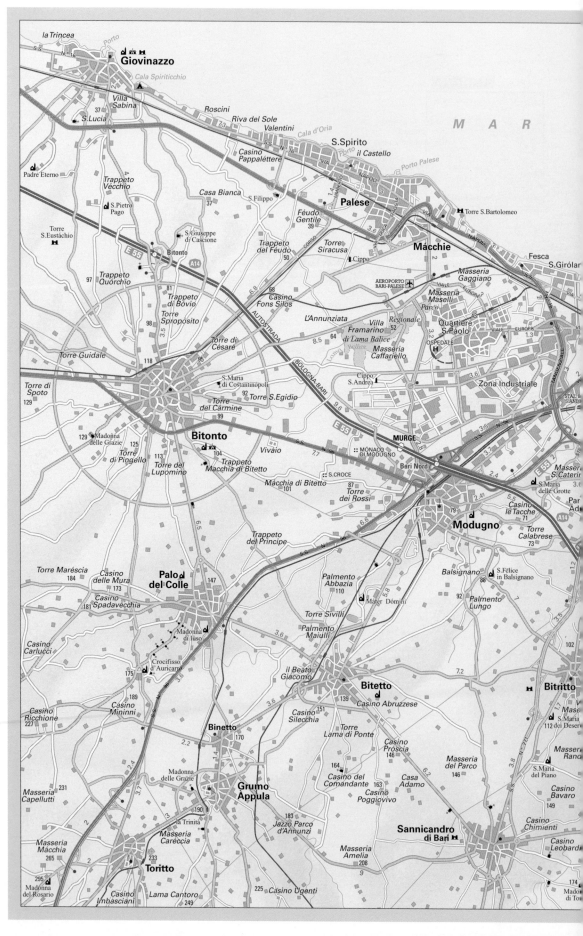

Giovinazzo

la Trincea

Porto

S.S.

N.° 16

Cala Spiritícchio

Villa Sabina

Roscini

S.Lucia

37

Riva del Sole

Valentini

7.3

Cala d'Oria

Casino Pappaléttere

S.Spirito

il Castello

Porto Palese

Porto

Palese

MAR

Padre Eterno

Trappeto Vécchio

Casa Bianca

37

S.Filippo

Féudo Gentile

39

VIA UMBERTO

VIA NAPOLI

Torre S.Bartolomeo

S.Pietro Pago

Torre S.Eustáchio

S.Giuseppe di Cascione

Bitonto

Trappeto del Féudo

50

Torre Siracusa

CORSO

Cippo

Mácchie

VIA NAPOLI

Fesca

S.Girólar

Trappeto Quórchio

97

E 55

A14

6.8

AUTOSTRADA

Trappeto di Bóvio

81

Casino Fons Silos

68

AEROPORTO BARI-PALESE

Masseria Gaggiano

VIALE EUROPA

Masseria Maselli Parco

Quartiere S.Paolo

43

VIALE

EUROPA

1.3

Torre Sproposito

98

L'Annunziata

8.5

64

Villa Framarino di Lama Balice

Regionale

52

3.2

OSPEDALE

H

Torre di Césare

Masseria Caffariello

3.6

Zona Industriale

STAZ.
S.ANDI

Torre Guidale

118

95

BOLOGNA-BARI

9.6

Torre di Spoto

129

S.Maria di Costantinopoli

92

Torre S.Egidio

Cippo

S.Andrea

Torre del Carmine

99

E 55

MURGE

MÓNACO DI MODUGNO

S.S.

7.7

Madonna delle Grazie

129

125

Torre di Pingello

113

Torre del Lupomino

104

Bitonto

Trappeto Macchia di Bitetto

Viváio

S.CROCE

Bari Nord

Mácchia di Bitetto

101

Torre dei Rossi

87

6.6

Modugno

79

2.4

Casino le Tacche

71

A14

Masser
S.Caterir

S.Maria delle Grotte

Par
Ad

Torre Calabrese

73

1.2

6.5

Trappeto del Principe

Palmento Abbazia

110

Balsignano

88

S.Félice in Balsignano

92

Palmento Lungo

Torre Maréscia

184

Casino delle Mura

173

Palo del Colle

147

Casino Spadavécchia

181

Mater Dómini

5.8

Casino Carlucci

Madonna di Íuso

Torre Sivilli

Palmento Maiulli

3.6

7.2

102

Crocifisso d'Auricarro

175

il Beato Giácomo

Bitetto

139

Casino Abruzzese

Bitritto

Casino Ricchione

227

Casino Mininni

189

Casino Silecchia

151

Torre Lama di Ponte

S.Maria
112 dei Deser

Binetto

170

2.2

Casino Próscia

146

Madonna delle Grazie

Casino del Comandante

164

163

Casa Adamo

Masseria del Parco

146

6.2

S.Maria del Piano

Masser
Rano

Masseria Capellutti

231

2.4

3.7

Grumo Appula

Casino Poggiovivo

Masseria Máccia

265

3

la Trinità

190

183

Jazzo Parco d'Annunzi

Masseria Amelia

208

Sannicandro di Bari

Casino Bavaro

149

Casino Chimienti

Casino Leobard

Madonna del Rosario

295

Toritto

233

Casino Imbasciani

Lama Cantoro

249

225

Casino Ugenti

9

174

Mado
di To

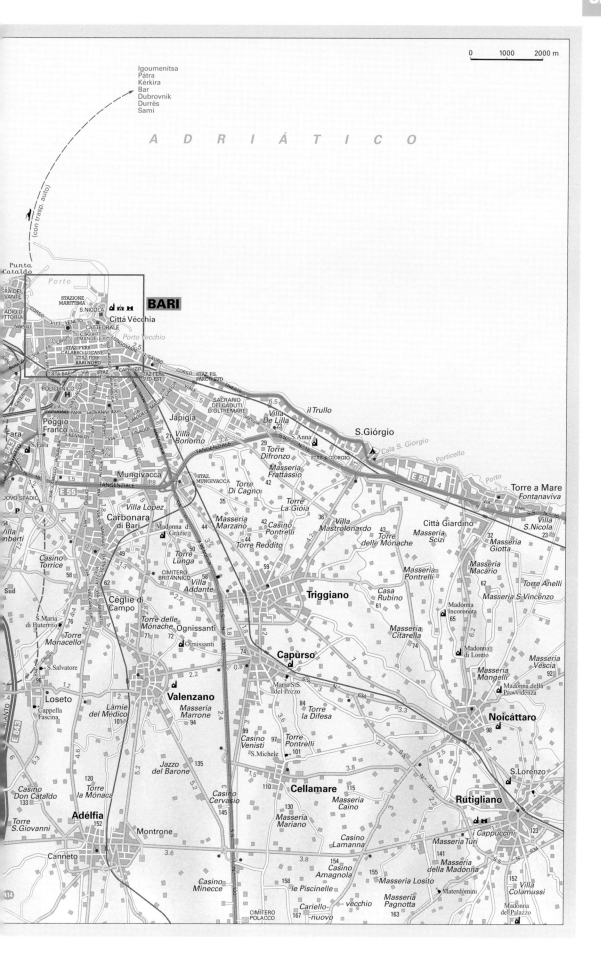

Bologna
374-375

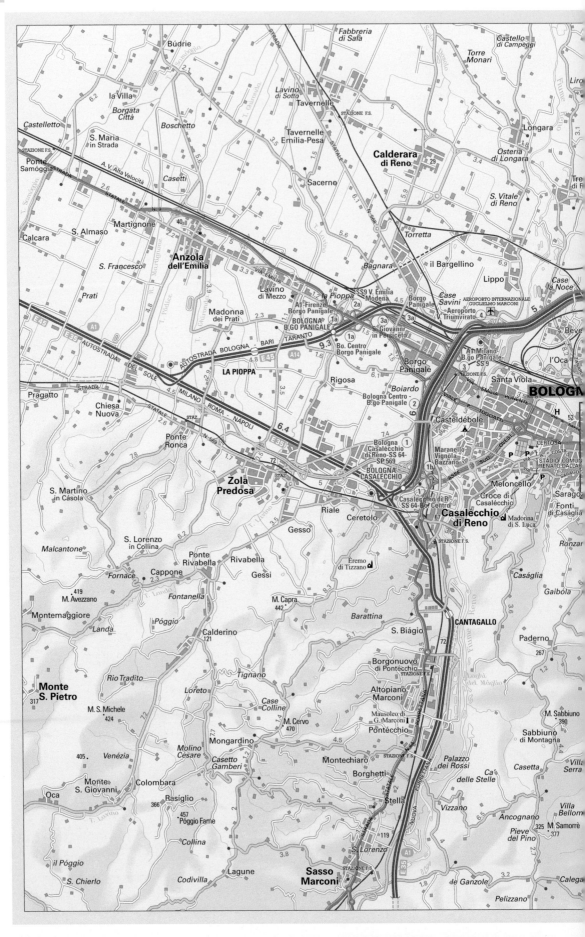

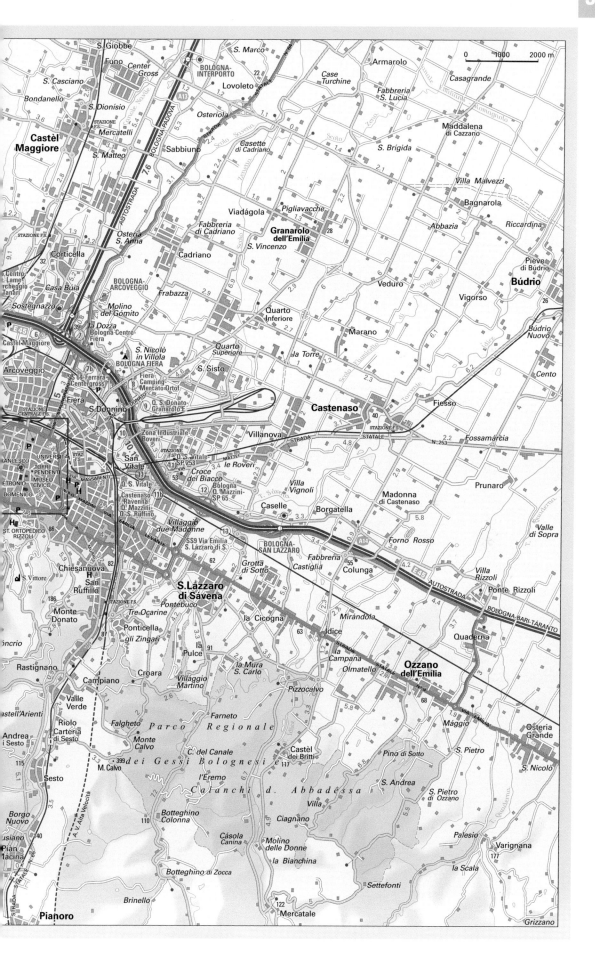

Cagliari
380-381

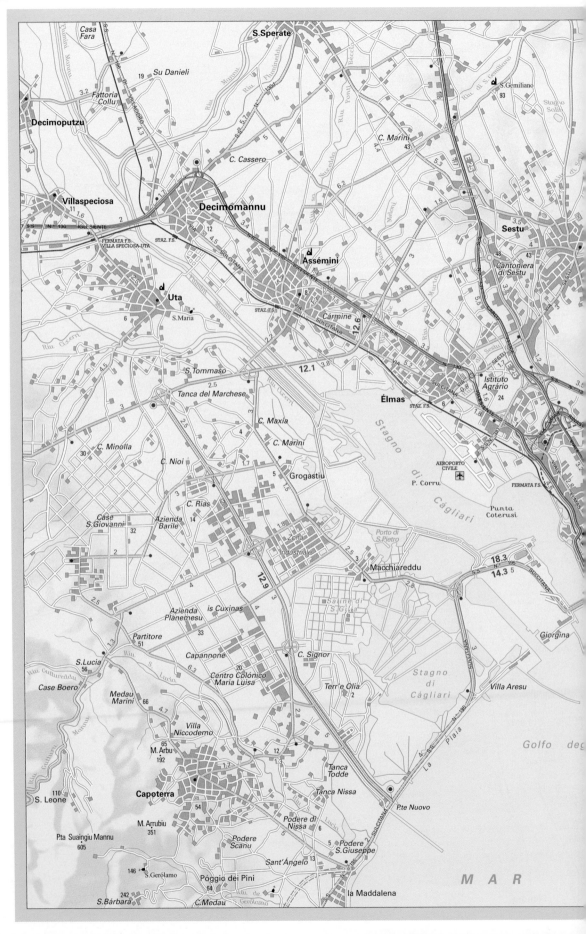

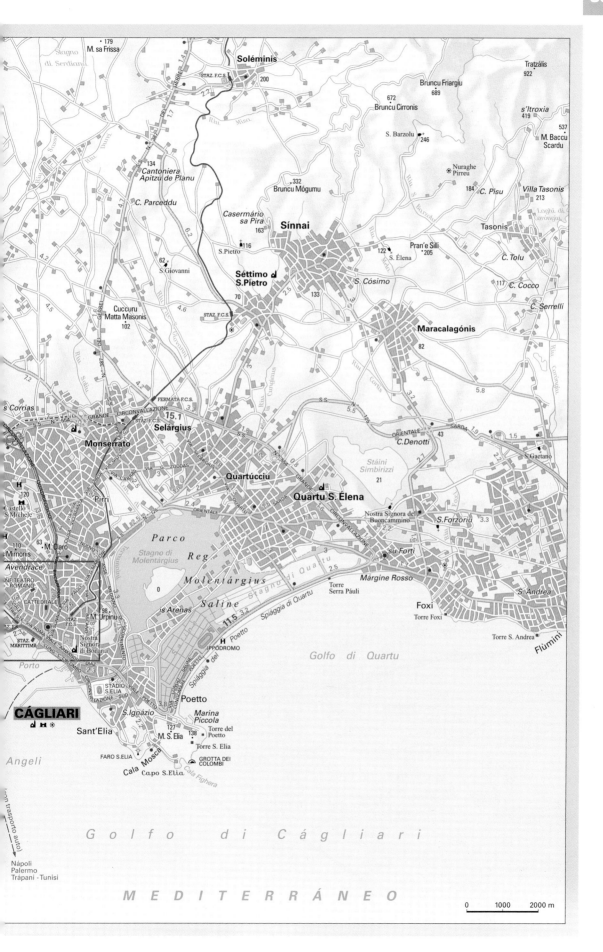

Stagno
di Serdiana

• 179
M. sa Frissa

GERREI 1.4

Soléminis

STAZ. F.C.S.

200

2.7

Tratzális
922

Bruncu Friargiu
689

672
Bruncu Cirronis

s'Itroxia
419

Riu Miso

1.7

S. Barzolu
246

537
M. Baccu
Scardu

Riu Dorri

• 134
Cantoniera
Apitzu de Planu

Nuraghe
Pirreu

C. Parceddu

N.
387
DE

4.7

184 C. Pisu

Villa Tasonis
213

• 332
Bruncu Mógumu

6.2

Casermário
sa Pira
163

Sínnai

Tasonis

C. Tolu

4.2

S.Pietro

116

122
S. Élena

Pran'e Silli
• 205

62
S. Giovanni

Riu S. Barzolu

S. Cósimo

117 C. Cocco

Séttimo
S.Pietro

70

2.5

133

C. Serrelli

4.6

DEL

4.5

N.
387

STAZ. F.C.S.

Cuccuru
Matta Masonis
102

Riu Flumini

Maracalagónis

82

3

7.2

GERREI

Riu Corrus

4.2

Riu Cungius

5.8

Riu Coróngiu

s Corrias

FERMATA F.C.S.

15.1

GRANDE CIRCONVALAZIONE

STAZ. F.C.S.

Selárgius

1.8

S.S.
N.
554

S.S.

S.S.
N.
125

5.5

ORIENTALE

3.2

Monserrato

VIA SELARGIUS

ZUDDAS

3

1.8

N.

0.8

SARDA

1.9

C.Denotti

43

1.5

Pirri

VIA CABRAS

VIA

2.5

Quartúcciu

GRANDE

Stáini
Simbirizzi
21

S'Gaetano

H
120

Castello
S.Michele

VIA

2.4

ORIENTALE

1.8

SARDA

1.6

Quartu S. Élena

CIRCONVALAZIONE

Nostra Signora del
Buoncammino

S.Forzoriu

3.3

H
110

63 M. Claro

2.5

NUOVA

Parco

2.7

2.2

Mirnonis

Avendrace

Stagno di
Molentárgius

Reg.

su Forti

1.5

S. Andrea

NFITEATRO
ROMANO

CORRIMENTO

Molentárgius

Stagno di Quartu

Márgine Rosso

2.5

Torre
Serra Páuli

Foxi

CATTEDRALE

M. Urpinu
98

Saline

is Arenas

3.2

Spiággia di Quartu

Torre Foxi

VZ. ER

STAZ.
F.C.S.

11.5

VIALE

Poetto

Torre S. Andrea

Flùmini

STAZ.
MARITTIMA

2.3

Nostra
Signóra
di Bonária

Golfo di Quartu

Porto

DIAZ

H
IPPÓDROMO

STÁDIO
S.ELIA

CIRCONVALAZIONE SUD

DIR. POETTO

VIALE POETTO

S.Ignázio

Poetto

CÁGLIARI

Marina
Piccola

Sant'Elia

127
M. S. Elia

138

Torre del
Poetto

FARO S.ELIA

Torre S. Elia

Angeli

Cala Mosca

Capo S.Elia

GROTTA DEI
COLOMBI

Cala Fighera

G o l f o   d i   C á g l i a r i

Nápoli
Palermo
Trápani - Tunisi

on trasporto auto

M E D I T E R R Á N E O

0   1000   2000 m

Catania
386-387

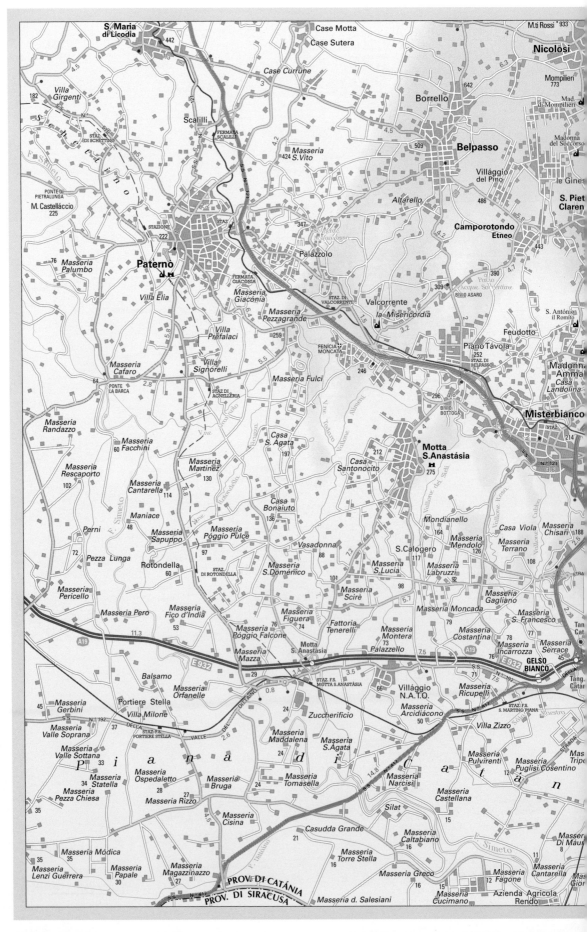

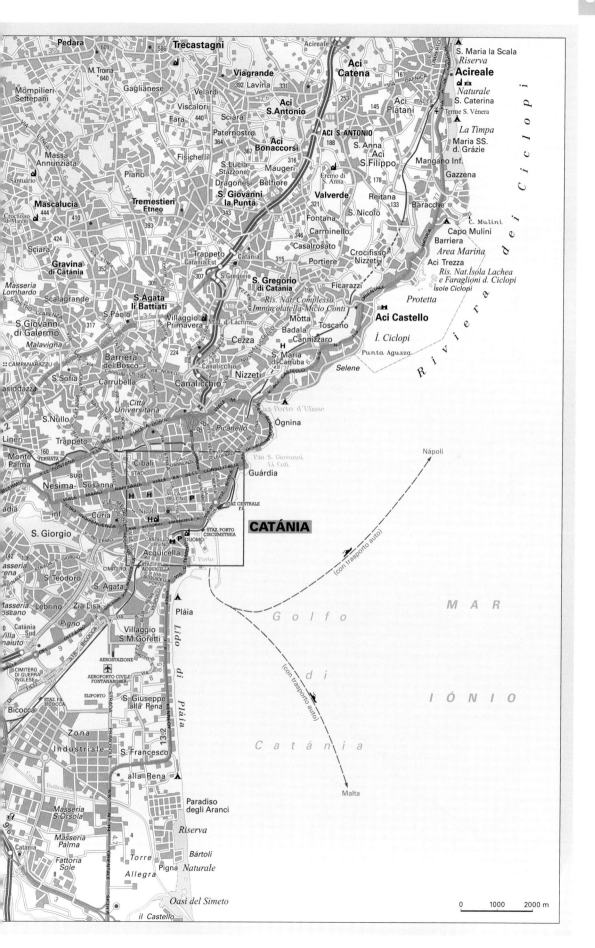

Pedara 609 1.8 586 Trecastagni Acireale Aci Catena 161 S. Maria la Scala
M. Troina 640 Viagrande 253 Riserva
Mömpilieri-Settepani 392 Lavina 331 Acireale
Gaglianese Velardi 5 Aci Plátani STAZ. F.S. Naturale
Viscalori Aci S.Antonio 145 S. Caterina
Massa Annunziata Sciara Fara 440 A18 ACI S. ANTONIO 188 Terme S. Vénera
Santuário Paternostro 364 Aci Bonaccorsi 367 S. Anna 178 La Timpa
Fisichelli Piano 316 Aci S.Filippo Maria SS.
Mascalucia 444 Piano S.Lucia Stazzone Máugeri Eremo di S. Anna Mangano Inf. d. Grázie
Crocifisso di Marett 410 Dragonesi Belfiore 321 Gazzena
Sciara 424 Tremestieri Etneo 393 S. Giovanni la Punta 343 Valverde Reitana 133 Baracche
Gravina di Catánia 352 Fontana 346 S. Nicolò Capo Mulini C. Mulini
Masseria Lombardo V.S° PIETRO 309 Trappeto Catania Est 307 Catánia 315 Carminello Barriera Area Marina
Scalagrande S.Páolo Catánia S.Gregorio Casalrosato Crocifisso Nizzeti Aci Trezza
S.Ágata li Battiati S. Gregorio di Catánia 198 Portiere Ficarazzi Rís. Nat.Ísola Lachea e Faraglioni d. Ciclopi Ísole Ciclopi
S.Giovanni di Galermo 317 Villággio Primavera Rís. Nat. Complesso Immacolatella-Micio Conti Protetta
Malavigna Mad. d. Lácrime Motta Aci Castello
CAMPANARAZZU 224 Cezza Badala Toscáno Ì. Ciclopi
asiddazza Barriera del Bosco Canalichio Cannizzaro Punta Aguzza
S.Sofia 182 Nizzeti S. Maria d.Carruba Selene
Carrubella Canalicchio Città Universitaria Porto d'Ulisse
Lineri S.Núllo Picanello Ógnina
Trappeto 160 FERMATA Nápoli
Monte Palma sup. Cibali STADIO P.to S. Giovanní Lì Cuti
PALERMO Nesima- Susanna CORSO ITALIA
inf. Curia S. Nicolo VILLA BELLINI P Guárdia (con trasporto auto)
S. Giorgio CATÁNIA STAZ CENTRALE F.S.
142 136 CIMITERO CASTELLO URSINO P STAZ. PORTO CIRCUMETNEA DUOMO MAR
asseria ena S. Teodoro S. Agata Acquicella Porto
Lebrino Zia Lisa Pláia IÓNIO
oscano Pigno Lido di (con trasporto auto)
illa naiuto Catánia Sud Villággio S.M.Goretti Pláia
Bicoccá AEROSTAZIONE Catánia
CIMITERO DI GUERRA INGLESE AEROPORTO CIVILE FONTANAROSSA
Zona ELIPORTO STAZ. FS. BICOCCA S. Giuseppe alla Rena Malta
Industriale S. Francesco
alla Rena
Masseria S.Órsola Paradiso degli Aranci
Masseria Palma Riserva
Catánia Torre Bártoli Naturale
Fattoria Sole Allegra Pigna
Oasi del Simeto
il Castello

Riviera dei Ciclopi

Golfo di Catánia

0 1000 2000 m

Firenze
394-395

Prato
437

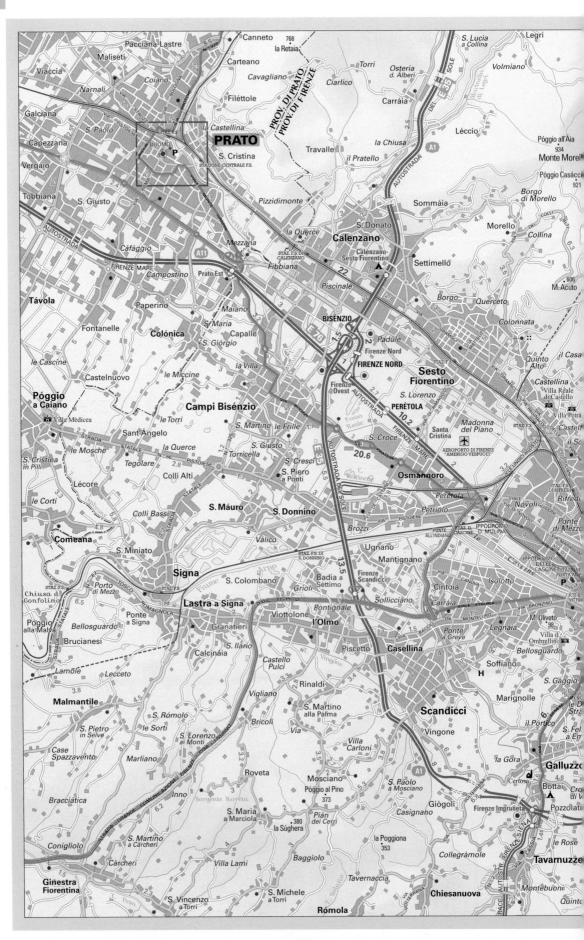

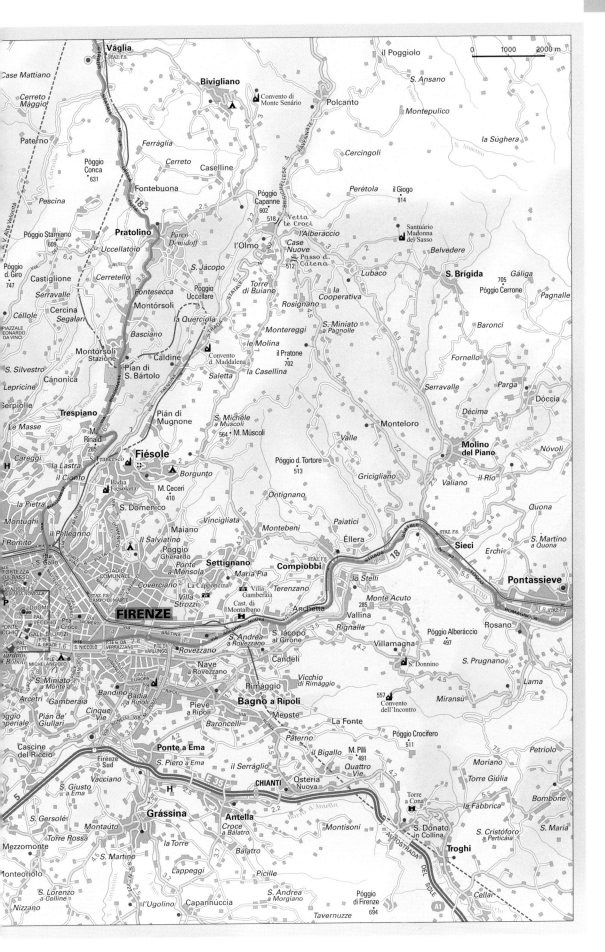

0   1000   2000 m

Case Mattiano

Váglia
STAZ. F.S.

il Poggiolo

S. Ansano

Bivigliano

Convento di
Monte Senário

Polcanto

Montepulico

la Súghera

Cerreto
Mággio

Cercingoli

S. Ansano

Ferráglia

Paterno

Cerreto

Caselline

Perétola

il Giogo
914

Póggio
Conca
631

Fontebuona

Póggio
Capanne
602

l'Alberáccio

Santuário
Madonna
del Sasso

Pescina

518

Vetta
le Croci

Case
Nuove

Belvedere

Póggio Starniano
609

Pratolino

Parco
Demidoff

l'Olmo

Passo d.
Cátena
512

Lubaco

S. Brígida

Gáliga

705

Uccellatóio

Póggio Cerrone

Pagnalle

Póggio
d. Giro
747

Castiglione

Cerretello

S. Jácopo

Torre
di Buiano

la
Cooperativa

Céllole

Serravalle

Fontesecca

Póggio
Uccellare

Rosignano

S. Miniato
a Pagnolle

Baronci

Cercina

Montórsoli

Montereggi

Fornello

Segalari

la Quérciola

le Molina

Basciano

il Pratone
702

Parga

S. Silvestro

Montórsoli
Stazione

Caldine

Convento
d. Maddalena

la Casellina

Serravalle

Dóccia

Cánonica

Pián di
S. Bártolo

Saletta

Lepricine

Trespiano

Pián di
Mugnone

S. Michele
a Múscoli

Décima

Le Masse

M.
Rinaldi
285

564

M. Múscoli

Valle

Monteloro

Molino
del Piano

Nóvoli

Caréggi

Fiésole

S. Francesco

Póggio d. Tortore
513

Gricigliano

Valiano

il Río

la Lastra

il Cionfo

Borgunto

Ontignano

Quona

la Pietra

Badia
Fiesolana

M. Ceceri
410

S. Domenico

Vincigliata

Montebeni

Paiatici

Éllera

STAZ. F.S.

Sieci

S. Martino
a Quona

Erchi

Montughi

l'Romito

il Pellegrino

Maiano

Il Salviatino

Settignano

Compiobbi

Io Stelli

18

Pontassieve

Pta
S. Gallo

STADIO
COMUNALE

Póggio
Gherardo

Ponte
a Ménsola

Maria Pia

La Capponcina

STAZ. F.S.

Monte Acuto
285

FIRENZE

Coverciano

Villa
Strozzi

Villa
Gamberaia

Terenzano

Anchetta

Vallina

Rignalla

Rosano

DUOMO

PAL.
VECCHIO

Cast. di
Montalbano

S. Iácopo
al Girone

Póggio Alberáccio
497

Villamagna

PTE.
S. NICCOLÒ

Rovezzano

S. Andrea
a Rovezzano

Candeli

S. Donnino

S. Prugnano

Michelángiolo

Nave
a Rovezzano

S. Miniato
a Monte

Bandino

Badia
a Ripoli

Vicchio
di Rimággio

Lama

Arcetri

Gamberáia

Rimággio

Miransù

Pián de'
Giullari

Cinque
Vie

Pieve
a Ripoli

Bagno a Ripoli

557

Convento
dell'Incontro

Baroncelli

Meoste

La Fonte

Póggio Crocifero
511

Cascine
del Riccio

Firenze
Sud

Ponte a Ema

Páterno

il Bigallo

M. Pilli
491

Petriolo

Vacciano

S. Piero a Ema

il Serráglio

Quattro
Vie

Moriano

S. Giusto
a Ema

E 35

CHIANTI

Osteria
Nuova

Torre Giúlia

Gerardina

Grássina

Antella

Torre
a Cona

la Fábbrica

Bombone

S. Gersolé

Montaúto

Croce
a Bálatro

Montisoni

S. Donato
in Collina

S. Cristóforo
a Perticáia

S. Maria

Mezzomonte

Torre Rossa

S. Martino

la Torre

Bálatro

Troghi

Monteoriolo

Lappeggi

Picille

A1

Nizzano

l'Ugolino

Capannúccia

Póggio
di Firenze
694

Cellai

Tavernuzze

Genova
398-399

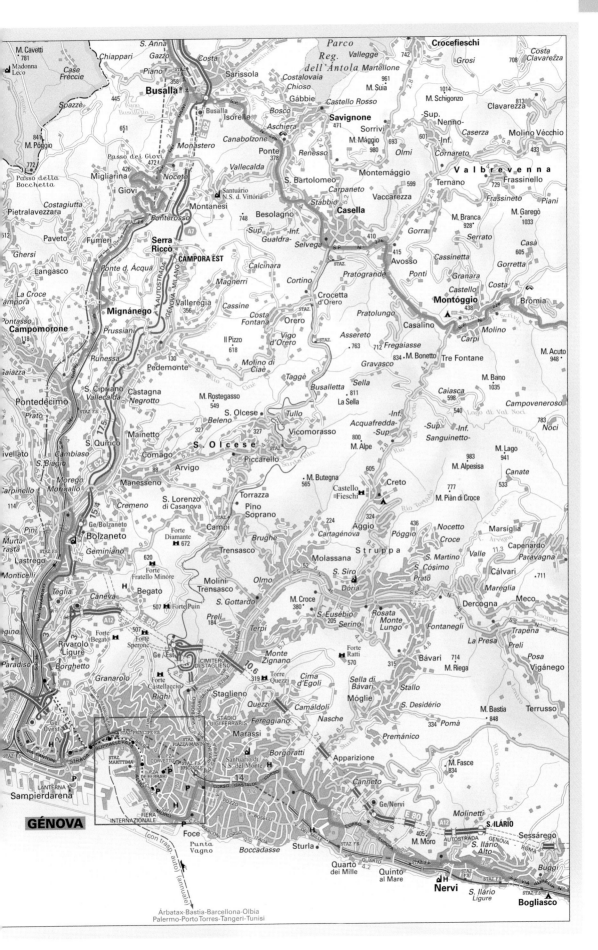

M. Cavetti 781
Madonna Leco
Case Fréccie
Spazzè
M. Póggio 841
Passo della Bocchetta 772
Costagiutta
Pietralavezzara
Paveto
Ghersi
Langasco
La Croce
Campora
Pontasso
Campomorone 118
Pontedécimo
Prato
ivellato
S. Biagio
Murta
rasta
Lastrego
Monticelli
Pini
egino
Rivarolo Ligure
Borghetto
Paradiso
Ge. Ovest
Sampierdarena
LANTERNA

GÉNOVA

Chiappari
S. Anna
Gazzo
Piano
Costa
Sarissola
445
651
Monastero
Passo dei Giovi 472
Noceto
Migliarina
i Giovi
426
Montánesi
Ponterosso
Fumeri
Serra Riccò
CAMPORA EST
Mignánego
Ponte d. Ácqua
Valleréggia 356
Prussiani
Runessa
Pedemonte 130
S. Cipriano Vallecalda
Castagna Negrotto
Mainetto
S. Quírico
Comago
Cambiaso
Morego
Morigallo
114
Cremeno
Manesseno
Ge/Bolzaneto
Bolzaneto
Geminiano
620
Forte Fratello Minore
Begato
Forte Puin
507
Forte Sperone
507
Forte Begato
Ge / Est
Granarolo
Forte Castellaccio
Righi
CIMITERO DI STAGLIENO
Forte Diamante 672
STAZ. PRINCIPE FS.
STAZ. MARITTIMA
STAZ. PIAZZA MANIN
PZA CORVETTO
PZA DE FERRARI
FIERA INTERNAZIONALE
Foce
Punta Vagno

Busalla
358
Isorelle
Aschiera
Canabolzone
Bosco
Ponte 378
Vallecalda
Santuário N.S. d. Vittória
748
Besolagno
-Sup.
Gualdra-
-Inf.
Selvega
Calcinara
Magnerri
Cassine
Costa Fontana
Il Pizzo
Vigo d'Orero 618
Molino di Ciaè
Taggè
Beleno
327
S. Olcese
327
Tullo
Vicomorasso
S. Olcese
Piccarello
Arvigo
Torrazza
Pino Soprano
Campi
Brughe
Trensasco
Olmo
Molini Trensasco
S. Gottardo
Preli 184
Terpi
Monte Zignano
Torre Quezzi 319
Cima d'Egoli
Staglieno
Quezzi
Camáldoli
Fereggiano
Nasche
STADIO LUIGI FERRARIS
Marassi
Borgoratti
Santuário di N.S. del Mónte
14
Apparizione
Canneto
Boccadasse
Sturla
Quarto dei Mille
Quinto al Mare

Vallegge
742
Costalovaia
Martellone
Chioso
Gábbie
Castello Rosso
Savignone 471
Sorrivi
M. Mággio 693
980
Olmi
Renesso
Montemággio
Carpaneto
Vaccarezza
Stábbio
Casella
410
Gorra
226
Pratogrande
Crocetta d'Orero
Orero
Pratolungo
Assereto
.763
712 Fregaiasse
Gravasco
834 M. Bonetto
Sella 811
La Sella
Busalletta 6.2
605
M. Butegna 565
Castello Fieschi
Creto
224
Aggio
Cartagénova
436
Nocetto
S t r u p p a
Poggio
Croce
S. Martino
S. Cósimo
Prato
Dória
S. Siro
Molassana
52
S. Eusébio 205
Rosata
Serino
Monte Lungo
Fontanegli
Forte Ratti 570
Bávari 714
M. Riega
Sella di Bávari
Stallo
S. Desidério
Móglie
334 Pomà
Premánico
Terrusso
M. Bastia 848
M. Fasce 834
Ge/Nervi
Molinetti
S. ILÁRIO
Sessárego
M. Moro 405
S. Ilário Alto
AUTOSTRADA GENOVA ROMA
Nervi
S. Ilário Ligure
Buggi
Bogliasco

Crocefieschi
Costa Clavarezza
Grosi 708
961
M. Suià
M. Schigonzo 1014
Clavarezza 813
-Sup.
Nenno-
-Inf.
Caserza
Molino Vécchio
Cornareto 433
Valbrevenna
Ternano 729
Frassinello
Frassineto
Piani
M. Branca 928
M. Garegò 1033
Serrato
Casà 605
Cassinetta
Gorretta
Granara
Castello
Costa
Brómia
Montóggio 438
Casalino
Molino
Carpi
M. Acuto 948
M. Bano 1035
Caiasca 598
Campoveneroso
540
-Inf.
-Sup.
-Inf.
Sanguinetto-
Lago di Val Noci
783
Noci
M. Lago 941
983
M. Alpesisa
Canate
533
777
M. Piàn di Croce
Marsíglia
Valle
Capenardo
11.3
Paravagna
Cálvari
.711
Maréglia
Meco
Dercogna
Trapena
La Presa
Preli
Posa
Vigáneno

Árbatax-Bastia-Barcellona-Olbia
Palermo-Porto Torres-Tangeri-Tunisi

Milano
414-415

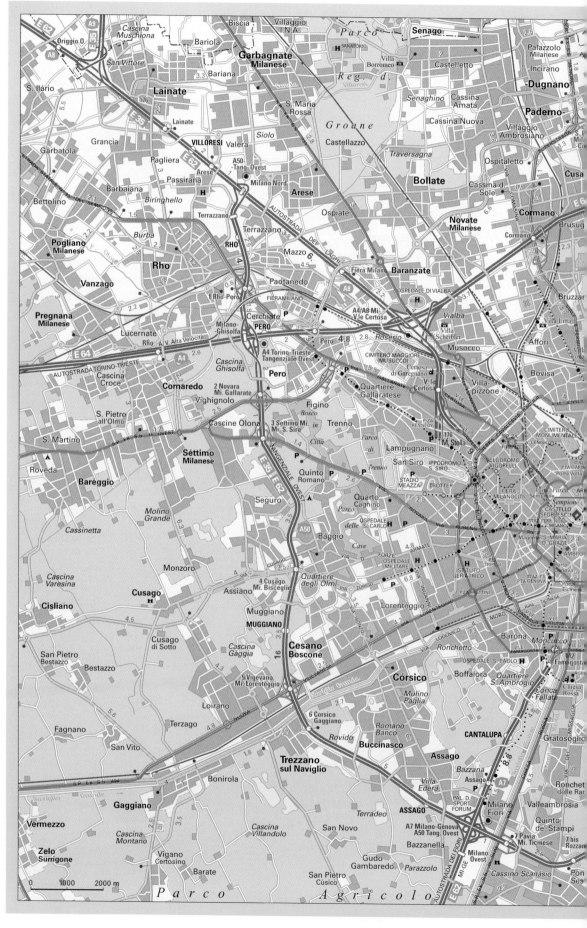

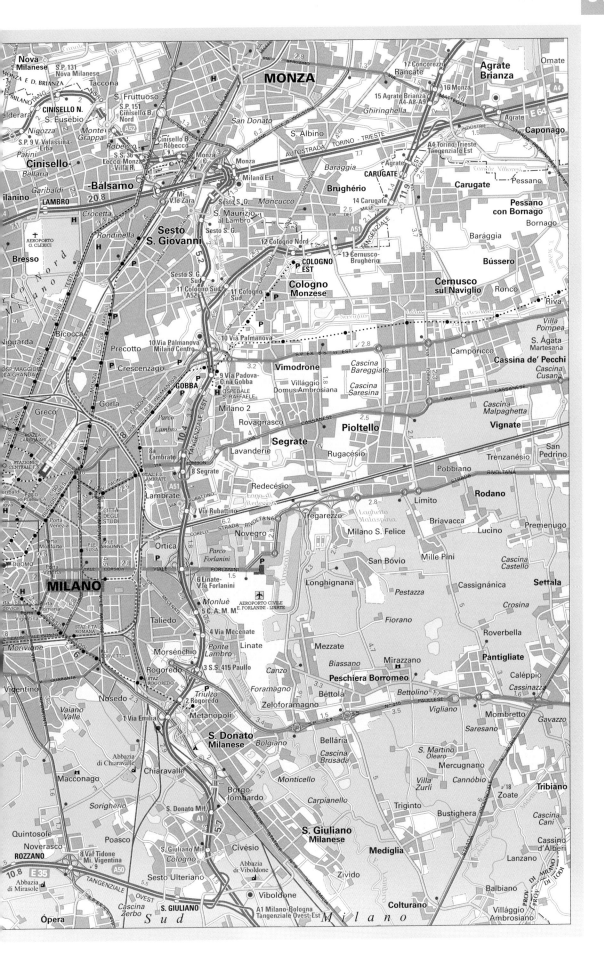

Napoli
418-419

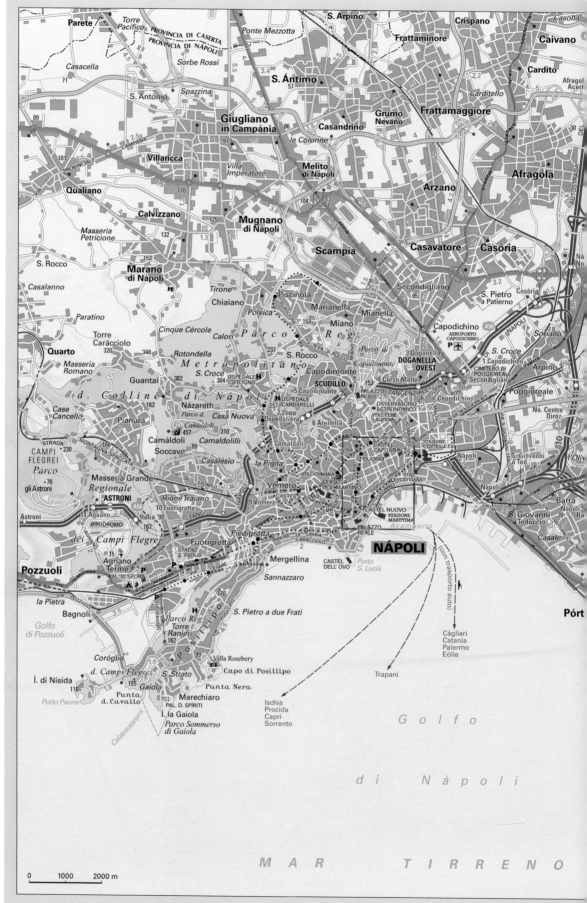

0   1000   2000 m

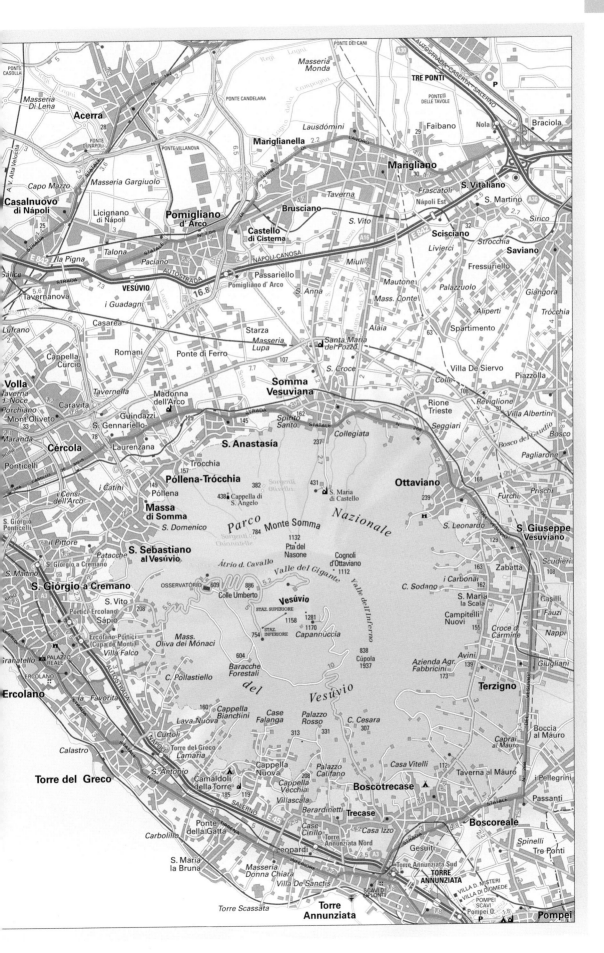

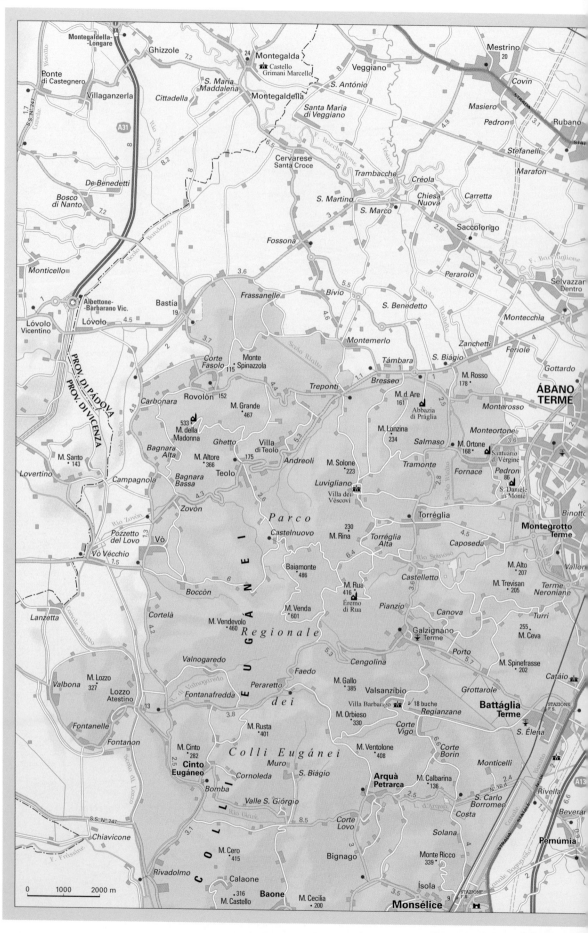

Montegaldella-Longare
Ghizzole   7.2
24 Montegalda
Castello Grimani Marcello
Veggiano 20 Mestrino
Ponte di Castegnero
Villaganzerla
Cittadella
S. Maria Maddalena
Montegaldella
S. Antonio
Covin
Masiero
Pedron
Rubano
Santa Maria di Veggiano
A31
Cervarese Santa Croce
Trambacche
Créola
Stefanelli
Marafon
De Benedetti
Bosco di Nanto   7.2
S. Martino
S. Marco
Chiesa Nuova
Carretta
Saccolongo
Monticello   3.6
Fossona
Perarolo
Selvazzar Dentro
Albettone-Barbarano Vic.
Bastía 19
Frassanelle
Bívio
S. Benedetto
Montecchia
Lóvolo Vicentino
Lóvolo 4.5
Montemerlo
Támbara
S. Bíagio
Zanchetti
Fériole
Gottardo
PROV. DI PADOVA
PROV. DI VICENZA
Corte Fasolo
Monte Spinazzola 115
Treponti
Bresseo
M. Rosso 178
ÁBANO TERME
Rovolòn 152
M. d. Are 161
Monterosso
Carbonara
M. Grande 467
Abbazia di Práglia
M. Lonzina 234
Salmaso
Monteortone
M. Ortone 168
533 M. della Madonna
Ghetto
Villa di Teolo 175
Andreoli
M. Solone 223
Tramonte
Fornace
Santuario d. Vérgine
Pedron 86
S. Daniele in Monte
Bagnara Alta
M. Santo 143
M. Altore 366
Teolo
Bagnara Bassa
Luvigliano
Villa dei Véscovi
Lovertino
Campagnola
Zovòn
Torréglia
Binotto
Pozzetto del Lovo 1.3
Vò
Castelnuovo
M. Rina 230
Torréglia Alta
Caposedá
Montegrotto Terme
Vò Vécchio 1.5
Baiamonte 486
M. Rua 416
Castelletto
M. Alto 207
Vallon
Boccòn
Éremo di Rua
Pianzío
M. Trevisan 205
Terme Neroniane
Lanzetta
Cortelà
M. Vendevolo 460
Regionale
Canova
Turri
Valbona
M. Lozzo 327
Valnogaredo
M. Venda 601
Galzignano Terme
255 M. Ceva
Lozzo Atestino
13
Faedo
dei
Cengolina
Porto 5.7
M. Spinefrasse 202
Catáio
Fontanelle
Fontanafredda
3.8
Peraretto
M. Gallo 385
Valsanzibio
Grottarole
STAZIONE F.S.
Fontanon
Villa Barbarigo
18 buche
Regianzane
Battáglia Terme
M. Rusta 401
M. Orbieso 330
Corte Vigo
S. Élena
M. Cinto 282
Cinto Eugáneo
Colli Eugánei
Muro
M. Ventolone 408
Corte Borin
Monticelli
Bomba
Cornoleda
S. Bíagio
Arquà Petrarca
M. Calbarina 136
S. Carlo Borromeo
Rivella
A13
Valle S. Giórgio
Costa
Beverár
Chiavicone
8.5
Corte Lovo
Solana
Pernúmia
M. Cero 415
Bignago
Monte Ricco 339
Calaone
Rivadolmo
Baone
M. Cecilia 200
Ísola
Monsélice
M. Castello 316

0   1000   2000 m

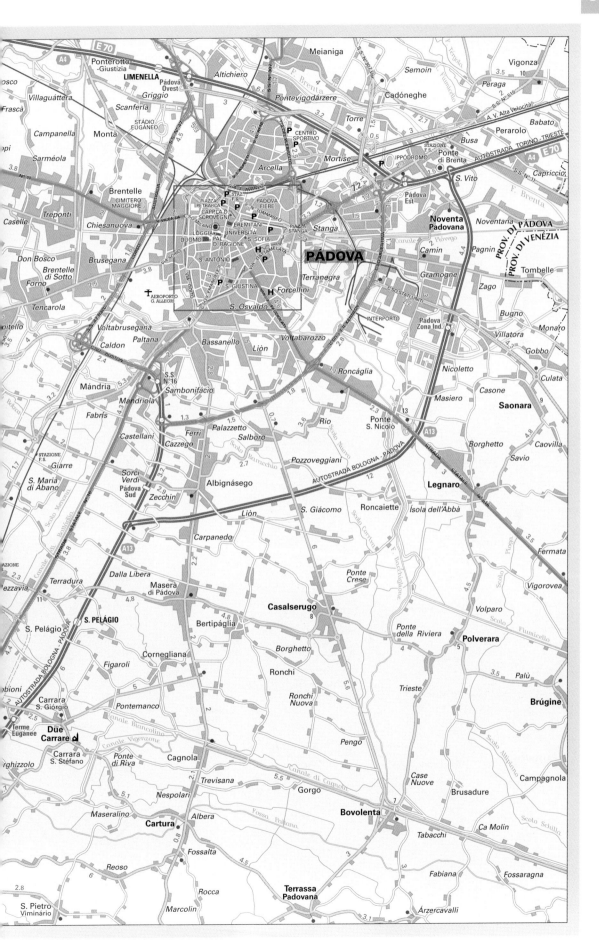

Palermo
424-425

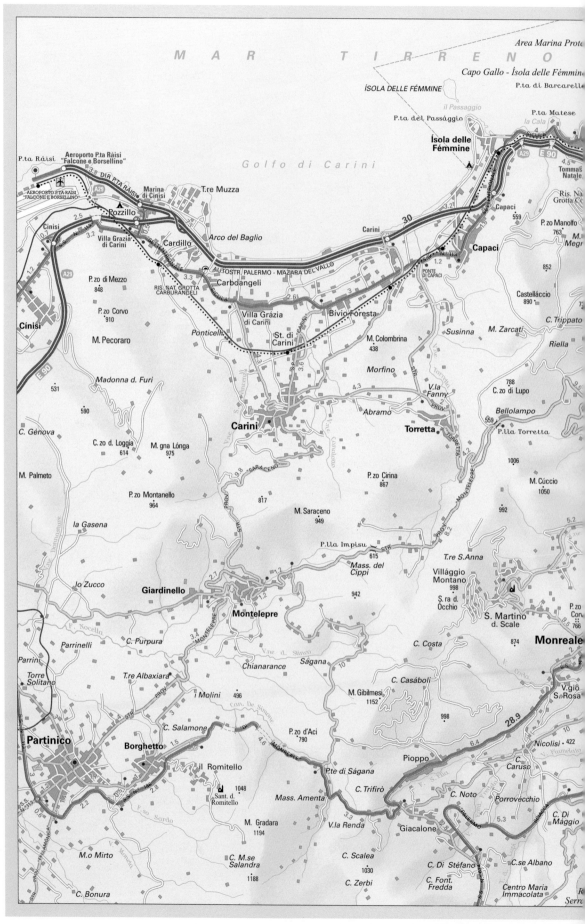

MAR TIRRENO

Area Marina Prote

Capo Gallo - Ísola delle Fémmine

ISOLA DELLE FÉMMINE

P.ta di Barcarelle

il Passaggio

P.ta del Passággio

P.ta Matese

la Cala

P.ta Ráisi

Aeroporto P.ta Ráisi
"Falcone e Borsellino"

Golfo di Carini

Ísola delle
Fémmine

SICULA

A29 E 90

4.5

Tommas
Natale

AEROPORTO P.TA RAISI
"FALCONE E BORSELLINO"

DIR PTA RÁISI

A29

Marina
di Cinisi

T.re Muzza

Capaci

559

Ris. Na
Grotta C

P. zo Manolfo
763

M.
Megr

Pozzillo

Carini

Capaci

2.5

Villa Grazia
di Carini

Cardillo

Arco del Baglio

N 113

852

Cinisi

0.7

A29

Castelláccio
890

C. Trippato

P. zo di Mezzo
848

AUTOSTR. PALERMO - MAZARA DEL VALLO

PONTE
DI CAPACI

Cínisi

RIS. NAT. GROTTA
CARBURANGELI

Carboangeli

Bívio Foresta

Susinna

M. Zarcati

Riella

E 30

P. zo Corvo
910

Villa Grázia
di Cariñi

St. di
Carini

M. Colombrina
438

531

M. Pecoraro

Ponticelli

Morfino

788

C. zo di Lupo

590

Madonna d. Furi

Carini

Abramo

V.la
Fanny

Bellolampo
559

C. Génova

C. zo d. Loggia
614

M.gna Lónga
975

P. zo Cirina
867

Torretta

P.lla Torretta

1006

M. Palmeto

P. zo Montanello
964

817

M. Saraceno
949

M. Cúccio
1050

la Gasena

615

T.re S.Anna

992

5.2

P.lla Impisu

Mass. del
Cippi

Villággio
Montano
998

lo Zucco

942

S. ra d.
Ócchio

S. Martino
d. Scale

P. zo
Cor
766

Giardinello

Montelepre

C. Costa

874

Monreale

C. Purpura

Parrinelli

Chianarance

Ságana

C. Casáboli

V. giò
S.Rosa

Parrini

T.re Albaxiara

M. Gibilmesi
1152

Torre
Solitano

i Molini
496

998

Nicolisi
422

28.9

Partinico

Borghetto

C. Salamone

P. zo d'Aci
790

Pioppo

C.
Caruso

il Romitello

P.te di Ságana

C. Trifirò

C. Noto

Porrovécchio

Sant. d.
Romitello
1048

Mass. Amenta

V.la Renda

Giacalone

C. Di
Mággio

M. Gradara
1194

C. Scalea

C. Di Stéfano

C.se Albano

M.o Mirto

C. M.se
Salanda

1030

C. Zerbi

C. Font.
Fredda

Centro Maria
Immacolata

C. Bonura

1188

Serr

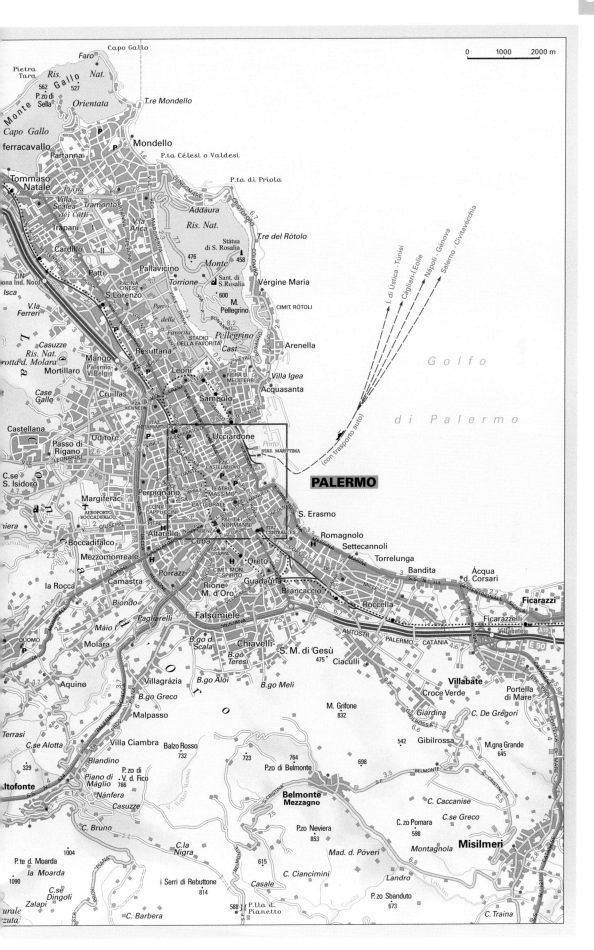

0   1000   2000 m

Capo Gallo
Faro
Pietra Tara
Ris. Gallo Nat.
562
527
P.zo di Sella
Orientata
Monte
Capo Gallo
ferracavallo
Partanna
Mondello
T.re Mondello
P.ta Célesi o Valdesi
Tommaso Natale
P.ta di Priola
Tiana
Villa Scalea dei Colli
Tramonto
Addáura
Ris. Nat.
Trápani I
V.la Anca
T.re del Rótolo
Cardillo II
ZIN
Státua di S. Rosalia
476
Monte
458
Vérgine Maria
ona Ind. Nord
Patti
Pallavicino
PAL.NA CINESE
Torrione
Sant. di S.Rosalia
Isca
S.Lorenzo
600
M. Pellegrino
CIMIT. RÓTOLI
V.la Ferreri
Parco della
Favorita
8.2
Pellegrino
Arenella
Casuzze Ris. Nat.
otta d. Molara
Mango
Resuttana
STADIO DELLA FAVORITA
Cast.
Villa Igea
Mortillaro
Palermo V.Belgio
Leoni
FIERA D. MEDITERR
Acquasanta
Case Gallo
Cruillas
Sampolo
Castellana
STAZ. NOTARBARTOLO
Ucciardone
Porto
STAZ. MARITTIMA
Passo di Rígano
Uditore
2.6
2.6
PZA KENNEDY
PZA CASTELNUOVO
C.se S. Isidoro
4.7
VINCI
DANTE
CAVOUR
PALERMO
Margiferaci
Perpignano
TEATRO MASSIMO
AEROPORTO BOCCADIFALCO
ZISA
S. Erasmo
GIUSEPPE
CONV. DEI CAPPUCCINI
CATTEDRALE
PITRÉ
PAL. DEI NORMANNI
STAZ. CENTRALE F.S.
Boccadifalco
Altarello
Cuba
Romagnolo
Mezzomonreale
PZA M. GRAPPA
Settecannoli
Porrazzi
CIMIT. MON. SPIRITO
Oreto
Torrelunga
la Rocca
Camastra
Rione M. d'Oro
Guadagna
Bandita
Ácqua d. Corsari
Biondo
Brancaccio
Roccella
Ficarazzi
Pagliarelli
Máio I
Falsomiele
Ficarazzelli
Villabate
Molara
B.go d. Scala
Chiavelli-
S. M. di Gesù
AUTOSTR. PALERMO - CATÁNIA
4.6
E 90
DUOMO
B.go Teresi
475
Ciaculli
Aquino
Villagrázia
B.go Aloi
B.go Meli
Villabate
Croce Verde
Portella di Mare
B.go Greco
M. Grifone
832
Giardina
C. De Grégori
Terrasi
Malpasso
542
Gibilrossa
M.gna Grande
645
C.se Alotta
Villa Ciambra
Balzo Rosso
732
723
764
698
BELMONTE
329
Blandino
P.zo di Belmonte
ltofonte
Piano di Máglio
786
P.zo di V. d. Fico
Nánfera
Belmonte Mezzagno
C. Caccanise
Casuzze
C.se Greco
C. Bruno
C.zo Pomara
598
1004
C.la Nigra
P.zo Neviera
853
Montagnola
Misilmeri
P.te d. Moarda
la Moarda
1090
Mad. d. Póveri
C.se Dingoli
i Serri di Rebuttone
814
615
C. Ciancimini
Landro
P.zo Sbanduto
673
Zalapi
588
P.lla d. Pianetto
Casale
C. Barbera
C. Traina

Golfo

di Palermo

I. di Ústica - Túnisi
Cágliari - I. Eolie
Nápoli - Génova
Salerno - Civitavécchia

(con trasporto auto)

Pescara
430

Chieti
389

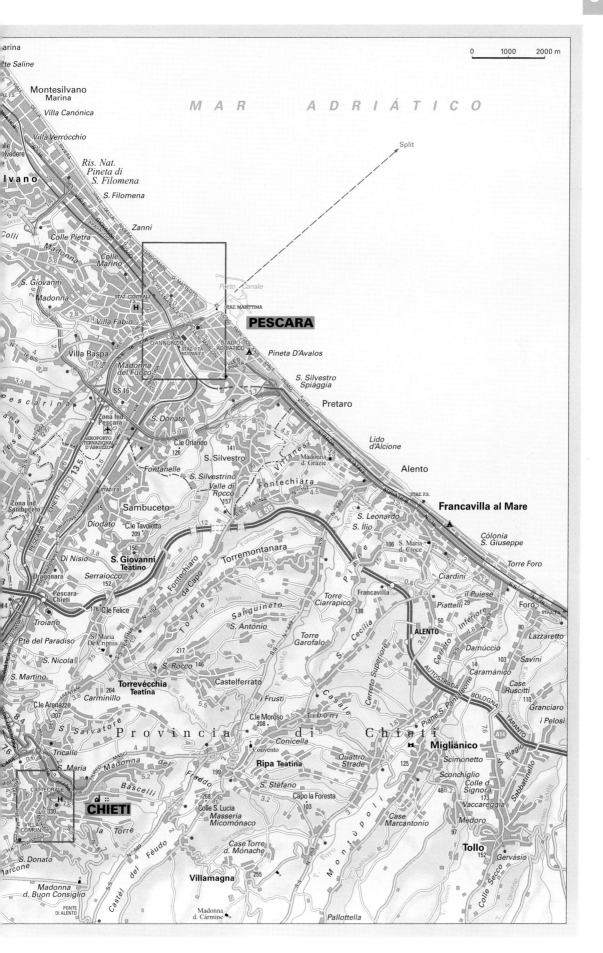

MAR ADRIÁTICO

0   1000   2000 m

Split

arina
tte Saline
Montesilvano
Marina
Villa Canónica
Villa Verrócchio
olle
elvedere
Ris. Nat.
Pineta di
S. Filomena
S. Filomena
Zanni
Colli
lvano
Colle Pietra
Madonna
5.8
Colle
Marino
S. Giovanni
Madonna
Villa Fabio
Villa Raspa
16-BIS
Madonna
del Fuoco
SS 16
Pescarina
na
Zona Ind.
Pescara
AEROPORTO
INTERNAZIONALE
D'ABRUZZO
S. Donato
Zona Ind.
Sambuceto
Diodato
C.le Tavoletta
209
150
Di Nisio
S. Giovanni
Teatino
Serraiocco
152
Dragonara
Pescara-
Chieti
176 C.le Felice
Troiano
Pte del Paradiso
S. Maria
De Criptiis
S. Nicola
S. Rocco 146
S. Martino
Torrevécchia
Teatína
264
Carminillo
C.le Arenazze
307
S Salvatore
Tricalle
S. Maria
CATTEDRALE
CHIETI
VILLA
COMUN.
S. Donato
arcone
Madonna
d. Buon Consiglio
PONTE
DI ALENTO

STAZ. CENTRALE
F.S.
CASA
D'ANNUNZIO
STAZ. P.TA
NUOVA F.S.

Porto Canale
STAZ. MARITTIMA

PESCARA

STADIO
ADRIATICO

Pineta D'Avalos

S. Silvestro
Spiàggia

Pretaro

C.le Orlando
126
141
S. Silvestro
Fontanelle
S. Silvestrino
Valle di
Rocco
157
Madonna
d. Grázie

Villanese
4.5

Lido
d'Alcione

Alento

STAZ. F.S.

Francavilla al Mare

Fontechiara

12
Sambuceto
15
STAZ. F.S.
E 55
S.S. TEATINA

Torremontanara

Fontechiaro
da Capo
Torre

S. Leonardo
S. Ilio
3.4
106 S. Maria
d. Croce

Cólonia
S. Giuseppe

Torre Foro

Ciardini
il Puiese
29
Piattelli

Foro
STAZ. F.S.

Sanguineto
S. António
217

Torre
Ciarrápico
138

Francavilla
Torre
Garofalo
5.4

ALENTO

50
Cerreto
Inferiore
4.8

Damúccio
14
Caramánico

Savíni
103

80

Lazzaretto

Castelferrato
i Frusti
5.5

Casale

S. Cecília

Cerreto Superiore

Piane S. Pántaleone
AUTOSTRADA
BOLOGNA

Case
Ruscitti
110

Granciaro
i Pelosi

7.6

A14

TARANTO

C.le Moróso
208
Tiboni

Provincia   di   Chieti

Conicella

Convento

Ripa Teatina

Quattro
Strade
125

S. Stéfano

Capo la Foresta
103

Migliánico

Scimonetto
Sconchiglio
486.2
Colle d.
Signora
173
Vaccareggia

Medoro
97

Madonna
del
Bascelli
Freddo
199
268
3.2

la Torre

Colle S. Lucia
Masseria
Micomónaco

Case Torre
d. Mónache

255

Villamagna

Madonna
d. Cármine

Pallottella

Montúpoli

Case
Marcantonio

Tollo
152

Gervásio

Colle Secco

Messina
413

Reggio di Calabria
439

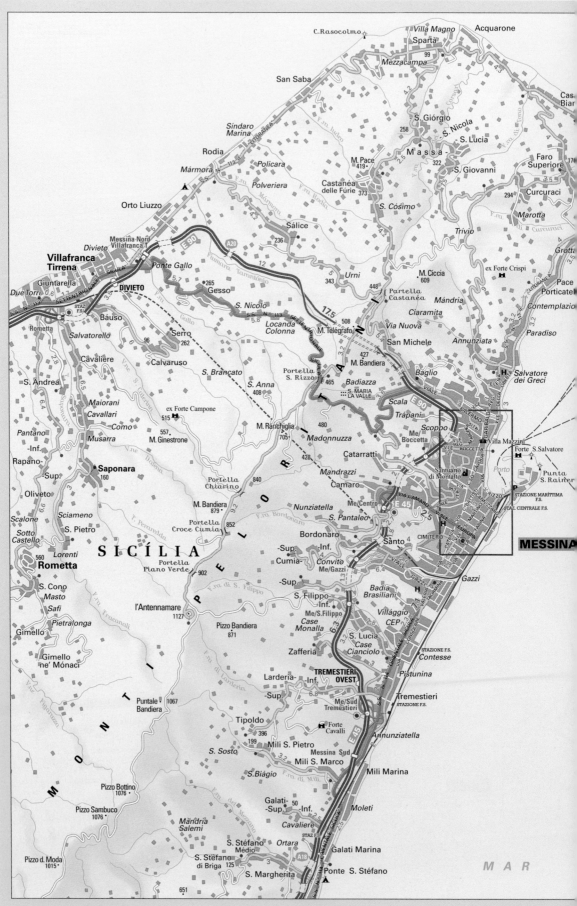

C.Rasocolmo
Villa Magno   Acquarone
Spartà
Mezzacampa   99
San Saba
S. Giórgio   258   S. Nicola   Cas
S. Lucia   Biar
Sindaro   Massa-
Marina   M. Pace   322   S. Giovanni
Rodia   Policara   419
Mármora   Polveriera   Castanéa   Faro
delle Fúrie   373   Superiore
Orto Liuzzo   Sálice   S. Cósimo   Curcuraci
236   294   Marotta
Messina Nord   Trívio
Villafranca   Divieto   Villafranca T.
Tirrena   Ponte Gallo   12   Urni   ex Forte Crispi   Grotta
Giuntarella   Gesso   343   M. Ciccia   Pace
Due Torri 0.6   DIVIETO   265   5.7   508   609   Porticate
Bàuso   S. Nicolò   Partella   Contemplazio
Rometta   Serro   Locanda   M. Telègrafo   Castanéa   Mándria
Salvatorello   262   Colonna   Via Nuova   Ciaramita   Paradiso
Cavàliere   96   San Michele   Annunziata
Calvaruso   427   Baglio
S. Andrea   S. Bràncato   M. Bandiera   Salvatore
Maiorani   S. Anna   Portella   Badiazza   dei Greci
Cavallari   408   S. Rizzo   465   S. MARIA   Scala
Como   ex Forte Campone   LA VALLE   Trápani
Musarra   515   M. Rànchiglia   480   Scoppo   Villa Mazzini
Pantano   557   705   Madonnuzza   Me/   Forte S.Salvatore
-Inf.   M. Ginestrone   Boccetta   Punta
Rapano-   428   Catarratti   S. Rainier
-Sup.   Saponara   Portella   840   Mandrazzi   STAZIONE MARÍTTIMA
Oliveto   160   Chiarino   Camaro   Me/Centro   STAZ. CENTRALE F.S.
Scalone   Sciameno   M. Bandiera   Nunziatella   CIMITERO
Sotto   S. Pietro   879   852   S. Pantaleo   Gazzi
Castello   560   Portella   Bordonaro   Santo
Lorenti   Croce Cumia   -Sup.   -Inf.   Badia
ROMETTA   Cumia-   Convito   Brasiliani
S. Cono   Portella   902   Me/Gazzi   Villággio
Masto   Piano Verde   -Sup.   CEP
Safi   l'Antennamare   S. Filippo   S. Lucia
Pietralonga   1127   -Inf.   Case
Gimello   Me/S.Filippo   Cianciolo   Contesse
Pizzo Bandiera   Case   Pistunina
Gimello   871   Monalla
ne' Mónaci   Zafferia   Tremestieri
Puntale   1067   Larderia-   TREMESTIERI   Me/Sud
Bandiera   -Inf.   OVEST   Tremestieri
Tipoldo   -Sup.   Forte   Annunziatella
396   Cavalli
S. Sosto   199   Mili S. Pietro   Messina Sud
Mili S. Marco
S. Biágio   Mili Marina
Pizzo Bottino
1076   Moleti
Pizzo Sambuco   Galati-
1076   Mándria   -Sup.   50   -Inf.
Salemi   Cavaliere
S. Stéfano   Galati Marina
Pizzo d. Moda   Médio   Ortara
1015   S. Stéfano   125   Ponte S. Stéfano
di Briga   S. Margherita
651

MESSINA

S I C Í L I A

M O N T I   P E L O R I T A N I

M A R

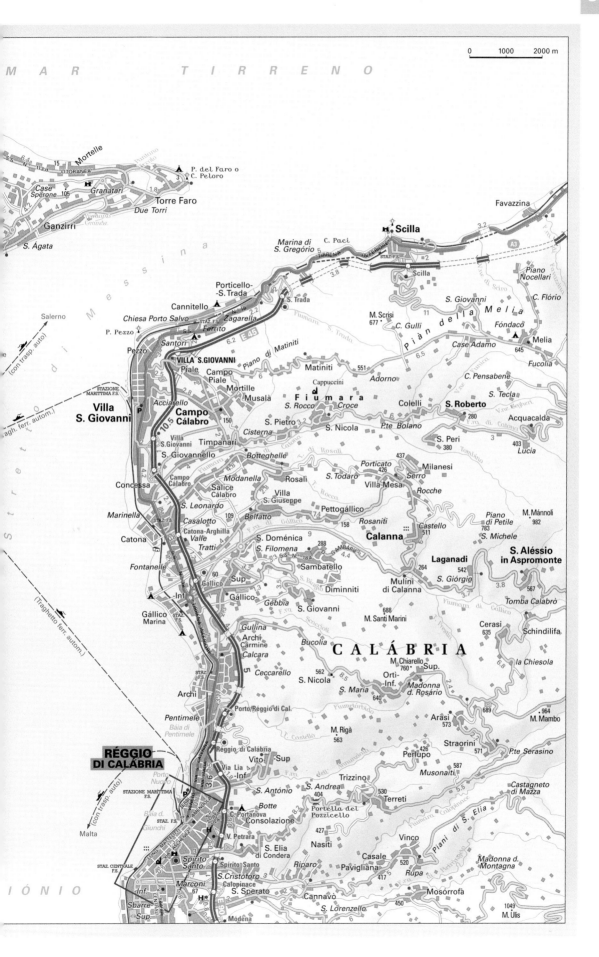

MAR TIRRENO

0   1000   2000 m

Mortelle
"LITORANEA"
P. del Faro o
C. Peloro
Case Sperone   Granatari
Torre Faro
Due Torri
Ganzirri
S. Ágata

Favazzina

Marina di S. Gregório
C. Paci
Scilla
TIRRENIA
INFERIORE
STAZ. FS.
Scilla
A3

Piano Nocellari
C. Flório

S. Giovanni
M. Scrisi
C. Gulli
Piàn della Melìa
Fóndaco
Melia
Case Adamo
Fucolìa

Porticello-S. Trada
Cannitello
S. Trada
Chiesa Porto Salvo
Zagarella
STAZ. FS.
Ferrito
E45
P. Pezzo
Santori
Pezzo
VILLA S.GIOVANNI
Piale
Campo Piale
Mortille
Musalà
Piano di Matiniti
Matiniti
Cappuccini
Adorno
Colelli
S. Roberto
S. Tecla
Acquacalda

Villa S. Giovanni
Acciarello
Campo Cálabro
Villa S.Giovanni
Timpanari
S. Giovannello
Botteghelle
Fiumara
S. Rocco
Croce
S. Pietro
S. Nicola
P.te Bolano
S. Peri
Lucia

Concessa
Campo Cálabro
Modanella
Sálice Cálabro
Rosali
Villa S. Giuseppe
Porticato
S. Todaro
Villa Mesa
Serro
Rocche
Milanesi
M. Mánnoli
Piano di Petile

Marinella
S. Leonardo
Casalotto
Catona-Arghillà
Valle
Belfatto
Pettogállico
Rosaniti
Castello
S. Michele

Catona
Tratti
S. Doménica
S. Filomena
Sambatello
Calanna
Laganadi
S. Giórgio
S. Aléssio in Aspromonte
Tomba Calabrò

Fontanelle
Gállico
Sup
Gállico-
Gébbia
S. Giovanni
Mulini di Calanna

Gállico Marina
STAZ. FS.
Inf
Diminniti
M. Santi Marini
Cerasi
Schindilifa

Gullina
Archi Carmine
Calcara
Bucolia
CALÁBRIA
la Chiesola

Ceccarello
S. Nicola
S. Maria
M. Chiarello
Sup.
Orti-Inf.
Madonna d. Rosário

Archi
Porto-Réggio di Cal.
Arási
M. Mambo
Straorini
P.te Serasino

Pentimele
Báia di Pentimele
Réggio di Calábria
Vito-Sup
M. Rigà
Perlupo
Musonaìti

RÉGGIO DI CALÁBRIA
Via Lia
Inf
S. António
Trizzino
Terreti
Castagneto di Mazza

STAZIONE MARITTIMA F.S.
Porto Nuovo
Botte
C. Portanova
Consolazione
S. Andrea
Portella del Pozzicello
Vinco

Malta
Baia d. Giunchi
STAZ. FS.
V. Petrara
S. Elia di Condera
Nasiti
Casale
Paviglíana
Rupa
Madonna d. Montagna

Spírito Santo
Spirito Santo
S. Cristóforo
Calopinace
Riparo
Mosórrofa

STAZ. CENTRALE F.S.
Inf
Marconi
S. Sperato
Cannavò
S. Lorenzello
M. Úlis

Sbarre-Sup
Módena

IÓNIO

Salerno
(con trasp. auto)

(tragh. ferr. autom.)

STAZIONE MARITTIMA F.S.

(Traghetto ferr. autom.)

Roma
440-441

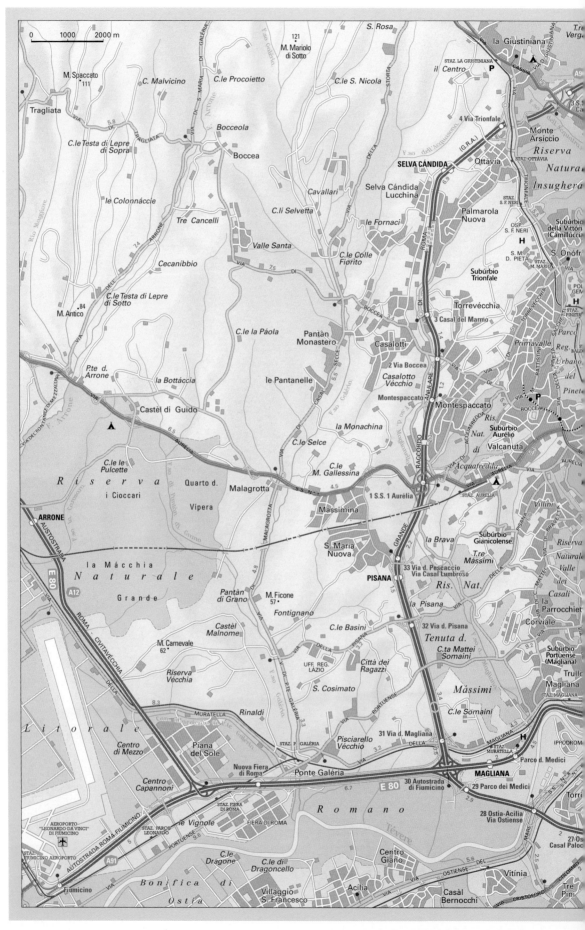

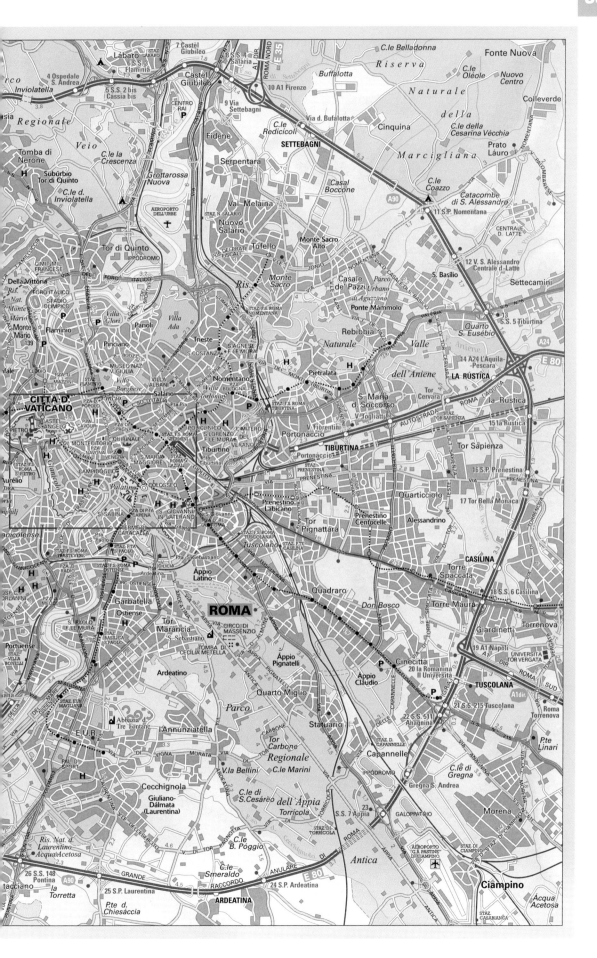

Torino
453

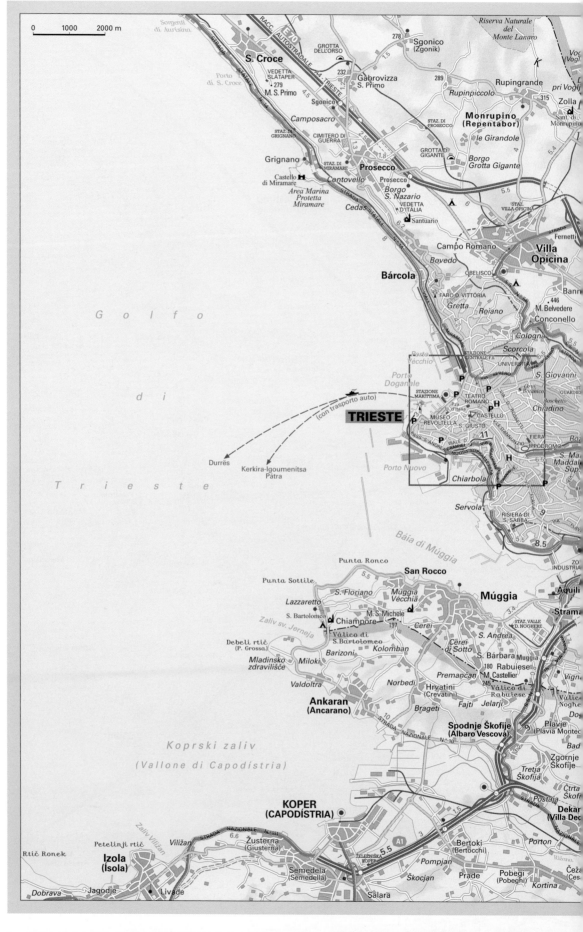

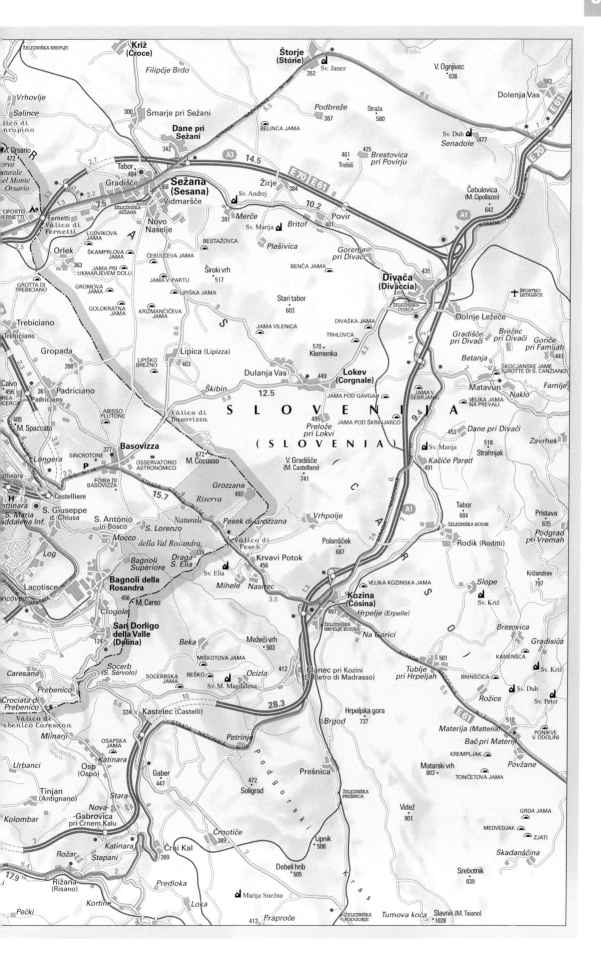

Venezia
462-463

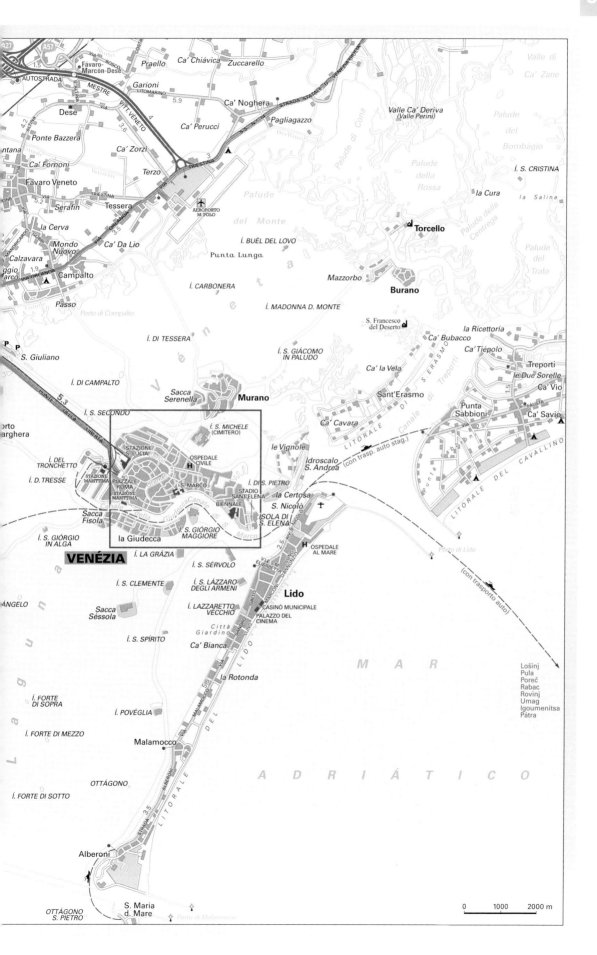

A27
A57
VIA BOSCO
COSTA
Praello
Ca' Chiávica
Zuccarello
Valle di
Ca' Zane
1.5
Fávaro-
Marcón-Desè
AUTOSTRADA
MESTRE
Garioni
LITOMARINO
5.9
Ca' Noghera
STRADA STATALE DI VENEZIA SPEZIA
Palude
del
Bombágio
VIA
VITT. VENETO
Dese
VIA
3.6
Ca' Perucci
Pagliagazzo
Valle Ca' Deriva
(Valle Perini)
Palude
di
Cona
Í. S. CRISTINA
ntana
4.2
Ponte Bazzera
Ca' Zorzi
3
Palude
della
Rossa
la Cura
la Salina
Ca' Fornoni
VIA
Terzo
TRIESTINA
Fávaro Veneto
TRIESTINA
VIA
5.2
Serafin
VIA ANGA
ORLANDA
3.5
Tessera
AEROPORTO
M. POLO
Palude
del
Monte
Í. BUÈL DEL LOVO
Torcello
Palude della
Centrega
la Cerva
Ca' Da Lio
Punta Lunga
Mazzorbo
Palude
del
Tralo
Mondo
Nuovo
VIA ORLANDA
1.9
Calzavara
ggio
arco
Campalto
Í. CARBONERA
Burano
S. Francesco
del Deserto
la Ricettoría
Passo
Porto di Compalto
Í. MADONNA D. MONTE
Ca' Bubacco
Ca' Tiépolo
P P
Í. DI TESSERA
Í. S. GIÁCOMO
IN PALUDO
Ca' la Vela
Treporti
le Due Sorelle
S. Giuliano
CANALE DI S. ERASMO
Ca' Vio
PONTE DELLA LIBERTA
5.3
Í. DI CAMPALTO
Sacca
Serenella
Murano
Ca' la Vela
Sant'Erasmo
CANALE DI TREPORTI
Punta
Sabbioni
1.5
FAUSTA
Ca' Savio
Í. S. SECONDO
Ca' Cavara
LITORALE
VIA FAUSTA
2.5
orto
arghera
Í. DEL
TRONCHETTO
Í. S. MICHELE
(CIMITERO)
le Vignole
Idroscalo
S. Andrea
(con trasp. auto stag.)
PUNTA SABBIONI
LITORALE DEL CAVALLINO
Í. D. TRESSE
STAZIONE
S. LUCIA
OSPEDALE
CIVILE
H
PIAZZALE
ROMA
STAZIONE
MARITTIMA
S. MARCO
STADIO
SANT'ELENA
Í. DI S. PIETRO
La Certosa
S. Nicolò
STAZIONE
MARITTIMA
BIENNALE
ISOLA DI
S. ELENA
Sacca
Fisola
CANALE DELLA GIUDECCA
Canale di S. Marco
Í. S. GIÓRGIO
MAGGIORE
Porto di Lido
Í. S. GIÓRGIO
IN ALGA
la Giudecca
(con trasporto auto)
VENÉZIA
Í. LA GRÁZIA
H
OSPEDALE
AL MARE
ÁNGELO
Í. S. SÉRVOLO
VLE S. M.
ELISABETTA
Í. S. CLEMENTE
Í. S. LÁZZARO
DEGLI ARMENI
Lido
2.6
Sacca
Séssola
Í. LAZZARETTO
VECCHIO
CASINÒ MUNICIPALE
PALAZZO DEL
CINEMA
Í. S. SPÍRITO
Città
Giardino
Ca' Bianca
Losinj
Pula
Poreč
Rabac
Rovinj
Umag
Igoumenítsa
Pátra
la Rotonda
M A R
Í. FORTE
DI SOPRA
Í. POVÉGLIA
LITORALE DEL LIDO
STRADA
3.5
MALAMOCCO
Í. FORTE DI MEZZO
Malamocco
A D R I Á T I C O
OTTÁGONO
Í. FORTE DI SOTTO
STRADA
3.5
ALBERONI
Alberoni
OTTÁGONO
S. PIETRO
S. Maria
d. Mare
Porto di Malamocco
0   1000   2000 m

Verona
464-465

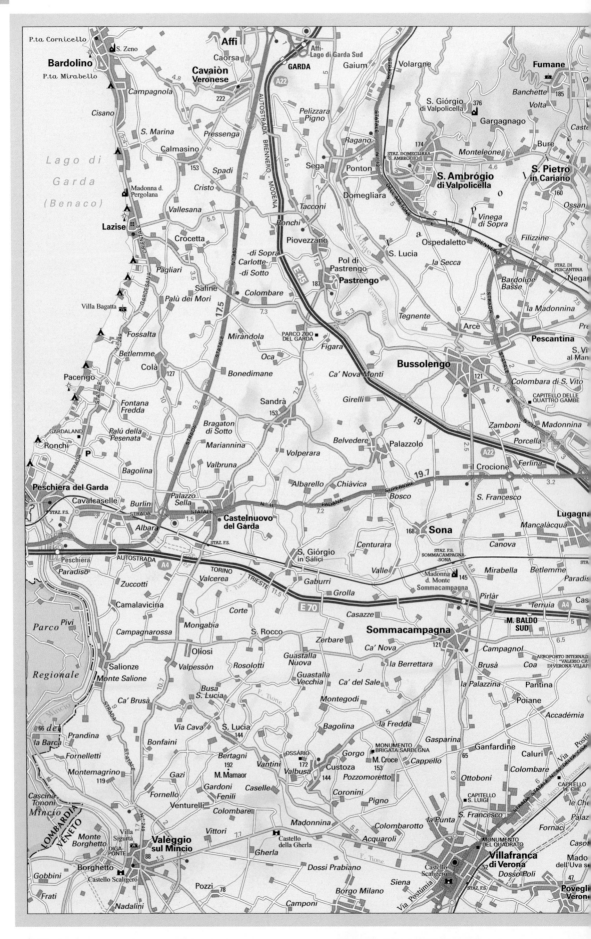

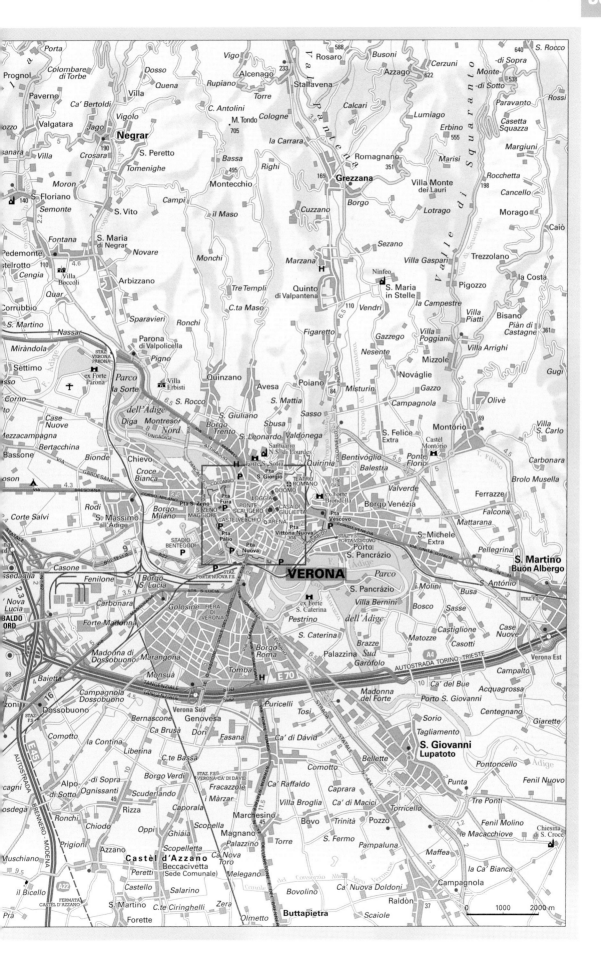

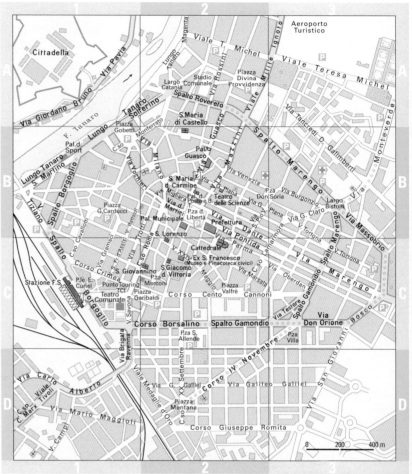

ZTL www.comune.alessandria.it

Alessandria

Cattedrale C 2
San Giacomo della Vittoria (chiesa) C 2
San Giovannino (chiesa) C 2
San Lorenzo (chiesa) B-C 2
Santa Maria del Carmine (chiesa) B 2
Santa Maria di Castello (chiesa) B 2

Cittadella A 1
Comunale (teatro) C 1
Guasco (palazzo) B 2
Municipale (palazzo) B 2

Museo e Pinacoteca Civici (ex San Francesco) C 2
Scienze (teatro delle) B 2

ZTL www.comune.andria.bt.it

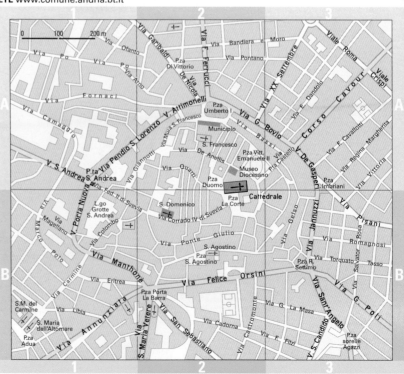

Andria

Cattedrale A-B 2
San Domenico (chiesa) B 2
San Francesco (chiesa) A 2
Santa Maria del Carmine (chiesa) B 1
Santa Maria dell'Altomare (chiesa) B 1
Sant'Agostino (chiesa) B 2

Municipio A 2
Sant'Andrea (porta) A 1

Diocesano (museo) A 2

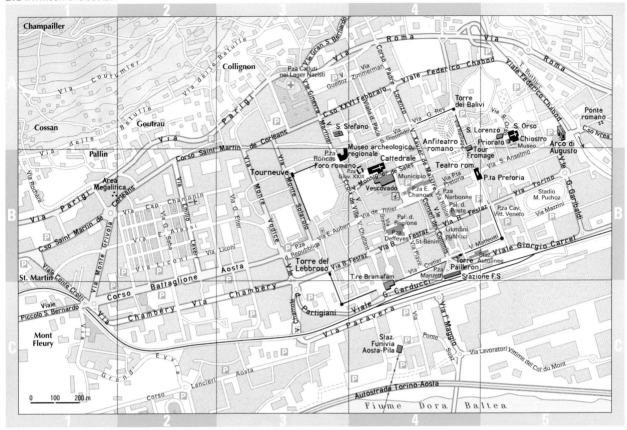

Aosta/Aoste

Cattedrale B 4
Chiostro A 5
Saint Bénin (chiesa) B 4
San Lorenzo (basilica) A 5
Sant'Orso (chiesa) A 5
Santo Stefano (chiesa) A 3

Area Megalitica B 1
Augusto (arco di) A 5
Balivi (torre dei) A 4
Bramafam (torre) C 4
Fromage (tour) A-B 4
Lebbroso (torre del) B 3
Municipio B 4
Pailleron (torre) B 4
Palazzo delle Poste B 4

Pretoria (porta) B 4-5
Priorato A 5
Regione (palazzo della) B 4
Romano (anfiteatro) A 4
Romano (foro) B 4
Romano (teatro) B 4
Tourneuve B 3
Vescovado B 4

Archeologico regionale
(museo) B 3
Museo A 5

http://mobile.touringclub.com/
aosta

Agrigento

Addolorata (chiesa) A 1
Badiola (chiesa) A 3
Cattedrale A 2
San Calogero (chiesa) B 3
San Domenico (chiesa) B 2
San Francesco (chiesa) B 3
San Giorgio (chiesa) A 1
San Giuseppe (chiesa) B 2
San Lorenzo (chiesa) A 2
San Michele (chiesa) A 2-3
Santa Caterina (chiesa) A 1
Sant'Alfonso (chiesa) A 2
Santa Maria dei Greci (chiesa) A 2
Santa Rosalia (chiesa) B 2
Santo Spirito (chiesa) B 3

Lucchesiana (biblioteca) A 2
Municipio B 2
Vescovile (seminario) A 1

Civico (museo) B 2
Diocesano (museo) A 2

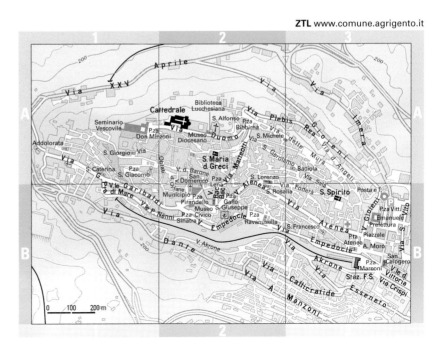

326-327

Ancona

Duomo (San Ciriaco) A 3
Gesù (chiesa del) B 3
San Biagio (chiesa) B 3
San Ciriaco (Duomo) A 3
San Domenico (chiesa) B 3
San Francesco delle Scale (chiesa) B 3
San Giovanni Battista (chiesa) C 2
Sant'Agostino (ex chiesa) B-C 2
Santa Maria della Misericordia (chiesa) C 4
Santa Maria della Piazza (chiesa) B 3
Santi Pellegrino e Teresa (chiesa) A 3
Santissimo Sacramento (chiesa) B 2-3

Anziani (palazzo degli) A-B 3
Banca d'Italia (palazzo della) B 2
Benincasa (biblioteca comunale)
(Palazzo Mengoni Ferretti) B 3
Benincasa (palazzo) B 2
Caduti (monumento ai) C 6
Calamo (fontana del) B 3
Clementino (arco) A 2
Cresci Antiqui (palazzo) B 3
Ferretti (palazzo) (Museo Archeologico
Nazionale delle Marche) A 3
Governo (palazzo del) B 3
Lazzaretto C 1-2
Mengoni Ferretti (palazzo)
(Biblioteca comunale Benincasa) B 3
Mercanti (loggia dei) B 2-3
Millo (palazzo) B 3
Municipio (palazzo del) C 4
Muse (teatro delle) B 2-3
Pia (porta) C 2
RAI (palazzo della) B 2
Ripulsa (porta) D 3
Romano (anfiteatro) A 3
San Pietro (porta) B 3
Santo Stefano (porta) D 3
Scrima (forte) F 1
Senato (palazzo del) A 3
Traiano (arco di) A 2

Archeologico Nazionale delle Marche
(museo) (Palazzo Ferretti) A 3
Bosdari (palazzo) (Pinacoteca Podesti e
Galleria d'Arte Moderna) B 3
Città (museo di) (ex Ospedale di
San Tommaso di Canterbury) B 3
Diocesano (museo) A 3
Omero (museo Tattile statale) E 3
Ospedale di San Tommaso di Canterbury
(ex) (Museo di Città) B 3
Podesti (pinacoteca e galleria d'arte
moderna) (Palazzo Bosdari) B 3
San Tommaso di Canterbury
(ex ospedale di) (Museo di Città) B 3

http://mobile.touringclub.com/
ancona

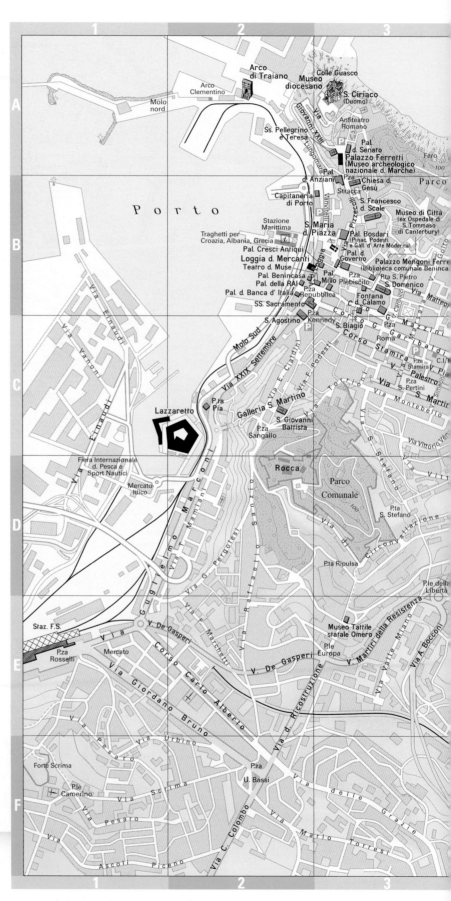

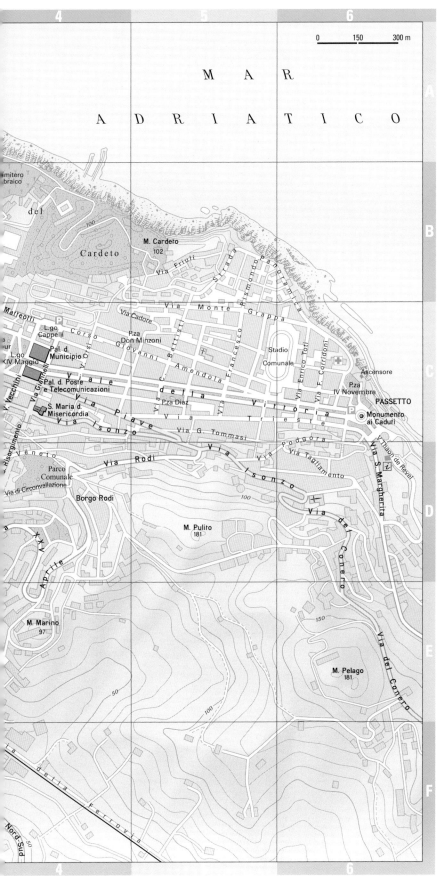

MAR

ADRIATICO

0   150   300 m

Cimitero
ebraico

del

Cardeto

M. Cardeto
102

Via Friuli

Via Cadore

Via Monte Grappa

Matteotti

L.go
Cappelli

Corso

Pza
Don Minzoni

Pal. d.
Municipio

L.go
XIV Maggio

Viale

Pal. d. Poste
e Telecomunicazioni

S. Maria d.
Misericordia

Via Piave

Via Isonzo

Via G. Tommasi

Giovanni Amendola

della

Pza Diaz

C. Battisti

Via Francesco

Via Enrico Toti

Stadio
Comunale

Vittoria

Via Triest

Via Podgora

Via Tagliamento

Via F. Corridoni

Ascensore

P.za
IV Novembre

PASSETTO

Monumento
ai Caduti

Via S. Margherita

V. Thaon de Revel

Parco
Comunale

Via di Circonvallazione

Via Rodi

Via Isonzo

Borgo Rodi

100

M. Pulito
181

Via del Conero

150

M. Marino
97

50

M. Pelago
181

100

Via della Ferrovia

Nord-Sud

50

4   5   6

Arezzo

Badia (chiesa) B 2
Duomo B 2
San Domenico (chiesa) A 2
San Francesco (chiesa) B 2
San Lorenzo (chiesa) B 3
San Michele (chiesa) B 2
Sant'Agnese (chiesa) B 3
Sant'Agostino (chiesa) B 2
Santa Maria (pieve di) B 2
Santa Maria in Gradi (chiesa) A 2
Santissima Annunziata (chiesa) B 1

Altucci (palazzo) B 2
Bacci (palazzo) B 2
Comune (palazzo del) (Municipio) B 2
Laici (fraternita dei) B 2
Logge B 2-3
Medicea (fortezza) B 3
Municipio (Palazzo del Comune) B 2
Petrarca (casa del) B 2
Petrarca (teatro) B 2
Pretorio (palazzo) B 2
Provincia (palazzo di) A 1
Romano (anfiteatro) C 2
San Clemente (porta) A 2
San Lorentino (porta) A 1
Statue (palazzo delle) B 2
Vasari (casa) A 2

Archeologico (museo) C 2
Arte medievale e moderna (museo d') A 1-2
Diocesano (museo) B 2

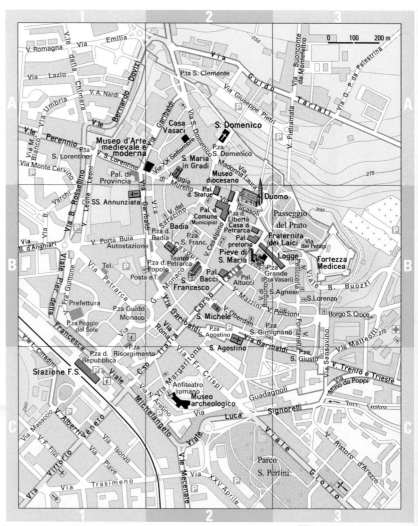

ZTL www.comune.arezzo.it

ZTL www.comune.asti.it

Asti

Cattedrale B 1
San Pietro (rotonda di) A 3
San Secondo (chiesa) B 2
Santa Caterina (chiesa) B 1
Santa Maria Nuova (chiesa) B 3
Sinagoga B 2

Alfieri (palazzo) B 1
Comentini (torre dei) B 2
Di Bellino (palazzo) B 1-2
Mazzola (palazzo) B 1
Municipio B 2
Ottolenghi (palazzo) B 1-2
Romana (torre) B 1
Seminario B 1-2
Troyana (torre) B 2
Vescovile (palazzo) B 2

Diocesano (museo) B 1
Museo A 3
Sant'Anastasio (museo) B 1

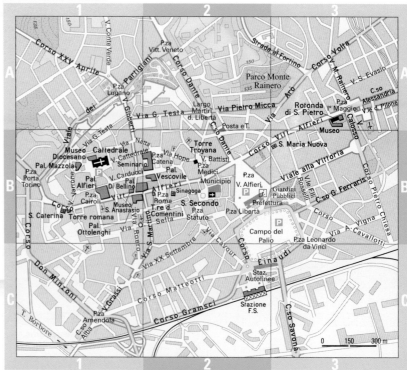

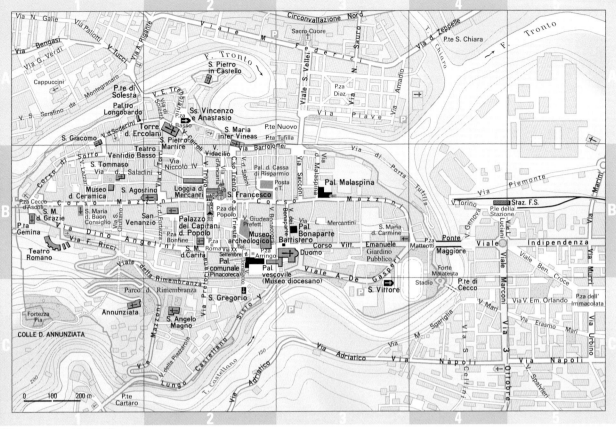

ZTL www.comuneap.gov.it

Ascoli Piceno

🏠 Annunziata (chiesa) C 1
Battistero B 3
Cappuccini (chiesa) A 1
Duomo B 3
Sacro Cuore (chiesa) A 3
San Francesco (chiesa) B 2
San Giacomo (chiesa) A-B 1
San Gregorio (chiesa) C 2
San Pietro in Castello (chiesa) A 2
San Pietro Martire (chiesa) A 2
Sant'Agostino (chiesa) B 1-2
Santa Maria del Buon Consiglio (chiesa) B 1
Santa Maria del Carmine (chiesa) B 3-4
Santa Maria della Carità (chiesa) B 2
Santa Maria delle Grazie (chiesa) B 1
Santa Maria inter Vineas (chiesa) A-B 2
Sant'Angelo Magno (chiesa) C 2
Santi Vincenzo e Anastasio (chiesa) A 2
San Tommaso (chiesa) B 1
San Venanzio (chiesa) B 2
San Vittore (chiesa) C 3

🏛 Basso, Ventidio (teatro) B 2
Bonaparte (palazzo) B 3
Capitani del Popolo (palazzo dei) B 2
Cassa di Risparmio (palazzo della) B 2
Comunale (palazzo) (Pinacoteca) B 2
Ercolani (torre degli) A 1
Gemina (porta) B 1
Longobardo (palazzetto) A 1
Malaspina (palazzo) B 3
Malatesta (forte) B-C 4
Mercanti (loggia dei) B 2
Pia (fortezza) C 1
Romano (teatro) B 1
Tufilla (porta) A 2-3
Vescovile (palazzo) (Museo diocesano) B 2-3

🏛 Archeologico (museo) B 2
Ceramica (museo della) B 1
Diocesano (museo) (Palazzo Vescovile) B 2-3
Pinacoteca (Palazzo comunale) B 2

Avellino

🏠 Cattedrale A 3
Madonna del Rosario (chiesa) B 2
Santa Maria di Costantinopoli (chiesa) A-B 3
Santissima Trinità (chiesa) A 2

🏛 Bellerofonte (fontana di) A 3
Caracciolo (palazzo) A 2
Castello A 3
Dogana (palazzo della) A 2-3
Governo (palazzo del) A 2
Orologio (torre dell') A 3
Tecta (fontana) B 3

🏛 Pinacoteca Provinciale (ex carcere) A 1-2
Provinciale Irpino (museo) B 1
Zoologico degli invertebrati (museo) A 3

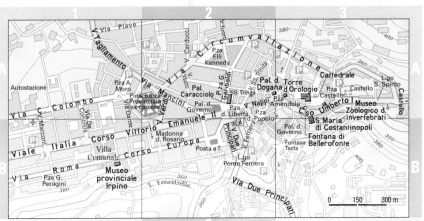

ZTL www.comune.avellino.it

Barletta

Duomo B 3
San Sepolcro (chiesa) B 2
Sant'Andrea (chiesa) B 3

Castello (Museo Civico) B 3
Della Marra-Pinacoteca de Nittis (palazzo) B 2

ZTL www.comune.bari.it

328-329

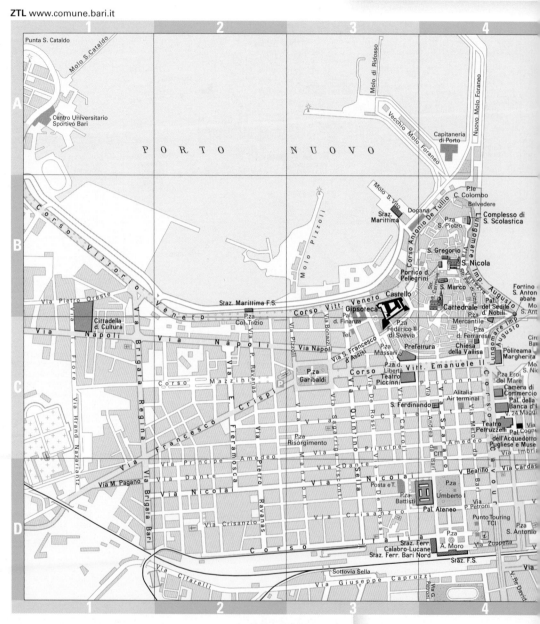

Bari

Cattedrale B 4
San Ferdinando (chiesa) C 4
San Gregorio (chiesa) B 4
San Marco (chiesa) B 4
San Nicola (basilica) B 4
Vallisa (chiesa della) C 4

Ateneo (palazzo) D 3-4
Banca d'Italia
(palazzo della) C 4
Castello B-C 3
Cittadella della Cultura B-C 1

Margherita (politeama) C 4
Nazioni (ex albergo delle) C-D 5
Pellegrini (portico dei) B 4
Petruzzelli (teatro) C 4
Piccinni (teatro) C 3
Provincia (palazzo della)
(Pinacoteca Provinciale) D 5
Rotonda C 5
Sant'Antonio Abate (fortino di) B 4
Santa Scolatica (complesso di) B 4
Sedile dei Nobili (palazzo del) B-C 4

Acquedotto Pugliese
(museo e palazzo dell') C 4
Gipsoteca B-C 3
Pinacoteca Provinciale
(Palazzo della Provincia) D 5

http://mobile.touringclub.com/
bari

Belluno

Battistero B 2
San Biagio (chiesa) A 3
San Pietro (chiesa) B 3
San Rocco (chiesa) B 2
Santa Maria di Loreto
(chiesa) B 1
Santo Stefano (chiesa) B 2

Doiona (porta) B 2
Gesuiti (collegio dei) A-B 2
Gregoriano (seminario) B 3

Marina (porta) A 3
Municipio B 2
Teatro B 2

Civico (museo) (Castello) B 3
Nittis-Palazzo Della Marra (pinacoteca de) B 2

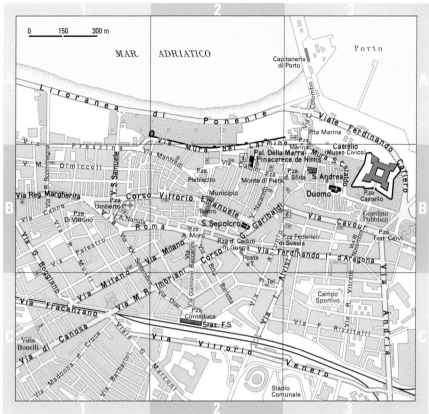

ZTL www.comune.barletta.ba.it

ZTL www.comune.belluno.it

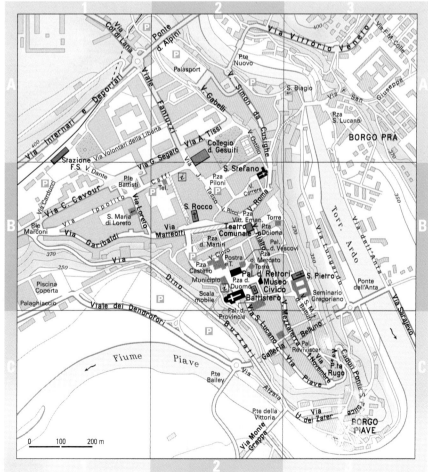

Municipio B 2
Provincia (palazzo della) B 2
Rettori (palazzo dei) B 2
Reviviscar (palazzo) C 2-3
Rugo (porta) C 3
Teatro Comunale B 2
Torre B 2
Vescovi (palazzo dei) B 2

Civico (museo) B 2

Benevento

Carmine (chiesa del) C 2
Chiesa di Sant'Ilario a Port'Aurea (ex) B 3
Duomo C 2
Madonna delle Grazie (chiesa) B 1
San Bartolomeo (chiesa) C 3
San Francesco (chiesa) C 2
San Pasquale (chiesa) B 3
Santa Maria di Costantinopoli (chiesa) B 2
Santa Sofia C 3
Santi Cosma e Damiano (chiesa) C 1
Sant'Ilario a Port'Aurea (ex chiesa di) B 3

Apis (statua del dio) B 1
Arcivescovile (palazzo) C 2
Arsa (port') C 1
Catena (torre della) C 1
De Simone (torre) C 3
Hortus Conclusus C 3
Obelisco isiaco C 2
Palazzo comunale C 2
Ponte della Maurella (ruderi) B 2
Rettori (rocca dei) (Museo) C 3
Romano (teatro) C 1-2
Ruderi Ponte della Maurella B 2
Sacramento (arco del) C 2
Torre De Simone C 3
Traiano (arco di) B-C 3

Arcos (Museo Arte Contemporanea) C 3
Museo (Rocca dei Rettori) C 3
Sannio (museo del) C 3

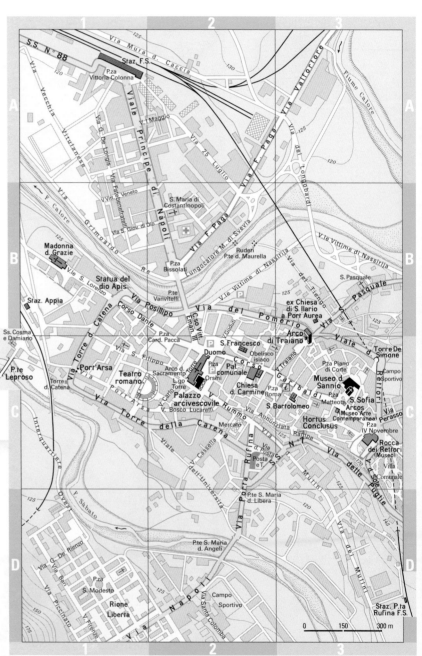

ZTL www.comune.benevento.it

ZTL www.comune.biella.it

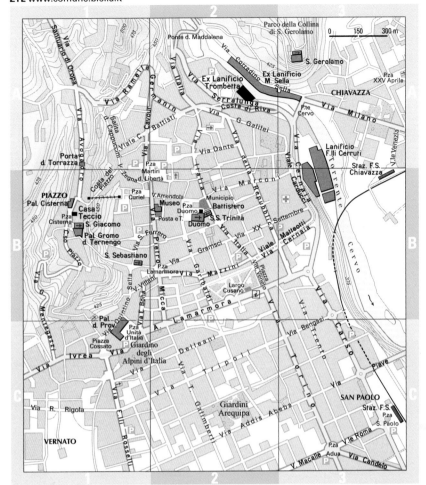

Biella

Battistero B 2
Duomo B 2
San Gerolamo (chiesa) A 3
San Giacomo (chiesa) B 1
San Sebastiano (chiesa) B 1
Santissima Trinità (chiesa) B 2

Cisterna (palazzo) B 1
Fratelli Cerruti (lanificio) A-B 3
Gromo del Ternengo (palazzo) B 1
Monte Sella (ex Lanificio) A 2-3
Municipio B 2
Provincia (palazzo della) B-C 1
Teccio (casa) B 1
Torrazza (porta della) A 1
Trombetta (ex Lanificio) A 2

Museo B 2

ZTL www.comune.brindisi.it

Brindisi

Cristo (chiesa) C 3
Duomo B 3
San Benedetto (chiesa) B 2
San Giovanni al Sepolcro (chiesa) B 2
San Paolo Eremita (chiesa) B 2
Santa Lucia (chiesa) C 3
Santa Maria degli Angeli (chiesa) B 2
Santa Teresa (chiesa) B 2-3

Lecce (porta) C 3
Marinaio (monumento al) A 3
Mesagne (porta) B 2
Montenegro (palazzo) B 3
Municipio B 3
Romane (colonne) B 3
Seminario B 3
Svevo (castello) B 2
Tancredi (fontana) B 1

Archeologico provinciale
(museo Francesco Ribezzo) B 3

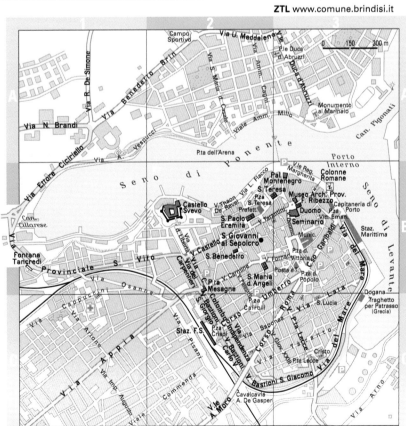

Bergamo

Battistero A-B 2
Beata Vergine Addolorata (santuario) A 5-6
Carmine (chiesa del) A 2
Colleoni (cappella) B 2
Duomo B 2
San Bartolomeo (chiesa) C-D 3-4
San Benedetto (chiesa) C 2
San Bernardino (chiesa) E 2
San Bernardino in Pignolo (chiesa) B 4
San Fermo (ex Monastero di) B 6
San Lazzaro (chiesa) E 2
San Leonardo (chiesa) D 2
San Michele al Pozzo Bianco (chiesa) A 3
San Pancrazio (chiesa) A-B 2
San Rocco (chiesa) E 2
Sant'Alessandro della Croce (chiesa) B 4
Sant'Alessandro in Colonna (chiesa) D 2
Santa Maria delle Grazie (chiesa) D 3-4
Santa Maria Maggiore (chiesa) B 2
Sant'Andrea (chiesa) B 3
Sant'Anna (chiesa) C-D 5
Santo Spirito (chiesa) C 4

Arciprete (casa dell') (Università) B 2
Broseta (porta) D-E 1
Caduti (torre dei) D 3
Campanone (Torre Civica) A 2
Carrara (accademia) A 4
Cittadella A 1
Donizetti (casa di) A 1
Donizetti (teatro) D 3
Garibaldi (porta San Lorenzo) A 2
Mai, Angelo (biblioteca civica)
(Palazzo Nuovo) A 2
Municipio D 3
Nuova (porta) D 3
Nuovo (palazzo)
(Biblioteca Angelo Mai) A 2
Ragione (palazzo della) A-B 2
Rocca (Museo storico di Bergamo) A 3
San Giacomo (porta) B 2
San Lorenzo (porta) (Garibaldi) A 2
Sant'Agostino (ex convento di)
(Università) A 3-4
Sant'Agostino (porta) A 4
Sant'Alessandro (porta) A 1
Torre A-B 2
Torre Civica (Campanone) A 2
Università A 2
Università (Casa dell'Arciprete) B 2
Vescovile (seminario) A 1

Arte moderna e contemporanea
(galleria d') B 4
Bergamo (museo storico di) (Rocca) A 3
Diocesano (museo) B 4
Donizettiano (museo) B 2
Scienze Naturali (museo di) A 1

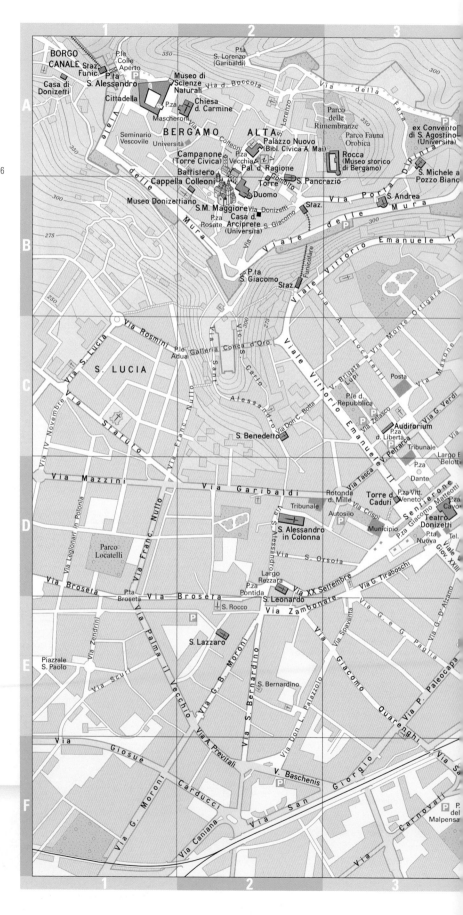

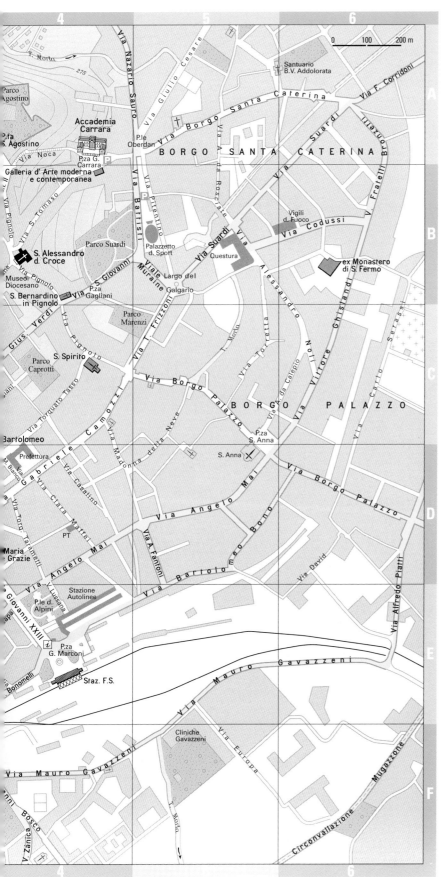

330-331

Bologna

Corpus Domini (chiesa) E 3
Madonna del Baraccano
(santuario della) F 6
Madonna di Galliera (chiesa) C 3
Metropolitana di San Pietro (cattedrale) C 4
San Bartolomeo (chiesa) D 4
San Colombano (chiesa) C 3
San Domenico (basilica) E 4
San Francesco (chiesa) D 2
San Giacomo Maggiore (chiesa) C 5
San Giorgio in Poggiale (chiesa) C 3
San Giovanni Battista dei Celestini
(chiesa) D 3
San Giovanni in Monte (chiesa) E 4-5
San Giuseppe (chiesa) E 1
San Martino (chiesa) C 4
San Paolo (chiesa) E 3
San Petronio (basilica) D 3-4
San Procolo (chiesa) E 3
San Rocco (chiesa) D 1
San Salvatore (chiesa) D 3
Santa Cristina (chiesa) E 6
Santa Maria Annunziata (chiesa) F 3
Santa Maria dei Servi (chiesa) D 5
Santa Maria della Misericordia (chiesa) F 5
Santa Maria della Vita (chiesa) D 4
Santa Maria e San Valentino (chiesa) C 1
Santi Vitale e Agricola in Arena (chiesa) D 5
Santo Stefano (chiesa) D 5

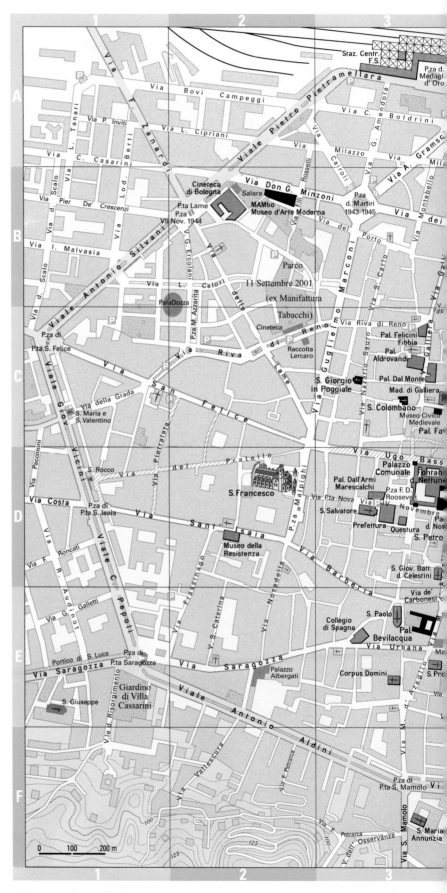

http://mobile.touringclub.com/
bologna

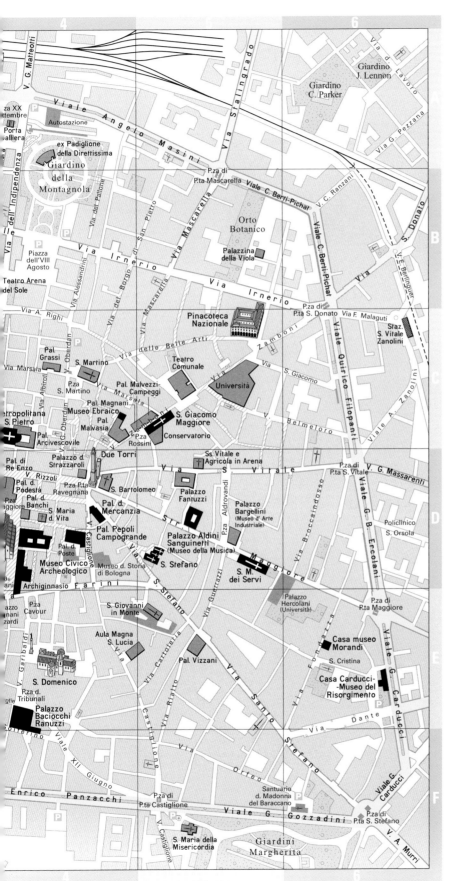

Albergati (palazzo) E 2
Aldini Sanguinetti (Palazzo)
(Museo della Musica) D 5
Aldrovandi (palazzo) C 3
Archiginnasio D 4
Arcivescovile (palazzo) C 4
Arena del Sole (teatro) B 4
Baciocchi Ranuzzi (palazzo) E 4
Banchi (palazzo dei) D 4
Bargellini (palazzo) (Museo d'Arte
Industriale) D 5
Bevilacqua (palazzo) E 3
Conservatorio C 5
Dall'Armi Marescalchi (palazzo) D 3
Dal Monte (palazzo) C 3
Direttissima (ex Padiglione della) A 4
Due Torri D 4
Fantuzzi (palazzo) D 5
Fava (palazzo) C 3
Felicini Fibbia (palazzo) C 3
Galliera (porta) A 4
Grassi (palazzo) C 4
Hercolani (palazzo) (Università) D-E 5-6
Lame (porta) B 2
Legnani Pizzardi (palazzo) E 3
Magnani (palazzo) C 4-5
Malvasia (palazzo) C 4
Malvezzi-Campeggi (palazzo) C 5
Marsili (palazzo) E 3-4
Mercanzia (palazzo della) D 4
Nettuno (fontana del) D 3-4
Notai (palazzo dei) D 3
PalaDozza B-C 1-2
Podestà (palazzo del) D 4
Re Enzo (palazzo di) D 4
Salara B 2
San Luca (portico di) E 1
Santa Lucia (aula magna) E 4-5
Spagna (collegio di) E 3
Strazzaroli (palazzo degli) D 4
Teatro Comunale C 5
Università C 5
Università (Palazzo Hercolani) D-E 5-6
Viola (palazzina della) B 5
Vizzani (palazzo) E 5

Archeologico (museo civico) D 4
Arte Industriale (museo d')
(Palazzo Bargellini) D 5
Arte Moderna (museo d') (M.A.M.bo) B 2
Bologna (Cineteca di) B 2
Carducci (casa di)
(museo del Risorgimento) E 6
Cineteca C 2
Ebraico (museo) C 4
Lercaro, Raccolta C 2
M.A.M.bo (Museo d'Arte Moderna) B 2
Medievale (Museo civico) C 3
Morandi (casa museo) E 6
Musica (museo della)
(Palazzo Aldini Sanguinetti) D 5
Raccolta Lercaro C 2
Resistenza (museo della) D 2
Risorgimento (museo del)
(casa Carducci) E 6
Storia di Bologna (museo della) D 4

Bolzano/Bozen

Benedettini di Muri (convento dei) A 1
Domenicani (chiesa dei) B 4
Duomo B 4
Francescani (chiesa dei) B 4
Nostra Signora (chiesa di) A 1
San Giorgio in Weggenstein (chiesa) A 5
San Giovanni in Villa (chiesa) A 5
Sant'Agostino (chiesa) A 1

Bezzi (cá dei) A 5
Corpo d'Armata (palazzo del) A 3
EURAC (palazzo ex G.I.L.) C 3
Mareccio (castel) A 4
Mercantile (palazzo) B 4
Municipio B 5
Municipio Vecchio B 4
Museion B 3
Pock (palazzo) B 4
Teatro Comunale C 4
Vittoria (monumento della) B 3

Alto Adige (museo archeologico dell') B 3-4
Civico (museo) B 3
Scienze Naturali (museo provinciale di) B 5

http://mobile.touringclub.com/
bolzano

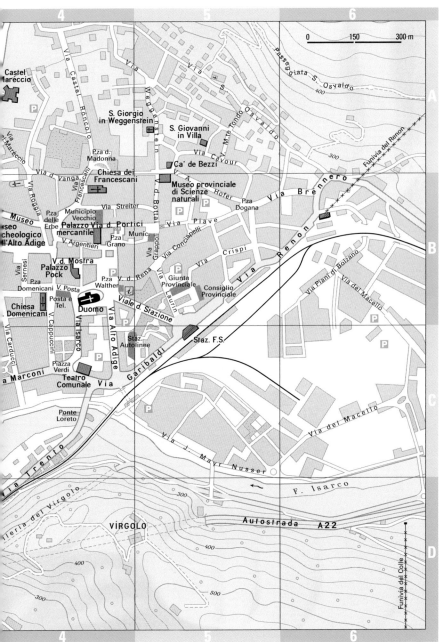

Castel Mareccio

S. Giorgio in Weggenstein

S. Giovanni in Villa

Pza d. Madonna

Ca' de Bezzi

Chiesa dei Francescani

Museo provinciale di Scienze naturali

Pza Dogana

Via Castel Roncolo

Via Weggenstein

Via Cavour

M.te rondo Osvaldo

Via Brennero

passeggiata S. Osvaldo

Funivia del Renon

Via di Mareccio

Via d. Vanga

Via Roggia

Via Francescani

V. d. Bottai

Hofer

Museo cheologico ll'Alto Adige

Pza delle Erbe

Municipio Vecchio

Palazzo Via d. Portici mercantile

Munic

Via Streiter

Via Plave

V. Argentieri

Pza Grano

Via Grappoli

Via Conciapelli

Via Crispl

Via Renon

Via Piani di Bolzano

Via del Macello

V.d. Mostra

Palazzo Pock

Via Sernesi

Pza Domenicani

V. d. Rena

V. Posta

Pza Walther

Giunta Provinciale

Consiglio Provinciale

Via Laurin

Chiesa . Domenicani

Posta e Tel.

Duomo

Viale d. Stazione

Via Isarco

Via Carducci

Via Cappuccini

Via Alto Adige

Staz. Autolinee

Staz. F.S.

a Marconi

Piazza Verdi

Teatro Comunale

Via Garibaldi

Via

Ponte Loreto

Via del Macello

Via Trento

Via J. Mayr Nusser

F. Isarco

Galleria del Virgolo

VIRGOLO

Autostrada A22

Funivia del Colle

300

400

500

400

300

A

B

C

D

4 5 6

0 150 300 m

ZTL www.comune.bolzano.it

Brescia

Duomo Nuovo B-C 4
Madonna delle Grazie (chiesa) B 2
Rotonda C 4
San Clemente (chiesa) C 4
San Francesco (chiesa) C 3
San Giorgio (chiesa) B 4
San Giovanni Evangelista (chiesa) B 3
San Giuseppe (chiesa) B 3
San Lorenzo (chiesa) C 3
San Pietro in Oliveto (chiesa) B 5
San Salvatore Santa Giulia (chiesa) B 4-5
Sant'Afra in Sant'Eufemia (chiesa) C 5
Sant'Agata (chiesa) B 3
Santa Giulia (Monastero di)
(Museo della Città) B 4-5
Sant'Alessandro (chiesa) C 4
Santa Maria dei Miracoli (chiesa) C 3
Santa Maria del Carmine (chiesa) B 3
Santa Maria della Carità (chiesa) B 4
Santa Maria della Pace (chiesa) B 3
Santa Maria in Calchera (chiesa) C 5
Santa Maria in Solario (chiesa) B 5
Sant'Angela Merici (chiesa) C 4
Santi Faustino e Giovita (chiesa) A-B 3
Santi Nazaro e Celso (chiesa) C 2-3
Santissimo Corpo di Cristo (chiesa) B 4-5
San Zeno (chiesa) B 4

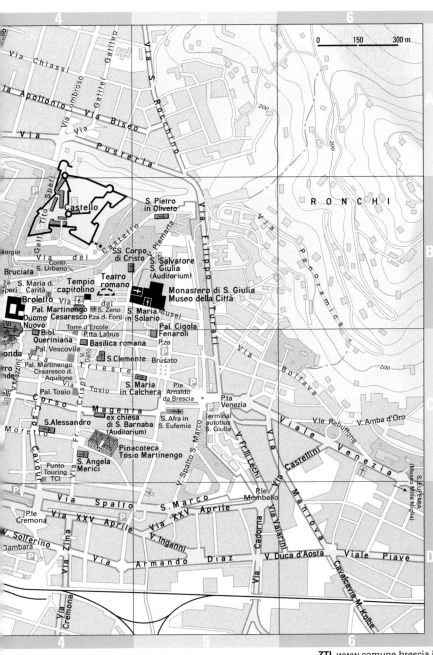

Auditorium (ex chiesa di San Barnaba) C 4
Averoldi (palazzo) C 3
Broletto B 4
Bruciata (porta) B 3-4
Calzavellìa (palazzo) B 3
Capitolino (tempio) B 4
Caprioli (palazzo) B 2-3
Castello A-B 4
Cigola Fenaroli (palazzo) C 5
Ercole (torre d') C 4
Grande (teatro) C 4
Loggia (Municipio) B 3
Martinengo Cesaresco (palazzo) B 4
Martinengo Cesaresco dell'Aquilone
(palazzo) C 4
Milano (porta) B 2
Monte di Pietà B 3
Municipio (Loggia) B 3
Pallata (torre della) B 3
Queriniana (biblioteca) B-C 4
Romana (basilica) C 4
Romano (teatro) B 4
Salvadego (palazzo) B 3
San Barnaba (ex chiesa) (auditorium) C 4
Tosio (palazzo) C 4
Trento (porta) A 3
Venezia (porta) C 5
Vescovile (palazzo) C 4

Città (museo della)
(Monastero di Santa Giulia) B 4-5
Diocesano (museo) B 3
Fotografia (museo nazionale della) B 3
Tosio Martinengo (pinacoteca) C 4

ZTL www.comune.brescia.it

332-333

Cagliari

Carmine (chiesa) C 2
Cattedrale C 3
Nostra Signora di Bonária (chiesa) F 5
Purissima (chiesa) C 3
San Domenico (chiesa) C 4
San Giacomo (chiesa) C 3-4
San Giuseppe (chiesa) C 3
San Michele (chiesa) C 2
San Paolo (chiesa) A 5
San Saturno (chiesa) D 4
Santa Caterina (chiesa) C-D 6
Sant'Agostino (chiesa) D 2
Sant'Anna (chiesa) C 2
Santa Rosalia (chiesa) D 3
Sant'Efisio (chiesa) C 2
Sant'Eulalia (chiesa) D 3
Sant'Ignazio (chiesa) B 2
Santissima Annunziata (chiesa) B 1

Elefante (torre dell') C 3
Lirico (teatro) A 4
Municipio (Palazzo Comunale) D 2
Romano (anfiteatro) B 2-3
San Pancrazio (torre) B 3
San Remy (bastione) D 3
Tigellio (villa di) C 1-2
Università C 3

Arte (galleria comunale d') A 3
Exmà D 4
Ghetto, il (museo d'arte e cultura) C 3
Mediterraneo
(mediateca emeroteca del) B 1
Musei (cittadella dei) B 3

http://mobile.touringclub.com/
cagliari

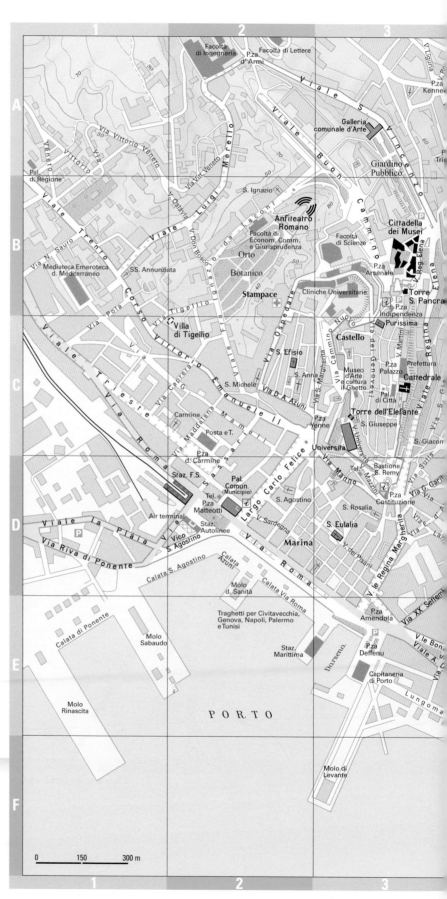

Caltanissetta

🏛 Cattedrale B 2
San Domenico (chiesa) B 3
San Giovanni (chiesa) C 3
San Giuseppe (chiesa) C 2
San Pio X (chiesa) C-D 1
San Sebastiano (chiesa) B 2
Santa Croce (chiesa) B 2-3
Santa Flavia (chiesa) A 2
Sant'Agata (chiesa) B 2
Santa Lucia (chiesa) A-B 1
Santa Maria degli Angeli (chiesa) C 3

🏛 Moncada (palazzo) B 2
Municipio B 2
Pietrarossa (castello di) C 3
Vescovile (palazzo) C 1

🏛 Folclore (museo del) C-D 1
Minerario (istituto tecnico) B 1-2

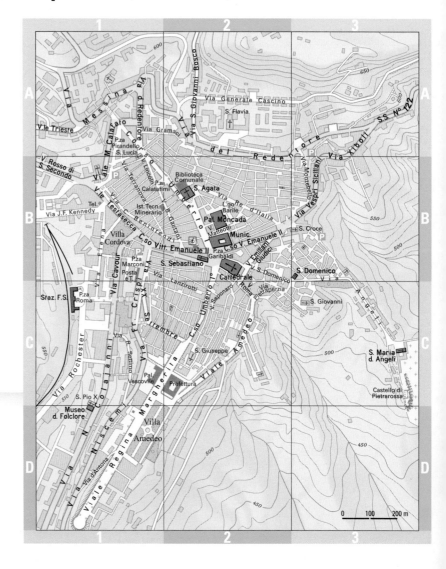

Carbonia

🏛 San Ponziano (chiesa) A 2

🏛 Civica (torre) A 2
Municipio A 2

🏛 Carbone (museo del) B 2
Villa Sulcis (museo archeologico) A 2

ZTL www.comune.carbonia.ci.it

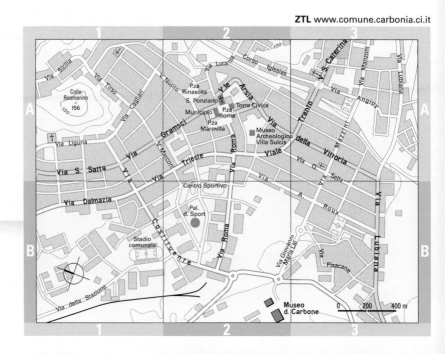

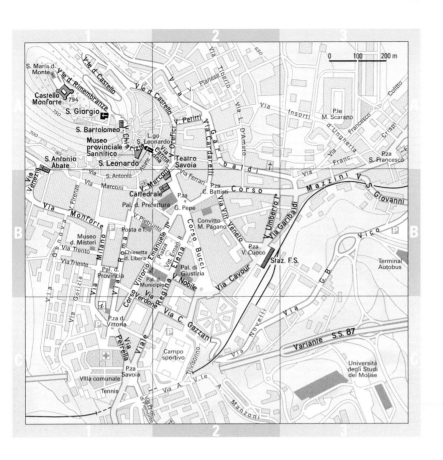

Campobasso

🏠 Cattedrale B 2
Libera (chiesetta della) B 1-2
San Bartolomeo (chiesa) A 1
San Giorgio (chiesa) A 1
San Leonardo (chiesa) A 1-2
Santa Maria del Monte (chiesa) A 1
Sant'Antonio Abate (chiesa) A-B 1

🏛 Giustizia (palazzo di) B 2
Molise (università degli studi del) C 3
Monforte (castello) A 1
Municipio (palazzo del) B 1-2
Pagano, Mario (convitto) B 2
Prefettura (palazzo della) B 2
Provincia (palazzo della) B 1
Savoia (teatro) B 2

🏛 Misteri (museo dei) B 1
Sannitico (museo provinciale) A 1

http://mobile.touringclub.com/
campobasso

ZTL www.comune.carrara.ms.it

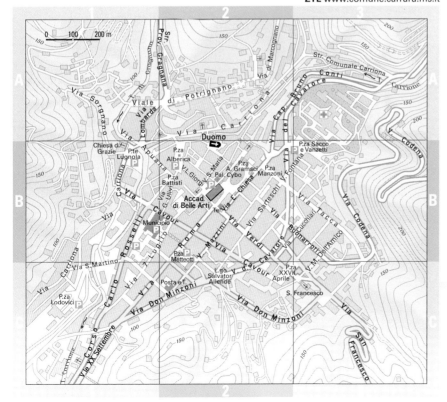

Carrara

🏠 Duomo B 2
Grazie (chiesa delle) B 1
San Francesco (chiesa) C 3

🏛 Belle Arti (accademia di) B 2
Cybo (palazzo) B 2
Municipio B 1-2

Caserta

Cappuccini A 3
Duomo D 2
San Sebastiano (chiesa) D 2
Sant'Anna (chiesa) D 2
Santa Rosalia B 3

Cascata, Grande A 2
Castelluccia C 1
Cerere (fontana di) A 2
Delfini (cascata dei) B 2
Eolo (fontana di) B 2
Inglese (giardino) A-B 2
Margherita (fontana) C 2
Municipio C 2
Paternò (palazzo) D 3
Prefettura (palazzo Vecchio) C 2
Reale (palazzo) D 1-2
Reale (parco) C 1-2
Reggia C 1-2
Vecchio (palazzo) (prefettura) C 2
Venere (bagno di) A 2
Venere e Adone (fontana di) A 2
Vitrone (villa) D 3

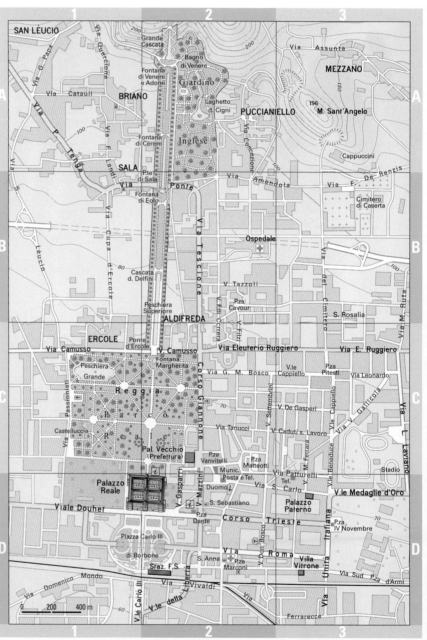

ZTL www.comune.caserta.it

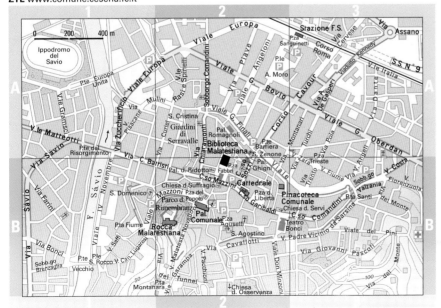

ZTL www.comunecatanzaro.it

ZTL www.comune.cesena.fc.it

Catanzaro

Duomo B 2
Immacolata (chiesa dell') B 2
Maddalena (chiesa della) C 2-3
Monte dei Morti (chiesa del) B 2
Osservanza (chiesa dell') A 2
Rosario (chiesa del) B-C 2
San Giovanni Battista (chiesa) B 2
San Rocco (chiesa) C 3

Fàzzari (palazzo) B 2-3
Giustizia (palazzo di) A 2
Marca A 1
Masciari (teatro) C 3
Memoria (casa della) B 2
Municipio B 3
Pepe, Florestano (villa) A 2
Provincia (palazzo della) B 2
Trieste (villa) B 3

Provinciale (museo) B 3

Cesena

Cattedrale B 2
Osservanza (chiesa dell') B 2
San Domenico (chiesa) B 1
Santa Cristina (chiesa) A 2
Sant'Agostino (chiesa) B 2
San Zenone (chiesa) A 2
Suffragio (chiesa del) B 2

Bonci (teatro) B 2
Fiume (porta) B 1
Ghigni (palazzo) A-B 2
Malatestiana (biblioteca) A-B 2
Malatestiana (rocca) B 2
Montanara (porta) B 1-2
Palazzo Comunale B 2
Ridotto (palazzo del) B 2
Romagnoli (palazzo) A 2
Santi (porta) B 3

Pinacoteca Comunale B 2

334-335

Catania

Badia di Sant'Agata (chiesa) D 3
Carmine (santuario del) C 3
Collegiata D 3
Crociferi (convento dei) D 3
Duomo D 3
San Benedetto (chiesa) D 3
San Domenico (chiesa) C 2
San Francesco (chiesa) D 3
San Giuliano (chiesa) D 3
San Michele Arcangelo (chiesa) D 3
San Nicolò (chiesa) D 2
San Nicolò (monastero di) D 2
San Placido (chiesa) D 4
San Sebastiano (chiesa) E 3
Santa Chiara (chiesa) E 2
Sant'Agata al Borgo (chiesa) A 2-3
Sant'Agata al Carcere (chiesa) C 3
Sant'Agata delle Sciare (chiesa) D 2
Sant'Agostino (chiesa) D 2
Santa Maria dell'Aiuto (chiesa) E 2
Santa Maria della Rotonda (chiesa) D 2
Santa Maria delle Salette (chiesa) F 2
Santa Maria di Gesù (chiesa) B 2
Santi Cosma e Damiano (chiesa) E 2
Santissima Trinità (chiesa) D 2

Anfiteatro C 3
Bellini (teatro) D 3-4
Biscari (palazzo) D-E 4
Borbonico (ex carcere) E 2
Carcaci (palazzo) D 3
Ciminioro, Ic C 5-6
Cutelli (convitto) D 4
Fortino Vecchio (porta del) E 1
Garibaldi (porta) E 1
Gioeni d'Angiò (palazzo) D 3
Giustizia (palazzo di) A-B 4
Guttadauro di Reburdone (palazzo) D 4
Indirizzo (terme dell') E 3
Majorana (villa) C 2
Manganelli (palazzo) D 3
Manganelli (villa) A-B 4
Massa (palazzo) D 3
Municipale (palazzo) D 3
Odeon D 2
Paternò del Toscano (palazzo) C 3
Peratoner (palazzo) E 3
Romano (teatro) D 2-3
Sammartino Pardo (palazzo) D-E 3
Sangiuliano (palazzo) D 3
San Saverio (villa) A 1
Sant'Antonio (terme di) E 2
Scienze (palazzo delle) A-B 4-5
Serravalle (palazzo) D 4
Tezzano (palazzo) C 3
Università D 3
Ursino (castello) (Museo Civico) E 3
Uzeda (porta) D-E 3
Valle (palazzo) D 4
Zappalà (palazzo) D 3

Belliniano (museo) D 3
Civico (museo) (Castello Ursino) E 3
Verga (casa-museo di) D-E 3

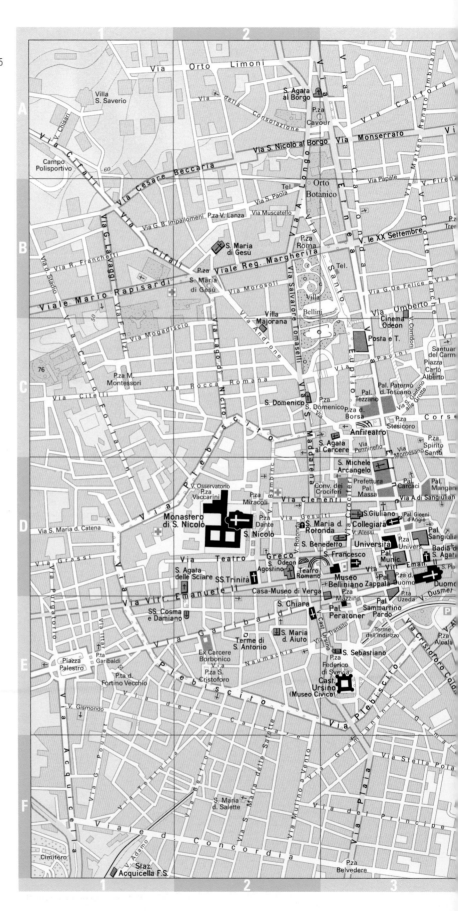

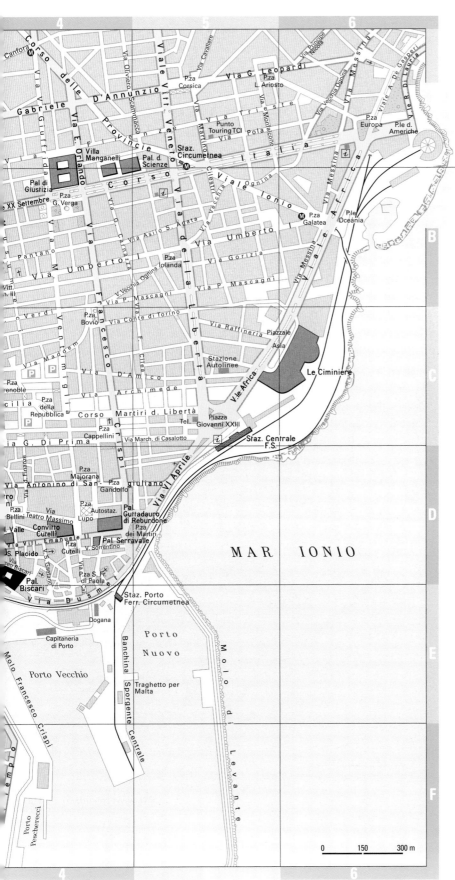

MAR IONIO

Porto Nuovo

Porto Vecchio

Traghetto per Malta

Le Ciminiere

Staz. Centrale F.S.

http://mobile.touringclub.com/catania

Cosenza

Cappuccinelle (chiesa delle) C 2
Duomo D 3
Madonna del Carmine (chiesa) C 2
Madonna di Loreto (chiesa) A 1
San Domenico (chiesa) C 2
San Francesco d'Assisi (chiesa) C 2
San Francesco di Paola (chiesa) C 3
Sant'Agostino (chiesa) C 3
Santa Teresa (chiesa) B 1
Santissimo Salvatore (chiesa) C 3

Arcivescovado D 3
Castello D 2
Comunale (villa) D 3
Comunale (teatro) D 3
Cosentina (accademia) D 3
Morelli (teatro) C 2
Municipio C 2

Civico (museo) C 3
Nazionale (galleria) C 3

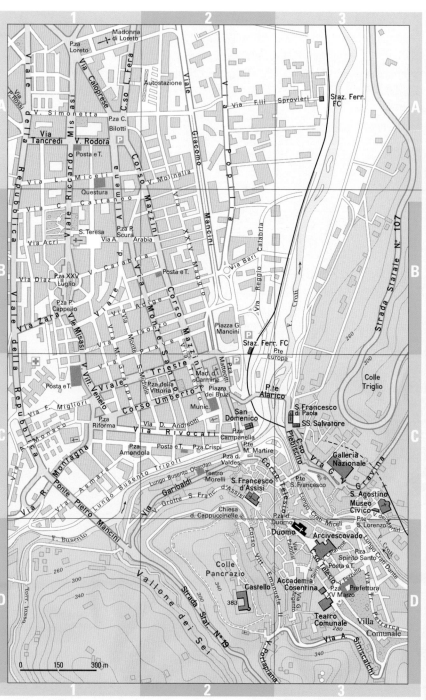

ZTL www.comune.cosenza.gov.it

348-349

Chieti

🏛 Cattedrale B 2
Madonna degli Angeli (chiesa) B 1
San Domenico (chiesa) B 2
San Francesco della Scarpa (chiesa) B 2
San Giovanni dei Cappuccini (chiesa) A 2-3
Santa Maria Mater Domini (chiesa) B 2

🏛 Comunale (villa) C 1
Diocesano (seminario) A-B 2
Municipio B 2
Pescara (porta) A 2
Romane (terme) B 2
Romani (tempietti) B 1
Romano (teatro) B 1
Sanatorio (ex) C 2-3

🏛 Archeologico Nazionale (museo) C 1
Arte (museo d') B 2
La Civitella (museo e parco archeologico) C 1

Como

🏛 Annunziata (chiesa dell') B-C 2
Duomo A-B 2-3
San Fedele (chiesa) B 2-3
San Giorgio (chiesa) A 1
Sant'Abbondio (chiesa) C 2
Sant'Agostino (chiesa) A 3
Torre di San Vitale (chiesa) B 3

🏛 Broletto B 2
Caduti (monumento ai) A 1
Casa del Fascio (ex) B 3
Municipio B 3
Novocomum A 1
Nuova (porta) C 2
Resistenza europea (monumento alla) A 2
Torre (porta) B 3
Voltiano (mausoleo) A 1

🏛 Civica (pinacoteca) B 2
Civici (musei) B 3
Fondazione Ratti (museo tessile della) A 2

http://mobile.touringclub.com/como

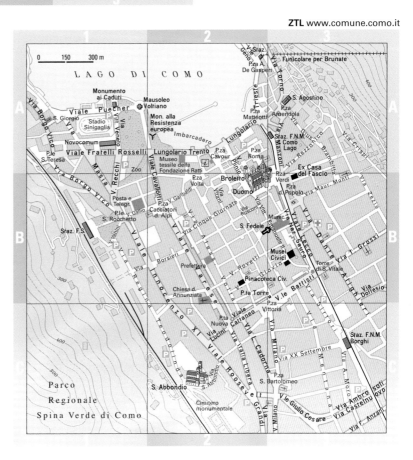

Cremona

🏛
Battistero B-C 2
Duomo B 2
San Luca (chiesa) A 1
San Michele (chiesa) B 3
San Pietro al Po (chiesa) C 1
Sant'Agata (chiesa) A-B 1
Sant'Agostino (chiesa) B 1
Santa Margherita (chiesa) B 1
Santa Maria Maddalena (chiesa) C 3
Sant'Imerio (chiesa) C 2
San Vincenzo (chiesa) A 1-2

🏛
Arte (palazzo dell') C 2
Cittanova (palazzo) B 1
Filo (teatro) B 2
Fodri (palazzo) B 2-3
Milano (porta) A 1
Militi (loggia dei) B-C 2
Monteverdi (teatro) A 2
Mosa (porta) C 3
Palazzo del Comune B 2
Po (porta) C 1
Ponchielli, Amilcare (teatro) C 1
Raimondi (palazzo) A 1
Romana (porta) B 3
Stanga Trecco (palazzo) A 1
Torrazzo B 2
Venezia (porta) B 3

🏛
Archeologico (museo) B 3
Civico (museo) A-B 1-2
Storia Naturale (museo civico di) A-B 2

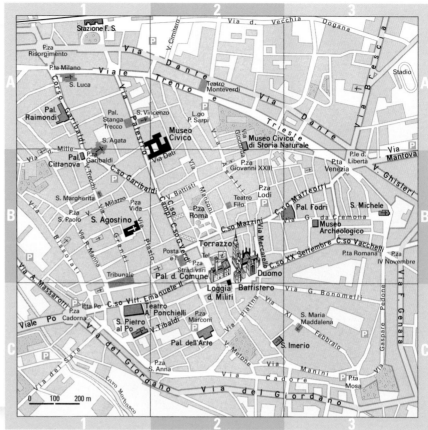

ZTL www.comune.cremona.it

ZTL www.comune.crotone.it

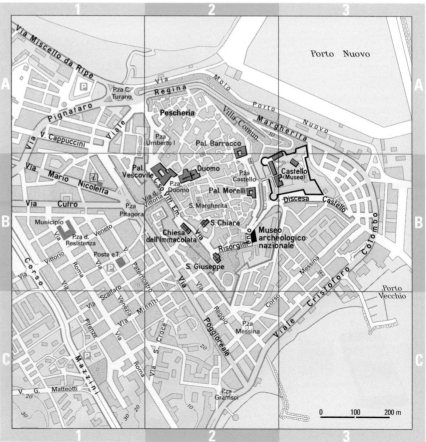

Crotone

🏛
Duomo B 2
Immacolata (chiesa dell') B 2
San Giuseppe (chiesa) B 2
Santa Chiara (chiesa) B 2
Santa Margherita (chiesa) B 2

🏛
Barracco (palazzo) A-B 2
Castello (museo) A-B 2-3
Morelli (palazzo) B 2
Municipio B 1
Vescovile (palazzo) B 2

🏛
Archeologico nazionale (museo) B 2
Museo (Castello) A-B 2-3

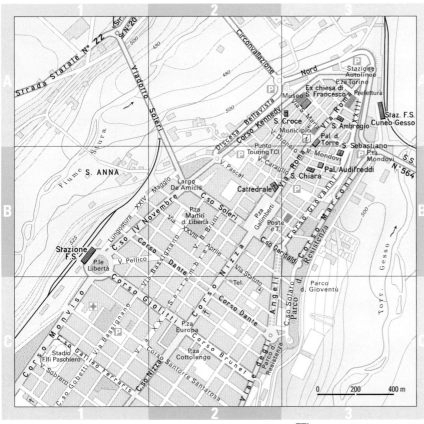

http://mobile.touringclub.com/cuneo

ZTL www.comune.cuneo.gov.it

Cuneo

Cattedrale B 2
San Francesco (ex chiesa di) A 3
San Sebastiano (chiesa) B 3
Santa Chiara (chiesa) B 3
Santa Croce (chiesa) A 3
Sant'Ambrogio (chiesa) A 3

Audifreddi (palazzo) B 3
Mondovì (porta) B 3
Municipio A 3
Torre (palazzo della) A-B 3

Museo A 3

Enna

Anime Sante (chiesa) B 2
Carmine (chiesa del) B 2
Duomo B 4
San Cataldo (chiesa) A 2
San Francesco d'Assisi (chiesa) A 2
San Francesco di Paola (chiesa) B 5
San Giovanni (chiesa) B 3
San Giovanni Battista (chiesa) A-B 3
San Giuseppe (chiesa) B 3

San Marco (chiesa) A-B 2
San Michele (chiesa) B 4
Santa Chiara (chiesa) B 3
Sant'Agostino (chiesa) B 3
Santissimo Crocifisso di Papardura (chiesa) C 1
Santissimo Salvatore (chiesa) B 4
San Tommaso (chiesa) B 2

Cerere (rocca di) A 5
Consiglio Provinciale delle Corporazioni (palazzo dell'ex) B 3
Federico II (torre di) C 2
Lombardia (castello di) A-B 5
Municipio B 3
Pisana (torre) B 5
Pollicarini (palazzo) B 3

Alessi (museo) B 4
Archeologico (museo) B 4
Civiltà Contadina (museo della) B 4
Musical Art 3M (museo) B 4

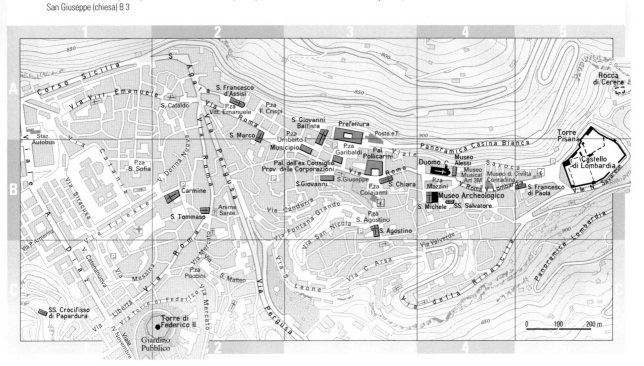

Ferrara

Annunziata (oratorio della) E 5
Cappuccine (chiesa) D 5
Cattedrale D 4
Certosa (San Cristoforo) A 5
Corpus Domini (chiesa) D 5
Gesù (chiesa del) C 4
San Benedetto (chiesa) B 3
San Cristoforo (Certosa) A 5
San Domenico (chiesa) C 3
San Francesco (chiesa) D 5
San Giovanni Battista (chiesa) B 5
San Giuseppe (chiesa) E 4
San Gregorio (chiesa) D 4
San Paolo (chiesa) D 4
San Romano (Museo della Cattedrale) D 4
Santa Maria dei Teatini (chiesa) C 4
Santa Maria della Consolazione
(chiesa) B-C 6
Santa Maria delle Grazie (chiesa) C 6
Santa Maria in Vado (chiesa) E 5
Santa Maria Nuova (chiesa) C 3
Sant'Antonio in Polesine (chiesa) E-F 5
Santo Spirito (chiesa) C 5
Santo Stefano (chiesa) C-D 3

Ariosto, Ludovico (casa di) B 3
Bevilacqua (palazzo) B 5
Bevilacqua Massari (palazzo) B 4-5
Bonacossi (palazzo) D 5
Catena (porta) A 3
Diamanti (palazzo dei) (Pinacoteca) B 4
Ebraico (cimitero) A-B 5-6
Estense (castello) C 4
Giulio d'Este (palazzo) B 4
Ludovico il Moro (Palazzo di)
(Museo Archeologico) E-F 5
Mare (porta) B 6
Marfisa (palazzina di) D 5
Monumentale (cimitero) A-B 5
Naselli Crispi (palazzo) C 4
Paradiso (palazzo) D 4
Po (porta) B 2
Prosperi-Sacrati (palazzo) B 4
Reno (porta) D 3
Romana (porta) F 5
Romei (casa) D 5
Rondinelli (palazzo) B-C 5
Rossetti, Biagio (casa di) F 5
Roverella (palazzo) C 4
Sant'Anna (porta) C 4
Schifanoia (palazzo) (Museo Civico) E 5
Turchi di Bagno (palazzo) B 4
Università D 5
Verdi (teatro) E 4
Vittoria (torre della) D 4

Archeologico (museo)
(Palazzo di Ludovico il Moro) E-F 5
Cattedrale (museo della) (San Romano) D 4
Civico (museo) (Palazzo Schifanoia) E 5
Ebraico (museo) D 4
MEIS (Museo dell'Ebraismo e
della Shoah) D 3
Pinacoteca (Palazzo dei Diamanti) B 4

http://mobile.touringclub.com/
ferrara

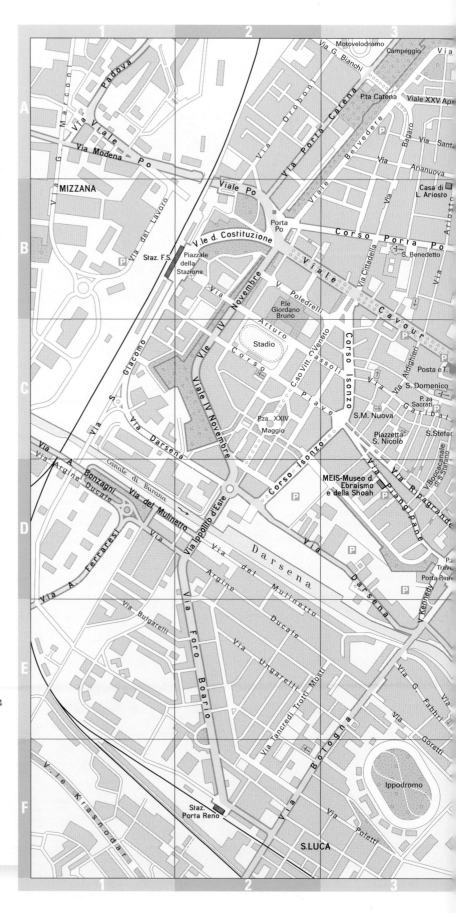

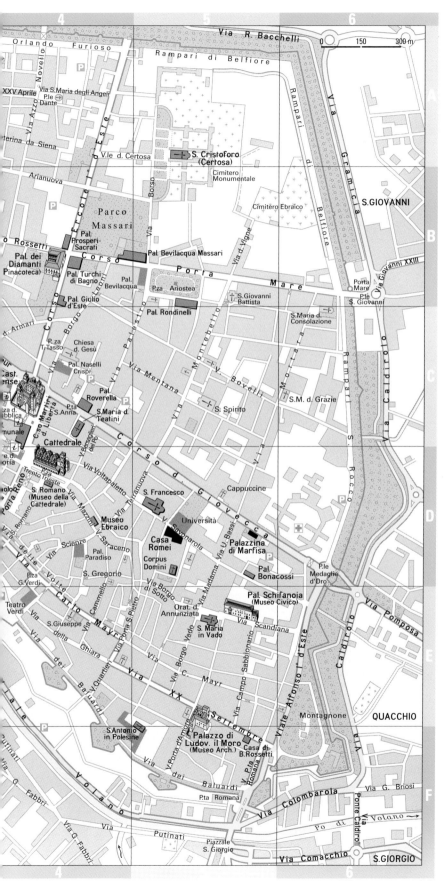

336-337

Firenze

Badia Fiorentina (chiesa) D 5
Battistero C 4
Duomo C 4-5
Inglese (tempio) A-B 1
Medicee (cappelle) B 4
Ognissanti (chiesa) C 1-2
Orsanmichele (chiesa) D 4
Pazzi (cappella dei) E 6
San Barnaba (chiesa) A 4
San Carlo dei Lombardi (chiesa) D 4
San Felice (chiesa) F 2
San Felicita (chiesa) E-F 3-4
San Filippo Neri (chiesa) D 5
San Francesco dei Vanchetoni (chiesa) C 2
San Frediano in Cestello (chiesa) D 1
San Gaetano (chiesa) C 3
San Giorgio (chiesa) F 4
San Giovanni Evangelista (chiesa) B 4
San Girolamo (chiesa) F 4
San Iacopo sopr'Arno (chiesa) E 3
San Lorenzo (basilica) B 4
San Marco (chiesa) A 5
San Martino alla Scala (chiesa) B 1
San Michele Visdomini (chiesa) C 5
San Niccolò (chiesa) F 6
San Paolino (chiesa) C 2
San Remigio (chiesa) E 5
San Simone (chiesa) D 5-6
Santa Croce (basilica) E 6
Santa Lucia del Magnoli (chiesa) F 5
Santa Maria degli Angioli (chiesa) B 5-6
Santa Maria del Carmine (chiesa) E 1
Santa Maria in Campo (chiesa) C 5
Santa Maria Maggiore (chiesa) C 3-4
Santa Maria Novella (chiesa) B-C 2-3
Santa Trinita (chiesa) D 3
Sant'Egidio (chiesa) C 5
Santi Apostoli (chiesa) D-E 3
Santissima Annunziata (basilica) A 6
San Tommaso d'Aquino (chiesa) C 6
Santo Spirito (chiesa) E 2
Santo Stefano (chiesa) E 4

http://mobile.touringclub.com/
firenze

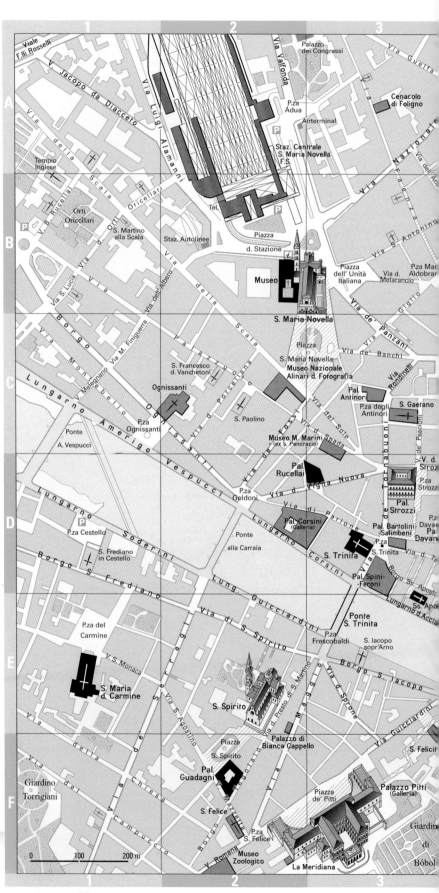

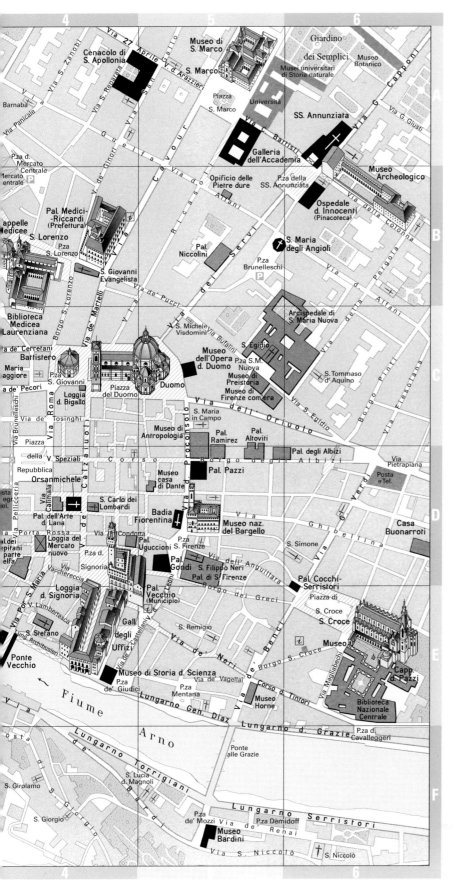

Albizi (palazzo degli) D 5-6
Altoviti (palazzo) C-D 5
Antinori (palazzo) C 3
Arte della Lana (palazzo dell') D 4
Bartolini-Salimbeni (palazzo) D 3
Bigallo (loggia del) C 4
Bóboli (giardino di) F 3-4
Capitani di parte guelfa (palazzo dei) D 4
Cappello, Bianca (palazzo di) E-F 2
Cocchi-Serristori (palazzo) D-E 6
Congressi (palazzo dei) A 2-3
Corsini (palazzo) (Galleria) D 2-3
Davanzati (palazzo) D 3
Gondi (palazzo) D 5
Guadagni (palazzo) F 2
Innocenti (ospedale degli) (Pinacoteca) B 6
Medicea Laurenziana (biblioteca) B-C 4
Medici-Riccardi (palazzo) (Prefettura) B 4
Mercato nuovo (loggia del) D 4
Meridiana, la F 2
Municipio (Palazzo Vecchio) D-E 4-5
Nazionale Centrale (biblioteca) E 6
Niccolini (palazzo) B 5
Oricellari (orti) B 1
Pitti (palazzo) (Galleria) F 2-3
Ramirez (palazzo) C-D 5
Rucellai (palazzo) D 2-3
San Firenze (palazzo di) D-E 5
Santa Maria Nuova (arcispedale di) B-C 5-6
Santa Trinita (ponte) E 3
Semplici (giardino dei) A 5-6
Signoria (loggia della) D-E 4
Spini-Feroni (palazzo) D-E 3
Strozzi (palazzo) D 3
Torrigiani (giardino) F 1
Uguccioni (palazzo) D 4
Università A 5-6
Vecchio (palazzo) (Municipio) D-E 4-5
Vecchio (ponte) E 3-4

Accademia (galleria dell') A 5
Alinari (museo nazionale
della fotografia) C 2
Antropologia (museo) C-D 5
Archeologico (museo) A-B 6
Bardini (museo) F 5
Bargello (museo nazionale del) D 5
Botanico (museo) A 6
Buonarroti (casa) D 6
Dante (museo casa di) D 5
Firenze com'era (museo di) C 5
Foligno (cenacolo di) A 3
Galleria (Palazzo Corsini) D 2-3
Galleria (Palazzo Pitti) F 2-3
Horne (museo) E 5
Marini, Marino (museo)
(ex San Pancrazio) C-D 5
Museo (Santa Croce) E 6
Museo (Santa Maria Novella) B 2
Opera del Duomo (museo dell') C 5
Pietre dure (opificio delle) B 5
Pinacoteca (Ospedale degli Innocenti) B 6
Preistoria (museo di) C 5
San Marco (museo di) A 5
Sant'Apollonia (cenacolo di) A 4-5
Storia della Scienza (museo di) E 4
Storia naturale (musei universitari di) A 5-6
Uffizi (galleria degli) E 4
Zoologico (museo) F 2

Fermo

Duomo (Museo diocesano) A-B 2
San Domenico (chiesa) B 3
San Filippo (chiesa) A 2
San Francesco (chiesa) A 3
San Martino (chiesa) A 3
San Pietro (chiesa) B 1
Santa Chiara (monastero) B 1-2
Sant'Agostino (chiesa) A-B 1
Santa Lucia (chiesa) B 1
Santa Maria del Carmine (chiesa) A 2

Apostolico (palazzo) (Municipio) B 3
Aquila (teatro dell') B 2
Azzolino (palazzo) A 2
Biblioteca comunale
(Palazzo degli Studi) A 2-3
Matteucci (torre) A 2
Municipio (Palazzo apostolico) B 3
Paccaroni (palazzo) A 2
Priori (palazzo dei) (Pinacoteca) A 3
Romane (cisterne) B 3
San Francesco (porta) A 3
San Giuliano (porta) B 1
Santa Caterina (porta) B 3
Santa Lucia (porta) B 1
Sant'Antonio (porta) A 2
Studi (palazzo degli)
(biblioteca comunale) A 2-3
Vinci Gigliucci (villa) B 2
Vitali-Rosati (palazzo) A 2

Museo diocesano (Duomo) A-B 2
Pinacoteca (Palazzo dei Priori) A 3
Villa Vitali (musei scientifici di) A 3

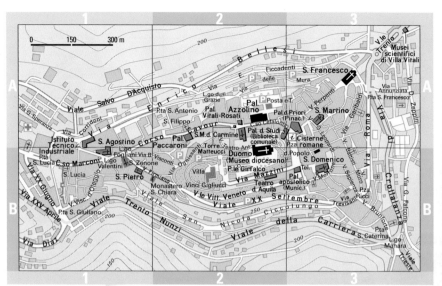

ZTL www.fermo.net

ZTL www.comune.foggia.it

Foggia

Calvario (chiesa del) A 1
Cattedrale B 1
Gesù e Maria (chiesa) B 2
San Giovanni Battista (chiesa) A 2

Arpi (palazzo) (Museo Civico) A 2
Arpi (porta) A 1
De Rosa (palazzo) A 1
Giordano (teatro) A 2
Giustizia (palazzo di) B 3
Municipio B 1
Perrone (palazzo) B 2
Provincia (palazzo della) B 1-2
Studi (palazzo degli) B-C 3
Uffici (palazzo degli) B 2-3

Civico (museo) (Palazzo Arpi) A 2

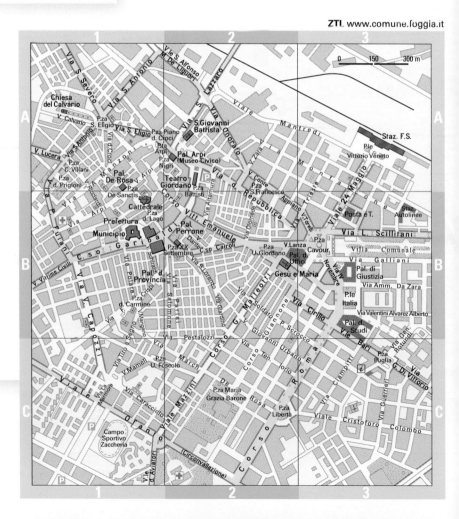

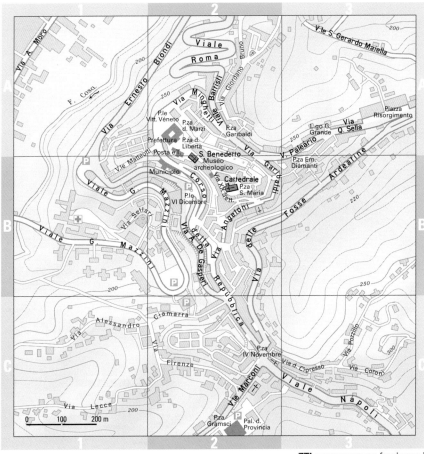

Frosinone

 Cattedrale B 2
San Benedetto (chiesa) A-B 2

 Municipio B 2

Archeologico (museo) B 2

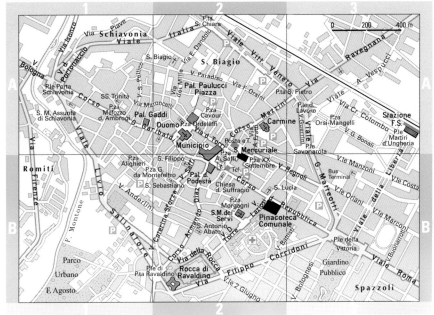

Forlì

 Carmine (chiesa) A 2
Duomo A 2
San Biagio (chiesa) A 2
San Filippo (chiesa) B 2
San Mercuriale (chiesa) A-B 2
San Sebastiano (chiesa) B 2
Santa Lucia (chiesa) B 2
Santa Maria Assunta di Schiavonia (chiesa) A 1
Santa Maria dei Servi (chiesa) B 2
Sant'Antonio Abate (chiesa) B 2
Santissima Trinità (chiesa) A 1
Suffragio (chiesa del) B 2

 Gaddi (palazzo) A 1
Municipio A-B 2
Paulucci Piazza (palazzo) A 2
Podestà (palazzo del) B 2
Ravaldino (rocca di) B 2
San Pietro (porta) A 3
Santa Chiara (porta) A 2

Pinacoteca Comunale B 2

338-339

Genova

Nostra Signora del Carmine (chiesa) B 3
Nostra Signora della Consolazione (chiesa) D 5
San Bartolomeo degli Armeni (chiesa) B 5
San Donato (chiesa) D 3
San Francesco di Paola (chiesa) A 1
San Giorgio (chiesa) D 3
San Giovanni di Pré (chiesa) B 2
San Lorenzo (cattedrale) D 3-4
San Matteo (chiesa) C-D 4
San Nicola da Tolentino (chiesa) A 3
San Pietro in Banchi (chiesa) C 3
San Siro (chiesa) C 3
Santa Croce e San Camillo de Lellis (chiesa) D 4
Sant'Agostino (ex chiesa) D 3-4
Santa Maria Assunta in Carignano (basilica) E 4
Santa Maria di Castello (chiesa) D 3
Santa Marta (chiesa) C 4
Santi Ambrogio e Andrea (chiesa) D 4
Santi Cosma e Damiano (chiesa) D 3
Santissima Annunziata del Vastato (chiesa) B 3
Santissima Annunziata di Portoria (chiesa) D 5
Santi Vittore e Carlo (chiesa) B 3
San Torpete (chiesa) D 3
Santo Stefano (chiesa) D 5

Bianco (palazzo) C 3-4
Bigo C 3
Borsa (palazzo della) D 4
Bruzzo (castello) A 3-4
Caduti (arco dei) E 6
Cappuccine (mura delle) E-F 5
Carlo Felice (teatro) D 4
Colombo (casa di) D 4
Cotone (magazzini del) C-D 1-2
D'Albertis (castello)
(Museo delle Culture del Mondo) A 2
Doria (case dei) C-D 4
Doria Pamphilj o del Principe (palazzo) B 1
Doria Spinola (palazzo) (Prefettura) C 4
Ducale (palazzo) D 4
Embriaci (torre degli) D 3
Giustizia (palazzo di) D 4-5
Grüber (villa) B 5
Imperiale (palazzo) C 3-4
Mackenzie (castello) B 6
Mazzini (casa di) B 3
Molo (mura del) D 2-3
Molo (porta del) (Museo Luzzati) D 2
Municipio C 4
Pallavicino delle Peschiere (villa) C 5
Poveri (albergo dei) A 3
Reale (palazzo) B 2-3
Rosso (palazzo) C 3-4
San Bernardino (mura di) A-B 5-6
San Giorgio (palazzo) C 3
Santa Chiara (mura di) E 5
Sant'Andrea o Soprana (porta di) D 4
Spinola (palazzo) (Galleria Nazionale) C 3
Spinola (palazzo) C 4
Università B 2
Università (palazzo dell') B 3
Vada (porta della) B 3
Zerbino (mura dello) B-C 6

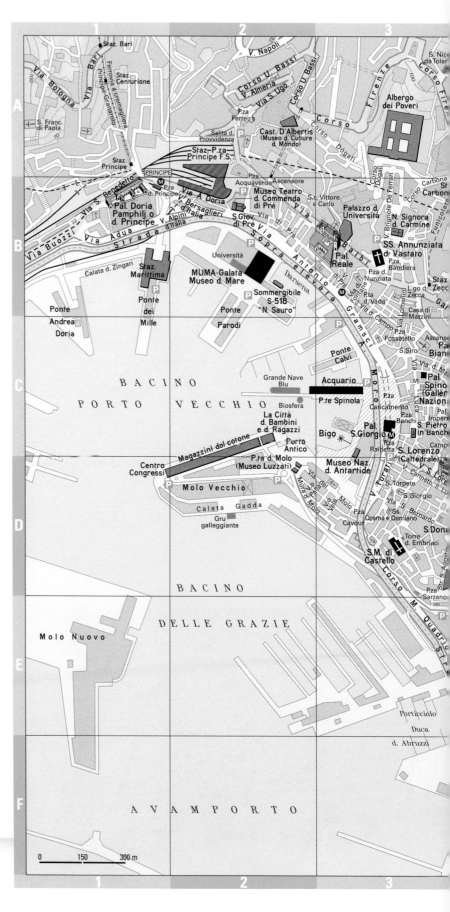

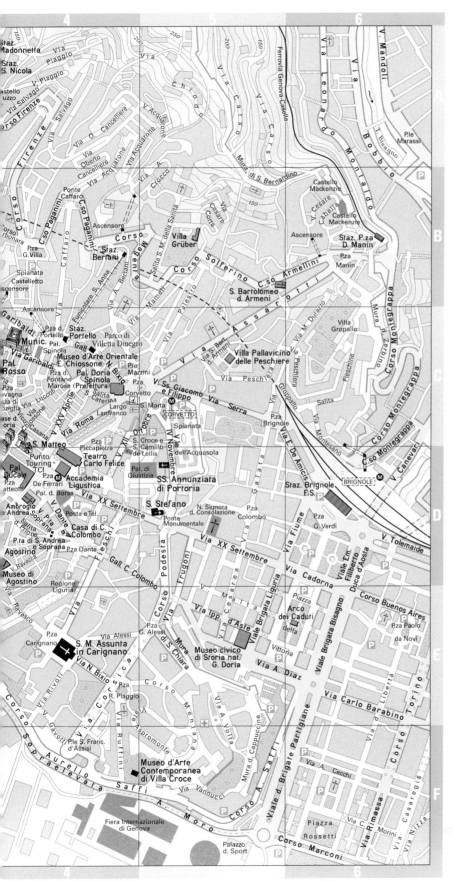

Acquario C 3
Antartide (museo Nazionale dell') C-D 3
Biosfera C 2
Chiossone, Edoardo
(museo d'Arte orientale) C 4
Commenda di Pré (museo teatro della) B 2
Culture del Mondo (museo delle)
(Castello d'Albertis) A 2
Doria, Giacomo (museo civico
di storia naturale) E 5
La Città dei Bambini e dei Ragazzi C 2
Luzzati (museo) (Porta del Molo) D 2
Mare (MUMA-Galata museo del) B 2
Nazionale (galleria) (Palazzo Spinola) C 3
Sant'Agostino (museo di) D 3-4
Sauro, Nazario (Sommergibile S-518) B 2
Storia naturale (museo civico di)
(Giacomo Doria) E 5
Villa Croce (museo d'arte
contemporanea di) F 4

http://mobile.touringclub.com/
genova

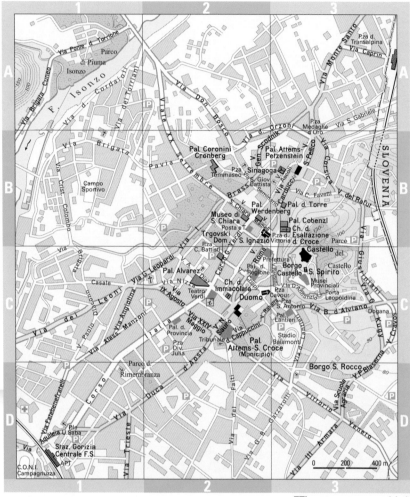

Gorizia

Duomo C 2
Esaltazione della Croce (chiesa dell') B 3
Immacolata (chiesa dell') C 2
San Giovanni Battista (chiesa) B 3
Sant'Ignazio (chiesa) B 2
Santo Spirito (chiesa) C 3

Alvarez (palazzo) C 2
Attems-Petzenstein (palazzo) B 3
Attems-Santa Croce (palazzo) (Municipio) C 2
Castello C 3
Cobenzl (palazzo) B 3
Coronini Cronberg (palazzo) B 2
Lantieri (palazzo) C 3
Leopoldina (porta) C 3
Municipio (Palazzo Attems-Santa Croce) C 2
Torre (palazzo della) B 3
Trgovski Dom C 2
Verdi (teatro) C 2
Werdenberg (palazzo) B 2

Provinciali (musei) C 3
Santa Chiara (museo di) B 2

ZTL www.comune.gorizia.it

Imperia

Duomo B 2
San Giovanni Battista (chiesa) B 6
San Leonardo (chiesa) B 1-2
San Pietro (chiesa) B 1
Santa Chiara (chiesa) B 1

Faravelli (villa) A 3
Grock (villa) A 6
Municipio A 4

Civica (pinacoteca) (Museo Navale) B 1-2
Navale (museo) (Pinacoteca civica) B 1-2

http://mobile.touringclub.com/imperia

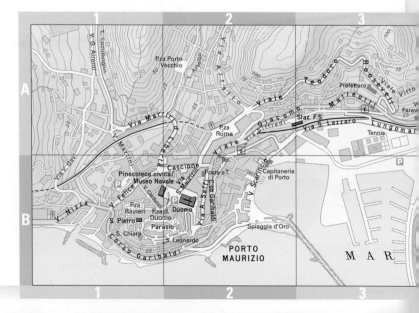

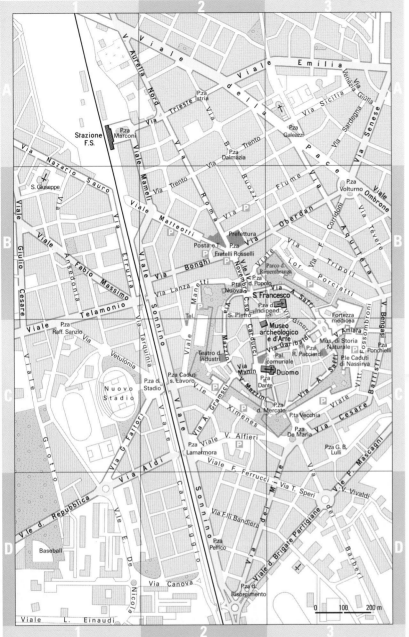

Grosseto

Duomo C 2-3
San Francesco (chiesa) B 3
San Giuseppe (chiesa) B 1
San Pietro (chiesa) B 2

Industri (teatro degli) C 2
Medicea (fortezza) B-C 3
Nuova (porta) B 2
Palazzo Comunale C 2-3
Vecchia (porta) C 3

Archeologico e d'Arte (museo) C 2-3
Storia Naturale (museo di) C 3

ZTL www.comune.grosseto.it

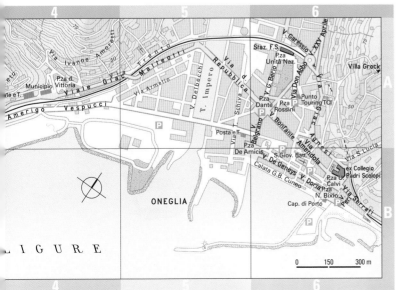

ZTL www.comune.imperia.it

ZTL www.comune.laquila.gov.it

L'Aquila

Beata Antonia (chiesa) B 3
Duomo B-C 3-4
San Bernardino (chiesa) B 4-5
San Domenico (chiesa) B 3
San Flaviano (chiesa) C 4
San Giuseppe (chiesa) B 3
San Marciano (chiesa) C 3
San Marco (chiesa) C 4
San Pietro di Coppito (chiesa) B 3
San Pietro di Sassa (chiesa) B 3
San Silvestro (chiesa) A 3-4
Santa Giusta (chiesa) C 4
Sant'Agostino (chiesa) C 4
Santa Margherita (chiesa) B 4
Santa Maria di Collemággio (chiesa) D 5
Santa Maria di Paganica (chiesa) B 4
Santa Maria di Róio (chiesa) B 3
Suffragio (chiesa) C 4

Alfieri (palazzo) C 4
Antonelli Dragonetti (palazzo) B 3
Ardinghelli (palazzo) B 4
Bazzano (porta) C 4
Buccio (casa di) B 4
Camponeschi (palazzo) B 4
Cancelle C 4
Carli (palazzo) B 4
Castello (Museo Nazionale
d'Abruzzo) A-B 5
Castello (porta) B 5
Centi (palazzo) C 4
Comunale (teatro) B 4
Dragonetti (palazzo) C 4

Fibbioni (palazzo) B 4
Franchi (palazzo) B 3
Jacopo (casa di) B 4
Leoni (porta) B 5
Mattatoio, ex (museo) B 2
Municipio B 4
Nápoli (porta) D 3
Novantanove Cannelle
(fontana dalle) B 2
Persichetti (palazzo) B 3
Rivera (palazzo) B 3
Rivera (porta) B 2
Romana (porta) A 2
Università B 3

Abruzzo (museo nazionale d')
(Castello) A-B 5
Museo (ex Mattatoio) B 2

http://mobile.touringclub.com/
laquila

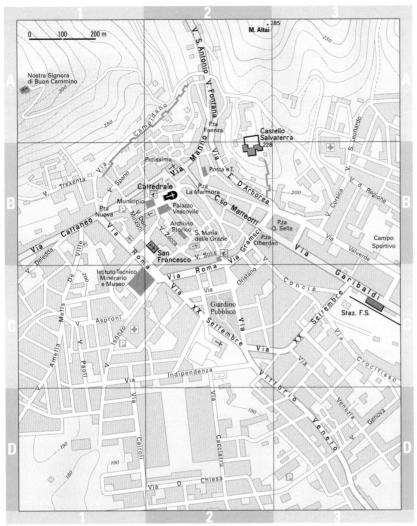

Iglesias

- Cattedrale B 2
- Nostra Signora di Buon Cammino (chiesa) A 1
- Purissima (chiesa) B 2
- San Francesco (chiesa) B 2
- Santa Maria delle Grazie (santuario) B 2

- Faenza (porta) A 2
- Municipio B 2
- Nuova (porta) B 1
- Salvaterra (castello) A-B 2
- Vescovile (palazzo) B 2

- Museo e Istituto Tecnico Minerario C 1-2

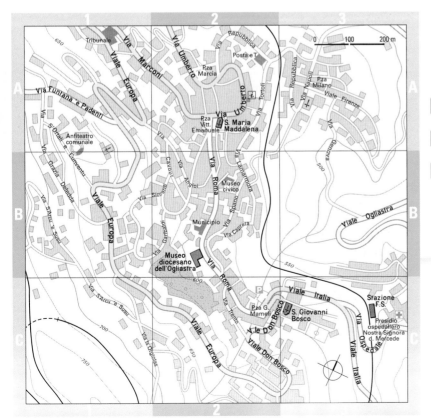

Lanusei

- San Giovanni Bosco (chiesa) C 3
- Santa Maria Maddalena (chiesa) A 2

- Anfiteatro comunale A-B 1
- Municipio B 2

- Civico (museo) B 2
- Ogliastra (museo diocesano dell') B 2

La Spezia

Cattedrale C 3
Santa Maria Assunta (chiesa) D 2

Castellazzo (porta) A 2
Municipio C 3
San Giorgio (castello) C 3

Arti (palazzo delle) (museo del Sigillo) C 2
CAMEC D 2
Lia, Amedeo (museo) C 2
Navale (museo) D 2
San Bernardino, oratorio di (museo) C 2
Sigillo (museo del) (Palazzo delle Arti) C 2
Trasporti (museo dei) B 1

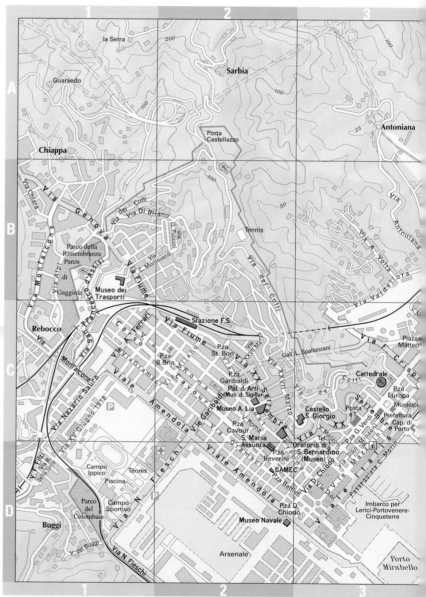

Latina

San Marco (chiesa) B 2
Santa Maria Goretti (chiesa) A 1

Giustizia (palazzo di) B 3
"M" (palazzo) C 2
Municipio B 2
Posta (palazzo della) B 2

Cambellotti, Duilio (museo) B 2
Terra Pontina (museo della) B 1

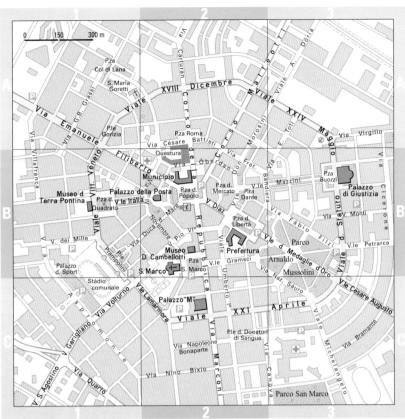

ZTL www.comune.latina.it

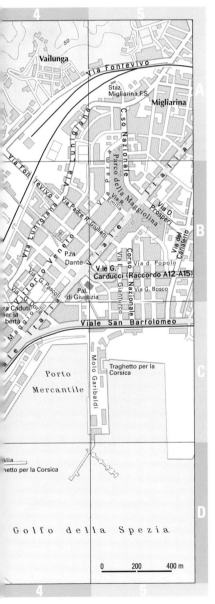

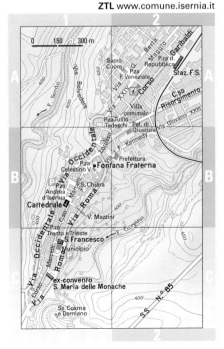

ZTL www.comune.isernia.it

Isernia

Cattedrale B 1
Sacro Cuore (chiesa) A 2
San Francesco (chiesa) C 1
Santa Chiara (chiesa) B 1
Santi Cosma e Damiano (chiesa) C 1

Fraterna (fontana) B 1
Municipio C 1
Santa Maria delle Monache (ex convento) C 1

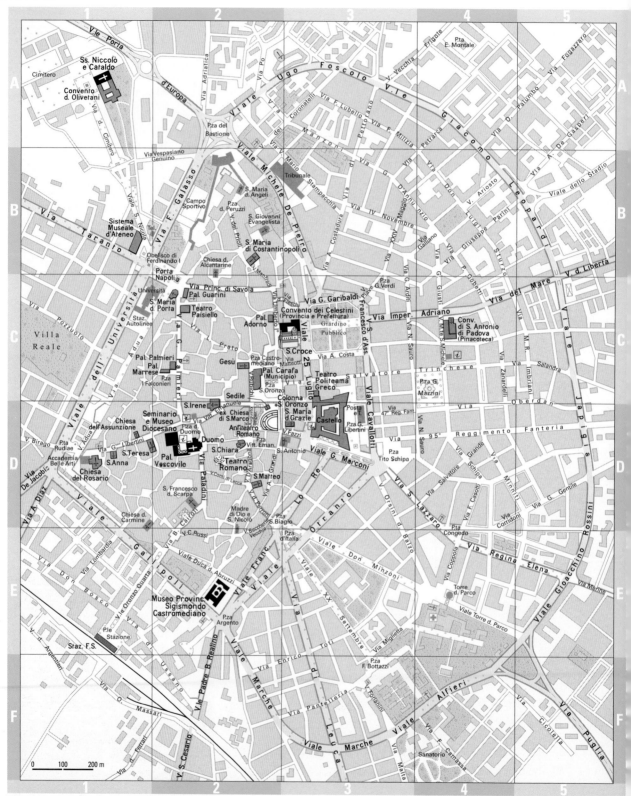

Livorno

Concezione (chiesa) B 2
Duomo B 2
Inglese (chiesa) C 2
Olandesi (chiesa degli) C 2
San Benedetto (chiesa) B 3
San Ferdinando (chiesa) A 1
San Giovanni (chiesa) B 1
San Gregorio degli Armeni (chiesa) B 2

San Sebastiano (chiesa) B 1
Santa Caterina (chiesa) A 2
Santa Giulia (chiesa) B 2
Santa Maria del Soccorso (chiesa) C 3
Sant'Andrea (chiesa) A 3
Santi Pietro e Paolo (chiesa) C 2
Santissima Annunziata (chiesa) B 2

Lecce

Alcantarine (chiesa delle) B-C 2
Assunzione (chiesa dell') D 1
Carmine (chiesa del) D-E 1-2
Duomo D 2
Gesù (chiesa) C 2
Madre di Dio e San Nicolò (chiesa) D-E 2
Olivetani (convento degli) A 1
Rosario (chiesa del) D 1
San Francesco della Scarpa (chiesa) D 2
San Giovanni Evangelista (chiesa) B 2
San Marco (ex chiesa di) D 2
San Matteo (chiesa) D 2
Santa Chiara (chiesa) D 2
Santa Croce (basilica) C 2-3
Santa Maria degli Angeli (chiesa) B 2
Santa Maria della Porta (chiesa) C 2
Santa Maria delle Grazie (chiesa) D 3
Santa Maria di Costantinopoli (chiesa) B 2
Sant'Anna (chiesa) D 1
Sant'Antonio (chiesa) D 2-3
Sant'Antonio di Padova (convento di)
(Pinacoteca) C 4
Santa Teresa (chiesa) D 1-2
Santi Niccolò e Cataldo (chiesa) A 1
Sant'Irene (chiesa) C-D 2

Adorno (palazzo) C 2
Carafa (palazzo) (Municipio) C 2
Castello C-D 3
Congedo (porta) D-E 4
Ferdinando I (obelisco di) B 1
Guarini (palazzo) C 2
Marrese (palazzo) C 2
Municipio (Palazzo Carafa) C 2
Napoli (porta) C 2
Paisiello (teatro) C 2
Palmieri (palazzo) C 2
Parco (torre del) E 4
Politeama Greco (teatro) C 3
Romano (anfiteatro) D 2
Romano (teatro) D 2
Rudiae (porta) D 1
San Biagio (porta) D 2
Sant'Oronzo (colonna) D 2
Sedile D 2
Università C 1-2
Vescovile (palazzo) D 2

Ateneo, sistema Museale d' B 1
Castromediano, Sigismondo
(museo provinciale) E 2
Diocesano (Museo) D 2
Pinacoteca (Convento di Sant'Antonio
di Padova) C 4

http://mobile.touringclub.com/
lecce

Bottini dell'Olio A 1
Cisternone B 3
De Larderel (palazzo) B 3
Monte di Pietà A 2
Municipio A-B 2
Quattro Mori (monumento) B 1
Vecchia (fortezza) B 1

ZTL www.comune.lecco.it

Lecco

San Nicolò (basilica di) A 2

Belgioioso (palazzo) A 3
Manzoni (villa) B 3
Municipio B 2
Vecchio (ponte) C 2
Viscontea (torre) B 2

ZTL www.comune.livorno.it

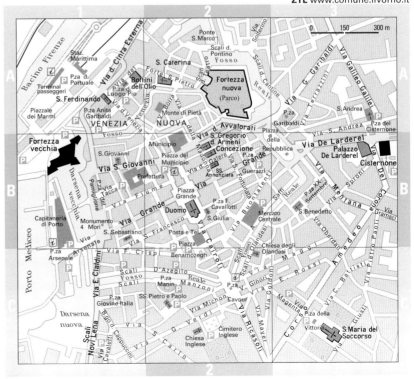

Lodi

Duomo B 2
Incoronata (santuario) B 1-2
San Cristoforo (chiesa) A 2
San Filippo (chiesa) B 2
San Francesco (chiesa) B 3
San Lorenzo (chiesa) B 1
Sant'Agnese (chiesa) B 2
Santa Maria del Sole (chiesa) B 2
Santa Maria Maddalena (chiesa) A 2

Barni (palazzo) B 1-2
Broletto B 2
Cadamosto (palazzo) C 2
Cremona (porta) C 2
Galeano (palazzo) B 2
Maggiore (ex ospedale) B 3
Modignani (palazzo) B 2
Municipale (palazzo) B 2
San Benedetto (ex monastero) B 2-3
San Vincenzo (pustierla) A 1
Varesi Mozzanica (palazzo) B 2
Vistarini (palazzo) B 1-2

Civico (museo) B 2
Diocesano (museo) B 2

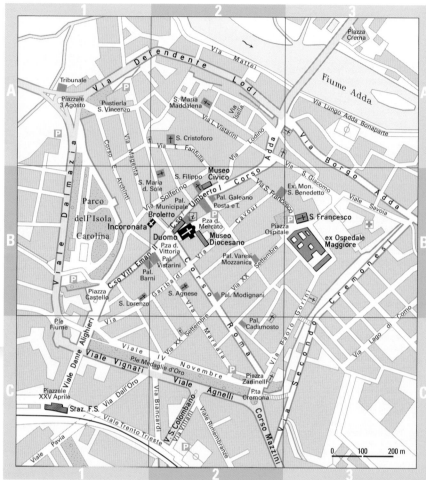

ZTL www.comune.lodi.it

Macerata

Duomo A 3
Madonna della Misericordia (chiesa) A 3
San Filippo (chiesa) B 2
San Giorgio (chiesa) A 2
San Giovanni (chiesa) B 2
San Giovanni Bosco (chiesa) B 2
San Paolo (chiesa) A 2-3
Santa Maria della Porta (basilica) A-B 2

Buonaccorsi (palazzo)
(Pinacoteca e Musei) A 3
Comune (Palazzo dei Priori) A 2
Mercanti (loggia dei) A 2
Montana (porta) B 1
Mozzi (palazzo) A 2
Picena (porta) B 3
Podestà (casa del) B 2
Priori (palazzo dei) (Comune) A 2
Ricci (palazzo) B 2
Romana (porta) A 1
Rossi (teatro) A 2
Rotelli (palazzo) A 2
San Giuliano (porta) A 3
Sferisterio A-B 3
Torri (palazzo) A 1
Tribunali (palazzo dei)
(Biblioteca e Università) A 1-2
Umberto I (porta) B 2-3
Università A 2-3
Università e Biblioteca
(Palazzo dei Tribunali) A 1-2

Pinacoteca e Musei
(Palazzo Buonaccorsi) A 3

ZTL www.comune.macerata.it

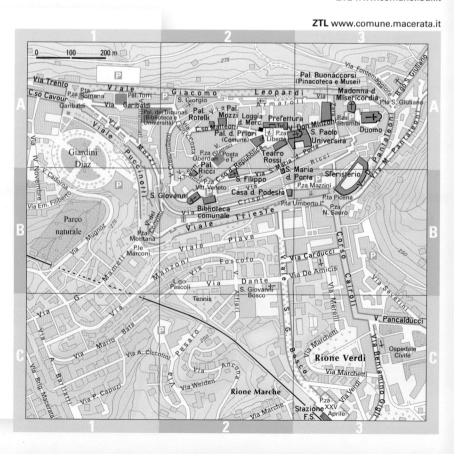

ZTL www.comune.lucca.it

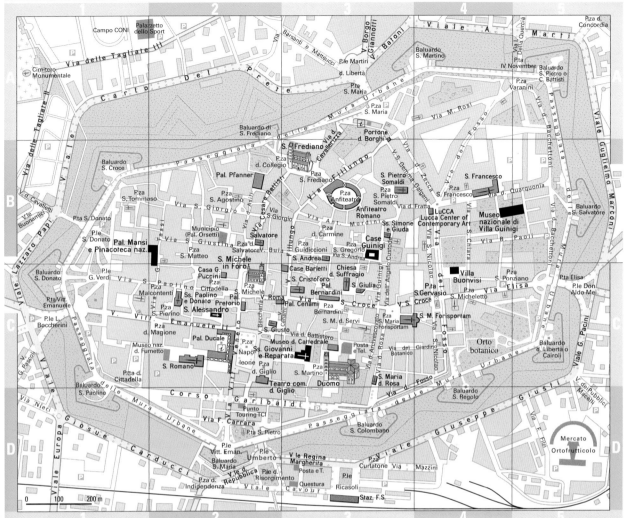

Lucca

Duomo C 3
Salvatore (chiesa) B 2
San Cristoforo (chiesa) C 3
San Francesco (chiesa) B 4
San Frediano (basilica) B 3
San Giusto (chiesa) C 2
San Michele in Foro (chiesa) C 2
San Pietro Somaldi (chiesa) B 3
San Romano (chiesa) C 2
Santa Giulia (chiesa) C 3
Sant'Alessandro (chiesa) C 2
Santa Maria dei Servi (chiesa) C 3
Santa Maria della Rosa (chiesa) C 3
Santa Maria Forisportam
(chiesa) C 3-4
Sant'Andrea (chiesa) B 3
Santi Giovanni e Reparata
(chiesa) C 3
Santi Paolino e Donato (chiesa) C 2
Santi Simone e Giuda (chiesa) B 3
Suffragio (chiesa del) C 3

Barletti (case) C 3
Bernardini (palazzo) C 3
Borghi (portone dei) A-B 3
Buonvisi (villa) C 4
Cairoli o della Libertà
(baluardo) C 5
Cenami (palazzo) C 2-3
Ducale (palazzo) C 2
Elisa (porta) C 5
Giglio (teatro comunale del) C 2
Guinigi (case) B 3
Libertà o Cairoli
(baluardo della) C 5
Municipio (palazzo Orsetti) B 2
Pfanner (palazzo) B 2
Pretorio (palazzo) C 2
Puccini, Giacomo (casa) C 2
Quattro Novembre (porta) A 5

Romano (anfiteatro) B 3
San Colombano (baluardo) D 3
San Donato (baluardo) B-C 1
San Donato (porta) B 1
San Frediano (baluardo di) A 2
San Gervasio (porta) C 4
San Martino (baluardo) A 3-4
San Paolino (baluardo) C-D 1
San Pietro (porta) D 2
San Pietro o Cesare Battisti
(baluardo) A 5
San Regolo (baluardo) C-D 4
San Salvatore (baluardo) B 5
Santa Croce (baluardo) B 1
Santa Maria (baluardo) D 2
Santa Maria (porta) A 3
Vittorio Emanuele (porta) C 1

Cattedrale (museo della) C 3
Fumetto (museo nazionale del) C 2
Guinigi (museo nazionale di villa) B 4-5
LuCCA
(Lucca Center of Contemporary Art) B 4
Mansi (palazzo e
pinacoteca nazionale) B-C 1-2
Nazionale (museo del Fumetto) C 2
Nazionale (museo di Villa Guinigi) B 4-5
Palazzo Mansi e
Pinacoteca nazionale B-C 1-2
Pinacoteca nazionale
(palazzo Mansi e) B-C 1-2

http://mobile.touringclub.com/lucca

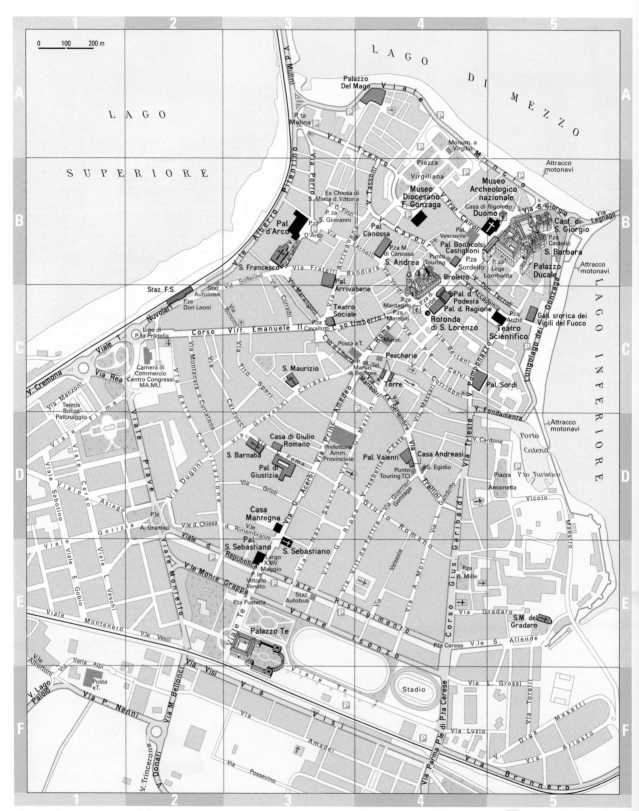

Mantova

Duomo B 4-5
San Barnaba (chiesa) D 3
San Francesco (chiesa) B 3
San Lorenzo (rotonda di) C 4
San Maurizio (chiesa) C 3
San Sebastiano (chiesa) D-E 3
Santa Barbara (chiesa) B 5
Santa Maria del Gradaro (chiesa) E 5
Santa Maria della Vittoria
(ex chiesa di) B 3-4
Sant'Andrea (basilica) B-C 4
Sant'Egidio (chiesa) D 4

Andreasi (casa) D 4
Arco (palazzo d') B 3
Arrivabene (palazzo) B-C 3
Bonacolsi Castiglioni (palazzo) B 4
Broletto C 4
Canossa (palazzo) B 4
Del Mago (palazzo) A 4
Ducale (palazzo) B 5
Giulio Romano (casa di) D 3
Giustizia (palazzo di) D 3
Mantegna (casa) D 3
Municipio C 4
Pescherie C 4
Podestà (palazzo del) C 4
Ragione (palazzo della) C 4
Rigoletto (casa di) B 5
San Giorgio (castello di) B 5
San Sebastiano (palazzo) E 3
Scientifico (teatro) C 5
Sociale (teatro) C 3
Sordi (palazzo) C 4-5
Te (palazzo) E-F 3
Torre C 4
Valenti (palazzo) D 4
Vescovile (palazzo) B 4
Virgilio (monumento a) A 4

Archeologico nazionale (museo) B 5
Gonzaga, Francesco
(museo diocesano) B 4
Vigili del Fuoco (galleria storica dei) C 5

http://mobile.touringclub.com/
mantova

Massa

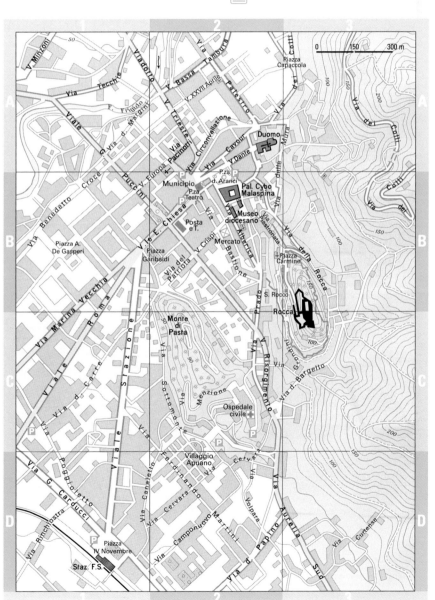

Duomo A 2
San Rocco (chiesa) B 3

Cybo Malaspina (palazzo) B 2
Municipio B 2
Rocca B-C 3

Diocesano (museo) B 2

ZTL www.comune.massa.ms.it

Matera

Carmine (chiesa del) D 3
Duomo B 3
Madonna della Virtù (chiesa) B 3
Madonna dell'Idris (chiesa) C 3
Mater Domini (chiesa) C 2
Purgatorio (chiesa del) C 2
San Domenico (chiesa) B 2
San Francesco d'Assisi (chiesa) C 2-3
San Giovanni Battista (chiesa) B 2
San Nicola dei Greci (chiesa) B 3
San Pietro Barisano (chiesa) B 2
San Pietro Caveoso (chiesa) C 3
San Rocco (chiesa) B 2
Santa Chiara (chiesa) C 2-3
Sant'Agostino (chiesa) A 2-3
Santa Lucia al Corso (chiesa) C 2
Santa Lucia alle Malve (chiesa) D 3
Santa Maria de Armenis (chiesa) D 3

Annunziata, l' B-C 1-2
Casale (palazzetto del) B 3
Duni (cine teatro) B 1
Lanfranchi (palazzo) D 3
Metellana (torre) B 3
Santoro (palazzo) C 3
Sedile (palazzo del) C 3
Suso (porta di) C 3
Tramontano (castello) C-D 2
Vico Solitario (casa grotta di) C-D 3

Civiltà contadina
(museo laboratorio della) B 2
MUSMA Museo della
Scultura Contemporanea C 3
Ridola, Domenico
(museo archeologico nazionale) C 2-3
Scultura contemporanea (museo della)
(MUSMA) C 3

http://mobile.touringclub.com/
matera

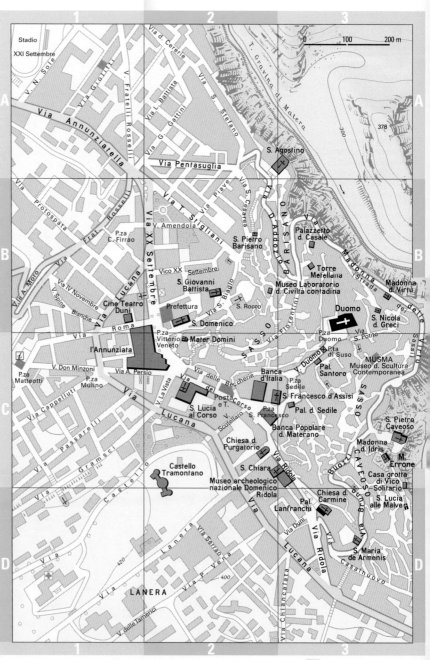

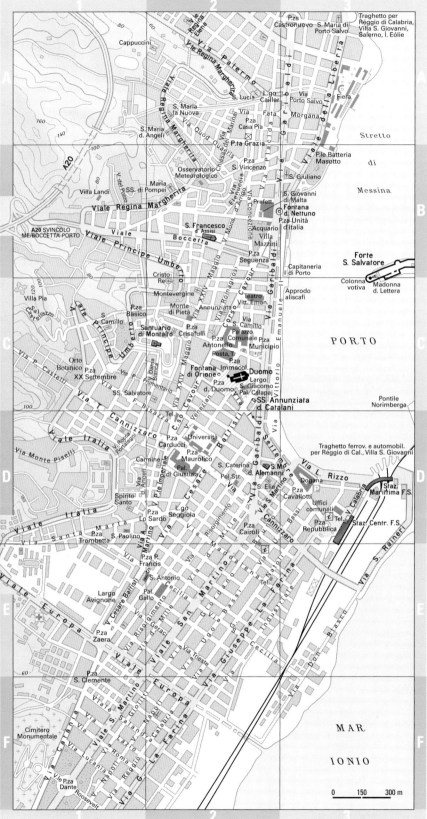

350-351

Messina

Annunziata (chiesa) C 2
Cappuccini (chiesa) A 2
Carmine (chiesa) D 2
Cristo Re (chiesa) B-C 2
Duomo C 2
Madonna della Lettera (chiesa) B-C 3
Maria Santissima di Pompei (chiesa) B 2
Montalto (santuario di) C 2
Montevergine (chiesa) C 2
San Camillo (chiesa) C 1
San Francesco d'Assisi (chiesa) B 2
San Giovanni di Malta (chiesa) B 2
San Giuliano (chiesa) B 3
San Paolino (chiesa) D 1
Santa Caterina (chiesa) D 2
Santa Lucia (chiesa) A 2
Santa Maria degli Alemanni (chiesa) D 2
Santa Maria degli Angeli (chiesa) A 2
Santa Maria di Porto Salvo (chiesa) A 3
Santa Maria la Nuova (chiesa) A 2
Sant'Antonio (chiesa) E 1-2
Sant'Elia (chiesa) D 2
Santissima Annunziata dei Catalani
(chiesa) C 2
Santissimo Salvatore (chiesa) C 2
Spirito Santo (chiesa) D 1

Calapaj (palazzo) C 2
Colonna votiva B-C 3
Gallo (palazzo) E 2
Giustizia (palazzo di) D 2
Grazia (porta) A 2
Landi (villa) B 1
Monte di Pietà C 2
Nettuno (fontana del) B 2-3
Orione (fontana di) C 2
Palazzo Comunale C 2
Pia (villa) C 1
San Salvatore (forte) B-C 3
Università D 2
Vittorio Emanuele (teatro) C 2

Acquario B 2

ZTL www.comune.messina.it

340-341

Milano

Duomo C-D 4-5
San Babila (chiesa) C 6
San Bernardino alle Ossa (chiesa) D 5
San Carlo al Corso (chiesa) C 5-6
San Fedele (chiesa) C 5
San Francesco di Paola (chiesa) B 5
San Giorgio al Palazzo (chiesa) D 3
San Giuseppe (chiesa) B 4
San Gottardo in Corte (chiesa) D 5
San Lorenzo Maggiore (basilica) E 3
San Marco (chiesa) A 4
San Maurizio al Monastero Maggiore
(chiesa) C 2
San Nazaro Maggiore (chiesa) E 5
San Paolo Converso (ex chiesa) E-F 4
San Sebastiano (chiesa) D 4
San Simpliciano (chiesa) A 3
San Simpliciano (convento) A 3
Sant'Alessandro (chiesa) D 4
Sant'Alessandro (collegio di) D 4
Santa Maria alla Porta (chiesa) C 3
Santa Maria del Carmine (chiesa) B 4
Santa Maria delle Grazie (chiesa) C 1
Santa Maria presso San Celso (chiesa) F 4
Santa Maria presso San Satiro (chiesa) D 4
Sant'Ambrogio (basilica) D 1-2
Sant'Eufemia (chiesa) E 4
Sant'Eustorgio e Museo Diocesano
(basilica) F 3
San Tomaso (chiesa) B 3
Santo Sepolcro (chiesa) D 3-4
Santo Stefano Maggiore (chiesa) D 5-6
San Vincenzo in Prato (chiesa) E 1
San Vittore al Corpo (chiesa) D 1
Sinagoga E 6

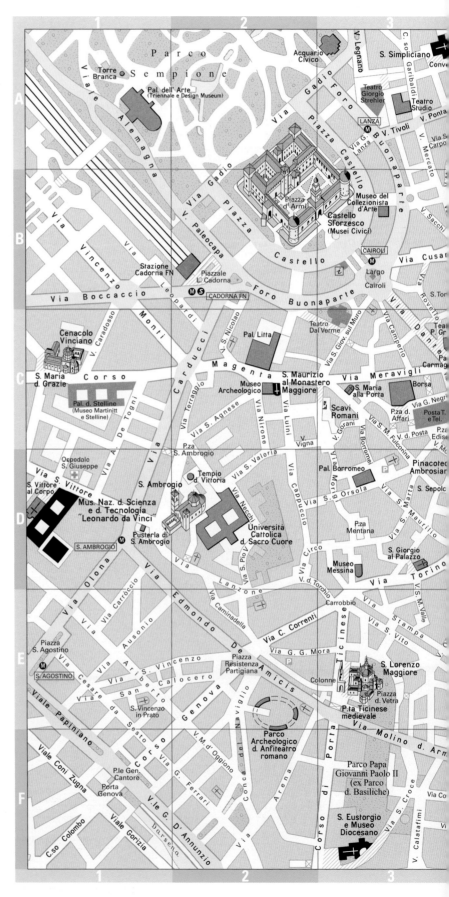

http://mobile.touringclub.com/
milano

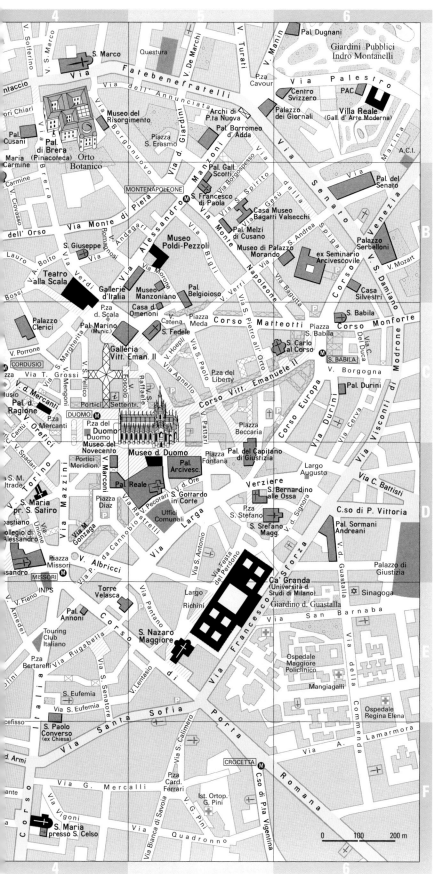

Annoni (palazzo) E 4
Arcivescovile (ex seminario) B 6
Arcivescovile (palazzo) D 5
Belgioioso (palazzo) B-C 5
Borromeo (palazzo) D 3
Borromeo d'Adda (palazzo) A 5
Brera (palazzo di) (Pinacoteca) A 4
Ca' Granda (Università degli
Studi di Milano) D-E 5
Capitano di Giustizia (palazzo del) C-D 5
Carmagnola (palazzo) C 3
Cattolica del Sacro Cuore (università) D 2
Clerici (palazzo) C 4
Cusani (palazzo) A 4
Dal Verme (teatro) B-C 3
Dugnani (palazzo) A 6
Durini (palazzo) C 6
Gallarati Scotti (palazzo) B 5
Genova (porta) F 1
Giornali (palazzo dei) A 5-6
Giustizia (palazzo di) D-E 6
Grassi, Paolo (teatro) C 3
Litta (palazzo) C 2
Marino (palazzo) (Municipio) C 4-5
Melzi di Cusano (palazzo) B 5
Municipio (Palazzo Marino) C 4-5
Omenoni (casa degli) C 5
Porta Nuova (archi di) A 5
Ragione (palazzo della) C 4
Reale (palazzo) D 4-5
Reale (villa) (Galleria d'Arte Moderna) A 6
Romani (scavi) C 3
San Lorenzo (colonne di) E 3
Sant'Ambrogio (pusterla di) D 1
Scala (teatro alla) B-C 4
Senato (palazzo del) B 6
Serbelloni (palazzo) B 6
Sforzesco (castello) (Musei Civici) A-B 2-3
Silvestri (casa) B 6
Sormani Andreani (palazzo) D 6
Stelline (palazzo delle)
(Museo Martinitt e Stelline) C 1
Strehler, Giorgio (teatro) A 3
Studio (teatro) A 3
Ticinese medievale (porta) E 3
Torre Branca A 1
Touring Club Italiano E 4
Velasca (torre) F 4-5
Vittoria (tempio della) D 2
Vittorio Emanuele II (galleria) C 4

Acquario Civico A 3
Ambrosiana (pinacoteca) D 3-4
Anfiteatro romano
(parco archeologico dell') E-F 2
Archeologico (museo) C 2
Arte (palazzo dell')
(Triennale e Design Museum) A 1
Arte Moderna (galleria d') (Villa Reale) A 6
Bagatti Valsecchi (casa museo) B 5
Cenacolo Vinciano C 1
Collezionista d'Arte (museo del) B 3
Diocesano (Sant'Eustorgio e museo) F 3
Duomo (museo del) D 5
Italia (gallerie d') B 4-5
Manzoniano (museo) B 5
Martinitt e Stelline (musei)
(Palazzo delle Stelline) C 1
Messina (museo) D 3
Novecento (museo del) D 4
PAC (Padiglione d'Arte Contemporanea) A 6
Palazzo Morando (museo di) B 6
Pinacoteca (Palazzo di Brera) A 4
Poldi-Pezzoli (museo) B 5
Risorgimento (museo del) A 4
Scienza e della Tecnologia "Leonardo
da Vinci" (museo nazionale della) D 1

Modena

Cattedrale B-C 2
Madonna del Voto (chiesa) B 2
San Barnaba (chiesa) C 1
San Bartolomeo (chiesa) C 2
San Biagio (chiesa) C 2
San Carlo (chiesa) C 2
San Domenico (chiesa) B 2
San Francesco (chiesa) C 1
San Giorgio (chiesa) B 2
San Giovanni Battista (chiesa) B 1-2
San Paolo (chiesa) C 1-2
San Pietro (chiesa) C 2
San Salvatore (ex) (chiesa) C 1
Sant'Agostino B 1
Santa Maria degli Angeli (chiesa) B 2
Santa Maria delle Asse (chiesa) C 2
Santa Maria delle Grazie (chiesa) C 1
Santa Maria Pomposa (chiesa) B 1-2
Sant'Eufemia (chiesa) B 1
San Vincenzo (chiesa) C 2
Tempio Monumentale (chiesa) A 3

Carandini (palazzo) C 2
D'Aragona (palazzo) A 2
Ducale (palazzina) B 3
Ducale (palazzo) B 2
Santa Margherita (Palazzo) B 2
Storchi (teatro) C 2-3
Teatro Comunale B 2
Università C 2

Estense (galleria) (Palazzo dei Musei) B 1
Musei (palazzo dei) (Galleria Estense) B 1

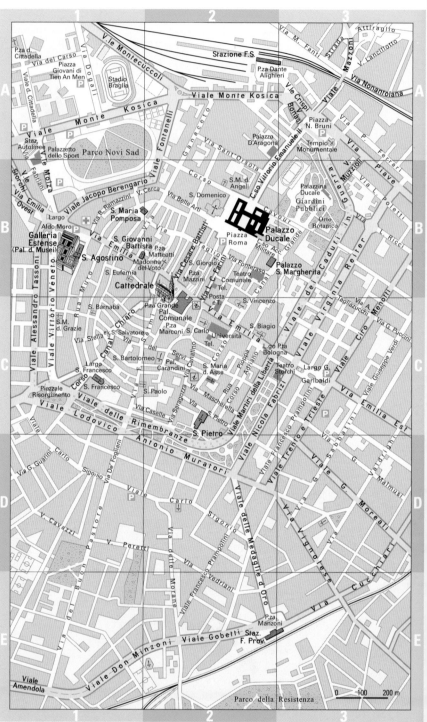

ZTL www.comune.modena.it

Monza

Duomo D 2
Espiatoria (cappella) B 1
San Biagio (chiesa) C 1
San Gerardo al Corpo (chiesa) C 3-4
San Gregorio (oratorio di) F 2
San Maurizio (chiesa di) D 3
San Pietro Martire (chiesa) C 2
Santa Maria delle Grazie (santuario di) A-B 4-5
Santa Maria e Sant'Agata (chiesa) C 3
Santa Maria in Strada (chiesa) D-E 2
Santa Maria Maddalena e Santa Teresa (chiesa) E 2

Archinto Pennati (villa) B 3
Arengario D 2
Cattani Fumagalli Paleari (villino) B-C 2
Colombo (mulino) C 3
Comunale (palazzo) D 2
Convegno del Terzo Ordine degli Umiliati
(ex casa del) D 2
Crivelli-Mesmer (villa) C 1
Fumagalli (casa) C 1-2
Giustizia (palazzo di) C-D 3
Gualtieri (casa-torre dei) D 2

Oasi di San Gerardo C-D 3
Palazzo Comunale D 2
Reale (villa) A 2
Reali (giardini) A 3
Rusconi-Carminati de Brambilla (villa) C 2
Studi (palazzo degli) D 1-2
Teodolinda (torre di) D 3
Urban Center F 2

Serpero (museo) D 2

ZTL www.comune.monza.it

0 100 200 m

1

Via Rovani

Via

Via Rossini

V.le C. Battisti

V.le Branza

Regina Margherita

Via Dante

Via M. da Campione

Capp. Espiatoria

A

Villa Reale

G i a r d i n i

R e a l i

P a r c o

Boccaccio

P

Santuario di S. Maria d. Grazie

Via G. Boccaccio

Via A. Cantore

V. Montecassino

V. Baracca

Via Lecco

B

Via A.

Via G. Boccaccio

Boschetti

Via Patriarca

Villa Archinto Pennati

Via Paolo Frisi

Via Grossi

Via Parini

Aligheri A.

Villino Cattani Fumagalli Paleari

Villa Rusconi-Carminati de Brambilla

P.za Citterio

Via D'Azeglio

Via F. Zanzi

Via Annoni

Largo C. Esterlè

Via C. Esterlè

V.le Libertà

Via Pennati

C

S. Biagio

Via C. Prina

Via A. Appiani

Bianchi

Via Mosè Bianchi

S. Pietro Martire

P.za Carabiolo

S. Maria e S. Agata

Via Alprandi

V. Trintori

S. Gerardo al Corpo

Lecco

Via Raiberti

Mon. V. Osculati

V. Bixio

Canova

V. Ovidio

Villa Crivelli-Mesmer

Via A.

Via Spreafico

P.za Zucchi Grandi

Via del Mille

Via Carlo

Mulino Colombo

Pal. d. Giustizia

Ponte S. Gerardo

Oasi di S. Gerardo

Via Enrico da

V. De Leyve

V. Santio

V. Cremona

D

Via San Gottardo

Via A. Sella

Via Parravicini

Casa Fumagalli

Casa-torre dei Gualtieri

Pal. Comunale

Biblioteca civica

Pal. d. Studi

P.za Carducci

P.za S. Paolo

Roma

Museo Serpero

Via Trento e Trieste

P.za del Duomo

Arengario

Via

P.za Garibaldi

V. Lambro

Duomo

Torre di Teodolinda

Ponte d. Leoni

Vitt. Emanuele De Gradi

Punto Touring TCl

Via De Gradi

Via Bergamo

Via Amari

Via Savonarola

Via Ariosto

E

Via F. Cavallotti

Via Pavoni

Via Manzoni

A.

Via Gambacorti Passerini

Via Italia

S. Maria in Strada

S. Maria Maddalena e S. Teresa

Vicolo Molini

Ex casa del Convegno del Terzo Ordine degli Umiliati

V. Colombo

Chiesa di S. Maurizio

Via Grassi

Via Visconti

Azzone

Staz. F.S. Monza Sobborghi

Via Carlo Rota

Via Galilei

Via Antonietti

Via Borsa

F

Via Volturno

Via XX Settembre

Via Magenta

P.za Diaz

V. Cavour

Milano

Corso

V. Gramsci

L.go Mazzini

Piazza Indipendenza

Staz. F.S.

Via V. Arioso

Piazza Castello

Urban Center

Oratorio di S. Gregorio

Via Mentana

V. Plave

Via Pisacane

V. Procaccini

V. Isonzo

Via Buccari

Via Hensenberger

V. d'Acquisto

Via Premuda

Via Quarnaro

Via Aspromonte

Via Copernico

Via Michelangelo Buonarroti

Via Maggiolini

V. Aguilhon

Via Aleardi

V. Pindemonte

Via Maroncelli

Via Foscolo

2   **3**   **4**

Napoli

Duomo A-B 3
Gesù delle Monache (chiesa) A 2-3
Gesù Nuovo (chiesa) C 2
Gesù Vecchio (chiesa) C 3
Girolamini (chiesa) B 3
Monteoliveto (chiesa) D 1
Pietà dei Turchini (chiesa) E 2
Pio Monte della Misericordia (chiesa) (pinacoteca) B 3
Pontano (cappella) B 2
Purgatorio ad Arco (chiesa) B 2
San Biagio Maggiore (chiesa) B-C 3
San Diego all'Ospedaletto (chiesa) D 2
San Domenico Maggiore (chiesa) C 2
San Ferdinando (chiesa) F 1
San Francesco di Paola (chiesa) F 1
San Gennaro all'Olmo (chiesa) B 3
San Giacomo degli Spagnoli (chiesa) E 1
San Giorgio Maggiore (chiesa) B 3
San Giovanni a Carbonara (chiesa) A 3
San Giovanni Maggiore (chiesa) D 2
San Gregorio Armeno (chiesa) B 3
San Lorenzo Maggiore (chiesa) B 3
San Michele a Port'Alba (chiesa) C 1
San Nicola alla Carità (chiesa) D 1
San Paolo Maggiore (chiesa) B 3
San Pietro ad Aram (chiesa) B 5
San Pietro a Maiella (chiesa) B-C 2
San Pietro Martire (chiesa) D 3
Sansevero (cappella) C 2
Santa Brigida (chiesa) E 1
Santa Caterina a Formiello (chiesa) A 4
Santa Chiara (chiesa) C 2
Sant'Agostino alla Zecca (chiesa) B-C 4
Santa Maria del Carmine (chiesa) C 5
Santa Maria della Stella alle Paparelle B-C 3
Santa Maria delle Grazie a Caponapoli (chiesa) A-B 2
Santa Maria di Costantinopoli (chiesa) B 1-2
Santa Maria di Montevergine (chiesa) C 3
Santa Maria Donnalbina (chiesa) D 2
Santa Maria Donnaregina (chiesa) A 3
Santa Maria Egiziaca a Forcella (chiesa) B 4
Santa Maria Incoronata (chiesa) E 2
Santa Maria la Nova (chiesa) D 2
Santa Maria Maggiore (chiesa) B 2
Santa Maria Regina Coeli (chiesa) B 2
Sant'Angelo a Nilo (chiesa) C 2
Santa Teresa degli Scalzi (chiesa) A 1
Sant'Eligio Maggiore (chiesa) C 4
Santi Apostoli (chiesa) A 3
Santi Marcellino e Festo (chiesa) C 3
Santi Severino e Sossio (chiesa) C 3
Santissima Annunziata (chiesa) B 4
Santissima Trinità dei Pellegrini (chiesa) C 1
Spirito Santo (chiesa) C 1

http://mobile.touringclub.com/napoli

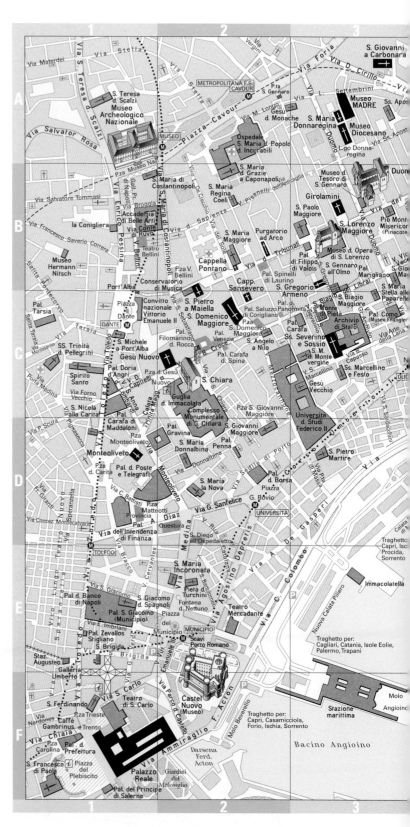

342-343

🏛 Alba (port') B-C 1
Banco di Napoli (palazzo del) E 1
Belle Arti (accademia di) B 1-2
Bellini (teatro) B 1
Borsa (palazzo della) D 2
Capuana (porta) A 4
Capuano (castel) A-B 4
Carafa (palazzo) C 3
Carafa della Spina (palazzo) C 2
Carafa di Maddaloni (palazzo) C 1
Como (palazzo) (Museo Filangieri) C 3
Conigliera, la B 1
Doria d'Angri (palazzo) C 1
Federico II (Università degli Studi) C-D 3
Filippo di Valois (palazzo di) B 3
Filomarino della Rocca (palazzo) C 2
Gravina (palazzo) D 1-2
Immacolata (guglia dell') C 2
Immacolatella E 3
Intendenza di Finanza (palazzo dell') D 1
Marigliano (palazzo) B 3
Mercadante (teatro) E 2
Monte di Pietà C 3
Monumentale di Santa Chiara (complesso) C-D 2
Municipio (Palazzo San Giacomo) E 1
Nettuno (fontana del) E 2
Nolana (porta) B 5
Nuovo (castel) (museo) E-F 2
Panormita (palazzo del) C 2
Penna (palazzo) D 2
Porto Romano (scavi) E 2
Poste e Telegrafi (palazzo delle) D 1-2
Prefettura (palazzo della) F 1
Principe di Napoli (galleria) B 1
Principe di Salerno (palazzo del) F 1
Reale (palazzo) F 1-2
Saluzzo di Corigliano (palazzo) C 2
San Carlo (teatro di) F 1
San Gennaro (porta) A 2
San Giacomo (palazzo) (Municipio) E 1
Spinelli di Laurino (palazzo) B 2
Stato (archivio di) C 3
Tarsia (palazzo) C 1
Umberto I (galleria) E-F 1
Venezia (palazzo) C 2
Vittorio Emanuele II (convitto nazionale) C 1
Zevallos Stigliano (palazzo) E 1

🏛 Archeologico Nazionale (museo) A-B 1
Diocesano (museo) (chiesa) A 3
Filangieri (museo) (Palazzo Como) C 3
MADRE (museo) A 3
Museo (Castel Nuovo) E-F 2
Nitsch, Hermann (museo) B 1
Opera di San Lorenzo (museo dell') B 3
Pinacoteca (Pio Monte della Misericordia) B 3
Tesoro di San Gennaro (museo del) B 3

Novara

Duomo B 2
Ognissanti (chiesa di) B 3
San Gaudenzio (basilica) A-B 2
San Marco (chiesa) B 2
San Martino (chiesa) B 1
San Nazzaro della Costa (chiesa) C 3
San Pietro al Rosario (chiesa) B 2

Bossi (casa) A 2
Broletto B 2
Castello B 2
Coccia (teatro) B 2
Faraggiana (palazzo) A-B 2
Mercato (palazzo del) B 2
Municipio B 2
Porta (casa della) B 3
Romane (mura) A 2

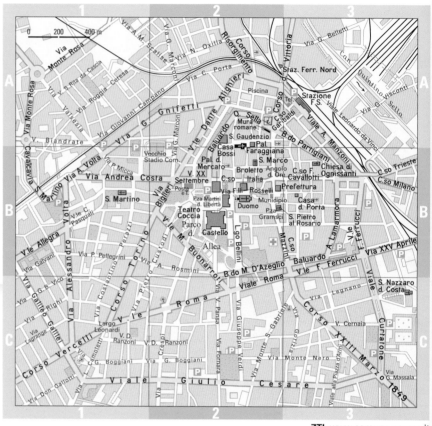

ZTL www.comune.novara.it

ZTL www.comune.nuoro.it

Nuoro

Duomo B-C 3
Grazie (chiesa delle) B-C 2
Santa Croce (chiesa) B 3

Biblioteca Sebastiano Satta B 3

Archeologico Nazionale (museo) B 3
Ciusa (museo) B 3
Deleddiano (museo) B 3
Etnografico sardo (museo) C 3
M.A.N. (museo d'arte della
Provincia di Nuoro) B 3

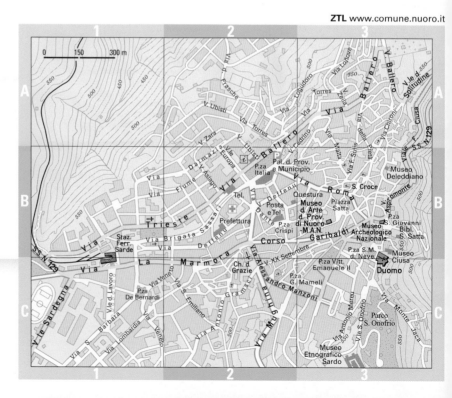

ZTL www.comune.olbia.ss.it

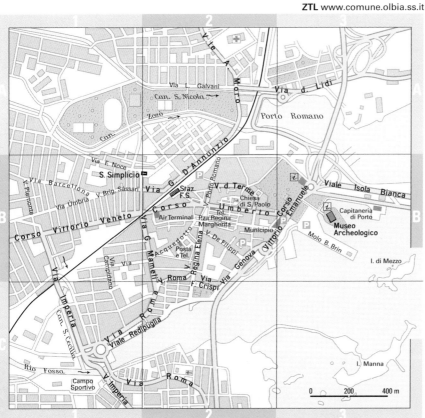

Olbia

 San Paolo (chiesa di) B 2
San Simplicio (chiesa) B 1-2

 Municipio B 2-3

Archeologico (museo) B 3

http://mobile.touringclub.com/olbia

344-345

Padova

Battistero C 2
Carmini, i (chiesa) B 2
Duomo C 2
Eremitani (chiesa degli) B 3
San Benedetto (chiesa) B-C 1
San Clemente (chiesa) C 2
San Francesco (chiesa) C-D 3
San Gaetano (chiesa) C 3-4
San Giorgio (oratorio) D 3
San Michele (oratorio) D 2
San Pietro (chiesa) C 2
Santa Caterina (chiesa) D 4
Santa Giustina (chiesa) E 3
Santa Lucia (chiesa) C 3
Santa Maria dei Servi (chiesa) D 3
Sant'Antonio (basilica) D 3
Santa Sofia (chiesa) C 4
Santi Massimo e Osvaldo (chiesa) C 5
San Tomaso (chiesa) D 2
Scrovegni (cappella degli) B 3

Amulea (loggia) E 2
Antenore (tomba di) C 3
Capitanio (palazzo del) C 2
Carmine (scuola del) B 2-3
Carrarese (loggia) C 2
Consiglio (loggia del) C 2
Gattamelata (monumento a) D 3
Giustiniani (palazzo) D 3-4
Liviano C 2
Molino (porta) B 2
Monte di Pietà C 2
Municipio C 3
Papafava dei Carraresi (palazzo) C-D 2
Prato della Valle E 3
Provincia (palazzo della) (Prefettura) C 3
Ragione (palazzo della) C 2-3
San Giovanni (porta) D 1
San Giovanni delle Navi (ponte di) C 2
San Rocco (scuola) C 3
Santo (scuola del) D 3
Savonarola (porta) B 1
Specchi (casa degli) C 2
Università C 3
Venezia (porta) B-C 5
Vescovile (palazzo) C 2

Astronomico (osservatorio) D 2
Botanico (orto) E 3
Civici (musei) B 3

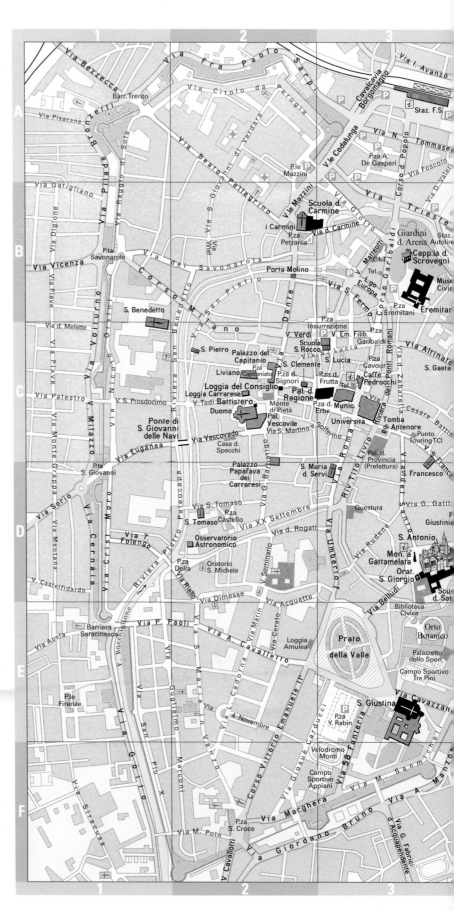

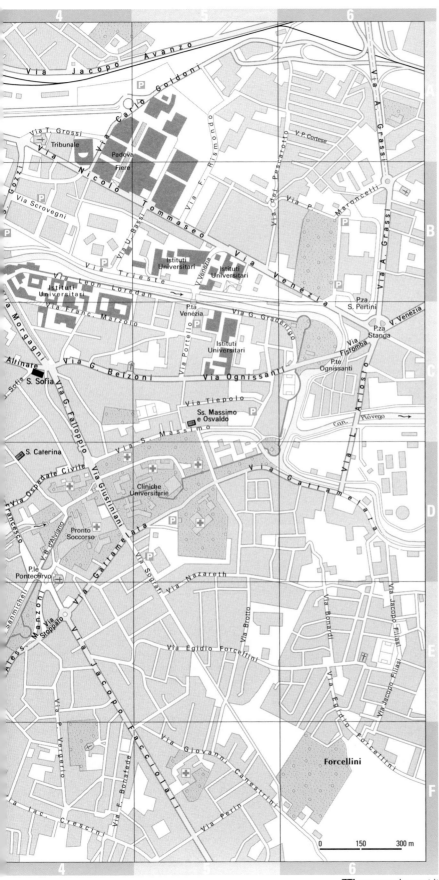

346-347

Palermo

Cappella Palatina F 3
Cappuccini (convento dei) E-F 1
Carmine (chiesa del) F 4
Cattedrale E 3
Gancia, la (chiesa) E 6
Gesù (chiesa) E 4
Madonna del Soccorso (chiesa) D 4
Magione, la (chiesa) E 5
Martorana (chiesa) E 4
Olivella (chiesa dell') D 4
Palatina (cappella) F 3
Pietà, la (chiesa) E 6
San Cataldo (chiesa) E 4
San Domenico (chiesa) D 4-5
San Francesco d'Assisi (chiesa) E 5
San Francesco di Paola (chiesa) C 3
San Giorgio dei Genovesi (chiesa) C 5
San Giovanni degli Eremiti (chiesa) F 3
San Giuseppe dei Teatini (chiesa) E 4
San Lorenzo (oratorio di) E 5
San Matteo (chiesa) E 4
San Nicolò all'Albergheria (chiesa) F 4
San Nicolò da Tolentino (chiesa) E 4
San Salvatore (chiesa) E 4
Santa Caterina (chiesa) E 4
Santa Chiara (chiesa) E 4
Santa Cita (chiesa) D 4-5
Santa Cita (oratorio di) D 4
Sant'Agostino (chiesa) D 3-4
Santa Maria dei Miracoli (chiesa) E 5
Santa Maria della Catena (chiesa) D 5
Santa Maria dello Spasimo (chiesa) E 6
Santa Maria di Porto Salvo (chiesa) D 5
Santa Maria la Nuova (chiesa) D 5
Santa Ninfa dei Crociferi (chiesa) E 4
Sant'Anna alla Misericordia (chiesa) E 5
Sant'Antonino (chiesa) F 5
Sant'Antonio (chiesa) D 4-5
Santa Teresa (chiesa) E 6
Sant'Eulalia dei Catalani (chiesa) D 5
Santo Rosario (oratorio del) D 5
Sant'Orsola (chiesa di) E 4

http://mobile.touringclub.com/palermo

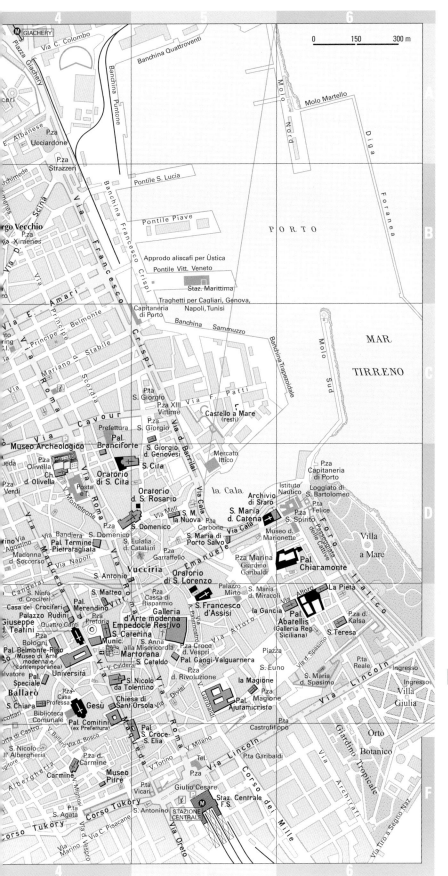

Abatellis (palazzo)
(Galleria Regionale Siciliana) E 6
Ajutamicristo (palazzo) E 5
Arcivescovile (palazzo)
(Museo Diocesano) E 3
Belmonte-Riso (palazzo) (Museo d'Arte
moderna e contemporanea) E 4
Branciforte (palazzo) D 4
Carbone (porta) D 5
Carini (porta) D 3
Castro (porta di) F 3
Castrofilippo (porta) E-F 5-6
Chiaramonte (palazzo) D 5-6
Comitini (palazzo) (ex Prefettura) E-F 4
Crociferi (casa dei) E 4
Cuba F 1
Cuccia (porta) D 2
Felice (porta) D 6
Filippina (villa) D 2-3
Gangi-Valguarnera (palazzo) E 5
Garibaldi (porta) F 5
Maqueda (porta) D 4
Mare (castello a) (resti) C 5
Massimo (teatro) D 3-4
Massimo dei Gesuiti (collegio)
(Biblioteca Regionale Siciliana) E 3-4
Merendino (palazzo) E 4
Mirto (palazzo) E 5
Montalto (porta) F 3
Municipio E 4
Normanni (palazzo dei) F 3
Nuova (porta) F 3
Orleans (palazzo)
(Residenza Regione Siciliana) F 2-3
Ossuna (porta d') E 2-3
Palazzo Branciforte D 4
Politeama C 3
Povere (albergo delle) F 1-2
Reale (porta) E 6
Regionale Siciliana (biblioteca)
(Collegio Massimo dei Gesuiti) E 3-4
Regione Siciliana (residenza)
(Palazzo Orleans) F 2-3
Rudinì (palazzo) E 4
San Bartolomeo (loggiato di) D 6
San Giorgio (porta) C 5
Santa Croce-Sant'Elia (palazzo) E-F 4-5
Sant'Agata (porta) F 4
Sclafani (palazzo) E-F 3
Speciale (palazzo) E 4
Stato (archivio di) D 5-6
Termine-Pietratagliata (palazzo) D 4
Università E 4
Zisa D-E 1

Archeologico (museo) D 4
Arte moderna e contemporanea (museo d')
(Palazzo Belmonte-Riso) E 4
Arte Moderna Empedocle Restivo
(galleria d') E 5
Banco di Sicilia (fondazione) A 2
Diocesano (museo)
(Palazzo Arcivescovile) E 3
Marionette (museo delle) D 6
Pitrè (museo) F 4
Regionale Siciliana (galleria)
(Palazzo Abatellis) E 6
Restivo, Empedocle
(Galleria d'Arte Moderna) E 5
Zisa (cantieri culturali della) D 1

ZTL www.comune.parma.it

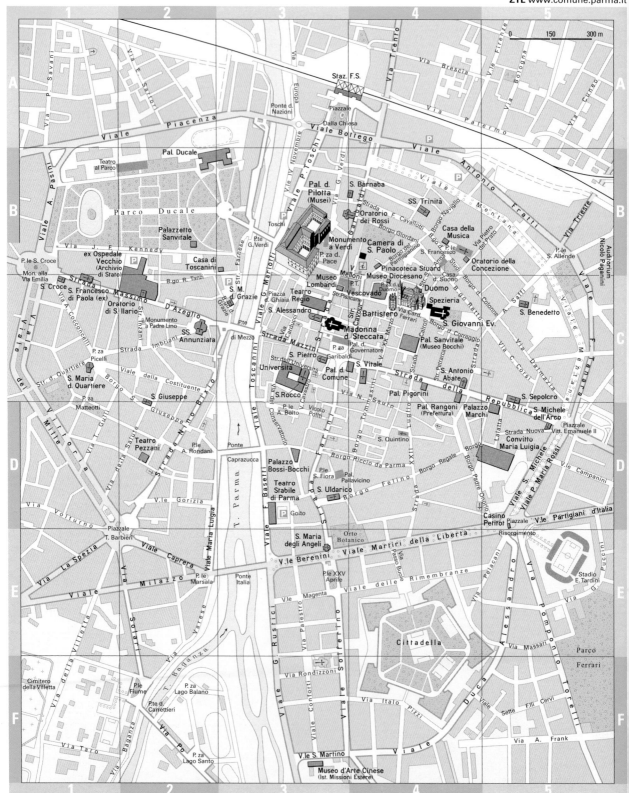

Parma

ZTL www.comune.pv.it

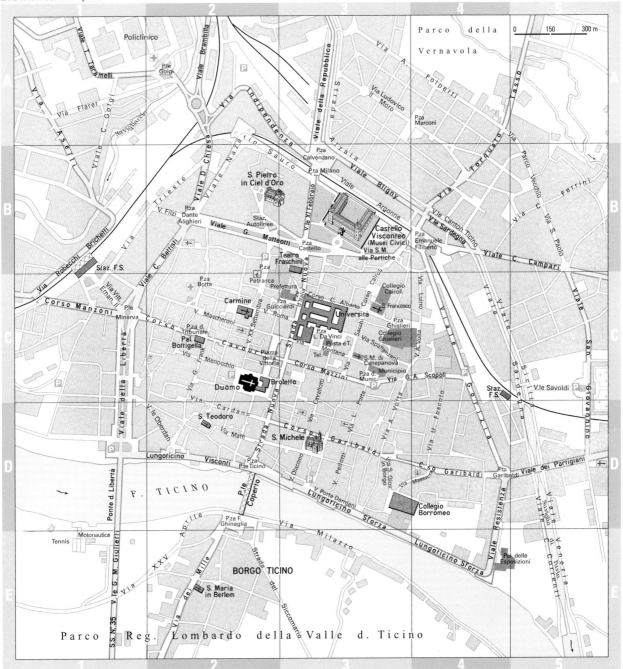

Pavia

Musica (casa della) B 4
Padre Lino (monumento a) C 2
Paganini, Nicolò (auditorium) B-C 5
Pallavicino (palazzo) D 3
Parco (teatro al) B 1-2
Petitot (casino) D 5
Pezzani (teatro) D 2
Pigorini (palazzo) C 4
Pilotta (palazzo della) (Musei) B-C 3
Rangoni (palazzo) (Prefettura) C-D 4
Regio (teatro) C 3
San Paolo (camera di) B 4
Sanvitale (palazzetto) B 2
Sanvitale (palazzo)
(museo Bocchi) C 4
Spezieria C 4
Stabile di Parma (teatro) D 3
Stato (archivio di)

(ex ospedale Vecchio) B-C 2
Suono (casa del) B 4
Toscanini (casa di) B 3
Università C 3
Verdi (monumento a) B 3
Vescovado C 4

Arte Cinese (museo d')
(istituto Missioni Estere) F 3
Bocchi (museo)
(palazzo Sanvitale) C 4
Botanico (orto) D-E 3-4
Diocesano (museo) C 4
Istituto Missioni Estere
(museo d'Arte Cinese) F 3
Lombardi (museo) C 3-4
Musei (Palazzo della Pilotta) B-C 3
Stuard (pinacoteca) B 4

Carmine (chiesa del) C 2
Duomo C 2
San Francesco (chiesa) C 3
San Michele (basilica) D 3
San Pietro in Ciel d'Oro
(chiesa) B 2-3
Santa Maria di Canepanova
(chiesa) C 3
Santa Maria in Betlem
(chiesa) E 2
San Teodoro (chiesa) D 2

Borromeo (collegio) D 3-4
Bottigella (palazzo) C 2
Broletto C 2

Cairoli (collegio) C 3
Coperto (ponte) D 2
Fraschini (teatro) B-C 3
Garibaldi (porta) D 4
Ghislieri (collegio) C 3-4
Milano (porta) B 3
Municipio C 3
Università C 3
Visconteo (castello)
(musei civici) B 3

Civici (musei)
(castello Visconteo) B 3
Esposizioni
(palazzo delle) E 4-5

ZTL www.comune.perugia.it

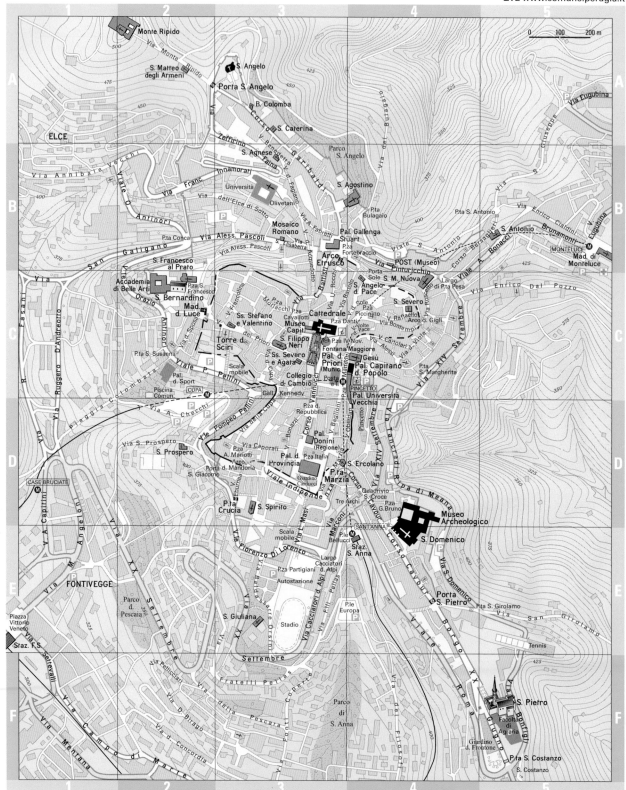

Perugia

Beata Colomba (chiesa) A 3	San Bernardino (oratorio) C 2	San Severo (chiesa) C 4	Sant'Angelo della Pace (chiesa) C 4
Cattedrale C 3	San Costanzo (chiesa) F 5	Santa Caterina (chiesa) A 3	Sant'Antonio (chiesa) B 5
Gesù (chiesa del) C 4	San Domenico (chiesa) D-E 4	Santa Giuliana (chiesa) E 3	Sant'Ercolano (chiesa) D 3
Madonna della Luce (chiesa) C 2	San Francesco al Prato (chiesa) C 2	Sant'Agnese (chiesa) B 3	Santi Severo e Agata (chiesa) C 3
Madonna di Monteluce (chiesa) B 5	San Matteo degli Armeni (chiesa) A 2	Sant'Agostino (chiesa) B 3-4	Santi Stefano e Valentino (chiesa) C 3
Monte Ripido (convento) A 1-2	San Pietro (basilica) F 5	Santa Maria Nuova (chiesa) C 4	Santo Spirito (chiesa) D 3
Olivetani (convento degli) B 3	San Prospero (chiesa) D 2	Sant'Angelo (chiesa) A 3	

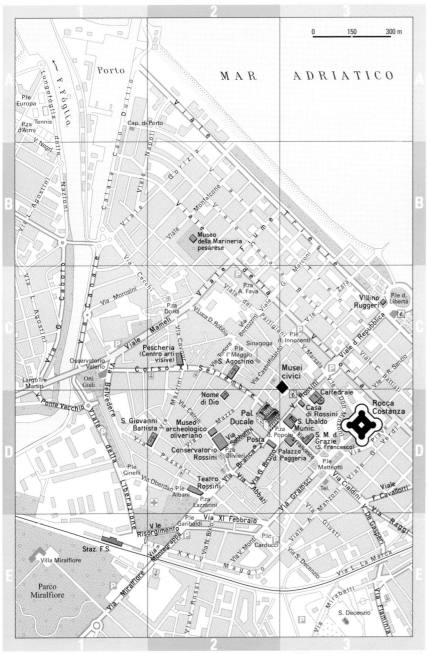

MAR ADRIATICO

ZTL www.comune.pesaro.pu.it

Pesaro

Cattedrale D 3
Madonna delle Grazie (santuario della)
(San Francesco) D 3
Nome di Dio (chiesa) D 2
San Decenzio (chiesa) E 3
San Francesco (chiesa)
(Santuario della Madonna delle Grazie) D 3
San Giovanni Battista (chiesa) D 1-2
Sant'Agostino (chiesa) C 2
Sant'Ubaldo (chiesa) D 3
Sinagoga C 2

Costanza (rocca) D 3
Ducale (palazzo) D 2
Miralfiore (villa) E 1
Municipio D 3
Paggeria (palazzo della) D 3
Rossini (casa di) D 3
Rossini (conservatorio) D 2
Rossini (teatro) D 2
Ruggeri (villino) C 3

Archeologico oliveriano (museo) D 2
Civici (musei) C-D 2-3
Marineria pesarese (museo della) B 2
Oliveriano (museo archeologico) D 2
Pescheria (centro arti visive) C 2

http://mobile.touringclub.com/
pesaro

Bulagaio (porta) B 4
Cambio (collegio del) C 3
Capitano del Popolo (palazzo) C 4
Conca (porta) B 2
Crucia (porta) D 3
Donini (palazzo) (Regione) D 3
Etrusco (arco) B 3
Gallenga Stuart (palazzo) B 3
Gigli (arco dei) C 4
Maggiore (fontana) C 3
Mandorla (arco della) D 3
Marzia (porta) D 3
Mosaico Romano B 3
Municipio (Palazzo dei Priori) C 3
Priori (palazzo dei) (Municipio) C 3

Romano (mosaico) B 3
San Costanzo (porta) F 5
San Giacomo (porta) D 2-3
San Girolamo (porta) E 4
San Pietro (porta) E 4
Santa Margherita (porta) C 4
Sant'Angelo (porta) A 2
Sant'Antonio (porta) B 5
Santa Susanna (porta) C 2
Sciri (torre degli) C 3
Sole (porta) B-C 3
Tre Archi D 3-4
Università B 3
Università Vecchia
(palazzo) C-D 4

Archeologico (museo) D-E 4
Capitolare (museo) C 3
POST (museo) B 4

http://mobile.touringclub.com/
perugia

ZTL www.comune.pescara.it

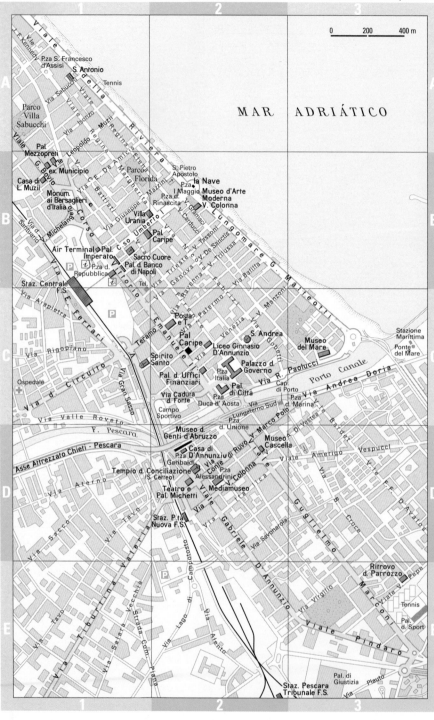

MAR ADRIÁTICO

0   200   400 m

348-349

Piacenza

Cappuccini (convento dei) C 4
Duomo B 4
Madonna di Campagna
(santuario) A 1
San Carlo (chiesa) C 4
San Cristoforo (chiesa) B 4
San Donnino (chiesa) B 3
San Francesco (chiesa) B 3-4
San Giovanni in Canale
(chiesa) B 4
San Lorenzo (chiesa) B 4
San Paolo (chiesa) C 4
San Pietro (chiesa) B 4
San Savino (basilica) B 4-5
San Sepolcro (chiesa) A 2
San Sisto (chiesa) A 3
Santa Brigida (chiesa) B 3
Santa Chiara (chiesa) C 3
Sant'Agostino (ex chiesa) C 3
Sant'Anna (chiesa) C 5
Sant'Antonino (basilica) B 4
Santa Teresa (chiesa) B 3
Sant'Eufemia (chiesa) A 3
Sant'Ilario (ex chiesa) B 3
San Vincenzo (chiesa) B 4

Borghetto (porta) A 3
Civica (biblioteca)
(Passerini-Landi) B 4
Costa (palazzo) B 4
Farnese (palazzo)
(musei civici) A 4
Gazzola (palazzo) A 3
Gotico, il B 3
Landi (palazzo) (Tribunale) B 4
Mandelli (palazzo) B 3
Mercanti (palazzo dei)
(municipio) B 3
Municipale (teatro) B 3
San Sisto (porta) A 3-4
Scotti da Fombio (ex palazzo) B 2
Scotti di Sarmato (palazzo) C 3
Scotti di Vigoleno (palazzo)
(Prefettura) B 3
Somaglia (palazzo) B 2
Vescovile (palazzo) B 4

Civici (musei)
(palazzo Farnese) A 4
Ricci-Oddi (galleria) B-C 3
Storia Naturale (museo di)
(ex macello) C 5

Pescara

Conciliazione (tempio della) (cattedrale) D 2
Sacro Cuore (chiesa) B 1
San Cetteo (cattedrale)
(Tempio della Conciliazione) D 2
San Pietro Apostolo (chiesa) B 2
Sant'Andrea (chiesa) C 2
Sant'Antonio (chiesa) A 1

Banco di Napoli (palazzo del) B 1
Bersaglieri d'Italia (monumento ai) B 1
Caripe (palazzo) (Corso Umberto I) B 1-2
Caripe (palazzo) (Corso Vittorio Emanuele II) C 2

Città (palazzo di) C 2
D'Annunzio (casa di) D 2
Governo (palazzo del) C 2
Imperato (palazzo) B 1
la Nave (monumento) B 2
Mezzopreti (palazzo) B 1
Michetti (teatro e palazzo) D 2
Municipio (ex) B 1
Muzii, Leopoldo (casa di) B 1
Parrozzo (ritrovo del) E 3
Uffici Finanziari (palazzo degli) C 2
Urania (villa) B 1-2

Arte Moderna (museo d') (Vittoria Colonna) B 2
Cascella (museo) D 2
Colonna, Vittoria (Museo d'Arte Moderna) B 2
Genti d'Abruzzo (museo delle) D 2
Mare (museo del) C 3
Mediamuseo (museo) D 2

http://mobile.touringclub.com/pescara

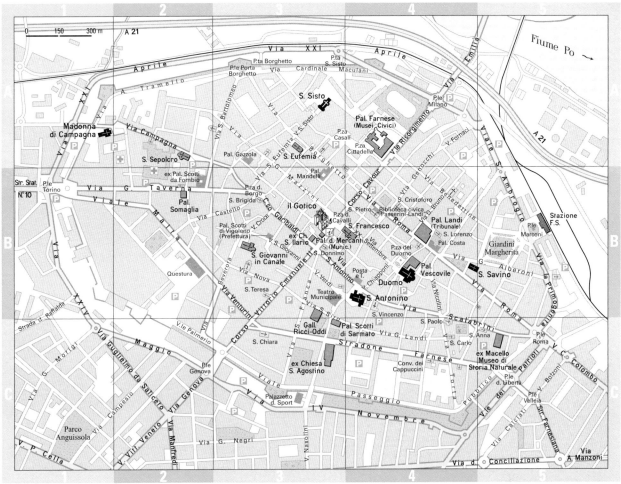

ZTL www.comune.oristano.it

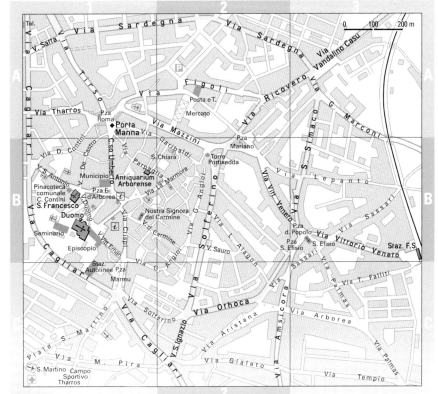

Oristano

- Duomo B 1
- Nostra Signora del Carmine (chiesa) B 1
- San Francesco (chiesa) B 1
- San Martino (chiesa) C 1
- Santa Chiara (chiesa) B 2
- Sant'Efisio (chiesa) B 3

- Episcopio B 1
- Manna (porta) A 1
- Municipio B 1
- Portixedda (torre) B 2
- Seminario B 1

- Arborense (antiquarium) B 1
- Contini, Carlo (pinacoteca comunale) B 1

Pisa

Battistero A 3
Cappuccini (chiesa dei) F 3-4
Duomo A 3
San Domenico (chiesa) E 4
San Francesco (chiesa) B-C 5
San Frediano (chiesa) C 4
San Giorgio dei Tedeschi (chiesa) B 3
San Martino (chiesa) D 5
San Matteo (chiesa) D 6
San Michele in Borgo (chiesa) C 4-5
San Nicola (chiesa) C 3
San Paolo all'Orto (chiesa) C 5
San Paolo a Ripa d'Arno (chiesa) D 3
San Pierino (chiesa) C 5
San Rocco (chiesa) B 4
San Sisto (chiesa) B 4
Santa Caterina (chiesa) B 5
Santa Chiara (chiesa) B 3
Santa Cristina (chiesa) C 4
Santa Maria del Carmine (chiesa) D 4
Santa Maria della Spina (chiesa) D 3
Santa Maria Maddalena (chiesa) D 4
Sant'Andrea forisportam (chiesa) C 5
Sant'Antonio (chiesa) E 4
Santo Sepolcro (chiesa) D 5
Santo Stefano dei Cavalieri (chiesa) B 4
San Zeno (chiesa) A 5-6

Agostini (palazzo) C 4
Arcivescovado (palazzo dell') A-B 4
Arsenale mediceo D 2-3
Banchi (logge dei) D 4
Blu (palazzo) C-D 4
Campanile A 3
Camposanto A 3
Cavalieri (palazzo dei) B 4
Cittadella Nuova E 5
Cittadella Vecchia (Torre Guelfa della) D 2
Congressi (palazzo dei) E 6
Domus galilaeana C 3
Domus mazziniana E 4
Gambacorti (palazzo) (Municipio) C-D 4
Haring, Keith (murale di) E 4
Lanfranchi (palazzo) D 5
Lucca (porta a) A 4
Mare (porta a) D 2
Medici (palazzo) (Prefettura) D 5-6
Municipio (Palazzo Gambacorti) C-D 4
Orologio (palazzo dell') B 4
Romane (terme) A 4
Roncioni (palazzo) D 5
Santa Maria (porta) A 3
Sapienza C 4
Toscanelli (palazzo) D 5
Università C 3
Upezzinghi (palazzo) C 4

Opera del Duomo (museo dell') A 3-4
Reale (palazzo) (Museo Nazionale) C 3
San Matteo (museo nazionale di) D 5-6
Sinopie (museo delle) A 3

http://mobile.touringclub.com/
pisa

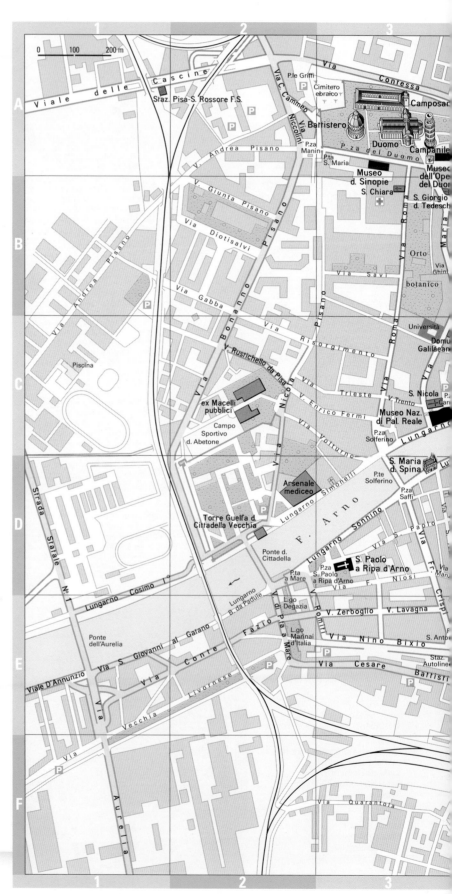

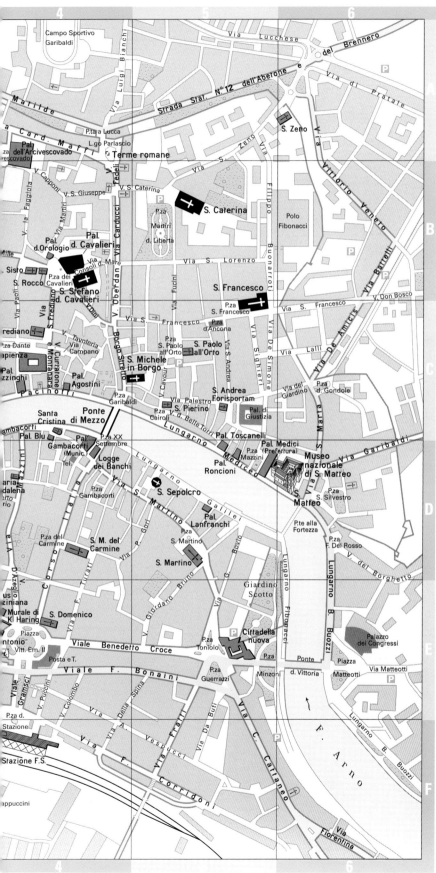

ZTL www.comune.pistoia.it

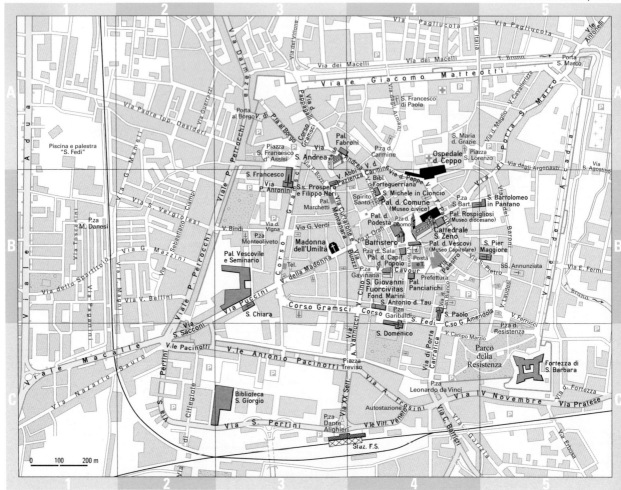

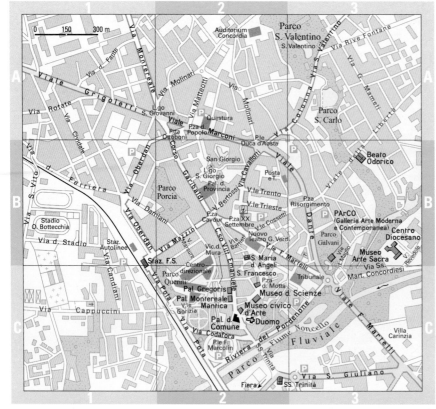

Pordenone

Beato Odorico (chiesa) B 3
Duomo C 2
San Francesco (ex chiesa) C 2
Santa Maria degli Angeli (chiesa) B 2
Santissima Trinità (chiesa) C 2
San Valentino (chiesa) A 3

Carinzia (villa) C 3
Comune (palazzo del) C 2
Diocesano (centro) B 3
Gregoris (palazzo) C 2
Montereale Mantica (palazzo) C 2
Teatro (Nuovo) (Giuseppe Verdi) B 2
Verdi, Giuseppe (Nuovo Teatro) B 2

Arte (museo civico d') C 2
Arte Sacra (museo) B 3
Civico (museo d'arte) C 2
PArCO (galleria arte moderna e contemporanea) B 3
Scienze (museo delle) C 2

ZTL www.comune.pordenone.it

Pistoia

Battistero B 4
Madonna dell'Umiltà (chiesa) B 3
San Bartolomeo in Pantano
(chiesa) B 4-5
San Domenico (chiesa) B-C 4
San Francesco (chiesa) A-B 3
San Francesco di Paola (chiesa) A 4
San Giovanni Fuorcivitas (chiesa) B 4
San Michele in Cioncio (chiesa) B 4
San Paolo (chiesa) B 4
San Pier Maggiore (chiesa) B 5
Santa Chiara (chiesa) B 3
Santa Maria delle Grazie (chiesa) A 4
Sant'Andrea (chiesa) A 3
Sant'Antonio del Tau (cappella) B 4
Santi Prospero e Filippo Neri
(chiesa) B 3
Santissima Annunziata (chiesa) B 5
San Zeno (cattedrale) B 4
Spirito Santo (chiesa dello) B 4

Borgo (porta al) A 3
Capitano del Popolo (palazzo del) B 4
Comune (palazzo del)
(Museo civico) B 4
Fabroni (palazzo) A 3-4
Marchetti (palazzo) B 3
Panciatichi (palazzo) B 4
Podestà (palazzo della) B 4
Rospigliosi (palazzo)
(Museo diocesano) B 4
San Marco (porta) A 5
Santa Barbara (fortezza di) C 5
Seminario (Palazzo Vescovile) B 3
Vescovi (palazzo dei)
(Museo Capitolare) B 4
Vescovile (palazzo e Seminario) B 3

Capitolare (museo)
(Palazzo dei Vescovi) B 4
Civico (museo)
(Palazzo del Comune) B 4
Diocesano (museo)
(Palazzo Rospigliosi) B 4
Marini (fondazione) B 4

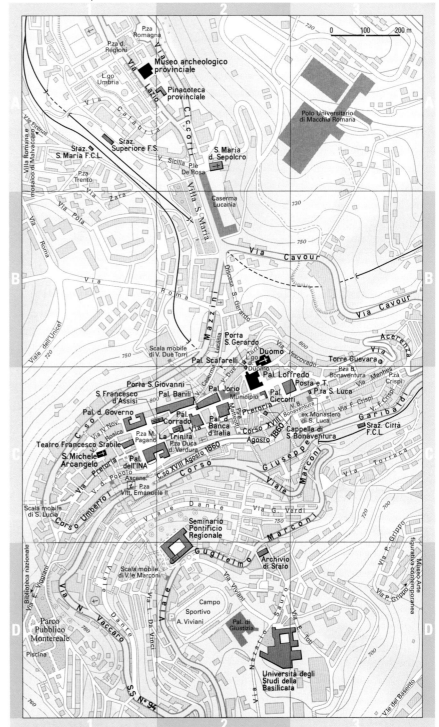

Potenza

Duomo B 2
La Trinità (chiesa) C 2
San Bonaventura (cappella di) C 2
San Francesco d'Assisi (chiesa) C 1-2
San Luca (ex monastero di) C 3
San Michele Arcangelo (chiesa) C 1
Santa Maria del Sepolcro (chiesa) A 2

Banca d'Italia (palazzo della) C 2
Barili (palazzo) C 1-2
Basilicata (università degli studi della) D 2-3

Ciccotti (palazzo) C 2
Corrado (palazzo) C 2
Governo (palazzo del) C 1
Guevara (torre) B 3
INA (palazzo dell') C 1-2
Jorio (palazzo) C 2
Loffredo (palazzo) C 2
Macchia Romana (polo universitario di) A 2-3
Pontificio Regionale (seminario) C-D 2
San Gerardo (porta) B 2
San Giovanni (porta) C 2

San Luca (porta) C 3
Scafarelli (palazzo) B-C 2
Stabile, Francesco (teatro) C 1
Stato (archivio di) D 2
Villa Romana e mosaico di Malvaccaro A 1

Archeologico provinciale (museo) A 1
Arte figurativa contemporanea (museo) D 3
Provinciale (pinacoteca) A 1-2

Ragusa

Cappuccini (chiesa) A 6
Cappuccini (chiesa dei) B 2-3
Carmine (santuario del) B 3
Cattedrale A 2-3
Ecce Homo (chiesa) A 2
Maria Santissima Addolorata (chiesa) A 3
Purgatorio (chiesa del) A 4
Sacra Famiglia (chiesa) C 2
San Domenico (chiesa) A 6
San Francesco all'Immacolata (chiesa) A 5-6
San Giacomo (chiesa) A 6
San Giorgio (duomo di) A 5
San Giorgio Vecchio (chiesa di) B 6
San Giuseppe (chiesa) (centro) B 1
San Giuseppe (chiesa) (Ibla) A 5
Santa Lucia (chiesa) A 4
Santa Maria del Gesù (chiesa) A 5
Santa Maria delle Scale (chiesa) A 4
Santa Maria dell'Idria (chiesa) A 4
Sant'Antonio (chiesa) A 6
Santissimo Salvatore (chiesa) B 2
San Tommaso (chiesa) A 6

Battaglia (palazzo) A 5
Bertini (palazzo) A 3
Di Quattro (palazzo) A 6
Donnafugata (palazzo) A 5
La Rocca (palazzo) A 5
Municipio (centro) A 3
Provincia (palazzo della) B 2
Vescovile (palazzo) A 2
Zacco (palazzo) B 3

Ibleo (museo archeologico) B 2

Reggio nell'Emilia

Cappuccini (chiesa dei) A 2
Cristo (chiesa del) C 2
Duomo B 2
Madonna della Ghiara (santuario) B 1
San Domenico (chiesa) B 3
San Giorgio (chiesa) B-C 2
San Giovanni Evangelista (chiesa) B 2
San Girolamo (chiesa) C 3
San Prospero (chiesa) B 2
Sant'Agostino (chiesa) C 1-2
Santissimi Giacomo e Filippo (chiesa) B 2
Santissimi Pietro e Prospero (chiesa) B 3
Santo Stefano (chiesa) B 1

Ariosto (teatro) B 1-2
Boiardo (palazzo del) B-C 2
Carmi (palazzo) B 1-2
Caselli (palazzo) B 2
Civica (biblioteca) B-C 1-2
Concordi (monumento dei) A 2
Corbelli (palazzo) B 2
Ducale (palazzo) B 1
Fontanelli-Sacrati (palazzo) B 2
Fossa (palazzo) B 2
Guidotti (palazzo) A-B 2
Linari (palazzo) B 2
Magnani (palazzo) B 1
Monte di Pietà (palazzo) B 2
Mosto (palazzo da) B 2-3
Municipale (teatro) B 2
Palazzo Comunale B 2
Ruini (palazzo) C 3
Santa Croce (porta) A 2-3
Sormani-Moretti (palazzo) B 2
Tirelli (palazzo) B 2-3
Trivelli (palazzo) B 2
Vallisneri (palazzo) B 2

Civici (musei) B 2
Parmeggiani (galleria) B 2

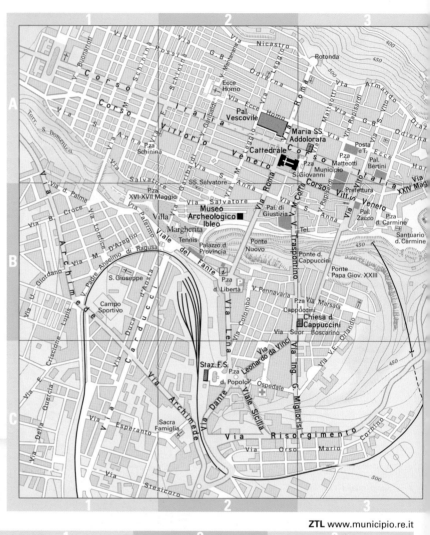

ZTL www.municipio.re.it

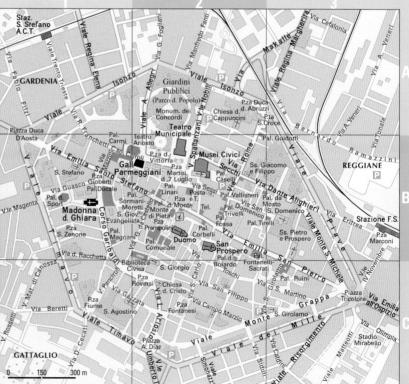

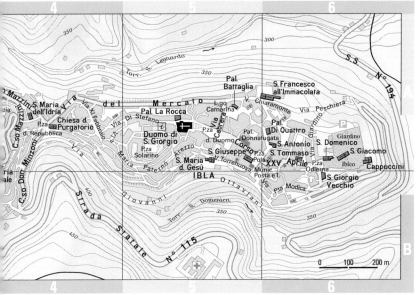

ZTL www.comune.ragusa.gov.it

ZTL www.comune.prato.it

Prato

Duomo B 2
Madonna del Buon Consiglio
(chiesa) B 3
San Domenico (chiesa) B 2
San Francesco (chiesa) C 2
San Niccolò (monastero di) B 1
San Vincenzo e Santa Caterina
(chiesa) B 1
Spirito Santo (chiesa) C 2

Alberti (palazzo degli) B 2
Cicognini (collegio) C 1-2
Comunale (palazzo) B 2
Datini (palazzo) B 2
Frascati (porta) C 2
Imperatore (castello dell') C 2-3
Leone (porta) B 1
Mercatale (porta del) B 3
Metastasio (teatro) B-C 3
Pistoiese (porta) B 1
Pretorio (palazzo)
(Galleria Comunale) B 2
Roncioniana (biblioteca) B-C 2
Santa Trinità (porta) C 1-2
Spedalinghi (palazzo degli) B-C 1

Comunale (galleria)
(Palazzo Pretorio) B 2
Opera del Duomo (museo dell') B 2
Pittura murale (museo di) B 2
Tessuto (museo del) C 2

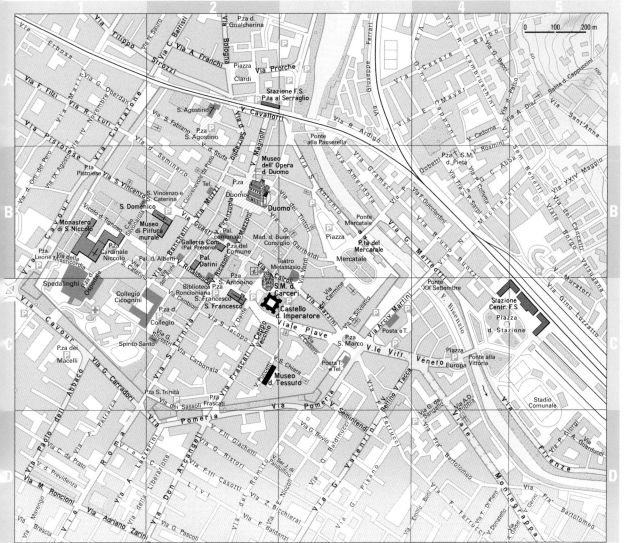

ZTL www.comune.ra.it

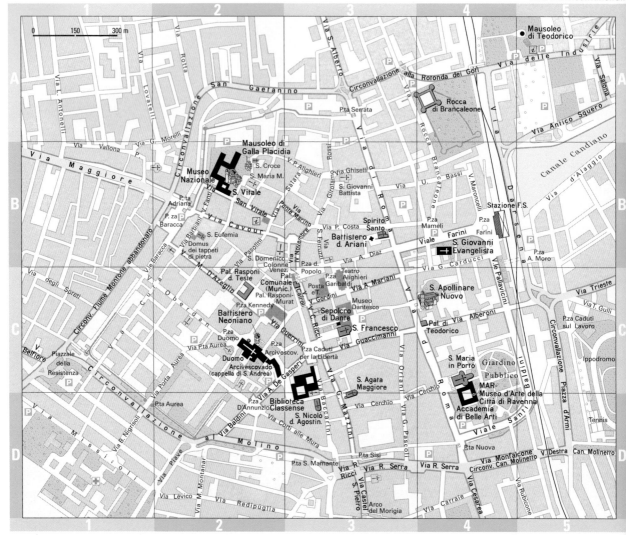

ZTL www.comune.rieti.it

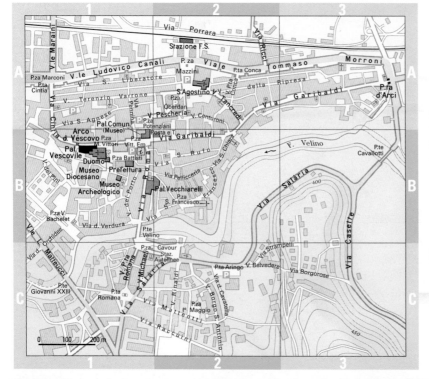

Rieti

Duomo B 1
Sant'Agostino (chiesa) A 2

Arci (porta d') A 3
Aringo (porta) C 2
Cintia (porta) A 1
Comunale (palazzo) (Museo) A-B 1
Conca (porta) A 2
Romana (porta) C 1
Vecchiarelli (palazzo) B 1-2
Vescovile (palazzo) B 1
Vescovo (arco del) B 1

Archeologico (museo) B 1
Diocesano (museo) B 1
Museo (Palazzo Comunale) A-B 1

Ravenna

Ariani (battistero degli) B 3
Duomo C 2
Neoniano (battistero) C 2
San Domenico (chiesa) B 2
San Francesco (basilica) C 3
San Giovanni Battista (chiesa) B 3
San Giovanni Evangelista (basilica) B 4
San Nicolò degli Agostiniani (chiesa) D 3
Santa Croce (chiesa) B 2
Sant'Agata Maggiore (chiesa) C-D 3
Sant'Andrea (cappella di)
(Arcivescovado) C 2
Santa Maria in Porto (chiesa) C 4
Santa Maria Maggiore (chiesa) B 2
Sant'Apollinare Nuovo (chiesa) C 4
Sant'Eufemia (chiesa) B 2
San Vitale (basilica) B 2
Spirito Santo (chiesa) B 3

Adriana (porta) B 2
Alighieri (teatro) C 3
Arcivescovado
(cappella di Sant'Andrea) C 2
Aurea (porta) D 1
Brancaleone (rocca di) A 3-4
Classense (biblioteca) C-D 3
Dante (sepolcro di) C 3
Domus dei tappeti di pietra B 2
Morigia (arco del) D 3
Municipio (Palazzo Comunale) C 3
Nuova (porta) D 4
Rasponi delle Teste (palazzo) C 2
Rasponi-Murat (palazzo) C 2-3
San Mamante (porta) D 3
Serrata (porta) A 3
Sisi (porta) D 3
Teodorico (mausoleo di) A 5
Teodorico (palazzo di) C 4
Veneziane (colonne) C 3

Belle Arti (accademia di) C-D 4
Dantesco (museo) C 3
MAR - Museo d'Arte della
Città di Ravenna C-D 4
Nazionale (museo) B 2

Reggio di Calabria

Duomo E 2
Maria Santissima del Rosario (chiesa) D 2
Ottimati (chiesa degli) D 2
San Giorgio della Vittoria (chiesa) D 2
San Paolo alla Rotonda (chiesa) D 3
Sant'Agostino (chiesa) E 2
Santa Lucia (chiesa) B 2
Sant'Antonio di Padova (chiesa) C 3

Castello D 2
Cilea, Francesco (teatro) D 2
Giustizia (palazzo di) E 2
Greche (mura) D 1
Municipio D 2
Nesci (palazzo) D 2
Romane (terme) E 1

Archeologico nazionale (museo) B 2
Civica (pinacoteca) D 2
Essenze (stazione sperimentale delle) E 1

350-351

ZTL www.reggiocal.it

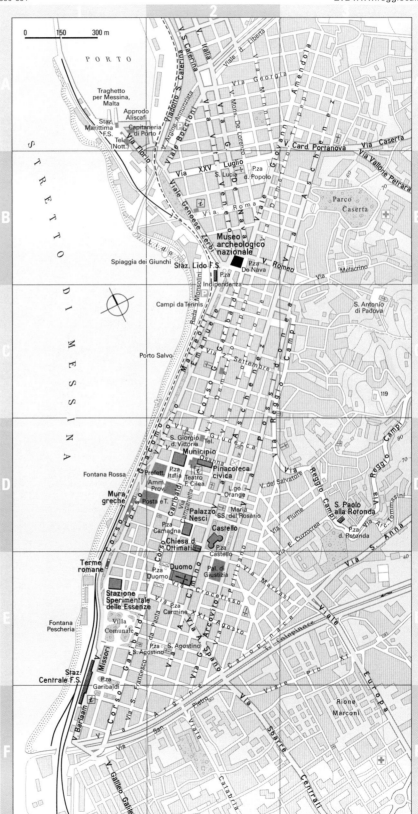

352-353

http://mobile.touringclub.com/roma

Roma

Cappella Sistina B 1-2
Gesù (chiesa del) C 4
Gesù e Maria (chiesa) B 4
Lateranense (battistero) D 7
Madonna dei Monti (chiesa) C 5-6
Sacro Cuore del Suffragio
(chiesa) B 3-4
Sacro Cuore di Gesù
(chiesa-via Marsala) B 7
Sacro Cuore di Gesù
(chiesa-via Piave) B 6-7
San Bartolomeo all'Isola (chiesa) D 4
San Bernardo alle Terme (chiesa) B 6
San Bonaventura (chiesa) D 5
San Carlo ai Catinari (chiesa) C 4
San Carlo alle Quattro Fontane
(chiesa) B 6
San Clemente (chiesa) D 6
San Crisogono (chiesa) D 4
San Francesco a Ripa (chiesa) D 4
San Gioacchino (chiesa) A 3
San Giorgio in Velabro (chiesa) D 5
San Giovanni dei Fiorentini
(chiesa) C 3
San Giovanni in Laterano (chiesa) D 7
San Girolamo degli Illirici (chiesa) B 4
San Lorenzo in Lucina (chiesa) B 4
San Lorenzo in Panisperna
(chiesa) C 6
San Luigi dei Francesi (chiesa) C 4
San Marcello al Corso (chiesa) C 5
San Marco (chiesa) C 4-5
San Martino ai Monti (chiesa) C 6
San Pancrazio (chiesa) D 1
San Patrizio (chiesa) B 6
San Pietro (basilica di) B 1-2
San Pietro in Montorio (chiesa) D 3
San Pietro in Vincoli (chiesa) C 6
San Rocco (chiesa) B 4
San Salvatore in Lauro (chiesa) B 3
San Silvestro al Quirinale (chiesa) C 5
Santa Caterina dei Funari (chiesa) C 4
Santa Cecilia in Trastevere
(chiesa) D 4
Santa Croce (chiesa) C 5
Santa Francesca Romana (chiesa) D 5
Sant'Agata dei Goti (chiesa) C 5
Sant'Agostino (chiesa) B 4
Sant'Alessio (chiesa) D 4
Sant'Alfonso De' Liguori (chiesa) C 7
Santa Maria degli Angeli e
dei Martiri (chiesa) B 6
Santa Maria dei Miracoli (chiesa) A 4
Santa Maria della Concezione
(chiesa) B 5
Santa Maria della Pace (chiesa) C 3
Santa Maria della Quercia
(chiesa) C 3
Santa Maria della Scala (chiesa) D 3
Santa Maria delle Grazie alle Fornaci
(chiesa) C 2
Santa Maria dell'Orto (chiesa) D 4
Santa Maria del Suffragio (chiesa) C 3
Santa Maria di Montesanto
(chiesa) A 4
Santa Maria in Aracoeli (chiesa) C 5
Santa Maria in Campitelli (chiesa) C 4
Santa Maria in Cappella (chiesa) D 4
Santa Maria in Cosmedin
(chiesa) D 4-5
Santa Maria in Domnica (chiesa) D 6
Santa Maria in Traspontina
(chiesa) B 2
Santa Maria in Trastevere (chiesa) D 3
Santa Maria Maddalena (chiesa) C 4
Santa Maria Maggiore (chiesa) C 6
Santa Maria Regina Pacis (chiesa) E 2
Santa Maria Sopra Minerva
(chiesa) C 4
Sant'Anastasia (chiesa) D 5
Sant'Andrea al Quirinale
(chiesa) B-C 5
Sant'Andrea della Valle (chiesa) C 4
Sant'Andrea delle Fratte (chiesa) B 5
Sant'Anna (chiesa) D 7

Sant'Antonio dei Portoghesi
(chiesa) B 4
Sant'Apollinare (chiesa) B 4
Santa Prassede (chiesa) C 6
Santa Prisca (chiesa) E 5
Santa Pudenziana (chiesa) C 6
Santa Sabina (chiesa) D 4
Santa Susanna (chiesa) B 6
Sant'Atanasio (chiesa) B 4
Sant'Egidio (chiesa) D 3
Sant'Eligio degli Orefici (chiesa) C 3
San Teodoro (chiesa) D 5
Sant'Eustachio (chiesa) C 4
Santi Ambrogio e Carlo al Corso
(chiesa) B 4
Santi Andrea e Gregorio al Celio
(chiesa) D 5-6
Santi Apostoli (chiesa) C 5
Santi Domenico e Sisto (chiesa) C 5
Santi Giovanni e Paolo (chiesa) D 6
Sant'Ignazio (chiesa) C 4
Santi Marcellino e Pietro (chiesa) D 7
Santi Michele e Magno (chiesa) B 2
Santi Quattro Coronati (chiesa) D 6
Sant'Isidoro (chiesa) B 5
Santissima Trinità dei Pellegrini
(chiesa) C 3-4
Santissime Stimmate di
San Francesco (chiesa) C 4
Santissimi Apostoli (chiesa) C 5
Santissimo Rosario (chiesa) B 2
San Tommaso in Formis (chiesa) D 6
Sant'Onofrio al Gianicolo (chiesa) C 2
Santo Stefano degli Abissini
(chiesa) B 1
Santo Stefano Rotondo (chiesa) D 6
San Vitale (chiesa) C 5-6
Sinagoga Nuova C-D 4
Sistina (cappella) B 1-2
Trinità dei Monti (chiesa) B 5

🏛 Acqua Paola (fontana dell') D 3
Adriano (teatro) B 3
Aldobrandini (villa) C 5
Altare della Patria C 5
Altemps (palazzo)
(museo nazionale Romano) B 4
Altieri (palazzo) C 4
America (accademia d') D 2
Anagrafe (palazzo dell') D 4
Antonelli (palazzo) C 4
Argentina (area sacra dell') C 4
Argentina (teatro) C 4
Arti (teatro delle) B 6
Auditorio Pio B 3
Augusto (mausoleo di) B 4
Aula delle Udienze (Vaticano) B 2
Aurelia (villa) D 2
Banca d'Italia C 5
Barberini (palazzo) (galleria nazionale
d'Arte Antica) B 5-6
Beni e Attività Culturali
(ministero) C 4
Besso (palazzo) C 4
Boncompagni (palazzo)
(Ambasciata USA) B 5-6
Borghese (palazzo) B 4
Borsa (palazzo della) C 4
Brancaccio (palazzo) (museo nazionale
d'Arte Orientale Giuseppe Tucci) C 6-7
Braschi (palazzo) C 3-4
Caetani (palazzo) C 4
Cancelleria (palazzo della) C 3
Capena (porta) D 5
Carpegna (palazzo) B 5
Castèl Sant'Angelo
(museo nazionale) B 3
Cavalieri di Malta (ordine dei) E 4
Cavallegeri (porta) B 2
Cavour (ponte) B 4
Celimontana (villa) D 6
Cenci Bolognetti
(palazzo-piazza del Gesù) C 4
Cenci Bolognetti (palazzo-piazza
delle Cinque Scole) C 4

Cesare (foro di) C 5
Cestio (ponte) D 4
Chigi (palazzo) B 4
Cinema (casa del)
(casina delle Rose) A 5
Circo Massimo D 5
Colonna (palazzo) (galleria) C 5
Colonna (villa) C 5
Colosseo D 6
Conservatori (palazzo dei)
(Musei Capitolini) C 4-5
Consulta (palazzo della) C 5
Conti (torre dei) C 5
Corsini (palazzo) (galleria) C 3
Costantino (arco di) D 5
Crypta Balbi C 4
Curia C 5
Difesa (ministero della) (esercito) B 6
Diocleziano (terme di)
(museo nazionale romano) B 6-7
Divo Claudio (tempio del) D 6
Dolabella (arco di) D 6
Domus Aurea D 6
Doria Pamphilj (palazzo)
(galleria) C 4-5
Economia e Finanze
(ministero dell') B 6-7
Eliseo (teatro) C 5
Esami (palazzo degli) D 3
Esposizioni (palazzo delle) C 5-6
Fabricio (ponte) D 4
Falconieri (palazzo) C 3
FAO (Food and Agriculture
Organization) E 5
Farnese (palazzo) C 3
Farnesina (villa) C 3
Fortuna Virile (tempio della) D 4
Francia (accademia di)
(villa Medici) B 5
Galliano (arco di) C 7
Garibaldi (ponte) D 4
Garibaldi, Anita (monumento ad) C 2
Garibaldi, Giuseppe
(monumento a) C-D 2
Gianicolense
(mausoleo ossario) D 3
Giustizia (ministero della) C 4
Giustizia (palazzo di) B 3
Goethe (casa di) A-B 4
Governo Vecchio (palazzo del) C 3
Grazioli (palazzo) C 4
Imperiali (palazzi) D 5
INAIL C 5
Ingegneria (facoltà di) C 6
Interno (ministero dell')
(palazzo del Viminale) C 6
Istruzione, Università e Ricerca
(ministero) D 3
Julia (basilica) C-D 5
Lancellotti (palazzo) B 3
Lante (villa) C 2
Lateranense (obelisco) D 7
Lateranense (palazzo) D 7
Lateranense (pontificio ateneo) D 7
Lavoro e Politiche Sociali
(ministero del) B 5-6
Ludovisi (casino) B 5
Madama (palazzo) (Senato) C 4
Marcello (teatro di) C-D 4
Marignoli (palazzo) B 5
Massenzio (basilica di) D 5
Massimo (palazzo) C 4
Mattei (palazzi) C 4
Mazzini, Giuseppe (ponte) C 3
Mecenate (auditorium di) C 7
Medici (villa)
(Accademia di Francia) B 5
Metronia (porta) E 6
Milizie (torre delle) C 5
Ministero della Difesa (esercito) B 6
Monopoli di Stato D 4
Montecitorio (palazzo di)
(camera dei deputati) B 4
Mutilati (casa madre dei) B 3
Odescalchi (palazzo) C 5

Opera (teatro dell') B-C 6
Palatino (ponte) D 4
Pallavicini Rospigliosi (palazzo) C 5
Pamphilj (palazzo) C 3-4
Pantheon C 4
Paolina (villa) A-B 6-7
Pasolini dall'Onda (palazzo) C 4
Penitenzieri (palazzo dei) B 2
Pia (porta) A-B 7
Pinciana (porta) A 5
Pio Righetti (palazzo) C 4
Politiche Agricole Alimentari e
Forestali (ministero) B 6
Pontificia Università Gregoriana C 5
Pontificio Ateneo Lateranense D 7
Portese (porta) D 4
Posta Centrale B 4-5
Primoli (palazzo) B 3
Principe Amedeo Savoia Aosta
(ponte) C 2-3
Propaganda Fide (palazzo di) B 5
Provincia e Prefettura
(palazzo Valentini) C 5
Questura B-C 6
Quirinale (giardino del) B 5
Quirinale (palazzo del) C 5
Quirino (teatro) C 5
Regina Margherita (ponte) A 4
Righetti, Pio (palazzo) C 4
Romano (collegio) C 4
Rondinini (palazzo) A-B 4
Rotto (ponte) D 4
Ruspoli (palazzo) B 4
Sacchetti (palazzo) C 3
Salvi (casino) D 6
Salviati (palazzo) C 2
San Michele a Ripa Grande D 4
San Pancrazio (porta) (museo della
Repubblica Romana e della Memoria
Garibaldina) D 2
Santa Cecilia
(accademia nazionale di) B 4
Sant'Angelo (ponte) B 3
Santo Spirito (porta) B 2
Sant'Uffizio (palazzo del) B 2
Sapienza (palazzo della) C 4
Sciarra (palazzo) C 4-5
Sciarra (villa) D-E 2-3
Senato (palazzo Madama) C 4
Senatorio (palazzo) C 5
Serviane (mura) B 7
Sette Sale (cisterna delle) C 6-7
Settimiana (porta) C 3
Sforza Cesarini (palazzo) C 3
Sistina (teatro) B 5
Sisto (ponte) C 3
Spada (palazzo) (galleria) C 3
Stadio D 5
Statistica (istituto nazionale di) C 6
Sublicio (ponte) D 4
Sviluppo Economico
(ministero dello) B 5
Torlonia (palazzo-
-via della Conciliazione) B 2
Torlonia (palazzo-
-via della Lungara) C 3
Traiano (foro di) C 5
Traiano (mercati di) C 5
Traiano (terme di) D 6
Trevi (fontana di) B 5
Umberto I (ponte) B 3
Valentini (palazzo)
(Provincia e Prefettura) C 5
Valle (teatro) C 4
Vascello (villa Medici del) D 2
Venere e Roma (tempio di) D 5
Venezia (palazzo di) C 4-5
Vesta (tempio di) D 4
Vidoni (palazzo) C 4
Viminale (palazzo del)
(ministero dell'Interno) C 6
Vittoria (colonna della) A 7
Vittoriano, il (Monumento a
Vittorio Emanuele II) C 5
Vittorio Emanuele II (ponte) B 3

ZTL www.comune.rimini.it

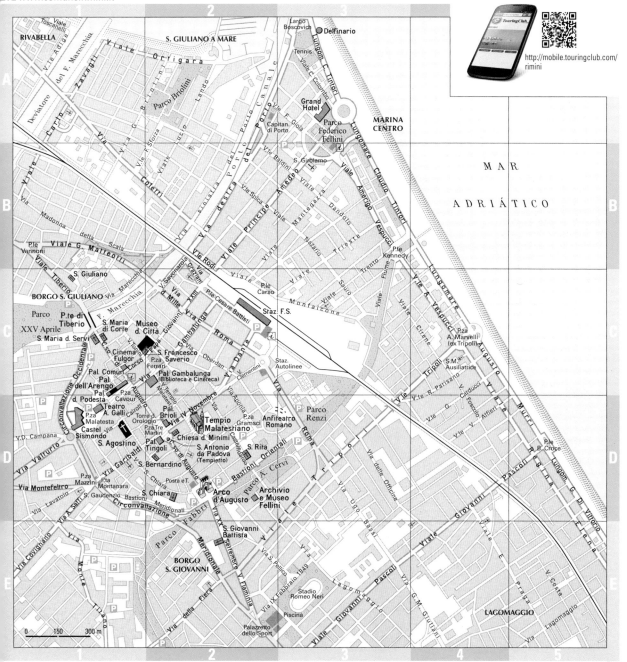

http://mobile.touringclub.com/rimini

Rimini

Rovigo

🏛 Beata Vergine del Soccorso
(tempio della) A-B 2
Duomo B 2
San Bartolomeo Apostolo (chiesa) C 3
San Francesco (chiesa) B 2

🏛 Accademia dei Concordi (palazzo dell') B 2
Corpo di Guardia B 2
Donà (torre) B 1-2
Mozza (torre) B 1
Municipio (palazzo del) B 2
Porta San Bortolo B 2
Roncale (palazzo) B 2
Roverella (palazzo) B 2
San Bortolo (porta) B 2
Sociale (teatro) B 2

🏛 Grandi Fiumi (museo dei) C 3

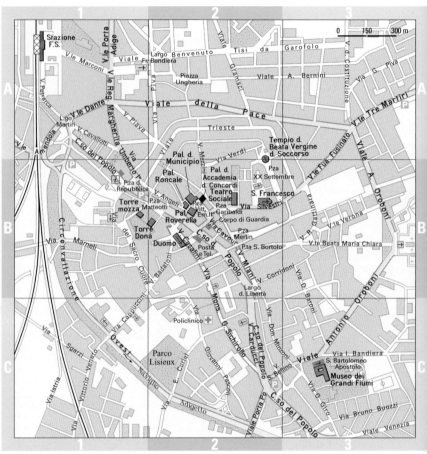

ZTL www.comune.rovigo.it

ZTL www.comune.salerno.it

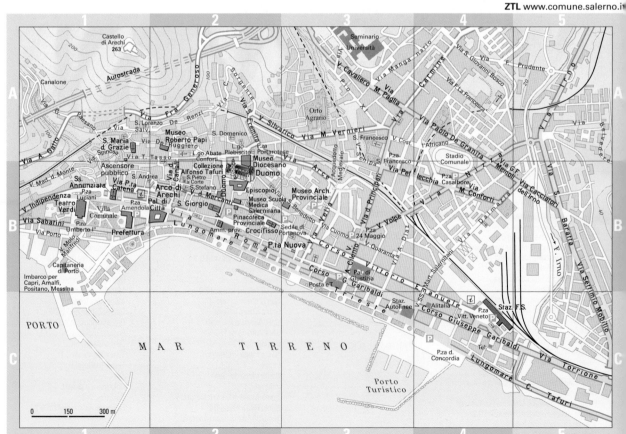

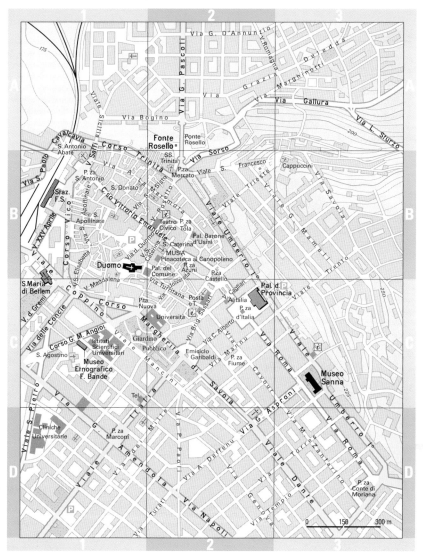

ZTL www.comune.sassari.it

Sassari

🏠 Cappuccini (chiesa) B 3
Duomo B 1
San Donato (chiesa) B 1
Santa Caterina (chiesa) B 2
Sant'Agostino (chiesa) C 1
Santa Maria di Betlem (chiesa) B-C 1
Sant'Antonio Abate (chiesa) B 1
Sant'Apollinare (chiesa) B 1
Santissima Trinità (chiesa) B 2

🏛 Barone d'Usini (palazzo) B 2
Civico (teatro) B 2
Comune (palazzo del) B 1-2
Nuova (porta) C 1-2
Rosello (fonte) A 2
Università C 1-2

🏛 Bande, Francesco (museo Etnografico) C 1
Canopoleno (museo) (pinacoteca al) (MUS'A) B 2
Etnografico (museo) (Francesco Bande) C 1
MUS'A (pinacoteca al Canopoleno) B 2
Sanna (museo) C 3

http://mobile.touringclub.com/sassari

Salerno

🏠 Crocifisso (chiesa del) B 2
Duomo B 2
San Domenico (chiesa) A 2
San Francesco (chiesa) A 3
San Giorgio (chiesa) B 2
San Lorenzo (chiesa) A 1
San Pietro a Corte (chiesa) B 2
Santa Maria delle Grazie (chiesa) A 1
Sant'Andrea (chiesa) B 1-2
Santissima Annunziata (chiesa) B 1
Santo Stefano (chiesa) B 2
Sedile di Portanova (chiesa) B 3

🏛 Arechi (arco di) B 2
Arechi (castello di) A 1
Città (palazzo di) B 1-2
Episcopio B 2
Medievale (acquedotto) A-B 3
Nuova (porta) B 2-3
Seminario A 3
Verdi (teatro) B 1

🏛 Archeologico Provinciale (museo) B 3
Diocesano (museo) A-B 2
Papi, Roberto (museo) A 2
Pinacoteca Provinciale B 2
Scuola Medica Salernitana (museo) B 2
Tafuri, Alfonso (collezione) B 2

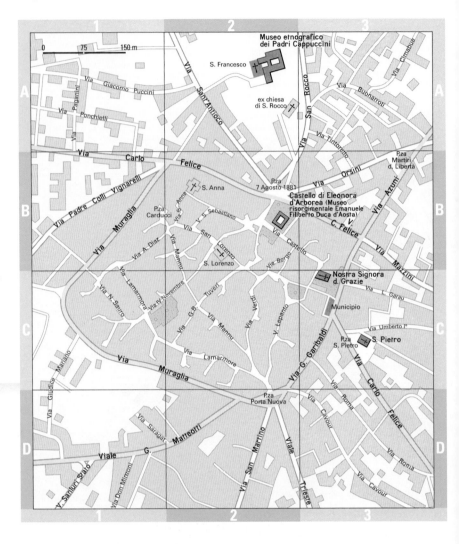

Sanluri

San Nostra Signora delle Grazie (chiesa) C 3
San Francesco (chiesa) A 2
San Lorenzo (chiesa) B 2
San Pietro (chiesa) C 3
San Rocco (ex chiesa di) A 2-3
Sant'Anna (chiesa) B 2

Eleonora d'Arborea (castello di)
(Museo risorgimentale Emanuele Filiberto
Duca d'Aosta) B 2
Municipio C 3

Emanuele Filiberto Duca d'Aosta
(museo risorgimentale) (castello di
Eleonora d'Arborea) B 2
Padri Cappuccini
(museo etnografico dei) A 2

ZTL www.comune.sondrio.it

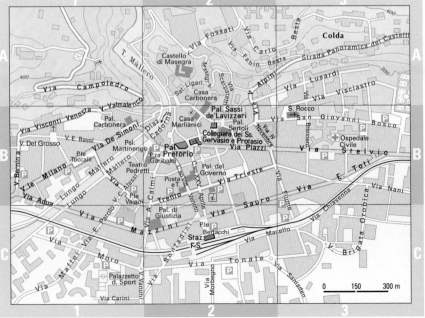

Sondrio

San Rocco (chiesa) B 3
Santi Gervasio e Protasio
(collegiata dei) B 2

Carbonera (casa) A-B 2
Carbonera (palazzo) B 1
Governo (palazzo del) B 2
Marlianici (casa) B 2
Martinengo (palazzo) B 2
Masegra (castello di) A 2
Pedretti (teatro) B 2
Pretorio (palazzo) B 2
Sassi de' Lavizzari (palazzo) B 2
Sertoli (palazzo) B 2

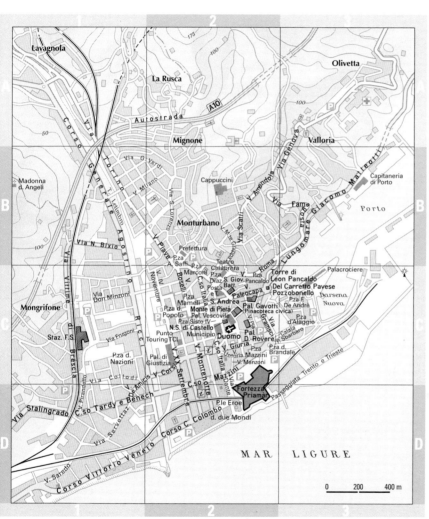

Savona

Cappuccini (convento dei) B 2
Duomo C 2
Madonna degli Angeli (cappella) B 1
Nostra Signora di Castello (chiesa) C 2
San Giovanni Battista (chiesa) C 2
Sant'Andrea (chiesa) C 2

Chiabrera (teatro) C 2
Del Carretto Pavese Pozzobonello
(palazzo) C 2
Della Rovere (palazzo) C 2
Gavotti (palazzo) (pinacoteca civica) C 2
Monte di Pietà C 2
Municipio C 2
Pancaldo, Leon (torre di) C 2
Priamar (fortezza) C-D 2
Vescovile (palazzo) C 2

Civica (pinacoteca) (palazzo Gavotti) C 2

ZTL www.comune.savona.it

ZTL www.comune.siena.it

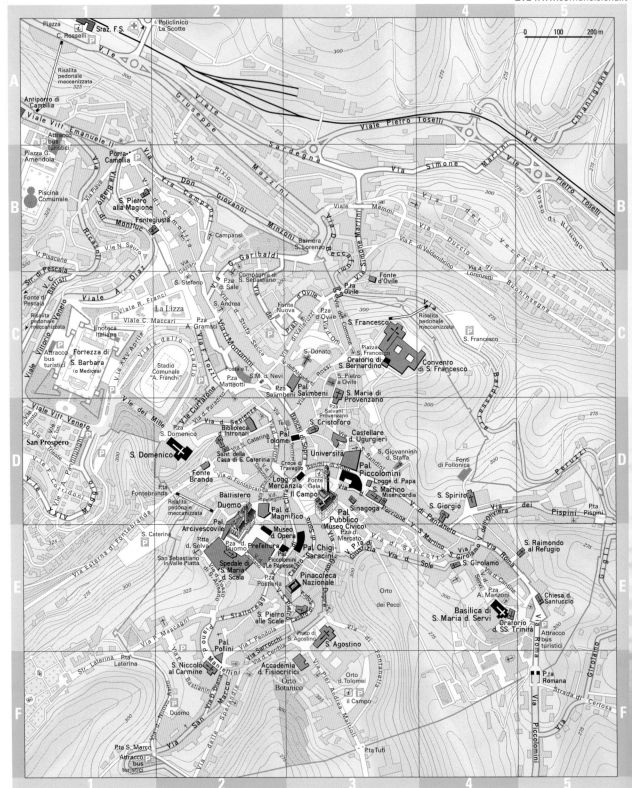

Siena

Battistero D 2
Campansi (chiesa) B 2
Compagnia di San Sebastiano
(chiesa) B-C 2
Duomo D-E 2
Fontegiusta (chiesa) B 1-2
Misericordia (chiesa) D 3
San Bernardino (oratorio di) C 3
San Cristoforo (chiesa) D 3

San Domenico (basilica) D 2
San Donato (chiesa) C 3
San Francesco (basilica) C 3
San Francesco (convento di) C 3-4
San Giorgio (chiesa) D 4
San Giovannino della Staffa (chiesa) D 3
San Girolamo (chiesa) E 4
San Martino (chiesa) D 3
San Niccolò al Carmine (chiesa) F 2

San Pietro alla Magione (chiesa) B 1
San Pietro alle Scale (chiesa) E 3
San Pietro a Ovile (chiesa) C 3
San Raimondo al Refugio (chiesa) E 5
San Sebastiano in Valle Piatta (chiesa) E 2
Santa Caterina (santuario della casa di) D 2
Sant'Agostino (chiesa) E 3
Santa Maria dei Servi (basilica di) E 4
Santa Maria delle Nevi (chiesa) C 2

Santa Maria di Provenzano
(chiesa) C-D 3
Sant'Andrea (chiesa) C 2
Santissima Trinità (oratorio della) E 4
Santo Spirito (chiesa) D 4
Santo Stefano (chiesa) C 2
Santuccio (chiesa del) E 5
Sinagoga D 3

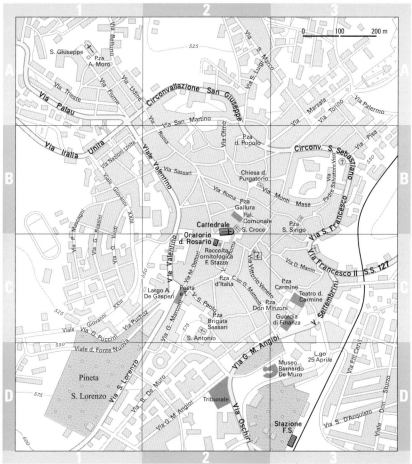

ZTL www.comune.tempiopausania.ot.it

Tempio Pausania

Cattedrale B-C 2
Purgatorio (chiesa del) B 2
Rosario (oratorio del) (chiesa) C 2
San Giuseppe (chiesa) A 1
Santa Croce (chiesa) B 2
Sant'Antonio (chiesa) C 2

Carmine (teatro del) C 3
Comunale (palazzo) B 2

De Muro, Bernardo (museo) D 2-3
Stazza, Francesco (raccolta ornitologica)
(museo) C 2

http://mobile.touringclub.com/
teramo

Teramo

Cattedrale A-B 2
Madonna delle Grazie (chiesa) B 3
San Domenico (chiesa) B 2
Sant'Anna (chiesa) B 2
Sant'Antonio (chiesa) B 2

Anfiteatro B 2
Melatina (porta) A 2-3
Municipio A-B 2
Reale (porta) B 3
Romana (porta) B 1
Romano (teatro) B 2

Archeologico (museo) A 2
Pinacoteca A 1
Scienza (parco della) A 1

http://mobile.touringclub.com/
siena

Arcivescovile (palazzo) D-E 2
Branda (fonte) D 2
Camollia (porta) B 1
Campo, il D 3
Chigi-Saracini (palazzo) E 3
Fisiocritici (accademia dei) F 3
Follonica (fonti di) D 4
Fontebranda (porta) D 2
Gaia (fonte) D 3
Intronati (biblioteca degli) D 2
Laterina (porta) F 1
Magnifico (palazzo del) D 2
Medicea (fortezza di Santa Barbara o) C-D 1
Mercanzia (loggia della) D 3
Nuova (fonte) C 2
Ovile (fonte d') C 3
Ovile (porta d') C 3
Papa (logge del) D 3
Pescaia (fonte di) C 1
Piccolomini (palazzo) D 3
Piccolomini "Le Papesse" (palazzo) E 2-3
Pispini (porta) D 5
Pollini (palazzo) F 2
Pubblico (palazzo) (Museo Civico) D 3
Romana (porta) F 5
Salimbeni (palazzo) C 3
San Marco (porta) F 1
Santa Barbara o Medicea (fortezza di) C-D 1
Santa Maria della Scala
(spedale di) E 2
Tolomei (palazzo) D 3
Tufi (porta) F 3
Ugurgieri (castellare degli) D 3
Università D 3

Civico (museo) (Palazzo Pubblico) D 3
Nazionale (pinacoteca) E 3
Opera (museo dell') E 2

ZTL www.comune.teramo.it

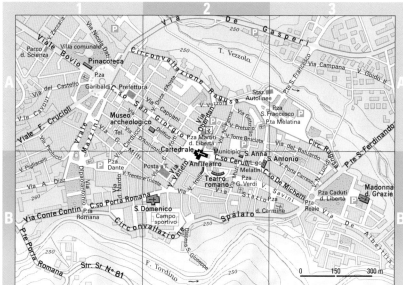

Siracusa

Cappuccini (chiesa dei) A 5
Carmine (chiesa del) D 5
Collegio (chiesa del) E 5
Duomo E 5
Madonna delle Lacrime (chiesa) B 3
Montevergine (chiesa di) E 5
San Filippo Neri (chiesa) D 5
San Francesco (chiesa) E 5
San Giovanni Battista (chiesa) E 5
San Giovanni Evangelista (chiesa) A 3
San Martino (chiesa) F 5
San Nicolò (chiesa) B 2
San Pietro (chiesa) D 5
Santa Lucia (chiesa) B 4
Santa Lucia alla Badia (chiesa) E 5
Santa Maria dei Miracoli (chiesa) D-E 4
Santa Maria di Gesù (chiesa) A-B 4
San Tommaso (chiesa) D 5
Sepolcro (cappella del) B 4
Spirito Santo (chiesa) F 5

Antico (arsenale) C 4
Apollo (tempio di) D 5
Archimede (tomba di) A 3
Archivescovile (palazzo) E 5
Aretusa (fonte) F 5
Bellomo (palazzo) (Galleria Regionale) E 5
Beneventano (palazzo) E 5
Blanco (palazzo) F 5
Caduti (sacrario ai) C 3
Cappuccini (latomia dei) A 5
Casale (latomia) A 3-4
Cordari (grotta dei) A 1-2
Greche (mura) D 4
Greco (teatro) A-B 1
Grotticelli (necropoli dei) A 3
Ierone II (ara di) B 2
Intagliatella (latomia) A 2
Ipogeo E 5
Landolina (villa) A-B 4
Maniace (castello) F 5

Marina (porta) E 4
Mergulese Montalto (palazzo) E 5
Municipio E 5
Orecchio di Dionisio A 1-2
Paradiso (latomia del) A 2
Romano (anfiteatro) B 2
Romano (ginnasio) C 3
San Giovanni (catacombe di) A 3
Santa Venera (latomia di) A 2
Siracusano (foro) C-D 3
Urbica (porta) D 4
Vigna Cassia (catacombe di) A 4

Archeologico (museo) A-B 3-4
Arkimedeion E 5
Papiro (museo del) A-B 3
Regionale (galleria) (Palazzo Bellomo) E 5
Tropicale (acquario) E 5

Taranto

Carmine (chiesa del) B 4
Duomo B 2
San Domenico Maggiore (chiesa) B 2

Dorico (tempio) B 3
Municipio B 3
Pantaleo (palazzo) B 2
Poste (palazzo delle) B-C 4
Sant'Angelo (castèl) B-C 3
Uffici (palazzo degli) B 4

MARTA (museo archeologico nazionale) B 4

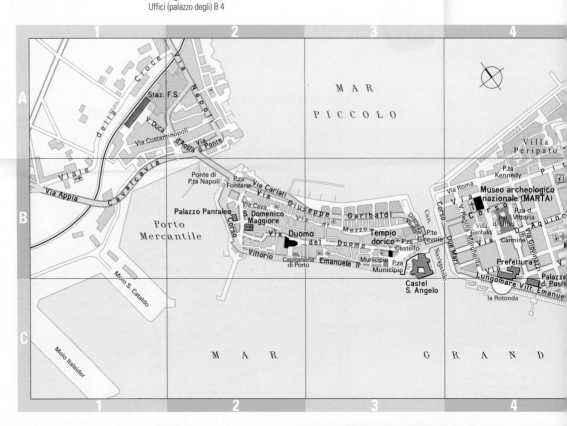

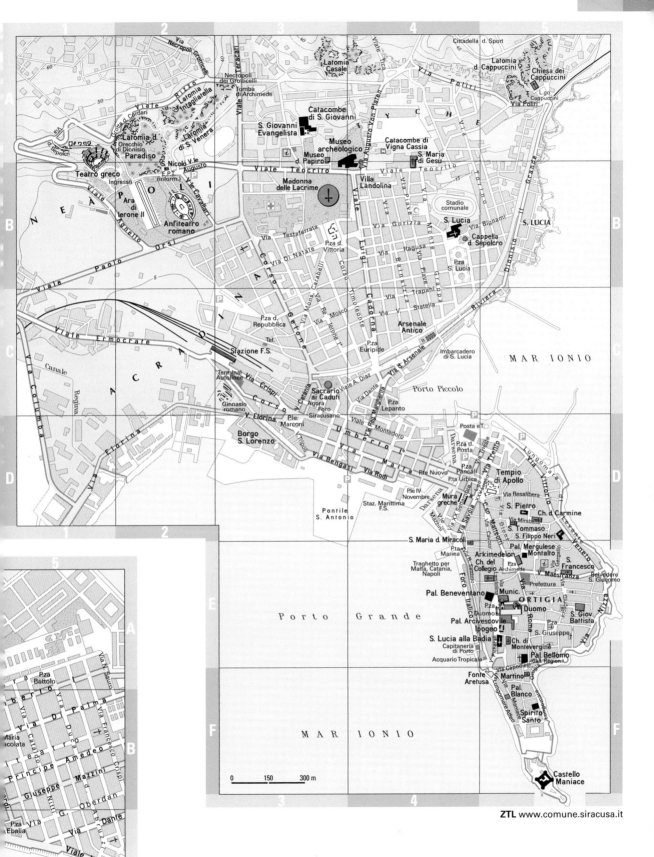

ZTL www.comune.siracusa.it

ZTL www.comune.terni.it

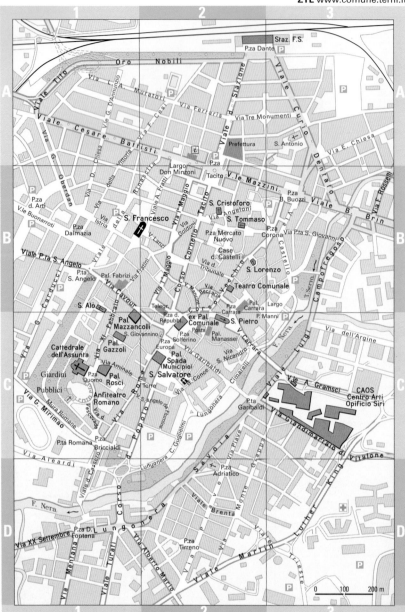

Torino

Corpus Domini (chiesa) A 2
Duomo A 2
Evangelica Valdese (chiesa) D 2
Gran Madre di Dio (chiesa) C 4
Madonna degli Angeli (chiesa della) C 2
Sacro Cuore di Maria (chiesa) E 1
San Carlo (chiesa) B 2
San Dalmazzo (chiesa) A 1
San Domenico (chiesa) A 2
San Filippo Neri (chiesa) B 2
San Francesco da Paola (chiesa) B 3
San Francesco d'Assisi (chiesa) A 1-2
San Giuseppe (chiesa) B 1
San Lorenzo (chiesa) A 2
San Massimo (chiesa) C 2-3
San Michele (chiesa) C 3
San Salvario (chiesa) D 1
San Secondo (chiesa) C 1
Santa Cristina (chiesa) B 2
Santa Croce (chiesa di) C 3
Santa Maria del Monte (chiesa) D 4
Santa Maria di Piazza (chiesa) A 1
Santa Pelagia (chiesa) C 3
Santa Teresa (chiesa) B 1-2
Santi Martiri (chiesa) A 1
Santi Pietro e Paolo (chiesa) D 1
Santissima Annunziata (chiesa) B 3
Santissima Trinità (chiesa) A 2
Sinagoga D 2
Visitazione (chiesa della) B-C 1

Alfieri (teatro) B 1
Antonelliana (mole)
(Museo nazionale del Cinema) B 3
Arsenale (ex) B-C 1
Bricherasio (palazzo) C 2
Carignano (palazzo) B 2
Carignano (teatro) B 2
Carpano (palazzo) R 2
Cavour (palazzo) C 2
Chiablese (palazzo) A 2
Città (palazzo di) A 1-2
Falletti di Barolo (palazzo) A 1
Madama (palazzo) A-B 2
Nazionale Universitaria (biblioteca) B 2
Palatina (porta) A 2
RAI-Auditorium B 3
Reale (palazzo) (Galleria Sabauda) A 2
Regio (teatro) A-B 2-3
Romano (teatro) A 2
Rossini (ponte) A 3
Sacro Cuore (villa) E 4
Saluzzo Paesana (palazzo) A 1
Scaglia di Verrua (palazzo) A 1
Scott (villa) D-E 4
Stato (archivio di) A 2
Stemmi (palazzo degli) B 3
Studi (università degli) B 3-4
Subalpina (galleria) B 2
Umberto I (ponte) D 3
Università (palazzo dell') B 3
Valentino (castello del) E 2
Vedove e Nubili (convitto) E 4
Vittorio Emanuele I (ponte) C 4

Terni

Assunta (cattedrale dell') C 1
San Cristoforo (chiesa) B 2
San Francesco (chiesa) B 1-2
San Giovannino (chiesa) C 2
San Lorenzo (chiesa) B 2
San Pietro (chiesa) C 2
San Salvatore (chiesa) C 2
Sant'Alò (chiesa) B-C 1
Sant'Antonio (chiesa) A 3
San Tommaso (chiesa) B 2

Gazzoli (palazzo) C 1
Manassei (palazzo) C 2
Mazzancolli (palazzo) B-C 1-2
Romana (porta) C 1
Romane (mura) C 1
Romano (anfiteatro) C 1
Rosci (palazzo) C 1
Sant'Angelo (porta) B 1
Spada (palazzo) (Municipio) C 2
Torre C 2

Carrara (palazzo) B 2
Castelli (case dei) B 2
Comunale (teatro) B 2
Fabrizi (palazzo) B 1
Garibaldi (porta) C 2

CAOS (Centro Arti Opificio Siri) C 3

Accorsi (fondazione) B-C 3
Albertina (accademia) B 3
Antichità (museo di) A 2-3
Armeria Reale (biblioteca e) A 2
Artiglieria (cittadella e
museo storico nazionale dell') A-B 1
Botanico (orto) E 2-3
Cinema (museo nazionale del)
(Mole Antonelliana) B 3
Egizio (museo) B 2
MAO (Museo d'Arte Orientale) A 1
Montagna (museo nazionale della) D 4
Reale (biblioteca e armeria) A 2
Sabauda (galleria) (Palazzo Reale) B 2
Scienze naturali (museo regionale di) C 2-3

http://mobile.touringclub.com/
torino

354-355

ZTL www.comune.torino.it

Tortolì

 Sant'Andrea (ex cattedrale di) C 2

Municipio B 1

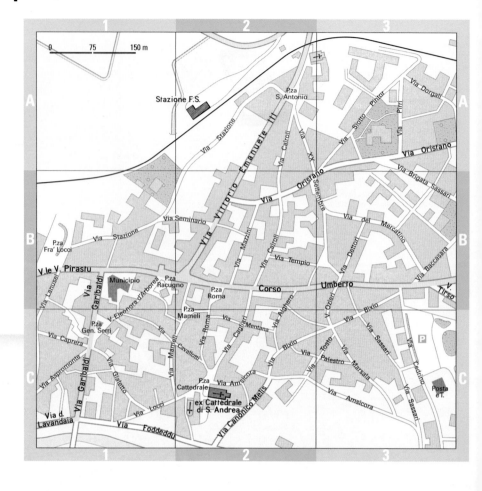

Trapani

 Annunziata (santuario dell') A 6
Cattedrale B 2
Collegio (chiesa del) B 2
Purgatorio (chiesa del) B 2
Sacro Cuore (chiesa) A 4
San Domenico (chiesa) B 3
San Francesco d'Assisi (chiesa) B 2
San Nicolò Mirense (chiesa) B 2
San Pietro (chiesa) B 3
Sant'Agostino (chiesa) B 2
Santa Maria del Gesù (chiesa) B 2-3

 Alì (palazzo d') (Municipio) A 3
Botteghelle (porta) B 2
Conca (bastione) B 2
Fardelliana (biblioteca) B 2
Galli (porta) B 3
Giudecca (palazzo della) B 3
Imperiale (bastione) B 1-2
Lazzaretto B 1
Ligny (torre di) (Museo civico) A 1
Margherita (villa) A-B 3
Pepoli (villa) A 6
Pescheria B 2
Provincia (palazzo della) A-B 3
Senatorio (palazzo) B 2
Terra (castello di) A 3
Tramontana (mura di) B 2

 Civico (museo) (Torre di Ligny) A 1
Pepoli, Agostino (museo regionale) A 6

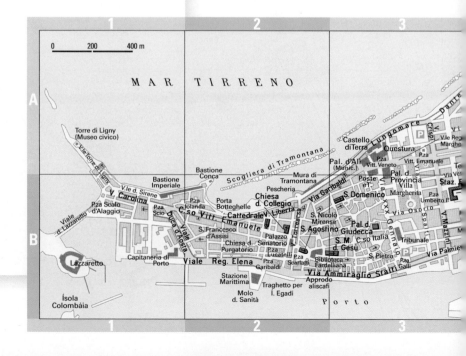

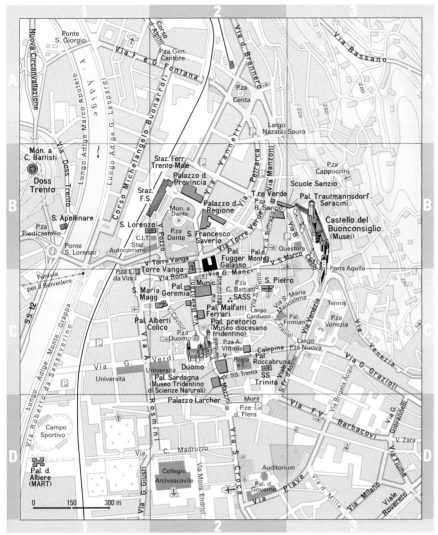

Trento

🏛 Duomo C 2
San Francesco Saverio (chiesa) B-C 2
San Lorenzo (chiesa) B 1-2
San Pietro (chiesa) C 2
Santa Maria Maggiore (chiesa) C 2
Sant'Apollinare (chiesa) B 1
Santissima Trinità (chiesa) C 2

🏛 Albere (palazzo delle) (MART) D 1
Alberti Colico (palazzo) C 2
Aquila (porta) B-C 3
Arcivescovile (collegio) D 2
Auditorium D 2
Battisti, Cesare (monumento a) B 1
Buonconsiglio (castello del) (Musei) B 3
Dante (monumento a) B 2
Firmian (palazzo) C 2
Fugger Galasso (palazzo) B-C 2
Geremia (palazzo) C 2
Governo (palazzo del) D 2
Larcher (palazzo) C 2
Malfatti Ferrari (palazzo) C 2
Monte (palazzo del) B 2
Municipio C 2
Mura D 2
Pretorio (palazzo)
(Museo diocesano tridentino) C 2
Provincia (palazzo della) B 2
Regione (palazzo della) B 2
Roccabruna (palazzo) C 2
Sanzio (scuole) B 2-3
Sardagna (palazzo)
(Museo Tridentino di Scienze Naturali) C 2
Trautmannsdorf Saracini (palazzo) B 2
Università C 1-2
Vanga (torre) B-C 1
Verde (torre) B 2

🏛 Diocesano tridentino (museo)
(Palazzo pretorio) C 2
Doss Trento B 1
MART (Museo di Arte Moderna e
Contemporanea di Trento e Rovereto)
(Palazzo delle Albere) D 1
Musei (Castello del Buonconsiglio) B 3
SASS (Spazio Archeologico
sotterraneo) C 2
Tridentino di Scienze Naturali (museo)
(Palazzo Sardagna) C 2

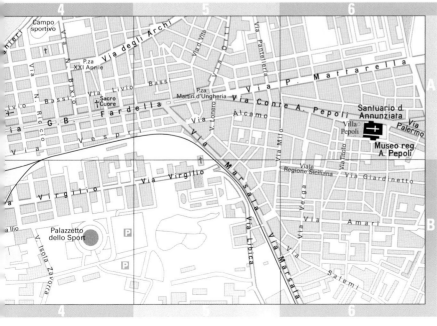

ZTL www.comune.trani.bt.it

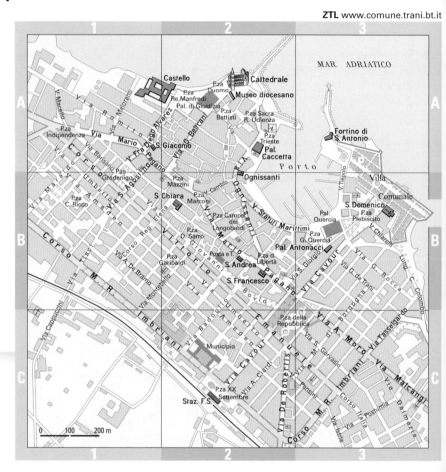

Trani

Cattedrale A 2
Ognissanti (chiesa) A-B 2
San Domenico (chiesa) B 3
San Francesco (chiesa) B 2
San Giacomo (chiesa) A 1
Santa Chiara (chiesa) B 2
Sant'Andrea (chiesa) B 2

Antonacci (palazzo) B 3
Caccetta (palazzo) A 2
Castello A 1-2
Municipio C 2
Quercia (palazzo) B 3
Sant'Antonio (fortino di) A 3

Diocesano (museo) A 2

ZTL www.comune.treviso.it

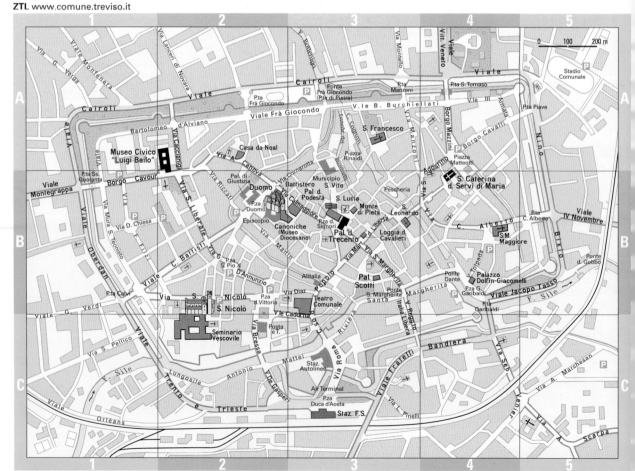

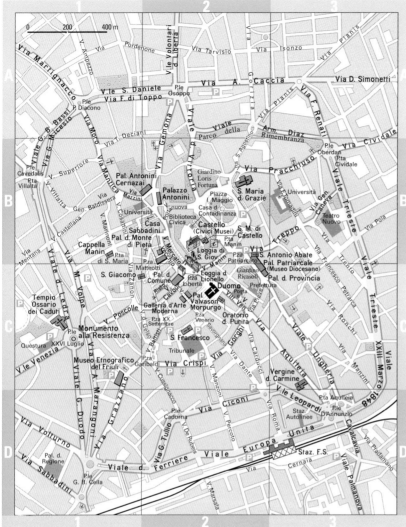

ZTL www.comune.udine.it

Udine

Duomo C 2
Manin (cappella) B 1
Purità (oratorio della) C 2
San Francesco (chiesa) C 2
San Giacomo (chiesa) C 1-2
Santa Maria delle Grazie (chiesa) B 2
Santa Maria di Castello (chiesa) B 2
Sant'Antonio Abate (chiesa) B 2
Tempio Ossario dei Caduti (chiesa) C 1
Vergine del Carmine (chiesa) C-D 3

Antonini (palazzo) B 2
Antonini Cernazai (palazzo) B 1-2
Aquileia (porta) D 3
Castello (Civici Musei) B 2
Cividale (porta) B 3
Comune (palazzo del) C 2
Contadinanza (casa della) B 2
Lionello (loggia del) C 2
Manin (porta) B 2
Monte di Pietà (palazzo del) B-C 2
Nuovo (teatro) B 3
Patriarcale (palazzo) (Museo Diocesano) B-C 2
Provincia (palazzo della) C 2
Regione (palazzo della) D 1
Resistenza (monumento alla) C 1
Sabbadini (casa) B 2
San Giovanni (loggia di) B-C 2
Santa Maria (porta di) B 1
Università B 3
Università B 1-2
Valvason Morpurgo (palazzo) C 2
Villalta (porta) B 1

Arte Moderna (galleria d') C 2
Civici Musei (Castello) B 2
Diocesano (museo) (Palazzo Patriarcale) B-C 2
Etnografico del Friuli (museo) C 1

http://mobile.touringclub.com/udine

Treviso

Battistero B 2
Duomo B 2
San Francesco (chiesa) A 3
San Leonardo (chiesa) B 3
San Nicolò (chiesa) B-C 2
Santa Caterina dei Servi di Maria (chiesa) A-B 4
Santa Lucia (chiesa) B 3
Santa Maria Maggiore (chiesa) B 4
San Vito (chiesa) B 3

Calvi (porta) B 1
Cavalieri (loggia dei) B 3
Comunale (teatro) B 3
Dante (ponte) B 4
Dolfin-Giacomelli (palazzo) B 4
Episcopio B 2
Frà Giocondo (ponte) (ponte di Pietra) A 3
Frà Giocondo (porta) A 2
Garibaldi (porta) B 4
Giustizia (palazzo di) B 2
Gobbo (ponte del) B 5
Manzoni (porta) A 3
Monte di Pietà B 3

Municipio A-B 3
Noal (casa da) A 2
Pescheria B 3
Piave (porta) A 5
Podestà (palazzo del) B 3
Santa Margherita (ponte) B 3
Santi Quaranta (porta) B 1
San Tomaso (porta) A 4
Scotti (palazzo) B 3
Trecento (palazzo dei) B 3
Vescovile (seminario) C 2

Bailo, Luigi (museo civico) A-B 2
Diocesano (museo) (Canoniche) B 2-3

Trieste

- Paleocristiana (basilica) C 2
- Romana (basilica) C 3
- San Giacomo (chiesa) D 4
- San Giusto (Cattedrale di) C 3
- San Nicolò dei Greci (chiesa) B 3
- San Silvestro (chiesa) C 3
- San Spiridione (chiesa) B 3
- Santa Maria Maggiore (chiesa) C 3
- Sant'Antonio Nuovo (chiesa) B-C 3-4
- Sinagoga B 4

- Biserini (palazzo) C 2
- Carciotti (palazzo) B 3
- Castello C 3
- Civica (biblioteca) C 3
- Combattente (casa del) B 4
- Economo (palazzo) A 3
- Eden (teatro) B 4
- Governo (palazzo del) C 3
- Grattacielo rosso B 3
- Lanterna C 1
- Llyod Triestino (palazzo del) C 2
- Marittima (stazione) (Centro Congressi) C 2

- Morpurgo (palazzo) C 4
- Necker (villa) D 2
- Pancera (casa) C 3
- Pescheria (ex) C 2
- Poste (palazzo delle) B 3
- Riccardo (arco di) C 3
- Romano (teatro) C 3
- Rossetti (politeama) B 5
- Tripcovich (sala) A-B 3
- Università A 6
- Vecchia (borsa) C 3
- Verdi (teatro) B-C 3

356-357

Arte Orientale (Museo d') C 2-3
Comunità ebraica
(museo della) C 3
Ferroviario (museo)
(stazione Campo Marzio) C-D 1
Mare (museo del) D 1
Revoltella (museo) C 2
Risorgimento (museo del) B 4
Sartorio (museo) C 2
Scaramangà (museo) B 3
Storia e Arte e Orto lapidario
(museo di) C 3
Teatrale (museo) B 3

http://mobile.touringclub.com/trieste

ZTL www.comune.urbino.ps.it

Urbino

Duomo (Museo diocesano) B-C 2
San Domenico (chiesa) C 2-3
San Francesco (chiesa) B 2
San Francesco di Paola (chiesa) C 2
San Giovanni Battista (chiesa) B 2
San Giuseppe (chiesa) B 2
Santa Croce (chiesa) C 3
Sant'Agostino (chiesa) D 2

Raffaello (collegio) B 2
Raffaello (monumento a) A 1
Romano (teatro) C 2-3
Santa Lucia (porta) A 2
Santa Maria (porta di) D 2
Sanzio (teatro) C 2
Università (palazzo dell') C 2
Valbona (porta) C 2

Albornoz (fortezza) B 1
Ducale (palazzo) C 2
Lavagine (porta) A 3
Municipio C 2-3
Raffaello (casa di) B 2

Botanico (orto) A-B 2
Diocesano (museo) (Duomo) B-C 2
Marche (galleria nazionale delle) C 2

http://mobile.touringclub.com/
urbino

Varese

- Battistero C 2
- Madonnina in Prato (santuario della) B 3
- San Giorgio (chiesa) A 3
- San Giuseppe (chiesa) C 2
- San Martino (chiesa) B 2
- Sant'Antonio (chiesa) C 2
- Sant'Imerio (chiesa) D 3
- Santi Pietro e Paolo (chiesa) B 3
- San Vittore (chiesa) C 2

- Estense (palazzo) (Municipio) C 2
- Mirabello (villa) C 2
- Municipio (palazzo Estense) C 2
- Orrigoni (palazzo) B 3
- Panza (villa) A-B 3
- Ponti (villa) A-B 3
- Recalcati (villa) C 1

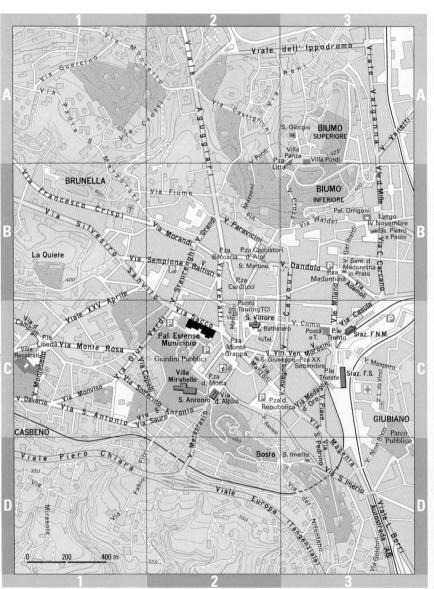

ZTL www.comune.varese.it

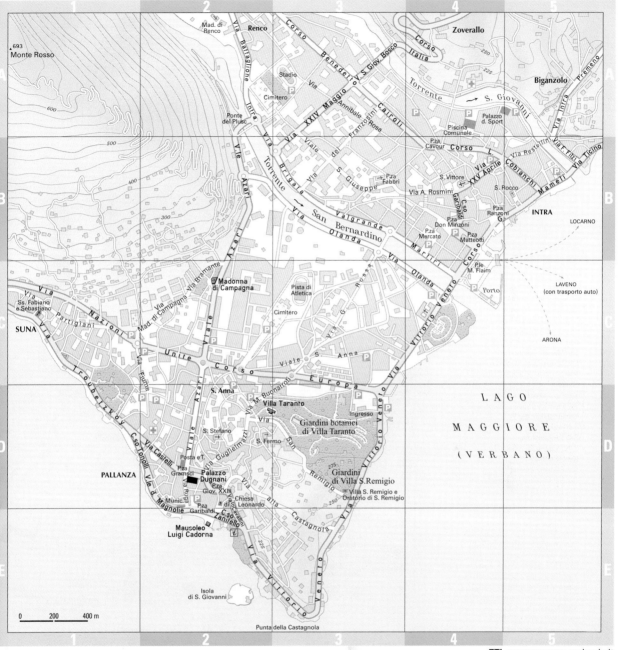

Verbania

🏛 Madonna di Campagna (chiesa) C 2
Madonna di Renco (chiesa) A 2
San Fermo (chiesa) D 2
San Leonardo (chiesa di) D 2
San Rocco (chiesa) B 5
Santi Fabiano e Sebastiano (chiesa) C 1
Santo Stefano (chiesa) D 2
San Vittore (chiesa) B 4

🏛 Cadorna, Luigi (mausoleo) E 2
Dugnani (palazzo) D 2
Municipio D 2
San Remigio (villa e oratorio di) D 3
Taranto (villa) D 2-3

358-359

Venezia

Angelo Raffaele (chiesa) D 1
Carmini (chiesa) D 1
Gesuati (chiesa dei) E 2
Gesuiti (chiesa dei) B 3
Madonna dell'Orto (chiesa) B 3
Ognissanti (chiesa) D 1
Redentore (chiesa del) F 2-3
San Barnaba (chiesa) D 2
San Beneto (chiesa) D 3
San Biagio (chiesa) D 5
San Cassiano (chiesa) C 2-3
San Fantin (chiesa) D 3
San Francesco della Vigna (chiesa) C 4
San Geremia (chiesa) B-C 2
San Giacomo dell'Orio (chiesa) C 2
San Giacomo di Rialto (chiesa) C 3
San Giobbe (chiesa) B 1
San Giorgio Maggiore (chiesa) E 4
San Giovanni Crisostomo (chiesa) C 3
San Giovanni in Bragora (chiesa) D 4
San Gregorio (ex chiesa) E 3
San Lorenzo (chiesa) C 4
San Marco (basilica di) D 3
San Michele (chiesa) A 4
San Moisè (chiesa) D 3
San Nicolò da Tolentino (chiesa) C 1
San Nicolò dei Mendicoli (chiesa) D 1
San Pantalon (chiesa) D 2
San Pietro di Castello (chiesa) D 6
San Polo (chiesa) C 2
San Rocco (chiesa) C-D 2
San Salvador (chiesa) D 3
San Samuele (ex chiesa) D 2
San Sebastiano (chiesa) D 1
San Silvestro (chiesa) C 3
San Simeon Grande (chiesa) C 2
San Simeon Piccolo (chiesa) C 1
San Stae (chiesa) C 2
Santa Fosca (chiesa) B 3
Sant'Alvise (chiesa) B 2
Santa Maria dei Frari (chiesa) C-D 2
Santa Maria dei Miracoli (chiesa) C 3
Santa Maria del Giglio (chiesa) D 3
Santa Maria della Misericordia (chiesa) B 3
Santa Maria della Pietà (chiesa) D 4
Santa Maria della Salute (chiesa) E 3
Santa Maria Formosa (chiesa) C-D 4
Sant'Aponal (chiesa) C 3
Santa Sofia (chiesa) C 3
Sant'Elena (chiesa) E 6
Sant'Eufemia (chiesa) E 1-2
Santi Apostoli (chiesa) C 3
Santi Giovanni e Paolo (chiesa)
(San Zanipolo) C 4
Santo Stefano (chiesa) D 2
San Trovaso (chiesa) E 2
San Zaccaria (chiesa) D 4
San Zanipolo (chiesa)
(Santi Giovanni e Paolo) C 4
San Zulian (chiesa) D 3
Scalzi, gli (chiesa) C 1
Scuola di San Giorgio degli Schiavoni
(chiesa) D 4
Tempio Israelitico B 2
Zitelle, le (chiesa) E 3

Murano

Canale dei Marani

S. Michele

Cimitero

Isola di
S. Michele

Vle Nove

S. Zanipòlo
(Ss. Giovanni
e Paolo)

S. Francesco
d. Vigna

Sc. di S. Giorgio
d. Schiavoni

S. Zaccaria

S. M. d. Pietà

S. Giovanni
in Bragora

Ducale

Museo
Navale

Corderie

Pal. d. Sport

S. Biàgio

Torri d. Arsenale

Darsena
Grande

Can. di
P.ta Nuova

S. Pietro
di Castello

Isola
di S. Pietro

C.o di
Ruga

Via Garibaldi

Fondam. di
S. Anna

Riva dei 7 Martiri

Secco Marina

Rio di S. Giuseppe

V.le 24 Maggio

Darsena
di S. Elena

Biennale
Internazionale
d'Arte

Stadio

Isola
di S. Elena

S. Elena

Vle Trento

CANALE DI S. MARCO

Bacino

S. Giorgio
Maggiore

Isola
di S. Giorgio
Maggiore

Teatro
Verde

Can. della Grazia

Vle Vittorio Veneto

🏛 Accademia (ponte dell') D 2
Arsenale (torri dell') D 5
Carmini (scuola grande dei) D 1
Corderie D 5
Corner (palazzo) (Ca' Granda) D 2
Corner della Regina (palazzo) C 2-3
Corner Spinelli (palazzo) D 2
Ducale (palazzo) D 3-4
Grimani (palazzo) D 3
Nuovo (ghetto) B 2
Oro (ca' d') C 3
Pesaro (ca') C 2
Rezzonico (ca') D 2
Rialto (ponte di) C 3
San Rocco (scuola grande di) D 2
Stucky (ex molino) E 1
Vendramin Calergi (palazzo) B-C 2
Verde (teatro) E 4

🏛 Accademia (gallerie dell') D-E 2
Arte (biennale internazionale d') E 5-6
Guggenheim (collezione) E 2
Navale (museo) D 5

http://mobile.touringclub.com/
venezia

0   150   300 m

360-361

Verona

Duomo B 5
Filippini (chiesa dei) D 5
San Bernardino (chiesa) D 2
San Fermo Maggiore (chiesa) D 5
San Giorgetto dei Domenicani (chiesa) B 5
San Giorgio in Braida (chiesa) A 4-5
San Giovanni in Fonte (chiesa) B 5
San Giovanni in Foro (chiesa) C 4
San Giovanni in Valle (chiesa) B 6
San Lorenzo (chiesa) C 4
San Luca (chiesa) D 4
San Nicolò dei Teatini (chiesa) C-D 4
San Paolo in Campo Marzio (chiesa) D 6
San Pietro Incarnario (chiesa) D 5
San Procolo (chiesa) C 2
Santa Chiara (chiesa) B 6
Santa Maria Antica (chiesa) C 5
Santa Maria della Scala (chiesa) C 5
Santa Maria del Paradiso (chiesa) C 6
Santa Maria in Organo (chiesa) B 6
Sant'Anastasia (chiesa) B 5
Santa Teresa degli Scalzi (chiesa) D 3
Sant'Eufemia (chiesa) C 4
Santi Apostoli (chiesa) C 4
Santissima Trinità (chiesa) E 4
San Tomaso Cantuariense (chiesa) C 6
Santo Stefano (chiesa) A 5
San Zeno in Oratorio (chiesa) D 3
San Zeno Maggiore (chiesa di) C 2

http://mobile.touringclub.com/
verona

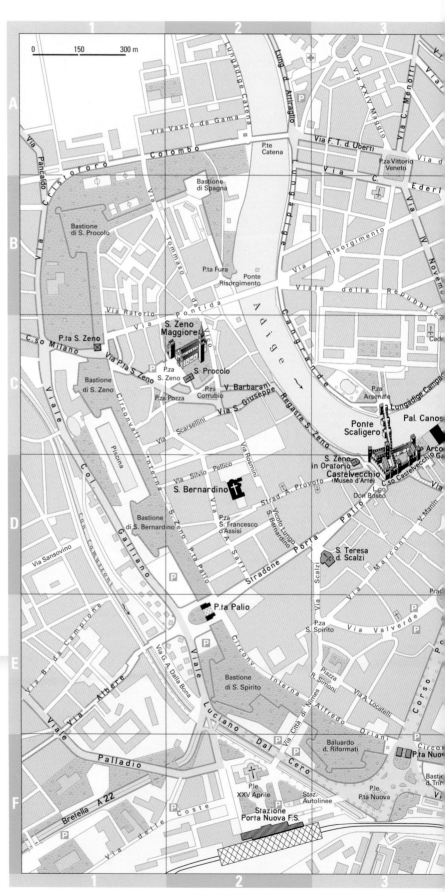

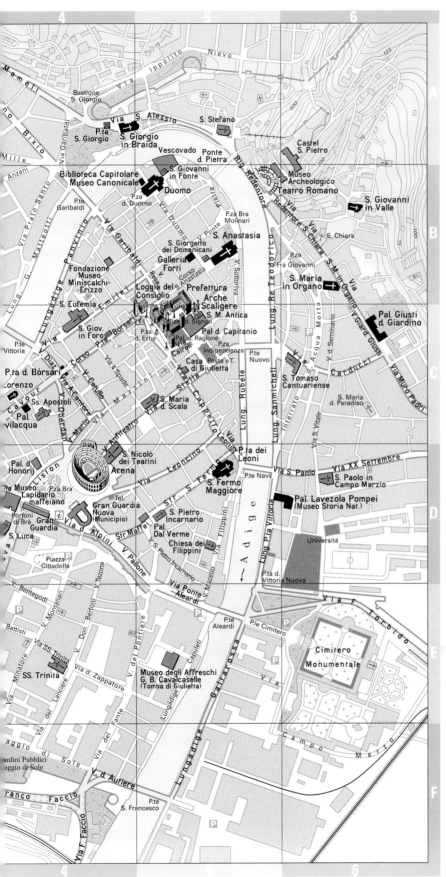

Arena D 4
Bevilacqua (palazzo) C 4
Bórsari (porta dei) C 4
Bra (portoni di) D 4
Canossa (palazzo) C 3
Capitanio (palazzo del) C 5
Capitolare (biblioteca (museo canonicale) B 5
Consiglio (loggia del) B-C 4-5
Dal Verme (palazzo) D 5
Fura (porta) B 2
Gavi (arco dei) C-D 3
Giulietta (casa di) C 5
Giusti del Giardino (palazzo) C 6
Gran Guardia D 4
Gran Guardia Nuova (Municipio) D 4
Honorij (palazzo degli) D 4
Lavezola Pompei (palazzo) (Museo Storia Naturale) D 5-6
Leoni (porta dei) D 5
Nuova (porta) F 3
Palio (porta) E 2
Ragione (palazzo della) C 5
Riformati (baluardo dei) F 3
Romano (teatro) B 5
San Bernardino (bastione di) D 1-2
San Giorgio (bastione) A 4
San Giorgio (porta) A 4
San Pietro (castel) A-B 6
San Procolo (bastione di) B 1
Santo Spirito (bastione di) E 2
San Zeno (bastione di) C 1
San Zeno (porta) C 1
Scaligere (arche) B-C 5
Scaligero (ponte) C 3
Spagna (bastione di) A-B 2
Trinità (bastione della) F 3-4
Università D 6
Vescovado A-B 5
Vittoria Nuova (porta della) D 5

Affreschi (museo Giovan Battista Cavalcaselle degli) (Tomba di Giulietta) E 5
Archeologico (museo) A-B 5-6
Arte (museo d') (Castelvecchio) C-D 3
Canonicale (museo) (biblioteca capitolare) B 5
Castelvecchio (Museo d'Arte) C-D 3
Forti (galleria) B 5
Lapidario maffeiano (museo) D 4
Storia Naturale (museo) (Palazzo Lavezola Pompei) D 5-6

Vercelli

- Cattedrale A 2
- San Cristoforo (chiesa) B 2
- San Francesco (chiesa) B 3
- San Giuliano (chiesa) B 3
- San Paolo (chiesa) B 2
- Santa Chiara (chiesa) B 3
- Sant'Andrea (chiesa) A 2

- Castello A 3
- Centori (palazzo) B 3
- Comune (torre del) B 2
- Municipio B 2
- Ospedale Maggiore (ex) A 2

- ARCA (polo espositivo) A-B 2
- Borgogna (museo) B 3
- Leone (museo) B 2
- Tesoro del Duomo (museo del) A 2

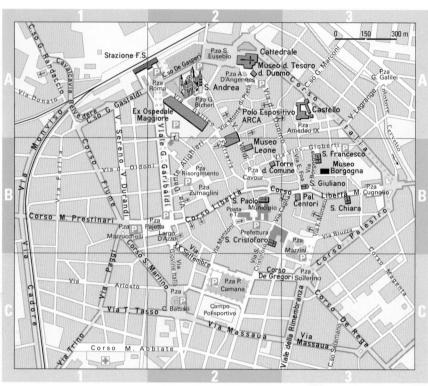

ZTL www.comune.vercelli.it

Vicenza

- Basilica C-D 4
- Carmini, i (chiesa) B-C 2
- Duomo D 3
- Monte Berico (basilica di) F 3
- San Domenico (chiesa) C 5
- San Filippo Neri (chiesa) D 3
- San Giorgio (chiesa) E 2
- San Giuliano (chiesa) C 5
- San Lorenzo (chiesa) C 3
- San Marco (chiesa) B 3
- San Nicola (chiesa) D 4
- San Pietro (chiesa) C 5
- San Rocco (chiesa) C 2
- San Silvestro (chiesa) E 4
- Santa Chiara (chiesa) D 4
- Santa Corona (chiesa) C 4
- Santa Croce (chiesa) B 2
- Santa Maria dei Servi (chiesa) C 4
- Santa Maria e San Cristoforo (chiesa) C 3
- Santa Maria in Aracoeli (chiesa) B 4
- Santa Maria Nova (chiesa) C 2
- Santi Felice e Fortunato (chiesa) D 1
- Santo Stefano (chiesa) C 4

- Angaran (palazzo) C 4
- Arnaldi (palazzi) D 3
- Barbaran (palazzo) C 3
- Bonin Longare (palazzo) D 3
- Capitaniato (loggia del) C 3-4
- Castello (porta) D 3
- Chiericati (palazzo) (Museo) C 4
- Civena (palazzo) D 3-4
- Cogollo (casa) C 4
- Da Monte (palazzo) C 4
- Da Porto (palazzo) C 3
- Da Schio (palazzo) B 3
- Da Schio (palazzo) C 4
- Garzadori (palazzo) D 4
- Leoni Montanari (palazzo) C 4
- Monte di Pietà C 4
- Municipio (palazzo Valmarana) C 3
- Olimpico (teatro) C 4
- Padova (porta) C 5
- Pigafetta (casa) D 4
- Piovini (palazzo) D 3
- Pojana (palazzo) C 3
- Porto (palazzo) D 3

- Regaù (palazzo) C 4
- San Bortolo (porta) A 3
- Santa Croce (porta) B 2
- Santa Lucia (porta) B 4
- Scalette (arco delle) E 5
- Sesso-Zen (palazzo) C 3-4
- Territorio (palazzo del) C 4
- Thiene (palazzo) C 3-4
- Trento Valmarana (palazzo) C 4
- Trissino (palazzo) C 3
- Valmarana (loggia) C-D 3
- Valmarana (palazzo) (Municipio) C 3
- Valmarana ai Nani (villa) F 5
- Vescovile (palazzo) D 3

- Museo (Palazzo Chiericati) C 4

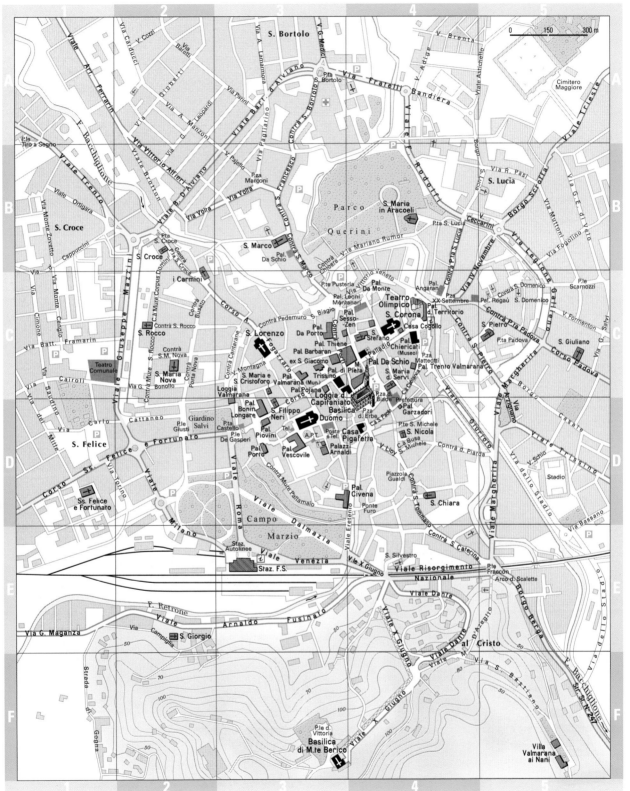

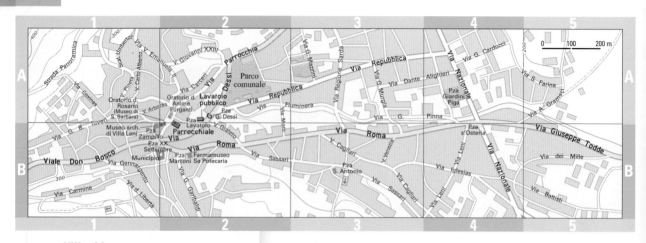

Villacidro

🏛 Oratorio delle Anime Purganti (chiesa) A 2
Oratorio del Rosario
(Museo di Santa Barbara) A-B 1-2
Parrocchiale (chiesa) A-B 2

🏛 Municipio B 1-2

🏛 Farmamuseo Sa Potecaria (museo) B 2
Santa Barbara (museo di)
(Oratorio del Rosario) A-B 1-2
Villa Leni (museo archeologico di) B 1

Vibo Valentia

🏛 Cappuccini (chiesa dei) C 2
Duomo B 2
Rosario (chiesa del) B 2
San Michele (chiesa) C 2
Santa Maria la Nova (chiesa) C 2

🏛 Castello (Museo archeologico) C 2
Cinta muraria (resti della) A 3
Gagliardi (palazzo) C 2
Municipio B 1
Romei (palazzo) C 2
Valentianum (Museo) B 2

🏛 Archeologico (museo) (castello) C 2
Capalbi (casa museo) C 2
Museo (Valentianum) B 2
Parco archeologico urbano A 3

http://mobile.touringclub.com/
vibovalentia

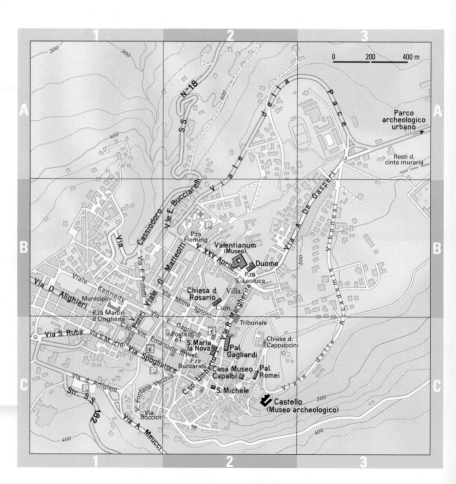

Viterbo

Cattedrale (San Lorenzo) C 1
Crocetta (chiesa della) B 3
Gesù (chiesa) C 2
Paradiso (chiesa del) A 3
San Francesco (chiesa) A 2-3
San Giovanni Battista (chiesa) B 2
San Giovanni in Zoccoli (chiesa) B 3
San Marco (chiesa) B 3
San Pietro (chiesa) D 3
San Sisto (chiesa) C 3
Santa Maria della Salute (chiesa) C 2
Santa Maria della Verità (chiesa) C 3
Santa Maria Nuova (chiesa) C 2
Sant'Andrea (chiesa) D 2
Sant'Angelo in Spatha (chiesa) C 2
Santa Rosa (santuario di) B 3
Santi Faustino e Giovita (chiesa) B 2
Santissima Trinità (chiesa) B 1

Alessandri (palazzo degli) C 2
Borgognone (torre di) C 2
Caduti (sacrario dei) B 2
Carmine (porta del) D 2
Chigi (palazzo) C 2
Farnese (palazzo) C 1
Faul (porta) C 1
Fiorentina (porta) A 2
Fontana Grande C 3
Gatti (case dei) C 2
Leoni (fontana dei) B 2
Mazzatosta (palazzo) B-C 2
Murata (porta) A 3
Papi (palazzo dei) (Museo) C 1
Podestà (palazzo del) C 2
Poscia (casa) C 2
Priori (palazzo dei) C 2
Rocca (fontana della) A 2
Rocca (Museo) A-B 2
Romana (porta) C 3
San Faustino (fontana di) B 2
San Pietro (porta) D 3
Santoro (palazzo) B 3
Unione (teatro dell') B 3
Valentino della Pagnotta (casa di) C 1
Verità (porta della) C 3

Civico (museo) B-C 3
Confraternite (museo delle) C 2
Macchina di Santa Rosa (museo della) C 2
Museo (Palazzo dei Papi) C 1
Museo (Rocca) A-B 2

ZTL www.comune.viterbo.it

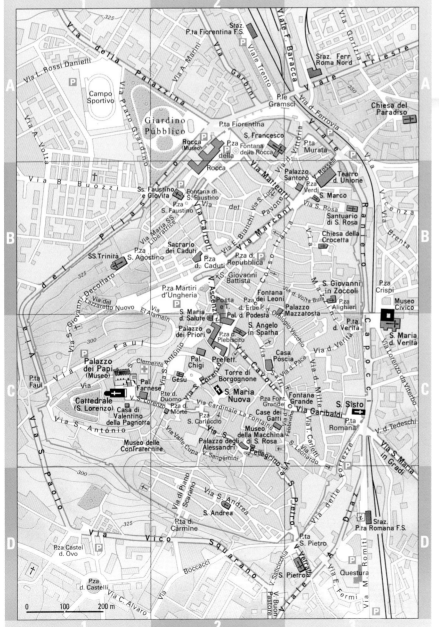

Indice dei nomi

Index of place names ▪ Ortsregister ▪ Index des noms ▪ Índice de topónimos

Avvertenze per la consultazione

Nell'indice figurano i nomi di tutte le località, elencati secondo l'ordine alfabetico. Le cifre in neretto si riferiscono al numero della tavola in cui il nome figura; le lettere e le cifre successive precisano il riquadro, o i riquadri, entro cui il nome si trova.

Il riferimento ai centri abitati, ai monti (non ai gruppi montuosi), ai valichi alpini, ai monumenti isolati e ad ogni altra entità geografica rappresentata in cartografia mediante un simbolo piccolo e compatto è fatto al simbolo non all'estensione del nome.

Qualora in un toponimo il nome proprio sia preceduto da un termine generico (es.: Monte Bianco; Lago di Varano), quest'ultimo viene posposto nell'indice (Bianco, Monte-; Varano, Lago di-). Anche gli articoli sono posti nell'indice dopo il nome (es.: Cava, la-).

Gli omonimi sono distinti generalmente mediante l'aggiunta, tra parentesi, della sigla automobilistica della provincia e, quando è il caso, del nome del comune.

Nei territori bilingui, dove cioè di un oggetto geografico compaiono nella cartografia due nomi, ciascuno di essi è riportato nell'indice seguito dal segno = e dal nome corrispondente nell'altra lingua (es.: Aosta = Aoste; Aoste = Aosta; Adige = Etsch; Etsch = Adige) e naturalmente dal riferimento alla tavola dove il nome compare.

Le forme italiane di nomi stranieri sono riferite con il segno → alle forme locali.

L'accento posto sui toponimi italiani ha valore esclusivamente tonico. I toponimi che non portano alcun segno di accento si pronunciano accentati sulla penultima vocale.

How to use the index

The names of all localities are featured in the index, listed alphabetically. The figures in bold refer to the number of the plate in which the name features; the letters and their successive figures specify the square, or squares within which the name is found.

Reference to towns, mountains (not to mountain ranges), Alpine passes, specific monuments and every other geographic entity represented in the maps by a small compact symbol is made to the symbol itself and not to the extension of the name.

Whenever in a place name the given name is preceded by a general name (e.g. Monte Bianco; Lago di Varano) the general name is placed last in the index (Bianco, Monte-; Varano, Lago di-) Articles arc also placed In the index after the name (e.g. Cava, la -).

Places of the same name are generally distinguished by the addition, in parentheses, of the two-letter provincial vehicle registration code and, when necessary, the name of the municipality.

In bilingual territories, i.e., where two names of a geographic object appear on the map, each is represented in the index followed by the = symbol and by the corresponding name in the other language (e.g. Aosta = Aoste; Aoste = Aosta; Adige = Etsch; Etsch = Adige) and naturally by reference to the plate in which the name appears.

Italian versions of foreign names are referenced by the → symbol to the local names.

The accent placed on Italian place names has exclusively tonic value. Place names which do not bear any accent are pronounced with emphasis on the penultimate vowel.

Erläuterungen

Die Namen aller Orte sind im Verzeichnis alphabetisch angeführt. Die in Fettdruck angegebenen Zahlen beziehen sich auf die Tafel, in welcher der Name erscheint; die sich anschliessenden Buchstaben und Zahlen bestimmen das Viereck oder die Vierecke, in denen der Name erscheint.

Der Bezug auf die Wohnstätten, die Berge (nicht die Bergketten), die Alpenpässe, die einzel-stehenden Denkmäler und jede weitere geographische, durch ein kleines Symbol gekennzeichnete Einheit in den Karten gilt für das Symbol, nicht für den Namen.

Wenn Ortsnamen durch eine allgemeine Bezeichnung bestimmt werden (z.B. Monte Bianco; Lago di Varano), wird die Bezeichnung im Verzeichnis nachgestellt (Bianco, Monte-; Varano, Lago di-). Auch Artikel im Ortsnamen folgen im Verzeichnis dem Namen (z.B.: Cava, La-).

Bei Gleichnamigkeit wird durch Hinzufügung (in Klammern) der Provinzkennzeichnung unterschieden, eventuell durch Angabe der Gemeinde.

In den zweisprachigen Gebieten, in denen der Name in den Karten zwei Mal angegeben ist, werden beide Namen im Verzeichnis aufgeführt, jeweils mit dem Zeichen = und dem Namen der zweiten Sprache (z.B.: Aosta = Aoste; Aoste = Aosta; Adige = Etsch; Etsch = Adige) und natürlich mit Verweis auf die Tafel, in welcher der Name erscheint.

Die italienische Schreibweise ausländischer Namen verweist durch das Symbol → auf die örtliche Bezeichnung.

Der Akzent auf italienischen Namen hat nur einen Aussprachewert. Bei Ortsnamen ohne jeglichen geschriebenen Akzent fällt üblicherweise der Ton auf den vorletzten Selbstlaut.

Comment consulter l'index

L'index recense les noms de toutes les localités, placés en ordre alphabétique. Les chiffres en caractères gras se réfèrent au numéro de la planche où le nom figure; les lettres et les chiffres successifs précisent le carré ou les carré topographiques où se trouve le nom.

La référence aux localités habitées, aux montagnes (mais pas aux groupes montagneux), aux cols alpins, aux monuments isolés et à toute autre entité géographique représentée par un petit symbole est liée au symbole et non à l'extension du nom.

Lorsque dans un toponyme le nom propre est précédé d'un terme générique (ex.: Monte Bianco; Lago di Varano), ce dernier est indiqué dans l'index (Bianco, Monte-; Varano, Lago di-). Les articles figurent aussi dans l'index après le nom (ex.: Cava, la-).

Les homonymes sont généralement distingués par l'ajout, entre parenthèses, du sigle placé sur les plaques minéralogiques automobiles de la province et, le cas échéant, du nom de la commune.

Dans les territoires bilingues, où pour un lieu géographique existent deux noms indiqués dans la cartographie, chacun d'entre eux figure dans l'index suivi du signe = suivi du nom correspondant dans l'autre langue (ex.: Aosta = Aoste; Aoste = Aosta; Adige = Etsch; Etsch = Adige) et naturellement du renvoi à la planche où ce nom apparaît.

Les formes italiennes des noms étrangers sont rapportées à l'aide du signe → aux formes locales.

L'accent placé sur les toponymes italiens possède une valeur exclusivement tonique. Les toponymes qui ne portent aucun signe d'accentuation se prononcent accentués sur l'avant-dernière syllabe.

Advertencias para la consulta

En el índice figuran los nombres de todas las localidades, en orden alfabético. Las cifras en negrita se refieren al número de la tabla en la cual figura el nombre; las letras y las cifras sucesivas indican el recuadro o los recuadros dentro de los cuales se encuentra el nombre.

La referencia inherente a las ciudades, a las montañas (no a las cadenas montañosas), a los puertos de montaña, a monumentos aislados y a cualquier otra indicación geográfica representados en los mapas mediante un símbolo pequeño y compacto, corresponde al símbolo y no a la extensión del nombre. En el caso de que delante de un topónimo hubiera una palabra genérica (ej: Monte Bianco, Lago di Varano, etc;), éste se encuentra en el índice de la siguiente manera: Bianco, Monte-; Varano, Lago di-. Los artículos también se encuentran en el índice después del nombre (ej: Cava, la-).

Para distinguir los homónimos generalmente hemos agregado, entre paréntesis, la sigla automovilística de la provincia y, en algunos casos, el nombre del municipio.

En los territorios bilingües, donde en los carteles aparecen las indicaciones en dos diferentes idiomas, cada uno de ellos se encuentra en el índice seguido por el signo = y por el nombre correspondiente en el otro idioma (ej: Aosta = Aoste; Aoste = Aosta; Adige = Etsch; Etsch = Adige) y por la referencia a la tabla donde aparece el nombre.

Los nombres extranjeros traducidos al italiano llevan el signo → cuando están en el idioma local.

El acento colocado sobre los topónimos italianos tiene valor exclusivamente tónico. Los topónimos que no llevan ningún acento se pronuncian con el acento en la penúltima vocal.

Hai trovato un errore? Vuoi inviarci un consiglio?
Scrivi a:

Found any mistake? Any suggestion you'd like to give us?
Send us a mail:

redazionecartografica@touringclub.com

A

A, Combe de l'- **48** A 1
Ábano Terme **92** B 1
Abasse **112** A 1
Abate **274** B 2
Abatemarco **233** D 5
Abatemarco, Fiume- **240** B 2
Abazia **97** C 6
Abbacurrente, Torre di- **298** D 3
Abbadesse **120** C 3
Abbadia (AL) **98** D 1
Abbadia (AN) **145** C 4
Abbadia (SI) **150** C 3
Abbadia, Ponte dell'- **167** C 6
Abbadia Alpina **95** B 5
Abbadia Cerreto **87** B 4
Abbadia di Fiastra **154** C 4
Abbadia di Fiastra, Riserva
    Naturale- **154** A 2-3
Abbadia Ísola **149** A 4
Abbadia Lariana **53** D 5
Abbadia Monastero **150** A 1
Abbadia San Salvatore **159** B 6
Abbadórgiu, Punta s'- **313** A 5
Abbagadda, Nuraghe- **311** C 6
Abbalata, Monte- **296** E 2
Abbandonata, Masseria-
    282 D 3
Abbandonato, l'- **159** B 4
Abba Salida, Nuraghe s'-
    302 E 2
Abbasanta **311** A 5
Abbasanta, Altopiano di-
    311 A 4-5
Abbattéggio **173** D 5
Abbatello, Monte- **261** D 5
Abbatóggia, Punta- **302** E 4
Abbatzu, Cantoniera- **306** D 3
Abbazia (BG) **54** E 2
Abbazia (BO) **119** B 5
Abbazia (TV) **76** B 2
Abbazia, Masseria- **185** E 6
Abbazia Acqualunga, Riserva
    Naturale- **84** C 2-3
Abbazia di Montevéglio, Parco
    Regionale dell'- **118** C 2-3
Abbiadori **297** D 3
Abbiategrasso **67** E 4
Abbiate Guazzone **67** B 4
Abbióccolo, Torrente- **55** E 6
Abbondanza, Masseria-
    207 A 4
Abbruciato, Casale- **179** E 5
Abealzu, Cantoniera- **299** E 4
Abéllio, Monte- **122** D 2
Aberstückl = Sonvigo **27** C 5-6
Abetáia **130** A 4
Abetemozzo **164** C 1
Abeti, Monte degli- **114** B 2
Abetina di Laurenzana,
    Riserva Naturale- **237** A 4
Abetina di Rosello, Riserva
    Naturale- **184** C 1
Abeto (FI) **132** B 2
Abeto (PG) **163** A 4
Abetone **130** B 1
Abetone, Colle- **164** E 1
Abetone, Passo dell'-
    130 A-B 1
Abetone, Riserva Naturale-
    130 B 1
Abialzu, Rio- **301** D 4
Abile, Monte- **307** C 5
Abini, Nuraghe- **312** A 1
Abisso, Rocca dell'- **122** A 2
Ablé, Col de l'- **122** D 1
Áboca **141** B 5
Abram **79** A 6
Abriès **94** C 2
Abriès (torrente) **108** B 1
Abriès, Col d'- **94** C 3
Abriola **220** E 1
Abruzzo, Lazio e Molise, Parco
    Nazionale d'- **182** C-D 2-3
Abtei = Badia **30** D 3
Acáia **227** C 6
Acate **288** E 2
Acate, Fiume- **288** D 2-3
Acate, Stazione di- **288** E 1

Accadía **204** B 3
Accária Rosário **249** A 5
Áccas, Monte- **315** E 5
Áccas, Nuraghe- **310** B 3
Accéglio **108** B 2
Accéllica, Monte- **218** B 1
Accera, Bosco- **220** C 3
Accesa, Lago dell'- **157** A-B 6
Accetta, Masseria- **208** B 1
Accetta Grande, Masseria-
    224 C 3
Accettori, Punta s'- **317** C 6
Accettura **220** E 3
Acci, Monte- **261** B 5
Acciaiolo **137** C 6
Acciano **172** C 4
Acciardi, Masseria- **239** E 5
Acciarella **191** C 4
Acciarello **258** B 2
Acciaroli **232** D 2
Áccio, Torre- **223** E 4
Accodulazzo, Nuraghe- **312** E 2
Acconía **249** B 4
Accorneri **97** B 6
Accorradróxiu, Punta s'-
    314 B-C 3
Accúmoli **163** C 5
Ácera **162** A 2
Aceréntia **246** B 3
Acerenza **206** E 2
Acerenza, Bacino di- **220** B 1
Acerenza, Stazione di- **220** B 2
Acereto = Ahornach **31** A 4
Acerno **218** B 1
Ácero, Forca d'- **182** D 3
Ácero, Monte- **195** E 5
Acerra **202** E 2
Acetella, Monte- **162** C 1
Achomitz **45** A 6
Aci, Pizzo d'- **262** B 3
Aci Bonaccorsi **283** B 5
Aci Castello **283** C 6
Aci Catena **283** B 6
Acília **177** D 6
Aci Plátani **283** B 6
Acireale **283** B 6
Aci San Fílippo **283** B 6
Aci Santa Lucia **283** B 6
Aci Sant'António **283** B 5-6
Aci Trezza **283** B 6
Acles, Chalets des- **80** E 1
Aclete **45** B 6
Acone, Torrente- **256-257** C 3-4
Acone Santa Maria **131** E 6
Acone Sant'Eustáchio **131** E 6
Ácqua (GE) **113** C 6
Ácqua (PO) **130** C 3
Ácqua, Bagno dell'- **274** D 1
Ácqua, Cima dell'- =
    Wasserkopf Spitze **31** A 4
Ácqua, Ponte dell'- **54** B 1
Ácqua, Punta dell'- **25** D 4
Acquabella, Punta di- **174** C 3
Acquabianca **112** B 2
Ácqua Bianca, Fiume- **288** A 2
Ácqua Bianca, Pizzo dell'-
    269 B 6
Ácqua Bianca, Torrente-
    204 E 2
Acquabona (BL) **31** E 5
Acquabona (RE) **116** D 3
Acquabona, Passo di- **245** E 4
Acquabuona **112** B 1-2
Acquacadda **319** B 5
Acquacalda (ME) **273** D 4
Acquacalda (RC) **256** C 1
Ácqua Callenti, Rio s'- **317** D 5
Acquacanina **153** D 6
Ácqua Chiara, Canale- **193** D 4
Ácqua Cláudia, Stabilimento-
    177 A 6
Acquacotta, Cantoniera de s'-
    315 D 5
Acquadalto **132** B 2
Ácqua dei Corsari **263** B 5
Ácqua dei Pastori **236** A 3
Ácqua dei Ranci **183** E 6
Ácqua del Gallo, Torrente-
    25 D 4
Ácqua delle Rose, Sorgente-
    189 D 5

Ácqua di Lupo **221** B 4
Ácqua di Masi, Torrente-
    263 C 4
Ácqua di San Franco **172** B 1
Ácqua durci, Cala de s'-
    317 D 6
Ácqua e s'Ollastu, is Arénas s'-
    314 A 2
Acquaficara **269** A 5
Acquafondata **194** B 1
Acquaformosa **241** B 4
Acquafredda (BS) **88** C 3
Acquafredda (CZ) **249** A 4
Acquafredda (PZ) **235** D 4
Acquafredda (SV) **111** D 5
Acquafredda, Castello di-
    319 A 6
Acquafredda, Riserva Naturale
    di- **177** C 6
Ácqua Fredda, Serra- **220** B 3
Acquafredda Inferiore **113** B 4
Acquafredda Superiore **113** B 4
Acquaiolo **70** B 2
Acqualagna **142** C 3
Acqualina, Torrente- **54** C 3
Acqualoreto **161** C 4
Acqualunga **87** B 6
Acqualunga, Abbazia di- **84** E 3
Acqualunga Badona **87** C 5-6
Ácqua Márcia, Sorgente-
    111 A 6
Acquamela-Aiello **217** C 5
Acquamorta **214** C 3
Acquanegra Cremonese
    87 D 5-6
Acquanegra sul Chiese **88** D 3
Acquaniti, Torrente- **243** D-E 4
Acquapartita **133** E 4
Acquapendente **160** B 1
Acquappesa **240** E 3
Acquapuzza, Monte- **191** B 6
Acquarátola **164** C 1
Acquaresi **314** E 2
Acquaria **117** E 6
Acquárico del Capo **231** C 4
Acquárica di Lecce **229** D 4
Acquaro (RC) **256** B 2
Acquaro (VV) **253** B-C 5
Acquaro, Castello- **213** D 5
Acquaro, Monte- **172** D 3
Acquarola (FC) **133** B 6
Acquarola (SA) **217** B 5
Acquarone **258** A 2
Acquarossa (Svízzera) **34** A 2
Acquarossa (VT) **160** E 3
Ácqua Rossa, Fosso dell'-
    160 E 3
Acquarossa, Sorgente-
    283 B 4
Acquarotta, Casa- **186** B 2
Acquasanta (AN) **143** C 6
Acquasanta (GE) **112** C 3
Acquasanta (PA) **263** A 4
Acquasanta, Monte- **280** C 3
Acquasanta Terme **163** B 6
Ácqua Seccagna, Tempa-
    237 C 6
Acquaséria **53** B 5
Acquasparta **161** C 6
Acquate **53** D 5-6
Acquatetta, Stazione di-
    206 C 3
Acquato, Lago- **167** B 5
Ácqua Tosta, Monte- **177** A 4
Acquavella **232** C 3
Acquavena **233** C 5
Acquaviva (CH) **184** B 1-2
Acquaviva (PU) **142** D 3
Acquaviva (RM) **170** D 2
Acquaviva (San Marino)
    134 D 2
Acquaviva (SI) **150** C 3
Acquaviva (TN) **57** C 5
Acquaviva, Colle di- **185** C 4
Acquaviva, Monte- **173** E 6
Acquaviva, Torrente- **221** D 5-6
Acquaviva-Casteltérmini,
    Stazione di- **278** E 3
Acquaviva Collecroce **185** C 4
Acquaviva delle Fonti **210** C 2

Acquaviva d'Isérnia **183** E 5
Acquaviva Picena **155** D 5
Acquaviva Plátani **279** E 4
Ácque Alte, Canale delle-
    191 B 5
Acquebuone **55** E 5
Acquedolci **267** B 6
Ácque Fredde **71** C 6
Ácque Medie, Collettore-
    191 C 5
Acquerino **130** C 3
Acquerino-Cantagallo, Riserva
    Naturale- **130** C 3-4
Acquético **123** B 5
Acquevive **195** A 5
Acquisti, Fattoria- **158** B 1
Ácqui Terme **98** E 1
Acquosi **153** B 5
Acri **241** E 6
Acri, Bívio- **244** A 3
Ácrifa, Fiumara- **259** E 4
Acrópoli **194** A 3
Acrópoli, Rovine- **275** D 5
Acuto **180** D 3
Acuto, Monte- (AL) **111** B 6
Acuto, Monte- (AV) **197** E 4
Acuto, Monte- (CE) **195** C 4
Acuto, Monte- (FG) **189** D-E 4
Acuto, Monte- (FI) **131** E 5
Acuto, Monte- (LT) **192** A 2
Acuto, Monte- (MC) **144** E 2
Acuto, Monte- (ME) **267** D 6
Acuto, Monte- (MO) **118** D 2
Acuto, Monte- (MT) **221** D 6
Acuto, Monte- (OT) **302** C 2
Acuto, Monte- (PG-Nocera
    Umbra) **153** D 4
Acuto, Monte- (PG-Umbértide)
    151 B 6
Acuto, Monte- (PU) **142** D 3
Acuto, Monte- (SV) **124** C 2
Acutzu Sarrabesu, Monte-
    317 E 5
Ada, Villa- **140** D 3
Adálicu, Monte- **313** C 5
Adamello, Gruppo Montuoso-
    37 E 6
Adamello, Monte- **37** E 6
Adamello, Parco Regionale
    dell'- **55** A-C 6
Adamello-Brenta, Parco
    Regionale- **38** D-E 1-3
Adami **245** E 4
Adámoli **72** C 3
Adámoli, Rifúgio- **51** C 6
Adda, Fiume- **69** E 4
Adda, Sorgenti dell'- **25** E 4
Adda Nord, Parco Regionale
    dell'- **68-69** A-D 3-4
Adda Sud, Parco Regionale
    dell'- **86-87** C-D 4-5
Addáura **264** B 2
Adde, Punta 'e- **301** C 4
Adde, Rio de s'- **301** C-D 6
Addina, Colle- **164** D 2
Addolorata (ME) **271** C 5
Addolorata (TP) **274** A 2
Addolorata, Santuário dell'-
    195 B 4
Adegliacco **62** B 3
Adelano **115** D 4
Adélfia **209** E 5
Ádige, Fiume- **92** E 2
Ádige, Fiume- = Etsch **27** D 5
Ádige, Foce dell'- **93** D 5
Ádige, Sorgenti dell'- =
    Etsch Quelle **25** A 6
Ádige Nord, Parco dell' **72** E 3
Ádige Sud, Parco dell' **72** E 3
Adigetto, Navíglio- (RO) **91** E 6
Adigetto, Navíglio- (VE)
    92-93 E 3-4
Adogna, Fontana- **207** D 4
Adone, Monte- **119** D 4
Adorno **256** C 1
Adrano **282** A 3
Adrara San Martino **70** B 3
Adrara San Rocco **70** B 1
Adret **81** E 4

Ádria **92** E 3
Adriano, Villa di- **180** D 1
Adriático, Mar- **145** B 5-6
Adro **70** C 1
Ádula **34** A 2-3
Ádula, Rifúgio- **34** A 2
Adunata, Ponte dell'- **160** C 3
Advento, Torrente l'-
    195 D-E 4-5
Aeclánum **204** C 1
Aegina **32** A 3
Afens = Avénes **30** A 1
Aferer Tal = Valle di Éores
    30 C-D 2
Afers = Éores **30** C 2
Affaitati, Masseria- **211** C 5
Affi **72** D 2
Affilani, Monti- **180** C 3
Affile **180** C 3
Áffrica, Scóglio d'-
    156-157 E 3-4
Afing = Avigna **27** E 5
Afinger Bach = Rio d'Avigna
    27 E 5
Áfra, Torrente- **141** B 5
Afragóla **215** A-B 5
Áfrico **257** D-E 4
Áfrico (rovine) **256** D 3
Áfrico Nuovo **257** D-E 4
Agággio Inferiore **123** C 4
Agággio Superiore **123** C 4
Agana **58** C 3
Agarina **32** D 3
Ágaro, Lago- **32** C 2
Ágaro, Monte- **58** B 3
Ágate, Casa- **275** B 5
Agazzano **100** B 3
Agazzi **140** D-E 3
Agazzino **86** E 3
Agel, Mont- **122** E 1
Agelli **154** E 2
Agello (MC) **153** A 6
Agello (PG) **151** D 6
Agello (RN) **134** D 3
Agèrola **216-217** D 3-4
Agézio, Fiume- **275** A 4
Aggi **153** C 4
Ággia, Torrente- **141** E 5
Ággio **113** B-C 4
Ággius **302** A 2
Ággius, Stazione di- **302** A 2
Agira **281** B-C 6
Agliana **130** D 3
Agliano **129** A 4
Agliano Terme **97** D 5
Agliasco **95** D 4
Agliastro, Scóglio- **252** E 3
Agliate **67** B 6
Agliè **64** E 2
Agliena, Torrente- **139** D 4
Aglientina **297** E 5
Aglientu **296** D 2
Aglientu, Monte- **296** D 3
Aglietti **65** C 5
Áglio **100** E 2
Ágliola, Monte- **258** E 3
Agna (AR) **140** A 2
Agna (PD) **92** D 3
Agna (PR) **116** C 2
Agna, Torrente- **130** D 3
Agnadello **69** E 4
Agnana Cálabra **253** E 5
Agnano **137** A 5-6
Agnano, Castello di- **227** D 4
Agnano, Masseria- **211** C 4
Agnano Terme **215** C 4
Agnata, l'- **296** D 2
Agneda **54** B 3
Agnedo **58** B 2
Agnel, Lac de l'- **122** A 2
Agnel, Lago- **81** A 4
Agnel, Piz d'- **24** E 1
Agnellara, Spiz- **41** C 6
Agnellasca, Torrente- **113** A 5
Agnellengo **66** C 2
Agnelleria, Stazione d'- **283** C 4
Agnellezze, Monte- **41** E 5
Agnelli, Casa- **284** C 2
Agnelli, Sanatório- **80** E 3
Agnello, Casa- **284** C 2
Agnello, Colle dell'- **94** C 3
Agnello, Monte- **40** C 2

Agnena, Canale- **201** E 5
Agner, Monte- **41** D 5
Agnino **116** E 2
Agno **52** B 2
Agno, Torrente- **73** B 5
Ágnolo **104** A 3
Agnona **50** E 3
Agnone (IS) **184** D 1
Agnone (SA) **283** E 5
Agnone Bagni **283** E 5
Agnone di Siracusa, Stazione d'-
    283 E 5
Agnósine **71** C 4
Agnova **164** C 1
Ago, l'- **115** E 4
Ago di Nardis **38** E 1
Agogna, Torrente- **84** B 2
Agognate **66** D 2
Agóiolo **102** B 3
Agolla **153** C 5
Ágolo, Monte- **55** E 4
Ágordo **41** D 5
Ágordo, Canale di- **41** D-E 5-6
Ágosta **180** B 2
Agosta, Árgine- **106-107** E 3-4
Agostinassi **96** D 2
Agostinelli, Masseria- **197** B 4
Agostinello, Ponte- **279** B 4
Agostini, Rifúgio- **38** E 2
Agosto **245** C 4
Agra (Svízzera) **52** C 2
Agra (VA) **51** B 6
Agra, Costa d'- **57** D 6
Agrano **51** D 4
Agrate **66** B 2
Agrate Brianza **68** C 3
Agrate-Contúrbia **66** B 2
Agresta, Masseria- **230** C 3
Agresto, Monte dell'- **235** A 6
Agri, Fiume- **239** A-B 5
Agriano **162** B 3
Agrifóglio **245** D 4
Agrigento **284** C 3
Agrò, Fiumara di- **269** C 6
Agromastelli **255** D 4
Agromonte-Spacciaboschi,
    Riserva Naturale- **205** E 6
Agrone **56** C 2
Agròns **43** D 6
Agrópoli **232** B 2
Agrústos **305** D 5
Agudo, Monte- **42** C 3
Agúglia, Casa- **293** C 4
Agugliano **144** B 3
Agugliaro **91** B 6
Aguiaro **106** A 2
Agúmes = Agums **25** D 6
Agums = Agúmes **25** D 6
Aguscello **105** C 6
Aguzzano, Parco Urbano di-
    179 B 4-5
Aguzzo **161** E 6
Aguzzo, Monte- (PG) **153** E 4
Aguzzo, Monte- (PR) **116** C 2
Aguzzo, Monte- (RM-Formello)
    179 A 4
Aguzzo, Monte-
    (RM-Vallinfreda) **180** A 2
Aguzzo, Pizzo- **124** E 2
Ahornach = Acereto **31** A 4
Ahr = Torrente Aurino **29** A 6
Ahrntal = Valle Aurina **29** C-D 5
Áia, Torrente l'- **161** E 6
Aiáccio **137** C 5
Áia dei Diávoli, Monte- **148** C 2
Áia delle Balme **95** C 4
Aiala, Torre d'- **212** E 1
Aiale **142** E 2
Aiale, l'- **160** A 1
Áia Pagliai **185** D 5
Aiarei **30** D 3
Aiárnola, Monte- **42** B 3
Aicúrzio **68** C 3
Aidomaggiore **307** E 5
Aidone **281** E 5
Áie (AT) **98** D 1
Áie (FC) **133** B 5
Áie di Cósola **99** E 5
Áie di Formignano, le- **133** B 5
Aielli **181** A 6
Aielli Stazione **181** A 6

Aiello (FN) 281 B-C 5
Aiello (SA-Baronissi) 217 C 5
Aiello (SA-Castèl San Giórgio) 217 B 5
Aiello (TE) 164 D 1
Aiello Cálabro 244 D 3
Aiello del Friuli 63 D 4
Aiello del Sábato 217 A 5-6
Aieta 235 E 5
Aigovo 123 C 4
Aiguille de Tré-la-Tête 46 B 1
Aiguille Noire de Peutérey 46 B 2
Aiguilles 94 C 2
Aiguillette, Monte- 94 D 3
Ailano 194 C 3
Ailoche 50 E 2
Aimoni 123 A 5
Ainana 95 B 5
Ainathal 31 B 6
Ainu, Porto- 305 D-E 5
Aiola 102 E 3
Aiola, Monte- 133 D 4
Aiona, Monte- 114 B 2
Aione di Sopra 101 D 4
Áios, is- 319 B 5
Airale 109 C 5
Airali (CN) 96 D 1
Airali (TO-Casalborgone) 82 D 3
Airali (TO-Luserna San Giovanni) 95 C 4
Airali (TO-San Secondo di Pinerolo) 95 C 5
Airasca 95 B 6
Airáudi 95 C 6
Airili, Masseria- 197 C 6
Airola 203 D 4
Airole 122 D 2
Airuno 53 E 6
Aisone 109 D 4
Aisovizza → Ajševica 63 C 6
Ajba 63 B 5
Ajševica (Aisovizza) 63 C 6
Akrágas, Punta- 284 C 3
Akrai 289 D 5
Ala 72 B 3
Ala, Punta- 157 D 5
Ala, Torrente- 72-73 B 3-4
Ala, Val di- 81 B 5
Alabardia 33 E 6
Alabro, Rio- 181 E 4
Alaca, Fiumara- 255 A 5
Alà dei Sardi 303 D 4
Ala di Stura 81 B 5
Alagna 85 D 4
Alagna Valsésia 49 C 6
Alanno 173 C 5
Alano di Piave 59 D 4
Alássio 124 D 2
Alatri 181 E 5
Alba (CN) 97 E 4
Alba (TN) 40 B 3
Alba, Rio- 44 C 3
Alba, Torre- (PA) 262 A 2
Alba, Torre- (RC) 253 D 4-5
Alba Adriática 155 E 6
Albacina 153 A 5
Alba Fucens 181 A 5
Albagiara 311 E 5
Albagno, Rifúgio d'- 34 D 2
Albairate 67 E 4
Albana 63 B 5
Albana, Castello di- 63 B 5
Albanella 218 E 2
Albanella, Stazione di- 218 E 1
Albanese, Casino- 223 B 5
Albanese, Masseria- 210 D 3
Albanesi, Masseria- 213 D 5
Albaneto 162 E 3
Albani, Colli- 179 D-E 6
Albani, Rifúgio- 55 C 4
Albano, Lago- 179 D-E 5
Albano, Monte- (CT) 283 A 4
Albano, Monte- (MO) 129 A 6
Albano, Monte- (PT) 130 E 3
Albano, Torrente- 34 E 3
Albano di Lucánia 220 D 2
Albano Laziale 179 E 5
Albano Modenese 103 D 6
Albano Sant'Alessandro 69 B 6
Albano Vercellese 65 E 6

Albarasca 99 D 4
Albárd di Donnas 49 E 4
Albarè 71 D 6
Albarea 106 C 1
Albaredo (TN) 57 D 5
Albaredo (TV) 75 C 4
Albaredo (VI) 58 D 1
Albaredo Arnaboldi 85 D-E 6
Albaredo d'Ádige 91 C 4
Albaredo per San Marco 35 E 6
Albarella, Ísola- 93 E 5
Albarelli 130 A 3
Albarengo 83 E 4-5
Albareto (MO) 104 D-E 2
Albareto (PC) 100 B 1
Albareto (PR-Albareto) 115 C 4
Albareto (PR-Fontanellato) 102 C 2
Albareto, Monte- 100 E 2
Albaretto 109 B 4
Albaretto della Torre 111 A 4
Albaria 90 E 2
Álbaro 90 B 3
Albaro, Masseria- 227 C 4
Albarola 100 C 3
Albaro Vescovà → Spodnje Škofije 79 D 5
Albarozza, Carmo- 123 C 4
Albate 52 E 3
Abavilla 53 E 4
Albazzano 116 B 3
Albe 181 A 5
Albedosa, Torrente- 98 E 2-3
Albegna, Bocca d'- 166 B 3
Albegna, Fiume- 159 B 4
Albeins = Albès 30 C 1
Álben, Monte- 54 D 2
Albenga 124 D 3
Albenza 53 E 6
Albenza, Monte- 53 E 6
Álbera 87 B 5
Alberáccio, Póggio- 139 B 6
Álbera Lígure 99 E 5
Alberazzi 105 A 6
Alberelli, Monte- 71 B 5
Alberese 158 D 2
Alberese, Stazione di- 158 D 2
Albereto (RA) 120 E 3
Albereto (RN) 134 D 3
Alberetti 95 C 5
Alberghi 130 D-E 1
Albergian, Monte- 94 A 3
Álberi 102 E 2
Álberi, Cala degli- 166 D 1
Álberi, Torrente- 279 C 6
Alberici 144 A 2
Alberino 105 E 6
Alberlungo 106 D 2
Albero, Cima d'- 60 A 2
Albero, Colle dell'- 184 C 2
Álbero, Monte- 283 A 5
Alberobello 211 D 5
Alberona 197 C 5
Alberone (FE-Cento) 105 C 4
Alberone (FE-RO) 106 B 2
Alberone (MN) 103 B 4
Alberone (PV) 86 D 3
Alberone, Torrente- 63 A 5
Alberone Stella, Masseria- 198 B 3
Alberoni 93 B 5
Alberoro 140 E 3
Álbero Sole, Altura- 284 E 2
Alberts, les- 94 A 1
Albès = Albeins 30 C 1
Albese con Cassano 53 E 4
Albettone 91 B 6
Albi 245 E 6
Albiano (AR-Anghiari) 141 C 4
Albiano (AR-Arezzo) 141 D 4
Albiano (LU) 129 B 5-6
Albiano (TN) 39 E 4-5
Albiano d'Ivrea 64 D 3
Albiano Magra 127 C 4
Albiate 67 B 6
Albidona 239 E 4
Albigna, Lago- 35 C 6
Albignähütte 35 C 6
Albignano 69 D 4
Albignásego 92 B 2

Albina 60 E 3
Albinático 130 E 1-2
Albinea 117 A 5
Albínia 166 B 3
Albino 54 E 2
Albiolo 52 E 2
Albiolo, Pizzo d'- 37 C-D 6
Albiona, Pizzo d'- 32 D 2
Albions 30 D 1
Albisano 71 C 6
Albisola Marina 112 D 1
Albisola Superiore 112 D 1
Albizzate 51 E 6
Albo 51 B 4
Albo, Monte- 309 A-B 4-5
Albogásio 52 B 3
Albogno 32 E 3
Alboin 94 E 3
Álbola (SI) 139 E 6
Álbola (TN) 56 D 3
Albone 100 B 3
Albonese 84 B 3
Albónico 35 D 5
Álcamo 261 D 6
Álcamo, Stazione di- 261 D 6
Álcamo diramazione, Stazione- 261 D 6
Álcamo Marina 261 D 6
Alcántara, Fiume- 269 D 5
Alcántara, Gola dell'- 269 D 5
Alcantara, Parco Fluviale dell'- 269 D 5
Alcara i Fusi 268 B 1
Álcheda 61 B 4
Alchénnero, Rio- 307 C 4
Alcóvia 289 A 4
Aldein = Aldino 39 C 6
Aldcno 57 C 5
Aldino = Aldein 39 C 6
Áldria 130 B 2
Aldu, Monte- 301 B 6
Alento, Fiume- (CH) 173 C-D 6
Alento, Fiume- (SA) 232 D 3
Alento, Ponte di- 173 C 6
Aleri, Nuraghe- 317 B 6
Áles 311 E 5
Alessándria 98 B-C 2
Alessándria del Carretto 238 E 3
Alessándria della Rocca 278 E 2
Alessano 231 D 5
Aléssio 133 D 6
Alesso 44 D 2
Alétzia, Fiume d'- 315 C 4
Alétzia, Ponte d'- 315 C 4
Alézio 230 B 3
Alfano 233 D 5
Alfedena 183 E 5
Alfeo, Monte- 113 A 6
Álfero 133 E 4
Alfi 153 D 6
Alfianello 88 C 1
Alfiano Natta 83 E 5
Alfiano Nuovo 88 C 1
Alfiano Vécchio 88 C 1
Alfieri, Masseria- 212 D 2
Alfonsine 120 C 3
Alfonsine, Riserva Naturale di- 120-121 B 3-4
Alga, Punta d'- 274 C 2
Alghero 300 D 2
Alghero, Rada di- 300 D 2
Algone, Val d'- 56 A-B 3
Álgua 54 E 2

Algund = Lagundo 27 C 4
Ali (ME) 258 D 1
Ali (TP) 260 D 3
Alì, Passo di- 285 B 5
Ália 279 B 4
Alianello 237 B 6
Alianello Nuovo 237 B 6
Aliano (FI) 139 C 4
Aliano (MT) 237 B 6
Álica 138 D 1
Alice 98 E 3
Álice, Lago d'- 64 D 2
Alice, Punta- 247 A 6
Álice Bel Colle 98 D 1
Alice Castello 65 E 4
Álice Superiore 64 D 2
Alícudi, Ísola- 272 A 1
Alicudi Porto 272 A 1
Alife 195 D 4
Aliforni 153 A 6
Áliga, Punta s'- 318 B 3
Alimena 280 B 3
Alímini Grande, Lago- 229 E 5
Alímini Piccolo, Lago- 229 E 5
Aliminusa 265 E 5
Alimonta, Rifúgio- 38 E 2
Alimuri 215 E 6
Álinos, Rio sos- 309 B 6
Álinos, Sos- 309 B-C 6
Aliperti 215 B 6
Alì Terme 258 D 1
Alì'Ácqua, Ospízio- 33 A 4
Állai 311 C 5
Allalinhorn 49 A 5
Allardo 109 B 4
Állaro, Fiumara- 255 D 4
Alasu, Bruncu- 312 C 3
Álleghe 41 B 5
Álleghe, Forcella d'- 41 B 5
Álleghe, Lago d'- 41 B 5
Allégnidis 43 D 6
Allegrezze 114 B 2
Allein 47 B 4
Aleri 280 B 3
Allerona 160 B 2
Allerona, Stazione- 160 B 2
Alle Sale 51 D 5
Allésaz 49 D 4
Allevè 94 A 2
Alli, Fiume- (CZ) 250 D 2
Alli, Fiume- (PZ) 235 A 5
Allione, Torrente- 55 B 5
Alliste 230 C 3
Allivellatori 95 A 5-6
Álliz, Punta d'- = Litzner Spitze 26 C 1
Allocchi, Galleria degli- 132 C 1
Allori 137 B 6
Allume 269 C 6
Allumiere 168 E 2
Alluvioni Cambiò 84 E 3
Alma 110 D 2
Alma, Fosso- 157 C 6
Alma, Monte- 299 E 5-6
Alma, Monte d'- 157 C 6
Almádis 61 B 6
Almanno 52 C 3
Almazzago 38 C 2
Almè 54 E 1
Almellina 109 E 6
Almenno San Bartolomeo 54 E 1
Almenno San Salvatore 54 E 1
Almerita, Masseria- 279 C 5
Almese 81 E 6
Almisano 73 E 6
Alnè 59 D 5
Alnicco 62 B 3
Aloisa, Foce- 199 B 5
Alone 70 B 3
Alonte 91 B 5
Alpago 60 B 2-3
Alpago, Rifúgio d'- 60 B 3
Alpáos 60 B 2
Alpe (GE-Gorreto) 113 A 6
Alpe (GE-Vóbbia) 113 A 5
Alpe (PR) 114 C 3

Alpe (VI) 73 B 5
Alpe, Monte- (GE-MS) 114 D-E 3
Alpe, Monte- (SV) 124 C 2
Alpe, Monte d'- 99 D 6
Alpe Anval, Rifúgio- 49 D 6
Alpe Chéggio 32 E 1
Alpe Colombino 95 A 5
Alpe Corte, Rifúgio- 54 C 2
Alpe dei Cavalli, Lago- 32 E 1
Alpe della Luna 141 B 5
Alpe Dévero 32 C 2
Alpe di Campo 32 E 1
Alpe di Campo, Bivacco- 49 C 6
Alpe di Mera 50 E 2
Alpe di Pampeago 40 C 2
Alpe Fiorentini 57 D 6
Alpe Gera, Lago di- 36 C 2
Alpenrosehütte 29 A 5
Alpepiana 114 B 2
Alpe Plane, Rifúgio- 94 B 2-3
Alpe Ponton 47 D 5
Alperolo 85 D 6
Alpe Sant'António 129 B 5
Alpesígola, Monte- 129 A 6
Alpe Sponda, Rifúgio- 33 B 6
Alpet, Monte- 110 D 2
Alpe Toso, Bivacco- 49 D 6
Alpetta, Punta dell'- = Alpler Spitze 27 C 3
Alpette 64 D 1
Alpe Véglia 32 C 1
Alpe Véglia e Alpe Devero, Parco Regionale- 32 C 1-2
Alp-Flix 35 A 6
Alp Grüm 36 B 3
Alpi, Monte- 235 C 6
Alpi, Osteria alle- 43 B 4
Alpiano Superiore 32 D 2
Alpi Apuane 128-129 A-C 3-5
Alpi Apuane, Parco Regionale delle- 129 B-C 4-5
Alpicella (GE) 114 B 2-3
Alpicella (SV) 112 C 1
Alpicella, Monte- 115 E 5
Alpignano 81 E 6
Alpi Liguri, Parco Regionale delle- 122-123 B-C 3-4
Alpi Maríttime, Parco Regionale delle- 109 E 4-5
Alpini, Cippo- 37 C 6
Alpini, Monumento degli- 36 C 2
Alpini, Rifúgio- 58 B 1
Alpino 51 D 4
Alpino, Casa dell'- 51 B 4
Alpisella, Passo- 25 E 4
Alpler Spitze = Punta dell'Alpetta 27 C 3
Alpo 90 B 2
Alpo, Rocco sull'- → Cima Spessa 56 E 1
Alpone, Torrente- 73 D-E 5
Alpre, Pizzo di- = Arventalspitze 29 D 6
Alsack = Alsago 25 C 6
Alsago = Alsack 25 C 6
Alseno 101 C 5
Alseno, Stazione di- 101 C 5
Alsério 53 E 4
Alsério, Lago di- 53 E 4
Alsium 177 B 4
Alta, Cima- 164 E 1
Alta, Croda- = Hohe-Wandspitze 29 A 4
Alta, Croda- 31 E 6
Alta, Pala- 41 B 4
Alta, Serra- (CZ) 245 E 4
Alta, Serra- (FR) 181 D 6
Alta, Serra d'- 210 E 1
Altáccio, Monte- 132 C-D 3
Altacroce, Monte- (Hochkreuz-Spitze) 31 A 6
Altacroce, Monte- = Hohe Kreuz Spitze 28 C 1
Alta di Pora, Malga- 55 D 4
Altafossa, Val d'- = Altfasstal 30 A-B 2
Altagnana 128-129 B-C 3-4
Alta Guárdia, Monte- 55 C 6
Altamura 207 E 6

Alta Múrgia, Parco Nazionale dell'- 207 B-E 3-6
Altana 63 B 5
Altana, Rio- (NU) 303 D 4
Altana, Rio- (SS) 299 D 6
Altanea, Valle- 77 D 4-5
Altano, Capo- 318 A 2
Altare 111 D 6
Altare, Bocchetta di- 111 D 5-6
Altare, Monte- 245 A 6
Altare, Scogli dell'- 71 C 5
Altare, Tempa- 237 D 6
Altare de Lógula 308 E 1
Altarella, Punta- 260 D 1
Alta Sant'Egídio, Monte- 151 A 4
Altaura 91 D 5
Alta Valle Pésio e Tánaro, Parco Regionale- 122-123 A 3-4
Alta Val Sésia, Parco Regionale- 49 B 6
Altavilla 164 D 1
Altavilla Irpina 203 D-E 5
Altavilla Milicia 263 B 5
Altavilla Monferrato 83 E 6
Altavilla Silentina 218 E 2
Altavilla Vicentina 73 D 6
Alte, Serre- 217 E 6
Alte Ceccato 73 E 6
Altedo 105 E 5
Altei, Pala d'- 61 B 4
Alteinfurka 24 B 1
Altenburg = Castelvécchio 39 C 5
Altesina, Monte- 281 B 4
Altesino 149 D 6
Alteta 154 B 3
Altfasstal = Val d'Altafossa 30 A-B 2
Alti, Poggi- 159 C 4
Altidona 155 B 5
Altiera, Rocca- 182 E 3
Atília (CB) 195 C 6
Atília (CS) 244 D 3
Atília (KR) 247 C 4
Altino (AP) 154 E 1
Altino (CH) 174 E 3
Altino (VE) 76 D 2
Altino, Monte- 54 E 2
Altíssima, l'- = Hohe Wilde 26 B 3
Altíssimo 73 C 5
Altíssimo, Monte- (BS) 55 D 5
Altíssimo, Monte- (LU) 129 B 4
Altíssimo, Monte- (TN) 56 C 2-3
Altíssimo di Nago, Monte- 56 E 3
Altívole 75 B 4
Alto 123 B 5
Alto, Col- 30 E 3
Alto, Coll'- 60 D 3
Alto, Colle- 171 D 5
Alto, Giogo- = Hochjoch (monte) 26 C 1
Alto, Giogo- (Hochjoch-passo) 26 B 2
Alto, Masseria dell'- 227 E 4
Alto, Monte- (AQ) 181 C 6
Alto, Monte- (BG) 55 D 4
Alto, Monte- (BL) 41 E 5
Alto, Monte- (BS) 70 C 1
Alto, Monte- (CS) 240 C 3
Alto, Monte- (FR) 192 A 1
Alto, Monte- (GR) 149 E 4
Alto, Monte- (IM) 122 D 3
Alto, Monte- (LT) 192 C 2
Alto, Monte- (LU) 129 A 5
Alto, Monte- (MS) 116 D-E 2
Alto, Monte- (PR) 115 C 4
Alto, Monte- (SV) 111 D-E 5
Alto, Monte- (VI) 74 E 1
Alto, Monte- = Hochalt 26 C 1
Alto, Monte- = Hocheck 28 B 2
Alto, Pizza- 55 C 5
Alto, Pizzo- (LC-SO) 53 B 6
Alto, Pizzo- (SO) 35 C 5
Alto, Ponte- 149 E 6
Alto, Ripa dell'- 141 C 6

A
B
C
D
E
F
G
H
I
J
K
L
M
N
O
P
Q
R
S
T
U
V
W
X
Y
Z

Alto Appennino Modenese, Parco Regionale dell'- (Parco del Frignano) 129 A-B 6
Alto di Pelsa, Monte- 41 C 5
Alto d'Ischiator, Becco- 108 D 2
Alto, Dosso- (BS) 55 E 6
Alto, Dosso- (TN) 39 E 4
Altoè 100 B 3
Altofonte 263 B 4
Alto Garda Bresciano, Parco Regionale dell'- 71 A-B 6
Altóggio 32 D 3
Altolia 258 C 1
Altomena 139 B 6
Alto Merse, Riserva Naturale- 149 D 4-5
Altomonte 241 C 4
Altomúzio, Ponte d'- 235 A 4
Alto Novarese, Diramatore- 66 D 1
Altopáscio 130 E 1
Altopiano di Cariadeghe, Riserva Naturale- 71 C 4
Altopiano Marconi 119 C 4
Altora, Punta- 303 B 6
Altore, Monte- 288 C 3
Alto Rotondi, Monte- 203 C 4
Altovia 163 D 6
Altpragser Tal = Valle di Bráies Vécchia 31 C 5
Altrateis = Rattísio Vécchio 26 C 3
Altrei = Anterivo 39 D 6
Altrocanto 161 E 6
Altuino, Monte- 180 C 3
Altura, Monte- 297 C 4
Alture 63 D 4
Alústia, Rio de- 313 E 4-5
Alvano, Pizzo d'- 217 A 4
Alvano, Ponte- 277 A 6
Álvari 113 C 6
Alvaro, Monte- (FG) 205 B 4
Alvaro, Monte- (SS) 298 E 2
Álveo del Lago di Ándalo 38 E 3
Álveo del Lago di Lóppio 57 D 4
Álvi 163 D 6
Alviano (MC) 145 E 5
Alviano (TR) 161 D 4
Alviano, Lago di- 161 D 4
Alvignanello 195 E 5
Alvignano 195 E 4
Alvis, Passo- 41 E 4
Alvisópoli 62 E 1
Alvito 182 E 2
Alvo, Torrente- 220 B 2
Alvra, Val d'- 24 D 2
Alvu, Nuraghe- (SS-Cossoine) 307 C 4
Alvu, Nuraghe- (SS-Nulvi) 299 D 5
Alzabecchi, Sella di- 124 C 2
Alzano Lombardo 69 B 6
Alzano Scrívia 85 E 4
Alzasca, Capanna d'- 33 C 4
Alzasca, Pizzo- 33 C 4
Alzate 66 C 2
Alzate Brianza 53 E 4
Alzo 51 D 4
Ama (BG) 54 E 2
Ama (SI) 139 E 6
Amagno 53 E 6
Amalafede 232 C 3
Amalfi 217 D 4
Amalfitana, Costiera- 217 D 4
Amándola 154 D 2
Amándola, Monte- 154 D 1
Amantea 244 D 2
Amare, Grotta- 172 B 2
Amariana, Monte- 44 C 2
Amaro 44 D 2
Amaro, Monte- (AQ) 182 D 3
Amaro, Monte- (PE) 183 A 5
Amaroni 249 C 6
Amaseno 192 C 3
Amaseno, Fiume- 192 D 1-2
Amaseno, Torrente- 193 A 4
Amato (CZ) 249 A 6
Amato (RC) 252 E 3
Amato, Fiume- 249 B 5

Amatrice 163 D 5
Am Bach 35 B 6
Ambata, Forcella- 42 B 3
Ambelia 289 B 4-5
Ambièz, Val d'- 56 B 3
Ambin, Colle d'- 80 D 2
Ambin, Rifúgio- 80 D 2
Ambin, Rocca d'- 80 D 2
Ambin, Vallon d'- 80 D 2
Ambivere 69 B 4
Amblàr 39 B 4
Amborzasco 114 B 2
Ambra 140 E 1
Ambra, Cala d'- 305 C 4
Ambra, Val d'- 33 B 6
Ambri 33 A 5
Ámbria (BG) 54 E 1
Ámbria (SO) 54 B 3
Ambrifi, Castello di- 192-193 C 3-4
Ambriola 54 E 2
Ambro, Torrente- 154 D 1
Ambrogiana 138 B 3
Ambrogina, l'- 159 B 4
Ambrógio 106 B 2
Ambrosi 110 C 1
Ambruosi 215 B-C 6
Améglia 127 D 5
Méglio 194 D 2
Amélia 161 D 5
Amélia, Passo d'- 161 D 6
Améndola 198 A 3
Améndola, Stazione di- 198 A 3
Amendolara 239 E 5
Amendolea 256 E 3
Amendolea, Fiumara di- 259 E 5
Ameno 51 E 4
Amenta, Masseria- 262 B 3
Amerillo, Fiume- 289 D 4
Amiante, Rifúgio- 47 A 4
Amiata, Monte- 159 B 5
Amica 242 D 3
Amione, Torrente- 112 A 1
Amiterno 171 B 6
Ammeto 161 A 4
Ammónite 120-121 C 3-4
Amodon 80 C 1
Ámola 104 E 3
Amorosa, Fattoria dell'- 150 B 2
Amorosi 195 E 5
Amoroso, Monte l'- 236 A 2
Ampezzo 43 D 5
Ampezzo, Valle d'- 42 B-D 1-2
Ampinana 132 D 1
Ámpio, Torrente- 157 C-D 6
Ámpola, Laghetto d'- 56 D 2
Ámpola, Valle d'- 56 D 2
Ampollino, Fiume- 246 C 3
Ampollino, Lago- 245 C 6
Amprimo, Rifúgio- 81 E 4
Ampugnano 149 B 5
Amusa, Fiumara- 255 E 4
Anacapri 216 E 1
Anagni 180 E 3
Ánapo, Fiume- 289 D 5-6
Anastasi, Nuraghe- 311 B 6
Ancaiano (PG) 162 C 1-2
Ancaiano (SI) 149 B 4
Ancarano (PC) 100 C 3
Ancarano (TE) 155 E 4
Ancarano → Ankaran 79 D 4-5
Ancarano, Forca d'- 163 A 4
Anchetta 139 B 5-6
Anchiano 129 D 6
Anchione 130 E 1-2
Ancignano 74 C 1
Ancinale, Fiume- 255 A 4-5
Anciolina 140 C 2
Áncipa, Lago dell'- 267 D-E 6
Ancognano 119 D 4
Ancona 145 A-B 4
Ancona, Croda de r'- 31 D 5
Anconella 119 E 4
Anconetta 74 D 1
Andagna 123 C 4
Andagna, Rocca di- 123 C 4
Ándali 246 E 3
Ándalo 38 E 3

Ándalo, Álveo del Lago di- 38 E 3
Ándalo Valtellino 35 E 5
Andezeno 82 E 3
Andogno 56-57 B 3-4
Andolla, Pizzo di- 50 A 1
Andolla, Rifúgio- 32 E 1
Andonno 109 D 5
Andora 124 E 2
Andorno Micca 49 E 6
Andrano 231 B-C 5
Andrate 64 C 3
Andràz 41 B 5
Andràz, Castello di- 31 E 4
Andrazza 43 D 4
Andrea, Monte- 184 D 3
Andréis 61 B 4
Andretta 204 D 3
Ándria 208 B-C 1
Andriace, Masseria- 239 A 5
Andrian = Andriano 27 E 5
Andriano = Andrian 27 E 5
Andría Puddu 303 B 5
Ándrich 41 C 4
Andrista 55 B 6
Anduins 61 A 6
Anei, Nuraghe- 311 E 5
Anela 308 B 1
Anela, Masseria d'- 223 C 6
Aneo, Monte- 148 B 1
Aneta 116 D 2
Áneva, Torrente- 118 E 2
Anfiteatro, Rovine- 194 E 2
Anfiteatro Romano 197 B 6
Anfo 56 E 1
Anfurro 55 D 4
Angarano 74 B 2
Angarello, Monte- 288 B 3
Ángeli (AN-Ancona) 145 B 4
Ángeli (AN-Mergo) 143 D 5-6
Ángeli (MN) 89 D 5
Ángeli, Chiesa degli- 255 B 5
Ángeli, Chiesa gli- 149 E 6
Ángeli, Convento degli- 231 D 4
Ángeli, Golfo degli- 320 C 2
Ángeli, Monte degli- 188 D-E 3
Angélica 138 C 1
Ángeli Custodi 36 C 3
Angelini, Masseria- 213 E 5
Angellara 233 C 4
Ángelo, Arco dell'- 321 A 5
Ángelo, Convento dell'- 129 D 6
Ángelo, Monte- 247 D 4
Ángelo Custode, Casa- 300 C 2
Angeloga, Passo di- 35 B 5
Angeloni, Masseria- 199 C 4
Angera 51 E 5
Angern 27 A 4
Anghébeni 57 E 5
Ánghelu Rúiu, Necrópoli- 300 C 2
Anghiari 141 C 4
Angiari 91 D 4
Angítola, Lago dell'- 249 C 4
Angítola, Piana dell'- 249 C 4
Angítola, Ponte- 249 C 4
Anguilli, Masseria- 212 D 1
Anguilli, Monte- 211 E 4
Angízia 181 B 5
Anglona, Regione- 299 D-E 4-6
Angoletta 41 D 5
Ángoli 249 A 6
Ángolo Terme 55 D 4
Angone 55 D 5
Angóris 63 D 5
Angri 217 B-C 4
Angrogna 95 C 4
Anguillara, Stazione di- 177 A 6
Anguillara Sabázia 177 A 6
Anguillara Véneta 92 E 2
Anhovo (Salona d'Isonzo) 63 B 6
Ánia, Torrente- 129 B 6
Aniene, Fiume- 179 B 6
Aniene, Sorgenti dell'- 181 C 4
Ánime, Cima delle- (Hinterer Seelenkogl) 27 B 4
Anita 120 B 3

Anita Garibaldi, Cippo di- 121 B 4-5
Ánitra, Laghi dell'- 184 C 1
Anitrella 193 A 4
Ankaran (Ancarano) 79 D 4-5
Annà 258 E 2
Annallai, Rio- 317 C 4
Annea, Torrente- 244 A 3
Annecchino, Ponte- 202 D 1
Annegato, Ponte dell'- 252-253 C 3-4
Annibale, Ponte- 202 C 1
Annicco 87 C 5
Annifo 153 D 4
Annone, Lago di- 53 E 5
Annone di Brianza 53 E 5
Annone Véneto 76 A 3
Annous, Ies- 108 E 1
Annunciata 55 C 5
Annunciata, Basílica l'- 203 E 6
Annunciata (AT-Costiglíole d'Asti) 97 D 5
Annunciata (AT-Moasca) 97 D 5
Annunciata (CA) 321 A 5
Annunciata (CN) 110 D 1-2
Annunciata (CS) 244 D 2
Annunciata (NA) 215 E 5
Annunciata (SA) 217 C 5
Annunciata (Svízzera) 36 C 3
Annunciata, Chiesa l'- (AQ) 182 B 3
Annunciata, Chiesa l'- (CT) 288 B 3
Annunciata, Chiesa l'- (CZ) 251 C 5
Annunciata, Chiesa l'- (FG) 188 E 2
Annunciata, Chiesa l'- (PA) 266 D 3
Annunciata, Chiesa l'- (SA) 233 E 5
Annunciata, Convento dell'- 152 E 2
Annunciata, l'- (CE) 202 C 2
Annunciata, l'- (CT) 268 D 3
Annunciata, Monte dell'- 267 E 6
Annunciata Lunga, Passo- 194 C 1-2
Annunciatiella, l'- 179 D 4
Anóia 253 D 4
Anóia Inferiore 253 D 4
Anóia Superiore 253 D 4
Ánqua 148 C 3
Ansedónia 167 C 4
Anséline 204 B 1
Ansidónia, Osteria- 150 E 1
Ansiei, Fiume- 31 E 6
Ánsina 141 E 4
Ansione, Pozzo d'- 181 D 5
Ansogne 42 E 2
Anson 91 C 4
Antagnod 49 C 4
Antalbo, Masseria- 275 C 4
Antelao, Monte- 42 D 2
Antelao, Rifúgio- 42 D 2
Antella 139 B 5
Antenna, Altura- 247 E 5
Antenna, Monte- 256 D 3
Antenna Grande, Pizzo- 266 D 2
Antennamare, Monte l'- 258 B-C 1
Anterivo = Altrei 39 D 6
Antermóia = Untermoi 30 C 3
Antermóia, Rifúgio- 40 B 3
Antersélva, Lago d'- = Antholzer See 31 A 5
Antersélva, Valle di- = Antholzer Tal 31 A-B 4-5
Anterselva di Mezzo = Antholz Mittertal 31 A 5
Anterselva di Sopra = Antholz Obertal 31 A 5
Anterselva di Sotto = Antholz Niedertal 31 B 4
Antésica 116 B 3
Antessano 217 C 5
Antéssio 115 D 4

Antey-Saint-André 48 C 3
Antholzer See = Lago d'Antersélva 31 A 5
Antholzer Tal = Valle di Antersélva 31 A-B 4-5
Antholz Mittertal = Anterselva di Mezzo 31 A 5
Antholz Niedertal = Anterselva di Sotto 31 B 4
Antholz Obertal = Anterselva di Sopra 31 A 5
Antica Città di Sutri, Parco Urbano- 169 D 4-5
Antico (MC) 153 D 5-6
Antico (RN) 133 E 6
Antícoli Corrado 180 B 2
Antígine, Pizzo d'- 49 A 6
Antíglio 34 C 3
Antignano (AT) 97 C 5
Antignano (LI) 137 D 4
Antignano → Tinjan 79 D 5
Antigóri, Torre- 320 D 1-2
Antigório, Valle- 32 C-D 2-3
Antília, Monte- 233 D 5
Antillo 269 C 5
Antillo, Torrente di- 269 C 5
Antillone 32 B 3
Antirata 141 D 6
Antisciana 129 B 5
Antóglia, Masseria- 212 D-E 2
Antognano (LU) 129 A 4
Antognano (PC) 101 D 4
Antognola (PG) 151 B 6
Antognola (PR) 116 B 3
Antola, Monte- 43 B 4
Ántola, Monte- 113 A 5
Ántola, Parco Regionale dell'- 113 A 5
Ántole 41 E 6
Antolini, Villa- 144 D 3
Antona 128-129 B 3-4
Antonáccia, Torre- 188 C 2
Antonelli, Masseria- 196 D 3
Antonelli, Villa- 211 C 5
Antonimina 257 B 4
Antoroto, Monte- 110 E 3
Antráccoli 129 E 6
Antría (AR) 140 D 3
Antria (PG) 151 C 6
Antrodoco 171 B 5
Antrodoco, Gole di- 171 B 5
Antrogna 50 B 2
Antrona, Lago- 32 E 1
Antrona, Val di- 50 B 2-3
Antronapiana 32 E 1
Antrona-Schieranco 32 E 1
Antrosano 181 A 5
Antullo, Pozzo d'- 181 D 5
Antunceddu, Nuraghe d'- 296 C-D 3
Anversa degli Abruzzi 182 B 3
Anza, Torrente- 50 B 2-3
Anzani, Masseria- 199 C 5
Anzano 60 D 2
Anzano del Parco 53 E 4
Anzano di Púglia 204 B 3
Anzasca, Valle- 50 B-C 1-2
Anzasco 65 D 4
Anzeddu, Monte- 314 D 2
Anzi 220 E 2
Anzi, Fosso d'- 220 E 1-2
Anzi, Taverna d'- 220 D-E 1
Anziana, Riva dell'- 57 E 5
Anzina, Casa- 230 B 3
Anzino 50 B 2
Ánzio 190 C 3
Anzo 126 C 2
Ánzola 114 B 3
Anzola dell'Emília 118 B 3
Anzola d'Óssola 50 B 3
Anzolla 116 B-C 2-3
Anzone 34 B 3
Anzónico 33 A-B 6
Ánzos, Rio- 299 D 6
Anzù 59 C 4
Anzu, Punta su- 309 B 6
Áola, Corno d'- 37 D 6
Aonédis 61 B 6
Aorívola 194 D 2
Aosta = Aoste 47 C 4-5

Aosta, Rifúgio- 48 A 3
Aosta, Valle d'- = Vallée d'Aoste 48-49 C-D 1-4
Aoste = Aosta 47 C 4-5
Aoste, Vallée d'- = Valle d'Aosta 48-49 D-E 3-4
Aouillette, Monte l'- 46 C 3
Apagni 162 A 2
Ápani, Masseria- 213 C 4
Ápani, Scogli di- 213 C 4
Apécchio 142 C 1
Apella 116 D 2
Aperer Freiger 28 A 1
Ápia, l'- 140 C 3
Ápice 203 C 6
Ápice, Stazione di- 203 C 6
Ápice Nuovo 203 C 6
Apiro 143 E 6
Apoléggia 162 E 2
Apollinara 241 B-C 6
Apollo, Banco- 265 A 5
Apollonio, Castello- 180 B 1
Apollosa 203 D 5
Apóscipo, Torrente- 256 D 3
Appalto 151 B 4
Apparizione 96 E 1
Appenna, Monte- 94 B 3
Appennínia 117 E 4
Appennino 153 E 6
Appennino, Galleria dell'- 131 A-B 4
Appennino Lucano-Val d'Agri-Lagonegrese, Parco Nazionale dell'- 236-237 D-E 1-3
Appennino Tosco-Emiliano, Parco Nazionale dell'- 116 D-E 1-3
Áppia, Via- 179 D 5
Áppia Antica, Parco Regionale dell'- 179 D 4-5
Áppia Antica, Via- (BR) 213 D 5
Áppia Antica, Via- (NA) 201 D 4-5
Áppia Antica, Via- (RM) 179 D 5
Áppia Antica, Via- → Via la Tarantina 207 E 5-6
Appiano, Castello d'- = Schloss Hocheppan 27 E 5
Appiano Gentile 52 E 2
Appiano sulla Strada del Vino = Eppan an der Weinstrasse 39 B 5
Áppia Traiana, Via- (BR) 212 B 3
Áppia Traiana, Via- (BT) 207 A 4
Appidè, Masseria l'- 227 C 4
Appignano (MC) 144 D 3
Appignano (TE) 164 D 3
Appignano del Tronto 155 D-E 4
Appíolo, Monte- 193 C 4
Áppiu, Nuraghe- 300 E 3
Apprézzami l'Ásino, Torre- 235 D 4
Aprica 36-37 E 3-4
Aprica, Passo di- 37 E 4
Apricale 122 D 3
Apricena 186 D 2
Apricena, Stazione di- 186 D 2
Apricena Superiore, Stazione di- 186 D 3
Apriglianello 247 D 5
Aprigliano 245 C 4
Aprília 190 A 3
Aprília Maríttima 77 B 6
Apsa, Torrente- 142 A 3
Apsella 135 E 4
Apuane, Alpi- 128-129 A-C 3-5
Aquara 233 A 4
Aquara, Mácchia di- 218 E 3
Aquara, Tempa- 233 A 4
Áquila (Svízzera) 34 A 2
Áquila (TP) 275 B 4
Áquila, Becco dell'- 95 A 3
Áquila, L'- 172 C 1
Áquila, Punta dell'- 95 A 4
Áquila, Rocca d'- 281 C 6
Áquila di Arróscia 123 B 5
Aquilano (CH) 174 B 3

Aquilano (TE) 164 D 1
Aquila 129 D 6
Aquiléa 266 C 2
Aquiléia 63 E 4
Aquilente, Piano di- 171 C 5
Aquilini 70 C 2
Aquílio, Corno di- 72 C 3
Aquilone 37 B 5
Aquilónia 205 C-D 4
Aquilónia, Stazione di- 205 D 5
Aquilónia Vécchia 205 C 4
Aquino (FR) 193 B 5
Aquino (PA) 263 B 4
Aquino (Svízzera) 33 C 6
Aquinum 193 B 5
Ara (NO) 65 B 6
Ara (UD) 62 A 3
Arabba 30 E 3
Aradeo 227 E 5
Arafranca-Pinaco 163 D 5
Aragno 172 B 1
Aragno, Monte d'- 172 B 1
Aragona 284 B 3
Aragona, Masseria- 282 B 3
Aragona, Monte di- 284 A 3
Aragona, Valle di- 284 A 3
Aragona-Caldare, Stazione di- 284 B 3
Arai, Rio- 316 C 2
Aralalta, Monte- 54 C 1
Aramengo 83 D 4
Áramo 130 D 1
Arana, Monte- 301 D 5
Aranci, Golfo degli- 297 E 6
Aráncio, Lago- 277 B 5
Aráncio, Monte- 277 B 5
Aráncio, Ponte- 262 E 3
Aranco 50 E 3
Aranghía, Torrente- 259 E 6
Aranno 52 B 2
Ara Nova 177 B-C 5
Arapetrianni 171 D 5
Arasì 256 D 1
Arasulè-Toneri 312 B 2
Aratato, Monte- 280 E 3
Aratato del Muro, Monte- 285 D 6
Aratena 303 B 4
Aratrice, l'- 158 A 3
Aratu, Rio- 312 A 2
Araxisi, Rio- 311 C 6
Arazecca, Monte- 183 D 5
Arba 61 B 5
Árbatax 313 C 6
Arbaz (AO) 49 D 4
Arbedo 34 D 2
Arbedo, Val d'- 34 D 2-3
Arbi 111 C 4
Árbia 149 B 6
Árbia, Colle d'- 296 A 2
Árbia, Torrente- 149 C 6
Arbíglia 111 A 6
Arbizzano 72 E 3
Arblatsch, Piz d'- 35 A 6
Arbo, Monte- 312-313 D 3-4
Arboério 50 D 3
Árbora 66 B 2
Arborea 83 C 4
Arboréa 310 E 3
Arboréa, Regione- 311 D 4-6
Arbório 65 D 6
Arbostóra, Monte- 52 C 2
Arbouin, l'- 122 C 2
Arbu, Monte- (CA) 321 B 5
Arbu, Monte- (Monti del Gennargentu) 312 B 3
Arbu, Monte- (OG) 313 E 4-5
Arbuchía, Montagna dell'- 266 E 3
Arburese, Regione- 314 B-C 2-3
Árbus 314 C 3
Árbus, Monte- (CI) 318 D 3
Árbus, Monte- (CA) 319 D 5
Arc 80 C 1
Arc 1600 46 D 1
Arc 1800 46 D 1
Arc 2000 46 D 1
Arcade 59 E 6
Arcagna 86 B 3

Arcando 47 E 6
Arcángel 80 D 3
Arcángelo, Monte- 205 C 4
Arcano Inferiore 62 A 2
Arcano Superiore 62 A 2
Arcanzo, Cima d'- 35 D 6
Arce (FR) 193 A 4
Arcè (VR) 72 E 2
Arcella 203 E 5-6
Arcello 100 B 1
Árcene 69 C 5
Arceno, Villa d'- 140 E 1
Arcera, Ponte d'- 263 D 4
Arcésaz 49 D 4
Arceto 117 A 6
Arcetri 139 B 5
Arcévia 143 D 5
Archi (CH) 174 E 3
Archi (RC) 256 D 1
Archinuovi, Masseria- 212 D 3
Archi Stazione 174 E 3
Archittu, s'- 310 A 2
Arci, Monte- 311 E 4
Arciano, Monte- 203 E 4
Arcidiaconata, Fiumara- 205 D 6
Arcidosso 159 B 5
Arcigliano 130 D 2
Arcille 158 C 3
Arcimusa, Masseria- 283 E 4
Arcinazzo, Altipiani di- 180 C 3
Arcinazzo Romano 180 C 3
Arcione, Castello- 179 B 5-6
Arcípelago di la Maddalena, Parco Nazionale dell'- 297 B-C 5-6
Arcípelago Toscano, Parco Nazionale- 156 D 1-2
Arcisate 52 D 2
Arco 56 D 3
Arco, Monte- 156 D 3
Arco, Punta dell'- 191 E 5
Arco dell'Ángelo 321 A 5
Arco Felice 214 B 3
Arcóglio, Lago d'- 36 D 1
Árcola (PN) 60 B 3
Árcola (SP) 127 D 4
Árcole 91 B 4
Arcomagno, Grotta di- 240 A 1
Arconate 67 C 4
Arcone, Fermata- 300 C 3
Arcone, Monte- 205 C 5
Árcore 68 C 3
Arcosu, Monte- 319 A 6
Arcu, Passo s'- 312 C 2
Arcu, Punta su- 309 A-B 6
Arcu Correboi 312 B 3
Arcu de Genneruxi, s'- 319 D 6
Arcu de Sárrala de Susu 317 B 6
Arcuentu, Brunchu- 316 D 2
Arcuentu, Monte- 314 B-C 3
Arcu 'e su Pirastu Trottu, Passo s'- 312 D 3
Arcu 'e Tidu 321 A 4
Arcu Genna Arrela 317 D 6
Arcu Genna Bogai 314 D 2
Arcugnano 74 E 1
Arcu Guddetórgiu 312 B 2
Arcu is Crabiólas 312 E 3
Arcuméggia 51 C 6
Arcuri 245 D 4
Arcu Santo Stéfano 317 B 4
Arcu sa Ruinedda 321 B 4
Arcu sa Tella 314 B-C 3
Arda, Torrente- 101 B 5
Árdali 313 B 5
Árdara 301 C 6
Ardaúli 311 A-B 5-6
Ardea 190 A 3
Ardeatina, Via- 179 D 4
Ardeatine, Fosse- 179 C 4
Ardena 52 C 2
Ardenno 35 E 6
Ardenza 137 C-D 4
Ardenza, Torrente- 137 D 5
Ardésio 54 C 3
Ardez 25 B 4
Ardiano 133 C 6

Ardicola, Monte- 284 A-B 1
Ardiòn, Piz- 34 B 3
Ardivestra, Torrente- 99 C 5
Ardo, Torrente- (BL-Belluno) 41 E 6
Ardo, Torrente- (BL-Trichiana) 59 B-C 6
Ardola 101 B 6
Ardore 257 C 5
Ardore Marina 257 C 5
Arè 82 B 3
Are 91 C 6
Are, Monte dell'- 92 B 1
Área di Augusta Bagiennorum, Riserva Naturale- 110 A 2
Aréglio 65 E 4
Aremogna, Piano- 183 D 5
Aremogna, Rifúgio- 183 D 5
Arena 249 E 4
Arena, Cala- 298 A 2
Arena, Colle d'- 249 E 5
Arena, Rio dell'- 232 C 2
Arenabianca 235 A 4
Arena Po 86 E 2
Arenarzu, Quadrívio s'- 311 B 5
Arénas 314 D 3
Arénas, Spiággia is- 310 B 2
Arenella 263 A 4
Arenella, Monte- 253 C 5
Arente, Fiume- 244-245 A 3-4
Arenzano 112 C 2
Arenzano Pineta 112 C 2
Arera, Pizzo- 54 C 2
Arese 67 C-D 5
Aresta, Casone dell'- 219 E 4
Arette, Rifúgio delle- 153 E 4
Arezzo (AR) 140 D 3
Arezzo (GE) 113 A 5
Arezzo (PG) 161 C 6
Arezzo, Monte- 181 B 5
Arezzo, Villa- 292 B 3
Argatone, Monte- 182 C 3
Argegno 53 C 4
Argelato 105 E 4
Argenta 106 E 2
Argenta, Cima- 59 E 4-5
Argentário, Monte- 166 C 3
Argentarola, Ísola- 166 C 2
Argentea, Monte- 112 C 2
Argentella, Monte- 154 E 1
Argentera (CN) 108 B 2
Argentera (ME) 269 B 4
Argentera (TO-Rivarolo Canavese) 82 B 2
Argentera (TO-Sáuze di Cesana) 94 B 2
Argentera, Cima dell'- 109 E 4
Argentiera 298 E 1
Argentiera, Capo dell'- 298 E 1
Argentigli, Torre- 162 B 3
Argentina, Torre- 306 D 2
Argentina, Torrente- 123 D 4
Argentino, Fiume- 240 B 2-3
Argento, Báia d'- (LT) 191 E 6
Argento, Báia d'- (TA) 225 E 4
Argento, Pizzo- 36 C 2
Argentu, Monte- 314 D 2
Argiadóres, Monte- 309 C 5
Argiano (FI) 139 C 4
Argiano (SI-Montalcino) 159 A 4
Argiano (SI-Montepulciano) 150 D 3
Argignano 153 A 5
Árgine (NO) 66 D 2
Árgine (PV) 85 E 5
Árgine (RE) 103 D 4-5
Árgine Agosta 106-107 D 3-4
Árgine del Lupo 105 B 5
Arginello (MN) 103 B 5
Arginello (RO) 106 A 2
Árginemele, Cozzo- 281 D 6
Árgine Valle 105 B 6
Arginotto 103 B 5
Argiólas, Cantoniera sas- 303 E 6
Argiólas, Genn'- 317 E 5
Arguel, Alpe d'- 80 E 3
Arguello 111 A 4
Argusto 249 D 6
Ari 174 C 2

Ária, Monte- 270 B 3
Ária, Monte d'- 153 B 6
Ariáccia, Masseria- 206 B 2
Ária dell'Orso, Monte- 195 C 5
Ária del Vento, Monte- 257 B 4
Ária di Lupi 244 D 3
Ariamácina, Lago di- 245 B 5
Ariana 102 C 3
Arianiello 203 E 6
Ariano (SA) 218 C 1
Ariano (VR) 89 B 5
Ariano, Colle- 245 E 6
Ariano, Ísola d'- 107 A-B 4
Ariano Ferrarese 107 B 4
Ariano Irpino 204 B 1
Ariano nel Polésine 107 B 4
Ariano Scalo 204 A 2
Arias 56 E 2
Aríccia 179 E 5
Ariddu, Timpa d'- 267 D 4
Arielli 174 D 2
Arienzo 202 D 3
Arietta 246 E 3
Arigau, Nuraghe- 315 B 4-5
Arigliano 231 D 5
Arigna 36 C 2
Arignano 82 E 3
Arignano, Lago di- 82 E 3
Áriis 62 D 2
Arile, Monte- 162 C 3
Arina 58 C 3
Aringo 163 D 5
Ariníccia 182 E 3
Arino 75 E 4
Ário, Monte- 55 E 6
Ariola 249 E 4
Ariolo 107 B 4
Ariore Villa 100 D 1
Arioso, Monte- 219 E 6
Aríschia 171 B 6
Aritzo 312 C 2
Arixi 316 D 3
Arizzano 51 C 5
Arlas, Munt- 36 B 2
Arlate 69 B 4
Arlena di Castro 160 E 1
Arleo, Masseria- 238-239 A 3-4
Arlésega 74 E 2
Arli 163 B 6
Árlia 116 E 2
Arliano (FI) 131 D 6
Arliano (LU) 129 E 5
Arlier 47 C 6
Arluno 67 D 4
Arma 112 C 2
Arma, Punta d'- 123 E 4
Arma, Vallone dell'- 108-109 C 3-4
Arma di Tággia 123 E 4
Armaiolo 150 A 1
Armarolo 119 B 5
Armásio 60 B 3
Arme, Cima d'- 162 E 2
Armea, Torrente- 123 D 4
Armédola 74 C 2
Armélio, Monte- 100 D 3
Armena, Fattoria- 150 C 1
Armeno 51 D 6
Armentarola 31 E 4
Armento 237 B 5
Armento, Torrente- 237 B 5
Armenzano 152 D 3
Armi, Capo dell'- 258 E 3
Armi, Colle d'- 185 E 6
Armi, Monte dell'- 219 C 5
Armidda, Monte- 313 D 4
Armillotti, Masseria- 189 D 4
Armino 51 D 6
Ármio 52 A-B 2
Armisa, Torrente- 36 E 2-3
Armizzone, Monte- 235 C 6
Armo (BS) 56 E 1
Armo (IM) 123 B 5
Armo (RC) 256 D 1
Armo, Fiumara- 256 D 1
Armúngia 317 D 4
Arnáccio 137 B 5
Arnad 49 E 4
Arnad-le-Vieux 49 E 4
Arnano 153 C 5

Arnara 192 A 3
Arnara, Fosso di- 192 A 3
Arnas, Punta d'- 81 C 4
Arnasco 124 D 2
Arnata, Monte- 161 D 5
Arnata, Torrente- 161 B 5
Arnate 66 B 3
Arnauds, les- 80 E 1
Arnbach 31 C 6
Arnesano 227 C 5
Arnese, Monte- (Hornischeck) 42 A 3
Arni 129 B 4
Arnieci, Masseria- 199 E 6
Arno, Capo d'- 132 E 2
Arno, Fiume- 139 B 4
Arno, Lago d'- 55 B 6
Arnò, Malga d'- 56 B-C 2
Arno, Rio- 164 E 1
Arno, Torrente- 66 C 3
Arnò, Torrente- 56 B 2
Arnoga 37 B 4
Arnoldstein 45 B 6
Arnone-Cancello 201 E 6
Arnone, Casa- 285 B 4
Arnouvaz 46 A 3
Arogno 52 C 3
Arola (AP) 163 B 6
Arola (NA) 215 E 6
Arola (PC) 100 C 2
Arola (PR) 116 A 3
Árola (VB) 50 D 3
Arolla 48 A 3
Arolla, Pigne d'- 48 A 2
Arolo 51 D 5
Arona 51 E 5
Aronte, Rifúgio- 129 B 4
Arosa 24 B 1
Arósio (CO) 67 B 6
Arósio (Svízzera) 52 B 2
Arp, Testa d'- 46 B 2
Arpa, Punta dell'- 265 A 5
Arpagna, Monte- 146 D 1
Arpáia 202-203 D 3-4
Arpaise 203 D 3
Arpescella, Bric- 112 A 3
Arpesina 99 B 5
Arpette, l'- 122 C 2
Arpi 198 A 2
Arpicella 99 C-D 4
Arpino 193 A 5
Arpinova 198 A 2
Arpiola 115 D 5
Arpone, Monte- 81 D 6
Arpont, Dôme de l'- 80 B 1
Arpuilles 47 C 4
Arpy, Tête d'- 46 B 2
Arquà, Lago di- 92 C 1
Arquà Petrarca 92 C 1
Arquà Polésine 106 A 1
Arquata del Tronto 163 B 5
Arquata Scrívia 98-99 E 3-4
Arqueri, Cantoniera- 312 D 3
Arqueri, Monte- 312 D 3
Arquino 36 D 2
Arrámene, Genna- 313 B 5
Árras, Nuraghe- 317 B 5
Arre 92 D 2
Arredelu, Genna- 312 C 2
Arrennégula, Nuraghe- 309 D 4
Arrestino, Monte- 191 A 5
Arrestra, Torrente- 112 C 1
Arriali, Rio s'- 314 E 3
Arricelli, Rocca- 317 E 4
Arro 65 D 5
Arróbbio 97 B 6
Arrondaz 80 D 1
Arrone 80 D 1
Arrone, Fiume- 177 B-C 6
Arrone, Forca dell'- 162 D 1-2
Arrone, Torrente- 168 C 1
Arróscia, Torrente- 124 D 2
Arrúbia, s'Ena- 310 D 3
Arrúbiu, Monte- 320 D 1-2
Arrúbiu, Nuraghe- 317 B 4
Árrus, Rio is- 314 D 3
Arsago Séprio 66 B 3
Ársego 74 D 3
Arsenti, Monte- 148 D 2

Arsicci 141 B 5
Arsiè (BL-Arsiè) 58 C 3
Arsiè (BL-Ponte nelle Alpi) 60 B 2
Arsiero 57 E 6
Arsina 129 D 6
Ársio 39 B 4
Arsita 164 E 3
Arso, Fiume- 243 E 5
Arso, Monte- 283 A 4
Ársoli 180 A 2
Arson 59 B 4
Arsone, Monte- 115 B 5
Artale, Chiesa- 263 C 6
Artalle 46 D 3
Artallo 123 D 5
Artanavaz, Rio- 46 B 3
Artanavaz, Torrente- 47 B 4
Artaneddu, Punta- 303 D-E 5
Arta Terme 44 C 2
Artavággio, Piani di- 53 C 6
Artegna 44 E 3
Artemísia 240 C 3
Artemísio, Monte- 179 E 6
Artèn 59 C 4
Artena 180 E 1-2
Artent, Monte- 59 C 5
Artesina 110 D-E 2
Artignago 70 C 3
Artimino 138 B 3
Artò 50 D 3
Artogna, Valle- 49 C 6
Artogne 55 D 5
Artora, Nuraghe- 309 A 6
Ártore 34 D 2
Artuic, Rifúgio- 38 D 2
Artvíže 79 C 6
Arunzo, Monte- 181 A 4
Arútas, Punta is- 310 C 2
Arve 46 A 1
Arveaco 71 B 4
Arvello 153 D 4
Arvénis, Monte- 43 D 6
Arvental spitze = Pizzo di Alpre 29 D 6
Arvier 46 C 3
Arvieux 94 C 1
Arviganu, Monte- 300 E 3
Arvigo 34 C 3
Arvivo, Torrente- 205 E 6
Arvo, Fiume- 245 B 6
Arvo, Lago- 245 C 5
Arvogno 32 D 3
Arvu, Nuraghe- 309 D 5
Arza, Malga- 38 D 3
Arzachena 297 D 4
Arzachena, Golfo di- 297 D 5
Arzago d'Adda 69 D 4
Árzana 313 C 4
Arzana, Stazione di- 313 C 4
Arzanadolu, Monte- 312 C 2
Arzano 215 B 5
Arzelato 115 D 5
Arzello 97 E 6
Árzene 81 D 6
Arzéngio 115 D 5
Arzeno 114 D 2
Arzenutto 61 D 6
Arzercavalli 92 C 2-3
Arzerè 72 C 3
Arzerello 92 C 3
Arzergrande 92 C 3
Árzeri 76 B 3
Arzerini 92 B 3
Arzignano 73 D 5
Arzilla, Torrente- 135 E 5
Arzino, Torrente- 61 A 6
Arzkersee = Lago di Quáira 26 E 3
Arzo (SO) 35 E 6
Arzo (Svízzera) 52 D 2
Arzona 248 E 3
Asa, Torrente- 217 D 6
Asaro, Bívio- 283 C 4-5
Ascagnano 152 B 1
Ascea 232-233 D 3-4
Ascensione, Monte dell'- 154 D 3
Aschbach = Rio di Lagundo 27 D 4
Aschi Alto 182 B 2

A B C D E F G H I J K L M N O P Q R S T U V W X Y Z

Áschio **153** E 5-6
Aschivoni, Punta de s'- **314** A 2
Aschl = Éschio **27** D 5
Ascianello **150** C 3
Asciano (PI) **137** A 5
Asciano (SI) **150** B 1
Ascione, Colle d'- **245** C 5
Ascolese **233** B 6
Áscoli Piceno **154** E 3
 Áscoli Satriano **198** E 2
Ascona (GE) **114** B 2
Ascona (Svízzera) **33** E 5
Ascrea **171** D 4
Asei **65** B 6
Aselogna **91** D 4
Aserei, Monte- **100** E 2
Asía **105** D 4
Asiago **58** D 2
Asigliano Véneto **91** C 5
Asigliano Vercellese **83** B 6
Ásina, Torrente- **158** A 1
Asinara, Area Marina Protetta Ísola dell'- **298** A-B 2
Asinara, Golfo dell'- **298-299** B-C 3-5
Asinara, Ísola- **298** A-B 1-2
Asinara, Parco Nazionale dell'- **298** B 2
Asinaro, Fiume- **295** C 4
Asinelli, Ísola- **260** C 3
Asinina, Valle- **54** C-D 1
Ásino, Punta dell'- **305** E 5
Ásino, Valle dell'- **172** D 1
Asnago **67** B 5
Asnàs, Cima dell'- **49** D 6
Asnenga **69** C 6
Aso **154** C 3
Aso, Fiume- **154** E 2
Ásola **88** C-D 3
Ásola, Torrente- **145** E 5
Ásolo **59** E 4
Asolone, Monte- **58** D 3
Asoru, Nuraghe- **317** E 5
Aspáragio, Cozzo- **285** A 5
Asparetto **90** D 3
Áspes **70** E 3
Áspico **88** C 1
Aspiddarzu, Punta de s'- **307** C 6
Áspio, Fiume- **145** C 4
Áspio Terme **145** B 4
Aspra **263** B 5
Aspra, Monte- **162** D 2
Aspre, Cime de l'- **108** E 1
Aspreta, l'- **161** D 5
Aspro, Punta de su- **297** E 5
Aspromonte **256** C 2-3
Aspromonte, Parco Nazionale dell'- **256-257** B-D 2-4
Aspromonte, Piani d'- **256** B-C 2
Aspru, Nuraghe s'- **308** B 1
Aspu, Cúccuru- **311** D 5
Assa, Torrente- **58** D 1
Assago **67** E 6
Assan, Bois d'- **94** D 1
Assan, Sommet d'- **94** D 1
Assano **194** E 2
Asseggiano **75** E 5
Assémini **320** A 1
Assenza **72** B 2
Assergi **172** B 2
Assi, Fiumara- **255** C 4
Assiano **67** E 5
Assieni **261** C 4
Assiere **80** D-E 3
Assietta, Colle dell'- **80** E 3
Assino, Torrente- **152** A 1
Assisi **152** D 2
Asso **53** D 5
Asso, Canale dell'- **227** E 5
Asso, Casino- **227** E 5
Asso, Castèl d'- **168** B 3
Asso, Torrente- **150** D 1
Assolo **311** E 6
Ássoro **281** C 5
Assunta, Chiesa l'- (TA) **223** B 6
Assunta, Chiesa l'- (AV) **204** D 2
Assunta, Chiesa l'- (CS) **241** C 4
Assunta, Chiesa l'- (PZ) **219** C 5

Assunta, l'- = Maria Himmelfahrt **39** A 6
Ast = Lasta **28** B 2
Asta **117** E 4
Asta, Cima d'- **40** E 2
Asta, Giogo d'- = Astjoch **30** B 3
Astano **52** B 2
Aste (TN) **57** E 5
Aste (VI) **73** B 5
Asten = Laste **27** B 6
Astfeld = Campolasta **27** C 6
Asti **97** B 5
Ástico, Torrente- **74** B 1
Ástico, Val d'- **57** D 6
Astili, Monte- **313** D 5
Astimini, Rio d'- **298** E 2
Astjoch = Giogo d'Asta **30** B 3
Astorara **154** E 1
Astorre **71** E 5
Astragàl **41** C 6
Ástrio **55** C 6
Astrone, Torrente- **150** D 3
Astroni, gli- **215** B 4
Astura, Fiume- **191** C 4
Astura, Torre- **191** C 4
Asua de Pari, Perda- **318** B 3
Asuai **312** B 2
Asuni **311** D 6
Asusa, Nuraghe- **312** E 1
Ateleta **183** C 6
Atella **205** E 5
Atella, Fiumara d'- **205** E 5
Atella, Toppa- **219** B 6
Átena Lucana **233** A 6
Átena Scalo **219** E 5
Atenea, Rupe- **284** C 3
Aterno, Fiume- **172** D 2
Aterrana **217** B 5-6
Atessa **184** A 1
Athethu, Nuraghe- **308** D 1
Atina **193** A 6
Atò, Punta d'- **256** D 2
Atrani **217** D 4
Atri (PG) **162** B-C 3
Atri (TE) **165** D 4
Atrlpalda **203** E 6
Attalora, Cúddia- **274** E 2
Attalzu, Monte- **299** E 6
Attapoi, Rio- **315** A 4
Attíggio **153** A 4
Attigliano **161** E 4
Áttimis **63** A 4
Attone, Torrente- **152** E 2
Atzara **312** B-C 1
Atzara, Nuraghe- **311** A 4
Atzeni, Casa- **314** C 3
Atzwang = Campodazzo **30** E 1
Au **24** A 3
Auchiaro, Masseria- **212** E 1
Auditore **134** E 3
Auduni **195** D 5
Auer = Ora **39** C 5
Aufhofen = Villa Santa Caterina **31** B 4
Aufidena **183** D 5
Aufkirchen = Santa Maria **31** C 5
Áugio **34** B 3
Augusta **291** B 5
Augusta, Golfo di- **291** C 5-6
Augusta Bagiennorum, Rovine- **110** A 2
Äuja **24** A 2
Aulella, Torrente- **128** A 3
Auletta **219** D 4
Auletta, Stazione di- **219** E 4
Aulla **128** A 2
Áuna di Sopra = Oberinn **27** E 6
Áuna di Sotto = Unterinn **39** A 6
Áune **59** B 4
Aunede **42** D 2
Áupa (UD-Móggio Udinese) **44** C 3
Áupa (UD-Pontebba) **44** B 3
Áupa, Torrente- **44** C 3
Áupa, Val d'- **44** B-C 3
Aurano **51** B 5
Aurava **61** C-D 6

Aurélia **168** E 1
Aurelia, Via- **177** C 6
Aurélia Etrusca, Via- **166** B 3
Auremiano, Monte- → Vremščica **79** B 6
Auréssio **33** D 5
Auricarro, Crocifisso d'- **209** D 4
Aurígeno **33** D 5
Aurigo **123** C 5
Aurìn, Monte- **59** C 4
Aurina, Valle- = Ahrntal **29** D 5
Aurine, Forcella- **41** D 5
Aurino, Torrente- = Ahr **29** A 6
Aurio, Cappella d'- **227** B 5
Aurisina **79** B 4
Aurisina, Sorgenti di- **79** B 4
Áuro **71** B 4
Auro, Torrente- **141** B 6
Auron **108** D 2
Aurona, Punta d'- **32** C 1
Auronzo, Rifúgio- **31** D 6
Auronzo di Cadore **42** C 3
Aurora, Terme- **308** C 1
Auruca, Pantano- **293** D 6
Aurunci, Monti- **193** D 4-6
Aurunci, Ponte degli- **194** E 1
Áusa, Fiume- **62-63** E 3-4
Áusa, Torrente- **134** C 3
Áusa-Corno **78** B 1
Ausénte, Torrente- **193** E 6
Auséntum **230** D 3
Ausone **32** C 2
Ausoni, Monti- **192** C 2-3
Ausónia **193** D 6
Ausserbinn **32** B 1
Ausserpichl = Colle di Fuori **31** B 5
Ausser Sulden = Solda di Fuori **25** E 6
Aussois **80** C 1
Aústis **312** B 1
Áuta, Cime dell'- **41** C 4
Autagne **94** A 2
Autaret, Col d'- **94** E 2
Autaret, Col de l'- **81** C 4
Authion, l'- **122** C 1
Aúto, Monte- **197** A 4
Autódromo del Mugello **131** C 4
Autódromo di Ímola **120** D-E 1
Autódromo di Monza **68** C 3
Autore, Monte- **181** B 4
Autrara, Torre- **189** D 4
Auzate **51** E 4
Auzza → Avče **63** B 6
Auzzo, Póggio- **148** C 3
Avacelli **143** D 5
Aváglio (PT) **130** D 2
Aváglio (UD) **43** D 6
Avane **129** E 5
Avanella, Torrente- **266** E 2
Avano **53** B 5
Avaro, Piani dell'- **54** B-C 1
Avasínis **44** E 2
Aváusa **43** C 5
Avber **79** A 5
Avče (Auzza) **63** B 6
Ave **58** D 2
Avedo, Rio di- **37** C 4
Avegno **113** C 5
Avegno di fuori **33** D 5
Ave Grátia Plena **202** C 2
Avelengo = Hafling **27** D 5
Avella **203** E 4
Avella, Fiume- **174** E 2
Avella, Monti d'- **203** E 4-5
Avella, Ponte- **174** E 2
Avella, Torrente- **197** E 6
Avellino **217** A 5
Ávena **140** A 3
Avena **240** A 2-3
Avena, Monte- **59** C 4
Avena, Torrente- **239** E 5
Avenale (AN) **143** E 4
Avenale (MC) **144** D-E 2
Avéndita **162** B 3
Avénes = Afens **30** A 1
Aveno **113** C 5-6
Aventino, Fiume- **183** A 6
Avenza **128** B-C 3

Aver, Becca d'- **47** B 6
Averara **54** C 1
Averau, Monte- **31** C 4
Averno, Lago d'- **214** C 3
Avérole **80** B 3
Avérole, Refuge d'- **81** B 4
Avers **35** A 5
Avers, Ponte d'- **35** A 5
Aversa **202** E 1
Aversana **217** E 6
Avers. Casone- **93** B 4
Ávesa **72** E 3
Áveto, Parco Regionale dell'- **114** B-C 2
Áveto, Torrente- (GE) **113** B-C 6
Áveto, Torrente- (PC) **114** A 2
Avetrana **226** C 2
Avetrana, Stazione di- **226** B 2
Avetta **65** E 4
Avezzano (AQ) **181** A 5
Avezzano (CE) **194** E 1
Aviana, Torrente- **72** B 3
Aviano **61** C 4
Aviano Castello **61** C 4
Aviasco, Passo d'- **54** C 2
Aviático **54** E 2
Avic, Monte- **47** C 6
Avigliana **81** E 5-6
Avigliano **81** B 6
Avigliano, Fiumara di- **219** B 6
Avigliano Lucánia, Stazione di- **220** B 1
Avigliano Umbro **161** C 5
Avigna = Afing **27** E 5
Avigna, Rio d'- = Afinger Bach **27** E 5
Avignal = Val d'Avigna **25** C 5-6
Avignal, Val d'- = Avignatal **25** C 5-6
Avignatal = Val d'Avigna **25** C 5-6
Avilla **62** A 2
Avini **215** C 6
Avino, Lago d'- **32** C 1
Ávio **72** B 3
Ávio, Lago d' **37** C G
Ávio, Monte- **37** E 5
Ávio, Torrente- **37** D 6
Ávio, Val d'- **37** D 6
Aviolo, Lago d'- **37** E 5
Aviolo, Monte- **37** E 5
Aviolo, Rifúgio- **37** E 5
Avise **46** C 3
Avísio, Torrente- **39** E 5
Ávola **295** C 4
Avolasca **99** D 4
Avolásio **53** D 6
Ávola Vécchia, Convento di- **291** E 5
Avoltore, Punta- **166** D 3
Avosacco **44** C 2
Avoscàn **41** C 5
Avosso **113** B 4
Avostánis, Cima- **44** A 2
Avrieux **80** C 1
Avril, Monte- **47** A 5
Avru, l'- **302** A 1
Avuglione **82** D 3
Avvocata, Monte dell'- **217** C 4-5
Avvoltóio, Cozzo- **279** C 5
Axério Giúlio, Rifúgio- **49** B 6
Ayas **49** C 4
Ayas, Val d'- **49** C 4
Ayasse, Torrente- **47** D 6
Aymavilles **47** C 4
Azara, Case- **297** C 4
Azaria **47** E 6
Azaro, Villa- **114** D 2
Azéglio **65** D-E 4
Azóglio **65** B 6
Azzago **72** D 3
Azzaguta **299** C 6
Azzanello (CR) **87** B 6
Azzanello (PN) **76** A 3
Azzani **303** B 5
Azzano (CO) **53** C 4
Azzano (CR) **69** E 5
Azzano (LU) **129** C 4
Azzano (PC) **100** C 1
Azzano (PG) **162** A-B 1

Azzano (UD) **63** B 4
Azzano (VR) **90** B 2
Azzano d'Asti **97** C 5
Azzano Décimo **61** E 5
Azzano Mella **70** E 2
Azzano San Páolo **69** B 5
Azzara, Masseria d'- **198** D 2
Azzarone, Masseria- **189** D 4
Azzate **51** E 6
Ázzida **63** B 5
Azzinano **164** D 2
Ázzio **51** D 6
Azziriolo, Fiume- **263** D 5
Azzone **55** C 4
Azzone, Villa- **209** E 5
Azzoni, Rifúgio- **53** D 6
Azzónica **69** A 5
Azzurra, Grotta- (CS) **240** A 1
Azzurra, Grotta- (NA) **216** E 1
Azzurra, Grotta- (SA) **233** E 4
Azzurra, Grotta- (SP) **127** D-E 4

B

Babano **95** C 5
Babaurra, Passo- **280** D-E 2
Babbu Mannu, Chiesa- **308** B 3
Bač **79** C 6
Baccagnano **132** A 3
Baccaiano **139** C 4
Baccana **116** E 1-2
Baccanella **138** D 1
Baccano (RM) **169** E 5-6
Baccano (SP) **127** D 4
Baccarato, Masseria- **281** E 5-6
Baccarecce **171** D 5
Bacchereto **130** E 3
Bacchi **73** D 5
Bacchiglione, Fiume- **74** E 1-2
Bacchileddi, Nuraghe- **299** D 4
Baccinello **158** C 3
Bacciolino **133** C 5
Baccu Arródas **317** E 6
Baccu sa Crésia, Rio- **317** B 5-6
Bàccu Scóvas, Monte- **317** D 5
Bacedasco **101** C 5
Bacedasco, Terme di- **101** C 5
Baceno **32** C 2
Ba Cerbus, Peschiera di- **318** B 3
Bachella **118** B 1
Bachertal = Valle del Rio **29** D 5
Baciano **140** C 3
Bacino di Tarsia, Riserva Naturale del- **241** D 5
Bácoli **214** C 3
Bacone, Pizzo- **35** C 6
Bacu Ábis **318** A 3
Bacugno **163** B 4
Bacugno, Monte- **162** C 2
Badagnano **101** C-D 4
Badaiùz **44** C 3
Badana, Lago- **112** B 3
Badani **112** B 1
Bad Bergfall = Bagni di Pervalle **31** C 4
Badde de Iana, Rio- **300** D 3
Badde Dianesu, Rio- **301** D 6
Baddelonga, Cantoniera- **306** D 3
Badde Manna, Rio- **302** B-C 2
Badde Orca **306** D 2
Badde Sálighes **307** D 5
Badde Suelzu **303** C 4
Badde Urbara **310** A 3
Badenigo **100** B 1
Badesi **299** C 6
Badesi Mare **299** C 6
Badessa, Masseria- (BA) **211** D 5
Badessa, Masseria- (BR) **213** C 4
Badessa, Masseria la- **227** A 5
Badessa, Monti della- **212** C 2
Badese **149** A 5
Bad Froi = Bagni Froi **30** D 1-2

Bad Gfrill = Bagni di Caprile **27** E 4
Badi **130** B 3
Badia (AR-Capolona) **140** D 3
Badia (AR-Pratovécchio) **140** A 2
Badia (BO) **118** D 3
Badia (BS) **70** C 2
Badia (CZ) **248** E 2
Badia (GE) **112** B 1-2
Badia (ME) **269** C 6
Badia (PG-Castiglione del Lago) **151** C-D 4
Badia (PG-Valfábbrica) **152** C 2
Badia (TP) **261** C-D 4
Badia = Abtei **30** D 3
Badia, Catacombe di- **217** D 4
Badia, Chiesa di- (AR) **151** A 4
Badia, Fiume- **249** A 5
Badia, la- (CT) **283** A 6
Badia, la- (FR) **192** B 3
Badia, la- (PG-Costacciaro) **152** A 3
Badia, la- (PG-Magione) **151** D 5
Badia, la- (PO) **131** B 4
Badia, la- (PU) **142** A 3
Badia, Rocca- **269** C-D 4
Badia, Val- = Gadertal **30** B-E 3
Badia a Coltibuono **139** E 6
Badia a Coneo **149** A 4
Badia Agnano (AR) **140** D-E 2
Badia Agnano (FI) **132** D 1
Badia al Pino **140** E 2
Badia Ardenga **149** D 6
Badia a Rípoli **139** B 5
Badia a Ruoti **140** E 1
Badia a Séttimo **139** B 4
Badia a Taona **130** D 3
Badia Calavena **73** D 4
Badiáccia a Montemuro **139** D 6
Badia del Borgo **132** B 2
Badia di Cantignano **129** E 6
Badia di Montecorona **151** A 6
Badia di Morrona (PI) **138** D 1
Badia di San Bartolomeo **173** C 4
Badia di Susinana **132** B 1
Badia Morronese **183** A 4
Badia Pavese **86** D 3
Badia Polésine **91** E 5
Badia Pozzéveri **130** E 1
Badia Pratáglia **140** A 3
Badia Tedalda **141** B 5
Badia Tega **140** B 2
Badiavécchia **269** C 4
Badiazza **258** B 2
Badicroce **141** E 4
Badile **85** B 5
Badile, Monte il- **50** E 2
Badile, Pizzo- **35** C 6
Badile Camuno, Pizzo- **55** C 6
Badiola (GR) **158** C 1
Badiola (PG) **151** D 6
Badiola, Casa- **158** C 1
Badisco, Porto- **231** A 6
Badiola **255** B 5
Badolato, Ponte- **233** C 4
Badolato, Torrente- **232-233** C-D 3-4
Badolato Marina **255** B 5
Badolo **119** D 4
Badoni **100** E 3
Bad Rahmwald = Bagni di Selva **30** B 3
Bad Salomonsbrunn = Bagni di Salomone **31** B 4
Bad Salt = Bagni di Salto **26** D 2
Bad Sand = Bagni **27** B 4
Bad Schörgau = Bagni Serga **27** D 5
Bad Serneus **24** A 2
Bad Süss = Bagno Dolce **39** A 6

Bad-Bar

A B C D E F G H I J K L M N O P Q R S T U V W X Y Z

Badu Alzolas, Rio- **302** C 3
Badu Andría **303** D 5
Badu Crabolu, Rio- **306** C-D 3
Badu de Mola, Rio- **306** D 3
Badu Mesina, Rio- **302** B 2
Bad Untermoi = Bagni di Antermóia **30** C 3
Badu Orane, Nuraghe- **308** E 2
Badu Rúiu, Rio- **301** C 6
Baeri, Torre- **285** B 4
Bafarano, Ponte di- **289** E 4
Baffadi **132** A 1
Baffe, Punta- **114** E 2
Baffélan, Monte- **73** B 4
Bafia **269** B 5
Bafurco, Portella del- **266** E 3
Bagaggiolo **76** D 2
Bagaladi **256** E 2
Baganza, Torrente- **102** E 2
Baganzola **102** C-D 2
Bagazzano **104** E 2
Baggi **74** B 2
Bággio (MI) **67** D 5
Bággio (PT) **130** C 3
Baggiovara **104** E 1
Bagheria **263** B 5
Báglio Calamita Nova **275** B 4
Báglio Chitarra **275** A 4
Báglio di Buturro **275** B 5
Báglio Guarine **261** E 4
Báglio le Gambine **275** A-B 4
Báglio Messina **261** C 4
Báglio Montalto **274** B 3
Baglionovo **261** E 4
Báglio Rinazzo **274-275** A 3-4
Báglio Rizzo **261** D 4
Báglio Zaffarana **261** E 4
Bagnà, Punta- **80** D 1
Bagnacavallo **120** D 3
Bagnáia (LI) **156** C 2
Bagnáia (PG) **151** D 6
Bagnáia (SI) **149** C 5
Bagnáia (VT) **169** B 4
Bagnana **53** C 4
Bagnara (BN) **203** D 5
Bagnara (CE) **201** E 5
Bagnara (CR) **88** D-E 1
Bagnara (PG) **153** C 4
Bagnara (VE) **62** E 1
Bagnara, Masseria- **225** E 5
Bagnara Cálabra **256** B 2
Bagnara di Romagna **120** D 2
Bagnária **99** D 5
Bagnária Arsa **62-63** D 3-4
Bagnarola (BO) **119** B 5
Bagnarola (FC) **134** A-B 2
Bagnarola (PN) **61** E 6
Bagnasco (AT) **83** E 4
Bagnasco (CN) **111** D 4
Bagnática **69** B 6
Bagnaturo **183** A 4
Bagnaturo, Ponte- **197** E 4-5
Bagnena **140** C 2-3
Bagneri **64-65** C 3-4
Bagni (AL) **98** E 1
Bagni (PA) **266** E 1
Bagni (PN) **61** A 6
Bagni (RM) **169** E 4
Bagni (TN) **38** B 3
Bagni (TR) **160** B 3
Bagni (VT) **168** B 3
Bagni = Bad Sand **27** B 4
Bagni, Cava dei- **291** D 5
Bagni, i- **235** C 6
Bagni, Torrente- **249** A 4
Bagni, Valle dei- **35** D 6
Bagni Contursi **218** C 3
Bagni del Másino **35** D 6
Bagni di Antermóia = Bad Untermoi **30** C 3
Bagni di Bórmio **25** E 5
Bagni di Bráies Vécchia = Bad Altprags **31** C 5
Bagni di Cantúccio = Winkelbad **31** A 4
Bagni di Caprile = Bad Gfrill **27** E 4
Bagni di Cefalà **263** D 5
Bagni di Cravéggia **33** D 4
Bagni di Crodo **32** D 2
Bagni di Gogna **42** C 3
Bagni di Guida **255** C 4
Bagni di Lavina Bianca = Weisslahnbad **40** B 2
Bagni di Lucca **129** C 6
Bagni di Lusnizza **45** B 4
Bagni di Mezzo = Mitterbad **27** E 4
Bagni di Mommialla **138** E 3
Bagni di Nocera **153** C-D 4
Bagni di Pervalle = Bad Bergfall **31** C 4
Bagni di Piandimáia, ex- = Bad Maistatt **31** C 5
Bagni di Pozzano **215** D 6
Bagni di Rabbi **38** B 2
Bagni di Riomolino = Mühlbach Bad **31** A 4
Bagni di Répole **247** C 4
Bagni di Salomone = Bad Salomonsbrunn **31** B 4
Bagni di Salto = Bad Salt **26** D 2
Bagni di San Giuseppe = Bad Moos **31** C 6
Bagni di San Martino **301** C 5
Bagni di Selva = Bad Rahmwald **30** B 3
Bagni di Stigliano **168** E 3
Bagni di Tívoli **179** B 6
Bagni di Valgrande **42** B 3
Bagni di Vicarello **169** E 4
Bagni di Vinádio **108** D 3
Bagni Froi = Bad Froi **30** D 1-2
Bagnile **133** A 6
Bagni Mezzavalle = Stampfer Bad **31** A 5
Bagni Oddini **308** D 1
Bagni San Cataldo **219** B 6
Bagni San Filippo **150** E 2
Bagni Sant'Agostino **168** E 1
Bagni Serga = Bad Schörgau **27** D 6
Bagni Termali (SI) **160** A 1
Bagno (FC) **133** C 4
Bagno (FG) **188** C 2
Bagno (RE) **117** A 6
Bagno, il- (CE) **201** D 6
Bagno, il- (FC) **132** C 2
Bagno, Rio- **161** A 5
Bagno a Rípoli **139** B 5
Bagno dell'Ácqua **274** D 1
Bagno delle Bussete **168** B 3
Bagno di Cética **140** B 1
Bagno di Gavorrano **157** B 6
Bagno di Piano **105** E 4
Bagno di Romagna **133** E 4
Bagno Dolce = Bad Süss **39** A 6
Bagno Grande **172** C 1
Bagnola **145** D 4
Bagno la Perla **148** C 2
Bagnoletto **92** D 2
Bagnoli (BN) **202** D 3
Bagnoli (GR) **159** B 5
Bagnoli (NA) **215** C 4
Bagnoli (PD) **74** E 3
Bagnoli della Rosandra **79** C 5
Bagnoli del Trigno **184** E 2
Bagnoli di Sopra **92** D 2
Bagnoli Irpino **204** E 1
Bagnolo (AR) **151** A 4
Bagnolo (FC-Castrocaro Terme) **132-133** A 3-4
Bagnolo (FC-Forlì) **133** A 5
Bagnolo (FC-Méldola) **133** B 5
Bagnolo (GR-Civitella-Pagánico) **149** E 5
Bagnolo (GR-Santa Fiora) **159** B 5
Bagnolo (PC) **101** C 5
Bagnolo (PO) **131** D 4
Bagnolo (TV) **60** E 2
Bagnolo (VI) **91** B 5
Bagnolo (VR-Nogarole Rocca) **89** C 6
Bagnolo (VR-Oppeano) **90** B 2
Bagnolo, Monte- (AL) **99** E 6
Bagnolo, Monte- (TA) **225** E 6
Bagnolo, Terme di- **148** D 2
Bagnolo Cremasco **87** B 4
Bagnolo del Salento **231** A 5
Bagnolo di Po **105** A 5
Bagnolo in Piano **103** E 5
Bagnolo Mella **70** E 2
Bagnolo Piemonte **95** D 5
Bagnolo San Vito **89** E 6
Bagnone **115** D-E 6
Bagno Píccolo **172** C 1
Bágnore **159** B 5
Bagnorégio **160** D 3
Bagnoro **140** E 3
Bagno Roselle **158** C 2
Bagno Vignoni **150** D 1
Bagnu, lu- **299** C 5
Bagolino **71** A 4-5
Bagotto **241** B 6
Bagozza, Cimone della- **55** C 5
Bai, Torrente- **158** A 2
Báia (CE) **194** D 3
Báia (NA) **214** C 3
Báia, Parco Sommerso di- **214-215** C 3-4
Baia Caddinas **297** E 6
Báia delle Zágare **189** D 5
Báia Domízia **201** C-D 4
Báia Domízia Sud **201** D 4
Báia e Latina **194** D 3
Baia Felice **201** D 4
Baiana **144** C 3
Baiano **203** E 4
Báia Sardínia **297** D 5
Baiata, Rio- **260** D 3
Báia Verde **230** B 2
Baiedo **53** C 6
Baigno **131** B 4
Baignoni, Punta- **297** D 5
Bainsizza, Altopiano della- → Banjška Planota **63** B 6
Baiocca, Stagno- **319** C 4
Báio Dora **64** C 3
Baiolu, Nuraghe- **301** B 5
Baiòn, Rifúgio- **42** C 2
Baiona, Cantoniera- **298** E 2
Báiro **64** E 2
Baiso **117** C 5
Báita dei Cacciatori, Rifúgio- **41** C 4
Báite **89** B 4
Báite Sant'António **36** D 3
Baitone, Corno- **37** E 5
Baitone, Lago- **37** E 5-6
Baitoni **56** E 1
Bajardo **122** D 3
Bala, Giogo della- **55** D 6
Balaiana, Nuraghe- **296** D 3
Balangero **82** B 1
Balata dei Turchi **274** E 2
Balata di Báida **261** C-D 5
Balata di Módica **289** E 4
Balatazza, Casa- **277** A 6
Balate, Masseria- **266** E 1
Balate, Serra- **285** D 4
Balatelle, Trívio- **263** D 5
Bálatro **139** B 5
Balbano **129** E 5
Balbi **97** D 5
Balbiana **71** D 5
Balbiano **68** E 3
Balbido **56** C 3
Balboutet **80** E 3
Balconcello **89** D 5
Balconevisi **138** C 2
Baldami **151** D 6
Baldaria **91** C 5
Baldesco **84** E 1
Baldichieri d'Asti **97** B 4
Baldignano **141** B-C 5
Baldíscio, Monte- **35** B 4
Baldíscio, Passo di- **35** B 4
Baldissero Canavese **64** D-E 2
Baldissero d'Alba **96** D 3
Baldissero Torinese **82** D 2
Baldo, Monte- (TN-VR) **72** B 2
Baldo, Monte- (VI) **58** D 2
Baldu, Rio di- **296** D 3
Balduina **91** E 6
Balerna **52** D 3
Balestrate **261** C 6
Balestrino **124** C 2
Baligioni, Monte- **302** B 2
Balísio, Colle di- **53** C 6
Balistreri, Punta- **302** B 3
Ballábio **53** D 6
Ballábio Inferiore **53** D 6
Ballábio Superiore **53** D 6
Ballada, Piano de sa- **315** D 4-5
Ballano, Lago- **116** D 2
Ballao **317** C 4
Ballata **261** D 4
Balletto **262** D 2
Balletto, Rio di- **262** D 2-3
Ballino (BS) **89** B 5
Ballino (TN) **56** C 3
Ballò **75** E 4
Ballone **116** C 2
Ballone, Póggio- **157** C 6
Ballu, Monte su- **312** A 1
Balma (BI) **49** E 6
Balma (TO-Frassinetto) **64** D 1
Balma (TO-Roure) **95** A 4
Balma (TO-Viù) **81** C 5
Balma (VC) **49** C 6
Balma, la- **32** C 1
Balma, Rifúgio- **110** E 2
Balmarossa **81** A 5
Balme (TO) **81** B-C 4
Balme, Cima delle- **49** C 6
Balme, la- **46** C 2
Balmúccia **50** D 2
Balocco **65** D 6
Balossa Bigli **85** E 4
Bálsamo, Vigna- **199** A 4
Balsíglia **94** A 3
Balsignano **209** D 5
Balsorano **181** D 6
Balsorano Nuovo **181** D 6
Balsorano Vécchio **181** D 6
Baltigati **65** B 5
Balvano **219** C 5
Balvano, Stazione di- **219** C 4
Balzarine **67** B 4
Balze **141** A 5
Balze, le- **233** A 5
Balzi **202** C 2
Balzi Rossi, Grotte- **122** E 2
Balzo **154** E 1
Bálzola **84** C 1
Bambágia, Fosso- **240** D 2
Bámmina, Monte- **269** B 4
Ban, Testa del- **80** E 1
Bánari **301** D 5
Banca **195** E 5
Banca, Masseria della- **196** A 3
Bancali **298** E 3
Banchetta, Monte- **94** A 2
Banchette (BI) **65** B 5
Banchette (TO) **64** D 3
Banchetti, i- **174** E 2
Banchi, i- **113** C 5
Banco **39** C 4
Báncole **89** D 6
Bande **89** B 4
Bandiera, Punta- **270-271** B 3-4
Bandita (AL) **112** A 1
Bandita (LI) **147** D 6
Bandita (PA) **263** B 4-5
Bandita, Regione la- **160** B 1
Banditelle (LI) **147** D 6
Banditelle (PO) **130-131** C-D 3-4
Banditelle, le- **137** E 6
Bandito **96** D 2
Bando (FE) **106** E 2
Bando (PN) **61** E 6
Bando, Bosco- **62** E 2-3
Banengo **83** D 4
Bangiuludu, Palazzo- **315** D 5
Bani **54** C 3
Banjšice **63** B 6
Banjška Planota (Altopiano della Bainsizza) **63** B 6
Banna **96** B 3
Banna, Torrente- (TO-Balangero) **81** C 6
Banna, Torrente- (TO-Poirino) **96** B 2
Banne **79** B 5
Bannere, le- **196** C 3
Banni **82** C 2
Bannía **61** E 5
Bánnio **50** B 2
Bánnio-Anzino **50** B 2
Bannò **281** C 6
Bannone **117** A 4
Bano, Monte- **113** B 5
Banquettes, Col de- **122** E 1
Bantine **302** E 2
Bantine Sale, Torre- **300** C 1
Banzano **217** A 5
Banzena **140** A 3
Banzi **206** E 2
Banzola (PR) **101** D 5
Banzola (RE) **117** B 4-5
Banzolo **100** E 2-3
Banzuolo **103** C 4
Baone **92** C 1
Baosu, Porto- **306** D 2
Bar **80** D 3
Bar, Monte- **34** E 2
Barabana **119** B 6
Barabò **90** D 3
Baracca, la- (AR) **141** D 4
Baracca, la- (SP) **114** E 3
Baracca, Monumento a- **59** E 6
Baracca, Punta- **225** E 4
Baracche **268** B 2
Baracchella **245** C 5
Baracco **110** D 1-2
Baráccola **145** B 4
Baraccone (CE) **194** C 2
Baraccone (CS) **242** E 2
Baraccone, Bric- **111** C 5
Baraccone, il- **252** D 3
Baraccone, Monte- **111** D 6
Barádili **315** A 5-6
Baragazza **131** B 5
Baragge, Riserva Naturale delle- **65** C 5-6
Barággia (NO-Boca) **66** B 1
Barággia (NO-Fontaneto d'Agogna) **66** B 1
Barággia, Regione- **65** C-D 5
Barággia Inferiore **66** B-C 2
Barággia Superiore **66** B 2
Baragiano **219** C 5
Baragiano, Stazione di- **219** C 5
Baragiotta **65** B 6
Baralla, Póggio- **140** A 3
Baranci, Croda dei- = Birkenkofel **31** C 6
Baranci, Rifúgio- = Haunoldhütte **31** C 6
Baranello **195** B 5
Barano d'Íschia **214** D 2
Baranzolo **114** C 2
Barasso **51** D 6
Barate **67** E 5
Barátili San Pietro **310** B-C 3
Baratta, Serra di- **268** C 3
Baratti **147** D 5
Baratti, Golfo di- **147** D 5-6
Barattina **50** D 3
Baratz, Lago- **300** C 1
Barazzetto **62** B 2
Barazzone **65** C 4
Barba (BN) **203** D 5
Barba (PT) **130** D-E 3
Barba-Ferrero, Rifúgio- **49** B 5
Barbagelata **113** B 6
Barbágia Belvì e del Gennargentu **312** C 1-3
Barbágia Ollolai **308** E 1-3
Barbágia Seúlo **312** D 1-2
Barbaiana **67** C 5
Barbáira, Torrente- **122** D 3
Barbaláconi **248** E 2
Barbania **82** B 1
Barbano **74** E 2
Barbanti **143** C 4
Bárbara **143** C 5
Bárbara, Rifúgio- **94** D 3
Barbarano **71** C 5
Barbarano del Capo **231** D 5
Barbarano Romano **168** D 3
Barbarano Vicentino **91** A-B 6
Barbarasco **115** E 6
Barbaresco **97** D 4
Barbaricina **137** A 5
Barbariga (BS) **70** E 2
Barbariga (PD) **91** D 5
Barbarigo, Torrente- **279** D 5-6
Bárbaro, Villa- **59** E 5
Barbarolo **119** E 4
Barbarossa, Punta- **298** B 2
Barbasso **89** E 6
Barbassolo **90** D 2
Barbata (BG-Barbata) **69** D 6
Barbata (BG-Gorno) **54** D 2
Barbato, Monte- **196** C 3
Barbavara **84** B 3
Barbè **51** B 6
Barbeano **61** C 6
Barbei **111** C 4
Barbellino, Lago Inferiore del- **55** B 4
Barbellino, Lago Superiore del- **55** B 4
Barbellino, Rifúgio- **55** B 4
Barbera, Casa- **83** B 5
Barbera, Rifúgio- **122** A 3
Bárberi **173** A-B 6
Barberino, Ponte di- **100** D 1
Barberino di Mugello **131** C 5
Barberino Val d'Elsa **139** D 4
Barbeston, Monte- **47** C 6
Barbi, Capo- **252** E 2
Barbi, Chiesa- **150** D 1
Barbi, Fiumara- **257** B 4
Barbialla **138** D 2
Barbian = Barbiano **30** D 1
Barbiana **131** D 6
Barbianello **85** E 6
Barbiano (AR) **140** A 2
Barbiano (PR) **116** A 3
Barbiano (RA) **120** D 2
Barbiano = Barbian **30** D 1
Barbigarezza **115** B 4
Barbisanello **59** D 6
Barbisano **59** D 6
Barbíschio **139** E 6
Barbona (MO) **117** D 6
Barbona (PD) **92** E 1
Barbona, Monte- **129** D 6
Barbotto **133** D 6
Barbúglio **91** E 6
Barbusi **318** A 3
Barbusté **47** C 6
Barbuzzera **69** E 4
Barca **149** A-B 6
Barca, Cala della- **300** C-D 1
Barca, Monte- **269** B 5
Barca, Ponte la- **283** C 4
Barca, Rio- **300** C-D 2
Barcáccia, la- **152** C 2
Barca del Grazi, la- **167** B 4
Barca di Biancavilla, Ponte- **282** B 3
Barcanello **98** E 2
Barcarello, Punta di- **264** A 1
Barcellona Pozzo di Gotto **269** A 5
Barcesino **56** D 3
Barche (AO) **47** C 6
Barche (PD) **74** C 2
Barche (TV) **59** E 5
Barchessa (BO) **105** E 6
Barchessa (FE) **106** B 3
Barchessa (PD) **91** D 6
Barchessa Ravagnàn **107** A 6
Barchi (CN) **123** A 5
Barchi (MN) **88** D 3
Barchi (PU) **143** B 4-5
Barchi (SO) **36** C 2
Bárcis **61** B 4
Bárcis, Lago di- **61** B 4
Barco (BS) **87** B 6
Barco (FI) **131** C 6
Barco (LC) **53** D 6
Barco (MI) **67** D 4
Barco (PN) **76** A 3
Barco (RE) **102-103** E 3-4
Barco (TN) **57** C 6
Barco (VR) **73** E 4
Bárcola **79** B 5
Barcòn **75** B 4
Barcuzzi **71** D 5
Bard **49** E 4
Bardalone **130** C 2
Bardaro, Serra- **285** B 5
Bardassano **82** D 3
Bardelle **90** E 2
Bardello **51** D 6
Bardi **115** A 4
Bárdia, Monte- **309** D 5
Bardiès **41** E 5

Bardine San Terenzo **128** A 3
Bardineto **111** E 4
Bardino Nuovo **111** E 5
Bardino Vécchio **111** E 5
Bardolino **71** D 6
Bardone **116** A 2
Bardonécchia **80** E 1
Bardonetto **81** A 6
Bardoney **47** D 5
Bardosu, Cantoniera- **307** D 6
Baredi, Bosco- **62** E 2
Barega **319** A 4
Baréggio **67** D 5
Baregnano **153** C 6
Barengo (NO) **66** C 1
Barengo (TO) **82** B 3
Bärentritt **24** C 1
Baresano, Bosco- **235** C 6
Barescione **124** C 3
Baresi **54** C 2
Baressa **315** A 5
Baressa, Rio di- **315** A 5
Barésus, Nuraghe de is- **317** C 6
Barete **171** B 6
Barezze, Rifúgio- **41** C 4
Barga **129** B 5-6
Bargagli **113** C 5
Bargano **86** C 2-3
Barge **95** D 5
Barge, la- **94** E 1
Bargécchia **129** D 4
Barghe **71** B 4
Bargi **131** B 4
Bargino **139** C-D 4
Bargnana **70** D 1
Bargnano **70** E 2
Bargni **143** A 4
Bargonasco **114** E 2
Bargone **114** E 2-3
Bari **209** C-D 5-6
Bari, Torre di- **313** D 5
Bariano **69** D 5
Baricella **105** E 6
Baricello, Torrente- **165** E 4
Baricetta **92** E 3
Darigazzo **117** E 5-6
Barigazzo, Monte- **115** A 5
Barile (PT) **130** D 2
Barile (PZ) **205** D 6
Barina **74** C 2
Barisano **120** E 3
Bari Sardo **313** D 5
Barisciano **172** C 2
Barisciano, Lago di- **172** B 2
Barisoni **317** B 6
Barisonzo **99** B 5
Barlassina **67** B 6
Barlatte **108** E 1
Barletta **208** A-B 1
Barletta, Masseria- **238** B 3
Barma, Colle di- **49** E 5-6
Barmasse, Rifúgio- **47** A 6
Barme (AO) **49** E 4
Barni **53** C-D 5
Barolo **110** A 3
Barona **85** C 6
Baronággio, Masseria- **210** C-D 3
Baróncia **154** B 1
Baroncino **217** C 6
Barone, Cozzo del- **241** A 6
Barone, Lago- **33** B 5
Barone, Masseria del- **211** A 4
Barone, Monte- (FG) **189** D 5
Barone, Monte- (BI) **50** E 2
Barone, Pizzo- **33** B 5
Barone, Ponte del- **116** E 3
Barone Canavese **82** A-B 3
Baronessa, Vallone- **281** D 5
Baroni **81** D 4
Baroni, Sáia- **293** C 6
Baronia **271** C 5
Baronia, Monte- **261** E 5
Baronia, Regione- **309** B-C 5-6
Baronissi **217** B 5
Barosi **111** A 6
Baróttoli **149** C 6
Barp **41** E 6
Barquedo **51** E 4
Barra **215** B-C 5

Barrabisa **297** C 4
Barrafranca **287** A 5-6
Barrali **316** D 2
Barramanco, Pizzo- **269** C 5
Barrata, Toppa- **196** E 2
Barrea **183** D 4
Barrea, Lago di- **183** D 4
Barrera, Masseria- **227** A 5
Barretta, Grotta di- **233** C 5-6
Barretta, Masseria- **198** A 3
Barrettini, Ísola- **297** B 4
Barricata **58** C 2
Barricate, Ponte delle- **108** C 2
Barriera **285** C-D 5
Barriera del Bosco **283** C 5
Barriera Noce **279** D 6
Barrittieri **252** E 3
Barro, Monte- **53** D 5
Barrocus, Lago is- **312** E 1
Barrotta, Masseria- **227** D 6
Barrua **319** E 5
Barruca, Fiumara- **253** E 6
Barsento, Masseria- **211** D 5
Bartolacelli **118** C 1
Bartoli **283** D 5
Bártolo, Sella di- **45** B 5
Baruccana **67** B 6
Barúccio **143** E 4
Baruchella **91** E 5
Baruffini **37** D 4
Barullo **150-151** B 3-4
Barumela, Castello- **311** E 5
Barúmini **316** B 1
Barussa, Nuraghe- **319** D 4
Barza **51** D 5
Barzaghino, Monte- **53** D 4
Barzago **53** E 5
Barzana **69** A-B 4-5
Barzaniga **87** C 5
Barzanò **53** E 5
Barzesto **55** C 4
Bárzio **53** C 6
Barzizza **54** E 3
Bárzola **51** E 5
Basagliapenta **62** C 2
Basaldella (PN) **61** C 5
Basaldella (UD) **62** C 3
Basalghelle **76** A 2
Basaluzzo **98** D 2
Bašanija (Bassánia) **78** E 3
Basano, Punta- **260** A 1
Bascapè **86** B 2
Baschi **160-161** C 3-4
Bascianella **164** D 2
Basciano (SI) **149** A 5
Basciano (TE) **164** D 2
Báscio **141** A 5-6
Basedo **77** A 4
Baséglia **61** B 6
Baséleghe, Porto di- **77** C 5-6
Baselga del Bondone **57** B 4-5
Baselga di Pinè **39** E 5
Basélica **85** E 6
Basélica, Chiesa di- **115** B 5
Basélica Bologna (PV) **85** B 5
Basélice **196** C 3
Basella **69** C 6
Basentello, Fermata- **207** E 4
Basentello, Torrente- **206** D 2
Basento, Fiume- **221** E 6
Basiago **120** E 2
Basiano **69** C 4
Basiasco **87** C 4
Basicò **269** B 4
Basíglio **85** B 6
Basile **211** B 5
Basile, Casa- **307** C 5-6
Basiliano **62** C 2
Basílica, Cresta- **249** D 4
Basilicagoiano **102** E 3
Basilicanova **102** E 3
Basilicò, Monte- (CS) **243** E 4
Basilicò, Monte- (RC) **256** C-D 2
Basiluzzo, Ísola- **273** C 5
Basódino, Capanna- **33** A 4
Basódino, Monte- **32** B 3
Basovizza **79** C 5
Bas-Prats **94** C 2
Bassa, Forcella- **60** A 2
Bassacutena **296** D 3
Bassacutena, Rio- **296** D 3

Bassa di Mai **101** B 6
Bassánia → Bašanija **78** E 3
Bassano (AN) **153** A 5
Bassano (VA) **33** E 5
Bassano, Rifúgio- **59** D 4
Bassano Bresciano **88** B 1
Bassano del Grappa **74** A-B 2
Bassano in Teverina **161** E 4
Bassano Romano **169** D 4
Bassano Romano, Stazione di- **169** D 4
Basset, Colle- **94** A 2
Bassiano **191** B 6
Bassignana **84** E 3
Basso **244** C 3
Basso, Giogo- (Niederjoch) **26** B 2
Bássola **51** D 4
Basso Merse, Riserva Naturale- **149** D 5
Bassone **115** D 5
Bassura **109** B 4
Bassura, Monte- **108** C 2
Bastarda, Colle- **245** D 5
Bastardo **161** A 6
Bastei **56** E 1
Bastelli **101** C 6
Bastia (AN) **153** A 4
Bastia (BL) **60** B 2
Bastia (FE) **120** B 2
Bastia (MN) **90** E 2
Bastia (MS) **115** E 6
Bastia (PD) **91** B 6
Bastia (RA) **121** E 4
Bastia (SV) **124** D 2
Bastia (TO) **80** D 3
Bastia (VC-Balocco) **65** D 6
Bastia (VC-Borgosésia) **50** E 3
Bastia, Monte- **113** C 4
Bastia, Monte la- **130** C 1
Bastia, Santuário della- **113** A 4
Bastia Mondovì **110** B 3
Bastia Nuova **205** B 4
Bastia Umbra **152** D 2
Bastida **101** C 4
Bastida de' Dossi **85** E 1
Bastida Pancarana **85** E 5
Bastíglia **104** D 2
Bastiola **152** D 2
Bastiola, Monte- **151** A 6
Bastione **271** C 5
Bastione, Casa- **281** C 4
Bastione, Monte- **131** B 5
Bastioni, Cima- **42** C-D 2
Basto **164** B 1
Basto, Lac du- **122** B 2
Bastogi, Villa- **150** C 3
Bastonaca **288** C 2
Bastrémoli **127** C 4
Bate (Battáglia della Bainsizza) **63** B 6
Batia **266** C 3
Batignano **158** B 2
Battáglia (LO) **87** D 4
Battáglia (PU) **142** B 2
Battáglia (SA) **235** C 4
Battáglia (TE) **164** C 2
Battáglia (TP) **261** D 4
Battáglia, Canale della- **92** B 2
Battáglia, Monte- **132** A 1
Battáglia, Piano- **266** D 2
Battáglia della Bainsizza → Bate **63** B 6
Battáglia Terme **92** C 1
Battagliola, Cima- **94** E 3
Battaglione Cadore, Bivacco- **42** B 2-3
Battaglione Granero, Rifúgio- **94** D 3
Battagliosi **112** A 2
Battedizzo **119** D 4
Battel, Monte- **49** A 6
Battendiero, Fiume- **235** E 6
Batteria, Punta la- **305** E 5
Battiati, Casa- **283** A 4
Battiferro **162** D 1
Battifolle **140** D-E 2-3
Battifolle, Monte- **130** C 1
Battifollo **110** D 3
Battipáglia **218** D 1

Battisti, Corno- **57** E 5
Battisti Césare, Rifúgio- (TN) **38-39** E 3-4
Battisti Césare, Rifúgio- (VI) **73** B 4
Battistini **73** C 5
Battistone, Punta- **297** C-D 5
Battuda **85** B-C 5
Battuello **67** E 4
Bau **314** C 2
Bau, Casa- **316** B 2
Baucca **141** E 6
Baucina **263** D 5
Baudenasca **95** B-C 5
Baudon, Pic de- **122** E 1
Bauducchi **96** A-B 2
Bau e Mándara, Lago- **313** C 4
Bau e Mela, Lago- **312** B-C 3
Bauernkohlern = Colle di Villa **39** B 6
Bau 'e Tanca, Nuraghe- **313** B 4
Bau Íschios, Rio- **311** B 6
Bauladu **311** B 4
Baulamette, la- **108** E 2
Baunei **313** B 5
Baunuxi, Cantoniera- **313** C 5
Bau Préssiu, Ponte- **319** A 5
Baura **106** C 1
Bausa Mela **312** D 1
Báuso **258** B 1
Bausone **82** E 3
Bavantore **99** D 4
Bavantorino **99** D 4
Bavareto **153** D 5
Bávari **153** C 4
Bavaroi **60** E 3
Bavastrelli **113** B 5
Bavastri **113** B 5
Baveno **51** C 4
Bavér **60** E 3
Bavona **33** B 4
Bavona, Val- **33** B 4
Bax, Masseria- **212** D 3
Bayasse **108** C 1
Bazena **55** D 6
Bazia, Monte- **253** C 4
Bazza **90** D 2
Bazzana **97** D 6
Bazzano (AQ) **172** C 1
Bazzano (BO) **118** C 3
Bazzano (PR) **117** B 4
Bazzano Inferiore **162** B 2
Bazzano Superiore **162** B 2
Bazzera, Canale- **75** D 6
Bazzini **101** E 4
Bazzinitta, Nuraghe- **298** E 2
Bazzoni **57** E 6
Béal Traversier, Pic du- **94** C 1
Beano **62** C 2
Beata Vérgine del Cóvolo, Santuário della- **59** E 4
Beata Vérgine del Soccorso, Santuário della- **59** E 4
Beata Vergine Pallavicina, Santuário- **87** B 5
Beato **217** A 4
Beato Ángelo, Badia del- **143** E 6
Beato Giolo, Grotta del- **153** E 4
Beato Sante, Convento- **143** A 4
Beatrice, Masseria- **210** E 3
Beaudouis, Pic de- **94** C 1
Beaulard **80** E 1
Beaume **80** E 2
Beauregard, Lago di- **46** D 2-3
Bébbio **117** C 5
Becca, Ponte della- **85** D 6
Beccacivetta **90** B 2
Becca d'Aver **47** B 6
Becca di Gay **47** E 4
Becca di Luseney **47** A 5
Becca di Suessa **46** E 2
Becca di Tei **46** D 3
Becca di Tos **46** D 3
Becca di Viou **47** B 5
Becca du Lac **46** D 2
Beccalzù **86** D 2
Becca Pugnenta **46** C 2
Beccara **49** E 6

Becca Rayette **47** A 5
Beccarini, Azienda- **199** B 4
Beccas del Mezzodì **109** C 5
Béccati Questo, Torre- **151** D 4
Becca Torchè **49** D 5
Beccazzittu, Monte- **296** E 2
Becche, Punta delle- **296** A 3
Becchei, Col- **31** D 4
Béccia, la- **140** B 3
Becco, Cima del- **122** A 3
Becco, Croda del- = Seekofel **31** C 4
Becco, Monte- **113** C 5
Becco Alto d'Ischiator **108** D 2
Becco di Filadonna **57** C 5
Becco d'Ovaga o Res **50** D 2-3
Becetto **95** E 4
Becherhaus = Rifúgio Biasi **28** B 1
Bedale **109** A 4
Bedale Intersile **108-109** B 3-4
Bedale Tibèrt **109** B 4
Bedano **52** B 2
Bedero Valcúvia **51** C 6
Bédero Valtraváglia **51** C 6
Bedizzano **128** B 3
Bedizzole **71** D 4
Bedóglio **36** D 2
Bedogna **35** D 4
Bedogno **117** A 4-5
Bédole **38** E 1
Bedolè, Monte- **41** E 4
Bedolina **35** C 4
Bedollo **39** E 5
Bedónia **115** B 4
Bedretto **33** A 4
Bedretto, Val- **32-33** A 3-4
Bedulita **53** E 6
Beduzzo **116** B 2
Bee **51** C 5
Bega, Rio- **314** C 2
Begato **113** C 4
Begliano **63** E 5
Begóglio **99** B 6
Begosso **91** D 5
Begozzo **103** B 5
Beguda **109** C 6
Bei **32** E 2
Béigua, Monte- **112** C 1
Béigua, Parco Regionale del- **112** C 1-2
Beinasco **82** E 1
Beinette **110** C 1
Beiva = Bívio **35** A 6
Beivárs **62** B 3
Bel, Col- **40** B 3
Belagáio **149** D-E 4-5
Belbo, Torrente- **97** D 6
Belbrolo **89** D 5
Belcastro **246** E 3
Bel Colle = Schönbichl **31** A 4
Belcreda **85** C 4
Beldiletto, Castello- **153** D 6
Belfiore (VE) **77** A 4
Belfiore (VR-Belfiore) **90-91** B 3-4
Belfiore (VR-Legnago) **91** D 4
Belfiore, Cima- **116** E 3
Belfort, Castèl- **38-39** E 3-4
Belforte (MN) **89** E 4
Belforte (PR) **115** B 5
Belforte (SI) **148** C 3
Belforte all'Ísáuro **142** A 1
Belforte del Chienti **154** B 1
Belforte Monferrato **112** A 2
Belgioioso **86** D 2
Belgirate **51** D 5
Belgrado **61** E 6
Bélice, Fiume- **275** C-D 5
Bélice, Valle- **275** C-D 5-6
Bélice Destro, Fiume- **262** E 2
Bélice Sinistro, Fiume- **277** A 5
Bélici, Torrente- **279** D-E 5
Bella (CZ) **249** A 5
Bella (PZ) **219** B 5
Bella, Colla- **122** D 5
Bella, Fontana- **316** E 2

Bella, Ísola- **269** D 6
Belladonna **250** D 2
Bella Fárnia, Cantoniera- **191** D 6
Bellágio **53** C 5
Bellaguarda (MN-Viadana) **103** B 4
Bellaguarda (MN-Virgílio) **89** E 6
Bellaluna **24** C 1
Bellamonte **40** C 3
Bella-Muro, Stazione di- **219** C 5
Bellano **53** B 5
Bellano, Rifúgio- **35** E 4
Bellante **164** B 3
Bellántone **253** C 4
Bellapietra, Torrente- **277** C 6
Bellardina, Colle- **253** C 6
Bellária (MO-Castelnuovo Rangone) **118** B 1
Bellária (MO-San Possidónio) **104** B 2
Bellária (PU) **142** C 2
Bellária (RN) **134** B 2
Bellária (SI) **150** D 1
Bellária, ex Parróchia di- **134** B 2
Bellária, Villa- **98** D 3
Bellária-Igea Marina **134** B 2-3
Bellariva (FG) **188** B 3
Bellariva (RN) **134** C 3
Bellaromana **227** B 4
Bellásola **116** C 2
Bellavalle **130** B 3
Bellavarda, Monte- **81** B 6
Bellaveduta **206** B 1
Bellaveduta Súrico, Masseria- **210** E 3
Bellavista (GR) **158** D 3
Bellavista (Svízzera) **52** C 3
Bellavista, Capo- **313** C 6
Bellavista, Fermata- **224** C 3
Bellavista, Rifúgio- = Schöne Aussicht **26** B 2
Bellecombe **47** C 6
Belledo **53** D 6
Bellegra **180** C 2
Bellelli **232** A 2
Bellena **102** C-D 2
Bellì, Masseria- **231** B 4
Belliemi, Case- **262** C 2
Bellimpiazza, Casa- **299** D 4
Bellino **94** E 3
Bellino, Monte- **167** B 6
Bellino, Rio di- **110** E 1
Bellinzago Lombardo **69** D 4
Bellinzago Novarese **66** C 2
Bellinzona **34** D 2
Bellisío Solfare **143** D 4
Bellíssimi **123** D 5
Bellizzi **217** D 6
Bellizzi Irpino **217** A 5
Bello, Monte- (CB) **185** A 4
Bello, Monte- (CN-IM) **123** B 5
Bello, Monte- (PR) **114** A 3
Belloca **142** E 4
Belloca, Monte- **73** C 4
Bellocchi **143** A 5
Bellócchio **107** E 4-5
Bellocozzo **289** E 4
Belloluogo, Masseria- **213** D 4
Bellombra **106** A 3
Bellona **202** C 1
Bellori **72** C-D 3
Belloro **257** C 4
Bellosguardo **233** A 4
Belluno **60** B 1-2
Belluno Veronese **72** B 2
Belluogo **207** A 5
Bellurri **241** C 4
Bellusco **68** C 3
Bellussi **75** A 6
Belluzzi, Casa- **121** E 5
Bellwald **32** A 1
Belmonte **131** A 4
Belmonte, Cappella di- **186** D 2
Belmonte, Santuário di- **64** E 1
Belmonte Cálabro **244** C 2
Belmonte Castello **193** A 6

Belmonte del Sánnio **184** C 1
Belmonte in Sabina **170** C 3
Belmonte Mezzagno **263** B 4
Belmonte Piceno **154** B 3
Belmontino, Fiume di- **281** E 6
Belnome **113** A 6
Belpasso **283** B 4
Belpasso, Stazione di- **283** C 4
Belpiano = Schöneben **25** B 6
Belpo, Monte- **72** C 2
Bel Pra, Cima- **42** D 1-2
Belprato **71** B 4
Belprato = Schönau **27** A 4
Belricetto **120** C 2
Belsedere **150** B 1
Belsito **244** D 3
Beltíglio **203** D 5
Belu, Fiume- **315** B 4
Belvedere (AN) **153** B 4
Belvedere (BO) **131** A 6
Belvedere (CO) **52** C 3
Belvedere (CR) **87** C 6
Belvédère (Fráncia) **122** C 1
Belvedere (GR) **148** D 3
Belvedere (LI) **148** D 1
Belvedere (ME) **273** E 4
Belvedere (MN-Roverbella) **89** C 6
Belvedere (MN-San Martino dall'Árgine) **89** E 4
Belvedere (PA) **263** E 4
Belvedere (PD) **74** C 2
Belvedere (PG-Città di Castello) **141** D 6
Belvedere (PG-Gúbbio) **152** B 2
Belvedere (PG-Schéggia e Pascelupo) **142** E 3
Belvedere (PG-Spoleto) **162** C 1
Belvedere (PN) **62** E 1
Belvedere (PU) **143** B 4
Belvedere (SA) **218** D 1
Belvedere (SR) **291** D 5
Belvedere (TN-Grigno) **58** C 3
Belvedere (TN-Lavarone) **57** D 6
Belvedere (TN-Ronzone) **39** B 4
Belvedere (TN-Trento) **57** B 5
Belvedere (TR) **160** C 2
Belvedere (UD) **78** B 2
Belvedere (VB) **49** A 6
Belvedere (VI) **91** B 6
Belvedere, Cantoniera- **307** C 6
Belvedere, Casa- **142** C 2
Belvedere, Masseria- **223** A-B 6
Belvedere, Monte- (BL) **41** C 6
Belvedere, Monte- (BO) **130** A 2
Belvedere, Monte- (MS) **128-129** C 3-4
Belvedere, Monte- (RI) **170** B 3
Belvedere, Punta- **71** D 5
Belvedere, Rifúgio- (BL) **59** B 4
Belvedere, Rifúgio- (MS) **128** B 3
Belvedere, Villa- **260** D 3
Belvedere della Líscia, Rifúgio- **183** D 4
Belvedere di Spinello **247** C 4
Belvedere Fogliense **135** E 4
Belvedere Langhe **111** E 5
Belvedere Maríttimo **240** D 2
Belvedere Ostrense **143** C 6
Belvéglio **97** C 6
Belvì **312** C 2
Belviso, Lago- **55** B 4
Belviso, Passo di- **55** B 4
Belviso, Valle- **55** A-B 4
Bema **35** E 6
Ben, Monte- **57** C 4
Benábbio **129** C 6
Benaco → Lago di Garda **72** A-D 1-2
Benano **160** B 2
Benante, Fiume- **283** E 4
Bénas, Stagno de is- **310** B 2
Benatzu, su- **319** C 5
Bendole **122** C 2-3
Benedello **118** D 1

Benedetto, Lago- **37** E 5-6
Bene Lário **53** B 4
Benestare **257** C 4
Benetutti **308** B 2
Bene Vagienna **110** A 2
Benevello **97** E 4
Benévolo, Rifúgio- **46** E 3
Bengodi **158** E 2
Benitti **33** D 6
Benna **65** C-D 5
Benne (TO-Cório) **82** B 1
Benne (TO-Villafranca Piemonte) **95** C 6
Bennisti, Torre- **261** C 5
Benòt **81** C 5
Bentivóglio **105** E 5
Bentivóglio, Canale- **106** B 3
Benvignante **106** E 1
Benzi **112** A 1
Benzone, Lago di- **312** A 1
Béolo **92** D 2
Berardi, Posta- **199** B 4
Berardo Fratelli, Rifúgio- **94** E 3
Berba, Bric- **111** E 6
Berceto **115** B 6
Bérchida, Cantoniera- **309** B 6
Bérchida, Rio- **309** B 6
Berchidda **302** C 3
Berchiddeddu **303** B 5
Berchiotto **64** D 1
Bércia, Colle la- **94** B 1
Berda **93** A 5
Bérdia Nuova **292** B 1
Beregazzo **52** E 2
Beregazzo con Figliaro **52** E 2
Bereguardo **85** C 5
Berenzi **89** C 4
Berg = Monte **39** B 5
Berga **113** A 5
Bergamasco **98** C 1
Bérgamo **69** B 5
Bérgamo, Rifúgio- = Grasleitenhütte **30** E 1
Bergantino **91** E 4
Bergassana **115** E 4
Bergeggi **111** E 6
Bergeggi, Riserva Naturale di- **111** E 6
Bergeggi, Ísola di- **111** E 6
Bergeretti **81** E 5
Bergerie-sous-Roche **94** D 3
Rérgiola Maggiore **128** B 3
Bergkastel-Spitze → Cima Castello **25** A 6
Bergl Hütte = Rifúgio Borletti **25** E 6
Bergóglio **96** E 2
Bergogna → Breginj **45** E 4
Bérgolo **111** A 5
Bergoncino **91** C 6
Bérgoro **67** B 4
Berguarina **105** A 5
Bergue, Gorges de- **122** C 2
Bergue Inférieur **122** C 2
Bergue Supérieur **122** C 2
Bergullo **120** E 1
Bergün = Bravuogn **24** D 1
Bérici, Monti- **91** A-B 5-6
Béride **52** B 2
Bério Blanc, Monte- **46** B 2
Berioli **124** C 2
Berisal **32** C 1
Berlasco (PC-Borgonovo Val Tidone) **86** E 3
Berlasco (PC-Castèl San Giovanni) **86** E 2
Berleta **132** D 3
Berliner Hütte **29** A 5
Berlinghera, Monte- **35** D 4
Berlingheri, Casa- **315** E 4
Berlinghetto **70** D 2
Berlingo **70** D 1
Berlini **115** A 4
Berlino, Monte- **110** E 3
Bernalda **223** E 4
Bernarda **106** A 1
Bernardi **58** B 1
Bernardo, Monte- **261** E 5

Bernardo, Serra di- **237** D 5
Bernaréggio **68** B 3
Bernate (CO) **52** E 3
Bernate (VA) **51** E 6
Bernate Ticino **66** D 3
Bernezzo **109** C 5
Berni, Rifúgio- **37** C 6
Berniga **71** C 4-5
Bernina **36** B 1-3
Bernina, Passo del- **36** B 3
Bernina, Pizzo- **36** B 2
Bernina, Val- **36** A-B 2-3
Bernina Suot **36** B 2
Bernolda **103** C 5
Bernuffi **73** D 6
Beróide **162** A 1
Berra **106** A 3
Berre, Nuraghe- **307** D 5
Berre-des-Alpes **122** E 1
Berretta, Col della- **58** D 3
Berri (CN) **96** E 3
Berri (SV) **111** B 6
Berriaz **49** D 4
Berruîles **303** C 6
Bersani **100** D 3
Bersano **101** B 5
Bersento, Masseria- **211** D 5
Bersézio **108** C 2
Bersia **109** A 4
Bersone **56** C 2
Berta, Capo- **123** D 6
Bertacchi, Rifúgio- **35** A 4
Bertagnoli, Rifúgio- **73** B 4
Bertarelli Guido, Rifúgio- **25** E 6
Bertassi (PC) **113** A 6
Bertassi (TO) **81** E 5
Berteri **96** C 3
Bertésina **74** D 1
Bertesseno **81** D 5-6
Berthemont-les-Bains **122** B 1
Berti, Casale- **170** E 2
Berti, Rifúgio- **42** B 3
Bertiaga, Monte- **58** E 2
Bertigaro **114** C 2
Bertignano, Lago- **65** D 4
Bertigo **58** D 2
Bertinoro **133** B 5
Bertiolo **62** C-D 2
Bertipáglia **92** C 2
Bertocchi **118** E 1-2
Bertocchi → Bertoki **79** D 5
Bertoki (Bertocchi) **79** D 5
Bertol, Cabane de- **48** A 3
Bertoldi **57** C 6
Bertolini Soprani **110** D 2
Bertolini Sottani **110** C 2
Bertón, Bric- **112** B 1
Bertone **113** A 6
Bertone, Colle- **162** D 2
Bertoneria **75** C 5
Bertónico **87** C 4
Bertónio **82** D 2
Bertorella **115** C 4
Bertrand, Monte- **122** B 3
Bertúccia **283** E 5
Bertuzzi, Valle- **107** D 4
Berzano di San Pietro **82** D 3
Berzano di Tortona **99** C 4
Berzi **122** D 3
Berzo **55** B 6
Berzo Demo **55** B 6
Berzo Inferiore **55** C-D 5
Berzola **116** A-B 3
Berzona (Svízzera) **33** D 5
Berzona (Svízzera) **33** D 6
Berzonno **51** E 4
Berzo San Fermo **70** B 1
Bes **59** B 6
Besagno **57** E 4
Besana in Brianza **68** B 3
Besano **52** D 2
Bésaro, Ponte- **280** E 3
Besate **85** B 4
Besázio **52** D 2
Bes-Cornapiana, Riserva Naturale- **56-57** E 3-4
Besenello **57** C-D 5
Beseno, Castèl- **57** D 5
Besenzone **101** B 5
Besimáuda, Monte- **110** D 1
Besmorello **108** D 3

Besnate **66** B 3
Bésolo **83** D 4
Besozzo **51** D 5-6
Besózzola **101** C 4
Bessa, Riserva Naturale la- **65** D 4
Bessanese, Úia- **81** B 4
Bessans **80** B 3
Bessé **94** A 2
Béssica **74** B 3
Béssimo **55** D 4
Béssolo **64** E 3
Bessude **301** D 5
Bestagno **123** D 5
Bestazzo **67** E 5
Betigna, Torrente- **115** D 5
Betlemme **82** C 3
Bettaforca, Colle- **49** B 5
Bettaforca, Monte- **49** B 5
Bettale **57** E 6
Bette **35** C 5
Bettegno **88** B 1
Bettenesco **88** D 1
Bettlihorn **32** B 1
Bettmeralp **32** B 1
Bettmerhorn, Hotel- **32** B 1
Béttola (BS) **71** E 4
Béttola (MI-Calvignasco) **85** B 5
Béttola (MI-Pozzo d'Adda) **69** C 4
Béttola (PC) **100** D 2-3
Béttola (PU) **135** E 6
Béttola (RE) **117** B 5
Béttola (VB) **51** B 4
Béttola (VC) **50** D 2
Béttola (VR) **73** D 4
Béttola del Capitano **293** C 4
Béttole (BG) **69** C 6
Béttole (BS-Castenédolo) **70** D 3
Béttole (BS-Passirano) **70** C 2
Béttole (VC) **50** E 3
Béttole di Castellàr Ponzano **98** C-D 3
Bettolelle **143** B 6
Bettolino **70** C 2
Bettolle **150** B 3
Bettona **152** D 1
Betulle, Piàn delle- **53** B 6
Béura **32** E 2
Béura-Cardezza **32** E 2
Bevadoro **74** D 2
Bevagna **152** E 2
Bevano, Bocca- **121** D 5
Bevano, Torrente- **133** A 5
Bevazzana **77** C 6
Bever **24** D 2
Bever, Val- **24** D-E 1
Bévera **122** E 2
Bévera, Torrente- **122** D-E 2
Beverare **92** E 2
Beverino **115** E 5
Beverone **115** E 4-5
Bévia **38** B 3
Bevilácqua (BO) **105** D 4
Bevilácqua (VR) **91** C 5
Bévole **64** D 3
Bevorchiàns **44** B 3
Bewaller = Pievalle **40** C 2
Bezzecca **56** D 2
Bezzetti **89** B 5
Bezzi, Rifúgio- **46** E 2
Bezzo **124** D 2
Biacesa di Ledro **56** D 3
Biácis **63** A 5
Biádene **59** E 5
Biàena, Monte- **57** D 4
Biagasco **99** C 5
Biagetto, Piàn- **129** B 6
Biagi **153** B 6
Biagini **137** A 5
Biágio, Póggio di- **160** C 2
Biagioni **130** B 3
Biaina, Monte- **56** C 3
Biana **100** D 3
Bianca **168** E 2
Bianca, Cala- (TP-Golfo di Castellammare) **261** C 5
Bianca, Cala- (TP-Ísola Maréttimo) **260** A 1

Bianca, Casa- **258** A 2
Bianca, Cima- **47** A-B 6
Bianca, la- **303** A 5
Bianca, Parete- (Weisswand-Spitze) **28** A 2
Bianca, Punta- (AG) **284** D 3
Bianca, Punta- (SP) **127** E 5
Bianca, Rocca- **94** B 3
Biancacamícia **150** D 2
Biancade **75** C 6
Biancanelle, Póggio- **137** D 6
Biancanigi **99** B 5
Biancanigo **120** E 1
Biancano **202** C 2
Biancareddu **298** D 1
Biancavilla **282-283** B 3-4
Bianche, Case- **298** A 2
Bianchet, Rifúgio- **41** D 6
Bianchi (AT) **96** B 3
Bianchi (CN) **95** E 5
Bianchi (CS) **245** D 4
Bianchi (PR) **115** A 5
Bianco **257** D 4
Bianco, Canale- **105** A 6
Bianco, Capo- (AG) **277** E 6
Bianco, Capo- (BR) **213** C 6
Bianco, Capo- (CZ) **251** C 6
Bianco, Corno- (TO) **81** A 5
Bianco, Corno- (VC) **49** C 5
Bianco, Corno- = Weisshorn (BZ-Aldino) **39** C 6
Bianco, Corno- = Weisshorn (BZ-Racines-Sarentino) **27** B 6
Bianco, Fiume- **219** D 4
Bianco, Lago- **36** B 3
Bianco, Monte- (AO-Fráncia) **46** A-B 1-2
Bianco, Monte- (FR) **193** A 6
Bianco, Pizzo- **49** B 6
Bianco, Rifúgio- **109** D 4
Bianco, Sasso- **41** B 5
Biancola **58** E 2
Biancolidda **274** B 3
Bianconese **102** D 2
Biandrate **66** D 1
Biandronno **51** D 6
Biandronno, Lago di- **51** D 6
Bianzano **54** E 3
Bianzè **83** B 5
Bianzone **36** E 3
Biasca **34** B 2
Biasì **303** A 5
Biasi, Rifúgio- = Becherhaus **28** B 1
Biassa **126** D 3
Biassono **67** C 6
Biauzzo **61** D 3
Biazza **71** B 6
Biazzo **288** E 2
Biban **75** B 6
Bibano **60** E 3
Bíbbia, Villa- **289** D 6
Bibbiana **132** B 1
Bibbiano (FI) **139** B 6
Bibbiano (RE) **117** A 4
Bibbiano (SI-Buonconvento) **149** D 6
Bibbiano (SI-Colle di Val d'Elsa) **139** E 4
Bibbiena **140** B 3
Bibbinello, Necrópoli di- **289** D 5
Bibbona **147** A 6
Bibbona, Riserva Naturale di- **148** B 1
Bibbona-Casale, Stazione- **147** A 6
Bibele, Monte- **119** E 4
Bibiana **95** C 5
Bibione **77** C 6
Bibione Pineda **77** C 6
Bíbola **127** C 5
Bíbulano **119** E 4
Bicchiere **132** B 1
Bicciano **140** C 3
Bíccari **197** C 5
Bicco, Monte- **153** E 6
Bichl = Colle **27** E 4
Bicinicco **62** D 3
Bicocca (NO) **66** E 2

Bicocca (TO) **95** B 6
Bicocca, Colle della- **108** A 3
Bicocca, Stazione- **283** D 5
Biddé, Nuraghe- **308** A-B 2
Biddemi, Cava- **292** C 2
Biddemi, Ponte- **292** C 2
Bidderdì, Cantoniera- **314** C 3
Biddiriscottai, Grottone di- **309** D 5
Biddusa, Ponte- **275** A 4
Bidella, Nuraghe- **310** D 4-5
Bidente, Fiume- **133** C 4
Bidente di Corniolo, Fiume- **132** D 3
Bidente di Pietrapazza, Fiume- **132** E 2
Bidente di Ridrácoli, Fiume- **132** D-E 3
Bidicolai, Cantoniera- **309** E 4
Bidiene, Rio- **307** D-E 5
Bidighinzu, Lago- **301** D 5
Bidissáriu, Rio- **312** D 1
Bidogno **52** A-B 3
Bidonì **311** D 3
Biedano, Fosso- **168** C 3
Biegno **33** E 6
Biel **32** A 2
Biela, Pizzo- **32** B 3
Bielciuken **49** D 5
Bielerhöhe **25** A 4
Biella **65** C 4-5
Biella, Rifúgio- = Seekofel Hütte **31** C 4
Bielmonte **65** B 5
Biena, Torrente- **149** B-C 6
Bienate **66** C 3
Bienca **64** C 3
Bienno **55** C 5-6
Bieno **58** B 2
Biéntina **137** A 6
Biestro **111** D 5
Bietti, Rifúgio- **53** C 5
Biferno, Fiume- **185** B-C 5
Biferno, Sorgenti del- **195** B 5
Biffis, Canale- **72** D 2
Biforca (AR) **141** A 4
Biforco (FI) **132** C 1
Biganzolo **51** C 5
Bigarello **90** D 2
Biggini, Torre- **275** C 5
Bigioni **162** D 3
Biglini **96** D 3
Bíglio **115** D 6
Bignami, Rifúgio- **36** C 2
Bignasco **33** C 4
Bignone, Monte- **122** D 3
Bigolino **59** D 5
Bigonda, Grotta della- **58** C 2
Bigório, Monte- **33** E 6
Bigotti **100** E 3
Bilanciere, Monte- **164** C 1
Bilancino, Lago di- **131** C-D 5
Bildstockljoch = Forcella del Santo **26** B 2
Bilegno **100** B 2
Bilianu Saldu **297** C 5
Bilioso, Torrente- **220** C 3
Biljana **63** C 5
Bilje **63** D 6
Billi **133** E 6
Billi, Palazzo- **152** A 3
Billiemme **84** B 1
Bimmisca, Villa- **293** C 6
Binaghe, Monte- **115** B 5
Binago **52** E 2
Binami **151** C 4
Binanuova **88** C 2
Binasco **85** B 5
Bindo **53** B 5
Binetto **209** E 4
Binio **56** B 3
Binn **32** B 1-2
Binnatal **32** B 1-2
Bino, Lago- **114** A 3
Bintinoi, Rio- **317** C-D 4
Binzago (BS) **71** C 4
Binzago (MI) **67** C 6
Binzas, Rio 'e- **308** E 1
Biò **64** C 3
Bíodola **156** C-D 2
Bíodola, Golfo della- **156** C 2

Bióggio **52** B 2
Bióglio **65** B 5
Biogno **52** B 2
Bióis, Torrente- **41** C 4
Bioley **64** C 2
Biolla **50** E 2
Biolley, le- **46** E 2
Biolo **35** E 6
Bionaz **47** A 5
Bionde di Visegna **90** D 3
Biondo, Serra di- **278** D 1
Bione **71** B 4
Bionnassay **46** A 1
Bionnassay, Aiguilles de-
46 A 1
Bionzo **97** D 5
Bioula, Punta- **46** D 3
Biraga, la- **87** C 4
Birago **67** B 5
Birándola **120** E 3
Birbesi **89** C 4
Birchabruck = Ponte Nova
39 B 6
Birgalavò **305** D 4-5
Birgi Novo **260** E 2
Birgi Vecchi **260** E 2
Biriu, Nuraghe- **311** D-E 6
Birkenkofel = Croda dei Baranci
31 C 6
Birnbaum **43** A 6
Birnlücke = Forcella del Picco
29 C 6
Biro, Ponte- **261** C 4-5
Birónico **34** E 2
Birori **307** D-E 5
Birrone, Colle- **109** A 4
Birrone, Monte- **109** A 4
Bisáccia **204-205** C 3-4
Bisacquino **277** A-B 6
Bisalta, Monte- **110** D 1
Bisani, Cantoniera- **312** A 1
Bisano **119** E 5
Bisarca, la- **150** E 2
Bisbino, Monte- **52** D 3
Biscáccia **112** B-C 2-3
Bisce, Ísola delle- **297** C 5
Biscéglie **200** D 2-3
Bíscia, Passo della- **114** D 3
Biscina **152** B 2
Bisciola **77** A 4
Bisco, Masseria del- **197** C 5
Biscúbio, Torrente- **142** C 1
Bisdónio **64** D 1
Bisegna **182** B 3
Biséia, Ponte de- **308** B 1
Biselli **162** B 3
Bisenti **164** E 3
Bisentina, Ísola- **160** D 1
Bisentrate **69** D 4
Bisénzio **55** E 6
Bisénzio, Fiume- **131** C 4
Bisignano (AP) **154** E 2
Bisignano (CS) **241** E 5
Bísio **98** E 3
Bisnate **69** E 4
Bisogno **32** D 2
Bissicoro, Monte- **313** B 5
Bissina, Lago di- **56** B 1
Bissone (PV) **86** D 2
Bissone (Svízzera) **52** C 3
Bistagno **97** E 6
Bister **32** B 1
Bistrigna **63** E 5
Bistrizza, Sella- **45** B 5
Bisúschio **52** D 2
Bitetto **209** D-E 4
Bithia **319** E 6
Bitonto **209** D 4
Bitritto **209** D 5
Bitta, Cala- **297** D 5
Bitti **308** B 3
Bitto di Gerola, Valle del-
54 A-B 1
Bivai **59** B 5
Bívera, Monte- **43** D 4
Biverone **77** B 4
Biviere, Lago- **268** C 1
Biviere, Stagno il- **288** E 1
Biviere di Gela, Riserva
Naturale- **288** D-E 1
Bivigliano **131** D 5

Bívio = Beiva **35** A 6
Bívio, il- **131** C 5
Bívio Capoiale, Fermata-
188 C 1
Bívio Colli **155** E 4
Bívio di Montegelli **133** C 5-6
Bívio Ercole **153** B 4
Bívio Palomonte **218** C 3
Bivona (AG-Bivona) **278** D 2
Bivona (AG-Menfi) **275** D 6
Bivona (VV) **248** D 3
Bivona, Castello di- **248** D 3
Bivongi **255** C 4
Bizzarone **52** D 2
Bizzolano **88** D 3
Bizzózero **52** E 2
Bizzuno **120** C 2
Blache, la- **108** E 2-3
Blachière, la- **94** E 1
Blanc, Lac- (Frància) **80** B 1
Blanc de Cheilon, Mont- **48** A 2
Blanc du Tacul, Mont- **46** A 2
Blanc Giuir, Monte- **47** E 4
Blanche, Tête- **48** A 3
Blanchen, Grande Becca-
48 B 2-3
Blancias, Cima las- **108** C 2
Blasi, Masseria- **213** E 6
Blausasc **122** E 1
Blavy (AO-Nus) **47** C 5
Blavy (AO-Roisan) **47** B 5
Blaž **45** D 6
Bléggio Inferiore **56** B 3
Bléggio Superiore **56** C 3
Blegier, Colle- **80** E 2
Bleiberg ob Villach **45** A 6
Blello **54** D 1
Blengi **111** B 5
Blénio, Val- **34** A-B 2
Blera **168** D 3
Blesságlia **77** A 4
Blessagno **52** C 3
Blessano **62** B 2
Bleu, Lac- **94** E 1
Bleu, Lago- **49** B 4
Blévio **52** D 3
Bligsspitze **26** A 2
Blinnenhorn **32** A 2
Blinnental **32** A 2
Blitzingen **32** A 2
Blockhaus, Monte- **173** E 6
Blufi **280** B 3
Blumau = Prato all'Isarco
40 A 1
Blumone, Cornone di- **56** C 1
Blússega, Doss- **55** D 5
Bo, Cima di- **49** D 6
Boai, Cima di- **38** C 1
Boara (FE) **106** C 1
Boara (VR) **91** C 5
Boara Pisani **92** E 1
Boara Polésine **92** E 1
Boarezzo **52** C 2
Boaria, Colle della- **110** E 1
Boarie **73** D 5
Boário **54** C 3
Boário Terme **55** D 5
Boasi **113** B-C 5
Boazzo, Lago di- **56** C 1
Boazzo, Valle- **53** D 6
Bobba, Rifúgio- **47** A 6
Bobbiano **100** C 2
Bobbiate **51** E 6
Bóbbio **100** D 1
Bóbbio, Piani di- **53** C 6
Bóbbio Péllice **94-95** C 3-4
Bóbbolo, Monte- **249** E 6
Bobolíca, Rio- **311** A 4
Boca **66** B 1
Bocale **256** E 1
Bocca, Foce la- **274** C 3
Bocca, Ísola della- **303** A 5-6
Bocca Callatta **76** B 2
Bocca Chiaraon, Serra- **183** D 4
Bocca Chiávica **103** B 4
Bocca del Bráulio **25** E 5
Bocca delle Valli **39** C 4
Bocca dell'Orimento **52** C 3
Bocca di Biandino, Rifúgio-
53 D 6
Boccadifalco **263** B 4

Bocca di Fiume **191** C 6
Boccadiganda **89** E 6
Bocca di Magra **127** E 5
Bocca di Pantano, Casa-
183 C 4
Bocca di Piazza **245** D 5
Boccadirio, Santuário di-
131 B 4-5
Bocca di Scala, Monte- **129** A 5
Bocca di Sério **87** C 4
Bocca di Strada **75** A 6
Bocca di Valle **173** E 6
Boccáia, Casa- **129** A 5-6
Boccalatte, Rifúgio- **46** A 2
Boccaleone **106** E 1
Bocca Nuova, Foce- **186** B 1
Boccardi **89** C 4
Boccaréccio, Punta- **32** C 2
Boccasette **107** A 6
Boccassuolo **117** E 5
Boccea **177** B 6
Boccetta **160** C 3
Bocche, Cima- **40** C 3
Bocche di Bonifácio, Riserva
Naturale delle- **296** A 1-2
Boccheggiano **148** D 3
Bocchere **89** C 4
Bocchetta, Passo della-
112 A 3
Bocchetta di Campo, Rifúgio-
51 B 4
Bocchigliero **246** A 3
Bocchignano **170** D 2
Bóccia al Máuro **215** C 6
Bocciolaro **50** D 3
Boccioleto **50** D 3
Bocco **113** D 6
Bocco, Monte- **116** D 2
Bocco, Passo del- (GE) **114** C 2
Bocco, Passo del- (GE-SP)
114 D 2-3
Bóccolo della Noce **100** E 3
Bóccolo de' Tassi **100** E 3
Boccón **92** C 1
Bocconi **132** C 2
Boccório **49** C 6
Bocenago **56** A-B 3
Boceto (PC) **101** B 5
Boceto (PR) **101** C 6
Bochor, Mont- **80** A 1
Bocktenhorn **24** C 2
Bodéina **95** C 4
Bodelacchi **98** A-B 1
Bodengo **35** C 4
Bodengo, Val- **35** C-D 4
Bödenseen = Laghi dei Piani
31 C 6
Bodigoi **63** B 5
Bódio (Svízzera) **33** B 6
Bódio (Svízzera) **34** C 3
Bódio (VA) **51** E 6
Bódio-Lomnago **51** E 6
Bodmer Spitze **25** A 4
Bodone **35** E 4
Boè, Píz- **30** E 3
Boeo, Capo- **274** A 2
Boes, Nuraghe- **308** B 2
Boésimo **132** B 2
Boffalora **35** A 4
Boffalora, Ponte- **66** D-E 3
Boffalora, Rifúgio- **53** C 4
Boffalora d'Adda **86** B 3
Boffalora sopra Ticino
66-67 D 3-4
Bogani, Rifúgio- **53** C 5
Bogatin **45** E 6
Bóggia, Torrente- **35** C 4
Bogli **113** A 6
Bogliaco **71** B 6
Bogliano **81** C 6
Bogliasco **113** D 5
Boglietto **97** D 5
Boglione, Torrente- **97** E 6
Bogna, Torrente- **32** E 1
Bognanco **32** E 2
Bognanco, Fonti di- **32** E 2
Bognanco, Valle di- **32** E 1-2
Bognassi **99** D 6
Bogno **34** E 2
Bogogno **66** B 1-2
Bogolese **102** D 3

Boi **72** C 2
Boi, Capo- **321** C 5
Boiago **75** C 5
Boiano, Serra- **241** D 4
Boiara, Bosco di- **204** E 2
Bóio **115** A 6
Bóio, Monte- **163** E 4
Boiola, Fonte Termale- **71** D 6
Boión **92** B 3
Boirolo **36** D 2
Bois-Noir, le- **94** D 2
Boissano **124** C 3
Boisses, les- **46** E 2
Bóite, Torrente- **42** D 2
Bojano **195** B 5
Bolago **41** E 6
Bolano **127** C 4
Bolastro **33** E 6
Bolbeno **56** B 3
Bolca **73** C 5
Bolca, Purga di- **73** C 5
Boldara **62** E 1
Boldeniga **70** E 2
Bolentina **38** C 2
Boleto **50-51** D 3-4
Boletto, Monte- **53** D 4
Bólgare **69** C 6
Bólgheri **147** B 6
Bólgheri, Stazione di- **147** B 6
Boline, le- **104** A 3
Bolla **83** E 6
Bolladello **67** B 4
Bolladore **37** C 5
Bollano **150** B 1
Bollate **67** C-D 5
Bolle, le- **139** C 5
Bollella **196** C 1
Bollène-Vésubie, la- **122** C 1
Bollengo **64** D 3
Bolli **83** D 5
Bollita, Torre- **239** C 5
Bollone **71** B 5
Bolo, Castello di- **268** E 2
Bolo, Ponte- **268** D 2
Bologna (BO) **119** B-C 4
Bolognana **129** C 5-6
Bolognano (PE) **173** D 5
Bolognano (TN) **56-57** D 3-4
Bolognetta **263** C 5
Bolognina **104** D 3
Bolognola (MC) **154** C-D 1
Bolognola (PV) **86** C 2
Bolótana **307** C 4
Bolótana, Stazione di- **307** D 6
Bolsena **160** C 2
Bolsena, Lago di- **160** D 1-2
Boltiere **69** C 5
Bolza, Monte- **172** B 3
Bolzaneto **112-113** C 3-4
Bolzano (BL) **41** E 6
Bolzano (PN) **61** E 6
Bolzano (UD) **63** C 4
Bolzano = Bozen **39** A 6
Bolzano, Rifúgio- =
Schlernhaus **30** E 1
Bolzano Novarese **51** E 4
Bolzano Vicentino **74** C 1
Bolzone **87** B 4
Bomarzo **161** E 4
Bomba **184** A 1
Bomba, Lago di- **184** A-B 1
Bombarde, Spiággia delle-
300 D 2
Bombiana **130** A 3
Bombile **257** C 4-5
Bombone **139** B 6
Bomerano **216-217** D 3-4
Bominaco **172** D 3
Bompensiere **285** A 4
Bompensiero **87** B 6
Bompietro **280** B 3
Bomporto **104** D 2
Bona, Cala- **300** D 2
Bona, Funtana- **312** A 3
Bonacci, Bivio- **245** E 4
Bonacina **53** D 6
Bonagía, Golfo di-
260-261 C 3-4
Bonagía, Tonnara di- **260** C 3
Bonaita **302** A 1-2
Bonalaccia **156** D 2

Bonaldo **91** B 4
Bonamico, Fiumara- **257** D 4
Bonángelo, Serra- **240** B 2
Bonarba, Rio- **316** E 3
Bonárcado **311** A 4
Bonardi, Rifúgio- **55** E 6
Bonassai, Nuraghe- **300** C 2
Bonassisi, Ponte- **198** C 3
Bonassola **126** C 2
Bonatchesse **48** A 2
Bonate Sopra **69** B 4
Bonate Sotto **69** B 4
Bonáudi **82** B 2
Bonavicina **90** C 3
Bonavigo **91** C 4
Boncellino **120** C 3
Bonconseil **46** D 1
Bonconvento **119** A-B 4
Bonda, Rio- **122** D 3
Bondanello **104** A-B 2
Bondasca **35** C 6
Bondegno **55** E 6
Bondeno (FE) **105** B 5
Bondeno (MN) **103** C 6
Bondeno, Alpe- **35** B 4
Bondione **55** B 4
Bondo (BG-Colzate) **54** D 2
Bondo (BG-Gandellino) **54** C 3
Bondo (Svízzera) **35** C 6
Bondo (TN) **56** C 2
Bondo, Valle di- **56** E 2
Bondone (SO) **36** E 3
Bondone (TN-Bondone) **56** E 1
Bondone (TN-Roncone) **56** C 2
Bondone, Monte- **57** B-C 4
Bondone, Valle del- **56** C 1-2
Bondo Petello **54** E 2
Bonea **203** D 4
Bonefro **185** E 5
Bonefro-Santa Croce, Stazione
di- **185** E 5
Bonéggio **152** D 1
Bonelle **130** C 3
Bonelli **107** C 6
Bonemerse **88** C 1
Bonette, Cime de la- **108** C 1
Bonette, Col de la- **108** C 1
Bonferraro **90** D 2
Bonghì, Monte- **313** C 5
Bongiardo **283** A 6
Bongiovanni (CN-Barbaresco)
97 C 4
Bongiovanni (CN-Villanova
Mondovì) **110** C 2
Boni **130** D 3
Bonifácio **296** A 2-3
Bonifácio, Bocche di-
296-297 A-B 3-4
Bonifati **240** D 2
Bonifati, Capo- **240** D 2
Bonifato, Monte- **261** D 6
Bonífica, Canale di- **225** D 4
Bonina **84** E 1
Bonis, les- **108** A 1
Bonisiolo **75** D 6
Bonito **204** B 1
Bonizzo **104** A 3
Bonnánaro **301** D-E 5
Bonne **46** D 3
Bonneval **46** C 1
Bonneval, Punta- **81** B 4
Bonneval-sur-Arc **80** B 3
Bono (SS) **307** C 6
Bono (TN) **56** C 3
Bono, Casa- **274** E 2
Bonora, Masseria- **223** C 5
Bonórchis, Torrente- **311** A 5
Bonorva **307** C 4
Bonu Ighinu, Castello- **306** C 3
Bonu Ighinu, Chiesa-
301 E 4-5
Bonvicino **110** B 3
Bonze, Cima- **64** C 2
Bonzicco **61** C 6
Bonzo **81** B 5
Bôr, Zuc dal- **44** C 3
Bora (RE) **116** C-D 3
Bora Bassa (FC) **133** C 5
Boracífero, Lago- **148** C 2
Borágine, Monte- **163** D 4
Boragni **111** E 6

Borago **72** B 2
Borasca **87** D 4
Boratella **133** C 5
Borbera, Torrente- **99** E 4
Borbiago **75** E 5
Borbona **163** E 4
Borbone **70** C 2
Bórbore **97** B 6
Bórbore, Torrente- **97** B 5
Borboruso **245** D 4
Borca **49** A 6
Borca di Cadore **41** B 6
Borche **82** C 1
Borche, Malga- **38** C 1
Bórcola, Passo della- **57** E 6
Bordala **57** D 4
Bordano **44** D 2
Bordiana **38** C 3
Bordighera **122** E 2
Bordignana **84** D 2
Bordignano **131** A 6
Bordino, Fiume di-
260-261 D 3-4
Bordogna **54** C 2
Bordolano **87** C 6
Bordolona **38** B 2
Bordonaro (ME) **258** B 2
Bordonaro (PA) **281** B 4
Bordonaro, Portella- **263** C 5
Bordónchio **134** B 2
Bordoni **97** B 6
Bordugo **75** D 4
Bore **101** E 4
Boreana → Borjana **45** E 5
Boreano **206** C 1
Boreca, Torrente- **113** A 6
Borella **134** A 2
Borelli, Rifúgio- **46** B 2
Borello (CN) **110** E 2
Borello (FC) **133** C 5
Borello (IM) **123** B 4
Borello (RA) **120** E 1
Borello, Torrente- **133** D 4
Boréon, Refuge du- **122** A 1
Boretto **103** C 4
Borgáccio **143** A 4
Borga dei Mártiri **73** C 5
Borgagne **229** E 5
Borgallo, Galleria del- **115** C 5
Borgallo, Monte- **115** C 5
Borganzo **123** D 6
Borgarello **85** C 5-6
Borgaretto **82** C 1
Borgaria **161** E 5-6
Bórgaro Torinese **82** C 1
Borgata Costiera **275** B 4
Borgata Danna **95** E 4
Borgata Mare **43** C 4
Borgata Marina (CH) **175** D 4
Borgata Marina (CS) **239** D 5
Borgata Mastino **310** E 3
Borgata Palo **285** A 5
Borgata Pirastera **312** D 1
Borgata Sant'António **238** A 3
Borgata Sant'Elia **221** D 5
Borgata Sestriere **94** A 2
Borgata Soprana **110** D 3
Borgata Sottana **110** D 3
Borgatello **149** A 4
Borgetto (CN-Cúneo) **109** B 6
Borgetto (CN-Dronero) **109** B 5
Borgetto (PA) **262** B 2
Borghesana **90** D 3
Borghetti **119** D 4
Borghetto (AN-Ancona) **145** B 4
Borghetto (AN-Monte San Vito)
144 B 2
Borghetto (MC) **144** C 2
Borghetto (PG-Fossato di Vico)
152 A 3
Borghetto (PG-Tuoro sul
Trasimeno) **151** B 4
Borghetto (PR-Noceto) **101** D 6
Borghetto (PR-Parma) **102** C 2-3
Borghetto (PT-Campiglio)
130 C 2
Borghetto (PT-Pistóia) **130** D 3
Borghetto (RA-Bagnacavallo)
120-121 D 3-4
Borghetto (RA-Faenza) **120** D 2

Borghetto (TN) **72** B 3
Borghetto (VR) **89** B 5
Borghetto (VT-Cívita Castellana) **169** C 6
Borghetto (VT-Grotte di Castro) **160** C 1
Borghetto, Villa- **150** C 2
Borghetto d'Arróscia **123** B 5
Borghetto di Borbera **99** E 4
Borghetto di Feníglì **142** C 3
Borghetto di Vara **126** B 3
Borghetto Lodigiano **86** C 3
Borghetto Primo **121** E 4
Borghetto Santo Spírito **124** C 3
Borghetto Secondo **121** E 4
Borghetto Traversara **120** D 3
Borghi (FC) **134** C 1-2
Borghi (SV) **111** E 4
Borghi (TV) **75** B 4
Bórgia **249** B 6
Bórgia, Sciale- **199** A 4
Borgiál **81** D 5
Borgiallo **64** D 2
Borgiano **153** C 6
Bórgio **124** C 3
Bórgio-Verezzi **124** C 3
Borgna, Monte- **33** E 5
Borgnano **63** D 4-5
Borgnone **33** D 4
Borgo (AP) **163** B 5
Borgo (AV) **217** A 5
Borgo (BI) **65** C 4
Borgo (CE) **194** E 2
Borgo (CN) **95** D 4
Borgo (FE) **106** B 1
Borgo (LC) **53** B 5
Borgo (MS) **115** E 5
Borgo (RO) **106** A 3
Borgo (SV) **124** B-C 3
Borgo, il- **103** D 6
Borgo a Buggiano **130** E 1
Borgo Adorno **99** D 5
Borgo a Giovi **140** C-D 3
Borgo a Mozzano **129** C 6
Borgo Anese **59** D 6
Borgo Ángelo Rizza **289** B 6
Borgo Áppio **201** D 6
Borgo Áquila **275** B 4
Borgo Baccarato **288** A 2
Borgo Bainsizza **191** B 4
Borgo Bianchi **76** A 2
Borgo Bisano **119** E 5
Borgo Bonsignore **277** E 6
Borgo Bóvio **162** D 1
Borgo Braemi **287** A 5
Borgo Campone **134** A 2
Borgo Cantore **57** E 4
Borgo Capanne **130** B 3
Borgo Caríllia **218** E 1
Borgo Carso **191** B 5
Borgo Cascino **281** D 4
Borgo Castelletto **89** D 6
Borgo Celano **188** E 1
Borgo Cerreto **162** B 2
Borgo Chiusini **44** B-C 2
Borgo Cornalese **96** B 2
Borgo Cortili **106** E 1
Borgo d'Ale **65** E 4
Borgo dei Pini Mercadante **210** C 1
Borgo delle Ánime **121** C 4
Borgo di Fontane **75** B 5-6
Borgo di Ranzo **123** B 5
Borgo di Ronta **133** A 6
Borgo di Sopra **45** E 4
Borgo di Stazione Montecósaro **145** E 5
Borgo di Terzo **70** B 1
Borgo Domítio **214** A 3
Borgo d'Onéglia **123** D 5
Borgo Duanera la Rocca **198** A 1
Borgo Elefante **275** C 4
Borgo Ermada **192** D 1
Borgo Fazio **261** E 4
Borgo Flora **191** B 4
Borgo Fonte Rosa **198** B 3
Borgo Fornari **113** A 4
Borgoforte (MN) **89** E 5

Borgoforte (PD) **92** D 2
Borgo Fosso Ghiáia **121** D 5
Borgo Franchetto **282** C 2
Borgofranco d'Ivrea **64** C 3
Borgofranco sul Po **90** E 3
Borgo Frássine **91** C 5
Borgo Fusara **120-121** C-D 3-4
Borgo Gallitano **287** A 4
Borgo Galluzzo **143** B 6
Borgo Giglione **151** B 6
Borgo Giuliano **268** E 1
Borgognone, Monte- **115** C 6
Borgo Grappa (LE) **227** A 5
Borgo Grappa (LT) **191** C 5
Borgo Greco **263** B 6
Borgo Grotta Gigante **79** B 5
Borgo Guardiola **275** D 4
Borgo Inchiusa **275** C 5
Borgo Ingham **275** D 4
Borgo Isonzo **191** C 5
Borgolavezzaro **84** B 3
Borgo le Taverne **204** D 2
Borgo Libertà **198** E 3
Borgo Malanotte **75** A 6
Borgo Manara **107** D 4
Borgo Marighella **106** C 1
Borgomaro **123** C 5
Borgomasino **65** E 4
Borgo Masotti **121** C 4
Borgo Massano **135** E 4
Borgo Mezzanone **198** C 3
Borgo Milano **72** E 3
Borgo Milletarì **281** B 4
Borgo Mola **106** B 1
Borgo Montello **191** B 4
Borgo Montenero **191** E 6
Borgo Morfía **269** C 4
Borgo Muratori **121** E 4
Borgonato **70** C 1-2
Borgone **50** B 2
Borgone Susa **81** D 4-5
Borgonovo (PC) **87** E 6
Borgonovo (Svízzera) **35** C 6
Borgonovo, Ponte- **268** E 1
Borgonovo Lígure **114** C 2
Borgonovo Val Tidone **100** A-B 2
Borgo Nuovo **96** D 3
Borgonuovo (AR) **150** B 3
Borgonuovo (CN-Néive) **97** D 4
Borgonuovo (CN-Vezza d'Alba) **96** D 3
Borgonuovo (LU) **129** E 6
Borgonuovo (SO) **35** C 5
Borgonuovo (TE) **164** C 1
Borgonuovo (TO) **96** C 1
Borgonuovo di Pontécchio **119** C 4
Borgo Ottomila **181** B 6
Borgo Pace (PU) **141** B 6
Borgo Pace (TV) **227** B 5
Borgo Páglia (FC-Cesena) **133** B 6
Borgo Páglia (FC-Mercato Saraceno) **133** C 5
Borgo Panigale **119** B-C 4
Borgo Parténope **245** B 4
Borgo Pasna **121** C 4
Borgo Pasúbio **191** C 6
Borgo Petilia **280** D 2-3
Borgo Piano Torre **269** C 4
Borgo Piave (LE) **227** B 5-6
Borgo Piave (LT) **191** B 5
Borgo Pietro Lupo **288** A 3
Borgo Pieve Sestina **133** A 6
Borgo Podgora **191** B 5
Borgo Poncarale **70** E 3
Borgo Ponte (CN) **110** E 3
Borgo Ponte (UD) **63** A 4
Borgo Priolo **99** B 5
Borgo Quínzio **170** E 2
Borgoratto Alessandrino **98** C 1
Borgoratto Mormorolo **99** B 6
Borgo Redentore **73** C 6
Borgo Regalmici **279** C 4
Borgorégio **83** C 4
Borgo Revèl **83** C 4
Borgoricco **75** D 4
Borgo Rio Secco **168** B 2

Borgo Ripe **154** B 2
Borgo Rívola **120** E 1
Borgo Roma **76** B 2
Borgorose **171** D-E 6
Borgo Ruffini **144** B 3
Borgo Sabotino **191** C 4
Borgo Salánc **44** B 2
Borgo San Dalmazzo **109** C-D 6
Borgo San Donato **191** C 5
Borgo San Giácomo **87** B 6
Borgo San Giovanni (LO) **86** C 2-3
Borgo San Giovanni (ME) **269** C 4-5
Borgo San Giovanni (MC-Belforte del Chienti) **154** B 1
Borgo San Giovanni (MC-Visso) **153** E 6
Borgo San Giusto **198** C 1
Borgo San Lorenzo **131** D 6
Borgo San Marco **91** D 5
Borgo San Martino **84** D 1
Borgo San Máuro **63** B 4
Borgo San Pietro (RI-Petrella Salto) **171** D 5
Borgo San Pietro (RI-Póggio Bustone) **162** E 2
Borgo San Pietro Mártire **106** A 2
Borgo San Siro **85** C 4
Borgo Sant'Ágata **123** D 5
Borgo Santa Maria (LT) **191** C 4
Borgo Santa Maria (MC) **154** B 1
Borgo Santa Maria (PU) **135** E 5
Borgo Santa Máura **106** B 1
Borgo Sant'António **153** E 6
Borgo Sant'António Abate **194** D 3
Borgo Santa Rita **190** A 2
Borgo San Vittore **133** B 5-6
Borgosatollo **70** D-E 3
Borgo Schirò **262** D 3
Borgo Schisina **269** C 4-5
Borgo Seganti **120** B-C 3
Borgo Segézia **198** C 2
Borgosésia **50** E 3
Borgosésia, Rifúgio- **49** D 6
Borgo Sisa **121** E 4
Borgo Spin **92** E 3
Borgo Stecchi **133** C 5
Borgo Tánaro **97** C 5
Borgo Ticino (NO) **66** B 2
Borgo Ticino (PV) **85** D 5-6
Borgo Tomba **106** D 1-2
Borgo Tossignano **119** E 6
Borgo Túfico **153** A 5
Borgo Vaccina **177** B 4
Borgo Val Taro **115** B-C 4-5
Borgo Valeriani **105** E 4
Borgo Valsugana **58** B 1
Borgo Vécchio **275** C 5
Borgo Velino **171** B 4-5
Borgo Vercelli **66** E 1
Borgo Villa **60** D 2
Borgo Vódice **191** D 6
Boriano → Brje **63** E 6
Borjana (Boreana) **45** E 5
Borlasca **99** E 4
Borletti, Rifúgio- = Bergl Hütte **25** E 6
Borlezza, Fiume- **54-55** D 3-4
Bórmida (CN) **111** C 4
Bórmida (SV) **111** D 5
Bórmida, Fiume- **98** D 1
Bórmida di Mállare, Fiume- **111** D-E 5
Bórmida di Millésimo, Fiume- **124** B-C 2
Bórmida di Pállare, Fiume- **111** D 5
Bórmida di Spigno, Fiume- **111** B 6
Bormina, Torrente- **37** B 4
Bórmio **37** A-B 5
Bórmio 2000 **37** B 5
Bornago (MI) **68** C-D 3
Bornago (NO) **66** C 3
Bornasco (BI) **65** C 4
Bornasco (PV) **85** C 6

Bornate **65** B 6
Bornato **70** C 2
Bórnio **92** E 1
Borno (BS) **55** C 5
Borno (TO) **81** A 5
Boro **73** C 6
Boroneddu **311** A 5
Boronello, Pantano- **293** D 6
Bórore **307** E 5
Borra, la- (FC) **120** E 3
Borra, la- (PI) **137** B 6
Borraco, Torre- **226** C 1
Borránia, Monte- **260-261** E 3-4
Borrello (CH) **184** B 1
Borrello (CT) **283** B 4-5
Borrello (PA) **266** C 3
Borrenza, Torrente- **237** A 5
Borretti **96** C 2
Borri, Chiesa- **139** C 6
Borriana **65** C-D 4
Borro **140** C 2
Borromee, Ísole- **51** C 5
Borromeo, Rifúgio- **26** E 1
Borroni **152** E 3
Borsa, Torrente- **114** D 3
Borsano (PR) **116** A 2
Borsano (VA) **67** C 4
Borsea (RE) **117** A 4
Borsea (RO) **106** A 1
Borselli **140** A 1
Borsellino **284** B 3
Borsigliana **129** A 4
Borso del Grappa **58-59** E 3-4
Borsoi **60** B 3
Borsone **104** A 2
Boršt (Boste) **79** E 5
Borta de Carrónes, Rio sa- **308** D 1-2
Borta Melone, Monte- **312** A 1
Bortigali **307** D 5
Bortigiádas **302** D 2
Bortolani **118** D 3
Borutta **301** E 5
Borzago **56** B 2
Borzago, Valle di- **56** B 2
Borzano (RE-Albinea) **117** A 5-6
Borzano (RE-Ciano d'Enza) **117** B 4
Bórzoli **112** C 3
Borzonasca **114** C 2
Borzone **114** C 2
Bosa **306** D 2
Bosaro **217** A 4
Bosa Marina **306** D 2
Bosaro **106** A 1
Boscarola, Bocchetta- **50** E 2
Boscasso, Bric- **97** E 4
Bosch Brusà, Rifúgio- **41** C 4
Boschetiello, Monte- **218** B 2
Boschetti, i- **148** D 2
Boschetto (CT) **283** A 4
Boschetto (LT) **180** E 1
Boschetto (PG) **153** B 4
Boschetto (PR-Albareto) **115** C 4
Boschetto (PR-Tizzano Val Parma) **116** B 3
Boschetto (PV) **85** C 5
Boschetto (TO) **82** B 3
Boschetto (VB) **32** E 2
Boschetto (VE) **77** A 4
Boschetto di Scaldasole, Riserva Naturale- **85** D 4
Boschi (BO) **105** E 6
Boschi (PC) **114** A 2
Boschi (PR) **115** B 6
Boschi (RE) **103** D 5
Boschi (TO) **82** B 1
Boschi (VR-Gazzo Veronese) **90** D-E 3
Boschi (VR-Ísola della Scala) **90** C 2
Boschi, i- **87** E 6
Boschi, Villa i- **150** B 2
Boschi di Bardone **116** A 2
Boschi di Carrega, Parco Regionale dei- **101** E 6
Boschi di Giovetto di Palline, Riserva Naturale- **55** C 4
Boschietto (TO-Cantóira) **81** B 6

Boschietto (TO-Locana) **81** A 6
Boschi Sant'Anna **91** D 5
Bosco (CL) **285** A 5
Bosco (NA) **215** B 6
Bosco (PG) **152** C 1
Bosco (PR) **115** C 6
Bosco (PV) **86** D 3
Bosco (SA) **233** E 6
Bosco (SV) **111** E 4
Bosco (TN) **57** B 5
Bosco (TO) **64** D 1
Bosco (TV) **59** E 5
Bosco (VI) **58** D 1-2
Bosco (VR-Selva di Progno) **73** C 4
Bosco (VR-Zévio) **90** B 3
Bosco = Gurin **33** C 4
Bosco, Monte il- **232** B 3
Bosco, Pizzo- **265** E 5
Bosco, Pizzo del- **261** D 5
Bosco, Punta- **190** C 1
Bosco, Rifúgio del- **196** C 3
Bosco, Serra del- (AV) **204** D 2
Bosco, Serra del- (EN) **281** B 5
Bosco, Valle di- **32-33** C 3-4
Bosco, Villa- **291** D 6
Bosco ai Frati, Convento- **131** C 5
Bosco Catalano **255** E 4
Boscochiaro **93** E 4
Bosco Chiesanuova **72** C 3
Bosco Colombo, Masseria- **213** E 5
Bosco dei Bordighi, Riserva Naturale- **54** A 3
Bosco dei Santi **87** E 5
Bosco della Ficuzza, Rocca Busambra, Bosco del Cappelliere e Gorgo del Drago, Riserva Naturale- **263** D 4-5
Bosco della Frattona, Riserva Naturale- **119** D 6
Bosco della Partecipanza di Trino, Parco Regionale- **83** C 5-6
Bosco delle Pianelle, Riserva Naturale- **224** A 3
Bosco del Vaj, Riserva Naturale- **82** C-D 3
Bosco del Véscovo **74** D 3
Bosco di Alcamo, Riserva Naturale- **261** D 5
Bosco di Don Venanzio, Riserva Naturale- **175** E 5
Bosco di Favara e Bosco Granza, Riserva Naturale- **279** B 4-5
Bosco di Malabotta, Riserva Naturale- **269** C 4
Bosco di Nanto **91** A-B 6
Bosco di Rossano **115** D-E 5
Bosco di Sant'Agnese, Riserva Naturale- **139** C 5
Bosco di Scardavilla, Riserva Naturale- **133** B 4
Bosco e Paludi di Rauccio, Parco Regionale- **227** A 5
Bosco ex Parmigiano **87** E 6
Bosco Fontana **89** D 5
Boscogrande **220** C 1
Bosco Incoronata, Parco Regionale- **198** C 2
Bosco Luganese **52** B 2
Boscomalo → Hudi Log **63** E 6
Boscomare **123** D 5
Bosco Marengo **98** C 2
Bosco Mésola **107** B-C 4
Boscona **149** A 4
Boscone Cusani **86** E 3
Bosconero **82** B 2
Bosconero, Cime di- **42** E 2
Bosconure **100** E 2
Bosco Pontoni, Masseria- **185** C 6
Boscoreale **215** C 6
Bosco Rédole, Stazione di- **195** B 6
Bosco Sant'Ippólito **257** D 4
Bosco Solivo, Riserva Naturale- **66** B 2

Bosco Spírito, Posta di- **207** B 4
Bosco Tondo **138** E 3
Bosco Tosca **86** E 3
Boscotrecase **215** C 6
Bosco Valentino **87** D 5
Bosco Valtravaglia **51** C 6
Bosentino **57** C 6
Bosetto **97** E 6
Bosi, Rifúgio- **31** D 6
Bósia **111** A 4
Bósio **98** E 3
Bósio, Rifúgio- (SO) **36** D 1
Bósio, Rifúgio- (TO) **81** B 5
Bosísio Parini **53** E 5
Bosmenso **99** D 6
Bosnasco **86** E 2
Bosonasco **100** C 2
Bospláns **61** B 4
Bossaneto **124** D 2
Bossea **110** E 2
Bossea, Grotta di- **110** E 2
Bosseda **115** E 5
Bossi (AR) **140** C 3
Bossi (SI) **149** A 6
Bóssico **55** E 4
Bosso, Fiume- **142** C-D 2
Bóssola **64** C 3
Bóssola, Cima di- **64** D 2
Bóssola, Monte- **113** A 5
Bóssola, Passo della- **110-111** B 3-4
Bossolaschetto **111** A 4
Bossolasco **111** A-B 4
Bossona, Villa- **150** C 3
Bossons, les- **46** A 1
Boste → Boršt **79** E 5
Botináccio **138** C 3
Botindari **266** D 3
Botricello **251** C 4
Botricello Superiore **251** C 4
Botro ai Marmi **147** C 6
Botrugno **231** B 4-5
Botta (BG-Locatello) **53** D 6
Botta (BG-Sedrina) **54** E 1
Botta, Scolo- **93** E 4
Bottáccia, la- **177** C 6
Bottagna **127** C 4
Bottaiano **69** E 6
Bottanuco **69** C 4
Bottarello, Pizzo- **50** A 1
Bottarolo **85** E 6
Bottarone **85** E 5
Bottazzella **194** B 3
Botte **169** C 4
Botte, Scóglio la- **190** E 2
Botte Donato, Monte- **245** B 5
Bottega **135** E 4
Botteghelle (CT) **288** D 2
Bottegone **130** D 3
Bottenicco **63** B 4
Bottero (CN-Léquio Tánaro) **110** A 3
Bottero (CN-Léquio Tánaro) **110** A 3
Botti **98** E 1
Botti Barbarighe **92** E 3
Botticedda, Ponte- **267** D 4
Botticino (BS) **70-71** D 3-4
Botticino (FE) **106** D 1
Botticino Mattina **71** D 4
Botticino Sera **70** D 3
Bóttidda **307** C 6
Bóttigli, Monte- **158** D 2
Bottignana **116** E 2
Bottini **64** E 1
Bottino, Pizzo- **258** C 3
Bottione **115** A 5-6
Botto **160** C 3
Bottoga, Bivio- **283** C 4
Bottorno **50** D 2
Bottrighe **106** A 3
Botzer = Monte il Capro **28** B 1
Bouchanières **108** E 1
Boucher, Roc del- **94** B 2
Boulliagna, Monte- **108** A 2
Bourdoux **108** E 1
Bourel, Monte- **109** D 4
Bourget **80** C 1
Bourget, Colle- **94** A 2

Bourget, le- **94** B 1
Bourg-Saint-Bernard **47** A 4
Bourg-Saint-Maurice **46** D 1
Bourg-Saint-Pierre **48** A 1
Bourguet, le- **108** D 2
Bousiéyas **108** C 1
Bousset, Torrente- **109** E 5
Bousson **94** A 1-2
Bousson, Col- **94** B 1
Bova (FE) **106** D-E 1
Bova (RC) **256** E 3
Bovalhütte **36** B 2
Bovalino **257** C 5
Bovalino Superiore **257** C 4
Bova Marina **259** E 5
Bovara **162** A 1
Bove, Capo- **214** C 3
Bove, Monte- **181** A 4
Bove, Valle del- **283** A 5
Bovec (Plezzo) **45** D 5
Bovécchio (FI) **131** C 4
Bovécchio (SP) **126** C 3
Bovéglio **130** D 1
Bóvegno **55** E 5
Bove Nord, Monte- **153** E 6
Bóves **109** C-D 6
Bove Sud, Monte- **153** E 6
Bovezzo **70** C 3
Bovile **95** A 4
Boville **179** D 5
Boville Érnica **193** A 4
Bovi Marini, Scogli dei- **284** D 1
Bovina **92** E 3
Bovino (FI) **132** D 1
Bovino (FG) **197** E 6
Bovino, Ponte di- **197** D 6
Bovino-Deliceto, Stazione di- **197** D 6
Bovísio **67** C 6
Bovísio-Masciago **67** C 6
Bovitello, Monte- **265** D 6
Bovo **90** B 2
Bovolenta **92** C 2
Bovolone **90** C 3
Bozale, Cappella del- **114** B-C 2
Bozano, Rifúgio- **109** E 4
Bozel **80** A 1
Bozen = Bolzano **39** A 6
Bozzana **38** B 3
Bozzano **129** E 5
Bozzetta, Fiume- **281** B-C 5
Bozzi Angelino, Rifúgio- **37** C 6
Bózzole **84** E 2
Bózzolo (MN) **88-89** E 3-4
Bozzolo (SP) **115** E 4
Bra **96** E 2
Brabaisu, Rio- **317** E 4
Bracali **130** E 3
Bračana (Brazzana, Torrente) **79** E 6
Bracca **54** E 1
Bracca, Piàn- **54** C-D 2
Braccagni **158** B 1-2
Braccano **153** A 5
Braccetto, Punta- **292** C 2
Bracchiello **81** B 5
Brácchio **51** C 4
Bráccia **36** C 2
Bráccia, Monte- **36** C 1
Bracciale, Masseria- **223** C 5
Bracciano (FC) **133** B 5
Bracciano (RM) **177** A 5
Bracciano, Lago di- **169** E 4-5
Bráccio d'Arpino **193** A 4
Bracco **114** E 3
Bracco, Monte- **95** D 5
Bracco, Passo del- **114** E 3
Bracelli **126** C 3
Bracigliano **217** B 5
Brádano, Fiume- **223** C 4
Brádano, Torrente- **205** E 5
Braddi, Case- **162** D 3
Braemi, Torrente- **287** A 5
Braga **72** C 2
Bragard, Cantoniera- **109** E 6
Bragarezza **41** C 6
Brággio **34** C 3
Bragno **111** C 5
Bráia (MS) **115** C 5
Bráia (PR) **116** B 2
Bráida **118** B 1
Bráida, Colle- **81** E 5
Bráida Bottari **61** E 6
Braidacurti **61** E 5
Bráide **219** E 5
Bráidi **269** B 4
Bráies = Prags **31** C 5
Bráies, Lago di- = Pragser Wildsee **31** C 4-5
Bráies Vécchia, Valle di- = Altpragser Tal **31** C 5
Brail **24** C 3
Bráila **57** C 4
Braisse **108** D 1
Brallo di Pregola **99** E 6
Bram, Monte- **109** C 4
Bramairate **97** B 4
Bramans **80** C 1
Brana **130** C 3
Branca **152** A 3
Branca, Rifúgio- **37** B 6
Brancáglia **91** D 4
Brancaleone **259** D-E 6
Brancaleone Marina **259** D-E 6
Brancato **95** A 4
Brancere **88** E 1
Branchetto **73** B 4
Brancíglia **117** C 5
Brancla **25** A 5
Brancolino **57** D 4
Brancón **90** D 2
Brancorsi **148** D 1
Brandano, Bívio- **256** B 2
Brandéglio **130** C 1
Brandenburger Haus **26** A 2
Brandèt **37** E 4
Brandèt, Valle- **37** E 4
Brandíco **70** E 2
Brandinchi, Porto- **305** C 4-5
Brandini **96** E 3
Brandizzo **82** C 3
Brándola **117** D 6
Branduzzo **85** E 5
Braniatógghiu **297** D 4
Branica **79** A 5
Branica, Fiume- **79** A 5
Branten Tal = Valle Vallarsa **39** B 6
Branzi **54** C 2
Branzola **110** C 2
Branzoll = Bronzolo **39** B 5
Branzone **115** B 5
Braone **55** C 6
Braoulé, Monte- **48** A 3
Brarola **84** B 1
Brasca, Rifúgio- **35** D 5
Brasi, i- **112** C 1
Brasimone, Lago- **131** B 4
Brasimone, Torrente- **131** A 4
Brasse **95** D 6
Brassi **96** B 1
Brática, Torrente- **116** C 2
Bratte **36** E 2
Brattello, Passo del- **115** C 5
Brattirò **248** E 2
Bratto (BG) **55** D 4
Bratto (MS) **115** C 5
Braulins **44** E 2
Bráulio, Bocca del- **25** E 5
Bráulio, Monte- **25** E 5
Bráulio, Valle del- **25** E 5
Braus, Col de- **122** D 1
Bravi **101** E 4
Bravuogn = Bergün **24** D 1
Brazzacco **62** B 3
Brazzana, Torrente- → Bračana **79** E 6
Brazzano **63** C 5
Brazzolo **106** C 2
Brazzuolo **104** A 3
Brda (Collalto) **79** E 5
Brda (Cóllio) **63** B-C 5
Brè (PR) **101** B 6
Brè (Svízzera) **33** D 5
Brè (Svízzera) **52** B 3
Brè, Monte- **52** B 3
Brébbia **51** D 5
Brebéis, Stagno de is- **319** D 4
Bréccia **52** E 3
Brecciarola **173** C 6
Brecciosa, Monte la- **182** D 2
Breccioso, Colle- **171** E 6
Breci (Brezzi) **79** E 4
Breda **87** C-D 5
Breda Azzolini **88** E 3
Breda Cisoni **103** B 4
Breda di Piave **75** B 6
Breda Guazzone **88** E 2
Breda Líbera **88** B 1
Brede **90** E 2
Bréfaro **235** E 5
Bregaceto, Monte- **114** C 2
Bregáglia, Val- **35** C 5-6
Bregagno, Costone del- **53** A-B 4
Bregagno, Monte- **34** E 3
Bregano **51** D 6
Breganze **74** B 1
Breganzona **52** B 2
Bréggia, Torrente- **52** C 3
Breginj (Bergogna) **45** E 4
Bréglia **53** B 4
Bréglio → Breil-sur-Roya **122** C-D 2
Bregnano **67** B 5
Bregne **99** C 5
Breguzzo **56** C 2
Breguzzo, Malga- **56** B 1
Breguzzo, Val di- **56** B-C 2
Bréia **50** E 3
Breien = Brie **40** A-B 1-2
Breil **47** C 6
Breil-sur-Roya (Bréglio) **122** C-D 2
Breiteben = Pianlargo **27** B 5
Breithorn (Svízzera) **32** B 1
Breithorn (Svízzera) **32** C-D 1
Breithorn Occidentale **49** B 4
Breithorn Orientale **49** B 4
Breitlahner-Karls-Hütte **29** A 5
Brembana, Valle- **54** B-E 1-2
Brembate **69** C 4
Brembate di Sopra **69** B 4-5
Brembilla **54** E 1
Brémbio **86** C 3
Brembo, Fiume- **54** D 1
Breme **84** D 2
Bremer Hütte **28** A 2
Bréndola **73** E 6
Brenna (CO) **53** E 4
Brenna (SI) **149** C 5
Brenner = Brénnero **28** A 3
Brennerbad = Terme di Brénnero **28** A 3
Brénnero = Brenner **28** A 3
Brénnero, Passo del- (Brennerpass) **28** A 3
Brennerpass → Passo del Brénnero **28** A 3
Brennersee **28** A 3
Brenno Uséria **52** D 2
Breno (BS) **55** C 5-6
Breno (Svízzera) **52** B 2
Breno (TO) **81** B 5
Breno di Mezzo **100** B 2
Brenta (TN) **57** C 6
Brenta (VA) **51** C-D 6
Brenta, Cima- **38** E 2
Brenta, Fiume- **74** D 2-3
Brenta, Foce del- **93** D 5
Brenta, Gruppo di- **56-57** A-B 3-4
Brenta, Táglio di- **93** B 4
Brenta, Valle di- **93** D 5
Brenta dell'Abbà **93** C-D 4
Brentanella **75** C 4
Brenta o la Cunetta, Canale- **92** B 3
Brentari Ottone, Rifúgio- **40** E 2
Brentassi **99** D 5
Brentelle di Sotto **92** B 2
Brentino **72** C 2
Brentino-Belluno **72** B-C 2
Brento **119** D-E 4
Brento, Monte- **56** C 3
Brenton **73** D 5
Brentoni, Monte- **43** C 4
Brentónico **57** E 4
Brenva, Ghiacciáio della- **46** A-B 2
Brenzéglio **34** E 3
Brenzone **72** B 2
Breo **110** C 2
Breolungi **110** B 2
Breónio **72** C 2
Brescello **103** C 4
Bréscia (BS) **70** D 3
Bréscia (RN) **135** D 4
Bresciadega **35** D 5
Bresciana, Località- **275** D 5
Brésega **91** D 6
Brésega, Scolo- **92** E 3
Brésimo **38** B 3
Brésimo, Val di- **38** B 3
Breslauer Hütte **26** A 3
Bresparola **106** A 1
Bressa **62** B-C 2-3
Bressana **85** E 5
Bressana-Bottarone **85** E 5
Bressanone = Brixen **30** C 2
Bressanvido **74** C 1
Bresso **67** D 6
Brest (Olmeto) **79** E 6
Brestovica **79** B 6
Brestovica (Brestovizza) **63** E 6
Brestovizza → Brestovica **63** E 6
Bretto → Log pod Mangartom **45** C 5-6
Breuil-Cervínia **49** B 4
Breva, la- **114-115** C 3-4
Breva, Monte- **24** E 3
Brevenna, Torrente- **113** B 5
Brevéttola, Torrente- **32** E 1-2
Brévia **87** D 5
Brévières, les- **46** E 2
Brez **39** B 4
Brezovica **79** C 6
Brezza **201** D-E 6
Brezzi → Breci **79** E 4
Brezzo di Bédero **51** C 6
Briáglia **110** C 3
Briale **71** B 4
Briallo **50-51** E 3-4
Brián **77** C 4
Briana **75** D 4
Brianco **65** D 5
Briano **71** B 6
Brianza, Regione- **68-69** A-B 1-4
Briático **248** D 3
Briático, Rovine- **248** D 3
Bribano **59** B 5
Bric Arpescella **112** A 3
Bric Badò **111** E 4
Bric Baraccone **111** C 5
Bric Berba **111** E 6
Bric Bertón **112** B 1
Bric Boscasso **97** E 4
Bric Bucie **94** C 3
Briccioso **183** E 6
Bric Cisterna **111** A 4
Bricco **83** D 4
Bricco di Néive **97** D 4
Bricco Fávole **96** E 2
Bric Costa Rossa **109** D 6
Bric dei Gorrei **112** A 1
Bric del Dente **112** B 2
Bric della Chiesa **111** A 4
Bric della Colma **110** E 3
Bric della Forca **100** E 1
Bric della Vite **111** A 6
Bric delle Forche **111** B 5
Bric dell'Oca **112** B 1
Bric del Serè **111** C 6
Bric del Tesoro **111** C 6
Bric di Fraciata **111** C 6
Bric di Teiolo **112** B 3
Briceljk **45** C 6
Bric Femmamorta **111** E 4
Bric Gettina **111** E 5
Bric Ghinivert **94** A 3
Bricherásio **95** C 5
Bric Mindino **110** E 3
Brícoli **139** B 4
Bric Pollone **83** D 4
Bric Puschera **111** A 5
Bric Rosso **94** A 3
Bric Tana, Parco Regionale di- **111** D 5
Bric Tencione **111** E 4
Bric Valcalda **112** A 2
Bric Valla **97** E 6
Bridge, Villaggio del- **240** A 2
Brie = Breien **40** A-B 1-2
Briéis **108** B 3
Brienno **53** C 4
Brienza **219** E 5-6
Briga **258** C 1
Briga Alta **122-123** A-B 3-4
Briga Marina **258** C 1
Briga Marittima → la Brigue **122** B 3
Briga Novarese **51** E 4
Brigantina, Punta- **156** B 1
Brigata Cadore, Bivacco- **42** B 2-3
Brigata Cadore, Rifúgio- **60** C 2
Bríglia, la- **131** D 4
Brignano **99** D 5
Brignano-Frascata **99** D 5
Brignano Gera d'Adda **69** D 5
Brígnola **109** D 5
Brígnole **114** B 2
Brignoletta **111** C 4-5
Brigue, la- (Briga Maríttima) **122** B 3
Brillante **96** B 1
Bríndisi **213** C-D 5
Bríndisi Montagna **220** D 2
Brínzio **51** D 6
Briolta, Ponte di- **54** C 3
Briona **66** C 1
Brione (BS) **70** C 2
Brione (Svízzera) **33** D 6
Brione (TN) **56** D 1
Brione (TO) **81** D 6
Brione, Monte- **56** D 3
Brione Verzasca **33** C 5-6
Brioni **74** B 3
Brioschi, Rifúgio- **53** C 5
Briosco **67** B 6
Brische **76** A 3
Bríschis **63** A 5
Brisighella **132** A 2-3
Brisino **51** D 5
Brissago **33** E 5
Brissago, Ísole di- **33** E 5
Brissago Valtraváglia **51** C 6
Brissogne **47** C 5
Bristot, Rifúgio- **60** C 2
Britannia-Hütte **50** A 1
Britof **63** C 6
Britof → Brje **79** A 5
Brittoli **173** C 4
Brivadi **248** E 1
Brívio **53** E 6
Brixen = Bressanone **30** C 2
Brizzolara **114** C 2
Brje **79** A 5
Brje (Boriano) **63** E 6
Brje (Britof) **79** A 5
Bróbbio, Torrente- **110** C 1
Brocan, Lago- **109** E 5
Broccostella **182** E 2
Brocon, Passo del- **58** B 3
Brógles, Passo di- **30** D 2
Brógles, Rifúgio- = Brogleshütte **30** D 2
Brogleshütte = Rifúgio Brógles **30** D 2
Brogliano **73** D 5
Bróglie **71** E 6
Broglina **65** D 4
Bróglio **33** B 5
Brognaturo **249** E 5
Brogno **53** C 4
Brognoligo **73** E 5
Brogo **34** C-D 2
Broletto **117** A 5
Brólio **150** A 3
Brólio, Castello di- **149** A 6
Brolla, Ponte- **33** D 5
Brollo **139** C 6
Brolo (ME) **268** A 2
Brolo (VB) **51** D 4
Brolo, Fiumara di- **268** A 2
Brolo, Scóglio- **268** A 2
Brómia **113** B 5
Brondello **95** E 5
Brondoleto **153** B 5
Bróndolo **93** D 5
Broni **85** E 6
Brontallo **33** B 4
Bronte **268** E 2
Bronzo **134** E 3
Brónzola **74** D 3
Bronzolo = Branzoll **39** B 5
Bronzone, Monte- **70** B 1
Brossasco **109** A 5
Brosso **64** D 3
Brouis, Col de- **122** D 2
Brovello **51** D 5
Brovello-Carpugnino **51** D 5
Bróvida **111** B 5
Broz **60** C 3
Brózolo **83** D 4
Brozzi **139** A-B 4
Brozzo **70** B 3
Bruca **261** D 5
Bruca, Stazione di- **261** D 5
Bruca, Torrente- **249** D-E 5
Bruchelle, Monte- **133** C 4
Brucianesi **138-139** B 3-4
Bruciano, Castello di- **148** C 2
Bruciata, Monte la- **49** C 6
Bruciati **97** D 6
Bruciati, Corni- **36** D 1
Bruciato **134** D 2
Brückele = Ponticello **31** C 5
Brúcoli **291** B 5
Brúcoli, Stazione di- **291** B 5
Bruera **95** B 6
Brufa **152** D 1
Brugaro **50** D 3
Brugazzo **67** B 6
Bruggen **31** A 6
Bruggenalmtal **31** A 6
Bruggi **99** E 6
Brughério **68** C-D 3
Brúgine **92** C 3
Brugna **99** B 4
Brugnato **115** E 4
Brugnera **60** E 3
Brugneto (PC) **100** E 1
Brugneto (RE) **103** C 5
Brugneto, Lago del- **113** B 6
Brugnetto **143** B 6
Brugnola **115** A-B 5
Brugnolo **103** B 4
Brugnoni **100** D 1
Bruino **95** A 6
Brumano **53** D 6
Bruna **162** A-B 1
Bruna, Fiume- **157** D 6
Bruna, la- **152** B 1
Brunate **52** D 3
Bruncu Allasu **312** C 3
Bruncu Arcuentu **316** D 2
Bruncu Capriolu **312** C 3
Bruncu Cicillanu **321** A 5
Bruncu Comidai **321** A 5
Bruncu Coxinadróxiu **321** A 4
Bruncu 'e Madugui **311** E 6
Bruncu 'e Pisu **313** A 5
Bruncu 'e Pisucerbu **313** B 4
Bruncu Fenugu, Rio- **315** B 5
Bruncu Furau **312** C 3
Bruncu Istiddi **312** C 1-2
Bruncu Mógumu **320** A 3
Bruncu Muncinale **312** B 2
Bruncu Niada **313** E 4
Bruncu Perda Ziara **312** C 1
Bruncu sa Cruxi, Nuraghe- **315** A 6
Bruncu Sálamu **316** E 3
Bruncu San Giórgio **312** B 1
Bruncu Sant'Elías **312** C 1
Bruncu Scióllas **317** D 5-6
Bruncu Sogáies **311** C 5
Bruncu Spina **312** B 3
Bruncu su Cani **316** E 3
Bruncu Téula **318** B 3
Brunèc, Monte- **40** B 3
Bruneck = Brunico **30-31** B 3-4
Brunella **303** D 6
Brunelli (PR) **115** B 4-5
Brunelli (VI) **57** E 6
Brunello **51** E 6
Brunetta **152** A 1
Brunette, Monte- **162** A 2
Bruni **110** B 3
Brunico = Bruneck **30-31** B 3-4

Brunissard **94** C 1
Brúnner, Rifúgio- **45** C 5
Bruno **98** D 1
Bruno, Casa- **293** C 5
Bruno, Lago- **112** B 3
Bruno, Monte- (FC-FI) **132** C 2
Bruno, Monte- (PV) **99** C 6
Bruno, Póggio- **158** B 1
Bruno, Timpone- **245** B 4
Brunone, Rifúgio- **54** B 3
Bruntino **54** E 1
Brusà, Monte- **115** D 6
Brusadàz **41** C 6
Brusá des Planes **94** B 2
Brusadure **92** C 3
Brusago **39** E 5
Brusaporto **69** B 6
Brusaschetto **83** C 5-6
Brusasco **83** C 4
Brusata **52** D 2
Brusatasso **103** B 6
Brusca, Masseria- **227** E 4
Bruscara, Casa- **141** B-C 6
Bruscata **242** B 2
Bruscata, Tempone- **238** E 3
Brusciana **138** C 2
Brusciano (NA) **215** A-B 6
Brusciano (RI) **171** D 5
Brusciól, Monte- **115** D 5-6
Brúsculi **131** B 5
Brusimpiano **52** C 2
Brusino **57** C 4
Brusino Arsízio **52** C 2
Brúsio **36** D 3
Brusnengo **65** C 6
Bruso (PC) **100** B 2
Bruso (VE) **92-93** D 3-4
Brussa **77** C 5
Brusson **49** D 4
Brustoloni, Monte- **39** D-E 6
Brutto, Monte- **245** D 4
Brutto Passo, Monte- **43** D 4
Bruverello, Monte- **253** E 5
Bruzella **52** D 3
Bruzeta, Monte- **112** A 3
Bruzolo **81** D 4
Bruzzano **67** D 6
Bruzzano, Capo- **257** E 4
Bruzzano Vécchio **257** E 4
Bruzzano Zeffírio **257** E 4
Bruzzelle **87** D 5
Bruzzetti **100** E 2-3
Bruzzi **100** E 3
Bubano **120** D 1
Bubba, Casa- **249** B 5
Bubbiano **85** B 5
Búbbio **97** E 5-6
Bubonia, Monte- **288** B 1
Buca, la- (BO) **104-105** D 3-4
Buca, la- (SI) **150** C 2
Buca, la- = Locher **27** E 5
Bucari, Case di- **275** B 4
Buccheri **289** C 5
Bucchi **247** C 6
Bucchiánico **173** C 6
Bucciana, Monte- **130-131** C 3-4
Bucciano (BN) **203** D 4
Bucciano (PI) **138** C 2
Bucciano (SI) **149** B 6
Buccinasco **67** E 5
Buccino **219** C-D 4
Buccino-San Gregório Magno, Stazione- **219** D 4
Bucher, Sommet- **94** D 1
Bucholz = Pochi **39** D 5
Bucie, Bric- **94** C 3
Búcine **140** D 1
Bucita **244** B 2
Bucito, Casa- **205** E 5
Bucito, Bosco di- **205** E 5
Buco, Molino del- **140** C 3
Buco, Torrente- **233** A 6
Buco del Piombo, Caverna- **53** D 4
Buco del Signore **117** A 5
Buco di Grigna **53** C 5
Buda (BO) **120** B-C 1
Buda (PG) **162** D 3
Buda, Serra di- **241** E 6
Buddusò **302** E 3

Budelli, Ísola- **297** B 4
Budello, Monte- **297** B 4
Budello, Torre- **319** D 5
Búdino **152** E 2
Budòia **60** C 3
Budoni **305** D 5
Budoni, Cala di- **305** D 5
Budoni, Fiume- **303** C 6
Budrialto, Monte- **132** B 2
Búdrie **118** B 3
Búdrio (BO) **119** B 6
Búdrio (RA) **132** A 1
Búdrio (RE) **103** E 5
Budrione **103** D 6
Bue, Monte- **114** B 3
Buéggio **55** C 4
Bue Marino, Cala- **274** D 1
Bue Marino, Grotta del- **188** A 1
Bue marino, Grotta del- **309** E 5
Buenos Aires, Póggio- **114** C 2
Buériis **62** A 3
Bufalotta **179** B 5
Búfara, Monte- **261** C 4
Buffa **81** E 5
Buffa, Ponte- **263** D 5
Buffalora **99** B 6
Buffi, Masseria- **213** D 4
Bugiano **162** A 2
Buggerru **314** D 2
Buggiana **133** D 4
Buggiano **130** D 1
Búggio **122** C 3
Búggiolo **53** B 4
Bugiafro, Torre di- **247** E 6
Bugialla **139** E 6
Bugliaga **32** D 1
Búglio in Monte **35** E 6
Bugnara **182** A 3
Bugnate **51** E 4
Bugnins **61** E 6
Bugo **67** E 4
Buggugiate **51** E 6
Buguto, Cala- **261** C 4
Bühlenhorn (Svízzera) **24** B 2
Bühlenhorn (Svízzera) **24** C 1
Buiano **140** B 3
Buida, Ponte- **170** D 3
Búie → Búje **79** E 4
Buillet **46-47** C 3-4
Buin, Piz- **24** A 3
Búio, Monte- **113** A 5
Buisson **47** B 6
Búja **44** E 2
Búje (Búie) **79** E 4
Bukovica **63** D 6
Bulciago **53** E 5
Bulciano **141** A 4
Bulè, Rio- **95** E 4
Bulera, Croce- **148** B 2
Bulgaria **133** B 6
Bulgarnò **133** B 6
Bulgarograsso **52** E 3
Bulgheria, Monte- **233** E 5
Bulgorello **67** B 5
Buliciano **148** A 3
Bulla = Pufels **30** E 1
Bulla, Costa della- **100** C 2
Bulláccia = Puflatschalpe **30** E 1
Bulliana **65** B 5
Bullicame, Lago- **168-169** B 3-4
Bullone, su- **299** E 6
Bultei **308** B 1
Bulvarís, Cantoniera- **302** D 1
Bulzi **299** D 6
Bundschen = Ponticino **27** D 6
Búnnari, Lago- **299** E 4-5
Buole, Passo- **57** E 5
Buonabitácolo **235** A-B 4
Buonacompra **105** C 4
Buonacquisto **162** E 2
Buonalbergo **196-197** E 3-4
Buoncammino **296** C 3
Buonconvento **149** D 6
Buonfornello **265** D 6
Buongiorno, Serra- **247** B 4
Buongiovanni, Molino- **288** C 2
Buongiovanni, Monte- **289** C 6
Buoni **113** B 5
Buonopane **214** D 2

Buonriposo, Santuário- **281** C 4
Buonsignore **271** C 6
Buonsollazzo, Badia- **131** D 5
Buontempo, Masseria- **212** E 3
Buonviággio **127** C 4
Buonvicino **240** C 2
Bura, Forcella di- **54** D 1
Burago di Mólgora **68** C 3
Burana **105** B 4
Burano (CO) **35** E 4
Burano (VE) **76** E 2
Burano, Fiume- **142** C 3
Burano, Lago di- **167** C 4-5
Burano, Serra di- **142** D-E 2
Burano, Torrente- **142** D 2
Burantinu, Cala- **300** C 2
Burcei **321** A 4
Búrchio **139** C 6
Burcina **65** C 4
Burcina-Felice Piacenza, Riserva Naturale- **49** E 6
Burdini **95** A 5
Bure **72** D 2
Burello, Monte- **269** B 4
Burgazei **101** D 4
Burgeis = Burgúsio **25** C 6
Búrghidu, Nuraghe- **302** D 1
Búrgio (AG) **278** D 1
Búrgio (SR) **293** D 6
Búrgio, Serra di- **288** E 3
Burgisato, Valle- **267** D 4
Búrgos **307** C 6
Burgstall = Póstal **27** D 5
Burgúsio = Burgeis **25** C 6
Buriane **119** B 6
Buriano (GR) **158** B 1
Buriano (PI) **148** A 1
Buriano (PT) **130** E 3
Buriasco **95** B 5-6
Búrio **97** D 5
Burki **49** A 6
Burligo **53** E 6
Burolo **64** D 3
Buronzo **65** D 6
Burráia, Rifúgio la- **132** E 2
Burrainiti, Masseria- **285** D 4
Burrone, Monte- **137** D 5
Burz, Colle- **30** E 3
Burzanella **131** A 4
Burzano **119** D 5
Bus, Lago del- **40** C 4
Busa **58** E 2
Busachi **311** B 5
Busala, Torre- **274** B 3
Busalla **113** A 4
Busambra, Rocca- **263** D 4
Busana **116** D 3
Busano **64** E 1
Busática **115** D 5
Busatti **57** D 6
Busazza, Cima- **38** D 1
Busca **109** A 6
Buscaiolo **84** C 2
Buscate **66** C 3
Buscemi **289** D 5
Busche (BL) **59** B 5
Busche (PG) **152** B 3
Busci **163** E 5
Busco (AR) **151** B 5
Busco (TV) **76** B 2
Buscoldo **89** E 5
Buse, Pale delle- **39** E 6
Buse dei Véris, la- **62** B 3
Búseno **34** C 3
Busento, Fiume- **244** C 3
Buseto Palizzolo **261** D 4
Buseto Superiore **261** D 4
Busi (CN) **97** D 5
Busi (PR) **115** A 5
Busiago **74** D 3
Busin, Rifúgio- **32** B 3
Businco, Scóglio- **298** D 1
Busìn Inferiore, Lago- **32** B 3
Busìn Superiore, Lago- **32** B 3
Busma, Monte- **55** B 5
Busnago **69** C 4
Buso **92** E 2
Buso, il- **58** D 2
Buso, Ponte del- **43** D 5
Buso, Porto- **78** B 1
Busona **149** A 5

Busonengo **65** E 6
Busoni **72** D 3
Busovécchio **106** A 1
Bussáia, Monte- **109** E 6
Bussana **123** E 4
Bussana Vécchia **123** E 4
Busséro **68** D 3
Busseto (AR) **140** C 3
Busseto (MS) **115** E 6
Busseto (PC) **100** C 1
Busseto (PR) **101** B 5-6
Bussi **181** A 6
Bussi sul Tirino **173** D 4
Busso **195** A 5
Bussolengo **72** E 2
Bussoleno **81** D 4
Bussolino Gassinese **82** D 3
Busta **75** B 4
Bustighera **68** E 3
Busto Arsízio **67** C 4
Busto Garolfo **67** C-D 4
But, Torrente- **43** B 6
Butera **287** C 5
Butera, Stazione di- **287** C-D 5
Buthier **47** B 4
Buthier, Torrente- **47** B 4
Buthier di Ollomont, Torrente- **47** A-B 4
Buthier di Valpelline, Torrente- **47** A-B 4
Buti **137** A 6
Butiotti **82** B 1
Butramo, Fiumara di- **256-257** D 3
Buttapietra **90** B 2
Buttigliera Alta **81** E 6
Buttigliera d'Asti **82** E 3
Buttogno **32** E 1
Búttrio **63** C 4
Bútule, Rio- **302** E 1
Buturo **245** E 5
Buturro, Báglio di- **275** B 5
Buturro, Fosso di- **275** B 5
Buzet (Pinguente) **79** E 6
Buzurou, Válico- **111** B-C 5
Buzza, Fiumetto di- **267** B-C 6
Buzzáccheri **154** C 1-2
Buzzancone, Punta di- **156** D 3
Buzzó **115** C 4
Buzzoletto **103** C 4
By **47** A 4

C

Ca' **114** A 2
Ca', la- **131** A 5
Ca' Badoèr **107** A 4
Cabanette **98** C 1
Cabanne **114** B 2
Ca' Bazzone **119** D 5
Cábbia **163** E 4-5
Cábbia, Monte- **163** E 4
Cábbio **52** D 3
Cabbiolo **34** C 3
Cabella Lígure **99** E 5
Cabelle **118** C 2
Cabelli **132** D 3
Caberlaba, Monte- **58** E 1
Cabernardi **143** D 4
Ca' Bertacchi **117** B 5
Cábia **44** C 2
Ca' Bianca (MO) **104-105** C 3-4
Ca' Bianca (PD) **92** E 1
Ca' Bianca (VE) **93** D 4
Cabianca, Monte- **54** B-C 3
Cabiate **67** B 6
Caboara **115** B 4
Ca' Bortolucci **118** D 1
Cabosa **113** A 6
Cábras **310** C 3
Cábras, Stagno di- **310** C 2
Ca' Bregonzi **92** E 2
Ca' Briani **93** E 4
Cabriolo **101** D 6
Cabu Ábbas, Santuário Nurágico- **303** A 5
Ca' Cappellino **107** A 5

Ca' Cappello **93** E 5
Cacascola, Masseria- **210** C 3
Cáccamo **263** C-D 6
Cáccamo sul Lago **154** B 1
Cácchiamo **281** B 4
Cacchiano **149** A 6
Cáccia, Bosco- **237** C 6
Cáccia, Capo- **300** D 1
Cáccia, Casa di- (CN-Entrácque) **109** E 5
Cáccia, Casa di- (CN-Valdieri) **109** E 4
Cáccia, Monte- **207** C 4
Cáccia, Monte la- **240** C 2-3
Cáccia, Pizzo della- **49** B 6
Cáccia, Tenuta di- **178-179** E 3-4
Cacciabella, Pizzo- **35** C 6
Cacciamponi **143** D 4
Cacciana **66** B 1
Cacciano (AN) **153** A 4
Cacciano (AR) **140** E 2
Cacciano (BN) **203** D 4
Cacciatore, Cima del- **45** C 5
Cacciatore, Rifúgio al- **38** E 2
Cacciatori, Rifúgio- (CN) **110** E 4
Cacciatori, Rifúgio- (TN) **38** E 3
Cacciola **117** A 4
Caccione, Monte- **279** E 4
Caccívio **52** E 3
Caccume, Monte- **192** A 2
Caccuri **246** C 3
Ca' Corniani **77** C 5
Ca' Cottoni **77** C 4
Cadágnolo **129** A 6
Ca' d'Andrea **88** C 2
Cadarese **32** C 3
Ca' d'Asti, Rifúgio- **80** D 3
Caddárgiu, Ponte- **308** D 2
Cáddaris, Nuraghe- **307** E 5
Caddo **32** E 2
Cadè (MN) **89** D 6
Cadè (PV) **99** B 5
Cadè (RE) **103** E 4
Ca' de' Bonavogli **88** C 2
Ca' de' Caggi **88** D 2
Ca' de' Cároli **117** B 6
Cadecoppi **104** C 3
Ca' de' Fabbri (BO-Castello di Serravalle) **118** D 3
Ca' de' Fabbri (BO-Minérbio) **105** C 5
Ca' de' Folli **86** D 3
Ca' dc' Gatti **88** C 1
Cadegliano **52** C 2
Cadegliano-Viconago **52** C 2
Ca' degli Oppi **90** C 3
Ca' dei Colombi **85** E 6
Ca' dei Cristina **99** B 6
Cadelazzi **99** B 5
Cadelbosco di Sopra **103** E 4
Cadelbosco di Sotto **103** D 4
Ca' del Costa **131** A 5
Ca' del Diávolo (PC) **100** C 1
Ca' del Diávolo (VR) **73** C-D 4
Ca' del Ferro **90** C 3
Cadelfóglia **54** D 1
Ca' del Fosso **99** B 6
Ca' del Gatto **99** B 4
Ca' dell'Ácqua **86** C 2
Ca' dell'Ora **103** B 6
Ca' del Matto **99** C 6
Cadelmonte **100** D 1
Ca' del Véscovo **63** E 4
Ca' de' Mari **88** D 1
Cademário **52** B 2
Ca' de' Mazzi **86** D 3
Cadempino **52** B 2
Cadenábbia **53** C 4
Cadenazzo **34** E 2
Cadeo **101** B 4
Cádero **51** B 6
Caderzone Terme **38** E 2
Ca' de' Soresini **88** C 2
Cadì, Cima- (BS-SO) **37** D 4-5
Cadì, Cima- (BS-TN) **37** D 6
Ca' di Biss **67** E 4
Cadibona **111** D 6

Cadibona, Bocchetta di- **111** D 5-6
Ca' di Dávid **90** B 2
Ca' di Giulietta **119** E 4
Cadignano (BS) **88** B 1
Cadignano (MO) **117** D-E 6
Ca' di Ianzo **49** C 6
Cadilana **86** B 3
Ca' di Lugo **120** C 2
Ca' di Macici **90** B 2
Cadimarco **88** C 3
Cadimare **127** D 4
Cadin, Cima- **42** E 3
Cadin, Monte- **44** D 3
Cádine **57** B 5
Cadini, Cima- = Napfspitz **29** C 5
Cadini, Gruppo dei- **31** D-E 6
Cadino, Goletto di- **55** D 6
Cadino, Rio- **39** D 6
Cadino, Val- **39** D-E 6
Cadipietra = Steinhaus **29** A 6
Ca' di Quattro **129** A 6
Cadiróggio **117** B 6
Ca' di Sola **118** B 2
Cádola **60** B 2
Ca' Dolfin (RO) **107** B 6
Ca' Dolfin (VI) **74** B 2
Ca' Dolze **74** B 2
Cadóneghe **74** E 3
Cadorago **67** A-B 5
Cadore, Regione- **42** B-D 1-3
Cadréas, Cantoniera- **307** C 4
Cadrezzate **51** E 5
Čadrg **45** E 6
Cádria **56** E 2
Cádria, Monte- **56** C 2
Cadriano **119** C 5
Cadro **52** B 3
Caduti dell'Adamello, Rifúgio ai- **37** E 6
Caemi, Ponte- **263** B-C 5
Ca' Emo **92** E 3
Caerano di San Marco **59** E 5
Cafággio (LI) **147** D 6
Cafággio (PO) **131** E 4
Cafaggiolo **131** D 5
Ca' Falièr **59** E 4
Cáfaro, Masseria- **213** D 4
Cafasse **87** C 6
Cafesa, Ponte- **262** D 3
Caffaráccia **115** B 5
Caffarelli, Casa- **279** D 6
Cáffaro, Fiume- **55** D 6
Cáffaro, Valle del- **56** D 1
Caffi, Santuário dei- **97** E 5
Cafiero, Masseria- **199** C 4
Cafora Lupi, Masseria- **199** E 4
Cafórnia, Monte- **172** E 1
Ca' Gallo **142** A 2
Ca' Gamba **76** D 3
Caggiano **219** D 4-5
Cággiole **150** C 3
Ca' Giare **93** B 4
Caginia, Serra di- **268** E 1-2
Ca' Giustiniàn **107** A 5
Cagli **142** C 2-3
Cagliano, Serra- **241** D 6
Cágliari **320** B 2
Cágliari, Golfo di- **320-321** C-D 2-4
Cágliari, Stagno di- **320** B 2
Cáglio **53** D 4
Cagnano **91** C 5
Cagnanò **268** A 2
Cagnano Amiterno **171** A-B 6
Cagnano Varano **188** C 2
Cagnático **71** C 4
Cágnero, Monte- **142** B 1
Cagnò **39** B 4
Cagno (CO) **52** D 2
Cagno (CS) **245** C 6
Cagno, Monte- **172** D 1
Cagnola **92** C 2
Cagnoletti **36** D 2
Cagnon di Sotto, Malga- **39** E 6
Cágnore **153** B 6
Caguseli, Ianna- **308** E 2
Cáia Borsa **195** D 6
Caianello **194** D 2

A
B
C
D
E
F
G
H
I
J
K
L
M
N
O
P
Q
R
S
T
U
V
W
X
Y
Z

Caiano (AR) **140** A 2
Caiano (TE) **164** C 1
Caiazzo **202** C 2
Caicambiucci **142** D 2
Caidate **51** E 6
Cailina **70** C 3
Caimbanca **106** D 3
Cáina, Monte- **58** E 3
Cainallo, Rifúgio- **53** C 5
Cáines = Kuens **27** C 4
Caino (BS) **71** C 4
Caino (CO) **35** E 4
Caino, Torre- **235** E 5
Caiò **73** D 4
Cáio, Monte- **116** C 2
Caioletto **133** E 5
Caiolo **36** E 1
Cáio Menio Basso,
  Monumento a- **180** B 1
Caionvico **70-71** D 3-4
Cáira **193** B 6
Cáira, Masseria- **199** C 4
Cairano **204-205** D-E 3-4
Cairasca, Valle- **32** C-D 1-2
Cairate **67** B 4
Cáire **96** D 2
Cáiro **135** E 5
Cáiro Lomellina **84** E 3
Cáiro, Monte- **193** B 6
Cáiro Montenotte **111** C 5
Caiti **116** C 3
Cáitta, Ponte di- **300** E 3
Caivano **202** E 2
Cala, Punta de sa- **317** C 6
Calabernardo **295** C 4
Ca' Labia **92** E 3
Calabre, Punta- **46** E 2-3
Calabresi, Villa- **160** C 3
Calabretto **256** B 3
Calabricata **250** C 3
Calabrina **133** A 6
Calabritto **218** B 2
Calabrò **248** E 3
Càlabro, Torrente- **252** E 3
Calabrò, Torrente-
  266-267 D 3-4
Cala d'Uliva **298** A 2
Calafarina, Grotta- **295** E 4
Calafúria **137** D 4
Calafúria, Riserva Naturale di-
  137 D 4
Cala Galera **166** C 3
Calággio, Monte- **204** C 3
Calággio, Torrente- **204** C 3
Cala Gonone **309** D 5
Cala Grande, Punta- **166** C 2-3
Calagrano, Cala- **297** C-D 5
Caláita, Lago di- **40** E 3
Cala Liberotto **309** C 6
Calalunga, Torre di- **189** B 4
Calalzo di Cadore **42** D 2
Calamacca, Cozzo- **246** A 3
Cala Mancina, Grotta di-
  261 B 4
Calamandrana **97** D 6
Calambrone **137** C 4
Calamecca **130** C 1-2
Calamello, Torre di- **132** A 2
Calamento, Val di- **39** E 6
Calamigna, Monti di- **263** C 6
Calamita, Monte- **156** D 3
Calamita Nova, Báglio- **275** B 4
Calamita Vécchia **275** B 4
Calamónaci **278** E 1
Calamone, Lago- **116** D 3
Cala Mosca **320** B-C 2-3
Calanca, Val- **34** C 3
Calancasca **34** B 3
Calanchi di Atri, Riserva
  Naturale- **165** D 4
Calandrella, Pizzo- **263** E 5
Calandrone **68** E 3
Calangiánus **302** A 3
Calanna **256** C 1
Calaone **92** C 1
Cala Piccola **166** C 2-3
Cala Piombo, Punta di- **319** E 4
Cala Regina, Torre- **321** C 4
Calaresu, Rio- **312** B 3
Calarossa, Punta- **260** E 2

Cala Sabina, Fermata- **297** E 6
Calasca **50** B 2
Calasca-Castiglione **50** B 2-3
Calascibetta **281** C 4
Caláscio **172** C 3
Cala Scirocco, Punta- **136** D-E 1
Calasetta **318** B 2
Calassiti **193** A 5
Calatabiano **269** D-E 5
Calatafimi, Stazione di- **261** D 5
Calatafimi-Segesta **261** E 5-6
Ca' Látis **107** C 5
Calatubo, Castello- **261** D 6
Calavà, Capo- **268** A 3
Calaverde **320** E 1
Calavino **57** B 4
Calavorno **129** C 6
Calazzotto **183** A 6
Calbenzano **140** C 3
Calbi **140** E 3
Calbino **53** A-B 4
Calbóla **132** C 3
Cálbolí **132** B 3
Calcante, Úia- **81** C 6
Calcara (BO) **118** B 3
Calcara (MC) **153** E 6
Calcarella, Punta- **284** D 1
Calcarelli **266** E 2
Calcariola **171** C 4
Calcata **169** D 6
Calcatizzo, Portella- **268** B 2
Calceránica al Lago **57** C 6
Calchera **53** D 6
Calchésio **95** E 4
Calci **137** A 6
Calciano **221** D 4
Calciati al Tribuláun, Rifúgio- =
  Tribuláunhütte **28** A 2
Calcina **153** C 5
Calcina, Cala della- **300** D 1
Calcináia (FI-Lastra a Signa)
  139 B 4
Calcináia (FI-San Casciano in
  Val di Pesa) **139** C 4-5
Calcináia (PI) **137** B 6
Calcináio, Monte- **150** E 3
Calcinara (PC) **100** B 1
Calcinara (PZ) **237** D-E 5
Calcinaro **90** D 2
Calcinate **69** C 6
Calcinate degli Orrigoni **51** D 6
Calcinate del Pesce **51** D 6
Calcinatello **71** E 4
Calcinato **71** E 4
Calcinelli **143** A 4
Calciniere **95** D 4
Calcino, Torrente- **59** D 4
Calcinone, Alpe- **49** D-E 6
Cálcio **69** D 6
Cálcio, Stazione di- **69** D 6
Calcione **150** A 2
Calcione, Molino del- **150** A 2
Calco (LC) **68-69** B 3-4
Calco (VC) **50** E 3
Calcroci **93** B 4
Calda **235** D 6
Caldana (GR) **157** C 6
Caldana (LI) **147** D 6
Caldana (VA) **51** D 6
Caldane **94** E 3
Caldanelle, Torrente- **241** A 6
Caldánia → Kaldanija **79** E 4
Caldara, Monti della- **285** C 5
Caldarette **155** B 4
Caldarola **154** B 1
Caldaro, Lago di- = Kalterer
  See **39** C 5
Caldarosa, Monte- **237** A 4
Caldaro sulla Strada del Vino =
  Kaltern an der Weinstrasse
  39 B 5
Caldásio **112** A 1
Caldè **51** C 6
Caldenno, Alpe- **36** D 1
Calderà **269** A 5
Calderano **60** E 3
Calderara **123** C 5
Calderara, Fermata- **269** D 4
Calderara di Reno **119** B 4
Calderari **281** D 5

Calderari, Torrente- **281** D 5
Calderaro, Fiumara- **253** D 4-5
Calderaro, Ponte- **249** A 5
Calderino **118** C 3
Calderino, Torre- **208** B 3
Calderoni, Masseria-
  (BA-Altamura) **207** D 5
Calderoni, Masseria-
  (BA-Gravina in Púglia) **207** E 5
Calderoni, Masseria- (BAT)
  207 C 4
Caldès **38** C 3
Caldiero **90** A 3
Caldierino **90** A 3
Caldiero **90** A-B 3
Caldirola **99** E 5
Caldo, Fiume- **261** D 6
Caldogno **74** C 1
Caldognola, Torrente- **152** C 3
Caldonazzo **57** C 6
Caldonazzo, Lago di- **57** B-C 6
Caldosa, Fermata- **297** D-E 4
Caldura, Torre- **266** B 2
Calea **64** D 3
Caléipo **60** C 2
Cálena, Monte- **189** C 4
Calendasco **86-87** E 3-4
Calendini **244** C 3
Calenzano **131** E 4
Calenzano Fondo **100** E 2
Calenzone, Monte- **99** C-D 6
Caléppio **68** E 3
Caleri **89** E 5
Caleri, Porto di- **93** E 5
Calerno **102-103** E 3-4
Cales **201** D 6
Calessani **75** A 6
Calestano **116** A 2
Caletta **137** E 5
Caletta, la- (CA) **318** B 2
Caletta, la- (NU) **309** A 6
Calgaretto **43** C 6
Calgeròn, Grotta del- **58** C 2
Calghera **99** C 6
Calì **288** E 2
Caliandro, Masseria- **211** F 6
Cálice = Kalch **27** A 6
Cálice al Cornovíglio **115** E 5
Cálice Lígure **111** E 5
Cálich, Stagno di- **300** D 2
Cálici, Masseria li- **198** A 1
Califórnia **41** E 5
Califórnia, la- **147** A 6
Caligi, Monte- **130** B 1
Caligiana **151** C 6
Calignano **85** C 6
Calimera (LE) **227** C-D 6
Calimera (VV) **253** C 4
Calino **70** C 1-2
Ca' Lino **93** D 5
Calisese **133** B 6
Calísio, Monte- **57** B 5
Calistri **130** B 1
Calitri **205** D-E 4
Calitri-Pescopagano, Stazione
  di- **205** E 4
Caliuvo, Bosco- **237** B-C 6
Caliuvo, Valle- **237** C 5
Calizzano **111** E 4
Calla, Passo la- **132** E 2
Callabiana **65** B 5
Calle **220** C 3
Calleda, Malga- **41** C 6
Calleta **140** B 2
Callianetto **97** B 5
Calliano (AT) **83** E 5
Calliano (TN) **57** D 5
Calliera **89** C 5
Callieri **108** D 3
Callieri, Masseria- **213** E 6
Callone **138** C 1
Cállora, Torrente- **195** B 4
Callura, la- **289** A 4
Calmasino **71** D 6
Calmazzo **142** B 3
Calmette, Cime de la- **122** C 1
Calnova Fiorentina **76** C 3
Calò **67** B 6
Calogna **51** D 5
Calogno, Torrente- **267** D-E 5

Calolziocorte **53** E 6
Calómini **129** B 5
Calone, Nuraghe- **308** D 1
Calónico **33** A 6
Calopezzati **243** D 4
Calopezzati, Stazione di-
  243 D 4
Calopinace, Torrente- **256** D 1
Calore **203** D 6
Calore, Fiume- **195** E 5
Calore, Fiume- **235** B 5
Calore, Fiume- (AV) **204** D 1
Calore, Fiume- (SA) **218** E 2
Calore, Ponte- (SA-Altavilla
  Salentina) **218** D-E 2
Calore, Ponte- (SA-Aquara)
  233 A 4
Calore, Sorgenti del- **233** B 5-6
Calória, Monte- **240** D 3
Calosso **97** D 5
Caloveto **243** E 4
Calozzo Miánico **35** E 4
Calsázio **64** D 1
Caltabellotta **277** C 6
Caltafalsa **261** E 6
Caltafaraci, Monte- **284** B 3
Caltagirone **288** B 2
Caltagirone, Fiume- **288** B 3
Caltana **75** E 4
Caltanissetta **280** D-E 2-3
Caltanissetta-Xirbi, Stazione-
  280 D 2
Caltavuturo **266** E 1
Caltea, Torrente- **60-61** B 3-4
Caltignaga **66** D 2
Calto **105** A 4
Caltrano **58** E 1
Caltròn **38** C 3
Caluri **89** B 6
Calusco d'Adda **69** B 4
Caluso **82** B 3
Caluzzi, Fiume- **237** C-D 6
Calvagese della Riviera **71** C 4
Calvana, Monti di- **131** C-D 4
Calvánico **217** B 6
Cálvari (GE-Davagna) **113** C 6
Cálvari (GE-San Colombano
  Certénoli) **113** D 6
Calvarina, Monte- **73** C 5
Calvário, Cappelle del- **32** E 2
Calvário, Chiesa il- **284** D 3
Calvário, Masseria del- **199** E 4
Calvário, Monte- (AQ) **183** C 5
Calvário, Monte- (BN) **204** B 1
Calvário, Monte- (CL) **285** B 6
Calvário, Monte- (EN) **282** B 3
Calvário, Monte- (GO) **63** C 5
Calvário, Monte- (RM) **169** E 4
Calvário, Monte- (TE) **164** D 1
Calvário, Monte il- **183** C 5
Calvaruso **258** C 4
Calvatone **88** D-E 3
Calvécchia **76** C 3
Calvello **220** C 1
Calvello, Colle- **192** B 2
Calvello, Masseria- **225** C 4
Calvello, Monte- (AV-Bagnoli
  Irpino) **218** B 3
Calvello, Monte-
  (AV-Casálbore) **197** E 4
Calvello, Monte- (BN) **195** D 6
Calvello, Monte- (FG) **198** D 1
Calvello, Monte- (IS) **194** C 2
Calvello, Serra di- **220** C 1
Calvene **74** A-B 1
Calvenzano (BG) **69** D 5
Calvenzano (BO) **118** E 3
Calvenzano (LO) **86** C 2
Cálvera (MT) **222** E 1
Cálvera (PZ) **237** D 6
Calveséglio **53** B 4
Calvi (BN) **203** D 6
Calvi (SV) **111** E 5
Calvi, Monte- (BO) **131** B 4
Calvi, Monte- (CE) **202** D 2
Calvi, Monte- (LI) **147** C 6
Calvi, Monte- (VT) **169** D 5
Calvi, Rifúgio- **43** B 5
Cálvia, Monte- **307** B 6
Cálvia, Rio de- **300** D 2
Calvi dell'Úmbria **170** B 1

Calvignano **99** B 6
Calvignasco **85** B 5
Calvillano **133** E 6
Calvi Risorta **194** E 3
Calvisano **88** B 3
Calvi Vécchia **194** E 3
Calvizzano **215** B 4
Calvo, Cime del- **35** D 6
Calvo, Monte- (AQ) **171** B 6
Calvo, Monte- (BN) **203** C 5
Calvo, Monte- (BS) **37** D 6
Calvo, Monte- (CB) **185** E 6
Calvo, Monte- (CH) **175** E 4
Calvo, Monte- (FG) **188** D 2
Calvo, Monte- (FR-Monti
  Aurunci) **193** C D 6
Calvo, Monte- (FR-Monti
  Ausoni) **192** C 3
Calvo, Monte- (GR-Gavorrano)
  157 B 6
Calvo, Monte- (GR-Santa Fiora)
  159 C 5
Calvo, Monte- (LT) **192** D 3
Calvo, Monte- (RG) **288** E 2
Calvo, Monte- (RM) **180** B 3
Calvo, Monte- (SI) **139** E 6
Cálvola **56** D 3
Calzaferro **37** E 5
Calzolaro **151** A 6
Calzoni **89** B 6
Cama **34** C 3
Cama, Lago di- **34** D 3
Camagna **64** E 1
Camagna Monferrato **84** E 1
Camaiore **129** D 4
Camairago **87** C 4
Camaldolesi, Éremo dei-
  110 D 4
Camáldoli (AR) **140** A 3
Camáldoli (GE) **113** C 4
Camáldoli (NA) **215** B 4
Camáldoli (RM) **179** D 6
Comáldoli (SA) **218** C 2
Camáldoli, Éremo- **217** A 4
Camáldoli, Éremo di- **132** E 3
Camáldoli della Torre **215** C 6
Camaldò **75** B 5
Camandona **65** B 5
Camarda **172** B 2
Camarda, Monte- **172** C 3
Camarina **292** B 2
Camarina, Necrópoli- **292** B 2
Camaro **258** C 4
Camarrásiu, Rio- **306** C 2
Camarza **113** A 4
Camasco **50** D 3
Camastra **285** C 4
Camastra, Fiume- **285** C-D 5
Camastra, Torrente- **220** D 2
Camatta (MN) **90** E 2
Camatta (MO) **117** E 6
Camatte **103** B 6
Ca' Matte (FE) **106** B 1
Ca' Matte (VE) **93** E 4
Camazzole **74** C 2
Cambiago **68-69** C 3-4
Cambiano (TI) **138** C 3
Cambiano (TO) **82** E 2
Cambiasca **51** C 5
Cambiò (PV) **84** E 1
Cámbio (RO) **92** E 2
Cámbio, Monte di- **162** E 3
Cambrembo **54** B 2
Cambrigàr **72** B 2
Cambroso **92** C 3
Cambuca, Casa- **262** C 2
Camburzano **65** C 4
Camedda, Ponte- **301** D 4
Camedda, Rio- **301** D 4
Cámedo **33** E 4
Cámedo, Madone do- **33** C 4
Cámedo, Passo do- **34** D 3
Camella **232** C 2
Ca' Mello **107** B 5-6
Camemi **292** C 3
Camenata, Molino- **139** E 6
Cámera **164** B 2
Cámera, la- **186** E 1

Camerana **111** C 4
Camerano (AN) **145** B-C 4
Camerano (AT) **83** E 4
Camerano (RN) **134** C 2
Camerano Casasco **83** E 4
Camerata **161** C 5
Camerata Cornello **54** D 1
Camerata Nuova **180** A 3
Camerata Picena **144** B 3
Cámere, Ísole le- **297** C 6
Cámere, le- **296** A 2
Camerelle, Posta delle- **205** B 6
Cámeri **66** D 2
Cameriano **66** E 1
Camerino **153** C 6
Camerino, Masseria- **207** C 5
Camerlata **52** E 3
Camerletto, Castello di- **81** E 6
Camerlona **121** C 4
Cameroni, i- **188** A 1
Camerota **233** E 5
Ca' Messénio **63** E 5
Ca' Micci **134** E 2
Ca' Micheli **74** C 2
Camícia, Monte- **172** B 3
Camigliano (CE) **202** C 1
Camigliano (SI) **149** E 6
Camigliatello Silano **245** B 5
Camignolo **34** E 1
Camignone **70** C 2
Camilla, Passo della- **114** D 2
Camina → Kamno **45** E 6
Caminata (PC-Caminata) **99** C 6
Caminata (PC-Carpaneto
  Piacentino) **101** C 4
Caminata (PR) **115** A 4
Caminata = Kematen **28** B 3
Caminata Boselli **100** D 1
Caminata di Túres = Kematen
  31 A 4
Caminetto **63** C 4
Camini **255** D 2
Caminino **149** E 4
Camino (AL) **83** C-D 6
Canlno (CE) **194** C 1
Camino (TV) **76** A 2
Camino (UD) **63** C 4
Camino, Monte- (BI) **49** E 6
Camino, Monte- (CE) **194** C-D 1
Camino, Pizzo- (BS) **55** C 5
Camino, Pizzo- (VB) **50** B 3
Camino al Tagliamento **61** E 6
Camisa **321** A 5
Camisano **69** E 6
Camisano Vicentino **74** D 2
Camisino **58** E 1
Camitrici **281** E 4
Cammarata **278** D 3
Cammarata, Monte- **278** D 3
Cammarata-San Giovanni
  Gémini, Stazione di-
  278 D 3
Cammauta, Regione- **277** B 6
Camminata (CR) **102** B 3
Camminata (PC) **100** C 3
Camminate **143** A 5
Cammino, Masseria- **201** E 6
Cámmoro **162** A 2
Camnago **67** B 6
Camnago Falóppio **52** E 3
Camnago Volta **52-53** E 3-4
Camo **97** E 5
Camoggiano **131** C 5
Camoghè **34** E 3
Camogli **113** D 5
Camolato, Pizzo- **268** D 1
Camónica, Val- **55** A-D 4-6
Ca' Montagna **71** C 6
Camorino **34** E 2
Ca' Moro **105** A 6
Ca' Morosini **91** E 6
Camosciara, la- **183** D 4
Camóscio, Corno del- **49** B 5
Campáccio **129** C 4
Campáccio, Monte- (FI) **132** D 3
Campáccio, Monte- (SO)
  24 E 3
Campaegli **180** B 3
Campággio, Pizzo- **54** B 3
Campagna (CR) **87** C 6

Campagna (LO) **86** D 3
Campagna (PN) **61** B 5
Campagna (SA) **218** C 2
Campagna (VC) **83** C 4
Campagnalta **74** C 3
Campagna Lúpia **92-93** B 3-4
Campagnano (NA) **214** D 2
Campagnano (VA) **51** B 6
Campagnano di Roma **169** E 6
Campagnasco, Bosco- **220** C 2
Campagne **90** C 3
Campagnático **158** B 3
Campagnola (BI) **65** D 5
Campagnola (CE) **194** D 2
Campagnola (CR) **87** C 6
Campagnola (PD) **92** C 3
Campagnola (VR) **56** E 3
Campagnola Cremasca **69** E 5
Campagnola Emilia **103** D 5
Campagnolo (BS) **71** E 4
Campagnolo (CR) **87** C 5
Campagnolo (MN) **89** B 5
Camparina **129** B 4
Campaiana **129** A 5
Campalano **90** D 3
Campalestro **84** D 3
Campalto (VE) **75** E 6
Campalto (VR) **90** B 3
Campana (AQ) **172** D 2
Campana (CS) **246** A 3
Campana (FI) **139** D 5
Campana (SI) **149** C 6
Campana (VI-Lusiana) **58** E 2
Campana (VI-Tonezza del
    Cimone) **57** E 6
Campana, Colle- **151** B 6
Campana, Cozzo- (CL) **279** E 5
Campana, Cozzo- (EN) **281** C 5
Campana, la- **119** C 5
Campana, Porto- **319** E 6
Campana, Sasso- **37** C 4
Campana, Via- **215** B 4
Campanaro, Monte- **269** D 5
Campanaro, Piscina- **189** B 4
Campanaro, Portella- **279** C 5
Campanaro, Scuola- **196** C 3
Campanasissa, Colle della-
    319 A 5
Campane, Póggio delle-
    141 A 6
Campancdda **298** E 2
Campanella (VI-Altíssimo)
    73 C 5
Campanella (VI-Gállio) **58** D 2
Campanella, Masseria- **225** D 6
Campanella, Monte- **285** A 4
Campanella, Punta- **216** C 2
Campanelle **154** B 2
Campanelli **206** B-C 3
Campanino **203** D 4
Campanozzi, Casa- **188** D 1
Camparada **68** B 3
Camparient, Monte- **50** E 2
Campáscio **37** D 4
Campazzo **88** C 1
Camp-de-Cabanes-Vieilles
    122 C 1
Camp-des-Fourches **108** C 1-2
Campea **59** D 6
Campeda, Altopiano della-
    307 C-D 4-5
Campeda, Stazione di- **307** D 5
Campedei **59** C 6
Campedello **102** C 2
Campéggio **131** A 6
Campégine **103** D 4
Campéglia **32** D 2
Campéglio **63** A 4
Campèl **59** B 5
Campella, Torrente- **266** C 2
Campelle, Val- **40** E 2
Campelli (RO) **92** E 3
Campelli (SO) **36** E 2
Campéllio, Monte- **56** B 1
Campello (SO) **36** D 3
Campello (Svízzera) **33** A 6
Campello Monti **50** C 3

Campello sul Clitunno
    162 B 1-2
Campensa, Masseria- **196** B 2
Campério **33** A 6
Campertogno **49** C 6
Campese **58** E 3
Campese, Masseria- **198** D 2
Campestri **131** D 6
Campestrin **40** B 3
Campetto **111** C 4
Campetto, Osteria- **111** A 4-5
Campi (AR) **140** B 3
Campi (PG) **163** A 4
Campi (PR) **115** C 4
Campi (SI) **149** A 6
Campi (TN) **56** D 3
Campi, Báia di- **189** C 5
Campi, Masseria- **213** D 4
Cámpia **129** B 5
Campiano (FC) **133** D 5
Campiano (RA-Castèl
    Bolognese) **120** E 1
Campiano (RA-Ravenna)
    121 E 4
Campiano (VR) **73** D 4-5
Campiáscio, Alpe- **36** D 3
Campi Bisénzio **131** E 4
Campicello **235** E 6
Campidano **314-315** A-E 3-6
Campiello, Ponte di- **58** E 1
Campieno **32** C-D 2
Campi Flegrei **214-215** B 3-4
Campi Flegrei, Parco Regionale
    dei- **214** C 3
Campíglia **126-127** D 3-4
Campíglia Cervo **49** E 6
Campíglia dei Bérici **91** B 6
Campíglia dei Foci **149** A 4
Campíglia d'Órcia **150** E 2
Campíglia Marittima **147** D 6
Campíglia Maríttima,
    Stazione di- **147** D 6
Campíglia Soana **47** E 6
Campíglio (MO) **118** C 2
Campíglio (PT) **130** C 2
Campíglio, Rifúgio- **52** B 2
Campíglio, Valle di- **38** D-E 2
Campigliola, la- **167** B 6
Campiglione (AP) **155** A 4
Campiglione (TO) **95** C 5
Campiglione-Fenile **95** C 5
Campigna **132** E 2
Campigno **132** C 1
Campigo **75** C 4
Campill = Longiarù **30** D 3
Campilltal = Valle di Longiarù
    30 D 3
Campino **51** C 4
Campínola **217** C 4
Campiolo **44** C 3
Campione **89** E 6
Campione, Monte- (BG-BS)
    55 B 5
Campione, Monte-
    (BS-Pezzaze) **55** E 5
Campione del Garda **71** B 6
Campione d'Itália **52** C 3
Campionna, Ísola- **319** E 5
Campi Resi **142** B 2
Campi Salentina **227** B 4
Campísia **278** E 3
Campisol, Rifúgio- **38** B 2
Campitelli, Rifúgio- **183** E 4
Campitello (BL) **42** B 3
Campitello (MN) **89** E 4
Campitello (PG) **142** E 3
Campitello (TR) **161** D 2
Campitello di Fassa **40** B 3
Campitello Matese **195** B-C 4
Campittu, Cantoniera su-
    308 B 2
Campi Vécchio **163** A 4
Campiviei, Valle- **42** C 3
Campli **164** B-C 2
Campli, Montagna di-
    164 B-C 1-2
Camplíccioli, Lago di- **49** A 6
Campo (BL-Alano di Piave)
    59 D 4
Campo (BL-Santa Giustina)
    59 B 5

Campo (CE) **194** D 1
Campo (PI) **137** A 5-6
Campo (PU) **141** B 6
Campo (SO-Novate Mezzola)
    35 D 5
Campo (SO-Tártano) **35** E 6
Campo (TO) **64** D 2
Campo, Alpe- **37** B 4
Campo, Cima di- = Turnerkamp
    29 A 5
Campo, Corna di- **36** B 3
Campo, Golfo di- **156** D 2
Campo, Lago di- **56** B 1
Campo, Malga- **38** C 1
Campo, Monte- **183** C 6
Campo, Valle di- (Svízzera)
    36 B 3
Campo, Valle di- (Svízzera)
    32-33 C 3-4
Campo Aperto **195** B 5
Campobasso **195** A 6
Campobello di Licata **285** C 5
Campobello di Mazara **275** C 4
Campobernardo **76** B 2
Campo Bianco, Corno di-
    58 C 1-2
Campobove, Malga- =
    Ochsenfelder Alpe **31** A 5
Campobove, Monte- =
    Ochsenfelder **31** A 5
Campobrün, Riserva Naturale-
    73 B 4
Campo Cálabro **256** C 1
Campo Carlo Magno **38** D 2
Campo Catino **181** C 4-5
Campocavallo **145** C 4
Campo Cécina **128** B 3
Campo Ceraso, Regione-
    181 B 4
Campo Cervaro **60** E 3
Campochiaro **195** C 5
Campochiesa **124** D 2-3
Campocologno **36-37** D 3-4
Campo Croce **58** E 3
Campocroce (TV) **75** D 5
Campocroce (VE) **75** E 4
Campodálbero **73** C 4
Campodársego **74** D-E 3
Campo d'Avanti, Cima- **73** B 4
Campodazzo = Atzwang **30** E 1
Campo dei Fiori, Monte- **51** D 6
Campo dei Fiori, Parco
    Regionale- **51** D 6
Campo dei Messapi **226** C 1-2
Campo della Pietra **81** B 5
Campo dell'Osso **180** B 3
Campodenno **38** D 3
Campo di Carne **190** B 3
Campo di Dentro, Valle- =
    Innerfeldtal **31** C 6
Campodiégoli **153** A 4
Campo di Fano **182** A 3
Campo di Giove **183** A 5
Campo di Luserna **57** D 6
Campo di Mare **177** B 4
Campodimele **193** C 4
Campo di Montelánico **191** A 6
Campo di Pietra **76** B 2
Campodipietra **196** A 2
Campo di Trens = Freienfeld
    30 A 1
Campodivivo **193** E 5
Campodolcino **35** B 4
Campodónico (AN) **153** B 4
Campodónico (GE) **113** D 6
Campodoro **74** E 2
Campo Felice **172** D 1
Campofelice di Fitália **263** E 5
Campofelice di Roccella
    265 D 6
Campoferro **99** A-B 5
Campofilone **155** B-C 5
Campofiorito **277** A 6
Campo Fiscalino =
    Fischleinboden **31** C-D 6
Campofontana **73** C 4
Campofórmido **62** C 1
Campoforogna **171** B 4
Campofranco **279** E 4
Campofranco, Stazione di-
    279 E 4
Campo (BL-Santa Giustina)
    59 B 5

Campo (CE) **194** D 1
Campogalliano **104** D-E 1
Campogialli **140** C 2
Campogrande **269** B 4
Campogrosso, Passo di-
    73 B 4
Campo Iemini **190** A 2
Campo Imperatore **172** B 2-3
Campolandru, Punta- **299** C 5
Campolano **171** D 5
Campolaro **55** D 6
Campolarzo **153** C 6
Campo la Salza **94** A 3
Campolaspierto, Località-
    217 A 6
Campolasta = Astfeld **27** C 6
Campolato, Capo- **283** E 6
Campolato, Casa- **188** E 3
Campolato, Grava di- **188** E 3
Campolattaro **196** D 2
Campolattaro, Lago di- **196** D 2
Campolémisi **129** C 5
Campoleone **179** E 5
Campoleone, Scalo- **190** A 3
Cámpoli **255** D 5
Cámpoli, Prato di- **181** D 6
Cámpoli Appennino **182** E 2
Cámpoli del Monte Taburno
    203 C 4
Campolieto **196** A 2
Campolieto-Monacilioni,
    Stazione di- **185** E 4
Campo Lígure **112** B 2
Campolino, Riserva Naturale-
    130 B 1
Campolo **131** A 4
Campo Lomaso **56** C 3
Campolonghetto **62-63** D 3-4
Campolongo (BL) **43** C 4
Campolongo (KR) **251** C 5
Campolongo (TV) **60** E 2
Campolongo (VE) **76** C 2
Campolongo (VI) **91** B 5
Campolongo, Cima di- **58** D 1
Campolongo, Passo di- **30** E 3
Campolongo al Torre **63** D 4
Campolongo Maggiore **92** C 3
Campolongo sul Brenta **58** E 3
Campolongo Tapogliano **63** D 4
Campoluci **140** D 3
Campolungo (FE) **106** D 3
Campolungo (RE) **117** C 4
Campolungo, Altopiano-
    154 D 1
Campolungo, Piano di- **241** B 4
Campo Lupino, Monte- **192** B 3
Campoluzzo di Mezzo **57** E 6
Campoluzzo Inferiore **57** E 6
Campoluzzo Superiore **57** D 6
Campo Maggiore **203** E 5
Campomaggiore **220** D 3
Campomaggiore Vécchio
    220 D 3
Campomanfoli **217** B 5
Campomarino (CB) **185** B 6
Campomarino (TA) **225** E 6
Campomela, Stazione di-
    301 C 4
Campomelia **268** B 3
Campomezzavia **58** E 2
Campomigliáio **131** D 5
Campomizzo, Ponte- **182** C 3
Campomolino (CN) **109** B 4
Campomolino (TV) **60** E 3
Campomolle **62** E 2
Campomolòn, Monte- **57** D 6
Campo Morino **160** C 1
Campomoro, Lago- **36** C 2
Campomorone **112-113** B 3-4
Campomorto **85** B 6
Campomorto, Casa- **168** B 1
Campomulo **58** D 2
Campomulo, Val di- **58** D 2
Campon **60** C 3
Campone **61** A 5
Campone, Masseria- (BR)
    226 B 2-3
Campone, Masseria- (LE)
    229 D 5
Campo nell'Elba **156** D 1-2
Componocécchio **143** E 5
Camponogara **92** B 3

Camponuovo (SV-Cáiro
    Montenotte) **111** C 6
Camponuovo (SV-Roccavignale)
    111 C 4
Campopalazzi **149** D 5
Campo Pisano **318** E 3
Cámpora (NA) **217** D 4
Cámpora (PR) **116** B 3
Cámpora (SA) **233** B 4
Camporághena **116** E 2
Camporanda **116** E 3
Cámpora San Giovanni **244** E 2
Camporbiano **138** E 3
Cámpore (BI) **65** B 5
Cámpore (PC) **100** D 1
Cámpore (SP) **114** D 3
Camporeale (PA) **262** C 2
Camporeggiano **152** A 1
Cámpore-Santa Maria **114** D 3
Camporgiano **129** A 4-5
Cámpori **129** B 5
Camporinaldo **86** D 3
Camporondo **123** D 6
Camporóppolo **162** B 1
Campo Rosso **49** C 6
Camporosso **122** E 3
Camporosso, Sella di- **45** B 5
Camporosso in Valcanale
    45 B 5
Camporosso Mare **122** E 3
Campo Rotondo (AQ) **181** B 4
Campo Rotondo (PZ) **236** A 3
Camporotondo (SS) **296** D 3
Camporotondo, Malga- **72** B 3
Camporotondo di Fiastrone
    154 B 1
Camporotondo Etneo **283** B 5
Camporóvere **58** D 1
Camporsévoli **150** E 3
Camposampiero **74** D 3
Campo San Martino **74** D 3
Camposano **202** E 3
Campo San Pietro **59** B 5
Camposáuro, Monte- **203** C 4
Camposecco, Lago- **50** A 1-2
Camposilvano (TN) **73** B 4
Camposilvano (VR) **73** C 4
Camposonaldo **132** D 3
Campo Soriano **192** D 2
Campo Soriano, Monumento
    Naturale- **192** D 2
Campo Spina, Punta- **314** D 3
Campospinoso **85** E 6
Campo Staffi **181** B 4
Campotamaso **73** C 5
Campo Téncia, Capanna-
    33 A 5
Campo Téncia, Pizzo- **33** A-B 5
Campo Tenese, Válico di-
    241 A 4
Campo Tenese, Valle di- **240-
    241** A 3-4
Campo Tizzoro **130** C 2
Campotosto **163** D 6
Campotosto, Lago di- **163** D-E 6
Campotto **120** B 1
Campotto, Cassa- **120** B 2
Campottone **153** B 4
Campo Túres = Sand in Taufers
    31 A 4
Campováglio **296** D 3
Campovalano **164** B 2
Campo Valle Mággia **33** C 4
Campovecchio **140** C 2
Campovécchio, Valle di-
    55 A-B 5
Campoverardo **92** B 3
Campoverde (BS) **71** C 5
Campoverde (LT) **191** B 4
Campovico **35** E 6
Campremoldo Sopra **100** B 2
Campremoldo Sotto **86** E 3
Campriano **138** C 2
Campriano, Chiesa di-
    140 D 3
Campsirago **53** E 5
Campsut **35** A 5
Campu, Rio de su-
    302-303 E 3-4
Campudúlimu **302** B 1

Campu Giavesu, Cantoniera-
    301 C 5
Campu Omu, Cantoniera-
    321 A 4
Campu Sali, Cala- **314** B 2
Camucia **151** B 4
Camugliano **138** D 1
Camugnano **131** A 4
Camulera, Monte- **111** D 4
Camurana **104** C 3
Can **59** B 5
Cana **159** C 4
Canacede **41** C 5
Canadello **114** A 3
Canáglia **298** E 1-2
Canai **59** C 5
Canàl **59** C 5
Canàl dei Cuori, Ponte- **92** D 3
Canàl di Grivò **63** A 4
Canala, Fiume la- **223** D 4
Canala, la- **182** C-D 3
Canala, Sella- **196** C 3
Canalara **182** E 2
Canale (AP) **154** E 2
Canale (AV) **217** A 6
Canale (CN-Canale) **96** C 3
Canale (CN-Cúneo) **110** C 1
Canale (GE) **113** B 6
Canale (RO) **92** E 2
Canale (TR) **160** C 3
Canale (VR) **72** C 2
Canale, Monte- (RN) **141** A 6
Canale, Monte- (SO) **36** D 1
Canale, Monte- (UD) **43** B 5-6
Canale, Ponte- **289** B 5
Canale, su- **303** B 4
Canale, Val- **45** B 4-6
Canale d'Ágordo **41** C 4
Canale di Bonífica in Destra del
    Reno **120-121** B 3-4
Canale d'Isonzo → Kanal
    63 B 6
Canale Emiliano-Romagnolo
    119 B-C 5-6
Canalello **257** E 4
Canale Milano-Cremona-Po
    87 C 4
Canale Monterano **169** E 4
Canales, Lago sos- **303** E 4
Canáles, Rio- **307** D 6
Canaletto (BO) **104** D 3
Canaletto (MO) **105** C 4
Canali (RE) **117** A 5-6
Canali (SO) **37** D 4
Canali, Passo- **41** D 4
Canali, Torrente- **41** E 4
Canalícchio **152** E 1
Canalícchio, Pizzo di- **278** E 1
Canalli, Torrente di- **296** A 3
Canalnuovo **106** A 2
Canalotto, Monte- **287** C 6
Canalotto, Masseria- **287** A 4-5
Canàl San Bovo **40** E 3
Canalutto **63** A 4
Canapile **96** D 1
Canapine, Forca- **163** B 4
Canareddu, Monte- **297** C 5
Canárgius, Canale is- **319** C 6
Canaro **106** B 1
Canate, Monte- **101** D-E 5
Canaváccio **142** B 3
Canavera **99** B 6
Canavere **96** E 1
Canavese, Regione- **64** E 1-2
Canazei **40-41** B 3-4
Cancano, Lago di- **25** E 5
Cancano, Monte- **36** D 3
Cancellade **41** D 5
Cancellara **220** B 2
Cancellara, Fermata- **220** B 1
Cancelli (AN) **153** A 4
Cancelli (FI) **140** B 1
Cancellieri, Villa- **288** D 2
Cancello (CE) **202** E 3
Cancello (CZ) **249** A 6
Cancello (FR) **193** A 6
Cancello (VR) **73** B 4
Cancello, Fiume- **249** A 6
Cancello ed Arnone **201** E 6
Cáncelo, Passo di- **257** B 4
Cancervo, Monte- **54** D 1

Cáncia **41** B 6
Canciano, Pizzo di- **36** D 3
Canda **105** A 5-6
Canda, Colle di- **131** A 6
Candáglia, Monte- **60** C 3
Candalino **53** D 5
Candéglia **130** D 3
Candela **205** B 4
Candela, Canale- **239** B 4
Candela, Monte- **296** E 3
Candela, Serra- **268** D 2-3
Candelara **135** E 5
Candelaro, Masseria- **198** A 3
Candelaro, Stazione di- **198** A 3
Candelaro, Torrente- **198** A 3
Candelattu, Punta-
    302-303 C 3-4
Candelo **65** C 5
Candelozzo, Monte- **113** B 5
Candelù **75** B 6
Candeo, Nuraghe- **311** E 5
Cándia **145** B 4
Cándia, Lago di- **64** E 3
Candiana **92** D 3
Candiázzus **314** D 2
Cándida **203** E 6
Cándida, Masseria- **199** C 5
Candide Casamazzagno **42** B 3
Candidóni **253** C 4
Candigliano, Fiume- **142** B 3
Candigliano, Torrente- **142** C 1
Candiolo **96** A-B 1
Candiono, Canale- **121** C 5
Candóglia **51** D 2
Candore, Tempa- **237** B 5
Canè (BL) **59** B 6
Canè (BS) **37** D 6
Cane, Monte- **280** E 3
Cane, Passo del- **122** D 2
Cane, Passo del- =
    Hundskehjöchl **29** C 5
Cane, Punta del- **291** E 5
Canébola **63** A 4
Canedo **100** D 1
Canédole **89** C 6
Canéggio **52** D 3
Ca' Negra Bassa **93** E 4
Canegrate **67** C 4
Canelle, Cala delle- **166** D 1
Canelli **97** D 5
Canepina **169** B 5
Canesano **116** B 2
Caneso **114** B 3
Canestrello, Masseria- **205** B 5
Canete **35** C 5
Caneto (PR) **116** C 2
Caneto (VC) **50** E 3
Canétolo **115** C 6
Canetra **171** B 4
Cáneva **60** D 3
Cáneva di Tolmezzo **43** D 6
Canevara **128** B 3
Canevare **130** A 1-2
Cáneve **56** D 3
Canevià **107** C 4
Canevino **99** B 6
Canfáito, Monte- **153** A 6
Canfittori **130** D 1-2
Canfriolo **74** C 2
Cangelásio **101** D 5
Cangi, Casa- **279** D 6
Cángia **120** E 3
Cangiális, Nuraghe is- **312** E 2
Cangialoso, Pizzo- **278** C 1
Cángio **65** C 4
Cangiulli, Masseria-
    (TA-Laterza) **223** C 5
Cangiulli, Masseria- (TA-Via
    Áppia Antica) **223** A 5
Cani, Bruncu su- **316** E 3
Canicattì **285** B 5
Canicattini Bagni **289** D 6
Canicossa **89** E 4
Caniezza **59** E 4
Cániga **301** B 4
Canigione, Punta del- **297** E 6
Caníglia, Masseria- **212** E 3
Caníglia di Sopra, Masseria-
    186 C 2

Caníglia di Sotto, Casa-
    186 C 2
Canimpiso, Masseria- **186** C 2
Canin, Monte- **45** D 4
Canino **168** A 1
Canino, Monte- **168** A 1
Caniparola **128** B 2
Caníschio **64** E 1
Canisoni, Spiággia- **318** C 3
Canistro **181** B 5
Canistro Inferiore **181** B 5
Canistro Superiore **181** B 5
Canitzu, Monte- **311** B 4
Canizzano **75** C 5
Canna **239** C 4
Canna, Punta sa- **302** B 1-2
Canna, Torrente- **239** C 5
Cannai **318** D 3
Cannai, Torre- **318** D 3
Cannaiola **162** A 1
Cannalonga **233** C 4
Cannalza, Rio- **299** E 6
Cannaparo, Serra- **220** B 3
Cannara **152** E 2
Cannara, Stazione di- **152** D 2
Cannarella, Monte- **281** B 2
Cannarzu, Nuraghe- **301** C 5
Cánnas, Cantoniera- **321** A 5
Cánnas, Rio di- (Fiume
    Flumendosa) **317** D 4
Cánnas, Rio di- (Torrente sa
    Picocca) **321** A 5
Cánnas, Rio is- **320** A 2
Cannatello **284** C 3
Cannatello, Casa- **278** E 1
Cannavà **252** D-E 3
Cannavi, Monte- **256** C 3
Cannavina, Torrente- **245** D 4
Cannavò **256** D 1
Canne **199** D 6
Canne, Canale- **249** A 5
Canne, Fiume delle- **284** B 1-2
Canneddi, Punta li- **299** B 6
Canne della Battáglia,
    Fermata- **199** D 6
Cannéggia **153** C 4
Cannella **143** B 6
Cannelle, Punta delle- **156** D 3
Cannelli, Passo- **283** A 5
Cánnero, Castelli di- **51** B 6
Cánnero Riviera **51** B 6
Canneto (ME-Caronía) **267** B 5
Canneto (ME-Ísola Lípari)
    273 E 4
Canneto (PC) **100** B 2
Canneto (PG) **151** C 6
Canneto (PI-Monteverdi
    Maríttimo) **148** C 1
Canneto (PI-San Miniato)
    138 C 2
Canneto (RI) **170** E 2
Canneto, Monte di- **148** C 1
Canneto, Valle di- **183** E 4
Canneto di Dormelletto,
    Riserva Naturale- **51** E 5
Cannétolo **101** C 6
Canneto Pavese **85** E 6
Canneto sull'Óglio **88** D 3
Cannícchio **232** D 2
Cannione **297** D 4-5
Cannigone, Rio- **307** E 6
Cannisoni, Rio- **316** C 2-3
Cannistrà **269** A 5
Cannitello **256** C 1
Cannizzaro **283** C 6
Cannizzo **262** C 2
Cannobina, Valle- **51** A-B 5-6
Cannobino, Torrente-
    51 B 5-6
Cannóbio **51** B 6
Cánnole **229** E 5
Cannone, Punta- (OT-Ísola
    Maddalena) **297** B 4
Cannone, Punta- (OT-Ísola
    Tavolara) **303** A 6
Cannonéris, is- **319** C 6
Cannuzzo **133** A 6
Ca' Noghera **75** D 6
Cánolo (RC) **253** E 5
Cánolo (RE) **103** D 5
Canolo, Monte- **257** C 4

Cánolo Nuovo **253** E 5
Canónica (FI) **138** D 3
Canónica (MI) **68** B 3
Canónica (PG) **161** B 4
Canónica (RN) **134** C 2
Canónica (TR) **160** C 2
Canónica (FI-Greve in Chianti)
    139 D 5-6
Canónica, Chiesa la- **150** B 1
Canónica a Cerreto **149** A 6
Canónica d'Adda **69** C 4
Canónico, Iazzo- **237** C 5
Canónico, Masseria- **224** B 3
Canosa, Grotta- **183** A 5
Canosa di Púglia **199** E 5-6
Canosa Sannita **174** C 2
Ca' Nova **100** B 1
Cánova **140** B 1
Canova (MS) **128** A 2-3
Canova (PV-Mencónico) **99** D 6
Canova (PV-Verrua Po) **85** D-E 6
Canova (RE) **116** C 3
Canova (VI) **73** D 6
Canova = Neuhaus **29** C 5-6
Canove (CN) **97** D 4
Canove (VI) **58** D 1
Canove (VR) **91** D 5
Canove de' Biazzi **88** D 2
Cansáncio, Piàn- **54** C 2
Cansano **183** A-B 4
Cansero **88** D 2
Cansíglio, Bosco del- **60** C 2-3
Cansíglio, Piàn del- **60** C 3
Cánsoli **129** C 4
Cantagalli, Torrente- **249** A 4
Cantagallina **151** D 4
Cantagallo **131** C 4
Cantagallo, Masseria- **212** E 2
Cantagrillo **130** E 3
Cantalena **151** A 4
Cantalice **162** E 2
Cantalupa **95** B 5
Cantalupo (AL) **98** C 1
Cantalupo (FR) **193** B 5
Cantalupo (GE) **112** C 3
Cantalupo (MI) **67** C 5
Cantalupo (PG) **152** E 2
Cantalupo (SV) **112** C-D 1
Cantalupo, Casone- **185** D 6
Cantalupo, Stazione di- **195** B 4
Cantalupo in Sabina **170** C 2
Cantalupo Lígure **99** C 5
Cantalupo nel Sánnio **195** B 4
Cantalupo Sélice **120** C-D 1
Cantarana (AT) **97** B 4
Cantarana (CN) **97** B 4
Cantarana (VE) **93** D 4
Cantarelli dei Boschi **96** C 2
Cantari, Monti- **181** C 4-5
Cantavenna **83** C-D 5
Cant del Gal, Rifúgio- **41** D-E 4
Cantello **52** D 2
Cántera, Fiume- **291** B 5
Cantera, Ponte della- **268** E 2
Canterano **180** B 2
Canterno, Lago di- **181** D 4
Canti, Monte i- **53** D 6
Cantia **143** E 4
Cantiano **142** D 2
Cantiere, Monte- **117** E 5
Cantigaglione, Casa- **285** E 6
Cantinella (BN) **202** C 3
Cantinella (CS) **241** C 6
Canto **69** B 4
Canto, Monte- **69** B 4
Canto Alto, Monte- **54** E 1
Cantogno **95** D 6
Cantóira **81** B 6
Cantòn (RO) **106** A 3
Cantòn (VR) **91** B 4
Cantòn, Maso- **39** E 4
Cantonazzo **92** E 1
Cantone (BO) **105** D 4
Cantone (FE) **106** B 4
Cantone (MO-Bastíglia)
    104 D 2
Cantone (MO-Carpi) **103** E 6

Cantone (MO-Formígine)
    104 E 1
Cantone (PC) **100** B 2
Cantone (PG) **141** C 6
Cantone (RE-Castelbosco di
    Sopra) **103** D 4
Cantone (RE-Quattro Castella)
    117 A 5
Cantone (RE-Sant'Ilário d'Enza)
    102 E 3
Cantone (TR) **160** A 3
Cantone, Masseria- **198** A 2
Cantone, Monte- (Matscher
    Winkel Kogel) **26** A 1
Cantoni (BG) **54** D 2
Cantoni (CR) **102** B 2
Cantoni (TV) **74** B 3
Cantoniera, Casa- **188** C-D 3
Cantòn Santo **101** B 5
Cantore, Rifúgio- **31** E 4
Cantrina **71** D 4
Cantù **52-53** E 3-4
Canu, Monte- **297** B 4
Canuggione **66** A-B 1
Canússio **62** E 2
Canza **32** B 3
Canzano **164** C 3
Canzatessa **171** B 6
Canzi, Valle di- **59** A-B 4-5
Ca' Oddo **92** D 1
Cao di Sopra **73** E 4
Caonada **59** E 5
Caorame, Torrente- **59** B 4-5
Caorera **59** C 5
Caoria di Dentro **40** E 3
Caoria di Fuori **40** E 3
Cáorle **77** C 5
Caorsa **72** D 2
Caorso **87** E 5
Caovilla **92** B 3
Capáccia, Capo- **297** D 6
Capáccio **232** A 3
Capáccio-Roccadáspide,
    Stazione di- **232** A 2
Capáccio Vécchio **232** A 2
Capacciotti, Lago di- **198** E 3
Capaci **262** A 3
Capaci, Ponte di- **262** A 3
Capalbiáccio, Póggio- **167** C 4
Capálbio **167** C 5
Capálbio, Stazione di- **167** C 5
Capalle **131** E 4
Capannacce, le- **150** A 3
Capannacce, Osteria delle-
    169 B 4
Capannáccia **297** C 4
Capanna degli Alpini, Rifúgio-
    42 D 2
Capannaguzzo **133** A 6
Capanne (GR-Manciano)
    159 D 5
Capanne (GR-Massa
    Maríttima) **148** E 2
Capanne (MS) **128** D 4
Capanne (PG-Cáscia) **162** C 3
Capanne (PG-Perúgia)
    151 D 6
Capanne (PI) **138** C 1
Capanne, le- **133** E 5
Capanne, Monte- **156** D 1
Capanne, Póggio- **150** A 1
Capanne di Cósola **99** E 6
Capanne di Dentro, Osteria- =
    Innerhütt **27** B 4
Capanne di Marcarolo,
    Parco Regionale delle-
    112 A-B 2-3
Capanne di Sillano **116** E 3
Capanne di Sotto **130** C 2
Capannella, la- **169** C 5
Capannelle (BG) **69** C 5-6
Capannelle (GR-Campagnático)
    158 B 2
Capannelle (GR-Civitella-
    Pagánico) **149** E 5
Capannelle, Ippodromo delle-
    179 D 5

Capannelle, Passo delle-
    172 A 5
Capannette **112** B 3
Capanni **134** B 2
Capannina, la- **128** D 3
Capánnole **140** D-E 1
Capánnoli **138** D 1
Capannone, il- **129** A 6
Capánnori **129** E 6
Capannúccia **139** C 5
Capaci **102** B 3
Capelletti **195** D 6
Capécchio, Fosso- **168** B-C 2
Capece, Masseria- **213** D 4
Capel Rosso, Punta del-
    (GR-Ísola del Giglio) **166** D 1
Capel Rosso, Punta del-
    (GR-Ísola di Giannutri) **166** E 3
Capena **170** E 1
Ca' Percivalle **99** B 5
Capergnánica **87** B 4
Caperino, Montagna del-
    220 E 2-3
Capestrano **173** D 4
Capestrino, Masseria- **184** D 1
Capezzano (LU-Camaiore)
    129 D 4
Capezzano (LU-Pietrasanta)
    129 C 4
Capezzano (SA) **217** C 5
Capezzano, Monte- **282** D 2
Capezzine, Fattoria- **151** C 4
Capezzone, Cima- **50** C 2-3
Capiago **52-53** E 3-4
Capiago-Intimiano **53** E 4
Capidogno **33** E 6
Capilungo **230** C 3
Capin di Ponente, Monte-
    45 B 5
Capineri, Masseria la- **213** E 4
Cápio, Monte- **50** C 3
Ca' Pirami **76** D 3
Ca' Pisani **107** A-B 5
Capistrano **29** D 5
Capistrello **181** B 5
Capitana **321** B 4
Capitan Celli, Casa- **180** E 1
Capitano, Casa- **282** C 3
Capitello (FE) **106** C 2
Capitello (PD) **92** D 2
Capitello (RO-Fiesso
    Umbertiano) **105** A-B 6
Capitello (RO-Lendinara) **91** E 6
Capitello (SA) **233** E 6
Capitello (VI) **74** D 1
Capitello (VR) **90** D 3
Capitello, Casa- **232** C 2
Capitello, il- **91** E 5
Capitignano (AQ) **163** E 5
Capitignano (SA) **217** C 6
Capítolo **124** D 1
Capítolo, Masseria- **210** B 2
Capítolo, Masseria del-
    224 D 3
Capitone (BN) **202** C-D 3
Capitone (TR) **161** D 5
Capizzi **267** D 6
Capizzo **233** B 4
Capizzone **69** A 4-5
Caplone, Monte- **56** E 2
Capo, il- **216** E 2
Capo Bianco, Cozzo- **240** D 3
Capobianco, Torre di- **235** D 4
Capo Bonifati, Stazione-
    240 D 2
Capobosco **106** A 1
Capo Cáccia-Ísola Piana, Area
    Marina Protetta- **300** D 1
Capo Calvánico **217** B 6
Capocanale, Masseria- **224** C 3
Capo Carbonara, Area Marina
    Protetta- **321** C 5-6
Capocavallo **151** C 6
Capocolle **133** A 5
Capo Comino, Case- **309** A 6
Capocorso, Ponte- **291** D 5
Capocotta, Casale- **179** E 4
Capocroce **193** A 4
Capo d'Ácero, Monte- **173** E 4

Capodácqua (AP) **163** B 5
Capo d'Ácqua (AQ) **173** C 4
Capo d'Ácqua (PG) **153** C 4
Capodácqua (PG)
    152-153 D 3-4
Capodarco **155** A 5
Capo d'Árgine (BO) **119** B 5
Capo d'Árgine (VE) **76** C 2
Capodarso, Monte- **280** D 3
Capodarso, Ponte- **280** D 3
Capo da Uccello, Masseria-
    198 A 3
Capo dell'Ácqua, Masseria-
    198 E 2
Capodichino **215** B 5
Capo di Ciesco, Sporgenza
    Rocciosa- **203** E 4
Capodifiume, Fosso- **232** A 2
Capo di Fiume, Sorgenti-
    183 B 5
Capodimonte (BS) **70** E 3
Capodimonte (NA) **215** B 5
Capodimonte (VT) **160** D-E 1
Capo di Monte, Monte- **147** C 6
Capo di Ponte **55** B 6
Capo di Rio **144** D 2
Capo di Serre, Monte- **172** B 3
Capo di Sopra (RO) **105** A 5
Capo di Sopra (TV) **60** E 2
Capodístria → Koper **79** D 4
Capodístria, Vallone di- →
    Koprski Zaliv **79** D 4
Capo d'Omo, Cantoniera-
    191 D 4
Capo d'Orlando **268** A 1-2
Capodrise **202** D 2
Capo Faro **272** D 3
Capoferrato **321** A 6
Capo Gallo, Riserva Naturale-
    264 A-B 2
Capo Gallo Ísola delle
    Femmine, Area Marina
    Protetta- **264** A 1
Capoiáccio **196** C 2
Capoiale **188** B 1
Capolago (Svízzera) **52** C-D 3
Capolago (VA) **51** E 6
Capolapiággia **153** C 6
Capo la Serra, Monte- **219** D 5
Capo la Villa **171** C 6
Capolcastro **92** D 1
Capolegrotte **174** E 2
Capoleprata **192** A 2
Cápoli **129** A 4
Capolíveri **156** D 3
Capolona **140** C 3
Capo Mulini **283** B 6
Capona, Torrente di- **249** C 5
Caponago **68** C 3
Capo Pássero, Ísola- **295** E 4
Capoponte **116** B 3
Capoposta **174** E 2
Capo Rama, Torre di- **262** A 2
Caporciano **172** D 3
Caporetto → Kobarid **45** E 5
Caporiacco **62** A 2
Caporilli **181** E 5
Capório **195** A-B 4
Capo Rizzuto **251** C 6
Capo Rizzuto, Area Marina
    Protetta- **251** B-C 6
Caporosa **245** C 4
Caporotondo, Località- **223** C 4
Capo Róveri **105** A 4
Caposele **218** B 2
Caposelva **99** D 5
Caposelvi **140** D 1
Caposile **76** D 3
Caposotto **105** A 4
Capostrada **130** D 2
Capotagliato, Cala di- **298** C 1
Capoterra **320** C 1
Capovalle (BG) **54** C 2
Capovalle (BS) **71** B 5
Capovento, Torre- **193** E 4
Capo Volturno, Sorgente-
    194 D 2
Capovilla (BI) **65** C 5
Capovilla (VI) **74** C 1
Cappa **83** D 4
Cappadócia **181** B 4

Cappanella **85** C 4
Cappeddu, Punta- **296** D 2
Cappella (KR) **247** A 5
Cappella (LU-Bagni di Lucca) **130** C 1
Cappella (LU-Lucca) **129** D 5-6
Cappella (NA) **214** C 3
Cappella (TN) **57** D 6
Cappella (VE) **75** D 5
Cappella, la- **199** D-E 6
Cappella, Monte- **194** C 3
Cappella, Villa la- **150** D 3
Cappella Cantone **87** C 5
Cappella del Bosco **95** C 5
Cappella de' Picenardi **88** D 2
Cappella Maggiore **60** D 2
Cappellani, Casa- **289** E 5
Cappellano **289** D 6
Cappellano, Monte- **253** E 5
Cappellazzo **96** E 2
Cappelle (AQ) **181** A 5
Cappelle (CE) **194** E 1-2
Cappelle (CR) **87** C 5
Cappelle sul Tavo **165** E 5
Cappelletta (MN) **89** E 5-6
Cappelletta (VE) **75** D 4
Cappelletta, la- **112** B 2
Cappelletta, Passo della- **100** E 2
Cappelli **96** C 2
Cappelliero, Bosco del- **263** D 4
Cappellina, Serra- **237** E 5
Cappello **110** E 3
Cappello, Monte- (BO) **132** A 1
Cappello, Monte- (PR) **114** B 3
Cappello d'Envie, Monte- **94** B 3
Cappellone, Monte- **172** C 3
Cappiella **184** E 2
Cappone **135** E 4
Capponi, Case- **154** D 3
Cappucciata, Monte- **173** C 4
Cappuccini (FG) **188-189** B 3-4
Cappuccini (LE) **230** B 2
Cappuccini (VC) **84** B 1
Cappuccini (VT) **169** B 4
Cappuccini (VT-Sturi) **169** D 4
Cappuccini, Chiesa dei- (AR-Anghiari) **141** C 4
Cappuccini, Chiesa dei- (AR-Castiglion Fiorentino) **151** A 4
Cappuccini, Chiesa dei- (AR-Poppi) **140** A 2
Cappuccini, Chiesa dei- (MC) **145** D 5
Cappuccini, Chiesa dei- (PG-Città di Castello) **141** D 6
Cappuccini, Chiesa dei- (PG-Gùbbio) **152** A 2
Cappuccini, Chiesa dei- (PG-Passignano sul Trasimeno) **151** B 5
Cappuccini, Chiesa dei- (PG-Perúgia) **151** C 6
Cappuccini, Chiesa dei- (SI) **149** A 4
Cappuccini, Chiesa i- **241** B 4
Cappuccini, Convento- (PG-Spoleto) **162** C 1
Cappuccini, Convento- (RI) **170** C 2
Cappuccini, Convento- (RM-Bracciano) **177** A 5
Cappuccini, Convento- (RM- Campagnano di Roma) **169** E 6
Cappuccini, Convento- (RM-Monterotondo) **179** A 5
Cappuccini, Convento- (VT-Oriolo Romano) **169** E 4
Cappuccini, Convento dei- (FG-San Marco la Cátola) **197** B 4
Cappuccini, Convento dei- (FG-Serracapriola) **186** C 1
Cappuccini, Convento dei- (LE) **227** E 6
Cappuccini, Convento dei- (PG-Todi) **161** B 5

Cappuccini, Convento dei- (RG) **293** B 4
Cappuccini, Convento dei- (TR) **161** D 5
Cappuccini, Convento dei- (VS) **315** B 5
Cappuccini, Convento i- (AN) **143** B 5
Cappuccini, Convento i- (CB) **185** C 5
Cappuccini, Convento i- (MC) **153** B 5-6
Cappuccini, Convento i- (PG) **151** E 4
Cappuccini, Convento i- (PU) **143** B 4
Cappuccini, Convento i- (SI) **150** D 3
Cappuccini, i- **188** E 2
Cappuccini, Ísola dei- **297** C 5
Cappuccini, Ponte dei- **233** A 6
Cappuccini, Villa dei- **152** E 2
Cappuccini Vecchi **161** E 6
Cappuccini Vecchi, Chiesa dei- **245** C 4
Cappúccio, Tempa- **221** D 4
Capra, Cala- **297** C 4-5
Capra, Monte della- **280** C 3
Capráccia **160** D 2
Capracotta **183** C 6
Capradosso (AP) **154** D 3
Capradosso (RI) **171** C 4
Caprafico **164** C 3
Capráglia **84** E 3
Capráia (AR) **140** C 2
Capráia (FI) **138** B 3
Capráia (LU) **129** B 5-6
Capráia, Ísola- **188** A 1
Capráia, Ísola- **146** C-D 1
Capráia, Porto- **146** D 1
Capráia e Límite **138** B 3
Capráia Ísola **146** D 1
Capráie, Podere- **150** A 1
Capralba **69** E 5
Capránica **169** D 4
Capránica Prenestina **180** C 2
Capránica-Sutri, Stazione di- **169** D 4
Caprara **103** D 4
Caprara, Grotta- **173** E 6
Caprara, Ísola- **188** A 1
Caprara, Punta- **298** A 2
Caprara d'Abruzzo **173** B 6
Capraria, Valle- **278** C 2
Caprárica **231** C 5
Caprárica, Masseria- **212** E 2
Caprárica di Lecce **227** C-D 6
Caprárico **238** A 3
Caprárico, Bosco- **238** A 3
Capraro, Monte- **183** D 6
Caprarola **169** C 5
Caprarola, Stazione di- **169** C 5
Capraúna **123** B 5
Capraúna, Colle- **123** B 5
Caprazoppa, Capo di- **125** C 4
Caprazzino-Strada **142** A 1
Caprecano **217** B 5
Caprello, Monte- **70** B 2
Caprera, Ísola- **297** C 5
Caprería **268** B-C 2
Caprería Grande, Punta di- **261** C 5
Caprese Michelángelo **141** B 4
Capretta **160** B 3
Caprezzo **51** B 5
Capri **216** E 2
Capri, Ísola di- **216** E 1-2
Capri, Monte- **126** D 3
Capriana **39** D 5
Capriano **67** B 6
Capriano del Colle **70** E 2
Capriata d'Orba **98** D 2
Capriate San Gervásio **69** C 4
Capriati a Volturno **194** B 2
Capriati a Volturno, Stazione di- **194** C 2
Capricchia (LU) **129** B 5
Capricchia (RI) **163** D 6
Capriccioli **297** D 5
Cáprie **81** E 5

Caprieto **113** A 4
Capríglia (CH) **184** A 1
Capríglia (LU) **129** C 4
Capríglia (MC) **153** D 5
Capríglia (SA) **217** C 5
Capríglia Irpina **203** E 5
Capríglio (AT) **83** E 4
Capríglio (PR) **116** C 3
Caprígliola **127** C 5
Caprignana **129** A 5
Caprile (AR) **141** A 5
Caprile (BG) **54** C 1
Caprile (BL) **65** B 5
Caprile (BL) **41** B 5
Caprile (FE) **107** C 4
Caprile (FR) **193** B 5
Caprile (GE) **113** A 5-6
Caprile (NA) **216-217** C 3-4
Caprile (PC) **100** C 1
Caprile (PG) **142** E 3
Caprile (PU) **142** D 3
Caprile (RE) **116** D 3
Caprile = Gfrill **27** E 4
Caprile, Colle- **113** C 5
Capri Leone **268** B 1
Caprinale **36** E 3
Caprino **52** C 3
Caprino Bergamasco **69** A 4
Caprino Veronese **72** C 2
Cáprio **115** D 6
Caprioli **233** E 4
Caprioli, Stazione di- **233** E 4
Capriolo **70** C 1
Capriolu **296** D 3
Capriolu, Bruncu- **312** C 3
Capriuleddu **296** E 3
Ca' Priúli **91** E 6
Capriva del Friuli **63** C 5
Caprizi **43** E 5
Capro **152** E 2
Capro, Monte il- = Botzer **28** B 1
Caprolace, Lago di- **191** D 5-6
Caprona **137** A 6
Caprone = Kapron **26** B 1
Capsano **164** E 2
Cápua **202** C-D 1
Capuano, Casa- **267** E 4
Capugnano **130** A 3
Capurso **209** D 6
Caputi, Masseria- **213** C 5
Caputo **238** A 3
Carabba, Casa- **268** E 2
Carábbia **52** C 2
Carabella, Masseria- **223** C-D 5
Carabiddíccia, Fontana- **275** B 5
Carabollace, Torrente- **277** D 5
Carácciolo, Masseria- (BA) **211** C 4
Carácciolo, Masseria- (FG) **198** C 1
Caraceno, Monte- **184** D 1
Caraceto **65** C 6
Caraffa del Bianco **257** D 4
Caraffa di Catanzaro **249** B 6
Ca' Raffaello **141** A 5-6
Caraffa-Sarrottino, Stazione di- **250** D 2
Ca' Raggia **117** D 6
Caráglio **109** B 5
Caragna **111** D 4
Caragnetta **111** D 4
Ca' Rainati **74** B 3
Carale **50** B 3
Caralte **42** E 2
Caramagna, Torrente- **98** E 1
Caramagna Lígure **123** D 5
Caramagna Piemonte **96** C-D 2
Caramagne, Pont de- **122** A 2
Caramánico Terme **173** E 5
Caramelli **111** D 4
Caramello, Villa- **86** E 3
Carameto, Monte- **101** E 4
Caramito, Monte- **218** E 3
Carámola, Monte- **237** E 6
Carámolo, Monte- **241** B 4
Carana, Rio- **302** A 2
Carangiaro, Monte- **281** D 4
Carani, i- **201** D 5
Caranna **212** B 2

Carano (CE) **201** C-D 5
Carano (LT) **191** A 4
Carano (TN) **39** D 6
Caranza **114-115** D 3-4
Caranzano **98** E 1
Carapelle **198** C 3
Carapelle, Ponte di- **198** C 2-3
Carapelle, Torrente- **199** B-C 4
Carapelle Calvísio **172** C 3
Carapelle, Torrente- **196** A 2
Carapellotto, Canale- **199** C 4
Carapellotto, Torrente- **198** E 1
Carasco **114** D 2
Carassai **155** C 4
Carassone **110** C 2
Ca' Rastelli **135** D 4
Carate **52-53** D 3-4
Carate, Rifúgio- **36** C 2
Carate Brianza **67** B 6
Carate-Úrio **52-53** D 3-4
Caratta **100** B 3
Caravággio **69** D 5
Caravággio, Santuário di- **69** D 5
Caravai, Passo di- **312** A 3
Caravate **51** D 5
Caravini **83** C 5
Caravino **65** E 4
Caravita **215** B 5
Carávius, Monte is- **319** B 6
Caravónica **123** C 5
Carbai, Nuraghe- **308** D 2
Carbognano **169** C 5
Carboi, Fiume- **275** D 6
Cárbolo, Monte- **128** A 2
Carbona (PN) **61** C 4
Carbona (BO) **118** E 3
Carbonara (CE) **194** E 1
Carbonara (PD-Rovolòn) **91** B 6
Carbonara (PD-Stanghella) **92** D 1-2
Carbonara, Capo- **321** C-D 5
Carbonara, Golfo di- **321** C 5
Carbonara, Pizzo- **266** D 2
Carbonara al Tícino **85** D 5
Carbonara di Bari **209** D 5
Carbonara di Nola **217** A 4
Carbonara di Po **104-105** A 3-4
Carbonara Scrívia **98-99** C 3-4
Carbonare di Folgaría **57** D 5-6
Carbonarola **105** A 4
Carbonate **67** B 4
Carbone (PZ) **237** D 5
Carbone (RC) **257** B 5
Carbone, Fosso- **237** D 5
Carbonè, Monte- **109** E 5
Carbone, Monte- **221** B 6
Carbonelli, Masseria- **211** B 4
Carbonera (BG) **55** C 4
Carbonera (TV) **75** B 6
Carbonere Nuove **76** B 3
Carboneri (AT) **83** E 4
Carboneri (TO) **94** C 3
Carbonesca **152** B 2
Carbónia **318-319** B 3-4
Carbonífera **157** B 5
Carbonile (FI-Dicomano) **132** D 1
Carbonile (FI-Pélago) **139** B 6
Carbonìn = Schluderbach **31** D 5
Carbuta **111** E 5
Cárcaci **282** A 3
Cárcaci, Monte- **278** C 2
Carcaciotto, Masseria- **278** C 2
Carcano **53** E 4
Cárcare **111** C-D 5
Cárcaro **72** C 3
Carcase → Krkavče **79** E 4
Carcegna **51** D 4
Carcente **53** B 4
Cárceri (PD) **91** D 6
Cárceri (AQ) **183** C 5-6
Cárceri, Éremo delle- **152** D 3
Carchitti **180** D 1
Carciato **38** C 2
Carcilupo **263** E 5
Carcina **70** C 3
Carcóforo **50** C 2

Carda **140** B 2
Cardà **271** C 6
Cardà, Torrente- **258** B 1
Cardagnano **154** C 1
Cardana **51** D 5
Cardano **53** B 4
Cardano = Kardaun **39** A 6
Cardáxius, Rio- **316** D 2-3
Cardazzo **86** E 2
Cardè **95** D 6
Cardè, Monte- **285** B 6
Cardedu **313** E 5
Cardedu, Nuraghe- **313** E 5
Cardella **142** C 2
Cardellia, Monte- **263** C 4
Cardeto **256** D 1-2
Cardeto, Croce al- **140** A 1
Cardétole **131** D 5
Cardezza **32** E 2
Cardiga, Monte- **317** C 5
Cardile **233** C 4
Cardilla **274** B 2
Cardillo **263** A 4
Cardillo, Póggio- **283** C 5
Cardinala **90** E 3
Cardinale **249** D 5-6
Cardinello, Monte- **34** D 3
Cardini **110** D 2
Carditello **202** D 1
Cardito (FR) **194** A 1
Cardito (NA) **202** E 2
Cárdolo, Fiume- **249** A 5
Cardòn, il- **156** A-B 1
Cardona **83** E 5
Cardona, Canale- **239** D 5
Cardone, Piano- **207** E 4
Cardone, Torrente- **245** B 4
Cardoneto, Monte- **245** C 5
Cardosa, Monte- **163** A 4
Cardoso (LU-Gallicano) **129** C 5-6
Cardoso (LU-Stazzema) **129** C 4-5
Cardosu, Rio su- **309** C 4
Carducci, Rifúgio- **31** D 6
Carè Alto, Monte- **56** C 2
Carè Alto, Rifúgio- **56** B 2
Carécchio **32** C 3
Caredia **259** E 4
Carega, Cima- **73** B 4
Careggi **131** E 5
Caréggia **115** E 5
Caréggine **129** B 4-5
Carella **53** D 5
Carella, Casa- **198** B 2
Carella, Monte- **194** A 1
Carelli **224** D 3
Carello **81** A 6
Carello Inferiore **246** C 3
Carema **64** C 3
Carena **34** D-E 2
Carena, Punta- **216** E 1
Carengo **84** B 1
Carenno **53** E 6
Careno (CO) **53** D 4
Careno (PR) **101** E 5
Carentino **98** C 1
Careri **257** C 4
Careri, Fiumara- **257** C 4
Caresana (TS) **79** C 5
Caresana (VC) **84** C 1
Caresanablot **65** E 6
Cáreser, Lago del- **38** B 1
Careste **133** D 5
Carestello **152** A 2
Carestiato, Rifúgio- **41** C 5
Careto, Monte- **238** D 3
Caretto **64** D 2
Caréttolo **88** E 1
Carezza **57** B 6
Carezza, Lago di- **40** B 2
Carezza al Lago = Karersee **40** B 2
Carezzano **99** D 4
Carezzano Maggiore **99** D 4
Carezzano Superiore **99** D 4
Carfagnoi **59** B 6
Carfizzi **247** B 5
Cargédolo **117** E 5

Cargeghe **301** C 4
Cargnacco **62** C 3
Cari **33** A 6
Caria **248** C 3
Cária, Ponte e- **54-55** E 3-4
Cariásas, Mura- **307** C 5
Cariati **243** E 5
Cariati Marina **243** E 5
Caricatore **109** C 5
Carìe **153** D 4
Cariello Nuovo **209** E 6
Carife **204** C 2
Carifi **217** B 5
Carige **167** C 5
Carignano (FG) **197** B 5
Carignano (MS) **128** A 2
Carignano (PR) **102** E 2
Carignano (PU) **135** E 5
Carignano (TO) **96** B 1
Carignano Terme **135** E 5-6
Carillus, is- **319** C 5
Carimate **67** B 6
Carinaro **202** E 1
Carini (PA) **262** A 3
Carini (PC) **100** D 3
Carini, Golfo di- **262** A 3
Carini, Stazione di- **262** A 3
Carínola **201** D 5
Carínola, Piana di- **201** D 5-6
Carisasca **100** E 1
Cariseto **114** A 2
Carisey, Colle di- **49** C 5
Carísio **65** E 5
Carisolo **38** C 2
Carità **75** B 6
Cariusi, Monte- **233** C 6
Carlantino **196** A 3
Carlazzo **53** B 4
Carlentini **289** B 6
Carletti **122** E 2
Carlettini, Rifúgio- **40** E 2
Carlino **62** E 3
Carlo ed Emilio, Rifúgio- **35** B 4
Carloforte **318** E 2
Carlotta, Villa- (CO) **53** C 4
Carlotta, Villa- (CA) **312** E 1
Carlo Magno, Campo- **38** C 2
Carlona, la- **98** E 3
Carlópoli **245** C 4
Carlo Porta, Rifúgio- **53** D 5
Carmagnola **96** C 1-2
Carmea **127** C 4
Carmegn **59** B 6
Carmela, Masseria- **198** A 3
Carmelia, Piani di- **256** C 3
Carmena **34** D-E 2
Carmiano (LE) **227** C 4
Carmiano (PC) **100** C 3
Carmignanello **131** C 4
Carmignano (FE) **106** B 2
Carmignano (PD) **91** D 6
Carmignano (PO) **130** E 3
Carmignano (SA) **233** B 5
Carmignano di Brenta **74** C 2
Cármine (AR) **141** C 4
Cármine (CN) **109** B 4
Cármine (PV) **99** C 6
Cármine (RC) **256** C-D 1
Cármine, Bívio- **313** D 4
Cármine, Cappella del- **196** D 2
Cármine, Chiesa del- (FR) **193** B 4
Cármine, il- (LE) **230** B 2
Cármine, il- (RC) **259** E 5
Cármine, Chiesa il- **247** D 6
Cármine, Masseria del- **224** C 3
Cármine Inferiore **51** B 6
Cármine Superiore **51** B 6
Carmito **283** E 3
Carmo, Monte- (AL-GE) **113** A 6
Carmo, Monte- (SV) **111** E 4
Carmosina, Foce- **199** C 5
Carnago **52** E 2
Carnáio, Colle del- **133** E 4
Carnaiola **160** A 2
Carnale **233** A 5
Carnalèz **39** B 4
Carnara, Monte- **238** D 3
Carnate **68** B 3
Carnella, Monte- **114** D 2

Carnello **182** E 1-2
Carnera, Cima- **49** C 6
Cárnia **44** D 2
Cárnia, Regione- **43** D-E 4-6
Carniana **117** D 4
Carníglia **114** B-C 3
Carnino **123** A 4
Carnizza, Monte- **63** A 4
Carnizza, Sella- **45** D 4
Carnola **117** C 4
Carnovale **111** C 5
Caróbbio **116** B 2
Caróbbio degli Ángeli **69** B 6
Caróbio **104** A 3
Caroddi, Punta- **313** A 6
Carolei **244** C 3
Carona (BG) **54** B 2
Carona (SO) **36** E 3
Carona (Svízzera) **52** C 2
Carone, Masseria- **221** B 6
Carone, Monte- **56** E 3
Cároni **248** E 2
Caronía **267** B 5
Caronía, Fiume di- **267** C 5
Caroniti **248** E 2
Caronno **67** C 5
Caronno, Torrente- **54** A-B 3
Caronno Corbellaro **52** E 2
Caronno Pertusella **67** C 5
Caronno Varesino **52** E 2
Caronte, Torrente- **244** C 3
Carosino **225** D 5
Ca' Rossa **56** D 1
Carossi **97** D 5
Carota, Rifúgio- **60** B 2
Carotte **57** D 6
Carovigno **212** C 3
Carovigno, Stazione di- **212** B 3
Carovilli **183** E 6
Carpacco **61** C 6
Carpadasco **115** A 5
Cárpana **115** A 4
Carpana, Cappella- **115** B 4
Carpanè **58** E 3
Carpanedo (PD-Albignásego)
    92 B 2
Carpanedo (PD-Monsélice)
    92 D 1
Carpaneto **116** B 3
Carpaneto Piacentino **101** C 4
Carpani **156** C 2
Carpanzano **245** D 4
Carpasina, Torrente- **123** D 4
Carpásio **123** C 4
Carpe **124** C 2
Carpegna **141** A 6
Carpegna, Monte- **141** A 6
Carpegna, Pieve di- **142** A 1
Carpèn **59** C 4
Cárpena **133** A 5
Carpenara **112** B 3
Carpenedo (TV) **75** C 4
Carpenedo (VE) **75** D-E 6
Carpenédolo **88** B 3
Carpeneto (AL) **98** E 2
Carpeneto (GE) **113** A-B 6
Carpeneto (UD) **62** C 3
Carpeneto (VC) **83** B 5
Carpenetta **96** C 1
Carpenzago **67** E 4
Carpésica **60** D-E 2
Carpi (MO) **103** D 6
Carpi (VR) **91** E 5
Carpi, Rifúgio- **31** E 6
Carpiano **85** B 6
Carpignago **85** C 5-6
Carpignalle **139** C-D 5
Carpignano **204** C 1
Carpignano Salentino **229** E 5
Carpignano Sésia **66** C 1
Carpina, Torrente- **142** E 1
Carpinelli, Foce- **129** A 4
Carpinelli, Monte- **198** E 2
Carpinello **133** A 5
Carpineta (BO) **131** A 4
Carpineta (FC) **133** B 6
Carpineta (PT) **130** B 3
Carpineti **117** C 5
Carpineto (SA) **217** B 5-6
Carpineto (SV) **112** D 1
Carpineto, Val- **162** D-E 3

Carpineto della Nora **173** C 4
Carpineto Romano **192** A 1
Carpineto Sinello **184** A 2
Cárpini **142** E 1
Carpinina, Punta- **232** C 2
Carpino **188** C 3
Carpino, Fiume- **194-195** A 3-4
Cárpino, Masseria- **197** A 5
Carpino, Stazione di- **188** C 2
Carpinone **195** A 4
Carpinone, Lago di- **195** A 4
Carpinoso, Monte- **240** C 2
Carpugnino **51** D 5
Carrabba **269** E 5
Carrabusu, Rio- **307** D 4
Carracanedda, Punta- **302** B 3
Carradore, Punta- **312** D 1
Carráia (FI) **131** D 4
Carráia (LU) **129** E 6
Carráia (PG) **151** D 5
Carráie **121** E 4
Carralzu, Cantoniera- **301** C 6
Carrao, Villaggio- **251** C 4
Carrara (MS) **128** B 3
Carrara (PU) **143** A 5
Carrara, Rifúgio- **128** B 3
Carraria **63** B 5
Carrarola **235** A 4
Carrè **73** B 6
Carrega, Capanne di- **113** A 6
Carrega Lígure **113** A 5-6
Carrel J.A., Rifúgio- **49** A 4
Carrello, Colle- **184** E 3
Carreto **235** E 6
Carretto **111** C 5
Carri, Passo dei- **293** B 5
Carriero, Serra- **205** E 6
Carritelli, Masseria- **227** B 4
Carrito **182** A 2
Carrito, Galleria di- **182** A 2
Carro **114** E 3
Carro, Monte- **81** B 5
Carro, Refuge du- **81** A 4
Carróbbio **89** D 4
Carróbbioli **103** C 5
Carródano Inferiore
    114-115 E 3-4
Carródano Superiore
    114-115 E 3-4
Carrone **64** E 3
Carrósio **98** E 3
Carrù **110** B 3
Carrubba, Cantoniera- **263** E 4
Carrubba, Monte- **289** B 6
Carruba, Stazione- **283** A 6
Carruba Nuova **277** A 5
Carrumango, Monte- **245** B 6
Carruozzo, Monte- **219** B 4
Carséggio **132** A 1
Carsette → Karšete **79** E 4
Carso → Kras **79** A-B 4-6
Carso, Monte- **79** C 5
Carsóli **171** E 5
Carsuga **141** D 5
Cársulae **161** D 6
Cart **59** B 4
Cartábbia **52** E 2
Cartabubbno **277** C 5
Cartagénova **113** C 4
Cártari **123** C 5
Carta Romana **214** D 2
Cartasegna **113** A 5
Cartiera **123** A 5
Cartiera, Casa- **168** B 3
Cartigliano **74** B 2
Cartignano **109** B 4
Cartoceto (PU-Cartoceto)
    143 A 4
Cartoceto (PU-Pérgola)
    143 C 4
Cartósio **111** A 6
Cartura **92** C 2
Carturo **74** D 2
Carugate **68** C-D 3
Carugo **67** B 6
Carunchina, Colle- **184** C 2
Carúnchio **184** B 2
Carúnchio, Bívio di- **184** B 2
Caruso, Case- **274** C 3
Caruso, Colle- **195** A 6
Caruso, Forca- **182** A 2

Caruso, Masseria- **223** D 4
Caruso, Monte- (BR) **212** C 3
Caruso, Monte- (FR) **192** B 3
Caruso, Monte- (IS) **194** B 3
Caruso, Monte- (PZ-Avigliano)
    219 B 6
Caruso, Monte- (PZ-Forenza)
    206 E 1
Caruso, Piana- **242** D 2
Caruso, Villa- **283** C 6
Carvacco **62** A 2
Carvanno **71** B 5
Carvarino, Monte- **219** D 5
Carve **59** B 6
Carviano **118** E 3
Carvico **69** B 4
Carza, Torrente- **131** D 5
Carzaghetto **88** D 3
Carzago della Riviera **71** D 4
Carzano (BS) **70** B 2
Carzano (TN) **58** B 1-2
Cárzen, Monte- **71** B 5
Carzeto **101** B-C 6
Casa, Cantoniera sa- **312** C 1
Casa, Fonte la- **184** B 3
Casa, Masseria la- **186** B 3
Casa, Pizzo di- **263** D-E 5
Casa, Punta sa- **300** E 3
Casabasciana **130** C 1
Ca' Sabbioni **75** E 5
Casa Bianca **131** C 5-6
Casabianca (AP) **155** A 5
Casabianca (AT) **97** B 4-5
Casabianca (SI) **150** B 2
Casabianca (TO) **82** C 3
Casaboli, Masseria- **211** D 4
Casabona (KR) **247** B 4
Casabona (IS) **183** E 5-6
Casacagnano **154** E 3
Casacalenda **185** D 4
Casacanditella **174** D 2
Casacce (AR) **140** D 2
Casacce (PG-Gúbbio) **152** B 2
Casacce (PG-Schéggia e
    Pascelupo) **142** E 3
Casacce (SO) **36** E 2
Casáccia (PG) **151** C 6
Casáccia (RM) **177** A 6
Casáccia (Svízzera) **35** B 6
Casáccia, sa- **169** B 5
Casáccie (BS) **88** C 1
Casáccie (VC) **49** C 6
Casacella **202** E 1
Casa Cereto **88** B 2
Casacorba **75** C 4
Casa del Bosco **65** B 6
Casa del Conte **258** C 2
Casa dell'Alpe **131** C 6
Casa del Giardino **129** C 4
Casa delle Vacche, Rifúgio-
    173 E 5
Casa del Vergheto **128** B 3
Casadimonte **130** C 1-2
Casa di Mosto, Masseria-
    227 A 4
Casa Fiori **99** C 6
Casagiove **202** D 2
Caságlia (BO) **119** C 4
Caságlia (BS) **70** D 2
Caságlia (FE) **105** B 6
Caságlia (FI) **132** C 1
Caságlia (PG) **152** C 1
Caságlia (PI) **148** A 1
Caságlia (SI) **139** E 4
Caságlia, Colla di- **131** C 6
Caságlia, Póggio- **167** B 5
Casagliana **297** E 5
Caságlio **70** C 3
Casal Bernocchi **177** D 6
Casa l'Abate **227** A 5
Casalalta **152** E 1
Casalánguida **184** A 2
Casalappi **148** E 1
Casalático **193** A 5
Casalbagliano **98** C 1
Casalbarbato **101** C 6
Casalbellotto **102** B 3
Casalbeltrame **66** D-E 1
Casalbergo **90** C 2
Casalbordino **175** E 4
Casálbore **197** E 4

Casalborgone **82** D 3
Casàl Borsetti **121** B 5
Casalbuono **235** B 4
Casalbusone **113** A 5
Casalbuttano ed Uniti **87** C 6
Casalcassinese **194** A-B 1
Casalciprano **195** A 5
Casaldianni, Fattoria- **196** D 2
Casaldonato **114** A 2-3
Casalduni **196** E 1-2
Casale (AP) **154** E 2
Casale (AQ) **182** A 3
Casale (AR) **141** D 4
Casale (BI-Donato) **64** C 3
Casale (BI-Sagliano Micca)
    49 E 6
Casale (BO) **130** A-B 2
Casale (CB) **184** E 2
Casale (CE-Carínola) **194** E 1
Casale (CE-Castelmorrone)
    202 C 2
Casale (CE-Teano) **194** E 2
Casale (FC-Cesena) **133** B-C 6
Casale (FC-Modigliana) **132** A 2
Casale (FI) **132** D 1-2
Casale (IS) **195** A 4
Casale (MC) **153** E 6
Casale (ME) **269** B 4
Casale (MN-Roncoferraro)
    90 E 2
Casale (MN-San Martino
    dall'Árgine) **89** E 4
Casale (PC) **100** E 1
Casale (PG-Foligno) **153** E 4
Casale (PG-Montefalco)
    161 A 6
Casale (PO) **130-131** E 3-4
Casale (PR-Felino) **102** E 2
Casale (PR-Mezzani) **102** C 3
Casale (PR-Tórnolo) **114** C 3
Casale (PU) **142** D 2
Casale (RA) **132** A 2
Casàle (RE) **117** C 4
Casale (SA) **217** B 5
Casale (SP) **126** C 3
Casale (TP) **274** B 3
Casale (VI) **58** E 1
Casale, il- **168** D 1
Casale, Monte- (MT) **222** E 2
Casale, Monte- (SR) **289** D 4
Casale, Monte- (TN) **57** B-C 4
Casale, Torrente il- **235** A 6
Casale Basso **244** C 3
Casale Cardarilli, Case-
    192 A 2
Casalécchio de' Conti **119** D 6
Casalécchio di Reno **119** C 4
Casale Corte Cerro **51** C 4
Casale Cremasco **87** B 4
Casale Cremasco-Vidolasco
    69 C 5
Casale del Bosco **149** D 6
Casale della Mándria **190** A 3
Casale delle Palme **191** B 5
Casàle di Pari **149** E 5
Casale di Perna **179** D 4
Casale di Scodósia **91** D 5
Casaléggio (GE) **114** B 2
Casaléggio (PC) **100** B 2
Casaléggio Bóiro **112** A 2
Casaléggio Novara **66** D 1
Casale Litta **51** E 6
Casale Loreto **61** D 6
Casale Maríttimo **147** A 6
Casale Monferrato **84** D 1
Casalena **154** D 3
Casale Nuovo **170** E 2
Casale Nuovo di Presciano
    191 A 4
Casale San Nicola **164** E 1
Casale San Vito **134** B-C 2
Casale Soprano **110** B 3
Casale Stáffora **99** E 6
Casale sul Site **75** C 6
Casaleto **114** B 3
Casaleto di Podenzano **100** B 3
Casaletto (AQ) **180** A 3

Casaletto (MN) **103** B 4
Casaletto (VT) **169** C 4
Casaletto Ceredano **87** B 4
Casaletto di Sopra **69** E 6
Casaletto di Sotto **88** E 2
Casaletto Lodigiano **86** B 2
Casaletto Spartano **235** C 4
Casaletto Váprio **69** E 5
Casalfiumanese **119** E 6
Casalforzato, Colle- **184** A 3
Casalgiate **66** E 2
Casalgiordano **280** B 3
Casalgrande **117** B 6
Casalgrande Alto **117** B 6
Casalgrasso **96** C 1
Casalguidi **130** E 3
Casali (AP) **154** B 3
Casali (FR) **193** C-D 6
Casali (MC) **153** E 6
Casali (SA) **217** B 4
Casali (PC) **100** E 3
Casali Belforte **162** A 3
Casali d'Aschi **182** B 2
Casali dei Molini **110** B 2
Casali Francheschínis **62** E 3
Casalíggio **100** B 2
Casalina (MS) **115** C 6
Casalina (PG) **152** E 1
Casalincontrada **173** C 6
Casaline **171** B 6
Casalini (PG) **151** D 5
Casalini (BR) **212** C 2
Casalino (AL) **83** D 5
Casalino (AR-Pratovécchio)
    140 A 2
Casalino (AR-Monte
    San Savino) **150** A 2
Casalino (GE) **113** B 4
Casalino (NO) **66** E 1
Casalino (RE) **117** E 4
Casalino (SI) **149** C 6
Casalino (VR) **90** C 3
Casali-San Potito **217** B 4
Casalmaggiore **102** B 3
Casalmaiocco **86** B 2
Casalmorano **87** C 6
Casal Morena **179** D 5
Casalmoro **88** C 3
Casalnoceto **99** B-C 4
Casalnovo **159** E 4
Casalnuovo **256** E 3
Casalnuovo di Nápoli **215** B 5
Casalnuovo Monterotaro
    197 A 4
Casaloldo **88-89** C 3-4
Casalone (GR) **158** A 3
Casalone (VT) **161** E 4
Casalone, il- **168** C 3
Casalone, Póggio- **149** C 4
Casalonga, Masseria- **199** D 6
Casalonga, Stazione- **199** D 6
Casalorzo Boldori **88** E 2
Casalorzo Geroldi **88** E 2
Casalottello **262** E 3
Casalotti **177** C 6
Casalotto (AT) **97** D 6
Casalotto (RC) **256** C 1
Casal Palocco **177** D-E 6
Casalporino **114** B 3
Casalpusterlengo **87** D 4
Casalromano **88** D 3
Casalrosso **83** B 6
Casalrotto, Masseria- **224** B 2
Casàl Sabini **210** D 1
Casalserugo **92** C 2
Casalsigone **87** C 6
Casàl Sottano **232** C 2
Casal Thaulero **165** C 4
Casaltondo **151** D 4
Casaltone **102** D 3
Casàl Traiano **191** C 6
Casàl Velino **232** D 3
Casàl Velino, Stazione di-
    232 C 2
Casalvento **142-143** E 3-4
Casalvieri **193** A 5
Casalvolone **66** E 1

Casalzuigno **51** C 6
Casamaggiore **151** C 4
Casamáina **172** D 1
Casa Malpasso **158** E 2
Casa Marchese **99** C 6
Casamarciano **203** E 4
Casamarcone **130** C 2
Casamari, Abbazia di- **181** E 6
Casamassella **231** A 5
Casamássima **209** E 6
Casamássima, Masseria- (BR)
    212 B 2
Casamássima, Masseria- (TA)
    223 C 6
Casa Mattei **177** C 6
Casa Matti **100** E 2
Casamíccciola Terme **214** D 2
Casamona **140** C 2
Casamontanara **143** D-E 4
Casamora **140** B 1
Casamorcia **142** E 1
Casamostra **194** E 2
Casàn **60** B 2
Casandrino **202** E 1
Casanna **24** A 2
Casano **127** D 5
Casanola **120** C 2
Casanova (GE) **113** B 6
Casanova (PC) **100** B-C 1
Casanova (PN) **138** D 1
Casanova (PR) **115** A 5
Casanova (PV) **99** D 6
Casanova (RI) **162** D 3
Casanova (SI-Murlo) **149** C 6
Casanova (SI-Radicófani)
    150 E 2
Casanova (SV) **112** C 1
Casanova (TO) **96** C 2
Casanova **201** C-D 5
Casanova d'Alpe **132** E 3
Casanova del Morbasco **87** D 3
Casanova d'Offredi **88** E 2
Casanova Elvo **65** E 6
Casanova Lanza **52** D 2
Casanova Lerrone **124** D 1-7
Casanova Lonati **85** E 6
Casa Núccio **141** B 6
Casanuova (AR) **140** D 2
Casanuova (FI) **131** B 6
Casanuova (FR) **193** B 4
Casanuova (PI) **148** A 1
Casape **180** C 1
Casapesenna **202** E 1
Casapinta **65** B 5
Casa Ponte **99** C 5-6
Casaprota **170** D 3
Casapulla **202** D 2
Casapuzzano **202** E 1-2
Casaráccio, Stagno di- **298** C 1
Casarano (LE) **230-231** B 3-4
Casarano (SR) **289** B 6
Casaregnano **154** E 2
Casarello **83** E 5
Casarene, Cima- **170** E 3
Casarenella, Colle- **196** C 2
Casárgiu **314** C 3
Casárgius, Monte- **317** E 5
Casargo **53** B 5
Casari, Rifúgio- **53** C 6
Casarile **85** B 5
Casarnese **161** D 5
Casa Rocchi **99** C-D 6
Casarola **116** C 2
Casarola, Monte- **116** D 3
Casarone, Monte- **212** C 3
Casa Rossa, Masseria- **225** D 5
Casarotti **73** B 4
Casarsa, Masseria- **197** C 5
Casarsa della Delízia **61** D 5-6
Casarza Lígure **114** C 2
Casa Sampieri **92** C 3
Casasco (AL) **99** C-D 4
Casasco (AT) **83** E 4
Casasco d'Intelvi **52** C 3
Casa Selvática **101** B 5
Casaselvática **115** B 6
Casaso **44** B 2
Casasola (PN) **61** A 5
Casasola (UD-Chiusaforte)
    45 C 4
Casasola (UD-Majano) **62** A 2

Casastrada **138** C 2
Casate (CO) **53** C 4
Casate (MI) **66** D 3
Casatéia = Gasteig **27** A 6
Casatenovo **68** B 3
Casati, Rifúgio- **38** B 1
Casático (LU) **129** A 4
Casático (MN) **89** D 4
Casático (PR) **116** A 3
Casático (PV) **85** B-C 5-6
Casatisma **85** E 5
Casa Tori **87** C 4
Casatori **217** B 4
Casatta **39** D 5
Casavatore **215** B 5
Casa Vécchia **140** C 3
Casavécchia (AQ) **171** C 6
Casavécchia (MC) **153** D 5-6
Casavécchia (PG) **151** B 5
Casavétere **204** B 1
Ca' Sávio **76** E 2
Casazza (BG) **70** A 1
Casazza (RG) **288** E 2
Casazze (AL) **97** B 6
Casazze (MN) **89** D-E 4
Cascano **194** E 1
Cascata, Albergo- **32** B 3
Cascata, Rifúgio alla- **37** D 5
Cascate = Wasserfalle **31** A 4
Cascate del Verde, Riserva
   Naturale- **184** B 1
Caschino **71** C 4
Cáscia (FI) **140** B 1
Cáscia (MC) **144** E 3
Cáscia (PG) **162** C 3
Casciago **51** D 6
Casciáio, Monte- **131** B 4
Casciana **129** A 4
Casciana Alta **137** C 6
Casciana Terme **137** C 6
Cascianella **129** A 4
Casciani, Torrente- **138** D-E 3
Casciano **149** D 5
Cáscina (PI) **137** B 6
Cascina (PG) **151** D 5
Cascina, Piano di- **171** B 5
Cascina Amata **67** B 6
Cascina della Costa **66** B 3
Cascina Grossa **98** C 2-3
Cascina Nuova **67** C 4
Cascinare **145** E 5
Cascina Restelli **67** B 5
Cascinassa, la- **85** E 4
Cascinasse **95** D 6
Cascinazza **67** E 4
Cascine (PI) **137** A 6
Cascine (TO) **64** E 3
Cascine dei Passerini **87** D 4
Cascine d'Enea **66** B 1
Cascine di Stra **83** B 6
Cascine Gandini **69** E 4-5
Cascine Ghigo **96** C-D 1
Cascine Marianne **69** D 6
Cascine Menabue **88** C 1
Cascine Nuove (PI) **137** B 4
Cascine Nuove (PV) **84** E 3
Cascine Olona **67** D 5
Cascine San Pietro **69** D 4
Cascinetta **66** B 2
Cascinette d'Ivrea **64** D 3
Cascine Vécchie **137** A 4
Cascine Vittore **65** C 5
Cascinino **85** D 5
Cascinotti di Villa **98** D 3
Cascinotto Mensa **85** D-E 4
Cáscio **129** B 5
Case (BS) **70** D 3
Case (UD) **63** C 4
Case, le- **154** B 2
Case Agnellina **104** A 3
Case al Piano **73** D 6
Case Arse, Masseria- **226** C 3
Case Balocchi **117** E 4
Case Basse **86** E 2
Case Borra **106** E 1
Case Bruciate (MO) **103** D 6
Case Bruciate (PU) **135** D-E 5
Case Cara **314** A 3
Case Cervi **103** D 4
Case Cocconi **103** D 4

Case d'Asta **101** E 5
Casedda, la- **296** E 3
Case del Bosco **96** D 2
Case del Conte (PV) **99** B 5
Case del Conte (SA) **232** C 2
Case del Lago **103** E 4
Case del Molino **99** C 5
Case di Malo **73** C 6
Case di Pedrolara **134** D 3
Case di Scáis **54** B 3
Case di Viso **37** C 6
Case Ferri **137** C 6
Case Galli **196** D 2
Case Giusti **147** A 6
Casei Gerola **99** A-B 4
Casa Laini **73** C 5
Caselette **81** E 6
Caselette, Laghi di- **81** E 6
Casella (GE) **113** B 4
Casella (PC) **114** A 2
Casella (RE-Castelnovo ne'
   Monti) **117** C 3-4
Casella (RE-Scandiano) **117** B 5
Casella (SP) **126** C 3
Casella (TV) **59** E 4
Casella, la- **161** A 4
Casella, Masseria- **205** C 6
Caselle (BO) **104** C 3
Caselle (CS) **241** B 6
Caselle (CT) **283** A 5
Caselle (MI) **67** E 4
Caselle (MN) **90** E 3
Caselle (PR) **101** E 6
Caselle (TV) **75** B 4
Caselle (VE) **75** E 4
Caselle (VI) **91** C 6
Caselle (VR-Ísola della Scala)
   90 C 2
Caselle (VR-Nogara) **90** D 3
Caselle (VR-Pressana) **91** C 5
Caselle (VR-Sommacampagna)
   72 E 2
Caselle, le- (AR) **151** B 4
Caselle, le- (PG) **161** B 4
Caselle, le- (VT) **160** B 1-2
Caselle, Masseria- (PZ) **205** C 6
Caselle, Masseria- (TA) **212** E 1
Caselle di Poletto **90** E 2
Caselle in Pittari **233** D 6
Caselle Landi **87** E 5
Caselle Ianniti, Monte- **194** B 3
Caselle Lurani **86** C 2
Caselle Torinese **82** C 1
Caselli di Cristo, Masseria i-
   207 D 6
Caselli, Riserva Naturale di-
   148 C 1
Caselline **131** E 5
Casello **102** D 3
Casellona **150** D 1
Casellone, Masseria-
   224-225 B 3-4
Case Luneto **101** E 4
Ca' Selva **61** A 5
Ca' Selva, Lago di- **61** A 4
Caselvático **196** C 2
Case Matte **92** E 3
Case Melli **103** D 4
Case Missiroli **133** B 6
Casemurate **133** A 6
Case Navarons **61** C 6
Casenda **35** D 5
Casenove (CZ) **245** E 4
Casenove (PG) **153** E 4
Casenove (RE) **116** E 3
Casenóvole **149** E 5
Casentile **168** D 3
Casentini, Rifúgio- **130** B 1
Casentino **172** C-D 2
Casentino, Regione-
   140 A 2-3
Casenuove (AN) **144** C 3
Casenuove (FI) **138** C 3
Casenuove (LO) **87** D 5
Case Nuove (FI) **138** C 3
Case Nuove (PR) **102** E 3
Case Nuove (PU) **143** B 4
Case Nuove Malluzzo **269** A 4
Case Nuove Russo **268** A 3
Casenzano **33** E 6
Caseo **99** B 6

Case Ocaro **107** B 6
Case Oriani **88** B 3
Case Perdu Melis **319** B 6
Case Petrelle **142** A 1
Case Piave Vécchia **76** D 3
Case Quazzo **111** E 4
Casera Chiarpégnis **43** E 5
Casera Costapaton **43** D 4
Casera di Fuori = Vorderkaser
   26 C 3
Casera di Silvella **42** A-B 3
Casera Ditta, Rifúgio- **60** A 2
Casera Lavardêt **43** C 4
Casera Losa **43** C 5
Casera Mimóias **43** C 4
Casera Pián delle More **60** B 3
Casera Piéltinis **43** C 5
Casera Ramàz **44** A 2
Casera Rimbianco **31** D 6
Casera Rioda **43** C-D 4
Casera Rosset **59** C 6
Casera Sauch **80** A 5
Casera Somp la Mont **43** E 5
Casera Tragónia **43** D 4
Casera Túglia **57** E 4
Casera Zingarella **58** D 2
Casera, Maso- = Kaserhof
   39 B 6
Casere (BL) **58** D 3
Casere (VA) **51** C 5
Casere = Kasern **29** C 6
Casere Pián la Mea **45** D-E 4
Caserine, le- **181** C 6
Caserine, Monte- **43** E 4
Case Ronche **91** B 6
Caserta (LC) **53** D 5
Caserta (CE) **202** D 2
Casertavécchia **202** D 2
Case Selva **120** E 1
Case Sordi **133** B 4
Case Stiddioso **320** D 1
Casetta **91** B 4
Casetta, la- **131** B 5
Casetta di Tiara **131** B 6
Casette (AP) **155** B 4
Casette (MS) **128** B 3
Casette (PI) **148** A 3
Casette (RI) **170** B 3
Casette (UD) **77** B 6
Casette, le- (AN) **144** C 3
Casette, le- (AP) **154** E 3
Casette, le- (RM) **179** B 6
Casette d'Ete **155** A 4
Casette di Castigliolo,
   Monte le- **207** D 6
Casetti **81** A 6
Case Val Viola **37** B 4
Casevécchie (PG) **152** E 3
Casevécchie (TO) **95** B 6
Case Venti **133** C 6
Case Venzi **133** C 5
Case Via Bassa **105** B 6
Case Volpe **117** D 5
Casèz **39** C 4
Casi **194** E 2
Casiacco **61** A 6
Casièr **75** C 6
Casíes, Forcella di-
   (Gsieser Törl) **31** A 6
Casíes, Valle di- = Gsieser Tal
   31 B 5-6
Casigliano **161** C 6
Casíglio, Monte- **244** A 3
Casignana **257** D 4
Casignano = Gschnon **39** C-D 5
Casignano, Masseria- **213** D 5
Casigno (BO-Castèl d'Aiano)
   118 E 2
Casigno (BO-Grizzana Morandi)
   118 E 2
Casilina, Via- **179** C 6
Casillí **216** B 3
Casillones, Monte- **301** C 4
Casima **52** D 3
Casina **117** B 4-5
Casina, Cima la- **25** D 5
Casina, la- **160** B 1
Casinalbo **118** B 1
Casine (AN-Ancona) **144** B 3
Casine (AN-Ostra) **143** B 6
Casine, le- (BR) **212** D-E 3

Casine, le- (PI) **137** C 6
Casinette **71** C 4
Casini **130** E 3
Casinina **134** E 3
Casino (RE) **117** C 4
Casino (SI) **149** C 4
Casino (VE) **75** D 4
Casino, il- **119** B 6
Casino, Monte il- **278** D 1
Casino, Villa- **280** E 3
Casino d'Agnelli **100** C 2
Casino de' Boschi **102** E 2
Casino di Falcone **269** A 4
Casino di Terra **148** B 1
Casino Vezzani **174** C 3
Casirate d'Adda **69** D 4
Casirate Olona **85** B 6
Caslano **52** C 2
Casletto **53** E 5
Casletto, Ponte- **51** B 4
Caslino al Piano **67** B 5
Caslino d'Erba **53** D 4
Casnaggina, Valle- **35** C 5-6
Casnate **52** E 3
Casnate con Bernate **52** E 3
Casnigo **54** E 3
Caso (PG) **162** C 2
Caso (SV) **124** D 2
Caso, Masseria- **187** E 4
Cásola (AV) **217** A 4
Cásola (BO) **130** A 3
Cásola (CE) **202** D 2
Cásola (MO) **117** D 5
Cásola (NA) **215** D-E 6
Cásola (PR) **116** B 2
Cásola Canina **120** D 1
Cásola Canossa **117** B 4-5
Cásola di Nápoli **216** C 3
Cásola in Lunigiana
   128-129 A 3-4
Cásola Quérciola **117** B 5
Casolate **62** E 4
Cásola Valsénio **132** A 1-2
Casole **132** D 1
Cásole **139** D 6
Cásole Brúzio **245** B 4
Cásole d'Elsa **148** B 4
Cásoli (CH) **174** E 2
Cásoli (LU-Bagni di Lucca)
   130 C 3
Cásoli (LU-Camaiore)
   129 C-D 4-5
Cásoli (TE) **165** D 4
Casolla (CE) **202** D 2
Casolla (NA) **202** E 2
Casolta **86** B 2
Casòn di Lanza, Passo del-
   44 B 3
Casone (FG) **186** E 3
Casone (LI-Castagneto
   Carducci) **147** B 6
Casone (LI-Castagneto
   Carducci) **147** C 6
Casone (PG) **153** B 4
Casone (SI) **148** B 3
Casone (SV) **111** B 6
Casone, il- (CB) **184** D 3
Casone, il- (FG) **205** B 5
Casone, il- (GR) **159** D 6
Casone, Masseria il- **185** E 6
Casone della Valle, Masseria-
   186 E 1
Casoni (AQ) **183** D 4
Casoni (BL) **41** D 6
Casoni (BO) **105** E 5
Casoni (GE) **113** B 6
Casoni (LO) **86** D 3
Casoni (PV) **86** D 3
Casoni (RE) **103** C 5
Casoni (TV) **74** C 2
Casoni (VI) **74** B 3
Casoni (VR) **91** D 4
Casoni, i- (BO) **119** A-B 6
Casoni, i- (CS) **242** B 2
Casoni, i- (SP) **115** C 5
Casoni Borroni **85** E 4
Casoni di Romagna **119** C 5
Casoni di Sopra **104** C 3
Casoni di Sotto **104** C 3
Casoni di Terzo **158** B 2
Casoni Mastellani **60** C 3

Casoni Sant'Albino **84** C 3
Casorate Primo **85** B 5
Casorate Sempione **66** B 3
Cásore del Monto **130** D 2
Casorezzo **67** D 4
Casória **215** B 5
Casotte, Valle- **262** C-D 3
Casotti (PT) **130** B 1
Casotti (VR) **73** E 5
Casotto **58** D 1
Casotto, Colla di- **110** E 3
Casotto, Torrente- **110** D 3
Caspano **35** E 6
Caspéria **170** C 2
Caspessa **143** B 4
Cáspoli **194** C 1
Caspri **140** B 1
Cassa, la- **81** D 6
Cassa Campotto **120** B 2
Cassacco **62** D 4
Cassa di Valle Santa **120** B 2
Cassago Brianza **53** E 5
Cassana (SP) **126** C 3
Cassana (TN) **38** C 3
Cassana, Passo di- **24** D 3
Cassana, Pizzo- **24** D 3
Cassandra, Pizzo- **36** D 1
Cassánego **59** E 4
Cassanigo **120** D 2
Cassano (AV) **203** D 5
Cassano (BO) **119** E 5
Cassano (CO) **53** C 4
Cassano (PC) **100** D 3
Cassano (PV) **99** C 6
Cassano, Grotte- **206** C 2
Cassano, Masseria- **211** E 5
Cassano all'Iónio **242** B 1
Cassano all'Iónio, Stazione
   di- **241** B 6
Cassano d'Adda **69** D 4
Cassano delle Murge **210** C 2
Cassano Irpino **204** E 1
Cassano Magnago **66-67** B 3-4
Cassano Spínola **98** D 3
Cassano Valcúvia **51** C 6
Cassarate, Torrente- **52** B 3
Cassari **253** D 6
Cássaro **289** D 5
Cássaro, Contrada il- **279** C 4
Casse Déserte **94** C 1
Cassegliano **63** E 4-5
Cassego **114** C 3
Cassella **107** C 5
Cássero (AN) **144** B 3
Cássero (Svízzera) **34** D 2
Cassía **243** E 6
Cássia, Via- **169** E 5-6
Cassiano **144** A 2
Cassíbile **291** E 5
Cassíbile, Fiume- **291** E 5
Cassíglio **54** D 1
Cassignánica **68** E 3
Cassignano **153** D 4
Cassimoreno **114** A 3
Cassina Amata **67** C 6
Cassina de' Pecchi **68** D 3
Cassinari **100** D 2
Cassina Rizzardi **52** E 3
Cassinasco **97** E 5-6
Cassina Valsássina **53** C 6
Cassine **98** D 1
Cassinelle **112** A 1
Cassinetta **84** C 2
Cassinetta di Lugagnano **67** E 4
Cassinetta Rizzone **51** E 6
Cassingheno **113** B 6
Cassino (FR) **193** B 6
Cassino (RI) **163** C 5
Cassino d'Álberi **68** E 3
Cassino di Sotto **101** B 4
Cássio **115** A-B 6
Cássio, Monte- **115** A 6
Casso **60** A 2
Cassola **74** B 2
Cassolnovo **66** E 3
Cássolo **100** D 1
Cassone **72** B 2
Cassorso, Monte- **108** B 3
Castagna (AN) **143** D 4

Castagna (CZ) **245** E 5
Castagna (TR) **162** D 1
Castagna, Colle- **245** E 5
Castagna, Monte della-
   117 D 5
Castagna, Ponte- **289** E 6
Castagna, Ponte della- **245** E 4
Castagna, Punta- **273** D 4
Castagna, Rio di la- **303** A-B 5
Castagna, Serra- **242** E 2
Castagna, Torre della- **184** E 1
Castagna, Torrente- **220** B 2
Castagnaro **91** E 5
Castagnè **73** E 4
Castagnea **65** B 5
Castagnéia **50** E 3
Castágnelo **113** C 6
Castagneto (MO) **118** D 3
Castagneto (RE-Baiso) **117** C 5
Castagneto (RE-Ramiseto)
   116 D 3
Castagneto (SA) **218** C 1
Castagneto (TE) **164** C 2
Castagneto Carducci **147** C 6
Castagneto Carducci,
   Stazione di- **147** B 6
Castagnétoli **115** C 3
Castagneto Po **82** C 3
Castagnevizza → Kostanjevica
   63 E 6
Castagnito **97** D 4
Castagno (FI) **132** A 1
Castagno (PT) **130** D 2
Castagno, il- **138** E 3
Castagno d'Andrea, il- **132** D 2
Castagnola **161** A 6
Castagnola (AL-Fraconalto)
   112-113 A 3-4
Castagnola (AL-Gremiasco)
   99 D 5
Castagnola (LU) **129** A 4
Castagnola (PC) **114** A 2
Castagnola (SP) **126** B 2
Castagnola (Svízzera) **52** B 3
Castagnola (VC) **50** E 3
Castagnola, Punta- **51** C 5
Castagnole **75** B 5
Castagnole delle Lanze
   97 D 4-5
Castagnole Monferrato **97** B 6
Castagnole Piemonte **96** B 1
Castagnoli **139** E 6
Castagnolo **118** A-B 3
Castagnolo Minore **119** A-B 5
Castagnone **83** D 6
Castalda, Casa- **152** B 3
Castana (PV) **85** E 6
Castana (VI) **57** E 6
Castanea delle Fúrie **258** A 2
Castángia, Monte- **321** A 4
Cástani, Casa- **281** D-E 5
Cástani, Rocche- **281** D 5
Castano **100** B 2
Cástano Primo **66** C 3
Castanza, sa- **303** B 5
Castasegna **35** C 5
Casteddácciu, Punta lu-
   303 C 6
Casteddu **298** D 2
Casteddu, Monte- (CA) **321** B 4
Casteddu, Monte-
   (OT-Calangiánus) **302** A 3
Casteddu, Monte-
   (OT-Luogosanto) **296** E 3
Casteddu, Nuraghe su- **309** D 4
Casteddu, Punta- **309** C 4
Castedduzzu, Monte su-
   302 C 1
Castéggio **99** A-B 5
Castegnato **70** D 2
Castegnero **74** E 1
Castèl **49** C 5
Castèl, Lago- **32** B 3
Castelbadia = Sonnenburg
   30 D 7
Castèl Bagnolo, Stazione di-
   169 D 6
Castelbaldo **91** E 5
Castèl Baronia **204** C 2
Castelbasso **164** C 3
Castelbelforte **89** D 6

Castelbellino 143 D 6
Castelbello = Kastelbell 26 D 3
Castelbello-Ciárdes =
  Kastelbell-Tschars 26 D 3
Castelberto, Monte- 72 B 3
Castelbianco 124 C 2
Castèl Boglione 97 D 6
Castèl Bolognese 120 E 1-2
Castelbottáccio 184 D 3
Castelbuono (PA) 266 C-D 3
Castelbuono (PG) 152 E 2
Castelbuono, Torrente- 266 C 2
Castèl Campagnano 202 C 3
Castèl Campanile, Casale di-
  177 B 5
Castelcanafurone 100 E 1
Castelcaro 93 C 4
Castèl Castagna 164 D-E 2
Castèl Castagnáio 132 E 2
Castelcavallino 142 A 2
Castèl Cellesi 160 D 3
Castelcerino 73 E 5
Castelceriolo 98 B 2
Castèl Cerreto 69 D 5
Castèl Cerreto, Riserva
  Naturale- 164 D 3
Castelchiodato 179 A 6
Castelcívita 218 E 3
Castelcívita, Grotta di- 218 E 3
Castèl Colonna 143 B 6
Castèl Condino 56 D 1-2
Castelcorníglio 115 A 6
Castelcovati 70 D 1
Castelcucco 59 E 4
Casteldáccia 263 B 5
Castèl d'Aiano 118 E 2
Casteldaldo 117 C 5
Castèl d'Alfiolo 152 A 2
Castèl d'Alpi 131 A 5
Castèl Dante, Ossário- 57 D 4-5
Castèl d'Ário 90 D 2
Casteldarne = Ehrenburg 30 B 3
Castèl d'Azzano 90 B 2
Castèl dei Britti 119 C-D 5
Castèl del Bosco (PI) 138 C 1
Castèl del Bosco (TO) 95 A 4
Castelelci 141 A 5
Casteldelfino 94 E 3
Castèl del Giúdice 183 C 6
Castèl dell'Alpe 132 D 2
Castèl dell'Áquila 161 D 5
Casteldelmonte 161 C 6
Castèl del Monte (AQ)
  172 B-C 3
Castèl del Monte (BA) 207 B 4
Castèl del Piano (GR) 159 B 5
Castèl del Piano (PG) 151 D 6
Castèl del Rio 132 A 1
Castèl d'Emília 118 B 3
Castèl di Cásio 130 A 3
Castèl di Croce 154 D 3
Castèl di Décima 179 D 4
Casteldidone 88 E 2
Castèl di Fiori 160 A 3
Castèl di Guido 177 C 6
Castèl di leri 172 E 3
Casteldilago 162 D 1
Castèl di Lama 155 E 4
Castèl di Leva 179 D 4
Castèl di Lúcio 267 D 4
Casteldimezzo 135 D 5
Castèl di Nocco 137 A 6
Castèl di Rocca, Monte-
  185 E 4
Castèl di Sangro 183 D 5
Castèl di Sasso 194-195 E 3-4
Castèl di Tora 171 D 4
Castèl di Tusa 267 C 4
Castèl Dobra → Dobrovo
  63 C 5
Castèl Dória, Lago di- 299 D 6
Casteldória, Terme di- 299 C 6
Castelfalfi 138 D 2
Castelferrato 174 B 2
Castelferretti 144 B 3
Castelferro 98 C 2
Castelfidardo 145 C 4
Castelfiorentino 138 D 3
Castèl Fiorentino 197 A 5-6
Castèl Focognano 140 B 3

Castèl Folignano 155 E 4
Castelfondo 39 B 4
Castelforte (LE) 230 C 3
Castelforte (LT) 193 D 6
Castèl Fraiano, Monte- 184 C 1
Castelfranci 204 D 1
Castelfranco 170 B 3
Castelfranco di Sopra
  140 B-C 1
Castelfranco di Sotto 138 B 1
Castelfranco d'Óglio 88 D 3
Castelfranco Emília 118 B 2
Castelfranco in Miscano
  197 D 4
Castelfranco in Miscano,
  Stazione di- 197 E 4
Castelfranco Véneto 74 B-C 3
Castèl Frentano 174 D 3
Castèl Fusano 177 E 6
Castèl Fusano, Pineta di-
  177 E 6
Castèl Gabbiano 69 E 5
Castelgagliardo 143 A 4
Castèl Gandolfo 179 E 5
Castèl Gilardi 151 A 4
Castèl Ginnetti 191 A 5
Castèl Giocondo 149 E 6
Castèl Giórgio 160 C 2
Castèl Giudeo, Monte- 151 A 4
Castèl Giuliano 177 A 4-5
Castèl Goffredo 88-89 C 3-4
Castelgomberto 73 C-D 6
Castelgonelle 70 E 2
Castelgrande 219 B 4
Castelgrande, Toppo di- 205 E 4
Castelgrimaldo 89 C 4
Castelguelfo 102 D 2
Castèl Guelfo di Bologna
  120 C 1
Castelguglielmo 105 A 6
Castelguidone 184 C 2
Castella, le- (CZ) 251 C 5
Castella, le- (LT) 191 A 5
Castellabate (RN) 134 B 2
Castellabate (SA) 232 C 2
Castelláccia, la- 158 A 1
Castellóccio (FR) 180 E 3
Castelláccio (PU) 262 B 3
Castelláccio (RA) 121 E 4
Castelláccio, Masseria-
  263 D 4
Castelláccio, Monte- 262 A 3
Castelláccio, Punta- 305 B 5
Castelláccio di Fratácchia,
  Monte- 261 E 6
Castelletto (BS) 88 B 2
Castelletto CN-Monforte
  d'Alba- 110 A 3
Castelletto CN-Roccasparvera
  109 C 5
Castelletto (CR) 87 B 5
Castelletto (LU) 129 A 4
Castelletto (MI) 66 D 3
Castelletto (MN) 89 C 6
Castelletto (NO) 66 C 2
Castelletto (PC) 100 D 2
Castelletto (PD) 92 B 1
Castelletto (PT) 130 E 2
Castelletto (SI) 149 C 4
Castelletto (VI) 58 D 1
Castelletto (VR-Erbè) 90 C 2
Castelletto (VR-Soave) 91 B 4
Castelletto, Monte- 110 D 5
Castelletto, Villa del- 212 E 2
Castelletto Busca 109 B 6
Castelletto Cervo 65 C-D 5
Castelletto dei Camosci,
  Monte- 56 B 3
Castelletto d'Erro 111 A 6
Castelletto di Brandizzo 85 E 5
Castelletto di Brenzone 71 B 6
Castelletto Merli 83 D-E 5
Castelletto Molina 97 D 6
Castelletto Monferrato
  98 B 1-2
Castelletto Po 85 E 5
Castelletto sopra Ticino
  66 A-B 2
Castelletto Stura 110 B 1
Castelletto Uzzone 111 B 5

Castellano, Torre del- 139 C 6
Castellano, Torrente- 164 B 1
Castell'Anselmo 137 C 5
Castellanza 67 C 4
Castell'Apértole 83 C 5
Castellar 122 E 2
Castellàr (CN-Bóves) 109 D 6
Castellàr (CN-Castellàr) 95 E 6
Castellàr Guidobono 99 C 4
Castellarano 117 B 6
Castellari, Monte- 161 D 4
Castellaro (AN) 143 E 6
Castellaro (CN) 109 B 4
Castellaro (IM) 123 E 4
Castellaro (MO) 117 E 6
Castellaro (PR) 101 E 4
Castellaro (PV-Torrazza Coste)
  99 B 5
Castellaro (PV-Varzi) 99 D 6
Castellaro (RE) 117 C 4
Castellaro (SV) 124 D 2
Castellaro, Monte- →
  Veli Gradišče 79 C 6
Castellaro de' Giorgi 84 E 2-3
Castellaro Lagusello 89 B 5
Castellàr Ponzano 98 C 3
Castell'Arquato 101 C-D 4
Castell'Azzara 159 C 6
Castellazzo (AL) 83 D 6
Castellazzo (BI) 64 C 3
Castellazzo (CL) 287 B 6
Castellazzo (RE) 117 A 6
Castellazzo, Monte- (ME)
  268 C 3
Castellazzo, Monte- (TP)
  275 B 6
Castellazzo Bórmida 98 C 1
Castellazzo dei Barzi 87 E 4
Castellazzo di Camastra,
  Monte- 285 C 5
Castellazzo di Palma 285 D 4
Castellazzo di Sotto 87 E 4
Castellazzo Novarese 66 D 1
Castelle, Monte- 72 C 2
Castelleale 134 D 3
Castellengo 65 C 5
Castelleone (CR) 87 C 5
Castelleone (PG) 152 E 1
Castelleone di Suasa 143 C 6
Castell'Ermo, Monte- 124 C 2
Castellero 97 B 4
Castelletta 143 E 5
Castelletti 72 B 2
Castelletto (BO) 118 C 2

Castelletto Uzzone Soprano
  111 B 5
Castelletto Uzzone Sottano
  111 B 5
Castelletto Villa 65 B 6
Castelli (TE) 164 E 2
Castelli → Kastelec 79 C 5
Castelli, Cantoniera- 267 C 5
Castelli, Masseria-
  (BA-Altamura) 221 B 6
Castelli, Masseria-
  (BA-le Murge) 207 D 6
Castelli, Monte- 267 D 5
Castelli Calépio 70 B-C 1
Castellier, Monte- 79 C-D 5
Castelliere Ombría 115 A 5
Castellina (FI) 138 B 3
Castellina (PR) 101 C 6
Castellina (PT) 130 D 2
Castellina (RA) 132 A 2
Castellina, la- 150 B 2
Castellina in Chianti 139 C 4
Castellinaldo 97 D 4
Castellina Maríttima 137 E 6
Castellina Maríttima, Stazione
  di- 137 E 6
Castellina Scalo 149 A 4-5
Castellino (AT) 83 E 6
Castellino (MO) 118 D 1-2
Castellino, Rifúgio- 110 D 1
Castellino del Biferno 185 E 4
Castellino Nuovo 185 E 4
Castellino Tánaro 110 C 3
Castelliri 181 E 6
Castelli, Rifúgio- 53 C 6
Castelli Romani, Parco
  Regionale dei- 179 D-E 6
Castelli Romani, Regione- (RM)
  179 D-E 5-6
Castèl Litéggio 69 C-D 5
Castello (AO) 47 B 4
Castello (AQ) 172 D 2
Castello (AR) 140 A 1
Castello (AV) 217 A 5
Castello (BG) 55 C 4
Castello (BI) 65 C 5
Castello (BN) 202 D 3
Castello (BS-Puegnago del
  Garda) 71 D 5
Castello (BS-Serle) 71 C 4
Castello (CN-Pontechianale)
  94 E 3
Castello (CN-Viola) 110 D 3
Castello (CO-Lurate Caccívio)
  52 E 3
Castello (CO-Valsolda) 52 B 3
Castello (CR) 69 E 5
Castello (FC) 133 E 4
Castello (FI) 131 E 5
Castello (FR-Alvito) 182 E 2
Castello (FR-Roccasecca)
  193 B 5
Castello (IS) 194 A 2
Castello (MC-Fiordimonte)
  153 D 6
Castello (MC-Fiuminata)
  153 B 4-5
Castello (MS-Comano) 116 E 2
Castello (MS-Tresana) 115 E 5
Castello (MS-Zeri) 115 D 4
Castello (NA-Gragnano)
  216-217 C 3 4
Castello (NA-Palma Campánia)
  217 A 4
Castello (PA) 265 D 5
Castello (PR-Corníglio)
  116 B-C 1-2
Castello (PR-Selva Grossa)
  115 A 6
Castello (PT) 130 B 3
Castello (PU-Montelabbate)
  135 E 5
Castello (PU-Sassoféltrio)
  134 D-E 2
Castello (PV) 85 E 6
Castello (RE) 103 E 5
Castello (SO) 53 B 6
Castello (SP) 114 E 3
Castello (TO-Oulx) 80 E 1
Castello (TO-Val della Torre)
  81 D 6

Castello (UD) 62 A 2
Castello (VI) 73 D 5
Castello (VR) 73 E 5
Castello (VS) 315 A 6
Castello, Cima- 50 D 2
Castello, Cima-
  (Bergkastel-Spitze) 25 A 6
Castello, Cima di- 35 C 6
Castello, il- (BO) 119 E 6
Castello, il- (CE) 201 D 5
Castello, il- (CS) 239 D 5
Castello, il- (FG) 189 E 4
Castello, Lago- 94 E 3
Castello, Masseria- 279 C 6
Castello, Monte- (AV) 197 E 5
Castello, Monte- (BG) 54 D 2
Castello, Monte- (BL) 41 D 6
Castello, Monte- (BN)
  202-203 D 3-4
Castello, Monte- (FG)
  186-187 D 3-4
Castello, Monte- (GE-Rapallo)
  113 D 6
Castello, Monte- (GE-Sestri
  Levante) 114 E 2
Castello, Monte- (LI) 146 D 1
Castello, Monte del- 233 B 6
Castello, Monte il- 141 B 4
Castello, Piano del- 219 B 4
Castello, Pizzo- (Svízzera)
  33 B 4
Castello, Pizzo- (VB) 50 B 3
Castello, Rovine- 133 D 4
Castello, Rovine il- 239 C 5
Castello, Serra- 241 D 6
Castello, Spiággia del- 189 C 5
Castello, Timpa di- 220 D 3
Castello, Timpone del- 247 B 4
Castello Arbizzi 103 E 5
Castello Bagnolo, Stazione di-
  169 B 6
Castello Cabiáglio 51 D 6
Castello Calatamáuro, Rúderi-
  277 A 5-6
Castello d'Agogna 84 C 2
Castello d'Árgile 105 E 4
Castello dei Camosci, Monte-
  56 B 3
Castello del Lago 203 D 6
Castello del Matese 195 D 4
Castello dell'Ácqua 36 E 3
Castello della Pieve 147 B 6
Castello delle Forme 152 E 1
Castello di Abatemarco 240 B 2
Castello di Annone 97 C 6
Castello di Báida 261 C 5
Castello di Bonavalle 96 D 1
Castello di Brenzone 71 B 6
Castello di Brianza 53 E 5
Castello di Brussa 77 B 5
Castello di Campeggi 119 B 4
Castello di Cásola 116 A 2
Castello di Casotto 110 E 3
Castello di Cisterna 215 B 6
Castello di Contúrbia 66 B 2
Castello di Corno 171 B 5
Castello di Gavála, Monte-
  50 E 2
Castello di Gódego 74 B 3
Castello di Guido 177 C 6
Castello di Morgnano 162 B 1
Castello di Pieve 141 B 6
Castello di Póggio 143 B 5
Castello di Ravarano 116 B 2
Castello di Serravalle 118 C 2
Castello Lavazzo 60 E 2
Castello-Molina di Fiemme
  39 D 6
Castello Montalto 151 A 6
Castellonalto 162 D 2
Castellónchio 115 B 6
Castellone 195 B 5
Castellone, il- 191 A 5
Castellone, Monte- 100 D 3
Castellonorató 193 E 5
Castello Pagánica 163 E 5
Castello Québrciola 117 B 5
Castello Roganzuolo 60 E 2
Castello Romano, Rovine-
  56 D 2
Castello Santa Cristina 82 C 2

Castello Seluci, Monte-
  235 D 6
Castello Tesino 58 B 2
Castello Tesino, Grotta
  di- 58 B 3
Castell'Ottieri 159 C 6
Castellúcchio 89 D 5
Castellúccia, Torre- 225 E 5
Castellúccio (AR) 140 D 3
Castellúccio (BO) 130 A-B 3
Castellúccio (MO) 130 A 2
Castellúccio (MT) 221 E 6
Castellúccio (PG) 163 A 4
Castellúccio (SA) 218 D 1
Castellúccio (SI) 150 D 2
Castellúccio (SR) 289 E 5
Castellúccio, il- 287 D 6
Castellúccio, Monte- (AG-
  Cianciana) 278 E 1
Castellúccio, Monte- (AG-
  Racalmuto) 285 A-B 4
Castellúccio, Monte- (FC)
  132-133 E 3-4
Castellúccio, Monte- (SA)
  233 D 4
Castellúccio, Punta- 283 E 6
Castellúccio, Toppa- 219 B 5
Castellúccio Cosentino 218 D 3
Castellúccio dei Sáuri 198 D 1
Castellúccio Inferiore 235 D 6
Castellúccio Santa Sofia,
  Toppa- 219 B 5
Castellúccio Superiore 235 D 6
Castellúccio Valmaggiore
  197 D 5
Castell'Umberto 268 C 2
Castell'Umberto Vécchio
  268 B 2
Castellúnchio 160 C 3
Castelluzzo 261 C 4
Castelluzzo, Masseria- 212 D 2
Castelluzzo, Monte- (AG)
  278 D 2
Castelluzzo, Monte- (CT-EN)
  282 A 3
Castelluzzo, Monte- (CZ)
  245 E 4
Castelluzzo, Punta di- 269 C 4
Castelluzzo, Serra- 287 B 6
Castèl Madama 180 B 1
Castèl Madruzzo 57 B 4
Castèl Maggiore 119 B 4
Castelmagno 109 B 4
Castèl Malnome 177 C 6
Castèl Manardo, Monte-
  154 D 1
Castelmarte 53 D 4
Castèl Martini 130 E 2
Castelmassa 105 A 4
Castelmássimo 181 C 4
Castèl Mella 70 D 2
Castelmenardo 171 D 6
Castelmerlino 83 B 5
Castelmezzano 220 D 3
Castelmínio 75 C 4
Castelmola 269 D 6
Castelmonte, Monte- 162 C 2
Castelmonte, Santuário- 63 B 5
Castelmorrone 202 C 2
Castelmozzano 116 B 3
Castelmúzio 150 C 2
Castelnovate 66 B 2
Castelnovetto 84 C 2
Castelnovo 73 C 6
Castelnovo Bariano 105 A 4
Castelnovo del Friuli 61 B 6
Castelnovo di Sotto 103 D 4
Castelnovo ne' Monti 117 A 6
Castelnuovo (AQ-Avezzano)
  181 A 5
Castelnuovo (AQ-San Pio
  delle Cámere) 172 C 2
Castelnuovo (AR-Pieve
  Santo Stéfano) 141 B 5
Castelnuovo (AR-Subbiano)
  140 C 3
Castelnuovo (AR-Talla)
  140 B 2
Castelnuovo (AT) 97 C 4
Castelnuovo (BO) 118 E 2

Castelnuovo
(FI-Castelfiorentino) **138** C 3
Castelnuovo (FI-Rúfina) **140** A 1
Castelnuovo (MC) **145** D 4
Castelnuovo (MN) **88** C 3
Castelnuovo (PC) **100** B 1
Castelnuovo (PD) **92** B 1
Castelnuovo (PG) **152** D 2
Castelnuovo (PO) **131** E 4
Castelnuovo (PU) **134** E 3
Castelnuovo (RA) **120** D 1
Castelnuovo (RN) **134** D 2
Castelnuovo (TN) **58** B 1-2
Castelnuovo a Volturno **194** A 2
Castelnuovo Belbo **97** D 6
Castelnuovo Berardenga
150 A 1
Castelnuovo Berardenga,
Stazione di- **149** B 6
Castelnuovo Bocca d'Adda
87 E 5
Castelnuovo Bórmida **98** D 1
Castelnuovo Bozzente **52** E 2
Castelnuovo Calcea **97** D 5
Castelnuovo Cilento **232** C 3
Castelnuovo dei Sabbioni
139 D 6
Castelnuovo del Garda **72** E 2
Castelnuovo dell'Abate **150** E 1
Castelnuovo della Dáunia
197 A 4
Castelnuovo del Zappa **87** D 6
Castelnuovo di Ceva **111** C-D 4
Castelnuovo di Conza **204** E 3
Castelnuovo di Farfa **170** D 2
Castelnuovo di Garfagnana
129 B 5
Castelnuovo di Porto **170** E 1
Castelnuovo di Val di Cécina
148 C 2
Castelnuovo Don Bosco **82** E 3
Castelnuovo Fogliani **101** C 5
Castelnuovo Gherardi **88** D 1
Castelnuovo Grilli **150** B 2
Castelnuovo Magra **127** C 2
Castelnuovo Misericórdia
137 D 5
Castelnuovo Nigra **64** D 2
Castelnuovo Parano **193** D 6
Castelnuovo Rangone
118 B 1-2
Castelnuovo Scrívia **99** B 4
Castelnuovo Tancredi **149** D 6
Castelnuovo Vomano **164** D 3
Castelpagano (BN) **196** C 2
Castelpagano (FG) **186** D 3
Castelpetroso **195** A 4
Castelpizzuto **194-195** B 3-4
Castelplánio **143** D 5-6
Castelpóggio **128** B 3
Castelponzone **88** E 2
Castèl Porziano **177** E 6
Castelpoto **203** C 5
Castelpriore **133** E 5
Castelraimondo **153** B 5
Castèl Ratti **99** E 4
Castèl Regina, Monte- **54** D 1
Castèl Rigone **151** B 6
Castèl Rinaldi **161** B 6
Castèl Ritaldi **162** A 1
Castèl Rocchero **97** E 6
Castèl Romano **179** E 4
Castelromano **194** A 3
Castelrosso **82** C 3
Castelrotto = Kastelruth **30** E 1
Castelrotto **97** D 4
Castèl Rozzone **69** D 5
Castèl Rubello **160** C 3
Castèl Ruggero **233** D 6
Castèl San Benedetto
170 B-C 3
Castèl San Felice **162** B 2
Castèl San Gimignano **148** A 3
Castèl San Giórgio **217** B 5
Castèl San Giovanni (PC) **86** E 2
Castèl San Giovanni
(PG-Cáscia) **163** C 4
Castèl San Giovanni (PG-Castèl
Ritaldi) **162** A 1
Castèl San Lorenzo **233** A 4
Castèl San Niccolò **140** A 2

Castèl San Pietro (AP) **154** D 2
Castèl San Pietro (MC) **153** A 6
Castèl San Pietro (RI) **170** D 2
Castèl San Pietro **52** D 3
Castèl San Pietro Romano
180 C 1
Castèl San Pietro Terme
119 D 6
Castèl Santa Maria (MC)
153 B 5
Castèl Santa Maria (PG)
163 C 4
Castèl Sant'Ángelo (MC)
153 A 6
Castèl Sant'Ángelo (RI) **171** B 4
Castelsantángelo sul Nera
163 A 4
Castèl Sant'Elia **169** D 6
Castèl San Venanzo **153** B 6
Castèl San Vincenzo **183** E 5
Castelsaraceno **235** C 6
Castelsardo **299** C 5
Castelsavino, Monte- **141** A 4
Castelséprio **67** A-B 4
Castelsilano **246** B 3
Castelspina **98** D 1-2
Casteltérmini **278** E 3
Casteltodino **161** C 6
Castèl Toblino **57** B 4
Castèl Trosino **164** E 1
Castelveccana **51** C 6
Castelvécchio **139** E 6
Castelvécchio (AQ) **171** E 6
Castelvécchio (FI) **131** A 6
Castelvécchio (LU) **137** A 6
Castelvécchio (MO) **117** C 6
Castelvécchio (PT) **130** C 1
Castelvécchio (PU) **143** B 5
Castelvécchio (RE) **117** C 5
Castelvécchio (SI) **150** D-E 2
Castelvécchio (TO) **82** E 2
Castelvécchio (VI) **73** C 5
Castelvécchio (VT) **161** E 4
Castelvécchio = Altenburg
39 C 5
Castelvécchio, Riserva
Naturale- **138** E 3
Castelvécchio, Rovine- **148** A 3
Castelvécchio Calvísio **172** C 3
Castelvécchio di Cómpito
137 A 6
Castelvécchio di Rocca
Barbena **124** C 2
Castelvécchio Páscoli
129 B 5-6
Castelvécchio Subéquo **172** E 3
Castelvénere **195** E 5
Castelvénere → Kaštel **79** E 4
Castèl Venzago **71** E 5
Castelverde **87** D 6
Castelvero **73** D 4-5
Castelvero d'Asti **83** E 4
Castelverrino **184** D 1
Castelvétere, Stazione di-
204 D 1
Castelvétere in Val Fortore
196 C 3
Castelvétere sul Calore **204** D 1
Castelvetrano **275** C 4
Castelvetro di Módena
118 C 1-2
Castelvetro Piacentino **87** E 6
Castelvieto **151** C 6
Castèl Viscardo **160** B 2
Castelvisconti **87** B 6
Castèl Vittório **122** D 3
Castèl Volturno **201** E 5
Castelvolturno, Riserva
Naturale di- **214** A 2-3
Castenaso **119** C 5
Castendallo **51** C 6
Castenédolo **70** E 3
Casteóns **44** B 2
Casterino **122** B 2
Castiádas **321** B 5
Casticciano **133** B 5
Castíglio, Città di- **242** D 3
Castiglioncello (FI) **131** A 6
Castiglioncello (LI-Castagneto
Carducci) **148** C 1

Castiglioncello (LI-Rosignano
Maríttimo) **137** E 5
Castiglioncello (LU) **129** E 5
Castiglioncello Bandini **159** B 4
Castiglioncello del Trinoro
150 E 3
Castiglione (AN) **153** A 4
Castiglione (AQ-Montereale)
163 D 5
Castiglione (AQ-Ortona dei
Marsi) **182** A 2
Castiglione (AQ-Tornimparte)
171 C-D 6
Castiglione (AT) **97** B 5
Castiglione (CN-
Cavallermaggiore) **96** D 1
Castiglione (CN-Prazzo) **108** A 3
Castiglione (FC) **133** A 4
Castiglione (IS) **184** E 1
Castiglione (LE) **231** C 5
Castiglione (MS) **115** E 6
Castiglione (PG) **152** A 1
Castiglione (PU) **142** C 1
Castiglione (RI) **170** B 2
Castiglione (RM) **179** A 6
Castiglione (TO) **81** C 6
Castiglione (VB) **50** B 3
Castiglione → Castillon
122 E 2
Castiglione, Bosco- **237** B 5-6
Castiglione, Masseria- **198** B 2
Castiglione, Monte- **151** B 5
Castiglione, Monte di- **142** E 1
Castiglione, Torre- **211** C 4
Castiglione, Torrente- **129** A 5
Castiglione a Casáuria
173 D 4-5
Castiglione Chiavarese **114** E 3
Castiglione Cosentino **244** B 3
Castiglione d'Adda **87** C 4
Castiglione dei Pépoli
131 B 4-5
Castiglione del Bosco **149** E 6
Castiglione del Genovesi
217 C 6
Castiglione del Lago **151** C 4
Castiglione della Pescáia
157 D 6
Castiglione della Valle **151** D 6
Castiglione delle Stiviere
89 B 4
Castiglione di Cérvia **121** E 5
Castiglione di Garfagnana
129 A 5
Castiglione d'Intelvi **52** C 3
Castiglione di Ravenna
121 E 4-5
Castiglione di Sicília **269** D 4-5
Castiglione d'Órcia **150** D 1
Castiglione Falletto **96** E 3
Castiglione in Teverina **160** C 3
Castiglione Mantovano **89** C 5
Castiglione Maríttimo **249** A 4
Castiglione Messer Marino
184 C 1-2
Castiglione Messer Raimondo
164 E 3
Castiglione Olona **52** E 2
Castiglione Scalo **244** B 3
Castiglione Tinella **97** D 5
Castiglione Torinese **82** D 2
Castiglione Ubertini **140** D 1
Castiglion Fibocchi **140** D 2
Castiglion Fiorentino **150** A 3
Castiglion Fosco **151** E 5
Castiglioni (AN-Arcévia)
143 D 5
Castiglioni (AN-Sassoferrato)
143 D 4
Castiglioni (FI) **132** E 1
Castiglioni (IS) **183** E 5
Castiglioni (PG) **153** D 4
Castiglioni (SI) **149** A 4
Castiglioni (TR) **162** D 2
Castiglioni, Rifúgio- (TN) **41** B 4
Castiglioni, Rifúgio- (VB) **32** C 2
Castiglioni, Villa- **144** D 2
Castignano **154-155** D 3-4
Castilenti **165** E 4
Castillon (Castiglione) **122** E 2
Castillon, Col de- **122** E 1

Cástino **97** E 5
Castiòn **59** B 6
Castiòn, Col di- **57** B 4
Castione (PC) **100** C 3
Castione (Svízzera) **34** D 2
Castione (TN) **57** E 4
Castione (TV) **74** B 3
Castione, Fiume- **158** E 3
Castione, Torre di- **36** E 3
Castione Andevenno **36** E 1
Castione de' Baratti **117** A 4
Castione della Presolana
55 D 4
Castione Marchesi **101** C 5
Castionetto **36** E 3
Castiòns **61** D 5
Castiòns di Strada **62** D 3
Castiòns delle Mura **63** E 4
Castiòn Veronese **71** C 6
Castiraga **86** C 2
Castiraga-Vidardo **86** C 2
Casto **71** B 4
Castóglio **115** D 5
Castoi **59** B 6
Castorano **155** D-E 4
Cástore, Masseria- **198** A 2
Cástore, Punta- **49** B 5
Castreccioni **143** E 6
Castreccioni-Cíngoli, Lago di-
143 E 6
Castrezzato **70** D 1
Castrezzone **71** D 5
Castri di Lecce **227** C 6
Castrignano de' Greci **227** D 6
Castrignano del Capo **231** D 5
Castro (AP) **154** E 1
Castro (BG) **55** E 4
Castro (LE) **231** B 5
Castro (Svízzera) **33** A 4
Castro (VT) **167** B 6
Castro, Casa- **281** C 5
Castro, Castello di- **302** C-D 2
Castro, Osteria di- **192** B 3
Castro, Portella- **281** D 4
Castro, Sasso di- **131** B 5
Castrocaro Terme e Terra del
Sole **133** A 4
Castro Cicúrio **222-223** D 3-4
Castrocielo **193** B 5
Castrocucco, Fiumara di-
235 E 5
Castro dei Volsci **192** B 3
Castrofilippo **285** B 4
Castrolibero **244** B 3
Castro Marina **231** B 5
Castroncello **150** A 3
Castronno **51** E 6
Castronovo **181** C 6
Castronuovo, Stazione di-
278 C 2
Castronuovo di Sant'Andrea
237 C 6
Castronuovo di Sicília **278** C 3
Castropignano **195** A 5
Castro-Pofi-Vallecorsa,
Stazione di- **192** B 3
Castroreale **269** A 5
Castroreale Terme **269** A 5
Castrorégio **237** D 4
Castro San Martino **131** B 5
Castrovalva **182** B 3
Castrovillari **241** A 5
Casturzano **101** C 4
Casulle **288** C 3
Casumaro **105** C 4
Casuzze (RG) **292** C 2
Casuzze (TP) **262** E 1
Catábbio **159** D 5
Catábio, Monte- **162** E 4
Cataéggio **35** D 6
Catafório **256** D 1
Cataïlli **194** D 1
Catáio **92** C 1
Cátala, Cantoniera- **302** A 3
Cátala, Río su- **300** C-D 3
Catalani, Case- **266** C 2
Catalano, Casa- **274** B 3
Catalano, Ísola di- **310** D 1
Cataldo, Torrente- **261** D 6
Catalfano, Monte- **263** B 5
Catalfaro, Torrente- **289** B 4

Catalímita **269** B 5
Catanesa **283** E 5
Catánia **283** C 5
Catánia, Golfo di- **283** D-E 6
Catánia, Piana di-
282-283 D 3-5
Catanzaro **250** C-D 2
Catanzaro Marina **250** D 2
Catapane, Masseria- **205** C 5
Catarineci, Pizzo- **266** D 3
Catarozzo, Monte- **237** E 6
Catarratti **258** B 2
Catasco **35** E 4
Catassano, Monte- **235** B 4
Catausa, Voragine- **192** C 2
Catena (CT) **269** D 4-5
Catena (PI) **138** C 2
Catena (PT) **130** E 3
Catena (TV) **75** B 6
Catena, la- (AG) **285** D 5
Catena, la- (CL) **279** C 4
Catena, Villa- **180** C 1
Catenáccio, Masseria- **198** D 1
Catenáia, Alpe di-
140-141 B-C 3-4
Catenanuova **282** B 2
Catera, Pizzo- **278** D 2
Catese **131** E 5
Ca' Tiépolo **107** E 5
Catigliano **141** D 5
Catignano (FI) **138** D 3
Catignano (PE) **173** C 5
Catignano (SI) **149** A 6
Catináccio = Rosengarten
40 D 2
Catináccio, Cima- **40** D 2
Catináccio d'Antermóia,
Monte- = Kessel Kogel
40 D 3
Catinat, Pra- **80-81** E 3-4
Catino **170** C 2
Catino, Campo- **181** C 4-5
Catino, Monte- = Mittager
27 C 5
Catirina, Punta- **309** E 6
Catobagli **143** D 4
Cátola, Ponte- **197** B 4
Cátola, Torrente la- **197** B 4
Catona (RC) **258** B 2
Catona (SA) **233** D 4
Catona, Fiumara di- **256** C 1-2
Catremerio **54** E 1
Cátria, Monte- **142** D 3
Ca' Tròn (RO) **92** E 2-3
Ca' Tron (TV) **76** C 2
Cattabiano **116** B 3
Cattabrighe **135** D 5
Cattafi **271** C-D 6
Cattánea **84** C 3
Cattanietta, Villa- **98** D 3
Cattaragna **114** A 2
Cattarelle, Póggio- **131** C 4
Cattignano **73** D 5
Cattiva, Pojo della- **268** C 1
Cattólica **135** D 4
Cattólica Eraclea **284** A 1
Catullo, Grotte di- **71** D 5
Caturano **202** D 2
Ca' Turcata **76** C 3
Catúrchio **142** A 1
Catuso, Monte- **279** C 6
Cau, Monte- **299** D 4
Cáucaso, Monte- **113** C 6
Cáuco **34** C 3
Caudina, Valle- **203** D 4
Caudine, Forche- **202** D 3
Caudino **143** D 4
Caulera **65** B 5
Caulónia **205** C 6
Caulónia, Rovine- **255** C 6
Cáupo **59** C 4
Cauria = Gfrill **39** D 5
Cauriòl, Monte- **40** D 2
Cauriòl, Rifúgio- **40** D 2
Cáuso, Stazione di- **265** E 5
Cautano **203** C 4
Cava, Capanna- **34** B 2
Cava, Forcella della- **217** B 5
Cava, la- (CT) **283** B 5
Cava, la- (PI) **138** C 1
Cava, Monte- **171** D 6

Cava Biddemi **292** C 2
Cavacca **71** B 5
Cavaceppo **164** B 1
Cava Cigno **293** D 4
Cavacurta **87** D 4-5
Cava d'Áliga **292** D 3
Cava dei Bagni **291** D 5
Cava della Contessa **291** E 5
Cava del Prainito **293** B 5
Cava de' Tirreni **217** C 5
Cava di Giórgio, Casa- **292** B 3
Cava di Lencino **291** D 4-5
Cava di Marmo **26** D 1
Cava di Randello **292** D 3
Cava di Sábbia Silicea **158** A 2
Cava di Santa Maria la Nova
293 C 4
Cava di Spampinato **291** D 4-5
Cava di Tufo **189** B 4
Cava d'Íspica **293** B-C 5
Cavadonna, Río- **291** D-E 5
Cavaglià **65** E 4-5
Cavaglià **36** C 3
Cavaglià di Mezzo **50** E 3
Cavagliano **66** D 2
Cavaglietto **66** C 1
Cavaglio d'Agogna **66** C 1
Cavaglio San Donnino **51** A-B 5
Cavaglio-Spóccia **33** E 4-5
Cavagnago **33** B 6
Cavagnano (AQ) **163** E 5
Cavagnano (VA) **52** C 2
Cavagnera **85** B 6
Cavagnolo **83** C 4
Cava Grande (SR-Rosolini)
293 C 5
Cava Grande (SR-Sortino)
289 C 6
Cava Grande, Regione- **289** E 6
Cava Grande, Rovine- **293** C 6
Cavagrande del Cassíbile,
Riserva Naturale- **291** E 4-5
Cavaione **69** D 4
Cavaiòn Veronese **72** D 2
Cavalbianco, Monte- **116** E 3
Cavalcalupo, Monte- **116** B 2
Cavalcante, Villa- **241** E 6
Cavalcaselle **71** E 5
Cavalcorto, Cima del- **35** D 6
Cavalese **40** D 1-2
Cavalicco **62** B 3
Cavalièr **76** B 3
Cavaliere (CS) **245** C 5
Cavaliere (CT) **283** A 4
Cavaliere (ME) **258** B 2
Cavaliere, Colle- **173** B 5
Cavaliere, Fiume- **194** A 3
Cavaliere, Fosso- **284** A 1
Cavaliere, Masseria- **186** C 2
Cavalleri **98** E 1
Cavaliggi **109** B 5
Cavalláccio, Monte- =
Piz Chavalatsch **25** D 6
Cavallano **148** A 3
Cavallara **103** B 5
Cavallari (AQ-Montereale)
163 E 5
Cavallari (AQ-Pízzoli) **171** B 6
Cavallari (CE) **194** E 3
Cavallari (ME) **258** B 2
Cavallaro (CT) **282** C 3
Cavallaro (VI) **57** E 6
Cavallasca **52** E 3
Cavallazza, Monte- **40** D 3
Cavalleggeri, Casa- **147** D 6
Cavalleri-Fumeri **96** C 2
Cavallerizza, Masseria- **211** D 5
Cavallerizza, Masseria la-
207 C 5
Cavallerizza, Villa- **207** E 5
Cavallerizzo **241** E 4
Cavallerleone **96** D 1
Cavallermaggiore **96** D 1
Cavallero, Santuário del-
50 E 2
Cavalli, Fattoria- **197** B 6
Cavallí, Passo dei- **183** D 5
Cavalli, Piàn dei- **36** D 3
Cavallina **131** C 5
Cavallina, Valle- **70** A-B 1
Cavallino (LE) **227** C 5-6

A B C D E F G H I J K L M N O P Q R S T U V W X Y Z

Cavallino (VE) **76** E 3
Cavallino, Forcella del- **42** A 3
Cavallino, Litorale del- **76** E 2
Cavallino, Monte- **42** A 3
Cavallino-Treporti **76** E 2
Cavallírio **66** B 1
Cavallo **232** A 3
Cavallo, Campo- =
  Grosser Rosskofl **31** C 5
Cavallo, Ísola di- **296** A 3
Cavallo, Monte- (BZ) **31** E 4
Cavallo, Monte- (FC) **133** C 5
Cavallo, Monte- (FR-le
  Mainarde) **183** E 4
Cavallo, Monte- (FR-Viticuso)
  194 B 1
Cavallo, Monte- (GE) **113** C 6
Cavallo, Monte- (GR) **167** B 5
Cavallo, Monte- (MC) **153** E 5
Cavallo, Monte- (PN) **60** B 3
Cavallo, Monte- (RC) **256** D 3
Cavallo, Monte- (SA) **236** A 2
Cavallo, Monte- (TO) **95** C-D 4
Cavallo, Monte- = Rosskogel
  31 B 5
Cavallo, Monte- = Rosskopf
  27 A 6
Cavallo, Serra- **237** B 5
Cavallo di Novezza **72** B 2
Cavallone **172** E 3
Cavallone, Grotta del-
  183 A 5
Cavallotta **95** E 6
Cavallúccio, Punta- **175** C 4
Cavalmagra, Póggio- **132** B 1
Cavalmurone, Monte- **99** E 6
Cávalo **72** D 2
Cavalone **69** D 4
Cava Manara **85** D 5
Cava Monasterello **289** D 6
Cavandone **51** C 5
Cavanella **77** B 5
Cavanella d'Ádige **93** E 5
Cavanella Po **107** A 4
Cavanella Vara **127** C 4
Cava Palombieri **293** B 5
Cava Renna **292** B 3
Cavareno **39** B 4
Cavarero, Rifúgio- **110** E 2
Cavargna **34** E 3
Caváira **66** B 3
Cavaruzzo, Masseria- **211** E 5
Cavarzano (BL) **41** E 6
Cavarzano (PO) **131** C 4
Cavarzerane **92** D 1
Cavárzere **92** E 3
Cavasagra **75** C 4
Cava Scardina **293** C 5
Cavaso del Tomba **59** D 4
Cava Sorciaro **291** C 5
Cavássico **59** B 6
Cavasso Nuovo **61** B 5
Cavatassi **164** B 3
Cava Tigozzi **87** D 6
Cavatore **97** E 6
Cava Volpe **289** E 4
Cavazzale **74** C 1
Cavazzana **91** E 6
Cavazzo, Lago di- **44** D 2
Cavazzo Cárnico **44** D 2
Cavazzoli **103** E 4
Cavazzolo **115** B 6
Cavazzona **118** B 3
Cavazzone **117** B 5
Cave (AQ) **171** B-C 6
Cave (CE) **194** D 1-2
Cave (RM) **180** D 2
Cave, le- = Grasstein **30** B 1
Cave Aureimane →
  Vremski Britof **79** C 6
Cavedago **38** E 3
Cave del Predil **45** C 5
Cavédine **57** C 4
Cavédine, Lago di- **57** C 4
Cavedòn **92** E 3
Cavello, Rocca- **113** C 5
Cavelonte **40** D 2
Cavenago d'Adda **87** C 4
Cavenago di Brianza **68** C 3

Ca' Vendramìn **107** B 5
Ca' Venièr **107** B 5
Cavenzano **63** D 4
Cavergno **33** B 4
Cavernago **69** C 6
Cávero, Serra- **279** B 4
Caversáccio **52** E 2
Caverzago **100** D 2
Caverzana **117** A 4
Cave Santa Vénera, Ponte-
  278 C 1
Cavessago **59** B 6
Cavezzane **70** C 3
Cavezzo **104** C 2
Cavi **114** E 2
Caviaga **86** C 3
Caviano **33** E 5
Cavigliano **33** D 5
Cavignaga **115** B 4
Caviola **41** C 4
Ca' Visentin Alto **107** A 4
Cavizzana **38** C 3
Cavizzano **114** C 3
Cavlocc, Lago da- **36** B 1
Cavo (FE) **106** D 1
Cavo (LI) **156** C 3
Cavo, Monte- **179** D 6
Cavo Diversivo **105** A 4
Cavo Fiuma **103** C 5
Cavogna, Monte- **162** A 3
Cávola **117** D 5
Cávola, Bívio la- **189** E 4
Cavolano **60** E 3
Cávoli **156** D 1
Cávoli, Ísola dei- **321** D 5
Cavona **51** C 6
Cavone, Fiume- **222** E 3
Cavone, Rifúgio- **130** B 2
Cavorà, Stazione- **250** C 2
Cavoretto **82** E 1-2
Cavorsi **113** B 5
Cavour **95** C 5
Cavour, Canale- **83** B 4-5
Cavrari **58** E 1
Cavrasto **56** C 3
Cavréccia **35** B 6
Cavriago **103** E 4
Cavriana **89** B 4
Cavrìe **75** B 6
Cavríglia **139** E 6
Cavriola, Pizzo- **34** A 3
Cavúccia **164** C 2
Cavuoti **203** D 5
Cayolle, Col de la- **108** D 1
Cayros **122** C 2
Ca' Zane, Valle di- **76** D 2
Ca' Zen **107** A 4
Ca' Zóia **76** E 2
Ca' Zul, Lago di- **61** A 4-5
Ca' Zuliani **107** B 6
Cazzago **75** E 4
Cazzago Brábbia **51** E 6
Cazzago San Martino **70** C 2
Cazzaniga, Rifúgio- **53** C 6
Cazzano (BO) **119** B 5
Cazzano (TN) **57** E 4
Cazzano di Tramigna **73** E 4-5
Cazzano Sant'Andrea **54** E 3
Cazzaso Nuova **43** D 6
Cazzettone, Masseria- **196** E 3
Cazzola, Serra di- **285** B 4
Cébbia **34** B 3
Čebulovica (Monte Cipollazzo)
  79 B 6
Cecanibbi **161** B 5
Ceccano **192** A 2-3
Ceccati, Case- **59** C 5
Ceccazzo **283** A 6
Cecchignola **179** D 4
Cecchina **179** E 5
Cecchini **61** E 4
Cecchini, Bivacco- **35** A 4
Cece, Cima di- **40** D 3
Cece, Monte- (CB) **185** D 4
Cece, Monte- (RA) **132** A 1
Ceci **99** D 6
Ceci, Masseria- **207** B 5
Ceci, Monte- **148** D 1
Ceciália, Casa- **147** A 6
Cecibizzo, Serra- **207** B 5

Cécido, Monte- **43** A-B 4
Ceciliano **140** D 3
Cécima **99** C 5
Cecina (BS) **71** C 6
Cécina (LI) **147** A 6
Cécina (MS) **128** A 3
Cécina (PT) **130** E 2
Cécina, Fiume- **147** A 6
Cécina, Ponte di- **148** C 3
Cecino **71** B 5
Cecita, Lago di- **245** A 5
Cedárchis **44** C 2
Cedda **139** E 4
Cedégolo **55** B 6
Čedle (Cedola) **79** E 4
Cedogno **116-117** B 3-4
Cedola, Torrente- **116** C 3
Cedrasco **36** E 1
Cedrécchia **131** A 5
Cedri **138** E 2
Cedrino, Fiume- **309** C 5
Cedrino, Lago del- **309** D 4
Cefalà Diana **263** D 5
Cefalicchio **199** E 5
Cefalino **291** D 5
Céfalo, Monte- **193** E 4
Cefalone, Monte- **172** D 1
Cefalù **266** B 2
Céggia **76** B 3
Céggio, Torrente- **58** B 1
Céglie, Monte- **233** B 4
Céglie del Campo **209** D 5
Céglie Messápica **212** C-D 2
Cegliolo **151** A 4
Cegni **99** C 5
Cei, Lago di- **57** C 4
Cei, Valle di- **57** C 4-5
Ceillac **94** D 1
Ceirole **97** D 5
Cela, Torre di- **208-209** D 3-4
Celado **58** B 3
Celalba **141** C 5
Celamonti **150** C 1
Celana **53** E 6
Celano (AQ) **181** A 6
Celano (PZ) **205** C 5
Celano, Gole di- **181** A 6
Celano, Masseria- **212** D 1
Celano, Serra di- **172** E 1
Celàt **41** C 4
Celeano **153** B 6
Celentano, Masseria- **219** B 5
Celentino **38** C 1
Celentino, Fontanino di- **38** C 1
Celenza sul Trigno **184** C 2
Celenza Valfortore **196** A 3
Celerina = Schlarigna **24** E 2
Celeséo **92** B 3
Celestina, Abbazia- **152** B 1
Célico **245** B 4
Celincórdia **133** B 6
Cella (BL) **42** C 3
Cella (FC-Mercato Saraceno)
  133 C 5
Cella (PR) **101** D 6
Cella (PV) **99** D 6
Cella (RE) **103** E 4
Cella (UD-Forni di Sopra)
  43 D 4
Cella (UD-Ovaro) **43** D 6
Cella dei Dati **88** E 2
Cella di Pálmia **116** A 2
Cellamare **209** E 6
Cella Monte **83** D-E 6
Cellara **245** C 4
Cellarda **59** C 5
Cellarengo **96** C 3
Cellaro, Ponte- **249** D 4
Cella Simbeni **135** D 4
Cellática **70** C 3
Celle (CN) **94** E 3
Celle (FC-Cesenático) **134** B 2
Celle (FC-Santa Sofia) **132** D 2
Celle (FI-Dicomano) **132** E 1
Celle (FI-Figline Valdarno)
  139 D 6
Celle (RA) **120** E 2
Celle (TO) **81** D 5
Celle di Bulgheria **233** E 5
Celle di Macra **109** B 4

Celle di San Vito **197** D 5
Celledizzo **38** C 1
Celle Enomondo **97** C 4
Celle Lígure **112** D 1
Cellena **159** C 5
Celleno **160** D 3
Céllere **168** A 1
Célleri **101** C 4
Celle sul Rigo **160** A 1
Celletta, Santuário della-
  120 B 2
Cellina, Torrente- **60-61** B 3-4
Cellino **60** A 3
Cellino Attanásio **164** D 3
Cellino San Marco **213** E 6
Cellino Vécchio, Monte-
  164 D 3
Céllio **50** E 3
Céllole **201** C-D 4
Céllole, Pieve di- **138** E 3
Céllore **73** E 4
Celone, Torrente- **197** C-D 5
Celpénchio **84** C 2
Celsa **149** B 4
Celsita **245** D 4
Celso **232** C 3
Celzi **217** A 5
Cembra **39** E 4-5
Cembra, Val di- **39** E 4-5
Cembrano **114** D 3
Cemmo **55** B 6
Cena, Torrente- **184** A 3
Cenácchio **105** E 5
Cenadi **249** D 6
Cenáia **137** B-C 6
Cenate **227** C 4
Cenate Sopra **69** B 6
Cenate Sotto **69** B 6
Cencelle **168** D-E 2
Cencenighe Agordino **41** C 5
Cencerato **99** E 6
Cenci, Villa- **152** B 1
Cenciara **171** C 4
Cendòn **75** C 6
Cene (BG) **54** E 2
Cene (IU) **82** C 3
Cenédola, Torrente- **101** E 4
Cenerente **161** C 6
Ceneselli **105** A 4
Cénesi **124** D 2
Céngalo, Pizzo- **35** C 6
Cengello, Monte- **40** E 2
Céngio **111** C 5
Céngio Genepro **111** C 5
Céngio, Monte- **58** E 1
Céngles = Tschengls **26** D 1
Céngles, Croda di- =
  Tschenglser Hochwand
  26 D 1
Céngles di Sotto, Malga- =
  Untertschenglser Alm
  26 D 1
Cengolina **92** C 1
Cénica, Fosso- **192** A 2
Ceniga **56-57** C 3-4
Cenina **140** C 3
Cennina **140** E 1
Ceno, Torrente- **115** A 5
Cénova **123** C 5
Centa, Fiume- **124** D 3
Centa, Torrente- **57** C 6
Centallo **110** B 1
Centane **214** D 3
Centare **153** D 5
Centa San Nicolò **57** C 6
Centaurino, Bosco- **233** C 6
Centaurino, Monte- **233** C 6
Centenaro (BS) **71** E 5
Centenaro (PC) **100** E 2
Centeno **160** B 1
Centinarola **135** E 6
Cento (BO) **119** B-C 5-6
Cento (FC) **133** C 6
Cento (FE) **105** D 4
Centobuchi **155** D-E 5
Centocelle **179** C 5
Centocelle, Case le-
  168 D-E 2
Centocelle, Villa- **185** E 4
Cento Croci, le- **143** A 6

Cento Croci, Passo di-
  114-115 C 3-4
Cento Fontane, Ponte- **249** D 4
Centoforche, Colle di- **132** C 3
Centóia **150-151** B 3-4
Céntola **233** E 4
Céntola, Stazione di- **233** E 5
Centonze, Timpone- **247** D 5
Centora **86** E 3
Cento Santi, Chiesa Rupestre-
  221 C 6
Centóvera **100** C 3
Centovenari, Bívio- **278** C 2
Céntrache **249** C 6
Centrale **73** B 6
Centrale, la- **39** E 5
Centro **73** D 4
Centrone, Casale- **177** B 6
Centro Telespaziale Fúcino
  181 B 6
Centro Turístico Gattarella
  189 C 5
Centro Vélico di Capera
  297 C 4-5
Centurano **202** D 2
Centúripe **282** B 3
Céola **39** E 4
Ceolini **61** D 4
Cepagatti **173** B 6
Ceparana **127** C 4
Ceparano, Torre di- **132** A 3
Čepić (Ceppi) **79** E 5
Cepina **37** B 5
Cepino **53** E 6
Cepletíschis **63** A 5
Čepljani (Cipiani) **78** E 1
Čepovanski Dolina **63** C 6
Ceppagna **194** C 2
Ceppaiano **137** C 6
Ceppaloni **203** D 5
Cepparano **154** E 3
Ceppato **137** C 6
Ceppeda **86** C 3
Ceppeto, Cappella di- **131** E 5
Ceppi → Čepić **79** E 5
Ceppo **163** C 6
Ceppo, Monte- **123** D 4
Ceppo Morelli **50** B 2
Ceprano **193** B 4
Ceprano, Stazione di- **193** B 4
Ceraco, Torrente- **241** E 6
Cerageto **129** A 5
Ceraíno **72** D 2
Cerale **65** B 5
Cerami **267** E 6
Cerami, Fiume di- **267** E 6
Ceramida **252** E 2
Ceramili **240** E 3
Ceránesi **123** B 3
Cerano (BR) **213** D 6
Cerano (NO) **66** E 3
Cerano d'Intelvi **52** C 3
Ceranova **85** C 6
Cerasa (LU) **129** A 6
Cerasa (PU) **143** A 5
Cerasa, Monte- **269** E 4
Cerasa, Monte la- **163** D 4
Cerasa, Portella- (ME-Capizzi)
  267 D 5
Cerasa, Portella-
  (ME-Montalbano Elicona)
  269 C 4
Cerasaro, Ponte del- **288** C 1
Cerasella, Cantoniera- **191** D 6
Cerasi **256** C 1
Cerásia, Fiumara- **253** E 4
Cerasia, Monte- **256** E 3
Cerasia, Torrente- **249** E 5
Cerasina, Masseria la- **211** C 6
Cerasito **195** A 5
Cerasito, Monte- **204** D 2
Ceraso **233** C-D 4
Ceraso, Capo- **303** A 6
Ceraso, Monte- (AQ) **182** D 2-3
Ceraso, Monte- (RM) **180** D 1
Ceraso, Monte- (SA) **235** D 4
Ceraso, Múrgia del- **207** C 6
Ceraso, Piano del- **172** E 1-2

Ceraso, Serra- **243** E 4
Ceraso, Timpa- **235** B 6
Cerasoli, Rifúgio- **181** C 5
Cerasolo **134** C 3
Cerasomma **129** E 5
Cerasulo, Monte- **233** B 5-6
Cerasuolo **194** A 2
Ceratelli **116** D 5
Ceratello **55** E 4
Cerati **109** D 6
Cerbáia (FI) **139** C 4
Cerbáia (SI-Monticiano)
  149 D 5
Cerbáia (SI-Sovicille) **149** B 4
Cerbáia, Rocca- **131** C 4
Cerbáie, Colline le- **138** B 1
Cerbaiolo, Eremo di- **141** C 5
Cerbara **141** D 5
Cerbiolo, Monte- **72** B 2
Cérboli, Ísola- **157** C 4
Cerboni **141** D 6
Cercemaggiore **196** B 2
Cércena Alta, Malga- **38** C 2
Cercenasco **95** C 6
Cercepíccola **195** B 6
Cercétole **141** B 4
Cercevesa, Rio- **44** A 2
Cerchiáia **149** B 5
Cerchiara (RI) **170** C 1
Cerchiara (TE) **164** E 1-2
Cerchiara, Monte la- **219** E 6
Cerchiara di Calábria **241** A 6
Cérchio **181** A 6
Cérchio, Taverna- **181** A 6
Cerchiola, Torrente- **164** E 2
Cercino **35** E 5
Cercivento **43** C 6
Cercivento Inferiore **43** C 6
Cercivento Superiore **43** C 6
Cércola **215** B 5
Cercomano **90** B 2
Cercucce **171** D 5
Cerda **265** E 6
Cerda, Bívio- **265** E 5-6
Cerda, Stazione di- **265** D 5
Cerdomare **170** D 3
Cerea **90-91** D 3-4
Cerealto **73** C 5
Cereda **73** C 6
Cereda, Passo di- **41** C 4
Ceredello **72** C 2
Ceredo **72** C 3
Cerédolo dei Coppi **117** B 4
Ceréglio **118** E 2
Ceregnano **106** A 2
Cerella, Monte- **180** B 2
Cerellaz **46** C 3
Cerello **67** E 4
Cerendero **113** A 5
Cerenova **177** B 4
Cerentino **33** C 4
Cerenzia **246** C 3
Cérere, Tempio di- **232** C 4
Céres **81** B 6
Ceresa **64** D 1
Ceresa, Monte- **163** B 6
Ceresale, Ponte- **205** E 6
Ceresara **89** C 4
Cereschiátis, Sella di- **44** B 3
Cerese **89** E 6
Cereseto (AL) **83** D 6
Cereseto (PC) **115** A-B 4
Ceresetto **62** B 3
Cerésio → Lago di Lugano
  52-53 B-C 3-4
Ceresito **64** C 3
Cerésola (AN) **153** A 4
Cerésola (AP) **154** D 2
Cerésola (BG) **54** E 1
Cerésola (MO) **117** D 5
Ceresole, Lago di- **81** A 5
Ceresole Alba **96** C 2
Ceresole Reale **81** A 5
Ceresolo, Scolo- **92** E 2-3
Ceresone, Fiume- **74** D 2
Cereta **89** C 5
Cerete **54** E 1
Cerete Alto **54** D 3
Cerete Basso **54** D 3
Cereto (BS-Leno) **88** B 2
Cereto (BS-Ódolo) **71** C 4

Cerétoli **115** D 5-6
Cerétolo **116** B 3
Ceretti **82** B 1
Ceretto (CN) **109** A 6
Ceretto (TO) **96** C 1
Ceretto Lomellina **84** C 2
Cerfignano **231** B 5
Cergnai **59** B 5
Cergnala, Monte- **45** D 5
Cergnala, Monte- **45** D 5
Cergneu Inferiore **45** E 4
Cergneu Superiore **63** D 4
Ceri **177** B 5
Ceriale **124** C 3
Ceriana **123** D 4
Ceriano **134** C 2
Ceriano Laghetto **67** C 5
Cerignale **100** E 1
Cerignola **199** D 4
Cerignola Campagna,
    Stazione di- **199** D 4
Cerin **40** D 2
Ceriolo **110** B 1
Cerisano **244** B 3
Cerisey **47** B 4
Cerisola (CN) **124** C 2
Cerisola (GE) **114** B 2
Cerlongo **89** C 5
Cermenate **67** B 5
Cérmes = Tscherms **27** D 4
Cermigna, Monte- =
    Zerminiger Spitze **26** C 2
Cermignano **164** D 3
Cermis, Alpe- **40** D 2
Cermone **171** B 6
Cerna **72** C 3
Cernadoi **41** A-B 5
Cernapenc **45** D 4
Cernáuda, Rocca della- **109** B 4
Cerneglòns **63** B 4
Cernera, Monte- **41** B 5
Cernitosa **133** E 6
Cernóbbio (CO-Bellágio) **53** C 4
Cernóbbio (CO-Cernóbbio)
    52 D 3
Cernusco Lombardone **68** B 3
Cernusco sul Navíglio **68** D 3
Cero, Monte- **92** C 1
Ceródolo **119** C 5
Ceróglie dell'Ermada **63** E 6
Cerone **64** E 3
Cerovo **63** C 5
Cérqua, la- **161** D-E 6
Cerqueta **193** A 4
Cerqueto (PG-Gualdo Tadino)
    152 B 3
Cerqueto (PG-Marsciano)
    151 E 6
Cerqueto (TE-Civitella del
    Tronto) **164** B 1
Cerqueto (TE-Fano Adriano)
    164 D-E 1
Cerqueto, Casale- **179** E 5
Cerqueto, Pizzo- **154** E 2
Cerralti, Chiesa di- **158** C-D 2-3
Cerrano, Torrente- **165** D 5
Cerratina **173** B 6
Cerrè **117** D 4
Cerrédolo **117** D 5
Cerréggio **116** C 3
Cerréia **65** B 5
Cerrelli **218** E 2
Cerrè Marabino **117** D 4-5
Cerreta **183** E 5
Cerreta, Monte della- **172** D 2
Cerretana **154** D 2
Cerreta Sicília **219** C 6
Cerrete (BG) **54** C 3
Cerrete (PG) **162** A 1
Cerrete, Póggio- **149** C 5
Cerreto (AL) **99** D 4
Cerreto (AP-Montegiórgio)
    154 B 3
Cerreto (AP-Venarotta) **154** E 3
Cerreto (GR) **159** D 6
Cerreto (IS-Carovilli) **183** D 6
Cerreto (IS-Filignano) **194** A-B 2
Cerreto (MC) **153** C 5
Cerreto (PR) **115** A 4

Cerreto (PU) **142** D 2
Cerreto (RN) **134** E 3
Cerreto (SA) **233** D 6
Cerreto (SI) **149** D 5
Cerreto (TR) **161** B 4
Cerreto, Badia a- **138** D 3
Cerreto, Casa- **241** D 4
Cerreto, Colle- **193** A 5
Cerreto, Lago del- **116** E 3
Cerreto, Monte- (NA-SA)
    217 C 4
Cerreto, Monte- (RI) **163** E 4
Cerreto, Passo del- **116** E 3
Cerreto, Piano- **206** C 2
Cerreto, Torrente- **237** A 4
Cerreto Alto **191** C 5
Cerreto Castello **65** C 5
Cerreto d'Asti **83** E 4
Cerreto dell'Alpi **116** D-E 3
Cerreto d'Esi **153** A 5
Cerreto di Spoleto **162** A 2-3
Cerreto Grue **99** C 4
Cerreto Guidi **138** B 2
Cerreto Landi **101** C 4
Cerreto Laziale **180** B 2
Cerreto Ratti **99** E 4
Cerreto Rossi **114** A 3
Cerreto Sannita **195** D-E 5-6
Cerretto Langhe **111** A 4
Cerri, i- **183** D 6
Cerrina Monferrato **83** D 5
Cerrione **65** D 4
Cerrisi **245** E 4
Cerrito, Masseria- **213** D 5
Cerrito Piano, Colle- **180** B 1
Cerro (BG) **69** C 4
Cerro (GE) **114** B 2
Cerro (PG) **152** E 1
Cerro (VA) **51** C 5
Cerro, Casa- **159** C 5
Cerro, Forca di- **162** B 2
Cerro, Monte del- **184** C 1
Cerro, Passo del- **100** D 2
Cerro al Lambro **86** B 2
Cerro al Volturno **183** C 5
Cerro Balestro **148** E 3
Cerrocupo **218** D-E 2
Cerro Maggiore **67** C 4
Cerrone **83** C 4
Cerrone, Monte- **142** E 2
Cerrosa, Serra della- **237** D 5-6
Cerrosecco, Taverna- **185** E 4
Cerro Tánaro **97** C 6
Cerro Veronese **72** D 3
Cerruti **65** B 5
Cersósimo **238** D 3
Cersuta **235** D 4
Certaldo **138** D 3
Certalto **142** A 1
Certamussat **108** B 1
Certano, Torrente- **142** D 1-2
Certárdola **116** E 2
Certénoli **113** D 6
Certignano **140** C 1
Certino **149** A 4
Certopiano **143** D 4
Certo Piano, Casa- **149** E 4
Certosa (BO) **105** E 4
Certosa (FE) **105** B 5
Certosa, la- (CZ) **249** E 5
Certosa, la- (LU) **129** E 5
Certosa = Karthaus **26** C 3
Certosa di Parma **102** D 3
Certosa di Pavia **85** C 5-6
Certosa di Pésio **110** E 1
Certosino **102** C 3
Cerudda, Ponte- **263** C 4
Cerusa, Torrente- **112** B-C 2
Cerva (CZ) **246** E 3
Cerva (VC) **50** D 2
Cervandone, Monte- **32** B 2
Cervano, Torrente- **60** E 2
Cervara (AP) **163** B 6
Cervara (MS) **115** C 5
Cervara (PG) **162** A 3
Cervara (PR) **102** C 2
Cervara di Roma **180** B 3
Cervarezza **116** D 3
Cervaro (FG) **198** C 2
Cervaro (FR) **194** B 1

Cervaro (TE) **163** D 6
Cervaro, Forcella di- **194** B 1
Cervaro, Monte- (IS) **194** A 2
Cervaro, Monte- (PZ-
    Lagonegro) **235** C 4
Cervaro, Monte- (PZ-Melfi)
    205 C 5
Cervaro, Ponte- **198** C 2
Cervaro, Torrente- (AV-FG)
    198 D 1
Cervaro, Torrente- (BN) **196** C 3
Cervarola, Monte- **130** A 1
Cervarolo (RE) **117** E 4
Cervarolo (VC) **50** D 3
Cervasca **109** C 6
Cervati, Monte- **233** B 6
Cervatto **50** C 2
Cervellino, Bosco- **197** D-E 6
Cervellino, Monte- **116** B 1-2
Cervello, Cozzo- **244** A 2
Cerveno **70** B 3
Cervente, Passo della-
    151 A 4
Cervere **96** E 2
Cervesina **85** E 5
Cervéteri **177** B 4
Cervetto **81** E 4
Cerveyrette, Torrent de la-
    94 B 1
Cervi **57** E 6
Cervi, Grotta dei- **231** A 6
Cervi, Monte dei- **266** D 2
Cérvia **121** E 5
Cérvia, Val- **54** A-B 2
Cerviálto, Monte- **218** B 2
Cervicati **241** D-E 4
Cervidone **144** D 2
Cervières **94** B 1
Cerviero, Monte- **240** A 3
Cervigliano, Monte- **217** C 4
Cervignano d'Adda **86** B 2
Cervignano del Friuli **63** E 4
Cervignasco **95** D 6
Cervina, Punta- = Hirzer Spitze
    27 C 5
Cervinara **203** D 4
Cervínia **49** B 4
Cervino (CE) **202** D 3
Cervino (AO-Svízzera) **49** A 4
Cérvio, Torrente- **36** E 1
Cervo **123** D 6
Cervo, Capo- **123** D 6
Cervo, Pizzo- **263** C 4
Cervo, Torrente- (IM) **123** D 6
Cervo, Torrente- (VC) **65** E 6
Cervognano **150** C 3
Cervoto **83** D 4
Cerzeto **241** E 4
Cerzito, Monte- **233** A 4
Cerzullo, Cozzo- **247** A 4
Cesa (AR) **150** A 3
Cesa (BL) **59** B 6
Cesa (CE) **202** E 1
Cesacástina **163** D 6
Cesaiavutti, Monte- **194** B 3
Cesana **59** B-C 5
Cesana Alta **94** A 1
Cesana Brianza **53** E 5
Cesana Torinese **94** A 1
Cesano (AN) **143** A 6
Cesano (RM) **177** A 6
Cesano (TE) **164** B 1
Cesano, Fiume- **143** B-C 5
Cesano, Stazione di- **177** A 6
Cesano Boscone **67** E 5
Cesano Maderno **67** C 6
Cesapiana, Passo- **183** B 6
Cesaproba **163** E 4
Césara **50-51** D 3-4
Cesarano (CE) **202** C 2
Cesarano (SA) **217** C 4
Cesari = Čežarji **79** D 5
Cesáriis **44** E 3
Cesarò **268** D 1
Cesarolo **77** B 6
Cesate **67** C 5
Cesaventre **163** C 5
Cesclàns **44** D 2
Cese (AQ-Avezzano) **181** A 5
Cese (AQ-L'Áquila) **171** B 6

Cese (CE) **194** E 3
Cese (FR) **193** A 6
Cese (PG) **162** C 2
Ceselli **162** C 2
Cesen, Monte- **59** D 5
Cesena **133** B 6
Cesenático **134** A 2
Ceserano **128** A 3
Ceserano, Torrente- **129** A 6
Cesi (MC) **153** D 4
Cesi (TR) **161** D 6
Césima, Monte- **194** C 2
Cesina, Cresta- **204** E 3
Cesina, Fontana- **197** D 6
Cesinali **217** A 5-6
Cesine, Masseria- **227** B 6
Césio **123** C 5
Cesiomaggiore **59** B 5
Cesiominore **59** B 5
Cesnola **64** C 3
Césole **89** E 5
Césoli **182** A 2
Césoli **153** B 6
Cesovo **70** B 3
Cespedósio **54** C 1
Cessalto **76** B 3
Cessaniti **248** D 3
Cessapalombo **154** B 1
Céssole **97** E 5
Cessuta, Lago- **235** B 5
Cessuta, Sella- **235** B 5
Cesta **106** B 2
Cesta, Monte la- **31** E 5
Cesto **66** D 2
Cesuna **58** E 1
Cesure **153** D 5
Cesurette, Forcella- **41** D 4
Cet **59** B 6
Cetara **217** C-D 5
Cética **140** B 2
Cetina, la- **149** B 4
Cetinale **149** B 4
Cetine, le- **149** C 4
Ceto **55** C 6
Cetona **150** E 3
Cetona, Monte- **150** E 3
Cetraro **240** E 3
Cetraro Marina **240** E 2-3
Cetta **122** C 3
Ceva **111** C 4
Ceva, Monte- **92** C 1
Cevadale, Monte- =
    Zufallspitze **38** B 1
Cevedale, Passo del- =
    Langenfernerjoch **38** B 1
Cevedale, Rifúgio del- **38** B 1
Céves = Tschöfs **27** A 6
Cévio **32** E 4
Cevo (BS) **55** B 6
Cevo (SO) **35** E 6
Cévola **117** A 4
Cévoli **137** C 6
Čežarji (Cesari) **79** D 5
Čezsoča (Oltresónzia) **45** D 5
Chaberton, Monte- **94** A 1
Chabodey **46** C 3
Chaboud F., Rifúgio- **47** E 4
Chalamy, Torrente- **47** C-D 6
Chalchagn, Piz- **36** B 2
Chalet **46** A 2
Chaligne, Croix de- **47** B 4
Challancin **46** B 3
Challand-Saint-Anselme **49** D 4
Challand-Saint-Victor **49** D 4
Chalp, la- (Frància) **94** C 1
Chalp, la- (Frància) **94** D 2
Chalps, les- **94** B 1
Chalvet **94** C 2
Chambave **47** C 6
Chambeyron, Aiguille de-
    108 A 1-2
Chambeyron, Brec de-
    108 A 1-2
Chambeyron, Refuge de-
    108 A 1
Chamerod **47** B 5
Chamins, Fuorcla- **25** A 5
Chamois **49** C 4
Chamolé, Colle de- **47** C 4
Chamolé, Lago di- **47** C 4
Chamonix-Mont-Blanc **46** A 1-2

Champ, le- **46** C 3
Champ-Béranger **80** A 1
Champdepraz **49** D 4
Champel, le- **46** A 1
Champfèr **24** E 1
Champfèrer See **24** E 1
Champlaisant **47** B 6
Champlas du Col **94** A 2
Champlas Seguin **94** A 2
Champlong (AO-Châtillon)
    47 B 6
Champlong (AO-Cogne) **47** D 5
Champoluc **49** C 4
Champorcher **47** C 4
Champorcher, Finestra di-
    47 C 4
Champsil **49** D 5
Champsolin **47** C 4
Chamuera, Val- **24** D-E 2-3
Chanavey **46** D 3
Chandonne **48** A 1
Chanrion, Cabane de- **48** A-B 2
Chants **24** C 2
Chapelle, la- **46** A 1
Chapelue, la- **94** D 1
Charbonnel, Pointe de- **80** C 3
Chardonnet, Lac du- **46** E 1
Chardonney **47** D 6
Charmaix **80** D 1
Charniers, Rochers- **94** A 1
Charvaz **46** B 3
Charvensod **47** C 4
Chaschauna, Valle- **24** D 3
Chastillon, Refuge de-
    108-109 E 3-4
Chastillon, Vallon de- **108** C 3
Chataignère **49** D 4
Château **49** B 4
Château des Dames, Monte-
    47 A 6
Châteauneuf-d'Entraunes
    108 C 1
Château-Queyras **94** C 1
Châtel, le- (Frància) **80** C 2
Châtelair **47** B 4
Châtelard, le- (Frància) **46** D 1
Châtelard, Pointe du- **80** B 3
Châtelet, Pont du- **108** A 1
Châtillon **64** A 1-2
Chatrian **47** B 6
Chavalatsch, Piz- =
    Monte Cavalláccio **25** D 6
Chavants, les- **46** A 1
Chaz-Dura, Monte- **46** C 2
Chécrouit, Lago- **46** B 2
Chéglio **51** E 5
Cheirasca, Villa- **98** E 3
Chela, Castello di- =
    Schloss Kehlburg **31** B 4
Chelbi **274** B 3
Chemonal **49** C 5
Chénaille, Monte- **47** A 4
Chenal **46** E 2
Cheneil **49** B 4
Chéradi, Ísole- **224** D 3
Cherasco **96** E 2
Chérémoz **47** C 4
Cherémule **301** E 5
Cheresoulaz **47** B 6
Cherina, Nuraghe sa-
    302 D-E 1-2
Chério, Fiume- **70** A-B 1
Chero **101** C 4
Chero, Torrente- **101** C 4
Chersogno, Monte- **108** A 3
Cherubine **91** D 4
Cherz **30** E 3
Chesal **80** E 1
Chésio **50** C 3
Chessa, Rio sa- **309** C 4
Chesta **109** A 4
Chevalier, le- **108** C 1
Cheverel **46** B 3
Chevrère **47** C 4
Chevril, Lac du- **46** E 2
Chevril, le- **46** E 2
Chezal **94** A 2
Chez-Roncoz **47** B 4
Chia (CA) **319** E 6
Chia (VT) **161** E 4
Chia, Rio di- **319** E 6

Chia, Stagno di- **319** E 6
Chia, Torre di- **319** E 6
Chiabrano **94** A 3
Chiabreri **109** A 4
Chiaconcello, Monte- **189** C 4
Chiadin, Monte- **43** B 5
Chiaffele, Masseria- **211** E 5
Chiáia **214** D 2
Chiáia di Luna **190** D 1
Chiaiamari **193** A 4
Chiaiano **215** B 4
Chiaícis **43** E 6
Chiáio **195** E 4
Chialambertetto **81** B 5
Chialamberto **81** B 5
Chialina **43** C 6
Chialmínis **44** E 3
Chialvetta **108** B 2
Chiama **114** E 3
Chiama, Val- **58** E 2
Chiamório **81** B 6
Chiampano **43** E 6
Chiampernotto **81** B 5
Chiampetto **81** C 5
Chiampo **73** D 5
Chiampo, Torrente- **73** D 6
Chiampòn, Monte- **44** E 3
Chiampòn, Sella- **43** E 6
Chiana, Canale Maestro della-
    150 A-B 3
Chiana, Val di- **150** A-C 3
Chianacce **150** B 3
Chianale **94** E 3
Chianca, Dólmen la- **207** A 5
Chianca, Ísola la- **189** B 4
Chianca, Ponte del- **241** A 4
Chianca, Torre- **227** A 5
Chiancarelle **192** D 2-3
Chiancarello, Masseria-
    211 E 4
Chiancaro, Monte- **207** D 6
Chianche **203** D 5
Chianchetelle **203** D 5
Chianciano **150** D 3
Chianciano Terme **150** D 3
Chiancone, Monte- **197** A 5
Chiandarens **43** D 4
Chiandusséglio **81** C 5
Chianello, Monte- **233** A 4
Chiani **140** D 3
Chiani, Torrente- **160** A 3
Chianni **198** E 1
Chianni, Pieve a- **138** D 3
Chianocco **81** D 4
Chianti **139** D 4-6
Chianti, Monti del- **139** E 6
Chiantino, Croce del- **149** B 6
Chianzutàn, Sella- **43** E 6
Chiapero **81** E 5
Chiapilli **81** A 4
Chiapino, Rio- **123** A 4-5
Chiappa (GE-Camogli) **113** D 5
Chiappa (GE-Valbrevenna)
    113 A-B 5
Chiappa, Punta- **113** D 5
Chiapparolo **99** E 4
Chiappera **108** A 2
Chiappi **109** C 4
Chiappino (AL) **112** A 1
Chiappino (LI) **137** D 5
Chiappo, Monte- **99** E 6
Chiappozzo, Monte- **114** D 3
Chiapuzza **41** B 6
Chiara **64** C 2
Chiara, Fiume- **253** D 5
Chiara, Rifúgio- **110** E 1
Chiaramonte Gulfi **288** D-E 3
Chiaramonti **299** E 6
Chiaranda **44** C 2
Chiarano (TN) **56** D 3
Chiarano (TV) **76** B 3
Chiaravalle **144** B 2-3
Chiaravalle, Abbazia di- **67** E 6
Chiaravalle Centrale **249** D 6
Chiaravalle della Colomba
    101 C 5
Chiaravalle Milanese **67** E 6
Chiaréggio **36** C 1
Chiarelli, Villa- **261** C 6
Chiarello, Monte- **256** C-D 1
Chiarentana **150** D 2-3

Chiarescons, Monte- **43** E 4
Chiari **70** D 1
Chiarini **71** E 4
Chiarino, Parrócchia di- **145** D 4-5
Chiarmácis **62** E 2
Chiaro, Rio- (IS) **194** A 4
Chiaro, Rio- (MC) **144** E 3
Chiaromonte **237** D 6
Chiarone **100** C 1
Chiarone Scalo **167** C 5
Chiarpégnis, Casera- **43** E 5
Chiarzò, Torrente- **44** A-B 2
Chiarzò, Torrente- **61** A 5
Chiáscio, Fiume- **152** A 3
Chiaserna **142** D 3
Chiasiéllis **62** D 3
Chiasóttis **62** C 3
Chiassa **140** C-D 3
Chiasso **52** D 3
Chiastre **115** B 6
Chiatona **224** C 2
Chiatri **129** D 5
Chiáuci **184** E 1
Chiáulis **44** B 2
Chiavàls, Monte- **44** C 3
Chiavano **163** C 4
Chiavano, Forca di- **163** C 4
Chiávari **113** D 6
Chiavazza **65** C 4
Chiavelli **263** B 4
Chiavenna **35** C 5
Chiavenna, Piano di- **35** C-D 4-5
Chiavenna, Rifúgio- **35** B 5
Chiavenna, Torrente- **101** A-B 4
Chiavenna Landi **101** B 4
Chiavenna Rocchetta **101** D 4
Chiaverano **64** D 3
Chiaveretto **140-141** C 3-4
Chiáves **81** C 6
Chiavi, le- **150** E 2
Chiáviche, le- **103** B 5
Chiáviche Ronchegalli **106** A 1
Chiavicone (PD) **91** C 6
Chiavicone (RO) **105** A 6
Chiavolino **65** C 4
Chiazale **94** E 3
Chiazzano **130** D 3
Chibbò, Monte- **279** D 6
Chibbò Nuovo **279** D 6
Chiecco, Póggio al- **148** E 1
Chiecinella **138** C-D 2
Chiénes = Kiens **30** B 3
Chienìs **57** D 4
Chienti, Fiume- **145** E 5
Chiéntina **138** D 1
Chiera, Lago- **33** A 5
Chiérego, Rifúgio- **72** B 2
Chieri **82** E 3
Chiesa (BL) **41** C 6
Chiesa (CN) **94** E 3
Chiesa (ME) **269** C 5
Chiesa (RO) **106** A 1
Chiesa (SV) **124** D 2
Chiesa (TN) **57** D 6
Chiesa (VB) **32** B 3
Chiesa (VC) **50** D 2
Chiesa, Bric della- **111** A 4
Chiesa, la- **105** D 5
Chiesa, Masseria della- **211** D 5
Chiesa, Rifúgio- **56** E 1
Chiesa, Toppa della- **196** D 3
Chiesabianca **115** A 4-5
Chiesáccia **129** C 5
Chiesa in Giù **159** C 4
Chiesa in Valmalenco **36** D 2
Chiesa Nuova (FE) **105** D 5
Chiesanuova (FI) **139** C 4
Chiesa Nuova (GE) **113** D 6
Chiesanuova (GE) **114** D 2
Chiesanuova (LE) **230** A-B 2-3
Chiesa Nuova (LT) **191** B 6
Chiesanuova (RA) **120** B-C 1-2
Chiesanuova (TO) **64** D 1-2
Chiesa Nuova (TP) **261** D 4
Chiesanuova (VE) **76** C 3
Chiesanuova di San Vito **144** E 3

Chiesa Nuova San Luigi **59** C-D 4
Chiesa Vécchia (TV) **76** C 2
Chiesa Vécchia (VI) **74** E 1
Chiesazza **91** D 6
Chiesazza, Chiesa- **263** B 6
Chiès d'Alpago **60** B 2-3
Chiese, Fiume- **88** D 3
Chiese Rupestri **223** B 4
Chiesina **130** A 2
Chiesina Uzzanese **130** E 1
Chiesino **140** E 2
Chiesiola **114** B 3
Chiesiolo **87** C 5
Chiesone **90** E 2
Chiessi **156** D 1
Chiesuola (BS) **88** C 1
Chiesuola (RA) **120** D 3
Chiesuòl del Fosso **105** C 6
Chieti **173** B-C 6
Chieti Scalo **173** B-C 6
Chiéuti **186** C 1
Chiéuti-Serracapriola, Stazione di- **186** B 1
Chieve (CR) **87** B 4
Chieve (SA) **217** C 6
Chievo **72** E 3
Chiévolis **61** A 5
Chifente, Torrente- **155** D 4
Chifenti **129** C 6
Chiggiato, Rifúgio- **42** D 2
Chiggiogna **33** A 6
Chigiano **153** B 6
Chignolo **54** D 2
Chignolo d'Ísola **69** B 4
Chignolo Po **86** D 3
Chilivani **302** E 1
Chilla, Cozzo della- **241** E 5
Chimento **242** D 2
China, Capo di- **193** A 6
Chioano **161** B 5
Chiócchio **139** C 5
Chioda, Monte- **132** B 3
Chiodi, Masseria i- **226** C 3
Chiodo, Monte- **114** B 3
Chióggia **93** D 5
Chióggia, Porto di- **93** D 5
Chiomonte **80** D 3
Chiona, Torrente- **152** D 3
Chionea **123** A 5
Chions **77** A 4
Chiópris **63** D 4
Chiópris-Viscone **63** D 4
Chioráira **123** A 4-5
Chiosetto **33** C 6
Chioso (GE) **113** B 5
Chioso (MS) **115** D 4-5
Chioso (VB) **32** C 3
Chiosso **108** A 3
Chiostra, la- **148** A 2
Chiotas, Bacino- **109** E 5
Chiotti (CN-Castelmagno) **109** C 4
Chiotti (CN-Roáschia) **109** D 6
Chiotti (CN-Valloriate) **109** C 5
Chiotti (TO) **95** A-B 4
Chióut **45** C 4
Chiozza **117** A-B 6
Chiozzano **132** A 2
Chiózzola **102** D 3
Chirchia, Pizzo- **278** E 3
Chírica, Monte- **273** D-E 4
Chirignago **75** E 3
Chirò, Casa- **186** C 3
Chirò, Masseria- **186** D 2
Chirónico **33** B 6
Chirónico, Valle- **33** B 5-6
Chirralza, Rio- **299** C 6
Chisari, Masseria- **283** C 5
Chisola, Torrente- **95** A 6
Chisone, Torrente- **95** A 4
Chisone, Valle del- **94-95** A B 2-4
Chitarra, Báglio- **275** A 4
Chitignano **140** B 3
Chiuduno **69** C 6
Chiugiana **151** C 6
Chiulano **100** C 2
Chiunzi, Válico di- **217** C 4
Chiuppano **73** B 6
Chiuro **36** E 2

Chiusa (PC) **101** B 4
Chiusa (RC) **253** E 6
Chiusa = Klausen **30** D 1
Chiusa, la- (FC) **133** A 4
Chiusa, la- (RA) **121** D 4
Chiusa, Masseria la- **262** C 3
Chiusa, Osteria alla- **39** C 6
Chiusa, Rifúgio= Klausenerhutte **30** C 1
Chiusa di Ginestreto **135** E 5
Chiusa di Pésio **110** D 1
Chiusa di San Michele **81** E 5
Chiusa Ferranda **101** C 6
Chiusaforte **44-45** C 3-4
Chiusani **99** B 5
Chiusánico **123** C 5
Chiusano d'Asti **83** E 4
Chiusano di San Doménico **203** E 6
Chiusa Scláfani **277** B 6
Chiusavécchia **123** C 5
Chiusa Vécchia **232** B 3
Chiusa Viarola **101** C 6
Chiusdino **149** D 4
Chiusella, Torrente- **64** D-E 3
Chiusi **151** D 4
Chiusi, Lago di- **151** D 4
Chiusi-Chianciano Terme, Stazione di- **151** D 4
Chiusi della Verna **141** B 4
Chiúsita **162** A 3
Chiuso **53** C 6
Chiuso, Ponte di- **53** C 6
Chiúsola **115** D 4
Chiusure **150** C 1
Chivasso **82** C 3
Chivasso, Rifúgio- **46** E 3
Chizzola **57** E 4
Chizzoline **71** D 5
Chöglias, Valle- **25** A 5
Chorío **256** E 2
Churburg = Castèl Cóira **26** C 1
Cia, Punta- **81** A 6
Cia, Val- **40** E 2
Ciabattu **296** D 3
Ciabáudo **123** D 4
Ciabra, Colle della- **109** A 5
Ciacci, Casino- **210** C 3
Ciáccia, la- **299** C 5
Ciáccia, Villa- **186** E 1
Ciaculli **263** B 6
Ciago (PN) **61** B 5
Ciago (TN) **57** B 4
Ciágola, Monte- **240** A 2
Ciáixe **122** E 2
Cialáncia, Cima- **109** D 4-5
Cialáncia, Punta- **94** B 3
Cialla **63** D 4
Ciamarella, Úia di- **81** B 4
Ciampedie, Rifúgio- **40** B 3
Ciampiè **40** B 3
Ciampigotto, Sella- **43** C-D 4
Ciampino **179** D 5
Ciampinoi **30** E 2
Ciamprisco **201** D 6
Cian, Punta di- **47** A 6
Cianciana **278** E 2
Ciane, Fiume- **291** D 6
Ciane, Fonte- **291** D 6
Cianea, Monte- **111** E 4
Ciannavera **196** D 3
Ciano (MO) **118** D 2
Ciano (TV) **59** E 5
Ciano (VV) **249** E 4
Ciano d'Enza **117** A-B 4
Ciantiplagna, Monte- **80** E 3
Ciao Pais, Rifúgio- **80** E 2
Ciapè, Pizzo- **32** E 1
Ciapèl, Monte- **109** D 4
Ciapela, Malga- **41** B 4
Ciappánico **36** D 1-2
Ciappulla **268** C 1
Ciaramella **143** E 4
Ciaramiti **248** E 1-2
Ciárdes = Tschars **26** D 3
Ciareìdo, Rifúgio- **42** C 2-3
Ciàrforon, Monte- **47** E 4
Ciarleta, Casa- **199** C 4
Ciarliana **150** C 3
Ciarnil, Forcella di- **31** B 6
Ciastellìn, Monte- **31** E 6

Ciaudierona, Monte- **31** E 6
Ciaudon, Testa- **110** E 1
Ciaurlec, Monte- **61** A 6
Ciavernasco **100** B 3
Ciávole, Serra delle- **238** E 2
Ciávolo **274** B 3
Ciavolotto **274** B 3
Ciazze, Monte le- **112** A 2
Cibeno **103** D 6
Cibiana, Passo- **42** E 2
Cibiana di Cadore **42** E 2
Cibóttola **151** E 6
Cibrário, Rifúgio- **81** C 4
Cicagna **113** C 6
Cicala **245** E 5
Cicala, Castello- **217** A 4
Cicala, Monte- **204** B 3
Cicalda, Casa- **268** C 1
Cicalesi **217** B 4
Cicana, Valle- **114** C-D 1-2
Ciccalento, Ponte- **187** E 4
Ciccia, Monte- **258** B 2
Cicciano **202** E 3
Ciccio Ficco, Masseria- **207** B 6
Ciccobríglio **285** C 5
Cicconi **153** D 6
Ciccotello **195** D 6
Cicengo **97** D 5
Cicerale **232** B 3
Ciceria → Čičarija **79** E 6
Cicerone, Tomba di- **193** E 4
Cicese **92** E 3
Cichero **113** C 6
Ciciano **180** B 2
Cicignano **170** C 1
Ciciliano **180** B 2
Cicillanu, Bruncu- **321** A 5
Cimata di Castello, Monte- **171** B 4
Ciclopi, Ísole- **283** B 6
Ciclopi, Riviera dei- **283** B-C 6
Cicogna (AR) **140** C 1-2
Cicogna (PD) **91** C 5
Cicogna (VB) **51** B 4
Cicogna, Cantoniera- **268** D 1
Cicogna, Torrente- **59** B 6
Cicognáia **141** A 6
Cicognara **102** C 3
Cicogni **100** C 1
Cicognola **68** B 3
Cicognolo **88** D 2
Cícola **87** B 5
Cicolano, Regione- **171** C-D 4-6
Cícoli, Monte- **201** D 4
Ciconicco **62** B 2
Cicónio **64** E 2
Cicória **247** C 5
Cicória, Masseria- **206** E 2
Cicuta Nuova **285** B 6
Cicuta Vécchia **285** B 6
Cidrò **314** C 2
Ciechi **57** D 6
Ciesco, Monte- **195** D 6
Ciesco Alto, Monte- **203** E 4
Cifalco, Monte- **193** A 6
Cífolo, Monte- **235** E 5
Cigarello **117** C 5
Ciggiano **140** E 2
Čigini **63** A 6
Cigliano (FI-Rúfina) **132** E 1
Cigliano (FI-San Casciano in Val di Pesa) **139** C 4
Cigliano (VC) **83** B 4
Cigliano, Masseria- **212** D 1
Cigliano, Monte- **197** C 6
Cigliè **110** B-C 3
Ciglione **112** A 1
Cignana, Lago di- **47** A 6
Cignano (AR) **150** B 3
Cignano (BS) **88** B 1
Cignano (FI) **132** B 2
Cignano (PC) **87** E 6
Cignato **132** B 1
Cigno **133** D 4
Cigno, Monte- **195** D 5
Cigno, Torrente- (CB) **185** C 5
Cigno, Torrente- (PE) **173** C 4-5
Cignolo **99** D 5
Cignone **87** C 6

Cignoni, Fermata- **312** D 1
Cigognola **85** E 6
Cígole **88** B 2
Cígoli **138** C 2
Cilavegna **84** B 3
Cilento, Regione- **232-233** B-C 3-5
Cilento, Vallo di Diano e Alburni, Parco Nazionale del- **232-233** A-C 3-6
Ciliano **150** C 2
Ciliverghe **71** D-E 4
Cillarese, Lago di- **213** C-D 5
Cilleni, Bandita- **152** C 3
Cima **52** B 3
Cima, Monte la- **32** E 3
Cimabanche **31** D 5
Cima Canale **43** B 4
Cima di Campo **58** C 3
Cima di Vorno **137** A 6
Cimadolmo **75** A 6
Cimadomo **207** A 5
Cimafava **101** C 4
Cimaferle **112** A 1
Cima Fiammante, Rifúgio- = Lodner Hütte **26** C 3
Cimaganda **35** B 4
Cima Gogna **42** C 3
Cima Lìbera, Rifúgio- = Pfaffennieder Hütte **28** B 1
Cimalmotto **32-33** C 3-4
Cimamonte, Monte- **161** D 5
Cimamulera **50** B 3
Cimapiásole **64** E 1
Cimarani, Monte- **181** A 5
Cimarella, Villa- **144** E 3
Cima Sappada **43** C 5
Cimata di Castello, Monte- **171** B 4
Cimavalle **111** D 6
Cimbergo **55** B-C 6
Cimbríolo **89** D 4
Cimbro **51** E 6
Cime Bianche, Colle Superiore delle- **49** C 4
Cimego **56** D 2
Cimena **82** C 3
Cimetta **76** A 2
Cimetta, Colle- **181** C 4
Ciminà **257** B 4
Cimina, Via- **169** C 4
Cimini, Monti- **169** C 4-5
Ciminiero, Masseria- **206** C 3
Ciminna **263** D 6
Cimino, Monte- **169** B 4
Cimirlo, Passo- **57** B 5-6
Cimiti, Capo- **251** C 6
Cimitile **202** E 3
Cimmo **70** B 3
Cimnago **67** B 6
Cimo **52** B 2
Cimogna, Monte- **194** C 3
Cimoláis **60** A 3
Cimoliana, Torrente- **42** E 3
Cimon, Monte- (BL-Chiès d'Alpago) **60** B 3
Cimon, Monte- (BL-Longarone) **60** A 2
Cimòn, Monte- (TN) **57** C 6
Cimon, Monte- (TV) **59** C 5
Cimòn, Monte- (UD) **43** C 5
Cimon, Monte- (VI) **73** D 5
Cimòn della Froppa **31** E 6
Cimòn della Pala **41** D 4
Cimòn del Très **39** E 6
Cimone **57** C 5
Cimone, Monte- (BG) **55** B 4
Cimone, Monte- (BL) **59** C 6
Cimone, Monte- (MO) **130** A 1
Cimone, Monte- (UD) **45** C 4
Cimone, Monte- (VI) **58** E 2
Cimone, Monte il- **50** C 2
Cimone della Bagozza **55** C 5
Cimone di Margno **53** B 6
Cimon Rava **58** B 2
Cimoro **51** E 6
Cimpello **61** E 5
Cináglio **97** B 4
Cincelli **140** D 3
Cinciano **139** E 4

Cinecittà **179** C 5
Cinelli, Casale- **168** C 3
Cineto Romano **180** A 2
Cíngia de' Botti **88** E 2
Cingino, Lago- **49** A 6
Cingla, Monte- **56** E 1
Cíngoli **144** D 2
Cinigiano **159** B 4
Cinisco, Fiume- **143** C 4
Cinisello Bálsamo **67** C 6
Cinisi **262** A 2
Cinnarello, Fosso- **253** C 4
Cino **35** E 5
Cino, Torrente- **242** D 2
Cinquale **128** C 3
Cinquanta **105** E 5
Cima, Monte la- **32** E 3
Cínque Archi, Ponte- **280** C 3
Cinquecerri **116** D 3
Cinque Croci, Passo- **40** E 2
Cinque Denti, Cala- **274** D 2
Cinquefrondi **253** D 4
Cinquegrana **282** D 2
Cinquemíglia, Altopiano di- **183** C 4
Cinque Terre, Area Marina Protetta- **126** C-D 3
Cinque Terre, Parco Nazionale delle- **126** C-D 3
Cinque Terre, Regione- **126** C-D 3
Cinque Torri, Rifúgio- **31** E 4
Cinquina **179** B 5
Cinta, la- **303** B-C 6
Cintano **64** D 2
Cintello **62** E 1
Cinte Tesino **58** B 2
Cinto **73** D 5
Cinto Caomaggiore **77** A 4
Cinto Eugáneo **92** C 1
Cintóia **139** C 5
Cíntola, Torre- **211** C 6
Cintolese **130** E 2
Cinuos-chel **24** C-D 3
Cinzano (CN) **96** E 3
Cinzano (TO) **82** D 3
Cioccafa **279** C 5
Cioccale **99** D 5
Cioccaro **83** E 5-6
Ciocco, il- **129** B 5-6
Ciociaria, Regione- **180-181** D-E 2-5
Cioffi **218** E 1
Ciola (FC-Castrocaro Terme) **133** A 4
Ciola (FC-Mercato Saraceno) **133** D 5
Ciola Araldi **133** C 6
Ciola Corniale **134** C 2
Ciol di Sass, Cima- **61** A 4
Ciolino **280** C 2
Ciommi **174** E 2
Ciorani **217** B 5
Ciorlano **194** C 3
Ciorneva, Monte- **81** C 5
Cios **33** D 5
Cipiani → Čepljani **78** E 3
Cipodero, Cozzo- **243** E 4
Cipolla, Cozzo- **287** B 5
Cipolla, Portella- **285** D 5
Cipolláie **88** C 2
Cipolláio, Galleria del- **129** C 4
Cipollazzo, Monte- → Čebulovo **79** B 6
Cipollazzo, Póggio- **282** B 3
Cippata **32** D 3
Cippo Alpini **37** C 6
Cipressa **123** E 5
Cipressi **165** E 4
Cipresso **82** C 2
Ciprnik, Monte- **45** C 6
Cirami, Monte- **277** C 5
Cirano **54** E 2
Circe **191** E 6
Circello **196** D 2
Circeo, Monte- **191** E 6
Circeo, Parco Nazionale del- (LT) **191** D-E 6
Circeo, Parco Nazionale del- (LT-Ísola Zannone) **190** C 2
Circeo, Selva del- **191** D 6
Circito **210** C 1

Ciréggio **51** D 4
Ciréglio **130** C 2
Ciregna **100** E 1-2
Cirella (CS) **240** C 2
Cirella (RC) **257** B 4
Cirella, Ísola di- **240** C 2
Cirella, Punta di- **240** C 2
Cirella Vécchia **240** C 2
Cirello **252** E 3
Ciriano **101** C 4
Ciricilla **245** D 5
Ciricilla, Fiume- **245** D 6
Ciriè **82** B 1
Ciriè, Rifúgio- **81** B 4
Cirifoddi **320** C 1
Cirigliano **222** E 1
Cirignano (BN) **203** D 4
Cirignano (FI) **131** C 4-5
Cirignone **141** A 4
Cirimido **67** B 5
Cirina, Pizzo- **262** A 3
Cirlano = Tschirland **26** D 3
Cirò **247** A 5
Cirógica, Masseria- **221** E 5
Cirò Marina **247** A 6
Cirone, Passo del- **115** C 6
Cirras, Rio- **316** D 2-3
Cirvoi **59** B 6
Cis **38** B 3
Cisa, Passo della- **115** C 6
Cisano (BS) **71** C 5
Cisano (VR) **71** D 6
Cisano Bergamasco **53** E 6
Cisano sul Neva **124** C 2
Cischele **73** B 5
Ciseran **49** D 4
Ciserano **69** C 5
Cisériis **44** E 3
Cisgne **63** A 5
Cisiano **100** C 2
Cisigliana **116** E 2
Cislago **67** B 4
Cislano **55** E 4
Cisliano **67** E 5
Cislòn, Monte- **39** C 6
Cismòn, Monte- **58-59** D 3-4
Cismòn, Torrente- **41** D-E 4
Cismòn, Val- **40-41** D 3-4
Cismòn del Grappa **58** D 3
Cisòn di Valmarino **59** C 6
Cisore **32** E 2
Císpiri, Rio- **311** A 4
Cissone **111** A 4
Cistella, Monte- **32** C 2
Cisterna (FR) **182** E 2
Cisterna (UD) **61** C 6
Cisterna, Bric- **111** A 4
Cisterna, Rifúgio- **181** D 6
Cisterna, Tempa- **221** E 4
Cisterna d'Asti **96-97** C 3-4
Cisterna di Latina **191** A 5
Cisternino **212** B-C 2
Cisternino, Stazione di- **212** B 2
Cístio **131** D 6
Citara, Spiàggia di- **214** D 2
Citelli, Rifúgio- **269** C 4
Citerna (PG) **141** D 5
Citerna (PR) **116** A 1
Citerna, Monte- **131** B 5
Citerno, Válico- **131** B 5
Citerno **160** C 2
Citta, la- **118** B 3
Città, Monte- **42** E 2
Cittadella (AL) **98** B 2
Cittadella (BO) **105** E 6
Cittadella (MN) **89** D 6
Cittadella (PD) **74** C 2
Cittadella del Capo **240** D 2
Città della Doménica **151** C 6
Città della Pieve **151** E 4
Città di Arona, Rifúgio- **32** C 1
Città di Busto, Rifúgio- **32** A 3
Città di Castello **141** D 4
Città di Fállera, Monte- **151** E 5
Città di Fiume, Rifúgio- **41** B 6
Città di Macerata, Rifúgio-
153 D 4
Città di Massa, Rifúgio-
129 A 3
Città di Milano, Rifúgio- =
Schaubachhütte **26** E 1

Città di Novara, Rifúgio- **32** E 1
Città di Sesto Calende, Rifúgio-
32 C 2
Città di Trento, Rifúgio- **37** E 6
Cittaducale **171** B 4
Cittanova (MO) **104** E 1
Cittanova (RC) **253** E 4
Cittanova (VE) **76** C 3
Cittareale **163** D 4
Città Sant'Ángelo **165** E 5
Cittíglio **51** C 5-6
Cítulo, Masseria- **207** B 4
Ciucchetta, Monte la- **183** E 5
Ciuchesu **296** C 3
Ciuffenna, Torrente- **140** C 1
Ciurro Murro, Vallone- **262** C 2
Civago **117** E 4
Civalleri **110** C 1
Civate **53** D 5
Civè **93** D 4
Civenna **53** C 5
Civetta, Casa- **197** B 5
Civetta, Monte- **41** C 5
Civette, Torre- **157** C 5
Civezza **123** D 5
Civezzano **57** B 5
Civiasco **50** D 3
Cividale **104** B 3
Cividale del Friuli **63** B 4-5
Cividale Mantovano **89** E 4
Cividate al Piano **69** D 6
Cividate Camuno **55** C 5
Cividino **70** C 1
Civiello, Masseria- **206** E 1
Civíglio **51** C 5-6
Civignola **82-83** D 3-4
Civillina, Monte- **73** B 5
Civine **70** C 2
Civinini, Capanna- **157** C 5
Civita (AQ) **180** A 2
Civita (CS) **241** A 5
Civita (MT) **220** C 3
Civita (PG) **163** C 4
Civita (VT) **160** D 3
Civita, Colle della- **173** D 6
Civita, Forca della- **163** C 4
Civitacampomarano **184** D 3
Civita Castellana **169** C 6
Civita Castellana-Magliano,
Stazione di- **169** C 6
Cívita d'Antino **181** C 5-6
Cívita di Bagno **172** C 1
Civitaluparella **184** B 1
Civitaluparella, Stazione di-
183 B 6
Civitanova del Sánnio **184** E 1
Civitanova Marche **145** E 5
Civitanova Marche Alta **145** E 5
Civitaquana **173** C 5
Civitaretenga **172** D 3
Civitatomassa **171** C 6
Civitata, Punta della- **146** D 1
Civitate, Chiesa di- **186** D 1
Civitate, Ponte di- **186** D 1
Civitavécchia (FR) **193** A 5
Civitavécchia (RM) **176** A 2
Civitella (RI) **171** D 5
Civitella (RM) **180** A 1
Civitlla, Monte- (AQ) **163** E 5
Civitella, Monte- (FR) **181** D 4
Civitella, Monte- (GR) **159** C 6
Civitella, Monte- (MC) **153** E 5
Civitella, Monte di- (MC)
162 C 2
Civitella, Monte la- **192** C 3
Civitella Alfedena **183** D 4
Civitella Benazzone **152** B 1
Civitella Casanova **173** B 4
Civitella Cesi **168** D 3
Civitella d'Agliano **160** D 3
Civitella d'Arno **152** C 1
Civitella de' Conti **161** A 4
Civitella del Lago **161** C 4
Civitella del Tronto **164** B 2
Civitella di Romagna **133** C 4
Civitella in Val di Chiana
140 C 2
Civitella Licínio **195** D 5
Civitella Maríttima **149** E 5

Civitella Messèr Raimondo
183 A 6
Civitella-Pagánico **158** A 3
Civitella-Pagánico, Stazione
di- **158** A 3
Civitella Ranieri **152** A 1
Civitella Roveto **181** C 5
Civitella San Páolo **170** D 1
Civitella **153** E 4
Civitelle, Póggio delle- **152** E 2
Civitello, Monte- **142** E 1
Civo **35** E 6
Civório **133** D 4
Civrari, Monte- **81** D 5
Cixerri, Rio- **315** E 4
Cizzago **70** E 1
Cizzolo **103** B 5
Claino **52** B 3
Claino con Ósteno **52** B 3
Clairy, Pointe- **80** C 2
Clanezzo **54** E 1
Clapa, Val di- = Klapfbergtal
38 A-B 3
Clapey **49** E 4
Clapier, Monte- **122** A-B 1
Clarée, Fiume- **94** A 1
Claro **34** C 2
Claro, Pizzo di- **34** C 2
Classe, Pineta di- **121** D-E 5
Cláudia Braccianese, Via-
177 A 5
Clauiano **63** D 4
Cláus, Lago del- **109** E 4
Cláut **60** A 3
Clautana, Forcella- **61** A 4
Clauzetto **61** A 6
Clava, Monte la- =
Kolben Spitze **27** B 4
Clavadel **24** B 1-2
Clavaís **43** C 6
Clavalité, Val- **47** C-D 6
Clavesana **110** B 3
Claviere **94** A 1
Clea **95** A 4
Clegna, Torrente- **55** B 5-6
Clemente, Taverna di- **185** E 4
Clemgia **25** C 5
Clénia **63** A 5
Cleran = Klerant **30** C 2
Cles **38-39** C 3-4
Cles, Monte di- **38** C 3
Cleto **244** D-E 3
Cléulis **44** B 2
Cleva **61** A 5
Clíbbio **71** C 4
Clímiti, Monti- **291** C 5
Clitérnia Nuova **185** B 6
Clitunno, Fiume- **162** A 1
Clitunno, Fonti del- **162** A 1
Clitunno, Témpio di- **162** A 1
Clívio **52** D 2
Clódig **63** A 5-6
Clotès, les- **80** C 2
Clotesse, Punta- **94** A 1
Cloutra **47** C 6
Cloz **39** B 4
Clozza **25** A-B 4-5
Cludínico **43** D 6
Cluozza, Val- **24** C 3
Cluozzahütte **24** C 3
Clusane sul Lago **70** B 1
Clusella, Torrente- **47** C 4
Clúsio = Schleis **25** C 6
Clusone **54** D 3
Coàl Santo, Monte- **72** B 2
Coa Márgine, Monte- **316** D 1
Coarezza **66** B 2
Coassolo Torinese **81** C 6
Coatti **105** A 5
Coazhütte **36** B 2
Coazzano **85** B 5
Coazze (MN-Móglia) **103** B 6
Coazze (MN-Villa Poma)
104 A 3
Coazze (TO) **81** E 5
Coazzolo **97** D 4
Cóbbia → Kobjeglava **79** A 5
Coberta, Funtana- **317** C 4
Cobidil = Kobdilj **79** A 5
Coca, Pizzo di- **55** B 4
Coca, Rifúgio- **55** B 4

Coccáglio **70** D 1
Coccanile **106** B 2
Cóccari, Fosso- **249** D 5
Coccau di Sopra **45** B 6
Cocche, le- **72** D 2
Cóccia, Guado di- **183** A 5
Cóccia, Masseria- **199** E 4
Cóccia, Monte- **185** B 5
Cóccia, Póggio di- **168** D 3
Coccianzi **63** A 5
Coccíglia **130** C 1
Coccolía **120-121** D 3
Cóccolo, Masseria- **213** C 4
Cocconato **83** D 4
Cocconito **83** D 4
Coccorano **152** B 2
Cóccore **143** E 4
Coccorinello **248** E 2
Coccorino **248** E 2
Coccovello, Monte- **235** D 4
Cocetta **84** E 3
Cocianzi **63** A 5
Cocodain, Forcella di- **31** D 5
Cocolícchio **211** D 6
Cocomaro di Cona **106** C 1
Cocomaro di Focomorto
106 C 1
Cocúmola **231** B 5
Cocuruzzo **194** D 1
Cocuzza, Monte- **256** C 3
Cocuzzo, Monte- (CS) **244** C 2
Cocuzzo, Monte- (SA-Sacco)
233 A 5
Cocuzzo, Monte- (SA-Tortorella)
235 C 4
Coda **72** D 3
Coda, Punta- **297** C 4-5
Coda, Rifúgio- **49** E 5
Coda Cavallo, Capo- **305** C 5
Codacchi **184** D 3
Coda della Carasanta **298** C 1
Coda di Volpe, Tempa- **237** D 5
Codarda **192** C 1
Codaruina **299** C 6
Co de Cà **115** D 5
Codelago, Lago- **32** B 2
Co' della Fine **83** D 5
Codemondo **103** E 4
Códena **128** B 3
Codera **35** D 5
Codera, Val- **35** D 5
Coderno **62** C 1-2
Codes, Nuraghe- **307** C 4
Codesino **53** B 5
Codevigo **92-93** C 3-4
Codevilla (CN) **110** D 3
Codevilla (PV) **99** B 5
Codì, Monte- **317** B 5
Co' di Gandini **102** C 3
Codigoro **107** C 4
Codiponte **128** A 3
Codisotto **103** B 5
Codissago **60** A 2
Codivara **114** D 3
Codiverno **74-75** C 3-4
Codogna **53** B 4
Codognè **60** E 3
Codogno (LO) **87** D 4
Codogno (PR) **115** C 4
Códolo **115** D 5
Codorso **114** C 3
Codrea **106** C 1
Codrignano **119** E 6
Codróipo **61** D 6
Códromaz **63** B 5
Codrongianos **301** C 5
Codugnella **62** A 2
Códula de Sísine, Rio- **313** A 5
Códula di Luna, Rio- **309** E 5
Coduro **101** C-D 6
Coe, Osteria- **57** D 6
Coeliáula **138** C 3
Coenzo **102** C 3
Coette **92** D-E 3
Cófano, Golfo del- **261** B 4
Cófano, Monte- **261** C 4
Cóffia **140** A 2

Coggina, Genna- **313** B 5
Cóggiola **65** B 5
Coghínas **302** B-C 2
Coghínas, Cantoniera- **302** B 1
Coghínas, Fiume- **299** C 6
Coghínas, Lago del-
302 C-D 1-2
Coghínas, Fermata- **302** B 1
Cogliandrino, Lago di- **235** C 6
Cogliandrino, Torrente- **235** C 6
Cogliàns, Monte- **43** B 6
Cogliate **67** B 5
Cogn, Cima dei- **34** B 2-3
Cogne **47** D 5
Cogne, Valle di- **47** C-D 4
Cogno (CN) **109** A 4
Cogno (PU) **74** C 2
Cogno San Bassano **100** E 2
Cogoleto **112** C 2
Cógoli **303** E 5
Cogollo **73** D 4
Cogollo del Céngio **58** E 1
Cógolo **38** C 1
Cogolónchio **101** D 6
Cogorno **114** D 2
Cogótis, Monte- **319** C 5
Cogozzo (BS-Bedizzole) **71** D 4
Cogozzo (BS-Villa Carcina)
70 C 3
Cogozzo (MN) **103** C 4
Cogruzzo **103** D 4
Cogul **41** C 4
Coi (BL-Alleghe) **41** B 5
Coi (BL-Zoldo Alto) **41** C 6
Coiamma, Rio- **311** D-E 5
Coiano (FI) **138** C 2
Coiano (PO) **131** D 4
Cóimo **32** E 3
Cóira, Castèl- = Churburg
26 C 1
Coiromonte **51** D 4
Coissone **95** B 4
Colà (BL) **60** B 2
Col (TV) **59** D 5
Col (VI) **74** C 1
Colà **11** E 6
Cola **117** C 4
Colacurto, Masseria- **212** C 3
Colantónio, Masseria- **184** A 2
Colapatella, Casa- **199** D 5
Colarete **54** C 3
Colasordo, Serra- **183** B 4
Colazza **51** E 4
Colba, Cala la- **296** C 2-3
Colbassano **152** A 3
Colbertaldo **59** D 5
Colbórdolo **135** E 4
Colbricòn, Laghi di- **40** D 3
Colbricòn, Monte- **40** D 3
Colbu, Iu- **296** E 1
Colbu, Monte lu- **302** B 2
Colbúccaro **154** A 2
Colcavagno **83** E 4
Colcellalto **141** A 6
Colcello **143** E 4
Colcerasa **153** A 6
Col Collon, Rifúgio- **48** A 3
Colda **36** E 2
Coldai, Monte- **41** B 5
Coldapi **143** D 4
Coldazzo **135** E 4
Col dei Boffàt **59** D 4
Coldellanoce **143** E 4
Coldérù **59** C 5
Coldigioco **153** A 6
Col di Pra **41** D 4
Col di Rocca **41** B 5
Coldirodi **122** E 3
Coldragone **193** B 4
Coldrano = Goldrain **26** D 2
Coldrério **52** D 3
Coleazzo, Monte- **37** C-D 6
Colelli **256** C 1
Cóler **38** B 2
Cólere **55** C 4
Colesèl delle Zorle **59** E 6
Colesèl Val dell'Àcqua **59** E 5
Coleti Píccola, Masseria-
206 B 3

Colfano **154** B 1
Colfelice **193** B 4-5
Colferráio **153** A 5
Colfiorito **153** D 4
Colfiorito, Parco Regionale-
153 D 4
Colfiorito, Piano di- **153** D 4
Colfiorito, Válico- **153** D 4
Colfosco **59** E 5
Colfosco = Kolfuschg **30** E 3
Col Francesco **152** B 1
Colfrancui **76** A 2
Colfulignato **152** C 3
Coli **100** E 1
Colia, Valle- **52** A-B 3
Cólico **35** E 4
Colignola (AR) **141** C 4
Colignola (PI) **135** A 5
Colina, Alpe- **36** D 1
Colla (CZ) **245** E 4
Colla (MN) **89** B 4
Colla (MS) **128** A 3
Colla (Svízzera) **34** E 2
Colla, Monte la- **268** C 3
Colla, Monte sa- **317** B 4
Colla, Passo- **115** B 4
Colla, Passo la- **235** D 5
Colla, Torrente- **109** D 6
Collabassa **122** D 2
Colla Bella **122** D 3
Collácchia **158** A 1
Colla dei Términi **110** D 2
Colla del Prel **110** D 2
Colla di Caságlia **131** C 6
Colla di Casotto **110** E 3
Colla di Gritta **126** C 2-3
Colla di Langàn **122** C 3
Colla di Netro **65** C 4
Colla di Sanson **122** C 3
Collagna **116** D 3
Collagù, Santuário di- **59** D 6
Collalbo = Klobenstein
39 A 6
Collalbrigo **60** E 2
Collalto (IS) **194** A 2
Collalto (SI) **149** A-B 4
Collalto (UD) **62** A 3
Collalto → Brda **79** E 5
Collalto, Monte- = Hochgall
31 A 5
Collalto, Monte- **59** E 5
Collalto Sabino **171** E 4
Collalunga, Cima di- **108** D 2
Colla Maffone **268** B 3
Collamato **153** A 5
Colla Melosa **122** C 3
Collarmele **182** A 2
Colla Rossa **122** B 3
Colla San Bernardo **123** B 4
Collatea **162** E 2
Collattoni **153** E 5
Collazzone **161** A 5
Colle (AN-Fabriano) **153** A 4
Colle (AN-Fabriano) **153** B 4
Colle (AP-Arquata del Tronto)
163 B-C 5
Colle (AP-Montefortino)
154 D 2
Colle (AQ-Lúcoli) **172** C 1
Colle (AQ-Pízzoli) **171** B 6
Colle (LU-Capánnori) **129** D 6
Colle (LU-Castelnuovo
di Garfagnana) **129** B 5
Colle (MC) **154** C 1
Colle (PG-Bettona) **152** D 1
Colle (PG-Nocera Umbra)
153 C 4
Colle (PI) **137** C 6
Colle (PN-Arba) **61** B 5
Colle (PN-Azzano Décimo)
61 E 5
Colle (PO) **131** C 4
Colle (SI-Gaiole in Chianti)
149 A 6
Colle (SI-Trequanda) **150** B 2
Colle (TR) **160** A 2
Colle = Bichl **27** A 5
Colle, Dosso del- = Halseck
39 D 5
Colle, il- (AN) **143** E 6
Collc, il (AQ) **182** A 3

Colle, il- (VB) **51** B 5
Colle, la- **108** E 2
Colle, Monte di- **196** D 2
Colle, Torre del- **173** D 6
Colle Alberti **138** B 2
Colle Alto **193** B 4
Colle Aprico (AN) **143** D 5
Colle Aprico (PG) **153** C 4
Colle Ardente, Pas de- **122** B 3
Collebaccaro **170** B 2-3
Collebaldo **151** E 5
Colle Barucci **131** C 5
Colle Basse, Cime de- **122** C 2
Collebeato **70** C 3
Colleberardi **181** E 5
Colle Brianza **53** E 5
Collebrincioni **172** B 1
Colle Calvo **163** C 5
Colle Calzolaro **151** D 5
Colle Cardarilli, Case- **192** A 2
Collecarrise **195** A 5
Colle Castagno **171** C 6
Collecchiello **102** D 2
Collécchio (GR) **158** E 2
Collécchio (PR) **102** E 2
Collécchio, Monte- = Gleck **38** B 2
Colle Ciupi **149** A-B 5
Collecorvino **165** E 4
Colle Croce **153** D 4
Colle d'Anchise **195** B 5
Colle D'Antico, Chiesa del- **142** D 1
Colledara **164** D-E 2
Colle d'Avéndita **163** B 3
Colle della Sponga **171** C-D 5
Colle del Lys, Parco Regionale- **81** D 6
Colle del Marchese **161** A-B 6
Colle di Cómpito **137** A 6
Colle di Corte **143** D 5
Colle di Dentro = Innerpichl **31** B 5
Colle di Fuori = Ausserpichl **31** B 5
Colle di Fuori **180** D 1
Colledimácine **183** A-B 6
Colledimezzo **184** B 1
Colle di Preturo **171** B 6
Colle di Róio **171** C 6
Colle di Tora **171** D 4
Colle di Val d'Elsa **149** A 4
Colle di Villa = Bauernkohlern **39** B 6
Colle Don Bosco, Santuário- **83** C 4
Colle d'Orano **156** D 1
Colledoro (RM) **180** D-E 2
Colledoro (TE) **164** E 2
Colledoro, Chiesa di- **191** A 5
Colleferro **180** E 2
Collefrácido **171** C 6
Collegalli **138** D 2
Collegara **118** A-B 2
Collegiacone **162** C 3
Collegiglioni **143** E 4
Collégio di Siano **206** E 3
Collégio, il- **100** C 3
Collegiove **171** E 4
Collegiudeo **171** D 5
Collegnago **116** E 2
Collegno **82** D 1
Colle Isarco = Gossensass **28** B 3
Collelicino **162** D 1
Collelongo **181** C 6
Colleluce **153** B 6
Collelungo (PI) **138** D 2
Collelungo (TR-Baschi) **161** C 4-5
Collelungo (TR-San Venanzo) **161** A 4
Collelungo Sabino **170** D 3
Collelungo, Torre di- **158** D 1
Colle Lupo, Fattoria- **158** E 3
Collemácchia **194** A-B 2
Collemaggiore **171** D 6
Colle Malamerenda **149** B 5-6
Collemáncio **152** E 2
Colle Mastroianni **182** E 2

Colle Mattarello **193** A 4
Colle Mausoleo **192-193** A 3-4
Collemelúccio, Casa- **184** E 1
Collemese **153** D 6
Collemeto **227** D 5
Collemezzano **137** E 6
Colle Micotti **170** B 1
Colleminio **152** C 3
Colleminúccio **164** C 2
Collemontanino **137** D 6
Collemoresco **163** C 5
Colléoli **138** C 1
Colle Paganello **153** A 4
Colle Pagánica **163** E 5
Collepardo **181** D 5
Collepasso **230** B 3
Collepepe **152** E 1
Collepietra = Steinegg **39** B 6
Collepietro (AQ) **173** D 4
Collepietro (TE) **164** B 3
Collepino **152** D 3
Collepizzuto **161** D 6
Colle Plínio **141** D 6
Colleponi **143** E 4
Colleponte **162** C 2
Colle Ponte **193** C 4
Colleporto **162** D 1
Colleposta **193** A 6
Collepuno, Colle- **184** B 2
Collere, Monte- **113** B 6
Colle Renòn = Rappersbichl **39** A 6
Colleretto Castelnuovo **64** D 2
Colleretto Giacosa **64** D 3
Cólleri **99** E 6
Collerin, Monte- **81** B 4
Collerinaldo **171** B 5
Collerumiz **44** E 3
Collesalvetti **137** C 5-6
Colle San Benedetto **153** D 6
Colle San Giácomo **181** A 4
Colle San Lorenzo **152** E 3
Colle San Magno **193** B 5
Colle San Marco **154** E 3
Colle Sannita **196** C 2-3
Collesano **265** E 6
Colle San Páolo **151** D 5
Colle Santa Lucia **41** B 5
Colle Santa María (TE) **164** C 2
Collesantángelo **162** E 2
Colle Santo **151** C 6
Collesanto **153** D 6
Colle Sassa **171** C 6
Collescípoli **161** E 6
Collesecco (AR) **151** A 4
Collesecco (CH) **174** C 2-3
Collesecco (PG) **161** A 6
Collesecco (TR) **161** C 5
Collesino **115** D-E 6
Collespada **163** C 5
Collestatte Piano **162** D 1
Collestrada **152** D 1
Colletorto **185** E 5
Colle Tronco **193** B 4
Colletta **109** E 5
Colletta, Cappella della- **95** A 5
Colletta, Cima della- **99** E 6
Colletta, la- **95** D 5
Colletta, Passo la- **108** A 2
Collettara **171** C 6
Collette di Sopra, Alpe- **50** E 2
Colletto **109** B 4
Colletto, Monte il- **80** E 3
Colle Umberto **60** E 2
Colle Umberto I **151** C 6
Collevalenza **161** B 5-6
Collevécchio (RI) **170** C 1
Collevécchio (TE) **164** D 2
Colleverde **162** D 3
Colli (AQ) **171** B 6
Colli (CH) **174** E 3
Colli (CN) **109** C 5
Colli (FR) **193** A 4
Colli (LU) **129** B 5
Colli (MC) **153** A 5
Colli (SP) **114** D 3
Colli, Case- **153** B 6
Colli Alti **131** E 4
Collianello **218** B 3
Colliano **218** B 3
Colli a Volturno **194** A 2

Colliberti **164** E 2
Collicelle **163** D 4
Collicelli **153** A 6
Collicello (AQ) **171** A-B 6
Collicello (TR) **161** D 5
Collicello (VI) **58** D 3
Colli del Tronto **155** E 4
Colli di Bergamo, Parco Regionale- **69** A-B 5
Colli di Fontanelle **215** E 6
Colli di Montebove **180** A 3
Colli Euganei, Parco Regionale dei- **92** B 1
Collimento **153** D 4
Collina (AN) **144** C 2-3
Collina (AP) **154** E 2
Collina (BO) **131** A 4
Collina (FC) **133** D 4
Collina (FI) **131** E 5
Collina (LU) **129** E 6
Collina (MS) **153** B 6
Collina (PT) **130** D 2
Collina (RI) **170** C 3
Collina (UD) **43** B 5
Collina, Monte- **132** C 2
Collina della Porretta, Passo della- **130** C 3
Collina di Superga, Parco Regionale della- **82** D-E 2
Collina Nuova **154** C 3
Collínas **315** A 5
Collinasca **33** C 4
Colline di Napoli, Parco Regionale Metropolitano delle- **216** A 1
Collinello **133** B 5
Collinetta **43** B 5
Cóllio (BS-Cóllio) **55** E 6
Cóllio (BS-Vobarno) **71** C 5
Cóllio → Brda **63** B-C 5
Colliolla **117** C 5
Colli sul Velino **162** E 1-2
Collobiano **65** E 6
Colloredda, Punta di- **303** C 6
Colloredo (UD) **63** A 4
Colloredo (VI) **91** B 6
Colloredo di Monte Albano **62** A 2
Colloredo di Prato **62** B 2-3
Colloreto, Convento di- **241** A 4
Colloro **50** B 3
Collungo **141** B 5
Collura, Fosso della- **261** E 4
Collura, Ponte della- **261** E 4
Colma = Kollmann **30** D 1
Colma di Mombarone **64** C 3
Colma, Bric della- **110** E 3
Colma, Monte- **123** E 4
Colma, Passo la- **50** E 3
Colmano **132-133** B 3-4
Colmata, Vasche di- **199** A 4
Colmegna **51** B 6
Colmello **75** D 6
Colmenetta, Monte la- **35** B 5
Colmet, Monte- **46** C 2
Colmetta, Cima- **50** C 2
Colmirano **59** D 4
Colmurano **154** B 1-2
Colnago **69** C 4
Colobraro **239** B 4
Colóbria **278** C 2
Cologna (FE) **106** A-B 2
Cologna (LC) **53** E 5
Cologna (SO) **37** D 4
Cologna (Svízzera) **36** C 3
Cologna (TE) **165** C 2
Cologna (TN-Pieve di Bono) **56** D 2
Cologna (TN-Tenno) **56** D 3
Cologna (UD) **44** E 3
Cologna = Glaning **27** E 5
Cologna, Monte- **153** E 6
Cologna Spiággia **165** B 4
Colognati, Torrente- **242** D 3
Cologna Véneta **91** C 5
Cologne **70** C 1
Cologno **86** B 2
Cologno al Sério **69** C 5

Cologno Monzese **68** D 2-3
Colognola **70** B 1
Cológnola (MC) **143** E 6
Cológnola (PG) **151** C 6
Cológnola ai Colli **73** E 5
Cológnole (LI) **137** D 5
Cológnole (PI) **129** E 5
Cológnora (LU-Pescáglia) **129** D 1
Cológnora (LU-Villa Basilica) **130** D 1
Cologone, Sorgente su- **309** D 4
Colomba, Monte- **278** C 1
Colombai **138** B 1
Colombáia **117** C 5
Colombáia, Ísola- **260** D 2-3
Colombáie, Case- **137** D 6
Colombano **91** E 6
Colombano, Monte- **81** D 6
Colombara (PU-Frontone) **142** C 1
Colombara (PU-Pióbbico) **142** C 1
Colombara (PV) **99** B 5
Colombara (VC) **83** B 5
Colombara, Secca- **265** A 5
Colombardo, Colle del- **81** D 5
Colombare (BG) **69** D-E 6
Colombare (BS) **71** E 5-6
Colombare (CR) **87** C 4
Colombare (PD) **91** E 5-6
Colombare (VR) **89** C 6
Colombare, le- **89** C 4
Colombare (BS) **70** C 1
Colombare (MO) **118** B 1
Colombaro (TO) **82** C 3
Colombaro dei Rossi **95** E 6
Colombarolo **88** E 2
Colombarone **104** E 1
Colombassi **99** D 5
Colombato, Masseria- **224** B 2
Colombè, Monte- **55** B 6
Colombella **152** C 1
Colombella Alta **152** C 1
Colombella Bassa **152** C 1
Colomber **71** C 5
Colombi **111** B 4
Colombière **94** A 2
Colombina **87** C 4
Colombine, Monte- **55** D 6
Colombo, Casa- **293** C 4
Colombo, Lago- **54** C 2
Colombo, Monte- (FC) **132** B-C 3
Colombo, Monte- (TO) **81** A 6
Colómbus, Punta- **315** A-B 5
Colomello **239** C 4
Colomion, Punta- **80** E 1
Cólombo, Monte- **36** D 3
Comeana **138-139** D 3-4
Comegliàns **43** C 6
Comélico Superiore **42** B 3
Comenduno **54** E 2
Comeno → Komen **79** A 5
Comério **51** D 6
Cómero, Monte- **133** C 3
Comerzo **62** A 2
Comezzano **70** E 1
Comezzano-Cizzago **70** E 1
Cómici, Rifúgio- **31** D 6
Comidai, Bruncu- **321** A 5
Comighello **56** B 3
Comignago **51** E 5
Comina, la- **61** D 4
Comini **101** D 4
Comino **174** D 2
Comino, Capo- **309** A 6
Cómiso **292** A-B 3
Comitini **284** B 3
Comitini, Stazione di- **284** A 3
Comiziano **202-203** E 3-4
Commenda **162** E 2
Commessággio **103** B 4
Commezzadura **38** C 2
Comnago **51** D 5
Como **53** E 4
Como, Lago di- **53** A-C 4-5
Como, Rifúgio- **35** D 4
Comologno **33** D 4
Comoretta, Punta- **308** D 3
Compáccio = Compatsch **30** E 1

Compáccio = Kompatsch **26** D 3
Comparni **248** E 3
Comparte **37** E 5
Compatsch = Compáccio **30** E 1
Compiano (PR) **115** B 4
Compiano (RE) **117** B 4
Compiérchio, Masseria- **204** D 3
Compignano (LU) **129** E 5
Compignano (PG) **151** E 6
Compiobbi **139** B 6
Compione **115** D 6
Compito **141** B 4
Complesso Immacolatelle-Micio Conti, Riserva Naturale- **283** B-C 5-6
Complesso Morénico di Castellaro Lagusello, Riserva Naturale- **89** D 3
Compre, le- **181** D 6
Compresso **151** B 6
Comprovasco **33** A 6
Comugni **140** C 2
Comuna **65** E 4
Comuna Béllis **90** E 3
Comunáglia **151** A 6
Comunale, Monte- **73** E 6
Comunanza **154** D 2
Comune Santuário **90** E 4
Comune, Monte- **215** E 6
Comune, Pizzo- **266** E 1
Comune, Serra- **181** D 6
Comunéglia **114** D 3
Comunelli, Lago- **287** C 5
Comunelli, Monte- **245** D 5
Comunelli, Torrente- **287** D 5
Comune Sottano **115** A 4
Comuni **91** C 5
Comuni, Timpone i- **250** C 2
Comunitore, Monte- **163** B 5-6
Comùn Nuovo **69** C 5
Cona (FE) **106** C 1
Cona (VE) **92** D 3
Cona (VR) **72** C 3
Cona, la- **191** E 6
Cona, Ponte de- **92** D 3
Cona di San Mazzeo **244** E 3
Cona di Selvapiana **192** A 1
Cona Faiete **164** C 1
Cona Rovara **182** C 2
Conca **58** E 1
Conca, Capo- **217** D 4
Conca, Monte- **39** E 6
Conca, Monte- **285** A 4
Conca, Pizzo- **279** B 4
Conca, Rio sa- **302** C 3
Conca, Taverna di- **194** C 2
Conca, Torrente- **135** D 4
Conca Casale **194** B 1
Conca Cialancia, Parco Regionale- **94-95** B 3-4
Conca d'Álbero **92** D 3
Conca dei Marini **217** D 4
Conca della Campánia **194** D 1
Concadirame **92** D 3
Conca d'Oro (PA) **263** A-B 4
Conca d'Oro (TN) **57** D 4
Conca d'Oro, Masseria- **223** D 4
Concali, Monte su- **319** A 6
Concamarise **90** D 3
Concarabella, Cantoniera- **302** C 2-3
Concarena, Monte- **55** C 5
Cóncas **303** D 5-6
Cóncas, Case Rupestri sas- **308** D 2
Conca s'Omu, Monte- **314** D 2-3
Conca Verde **296-297** C 3-4
Concei **56** D 2
Concei, Val di- **56** C-D 2
Concenedo **53** C 6
Concerviano **171** C 4
Concésio **70** C 3
Concessa **258** B 2
Conceziona, Masseria- **210** D 1
Conche **93** C 4
Conche, le- **225** E 5

Conche, Bosco le- **221** E 4
Conche, Monte- **70** C 3
Cónchia, Masseria- **211** C 5-6
Conchíglie, Lido- **227** E 4
Concio Longo **241** C 5
Conco **58** E 2
Concórdia Sagittária **77** B 4-5
Concórdia sulla Sécchia **104** B 2
Concorezzo **68** C 3
Concosu, Punta- **312** A 2
Concrevà **106** A 3
Condamine-Châtelard, la- **108** B 1
Condemine **47** B 4
Condino **56** D 1-2
Condofuri **256** E 2
Condofuri Marina **259** E 4
Condojanni **257** C 5
Condojanni, Fiumara di- **257** C 4-5
Condove **81** E 5
Condrò **269** A 6
Cone, le- **180** E 2
Coneglíano **60** E 2
Cónero, Monte- **145** B 4
Cónero, Parco Regionale del- **145** B-C 4-5
Conetta **92** D 3
Confienza **84** B 2
Confienzo, Rio- **50** E 2
Confígni (RI) **170** B 2
Confígni (TR) **161** C 6
Confígno **163** D 5
Confinale, Monte- **37** B 6
Confinale, Passo- **36** C 2
Confine, Cornetto di- = Markinkele **31** B 6
Confini **203** D 5
Conflenti **244-245** E 3-4
Conflenti Inferiore **244-245** E 3-4
Conflenti Superiore **245** E 4
Confreria **109** C 6
Conga Agnelli, Masseria- **199** B 4
Coniale **131** B 6
Conícchio **70** C 3
Conídoni **248** D 3
Conie, le- **150** E 2
Conigli, Ísola dei- (AG) **284** E 3
Conigli, Ísola dei- (LE) **226** D 3
Conigliara, Masseria- **291** B 4
Cónio **123** C 5
Cónio Avena **113** B 4
Coniolo (AL) **83** D 6
Coniolo (BS) **87** B 6
Conna **124** E 2
Conócchia **194** A 3
Conócchia, Ponte- **233** A 6
Consalvi, Chiesa di- **144** E 3
Consándolo **106** E 1
Conscente **124** C 2
Consci **114** D 2
Conscio **75** C 6
Consélice **120** C 2
Conselve **92** C-D 2
Corsíglia **113** C 6
Consíglio di Rumo **35** E 4
Consolazione **256** D 1
Consolazione, Convento- **198** E 1
Consolino, Monte- **255** C 4
Consonno **53** E 5
Consovero **110** B 1
Consuma **140** A 1
Consuma, Passo della- **140** A 2
Contamines-Montjoie, les- **46** A 1
Contarina **107** A 4
Contarini **75** B 4
Conte, Casa del- **238** E 2
Conte, il- **105** E 4
Conte, Porto- **300** D 1
Contea **75** B 5
Conte Bosco, Póggio del- **285** C 6
Conte di Nóia, Masseria- **198** E 3
Contegnaga **70** D-E 2

Contei **111** D 5
Contemplazione **258** B 2
Contérico **68** E 3
Conters im Prättigau **24** A 1
Contessa **244** A 3
Contessa, Canale della- **199** A 4
Contessa, Casa- **151** B 6
Contessa, Casa della- **291** E 5
Contessa, Cava della- **291** E 5
Contessa, Monte- (CZ) **249** C 5
Contessa, Monte- (GE) **112** C 3
Contessa, Monte- (SR) **289** D 5
Contessa, Punta della- **213** D 6
Contessa Entellina **277** A 6
Contessa Mannelli, Masseria- **199** D 4
Contesse **258** C 2
Conti, i- **190** D 1
Contigliano **170** B 2
Contignaco **101** D 5
Contignano **150** E 2
Contile **115** A 5
Contone **33** E 6
Contra **194-195** D 3-4
Contra **33** D 6
Contra, sa- **302** B 1
Contrada (AV) **217** A 5
Contrada (CN) **111** B-C 4
Contrada Alba **73** A-B 5
Contrada Cappellazzi **73** B 5
Contrada della Chiesa **101** B 5
Contrada Ebrei **98** C 3
Contrada Scaleri, Riserva Naturale Geologica di- **279** D 6
Contra d'Óschiri **308** C 1
Contrapò **106** C 1
Contra Quadrada **303** C 4
Contrasto, Colle del- **267** D 5
Contreddas, sas- **302** B 1
Contrin, Rifúgio- **41** B 4
Contrò, Monte- **245** E 4
Controguerra **155** E 5
Contron **60** A 3
Controne **218** E 2
Contura **269** C 2
Contúrbia **66** B 2
Convalle **129** D 5
Conventello **120-121** C 3-4
Conventino **179** A 5
Conventino, il- **169** A 4
Convento **154** A 2
Convento (FG) **189** D 4
Convento, il- **185** C 6
Conventu, Nuraghe su- **315** A 4-5
Conversano **211** B 4
Converselle **132** A 3
Conza, Lago di- **204** E 3
Conza, Sella di- **204** E 3
Conza-Andretta-Cairano, Stazione di- **204** E 3
Conza della Campánia **204** E 3
Conza della Campánia (rovine) **204** E 3
Conzago **59** B 5
Conzano **84** E 1
Conzattu, Nuraghe- **301** D 5
Copanello **250** E 2
Cop di Breguzzo, Cima- **56** B 1
Copérchia **217** C 5
Copérmio **102** C 3
Copersito **232** B 3
Copertino **227** C-D 4
Copiano **86** C-D 2
Copogna **153** C 5
Coppa, Monte- (PZ) **238** A 3
Coppa, Monte- (SP) **115** D 4
Coppa, Torrente- **99** B 5
Cóppari, Monte- **249** D 5
Coppa Castello, Masseria- **186** C 2
Coppa del Fornaro **189** B 4
Coppa della Mácchia **188** E 2
Coppa di Mastro Stéfano **188** D 1

Coppa di Mezzo **188** D 2
Coppa di Rose **186** C 1
Coppa di Rose, Masseria- **186** C 1
Coppa Ferrata **188** C-D 2
Coppa Guardiola **189** D 4
Copparo **106** B 2
Coppa San Pietro **197** B 4
Coppa Santa Tecla **189** D 5
Coppa Sartágine **189** B 4
Coppe **162** E 1
Coppe di Maltempo, Masseria- **206** B 2
Coppere, Colle- **185** C 4
Coppetto, Pizzo- **37** B 5
Coppito **172** C 1
Coppo **145** C 4
Coppo dei Fossi **189** B 4
Cóppola, Masseria- **225** D 6
Cóppolo, Monte- (BL) **58** B 3
Cóppolo, Monte- (MT) **239** B-C 4
Copreno **67** B 5
Cor, Monte- **59** C 6
Corace, Fiume- **250** D 2
Córaci **245** D 4
Corallo, Porto- (CA) **317** E 6
Corallo, Porto- (CI) **314** E 2
Corana **85** E 4
Corano (GR) **159** E 5
Corano (PC) **100** B 1
Coratini, Fermata- **210** E 3
Corato **207** A 5
Corbanese **59** C-D 6
Corbara (SA) **217** C 4
Corbara (TR) **161** C 4
Corbara, Lago di- **161** B-C 4
Corbassière, Giacier de- **48** A 1
Corbesassi **99** E 6
Corbesate **85** C 6
Corbetta **67** D 4
Corbíglia **81** E 6
Corbiolo **72** C 3
Córbola **106** A 3
Corbolone **76** B 3
Corborant, Torrente- **108** D 3
Corcagnano **102** E 2
Corcelli, Ísola- **297** B 4
Córchia **115** B 6
Corchiano **169** C 5-6
Córcia **153** B 4
Corciano **151** C 6
Corcolle **179** C 6
Corcrevà **106** A 3
Corcumello **181** B 5
Corda di Lana, Masseria- **226** C 3
Cordelle **41** C 6
Cordellón **59** C 5
Cordenóns **61** D 5
Cordesco **164** C 3
Cordévole, Torrente- (BL-Ágordo) **41** C 5
Cordévole, Torrente- (BL-Sappada) **43** B 4
Cordigliano **152** C 1
Cordignano **60** D-E 3
Cordivino **143** E 6
Cordona, Monte- **113** C 5
Córdova **82** D 2
Cordovado **62** E 1
Cordra, Monte- **320-321** A 3-4
Core, Monte- **190** D 1
Córedo **39** C 4
Coréggia **211** D 5
Coréglia Antelminelli **129** B 6
Coréglia Lígure **113** D 6
Corella **132** D 1
Coremò **319** B 4
Corenno Plínio **53** A-B 5
Coreno Ausónio **193** D 6
Corese Terra **170** E 2
Corezzo **140-141** A 3-4
Corfínio **173** E 4
Corfínium **173** E 4
Corfino **129** A 5
Corgeno **51** E 6
Corgna **151** B 5
Corgnale → Lokev **79** C 6
Córgnolo **62** D 3

Cori **191** A 5-6
Coriano (RE) **117** D 4
Coriano (RN) **134** D 3
Coriano (VR) **91** C 4
Coriasco **82** C 1-2
Coriconi **154** D 2
Coriglianeto, Torrente- **242** C-D 2
Corigliano **194** E 1
Corigliano Scalo **242** C 2
Corigliano Cálabro **242** D 2
Corigliano d'Ótranto **227** E 6
Corinaldo **143** B 5
Corio **33** C 4
Cório **82** B 1
Corippo **33** D 6
Coritenza, Torrente- → Koritnica **45** D 5
Coritis **45** D 4
Corlaga **115** D 6
Corláiti **73** D 4
Corleone **263** E 4
Corleone, Fiume di- **262** E 3
Corleto (FG) **198** E 3
Corleto (RA) **120** E 3
Corleto, Bosco di- **219** E 4
Corleto Monforte **233** A 5
Corleto Perticara **237** A 5
Corletto **104** E 1
Corliano **138** B 2
Corlo (FE-Ferrara) **106** B 1
Corlo (FE-Jolanda di Savoia) **106** B 3
Corlo (MO) **118** B 1
Corlo (PG) **151** A 6
Corlo, Lago de- **58** C 3
Cormano **67** C-D 6
Cormelano, Monte- **162** C 1
Cormóns **63** C 5
Cormòr, Canale- **62** E 2-3
Cormòr, Torrente- **62** C 3
Corna **55** D 5
Corna Blacca, Monte- **55** E 6
Cornácchia, Monte- (AQ-Collimento) **172** D 1
Cornácchia, Monte- (AQ-FR) **182** D 2
Cornácchia, Monte- (FG) **197** C 5
Cornácchia, Punta- **214** C 2
Cornacchiáia **131** B 5-6
Cornacchiano **164** B 2
Cornacci **40** C 2
Cornaccina **101** E 6
Cornacervina **106** D 2
Corna del Bo, Punta- **56** E 3
Corna di Campo **36** B 3
Corna di Sonclino, Monte- **70** B 3
Cornagèt, Monte- **43** E 4
Cornagiera, Monte- **54** E 2
Cornaiano = Girlan **39** B 5
Corna Imagna **53** D 6
Cornalba **54** D 2
Cornale (AL) **83** D 6
Cornale (CN) **97** D 4
Cornale (PV) **85** E 4
Cornalè, Monte- **57** E 4
Cornalea **97** C 6
Cornaleto **87** C 5
Cornaletto **109** C 4
Cornalita **54** D 1
Corna Lunga, Monte- **54** E 3
Cornappo **45** E 4
Cornappo, Torrente- **44-45** E 3-4
Cornarè **76** A 2
Cornaredo **67** D 5
Cornareto **99** E 5
Cornaro **100** E 1
Cornate, le- **148** D 3
Cornate d'Adda **69** B-C 4
Cornate Fosini, Riserva Naturale le- **148** C 3
Corna Zeno, Monte- **55** E 6
Cornè (RO) **106** A 1
Cornè (TN) **57** E 4

Corne, Monte- **72** C 2
Córnea, Fiume- **218** C 1
Corneda **115** E 5-6
Corne de Bouc, Pointe de la- **122** B 2
Cornedo all'Ísarco = Karneid **39** B 6
Cornedo Vicentino **73** C 5
Cornegliana **92** C 2
Cornegliano Laudense **86** C 3
Cornei **60** B 2
Corneliano Bertário **69** D-E 4
Corneliano d'Alba **96** D 3
Cornello, Masseria- **188** D-E 3
Cornello, Passo- **153** C 4
Corneta, Monte- **141** E 4
Corneto (BS) **70** C 2
Corneto (RE) **117** D 5
Cornetto, Monte- (BG) **55** C 4
Cornetto, Monte- (TN-Centa San Nicolò) **57** C 5
Cornetto, Monte- (TN-Cimone) **57** C 4
Cornetto, Monte il- **73** B 4
Cornétole **103** D 4
Cornetti **81** C 4
Cornetto di Confine = Markinkele **31** B 6
Córnia **113** C 6
Córnia, Fiume- **147** D 6
Corniana **116** A 1-2
Corniano (MN) **89** D 5
Corniano (RE) **117** A 4
Corni Bruciati **36** D 1
Cornice **115** E 4
Cornicolani, Monti- **179** A 5-6
Corni di Canzo **53** D 5
Corni di Nibbio, Monte- **51** B 4
Cornigian **41** C 6
Corníglia **126** D 3
Cornigliano Lígure **112** C 3
Corníglio **116** C 2
Cornillo Nuovo **163** D 5
Cornillo Vécchio **163** C 5
Cornìn, Dosso- **37** C-D 4
Cornino (TP) **261** C 4
Cornino (UD) **44** E 2
Cornino, Piano- **171** C 5
Corniola **138** C 3
Córniolo **130** B 3
Córniolo **132** D 2-3
Corniolo, Monte- **55** E 5
Cornisello, Laghi di- **38** D 1-2
Cornizzolo, Monte- **53** D 5
Corno (AL) **84** C-D 1
Corno (TO) **96** C 1
Corno (VR) **72** E 2
Corno, Fiume- (PG) **162** B 3
Corno, Fiume- (UD) **62** E 3
Corno, Ísola del- **318** B 1
Corno, Monte- (BG) **54** E 3
Corno, Monte- (IS) **194** B 1-2
Corno, Monte- (RI) **162** E 3
Corno, Monte- (TN) **38** D 3
Corno, Monte- (UD) **43** E 5
Corno, Monte- = Horn Spitz **39** D 5
Corno, Punta del- **70** B 2
Corno, Torrente- **62** D 2
Corno, Vado di- **172** A-B 2
Corno alle Scale **130** B 2
Corno alle Scale, Parco Regionale del- **130** B 2
Corno Baitone **37** E 5
Corno Battisti **37** E 5
Corno Bianco (TO) **81** A 5
Corno Bianco (VC) **49** C 5
Corno Bianco = Weisshorn (BZ-Aldino) **39** C 6
Corno Bianco = Weisshorn (BZ-Racines-Sarentino) **27** B 6
Cornócchia **149** C 4
Cornocchia, Riserva Naturale- **148-149** C 3-4
Cornócchio **102** D 2
Corno d'Áola **37** D 6
Corno d'Áola, Rifúgio- **37** D 6
Corno d'Aquílio **72** C 3
Corno del Camóscio **49** B 5
Corno dei Tre Signori **37** C 6
Corno della Paura **57** E 4

Corno delle Granate **37** E 5
Corno del Passo = Jochköpfl **27** A 4
Corno di Campo Bianco **58** C 1-2
Corno di Fáller **49** B 6
Corno di Fana = Pfannhorn **31** B 6
Corno di Renòn = Rittner Horn **27** D 6
Corno di Rosazzo **63** C 4-5
Corno di San Colombano **37** B 5
Corno di Scarpignano **50** B 2
Corno di Tramin = Tagewaldhorn **30** B 1
Corno di Tres **39** C-D 4
Corno Dosdè **37** B 4
Corno Fana (Pfannhorn) **31** A 5
Corno Gióvine **87** D 5
Corno Grande **164** E 1
Corno-Gries, Capanna- **32** A 3
Corno Lèndeno **56** B 1
Córnolo (PC) **100** E 3
Córnolo (PR) **114** B 3
Córnolo (SO) **35** D 6
Corno Mara **36** D 2
Corno Miller **37** E 6
Cornone **186** B 2
Cornone di Blumone **56** C 1
Corno Nero **56** E 3
Corno Píccolo **164** E 1
Corno Piglimò **49** B 6
Corno Rosso (AO) **49** B-C 5
Corno Rosso (AO-VC) **49** D 5
Corno Rosso (VB-Svízzera) **49** A 6
Corno Rosso (VC) **49** C 6
Corno Stella **54** B 2
Cornour, Punta- **94** B 3
Corno Valdóbbia **49** C 5
Cornovécchio **87** D 5
Cornovíglio, Monte- **115** E 5
Corno Vitello **49** C 5
Corno Zuccone **53** D 6
Cornù **49** E 4
Cornuda **59** E 5
Córnus, Nuraghe- **310** A 2
Córnus, Rovine- **310** A 2
Cornuto, Monte- **158** C 4
Cornuto, Ponte- **238** E 1
Coróglio **215** C 4
Coromèdus, Monte- **312** D 2
Corona (AQ) **172** E 1
Corona (GO) **63** D 5
Corona (MT) **221** C 4
Corona (SV) **112** C 1
Corona = Graun **39** C 5
Corona Alta, Punta- **301** C 5
Corona di Groppo, Monte- **32** C 3
Cornna di Redorta **33** B 5
Corona Maria, Monte- **318** A 3
Corona Niedda, Scogli- **306** C 2
Corona, Monte- (TN-Giovo) **39** E 4
Corona, Monte- (TN-Roncone) **56** C 1
Corona, Monte- (TN-Sporminore) **38** D 3
Corona, Monte- (UD) **45** B 4
Corona, Nuraghe sa- **316** D 1
Corone (BG) **54** D 2
Corone (PG) **162** A 3
Coronella **105** C 6
Coroneo, Nuraghe- **312** A 2
Corónes, Plan de- = Kronplatz **31** C 4
Corongedda, Monte- **316** C 3
Coróngiu **319** A 4
Coróngiu, Cantoniera- **320-321** B 3-4
Coróngiu, Fiume- **313** C 5
Coróngiu, Laghi di- **320-321** A 3-4
Coróngiu, Ponte- **317** B 6
Coróngiu, Punta- **313** C 4
Coróngiu Era **312** D 1
Corpegàn, Monte- **73** D 5
Corpi Santi **183** A 6
Corpo di Cava **217** C 5
Corpolò **134** C 2

Corpo Reno **105** D 4
Corposano **141** C 5
Corquet, Monte- **47** C 5
Corra Chérbina, Punta- **308** D 1
Corrasi, Punta- **309** E 4
Corrazzu, Nuraghe- **311** E 6
Correboi, Arcu- **312** B 3
Corr'e Cerbu, Rio- **317** D 5-6
Correggi **106** D 2
Corréggio (FE) **106** C 1
Corréggio (RE) **103** E 5-6
Correggioli **90** E 3
Correggioverde **103** C 4
Correnti, Ísola delle- **293** E 6
Corr'é Pruna, Rio- **321** A 5-6
Correzzana **68** B 3
Correzzo **90** D 3
Correzzola **92** C-D 3
Corrías, Casa- **314** E 3
Corridónia **154** A 3
Corridore del Pero **283** E 5
Corrieri **130** B 2
Corriolo **271** C-D 6
Corrópoli **155** E 5
Corrùbbio **72** D 3
Corrugunele **303** C-D 4
Corrulia, Nuraghe- **317** D 5
Corru Mannu, Punta- **310** E 2-3
Córrus de Trubutzu, Nuraghe- **313** C 5
Corságlia **110** D 2
Corságlia, Torrente- **110** C-D 2
Corsagna **129** C 6
Corsalone **140** B 3
Corsalone, Torrente- **140** A 3
Corsánico **129** D 4
Corsano (AV) **204** B 1
Corsano (LE) **231** D 5
Corsano (MS) **128** A 3
Corsari, Fiumara dei- **258** A 2
Corsari, Masseria- **227** D 4
Corsari, Torre dei- **314** A 2
Corsi, Masseria- **206** B 2
Corsi, Pián dei- **111** E 5
Corsi, Rifúgio- **38** A 1
Corsi, Rifúgio- = Zufall Hütte **26** E 1
Córsica **296** A 2-3
Córsico **67** E 5
Corsignano **149** A 5
Corsione **83** E 5
Corso **72** C 3
Corso, Portella- **285** D 5
Corso, Sella- **43** E 5
Corsonna, Torrente- **129** B 6
Cort **56** B 3
Cortàbbio **53** C 6
Cortáccia sulla Strada del Vino = Kurtatsch an der Weinstrasse **39** C 5
Cortafon, Monte- **34** E 3
Cortale (CZ) **249** B 6
Cortale (UD) **62** A 3
Cortalta **90** C 2
Cortandone **97** B 4
Cortanieto **83** D 4
Cortanze **83** E 4
Cortazzone **97** A 4
Corte (AT) **97** D 6
Corte (BL-Borca di Cadore) **41** B 6
Corte (BL-Livinallongo del Col di Lana) **30** E 3
Corte (IM) **123** C 4
Corte (MN) **89** E 4
Corte (PD-Galliera Véneta) **74** C 3
Corte (PD-Piove di Sacco) **92** C 3
Corte (VC) **50** D 3
Corte (VI) **73** B 6
Corte- = Hof **30** C 3
Corte, la- (RE) **103** E 4
Corte, la- (SS) **298** E 2
Corte, Monte- **54** C 2
Corte, Monte della- **182** D 3
Corte, Rio di- **307** D 4
Corte Brugnatella **100** E 1
Corte Centrale **106** D 3
Corte Cérbos, Monte- **312** C 1

Corte de' Cortesi **87** C 6
Corte de' Cortesi con Cignone **87** C 6
Corte de' Frati **88** C 1
Corte d'Ísola → Korte **79** D-E 4
Corte Franca **70** C 1
Cortelà **91** C 6
Corteletta **100** D 3
Cortella, Val- **58** A-B 3
Cortellazzo **77** D 4
Cortellazzo, Porto di- **77** D 4
Corte Madama **87** C 5
Cortemaggiore **101** B 5
Cortemília **111** A 5
Cortenédolo **37** E 4-5
Córteno, Valle di- **37** E 4-5
Córteno Golgi **37** E 4
Cortenova **53** B-C 5
Cortenuova (BG) **69** D 6
Cortenuova (FI) **138** B 3
Corteolona **86** D 2
Corte Palásio **86** B 3
Corte Pórcus, Monte- **317** B 5
Corteranzo **83** D 4
Corteréggio **82** B 2
Corte Rusta **90** E 2
Cortesano **39** E 4
Corte Sant'Andrea **86** D 3
Corte San Vincenzo **211** D 5
Cortetano **87** D 6
Corte Vétere, Masseria- **226** C 2
Corti (BG) **55** E 4
Corti (PC) **101** E 4
Corti (SO) **35** B 4
Corti, le- (FI-Fucécchio) **138** B 2
Corti, le- (FI-Greve in Chianti) **139** D 5-6
Corti, le- (LU) **129** E 5
Corticato, Sella del- **233** A 5
Corticella (BO) **119** B 4
Corticella (RE) **117** A 6
Corticelle Pieve **70** E 2
Corticiasca **34** E 2
Cortiglione (AT-Cortiglione) **97** C 6
Cortiglione (AT-Robella) **83** D 4
Cortigno **162** B 3
Cortile **104** C 2
Cortina (PC) **101** C 5
Cortina (PN) **61** C 4
Cortina (TN) **38** C 1
Cortina, Serra- **239** B 4
Cortina d'Ampezzo **31** E 5
Cortina sulla Strada del Vino = Kurtinig an der Weinstrasse **39** D 5
Cortine (BS) **70** C 3
Cortine (FI) **139** E 5
Cortine (MN) **89** C 4
Cortino **164** D 1
Cortino, Torrente- **205** D 4
Cortióis **319** C 4
Corti Rósas **317** C 4
Cortivo **73** C 5
Corto, Casa del- **159** B-C 6
Cortoghiana **318** A 3
Cortogno **117** B 4
Cortona **151** A 4
Cortona, Ponte di- **150** B 3
Corva (AP) **155** A 4
Corva (PN) **61** E 4
Corváia **129** C 4
Corvara (PE) **173** C-D 4
Corvara (SP) **126** C 3
Corvara = Corvara in Badia **30** E 3
Corvara = Rabenstein (BZ-Moso in Passíria) **27** A 4
Corvara = Rabenstein (BZ-Sarentino) **27** C 6
Corvara in Badia = Corvara **30** E 3
Corvaro **171** D 6
Corvatsch, Piz- **36** B 1
Corvéglia **96** B 3
Corvella **130** A 3
Corvi **110** B 2
Corvi, Monte dei- **145** B 4
Córvia **152** E 3

Córvia, Colle- **180** C 1
Corviale **179** C 4
Corvíglia **24** E 1
Corvino, Torrente- **240** C 2
Corvino San Quírico **99** A-B 6
Corvione **88** C 2-3
Corvo, Monte- (AQ-TE) **164** E 1
Corvo, Monte- (PA-Bolognetta) **263** C 5
Corvo, Monte- (PA-Geraci Sículo) **266** E 3
Corvo, Monte- (PE) **173** E 4
Corvo, Piano del- **244** E 3
Corvo, Pizzo- (ME) **268** E 3
Corvo, Pizzo- (MT) **221** E 5
Corvo, Ponte- **203** C 5
Corvo, Punta del- (ME) **273** C 5
Corvo, Punta del- (RG) **292-293** D 3-4
Corvo, Valle del- **263** C 6
Corzago **117** D 5
Corzano (BS) **70** E 1
Corzano (FC) **133** E 4
Corzati **73** B 5
Córzes → Kortsch **26** D 2
Córzes, Monte di- = Kortscher Jöchl **26** C 2
Corziago **83** D 4
Corzonera **47** E 6
Corzóneso **33** A 6
Cosa (GR) **167** C 4
Cosa (PN) **61** C 6
Cosa (VB) **32** E 2
Cosa, Fiume- **192** A 2
Cosa, Torrente- **61** C 6
Cosa, Torrente la- **218** E 1-2
Cosana **111** B 5
Cosasca **32** E 2
Cosbana nel Cóllio → Kožbana **63** B 5
Cosce, Monte- **170** B 1
Coscerno, Monte- **162** C 2
Cóscia di Donna, Capo- **298** C 1
Coscile, Fiume- **241** B-C 6
Coscinello, Torrente- **241** E 4
Coscogno **118** D 1
Cosderuóibe **31** E 6
Coseanetto **62** B 2
Coseano **62** B 2
Coseat, Bívio- **61** D 6
Cosentini **283** A 6
Cosentino, Masseria- **245** A 4
Cosenza **244** B 3
Cosérie, Torrente- **242** D 3
Cósimo, Pizzo- **266** D 3
Cósina **120** E 2-3
Cósina → Kozina **79** C 6
Cósio **35** E 5-6
Cósio di Arróscia **123** B 4
Cósio Valtellino **35** E 5-6
Cósizza **63** A 5
Cósizza, Fiume- **63** A 5
Cosoleto **256** B 3
Cosona **150** C 1
Cospáia **141** C 5
Coss, Cime de- **122** C 2
Cossano Belbo **97** E 5
Cossano Canavese **65** E 4
Cossarello, Monte- **49** D 5-6
Cossato **65** C 5
Cossatzu, Cantoniera- **312** C 2
Cosséria **111** C 5
Cossignano **155** D 4
Cossirano **70** E 1
Cossito **163** C 5
Cossogno **51** C 4-5
Cossoíne **307** C 4
Cossombrato **83** E 5
Cossu, su- **303** D 6
Costa (AL-Morbello) **112** A 1
Costa (AL-Ovada) **112** A 2
Costa (BG) **54** C 2
Costa (BL-San Nicolò di Comelico) **42** B 3
Costa (BL-San Vito di Cadore) **41** B 6
Costa (BL-Selva di Cadore) **41** B 5
Costa (BL-Zoldo Alto) **41** C 6
Costa (BS) **71** B 4

Costa (BZ) **30** C 3
Costa (CN) **111** B 4
Costa (GE) **113** B 5
Costa (MC-Pióraco) **153** B 5
Costa (MC-Serravalle di Chienti) **153** D-E 4-5
Costa (PC) **100** B 2
Costa (PD) **92** C 1
Costa (PG) **153** C 1
Costa (PN) **61** C 4
Costa (PR) **116** B 2
Costa (RA) **119** E 6
Costa (RG) **292** B 3
Costa (SV-Finale Lígure) **111** E 6
Costa (Svízzera) **33** D 6
Costa (SV-Osíglia) **111** D 5
Costa (TN) **57** D 5
Costa (TO-Cumiana) **95** A 5
Costa (TO-Venáus) **80** D 3
Costa (UD) **63** A 5
Costa (VI) **73** D 5
Costa, la- (AL) **99** E 4
Costa, la- (LU) **116** E 3
Costa, la- (PG-Città della Pieve) **151** D 4
Costa, la- (PG-Spoleto) **161** C 6
Costa, la- (PR-Berceto) **115** B 6
Costa, la- (PR-Neviano degli Arduini) **117** B 4
Costa, la- (VI) **58** D 1
Costa, la- (VR) **73** D-E 4
Costa, Malga- **58** C 2
Costa, Monte- **60** C 2
Costa, Monte della- **194** D 3
Costa, Serra sa- **312** C 1
Costa Bacélega **123** B 6
Costabella **111** D 5
Costabella, Monte- **40** B 3
Costa Bianca **145** D 4
Costabissara **73** D 6
Costabona **117** D 4
Costabona → Koštabona **79** E 5
Costa Brunella, Lago di- **40** E 2
Costacalda **110** E 2
Costa Calda, Monte- **218** C 1
Costa Carnara **123** D 5
Costa Cavalieri **99** C 6
Costacciaro **142** E 3
Costa d'Agra **57** D 6
Costa d'Arvello **153** D 4
Costadásino **115** A 5
Costa de' Grassi **117** D 4
Costa de' Nóbili **86** D 2
Costa di Castrignano **116** A 3
Costa di Mezzate **69** B 6
Costa di Rovigo **92** E 1
Costa di Serina **54** D 2
Costa d'Onéglia **123** D 5-6
Costa Dorata **303** B 6
Costafabbri **149** B 5
Costa Fiorita (zona turistica) **51** B-C 5-6
Costafontana **113** B 6
Costa Lamberti **96** E 2
Costalissóio **42-43** B 3-4
Costalovara = Wolfsgruben **39** A 6
Costalpino **149** B 5
Costalta (BL) **43** B 4
Costalta (PC) **100** C 1
Costalta (RE) **117** E 4-5
Costalunga (TV) **59** E 4
Costalunga (UD) **63** A 4
Costalunga (VR) **73** E 5
Costalunga, Passo di- = Karerpass **40** B 2
Costamagna **110** A 3
Costa Masnaga **53** E 5
Costa Merlata **212** B 3
Costamezzana **101** D 6
Costa Molini = Mühleck **29** A 6
Costa Montefedele **86** E 2
Costano **152** D 2
Costanzana **83** C 6

Costa Ótranto-Santa Maria di Léuca e Bosco di Tricase, Parco Regionale- **231** A-D 5-6
Costapaton, Casera- **43** D 4
Costa Pavesi **101** D 6
Costa Pelata, Regione- **99** B 6
Costapiana **73** B 5
Costarainera **123** E 5
Costarizza, Masseria- **207** D 4
Costa Rossa, Bric- **109** D 6
Costa San Luigi **110** B 3
Costa San Savino **142** E 4
Costa Sant'Abramo **87** C 5
Costa Santo Stéfano **98** E 3
Costasavina **57** B 6
Costa Sobretta, Rifúgio- **37** B 6
Costa Stradivari **101** D 4
Costa Valle Imagna **53** E 6
Costa Vescovato **99** D 4
Costa Volpino **55** D 4
Costazza, Monte- **41** C 4
Coste (TV) **59** E 5
Coste (VR) **72** C 3
Coste (VT) **160** D 2
Coste, le- (IS) **195** B 4
Coste, le- (MO) **118** D 1
Coste, le- = Glaiten **27** B 5
Costeana, Rio- **31** E 4-5
Coste Castello, Riserva Naturale- **205** E 6
Costeggiola **73** E 5
Costerbosa **115** B 5
Costermano **71** C 6
Coste San Páolo **162** A 1-2
Costey **49** E 5
Costi, Cúccuru de- **309** C 5
Costiera, Catena- **244** A-D 2
Costiera Amalfitana **217** D 4
Costigliole d'Asti **97** D 5
Costigliole Saluzzo **109** A 6
Costo **73** D 6
Costóia **41** C 5
Costola **114-115** D 3-4
Coston, Rifúgio del- = Hintergrathütte **25** E 6
Costòn dei Laghi **57** E 6
Costone, Cime del- **56** E 2
Costone, Monte- **53** C 4
Costone, Monte il- **172** E 1
Costone, Póggio- **167** B 6
Costone del Bregagno **53** A-B 4
Costório **70** C 3
Costozza (BO) **130-131** B 3-4
Costozza (VI) **74** E 1
Costrignano **117** D 6
Côte de Gargantua, Riserva Naturale- **47** C 4
Côte de I'ne, Pointe- **108** D 1
Cotento, Monte- **181** C 4
Cotignola **120** D 2-3
Cotília, Terme di- **171** B 4
Cotogni **194** D 1
Cotomino **288** B 1
Cotone, Castello di- **158** C 3
Cotorniano **149** C 4
Cotronei **246** C-D 3
Cotschen, Monte- **24** E 3
Cotschen, Piz- **25** B 4
Cottanello **170** B 2
Cotti **174** E 3
Cottiano **132** A 2-3
Cotto **116** E 2
Cóttola, Torrente- **249** B 5
Cottone **269** E 5
Cotugno, Masseria- **225** E 5
Coturie, Masseria le- **226** C 1
Cougourde, Refuge de- **122** A 1
Coupeau, le- **46** A 1
Courbaton **46** D 2
Courchevel **80** A 1
Courmayeur **46** E 2
Courtil, Col di- **49** E 4
Couvercle, Refuge du- **46** A 2
Covala **256** B 2
Covecada, Punta- **302** D 3
Cóvedo → Kubed **79** D 5
Covelano = Göflan **26** D 2

Covelano alla Cava, Albergo- = Göflaner Hütte **26** D 2
Covelano, Lago di- = Göflaner See **26** D 2
Covello, Monte- **249** C 5
Cóvelo (BS) **70** B 2
Cóvelo (TN) **57** B 4
Covigliáio **131** B 5
Coviolo **117** A 5
Covo **69** D 6
Cóvolo (TV) **59** E 5
Cóvolo (VI) **73** D 6
Cóvolo, Laghi del- = Kofíraste Seen **26** D 3
Coxinadróxiu, Bruncu- **321** A 4
Coxinas, Rio- **316** D 3
Cozza, Serra- **204** B 1
Cozzana **211** B 5
Cozzano (PI) **138** E 2
Cozzano (PR) **116** B 2
Cozzano, Chiesa di- **140** E 3
Cozze **211** A 4
Cozze, Stazione di- **211** A-B 4
Cozzi delle Rocche **287** A 6
Cozzo **84** C 2
Cozzo Árginemele **281** D 6
Cozzo Aspárago **285** A 5
Cozzo Calamacca **244** A 3
Cozzo Campana (CL) **279** E 5
Cozzo Campana (EN) **281** C 5
Cozzo Capo Bianco **240** D 3
Cozzo Cervello **244** A 2
Cozzo Cerzullo **247** A 4
Cozzo Cipodero **243** E 4
Cozzo Cipolla **279** E 5
Cozzo dei Mónaci **278** C 2
Cozzo del Barone **241** A 6
Cozzo del Dáino **280** C 2
Cozzo della Chilla **241** E 5
Cozzo della Guárdia **287** A 5
Cozzo del Pellegrino **240** B 3
Cozzo del Pesco **242** D 2
Cozzo di Penne **238** B 3
Cozzo di Renelli **262** E 2
Cozzo Donna Giácoma **263** E 4
Cozzo du Lampo **243** E 6
Cozzo Granato **243** E 4
Cozzo Gummario **240** A 2
Cozzo Iazzitelli **239** A 4
Cozzo il Pavone **277** C 6
Cozzo la Limpa **240** B 3
Cozzo Malopertuso **279** E 5
Cozzo Mararosa **239** A 4
Cozzo Mirió **281** C 4
Cozzo Ogliastri **289** B 6
Cozzo Partesina **281** B 4
Cozzo Petrara **240** A 2
Cozzo Pirtusiddu **279** E 5
Cozzo Prato **281** E 5
Cozzo Príccio **289** E 4
Cozzo Príncipe **245** A 6
Cozzo Quartarella **293** C 4
Cozzo Reina **279** E 4
Cozzo Rivisco **220** C 1
Cozzo Rose **293** B 5
Cozzo Salioni **282** E 1
Cozzo Salomone **267** C 5
Cozzo San Filippo (PA-Corleone) **262** C 2
Cozzo San Filippo (PA-Roccapalumba) **263** D 6
Cozzo San Giórgio **289** C 6
Cozzo San Leonardo **279** E 6
Cozzo San Martino **239** B 4
Cozzo San Pietro **266** E 3
Cozzo Santa Chiara **281** D 6
Cozzo Sant'Ángelo **241** E 6
Cozzo Serra Cavallo **223** D 4
Cozzo Staccata **220** B 1
Cozzo Streppenosa **293** C 4
Cozzo Trainito **285** D 5
Cozzo Tre Mónaci **278** D 3
Cozzo Vigna d'Ascari **287** A 5
Cozzo Zuccarone **263** E 4
Cozzuolo **60** D 2
Craba, Nuraghe- **307** E 4
Crabalza, Rio- **306** D 3
Crabía, Nuraghe- **311** B 4
Crabíles, Monte- **302** E 2
Crabiólas, Arcu is- **312** E 3

Crabiolu, Ponte su- **313** E 4-5
Crabolu, Ponte- **300** C 2
Crabùn, Monte- **49** E 4
Crábus, Punta is- **319** D 6
Cracáxia, Ponte- **315** A 4
Cracchi **73** C 4-5
Craco **222** E 2-3
Cramalina, Pizzo- **33** C 4
Crana (Svízzera) **33** D 4
Crana (VB) **32** E 3
Crana, Pioda di- **32** D 3
Craoretto **63** C 5
Crap Alv **24** D 1
Crapazza, Punta- **273** E 4
Crapinu, Punta- **308** E 2
Cras **63** A 6
Crasciana **130** C 1
Crasta **36** B 1
Crasta, Monte- **300** D 3
Crastu **311** D-E 6
Crastu, Nuraghe su- **313** D 5
Crastu Rúiu, Monte su- **302** C 1-2
Crateri **273** A 6
Crati, Fiume- **241** E 5
Crati, Ponte- (CS-Luzzi) **244** A 3
Crati, Ponte- (CS-Sýbaris-Cópia) **242** B 2
Craticello, Fiume- **245** C 4
Cráuglio **63** D 4
Crava **110** B 2
Cravagliana **50** D 2
Cravanzana **111** A 4
Cravasco **112** B 3
Cravéggia **32** E 3
Cravegna **32** C-D 2
Cravi, Monte- **113** A 4
Craviago, Monte- **101** E 4
Craviano **97** C 4
Cravo **50** E 3
Cré **47** B 4
Crea **75** E 5
Crea, Santuário di- **83** D 6
Crealla **51** B 5
Creazzo **73** D 6
Crécchio **174** C 3
Creda (BO) **131** A 4
Creda (VR) **90** B 3
Credaro **70** B 1
Credarola **115** A 4
Credera **87** B 4
Credera-Rubbiano **87** B 4
Creelone **55** C 5
Crego **32** C 2-3
Créia, Monte- **309** B 4
Creino, Monte- **57** D 4
Crema **87** B 4
Cremadasca **114-115** A 3-4
Cremella **53** E 5
Cremenaga **52** B-C 2
Cremeno **53** C 6
Cremezzano **87** B 6
Cremignane **70** C 1-2
Cremnago **67** A 6
Cremolino **112** A 1
Cremona **87** D 6
Cremona, Navíglio Cívico di- **87** C 6
Cremona, Rifúgio- = Schneespitzhütte **28** A-B 2
Cremone, Torrente- **154** A 3
Cremosano **69** E 5
Cremosina, Passo- **51** E 4
Crenna **66** B 3
Créola **74** E 2
Crep, Monte- **59** C 5
Crepacuore, Monte- **181** C 5
Crépin **47** A 6
Crep Nudo **60** B 3
Creppo **122** C 3
Crero **71** C 6
Crescentino **83** C 4
Crescenzago **68** D 2
Cresciano **34** C 2
Crescimanno **288** B 2
Crésia, Genna 'e- **313** E 4-5
Crésia, Nuraghe- **317** C 5
Crésia, Punta sa- **319** C 6

Crésole **74** C 1
Crespadoro **73** C 5
Crespano del Grappa **59** E 4
Crespellano **118** B-C 3
Crespi **69** C 4
Crespiano **116** E 2
Crespiática **86** B 3
Crespi-Calderini, Rifúgio- **49** B 3
Crespignaga **59** E 4-5
Créspina **137** C 6
Crespino **106** A 2
Crespino del Lamone **132** C 1
Crespogno **34** B 2
Créspole **130** C 1
Cressa **66** B 1
Cressino **39** D 4
Cressogno **52** B 3
Crest **49** C 4
Cresta **35** A 5
Cresta, Monte- **253** D 5
Cresta di Réit **25** E 5-6
Cresta Rossa **49** C 5
Crestegallo, Monte- **201** D 5
Cresti **50** B 2
Cresto **81** B 5
Cresto, Monte- **49** D-E 5
Crestoso, Monte- **55** D 5-6
Creta **86** E 2
Creta, Lago di- = Kreidesee **30-31** C 3-4
Creta, Portella- **281** B 4
Creta Forata, Monte- **43** C 5
Cretagna, Coste della- **221** E 5
Creta Grauzária **44** C 3
Creta Verde **43** B 5
Crétaz **47** D 4-5
Crêt Bettex **46** C 1
Crete, le- **195** B 4
Crete, Regione le- **150** A-B 1
Creti **150** B 3
Creto (GE) **113** B 4
Creto (TN) **56** C 2
Cretone **179** A 6
Creux, Chalets des- **80** A 1
Creva **51** B 6
Crevacuore **65** B 6
Crevalcore **104** D 3
Crévari **112** C 2
Crevatini → Hrvatini **79** C-D 5
Crevenna **53** E 4
Creverina **113** A 4
Crévola, Ponte di- **32** D 2
Crevoladóssola **32** D 2
Crévola Sésia **50** D 3
Crichi **250** C 2
Cridola, Monte- **42** D 3
Crisa, Fiume- **281** C 5
Crisci **202** D 3
Crisciuleddu **296** E 3
Crispano **202** E 2
Crispi, Monte- **193** D 4
Crispiano **224** B 3
Crispiero **153** B 6
Crispiniano, Monte- **197** E 6
Crispo, Serra di- **238** E 2
Crispo, Torrente- **240** D 3
Crissin, Monte- **42** C 3
Crissolo **95** D 4
Crist **55** C 4
Crista d'Acri, Serra- **241** D 6
Cristallina **33** A 4
Cristallina, Capanna- **33** A 4
Cristallo **31** D 5
Cristallo, Monte- **25** E 6
Cristallo, Punta- **300** C 1
Cristánnes, Piz- **25** C 5
Cristallan **94** D 1
Cristina, Bívio di- **262** B 3
Cristina, Rifúgio- **36** C 2
Cristo (BO) **104** D 2
Cristo (VB) **32** C 3
Cristo, il- (AL) **98** C 2
Cristo, il- (MN) **89** D 5
Cristo, Masseria- **231** D 4
Cristo, Masseria di- **183** C 6
Cristo, Monte- (AQ) **172** B 2
Cristo, Monte- (CS) **245** B-C 4-5
Cristo, Monte- (LT) **193** E 4

Cristo, Tempa di- **221** E 4
Cristo la Selva, Chiesa Rupestre- **223** C 4
Cristóforo Colombo, Aeroporto- **112** C 1
Cristoforo Colombo, Via- **177** D-E 6
Cristo Re **211** C 5
Criva, Serra della- **219** E 6
Crivelle **82** E 3
Crivo, Monte- **235** D 5
Črnica **79** E 6
Črni Kal **79** D 5-6
Črnotiče **79** D 6
Cro **95** A 5
Croara (BO-Casalfiumanese) **119** E 6
Croara (BO-San Lázzaro di Sávena) **119** C 5
Crobu, Punta su- **312** E 2
Cróbus, Monte is- **317** B 6
Crócchio, Fiume- **251** C 4
Crocci **261** D 4
Cróccia, Monte la- **220** D 3
Crocco, Monte- **253** C 5
Croce (AV) **205** C 4
Croce (CE) **194** E 3
Croce (CO) **53** B 4
Croce (FR) **193** B 6
Croce (MC-Caldárola) **153** C 6
Croce (MC-Visso) **153** C 5
Croce (ME) **258** D 1
Croce (RE) **117** C 4
Croce (RN) **134** D 3
Croce (VE) **76** C 2
Croce (VR-Bosco Chiesanuova) **72** C 3
Croce (VR-Ferrara di Monte Baldo) **72** C 2
Croce → Križ **79** B 5
Croce, Chiesa- **150** B 2
Croce, Colle della- (AQ) **183** D-E 4
Croce, Colle della- (CT) **289** A 4
Croce, Colle della- (Fráncia-TO) **94** C 3
Croce, Colle la- (CE) **194** C 2
Croce, Colle la- (IS) **194** B 3
Croce, Costa la- **218** E 3
Croce, Dosso della- **56** D 1
Croce, Giogo della- = Kreuzjoch **27** D 5
Croce, la- (AL) **97** E 6
Croce, la- (AN) **143** B 6
Croce, la- (AP) **154** C 3
Croce, la- (AV) **204** E 2
Croce, la- (GR) **158** D 3
Croce, la- (RG) **292** C 2
Croce, la- (SI-Montalcino) **150** D 1
Croce, la- (SI-Radda in Chianti) **139** E 6
Croce, la- (TV) **75** C-D 5
Croce, Lago la- **184** C 1
Croce, Masseria della- **205** B 5
Croce, Monte- (FG) **197** C 6
Croce, Monte- (LC) **53** C 5
Croce, Monte- (LT) **193** C 4
Croce, Monte- (PR) **116** A 2
Croce, Monte- (RM) **171** E 4
Croce, Monte- (TN) **39** E 6
Croce, Monte- (VB) **50** C 3
Croce, Monte- (VR) **89** B 6
Croce, Monte della- (AR) **151** A 5
Croce, Monte della- (RE) **117** C 6
Croce, Monte la- (PT) **130** C 3
Croce, Monte la- (PU) **142** E 3
Croce, Monte la- (VA) **51** E 5
Croce, Pìan della- **192** A 1
Croce, Picco della- = Wilde-Kreuzspitze **30** A 1
Croce, Pizzi della- **284** A 1
Croce, Pizzo della- **269** B 6
Croce, Portella della- **263** E 5
Croce, Serra- **237** C 4
Croce, Serra la- **205** D 6
Croce al Cardeto **140** A 1
Croce al Promontório **271** C 5
Croce a Mori, Válico- **132** E 1-2

Croce Arcana, Passo della- **130** B 2
Croce a Uzzo **130** C 3
Croce Bianca **72** E 3
Croce Daniele **132** B 2
Croce d'Áune, Passo- **59** B 4
Croce dei Segni, Monte- **100** E 3
Croce del Bosco, Monte- **73** C 5
Croce del Calvário, Monte- **234** E 2
Croce del Cármine **215** C 6
Croce del Cavallo, Monte- **50** B 2
Croce del Chiantino, Chiesa della- **149** B 6
Croce delle Prádole **118** D 3
Croce dello Scrivano, Passo- **220** D 1
Croce di Agnara, Válico- **245** C 6
Croce di Fana **47** B 5
Croce di Febo, Chiesa- **150** D 2
Croce di Magara **245** B 5
Croce di Mársico, Passo- **236** A 2
Croce di Panaro, Passo- **249** E 5
Croce di Pratomagno **140** B 2
Croce di Pruno **233** B 5
Croce di Romeo, Cantoniera- **256** D 2
Croce di Sálven **55** C 5
Croce di Sant'Eusánio, Bívio la- **174** D 3
Croce di Serra, Monte- **161** C 4
Croce di Solfarata, la- **179** E 4-5
Croce di Via **154** B 3
Croce Domíni, Passo di- **55** C 6
Croce d'Orero **113** C 6
Croce Ferrata, Passo- **253** D 6
Croceferro **162** B 1
Crocefieschi **113** A 4
Crocefisso **257** C 4
Crocefisso, Chiesa il- **155** B 4
Crocefisso, il- **241** A 4
Croce Grande **211** E 5
Crocegrossa, Masseria- **184** B 3
Crocella di Motta **197** B 4
Crocelle, Passo delle- **219** B 5
Croce Lóbbia **100** E 2
Croce Mancina, Portella- **269** C 4
Crocemaróggia **162** C 1
Croce Moschitto **191** B 6
Crocemosso **65** B 5
Crocenito **100** D 2
Croce Penta **205** D 4
Crocepietra **91** B 6
Croce Praboccone, Monte- **109** B 5
Crocera di Barge **95** D 5
Croce Rossa, Monte- **81** C 4
Croce Serra **64** C 3
Crocetta (AT) **97** B 6
Crocetta (BO-Castèl Guelfo di Bologna) **120** C 1
Crocetta (BO-Pianoro) **119** E 5
Crocetta (BO-Sant'Agata Bolognese) **104** D-E 3
Crocetta (CH) **174** D 3
Crocetta (CN) **96** C 2
Crocetta (MO) **118** C-D 1
Crocetta (PR) **102** D 2
Crocetta (RO) **91** E 5
Crocetta (VI) **91** C 6
Crocetta, Chiesa la- **131** B 4
Crocetta, la- (AQ) **172** D 1
Crocetta, la- (CH) **184** A-B 1
Crocetta, la- (FC) **133** B 6
Crocetta, Monte- **114** E 3
Crocetta, Monte della- **298** C 1
Crocetta, Passo- **244** B 2
Crocetta, Passo della- = S-charljöchl **25** C 5
Crocetta del Montello **59** E 5
Crocetta di Orero **113** B 4
Crocette (AN) **145** C 4
Crocette (MN) **89** D 6
Crocette (MO) **118** D 1

Crocette (VR) **91** B 4
Crocette, Goletto delle- **55** D 6
Croce Valanidi **256** E 1
Croce Verde **263** B 4-5
Crocevie **261** C 4
Croci, Colle delle- **184** B-C 1-2
Croci, le- (CZ) **250** D 2
Croci, le- (FI) **131** C 5
Croci, Monte delle- **152** C 2-3
Croci, Vetta le- **131** E 5-6
Crociale **130** A 3
Crociale di Manerba **71** D 5
Crociarone (RA) **133** A 6
Crociarone (RO) **107** A 4
Crocícchie, Stazione di- **177** A 5
Croci di Acerno, Passo le- **218** B 1
Croci di Calenzano **131** D 5
Crocifisso **206** B 1
Crocifisso, Cappella del- **213** E 4
Crocifisso, Chiesa del- **181** E 5
Crocifisso, Chiesa il- **169** C 5
Crocifisso, Malga- **40** B 3
Crocifisso, Santuário del- (MC) **144** E 2
Crocifisso, Santuário del- (NO) **66** B 1
Crocifisso d'Auricarro **209** D 4
Crocifisso di Varano **188** C 2
Crocíglia **99** C 6
Crociletto **101** B 6
Crocina, la- **140** C 2
Crocino **137** C 5
Crocione, il- **67** E 6
Croda Alta **31** E 6
Croda Alta = Hohe-Wandspitze **29** A 4
Croda Cuz **42** E 2
Croda da Lago **41** B 6
Croda dei Baranci = Birkenkofel **31** C 6
Croda del Becco = Seekofel **31** C 4
Croda del Tovale = Gfallwand **26** C 3
Croda de r'Ancona **31** D 5
Croda di Céngles = Tschenglser Hochwand **26** D 1
Croda di Ligonto **42** B 3
Croda di Santa Croce = Kreuzkofel **30-31** D 3-4
Croda Grande **41** D 4
Croda Grígia = Graue Wand **26** B 2
Croda Nera = Schwarze Wand **31** A 4
Croda Po **42** D 2
Croda Rossa = Hohe Gaisl **31** D 5
Croda Rossa = Rote Wand **31** A 5
Croda Rossa = Rotwand **30** A 2
Crodarotta = Schröfwand **26** C 3
Crode del Longerin **43** B 4
Crode San Pietro **42** D 2
Crodo **32** D 2
Cródolo, Monte- **115** A 4
Croésio **95** E 5
Croésio, Torrente- **95** E 4
Crogana, Nuraghe- **311** C 4
Crognaleto **164** D 1
Croix, la- (AO) **49** D 4
Croix, la- (Fráncia) **80** A 1
Crone **71** B 5
Cropa, Torrente- **246** D 3
Cropalati **243** E 6
Crópani (KR) **250** C 3
Crópani (PZ) **237** E 5-6
Crópani Marina **250** C 3
Crópani-Micone, Riserva Naturale- **253** C 6
Croppo (VB-Ceppo Morelli) **50** B 2
Croppo (VB-Trontano) **32** E 2
Crosa (BI) **65** B 5
Crosa (VC) **50** D 3
Crosa, Laghi della- **33** C 4
Crosano **57** E 4

Crosara (RO) **106** A 1
Crosara (VI-Bolzano Vicentino) **74** C 1
Crosara (VI-Maróstica) **58** E 2
Crosara (VI-Nove) **74** B 2
Crosara (VR) **91** D 4
Crosara l'Olmo **106** A 2
Crosara, la- **106** B 1
Crosare **91** C 5
Crosere **62** C 4
Crosetta, la- **60** D 3
Crosía **243** D 4
Crósio della Valle **51** E 6
Croso, Colle del- **49** D 6
Crosta Pietro, Rifúgio- **32** C-D 2
Cróstas **43** C 5
Crostis, Monte- **43** C 6
Cróstolo, Torrente- **103** D 4
Crosti **63** A 5
Crōt **35** A 5
Crot **31** E 2
Crōt, le- **46** D 2
Crotone **247** D 6
Crotta d'Adda **87** D 5
Crotte **64** E 3
Crous, Col de- **108** C 2
Crova **83** B 5
Crovara (GE) **113** C 5
Crovara (RE) **117** C 4
Cróveo **32** C 2
Croviana **38** C 3
Croviano **100** D 3
Croz dell'Altíssimo, Rifúgio- **38** E 1
Crozzòn di Láres **38** E 1
Crucca, la- **298** E 3
Cruci, Passo- **204** E 1
Crúcoli **243** E 6
Crúcoli, Stazione di- **243** E 6
Crúcoli Torretta **243** E 6
Crúcolo, Rifúgio- **58** B 2
Crugnola **51** E 6
Crúnici, Monte- **281** E 6
Cruppo **32** D 2
Cruser **121** B 4
Crusinallo **51** C 4
Croce, Genna- **313** A 4
Cruzitta, Punta- **296** E 1
Cuàr, Monte- **44** E 2
Cuasso al Monte **52** C 2
Cuasso al Piano **52** D 2
Cuba, Fiume- **321** B 4
Cuba, Pantano- **293** D 6
Cuberton → Kuberton **79** E 5
Cuccana **62** D 3
Cuccarello **115** E 6
Cúccari, Bosco- **205** C 4
Cúccaro, Monte- **221** D 4
Cúccaro Monferrato **84** E 1
Cúccaro Vétere **233** D 4
Cuccavello **100** B 2
Cucchiáio, Pizzo- = Löffelspitze **29** C-D 6
Cucchiáles **108** A 3
Cucchiarari, Masseria- **227** B 6
Cucchinadorza, Lago di- **312** A 1
Cucciago **52** E 3
Cucciani → Kučibreg **79** E 5
Cucciano **203** C 2
Cúccio, Monte- **262** A 3
Cúccio, Torrente- **52-53** B 3-4
Cucco, Monte- (BA) **210** C 1
Cucco, Monte- (CZ) **249** D 5
Cucco, Monte- (GE) **114** C 2
Cucco, Monte- (MS) **115** C 5
Cucco, Monte- (PG) **142** C 5
Cucco, Monte- (PV) **99** C 6
Cucco, Monte- → Kuk (Slovénia) **63** A 6
Cucco, Monte- → Kuk (Slovénia) **63** B-C 6
Cucco, Rifúgio- **112** B 1
Cuccu, Foce il- **128** A 2
Cuccu, Monte- **302** D 2
Cuccumella **283** E 4
Cuccurano **143** A 5
Cuccurdoni Mannu, Punta- **315** D 4
Cuccureddu, Monte- (NU) **308** E 1

Cuccuréddus, Monte- 315 C 4
Cúccuru Aspu 311 D 5
Cuccuruddu, Monte- (SS)
301 E 5
Cúccuru de Costi 309 C 5
Cúccuru de Luna 303 D 6
Cúccuru 'e Mufloni
312-313 C 3-4
Cúccuru 'e Paza 312 A 3
Cúccuru Luggérras 317 C 6
Cúccuru Matta Masónis
320 A 2
Cúccuru Orru 316 D 3
Cúccuru sas Pédras Niéddas
303 E 5
Cúccuru su Pirastru 308 C 3
Cúccuru Tundu 317 B 6
Cúccuru Turri 316 C 3
Cucéglio 64 E 2
Cucolia, Monte- 255 C 4
Cúcolo, Monte- 253 E 4
Cuconi, Cantoniera-297 C-D 4
Cucugliello, Casa- 221 A 5
Cucugliello, Masseria- 221 B 5
Cucullío, Monte- 308 D 3
Cucullo, Monte- 265 E 6
Cucullo, Pizzo di- 268 B-C 3
Cucurra, Casa sa- 301 C 6
Cúddia, Cantoniera- 261 E 4
Cúddia, Fiume- 261 E 4
Cúddia, Ponte della-
260-261 E 3-4
Cúddia Attalora 274 E 2
Cúddie Rosse 274 D 1
Cuèl Picciúl, Monte- 43 C 6
Cúffia 64 E 2
Cuffiano (BN) 196 D 2
Cuffiano (RA) 120 E 1
Cuga, Rio- 301 D 4
Cuggiono 66 D 3
Cugliate Fabiasco 52 C 2
Cúglieri 306 E 3
Cugnago 41 D 5
Cugnàn 60 B 2
Cugnana, Golfo di- 297 E 5
Cugnana, Porto di- 297 E 5
Cugnana, Punta- 297 E 5
Cugnana Verde 297 E 5
Cugnasco 33 D 6
Cugnasco, Val di- 33 D 6
Cugni, Case- 291 C 5
Cugni, Monte- 289 C 6
Cugno 54 C 1
Cugno, Cava- 293 D 5
Cúgnoli 173 C 5
Cuguttada, Punta- 301 E 6
Cúiaru, Monte- 301 E 6
Cuile Novo 298 C 2
Cuile San Lorenzo 298 C 1
Cuirone 51 E 6
Culáccio 129 C 4
Culivardi, Casa- 138 E 3
Cullàr, Monte- 44 B 3
Cúlmine San Pietro 53 D 6
Cultrera, Casa- 293 B 6
Cultu, Nuraghe- 299 D 6
Culurgioni, Monte- 319 D 5
Culzèi 43 C 5
Cuma 214 B 3
Cumia 258 B 1
Cumiana 95 A 5
Cumignano sul Naviglio 87 B 5
Cumone, Rio- 306 C 3
Cuna 149 C 6
Cunardo 52 C 2
Cunazzo 281 D 5-6
Cuncosu 297 D 4
Cune 129 C 6
Cunegatti 73 D 4
Cúneo 109 C 6
Cúneo Gesso, Stazione-
109 C 6
Cunettone 71 C 5
Cunevo 38 D 3
Cuney, Oratório di- 47 B 6
Confettu, Punta- 308 B 2
Cúnico 83 E 4
Cuoco, Monte- 168 E 3
Cuoni, Canale dei- 93 D 4

Cuotto 214 D 2
Cuozzo, Masseria- 218 B 3
Cupa 194 E 1
Cupa, Fossa- 219 E 6
Cupari, Casa- 189 C 5
Cupello 184 A 3
Cupello, Masseria- 197 A 4
Cupeta Palmieri, Masseria-
186 E 3
Cupetti, Punta- 303 E 6
Cupi 153 D 6
Cupo 153 A 4
Cúpola, Masseria- 199 A 4
Cúpoli 164 E 3
Cupolícchio, Monte- 220 C 2
Cupone 183 E 5
Cupone, Timpone il- 237 D 5
Cupra Maríttima 155 C 5
Cupramontana 143 D-E 6
Cuquello 99 D 4
Curà 105 A 5
Cura 168-169 C 3-4
Cura Carpignano 85 C 6
Curaduréddu, Cantoniera-
302 E 2
Cura Nuova 157 B 6
Curático 116 B 2
Curatolo, Monte- 235 E 5
Curavécchia 65 C 6
Curbela 33 D 4
Cúrcie, Monte le- 261 C 4
Cúrcio (LC) 35 E 5
Cúrcio (PZ) 235 B 5
Cúrcio, Monte- 245 B 4
Curciusa, Valle- 35 A 4
Curcuraci 258 A 2
Curcúrica, Stagno de sa-
309 B 6
Curcúris 311 E 5
Curéggio 66 B 1
Curenna 124 C 2
Cures 170 E 2
Curetta 154 C 3
Curgo 49 C 6
Curi, Monte sa- 304 A-B 3
Curiano 149 C 6
Curicchi 106 A 3
Curiè, Monte- 43 B 4
Curíglia 52 B 2
Curíglia-Monteviasco 52 B 2
Curina 149 B 6
Curinga 249 B 5
Curino 65 B 5-6
Cúrio 52 B 2
Curletti 114 A 2
Curno 69 B 5
Curò, Rifúgio- 55 B 4
Curogna 59 D 5
Curogna, Torrente- 59 E 5
Curone, Torrente- 99 D 5
Curon Venosta =
Graun in Vinschgau 25 B 6
Cúros, Rio- 300-301 E 3-4
Currada 117 B 4
Cursi 227 E 6
Cúrsolo 33 E 4
Cúrsolo-Orasso 33 E 4
Curt, Monte- 81 D 6
Curtarolo 74 D 3
Curtatone 89 D 5
Cúrteri 217 B 5
Curti (CE-Curti) 202 D 2
Curti (CE-Gióia Sannítica)
195 D 5
Curti (SA) 217 B 6
Curticelle 217 B 6
Curtins 36 B 1
Curuna, Serra di- 268 C 2
Curvale, Monte- 183 E 5
Cusago 67 E 5
Cusano 61 E 5
Cusano Milanino 67 C 6
Cusano Mutri 195 D 5
Cusciano 164 D 1
Cusércoli 133 C 4
Cusiano 38 C 1-2
Cusighe 41 E 6
Cusignana 59 E 6
Cusignano 138 C 2
Cusinati 74 B 2

Cusino 53 B 4
Cúsio 54 C 1
Cúsio → Lago d'Orta 51 D 4
Cusna, Monte- 117 E 4
Cussánio, Santuário di- 110 A 1
Cussignacco 62 B-C 3
Cussórgia 318 B 3
Custonaci 261 C 4
Custoza 89 B 6
Cute, Monte- 220 D 2
Cute, Pizzo- 269 C 5
Cuti 245 C 4
Cutigliano 130 B 1-2
Cutino, Masseria- 198 B 3
Cutò, Fiume di- 268 D 2
Cutofiano 227 E 6
Cutoni 194 A 3
Cutro 247 E 5
Cutro, Stazione di- 247 E 5
Cutrofiano 227 E 6
Cutura 245 D 5
Cuturella 246 E 3
Cuvéglio 51 C 6
Cúvia, Val- 51 C 6
Cúvio 51 C 6
Cuviolo 119 E 5
Cuz, Croda- 42 E 2
Cuzzago 51 B 4
Cuzzano 72 D 3
Cúzzego 50 B 3
Cuzzola 303 C 5
Cuzzufri, Scóglio- 257 E 4

D

Daberlenke 29 D 6
D'Addetta, Masseria- 188 C 2
Dadomo 101 E 4
Daffinà 248 D 2
Dágala 283 A 6
Dáglio 113 A 5
Dagnente 51 E 5
Dagno, Monte- 97 E 6
Daiano 39 C-D 6
Dailley 46 B 2
Dáino, Cozzo del- 280 C 3
Daint, Piz- 25 D 5
Dairago 67 C 4
D'Alfonso, Casa- 186 D 2
D'Aléssio, Masseria- 223 C 4
Dalli Sopra 116 E 3
Dalli Sotto 116 E 3
Dalmassi 95 A 5
Dalmazzi 110 B 2
Dalmazzi, Rifúgio- 46 A 2-3
Dálmine 69 B-C 5
Dalpe 33 A 5
Dal Piaz, Rifúgio- 59 B 4
Dama 140 B 3
D'Amário, Masseria- 185 B 4
Dámbel 39 B 4
Damério, Masseria- 291 E 6
Damiani 262 B 3
Damonte 111 D 5
Dandini 180 E 3
Dándolo 61 C 5
Dándrio 34 A 2
Dane (Slovénia) 79 B 5-6
Dane (Slovénia) 79 C 6
Dángio 34 A 2
Danne → Dane 79 E 6
Danta di Cadore 42 C 3
Danza, Rio- = Tanzbach 27 D 6
Danzebell = Cima Dentrovalle
26 B 1
Daone 56 B-C 2
Daone, Val di- 56 B-C 1-2
Dara 260 E 3
Dárbora, Valle- 34-35 C 3-4
Dardagna, Torrente- 130 A-B 2
Dardago 60 C 3
D'Árdes, Masseria- 185 E 6
Dárdine 39 D 4
Darè 56 B 2
Darengo, Lago di- 35 D 4
Darfo 55 D 5
Darfo Boário Terme 55 D 5
Darola 83 C 5
Darzo 56 E 1

Dasà 249 E 4
Dáscio 35 D 5
Dasdana 55 E 6
Dasindo 56 C 3
Dásio 52 B 3
Data-San Pietro 64 E 1
Dáttilo 261 D 4
Dáunia, Monti della- 197 A-C 4
Daunkogl 28 A 1
Davagna 113 C 5
Daváras 42 D 3
Davena 37 D 5
Davesco 52 B 3
Davestra 42 E 2
Davino 83 E 6
Daviso, Rifúgio- 81 B 4
Dávoli 249 D 6
Davos 24 B 1-2
Davoser See 24 A-B 2
Davos-Dorf 24 B 2
Davos-Platz 24 B 1-2
Dázio 35 E 6
Dazza, Ponte di- 37 E 5
Dazzei, Masseria- 208 B 1
Dea Bona, Témpio della-
180 B 1
Debat, Monte- 64 C 2
Debba 74 D-E 1
Debeli, Monte- 63 E 5
Debeli Rtič (Punta Grossa)
79 C 4
Debeli hrib 79 A 6
Debéllis 45 E 4
De Biase, Masseria- 199 D 5
De Capoa, Casa- 195 B 6
Déccio (LU) 129 D 6
Déccio (VB) 51 C 5
Décima (BO) 105 D 4
Décima (FI) 131 E 6
Décima, Castello di- 179 D 4
Décima-Malafede, Riserva
Naturale- 179 E 4
Decimomannu 320 A 1
Decimoputzu 315 E 5-6
Decollatura 245 E 4
Decontra 173 E 5
Decorata 196 D 2
De Costanzi 108 A 3
Defereggental 31 A 5-6
Deffeyes, Rifúgio- 46 C 2
De Filippis, Casa- 192 C 3
De Franchis, Casa- 261 C 5
Degano, Torrente- 43 D 6
De Gásperi, Rifúgio- (PZ)
238 E 1-2
De Gásperi, Rifúgio- (UD)
43 C 4
Degenhorn 31 A 6
Déggio 33 A 5
Dégioz 47 D 4
Déglio 123 C 6
Degna (BS) 55 C-D 6
Degna (SV) 124 D 1
Degnone, Torrente- 71 B 4
Dego 111 B-C 5
Dego, Monte- 114 A 2
Degolla 123 B-C 5
Déiva Marina 126 B-C 2
Dekani (Villa Decani) 79 D 5
De Lauréntis, Masseria-
210 D 2
Del Bono, Masseria- 188 E 1
Delébio 35 E 5
De Leo, Masseria- 239 A 5
Del Grande-Camerini, Rifúgio-
36 C 1
Délia 285 B 5
Délia, Fiume- (AG-CL) 285 B 5
Délia, Fiume- (TP) 275 C 4
Délia, Torrente- 275 C 4
Delianuova 256 B-C 3
Deliceto 198 E 1
Deliella, Casa- 285 B 5-6
Délio, Lago- 33 E 5
D'Elísis, Masseria- 185 C 4
Dell'Accia, Portella- 263 C 5
Dellach 45 A 4
Dellacher Alpe 45 A 4
Delle Rose, Colle- 243 E 5
Dello 70 E 2

Del Monte, Masseria- 222 E 2
Del Piero Giampaolo, Bivacco-
37 B 6
Delta del Po, Parco Regionale
Veneto del- (Véneto)
107 A 5
Delta del Po Emilia-Romagna,
Parco Regionale del-
(Emilia-Romagna)
107 B-D 4-5
De Luca, Casa- 186 D 1
Del Vécchio, Masseria Nuova-
223 B 5
Del Vécchio, Masseria Vécchia-
223 B 6
Demandols 108 D 1
Demani, Posta- 198 B 2
Demanio 194 B 2
De Marco, Masseria- 184 A 2
De Matthaéis 192 A 3
Demetz Toni, Rifúgio- 30 E 2
De Miccolis, Masseria- 221 C 5
Demidóff, Parco- 131 E 5
Demo 55 B 6
Demónio, Timpa del- 238 E 2
Demonte 109 D 4
Démdalo 174 D 2
Denervo, Monte- 71 B 4
Dénice 111 A 6
Denno 39 D 4
Denóre 106 C 2
Dent Blanche 48-49 A 3-4
Dent Blanche, Cabanne de la-
48 A 3
Dente, Bric del- 112 B 2
Dente del Gigante 46 A 2
Denti della Vécchia 52 B 3
Dentrovalle, Cima- = Danzebell
26 B 1
Denza, Rifúgio- 38 D 1
Denzano 118 C 1
De Palma, Masseria- 197 B 6
De Pascale, Masseria- 221 E 6
De Peppo, Casa- 197 B 6
De Perna, Casa- 188 C 3
Dépôt 80 E 3
Depressa 231 C 5
Deputazione, Ponte la- 263 D 5
Derby 46 C 3
Dercogna 113 C 5
D'Ercole, Casa- 175 E 5
Dérculo 39 C 4
Dermulo 39 C 4
Dernice 99 D 5
Deroma, Casa- 298 E 2
Deróvere 88 E 2
D'Errico, Masseria- 207 E 4
Deruta 152 E 1
Deruta, Stazione di- 152 D 1
Deruta 152 E 1
Dese 75 D 6
Dese, Fiume- 75 C 4
Desenzano al Sério 54 E 2
Desenzano del Garda 71 E 5
Desertes 94 A 1
Deserto, Convento il- 112 C 1
De Simone, Masseria-
188 C-D 2
Désio 67 C 6
Désio, Rifúgio- 36 D 1
Desisa, Masseria- 262 C 2
Deskle 63 B 6
Destra, Monte la- 235 E 6
Destra delle Donne 238 E 3
Destro 242 E 3
Désulo 312 B 2
Désulo-Tonara, Stazione-
312 B-C 2
Desusino, Monte- 287 C 4
Deta, Pizzo- 181 D 6
Deu, Monte- 301 D 4
Deu, Monte di- 302 A 3
Deutschnofen = Nova Ponente
39 B 6
Deva 56 D 3
Dévero, Alpe- 32 C 2
Dévero, Lago- 32 B 2
Dévero, Torrente- 32 C 2

Dévero, Val di- 32 C 2
Deversi 110 E 3
Devésio 66 E 1
Devetachi 63 D 5
Deveys 80 E 2
Devíglia 110 D 2
Devoto Andrea, Fondazione-
114 C 2
Dezérega 113 C 6
Dezzo 55 C 4
Dezzo, Fiume- 55 C 4
Dho 110 D 2
Diable, Cime du- 122 B 1
Diacceto 140 A 1
Diaccia Botrona, Riserva
Naturale- 157 D 6
Diaga 38 E 1
Dialer Seiser, Rifúgio- 30 E 2
Diamante 240 C 2
Diana 269 E 5
Diano 245 D 4
Diano Arentino 123 D 6
Diano Castello 123 D 6
Diano d'Alba 97 E 4
Diano Evigno 123 C 6
Diano Marina 123 D 6
Diano San Pietro 123 D 6
Diara 100 C 2
Diaterna, Torrente- 131 B 6
Diavolezza 36 B 2
Diávolo, Lago del- 54 B 3
Diávolo, Passo del- 182 C 2
Diávolo, Piana del- 168 B 1
Diávolo, Pizzo del- 55 B 4
Diávolo, Torre del- 320 D 2
Diávolo di Tenda, Pizzo del-
54 B 3
Di Blasi, Portella- 263 C 5
Di Brazzà, Rifúgio- 45 C 4
Dicchiara 288 D 3
Dicianni, Masseria- 219 B-C 4
Dico, Io- 266 E 3
Dicomano 132 D-E 1
Di Croce, Masseria- 184 A 2
Diddino, Ponte- 291 D 5
Didon 108-109 A 3-4
Dieci, Cima- = Zehner Spitze
31 D 4
Diecimare, Parco Naturale-
217 C 5
Diecimetri, Ponte- 162 E 3
Diécimo 129 D 6
Diei, Pizzo- 32 C 2
Diérico 44 B 2
Dietenheim = Teodone 31 B 4
Dietro Ísola, Porto- 274 E 2
Difensola, Masseria- 186 D 1
Difesa, Bosco- 219 C 5
Difesa, Monte- 197 D 5
Difesa, Monte della- 192 B 1
Difesa, Monte la- 219 E 5
Difesa, Rifúgio della- 182 D 3
Difesa di Malta, Masseria-
212 B 2
Difesa Grande, Bosco- 221 B 5
Difesa Vécchia, Masseria la-
210 C 3
Diga Locone, Invaso- 206 B 2
Digerbato 274 B 3
Di Gióvine, Masseria-
197 A 6
Dignano (MC) 153 D 5
Dignano (UD) 61 C 2
Dignini 101 D 4
Digny, Monte- 47 D 6
Digola, Passo della- 43 C 4
Digòn, Torrente- 42 B 3
Digonera 41 B 5
Di là Tione 90 D 2
Diliella, Póggio- 285 D 6
Diligenza 288 E 2
Dimaro 38 C 2
Dimminiti 256 C 1
Dinami 253 C 5
Dinávolo, Monte- 100 C 2
Dinazzano 117 B 6
Dino 52 B 3
Dino, Ísola di- 240 A 1
Diolaguárdia 133 B-C 6
Diolo 52 B 3
Diolo (PC) 101 D 4
Diolo (PR) 101 B 6

Di Pace, Casa- **199** C 6
Di Pietro, Casa- **288** C 3
Dipignano **244** C 3
Dipilo, Pizzo- **266** C 2
Dirillo, Fiume- **288** D 2-3
Dirillo, Lago- **288** C 3
Dirillo, Ponte- **288** E 1
Dirillo, Stazione- **288** E 1
Di Santo, Masseria- **210** E 2
Dischmàtal **24** B-C 2
Disconesi **114** D 3
Disfida di Barletta, Monumento alla- **207** A 4
Disgrázia, Monte- **36** D 1
Diso **231** B 5
Dispensa di Tatti **148** A 3
Disperata, Torre- **207** C 4
Díssimo **33** E 4
Distacco, Masseria- **223** B 4
Di Stéfano, Case- **275** A 5
Disueri, Lago del- **287** C 6
Disueri, Monte- **287** C 6
Disvetro **104** C 2
Ditella **273** C 5
Dittàino, Fiume- **282** C 3
Dittàino, Stazione di- **281** D 5-6
Divača (Diváccia) **79** B 6
Diváccia → Divača **79** B 6
Divedro, Val- **32** D 1-2
Divéria, Torrente- **32** D 2
Diversivo, Canale- **158** C 1
Divieto **258** A-B 1
Divignano **66** B 2
Divino Amore, Santuário del- **179** D 5
Divisa **85** C 5
Dix, Cabane des- **48** A 2
Dizzasco **52** C 3
Dobbiaco = Toblach **31** C 5
Dobbiaco Nuovo = Neu-Toblach **31** C 5
Dobbiaco, Lago di- = Toblacher See **31** C 5
Dober **44** A 3
Doberdò del Lago **63** E 5
Doberdò, Lago di- **63** E 5
Döbernitzen **44** A 3
Doblar **63** A 6
Dobravlje **79** A 5-6
Dobrovo (Castèl Dobra) **63** C 5
Dóccia (FI) **131** E 6
Dóccia (MO) **118** C 2
Dóccio **50** E 3
Doch, Malga- **40** E 3
Doda, Cantoniera sa- **315** D 5
Dodici **100** D 2
Dódici, Cima- **58** C 1
Dódici, Sasso delle- **40** B 3
Dódici Apóstoli, Rifúgio- **38** E 2
Dódici Marie, Chiesa delle- **181** E 4
Dódici Morelli **105** D 4
Dogaletto **93** A-B 4
Dogana (FI) **138** C-D 3
Dogana (GR) **158** A 3
Dogana (SP) **127** D 5
Dogana, la- **151** B 6
Doganáccia, Rifúgio- **130** B 2
Dogana Nuova **130** A 1
Dogana Rossa, la- **150** D 3
Doganella (GR) **167** A-B 4
Doganella (LT) **191** A 6
Doganella, Sorgente della- **180** D 1
Doganelle **204** C 2
Dogaro **104** C 3
Dogato **106** D 2
Dogli **111** B 6
Doglia, Monte- **218** E 2
Dóglia, Monte- **300** C 2
Dogliani **110** A 3
Dóglio **161** C 4
Dogliola **184** B 3
Dogna (BL) **60** A 2
Dogna (UD) **45** C 4
Dogna, Canale di- **45** C 4
Dogna, lôf di- **45** C 4
Dogna, Torrente- **45** C 4
Dol **79** D 6
Dolada, Monte- **60** B 2
Dolada, Rifúgio- **60** B 2

Dolca, Torrente- **49** D 6
Dolcè **72** C 2
Dolce, Monte- **269** D 4
Dolceácqua **122** E 3
Dolcecanto **207** E 4
Dolcedo **123** D 5
Dolcedorme, Serra- **241** A 5
Dolcetti, Masseria- **241** B 5
Dolciano **150-151** D 3-4
Dolegna **63** A 5
Dolegna del Cóllio **63** B-C 5
Dolegnano **63** C 4
Dolenja Vas **79** B 6
Dolent, Mont- **46** A 3
Dolfina **93** D 4
Dolianova **316** E 3
Doli Ležeče **79** B 6
Dolo **75** E 4
Dolo, Torrente- **117** D 5
Dolomiti **40-41** A-D 3-5
Dolomiti, Rifúgio- **56** B 3
Dolomiti Bellunesi, Parco Nazionale- **41** D-E 5-6
Dolomiti d'Ampezzo, Parco Regionale delle- **31** D 4-5
Dolomiti Friulane, Parco Regionale delle- **42-43** E 3-4
Dolonne **46** B 2
Dolzago **53** E 5
Domagnano **134** D 2
Dománico **244** C 3
Domanìns **61** D 5
Domaso **35** E 4
Domegge di Cadore **42** D 3
Domegliara **72** D 2
Domenicane, Convento- **279** D 4
Doméstica, Cala- **314** D 1-2
Domicella **217** A 4
Domínici, Fondo- **262** A 3
Domo (AN) **143** E 5
Domo (MC) **144** D 2
Domodóssola (LO) **86** C 2
Domodóssola (VB) **32** E 2
Dom Petra Skalaria **45** D 5
Domubéccia, Nuraghe- **315** A 4
Domus, is- **319** C 4
Domus de Janas **301** D 6
Dómus de Maria **319** D 6
Domusnóvas **314-315** E 3-4
Domusnóvas Cánales **311** A 5
Dom v Planici **45** B-C 6
Don (BL) **41** D 5
Don (TN) **39** C 4
Donada **107** A 4
Donadone, Masseria- **198** A 2
Don António, Masseria- (BAT) **199** C 5
Don António, Masseria- (PZ) **206** D 1
Donato **64** C 3
Donato, Colle- **245** B 6
Don Bosco, Colónia- **245** A 6
Donceto **100** D 2
Dondenaz **47** D 6
Donegáglia **134** B 2
Donegani, Rifúgio- **129** B 4
Dónego **51** B 6
Donelasco **100** B 1
Donetta **113** B 5
Dóngio **34** A-B 2
Dongo **35** E 4
Donicílio **133** E 5
Donigala **313** C 5
Donigala Fenughedu **310** C 3
Donna **98** C-D 2
Donna, Monte della- **186-187** E 3-4
Donna, Punta sa- **303** E 4-5

Donna Aurélia, Masseria- **226** C 3
Donnacori, Cantoniera- **308** D 2
Donnadolce, Casa- **288** E 3
Donnafugata **292** B 2
Donna Giácoma, Cozzo- **263** E 4
Donna Giúlia, Casa- **212** D 3
Donna Láura, Masseria- **227** E 3
Donnalucata **292** C-D 3
Donna Lucrézia, Masseria- **212** D 2
Donnas **49** E 4
Donnas, las- **108** E 2
Donnerstafel **32** B 1
Dónnici, Bívio- **244** C 3
Dónnici Inferiore **244** C 3
Dónnici Superiore **244-245** C 3-4
Donnini **139** B 6
Donorático **147** B 6
Donori **316** E 2
Don Tommaso, Masseria- **185** E 5
Dont **41** C 6
Donzella **107** B 5
Donzella, Ísola della- **107** B 5
Doppi **101** C 4
Dóppio **57** E 6
Doppo, Monte- **70** C 3
Dorà **39** D 6
Dora Báltea, Fiume- **83** C 4
Dora del Nivolet, Fiume- **46** E 3
Dora di Bardonécchia, Fiume- **80** E 1
Dora di la Thuile, Fiume- **46** C 2
Dora di Ferret, Fiume- **46** A 2-3
Dora di Rhèmes, Fiume- **46** D 3
Dora di Valgrisanche, Fiume- **46** D 3
Dora di Veny, Fiume- **46** B 2
Doran, Aiguille- **80** C 1
Dora Ripária, Fiume- **82** D 1
Dorca **50** C 2
Dordei, Bivacco- **41** D 4
Dordolla **44** C 3
Dordona, Passo di- **54** B 2
Dörf = Villetta **30** B 2
Dörfl = Montepláir **25** B 6
Dörfl = Villa (BZ-Rasun Anterselva) **31** B 5
Dörfl = Villa (BZ-Valle di Casíes) **31** B 6
Dorga **55** D 4
Dorgagnano **133** B 5
Dorgali **309** D 5
Dori **58** D 3
Dória (CS) **241** B 6
Dória (GE) **113** C 4
Dória, Castèl- **299** C 6
Dória, Palazzo- **111** C-D 6
Dorigo **59** D 6
Dorigoni, Rifúgio- **38** B 2
Dório **35** E 4
Dormelletto **51** E 5
Dormello **51** E 5
Dornberk (Montespino) **63** D 6
Dornere **97** E 5
Dorno **85** D 4
Dornsberg, Schloss- = Castello Taranto **26** D 3
Doron de Chavière **80** A-B 1
Doron de Termignon **80** B 2
Dorsino **56-57** B 3-4
Dorzano **65** D 4
Dos, Rifugio- **38** C 1
Dosaip, Monte- **61** A 4
Dosazzo, Lago- **37** E 6
Dosdè, Corno- **37** B 4
Dos del Sabión **38** E 2
Dósimo **88** D 1
Dosoledo **42** B 3
Dósolo **103** B-C 4-5
Dos Remit **56** E 3
Dossena **54** D 4
Dossi (BG) **54** B 3
Dossi (BS) **88** C 1

Dossi (CR) **87** B 5
Dossi (MN) **103** B 4
Dossi, Grotta dei- **110** C 1
Dossi, i- (AL) **84** D 1
Dossi, i- (VC) **65** E 6
Dossi, Malga dei- = Knuttenalm **29** D 5
Dossi, Valle dei- = Knuttental **29** D 5
Dossioli, Monte- **56** E 3
Dosso (BG) **55** C 4
Dosso (BS-Lodrino) **70** B 3
Dosso (BS-Nave) **70** C 3
Dosso (FE) **105** D 4
Dosso (MN) **89** C-D 6
Dosso (PC) **100** E 2
Dosso (VI) **58** E 1
Dosso = Egg **27** A-B 6
Dosso, Monte- **115** A 5
Dosso, Val del- **34-35** D 3-4
Dosso Alto, Monte- (BS) **55** E 6
Dosso Alto, Monte- (TN) **39** E 4
Dossobuono **90** B 2
Dosso Cavallo, Alpe- **54** B 1
Dosso Cornìn **37** C-D 4
Dosso de' Frati **88** E 2
Dosso dei Morti **56** C 2
Dosso della Croce **56** D 1
Dosso della Martinella **57** D 5
Dosso dell'Inferno **104** A 3
Dosso del Liro **35** E 4
Dosso di Marmentino **55** E 5
Dosso Lárici **38** E 3
Dossòn **75** C 6
Dota **97** D 6
Doubìa, Monte- **81** B 5
Doues **47** B 4
Dovádola **132** B 3
Dova Inferiore **113** A 5
Dova Superiore **113** A 5
Dovaru, Monte su- **308** E 3
Dovena **39** B 4
Dovera **86** B 3
Doviziosi **244** C 3
Dózio **53** E 5
Dozza **119** D 6
Dozzano **115** D 5
Dra, Monte- **112** B 3
Draga Sant'Elia **79** C 6
Draghi **57** E 6
Dragogna, Torrente- → Dragonja **79** E 5
Dragonara, Castello di- **185** E 6
Dragonara, Ponte- **275** C 6
Dragoncello **104** A 3
Dragone, Colle del- **238** E 1
Dragone, Piano del- **217** A 6
Dragone, Torrente- **117** D 5-6
Dragone, Torrente- **217** C 4
Dragone, Valle del- **251** C 5
Dragonea **217** C 5
Dragoni (CE) **195** D-E 4
Dragoni (LE) **227** C 5
Dragoniere **95** E 4
Dragonja (Torrente Dragogna) **79** E 5
Drance di Bagnes **48** A 2
Drap **122** E 1
Drápia **248** D 2
Draschitz **45** B 6
Drasi, Monte dei- **285** D 6
Drasso **89** D 6
Draunsberg = Monte Drone **27** A 4
Drauursprung = Sorgenti della Drava **31** C 6
Drava, Sorgenti della- = Drauursprung **31** C 6
Draye, la- **94** A 1
Drei Brunnen = le Tre Fontane **25** E 6
Dreieckhorn **32** A 1
Dreieckspitze = Monte Triángolo di Riva **29** D 6
Dreiherrnspitze = Picco dei Tre Signori **29** C 6
Dreikirchen = Tre Chiese **30** D 1
Dreiländerhütte **45** B 6
Dreischusterhütte = Rifúgio Tre Scarperi **31** C 6

Dreischusterspitze = Cima Tre Scarperi **31** C 6
Drei Zinnen = Tre Cime di Lavaredo **31** D 6
Dreizinnenhütte = Rifúgio Locatelli **31** D 6
Drena **57** C 4
Drénchia **63** A 6
Dresal **49** C 5
Dresano **86** A-B 2
Dresdnerhütte **28** A 1
Drésio **50** B 3
Dreulach **45** A 6
Drežnica **45** E 6
Drežniške Ravne **45** E 6
Drezzo **52** D 3
Drinc, Colle del- **47** D 4
Driolassa **62** E 2
Drisa, Bosco- **241** A 6
Dritta, Punta- **318** B 3
Drizzona **88** D 3
Dro **57** C 4
Drone, Monte- = Draunsberg **27** A 4
Droneretto, Comba- **109** A 4
Dronero **109** B 5
Drosi **252** D 3
Drubiáglio **81** E 6
Druento **82** C-D 1
Druges **47** C 5
Drúgolo **71** D 5
Druogno **32** E 3
Drusacco **64** D 2
Druscie, Col- **31** E 4-5
Drusco **114** B 3
Dualchi **307** E 5
Duan, Lago- **35** B 6
Duan, Piz- **35** B 6
Dubasso, Monte- **123** B 5
Dubbione **95** B 4
Dubino **35** E 5
Duc **94** A 2
Duca, Casino del- (BR) **212** C 2
Duca, Casino del- (TA) **210** E 3
Duca, Masseria del- **212** D 1
Duca, Masseria Nuova del- **207** C 5
Duca, Masseria il- **227** D 5
Duca d'Abruzzi, Rifúgio- **49** A 4
Duca degli Abruzzi, Rifúgio- (AQ) **172** B 2
Duca degli Abruzzi, Rifúgio- (MO) **130** B 2
Duca di Pistóia, Rifúgio- = Tscheiner Hütte **40** B 2
Ducan **24** C 2
Ducanfurka **24** C 1
Ducéntola (BO) **104** E 3
Ducéntola (FE) **106** D 1
Duchessa, Lago della- **172** D-E 1
Duchessa, Montagne della- **171** D-E 6
Duchessa, sa- **314** D 3
Dudda **139** D 6
Dúddova **140** E 1
Dudurri, Nuraghe- **309** D 5
Due Ácque, Ponte- **50** C 2
Due Carrare **92** C 2
Due Cossani **51** B 6
Due Maestà **117** A 5-6
Due Mani, Monte- **53** D 6
Due Pizzi **45** C 4
Due Ponti, i- **113** B 6
Due Rocche, Punta delle- **285** E 6
Duesanti **161** B 5
Due Santi, Passo dei- **115** D 4
Due Sture **83** C 6
Due Torri **258** E 6
Due Torri, Masseria- **211** B 5
Due Uómini, Lago dei- **240** C 3
Dueville **74** C 1
Dufour, Punta- **49** B 5
Dugara **101** C 4-5
Dugenta **202** C 2
Dughera **49** D 6
Dúglia **241** E 6
Dúglia, Canale- **238** C 2-3
Dúglia, Fiume di- **241** D-E 5

Dúglia, Lago della- **238** E 2
Dugliolo **105** E 6
Dugnano **67** C 3
Duidduru, Nuraghe- **311** E 6
Duino **63** E 6
Duino, Torrente- **36** D 1
Duino-Aurisina **79** A-B 4
Dulzago, Badia di- **66** C 2
Dumengoni **70** B 1
Dumenza **51** B 6
Duna Feníglia, Riserva Naturale di- **167** C 4
Dunarobba **161** C 5
Duna Verde **77** E 4
Dune Costiere da Torre Canne a Torre San Leonardo, Parco Regionale- **212** A-B 2-3
Dune Fossili di Massenzática, Riserva Naturale- **107** B 4
Duno **51** C 6
Duó **93** E 4
Duomo (BS) **70** D 1-2
Duomo (PC) **100** B 3
Duplje **45** E 6
Duprè, Villa- **139** E 6
Dura, Cima- = Durreck **29** D 5
Duran, Passo- **41** C 6
Durance **94** A 1
Durando, Masseria- **198** D 1
Duranno, Monte- **42** E 3
Durazzanino **121** E 4
Durazzano **202** D 3
Durci, Flumini- **317** D 6
Dure, Tête- **108** C 1
Duría, Monte- **35** D 4
Durier, Refuge- **46** A-B 1
Durlo **73** C 4
Durna in Selva = Durnwald **31** B 5
Durnholz = Valdurna **27** C 6
Durnholzer Tal = Valle Valdurna **27** C 6
Dürnthal **43** A 6
Durnwald = Durna in Selva **31** B 5
Duro, Col- **41** C 6
Duro, Monte- **117** B 5
Duron, Valle di- **40** B 3
Durone, Passo- **56** B 3
Durónia **184** E 2
Durrà, Monte- **285** D 5
Durreck = Cima Dura **29** D 5
Dürrensee = Lago di Landro **31** D 5-6
Dürrenstein = Picco di Vallandro **31** C 5
Dusino **96** B 3
Dusino-San Michele **96** B 3
Dussano **59** B 5
Dutovlje (Duttogliano) **79** A-B 5
Duttogliano → Dutovlje **79** A-B 5
Duverso, Torrente- **252** E 3
Dvor **79** D 5
Dzovenno **47** A 5

E

Eau-Rousse **47** D-E 4
Ebba, Scala s'- **311** C 6
Ébbio **100** D 2
Ébene **58** D 2
Éboli **218** D 1
Éboli, Monte di- **218** D 1
Ebro, Monte- **99** E 5
Eca **123** A 5
Eca-Nasagò, Stazione di- **123** A 5
Ecce Homo, Santuário dell'- **246** D 3
Échaillon, l'- **46** D 2
Echallod Inferiore **49** E 4
Echallod Superiore **49** E 4
Echalp, l'- **94** C 3
Echar, Cima- **58** E 2
Echelle, Pointe de l'- **80** C 1
Échevennoz **47** B 4
Echines, les- **46** C 1
Eclause **80** E 2

Écot, l'- **81** B 4
Eculivaz, Ponte d'- **46** C 3
Edelboden **49** C 5
Éderas, Piana- **299** D 5
Edifízio **75** B 4
Edling **45** A 5
Édolo **37** E 5
Édron, Torrente- **129** B 4-5
Effraz **47** B 5
Ega = Eggen **40** B 2
Ega, Val d'- = Eggen Tal **39** B 6
Ega sa Fémmina, Monte s'-
315 E 5
Égadi, Ísole- **260** A 1-3
Egg **45** A 4
Egg = Doss **27** E 4
Egg = Dosso **27** A-B 6
Eggen **32** D 1
Eggen = Ega **40** B 2
Eggenbach **43** A 5
Eggenkofel **43** A 4
Eggen Tal = Val d'Ega **39** B 6
Egger Alm **45** A 4
Eggi **162** B 2
Eggishorn **32** A 1
Églio **129** B 5
Egna = Neumarkt **39** C 5
Egnázia **211** C 6
Egnázia, Stazione- **211** C 6
Egnázia, Torre- **211** C 6
Egola, Torrente- **138** D 2
Egro **51** D 4
Égua, Conca s'- **317** E 4
Égua, Torrente- **49** B 6
Ehrenburg = Casteldarne
30 B 3
Éia **102** D 2
Eiánina **241** A 5
Éira, Passo d'- **25** E 4
Eisack = Fiume Isarco **39** A 6
Eisacktal = Valle Isarco **30** B 1
Eisatz = Monte Novale di Fuori
31 B 5
Eisbruggjoch = Passo Ponte
di Ghiáccio **29** B 5
Eishof = Masogelato **26** B 3
Eisjochl Hütte =
Rifúgio Petrarca **26** B 3
Éita **37** C 4
Ela **24** D 1
Ela, Piz d'- **24** D 1
Elba, Ísola d'- **156** C 1-2
Elce **164** C 1
Elce, Toppo dell'- **205** D 4
Elce della Vécchia **255** B-C 4
Elci, Monte- **170** E 2-3
Elcito **153** A 6
Elefante, Rocca l'- **299** C-D 5
Éleme, Rio s'- **303** C 4
Élena, Rifúgio- **46** A 3
Eleutério, Fiume- **263** C 4-5
Élévaz **46** B 2
Elferkofel = Cima Úndici **31** D 6
Elfer Spitz = Cima Úndici
25 B 6
Elia, Casa d'- **232** A 3
Elia, Monte- **253** D 6
Élice **165** E 4
Elicona, Torrente- **269** B 4
Elidone, Monte s'- **307** C 5
Élighe Longu, Casa- **298** E 2
Elighe Mannu **298** A 2
Elini **313** D 4
Élio, Monte d'- **188** B 1
Elisa, Rifúgio- **53** C 5
Elisabetta, Rifúgio- **46** B 1
Éllera **111** C-D 6
Éllera **255** D 5
Éllera, Torre- **255** D 5
Éllera Corciano, Stazione di-
151 C 6
Éllero, Torrente- **110** D-E 1
Ello **53** E 5
Élmas **320** A-B 2
Élmici, Rocca d'- **133** B 4
Elmo **159** D 6
Elmo, Monte- **159** D 6
Elmo, Monte- (Helm) **31** C 6
Eloro **295** D 4
Elpíghia, Nuraghe- **299** C 5
Elsa, Fiume- **167** A-B 4-5

Elsa, Torrente dell'- **288** A 1
Éltica, Monte la- **302** B 3
Elto, Monte- **55** B 5-6
Elva **108** A 3
Elva, Monte- **298** D 2
Elva, Vallone di- **108** A 3
Élvas **30** C 2
Elvella, Torrente- **160** A 1
Elvo, Torrente- **65** E 6
Elzenbaum = Pruno **27** A 6
Emarèse **49** D 4
Embrisi, Case- **256** E 2
Embrisi, Monte- **256** E 2
Emet, Passo d'- **35** A 5
Emília, Via- **133** A 4
Emiliano, Monte- **118** E 1
Emílius, Monte- **47** C 5
Emissario Romano **191** E 6
Emmer, Rio- = Emmer Bach
39 A 6
Emmer Bach = Rio Emmer
39 A 6
Emmersdorf **45** A 5
Emo, Villa- **75** B 4
Émoli, Torrente- **244** B 3
Empeloutier, Tête de l'-
108 C 1
Émpoli **138** B 3
En (Inn) **24** D-E 2
Ena, Nuraghe s'- **307** C 4
Ena Arrúbia, s'- **310** D 3
Ena Longa, Casa- **302** D 1
Enas **303** B 5
Enas, Stazione di- **303** B 4-5
Enciastráia, Monte- **108** C 2
Éndine, Lago di- **54** E 3
Éndine Gaiano **54** E 3
Énego **58** D 3
Énego 2000 **58** C 2-3
Enemonzo **43** D 6
Énfola, Capo d'- **156** C 2
Engadina, Alta- →
Ober Engadin **24** C-E 2-3
Engadina, Bassa- → Unter
Engadin **24-25** A-B 3-6
Engazzá **90** D 2
Enguiso **56** D 2
Enna (EN) **281** C-E 4-5
Enna (VI) **73** B 5
Enna, Torrente- **54** D 1
Enneberg = Marebbe **30** C 3
Ennebergpfarre =
Pieve di Marebbe **30** C 3
Ennewasser = Transácqua
26 D-E 2
Eno **71** B 5
Ente, Torrente- **150** E 1
Entella, Rocca d'- **262** E 2
Entella, Torrente- **113** D 6
Entesano **62** A 2
Entova, Alpe- **36** C 1
Entrà **104** C 3
Entrácque **109** D 5
Entrampo **43** C 6
Entrata, Sella- **256** D 2
Entrático **70** B 1
Entraunes **108** E 1
Entremont, Vallée d'- **48** A 1
Entrèves **46** B 2
Envers des Aiguilles, Refuge-
46 A 2
Envie **95** D 5
Enza, Torrente- **102** C 3
Enzano **102** C 3
Enzian Hütte = Rifúgio
Genziana (BZ-Brénnero)
28 B 3
Enzian Hütte = Rifúgio
Genziana (BZ-Martello)
26 E 1
Enzola **102** D 3
Éolie, Ísole- **272-273** B 2-5
Éolo, Grotta di- **273** A 6
Err, Piz d'- **24** E 1
Err, Val d'- **24** D 1
Errano **120** E 2
Erro, Ponte- **112** B 1
Erro, Torrente- (AL) **111** A 6
Erro, Torrente- (SV) **111** B 6
Erta **58** E 2
Erto **60** A 2
Erto e Casso **60** A 2
Érula **302** C 1

Epíscopio, Basílica- **194** E 1
Epitáffio (CB) **195** B 5
Epitáffio (LT) **191** B 5
Epitáffio, Masseria- **206** D 3
Epitáffio, Torre dell'- **192** D 2
Epomeo, Monte- **214** D 2
Eppan an der Weinstrasse =
Appiano sulla Strada
del Vino **39** B 5
Équi Terme **128** A 3
Era **35** D 5
Era, Fiume- **138** D 1
Era, Val d'- **53** C 5
Eraclea **153** B 5
Eraclea (BS) **71** D 5
Eraclea (VE) **76** D 3
Eraclea Mare **77** D 4
Eraclea Minoa **284** B 1
Éramo a Marzagáglia, Casino-
210 D 3
Erba **53** E 4
Erba, Alpe- **53** B 4
Erba, Masseria dell'- **211** C 4
Erbáia **131** C 5
Erbanno **55** D 5
Erbano, Monte- **195** D 5
Erbè **90** C 2
Erbe, Passo delle- = Würzjoch
30 C 3
Erbesso, Monte- **289** D 4
Erbezzo (UD) **63** A 5
Erbezzo (VR) **72** C 3
Erbezzo, Torrente- **63** A-B 5
Erbognone, Torrente- **84** D 3
Erbonne **52** C 3
Erbusco **70** C 1
Érchia, Casino d'- **211** B 4
Érchie (BR) **226** B 2
Érchie (SA) **217** D 5
Érchie-Torre Santa Susanna,
Stazione di- **226** B 2
Ercolano **215** C 5
Ercolano, Rovine- **215** C 5
Ércole Curino, Santuário di-
183 A 4
Erdeno **54** D 2
Erè, Passo d'- **56** E 2
Erédita **232** B 2
Erei, Monti- **281** C-E 4-5
Erella, l'- **80** C 2
Eremita (PU) **142** D 2
Eremita (SV) **111** D 5
Eremita, Monte- **218** B 3
Eremita, Pizzo dell'- **268** E 2
Eremiti **233** D 4
Éremo (FI-Marradi) **132** C 2
Éremo (FI-San Godenzo)
132 D 2
Éremo, Convento- **71** D 6
Éremo, l'- **82** E 2
Éremo di Pietra di Bismántova
117 C 4
Erente, Fruncu- **308** D 3
Erésaz **49** D 4
Erétum **179** A 5
Eri, Monte- **299** D 5
Érica, Valle dell'- **296** C 3
Érice **260** C 3
Erídio, Lago- **71** A-B 5
Erighíghine, Nuraghe- **307** E 5
Ério, Monte- **58** D 1
Erlachbach **45** A 6
Erli **124** C 2
Erlsbach **31** A 6
Ermada, Monte- **63** E 6
Ermetta, Monte- **112** C 1
Erna, Piani d'- **53** D 6
Ernen **32** B 1
Ernici, Monti- **180-181** D 3-5
Erno **53** C 4
Erno, Torrente- **51** D 4-5
Erpelle → Hrpelje **79** C 6
Érria, Casino d'-

Ervarulo, Torrente- **250** B-C 3
Erve **53** E 6
Erzelj **79** A 6
Esanatóglia **153** B 5
Ésaro, Fiume- (CS) **241** C 5
Ésaro, Fiume- (KR) **247** D-E 6
Esca, Monte- **217** A 5
Esca, Múrgia l'- **207** C 4
Escalaplano **317** C 4
Escarène, l'- **122** E 1
Es-Cha **24** D 2
Escolca **316** B 2
Escovedu **311** E 5
Escreins **94** E 1
Esemón **43** D 6
Esenta **71** E 5
Ésigo **32** C 2
Esinante, Torrente- **143** E 6
Ésine **55** D 5
Esino, Fiume- **144** B 2
Ésino, Torrente- **53** B-C 5
Ésino Lário **53** B-C 5
Ésio **51** B 5
Esischie, Colle d'- **108** B-C 3
Esmate **55** E 4
Espéria **193** C 5
Esperti Vecchi, Masseria-
213 E 5
Esporlatu **307** C 6
Éssere **90** D 2
Este **92** C-D 1
Esteng **108** D 1
Esterzili **312** E 2-3
Esterzili, Stazione- **312** E 2
Estoul **49** C 4
Etache, Col d'- **80** D 2
Eternon **47** B 4
Ete Morto, Torrente-
154-155 A-3 3-4
Ete Vivo, Fiume- **155** B 4
Etirol **47** B 6
Etna, Cantoniera d'-
283 A 4-5
Etna, Monte- **268-269** E 3-4
Etna, Parco Regionale dell'-
268-269 E 3-4
Étroite, Vallée- **80** E 1
Étroubles **47** B 4
Etrusca, Tagliata- **167** C 4
Etrusche, Tombe- (LI)
156-157 A-B 3-4
Etrusche, Tombe- (RM)
168 E 1
Etrusche, Tombe- (TR) **160** C 3
Etrusche, Tombe- (VT-Montalto
di Castro) **168** B 1
Etrusche, Tombe- (VT-Tuscánia)
168 B 2
Etrusco, Ponte- **168** D 3
Etsch = Fiume Ádige **27** D 5
Etsch Quelle = Sorgenti
dell'Ádige **25** A 6
Ettóri, Pedra- **300** E 3
Etzu → Castello di Monte
Ferru **306** E 3
Euganei, Colli- **92** C 1
Éugio, Lago d'- **81** A 6
Éugio, Val d'- **81** A 6
Éula **100** C 2
Eupílio **53** E 4
EUR **179** D 4
Euríalo, Castello- **291** D 5
Eúrnolo **194** E 2
Eva, Punta- **320** E 1
Evançon, Torrente- **49** D 4
Evangelista, Póggio- **160** D 1
Evangelo, Monte dell'-
117 B 6
Evigno, Pizzo d'- **124** E 1
Excenex **47** B 4
Exi, Monte- **319** A 4
Exilles **80** C 2
Extrepieraz **49** C 4
Eygliers **94** C 2
Eyrs = Oris **26** D 1
Eze **71** E 5
Ezi **298** D 2
Ezzu, Pont'- **307** D 6

F

Fabbiana **130** C 2
Fabbiano (LU) **129** C 4
Fabbiano (PC) **100** B 1
Fabbrecce **141** E 6
Fabbrerie **134** C 2
Fabbri **162** A 1
Fábbrica (BO) **119** E 6
Fábbrica (BS) **71** D 5
Fábbrica (FI) **139** D 5
Fábbrica (SI) **149** A 4
Fabbricáccia **149** C 5
Fábbrica Curone **99** D 5
Fábbrica di Péccioli **138** E 1
Fábbriche (AR) **150** A 2
Fábbriche (GE) **112** C 2
Fábbriche (LU) **130** C 1
Fábbriche di Vállico **129** C 5
Fábbrico **103** D 6
Fabbro **130** E 1
Fabbro, il- **131** C 4
Fabiana **131** A 4
Fabiano (AL) **83** D 5
Fabiano (PC) **100** C 2
Fabiano, Torrente- **244** C 2
Fábio **131** D 4
Fábio, Lago- **149** E 5
Fabrezza **56** B 1
Fabriano **153** A 4
Fábrica di Roma **169** C 5
Fabrízia **253** C 6
Fabrizio Grande **242** C 2-3
Fabro **160** A 2
Fácchini, Masseria- **283** C 4
Facci **57** E 6
Facèn **59** C 4
Facito, Monte- **219** E 6
Fadalto **60** C 2
Fadalto, Sella di- **60** C 2
Fadalto Basso **60** C 2
Fado **112** B 2
Faè (BL-Cenceníghe Agordino)
41 C 5
Faè (BL-Longarone) **60** A 2
Faè (TV) **76** B 2
Faédis **63** A 4
Faedo (PD) **92** C 1
Faedo (TN) **39** E 4
Faedo (VI) **73** C 5
Faedo, Monte- **73** C 5
Faedo Valtellino **36** E 2
Faèit, Monte- **44** D 2
Faella **140** D 1
Faena, Torrente- **161** A-B 4
Faenza **120** E 2
Faeo, Monte- **73** E 6
Faeta, Monte- **137** A 6
Faetano **134** D 2-3
Faete **163** B 5
Faete, Monte- **159** C 4
Faeto (AR) **140** C 2
Faeto (FG) **197** D 5
Faeto (MO) **117** C 6
Faeto, Monte- **244** D 3
Fagagna **62** B 2
Fagarè della Battáglia **76** B 2
Fagaria, Monte- **280** C 3
Fageto, Monte- **116** C 2
Fagge **171** D 5
Faggeta, la- **192** A 1
Faggeta, Monte la- **132** C 1
Faggeto, Monte- (AV) **217** B 6
Faggeto, Monte- (LT) **193** D 4
Faggeto, Villa- **151** B 6
Faggeto Lário **53** D 4
Fággia **159** B 5
Fággia, Monte della- **133** D 4
Faggiano (BN) **202** C 3
Faggiano (RE) **117** B 6
Faggiano (TA) **225** D 4
Fággio **114** A 3
Faggiola, Monte- **132** B 1
Fággio Rotondo, Monte-
181 D 6
Faghera, Rifúgio- **42** D 3
Fagianeria **202** C 2
Fagiano, Valle- **263** D 6
Fagiolu, Rio- **297** D 5
Fagnano (MI) **67** E 5

Fagnano (VR) **90** C 2
Fagnano Alto **172** D 3
Fagnano Castello **241** D 4
Fagnano Olona **67** B 4
Fagnígola **76** A 3
Fago del Soldato **245** A 4
Fagosa, Bosco della- **241** A 5
Fagosa, Monte la- **237** E 5
Faiallo, Passo del- **112** B 2
Faiano (SA) **217** C 6
Faiano (TE) **164** D 2
Faiatella, Monte- **233** C 5
Faibano (NA-Camposano)
202 E 3
Faibano (NA-Marigliano)
202 E 3
Faícchio **195** D-E 5
Fáida **57** B 6
Fai della Paganella **39** E 4
Faidello **130** A 1
Faido **33** A 6
Faidona **61** A 5
Faie, le- **112** C 1
Faiete **164** D 3
Faieto (PR-Pellegrino
Parmense) **101** D 5
Faieto (PR-Varano de'
Melegani) **101** E 5
Faieto (TE) **164** D 1
Failungo **50** E 1
Fain, Val da- **36** A-B 2-3
Faiolo **160** A 3
Faitella, Bosco- **233** C 6
Fáiti **191** C 6
Fáiti → Fajtji hrib **63** D 6
Faito, Monte- **171** E 6
Faito, Monte- **215** D 6
Faito, Rifúgio- **181** E 6
Fajtji hrib (Fáiti) **63** D 6
Falapato, Monte- **235** C 6
Falasca, Punta- **194** B 3
F.A.L.C., Rifúgio- **53** B 6
Falcade **41** C 4
Falcemagna **81** D 4
Falchetto **96** D 2
Falchetto, Póggio del- **119** C 5
Falchi **202** C 1
Falciani, Ponte dei- **139** C 5
Falciano (AR) **140** C 3
Falciano (San Marino)
134 D 2-3
Falciano del Mássico **201** D 5
Falciano del Mássico,
Lago di- **201** D 5
Falciano-Mondragone,
Stazione di- **201** D 5
Falcinello **127** C 5
Falcioni **143** E 5
Falco, Monte- **132** E 2
Falco, Piàn del- **130** A 2
Falco, Serra di- **233** B 4
Falcognana **179** D 5
Falcòn, Col- **59** B 4
Falconara **287** D 4
Falconara, Monte la- (IS)
194 A 2
Falconara, Monte la- (PZ)
238 E 3
Falconara Albanese
244 B-C 2
Falconara Alta **144** A-B 3
Falconara Maríttima **144** A 3
Falcone **269** A 4
Falcone, Balza- **280** B 2-3
Falcone, Capo del- **298** C 2
Falcone, Masseria- **261** E 5-6
Falcone, Monte- **260** A 1
Falcone, Punta- **296** B 3
Falcone, Torre- **298** C 1
Falconera, Porto di- **77** C 5
Falconiera, Capo- **265** A 5
Faleco, Pizzo- **269** B 6
Falera **141** A 5
Faléria (AP) **154** B 3
Faléria (VT) **169** D 6
Falérii Novi **169** C 5-6
Falérii Véteres **169** C 5
Falerna **244** E 3
Falerna Marina **248** A 3
Falerna Scalo **248-249** A 3-4
Falerone **154** B 2

Falesie di Duino, Riserva Naturale delle- **78-79** B 3-4
Falésina **57** B 6
Faletti **65** B 5
Falgano **132** E 1
Falicetto **95** E 6
Faliciotto, Sáia- **269** A 4
Fallania, Altura- **247** E 4
Fallarosa **113** B 5
Fallascoso **183** A 6
Fallavécchia **85** B 4
Fallena **182** E 2
Fallér **58** B-C 3
Fáller, Corno di- **49** B 6
Fallère, Monte- **47** B 4
Falli, Masseria- **226** B 3
Fallmetzer = Monte Val di Mezzo **30** A 2
Fallo **184** B 1
Falmenta **33** E 4
Faló, Monte- **51** D 4
Falóppio **52** D 3
Falória, Tondi di- **31** E 5
Falser Tal = Valle di Vals **27** B 4-5
Falsettáio **159** A 4
Falterona, Monte- **132** E 2
Faltona (AR) **140** B-C 2
Faltona (FI) **131** D 6
Falvaterra **193** B 4
Falzárego, Passo di- **31** E 4
Falzárego, Rio- **31** E 4
Falzè **75** B 4
Falzében **27** C 5
Falzè di Piave **59** E 6
Fálzes = Pfalzen **30** D 3
Falzoni **89** C 5
Famea **71** B 4
Famlje **79** C 6
Famosa, Masseria- **224** B 2
Fana, Bocchetta di- = Pfanntörl **31** B 6
Fana, Corno- (Pfannhorn) **31** A 5
Fana, Corno di- = Pfannhorn **31** B 6
Fana, Croce di- **47** B 5
Fana, Malga- = Fanealm **30** A 1
Fanaco, Lago- **278** C-D 3
Fanano **130** A 2
Fanciullata **152** E 1
Fandetta **198** B 2
Fane **72** D 3
Fanealm = Malga Fana **30** A 1
Fánes, Rifúgio- **31** D 4
Fánes, Valle di- **31** D 4
Fánes Grande, Malga- = Grosse Fanesalpe **31** D 4
Fánes Piccola, Alpe- = Kleine Fanesalpe **31** D 4
Fánes-Sénnes-Bráies, Parco Regionale- **31** C-D 4-5
Fánfalo, Punta- **260** B 3
Fangacci, Passo- **132** E 3
Fangáia **103** C 5
Fanghetto **122** D 2
Fango (NA) **214** D 2
Fango (TN) **40** C 3
Faninpass **24** A 1
Fanna **61** B 5
Fanny, Villa- **262** A 3
Fano **135** E 6
Fano a Corno **164** E 1
Fano Adriano **164** D 1
Fantasina **70** C-D 3
Fantécolo **70** C 2
Fantella **132** C 3
Fantina **269** B 5
Fantina, Torrente- **269** B 5
Fantino **132** C 1
Fantoli, Rifúgio- **51** B 4
Fantuzza **120** C 1
Fanusi, Monte- **265** E 6
Fanzaghe **92** D 2
Fanzarotta **279** E 5
Fanzolo **75** B 4
Fara, Casa- (CA) **315** E 6
Fara, Casa- (CB) **185** D 5
Fara, Monte- **61** B 4
Fara, Torre della- **184** C 3
Fara Filiórum Petri **174** D 2

Fara Gera d'Adda **69** C-D 4
Faraglione, il- **260** A 3
Faraglione, Punta- **166** C 1
Faraglioni, i- **216** E 2
Fara in Sabina **170** D 2
Farano, Canale- **198** B 3
Farano, Monte- **184** B 3
Fara Novarese **66** C 1
Fara Olivana **69** D 6
Fara Olivana con Sola **69** D 5-6
Faraona **51** D 6
Faraone **164** B 2
Fara San Martino **174** E 2
Farascuso **205** B 6
Fara Vicentino **74** B 1
Farazzano **133** B 5
Fardella **237** D 6
Farfa **170** D 2
Farfa, Abbazia di- **170** D 2
Farfa, Fiume- **170** D 2
Farfanaro **115** B 4
Farfanosa **114** B 2
Farfengo (BS) **87** B 6
Farfengo (CR) **87** C 5
Fargno, Forcella di- **154** D 1
Farigliano **110** B 3
Farinate **69** E 5
Faríndola **173** B 4
Farine, le- **169** B 4
Fariolo **117** C 4
Fáris **63** A 4
Farla **62** A 2
Farla, Torrente- **253** E 5
Farma, Torrente- **149** E 4
Farnese **159** E 6
Farnesiana, la- **168** D 2
Farneta (AR-Bibbiena) **140** A 3
Farneta (AR-Cortona) **150** B 3
Farneta (CS) **238-239** D 3-4
Farneta (MO) **117** D 5
Farneta, Abbazia di- **150** B 3
Farneta, Bosco- **238** D 3
Farneta, la- **148** A 3
Farnetella **150** B 2
Farneto (BO-Monterénzio) **119** D 5
Farneto (BO-San Lázzaro di Sávena) **119** C 5
Farneto (PG) **152** C 1
Farneto (PU) **135** E 4
Farneto, Bosco- **241** D 4
Farneto, Monte- **133** C 6
Farnetta **161** C 5
Farnitani, Ponte- **233** C 6
Farnócchia **129** C 4
Faro, Punta del- **256** B 1
Faroma, Monte- **47** B 5
Faro Superiore **258** A 3
Farra (BL) **59** B 6
Farra (TV) **59** C 4
Farra d'Alpago **60** C 2
Farra di Soligo **59** D 6
Farra d'Isonzo **63** D 5
Farrò **59** D 6
Fasana **247** C 6
Fasana **232** C 3
Fasana Polésine **92** E 3
Fasane **64** D 1
Fasanella, Ponte- **233** A 4
Fasani **194** E 1
Fasano **211** C-D 6
Fasanò **266** E 3
Fasano, Casino- **210** C 2
Fasano, Stazione- **211** C 6
Fasano del Garda **71** C 5
Fasce **123** A 4
Fasce, Monte- **113** C 4
Fáscia **113** A 6
Fáscia, Monte- **114** B 2
Fasciano **150** C 2
Fassa, Val di- **40** B 3
Fassini, Villa- **262** A 2
Fassinoro **171** C 4
Fastáia, Torrente- **261** E 4
Fastello **160** E 3
Fastro **58** C 3
Fate, Grotta delle- **182** E 3
Fate, Lago delle- **49** B 6
Fate, Monte delle- **192** C 2
Fattizze, Masseria- **226** C 3

Fattore **175** D 4
Fáudo, Monte- **123** D 4
Faúglia **137** C 6
Faúglis **62** D 3
Faugnacco **62** B 2
Fáule **96** C 1
Faulhorn (Svizzera) **32** B 2
Faure **95** A 4
Fava, Castello della- **305** E 5
Favalanciata **163** B 6
Favale **164** B 2
Favale di Málvaro **113** C 6
Favaleto, Torrente- **237** A 4-5
Favali **245** D 5
Favalto, Monte- **141** E 4
Favara **284** C 3
Favara, Lago- **277** C 6
Favara, Torrente- **268** B 1
Favara, Valle- **277** C 6
Favaracchi, Monte- **194** C 3
Favarella **285** A 6
Favari **96** B 2
Favariego **75** D 4
Fávaro Véneto **75** D 6
Favarotta, Stazione di- **285** D 5
Favazzina **256** B 1
Favazzina, Fiumara di- **256** B-C 1-2
Favella, Punta- **57** E 5
Favèlloni **248** D 3
Fáver **39** E 5
Faverga **59** B 6
Faverghera **60** C 2
Faverzano **88** B 1
Favete **143** E 6
Faviano di Sopra **116** A 3
Faviano di Sotto **116** A 3
Favignana **260** B 2
Favignana, Ísola- **260** B 2-3
Favirano **53** E 6
Favíschio **163** E 4
Favitozzo, Monte- **192** A 1
Favitta, Casa- **288** C 2
Favogna di Sopra = Oberfennberg **39** D 4
Favogna di Sotto = Unterfennberg **39** D 4
Favoritieri, Monte- **237** E 5
Favoscuro, Cantoniera- **268** C 3
Fávria **64** E 2
Fávrio **56** C 3
Fázio, Ponte- **285** B 5
Fazòr **71** B 6
Fazzano (MS) **128** A 3
Fazzano (RE) **103** E 5
Fazzano, Bosco di- **221** E 4
Fazzòn **38** D 2
Fè (TN) **56** B 2
Fè (TO) **81** B 6
Fébbio **117** E 4
Febo, Croce di- **150** D 2
Fécchio **53** E 4
Féccia, Fiume- **149** C 4
Fedáia, Lago di- **41** B 4
Fedáia, Passo di- **41** B 4
Fedele, Casa- **63** A 4
Fedele, Monte- **197** D 6
Fedele Piccolo, Masseria- **212** D 2
Fedèr **41** C 4
Federa **59** D 6
Federia, Valle di- **24** E 3
Federici, Rifúgio- **122** A 1
Fedi **130** D 3
Fédio **109** C 4
Fegina **126** C 2-3
Feglino **111** E 5
Feilongo **64** E 1
Feisóglio **111** A 4
Feistritz (Áustria) **31** A 6
Feistritz auf der Gail **45** A 5-6
Feistritzer Alpe **45** A 5
Felascosa, Monte- **218** B 1
Felcioni **141** B 6
Felcioni **143** E 4
Feld **31** A 6
Feldthurns = Velturno **30** C 1
Felegara **101** E 6
Felettano **62** A 1
Feléttis **62** D 3
Feletto **82** B 2

Feletto Umberto **62** B 3
Felicione **235** C 6
Feligara **99** E 6
Felina **117** C 4
Felino **102** E 2
Felísio **120** D 2
Felitto **233** A 4
Félix Faure, Refuge- **80** A 2
Felizzano **98** B-C 1
Fella, Fiume- **44** C 3
Fellamónica **262** C 2
Fellegara **117** A 6
Fellette **74** A-B 2
Fellicarolo **130** A 1-2
Felline **230** C 3
Fellino **100** D 2
Fellino, Monte- **202** E 3
Fello **97** E 5
Felónica **105** A 4
Félsina, Fattoria di- **149** A-B 6
Felskinn **50** A 1
Feltre **59** C 4
Feltrino, Torrente- **174** C 3
Feltrone **43** D 5
Fema, Monte- **153** E 5
Fematre **153** E 5
Femmamorta, Bric- **111** E 4
Femminamorta **130** D 2
Fémmina Morta **207** B 4
Femminamorta, Monte- **245** D 6
Fémmina Morta, Monte- **267** E 6
Fémmina Morta, Portella- **268** D 1
Fémmine, Ísola delle- **264** A 1
Fenáio, Punta del- **166** C 1
Fenegrò **67** B 5
Fenella, Torrente- **143** C 6
Fenèr **59** D 4
Fenera, Monte- **50** E 3
Fenestrelle **80** E 3
Fenga, Cuolmen- **25** A 5
Fenga, Valle- **25** A 4
Fengo **87** D 5-6
Fenícia, Villa- **207** A 5
Fenícia Moncata **283** C 4
Feníglì **142** C 3
Feníglia, Tómbolo di- **166-167** C 3-4
Fenile (PU) **135** E 6
Fenile (SO) **54** B 1
Fenile (TO) **95** C 5
Feniletto **87** C 6
Fenilone **88** E 3
Fenils **94** A 1
Fénis **47** C 6
Fennau, Monte- **313** B 5
Feno, Capo di- **296** A 2
Fenogu, Nuraghe- **311** D 5
Fenosu **310** D 3
Fenosu, Stazione di- **299** E 5
Fenugu, Torre de su- **321** C 4
Féola, Cala di- **190** D 1
Fer, Rio- **64** C 2
Fer, Tête de- **108** B 1
Feraxi, Stagno di- **321** A 6
Fércole **149** E 5
Ferdinandea **253** C 6
Ferella, Masseria- **196** C 3
Ferentillo **162** D 2
Ferentino **181** E 4
Ferentino-Supino, Stazione di- **181** E 4
Férento **160** E 3
Fergenhütte **24** A 3
Férgia, Torre di- **242** A 2
Férie **87** C 5
Ferioli, Rifúgio- **49** B 6
Feriolo **51** C 4
Férisson, Col de- **122** B 1
Ferla **289** C-D 5
Ferlizza, Torre- **207** C 4
Fermano, Fiume- **253** C 6
Fermeda, Rifúgio- **30** D 2
Fermignano **142** B 2-3
Fermo **155** B 4
Fernazza, Monte- **41** B 5
Fernetti **79** B 5

Férnia, Monte- **256** D 3
Ferno **66** C 3
Feroleto, Masseria- **239** A 5
Feroleto Antico **249** A 5
Feroleto della Chiesa **253** D 4
Ferónia **305** E 5
Ferrà, Monte- **253** D 6
Ferrada **113** C 6
Ferramosche **90** D 3
Ferrandina **221** E 6
Ferrandina, Stazione di- **221** D 6
Ferránia **111** C-D 5
Ferránia, Fermata di- **111** C 6
Ferrano (FI) **140** A 1
Ferrano (SI) **150** C 1
Ferrante, Canale- **186** E 2
Ferrante, Monte- (BG) **55** C 4
Ferrante, Monte- (IS) **183** E 6
Ferrantello, Masseria- **185** E 5
Ferranterusso, Masseria- **229** E 5
Ferranti, Masseria- **198** D 2
Ferrara (FE) **105** C 6
Ferrara (PN) **61** A 5
Ferrara = Schmieden (BZ-Bráies) **31** C 5
Ferrara = Schmieden (BZ-Sesto) **31** C 6
Ferrara, Abbazia della- **194** D 3
Ferrara, Colle della- **245** C 4
Ferrara, Ponte della- **245** D 4
Ferrara, Stabilimento- **207** C 6
Ferrara di Monte Baldo **72** B 2
Ferrarelle, Masseria- **281** D 4
Ferrarese, Grande Bonifica- **106** B 3
Ferrarese, Idrovia- **105** C 6
Ferrari (AV-Cervinara) **203** D 4
Ferrari (AV-Serino) **217** A 6
Ferrária **279** E 5
Ferrário, Bivacco- **37** B 4
Ferraro (EN) **268** E 1
Ferraro (RC) **253** E 6
Ferraro, Rifúgio- **49** B 4
Ferrarosso, Masseria- **212** C 3
Ferrata, Coppa- **188** C-D 2
Ferrate **50** C 1-2
Ferrato, Capo- **321** A 6
Ferrazza **73** C 5
Ferrazzano **195** B 6
Ferrè **114** A 2
Ferrera (TO) **94** C 3
Ferrera (VC) **50** D 2
Ferrera di Varese **51** C 6
Ferrera Erbognone **85** D 4
Ferrere (AT) **96-97** C 3-4
Ferrere (CN) **108** C 2
Ferreri, Rifúgio- **81** B 4
Ferricini, Monte- **262** C 2
Ferriere (GE) **113** C 5
Ferriere (PC) **114** A 3
Ferriere (SP) **114-115** E 3-4
Ferriere, le- **191** B 4
Ferro, Canale del- **44-45** C 3-4
Ferro, Capo- **297** C 5
Ferro, Fiume- **239** D-E 5
Ferro, Fiume del- **288** A 3
Ferro, Pizzi del- **35** C 6
Ferro, Pizzo del- **25** D 4
Ferro, Ponte del- **255** C 4
Ferro, Porto- **300** C 1
Ferro, Rifúgio- **43** B 4
Ferro, Torre del- **242** C 2
Ferrone, il- **139** C 5
Ferru, Monte- (CA) **321** A 6
Ferru, Monte- (OG) **313** E 5
Ferru, Monte- (OR) **310** A 3
Ferrúccio **137** B 6
Ferrúccio, Punta di- **174** B 3
Ferru Ezzu, Cantoniera- **301** C 4
Férruli, il- **296** D-E 2
Ferruzzano **257** E 4

Ferruzzano, Stazione di- **257** E 4
Férsina, Torrente- **57** B 6
Fersinone, Fiume- **151** E 5
Fertília **300** C 2
Feruch, Monte- **41** D-E 5
Feruci **245** B 4
Ferula, Masseria- **198** B 1
Férula, Sedda sa- **308** C-D 2-3
Ferulargiu, Punta- **309** B 5
Ferulosu, Monte- **301** E 5
Fervento **50** D 2
Fescóggia **52** B 2
Festà **118** D 1
Festiona **109** D 5
Festi Rasini **54** D 3
Feto, Capo- **274** C 2
Fetováia **156** D 1
Fetováia, Punta di- **156** D 1
Feudogrande **269** E 5
Féudo Inferiore, Masseria- **212** D 1
Féudo Superiore, Masseria- **212** D 3
Feurra, Monte- **315** D 4
Fex, Val- **36** B 1
Fex, Val- **36** B 1
Fezzana **139** C 4
Fezzano **127** D 4
Fiaiano **214** D 2
Fiaiola **161** E 6
Fiamenga (CN) **110** C 2
Fiamenga (PG) **152** E 3
Fiamignano **171** D 3
Fiammante, Cima- = Lodner Spitze **26-27** C 3-4
Fiammineda **130** B 2
Fiammoi **41** E 6
Fianello **170** B 1
Fiano (FI) **139** D 4
Fiano (LU) **129** D 5
Fiano (TO) **81** D 6
Fiano Romano **170** E 1
Fiara, Monte- **58** C 2
Fiário **65** C 4
Fiascherino **127** D 4
Fiaschetti **60** D 3
Fiascone, Torrente- **159** D 4
Fiáscus, is- **319** C 4
Fiastra **153** D 6
Fiastra, Lago di- **153** D 6
Fiastra, Torrente- **154** D 2
Fiastrella, Torrente- **154** B-C 1
Fiastrone, Fiume- **154** C 1
Fiat, Pista- **226** C 3
Fiavè **56** C 3
Fibbialla (LU) **129** D 5
Fibbialla (PT) **130** D 1
Fibbiana **138** B 3
Fibbiano **129** D 5
Fibreno, Fiume- **182** E 2
Fibreno, Lago- **182** E 2
Ficáccia, la- **296** B-C 3
Ficarazzi (CT) **283** B-C 6
Ficarazzi (PA) **263** B 5
Ficarella **261** C 5
Ficarolo **105** B 5
Ficarolo, Badia- **141** E 4
Ficarra **268** C 2
Ficciana **132** D 2
Ficco Ciccio, Masseria- **207** B 6
Fichera, Monte- **266** E 2
Fichera, Torrente- **266** E 1
Fico **260** C-D 3
Fico, Cala- **318** B 1
Fico, Colle del- **185** B 5
Ficogrande **273** A 6
Fícola, Masseria- **231** A 5
Ficoncella, Terme della- **168** E 2
Ficulle **160** A 2
Ficuzza **263** D 4
Ficuzza, Bosco della- **263** D 4
Ficuzza, Fiume- **288** C-D 2
Ficuzza, Pizzo- **279** D 4
Ficuzza, Rocca- **277** C 5
Fidenae **179** B 4
Fidenza **101** C 6
F.I.E., Rifúgio- **110** E 2
Fiè allo Scíliar = Völs am Schlern **30** E 1
Fiegni **153** D 6

Fiegni, Monte- 153 C 6
Field 43 D 4-5
Fiélis 44 C 2
Fiemme, Val di- 40 C-D 1-3
Fienil dei Frati 105 A 4
Fienil del Turco 106 A 2
Fienili (LT) 192 C 1
Fienili (MN) 104 A 2
Fienili (PC) 87 E 6
Fienilone 106 B 3
Fieno, Masseria- 211 A 4
Fiera, Monte della- 262 C 2-3
Fiera del Levante 209 C 5
Fiera di Primiero 41 E 4
Fiera Internazionale dell'Agricultura 72 E 3
Fieravécchia, Piano della- 278 C 2
Fiernaz 47 B 6
Fierozzo 57 B 6
Fiery 49 B 4
Fiesch 32 B 1
Fieschergletscher 32 A 1
Fieschertal 32 A 1
Fieschi, Basilica dei- 114 D 2
Fiesco 87 B 5
Fiesco, Fosso il- 220 E 1
Fiésole 131 E 5
Fiesse 88 C 2-3
Fiesso (BO) 119 C 5
Fiesso (RE) 102 D 3
Fiesso d'Ártico 75 E 4
Fiesso Umbertiano 105 B 6
Fietri 140 E 1
Fietta 59 E 4
Figari, Capo- 297 E 6
Figarola, Monte- 220 E 1
Figarole, le- 127 D 4-5
Figarolo, Ísola di- 297 E 6
Figarúia 302 A 1
Figazzano 211 D-E 6
Figheri, Casone- 93 C 4
Fighetto 99 D 4
Fighille 141 D 5
Fighine 160 A 1
Figino (AL) 99 E 5
Figino (MI) 67 D 5
Figino (RI) 163 E 4
Figino (Svízzera) 52 C 2
Figino Serenza 67 B 6
Fíglia di Iório, Grotta della- 183 A 5
Figliaro 52 E 2
Figliere 109 C 4
Figline 131 D 4
Figline Valdarno 139 C-D 6
Figline Vegliaturo 245 C 4
Figliola 164 D 1
Figlioli 217 B 5
Figliolo, Monte il- 219 E 4
Figne, Monte delle- 112 A 3
Fignola 117 E 6
Fígos, Monte- 302 C 3
Figu 311 E 5
Figu, Rio- 315 E 4
Figu Niedda, Nuraghe- (CA-Castiádas) 321 B 5-6
Figu Niedda, Nuraghe- (CA-Muravera) 321 A 5
Figu Orrúbia, Rio- 313 D 4
Figurella, Masseria- 186 E 2
Figu Rúia, Cantoniera- 301 D 5
Filacciano 170 D 1
Filadélfia 249 C 5
Filadonna, Becco di- 57 C 5
Filaga 278 C 2
Filaga, Bívio- 278 C 2
Filago 69 C 4
Filandari 248 E 3
Filannino, Torre- 208 B 1
Filare 157 B 6
Filattiera 115 D 6
Filau, Monte- 319 E 6
Filci 275 A 5
Fildidonna, Stazione- 289 A 4
Filet 32 B 1
Filetta 217 C 6
Filettino 181 C 4
Filetto (AN) 143 B 6
Filetto (AQ) 172 B 2
Filetto (CH) 174 D 2

Filetto (MS) 115 E 6
Filetto (RA) 120 E 3
Filetto, Lago di- 172 B 2
Filéttole (PI) 129 E 5
Filéttole (PO) 131 D 4
Filia 64 E 2
Filiano 205 E 6
Filiano, Stazione- 205 E 6
Filibertu, Rio- 300 C 2
Filicáia 129 B 5
Filicudi, Ísola- 272 A 2-3
Filicudi Porto 272 A 3
Filigare 131 A 5
Filigatti, Monte- 218 B 2
Filighe, Nuraghe- 311 B 6
Filighera 86 D 2
Filignano 194 B 2
Filio, Pizzo- 267 C 6
Filipčje 79 B 5-6
Filippa 246 D 3
Filippi 65 D 4
Filippo, Monte- 166 C 3
Filippona 98 B 3
Filipponi 143 E 4
Filisur 24 C 1
Filo 120 B 2
Filo dell'Arpa, Monte- 272 A 1
Filogaso 249 D 4
Filorera 35 D 6
Filorsi 194 E 1
Filottrano 144 D 3
Fim 33 B 6
Fimon 74 E 1
Fimon, Lago di- 74 E 1
Fináita, Torrente- 285 D 6
Finale (PA) 266 C 3
Finale (VI) 91 C 6
Finale, Punta di- 266 B 3
Finale, Punta di- (Fineil-Spitze) 26 B 2
Finale, Val- 37 D-E 5
Finale di Rero 106 C 2
Finale Emília 105 C 4
Finale Lígure 124-125 C 3-4
Finale Marina 125 C 4
Finale Pia 125 C 4
Findeln 49 A 5
Findelngletscher 49 A 5
Fine, Monte la- 131 A 6
Fine, Torrente- 137 E 5
Fineil-Spitze → Punta di Finale 26 B 2
Fínero 33 E 4
Finese, Monte- 222 D-E 3
Finestra, Colle di- 122 A 1
Finestra, Monte- 217 C 4
Finestra, Passo di- 41 E 4
Finestra, Varco della- 218 B 1
Finestra di Champorcher 47 D 6
Finestre, Colle delle- 80 E 3
Finestrelle, Monte- 262 E 1
Finetti 73 D 4
Finigeto 99 B 6
Finiletti 69 E 6
Finita, Ponte di- 241 E 5
Finita, Torrente- 241 E 4
Fino del Monte 54 D 3
Fino, Fiume- 165 E 4-5
Finocchieto 170 B 2
Finócchio 179 C 6
Finócchio, Masseria- 199 C 6
Finócchio, Torrente- 261 D 6
Finocchito 232 B 3
Finónchio, Monte- 57 D 5
Fino Mornasco 67 C 6
Finstermünz Pass 25 A 6
Fioba, Piàn della- 129 B 4
Fióbbio 54 E 2
Fiobbo, Torrente- 155 D 4
Fiocche 218 E 1
Fióio, Fosso- 180-181 B 3-4
Fioli 164 C 1
Fionchi, Monte- 162 C 1
Fiondi 98 B 2
Fiónica, Monte- 315 E 4
Fior, Monte- 58 D 2
Fiora, Fiume- 167 D 6
Fiora, Stazione la- 192 D 2
Fiorana 64 D 3
Fiorana, la- 106 E 2
Fiorano, Monte- 54 B 1

Fiorano al Sério 54 E 2
Fiorano Canavese 64 D 3
Fiorano Modenese 118 B 1
Fiordimonte 153 D 6
Fiordini 160 C 2
Fiore 161 B 5
Fiore, Casa di- 210 E 2
Fiore, Monte- 173 C 4
Fiorentina 119 B 6
Fiorentina, Croce- 139 E 5
Fiorentina, Malga- 41 B 6
Fiorentina, Torrente- 41 B 5
Fiorentina di Piombino, Stazione- 157 B 2
Fiorentini, Caserma Forestale- 308 B 1
Fiorentini, Villa- 180 C 1
Fiorentino 134 D 2
Fiorenza, Lago- 94 D 3
Fiorenzuola d'Arda 101 C 5
Fiorenzuola di Focara 135 D 5
Fiorera, Pizzo- 32 B 3
Fiori 101 E 4
Fiori, Montagna dei- 164 B 1
Fiorina, Cime di- 52 B 3
Fiorine 54 D 3
Fiorino 112 B-C 2
Fiorino, Monte- 116-117 D 3-4
Fiorito, Monte- 115 E 4-5
Firenze 139 B 5
Firenze, Rifúgio- = Geislerhütte 30 D 2
Firenzuola (FI) 131 B 6
Firenzuola (TR) 161 C 6
Firmano 63 B 4
Firmiano, Castèl- = Sigmundskron 39 A-B 5
Firmo 241 B 4
Fisca, Torrente- 82 B 1-2
Fiscalina, Val- = Fischleintal 31 C-D 6
Fischietto, Monte- 184 B 1
Fischleinboden = Campo Fiscalino 31 C-D 6
Fischleintal = Val Fiscalina 31 C-D 6
Fisciano 217 B 5
Fisciolo, Serra- 235 B 5
Fisrengo 66 E 1
Fissa, Posta- 205 B 5
Fisto 56 B 2
Fitalia, Fiume- 268 B 2
Fítili 248 D 2
Fittà 73 E 5
Fittanze della Sega, Passo- 72 B 3
Fiuggi 181 D 4
Fiugni 163 E 5
Fiuma, Cavo- 103 C 2
Fiumalbo 130 A 1
Fiumana 133 B 4
Fiumana, la- 232 C 3
Fiumane 132 B 2
Fiumara (ME) 268 A 3
Fiumara (RC) 256 C 1
Fiumara, Ponte- 183 E 5
Fiumarella 243 D 4
Fiumarella, Fiumara- 235 E 5
Fiumarella, la- (CZ-Catanzaro) 250 D 2
Fiumarella, la- (CZ-Serrastretta) 245 E 4-5
Fiumarella, la- (SA) 233 D 4
Fiumarella, Torrente- (AV) 204 B 2
Fiumarella, Torrente- (CS) 243 D 4
Fiumarella, Torrente- (PZ-Acerenza) 206 E 1
Fiumarella, Torrente- (PZ-Corleto Perticara) 237 A 5
Fiumarella, Torrente la- 206 E 3
Fiumarella, Torrente- 196 A 2
Fiumaretta di Améglia 127 D-E 5
Fiumata 171 C 5
Fiumazzo 120 C 3
Fiume (MC) 153 D 5
Fiume (NA) 217 A 4
Fiume (PG) 142 E 3
Fiume (TE) 164 C 1

Fiume, il- (LU) 129 A 5
Fiume, il- (PN) 61 E 4
Fiume, il- (VB) 32-33 E 3-4
Fiume, Torrente- 159 C 6
Fiume Ciane e Saline di Siracusa, Riserva Naturale- 291 D 6
Fiumecio, Fiume- 37 C-D 6
Fiumedinisi 269 B 6
Fiumedinisi, Torrente- 258 D 1
Fiumedinisi e Monte Scuderi, Riserva Naturale- 269 B 6
Fiume Fiumefreddo, Riserva Naturale- 269 E 5-6
Fiumefreddo Brúzio 244 C 2
Fiumefreddo di Sicília 269 E 5
Fiume Gízio, Sorgente- 183 B 4
Fiume Grande o Imera Settentrionale 265 D-E 6
Fiume Lao, Riserva Naturale Valle del- 240 A 2-3
Fiumelatte 53 B 5
Fiume Morello, Masseria- 212 B 2
Fiumenero 54 B 3
Fiume Nicà, Punta- 243 E 6
Fiume Òfanto, Parco Regionale- 199 D 5-E 6
Fiume Sile, Parco Regionale del- 75 C 5
Fiumesino (AN) 144 A 3
Fiumesino (PN) 61 E 4
Fiumetórbido, Torrente- 256 D 1
Fiumetto 128-129 D 3-4
Fiumetto, Torrente- 267 E 5
Fiume Véneto 61 E 5
Fiumicello (FC) 132 D 2
Fiumicello (PD) 75 D 4
Fiumicello (UD) 63 E 4
Fiumicello, il- 232 C-D 3
Fiumicello, Torrente- (CL) 279 E 4
Fiumicello, Torrente- (MC) 144 D 3
Fiumicello, Torrente- (SA-Pisciotta) 233 D 4
Fiumicello, Torrente- (SA-Salento) 233 C 4
Fiumicello, Torrente- (TA-MT) 223 C 5
Fiumicello, Torrente il- 241 C 4
Fiumicello-Santa Vénere 235 E 4
Fiumicino (FC) 134 B 2
Fiumicino (RM) 177 D 5
Fiumicino, Torrente- 164 B-C 2
Fiumi Sele Tanagro e Calore, Riserva Naturale dei- 217 E 6
Fiumitello, Torrente- 237 D 5
Fiungo 153 C 6
Fivizzano 116 E 2
Fizzo, Sorgente del- 203 D 4
Fizzonasco 67 E 6
Flaas = Valas 27 D 5
Flaggerscharte = Forcella di Vallaga 27 B 6
Flaggertal = Val di Vallaga 30 B 1
Flagogna 61 B 6
Flaibano 61 C 6
Flaiban Pacherini, Rifúgio- 43 E 4
Flaipano 44 E 3
Flambro 62 D 2
Flambruzzo 62 D 2
Flamignano 164 D 1-2
Flamínia, Via- 179 A 4
Flánes = Flans 27 A 6
Flans = Flánes 27 A 6
Fláscio, Fiume- 268 D 3
Flavetto 245 D 4
Flávia, Porto- 314 E 2
Flávia, Torre- 177 B 4
Flavòn 38 C-D 3
Fléccia 95 A 4
Fleno 163 B 6
Fléres = Pflersch 28 B 2
Fléres, Val di- = Pflerschtal 28 B 2

Fleri 283 A 5
Flero 70 D-E 3
Fless, Piz- 24 B 3
Fleuran 49 E 4
Fleurs, les- 47 C 4
Flitt = Valletta 30 C 2
Flocco, Colle- 175 E 4
Floralpina 30 E 2
Flora Alpina, Rifúgio- 41 C 4
Florense, Abbazia- 246 C 3
Flóres, Genna- 312 B 2
Floresta 268 C 3
Floriano 164 B 2
Florídia 291 D 5
Florídia, Casa- 292 B-C 2
Florínas 301 C 5
Florino, Chiesa di- 24 E 3
Floripótena, Torrente- 269 A 6
Florìz, Monte- 43 B 6
Floronzo = Pflaurenz 30 B 3
Fluchthorn 25 A 4
Fluchtkogl 26 A 2
Flüelapass 24 B 2
Flüelatal 24 B 2
Flüela-Weisshorn 24 B 2
Fluhalp 49 A 5
Flumendosa, Fiume- 312 C 3
Flumendosa, Foce del- 317 E 6
Flumendosa, Lago Alto del- 313 C 4
Flumendosa, Lago del- 316-317 B 3-4
Flumentépido, Rio- 318 A 3
Flumentórgiu, Torre di- 314 A 2
Flúmeri 204 C 2
Flumignano 62 D 2-3
Flumineddu, Rio- (CA) 316 E 2
Flumineddu, Rio- (Cedrino) 309 D-E 4
Flumineddu, Rio- (Flumendosa) 317 D 4
Fluminese, Regione- 314-315 D 2-4
Flúmini 320-321 B 3-4
Flúmini, Rio- (OG) 313 D 5
Flúmini, Rio- (OR) 311 D 6
Fluminimaggiore 314 D 2-3
Fluno 120 D 1
Flussió 306 D 3
Fluvione, Fiume- 154 E 2
Fobello 50 C 2
Foccadoro, Colle- 184 C-D 3
Fócchia 129 C 5
Foce (AP) 154 E 1
Foce (AQ) 171 C 6
Foce (PU) 142 D 3
Foce (SP) 126-127 D 3-4
Foce (TR) 161 D 5
Foce, la- 150 D 2
Foce, Passo la- 128 A 2-3
Foce a Giovo 129 B 6
Foce dei Tre Confini 115 D 4
Foce del Fiume Bélice e dune limitrofe, Riserva Naturale- 275 D 5-6
Foce del Fiume Crati, Riserva Naturale della- 242 B 2
Foce del Fiume Plátani, Riserva Naturale- 277 B 4
Foce delle Porchette 129 C 5
Foce dell'Isonzo, Riserva Naturale della- 78 B 3
Foce del Trébbio 130 C 1
Foce del Volturno e Costa di Lícola, Riserva Naturale della- 214 A-B 2-3
Foce di Filo 120 B 3
Foce di Giovo 128-129 B 3-4
Foce di Lera, Colle- 296 A 2-3
Foce di Rastello 115 D 4
Foce di Terrarossa 129 A 5
Foce il Cuccù 128 A 2
Focene 177 D 5
Focette, le- 129 D 4
Focetto, Monte- 115 D 4
Foci 183 E 5
Foci, Monte- 296-297 E 3-4
Foci dello Stella, Riserva Naturale delle- 77 B 5
Focobòn, Cima del- 41 C 4

Focoláccia, Passo della- 129 B 4
Focomorto 106 C 1
Fodara Vedla 31 D 4
Foddeddu, Fiume- 313 C 5
Fódico 103 D 4
Foèn 59 B-C 4
Foere 81 A 6
Fogaccia → Montespaccato 177 C 6
Fogare 103 B 4
Fogari, Póggio- 149 D 4
Fóggia 198 B 1-2
Foggianello 205 D 5
Foggiano 205 D 5
Foghe, Punta di- 306 E 2
Fóglia 169 C 6
Fóglia, Fiume- 134 E 3
Foglianise 203 C 4
Fogliano (LT) 191 C 5
Fogliano (MO) 118 C 1
Fogliano (PG-Cáscia) 162 B-C 3
Fogliano (PG-Spoleto) 161 C 6
Fogliano (RE) 117 A 6
Fogliano, Lago di- 191 C 5
Fogliano, Monte- 169 C 4
Fogliano Grosso 149 B-C 5
Fogliano Marina 134-135 C 3-4
Fogliano Redipúglia 63 D 5
Foglizzo 82 B 3
Fognano (FI) 140 B 1
Fognano (PR) 102 D 2
Fognano (PT) 130 D 3
Fognano (RA) 132 A 2
Fogu, Pérdas de- 318 C 3
Foi, Monte li- 219 C 6
Foi, Sella di- (Pfoisattel) 31 A 6
Foi, Taverna- 219 C 6
Foi, Valle di- = Pfoital 31 A 6
Foiana = Völlan 27 A 4
Foiano della Chiana 150 B 3
Foiano di Val Fortore 197 C-D 4
Foi di Picerno, Monte li- 219 C 6
Foina 70 C 2
Fojana 63 D 4
Folàs 57 D 4
Folchi 109 E 6
Folga, Cima- 40 E 3
Folgaría 57 D 5
Folgárida 38 C 2
Folgárida, Monte- 38 D 2
Folgorito, Monte- 129 C 4
Folignano (AP) 154-155 E 3-4
Folignano (PC) 100 C 3
Foligno 152 E 3
Folla, Ponte della- 53 C 6
Follerato, Masseria- 223 C 5
Folli 114 A 3
Follina 59 C-D 6
Follo (SP) 127 C 4
Follo (TV) 59 D 5
Follo Alto 127 C 4
Follona, Casa- 157 C 6
Follone, Fiume- 241 C-D 5
Follónica 157 B 5
Follónica, Golfo di- 157 B-C 4-5
Folsogno 33 E 4
Folta 115 C 4
Foltrone, Monte- 164 B 1
Folungo, Passo- 51 B 5
Folzano 70 D 3
Fomarco 50 B 3
Fómbio 87 D 4
Fonaco 141 D 5
Fond Blanc, Pointe du- 46 D 1
Fond de Peinin, Pic du- 94 D 2
Fonda Sávio, Rifúgio- 31 D 6
Fondachelli 269 C 5
Fondachelli-Fantina 269 B-C 5
Fondachello (CT) 269 E 5
Fondachello (ME-Raccúia) 268 B 3
Fondachello (ME-Valdina) 271 C 4
Fondachello (PA) 263 B 5
Fóndaco 268 D 2
Fondaconuovo 271 C 6
Fóndaco Tavolacci 263 D 5
Fondeier Bach 24 A 1

Fondi (LT) **192** D 3
Fondi (LU) **129** D 4
Fondi (PG) **153** D 4
Fondi (VI) **58** E 1
Fondi, i- **55** B-C 5
Fondi, Lago di- **192** D 2-3
Fondiano **117** B 5
Fondirò **285** C 5
Fondi-Sperlonga, Stazione di-
  192 D 3
Fondo **39** B 4
Fondo, il- **134** C 2
Fondoferle **112** B 1
Fóndola **194** E 3
Fondotoce **51** C 5
Fondo Toce, Riserva Naturale-
  51 C 4-5
Fondovalle **32** B 3
Fondovalle, Capanna- =
  Talschlusshütte **31** D 6
Fondra **54** C 2
Fonds, les- **94** B 1
Fondufaux **80** E 3
Fongara **73** B-C 4
Fonnésus, is- **319** B 4
Fonni (NU) **312** A 2
Fonni (PG) **162** A 2
Fons Salera **83** E 6
Fons Salutis **97** D 5
Fontainemore **49** E 5
Fontalcinaldo **148** D 3
Fontan **122** C 2
Fontana (AL) **99** D 4
Fontana (BL) **43** C 4-5
Fontana (BO) **118-119** D 3-4
Fontana (BS) **70** C 3
Fontana (LO) **86** B 3
Fontana (NA) **214** D 2
Fontana (RE) **104** E 1
Fontana (Svízzera) **33** A 4
Fontana (Svízzera) **33** B 4
Fontana (Svízzera) **34** B 2
Fontana (Svízzera) **25** B 4
Fontana (TV) **59** D 5-6
Fontana, Masseria- **231** B 4
Fontana, Pala- **61** B 4
Fontana, Val- **36** D 3
Fontana Bianca, Lago di- =
  Weissbrunnsee **26** E 2
Fontanabona **62** A 3
Fontanabuona, Valle- **113** C-D 6
Fontana d'Eboli **235** B 6
Fontana d'Ércole, Colle-
  269 B 4
Fontana del Guercio, Riserva
  Naturale- **67** B 6
Fontana di Niviòne **99** D 6
Fontana di Papa **179** E 5
Fontanafratta **181** E 6
Fontanafredda (CE) **194** E 1
Fontanafredda (CN) **96** E 3
Fontanafredda (PC) **101** B 4
Fontanafredda (PD) **92** C 1
Fontanafredda (PN) **61** D 4
Fontana Liri **193** A 4
Fontana Liri Inferiore **193** A 4
Fontana Liri Superiore **193** A 4
Fontanalúccia **117** E 4-5
Fontana Lunga, Monte- **236** A 2
Fontana Mandrini **192** A 2
Fontanamare **314** E 2
Fontana Martina **33** E 5
Fontanamela, Fermata di-
  312 D 1
Fontana Moneta **132** B 1
Fontanamurata, Fattoria-
  279 B 4
Fontana Pradosa **86** E 3
Fontanaradina **194** E 1
Fontana Raminosa **312** D 2
Fontanarosa **204** C 1
Fontanarossa **113** A 6
Fontanasalsa **260** D 3
Fontana Secca, Monte- **59** D 4
Fontana Vécchia **195** D-E 5
Fontanavento **100** E 3
Fontanazzo **40** B 3
Fontane (BS) **70** C-D 3
Fontane (CN) **110** E 2
Fontane (MN) **89** B 4

Fontane (PR) **101** D 6
Fontane (TO) **94** A-B 3
Fontane (TV) **75** B 6
Fontane Bianche **291** E 5
Fontanedo **56** C 2
Fontanefredde = Kaltenbrunn
  39 C 6
Fontanegli **113** C 4
Fontanélice **119** E 6
Fontanella (BG) **69** D-E 6
Fontanella (BO) **118** C 3
Fontanella (FI) **138** C 3
Fontanella Grazioli **88** D 2
Fontanellato **101** C 6
Fontanelle (AR) **140** B 3
Fontanelle (BS) **88** E 3
Fontanelle (CE) **194** E 1-2
Fontanelle (CH) **183** B 6
Fontanelle (CN) **109** C 6
Fontanelle (PE) **174** B 2
Fontanelle (PR) **102** B 2
Fontanelle (SI) **150** A 1
Fontanelle (TE) **165** D 4
Fontanelle (TV) **76** A 2
Fontanelle (VI) **58** E 2
Fontanelle, Abbazia di- **69** B 4
Fontanelle, Sorgente di-
  152 E 3
Fontanelle, Rio- **201** D 5
Fontanellette **76** A 2
Fontanese **103** D 4
Fontaneto d'Agogna **66** B 1
Fontanetto Po **83** C 5
Fontaniale **98** D 1
Fontanigorda **113** B 6
Fontanile **97** D 6
Fontanili di Corte Valle Re,
  Riserva Naturale- **103** E 4
Fontanino di Celentino **38** C 1
Fontaniva **74** C 2
Fontarello **163** E 4
Fontavignone **172** D 2
Fontazzi **149** C 5
Fonte (FR) **181** D 4
Fonte (TV) **59** E 4
Fonte, la- **137** B 6
Fonte Abeti **141** C 6
Fonte al Cárpine **158** D 3
Fonte alla Róccia = Trinkstein
  29 C 6
Fonte al Ronco **150** A 3
Fonte Alto **59** E 4
Fonte Avellana, Éremo di-
  142 D 3
Fonteblanda **158** E 2
Fonte Bracca **54** E 1
Fontebuona **131** E 5
Fonte Camorei **109** C 6
Fontécchia, Monte- **182** C 2
Fontéccio **172** D 2
Fontécchio, Terme di- **141** D 6
Fontecellese, Monte- **180** A 3
Fonte Cerreto **172** B 2
Fontéchel **57** E 4
Fontechiari **182** E 2
Fonte Colombo, Convento di-
  170 B 3
Fontecorniale **143** A 4
Fonte d'Amore **183** A 4
Fonte del Campo **163** C 5
Fonte del Piano **143** E 6
Fonte di Bréscia **153** C 4
Fonte di Papa **179** A 5
Fonte d'Ólio **145** B 4-5
Fonte Ertina, Casa- **162** E 2
Fontegreca **194** C 3
Fonte Irpina **204** E 1
Fonte Lardina **154** C 1
Fontelunga **150** A 3
Fontenil, le- **94** B 1
Fonteno **55** E 4
Fontenovella **217** A 4
Fonte Nuova **179** B 5
Fonte Paciano **151** B 6
Fonte Ramata **195** B 6
Fonterossi **183** A 6
Fonterútoli **149** A 5
Fonte San Rocco **97** C 5
Fontespina **145** E 5
Fontevécchia, Stazione-
  212 B 2

Fonte Vética, Rifúgio- **172** B 3
Fonte Vetriana **150** E 3
Fontevivo **101** C-D 6
Font Frèye, Cime de- **122** B 1
Fontgillarde **94** D 2
Fonti, Bosco- **220** C 3
Fonti, Cima- **58** E 1
Fóntia **128** B 3
Fontiano **140** E 3
Fontignano **151** D 5
Fontigo **59** E 6
Fontisterni **140** A 1
Font-Sancte, Pic de la- **94** E 1
Fonzaso **58-59** C 3-4
Fópel, Cima del- **25** D 4
Foppa, Passo della- **37** D 5
Foppe, Monte- **53** C 5
Foppiano (GE) **114** A 1-2
Foppiano (PR) **114** C 3
Foppiano (TN) **57** E 5
Foppiano (VB) **32** C 3
Foppo **35** C 4
Fóppolo **54** B 2
Fora, Alpe- **36** C 1
Forada, Forcella- **41** B 6
Foradada, Ísola- **300** D 1
Forame **63** A 4
Forame, Passo- **36** D 2
Forani **109** D 4
Forano **170** C 1
Forano, Convento di- **144** D 3
Fòrbesch, Piz- **35** A 6
Fórbici, Passo delle- **129** A 5
Forbisicle **71** B 6
Forca, Bric della- **100** E 1
Forca, la- (RI-Cittareale)
  163 D 4
Forca, la- (RI-Leonessa)
  162 D 2-3
Forca, Passo la- **171** C 6
Forca di Valle **164** E 2
Forcanello, Fosso- **252** E 3
Forcarígoli **93** E 4
Forcatella, la- **212** A 2
Forcatura **153** D 4
Force **154** D 3
Forcella (AP) **163** B 6
Forcella (FR) **182** D 2
Forcella (MC) **153** E 5
Forcella (RI) **170** B 2
Forcella (TE) **164** D 3
Forcella, Monte- **235** B 4
Forcella, Válico la- (BG) **54** D 2
Forcella, Válico la- (GE) **113** C 6
Forcella del Santo =
  Bildstocklioch **26** B 2
Forcella di Monte Rest **43** E 5
Forcella di Priuso **43** E 5
Forcella Laresèit **43** E 4
Forcella Musi **44** D 3
Forcella Pordoi, Rifúgio- **30** E 3
Forcella Rioda **43** C-D 4
Forcelle **163** C 5
Forcellétto, Osteria- **58** D 3
Forcelli **104-105** E 3-4
Forcellino, Válico- **54** E 3
Forcello **104** B-C 2
Forcellona, Passo- **58** C 2
Forche, Bric delle- **111** B 5
Forche, Monte delle-
  132-133 C 3-4
Forche, Póggio le- **169** E 4
Forche Caudine **202** D 3
Forchetta, Válico della-
  183 B 5
Fórchia (BN) **202** D 3
Fórchia (CE) **202** D 3
Forci, Villa- **129** D 5
Fórcola (SO-Fórcola) **35** E 6
Fórcola (SO-Sóndrio) **36** D 1
Fórcola (TO) **81** C 6
Fórcola, Monte la- =
  Fürkelescharte **38** B 1
Fórcola, Passo della- **35** C 4
Fórcola, Pizzo della- →
  Furkel Spitz **25** D 6
Fórcola, Rifúgio- = Furkel Hütte
  25 D 6
Fórcola, Valle della- **35** C 4
Fórcola di Livigno **36** B 3
Forcoletta, Passo della- **32** C 3

Fórcoli **138** D 1
Fórcora, la- **51** A-B 6
Forcuso, Monte- **204** D 2
Fordongiánus **311** B-C 5
Foredôr, Sella- **44** E 3
Forenza **206** E 1
Forenza, Stazione di- **205** E 6
Foresta (CZ) **246** D 3
Foresta (IS) **183** E 5
Foresta = Forst **27** C 4
Foresta, Bivio- **262** A 3
Foresta, Convento la- **170** B 3
Foresta, Fiumara della- **245** E 6
Foresta, la- (CE) **202** D 1
Foresta, la- (CS) **243** D 4
Foresta, la- (TA) **212** D 1
Foresta, Malga- **31** C 4
Foresta, Timpone della- **239** E 4
Foresta, Valle di- = Grünwaldtal
  31 C 4
Foresta di Berignone, Riserva
  Naturale- **148** B 3
Foresta di Búrgos **307** C 6
Foresta di Monterúfoli-Caselli,
  Riserva Naturale- **148** B-C 1
Foresta Umbra **189** C 4
Forestale, Casa- (AV) **218** B 1
Forestale, Casa- (FG) **189** C 4
Forestale, Casa- (ME) **268** C 1
Forestale, Caserma- **307** C 6
Forestale, Rifúgio- (CS) **244** A 2
Forestale, Rifúgio- (CT) **283** A 4
Forestale, Rifúgio- (PZ) **236** A 2
Forestale, Rifúgio- (SA) **218** E 3
Foreste Casentinesi, Monte
  Falterona e Campigna,
  Parco Nazionale-
  132 D-E 2-3
Forestella, Valle- **183** E 4
Foresto (BG) **54** E 1
Foresto (CN) **96** D 2
Foresto (TO) **81** D 4
Foresto (VE) **92** D 3
Foresto Sésia **50** E 3
Foresto Sparso **70** B 1
Forette **90** B 2
Forgária nel Friuli **61** A 2
Fórgia, Torrente- **261** C 4
Forgiàdide, Monte- **197** D 6
Forgiari, Monte- **245** A 5
Foria **233** E 5
Foriana, Masseria- **285** A 6
Forino **217** A 5
Forío **214** D 2
Forlano **101** D 4
Forlenza, Terme- **218** C 3
Forlì **133** A 4
Forlì del Sánnio **183** E 6
Forlimpópoli **133** A 5
Forloso, Monte- **219** D 4
Forma, la- **180** C 3
Forma, Monte- **232** C 3
Forma di Santa Oliva, Rio-
  193 C 5
Formaga **71** B 6
Formággio, Monte- **287** B 6
Forma Quesa, Rio- **193** C 5
Formazza **32** B 3
Formazza, Val- **32** A-B 3
Forme **172** E 1
Formeaso **44** C 2
Forme Cerati **58** D 1
Forme d'Aquino, Rio le-
  193 C 5-6
Formegàn **59** B 5
Formellino **120** E 2
Formello **178** A 3
Formeniga **60** E 2
Formentara **115** D 4-5
Fórmia **193** E 5
Formica, Ísola- **260** D 2
Formica, Masseria- **213** C 4
Formica di Burano, Ísola-
  167 C 4
Formica di Montecristo
  156-157 E 3-4
Formiche, Castello delle-
  169 B 6
Formiche, le- **190** D 2

Formiche, Monte delle- **119** E 5
Formiche, Punta delle- **293** E 6
Formiche di Grosseto **166** A 1
Formico, Pizzo- **54** D 3
Formícola **194** E 3
Formiga, Nuraghe- **312** E 1
Formigara **106** C 2
Formígine **118** B 1
Formigliana **65** D-E 6
Formignana **106** C 2
Formigosa **89** E 6
Fórmole **141** B 4
Fórmole, Riserva Naturale-
  141 B 4
Formone, Torrente- **150** E 2
Forna **106** C 1
Forna, le- **190** D 1
Fornaca (CN-Perlo) **111** D 4
Fornaca (CN-Scarnafigi) **95** D 6
Fornace (AN) **143** C 6
Fornace (BO) **118** C 3
Fornace (FI) **132** E 1
Fornace (GR) **159** E 4
Fornace (PT) **130** D 3
Fornace (SI) **150** C 1
Fornace (TN) **57** B 6
Fornace, la- (PU) **143** B 5
Fornace, la- (RE) **117** C 4
Fornace, Monte- **56** A 2
Fornace di Filo **120** B 3
Fornacella **149** A 6
Fornacelle **130** D 3
Fornacette (PG) **142** E 2
Fornacette (PI) **137** B 6
Fornaci (BS) **70** D 2
Fornaci (LO-Borghetto
  Lodigiano) **86** D 3
Fornaci (LO-Terranova dei
  Passerini) **87** D 4
Fornaci (MC) **153** A 6
Fornaci (MN) **103** B 6
Fornaci (NO-Barengo) **66** C 1
Fornaci (NO-Oléggio) **66** C 2
Fornaci (TV) **76** C 2
Fornaci, le- **131** D 4
Fornaci, Passo delle- **153** E 6
Fornaci di Barga **129** B-C 5-6
Fornális **63** B 5
Fornaro, Coppa del- **189** B 4
Fornase **75** E 5
Fornasette **51** B 6
Fornazzano **132** B 1-2
Fornazzo **283** A 5
Fornelli (IS) **194** A 2
Fornelli (SA) **232** C 2
Fornelli (SS) **298** E 2
Fornelli (SV) **111** D 5
Fornelli (UD) **62** E 3
Fornelli, Rada dei- **298** C 2
Fornello (AR) **140** A 1
Fornello (FI-Pontassieve)
  131 E 6
Fornello (FI-Vícchio) **132** C 1
Fornello (PT) **130** E 3
Fornèr **59** E 4
Fornero **50** C 3
Fornesighe **41** C 6
Fornet, le- **80** A 3
Forni **148** E 1
Forni, i- **36** E 3
Forni, Valle dei- **37** B 6
Forni, Vedretta dei- **37** B 6
Forni Avoltri **43** B 5
Forni dell'Accesa **157** B 6
Forni di Sopra **43** D 4
Forni di Sotto **43** E 4
Forni di Val d'Ástico **58** D 1
Fornico **71** B 6
Fórnio **101** C 5
Fornisco **164** C 1
Forno (MS) **128** B 3
Forno (TN) **40** C 2
Forno (TO-Coazze) **81** E 4-5
Forno (TO-Lémie) **81** C 5
Forno (VB) **50** C 3
Forno, Cala di- **158** E 1-2
Forno, Fermata- **220** B 3
Forno, il- **104** E 1
Forno, Monte- (UD) **45** B 6
Forno, Monte- (VB) **32** C 2

Forno, Monte- (VI) **58** C 2
Forno, Monte del- **36** C 1
Forno, Pizzo- **33** A 5
Forno, Pizzo del- **32** C 3
Forno, Val- **36** B 1
Forno, Vedretta del- **36** C 1
Forno Allione **55** B 6
Forno Alpi Gráie **81** B 5
Forno Bianco **90** D 3
Forno Canavese **64** E 1
Forno d'Ono **71** A-B 4
Forno della Gaiana **119** C 6
Forno di Val **41** D 5
Forno di Zoldo **41** C 6
Fornohütte **36** C 1
Fórnole **161** E 5
Fórnoli (LU) **129** C 6
Fórnoli (MS) **115** E 6
Fornolosa **81** A 6
Forno Marina **268** A 1
Fornovo di Taro **101** C 6
Fornovolasco **129** C 5
Fornovo San Giovanni **69** D 5
Foro **174** B 3
Foro, Fiume- **174** C 2
Foróglio **33** B 4
Förolach **45** A 5
Foroni **89** B 5
Foroni, i- **89** C 6
Forotondo **99** D 6
Forquet, Casa- **188** C 1
Forra del Cellina, Riserva
  Naturale- **61** B 4
Forra di Tággia **123** E 4
Forsivo **162** B 3
Forst = Foresta **27** C 4
Fort, Punta del- **81** C 4
Forte **65** C 6
Forte, Monte- (LT) **193** D 5
Forte, Monte- (SS) **298** E 2
Forte Buso, Lago di- **40** C-D 3
Forte Corbin **58** E 1
Forte dei Marmi **128** C-D 3
Forte di Bibbona **147** B 6
Forte Masua **72** C 2
Forte Village **320** C 1
Fortezza = Franzensfeste **30** B 1
Fortezza, Monte della- **157** E 5
Forti, su- **320** B 3
Fortino **235** C 4
Fortino, il- **240** A 1
Fortogna **60** A 2
Fortore, Fiume- **186** C 1
Fortore, Torre- **186** B 2
Fortullino **137** D-E 5
Fortuna, Passo della- **180** B 2
Fortuna, Villa- **66** D 3
Fortunago **99** B-C 6
Fóruli **171** C 6
Forvilla **81** D 6
Forza d'Agrò **269** C 6
Forzo **47** E 5
Foscagno, Monte- **37** A 4
Foscagno, Passo di- **25** E 4
Foscalina **128** C 3
Fosciándora **129** B 5-6
Fosdinovo **128** A-B 2
Fosdondo **103** E 3
Fósini **148** C 3
Fósio **115** A 6
Fósola, Monte- **117** C 4
Fossa (AQ) **172** C 2
Fossa (BS) **71** E 4-5
Fossa (MO) **105** B 6
Fossa (PR) **102** B 2
Fossa, Casale la- **190** A 2
Fossa, Torrente- **58** A 3
Fossa, Torrente la- **303** A 4
Fossabiuba **76** A 2
Fossa Caprara **102** B 3
Fossacésia **175** D 4
Fossacésia Marina **175** D 4
Fossa Cupa, Fosso- **219** D-E 6
Fossadálbero **106** B 1
Fossa della Neve, Monte-
  268 A 3
Fossa delle Felci, Monte-
  272 D 3
Fossa Felci, Monte- **272** A 3
Fossalòn **78** B 3
Fossalta (FE) **106** C 1

Fossalta (MO) **104** E 2
Fossalta (PD) **75** D 4
Fossalta, Torrente- **160** A 2
Fossalta di Piave **76** C 2
Fossalta di Portogruaro **62** E 1
Fossalta Maggiore **76** B 3
Fossalto **184** E 2
Fossalunga **75** B 4
Fossamana **89** D 6
Fossano **110** A 2
Fossanova, Abbazia di- **192** C 2
Fossanova San Biágio **105** D 6
Fossanova San Marco **105** C 6
Fossaragna **92** C 3
Fossarmato **85** C 6
Fossatéula, Monte sa- **319** A 4
Fossatillo **171** B 6
Fossato (MN) **89** D 5
Fossato (PO) **131** B 4
Fossato (PU) **142** D 3
Fossato, Colle di- **153** A 4
Fossato di Vico **152** A 3
Fossato Iónico **256** E 1-2
Fossato Serralta **245** E 6
Fossaz **46** C 3
Fossazza, Monte- **269** B 6
Fossazzo **271** C 5
Fosse **72** C 3
Fosse, Monte le- **284** A 2
Fosse, Val di- = Pfossental
26 B-C 3
Fosseno **51** D 4
Fosseto **84** E 1-2
Fossi, Coppo dei- **189** B 4
Fossiata **245** A 6
Fossignano **190** A 3
Fossò **92** B 3
Fosso del Lupo, Passo- **249** C 5
Fosso Ghiáia **121** D 5
Fóssola **128** B 3
Fóssoli **103** D 6
Fossombrone **143** B 4
Fossona **92** B 1
Fosso Sejore **135** E 6
Fostaga **71** C 4
Fosto **142** D 2
Fouillouze **108** A 1
Foura, Picco- **81** A 4-5
Foxi (CA) **320** B 3
Foxi (TN) **57** E 5
Foxi, Casa de- **319** D 4
Fuxi, Riu- **321** C 5
Foxi, Rio de- **319** D 4-5
Foxi 'e Sali **320** E 1
Foxi Manna, sa- **317** B 6
Foza **58** D 2
Frà, Monte- **55** D 5
Frabosa Soprana **110** D 2
Frabosa Sottana **110** D 2
Fraccano **141** D 6
Fraccaroli, Rifúgio- **73** B 4
Fracce **51** C 6
Frácchia **86** B 3
Frácchie **32** B 3
Fráccia **262** D 2
Frachey **49** C 4
Frachiamo **64** D 1
Fraciata, Bric di- **111** C 6
Fraconalto **112** A 3
Fradiávolo, Masseria- **210** C 1
Fradusta, Monte la- **41** D 4
Fradusto, Chiesa- **131** A 5
Fraelacco **62** A 3
Fraele, Passo di- **25** E 4
Fraele, Scale di- **25** E 4-5
Fraele, Torri di- **25** E 5
Fraele, Valle di- **25** E 4-5
Fraforeano **62** E 2
Fragagnano **225** D 5
Fragaiolo **141** B 4
Fragala, Convento di- **268** B 2
Fraga Mórus, Nuraghe- **316** C 1
Fragheto **133** E 5
Fragneto, Masseria- **211** E 5-6
Fragneto l'Abate **196** E 2
Fragneto Monforte **196** E 2
Fragno **116** A 2
Fragsburg, Schloss- =
Castello Verruca **27** D 5
Fraigada, Nuraghe sa- **321** B 4

Fraigada, sa- **301** E 6
Fráigas, Stazione di- **302** D 1
Fráilis, Punta- **313** C 6
Fraina **217** B 4
Fraine (CH) **184** B-C 2
Fraine (BS) **55** E 5
Fraine, Passo le- **38** C 3
Fraine di Sopra **72** C 2
Fraioli **193** A 5
Fráire **95** D 5
Frais **80** E 3
Fraisse **80** E 3
Fraita **95** B 5
Fraitève, Monte- **94** A 2
Fram, Punta- **274** D 1
Framont, Monte- **41** C 5
Framura **126** B-C 2
Framura, Stazione di- **126** C 2
Franca **153** D-E 4
Franca Messana, Casa la-
262 C 2
Francavilla **143** B 6
Francavilla al Mare **174** B 2
Francavilla Angítola **249** C 4-5
Francavilla Angítola, Stazione
di- **249** C 4
Francavilla Bísio **98** D 3
Francavilla d'Ete **154** A 3
Francavilla di Sicília **269** D 5
Francavilla Fontana **212** E 3
Francavilla in Sinni **237** D 6
Francavilla Maríttima **241** A 6
Francenigo **60** E 3
Francescani, Convento dei-
227 C 4
Francese, Cala- **297** C 4
Francesi, Punta di li- **296** D 2
Franche **216** C 3
Franche, Forcella- **41** D 5
Franchella **111** E 4
Franchetti, Colónia- **256** C 2
Franchi **101** E 4
Franchin, Colle- **59** D 6
Franchini **97** B 6
Franchini, Masseria- **207** D 5
Franciacorta **70** C 2
Fráncica **248** E 3
Francocci **161** B 6
Francofonte **289** B 5
Francolini **57** D 5
Francolino **106** B 1
Francolise **201** D 6
Franculácciu **303** C 6
Franier **46** E 2
Fránscia **36** C 2
Franzei, Lago di- **41** C 4
Franzensfeste = Fortezza **30** B 1
Franzona, Tenuta- **77** B 5
Frapiero **92** D 3
Frapporta **56** D 3
Frara, Pizzo- **269** A 6
Frasassi, Grotte di- **143** E 5
Frasca, Capo della- **310** E 2
Frasca, Casa- **288** A 2
Frasca, Masseria- **207** B 4
Frasca, Monte- **288** B 2
Frasca, Taverna di- **204** E 1
Frasca, Torre- **209** E 4
Frascaro (AL) **98** C 1
Frascaro (RE) **117** C 4
Frascarolo **84** E 2
Frascata **99** D 5
Frascata, la- **120** B 2
Frascati **179** D 5-6
Fraschéia, Monte- **65** B 6
Frascheo **65** C 4-5
Fraschette **181** E 4
Fraschietto **64** D 1
Frascineto **241** A 5
Frasco **33** C 6
Fráscola, Monte- **43** E 5
Frascondino **98** A-B 2
Frasnedo **35** D 5
Frassanéit **61** A 5
Frássani **269** B 4
Frassanito **229** E 5
Frassenè (BL-Fonzaso) **58** C 3
Frassenè (BL-Voltago Agordino)
41 D 5
Frassenetto **43** B 5

Frassi **114** A 2
Frassignoni **130** B 3
Frassilongo **57** B 6
Frassinara **102** C 3
Frássine **148** D 1
Frássine, Fiume- **91** C 5-6
Frassinédolo **116-117** D 3-4
Frassinelle Polésine **106** A 1
Frassinello Monferrato **83** E 6
Frassinere **81** D 5
Frassineta (AN) **143** D 4
Frassineta (AR) **140** A 3
Frassineta (AR) **150** A 3
Frassineto (BO) **131** A 6
Frassineto (GE) **113** B 5
Frassineto (PR) **114** A 3
Frassineto = Verschneid **27** E 5
Frassineto, Passo di- **141** B 5
Frassineto Po **84** D 1
Frassinetto **64** D 1
Frassiney **46** D 3
Frássini **149** C 4
Frássino (CN) **109** A 4
Frássino (MN) **89** D 6
Frássino (SV) **111** E 4
Frássino, Laghetto del- **71** E 6
Frássino, Torrente- **111** E 4
Frassinoro **117** E 5
Frasso, Stazione di- **192** D 2
Frasso-Dugenta, Stazione di-
202 C 3
Frassoneta **111** C 5
Frasso Sabino **170** D 3
Frasso Telesino **202** C 3
Frate della Méia, Monte-
49 D 5
Fratelle **141** A 4
Fratelli, Casa- **314** D 2
Fratelli Bandiera, Monumento-
246 B 3
Fratelli Calvi, Rifúgio- **54** B 3
Fratelli Longo, Rifúgio- **54** B 3
Frati, Monte dei- **141** B 5
Fratta (AR) **150-151** A 3-4
Fratta (GO) **63** D 4-5
Fratta (PN-Cáneva) **60** D-E 3
Fratta (PN-Maniago) **61** B 5
Fratta (TV-Resana) **74** C 3
Fratta (TV-Tarzo) **59** C 4
Fratta (VE) **62** E 1
Fratta, Fiume- **91** E 5
Fratta, la- **150** B 2
Fratta, Monte- (BS) **71** D 4
Fratta, Monte- (RI) **171** D 6
Fratta, Torrente- **184** D-E 2
Fratta, Valle- **192** B 3
Fratta, Villaggio- **246** D 3
Frattaguida **160** A 3
Frattamaggiore **202** E 1-2
Frattaminore **202** E 1-2
Fratta Polésine **105** A 6
Fratta Terme **133** B 5
Fratta Todina **161** A 5
Fratte (PD) **74** D 3
Fratte (PG) **151** C 2
Fratte, le- (PN) **61** E 5
Fratte, le- (VI) **57** D 6
Fratte, Punta- **251** C 6
Fratte Rosa **143** B 4
Fratticciola **150** B 3
Fratticciola Selvática **152** B 2
Frattina **76** A 3
Frattina, Fiume di- **262** E 3
Frattina, Ponte- **262** E 3
Frattócchie **179** D 5
Fráttoli **163** D 6
Frattúccia **161** D 5
Frattura **182** B 3
Frauenkirch **24** B 1
Fravéggio **57** B 4
Fraviano **38** C 1
Fravòrt, Monte- **58** B 1
Frazzanò **268** B 2
Frea, Serra di- **247** B 4
Frécdane **113** A 4
Fredda, Valle- = Gelltal **31** A 4
Freddezza **100** D 2
Freddo, Fiume- **261** D 6

Freddo, Monte- (BN) **196** C 2
Freddo, Monte- (FC) **132** C 2
Fregarolo, Passo di- **113** B 6
Fregene **177** C 5
Fregiolo **132** B 2-3
Fregiusia **80** E 1
Fregnanello **132** A 2-3
Fregona (BL) **41** C 4
Fregona (TV) **60** D 2
Freidorn, Monte- **95** A 5
Freienfeld = Campo di Trens
28 C 3
Freinetto **81** E 5
Fréjus, Colle del- **80** D 1
Fremamorta, Cima di- **109** E 4
Frena **30** C 3
Frena, Monte- **131** B 6
Frentani, Monti dei-
184-185 B-C 2-4
Frenzela, Val- **58** D 2
Frenzo **99** B 6
Frera **64** D 2
Frera, Ponte- **55** B 4
Frere **108** B 2-3
Frerola **54** D 2
Frerone, Monte- **55** C 6
Fresagrandinária **184** B 3
Frescarolo **101** B 6
Fresciano **141** A 5
Frésine **55** B 6
Frésis **43** D 7
Fresonara **98** D 2
Frety, Monte- **46** B 2
Friburge **80** A 1
Fricca, Órrido la- **57** C 5-6
Frida **307** C 6
Fríddani **281** E 4
Frido, Torrente- **237** E 6
Frigento **204** C 1-2
Frigianu, Ísola- **299** C 5
Frigintini **293** B 4
Frignano **202** E 1
Frignano, Parco del- →
Parco Regionale dell'Alto
Appennino Modenese
129 A-B 6
Frignano, Regione- **117** D-E 4-6
Frignone, Monte- **129** A 4-5
Frígole **227** B 6
Frinco **83** E 5
Frino **51** C 5
Friola **74** B-C 2
Frioland, Monte- **95** D 4
Frisa **174** D 3
Frisan, Torrente- **43** C 4
Frisanco **61** B 5
Frise **109** C 4
Frise, Rio delle- **109** C 4
Frisoli, Masseria- **198** B 1
Frisolino **114** D 2
Frisoni **58** D 3
Frisozzo, Monte- **55** B-C 6
Frodolfo, Torrente- **37** B 5-6
Frohntal **43** A-B 5
Frola **54** C 1
Frómmer **30** E 1
Frómmer, Malga- **40** B 2
Frondarola **164** D 2
Front **82** B 1
Frontale (BG) **53** D 6
Frontale (MC) **153** A 6
Frontale (SO) **37** C 5
Frontano, Monte- **142** D 1
Fronti **249** A 5
Fronticella **192** C 3
Frontignano (BS) **70** E 2
Frontignano (MC) **153** E 6
Frontignano (PG) **161** A 5
Frontignano (SI) **149** C 5
Frontin **59** B 6
Frontino **142** A 1
Frontone **143** D 4
Frontone, Spiággia di- **190** D 1
Fronza, Rifúgio- =
Rosengarten Hütte **40** B 2
Frónzola **140** B 2
Froppa, Cimòn della- **31** E 6
Frósini **149** C 4
Frosinone **192** A 3

Frosolone **195** A 5
Frossasco **95** B 5
Frua, la- **32** B 3
Frugarolo **98** C 2
Frugna, Monte- **60** A 3
Frugno, Torrente- **205** B 4
Fruit, Aiguille du- **80** B 1
Fruncu Erente **308** D 3
Fruncu Mannu **309** E 5
Fruncu Padúlas **308** E 3
Frusci **219** B 6
Frusciu, Monte- **301** E 4
Frúscus, Nuraghe- **311** B 4
Ftan **25** B 4
Fuàrt, Iòf- **45** C 5
Fubina **81** C 6
Fubine **98** B 1
Fucécchio **138** B 2
Fucécchio, Padule di- **130** E 2
Fuciade **41** C 4
Fucignano **164** B 2
Fucile, Torrente- **285** D 5
Fucine (BS) **55** D 5
Fucine (SV) **111** D 5
Fucine (TN) **38** C 1
Fúcino, Centro Telespaziale-
181 D 6
Fúcino, Piana del- **181** A-B 6
Fucino, Rio- **163** D-E 6
Fucito **188** B-C 3
Fuga, Monte- **193** D 6
Fugazze, Piàn delle- **73** B 4
Fugazzolo di Sopra **115** B 6
Fugazzolo di Sotto **115** B 6
Fuile Mare **309** C 6
Fuipiano al Brembo **54** D 1
Fuipiano Valle Imagna **53** D 6
Fulcheri **110** C 1
Fuldera **25** D 5
Fulgatore **261** D 4
Fullo, Case- **293** C 6
Fumaiolo, Monte- (FC) **141** A 4
Fumaiolo, Monte- (VT) **168** A 1
Fumane **72** D 2
Fumeri **113** B 4
Fumero **37** C 5
Fumo **85** E 5-6
Fumo, Monte- (BS-TN) **37** E 6
Fumo, Monte- (PG-PU) **141** D 6
Fumo, Val di- **56** A-B 1
Fumone **181** E 4
Fumosa, Cantoniera- **302** A 2
Funari **202** C 1
Fúndres = Pfunders **30** A 2
Fúndres, Passo di- =
Pfundersjoch **30** A 1
Fúndres, Val di- = Pfunderer Tal
30 A-B 2
Funer **59** D 5
Funès **60** B 3
Fúnes = Villnöss **30** D 2
Fúnes, Valle di- = Villnösstal
30 D 1-2
Funesu, Monte- **314** A 3
Fungáia **149** B 5
Fungáia, Riserva Naturale
della- **141** B 4
Funnuto, Passo-
284-285 A 3-4
Funo **119** B 4
Funtana Bona **312** A 3
Funtana Congiada, Punta-
312 C 2
Funtana Niedda, Stazione-
299 E 4
Funtana Ona, Monte- **321** A 4
Funtanazza, Colonia Marina-
314 D 2
Funtanéddas, Monte- **308** D 2
Funtanua, Fuorcla- **24** C 2
Fuorn, il- **25** C 4
Fuorn, Pass dal- = Ofenpass
25 D 5
Fuorn, Valle dal- **25** C 4
Fuorni **217** C 6
Furato **67** D 4
Furau, Bruncu- **312** C 3
Furbara, Stazione di- **177** B 4
Furci **184** A 3
Furci, Serra di- **268** B 1

Fúrcia, Rifúgio- = Furkel Hütte
31 C 4
Furci Sículo **258** E 1
Furgbach **50** A 1
Furggen, Monte- **49** A 4
Furiano, Fiume il- **267** B 6
Furittu, Rio- **317** C 4
Fürkelescharte = la Fórcola
38 B 1
Furkel Hütte = Rifúgio Fórcola
25 D 6
Furkel Hütte = Rifúgio Fúrcia
31 C 4
Furkel Spitz (Pizzo della
Fórcola) **25** D 6
Furlo **142** B 3
Furlo, Gola del- **142** B 3
Fúrnari **269** A 4
Furónis, Perda is- **317** B-C 5
Furore **217** D 4
Furore, Masseria- **285** C 4
Furtei **316** C 1
Furtschaglhütte **29** A 5
Fusanti, Monte- **202** D 3
Fusara **217** C 5
Fusaro, Lago del- **214** C 3
Fuscaldo **244** A 1
Fuscaldo, Monte- **247** D 4
Fuschi **196** D 2
Fúscoli **216-217** C 3-4
Fuséa **43** D 6
Fusignano **120** C 2-3
Fusina **75** E 6
Fusine (BL) **41** C 6
Fusine (SO) **36** E 1
Fusine (VI) **57** E 6
Fusine, Foresta di- **45** C 6
Fusine, Laghi di- **45** B 6
Fusine in Valromana **45** B 6
Fusine Inferiore, Lago di-
45 B 6
Fusine Laghi **45** B 6
Fusine Superiore, Lago di-
45 B-C 6
Fusino **37** C 4
Fúsio **33** A 5
Fuso, Monte- **116** B 3
Futa, Passo della- **131** B 5
Futani **233** D 4
Futschöl-Pass **25** A 4

G

Gabba **130** A 3
Gábberi, Monte- **129** C 4
Gábbia **90** C 2
Gábbia, Póggio a- **148** B 1
Gabbiana (MN) **89** E 5
Gabbiana (MS) **115** E 6
Gabbiani, Báia dei- **189** D 5
Gabbiano (BO) **119** E 4
Gabbiano (FI) **131** C 5
Gabbiano (MC) **153** D-E 6
Gabbiano (PC) **100** C 1
Gabbiano Vécchio **150** B 3
Gabbione (PV-Borgoratto
Mormorolo) **99** B 6
Gabbione (PV-Romagnese)
100 C 1
Gabbioneta **88** C-D 2
Gabbioneta-Binanuova **88** C 2
Gabbro **137** D 5
Gabbro, Monte- **148** C 3
Gabella (AN) **144** A 2-3
Gabella (CZ) **249** A 4
Gabella (PI) **137** A 6
Gabella Grande **247** D 6
Gabella Nuova **154** C 1
Gabelletta (TR) **161** D 6
Gabelletta (VT-Céllere)
168 A 1
Gabelletta (VT-Monterosi)
169 D 5
Gabellina, la- **116** E 3
Gabellino **148** D-E 3
Gaberje **79** A 5-6
Gabetti **110** A 3
Gabiano (AL) **83** C-D 5
Gabiano (TE) **164** B 1
Gabicce Mare **135** D 4

Gabicce Monte **135** D 4
Gabiet, Lago- **49** C 5
Gabiet, Rifúgio del- **49** C 5
Gábii **179** C 6
Gabrče **79** B 6
Gábria **63** D 5
Gabrielassi **96** C 2
Gabrieli, Villa- **211** D 4
Gabrje **63** A 6
Gabrovec **45** E 4
Gabrovica (Slovénia) **79** A 5
Gabrovica (Slovénia) **79** D 5
Gabrovizza San Primo **79** B 4
Gabutti **111** C 4
Gaby **49** D 5
Gáccia, Fiume- **249** A 5
Gad **80** E 2
Gada, Monte- **235** E 6
Gaddau, Cantoniera- **302** B 2
Gádena, Val- **58** D 3
Gádera, Torrente- = Gader-Bach
    30 B-C 3
Gadesco **88** D 1
Gadesco-Pieve Delmona **88** D 1
Gadignano **100** C 1
Gadinica, Pizzo- **278** E 3
Gadír **274** D 2
Gadmen (Svízzera) **24** B 2
Gadoni **312** C 2
Gádria, Rio- **26** C-D 1
Gaeta (CR) **87** B 4
Gaeta (LT) **200** C-D 2
Gaffe, Torre di- **285** E 5
Gaffuro **89** D 4
Gagela, Cima de- **34** B 3
Gaggi **269** D 5
Gaggiano **67** E 5
Gaggiano, Casa- **188** C 1
Gaggina **98** E 2
Gaggino **52** D 3
Gággio (BO) **132** A 1
Gággio (MO) **104** E 2
Gággio (SO) **35** E 6
Gággio (VE) **75** D 6
Gággio Montano **130** A 3
Gaggiolo **52** D 2
Gaglianico **65** C 4
Gagliano (CZ) **250** C 2
Gagliano (TE) **164** B 2
Gagliano (UD) **63** B 4-5
Gagliano, Torrente di- **281** B 6
Gagliano Aterno **172** E 3
Gagliano Castelferrato **281** B 6
Gagliano del Capo **231** D 5
Gaglianvécchio **153** E 6
Gagliardi, Masseria- **227** A 5
Gagliardone, Rifúgio- **94** E 3
Gagliato **249** D 6
Gagliétole **152** E 1
Gáglio **153** B 5-6
Gagnago **66** B 2
Gagnone **32** E 3
Gagnone, Cima di- **33** C 6
Gai **60** E 2
Gaiana **119** C 6
Gaiana, Torrente- **119** C 6
Gaianello **117** E 6
Gaiánigo **74** D 2
Gaiano (PR) **101** E 6
Gaiano (RA) **120** D 2
Gaiano (SA) **217** B 5-6
Gaiarine **60** E 3
Gaiato **118** E 1
Gáiba **105** B 5
Gaibana **106** D 1
Gaibanella **106** D 1
Gaibóla **119** C 4
Gaíco **154** E 2
Gaid = Gaido **27** E 5
Gáida **103** E 4
Gaider Berg = Monte Laures
    27 E 4
Gaido = Gaid **27** E 5
Gaifana **153** C 4
Gailbergsattel **43** A 6
Gailitz **45** E 4
Gaina **70** C 2
Gainago **102** C 3

Gainago-Ariana **102** C 3
Gaini **111** A 6
Gainiga **76** B 3
Gaíno **71** C 6
Gáio **61** B 6
Gaiola **109** C 5
Gaiola, Ísola la- **215** C 4
Gaiola, Parco Sommerso di-
    215 C 4
Gaiole in Chianti **139** E 6
Gaione **102** E 2
Gáiro **313** D 4
Gáiro, Báia di- **313** E 5
Gáiro Sant'Élena **313** D 4
Gáiro Taquisara **313** D 4
Gáis **31** B 4
Gaium **53** D 5
Gala, la- **269** A 5
Galade **98** C 3
Galaniga **236** A 3
Galambra, Lago- **80** D 2
Galante, Casa- **222** E 2
Galante, Masseria- **196** C 2
Galanti **112** A 1
Galassi, Casa- **186** D 3
Galassi, Rifúgio- **42** D 2
Galate, Monte- **281** B 5-6
Galati **259** E 6
Galati Mamertino **268** B 2
Galati Marina **258** C 2
Galati Superiore **258** C 1
Galatina **227** D-E 5
Galátone **227** E 5
Galatrella, Torrente- **241** D 6
Gálatro **253** D 4-5
Galatrona **140** D 1
Galbato **268** A 3
Galbiate **53** E 5
Galciana **130** D 3
Galdina **66** D 3
Galdo (SA-Póllica) **232** C 2
Galdo (SA-Sicignano degli
    Alburni) **218** D 3
Galdo, Casa- **233** A 5
Galdo, Stazione di-
    218-219 D 3-4
Galeasi, Villa- **212** E 2
Galeata **132** C 3
Galeazza **105** C 4
Galenne, Monte- **162** B 2
Galeotta, Ísola- **260** B 3
Galera **151** B 6
Galera, Capo- **300** D 2
Galera, Ísola- **260** B 3
Galera, Punta- **297** B 5
Galera, Puntone- **256** D 3
Galera, Scóglio- **248** D 2-3
Galera, Serra- **288** D 1
Galéria **177** A 6
Galero, Monte- **124** C 1
Galfione **65** C 4
Galgagnano **86** B 3
Gálgata **152** B 2
Galiello, Monte- **262** D 3
Gáliga **131** E 6
Galísia, Passo di- **81** A 4
Galísia, Punta di- **81** A 4
Gallaneto **112** B 3
Gallano (MC) **153** D 5
Gallano (PG) **152-153** D 3-4
Gallarate **66** B 3
Gallareto **83** E 4
Galleana **87** E 4
Galleggione, Pizzo- **35** B 5
Gallena (LU) **129** C 4
Gallena (SI) **149** B 4
Gallenca, Torrente- **64** E 1
Galleno (BS) **37** E 4
Galleno (FI) **138** B 1
Galleraie **148** C 3
Galleriano **62** C 2
Gallese **169** B-C 6
Gallese-Vasanello, Stazione di-
    169 B 6
Galletti **111** B 6
Galli (CZ) **249** A 5
Galli (UD) **62** E 3
Galli (VC) **83** C 4
Galli, Case- **196** D 2
Galli, Ísole li- **215** E 6
Gállia **84** E 3

Galliana **132** B 2
Galliano (CO) **53** E 4
Galliano (FI) **131** C 5
Gallianta **93** E 4
Galliate **66** D 2-3
Galliate Lombardo **51** E 6
Galliávola **84** D 3
Gallicano **129** B 5
Gallicano nel Lázio **180** C 1
Gallícchio **237** B 5
Gallicianò **256** C 2
Gállico **256** C 1
Gállico, Fiumara- **258** B 2
Gállico Marina **258** B 3
Gallidoro, Monte- **285** E 6
Galliera **105** D 5
Galliera Véneta **74** C 3
Gallignano (AN) **144** B 3
Gallignano (CR) **69** E 6
Gallina (RC) **256** D 1
Gallina (SI) **150** D 2
Gallina, Col della- **60** C 3
Gallina, Pizzo- **32** A 3
Gallina, Punta della-
    (Henneisegel-Spitze) **26** A 1
Gallina, Rifúgio- = Hühnerspiel
    Hütte **28** B 3
Gallina, Spiz- **60** A 2
Gallina, Val- **60** A 2
Gallinara, Ísola- **124** D 3
Gallinara, Monte- **115** B 6
Gallinaro **182** E 3
Gallinazza **63** E 4
Gallino, Pizzo- **38** E 3
Gallinola, Monte la- **195** C 5
Gállio **58** D 2
Gallípoli **230** B 2
Gallípoli Cognato-Piccole
    Dolomiti Lucane, Parco
    Regionale di- **220-221** E 2-4
Gallíporo, Valle- **255** B 4-5
Gallisterna **120** E 1
Gallitello, Stazione di- **261** E 6
Gallivággio **35** C 4
Gallízzi **238** D 1
Gallo (AQ) **181** A 4
Gallo (BO) **119** D 6
Gallo (CE) **194** D 1
Gallo (FC) **133** C 5
Gallo (FE) **105** D 6
Gallo (ME) **268** A 3
Gallo (PU) **142** A 3
Gallo (RE) **102** E 3
Gallo, Alpe del- **25** D 4
Gallo, Capo- **264** A 2
Gallo, Casino- **241** B 5
Gallo, Colle del- **54** E 2
Gallo, Fosso del- **165** D 5
Gallo, Ísola del- **318** B 1
Gallo, Lago del- **25** D 4
Gallo, Lago di- **194** B-C 3
Gallo, Monte- (BS) **71** B 5
Gallo, Monte- (CZ) **249** A-B 6
Gallo, Monte- (PA) **264** A 2
Gallo, Pizzo di- **262** E 2
Gallo Cedrone, Rifúgio- =
    Hahnspielhütte **42** A 2
Gallo d'Alba **96** E 3
Gallodoro **269** D 6
Gallo d'Oro, Fiume- (AG)
    285 A-B 5
Gallo d'Oro, Fiume- (CL)
    285 A 4
Gallo Matese **194** B 3
Gallopane, Bosco- **245** A 5
Galloppà, Serra di- **247** D 5
Galloro, Monte- **162** B 2
Gallúccio **194** D 1
Gallura **296-297** E 2-5
Galluzzo **139** B 5
Galmihornhütte **32** A 2
Galsaun = Colsano **26** D 3
Galtellì **309** C 5
Galugnano **227** C-D 6
Galvagnina **103** B 6
Galvana **101** D 6
Galzignano Terme **92** C 1
Gamalero **98** D 1
Gamba **73** C 2
Gámbara **88** C 2
Gambarana **84** E 3

Gambarara **89** D 6
Gambarare **75** E 5
Gambárie **256** C 2
Gámbaro (PC) **114** A 3
Gámbaro (RO) **105** A 6
Gambarogno **33** C 5
Gambasca **95** E 5
Gambassi Terme **138** D 3
Gambatesa **196** B 3
Gambellara (RA) **121** E 4
Gambellara (VI) **73** E 5
Gamberáia **150** B 2
Gamberaldi **132** B 1
Gamberale **183** C 6
Gambéttola **133** B 6
Gambina **98** E 2
Gambine, Báglio le- **275** A-B 4
Gambolò **85** C 4
Gambozzi → Ljubljanija **79** E 4
Gambugliano **73** C-D 6
Gambulaga **106** D 1
Gameli, Serra di- **240** D 3
Gamellona **111** C 4
Gammauta, Lago di- **278** C 1
Gamogna, Monte di- **132** C 2
Gampen Joch =
    Passo delle Palade **27** E 4
Gampleskogl **26** A 3
Gana, Pizzo- **33** A 5
Ganaceto **103** E 6
Ganaghello **86** E 2
Gáncio, Monte- **289** B 6
Gand = Ganda di Martello
    26 E 2
Ganda, Ponte- **36** E 3
Ganda di Martello = Gand
    26 E 2
Gandaiole, Pizzo- **35** C 4
Gandazzolo **105** E 6
Gandeghghütte **49** A 4
Gandellino **54** C 3
Gandino **54** E 3
Gandosso **70** B 1
Gándria **52** B 3
Ganfardine **89** B 6
Gangaglietti **96** C 2
Ganghereto, Chiesa- **140** C 1
Gangi (PA) **267** E 4
Gangi (PA-Bompietro) **280** B 3
Gangi, Fiume- **280** B 3
Gangitano, Villa- **285** B 4
Ganna **52** C 2
Ganna, Lago di- **52** C-D 2
Gannano, Lago di- **239** A 4
Gantkofel = Monte Macaion
    27 E 5
Ganzanigo **120** C 1
Ganzirri **258** C 2
Gaon **72** C 2
Garabinlo **51** B 6
Garadassi **99** D 5
Garáglia **98** E 2
Garagliano **233** E 6
Garagnone, Castello di- **207** C 4
Garagnone, Masseria- **207** C 4
Garaguso **221** D 4
Garaguso, Bosco di- **221** D 4
Garavagna **110** D 1
Garavati **248** E 3
Garaventa **113** B 5
Garavícchio **167** C 5
Garavóglie **83** B 4
Garbagna **99** D 4
Garbagna Novarese **66** E 2
Garbagnate Milanese **67** C 5
Garbagnate Monastero **53** E 5
Garbagnate Rota **53** E 5
Garbana **84** C 3
Garbarino **113** A 6
Garbatella **179** C 4
Gärber **42** A 3
Garbo, Monte- **237** A 4
Garbo, Ponte del- **150** B 1
Garbugliaga **115** E 5
Gárcia **280** C 3
Garcia, Lago- **262** E 2-3
Garda (BS) **37** E 5
Garda (VR) **71** D 6
Garda, Ísola di- **71** C 5
Garda, Lago di- (Benaco)
    72 A-D 1-2

Garda, Monte- **59** C 5
Garda, Parco Zoo del- **72** E 2
Gardaland **71** E 6
Gardéccia, Rifúgio- **40** B 2-3
Gardena, Passo di- =
    Grödner Joch **30** E 3
Gardena, Rio- = Grödner Bach
    30 D 1
Gardena, Val- = Grödner Tal
    30 D-E 1-2
Gardenáccia, Monte la- **30** D 3
Gardesana Orientale, Riserva
    Naturale- **56** E 3
Gardetta, Passo della- **108** E 2
Gardigiano **75** D 5
Gardino **68** E 3
Gárdola **71** B 6
Gárdolo **57** B 5
Gárdolo di Mezzo **57** B 5
Gardona, Castello della- **60** A 2
Gardoncino **71** D 5
Gardone Riviera **71** C 5
Gardone Val Trómpia **70** B 3
Gardu, Nuraghe su- **309** C 5
Garella **65** D 6
Garelli, Rifúgio- **110** E 1
Garès **41** C 4
Garéssio **110** E 3
Garezzo, Colle- **123** B-C 4
Garfagnana, Regione-
    129 A-C 4-6
Garga, Fiume- **241** B 5
Garga, Fosso- **244** E 2
Garga, Torrente- **241** B 4
Gargagnago **72** D 2
Gargallo (MO) **103** E 6
Gargallo (NO) **51** E 4
Gargani **202** E 3
Gargano, Parco Nazionale del-
    187 C-D 4-6
Gargano, Parco Nazionale del-
    (FG-Ísola Pianosa) **188** A 2
Gargano, Parco Nazionale del-
    (FG-Ísole Tremiti) **188** A 1
Gargano, Promontório del-
    188-189 C-D 1-5
Gargano, Testa del- **189** C 5
Gargaro → Grgar **63** C 6
Gargazon = Gargazzone **27** D 5
Gargazzone = Gargazon **27** D 5
Gargnano **71** B 6
Gorgonza **150** A 2
Gari, Fiume- **193** C 6
Garibaldi, Capanno- **121** C 4-5
Garibaldi, Casa di- **297** C 5
Garibaldi, Cippo- **256** C 2
Garibaldi, Cippo di Anita-
    121 B 4-5
Garibaldi, Rifúgio- (TN) **56** E 2
Garibaldi, Rifúgio- (BS) **37** E 6
Gariffi, Pantano- **293** D 5
Gariga **100** B 3
Garigliano, Fiume- **193** E 6
Gariglione, Bosco del- **245** D 6
Gariglione, Monte- **245** D 6
Gariglione Pisanello, Riserva
    Naturale- **245** D 6
Garino **82** E 1
Garisi **279** D 6
Garitta Nuova, Testa del- **95** E 4
Garlasco **85** C 4
Garlate **53** E 5
Garlate, Lago di- **53** D 5
Garlenda **124** D 2
Garlenda, Passo- **123** B 4
Garna **60** B 2
Garnera-Joch **24** A 3
Garnerone, Rifúgio-
    128-129 B 3-4
Garniga Terme **57** C 5
Garnitzenbach **45** A 4
Garófali **194** E 1
Garófali, Piano- **289** B 4
Garófano **118** E 2
Garófolo **106** B 1
Garolda **90** E 2
Garramillo, Timpone- **240** A 2
Garrano **164** C 2
Garrappa **211** C 6
Garriano **84** D-E 1
Garrufo (TE-Campli) **164** B 2

Garrufo (TE-Sant'Omero)
    164 B 2
Garufo, Colle- **154** B 1
Garulla Inferiore **154** D 1
Garza, Torrente- **70-71** C 3-4
Garzáia del Bosco Basso,
    Riserva Naturale- **84** D 2
Garzáia della Carola, Riserva
    Naturale- **85** C 6
Garzáia della Cascina Ísola,
    Riserva Naturale- **84** C 1-2
Garzáia della Cascina Notízia,
    Riserva Naturale- **84** D 2-3
Garzáia della Cascina
    Verminesca, Riserva
    Naturale- **84** C 2
Garzáia della Cascina
    Villarasca, Riserva
    Naturale- **85** B 5
Garzáia della Rinalda, Riserva
    Naturale- **84** D 1-2
Garzáia di Carísio, Riserva
    Naturale- **65** E 5-6
Garzáia di Pomponesco,
    Riserva Naturale- **103** C 4
Garzáia di Porta Chiossa,
    Riserva Naturale- **85** C 6
Garzáia di Róggia Tórbida,
    Riserva Naturale- **85** E 5-6
Garzáia di Sant'Alessandro,
    Riserva Naturale- **84** D 2-3
Garzáia di Villa Biscossi,
    Riserva Naturale- **84** D 3
Garzáia di Villarbóit, Riserva
    Naturale- **65** D 6
Garzano **202** D 2
Garzara-Sabbioni
    106-107 A 3-4
Garzeno **35** E 4
Garziere **73** B 6
Garzigliana **95** C 5
Garzirola, Monte- **34** E 2
Garzonè, Lago- **38** E 1
Gason → Gazon **79** D 4
Gasoru, Nuraghe **316** B 3
Gaspanella **288** E 1
Gasperina **249** C 6
Gásponi **248** D 2
Gassano **128** A 3
Gássino Torinese **82** D 2
Gastaldi, Bivacco- **49** C 5
Gastaldi, Rifúgio- **81** B 4
Gastea, Monte- **312** D 2
Gasteig = Casatéia **27** A 6
Gasteiger Sattel =
    Sella dei Sentieri **27** D 6
Gastra **140** B 1
Gastra, Varco di- **140** B 1
Gatta **117** D 4
Gatta, Gola della- **240** B 3
Gatta, Torrente della-
    288 A-B 1
Gattaceca e del Barco, Riserva
    Naturale di- **179** A 5
Gattáia **131** C 6
Gattano, Torrente- **287** D 6
Gattara **141** A 5
Gattarella, Centro Turístico-
    189 C 5
Gattático **102** D 3
Gatteo **134** B 2
Gatteo a Mare **134** A 2
Gattèr **57** C 5
Gattera **65** B 6
Gattera, Casa- **148** A 2
Gatti **89** B 5
Gatti, Masseria li- **186** E 2
Gatti, Serra dei- **197** C-D 6
Gatti, Villa- **112** A 1
Gáttico **51** E 5
Gattina, Monte la- **235** C-6
Gattinara **65** B-C 6
Gatto, Castèl del- = Schloss
    Katzenstein **27** D 5
Gatto, Osteria del- **152** A 3
Gattolino (CR) **87** B 4
Gattolino (FC) **133** A 6
Gattorna **113** C 5-6
Gattúccio **143** C 6
Gaudella, Masseria- (MT)
    223 D 4

A
B
C
D
E
F
G
H
I
J
K
L
M
N
O
P
Q
R
S
T
U
V
W
X
Y
Z

Gaudella, Masseria- (TA) **223** C 6
Gaudello **202** E 2-3
Gaudénzio, Masseria- **210** C 3
Gaudiano **206** B 1
Gaudiano, Posta di- **206** B 1
Gáudo, Piano del- **218** B 2
Gáuna **64** D 2
Gáuro **218** C 1
Gava, Passo di- **112** C 2
Gavardo **71** C 4
Gavarno **69** B 6
Gavaseto **105** D 5
Gavasseto **117** A 6
Gavaz **41** C 6
Gavazzo (PR) **117** A 4
Gavazzo (TN) **56** D 3
Gavedo **115** E 5
Gavelle **58** D 3
Gavelli **162** C 2
Gavello (FE) **105** B 4
Gavello (MO) **104** B 3
Gavello (RO) **106** A 2
Gavénola **123** B 5
Gaver, Malga- **55** D 6
Gaverdina, Monte- **56** C 3
Gaverina Terme **54** E 3
Gavi (AL) **98** E 3
Gavi (PC) **100** D 1-2
Gavi, Ísola di- **190** C 2
Gavi, Monte- **100** D 1
Gávia, Monte- **37** C 6
Gávia, Passo di- **37** C 6
Gávia, Torrente- **37** B 6
Gávia, Val di- **37** C 6
Gavignano (AR) **140** E 1
Gavignano (RM) **180** E 2-3
Gavignano (SI) **139** E 4
Gavignano Sabino **170** D 1
Gavigno **131** B 4
Gaville (AN) **143** E 4
Gaville (FI) **139** D 6
Gavinana **130** C 2
Gavirate **51** D 6
Gaviserri **132** E 2
Gavitella, Casa- **198** D 3
Gavoi **312** A 2
Gavonata **98** D 1
Gavorrano **157** B 6
Gavorrano, Stazione di- **158** A 1
Gay, Becca di- **47** E 4
Gazo **112** C 2
Gazoldo degli Ippóliti **89** D 4
Gažon (Gason) **79** D 4
Gazza, Monte- **57** B 4
Gazzada **52** E 1-2
Gazzada-Schianno **52** E 1-2
Gazzane (BS-Preséglie) **71** C 4
Gazzane (BS-Roè-Volciano) **71** C 5
Gazzaniga **54** E 2
Gazzano **117** E 4-5
Gazzaro **102** E 3
Gazzaro, Monte- **131** B 5
Gazzelli **123** C-D 5
Gazzena **283** B 6
Gazzi **258** B 2
Gazzo (CR) **88** D 2
Gazzo (IM) **123** B 5
Gazzo (MN-Bagnolo San Vito) **89** E 6
Gazzo (MN-Bigarello) **90** D 1
Gazzo (PD) **74** D 2
Gazzo (PR) **115** A 4
Gazzo (SV) **124** C 2
Gazzola **100** B 2
Gazzoli (PC) **100** C 1
Gazzoli (VR) **91** B 4
Gázzolo **116** C 3
Gazzolo (AL) **84** E 3
Gazzolo (GE) **112** B 3
Gazzolo (VR) **91** B 4
Gazzo Veronese **90** D 3
Gazzuoli **88-89** D 3-4
Gazzuolo **89** E 4
Geant, Glacier du- **46** A 2
G.E.A.T., Rifúgio- **81** E 5
Gébbia, Valle di- **278** D-E 1

Gebbo **32** C-D 2
Geiselsberg = Sorafúrcia **31** C 4
Geislacher Kogel **26** A 3
Geisler Gruppe = le Odle **30** D 2
Geislerhütte = Rifúgio Firenze **30** D 2
Gela **287** D 6
Gela, Fiume- **287** D 6
Gela, Golfo di- **287** E 5-6
Gelagna Alta **153** C-D 5
Gelagna Bassa **153** D 5
Gelas, Cima del- **122** A 1
Gelato, Lago- (TN) **38** D 2
Gelato, Lago- (TO) **47** E 5
Gélbison, Monte- **233** C 5
Gello (AR-Anghiari) **141** C 4
Gello (AR-Arezzo) **141** D 4
Gello (AR-Bibbiena) **140** A 3
Gello (LU) **129** C 5
Gello (PI-Montecatini di Val di Cécina) **148** A 1
Gello (PI-Paláia) **138** D 1
Gello (PI-Pontedera) **137** B 6
Gello (PI-San Giuliano Terme) **137** A 5
Gello (PT) **130** D 2
Gello Biscardo **140** C 2
Gello Mattaccino **137** D 6
Gelo, Grotta del- **268** E 3
Gelo, Serra del- **249** C 5
Gelovizze → Jelovice **79** D 6
Gelsa **130** E 1
Gelso **270** B 3
Gelsomini, Costa dei- **259** E 5-6
Gemelli, Laghi- **54** C 2
Gemelli, Monte- **132** D 2
Gemerello **95** C 5
Gémini **231** C 4
Gémini, Ísole- **156** D 3
Geminiano **115** A 4
Gemma Bella, Casa- **211** E 4
Gemmano **143** D 3
Gemona del Friuli **44** E 2
Gemónio **51** D 6
Gemsbleis Spitz **25** A 4
Gena **41** E 5
Genazzano **180** C 2
Genepreto **100** C 1
Generoso, Monte- **52** C 3
Genestrello **99** B 5
Genestrério **52** D 2
Genevris, Monte- **80** E 2
Genga **143** E 5
Geni, Rio di- **315** B 6
Génis, Monte- **317** E 4
Genisi, Stazione di- **292** B 3
Genivolta **87** B 5
Genna Arrámene **313** B 5
Genna Arredelu **312** C 2
Genna Arrela, Arcu- **319** D 6
Genna Bogai, Arcu- **314** D 2
Genna Coggina **313** B 5
Genna Corte, Nuraghe- **311** D 6
Genna Croce **313** A 4
Genna 'e Crésia **313** E 4-5
Genna 'e Medau, Passo- **312** D 3
Genna Flóres **312** B 2
Genna Grecu **312** B 1
Gennamari **314** C 2
Genna Maria, Nuraghe- **315** A-B 5
Gennano, Stagno di- **298** D 2
Gennargentu, Monti del- **312** B-C 2-3
Gennargentu e del Golfo di Orosei, Parco Nazionale del- **312-313** A-D 2-5
Genn'Argiólas **317** E 5
Gennaro, Masseria don- **188** E 2
Gennaro, Monte- **180** A 1
Genna Sarbene **313** A 5
Genna Scálas **313** A 5
Genna Silana **313** A 4
Genna Spina **311** E 4
Genna su Ludu **319** D 5
Genna Tres Móntis **316** D 3
Genna Uassa, Cantoniera- **312** D 2

Genneruxi, s'Arcu de- **319** D 6
Genn'e Spina, Casa- **321** B 5
Genniómus **319** C 5
Genola **110** A 1
Genoni **311** E 6
Génova **112-113** C 3-4
Génova, Golfo di- **112** D 2-3
Génova, Rifúgio- = Schlüterhütte **30** D 3
Génova, Val- **38** C 1
Génova-Figari, Rifúgio- **109** E 5
Genovese, Grotta del- **260** A 3
Genovese, Masseria- **212** C 2
Gentile, Col- **43** D 5
Gentile, Masseria- **210** C 1
Gentschach **43** A 6
Genuardo, Monte- **277** B 6
Genuri **311** E 6
Genzana, Monte- **182** B 3
Genzano, Stazione di- **206** E 2
Genzano di Lucánia **206** E 2
Genzano di Roma **179** E 5-6
Genziana, Monte- **312** B 3
Genziana, Rifúgio- = Enzian Hütte (BZ-Brénnero) **28** B 3
Genziana, Rifúgio- = Enzian Hütte (BZ-Martello) **26** E 1
Genzone **86** D 2
Geo **117** B 2
Gepatsch Ferner **26** A 1-2
Gepatschhaus **26** A 2
Geppa **162** B 2
Gerace **257** B 5
Gerace, Fiumara- **257** B 5
Gerace, Monte- **281** E 4
Geracello **281** E 4
Geracello, Fiumara di- **280-281** E 3-4
Geraci, Bívio- **266** E 3
Geraci Sículo **266** D 3
Gera Lário **35** E 4
Gerano **180** B 2
Gerba **97** B-C 6
Gerbelle **46** D 3
Gerbi **110** B 1
Gérbidi **83** B 4
Gérbido **87** E 5
Gérbido di Costagrande **95** B 5
Gerbini **282** D 3
Gerbo **110** A 1
Gérbola (CN-Manta) **95** E 6
Gérbola (CN-Villafalletto) **109** A 6
Gérchia **61** A 6
Gereit **28** A 2-3
Gerémeas **313** E 6
Gerenzago **86** C 2
Gerenzano **67** B-C 5
Gerfalco **148** D 3
Gergei **316** B 2
Gericómio **180** C 1
Gerione, Rúderi di- **185** D 5
Gerla, Monte la- = Kraxentrager **29** A 4
Gerli e Porro, Rifugi- **36** C 1
Gerlotti **98** B 2
Germagnano **81** C 4
Germagno **51** C 4
Germanasca, Torrente- **94** B 3
Germanedo **53** D 6
Germaneto **250** D 2
Germano **245** B 5
Germásino **35** E 4
Germignaga **51** B 6
Germino, Monte- **101** D 5
Gerno **68** B-C 3
Gerocarne **249** E 4
Gerola Alta **53** B 6
Gérolanuova **70** E 1
Geroli **57** D 5
Gerosa **54** D 1
Gerosa, Lago di- **154** C 2
Gerra Gambarogno **33** E 5
Gerra Verzasca **33** C 6
Gerre Basse **87** E 5
Gerre Borghi **88** E 1
Gerre de' Caprioli **88** E 1
Gerrei, Regione- **316-317** D 3-4
Gerrone **87** E 5

Gervasutti, Rifúgio- **46** A 2-3
Geschinen **32** A 2
Geselhaus **42** A 3
Gésero, Alpe di- **34** D 3
Gésero, Corno di- **34** D 3
Gésico **316** C 2
Gésico, Fermata- **316** C 2
Gessaro, Colle- **185** B 4
Gessate **69** C-D 4
Gessi **83** E 5
Gessi, i- **149** E 4
Gessi Bolognesi e Calanchi dell'Abbadessa, Parco Regionale dei- **119** C 3
Gesso (BO-Casalfiumanese) **119** C 5
Gesso (BO-Zola Predosa) **118-119** C 3-4
Gesso (ME) **258** B 1
Gesso (PU) **134** D 3
Gesso, Torrente- **109** C 6
Gesso della Barra, Torrente- **109** C 5
Gesso della Valletta, Torrente- **109** D-E 4-5
Gessopalena **183** A 6
Gésturi **311** E 6
Gesualdo **204** C 1
Gesuini, Masseria **227** D 6
Gesuiti **244** B 2
Gesuiti, Torre dei- **275** D 4
Gete **217** B 4
Getrumbach = Rio Ghetrum **27** C 6
Getsémani, Santuário- **51** C 4
Gettaz **49** D 4
Gettina, Bric- **111** E 5
Gfallwand = Croda del Tovale **26** C 3
Gfrill = Caprile **27** E 4
Gfrill = Cauria **39** D 5
Ghedi **70** E 3
Ghedina, Lago- **31** E 4-5
Ghedina, Rifúgio- **56** B 3
Ghemme **66** C 1
Gherardi **106** C 3
Gherardi, Rifúgio- **54** C 1
Gherghenzano **105** E 5
Gherra, Monte- **301** D 4
Ghértele **58** D 1
Ghetrum, Rio- = Getrumbach **27** C 6
Ghetto (MO) **104** B 2
Ghetto (TV) **75** D 5
Ghetto Randuzzi **134** C 3
Ghévio **51** E 4
Ghez, Cima- **38** E 3
Gheza, Rifúgio- **55** C 6
Ghezzano **137** A 5
Ghezzi **98** C 2
Ghiacciaio dei Forni, Albergo- **37** B 6
Ghiáia, Fosso- **121** D 4-5
Ghiáie di Corana **85** E 4
Ghiandone, Torrente- **95** D 5-6
Ghiardo **117** A 5
Ghiare (PR-Berceto) **115** B 6
Ghiare (PR-Montechiarúgolo) **102** E 2-3
Ghiare, le- **116** B 2
Ghiarole **103** C 4
Ghiaroni **105** E 6
Ghibullo **121** D 4
Ghietta, Masseria **227** B 5
Ghiffa **51** C 5
Ghiffi, Monte- **114** C 2
Ghiffi, Passo di- **114** C 2
Ghigliani **110** B 3
Ghigo **94** B 3
Ghilarza **311** A 5
Ghimbegna, Passo- **122** D 3
Ghinghetta, Scóglio la- **318** A 2
Ghinivert, Bric- **94** A 3
Ghirano **76** A 3
Ghirla **52** C 2
Ghirla, Lago di- **52** C 2
Ghirlanda **148** E 2
Ghirlo **41** C 5
Ghisalba **69** C 6
Ghisciera, Puntetta della- **300** C 1

Ghisiolo **89** D 6
Ghisione **104** A 3
Ghislarengo **65** C 6
Ghisola **95** D 4
Ghizzano **138** D 2
Ghorío **256** D 2
Giacalone **262** B 3
Giacciano **91** E 5
Giacciano con Baruchella **91** E 5
Giacóio, Ponte- **219** B 5
Giacoletti, Rifúgio- **94** D 3
Giácomo, Colle di- **196** B 2
Giacopiane, Lago di- **114** C 2
Giâf, Rifúgio- **42** D 3
Giafaglione, Monte- **284** A 2
Giaglione **80** D 3
Giai (VE-Annone Véneto) **76** A 3
Giai (VE-Gruaro) **77** A 4
Giáia **266** E 3
Giaiette **114** C 2
Giáire **111** E 4
Giáis **61** C 4
Giáis, Forcella di- **61** B-C 4
Gialin, Punta- **47** E 5
Giallonardo **195** D 6
Gialuz, Monte- → Jalovec **45** C 6
Giammaiano, Torrente di- **267** E 6
Giammaria, Monte- **262** E 3
Giammartino **165** C 4
Giammatura, Monte- **164** B 1
Giammorro **271** C 6
Giampereta **141** A 4
Giampereto **154** C 1
Giampieri Marina **258** D 1
Giampilieri Superiore **258** C-D 1
Giandeto **117** C 5
Giandola, la- **122** C 2
Giandolino → Massa del Turlo **50** C 3
Gianetti, Rifúgio- **35** C 6
Gianforma **293** B 4-5
Giánico **55** D 5
Giannantonj, Bivacco- **37** E 6
Giannavì, Casa- **289** D 5
Giannella, Tómbolo della **166** B-C 3
Giannelli, Masseria- **230** C 2
Gianni, Casa- **266** D 3
Giannutri, Ísola di- **166** E 3
Gianoli **96** C 3
Giano Vetusto **202** B 1
Giaòn **93** D 6
Giara **73** E 4
Giara, Altipiano sa- **316** B 2
Giarabassa **74** D 2
Giara di Gésturi, Altipiano- **311** E 5-6
Giardina Gallotti **284** B 2
Giardinelli, Ísola- **297** B-C 5
Giardinello (PA-Giardinello) **262** B 2-3
Giardinello (PA-Godrano) **263** E 5
Giardinello, Masseria- **263** E 4
Giardinetto, il- **98** B 1
Giardinetto Vécchio **198** D 1
Giardini **150** C 1
Giardini, i- **242** A 2
Giardini di Gioiosa **253** E 6
Giardini-Naxos **269** D 6
Giardino (BO) **120** D 1
Giardino (PZ) **235** A 6
Giardino, Casa del- **129** C 4
Giardino, il- **167** C 4
Giardino, Masseria- **198** C 2
Giardino Buonaccorsi **145** D 5
Giardino Rostania **95** B 4
Giardo, Cantoniera- **263** E 5
Giardone, Nuraghe- **321** C 5

Giare (VC) **50** D 3
Giare (VR) **72** C 3
Giare, le- **91** E 6
Giarella **99** C 4
Giarnera Grande, Masseria- **198** E 1 2
Giarola (PR) **101** E 6
Giarola (RE) **116** D 3
Giarole **84** E 1-2
Giarolo **99** D 5
Giarolo, Monte- **99** E 5
Giaroni **58** C 3
Giarratana **289** D 4
Giarre (CT) **283** A 6
Giarre (PD) **92** B 2
Giarsun **25** B 4
Giàs, Cima del- **108** C 3
Gias d'Ischietto **109** E 5
Giase, Monte- **287** C 6
Giássico **63** C 5
Giau, Passo di- **41** B 5
Giave **301** E 5
Giavenale **73** B 6
Giaveno **81** E 5
Giávera del Montello **59** E 6
Giavinersee **32** D 1
Giavino, Monte- **47** E 6
Giavone **91** C 4
Giavòns **62** A 2
Giazza **73** C 4
Giazzera **57** D 5
Giba **319** C 4
Gíbas, Castello- **317** E 6
Gibbesi **285** C 6
Gibbesi, Monte- **285** C 6
Gibbesi, Torrente- **285** C 6
Gibelè, Monte- **274** C 2
Gibellina Nuova **275** A 5
Gibellina Vécchia **262** E 1
Gibellina, Fiume di- **285** B 4
Gibil Gábel, Monte- **280** C 2
Gibilmanna, Santuário di- **266** C 2
Gibilmesi, Monte- **262** B 3
Gibilrossa **263** B 5
Gibli, Monte- **287** B 5
Gibliscemi, Casa- **287** C 6
Gibliscemi, Monte- **287** C 6
Gidolo, Rio- **317** A-B 5
Gidora, Torrente- **244** A 3
Giezza, Pizzo- **32** C 2
Gifflenga **65** D 5
Giffone **253** D 5
Giffoni Sei Casali **217** B-C 6
Giffoni Valle Piana **217** C 6
Gigalitz **29** A 6
Gigante, Dente del- **46** A 2
Gigante, Masseria- **210** D 3
Gigante, Scuola Agrária- **211** D 5
Giganti, Tomba dei- **312** B 3
Giganti della Sila, Riserva Naturale i- **245** B 5
Gigliana **115** D 6
Gíglio, Ísola del- **166** C-D 1
Gíglio, Punta del- **300** D 1
Gíglio Campese **166** C 1
Gíglio Castello **166** C 1
Gigliola (FE) **107** C 4
Gigliola (FI) **138-139** D 3-4
Giglioli, Pozzo- **106-107** A-B 3-4
Gíglio Porto **166** D 1
Gigliotto, Bívio- **288** E 1
Gignese **51** D 5
Gignod **47** B 4
Gigot, Monte- = Tschigat **27** C 4
Gilba **95** E 4
Gilba, Torrente- **109** A 5
Gilba Superiore **95** E 4
Gilberti, Rifúgio- **45** D 5
Gildone **196** B 2
Gildone, Monte di- **196** B 2
Gilliola **105** B 6
Gilodi, Rifúgio- **50** E 3
Gilormella, Vallone- **269** B 5-6
Gimigliano (AP) **154** E 3
Gimigliano (CZ) **249** A 6
Gimillian **47** D 5
Gimont, Monte- **94** B 1
Ginepro, Colle- **184** E 1

Ginepro, Monte- (AQ-FR) **181** D 5
Ginepro, Monte- (RI-AQ) **171** D 6
Ginèr, Cima- **38** D 1
Ginestra (BN) **203** D 6
Ginestra (PZ) **205** D 6
Ginestra, Bosco della- **189** C 4
Ginestra, Masseria- **224** B 3
Ginestra, Portella- **262** C 3
Ginestra, Serra della- **262** C 3
Ginestra, Torrente- **197** E 4
Ginestra degli Schiavoni **197** D 4
Ginestra Fiorentina **139** B 4
Ginestra Sabina **170** D 3
Ginestreto (FC) **133** D 6
Ginestreto (PU) **135** E 5
Ginestreto (SI) **149** B 5
Ginestro **124** D 1
Ginestro, Passo di- **124** D 1
Ginezzo, Monte- **151** A 5
Ginistrelli, Masseria- **206** C 1
Ginnirco, Monte- **313** B 5-6
Gino, Pizzo di- **34** E 3
Ginosa **223** C 5
Ginostra **273** A 6
Giogo, Malga del- = Zallingerhütte **30** E 2
Giogo, Monte del- **116** D-E 2
Giogo Alto (Hochjoch-passo) **26** B 2
Giogo Alto = Hochjoch (monte) **26** C 1
Giogo Basso (Niederjoch) **26** B 2
Giogo della Bala **55** D 6
Giogo della Croce = Kreuzjoch **27** D 5
Giogo di Mezzo = Mitterjöchl **29** C 5
Giogo di Santa Maria **25** E 6
Giogo Lungo, Rifúgio- = Lenkjöchl Hütte **29** C 6
Gioi **233** B 4
Gioi, Torrente- **293** B 6
Gióia, Casino- **208** B 1-2
Gióia, Golfo di- **252** C 2-3
Gióia dei Marsi **182** B 2
Gióia del Colle **210** D 3
Gióia del Tirreno **252** C 3
Gióia Sannítica **195** D 5
Gióia Táuro **252** D 3
Gióia Vécchio **182** C 2
Gioiella **151** C 4
Gioiello **141** E 5
Gioiosa Iónica **253** E 6
Gioiosa Marea **268** A 3
Gioiosa Vécchia **268** A 3
Gioioso, Masseria- **219** C 6
Gioiotti **266** E 3
Giolve, Nuraghe- **307** C 4
Giómici **152** B 2
Giona **140** A 3
Giona, Torrente- **51** B 6
Gionghi **57** D 6
Gionzana **66** D-E 1-2
Gioppo **257** C 4
Giordani **81** D-E 4
Giordano, Capo- **318** A 2
Giordano, Masseria- (BA) **211** D 4
Giordano, Masseria- (CB) **185** B 5
Giordano, Monte- **108** C 3
Giorgina, la- **181** A 4
Giorgino **320** B 2
Giornico **33** B 6
Giorzi Massone, Nuraghe- **301** C 5
Gióscari, Nuraghe di- **301** C 4
Giovà, Passo del- **99** E 6
Giovagallo **115** E 5
Giovanico **53** E 4
Giovannina, Villa- **105** D 4
Giove **161** E 4
Giove, Madone di- **33** C 5
Giove, Monte- (CZ) **246** E 3
Giove, Monte- (VB) **32** B 3
Giove Ánxur, Témpio di- **192** E 2
Giovecca **120** B 2

Giovenco, Fiume- **182** A 2
Giovenzano **85** B-C 5
Gioveretto, Lago di- = Zufrittsee **26** E 1
Gioveretto, Monte- = Zufritt Spitze **26** E 2
Gioveretto, Rifúgio- = Zufritt Hütte **26** E 1
Giovetti, Colle dei- **111** D 4
Giovi, i- **113** B 4
Giovi, Monte- **131** E 6
Giovi, Passo dei- **113** A-B 4
Gioviano **129** C 6
Giovinazzi, Pineta- **223** D 6
Giovinazzo **209** C 4
Giovo **39** E 4
Giovo, Colle del- **112** C 1
Giovo, Foce a- **129** B 6
Giovo, Foce di- **129** B 4
Giovo, il- **112** C 1
Giovo, Monte- **129** B 6
Giovo, Rifúgio il- **34** E 3
Giovo, Rio- = Jocherbach **27** D 5
Giovo del Salto, Capanna- = Tschaufenhaus **27** E 5
Gioz **41** E 6
Giozzo, Torrente- **281** E 5
Giralba **42** B 2
Giralba, Valle- **42** B 2-3
Giramondo, Passo- **43** B 5
Girard, Punta- **81** A 4
Girardi (RM) **179** A 5
Girardi (TO) **81** D 5
Girasole **313** C 5
Girátola, Chiesa- **131** C 5
Giresi, Monte- **281** E 6
Girgenti **171** D 5
Girgenti, Villa- **282-283** B 3-4
Gírgia, Torrente- **281** C 5
Giriadroxiu **319** B 6
Girini **111** B 6
Girifalco **249** B 6
Girifalco, Masseria- **223** D 5
Girlan = Cornaiano **39** B 5
Giroconzoláu, Cantoniera- **312** D 2
Girone, Monte- **132** C 3
Girónico **52** E 3
Girónico al Monte **52** E 3
Girónico al Piano **52** E 3
Girotto, Serra- **285** C 4
Gisira Grande **293** B 5
Gisira Pagana **293** B 5
Gisola **81** D 5
Gissi **184** A 2
Gissmann = Madonnina di Renòn **27** D 6
Gisuole **111** B 4
Giubiasco **34** D 2
Giucano **128** A 2
Giudecca, la- **75** E 6
Giudicárie, Valli- **56-57** B-E 1-4
Giúdice Giórgio **227** D 4
Giuerri Mannu, Nuraghe- **311** E 6
Giuggia, Malga- **56** C 2
Giuggianello **231** A 5
Giugliano in Campánia **215** A-B 4
Giugliano-Qualiano, Stazione- **214-215** A 3-4
Giúgnola **131** A 6
Giulfo, Monte- **280** C 3
Giúlia, Torre- **199** D 4
Giuliana **277** B 6
Giulianello **180** E 1
Giulianello, Lago di- **180** E 1
Giulianello, Masseria- **212** E 1
Giuliani (AL) **111** B 6
Giuliani (NA) **216** B 3
Giuliani (AR) **140** C 3
Giuliano (LE) **231** D 5
Giuliano (PZ) **219** C 6
Giuliano di Roma **192** B 2
Giuliano Teatino **174** C 2
Giulianova **165** B 4
Giulianova Lido **165** B 4
Giúlio, Ponte- **160** D 2
Giuliópoli **184** B 1
Giumáglio **33** C 5

Giumarra **282** C-D 2
Giùmela, Pass- **34** B 3
Giumello **53** B 5
Giumenta, Serra la- **235** B 5
Giummarraro, Ponte- **284** C 3
Giummello, Pizzo- **285** B 5
Giuncana **302** A 1
Giuncano Scalo **162** C 1
Giuncárico **158** A 1
Giuncata, Masseria- **207** C 4
Giuncugnano **129** A 4
Giungano **232** A 2
Giuntatore, Mórgia- **196** C 3
Giuranna, Masseria- **230** C 3
Giurazzi, Masseria- **205** D 4-5
Giurdignano **231** A 5
Giurizzani → Juricani **79** E 4
Giusalet, Mont- **80** D 2
Giuseppe e Bruno, Rifúgio- **52** C 3
Giusiani Opaco **109** A 5
Giussago (PV) **85** B 5-6
Giussago (VE) **77** B 5
Giussani, Rifúgio- **31** E 4
Giussano **67** B 6
Giussin **59** D 5
Giusténice **124** C 3
Giusterna → Žusterna **79** D 4
Giusti, Casa- **147** A 6
Giustiniana, la- **179** B 4
Giustino **38** E 2
Giustizieri, Cantoniera- **313** A 4
Giusto, Monte- **192** D 2
Giusvalla **111** B-C 6
Giuvigiana, Monte- **131** C 6
Givigliana **43** C 6
Givoletto **81** D 6
Gízio, Fiume- **183** A 4
Gizzeria **249** A 4
Gizzeria Lido **249** A 4
Gizzi **162** D 3
Glacier **47** A 4
Glacier, Monte- **47** D 6
Glacier de Bionnassay, Station- **46** A 1
Glaciers, Aiguilles des- **46** B 1
Glagnò, Torrente- **44** C 3
Glaiten = le Coste **27** B 5
Glaning = Cologna **27** E 5
Glaris **24** B 1
Glaunicco **61** E 6
Gleck = Colléccio **38** B 2
Gleises **80** E 1
Gleizolles **108** A-B 1
Glen = Gleno **39** C 5
Gleno = Glen **39** C 5
Gleno, Monte- **55** B 4
Gleno, Val di- **55** B 4
Glera **61** C 4
Gléris **61** E 6
Glésie San Leopoldo, la- **45** B 4
Gletscherhorn **35** B 6
Gliáca **268** A 2
Glière, Lac de la- **80** A 2
Gliondini **49** E 6
Glockenkarkogel = Vetta d'Itália **29** C 6
Glockturm **26** A 1
Glorenza = Glurns **25** C 6
Glori **123** C 4
Glória, Abbazia della- **180** D 3
Gloriani **194** E 2
Glórie **120** C 3
Glorioso, Casa- **266** E 3
Gluringen **32** A 2
Glurns = Glorenza **25** C 6
Gnifetti, Punta- **49** B 5
Gnifetti, Rifúgio- **49** B 5
Gnignano **85** B 6
Gnignera, la- **168** B 3
Gnignero, Masseria- **211** E 6
Gniva **45** D 4
Gnivizza, Stáuli- **45** D 4
Gnocca **107** B 5
Gnocchetta **107** C 5
Gnocchetto **112** A 2
Gnosca **34** D 2
Gnutti, Rifúgio- **37** E 6
Goau, Nuraghe- **310** C 3

Gobba di Rollin **49** B 4
Góbbera **40** E 3
Góbbera, Passo di- **40** E 3
Gobbo, Ponte del- **57** B 4
Gocéano, Catena del- **307** C 6
Gocéano, Regione- **308** C 1
Gódega di Sant'Urbano **60** E 3
Godenella **58** D 3
Goderschach **44** A 2
Godezza **103** C 4
Godi **100** C 3
Godi, Monte- **183** C 4
Gódia **62** B 3
Godiasco Salice Terme **99** C 5
Godo **103** D 3
Godrano **263** D 5
Goduti, Masseria- **197** B 5
Goffredo, Masseria- **197** C 6
Göflan = Covelano **26** D 2
Göflaner Hütte = Albergo Covelano alla Cava **26** D 2
Göflaner See = Lago di Covelano **26** D 2
Goga, la- **151** C 6
Goggianello **120** E 1
Góglio **32** C 2
Gogna, Torrente- **174** E 3
Gognano **106** A 1
Góido **84** D 3
Goillet, Lago- **49** B 4
Góito **89** C 5
Gola, Passo di- = Klammljöchl **29** D 6
Gola del Furlo, Riserva Naturale- **142** B 3
Gola della Rossa e di Frasassi, Parco Regionale della- **143** D-E 5
Golasecca **66** B 2
Golaso **101** E 4
Goldknopf = Punta d'Oro **30** E 1-2
Goldrain = Coldrano **26** D 2
Gole del Raganello **241** A 5
Gole del Raganello, Riserva Naturale- **238** E 2-3
Gole del Sagittario, Riserva Naturale- **182** B 3
Gole di San Venánzio, Riserva Naturale- **173** E 4
Gölem, o- → Monte Guglielmo **70** A 3
Goletta **109** D 4
Goletto delle Crocette **55** D 6
Goletto di Cadino **55** D 6
Golferenzo **100** B 1
Golfo Aranci **297** E 6
Golino **33** D 5
Golometto **78** B 3
Golzentipp **43** A 4
Gomagoi **25** D 6
Gomarolo **58** E 2
Gómbio (BS) **70** B 2
Gómbio (RE) **117** C 4
Gombìon **90** B 3
Gombitelli **129** D 5
Gómbito **87** C 4-5
Gombo **137** A 4
Gomion **27** B 5
Gómito, Monte- **130** B 1
Gomo **99** C 5
Goms **32** A 2-3
Gona **269** E 5
Gonàrs **62** D 3
Gondo **32** B 2
Gondran, Fort du- **94** B 1
Gonella **97** C 4
Gonella, Rífúgio- **46** B 1
Gonengo **83** E 4
Gönerli, Capanna- **32** A 3
Goni **316-317** C 3-4
Goni, Nuraghe- **316** C 3
Gonna, Ponte la- **149** D 4
Gonnella, Masseria- **210** C 3
Gonnelli, Masseria- **210** C 3
Gonnesa **318** A 3
Gonnesa, Golfo di- **314** E 2
Gonnoscodina **315** A 5
Gonnosfanádiga **315** C 4

Gonnosnò **311** E 5
Gonnostramatza **315** A 5
Gonte **51** B 5
Gonzaga **103** C 6
Gonzagone **103** B 5
Goraiolo **130** D 1-2
Gora Pixina Longa **315** D 5
Gorasco **128** A 2-3
Gorbio **122** E 1
Gordana, Torrente- **115** D 5
Gordena **113** A 5
Gordévio **33** D 5
Górdola **33** D 5
Gordolasque **122** B 1
Gordona **35** C 4
Gordona, Sasso- **52** C 3
Gorduno **34** D 2
Gorenje pri Divaci **79** B 6
Gorfigliano **129** A 4
Gorga (RM) **180** E 3
Gorga (SA) **233** B 4
Gorgacce, Monte delle- **141** E 6
Gorges d'Ughetto **122** C 2
Gorghe, le- **150** A 2
Gorghi Tondi, Laghi- **275** D 4
Gorgo (FE) **105** D 6
Gorgo (LI) **137** D 5
Gorgo (MN) **89** E 6
Gorgo (PD) **92** C 2
Gorgo (UD) **77** B 6
Gorgo, Laghetto- **284** B 1
Gorgo al Monticano **76** C 3
Gorgo Cerbara **142** C 2
Gorgo dei Molini **76** A 2
Gorgo della Chiesa **76** A 3
Gorgofreddo **211** C 5
Gorgoglione **237** A 5
Gorgoglione, Fiume- **237** A 5
Gorgoglione, Monte- **191** A 6
Gorgona, Ísola di- **136** D 1
Gorgona Scalo **136** D 1
Gorgonzola **68** D 3
Gorgo Salato, Punta- **265** A 5
Gorgo Secco, Monte- **268** C 2
Gorgusello **72** C 3
Göriach **45** B 6
Goriano = Gorjansko **63** E 6
Goriano Sícoli **182** A 3
Goriano Valli **172** E 3
Goricizza **61** D 6
Gorino **107** C 5
Gorino Sullam **107** C 5
Gorino Véneto **107** C 5
Gorízia **63** C-D 6
Gorizzo **61** E 6
Gorjansko (Goriano) **63** E 6
Gorlago **69** B 6
Gorla Maggiore **67** B 4
Gorla Minore **67** B 4
Gorle **69** B 5-6
Gornalunga, Fiume- **281** E 6
Gornate Olona **52** E 2
Gornergletscher **49** A 5
Gornergrat **49** A 5
Gornerseen **49** A 5
Gornja Vojščica **63** E 6
Gorno **54** D 2
Goro **107** C 5
Goro Véneto **107** C 5
Gorra (CN) **110** A-B 2
Gorra (SV) **111** E 5
Gorra (TO) **96** B 2
Gorrè **109** C 5
Gorrei, Bric dei- **112** A 1
Gorreto **113** A 6
Gorrino **111** A 5
Gorro **115** B 5
Gorropis, Nuraghe- **309** A 6
Gorropu, Gola de- **309** E 4
Gorsa, Monte la- **39** C 5
Gorto, Canale di- **43** C-D 5-6
Gortomedda, Punta- **303** C 6
Görtschach **45** A 5
Gorzano (AT) **97** C 4
Gorzano (MO-Camposanto) **104** C 3
Gorzano (MO-Maranello) **118** B 1

Gorzano, Monte- **163** D 6
Gorzegno **111** B 4
Gorzente, Torrente- **112** A 3
Gorzone **55** D 5
Gorzone, Canale- **91** D-E 5
Gosaldo **41** D 5
Gossensass = Colle Isarco **28** B 3
Gossolengo **100** B 3
Gotra **115** C 4
Gotra, Torrente- **115** C-D 4
Gotschnagrat **24** A 2
Gottano **116** C 3
Gottasecca **111** B 4-5
Gottero, Monte- **115** D 4
Gottolengo **88** C 2
Gottro **53** B 4
Goula, la- **80** B 3
Góuta, Gola di- **122** C-D 2-3
Goûter, Aiguille du- **46** A 1
Goûter, Dôme du- **46** A 1
Gova **117** D 5
Govérnolo **90** E 2
Góvine **55** E 4
Govone **97** C 4
Govoni, i- **110** B 2
Govossai, Lago- **312** A 2-3
Gozzano **51** E 4
Gozzi **50** B 3
Gozzo, Masseria- **291** E 5
Gozzolette **88** B 1
Gozzolina **89** B 4
Grabellu, Punta su- **309** B 5
Grabiasca **54** C 3
Grabspitze = Cima Grava **29** B 4
Gracciano **150** C 3
Gracciano dell'Elsa **149** A 4
Grach, le- **108** B 1
Gradara **135** D 4
Gradara, Monte- **262** B 3
Gradaro **89** E 6
Gradella **69** E 4
Gradesella **35** C 4
Gradíccioli, Monte- **33** C 6
Gradina (Slovénia) **79** E 5
Gradisca (PN) **61** C 6
Gradisca (UD) **61** D 5
Gradisca d'Isonzo **63** D 5
Gradíšče (Gradiscutta) **63** D 6
Gradiscutta **61** D 6
Gradiscutta → Gradíšče **63** D 6
Gradizza **106** C 2
Grado **78** B-C 2
Grado, Laguna di- **78** B 2-3
Grado, Masseria- **281** D 6
Grádoli **160** C 1
Graffagna, Casa- **267** E 5
Gráffer, Rifúgio- **38** D 2-3
Graffignana **86** C 3
Graffignano **160** D 3
Gráglia **65** C 4
Gráglia, Santuário di- **65** C 4
Gragliasca, Colle- **49** C 5
Gráglio **51** B 6
Gragnana (LU) **129** A 4
Gragnana (MS) **128** B 3
Gragnanino **86** C 3
Gragnano (AR) **141** C 5
Gragnano (LU) **129** D-E 6
Gragnano (NA) **216** C 3
Gragnano, Monte di- **142** D 1
Gragnano Trebbiense **100** B 2
Gragnola **128** A 3
Gragnone **140** E 3
Graiana **116** C 2
Graines **49** D 4
Graines, Castello di- **49** D 4
Gramázio, Masseria- **199** A 4
Gramignana **87** B 5
Gramignazzo **102** B 2
Gramizza, Torrente- **114** B 2
Gramizzola **114** A 2
Grammática **116** C 2
Grammichele **288** B 3
Grammondo, Monte- **122** E 2
Gramolazzo **129** A 4
Grampa **49** C 6
Gramugnana **137** C 6
Grana **83** E 6
Grana, Torrente- (AL) **83** E 6

Grana, Torrente- (CN) **109** B 4
Granaglione **130** B 3
Granaiola **129** C 6
Granaiolo **138** C 3
Granaione **158** B 3
Granali **153** B 6
Granara **115** B 5
Granare **119** D 6
Granari, i- **170** D 2
Granaro, Monte- **184** A 2
Granarola **135** D 5
Granarolo **120** D 2
Granarolo dell'Emília **119** B 5
Granarone, il- **105** A 5
Granata **240** B 1-2
Granate, Corno delle- **37** E 5
Granatello **260** E 3
Granatenkogl → Monte dei
   Granati **27** A-B 4
Granati, Monte dei-
   (Granatenkogl) **27** A-B 4
Granato, Cozzo- **243** E 4
Granato, Pizzo- **114-115** A 3-4
Granáxiu, Rio- **311** D 5
Gran Bagna, Monte- **80** D 1
Gran Báita, Rifúgio- **53** C 6
Gran Bosco di Salbertrand,
   Parco Regionale del-
   80 E 2-3
Grancare **74** E 1
Grancetta **144** B 3
Granci, Case- **281** D 4
Gráncia **158** C 2
Grancifone, Torrente-
   284-285 C 3-4
Grancona **73** E 6
Gran Cratere, Monte- **270** A 3
Grandate **52** E 3
Grand Belvedere **94** D 3
Grand Bernarde, Monte- **81** A 5
Grand Chalvet **94** A 1
Grand Combin **48** A 1-2
Grand-Croix **80** C 3
Grande, Cava- (SR) **289** E 6
Grande, Cava- (SR-Rosolini)
   293 C 5
Grande, Cava- (SR-Sortino)
   289 C 6
Grande, Corna- **53** C 6
Grande, Corno- **164** E 1
Grande, Croda- **41** D 4
Grande, Fiume- (CZ) **244** E 3
Grande, Fiume- (PA) **262** C 4-2
Grande, Fiume- (TP) **275** B 5
Grande, Fosso- **153** A 6
Grande, Ísola- **260** E 2
Grande, Lago- (BL) **31** D 5
Grande, Lago- (Svízzera) **33** B 4
Grande, Lago- (TO) **81** E 5
Grande, Mare- **224** D 3
Grande, Masseria-
   (LE-Collepasso) **231** B 4
Grande, Masseria- (LE-Ugento)
   230 C-D 3
Grande, Montagna- (AQ)
   182 C 3
Grande, Montagna- (ME)
   269 C 5
Grande, Montagna- (PA)
   263 B 5
Grande, Montagna- (TP-Ísola di
   Pantelleria) **274** E 2
Grande, Montagna- (TP-Salemi)
   261 E 5
Grande, Monte- (AG) **285** D 4
Grande, Monte- (BO) **119** D 5
Grande, Monte- (EN) **287** A 5
Grande, Monte- (FG)
   188-189 B 3-4
Grande, Monte- (FR) **193** A 4
Grande, Monte- (IM) **123** C 4
Grande, Monte- (LT) **193** D 4
Grande, Monte- → Krasji vrh
   45 D-E 5
Grande, Navíglio- **67** E 5
Grande, Pantano-
   294-295 D 3-4
Grande, Piano- **163** B 5
Grande, Pietra- **38** D 3
Grande, Ponte- (PA) **278** C 1

Grande, Ponte- (PG) **152** C 3
Grande, Porto- **291** D 6
Grande, Punta- **284** C 2
Grande, Rio- **143** A 6
Grande, Val- (BS) **37** C-D 5
Grande, Val- (TO) **81** B 5-6
Grande, Valle- (CN) **109** E 6
Grande, Valle- (UD) **43** B 6
Grande, Vallone- **218** E 3
Grande Becca Blanchen **47** A 6
Grande Bonífica Ferrarese
   106 B 3
Grande Casse, Pointe de la-
   80 A 2
Grande Cemetta, Monte-
   49 B 4
Grande di Viso, Lago- **94** E 3
Grande Golette **46** C 2
Grande Haury **46** C 3
Grande Maye, la- **94** B 1
Grande Motte **80** A 2
Grande Queyron, Monte-
   94 B-C 3
Grande Rochère, la- **46** B 3
Grande Rousse, Monte- **46** E 3
Grande San Pietro, Monte-
   47 E 5
Grande Sassière, Aiguille
   de la- **46** E 2
Grande Serenne **108** A 1
Grandes Jorasses **46** A 2
Grande Tête de By **47** A 4-5
Grande Tournalin, Monte-
   49 B 4
Grande Traversière, Monte-
   46 E 3
Grande Vaudala, Cima- **46** E 3
Grand Eyvia, Torrente- **47** D 4
Grand Ferret, Col du- **46** A 3
Grand Golliaz, Monte- **46** A 3
Grándini, Serra delle- **244** C 2-3
Grándola ed Uniti **53** B 4
Grand Praz **49** E 5
Grand Roc Noir **80** B 2
Granduca, Tomba del- **151** D 4
Grand-Villaz **47** B 6
Granella **74** B 2
Granero, Monte- **94** D 3
Granerolo **51** C 4
Granezza, Rifúgio- **58** E 2
Gran Faetto **95** A 4
Gran Fillàr **49** A 5
Grange (TO-Fiano) **82** C 1
Grange (TO-Val della Torre)
   81 E 6
Grange Buttigliera **80** D 3
Grange di Front **82** B 2
Grange di Nole **82** C 1
Granges, les- (TO) **80** E 1
Granges la Rho **80** E 1
Grángia (TO-Avigliana) **81** E 6
Grángia (TO-Chianocco) **81** D 4
Grángia (TO-Ronco Canavese)
   64 D 1
Grángia, la- **95** E 6
Grángia Rocciasone **108** B 3
Grangiara **271** C 6
Grángie (CN) **108** B 2
Grángie (TO) **94** A 2
Granieri (CT) **288** C 2
Granieri (PA) **280** B 3
Granieri, Masseria- **226** C 2
Granieri, Monte- **253** D 6
Graniga **32** E 1
Granigo **59** D 4
Granile **122** B 2
Granília **282** C 2
Graniti **269** D 5
Granítola, Capo- **275** D 4
Granítola, Contrada- **275** D 4
Granítola-Torretta **275** D 4
Gran Ladro, Monte il- =
   Hoher Dieb **26** D 3
Gran Lago (AO-Champdepraz)
   47 D 4
Gran Lago (AO-Valtournenche)
   47 A 6
Gran Monte **45** E 4
Gran Nomenon, Monte- **47** D 4
Grano **37** D 5
Granozzo **66** E 2

Granozzo con Monticello **66** E 2
Gran Paradiso, Monte- **47** E 4
Gran Paradiso, Parco Nazionale
   del- **46-47** E 3-5
Gran Pilastro = Hochfeiler
   29 B 5
Gravina in Púglia **207** E 5
Gran Porto **209** C 5
Gran Puy **80** E 2
Gran San Bernardo, Colle del-
   46-47 A 3-4
Gran San Bernardo, Valle del-
   47 B 4
Gran Sasso d'Itália **172** A 1-3
Gran Sasso e Monti della Laga,
   Parco Nazionale del-
   172 A-B 1-3
Gran Serra, Monte- **47** E 4
Granta Parei, Monte- **46** E 2-3
Grántola **51** C 6
Grantortino **74** D 2
Grantorto **74** C 2
Gran Truc, Monte- **95** B 4
Gran Vernèl, Monte- **41** B 4
Granza (PA) **266** E 1
Granza (TV) **75** A 6
Granze (PD-Castelbaldo) **91** E 5
Granze (PD-Granze) **92** D 1
Granze (PD-San Pietro
   Viminário) **92** C 1-2
Granze (RO) **106** A 1
Gran Zebrù, Monte- =
   Königs Spitze **37** A 6
Granze Frassanelle **92** B 1
Grappa, Monte- **58** D 3
Grasleitenhütte =
   Rifúgio Bérgamo **30** C 1
Graslitzen **45** A 5
Grassa, Monte della- **267** E 4
Grassabo, Valle- **76** D 3
Grassaga **76** B-C 3
Grassano **221** C 4
Grassano, Chiesa di- **117** A 4
Grassano-Garaguso, Stazione
   di- **221** D 4
Grassi, Rifúgio- (BG) **53** B 6
Grassi, Rifúgio- (TN) **56** D 3
Grássina **139** B 5
Grasso **54** D 1
Grassóbbio **69** B 5-6
Grassona **51** D 4
Grasstein = le Cave **30** B 1
Grassullo, Ponte- **292** C 2
Grassura **50** D 2
Gratacásolo **55** E 4
Graticelle **55** E 5
Gratosóglio **67** E 6
Grattacoppa **121** C 4
Gratteri **266** C 2
Gratteria **110** B 2
Graue Wand = Croda Grígia
   26 B 2
Graun = Corona **39** C 5
Graun in Vinschgau =
   Curon Venosta **25** B 6
Gráuno **39** D 5
Grauson, Monte- **47** D 5
Grauzária **44** C 3
Grauzária, Creta- **44** C 3
Grava **98** B 3
Grava, Cima- = Grabspitze
   29 B 4
Grava di Campolato **188** E 3
Gravagna Montale **115** C 6
Gravanago **99** C 5
Grave, la- **122** E 1
Grave di Papadópoli **75** B 6
Gravedona ed Uniti **53** B 4
Gravéglia (GE) **114** D 2
Gravéglia (SP) **127** C 4
Gravéglia, Torrente- **114** D 2
Gravellino **64** E 3
Gravellona Lomellina **84** B 3
Gravellona Toce **51** C 4
Gravellona Toce, Rifúgio-
   50 C 3
Gravellone **85** D 5
Gravere **80** D 3
Gráves **61** B 4
Gravesano **52** B 2
Gravina, Villa- **288** C 2
Gravina di Catánia **283** B-C 5

Gravina di Laterza **223** B-C 5
Gravina di Matera, Torrente-
   223 B-C 4
Gravina di Picciano, Torrente-
   221 B 5-6
Gravina in Púglia **207** E 5
Gravinella, Torrente- **223** C 5
Grávio, Rifúgio del- **81** E 4
Gravisca **168** D 1
Grawandhhütte **29** A 5
Grázia, Chiesa la-
   288-289 E 3-4
Grázia, Villa- **293** C 4
Grazian, Mont- **122** D 2
Graziani **285** B 5
Graziano, Capo- **272** A 3
Grázie **89** D 5
Grázie, Chiesa delle- **268** B 1
Grázie, Chiesa le- **313** E 5
Grázie, Lago delle- **154** A 1
Grázie, le- (BL) **41** B 5
Grázie, le- (MC) **154** A 1
Grázie, le- (PT) **130** C 2
Grázie, le- (SP) **127** C 4
Grázie, Monte le- **168** E 2
Grázie, Santuário le- **149** A 4
Grazióli Própio **89** C 5
Grazioso, Póggio- **285** C 6
Grazzanise **201** E 4
Grazzano Badóglio **83** E 6
Grazzano Visconti **100** B-C 3
Grazzi, i- **104** B 3
Grea **42** D 2-3
Greca, Cala- **297** E 6
Grecale, Capo- **284** E 3
Grécchia **130** A 2
Grecciano **137** B 5-6
Gréccio **170** B 2
Gréccio, Stazione di- **170** A 3
Grécciola **115** E 6
Greci (AV) **197** E 5
Greci (CS) **244** D 2
Greci, Posta dei- **198** A 2
Greco, Masseria- **196** C 3
Greco, Monte- **183** D 4
Grecu, Genna- **312** B 1
Gréggio **65** D 6
Grego, Rifúgio- **45** C 4-5
Gregoriano, Ponte- **160** B 1
Gregório, Monte- **64** C 2
Greich **32** B 1
Greicher Alp **32** B 1
Greinwalden = Grimaldo **30** B 3
Grem, Cima di- **54** D 2
Gremiasco **99** D 5
Gremiols **32** B 1
Greppo, Villa- **150** D 1
Greppolischieto **151** E 5
Gressa **140** A 3
Gressan **47** C 4
Gresso **33** D 4
Gressoney, Val di- **49** D-E 5
Gressoney-la-Trinité **49** C 5
Gressoney-Saint-Jean **49** C 5
Gresta **39** D-E 5
Gresti, Castell di- **281** E 6
Gretano, Torrente- **149** E 4-5
Greve, Fiume- **139** C-D 5
Greve in Chianti **139** D 5
Grevo **55** B 6
Grezzago **69** C 4
Grezzana **72** D 3
Grezzano (FI) **131** C 6
Grezzano (VR) **89** C 6
Grezzano, Monte- **115** C-D 5
Grezzo **115** A 4
Grgar (Gargaro) **63** C 6
Grgarske Ravne **63** B 6
Grialetsch, Fuorcla da- **24** C 2
Grialetschhütte **24** C 2
Grian Kopf = Cima di Grìon
   25 B 6
Griante **53** C 4
Gríbbio **33** A 6
Gricciano **138** C 3
Gricigliana **131** C 4
Gricignano (AR) **141** C 5
Gricignano (FI) **131** D 6
Gricignano d'Aversa **202** D 1

Gricignano-Teverola, Stazione-
   202 E 1
Griécas, Cala- **300** E 2
Gries (TN) **40** A-B 3
Gríes, Lago di- = Griessbachsee
   29 C 5
Gríes, Passo del- (Griespass)
   32 A 3
Gries am Brenner **28** A 3
Griespass → Passo del Gríes
   32 A 3
Griessbachsee = Lago di Gríes
   29 C 5
Griffoglieto **113** A 4
Grifone, Monte- **263** B 4
Grighini, Monte- **311** C 5
Grígia, Croda- = Graue Wand
   26 B 2
Grígia, Testa- (AO) **49** C 5
Grígia, Testa- (AO-Svízzera)
   49 B 4
Grigna, Buco di- **53** C 5
Grigna, Torrente- **55** D 6
Grignaghe **55** E 4
Grigna Meridionale, Monte-
   53 C 5
Grignani **274** A 3
Grignano (AV) **204** B 1
Grignano (BG) **69** C 4
Grignano (TS) **79** B 4
Grignano Polésine **106** A 1
Grignasco **65** B 6
Grigna Settentrionale, Monte-
   53 C 5
Grigna Settentrionale, Parco
   Regionale della- **53** B-C 5-6
Grignella **93** E 4
Grignetta, Monte- **53** C 5
Grigno **58** C 2
Grigno, Torrente- **58** A-B 2
Grignone, Monte- **53** C 5
Grillara **107** A 4
Grilli **158** B 1
Grillo **153** C 4
Grillo, Ponte del- **179** A 5
Grimacco **63** A 5
Grimaldi (CS) **244** D 3
Grimaldi (IM) **122** E 2
Grimaldi, Villa- **293** D 4
Grimaldo = Greinwalden **30** B 3
Griminitzen **44** A 2
Grimm Joch = Passo di Oclini
   39 C 6
Grimoldo **256** B 2
Grino, Croce di- **112** B 1
Grintavec **45** D 6
Grinzane Cavour **96** E 3
Grinzano **96** E 2
Grion, Cima di- = Grian Kopf
   25 B 6
Grione, Monte- **54** E 3
Grìons (UD-Povoletto) **63** B 4
Grìons (UD-Sedegliano)
   61 C 4
Gris **62** D 3
Grisch, Piz- **35** A 5
Grisciano **163** B-C 5
Grisenche, Val- **46** D 2-3
Grisì **262** C 2
Grisignano **133** A 4
Grisignano di Zocco **74** E 2
Griso **57** E 6
Grisólfo **83** D 4
Grisolía **240** C 2
Grisolía-Santa Maria, Stazione
   di- **240** B 2
Grissian = Grissiano **27** E 4
Grissiano = Grissian **27** E 4
Grìstia, Castello- **126** C 2-3
Gritta, Colla di- **126** C 2-3
Grive, Aiguille- **46** D 1
Grivò, Torrente- **63** A 4
Grívola, Monte la- **47** D 4
Grìže **79** A-B 6
Grizzana Morandi **118** E 3
Grizzo **61** B 4
Groane, Parco Regionale le-
   67 B-C 5
Gróber, Punta- **49** B 6

Grödner Bach = Rio Gardena
   30 D 1
Grödner Joch = Passo
   di Gardena **30** E 3
Grödner Tal = Val Gardena
   30 D-E 1-2
Grognardo **112** A 1
Grole **89** B 4
Gromignana **129** B-C 6
Gromo **54** C 3
Grómola **218** E 1
Gromo San Marino **54** C 3
Grompa **92** D 1
Grompo **92** E 1
Gron **41** E 5
Grona **53** B 4
Gronda **129** B 4
Gronda, Torrente- **49** D 6
Grondana **114** C 3
Grondo **50** C 2
Grondo, Fiume- **241** C 4
Grondo, Torrente- **241** B-C 4
Gróndola **115** C 5
Grondona **99** E 4
Grondone **100** E 1
Grone **70** B 1
Grone, Monte di- **70** C 4
Gronláit, Monte- **58** B 1
Grono **34** D 3
Grono, Val- **34** D 3
Grontardo **88** D 1
Grontone, Rio- **115** A 6
Grontorto **87** C 5
Gropà, Monte- **99** E 5
Gropada **79** B-C 5
Gropello Cairoli **85** C-D 4
Grópina **140** C 1-2
Groppa d'Anzi, Monte- **220** D 1
Groppallo **100** E 2
Gropparello **100** D 3
Groppello **51** D 6
Groppello d'Adda **69** D 4
Groppera, Alpe- **35** B 4
Groppera, Pizzo- **35** B 5
Groppi, Monte- **114** E 3
Groppino, Santório di- **54** D 3
Groppízioso **116** C 2
Groppo (MS-Bagnone) **115** E 6
Groppo (MS-Tresana) **115** E 5
Groppo (PR) **115** C 4
Groppo (RE) **116** C 3
Groppo (SP) **115** D 4
Groppodalósio **115** C 6
Groppoducale **100** E 3
Gróppoli **115** E 5
Groppo San Giovanni
   115 B 5
Groppovisdomo **100** D 3
Groscavallo **81** B 5
Grosina, Val- **37** C 4
Grósio **37** C 4
Grosotto **37** D 4
Gros Passet **94** A 3
Grossa, Punta- → Debeli Rtìč
   79 C 4
Grosse Fanesalpe = Malga
   Fánes Grande **31** D 4
Grosser Aletsch-Gletscher
   32 A 1
Grosser Gurgler Ferner **26** B 3
Grosser Rosskofl =
   Campo Cavallo **31** C 5
Grosseto **158** C 2
Grosseto, Formiche di-
   166 A 1
Grosse Windschar = Cima del
   Vento Grande **31** A 4
Gross Greiner **29** A 5
Gross Litzner **24** A 3
Gross Löffler = Monte Lovello
   29 A 6
Gross Moosnock = Picco Palu
   29 D 5
Grosso **82** B 1
Grosso, Capo- (ME) **270** A 1
Grosso, Capo- (PA) **263** B 6
Grosso, Capo- (SA) **234** E 2
Grosso, Capo- (TP) **260** A 3
Grosso, Madone- **33** B 6
Grosso, Monte- (BAT) **199** E 6
Grosso, Monte- (EN) **281** B 4

Grosso, Monte- (FC) **133** C 4
Grosso, Monte- (LI) **156** C 3
Grosso, Monte- (MS) **127** C 5
Grosso, Monte- (PZ) **220** D 1
Grosso, Monte- (RC) **256** E 3
Grosso, Monte- (SR) **289** D 6
Grosso, Valle- **266** D 3
Gross-Schober **29** D 6
Grosswasser **32** D 1
Grostè, Cima- **38** E 3
Grotta (CN) **110** E 2
Grotta (Collepardo) **181** D 5
Grotta (ME) **258** A 2
Grotta (PR) **101** D 5
Grottacalda **281** E 5
Grottacalda, Portella- **281** E 5
Grotta Conza, Riserva Naturale- **262-263** A 3-4
Grotta della Molara, Riserva Naturale- **262** A 3
Grotta di Carburangeli, Riserva Naturale- **262** A 2-3
Grotta di Entella, Riserva Naturale- **262** E 2
Grotta di Santa Ninfa, Riserva Naturale- **262** E 1
Grottaferrata **179** D 5
Grotta Giusti **130** E 2
Grottáglie **212** E 2
Grottaminarda **204** C 1
Grottammare **155** C-D 5
Grotta Monello, Riserva Naturale- **291** C 5
Grotta Palombara, Riserva Naturale- **291** C 5
Grotta Parlanti **130** E 2
Grotta Rossa, Monte- **56** D 1
Grottazza, Punta- **272** D 3
Grottazzolina **154** B 3
Grotte (AG) **285** B 4
Grotte (ME-Furci Sículo) **269** C 6
Grotte (ME-Fúrnari) **269** A 4
Grotte (PU) **135** E 5
Grotte, le- (FG) **188** E 1
Grotte, le- (LI) **156** C 2
Grotte, Masseria- **223** B 6
Grotte, Masseria le- **223** B 6
Grotte, Molino- **289** A 4
Grotte di Castellana **211** C 4
Grotte di Castro **160** C 1
Grotte di Pietrasecca, Riserva Naturale- **171** E 5
Grottella, Convento la- **227** D 5
Grotteria **253** E 3
Grotte Santo Stéfano **160** E 3
Grotti (PG) **162** B 2
Grotti (RI-Borgorose) **171** E 6
Grotti (RI-Cittaducale) **171** C 4
Grotti (SI) **149** C 5
Grotti (Svízzera) **33** D 5
Grotti (VI) **57** D 6
Grotticelle, Riserva Naturale- **205** D 5
Grottini **176** A 3
Gróttola **194** D 2
Gróttole (BN) **195** D 5
Gróttole (CE) **202** C 2
Gróttole (MT) **221** C-D 5
Grottolella **203** E 5
Grottone **189** E 4
Grottone, Bosco- **220** C 3
Grottoni, i- **166** E 3
Grovella **32** B 3
Groven, Piz de- **34** C 3
Grozzana **79** C 6
Gruaro **77** A 4-5
Gruba **49** D 5
Grubbachspitze = Monte Gruppo **30** A 2
Grucitta, Chiesa la- **297** E 4
Grue, Torrente- **99** B-C 4
Gruf, Monte- **35** C 5
Grugliasco **82** D 1
Grugnaleto **144** A 2
Grugno **102** C 2
Grugua **314** D 2
Grüm, Alpe- **36** B 3
Grumale **141** D 6
Grumauerberg **31** B 6
Grumelduro **54** E 2

Grumello **55** B 5
Grumello, Castello- **36** E 2
Grumello Cremonese ed Uniti **87** D 5
Grumello del Monte **70** C 1
Grúmene, Cantoniera su- **308** D 2
Grúmene, Rio de su- **308** D 3
Grumento Nova **235** A 6
Gruméntum **235** A 6
Grumès **39** D 5
Grumetti **55** B 4
Grumo (LC) **53** C 5
Grumo (Svízzera) **33** B 6
Grumo (VI) **73** C 6
Grumo Áppula **209** E 4
Grúmolo **73** E 5
Grúmolo delle Abbadesse **74** D 2
Grúmolo Pedemonte **73** B 6
Grumo Nevano **202** E 2
Grünewand-Hütte **29** A 6
Grün See = Lago Verde **26** E 2
Grünsee Hütte = Rifúgio Canziani **26** E 2
Grünwaldtal = Valle di Foresta **31** C 4
Grupa **245** C 4
Grupignano **63** B 4
Gruppa, Rio- **317** D 5
Gruppo, Monte- = Grubbachspitze **30** A 2
Gruppo di Tessa, Parco Naturale- = Naturpark Texelgruppe **26-27** B-C 2-4
Grusiner **81** A 5
Gruso, Torrente il- **221** E 5
Grúttas, Punta is- **313** A 4
Grutti **161** A 5
Gruvaz, la- **46** A 1
Grux 'e Mármuri, sa- **320** C-D 1
Gschnitz **28** A 2
Gschnitztal **28** A 2
Gschnon = Casignano **39** C-D 5
Gschritt **31** A 6
Gsieser Tal = Valle di Casíes **31** B 5-6
Gsieser Törl → Forcella di Casíes **31** A 6
Gstein-Gabi **32** D 1
Guà, Torrente- **91** B 5
Guaccero, Masseria- **209** E 4
Guaceto, Torre- **213** C 4
Guadagna **263** B 4
Guadagnolo **180** C 2
Guadamello **169** B 6
Guadine **129** B 4
Guagnano **226-227** B 3-4
Guaiane, le- **76** C 3
Guaitarola, Monte- **126** B-C 2
Gualandro, Monte- **151** B 4
Gualda **73** E 6
Gualdera **35** B 4
Gualdo (AR) **140** A 1
Gualdo (FC) **133** B-C 4
Gualdo (FC-Mercato Saraceno) **133** C 6
Gualdo (FE) **106** D 1
Gualdo (LU) **129** D 5
Gualdo (MC-Castelsantángelo) **163** A 4
Gualdo (MC-Gualdo) **154** C 1
Gualdo (TR) **169** B 6
Gualdo, Passo di- **163** A 4
Gualdo Cattáneo **152** E 2
Gualdo Tadino **152-153** B 3-4
Gualinga **118** B 1-2
Gualtieri **103** C 4-5
Gualtieri, Torrente di- **269** A 6
Gualtieri Sicaminò **269** A 6
Guamaggiore **316** C 2
Guamo **129** E 6
Guana, Torrente- **205** E 4
Guantai **215** B 4
Guanzate **67** A-B 5
Guappo, Masseria del- **184** C 3
Guarcino **181** D 4
Guarda (BO) **119** E 4
Guarda (Svízzera) **25** B 4
Guarda, Colle di- **59** D 6
Guarda, Monte- **45** D 4

Guardabosone **50** E 3
Guarda Ferrarese **106** A 1-2
Guardamíglio **87** E 4
Guardamonte **99** D 5
Guardapasso **179** E 4
Guardasone **117** A 4
Guardatore, Fosso- **238** A 2-3
Guardavalle **255** C 4
Guardavalle, Bívio- **255** C 4
Guardavalle, Stazione di- **255** C 5
Guardavalle, Valle di- **255** C 5
Guardavalle Marina **255** C 5
Guarda Véneta **106** A 1
Guardea **161** D 4
Guárdia (CT) **283** A 6
Guárdia (TN) **57** D 5
Guárdia, Colle della- **196** A 2
Guárdia, Cozzo della- **287** A 5
Guárdia, la- (AL) **98** E 2
Guárdia, la- (AQ) **182** C 2
Guárdia, la- (MO) **118** D 1
Guárdia, Monte- (LT) **190** D 1
Guárdia, Monte- (ME) **273** E 4
Guárdia, Monte- (PR) **116** C 3
Guárdia, Monte- (RM) **180** A 1
Guárdia, Monte della- **287** D 6
Guárdia, Monte la- **281** B 5
Guárdia, Passo della- **123** C 4
Guárdia, Pizzo della- **265** E 6
Guárdia, Punta della- **190** D 1
Guárdia, Punta la- **305** C 5
Guárdia, Serra la- **245** A 4
Guárdia, Torre della- (BAT-Ándria) **208** B 1
Guárdia, Torre della- (BAT-Barletta) **208** B 1
Guárdia Alta, Monte- = Hochwart **26** D 3
Guardiabruna **184** C 2
Guárdia dei Mori, Monte- **318** B 2
Guárdia dei Turchi, Monte- **265** A 5
Guárdia d'Orlando, Monte- **171** E 5
Guárdia Grande **300** C 1
Guardiagrele **174** D 2
Guardiagrele, Stazione di- **174** D 2
Guardialfiera **185** D 4
Guardialfiera, Lago di- **185** C-D 4
Guárdia Lombardi **204** D 2
Guardialta, Monte- = Hohe Warte **27** B 5
Guardiani, Torre dei- **207** B 5
Guardiano, Toppa del- **196** E 3
Guardianu, Monte- **314** E 2
Guárdia Perticara **237** A 5
Guárdia Piemontese **240** E 3
Guárdia Piemontese Marina **240** E 3
Guárdia Preposti **297** C 4
Guardiarégia **195** C 5
Guárdia Sanframondi **195** E 6
Guárdia Vomano **164** C 3
Guardino, Masseria- **211** C 5
Guardiola, Coppa- **189** D 4
Guardiola, Monte- la- **197** A 5
Guardiola, Sella la- **210** D 1
Guardiola, Serra- **185** D 4
Guardistallo **148** B 1
Guarene **97** D 4
Guarenna **174** E 3
Guarero, Monte- **308** E 1
Guarine, Báglio- **261** E 4
Guarnácchia, Masseria- **226** B 3
Guarniera **121** E 5
Guarráia **266** E 3
Guarrato **260** E 3
Guarrazzano **232** C 3
Guasila **316** C 2
Guastalla **103** C 5
Guastaméroli **174** C 3
Guastella, Portella- **262** C 2
Guasti Alessandro, Rifúgio- **38** A-B 1
Guasticce **137** C 5
Guasto **195** A 4

Guat, Ponte del- **37** E 5
Guazzino **150** B 2-3
Guazzolo **83** E 5
Guazzora **84** E 3
Gúbbio **152** A 2
Guddemi, Vallone di- **263** E 4-5
Guddetórgiu, Arcu- **312** B 2
Gudo **34** D 2
Gudo Gambaredo **67** E 5
Gudon = Gufidaun **30** D 1
Gudo Visconti **67** E 5
Guella, Rifúgio- **56** E 2
Guello **53** C 4-5
Guerra, Piano di- **246** A 3
Guerrafredda, Masseria- **210** C 2
Guerro, Torrente- **118** C 1-2
Güferhorn **34** A 2
Guffone, Monte- **132** D 3
Gufidaun = Gudon **30** D 1
Gugliano **129** D 5-6
Guglielmo, Monte- (o Gölem) **70** A 3
Guglionesi **185** B 5
Guglionesi-Portocannone, Stazione- **185** B 5
Gugnano **86** B 2
Gúia **59** D 5
Guida, Casa- **189** D 4
Guidizzolo **89** B 4
Guidomandri Inferiore **258** D 1
Guidomandri Superiore **258** D 1
Guidone, Masseria- **213** E 4
Guidónia-Montecélio **179** A-B 6
Guiducci, Masseria- **198** B 2
Guietta **59** D 5
Guíglia **118** C 2
Guil **94** C-D 1
Guilmi **184** A-B 2
Guinza **141** C 6
Guinzano **85** C 2
Guisa Pépoli **104** D 3
Guistrigona **149** B 6
Guizze **75** D 4
Gula **50** C 2
Gula, Ponte- **50** D 3
Gúlana, Punta- **312** A 1
Gulfa, Grotte della- **279** C 4
Gulfi, Chiesa di- **288** D 3
Gulfi, Monte- **280** E 3
Gulino, Monte- **263** C 4
Gullo **247** D 5
Gullo, Serra di- **257** D 4
Gummario, Cozzo- **240** A 2
Gummer = San Valentino in Campo **40** B 1-2
Gúncina = Guntschna **27** E 5
Gundersheim **44** A 2
Gunnaréllia, Rio- **312** C 1
Guntschna = Gúncina **27** E 5
Gura, la- **46** E 1
Gurata **88** E 2
Gurgazo **296** A 3
Gurgler Ferner, Gruppe- **26** B 3
Gurgltal **26-27** A 3-4
Gurgo, Ponte di- **207** A 6
Gurgulante, Dólmen- **227** C 6
Gurin = Bosco **33** C 4
Gurlamanna **207** D 5
Gurmara, Monte- **235** C 5
Gurone **52** E 2
Gurraz, la- **46** E 1-2
Gurro **33** E 4
Gurtúrgius, Punta- (NU-Siniscóla) **303** E 6
Gurtúrgius, Punta- (NU-Siniscóla) **309** B 5-6
Gurue, Rio 'e- **313** B 4
Gurzone **105** B 6
Gurzu, Nuraghe- **308** B 1
Gusana, Lago di- **312** A 2
Gusano **100** D 3
Gusciola **117** D 5
Guselli **100** E 3
Guspene, Ponte- **312** A 3
Gúspini **314** B-C 3
Gussago **70** C 2
Gussola **102** B 3
Gusti **194** E 1
Gutturgios, Monte- **309** E 4
Gútturu Mannu, Rio- **319** A-B 6

Gútturu Sporta **319** D 5
Güz, Piz- **36** C 1
Guzzafame **86-87** D 3-4
Guzzano (BO-Camugnano) **131** A 4
Guzzano (BO-Pianoro) **119** D 4
Guzzano (LU) **129** C 6
Guzzano Inferiore **164** C 3
Gúzzini, Monte- **312** E 2
Guzzona **87** C 5
Guzzurra **309** B 4
Guzzurra, Cantoniera- **303** E 6

H

Habicht **28** A 2
Hafling = Avelengo **27** D 5
Hahnspielhütte = Rifúgio Gallo Cedrone **42** A 2
Haider Alm = Alpe di Muta **25** B 6
Haider See = Lago della Muta **25** B 6
Halæsa **267** C 4
Halseck = Dosso del Colle **39** D 5
Hasenöhrl = Monte l'Orécchia di Lepre **26** E 2
Haunoldhütte = Rifúgio Baranci **31** C 6
Haupenhöhe = Monte Lavizza **29** A 5
Häusern Bach **35** A 4
Hauteville-Gondon **46** D 1
Haut-Prats **94** C 2
Havis De Giórgio, Rifúgio- **110** E 1
Heidelberger Hütte **25** A 4
Heiligen Geist **45** A 6
Heiligkreuz **32** B 1-2
Heiligkreuz = Santuário Santa Croce **30-31** D 3-4
Heising **42** A 3
Helm → Monte Elmo **31** C 6
Helsenhorn **32** C 2
Hélvia Rícina **144** E 3
Hennesiegel-Spitze → Punta della Gallina **26** A 1
Hera Argiva, Santuário de- **218** E 1
Heracleum Promontórium **259** E 6
Hera Lacínia, Santuário- **247** E 6
Herbetet **47** E 4
Herdoniae **198** D 2
Hérens, Dent d'- **48** A 3
Hermagor **45** A 4
Hermsberg **45** A 6
Hers **47** B 6
Hidalgo, Punta- **157** C 5
Hildesheimer Hütte **28** B 1
Himera **265** D 6
Hinter Eggen Spitze → Cima Sternai **26** E 2
Hinterer Seelenkogl → Cima delle Ánime **27** B 4
Hintere Schwärze → Cime Nere **26** B 3
Hintergrathütte → Rifúgio del Coston **25** E 6
Hinterrhein **34-35** A 3
Hinterrhein (Reno Posteriore) **34-35** A 4
Hippónion **248** D 3
Hirzer Hütte = Rifúgio Punta Cervina **27** C 5
Hirzer Spitze = Punta Cervina **27** C 5
Hochalt = Monte Alto **26** C 1
Hochbrunner Schneid = Monte Popera **42** B 2-3
Hocheck = Monte Alto **28** B 2
Hocheppan, Schloss- = Castello d'Appiano **27** E 5
Hochfeiler = Gran Pilastro **29** B 5
Hochfeilerhütte = Rifúgio Monza **29** B 4
Hochfinstermünz **25** A 6

Hochgall = Monte Collalto **31** A 5
Hochgallhütte = Rifúgio Roma **31** A 5
Hochganghaus = Rifúgio del Válico **27** C 4
Hochgurgl **27** A 4
Hochjoch = Giogo Alto (monte) **26** C 1
Hochjoch → Giogo Alto (passo) **26** B 2
Hochjochhospiz **26** B 2
Hochkreuzspitze → Monte Altacroce **31** A 6
Hochrast = Monte Páusa Alta **31** B 6
Hochvernagt-Spitze **26** A 2
Hochwart = Monte Guárdia Alta **26** D 3
Hochwart = Monte Vedetta Alta **26** E 3
Hochweisstein Hütte **43** B 5
Hochwilde-Hütte **26** B 3
Hochwipfel **44** A 3
Hof **32** D 1
Hof = Corte **30** C 3
Hofer Andreas, Cappella- = Hoferkapelle **27** B 5
Hoferkapelle = Cappella Andreas Hofer **27** B 5
Hohe Ferse = Monte Tallone Grande **27** A 5
Hohe Gaisl = Croda Rossa **31** D 5
Hohe Kirche **29** A 4
Hohe Kreuz Spitze = Monte Altacroce **27** A 5
Hohe Mut **26-27** A 3-4
Höhenrain **45** A 6
Hohenthurn **45** B 6
Höhenweg A **41** A 1-2
Hohenzollernhaus **26** A 1
Hoher Dein = Monte il Gran Ladro **26** D 3
Hoher First → Monte Príncipe **27** B 4
Hohe Tauern, Nationalpark- **29** D 6
Hohe-Wand-Spitze = Croda Alta **29** A 4
Hohe Warte **29** A 4
Hohe Warte = Monte Guardialta **27** B 5
Hohe Wilde = l'Altíssima **26** B 3
Hohlen = Olmi **39** C 6
Höhlenstein = Landro **31** D 5
Höhlenstein Tal = Val di Landro **31** C-D 5
Hohtälli **49** A 5
Höller, Hífugio- (Höller Hutte) **26** B 1
Höller Hütte → Rifúgio Höller **26** B 1
Hône **49** E 4
Hornischeck → Monte Arnese **42** A 3
Hörnlihütte (Svízzera) **49** A 4
Horn Spitz = Monte Corno **39** D 5
Hospiz **24** D 2
Houches, les- (Fráncia) **46** A 1
Hrastovlje **79** D 6
Hrpelje (Erpelle) **79** C 6
Hrusevica **79** A 5
Hrvatini (Crevatini) **79** C-D 5
Huben **43** A 4
Hudi Log (Boscomalo) **63** E 6
Hühnerspiel Hütte = Rifúgio Gallina **28** B 3
Hundskehjöchl = Passo del Cane **29** C 5
Hüttendorf **45** A 6

I

Iacci, Monte- **162** E 3
Iácono, Casa- **288** E 2-3
Iácono, Torrente- **285** B 4
Iacotenente, Monte- **189** D 4

Iacovizzo, Monte- **189** C 4
Iacurso **249** B 5
Iadanza **196** E 2
Iáinich **63** B 5
Ialmicco **63** D 4
Iameddani, Monte- **307** D 5
Iamiano **63** E 5
Iampietro, Masseria- **197** D 4
Iana, Nuraghe- **311** B 4
Ianara, Monte- **195** C 4
Ianare, Torrente- **195** E 6
Ianna Caguseli **308** E 2
Ianna 'e Rughe, Cantoniera-
309 B 4
Ianna Portellítos **309** B 4-5
Iánnas, Cantoniera- **308** E 3
Iannas, Nuraghe- **302** E 1
Iannazzo **235** C 6
Iannucci, Masseria- **197** A 5
Iano (FI) **138** E 2
Iano (PT) **130** C 3
Iano (RE) **117** B 6
Iano, Colle- **179** D 8
Ianziti, Masseria- **197** C 4
Iassa, Torrente- **244** C 3
Iáuer, Monte- **45** E 4
Iavas, Torrente- **244-245** A 3-4
Iavello, Fattoria- **131** D 4
Iavrè **56** B 2
Iazzano, Torrente- **197** E 6
Iazzi, Cima di- **49** A 5
Iazzitelli, Cozzo- **239** A 4
Iazzo Canónico **233** D 5
Iazzotto, Bívio- **283** E 5
Iazzo Vécchio, Monte- **284** A 2
Iazzo Vécchio, Torrente-
284 A 2
Iba Manna, Nuraghe sa-
313 D 5
Iblei, Monti- **289** C-D 4-5
Ícaro **30** E 2
Icciano **162** C 1
Iconicella, Santuário della-
173 D 6
Idda, Monte- **321** A 5
Iddiano **118** D 1
Ídice **119** C 5
Ídice, Torrente- **120** B 1
Idolo, Monte- **313** C 4
Idresca d'Isonzo → Idrsko
45 E 5
Idro **71** B 5
Idro, Lago di- **71** A-B 5
Idrsko (Idresca d'Isonzo) **45** E 5
Iemmare, Rio- **183** E 5
Ienca, Monte- **163** E 6
Iera **115** D 6
Iermanata **256-257** E 3-4
Ierna **151** E 5
Ierulli, Fiumara- **253** D-E 4
Iesce **210** E 1
Iesizza **63** A 5
Ietas **262** C 3
Iévoli **249** A 5
Ifinger Hütte = Rifúgio Ivigna
27 C 5
Ifinger Spitze = Picco Ivigna
27 C 5
Igea Marina **134** B 2
Íggio **101** E 4
Igino, Monte- **221** C 6
Iglésias **314** E 3
Iglesiente, Regione-
314-315 C-E 3-4
Iglesiente, Regione-
319 A-C 5-6
Igliano **110** B 3
Ignago **73** C 6
Igne **60** A 2
Igno, Monte- **153** C 5
Ilbono **313** D 4
Ilci **161** A 5
Iles, Riserva Naturale les-
47 C 5
Il Fondo **134** C 2
Illasi **73** E 4
Illasi, Torrente d'- **73** E 4
Illasi, Valle d'- **73** C-E 4
Illégio **44** C 2
Íllica (PR) **114-115** A-B 3-4
Íllica (RI) **163** C 5

Íllice **154** E 2
Illírio, Colle- **180** E 2
Illorai **307** C-D 6
Ilmenspitz = Monte degli Olmi
26 E 3
Iloi, Nuraghe- **311** A 5
Ilole, Nuraghe- **308** E 3
Ima **217** A 4
Imagna **53** E 6
Imagna, Valle- **54** E 1
Imbasciani, Casino- **209** E 4
Imbersago **69** B 4
Imbertighe, Nuraghe- **307** E 5
Imbessu, Rio- **311** D 6
Imbrecciata **144** D 3
Imbriaca **278** C 1
Imbriaca, Portella- **278** C 1
Imele, Fiume- **181** A 4
Imelle, Torrente- **170** C 1
Imèr **40-41** E 3-4
Imera, Stazione di- **280** D 3
Imera, Torrente- **265** E 6
Imera Meridionale, Fiume-
285 C 4
Imera Settentrionale, Fiume-
265 D-E 6
Ímola **120** D 1
Ímola, Autódromo di- **120** D-E 1
Imovilla **117** C 5
Impalata **211** C 5-6
Impeddau, Monte s'- **319** D 4
Imperatore, Punta- **214** D 2
Impéria **123** D 5-6
Império **66** B 2
Impero **97** C 6
Impero, Torrente- **123** D 5
Impiano **140** D 2
Impiccato, Monte dell'- **249** E 5
Impiccia, Masseria- **197** B 5
Impiombato, Casa- **189** D 4
Impiso, Colle d'- **238** E 2
Impiso, Monte dell'- **220** E 3
Impiso, Ponte- **206** C 3
Impiso, Portella- **262** B 3
Imponzo **44** C 2
Imporchia, Masseria- **185** E 6
Imposte **164** C 1
Impostino (GR-Magliano
in Toscana) **158** E 2-3
Impostino (GR-Magliano
in Toscana) **158** E 3
Imposto, l' (GR) **149** C 5
Imposto, l'- (SI) **149** D 5
Impruneta **139** C 5
Inacquata, Masseria- **199** B 4
Inarzo **51** E 6
Incaffi **71** D 6
Incaróio, Canale d'- **44** B-C 2
Incella **33** E 5
Incenso, Punta dell'- **190** C-D 2
Incile **181** B 5
Incile, Case- **181** B 5
Incirano **67** C 4
Incisa, Passo dell'- **133** E 4
Incisa in Val d'Arno **139** C 6
Incisa Scapaccino **97** C-D 6
Incisioni Rupestri, Parco
Nazionale- **55** B 5
Incisioni Rupestri di Ceto,
Cimbergo e Paspardo,
Riserva Naturale- **55** B 5-6
Incliousa, Lago de l'- **47** A 5
Incontro, Convento dell'-
139 B 6
Incoronata (FG) **198** C 2-3
Incoronata (IS) **195** A-B 4
Incoronata, l'- **205** C 5
Incoronata, Ponte- **198** C 2
Incoronata, Santuário dell'-
198 C 2
Incoronata, Stazione- **198** C 2
Incorvera, Posta- **199** D 4
Incrociata **87** E 4
Incúdine **37** D 5
Incugnate **69** D 4
Incugnatore, Ponte- **238** E 1
In dal Er **33** D 4
Indémini **33** E 6
Indicatore **140** D 3
Indiprete **195** B 4
Indiritto **81** E 5

Índisi, Monte d'- **278** C 2
Indóvero **53** B 5
Índren, Punta- **49** B 5
Induno Olona **52** D 2
Inferiore, Lago- (AO) **47** C 5
Inferiore, Lago- (MN) **89** D 6
Infernaccio, Gola dell'- **154** D 1
Inferno, Cala d'- (LI) **156** C 3
Inferno, Cala d'- (SS) **300** D 1
Inferno, Canale d'- **265** E 6
Inferno, Lago dell'- **53** B 6
Inferno, Pizzo- **35** B 5
Inferno, Ponte- **233** C 6
Inferno, Punta d'- **268** C 3
Infreschi, Porto degli- **234** E 2
Infreschi, Punta degli- **234** E 2
Ingagna, Torrente- **65** C 4
Inganno, Fiume dell'- **268** B 1
Ingarano, Passo di- **186** C-D 3
Inghiottitóio, l'- **163** B 4
Inglagna **61** A 5
Íngria **61** D 4
Ingurtosu **314** C 2
Ínici, Castello d'- **261** D 5
Ínici, Monte- **261** D 5
Inn → En **24** D-E 2
Innerast = Lasta di Dentro
30 B 3
Innerfeldtal = Valle Campo di
Dentro **31** C 6
Innerferrera **35** A 5
Innerhütt = Osteria Capanne di
Dentro **31** B 5
Innerpichl = Colle di Dentro
31 B 5
Inner Schwarze Schneid **26** A 3
Innervals **29** A 4
Innervillgraten **31** B 6
Innichen = San Cándido **31** C 6
Inno **139** B 4
Inserráglio, Torre dell'-
226-227 D-E 3-4
Insugherata, Riserva Naturale-
179 B 4
Intavolata **240** E 3
Intermésoli **164** E 1
Interneppo **44** D 2
Intersile, Bedale-
108-109 B 3-4
Intimiano **53** E 4
Intissàns **43** E 6
Intra **51** C 5
Intragna (Svízzera) **33** D 5
Intragna (VB) **51** B 5
Intraleo, Grotta- **283** A 4
Intrilleo, Pizzo d'- **268** C 1
Intróbio **53** C 6
Introd **46-47** C 3
Intro d'Ácqua **173** C 4
Introdácqua **182-183** A-B 3-4
Introzzo **53** B 5
Ínus, Nuraghe de- **311** E 4
Inverigo **53** E 4
Inverno **86** C-D 2
Inverno, Monte- **101** E 5
Inverno e Monteleone **86** C-D 2
Inverso **64** C 2
Inverso Pinasca **95** B 4
Inverso Porte **95** A-4 5
Inveruno **67** D 4
Invico **70** B 3
Invillino **43** D 6
Inviolata **179** B 5
Inviolata, Parco Regionale
dell'- **179** B 6
Invório **51** E 4
Invório Inferiore **51** E 4
Invório Superiore **51** E 4
Invózio **50** E 3
Inzago **69** D 4
Inzino **70** B 3
Ioánaz, Monte- **63** A 4
Ioanella **164** C 1-2
Ioanneddu, Punta- **309** B 6
Ioánnes Ábbas **298** E 2
Ioánnis **63** D 4
Iôf, Plan dello- **63** A 4
Iôf di Dogna **45** C 4
Iôf di Miezegnòt **45** C 4-5

Iôf di Montásio **45** C 4
Ioffredo **203** D 4
Iôf Fuàrt **45** C 5
Iofri, Monte- **256** D 3
Ioggi **241** D 4
Iola **130** A 3
Iolo **130** E 3
Ionadi **248** C 2
Iona-Serra della Guardia,
Riserva Naturale- **245** A 4
Iónio, Mar- **243** B 4-5
Iorenzo, Torrente- **197** C 6
Iório, Rifúgio di- **182** D 2
Íppari, Fiume- **292** B 2
Ipplis **63** B 4
Ippocampo **199** A-B 4
Iragna **34** C 2
Iragna, Torrente- **33** C 6
Iràl **41** C 6
Irco, Monte dell'- **183** A 6
Irghiddo, Nuraghe- **307** E 6
Irgoli **309** C 5
Iriai **309** D 4
Irma **55** E 5
Irmínio, Fiume- **293** B 4
Irno, Fiume- **217** C 5
Irola **115** D 6
Iron **56** B 3
Irpínia **204** A-D 1-2
Irsi, Monte- **221** B 4
Irsina **221** B 4
Irsina, Stazione- **207** E 4
Irsus **221** B 5
Irveri, Monte- **309** D 5
Isabella, Masseria- **210** E 3
Isalle, Rio- **309** C 4
Isallo **111** E 5
Isarco, Fiume- = Eisack **39** A 6
Isarco, Valle- = Eisacktal
30 B 1
Isarno **66** D 2
Isasca **109** A 5
Isca **39** A 5
Isca, Casa- **236** C 4
Isca, Fiumara l'- **219** C 5-6
Isca, Ponte- **319** B 5
Isca, Ponte d'- **219** E 5
Isca, Ponte s'- **316** E 1
Isca, Scogli- **244** D 2
Isca d'Archi, Stazione di-
184 A 1
Isca de sa Mela, Válico s'-
312 B 1
Iscala Mala, Rio- **300** D 3
Isca Lunga, Vallone- **206** D 1
Isca Marina **205** B 5
Iscanneddu, Rio- **299** E 6
Isca sullo Iónio **249** E 6
Íschia (FG) **197** D 6
Íschia (NA) **214** D 2
Íschia (TN) **57** B-C 6
Íschia, Fosso- **195** B 5-6
Íschia, Isola d'- **214** C 2
Íschia di Castro **168** A 1
Íschia Ponte **214** D 2-3
Íschia Porto **214** D 2
Ischiator, Vallone dell'-
108 D 2-3
Ischitella **188** B 3
Ischitella, Quadrívio-
214-215 A-3 3-4
Ischitella, Stazione di-
188 B 3
Ischitella Lido **214** A 3
Isclero, Fiume- **202** C-D 3
Iscoba, Monte- **299** E 5
Iscra, Fermata- **307** D 6
Iscrocca, Nuraghe- **317** D 5
Iscudu, Monte d'- **312** B 2
Isel **29** D 6
Isella (LC) **53** E 5
Isella (NO) **65** A-B 6
Iselle **32** D 1-2
Iselle, Nuraghe- **302** E 1
Isengo **69** E 6
Iseo (BS) **70** B-C 2
Iseo (Svízzera) **52** B 2
Iseo, Lago di- **70** A-B 2
Isera **57** D 4
Iseran, Col de l'- **80** A 3
Iseran, Mont- **80** A 3

Isère **46** D 1
Isérnia **194** A 3
I Sesi **274** D 1
Isiata **76** C 3
Ísili **312** E 1
Isnello **266** C 2
Ísola (BS) **55** B 6
Ísola (CN) **110** B 2
Ísola (CO) **53** C 4
Ísola (FC) **132** D 3
Ísola (Fráncia) **108** E 3
Ísola (GE) **113** A 6
Ísola (IM) **123** B 4
Ísola (MC) **153** A 6
Ísola (PD) **92** C 1
Ísola (PG) **152** C 3
Ísola (PI-San Miniato)
138 B 2
Ísola (PI-Vecchiano) **137** A 4
Ísola (PR-Compiano) **115** B 4
Ísola (PR-Palanzano) **116** C 2
Ísola (PR-Tizzano Val Parma)
116 B 3
Ísola (RA) **120** E 1
Ísola (SO) **35** B 4
Ísola (SP) **127** D 5
Ísola (Svízzera) **36** B 1
Ísola (UD) **44** E 3
Ísola (VB) **50** D 2
Ísola, l'- (FG) **188** B 2
Ísola, l'- (FI) **131** D 4
Ísola, l'- (MC) **145** E 4
Ísola, Torre d'- **206** B 2
Ísola → Izola **79** D 4
Isola 2000 **108** E 3
Ísola Bella **191** B 4
Ísola Bella, Riserva Naturale-
269 D 6
Isolabella **96** B 3
Isolabona **122** D 3
Ísola Boschina, Riserva
Naturale- **90** E 3
Ísola Boscone, Riserva
Naturale- **105** A 4
Isolabuona **113** A 4
Ísola Capo Rizzuto, Stazione-
247 C 5
Isoláccia **25** E 5
Ísola d'Árbia **149** C 6
Ísola d'Asti **97** C 5
Ísola degli Olivi, Masseria-
199 B 4
Ísola del Cantone **113** A 4
Ísola del Gíglio **166** C-D 1
Ísola del Gran Sasso d'Itália
164 E 2
Ísola dell'Abbà **92** B 2
Ísola della Scala **90** C 2
Ísola dell'Asinara, Area Marina
Protetta- **298** A-B 2
Ísola delle Fémmine **262** A 3
Ísola delle Fémmine, Riserva
Naturale- **264** A 1
Ísola del Liri **181** E 6
Ísola del Piano **142** A 3
Ísola di Alicudi, Riserva
Naturale- **272** A 1
Ísola di Bergeggi, Area Marina
Protetta- **125** B 4
Ísola di Capo Pássero, Riserva
Naturale- **295** E 4
Ísola di Capo Rizzuto **251** C 6
Ísola di Fano **143** B 4
Ísola di Filicudi e Scógli Canna
e Montenassari, Riserva
Naturale- **272** D 1
Ísola di Fondra **54** C 2
Ísola di Lampedusa, Riserva
Naturale- **284** E 2-3
Ísola di Panarea e Scógli
Vicinióri, Riserva Naturale-
273 C 5
Ísola di Pantelleria, Riserva
Naturale- **274** D-E 1-2
Ísola di Strómboli e
Strombolícchio, Riserva
Naturale- **273** A 5
Ísola di Ústica, Area Marina
Protetta- **265** A 5
Ísola di Ústica, Riserva
Naturale- **265** A 5

Ísola di Varano, Riserva
Naturale- **188** B 1
Ísola di Vivara, Riserva
Naturale- **214** D 3
Ísola di Vulcano, Riserva
Naturale- **270** A-B 3
Ísola Dovarese **88** D 2
Ísola Farnese **178** A 3
Ísola Fossara **142** E 3
Ísola Gallinara, Riserva
Naturale dell'- **124** D 3
Ísola Grande **111** D 4
Ísola Lachea e Faraglioni dei
Ciclopi, Riserva Naturale-
283 B-C 6
Isolalta **90** B 2
Ísola Mantegna **74** D 2
Ísola Morosini **63** E 4-5
Ísola Perosa **123** A 5
Ísola Pescaroli **88** E 2
Ísola Rizza **90** C 3
Ísola Rossa **299** B 6
Ísola San Biágio **154** D 1
Ísola Santa **129** B 4
Ísola Sant'Andrea-Litorale
di Punta Pizzo, Parco
Regionale- **230** B-C 2
Ísola Sant'António **84** E 3
Ísola Vicentina **74** D 2
Ísole Ciclopi, Area Marina
Protetta- **283** B 6
Ísole dello Stagnone di
Marsala, Riserva Naturale-
274 A 2
Isole di Linosa e Lampione,
Riserva Naturale- **284** C 3
Ísole di Ventoténe e Santo
Stéfano, Riserva Naturale e
Riserva Marina- **191** E 5
Ísole Égadi, Area Marina
Protetta- **260** B 2
Isolella (RO) **106** A 3
Isolella (VC) **50** E 3
Isolello (CR) **88** D 2
Isolello (VC) **49** C 6
Isolengo **83** C-D 5
Ísole Pelágie, Area Marina
Protetta- **284** E 2
Ísole Trémiti **188** A 1
Ísole Trémiti, Area Marina
Protetta- **213** B-C 4
Isoletta (FR) **193** B 4
Isoletta (SV) **111** D 4
Isollaz **49** D 4
Isolona **113** C 6
Isolotto, l'- **166** C 3
Isone **34** E 2
Isonzo, Fiume- **78** A-B 3
Isonzo, Fiume- → So?a **45** E 5
Isonzo, Sorgenti dell'- → Izvir
So?e **45** C 6
Isorella **88** B 2-3
Isorno **33** D 5
Isorno, Torrente- **32** D 3
Isorno, Valle dell'- **32** D 3
Isoverde **112** B 3
Ispádula, Casa- **301** B 6
Ispani **233** E 6
Ispáras, Nuraghe- **312** E 1
Íspica **293** C 5
Íspica, Cava d'- **293** C 5
Ispinigoli, Grotta di- **309** D 5
Ispíridu Santu, Chiesa di-
299 C 5
Ispra **51** D 5
Ispuligi, Punta- **313** A 5
Issengo = Issing **30** B 3
Issi **298** D 2
Issíglio **42** D 2
Issime **49** E 5
Issing = Issengo **30** B 3
Isso **69** D 6
Issogne **49** E 4
Istana, Porto- **303** A 6
Istelai, Nuraghe- **308** B 2-3
Ístia d'Ombrone **158** C 2
Istiddi, Bruncu- **312** C 1
Istría **109** B-C 5
Istrago **61** B-C 6
Istrana **75** B-C 5

Istrana, Torre sa- **303** A 5
Isuledda, I'- **296-297** C 3-4
Itála **258** D 1
Italba **107** B 4
Itália, Albergo- **46** A 3
Itália, Víadotto- **235** E 6
Itália, Vetta d'- =
   Glockenkar-kogel **29** C 6
Itálico, Santuário- **184** D 1
Itálico, Témpio- (CB-San
   Giovanni in Galdo) **196** A 2
Itálico, Témpio- (CB-Schiavi
   d'Abruzzo) **184** D 2
Itieli **161** E 6
Itri **193** D-E 4
Itri, Stazione di- **193** E 4
Ítria, Valle d'- **211** E 6
Ittia, Punta- **303** C 5
Ittireddu **302** E 1
Íttiri **301** D 4
Íttiri, Cala- **306** C 2
Iudeca, Monte- **287** B 5
Iúdica, Fattoria- **289** E 5
Iúdica, Monte- **282** C 2
Iúdica, Torre- **289** D 5
Iúdrio, Torrente- **63** A 6
Iugo, Monte- **153** E 4
Iunchi **253** E 6
Iúncolo, Monte- **235** B 4
Iuncu, Cantoniera- **302** A 1
Iurentino, Monte- **242** E 3
Iutizzo **61** E 6
Iuvánum **183** B 6
Ivanji Grad **63** E 6
Ivano-Fracena **58** B 2
Ivery **49** E 5
Ívica **107** C 5
Ividori, Monte- **188** E 1
Ivigna, Picco- = Ifinger Spitze
   27 C 5
Ivigna, Rifúgio- = Ifinger Hütte
   27 C 5
Ivózio **64** C 3
Ivrea **64** D 3
Ivrea, Bivacco- **47** E 4
Ixi, Monte- **316** D 3
Izano **87** B 5
Izoard, Col d'- **94** C 1
Izola (Ísola) **79** D 4
Izvir Soče (Sorgenti dell'Isonzo)
   45 C 6
Izzalini **161** B 5
Izzana, Nuraghe- **302** A 2
Izzo, Punta d'- **291** B 6

J

Jafferau, Monte- **80** E 1
Jagdhausalpe **29** D 6
Jagodine **79** D 4
Jaira, la- **80** A 1
Jakobshorn **24** B 2
Jakobsspitze =
   Cima San Giácomo **27** B 6
Jalorgues **108** D 1
Jalorgues, Refuge de- **108** D 1
Jalorgues, Sommet de- **108** D 1
Jalovec (Monte Gialuz) **45** C 6
Jamtal **25** A 4
Jamtal Hütte **25** A 4
Janas, Grotte de is- **312** D 2
Janus, le- **94** B 1
Jato, Fiume- **262** B 2
Jato, Monte- **262** C 3
Jaufenpass = Passo di
   Monte Giovo **27** A 5
Jaufenspitz = Punta di
   Monte Giovo **27** B 6
Jaufental = Valgiovo **27** A 6
Jausiers **108** B 1
Jelasi, Ponte- **256** E 2
Jelovice (Gelovizze) **79** D 6
Jelsi **196** B 2
Jenatsch, Chamanna- **24** E 1
Jenesien = San Genésio
   Atesino **27** E 5
Jenig **44** A 3
Jenna, Ia- **24** B 3
Jenne **180** D 4
Jerago **66** B 3

Jerago-Orago **66** B 3
Jerener **81** A 5
Jervis, Rifúgio- **81** A 4
Jervis Willy, Rifúgio- **94** C 3
Jerzu **313** E 4
Jesi **144** C 2
Jesi, Torre di- **144** C 2
Jésolo **76** D 3
Jezza Guerino, Rifúgio- **195** C 4
Jochbodenkogel = Piz
   Russenna **25** A-B 6
Jocherbach = Rio Giovo **27** D 5
Jochköpfl = Corno del Passo
   27 A 4
Joderhorn, Monte- **49** A 6
Jolanda di Savóia **106** B 3
Jóppolo **248** E 2
Jóppolo, Torre di- **252** B-C 3
Jóppolo Giancáxio **284** B 3
Jöribach **24** B 3
Jöriflesspass **24** B 3
Jöriseen **24** B 2-3
Joseray, le- **80** A 3
Jouf, Monte- **61** B 4
Joussaud **94** A 2
Jouvenceaux **80** E 2
Jovençan (AO-Avise) **46** B 3
Jovençan (AO-Jovençan)
   47 C 4
Jóvis, Villa- **216** E 2
Júdrio, Torrente- **63** C 5
Juf **35** B 6
Juferrhein **35** B 6
Juise **108** C 1
Julia **35** A 6
Júlia, Rifúgio- **45** C 5
Julier, Piz- **24** E 1
Julierpass **24** E 1
Jumeaux, les- **47** A 6
Juniperus Phoenicea, Riserva
   Naturale- **109** D 5
Juricani (Giurizzani) **79** E 4

K

Kačiče-Pared **79** C 6
Kadutschen **45** A 6
Kággio, Masseria- **262** C 3
Kaiserjoch **26** A 1
Kaisertal **26** A 1
Kalch = Cálice **27** A 6
Kaldanija (Caldánia) **79** E 4
Kal Koritnica **45** D 5
Kalkstein **31** B 6
Kal nad Kanalom **63** B 6
Kaltenbrunn = Fontanefredde
   39 C 6
Kalterer See = Lago di Caldaro
   39 C 5
Kaltern an der Weinstrasse =
   Caldaro sulla strada del
   vino **39** B 5
Kambreško **45** E 6
Kamno (Camina) **45** E 6
Kanal (Canale d'Isonzo) **63** B 6
Kanalski Vrh **63** B 6
Kapron = Caprone **26** B 1
Karbachtal = Valle di Quáira
   31 B 5
Kardaun = Cardano **39** A 6
Karerpass = Passo di
   Costalunga **40** B 2
Karersee = Carezza al Lago
   40 B 2
Karles-Spitze →
   Cima di Quáira **26** B 3
Karneid = Cornedo all'Isarco
   39 B 6
Karnspitz → Cima di Quáire
   27 B 6
Karšete (Carsette) **79** E 4
Karspitze = Punta di Quáira
   30 B 1
Karthaus = Certosa **26** C 3
Kartitsch **42** A 3
Karúscia, Punta- **274** D 1
Kaserhof = Maso Casera **39** B 6

Kaserhütte **45** A 6
Kasern = Casere **29** C 6
Kassianspitze = Cima San
   Cassiano **28** D-E 3
Kaštel (Castelvénere) **79** E 4
Kastelbell = Castelbello **26** D 3
Kastelbell-Tschars =
   Castelbello-Ciárdes **26** D 3
Kastelec (Castelli) **79** C 5
Kastelruth = Castelrotto **30** E 1
Katharinaberg = Santa Caterina
   26 C 3
Katoro **78** E 3
Katzenstein, Schloss- =
   Castèl del Gatto **27** D 5
Kazlje **79** A-B 6
Kehlburg, Schloss- =
   Castello di Chela **31** B 4
Kematen = Caminata **28** B 3
Kematen = Caminata di Túres
   31 A 4
Kernot, Torre- **218** E 1
Kerschdorf **45** A 5
Kesch, Piz- **24** D 2
Keschhütte **24** C 2
Kessel Kogel = Monte
   Catináccio d'Antermóia
   40 B 3
Khamma **274** D-E 2
Kiens = Chiénes **30** B 3
Kind, Rifúgio- **94** A 2
Kirchbach **44** A 3
Kirchbergbach = Rio di
   Montechiesa **38** B 2
Kistenstein **24** A 1
Klammljöchl = Passo di Gola
   29 D 6
Klanec (San Pietro di
   Madrasso) **79** C 6
Klapfbergjoch = Passo di Val di
   Clapa **38** B 3
Klapfbergtal = Val di Clapa
   38 A-B 3
Klausen = Chiusa **30** D 1
Klausenerhütte =
   Rifúgio Chiusa **30** C 1
Klebas **43** A 5
Kleine Fanesalpe =
   Alpe Fánes Piccola **31** D 4
Klerant = Cleran **30** C 2
Klobenstein = Collalbo **39** A 6
Klosters-Dorf **24** A 2
Klosters-Platz **24** A 2
Kmeti (Metti) **78** E 3
Knuttenalm = Malga dei Dossi
   29 D 5
Knuttental = Valle dei Dossi
   29 D 5
Kobarid (Caporetto) **45** C 6
Kobdilj (Cobidil) **79** A 5
Kobesnock **45** A 5
Kobjeglava (Cóbbia) **79** A 5
Koča **45** D 6
Koča (Rifúgio) **79** D 6
Koča na Gozdu **45** C 6
Koča pri Izviru Soče **45** C 6
Kofeljoch = Passo di Éores
   30 C 2
Koflraste Seen =
   Laghi del Cóvolo **26** D 3
Kojsko (Quisca) **63** C 5
Kolben Spitze = Monte la Clava
   27 B 4
Kolfuschg = Colfosco **30** E 3
Kollmann = Colma **30** D 1
Kolovrat (Colovrat) **63** A 6
Komen (Comeno) **79** A 5
Komna **45** D-E 6
Kompatsch = Compáccio **26** D 3
Kompatschbach = Rio Éschio
   27 D 5
Königskogl → Monte Re **27** A 4
Königs Spitze =
   Monte Gran Zebrù **37** A 6
Konkordiahütte **32** A 1
Koper (Capodístria) **79** D 4
Köpflplatte = Monte la Lasta
   26 C 1
Kopriva **79** A 5
Koprski Zaliv (Vallone di
   Capodístria) **79** D 4

Koren **45** B 6
Koritnica (Torrente Coritenza)
   45 D 5
Körlspitze = Pizzo Quáira **31** B 6
Kornat **43** A 6
Korte (Corte d'Ísola) **79** D-E 4
Kortsch = Córzes **26** D 2
Kortscher Jöchl = Monte di
   Córzes **26** C 2
Koštabona (Costabona) **79** E 5
Kostanjevica (Castagnevizza)
   63 E 6
Köstendorf **45** A 5
Kötschach-Mauthen **43** A 6
Kozana **63** C 5
Kožbana (Cosbana nel Cóllio)
   63 B 5
Kozina (Cósina) **79** C 6
Kras (Carso) **79** A-B 4-6
Krasji vrh (Monte Grande)
   45 D-E 5
Kraxentrager = Monte la Gerla
   29 A 4
Kred **45** E 5
Kreidesee = Lago di Creta
   30-31 C 3-4
Kreplje **79** B 5
Kreut = Novale **27** E 5
Kreuther Höhe **44** A 3
Kreuzbergpass = Passo di
   Monte Croce di Comélico
   42 B 3
Kreuzboden = Plan de Gralba
   30 E 2
Kreuzjoch = Fúrcia di
   Medálghes **30** D 3
Kreuzjoch = Giogo della Croce
   27 D 5
Kreuzjöchl **28** A 2
Kreuzkofel = Croda di
   Santa Croce **30-31** D 3-4
Kreuzkofeljoch = Passo di Poma
   30 D 3
Kreuzspitze **26** B 2
Kreuztal = Valcroce **30** C 2
Kreuzwiesenhütte = Rifúgio
   Prato Croce **30** B 3
Krimmler Tauern = Passo dei
   Táuri **29** C 6
Križ (Croce) **79** B 5
Krkavče (Carcase) **79** E 4
Krn (Monte Nero) **45** E 6
Krnsko jezero (Lago di
   Monte Nero) **45** E 6
Kromberk **63** C 6
Kronplatz = Plan de Corónes
   31 C 4
Krumgampenbach **26** A 1-2
Kubed (Cóvedo) **79** D 5
Kuberton (Cuberton) **79** E 5
Kučibreg (Cucciani) **79** E 5
Kuens = Cáines **27** C 4
Kühweg **45** A 4
Kuk (Monte Cucco) (Slovénia)
   63 A 6
Kuk (Monte Cucco) (Slovénia)
   63 B-C 6
Kuk (Monte Cucco) (Slovénia)
   45 E 6
Kumeta, Monte- **262** C 3
Kunkel **24** A 1
Kuppelwies = Pracúpola **26** E 3
Kurhaus Val Sinestra **25** A 5
Kurtatsch an der Weinstrasse =
   Cortáccia sulla strada del
   vino **39** C 5
Kurtinig an der Weinstrasse =
   Cortina sulla Strada del
   Vino **39** D 5
Kurzlehn **26** A 3
Kurzras = Maso Corto **26** B 2

L

Laag = Laghetti **39** D 5
Laas (Áustria) **43** A 6
Laas = Lasa **26** D 1
Laaser Tal = Val di Lasa
   26 D-E 1
Laatsch = Láudes **25** C 6

Laba **57** E 6
Labante **118** E 2
Labbro, Monte- **159** B 5
Labè, i- **100** E 3
Labiata **283** E 4
Labico **180** C 5
Labiolu, Nuraghe- **300** C 3
Labro **162** E 2
Lac, Becca du- **46** D 2
Lac, Cima- **38** B 3
Laccheddu, Fontana su-
   299 D-E 5
Lacchi **257** C 4
Lacchiarella **85** B 5-6
Láccio **113** B 5
Lacco (ME) **268** A 2
Lacco (RC) **259** E 4
Lacco Ameno **214** C-D 2
Laccu Canu, Monte su- **303** C 5
Laccu sa Vitella, Punta- **311** D 4
Laccunéddas, Monte is-
   320 C 1
Lacedónia **205** C 4
Laceduzza, Masseria- **212** D 3
Laceno, Lago di- **218** B 1
Laceno, Piano- **218** B 2
Lacerno, Torrente- **182** E 2
Lacerone, Monte- **170** B 2
Lacersa, Casa- **238** E 3
Láces = Latsch **26** D 2
Lachat, Mont- **46** A 1
Lachau **94** B 1
Lachelle **83** B 5-6
Lachésos, Monte- **301** D 6
Lácina, Lago di- **249** E 6
Lacinigo = Latschinig **26** D 3
Lacona **156** D 2
Lacona, Golfo di- **156** D 2
Láconi **312** D 1
Laconía **297** D 4-5
Lacore, Laghi- **183** C 4
Lácque, le- **153** A 6
Lacs, Refuge des- **80** B 1
Láculo **163** E 4
Lad, Piz- **25** D 5
Lada, Perda- **317** C 4
Ládas, Nuraghe sas- **299** E 6
Ladino **133** A 4
Ladíspoli **177** B 4
Ladra **45** E 6
Ladro, Passo del- **289** D 6
Ladurns **28** B 2
Laerru **299** D 6
Laga, Monti della- **163** C-D 6
Lagacci **130** B 3
Lagaccioli **167** B 5
Lagadello **115** A 6
Lagagnolo **99** C 6
Lagalb, Piz- **36** B 3
Laganadi **256** C 1
Lagarina, Val- **57** C-E 4-5
Lagaro **131** A 4
Lagarò Lupinacci **245** A 5
Lagastrello, Passo di- **116** D 2
Lagazuoi **31** E 4
Lagdei **115** C 6
Lággio di Cadore **42** C 3
Laghet **122** E 1
Laghetti = Laag **39** D 5
Laghetti, Piccone dei- **33** C 6
Laghetti di Marinello, Riserva
   Naturale- **269** A 4
Laghetto (RM) **179** C 6
Laghetto (Svízzera) **33** B 6
Laghi (PD) **74** C 2
Laghi (VI) **57** E 6
Laghi, Costòn dei- **57** E 6
Laghi, Via dei- **179** D-E 5-6
Laghi di Avigliana, Parco
   Regionale dei- **81** E 5-6
Laghi di Doberdò e Pietrarossa,
   Riserva Naturale- **63** E 6
Laghi di Suviana e Brasimone,
   Parco Regionale dei-
   131 B 4
Laghi Lungo e Ripasottile,
   Riserva Naturale dei-
   170 A 3
Lagna **51** E 4

Lagnano, Masseria- **198** E 3
Lagnasco **95** C 6
Lago (CS) **244** D 2
Lago (GE) **113** C 5
Lago (MO) **117** E 5
Lago (PC) **100** E 1
Lago (PR) **116** C 2
Lago (SA) **232** B 2
Lago (TN) **40** D 2
Lago (VI-Arcugnano) **74** E 1
Lago (VI-Valdagno) **73** C 5
Lago, Cróda da- **41** B 6
Lago, Forcarella di- **34** C 2
Lago, Monte- **54** B 1
Lago, Piana del- **220** E 1
Lago, Rio del- **45** C 5
Lago, Torrente del- =
   Seewerbach **27** A 4
Lago Bianco, Punta- =
   Weissee-Spitze **26** A 1
Lago Corvo, Rifúgio- **38** B 2
Lago d'Ándalo, Álveo del-
   38 E 3
Lago di Biandronno, Riserva
   Naturale- **51** D 6
Lago di Burano, Riserva
   Naturale- **167** C 4-5
Lago di Candia, Parco
   Regionale del- **64** A 3
Lago di Canterno, Riserva
   Naturale- **181** D 4
Lago di Cornino, Riserva
   Naturale- **44** E 2
Lago di Falciano, Riserva
   Naturale del- **201** D 5
Lago di Lésina, Riserva
   Naturale- **186** B 2-3
Lago di Loppio, Álveo del-
   57 D 4
Lago di Lozon, Riserva
   Naturale- **47** B 6
Lago di Montepulciano, Riserva
   Naturale- **150-151** D 3-4
Lago di Montorfano, Riserva
   Naturale- **52-53** E 3-4
Lago di Palo, Álveo del-
   218 C 3
Lago di Penne, Riserva
   Naturale- **164** E 3
Lago di Pergusa, Riserva
   Naturale- **281** D 5
Lago di Piano, Riserva
   Naturale- **53** B 4
Lago di Posta Fibreno, Riserva
   Naturale- **182** E 2
Lago di San Giovanni Incarico,
   Riserva Naturale- **193** B 4
Lago di Sartirana, Riserva
   Naturale- **69** B 4
Lago di Serranella, Riserva
   Naturale- **174** E 3
Lago di Vico, Riserva Naturale-
   169 C 4
Lago di Villa, Riserva Naturale-
   49 D-E 4
Lagoforano, Bosco di-
   238 E 3
Lago Gelato, Pizzo di- **32** C 3
Lago Laudémio, Riserva
   Naturale- **235** C 5
Lágolo **57** B 4
Lagomar, Villaggio- **245** D 5
Lagonegro **235** C 5
Lago Nero, Cima- =
   Schwarzseespitze **27** D 6
Lagoni **148** C 3
Lagoni, Laghi i- **115** D 6
Lagoni del Sasso **148** C 2
Lagoni di Mercurago, Parco
   Regionale- **51** E 5
Lagoni Rossi **148** D 1
Lago Pantano di Pignola,
   Riserva Naturale- **219** D 6
Lago Pésole, Álveo del-
   205 E 6
Lago Piccolo di Montícchio
   e Património Forestale
   Regionale, Riserva
   Naturale- **205** D 5
Lágora **131** A 4
Lagorai, Catena dei- **40** D 2-3

A B C D E F G H I J K L M N O P Q R S T U V W X Y Z

Lagorai, Lago- **40** D 2
Lago Rodella, Rifúgio- = Radlseehütte **30** C 1
Lago Rosso **218** D 2
Lago Sant'Egídio, Álveo del- **188** D 2
Lagosanto **107** D 4
Lagoscuro, Bivacco al- **37** D 6
Lago Sfondato, Riserva Naturale- **279** D-E 5-6
Lago Spalmo, Cima- **37** C 4
Lago Trasimeno, Parco Regionale del- **151** C 5
Lagrev, Piz- **36** B 1
Lagrimone **116** B 3
Laguna di Orbetello, Riserva Naturale- **166** B 3
Lagundo = Algund **27** C 4
Lagune **118** D 3
Lagusèll **30** D 3
Lagusello **41** B 5
Lahnberg **31** B 6
Lahner Alm = Malga delle Pécore **39** C 6
Laiano **202** C 3
Laietto **81** D 5
Laiguéglia **124** E 2
Lainate **67** C 5
Laino **52** C 3
Laíno Borgo **235** E 6
Laíno Castello **235** E 6
Láio, Fosso- **174** E 2
Laion = Lajen **30** D 1
Laione, Monte- **112** A 1
Laipacco **62** B 3
Laise **240** D 2
Laisonnay **80** A 2
Láives = Leifers **39** B 6
Lajático **138** E 1
Lajen = Laion **30** D 1
Lalatta **116** C 3
Lállio **69** B 5
Lalumia, Villa- **265** D 6
Lama (AR) **141** B 4
Lama (PG) **141** D 5-6
Lama (PV) **99** E 6
Lama (SI-Montalcino) **150** D 1
Lama (SI-Montciano) **149** D 5
Lama (SP) **127** D 5
Lama, la- (fiume) **223** C 6
Lama, la- (AR) **140** B 1
Lama, la- (FC) **132** E 3
Lama, la- (TA) **224** D 3
Lama, Ponte di- **198** A 2
Lama, Torrente- **141** C 6
Lamacupa, Monte- **206** C 3
Lama Balice, Parco Regionale di- **209** C-D 4
La Maddalena **297** C 4
Lama dei Peligni **183** A 6
Lama del Monte, Masseria- **207** D 5
Lama di Carro **207** A 4
Lama di Lenne **223** B-C 6
Lama di Mónchio **117** D 6
Lama di Pálio, Località- **223** D 4
Lama di Reno **118-119** D 3-4
Lama di Rose, Masseria- **211** E 4
Lamáfico, Masseria- **211** B 5
Lamalunga **206** B 2
Lama Mocogno **117** E 6
Lamandia **211** C 6
Lamapera, Múrgia di- **207** D 4
La Mármora, Punta- **312** C 3
Lamascésciola, Serra- **207** E 5
Lamato, Fiume- **249** B 5
Lámbara **58** D 3
Lambertenghi, Rifugio- **43** B 6
Lamberti, Ponte- **115** A 5
Lamberto, Castèl- = Schloss Lamprechtsburg **31** B 4
Lambertúccia **154** B 1
Lambin, Rio di- **38** E 3
Lambrínia **86** D 3
Lambro, Fiume- (MI) **68** E 3
Lambro, Fiume- (SA) **233** D 5
Lambro Meridionale, Fiume- **86** C 2
Lambrugno **44** B 2

Lambrugo **53** E 4
Lame (GR) **148** D 3
Lame (TE) **164** C 1
Lame, Lago delle- **114** B 2
Lame, le- **105** A 4
Lame, Masseria le- **229** E 5
Lame del Sésia, Parco Regionale delle- **65** E 1
Lamèn **59** B 4
Lamet, Mont- **80** C 3
Lamézia Terme **249** A 4-5
Lámia, Masseria- (BR) **226** B 3
Lámia, Masseria- (FG) **198** D 1
Lámmari **129** E 6
Lámole **139** D 6
Lámoli **141** C 6
Lamòn **58** B 3
Lamone **52** B 2
Lamone, Fiume- **121** C 4
Lamone, Selva del- **159** E 6
Lamosano **60** B 2
Lampazone **248** E 2
Lampazzo, Múrgia- **207** C 4
Lampedusa **284** E 3
Lampedusa Linosa **284** D-E 1-3
Lampedusa, Ísola di- **284** E 2-3
Lampedusa, Santuário- **123** D 4
Lampeggiano, Torrente- **206** B-C 1
Lampianu **298** D 1
Lampione, Ísola di- **284** E 1
Lampo, Cozzo du- **243** E 6
Lampo, Serra- **237** D 6
Lampone, Cima- **49** B 6
Lamporécchio **130** E 2
Lamporo **83** C 4
Lamprechtsburg, Schloss- = Castèl Lamberto **31** B 4
Lampu, Serra su- **312** B 1
La Muda **41** D 6
Lan, Cima di- **58** C 3
Lana (BZ) **27** D 4
Lana, Col di- **31** E 4
Lana, Torrente- **141** E 6
Lanari **58** E 3
Lanaro, Monte- **79** B 5
Lanca **66** C 2
Lanca di Gerole, Riserva Naturale- **102** B 2
Lancenigo **75** B 6
Lanches, les- **46** E 1
Lanchettes, Chalet des- **46** B 1
Lanciáia **148** B 3
Lanciano **174** D 3
Lanciano, Passo- **173** D 2
Láncia Vincenzo, Rifúgio- **57** E 2
Láncio, Monte- **130** A 2
Lanciole **130** C 1
Lancisa **130** B 2
Landarenca **34** C 3
Landiona **66** D 1
Landò **37** E 5
Landolina, Casa- **283** C 5
Landori, Fiume- **277** B 6
Landquart **24** A 2
Landriano **85** B 6
Landrigga, la- **298** E 3
Landris **59** B 6
Landro **279** C-D 6
Landro = Höhlenstein **31** D 5
Landro, Lago di- = Dürrensee **31** D 5-6
Landro, Val di- = Höhlenstein Tal **31** C-D 5
Landro, Valle di- **263** B-C 4-5
Landro, Valle di- **263** E 6
Landwasser **24** C 1
Lanessi, Torrente- **316** C 1
Lanfredi **124** D 2
Langàn, Colla di- **122** C 3
Langasco **112** B 3
Langeggalm = Malghe Langegger **31** B 5
Langegger, Malghe- = Langeggalm **31** B 5
Langenbach **28** A 1
Langenfernerjoch = Passo del Cevedale **38** B 1
Langhe, Regione- **110-111** A-B 3-5

Langhirano **116** A 3
Langkofel = Sasso Lungo **30** E 2
Langkofelhütte = Rifúgio Vicenza **30** E 2
Langosco **84** C 1-2
Langosco, Naviglio- **66** E 3
Lang See = Lago Lungo **27** C 4
Längtal **32** B 1-2
Langtal = Valle Vallunga **30** D-E 2-3
Langtalereck-Hütte **26** B 3
Langtauferer Tal = Valle Lunga **26** A-B 1
Languard, Piz- **24** E 2
L'Angúria **230** C 3
Langwies **24** A 1
Lánico, Torrente- **55** C 5
Lano **149** A 4
Lans **108** B 1
Lanslebourg-Mont-Cenis **80** B-C 2
Lanslevillard **80** B-C 2
Lantana **55** D 4
Lantere, Monte- **194** B 1
Lanterna, Torrente- **36** D 2
Lanti, Bivacco- **49** B 6
Lantosque **122** C 1
Lanusei **313** D 4
Lanúvio **179** E 6
Lanza **38** B 3
Lanzada **36** D 2
Lanzago **75** C 6
Lanzano **68** E 3
Lanzara **217** B 4-5
Lanzarite, Serro- **268** C 3
Lanzè **74** D 2
Lanzena **256** E 2
Lanzetta **91** C 6
Lanzi, Rio dei- **201** D 6
Lanziser Alm = Malga di Lazins **27** B 4
Lanzo, Fosso- **149** E 5
Lanzo d'Intelvi **52** C 3
Lanzona, Rocca- **101** E 5
Lanzone, Monte- **112** A 3
Lanzone, Pizzo- **278** C 3
Lanzoni **76** D 2
Lanzo Torinese **81** C 6
Lao, Fiume- **240** B 2
Laorca **53** D 5
Lapanu, Monte- **319** D 5
Lapedona **155** B 4
La Petrízia **250** D 3
Lápio **74** E 1
Lapío **203** E 6
Laponisalpe **28** A 2
Lappach = Lappago **30** A 3
Lappago = Lappach **30** A 3
Lappano **245** B 4
Láppio, Torrente- **238** D 3
La Punt-Chamues-ch **24** D 2
L'Áquila **172** C 1
Larai, Cantoniera- **302** A 3
Laranz = Laranza **30** E 1
Laranza = Laranz **30** E 1
Larche **108** B 1
Larche, Col de- = Colle della Maddalena **108** B 2
Larciano (FC) **133** E 4
Larciano (PT) **130** E 2
Lardara **87** D 5
Lardaro **56** C 2
Larderello **148** C 2
Larderia Inferiore **258** C 1
Larderia Superiore **258** C 1
Lardiano **183** E 4
Lardine, Cantoniera- **308** C 2
Lardirago **85** C 6
Larécchio, Lago di- **32** D 3
Larenta, Monte- **306** C 3
Láres, Crozzòn di- **56** A 1-2
Laresèit, Forcella- **43** E 4
Láresi, Dos dei- **39** D 6
Laret **24** A 2
Largário **34** A 2
Larghetto **170** B 3
Largisi **202** C 2
Largo Zullo **195** B 6
Lari **137** C 6
Lariano **180** E 1
Lárici, Dosso- **38** E 3

Larido-Marazzone **56** B-C 3
Lariè, Cima- **32** D 2
Larino **185** D 5
Lário, Lago di- **53** A-C 4-5
Laris **47** D 6
Larizzate **83** B 6
Larniano (AR) **140** B 2
Larniano (SI) **149** B 6
Larniano (SI-San Gimignano) **138** E 1
Laroma **174** E 2
Larone, Monte- **32** D 3
Laroussa, Monte- **108** D 2
Larzana **56** B 3
Larzano **100** B 3
Larzonei **41** B 5
Lasa = Laas **26** D 1
Lasa, Punta di- = Orgel Spitze **26** E 1
Lasa, Val di- = Laaser Tal **26** D-E 1
Lasanca, Rio- = Lasankenbach **30** C 2-3
Lasankenbach = Rio Lasanca **30** C 2-3
Láscari **266** C 1-2
Láscari, Bívio- **265** D 6
Laschadurella, Fuorcla- **25** C 4
Lascocanale **168** C 2
Lascone, Casa- **167** B 5
Lasèn **59** B 4
Lasès **39** B 5
Lasès, Lago di- **39** E 5
la Silva **241** A 6
Lasin, Lago- **81** A 6
Lásina, Piano- **316** D 2
Lasinetto **47** E 6
Lasino **57** C 4
Lásiz **63** A 5
Lasnigo **53** D 5
La Spézia **127** E 4
Las Plássas **315** A 6
Lassini, Monte- **281** E 4
Lassini, Rio- **316** E 3
Lasta = Ast **28** B 2
Lasta, Monte la- = Köpflplatte **26** C 1
Lasta, Ponte della- **42** C 3
Lasta di Dentro = Innerast **30** B 3
Laste **41** B 5
Laste = Asten **27** B 6
Laste, Cima- **42** E 3
Laste, le- = Schaldern **30** A 2
Lastebasse **57** D 6
Lastè delle Sute **40** E 2
Lástego, Torrente- **59** E 4
Lastoni Selva Pezzi, Riserva Naturale- **72** A-B 2
Lastra **60** C 2
Lastra, la- **131** E 5
Lastra a Signa **139** B 4
Lastreto, Abbazia di- **143** C 4
Latari, Punta- **303** D 4
Latéis **43** D 5
Látemar **40** E 2
Látera (FI) **131** D 5
Látera (VT) **160** D 1
Laterina **140** D 2
Laterza **223** B 5
Latiano **213** D-E 4
Latignano **137** B 6
La Timpa **316** B 6
Latina (CE) **194** D 3
Latina (LT) **191** B-C 5
Latina, Scalo- **191** B 5
Latina, Via- **180** D 1
Latisana **62** E 2
Latisanotta **62** E 2
Lato, Fiume- **223** C 6
Lato, Torre del- **224** C 2
Latomie, Fermata- **275** D 5
Latrónico **237** D 5
Latsch **24** D 2
Latsch = Làces **26** D 2
Latschach (Áustria) **45** A 5
Latschinig = Lacinigo **26** D 3
Lattari, Monti- **216-217** C-D 3-4
Lattárico **241** E 4

Latzfons = Lazfons **30** C 1
Latzfonser Kreuzhütte = Rifúgio Santa Croce di Lazfons **30** C 1
Latzones, Nuraghe- **311** D 5
Láuco **43** D 6
Laudémio, Lago- **235** C 5
Láudes = Laatsch **25** C 6
Laugenspitze = Monte Luco **27** E 4
Láura (PI) **137** C 6
Láura (SA) **232** A 2
Laurasca, Cima della- **51** B 4
Laureana Cilento **232** B 2
Laureana di Borrello **253** C 4
Lauregno = Laurein **39** B 4
Laurein = Lauregno **39** B 4
Laurentina, Via- **179** E 4
Laurentum **177** E 6
Laureto **211** D 6
Lauretta, Casa- **289** E 4
Lauría **235** D 5
Lauría, Masseria- (FG) **186** D 1
Lauría, Masseria- (PZ) **220** E 3
Lauriano **83** C 4
Laurignano **244** B 3
Laurino **233** B 5
Laurito **233** D 5
Laurito, Masseria- **212** E 3
Láuro (AV) **217** A 4
Láuro (CE) **194** E 1
Láuro (FG) **186-187** B-C 3-4
Láuro (RC) **257** C 4
Láuro (TV) **74** B 3
Láuro, Monte- **289** C-D 4
Láuro, Torre del- **267** B 6
Laurópoli **241** B 6
Laus, le- **94** B 1
Laus, Rifúgio del- **108** D 3
Lausdómini **202** E 3
Lausetto **108** B 2
Lausetto, Cima del- **109** E 5
Lauson, Colle del- **80** E 2
Lautoni **194** E 3
Laux **80** E 3
Lauzacco **62** C 3
Lauze, Pic de la- **94** C 2
Luzio, Monte- **192** E 3
Lauzzana **62** A 2
Lavacchielli **115** B 5
Lavacchini **130** B 2
Lavagello, Fonte- **98** E 2
Lavaggi, Alpe- **49** D 6
Lavaggiorosso **126** C 2
Lavagna (GE) **113** D-E 6
Lavagna (LO) **69** E 4
Lavagna, Torrente- **113** C-D 6
Lavagnina, Laghi- **112** A 3
Lavagno **73** E 4
Lavagnola **111** D 6
Lavaiana, Torrente- **100** E 2
Lavaiano **137** B 6
Laval **94** A 2
Laval, Ponte di- **47** D 4
Lavalla, Monte- **249** B 5
La Valláccia, Valle- **25** E 4
La Valle = Wengen **30** D 3
Lavancher **46** B 2-3
Lávane, Monte- **132** C 1
Lavanèch, Monte- **56** C 1
Lavanestro, Torrente- **111** D 6
Lavannarello, Fiume- **223** D 4-5
Lava Nuova **215** C 6
Lavarda **74** B 1
Lavardèt, Casera- **43** C 4
Lavardèt, Forcella- **43** C 4
Lavaredo, Rifúgio- **31** D 6
Lavaredo, Tre Cime di- = Drei Zinnen **31** D 6
Lavariano **62** C 3
Lavarone **57** C-D 6
Lavazè, Passo di- **40** C 2
Lavella, Torrente- **197** D 6
Lavello **206** C 1
Lavello, Ponte- **195** D 5
Lavena **52** C 2
Lavena-Ponte Tresa **52** C 2

Laveno **51** C 5
Láveno **55** C 5
Laveno-Mombello **51** C-D 5
Lavenone **71** B 4
Láverda **74** B 1
Laverino **153** C 4
Lavertezzo **33** C 6
Lavezzi, Ísola di- **296** A 3
Lavezzi, Scóglio di- **296** B 3
Lavezzola **120** C 2
Laviano (PG) **150** C 3
Laviano (SA) **218** B 3
Lavin **24** B 3
Lavina **123** C 3
Lavina Sopra **60** B 3
Lavina Sotto **60** B 3
Lavínio **190** B 3
Lavínium **179** E 4
Lavino, Monte- **71** C 5
Lavino, Torrente- (BO) **118** C 3
Lavino, Torrente- (PE) **173** D 5
Lavino di Mezzo **118-119** C 3-4
Lavino di Sopra **118-119** C 3-4
Lavino di Sotto **118-119** B 3-4
Lavis **39** E 4
Lavizza, Monte- = Haupenhöhe **29** A 5
Lavizzara, Val- **33** A-B 4-5
Lavone **55** E 5
Lavorate **217** B 4
Lavorgo **33** A 6
Lavoria **137** B 6
Lax (Svízzera) **32** B 1
Laxolo **54** E 1
Lazfons = Latzfons **30** C 1
Lazins, Malga di- = Lanziser Alm **27** B 4
Lazins, Val di- = Lazinstal **27** B 4
Lazinstal = Val di Lazins **27** B 4
Lazise **71** D 6
Lazzacher Tal = Val di Lazzago **27** A 5
Lazzago, Val di- = Lazzacher Tal **27** A 5
Lazzarelli, Torre- **207** A 4
Lazzaretti **58** C 2
Lazzaretto (BO) **104** E 3
Lazzaretto (FI) **138** D 2
Lazzaretto (SS) **300** D 2
Lazzaretto (TS) **79** C 4
Lazzaro **258** E 3
Lazzaretto **138** C 2
Lazzaro, Monte- **100** C 1
Lazzate **67** B 5
Lazzeretto **138** C 2
Leadner, Rifúgio- = Leadnerhütte **27** D 5
Leadnerhütte = Rifúgio Leadner **27** D 5
Leale, Torrente- **44** C 2
Leano, Monte- **192** D 2
Leano, Póggio- **159** B 6
Leanzi **213** E 6
Leardo, Monte- **263** C 4
Lebenberg, Schloss- = Castello Monteleone **27** D 4
Lebrino **283** C 5
Leca **124** D 2
le Capanne **133** E 5
Le Cesine, Riserva Naturale- **229** C 5
Lecca, Torrente- **114-115** A 3-4
Lecce **227** B 5
Lecce nei Marsi **182** C 2
Lecce nei Marsi, Rovine- **182** B 2
Lecceta di Torino di Sangro, Riserva Naturale- **175** D 4
Lecceto, Éremo- **149** B 5
Lecchi (SI-Gaiole in Chianti) **149** A 6
Lecchi (SI-Poggibonsi) **149** A 4
Léchiore **123** D 5
Lecci, Póggio- **158** D 1-2
Léccia **148** C 2
Léccia, Palazzo- **188** C 2
Léccio (FI) **139** C 6
Leccio (GR) **149** E 5
Léccio (PI) **138** C 2
Léccio, Póggio del- **167** B 4

Léccio, Porto- **296** E 1
Léccio, Rio- **130** E 1
Lecco **53** D 5-6
Lecco, Lago di- **53** C-D 5
Léchaud, Pointe de- **46** B 1
Lechère, la- **47** A 5-6
Lecinone, Monte- **180** B 1
Leco, Monte- **112** A 3
Lécore **131** E 4
Ledra, Canale- **62** B 2
Ledra, Fiume- **62** A 2
Ledro **56** D 2
Ledro, Lago di- **56** D 2
Ledro, Val di- **56** D 2-3
Ledù, Pizzo- **35** D 4
Leffe **54** E 3
Lega **120** E 3
Léggia **34** C 3
Leggiana **153** E 4
Léggio **100** D 2
Leggiuno **51** D 5
Leghe **58** E 2
Legna, Monte- **113** A 6
Legnago **91** D 4
Legnaiolo, Porto- **303** A 6
Legnano **67** C 4
Legnano, Rifúgio- **51** C 4
Legnaro (PD) **92** B 3
Legnaro (SP) **126** C 3
Legnoncino, Monte- **35** E 4
Legnone, Monte- **35** E 5
Legogne **162** B 3
Legogne, Monte di- **162** B 3
Légoli **138** D 2
Legòs **137** D 6
Legri **131** D 5
Leguigno **117** B 4
Leguzzano **73** C 5
Lei **307** D 6
Lei, Lago di- **35** A 5
Lei, Val di- **35** B 5
Léia, Fosso- **168** B 3
Leidbachhorn **24** C 1-2
Leifers = Láives **39** B 6
Leini **82** C 2
Leisse, Col de la- **80** A 2
Leisse, Vallon de la- **80** A 2
Léit, Capanna- **33** A 5
Leiten **43** A 4
Léivi **113** D 6
Lélgio **34** E 2
Lella, Casino la- **226** B 2
Lella, Masseria- **212** D 1
Lelo, Monte- **247** A 4
Lema, Monte- **52** B 2
Lembo **268** B 2
Leméglio **114** E 3
Lémene, Fiume- **77** B 4-5
Lémerle, Monte- **58** E 1
Lémie **81** C 5
Lemignano **102** D 2
Lémina, Torrente- **95** B-C 6
Lemma **109** A 5
Lemma, Cima di- **54** B 2
Lemme, Torrente- **98** E 2-3
Lemmi **99** E 4
Lemna **53** D 4
Lempa **164** B 2
Lemprato **71** B 5
Lemura **151** D 5
Lena, Punta- **273** B 6
Lenardedu, Monte- **308** E 3
Lencino, Cava di- **291** D 4-5
Lencisa **112** B 3
Léndeno, Corno- **56** B 1
Lendinara **91** E 6
Lengmoos = Longomoso **39** A 6
Lengstein = Longostagno
    40 A 2
Leni **272** D 3
Leni, Torrente- **315** D 5
Lenkjöchl Hütte =
    Rifúgio Giogo Lungo **29** C 6
Lenkstein = Sasso Lungo
    di Collalto **29** D 6
Lenna **54** C 1
Lenne, Lama di- **223** B-C 6
Lenno **53** C 4
Lenno, Monte di- **53** B 4
Lennova **115** A 5
Leno **88** B 2

Leno di Terragnolo, Torrente-
    57 E 5
Leno di Vallarsa, Torrente-
    57 E 5
Lénola **193** C 4
Lenta **65** C 6
Lentate sul Séveso **67** B 5-6
Lentate Verbano **51** E 5
Lente, Fiume- **159** E 5
Lente, Torrente- **196** E 1-2
Lentella **184** A 3
Lentiai **59** B 5
Lentigione **102** C 3
Lentina **261** C 4
Lentina, Ponte di- **261** C 4
Lentini (SR) **289** A-B 6
Lentini (TP) **275** C 5
Lentini, Fiume- **283** E 5
Lentini, Lago di- **283** E 4
Lentini, Masseria- **211** E 6
Lentini, Stazione di- **283** E 4-5
Lentiscosa **234** D 2
Lenzari **123** B 5
Lenzi (TN) **57** A-B 6
Lenzi (TP) **260-261** D 3-4
Lenzima **57** D 4
Lenzone **43** C 6
Lenzumo **56** D 2
Leo, Torrente- **118** E 1
Leofara **164** B 1
Leofreni **171** D 5
Leognano **164** D 2
Léogra, Torrente- **73** B 6
Leonacco **62** A 3
Leonardo da Vinci, Aeroporto
    Intercontinentale- **177** D 5
Leonburg = Castèl Leone
    27 D 4
Leone, Canale- **106** B 3
Leone, Castèl- = Leonburg
    27 D 4
Leone, Colle del- **218** B 2
Leone, Masseria- **205** B 5
Leone, Monte- **32** C 1
Leone, Pizzo del- **263** C 5-6
Leone, Serra del- **278** D 2
Leonesi, Rifúgio- **81** A 4
Leonessa (PZ) **205** B 5
Leonessa (RI) **162** D 3
Leonessa, Sella di- **162** E 3
Leonetti, Masseria- **207** A 4
Leonforte **281** C 5
Leoni, Monte- **158** A 2
Leopardi **215** C 6
Lepena **45** D 6
Lepena, Torrente- **45** D 6
Lepini, Monti- **191** A-B 6
Leporano (CE) **202** C 1
Leporano (TA) **225** D 4
Lépore, Fontana- **182** D 2
Lepre, Colle- **171** E 4
Lepre, Torrente-
    246-247 C 3-4
Lepreno **54** D 2
Lepri, Cima- **163** C 6
Léquile **227** C 5
Léquio Bérria **111** A 4
Léquio Tánaro **110** A 3
Lera, Monte- (TO-Usséglio)
    81 C 4
Lera, Monte- (TO-Val della
    Torre-Varisella) **81** D 6
Lerada, Torrente- **63** A 4
Lerca **112** C 2
Lerca, Rio- **112** C 2
Lercara Bassa **278** C 3
Lercara Friddi **278** C 3
Lercaro, Ospízio- **98** E 2
Lerchi **141** D 5
Leri **83** B 5
Lérici **127** D 4
Lerino **74** D 1
Lerma **112** A 2
Lerma, Torre di- **207** B 6
Lerna, Lago- **302** E 2-3
Lerno, Monte- **302** E 2
Lernu, Rio su- **303** C 5
Lerpa **43** C 4

Lerrone, Torrente- **124** D 2
Lesa **51** D 5
Lesachtal **43** A 4-5
Lese, Fiume- **247** B-C 4
Lesegno **110** C 3
Lesignana **104** D-E 1
Lesignano de' Bagni **116** A 3
Lesignano Pálmia **116** A 2
Lésima, Monte- **99** E 6
Lesina **73** B 6
Lésina **186** C 2
Lésina, Lago di- **186** C 2-3
Lésina, Stazione di- **186** C 2
Lésina, Torrente- **35** E 5
Lésina, Valle- **35** E 5
Lesis **60-61** A 3-4
Lesmo **68** B 3
Lessi **44** E 2
Lessini, Monti- **72-73** B 3-4
Lessinia, Parco Regionale
    della- **72-73** B-C 3-4
Léssolo **64** D 3
Lessona **65** C 5
Lestàns **61** B 4
Lesti, Monte- **256** E 3
Lestizza **62** C 2-3
Lete, Fiume- **194** C 3
Lete, Grotta del- **194** C 3
Letegge **153** C 6
Letegge, Monte- **153** C 6
Letimbro, Torrente- **111** D 6
Letino **194** C 3
Letino, Lago di- **194** C 3
Letízia **201** E 5
Letojanni **269** D 6
Léttere **217** C 4
Lettomanoppello **173** D 5-6
Lettopalena **183** A-B 5
Leucáspide, Masseria- **224** C 3
Leumann **82** D 1
Leunaxi, Rio- **317** E 4
Leuso **124** C-D 2
Levà (GE) **113** C 5
Levà (VI) **74** C 1
Levà (VR) **90** D 3
Leva, Monte di- **179** E 4
Levada (PD) **75** C 4
Levada (TV-Pederobba) **59** E 5
Levada (TV-Ponte di Piave)
    76 B 2
Levada (UD) **63** E 4
Levada (VE) **77** B 4
Levade **76** D 2
Levadio, Torrente- **253** D 6
Levaldigi **110** A 1
Lévane **140** D 1
Levanella **140** D 1
Levanna Centrale **81** A 4
Levanna Occidentale **81** A 4
Levanna Orientale **81** A 4
Lécusati **233** E 5
Lidarno **152** C 1
Liddes **48** A 1
Lido (BI) **65** D-E 4
Lido (TN) **57** C 6
Lido, Litorale di- **93** B 5
Lido, Porto di- **76** E 2
Lido Adriano **121** D 5
Lido Arenella **291** E 6
Lido Azzurro **224** C 3
Lido Bruno **224** D 3
Lido degli Estensi **107** E 4-5
Lido degli Scacchi **107** D 4-5
Lido dei Gigli **190** B 3
Lido dei Maronti **214** D 2
Lido dei Pini **190** B 3
Lido del Golfo **190** C 3
Lido delle Nazioni **107** D 4-5
Lido delle Sirene **190** C 3
Lido del Sole (FG) **188** B 2
Lido del Sole (SS) **303** A 6
Lido di Ascona **33** E 5
Lido di Ávola **295** C 4
Lido di Camaiore **129** D 4
Lido di Camínia **250** E 2
Lido di Campomarino **185** B 6
Lido di Cándia **82** B 3
Lido di Capo Portiere **191** C 5
Lido di Casalbordino **175** D 5
Lido di Castèl Fusano **177** E 4
Lido di Cincinnato **190** B 3
Lido di Classe **121** E 5

Lex Blanche, Alpe de la- **46** B 1
Lezza **37** E 5
Lezzara **115** A 4
Lezzaruole **113** C 5
Lezze **92** E 3
Lezzeno (LC) **53** B 5
Lézzeno (CO) **53** C 4
Lezzine **105** B 4
Liamau, Lago- **47** E 6
Liano **119** D 6
Liarey **46** B 2-3
Liáriis **43** C 6
Libano **41** E 6
Libarna **98** E 3
Libbiano (PI-Péccioli) **138** D 1
Libbiano (PI-Pomarance)
    148 B 2
Libbiano (SI) **138** E 3
Libéccio, Punta- (LI) **156** A 1
Libéccio, Punta- (TP) **260** A 1
Líbera, Cima- = Wilder Freiger
    28 A-B 1
Liberi **195** E 4
Libertà, Ponte della- **75** E 6
Libertínia **281** D 6
Libertínia, Stazione di- **281** D 6
Libiano **133** E 6
Libiola (GE) **114** D-E 2
Libiola (MN) **90** E 2
Libolla **106** D 2
Libra, Monte- **281** D 6
Librari **225** E 5
Libri, Ponte dei- **215** E 6
Librizzi (ME) **268** A-B 3
Librizzi (PA) **280** B 3
Libro Aperto, Monte- **130** A 1
Libušnje **45** C 6
Licata **285** E 6
Liccia **266** D 3
Licciana Nardi **115** E 6
Licciardi, Casa- **288** C 3
Líccio, Casa- **293** D 4
Licciola, Monte la- **296** C 3
Licenza **180** A 1
Liceto **143** E 4
Licetto, Torrente- **244** D 2
Lichtenberg = Montechiaro
    25 D 6
Licignano di Nápoli **215** B 5
Licinella **232** A 2
Licínici, Monte- **217** B 6
Licodía Eubéa **288** C 3
Lícola Borgo **214** B 3
Liconi **46** B 3
Liconi, Torrente di- **46** B 3
Licosa **232** C 1
Licosa, Ísola- **232** C 1
Licosa, Monte- **232** C 2
Licosa, Punta- **232** C 1

Lido di Dante **121** D 5
Lido di Faro **177** D-E 6
Lido di Fermo **155** A 5
Lido di Foce Verde **191** C 4
Lido di Follónica **157** B 5
Lido di Fondi **192** C 3
Lido di Grado **78** B 2
Lido di Jésolo **76** D-E 3
Lido di Latina **191** C 4-5
Lido di Lavínio **190** B-C 2-3
Lido di Lavínio, Stazione-
    190 B 3
Lido di Lícola **214** B 3
Lido di Lollia **190** B 2
Lido di Lonato **71** D 5
Lido di Marechiaro **190** C 3
Lido di Metaponto **223** E 5
Lido di Monvalle **51** D 5
Lido di Nápoli **214** C 3
Lido di Noto **295** C 4
Lido di Óstia **177** E 6
Lido di Palmi **252** E 3
Lido di Pláia **283** C 5
Lido di Policoro **239** B 6
Lido di Pomposa **107** D 4-5
Lido di Portonuovo **189** C 5
Lido di Prócida **214** D 3
Lido di Rívoli **199** B 4
Lido di San Giuliano **260** C 3
Lido di Sávio **121** E 5
Lido di Scanzano **239** A 6
Lido di Sipónto **187** E 6
Lido di Spina **107** E 4-5
Lido di Squillace **250** E 2
Lido di Torre Mileto **187** B 3
Lido di Tor San Lorenzo **190** B 2
Lido di Venézia **93** A-B 5
Lido di Volano **107** C 5
Lido Gándoli **225** D 4
Lido Maráusa **260** C 3
Lido Marchesana **269** A 5
Lido Orri **313** C 5
Lido Ponticello **274** B 2
Lido Quarantotto **223** E 5
Lido Ríccio **174** B 3
Lido Rossello **284** C 2
Lido San Giovanni (LE) **230** B 2
Lido Sant'Ángelo **242** C 3
Lido Signorino **274** B 2
Lido Silvana **225** E 5
Lido Specchiolla **213** B 4
Lido Spisone **269** D 6
Lido Terzo Madonna **239** A-B 6
Lido Ticino **85** B 4
Liédolo **59** E 4
Lienzer Dolomiten **43** A 4-6
Lierna (AR) **140** A 3
Lierna (LC) **53** C 5
Liesina, Torrente- **130** C 3
Liesing **43** A 5
Lieto, Monte- **163** A 4
Liéttoli **92** B 3
Lievoli, Monte- **253** D 6
Liex **47** B 6
Liffelspitze = Monte Lívolo
    30 C 1
Lig **63** B 6
Ligari **36** E 1
Lignan **47** B 5-6
Lignana **83** B 6
Lignano, Monte- **140** E 3
Lignano, Porto- **78** B 1
Lignano Pineta **77** C 6
Lignano Riviera **77** C 6
Lignano Sabbiadoro **77** B 6
Lignera **111** C 4-5
Lignod **49** C 4
Ligo **124** D 2
Lignóchio **116** E 3
Ligóncio, Pizzo- **35** D 6
Ligonto, Croda di- **42** B 3
Ligornetto **52** D 2
Ligorzano **117** C 6
Ligosullo **44** B 2
Ligugnana **61** E 6
Lígure, Mar- **112** E 2-3
Ligustino, Ponte- **196** D 2
Lilibeo, Capo- **274** A 2
Lilla **81** A 6
Lillaz **47** D 5
Lillianes **49** E 5

Lilliano **139** E 5
Lima, la- **130** B 1-2
Lima, Torrente- **130** B 1
Limana **59** B 6
Limana, Torrente- **59** B 6
Limano **130** C 1
Limarò, Gola di- **57** B 4
Limata **201** D 5
Limátola **202** C 2
Limbadi **252** C 3
Limbara, Monte- **302** B 2-3
Limbiate **67** C 5-6
Límena **74** C 2
Limentra di Sambuca, Torrente-
    130 B-C 3
Limentra Inferiore, Torrente-
    130-131 B 3-4
Limentrella di Tréppio,
    Torrente- **130** B-C 3
Limes **56** C 1
Limes, Rifúgio- **56** C 2
Limidário, Monte- **33** E 4-5
Límidi **103** C 3
Limido **116** A 2
Limido Comasco **67** B 5
Limigiano **152** E 2
Límina **269** C 6
Límina, Monte- **253** D 5
Limisano **132** B 3
Límite **138** D 2
Límite-Capráia **138** B 3
Límite sull'Arno **138** B 3
Límiti di Gréccio **170** D 2
Límito **68** D 3
Limo, Passo di- **31** D 4
Limone **71** D 4
Limone Piemonte **109** E 6
Limone sul Garda **56** E 3
Limonetto **109** E 6
Limonta **53** C 5
Limonti **233** D 5
Limosano **184** E 3
Limpa, Cozzo la- **240** D 3
Límpida, Serra la- **240** A 2
Limpiddu **305** E 4-5
Límpidi **253** C 5
Linard, Piz- **24** C 3
Linardhütte **24** B 3
Linari (FI-Barberino Val d'Elsa)
    139 E 4
Linari (FI-Greve in Chianti)
    139 C 5-6
Linari (MS) **116** D 2
Linari (SI) **140** E 1
Linaro (BO) **120** E 1
Linaro (FC) **133** C 5
Linaro, Capo- **176** A 2
Linarolo **85** D 6
Línas, Monte- **314** C-D 3
Linate **67** C 6
Lind **45** B 6
Lindinuso **227** A 5
Linduno **66** C 2
Linera **283** A 6
Linéscio **33** C 4
Língua **272** D 3
Linguadà **115** A 4
Linguaglossa **269** D 5
Linguaglossa, Rifúgio- **269** E 4
Lingueglietta **123** E 5
Línnas **314** A 3
Linosa **284** D 1
Linosa, Ísola di- **284** D 1
Linu, Nuraghe su- **316** C 2
Linzánico **53** D 5
Linziti **289** B 4
Liocca, Torrente- **116** D 6
Liòn **92** B 2
Lioni **204** E 2
Lioni, lu- **303** C 6
Lio Piccolo **76** E 2
Liotta **275** C 5
Lipa **63** D 6
Lípari **273** C 4
Lípari, Ísola- **272** D 3
Lípari, Ísole- **272-273** B 2-5
Lipica (Lipizza) **79** B-C 5-6
Lipizza → Lipica **79** B-C 5-6
Lipnik **79** D 6
Lipomo **52-53** E 3-4
Lipperi, Casa- **302** D 1

A
B
C
D
E
F
G
H
I
J
K
L
M
N
O
P
Q
R
S
T
U
V
W
X
Y
Z

Lippiano 141 D 5
Liprando, Monte- 113 B 5
Lipuda, Torrente- 247 A 4-5
Liri, Fiume- 193 C 6
Lírio 99 B 6
Liro, Torrente- 35 C 4
Liròn, Case- 60 A 2
Lis, Colle del- 81 D 6
Lisàgn, Ponte del- 56 B 3
Lisandro, Punta- 260 A 1
Lisanza 51 E 5
Lisca Bianca, Ísola- 273 C 5
Liscate 68 D 3
Lischana, Piz- 25 B 5
Lischana-Hütte 25 B 5
Lischiazze 44 D 3
Líscia 184 B 2
Líscia, Fiume- 297 C-D 4
Líscia, Lago del- 296 E 3
Líscia, Ponte- 297 C 4
Líscia, Porto- 296-297 C 3-4
Líscia di Vacca 297 C 5
Líscia di Vacca, Golfo- 297 C-D 5
Lisciano (AP) 154 E 3
Lisciano (RI) 171 B 4
Lisciano di Colloto 164 B 1
Lisciano Niccone 151 B 5
Liscione, Ponte- 185 C 4
Liscoi, Rio- 308 D-E 1
Lisiera 74 D 1
Lisignago 39 E 4
Lisignano, Castello di- 100 B 2
Lísio 110 D 3
Liso, Ponte di- 199 E 6
Lisòn 71 B 4
Lisone, Monte- 314 D 3
Lisorno 115 D 4
Lissago 51 D 6
Lissano 131 A 4
Lissaro 74 E 2
Lísser, Monte- 58 D 3
Lissone 67 C 6
Lissone, Rifúgio- 56 B 1
Lista, la- 65 D 6
Listino, Monte- 56 C 1
Listolade 41 C 5
Litanie, Fontana delle- 233 A 4
Litérnum 214 B 3
Líties 81 B 6
Litorale di Ugento, Parco Regionale- 230-231 D 3-4
Litorale Romano, Riserva Naturale- 177 C 5-6
Litorale Tarantino Orientale, Riserve Naturali del- 226 C 2
Litta, Casina- 227 E 5
Litta Parodi 98 C 2
Littichedda 296 D 3
Littigheddu 299 D 6
Littigheddu, Monte- 302 A 1
Litto, Monte- 269 A 4
Littu Petrosu, Punta- 297 E 4
Litzirüti 24 B 1
Litzner Spitze = Punta d'Álliz 26 C 1
Liuru, Monte- 321 A 6
Liüs, Forcella di- 44 B 2
Liuzzo, Casa- 288 A 1
Livagni, Monte- 198 D 1
Livata, Monte- 180 B 3
Livek (Luico) 63 A 6
Livelli (PV) 99 C 5
Livelli (RO) 107 A 4
Livello 92 E 2
Livemmo 71 B 4
Livenza, Fiume- 60 D 3
Livergnano 119 E 4
Líveri 217 A 4
Liverogne 46 C 3
Liveto 99 E 4
Livi 26 E 1
Lividónia, Punta- 166 C 3
Liviera 73 B 6
Livignano 129 A 4
Livigno 24-25 E 3-4
Livigno, Fórcola di- 36 B 3
Livigno, Val di- 24 E 3
Livinallongo del Col di Lana 30-31 E 3-4

Livo (CO) 35 E 4
Livo (TN) 38 B 3
Livo, Val di- 35 D 4
Lívolo, Monte- = Liffelspitze 30 C 1
Livone, Torrente- 52-53 C 3-4
Livorno 137 C 4
Livorno Ferráris 83 B 4
Livraga 86 D 3
Livrasco 87 D 6
Lívrio, Torrente- 36 E 1
Lívrio, Val del- 36 E 1
Livriohütte = Rifúgio Monte Lívrio 25 E 6
Lizzana 57 D 4
Lizzanella 57 D 4-5
Lizzanello 227 C 6
Lizzano (FC) 133 B 5
Lizzano (PT) 130 B 2
Lizzano (TA) 225 D 5
Lizzano in Belvedere 130 A 2
Lizzo 130 B 3
Lizzola 55 B 4
Ljubljanija (Gambozzi) 79 E 4
Loano 124 C 3
Loazzolo 97 E 5
Lobbi 98 B 2
Lóbbia 35 B 6
Lóbbia, Cima di- 73 C 4
Lóbbia, Monte- 37 E 6
Lóbbia, Torrente- 100 E 2
Lóbbia Alta, Monte- 37 E 6
Lóbbia, Cima delle- 94 E 3
Lóbia (PD) 74 D 2
Lóbia (VR) 91 B 4
Lócadi 269 C 6
Locana 81 A 6
Locana, Valle di- 81 A-B 5-6
Locara 73 E 5
Locarno (Svízzera) 33 D-E 5-6
Locarno (VC) 50 E 3
Locasca 50 B 2
Locate Bergamasco 69 B 4-5
Locate di Triulzi 85 B 6
Locatelli, Rifúgio- = Dreizinnenhütte 31 D 6
Locatello 53 D 6
Locate Varesino 67 B 4
Locati 280 B 3
Locca 56 D 2
Locce, Piano- 172 B-C 2
Lóccia di Peve, Monte- 32 D 3
Lóccie, Lago di- 49 B 6
Lóccis, is- 319 E 4
Loceri 313 D 5
Loch (UD) 63 A 5
Locher = la Buca 27 E 5
Loco (GE) 113 B 6
Loco (Svízzera) 33 D 5
Locoe, Rio de- 308 D-E 3
Locogrande 260 E 3
Locóndia 199 E 5
Locorotondo 211 D 6
Locri 257 B 5
Locri Epizefiri 257 C 5
Lóculi 309 C 5
Lod, Lago di- 47 B 6
Lódano 33 C 5
Loddune, Nuraghe- 308 C 2
Lodè 303 E 5
Lodério 34 B 2
Lodesana 101 D 5-6
Lodetto 70 D 2
Lodi 86 B 3
Lodìn, Monte- 44 A 2
Lodina, Monte- 60 A 3
Lodine 312 A 2
Lodísio 111 B 5
Lodi Vécchio 86 B 2
Lodner Hütte = Rifúgio Cima Fiammante 26 C 3
Lodner Spitze = Cima Fiammante 26-27 C 3-4
Lódolo 89 C 4
Lodonero 163 E 4
Lodra 98 C 2
Lodrignano 116 B 3
Lodrignano, Sella di- 116 B 3

Lodrino (BS) 70 B 3
Lodrino (Svízzera) 34 C 2
Lodrone 56 E 1
Loelle, Nuraghe- 303 E 4
Löffelspitze = Pizzo Cucchiáio 29 C-D 6
Loga d'Oltresónzia → Log Čezsoški 45 D 5
Log Čezsoški (Loga d'Oltresónzia) 45 D 5
Lóggia, la- (PZ) 236 A 2
Lóggia, la- (TO) 96 B 1
Lóggio (AR) 150 B 3
Lóggio (CO) 52 B 3
Lóggio, Monte- 141 A 5
Logiano 35 B 4
Logje 45 E 4
Logna 162 B 3
Log pod Mangartom (Bretto) 45 C-D 2
Lograto 70 D 2
Logudoro, Regione- 301 C-D 4-6
Loiano 119 E 4
Loirano 67 E 5
Lóiri 303 B 5
Lóiri-Porto San Páolo 303 B 5-6
Loit, Cima- 64 D 1
Lóita 51 C 4
Loka 79 D 6
Lokev (Corgnale) 79 C 6
Lokvica 63 D 6
Lolair, Riserva Naturale- 46 C 3
Lollove 308 C 3
Lomagna 68 B 3
Lomaso 56 C 3
Lomazzo 67 B 5
Lombai 63 A 6
Lombard, le- 94 C 2
Lombarda, Colle della- 108 E 3
Lombardi (RN) 133 E 6
Lombardi (VT) 168 E 1
Lombardore 82 B 2
Lombriasco 96 C 1
Lómbrici 129 D 4-5
Lombro 37 E 4
Lomellina, Regione- 84 C-D 2-3
Lomello 84 D 3
Lomnago 51 E 6
Lomsattel 45 A-B 5
Lona 39 E 5
Lona-Lasès 39 E 5
Lonano 163 E 4
Lónas, Punta- 45 B 4
Lonate Ceppino 67 B 4
Lonate Pozzolo 66 C 3
Lonato del Garda 71 E 5
Lonca 62 C-D 2
Loncòn 77 B 4
Loncòn, Fiume- 77 B 4
Londa (FI) 132 E 1
Londa (VI) 58 E 3
Londo, Malga- 43 B 4
Lone 217 D 4
Loneriacco 62 A 3
Long, Lac- 122 B 1
Longa (VI) 74 B-C 1
Longa, Montagna- 262 A 2
Longa, Punta- 260 B 3
Longa, Serra- (FG) 197 E 6
Longa, Serra- (SA) 235 A 4
Longana 121 D 4
Longane 269 B 5
Longano (BL) 59 B 5-6
Longano (IS) 194 B 3
Longano, Monte- 202 D 3
Longano, Torrente- 269 A 5
Lóngara 74 D 1
Longara 119 B 4
Longardore 88 D-E 1
Longare 74 E 1
Longarini, Pantano- 293 D 6
Longarone 60 A 2
Longastrino 120 D 3
Longe Côte 80 D 1
Longega = Zwischenwasser 30 C 3
Lóngera 79 C 5
Longerin, Crode del- 43 B 4
Longhena 70 E 2

Longhere 60 D 2
Longhi 57 D 6
Longhitano, Masseria- 268 E 2
Longi 268 B 2
Longiano 133 C 6
Longiarù = Campill 30 D 3
Longiarù, Valle di- = Campilltal 30 D 3
Longobardi (CS) 244 C 2
Longobardi (CZ) 248 D 3
Longobardi Marina 244 C 2
Longobucco 242 E 3
Longomoso = Lengmoos 39 C 4
Longone al Segrino 53 D 4
Longone Sabino 171 D 4
Longoni, Rifúgio- 36 C 1
Longonsardo, Porto- 296 B-C 3
Longostagno = Lengstein 40 A 2
Longs, les- 108 C 1
Longu, Nuraghe- (CA) 321 A 4
Longu, Nuraghe- (SS) 306 C 3
Longu, Rio- 321 A 4
Lónico 72 D 3
Lonigo 91 B 5
Lonnano 140 A 2
Lonno 54 E 2
Lonza, Monte- 44 E 3
Lonzano 63 C 5
Loo, Colle- 49 D 5-6
Loo, Torrente- 49 D 5
Loomatten 49 D 5
Lopar (Loparo) 79 D 5
Loparo → Lopar 79 D 5
López, Masseria- 207 E 5
Lopi 151 C-D 4
Loppéglia 129 D 5
Loppelíe, Nuraghe- 313 B 5
Lóppia 129 B-C 6
Loppiano 139 C 6
Lóppio 57 D 4
Lóppio, Álveo del Lago di- 57 D 4
Lo Presti, Casa- 293 D 6
Lora (BI) 65 B 5
Lora (CO) 52 E 3
Lora (RE) 103 D 4
Lora (VI) 73 C 5
Lora, Passo di- 73 B 4
Loranco, Torrente- 32 E 1
Loranzè 64 D 2
Lórchen, Cima- 26 E 2
Lorda, Ponte della- 194 B 3
Lorda, Torrente- 194 B 3
Loréggia 74-75 C 3-4
Loréggiola 74 C 3
Loréglia 51 C 4
Lorengo 55 B 6
Lorentino (LC) 53 E 6
Lorentino (Svízzera) 33 C 6
Lorenzaga 76 B 3
Lorenzago di Cadore 42 D 3
Lorenzana 137 C 6
Lorenzático 105 E 4
Loréo 93 E 4
Loretello 143 C 5
Loreto (AN) 145 C-D 4-5
Loreto (AT) 97 D 5
Loreto (NO) 66 C 2
Loreto (PG-Gúbbio) 142 E 1-2
Loreto (PG-Todi) 161 A 5
Loreto, Badia di- 203 E 5
Loreto, Ísola- 70 B 2
Loreto Aprutino 173 B 5
Lori, Monte- 140 C 2
Lória 74 B 3
Lorica 245 C 5
Lorina, Valle di- 56 E 2
Lório, Punta- 306 E 2
Loritto 37 E 5
Lorium 177 C 6
Lórlesvald 28 A 3
Lornano 149 A 5
Loro (Svízzera) 34 D-E 2
Loro (VB) 50 B 3
Loro Ciuffenna 140 C 1
Loro Piceno 154 E 2
Lórsica 113 C 6
Losa, Casera- 43 C 5
Losa, Nuraghe- 311 A 5
Losanche 49 B 4

Lóscove 140 A 2
Lósego 60 B 2
Loseto 209 D 5
Losetta, Monte- 94 D 3
Lósine 55 C 6
Losize → Lozice 79 A 6
Losòn, Colle- 47 D 4
Losone 33 D 5
Losso 99 E 6
Lossòn della Battáglia 76 C 2
Lostallo 34 C 3
Loto 114 D 2
Lottano 109 B 4
Lottigna 34 A 2
Lotto 183 E 6
Lóttula 109 A-B 4
Lotzorai 313 C 5
Lourdeskapelle = Chiesa della Madonna di Lourdes 26 D 1
Loutra 80 C 1
Lova 93 B 4
Lova, Lago di- 55 C 5
Lovadina 75 A-B 6
Lovara 73 D 5
Lóvari 74 C 3
Lovária 63 C 4
Lovati, i- 73 C 4
Lovea 44 C 2
Lovegno 123 B 5
Lovello, Monte- = Gross Löffler 29 A 6
Loveno 55 B 5
Loveno sopra Menággio 53 B 4
Lóver 38 D 3
Lovera 110 B 3
Lóvere 55 B 4
Lóvero 37 D 4
Lovertino 91 B 6
Lovino, Casa- 207 E 5
Lovoleto 119 B 5
Lóvolo Vicentino 91 B 6
Loza, la- 80 C 1
Lože 79 A 6
Lozen, Rio- 40 E 3
Lozice (Losizze) 79 A 6
Lózio 55 C 5
Lózio, Valle di- 55 C 5
Lozza 52 E 2
Lozze, Monte- 58 C 2
Lozzo 33 E 6
Lozzo Atestino 91 C 6
Lozzo di Cadore 42 C-D 3
Lózzoia 115 B 6
Lózzolo 65 B 6
Lü 25 D 5
Lu 84 E 1
Lúas, Nuraghe- 311 D 5
Lubiara 72 C 2
Lubriano 160 D 3
Lubrichi 256 B 3
Luca, Casino de- 211 B 5
Luca, Colle- 95 B 4
Luca, Masseria- 205 B 4-5
Luca Giovanni, Masseria- 227 E 6
Lucagnano 137 C 6
Lucardo 139 D 4
Lucarella, Casa- 292 B 1
Lucarelli 139 E 5
Lucca (LU) 129 C 6
Lucca (VI) 58 D 1
Lucca Sícula 278 D-E 1
Lucchese, Mácchia- 129 E 4
Lucchi 110 A 2
Lúcchio 130 C 1
Lucciana 148 A 3
Lucciano 153 D 5
Lucciolabella, Riserva Naturale- 150 D 2
Lucédio 83 C 5
Lucente 139 B 6
Lucera 197 B 6
Lucéram 122 D 1
Lucerena 149 B 4
Luciana (PI) 137 C 5-6
Luciana (PO) 131 B 4
Luciano, Masseria- 185 A 4
Lucífero, Ponte- 197 D 5
Lucigliano 131 C 5
Lucignana 129 C 6
Lucignano (AR) 150 A 2

Lucignano (FI) 139 C 4
Lucignano (VT) 161 E 4
Lucignano, Masseria- 225 C 4
Lucignano d'Árbia 149 C 6
Lucignano d'Asso 150 C 1
Lucija (Santa Lucia) 79 C 4
Lucinasco 123 C 5
Lucínico 63 D 5
Lucino 52 E 3
Lucito 184 D 3
Luco 139 E 4
Luco, Monte- (AQ) 172 C 1
Luco, Monte- (SI) 140 D 1
Luco, Monte- = Laugenspitze 27 E 4
Luco dei Marsi 181 B 5
Lucolena 139 D 6
Lucolena di Sotto 139 D 6
Lúcoli 171 C 1
Lúcoli Alto 172 C 1
Luco Mugello 131 C 6
Lucretíli, Monti- 180 A 1
Lucrézia 143 A 5
Lucrino, Lago- 214 C 3
Lucugnano 231 C 5
Lucullo, Fonte di- 191 E 6
Lucus Feróniae 170 E 1
Luda, Rio su- 317 B 5
Ludária 43 C 5
Luddui 305 D 4
Ludiano 34 B 2
Ludriano 70 E 1
Ludrigno 54 D 3
Ludu, Genna su- 313 E 4
Luduride, Nuraghe- 308 E 1
Ludurru, Nuraghe- 302 E 3
Luduríu, Nuraghe- 309 D 4
Ludwig-Walterhütte 45 A 6
Lugággia 52 E 3
Lugagnano (PR) 116 C 2
Lugagnano (VR) 72 E 2
Lugagnano Val d'Arda 101 D 4
Lugana, Regione- 71 E 5-6
Lugano 52 B 3
Lugano, Lago di- 52 C 2
Luggéras, Cúccuru- 317 C 6
Lughérras, Nuraghe- 311 A 4
Lughérres, Monte- 299 E 5
Lughezzano 72 C 3
Lughignano 75 C 6
Lugliano 129 C 6
Lugnacco 64 D 2
Lugnano (PG) 141 E 5
Lugnano (PI) 137 B 6
Lugnano (RI) 171 B 4
Lugnano in Teverina 161 D 4
Lúgnola 170 B 1
Lugo (RA) 120 D 2
Lugo (RE) 117 C 6
Lugo (VE) 93 B 4
Lugo (VR) 72 D 3
Lugo di Vicenza 74 B 1
Lugugnana 77 B 5
Luicciana 131 C 4
Luico → Livek 63 A 5-6
Luignano 87 C 6
Luíncis 43 C 5
Luino 51 B 6
Luint 43 C 6
Luisago 52 E 3
Lula 309 B 4
Lum, Bus de la- 60 C 3
Lumarzo 113 C 5
Lumbaldu 302 B 1
Lumbrau, Monte- 313 E 4
Lume 256 E 1
Lumellogno 66 E 2
Lumezzane 70 B 3
Lumiago 72 D 3
Lumiei, Torrente- 43 D 5
Lumiere 147 C 6
Lumignacco 62 C 3
Lumignano 74 E 1
Luminária, Pizzo di- 267 C 3
Luminásio 118 D 3
Lumini 71 C 6
Lumino 34 D 2
Luna, Alpe della- 141 B 5
Luna, Cala di- 309 E 5
Luna, Chiáia di- 190 D 1
Luna, Col della- 61 A 5

Luna, Cúccuru de- **303** D 6
Luna, Valle della- **302** A 2
Lunamatrona **315** A 5
Lunano **142** A 1
Lunano, Castello di- **142** A 1
Lunassi **99** E 5-6
Lunata **129** E 6
Lunavera, Punta 'e sa- **309** C 4
Lundo **56** C 3
Lundra, Cantoniera- **317** D 4
Lunecco **33** E 4
Lunella, Punta- **81** D 4
Lunelli, Rifúgio- **42** B 3
Lúnes = Luns **31** B 4
Lunga, Cala- **318** C 2
Lunga, Punta- (FG) **189** B 5
Lunga, Punta- (TP) **261** B 4
Lunga, Serra- **182** C 1-2
Lunga, Serra la- **277** B 5
Lunga, Valle- = Langtauferer
 Tal **26** A-B 1
Lungafame **98** C 2
Lungagnana **138** C 3
Lungaville **85** E 5
Lunghezza **179** B-C 5
Lunghin, Piz- **35** B 6
Lúngis **43** D 5
Lungo, Lago- (AO) **47** C 5
Lungo, Lago- (BS) **37** E 5-6
Lungo, Lago- (GE) **112** B 3
Lungo, Lago- (LT) **192** E 3
Lungo, Lago- (RI) **162** E 2
Lungo, Lago- (TN) **38** B 1
Lungo, Lago- (TO) **94** D 3
Lungo, Lago- = Lang See **27** C 4
Lungo, Monte- **184** D 2
Lungo, Póggio- **287** D 5
Lungo, Sasso- = Langkofel
 30 E 2
Lungo di Collalto, Sasso- =
 Lenkstein **29** D 6
Lungro **241** B 4
Luni **127** D 5
Lunigiana, Regione-
 127 A-C 4-5
Luns = Lúnes **31** B 4
Luogo, Bívio- **280** E 3
Luogo, il- **158** D 3
Luogomano **131** C 4
Luogosano **204** D 1
Luogosanto **296** E 3
Lupaiolo **142** A 1
Lupara (BO) **119** B 6
Lupara (CB) **185** D 4
Lupara (FG) **199** C 4
Lupara, Casa- **142** C 2
Lupara, Masseria- **206** C 2
Lupara, Monte- **194** E 2
Luparella, la- **199** C 4
Lupazzano **116** B 3
Lupi, Colle dei- **245** C 4
Lúpia **74** C 1
Lúpia **244-245** D 3-4
Lupicino = Wölfl **39** B 6
Lupináia **129** B 5-6
Lupo, Bívio- **263** D 4
Lupo, Monte del- **284** B 1
Lupo, Passo del- **130** A 1
Lupo, Pizzo- **278** D 3
Lupo, Portella del- **279** B 4
Lupo, Válico del- (FG-Dáunia)
 197 B 4
Lupo, Válico del- (FG-Gargano)
 189 D 4
Lupocaruso, Masseria- **213** D 4
Lúpoli, Masseria- **212** D 2
Lupompesi **149** C 6
Lupone, Monte- (IS) **184** E 1
Lupone, Monte- (RM) **191** A 6
Lupotto, Bívio- **263** D 4
Lupotto, Masseria- **263** D 4
Luppa **171** E 5
Luppa, Grotta di- **171** E 5
Lúppia, Monte- **71** C 6
Luppino **261** C 4
Luquani, Ponte- **241** D 6
Lura **52** C 3
Lura, Torrente- **67** B 5
Lurago d'Erba **53** E 4
Lurago Marinone **67** B 5
Lurano **69** C 5

Lúras **302** A 3
Lurate Caccívio **52** E 3
Lurengo **33** A 5
Luretta, Torrente- **100** C 2
Luri **310** E 3
Luriano **149** D 4
Lurísia **110** D 1
Lusa, Rifúgio- **59** C 4
Lüsai **25** D 5
Lusciano **202** E 1
Luscignano **128** A 3
Lusei, Monte- **312** E 3
Luseney, Becca di- **47** A 6
Luseney, Lago- **47** A 6
Luserna **57** B 5
Luserna, Campo di- **57** D 6
Luserna, Torrente- **95** C 4
Luserna San Giovanni **95** C 4
Lusernetta **95** C 4
Lusévera **44** E 3
Lúsia **92** E 1
Lúsia, Passo di- **40** C 3
Lusiana **58** E 2
Lusigliè **82** B 2
Lusignana **115** D 6
Lusignano **124** D 2
Lüsner Alpe = Alpe di Lusòn
 30 B 2-3
Lüsner Joch = Passo di Lusòn
 30 C 3
Lüsner Tal = Val di Lusòn
 30 C 2-3
Lusòn = Lüsen **30** C 2
Lusòn, Alpe di- = Lüsner Alpe
 30 B 2-3
Lusòn, Passo di- = Lüsner Joch
 30 C 3
Lusòn, Val di- = Lüsner Tal
 30 C 2-3
Lussello **83** E 5
Lussert, Laghi- **47** D 5
Lussito **98** E 1
Lustignano **148** C 2
Lustra **232** B-C 3
Lústrola **130** B 3
Lusuolo **115** E 6
Lusurasco **101** C 5
Luta, Monte- **244** B 2
Lutago = Luttach **29** B 6
Lutago di Sopra = Oberluttach
 29 B 6
Lutiano Nuovo **131** D 6
Lutiano Vécchio **131** D 6
Lutirano **132** B 2
Lutrano **76** A 2
Luttach = Lutago **29** B 6
Lutzu, Monte- **311** A 6
Luvigliano **92** B 1
Luvinate **51** D 6
Luziano, Monte- **261** D 4
Luzzana **70** B 1
Luzzani, Nuraghe li- **299** E 4
Luzzano **202** D 3
Luzzano, Valle- **205** D 4
Luzzara **103** B 5
Luzzena **133** C 5
Luzzi **244** A 3
Luzzogno **50** C 3
Lys, Colle del- **49** B 5
Lys, Ghiacciáio del- **49** B 5
Lys, Torrente- **49** E 5
Lyskamm **49** B 5

M

Macaion, Monte- = Gantkofel
 27 C 4
Macallè, Masseria- **198** A 2
Macalube, Vulcanelli di-
 284 B 3
Macalube di Aragona, Riserva
 naturale- **284** B 3
Macaluso, Valle- **263** E 6
Mácari **261** B 4
Macário, Masseria-
 (BA-Noicáttaro) **209** D 6
Macário, Masseria-
 (BA-Sannicandro di Bari)
 209 E 5

Maccabei **203** D 5
Maccácari **90** D 3
Maccagno **51** B 6
Maccagno, Alpe- **49** D 5
Maccarese **177** C 5
Maccarese, Bonífica di-
 177 C-D 5
Maccarétolo **105** D 5
Máccari, Casa- **293** C 6
Maccarone, Monte- **207** B 4
Maccarone, Ponte del- **282** A 3
Maccastorna **87** D 5
Mácchia (CS-Acri) **241** E 6
Mácchia (CS-San Demétrio
 Corone) **241** D 6
Mácchia (CT) **283** A 6
Mácchia (PG) **162** A 2
Mácchia (RI) **163** C 5
Mácchia (TO) **64** E 1
Mácchia, Coppa della- **188** E 2
Mácchia, la- **181** E 4
Mácchia, Masseria la- **199** D 5
Mácchia, Monte- **206** E 2-3
Mácchia, Ponte della- **196** E 3
Mácchia, Torrente- **269** E 5
Mácchia da Sole **164** B 1
Mácchia della Giumenta-
 San Salvatore, Riserva
 Naturale- **26** A-B 1
Mácchia di Monte **211** C 6
Mácchia di Rossano, Monte-
 220 C 2
Mácchia d'Isérnia **194** A 3
Mácchia Foresta del Fiume
 Irmínio, Riserva Naturale-
 292 C 3
Macchiagódena **195** A 4
Macchialunga, Monte- **162** E 1
Mácchia Nuova **223** E 5
Mácchia Piana, Lago- **223** D 5
Macchiareddu **320** B 1-2
Macchiariello **204** B 1
Macchiaroli **233** A 6
Mácchia Rotonda **198** B 3
Mácchia Santa Cecília **164** C 1
Macchiascandona **158** B-C 1
Macchiatonda, Riserva
 Naturale- **176-177** B 3-4
Macchiatornella **163** D 6
Mácchia Valfortore **196** A 3
Mácchie (CH) **183** A 6
Mácchie (MC-Castelsantángelo)
 163 A 4
Mácchie (MC-San Ginésio)
 154 B 2
Mácchie (PG) **151** D 5
Mácchie (TR) **161** D 5
Macchietto **42** E 2
Mácchina Laganà **253** D-E 4
Macchione **129** A 6
Macchioni **192** B 3
Macciadosa, Nuraghe- **298** E 3
Macciano (PG) **161** A 6
Macciano (SI) **150** D 3
Macconi, Spiággia = **292** A-B 1
Macellara **141** C 4
Macello **95** C 5
Macenano **162** C 2
Mácera della Morte **163** C 6
Macerata (MC) **144-145** E 3-4
Macerata (PI) **137** B 6
Macerata Campánia **202** D 1-2
Macerata Féltria **142** A 1
Maceràtola **152** E 3
Mácere **180** D 1
Macerato, Santúario di-
 153 E 6
Macerino **161** C 6
Macerone **133** B 6
Macerone, Monte il- **183** E 6
Macesina **71** D 4-5
Macháby **49** E 4
Machério **87** B-C 6
Macía Morta, Monte- **139** E 5
Maciano **133** E 6
Macile, Rio del- → Mocílnik
 79 A 6
Mácina (BS) **70-71** E 3-4
Mácina (MC) **154** A 3
Macinare, Monte- **142** D 1
Macinare, Piàn delle- **142** E 4

Mácine **143** D 6
Maciolla **142** A 2
Maciona, la- **302** A 3
Macioni, Monte- **321** C 5
Maclino **71** C 5
Maclódio **70** E 2
Macolone, Punta del- **231** D 4
Macomér **307** D 4-5
Macra **109** A-B 4
Macugnaga **49** A 6
Madarosa, Bosco- **238** D 3
Madau, Rio- **312** A 3
Madau, Tenuta- **299** E 6
Maddalena (AT) **97** B 6
Maddalena (CN-Pontechianale)
 94 E 3
Maddalena (CN-Prazzo) **108** B 3
Maddalena (SV) **112** B 1
Maddalena (TO) **95** A 5
Maddalena (VA) **66** B 3
Maddalena, Capanna- **45** C 6
Maddalena, Chiesa la- (AQ)
 171 E 6
Maddalena, Chiesa la- (FR)
 181 E 5
Maddalena, Chiesa la- (OR)
 310 C 3
Maddalena, Colle della- **82** E 2
Maddalena, Colle della- =
 Col de Larche **108** B 2
Maddalena, Ísola- **297** B-C 4
Maddalena, Ísola della-
 300 D 2
Maddalena, la- (CA) **320** C 2
Maddalena, la- (SR) **291** D 6
Maddalena, la- (SS) **297** C 4
Maddalena, Monte- **70** D 3
Maddalena, Monti della-
 236 A-B 2
Maddalena, Penísola della-
 291 D 6
Maddalena, Ponte della- (LU)
 129 C 6
Maddalena, Ponte della- (VI)
 91 C 6
Maddalena, Villa- **180** B 3
Maddalene (CN) **110** A-B 1
Maddalene (TO) **81** C 6
Maddaloni **202** D 2
Maderno **71** C 5-6
Madésimo **35** B 4
Madignano **87** B 4
Madlain, Piz- **25** B 5
Madone **69** B-C 4
Madone de Fenestre **122** B 1
Madonie, Monti- **279** A 4-6
Madonie, Parco Regionale
 delle- **266** D-E 2-3
Madonin Rtič (Punta Madonna)
 78 D 3
Madonna (AT-Camerano
 Casasco) **83** E 4
Madonna (AT-Incisa
 Scapaccino) **97** C-D 6
Madonna (PE) **165** E 5-6
Madonna (PV) **86** E 3
Madonna (SO) **36** E 3
Madonna (UD) **44** E 2
Madonna (VI) **91** B 4
Madonna, Chiesa la- **140** C 1
Madonna, Fosso della-
 222 E 2
Madonna, la- (SI-Abbadia
 San Salvatore) **159** B 6
Madonna, la- (SI-Gaiole in
 Chianti) **149** A 6
Madonna, Masseria della-
 209 E 6
Madonna, Monte della- **91** B 6
Madonna, Punta- →
 Madonin Rtič **78** D 3
Madonna, Punta della- **126** C 2
Madonna Addolorata **165** D 5
Madonna Adónai, Chiesa-
 291 A-B 5
Madonna Alta Sede,
 Santúario- **218** B 2
Madonna Borgato **110** D 1
Madonna Bruna **109** D 5
Madonna Bruna, Chiesa della-
 155 B 4

Madonna Candelécchia,
 Chiesa della- **181** B 6
Madonna d'Appari, Santúario-
 172 C 2
Madonna d'Árdua,
 Chiesa della- (CN) **110** E 1
Madonna d'Avigliano,
 Chiesa della- **218** C 2
Madonna degli Ángeli (CN)
 109 C 6
Madonna degli Ángeli (PE)
 165 E 4
Madonna degli Ángeli (RI)
 170 B 1
Madonna degli Ángeli,
 Chiesa della- (PA) **279** B 4
Madonna degli Ángeli,
 Chiesa della- (AV) **204** D 2
Madonna degli Ángeli,
 Chiesa della- (FG) **186** D 3
Madonna degli Ángeli,
 Chiesa della- (FR) **181** E 6
Madonna degli Ángeli,
 Chiesa della- (LT) **191** B 6
Madonna degli Ángeli,
 Chiesa della- (TO) **81** E 4
Madonna degli Archetti,
 Chiesa della- **154-155** B 3-4
Madonna dei Bagni,
 Chiesa della- **152** E 1
Madonna dei Baldaccini
 118 D 1
Madonna dei Boschi (BO)
 131 A 5-6
Madonna dei Boschi (FE)
 105 C 5
Madonna dei Cavalli,
 Chiesa della- **97** C-D 4
Madonna dei cínque Faggi,
 Chiesa della- **142** D 1
Madonna dei Fanghi,
 Chiesa della- **123** B 5
Madonna dei Fiori **96** D 2
Madonna dei Fornelli **131** A 5
Madonna dei Fossi,
 Chiesa della- **132** E 1
Madonna dei Laghi, Santúario
 della- **81** E 5-6
Madonna dei Malati **283** C 5
Madonna dei Malati,
 Chiesa della- **283** E 5
Madonna dei Mirácoli **175** E 5
Madonna dei Monti,
 Chiesa della- (PG) **152** A 1
Madonna dei Monti,
 Chiesa della- (LT) **191** A 5
Madonna dei Pini,
 Chiesa della- **161** D 4
Madonna dei Póveri,
 Chiesa della- **263** B 4
Madonna dei Ronchi **110** B 2
Madonna dei Tre Fiumi **131** C 6
Madonna del Balzo,
 Santúario della- **277** A 6
Madonna del Barco,
 Chiesa della- **169** C 5
Madonna del Belvedere,
 Chiesa della- **213** C 4
Madonna del Bóden, Santúario
 della- **51** C 4
Madonna del Bosco **109** B 6
Madonna del Bosco,
 Chiesa della- **206** D 2-3
Madonna del Bosco,
 Santúario della- (LC) **69** B 4
Madonna del Bosco, Santúario
 della- (RA) **120** B 3
Madonna del Buon Cammino,
 Chiesa della- **207** B 6
Madonna del Buon Consíglio,
 Chiesa della- (CH) **175** E 4
Madonna del Buonconsíglio,
 Chiesa della- (RC) **256** D 1
Madonna del Buonconsíglio,
 Chiesa della- (CL) **288** C 1-2
Madonna del Busso,
 Chiesa della- **151** D 5
Madonna del Campo **84** B 3
Madonna del Cármine, Chiesa
 della- (AQ-Gagliano Aterno)
 172 E 3

Madonna del Cármine,
 Chiesa della- (AQ-Rocca
 Pia) **183** C 4
Madonna del Cármine,
 Chiesa della- (CS) **241** D 5
Madonna del Cármine,
 Chiesa della- (FG) **197** E 6
Madonna del Cármine,
 Chiesa della- (IM) **122** D 3
Madonna del Cármine,
 Chiesa della- (MT) **221** D 6
Madonna del Cármine, Chiesa
 della- (SA-Sant'Arsénio)
 219 E 4
Madonna del Cármine, Chiesa
 della- (SA-Sanza) **233** C 6
Madonna del Cármine,
 Chiesa della- (SV) **111** C 4
Madonna del Cármine,
 Chiesa della- (TA) **223** B 6
Madonna del Cármine,
 Chiesa della- (VV) **248** E 2
Madonna del Carso → Marija
 na Krasu **78-79** E 3-4
Madonna del Casale,
 Chiesa della- **230** D 3
Madonna del Cerro,
 Chiesa della- **168** B 1
Madonna del Colletto,
 Chiesa della- **109** D 5
Madonna del Cuore,
 Chiesa della- **170** B 3
Madonna del Deserto,
 Santúario della- **111** D 5
Madonna del Fággio,
 Santúario della- **130** B 2
Madonna del Fossatello,
 Chiesa della- **160** B 3
Madonna del Frássino,
 Santúario della- **71** E 6
Madonna del Fuoco **133** B 6
Madonna del Furi,
 Santúario della- **262** A 2
Madonna del Gazzo,
 Chiesa della- **112** C 3
Madonna del Ghisallo,
 Santúario della- **53** C 5
Madonna del Gíglio,
 Chiesa della- **169** C 6
Madonna del Giubino,
 Chiesa della- **261** E 5
Madonna della Bózzola **85** C 4
Madonna della Castellana,
 Chiesa della- **237** C 6
Madonna della Catena,
 Chiesa della- (CS-Cosenza)
 244 B 3
Madonna della Catena, Chiesa
 della- (CS-Mormanno)
 240 A 3
Madonna della Catona,
 Santúario della- **241** B 5
Madonna della Cava (CZ)
 250 C-D 2
Madonna della Cava (TP)
 274 A 3
Madonna della Cava,
 Chiesa della- **280** E 3
Madonna dell'Ácero, Santúario
 della- **130** B 2
Madonna della Cima **142** E 4
Madonna della Cívita,
 Chiesa della- **193** D 4
Madonna della Cona, Cappella
 della- **164** C 2
Madonna della Consolazione,
 Chiesa- **227** C 4
Madonna della Corona,
 Santúario della- **72** C 2
Madonna dell'Ácqua **137** A 5
Madonna dell'Ácqua Dolce,
 Santúario- **247** B 4
Madonna della Dífesa,
 Chiesa della- **52** E 3
Madonna della Fiamenga,
 Chiesa della- **152** E 3
Madonna della Foresta,
 Chiesa della- **206** C 4
Madonna della Gelata,
 Chiesa della- **51** E 4
Madonna del Lago **154** C 3

Madonna del Lago Nero,
Chiesa della- **94** B 1
Madonna della Grotta,
Masseria- **212** D 3
Madonna della Grotta,
Santuário della- **240** A 1
Madonna della Guárdia,
Santuário della-
(GE-Castiglione Chiavarese)
114 E 3
Madonna della Guárdia,
Santuário della-
(GE-Ceránesi) **112** B 3
Madonna dell'Aiuto,
Chiesa della- **285** B 5
Madonna della Lanna,
Santuário della- **182** C 2
Madonna della Líbera,
Chiesa della- (BN) **202** C 3
Madonna della Líbera,
Chiesa della- (CE) **195** D 4
Madonna della Líbera,
Chiesa della- (FG) **189** E 4
Madonna della Líbera,
Chiesa della- (IS) **194** B 2
Madonna della Líbera,
Chiesa della- (TP) **275** B 6
Madonna della Losa,
Chiesa della- **80** D 3
Madonna dell'Altare,
Chiesa di- **183** B 5
Madonna dell'Alto,
Cappella dell'- **261** D 6
Madonna dell'Alto,
Chiesa della- **274** C 3
Madonna dell'Alto,
Santuário della- **266** E 2
Madonna della Luce,
Chiesa della- **162** E 2
Madonna della Mazza,
Santuário della- **173** D 6
Madonna dell'Ambro,
Santuário della- **154** D 1
Madonna della Neve **152** C 1
Madonna della Neve,
Chiesa della- (AV) **203** D 6
Madonna della Neve,
Chiesa della- (BS) **71** B 4-5
Madonna della Neve,
Chiesa della- (CB) **195** A 6
Madonna della Neve,
Chiesa della- (CN-Ragnolo
Piemonte) **95** D 4-5
Madonna della Neve, Chiesa
della- (CN-Paesana) **95** E 4
Madonna della Neve,
Chiesa della- (CN-Somano)
111 A 4
Madonna della Neve,
Chiesa della- (CS) **240** C 2-3
Madonna della Neve,
Chiesa della- (LT) **191** B 6
Madonna della Neve,
Chiesa della- (PG) **163** C 4
Madonna della Neve,
Chiesa della- (RA) **133** A 6
Madonna della Neve,
Chiesa della- (RI) **162** E 2
Madonna della Neve,
Chiesa della- (SA) **233** B 6
Madonna della Neve,
Chiesa della- (SS) **307** D 6
Madonna della Neve,
Chiesa della- (SV) **111** E 5
Madonna della Neve,
Chiesa della- (TN) **72** B 2
Madonna della Neve,
Santuário della- (AV)
217 A 4
Madonna della Neve,
Santuário della- (FR)
192 A 3
Madonna della Neve sul
Monte Lera, Riserva
Naturale- **81** D 6
Madonna dell'Ángelo,
Chiesa della- (PZ) **219** E 5-6
Madonna dell'Ángelo,
Chiesa della- (VE) **77** C 5
Madonna dell'Annunziata,
Chiesa della- **210** D 3

Madonna della Noce,
Chiesa della- **281** E 5
Madonna della Pace **180** B 2
Madonna della Pace, Cappella
della- **165** E 5
Madonna della Penna,
Chiesa della- **218-219** E 3-4
Madonna della Pergolana,
Chiesa della- **71** D 6
Madonna della Pietà,
Cappella della- **266** E 2
Madonna della Pietà,
Chiesa della- (LE) **227** D 6
Madonna della Pietà,
Chiesa della- (PZ)
235 E 4-5
Madonna della Pieve,
Chiesa della- (MN) **89** B 4
Madonna della Pieve,
Chiesa della- (TN) **72** B 3
Madonna della Quércia,
Chiesa della- (RI) **170** D 3
Madonna della Quercia,
Chiesa della- (RI) **170** E 3
Madonna della Quércia,
Chiesa della- (VT) **169** B 4
Madonna dell'Arco **215** B 6
Madonna della Rena,
Chiesa della- **223** B 4
Madonna della Rocca,
Chiesa della- **278** E 2
Madonna della Salute,
Chiesa della- (CZ) **255** B 5
Madonna della Salute,
Chiesa della- (VT) **160** D 1
Madonna della Scala **82** E 2
Madonna della Scala,
Chiesa- **261** C 5
Madonna della Scala,
Chiesa della- **211** D 4
Madonna della Scala,
Santuário della- **224** B 2
Madonna della Scoperta,
Chiesa della- **89** B 4
Madonna della Serra,
Chiesa- **231** B 4
Madonna della Spella,
Santuário della- **152** D 3
Madonna della Speranza,
Santuário della- **192** B 2
Madonna della Spiga,
Chiesa della- **169** B 4
Madonna della Spina,
Santuário della- **96** C 3
Madonna dell'Assunta,
Chiesa della- **183** E 5
Madonna della Stella **182** E 2
Madonna della Stella,
Cappella- **194** E 3
Madonna della Stella,
Chiesa della- (BA) **211** B 4
Madonna della Stella,
Chiesa della- (FG) **197** A 5
Madonna della Stella,
Chiesa della- (TA) **224** C 2
Madonna della Stella,
Santuário della-
(PG-Montefalco) **162** A 1
Madonna della Stella,
Santuário della-
(PG-Poggiodomo) **162** B 3
Madonna della Stella,
Santuário della- (PZ)
237 B 5
Madonna della Tosse,
Chiesa della- **138** C 3
Madonna del Latte,
Santuário della- **226** B 3
Madonna dell'Aurícola,
Chiesa della- **192** C 3
Madonna della Valle,
Chiesa della- **204** B 1
Madonna della Villa **98** E 2
Madonna delle Cárceri,
Chiesa della- **153** C 5
Madonna delle Fonti,
Chiesa- **220** C 3
Madonna delle Grázie (AN)
144 B 3
Madonna delle Grázie
(CN-Rossana) **109** A 5

Madonna delle Grázie
(CN-Santo Stéfano Roero)
Ísola **96** C 3
Madonna delle Grázie (FR)
181 E 4
Madonna delle Grázie (SI)
150 C 2
Madonna delle Grázie (SO)
54 B 1
Madonna delle Grázie (TP)
274 D-E 1
Madonna delle Grázie,
Chiesa della- (AQ) **183** D 5
Madonna delle Grázie,
Chiesa della- (AV) **204** C 1
Madonna delle Grázie, Chiesa
della- (BA-Corato) **207** A 5
Madonna delle Grázie, Chiesa
della- (BA-Putignano)
211 D 4
Madonna delle Grázie,
Chiesa della- (BR) **213** D 5
Madonna delle Grázie, Chiesa
della- (CN) **108** A 2-3
Madonna delle Grázie,
Chiesa della- (CS) **242** D 3
Madonna delle Grázie, Chiesa
della- (FR-Anagni) Ísola
180 E 3
Madonna delle Grázie, Chiesa
della- (FR-Santopadre)
193 A 5
Madonna delle Grázie,
Chiesa della- (GR) **159** E 5-6
Madonna delle Grázie,
Chiesa della- (PE) **173** C 5
Madonna delle Grázie,
Chiesa della- (PZ) **206** D 1
Madonna delle Grázie, Chiesa
della- (RM-Anguillara
Sabázia) **177** A 5-6
Madonna delle Grázie, Chiesa
della- (RM-Sant'Oreste)
170 D 1
Madonna delle Grázie,
Chiesa della- (SI) **149** B 5
Madonna delle Grázie, Chiesa
della- (TA-San Marzano di
San Giuseppe) **212** E 2
Madonna delle Grázie, Chiesa
della- (TA-Taranto) **225** D 4
Madonna delle Grázie,
Chiesa della- (TE) **165** D 4
Madonna delle Grázie,
Chiesa della- (TO) **64** E 2
Madonna delle Grázie,
Chiesa della- (TP) **262** E 1
Madonna delle Grázie,
Convento- (AG) **275** B-C 6
Madonna delle Grázie,
Convento- (LE) **227** E 5
Madonna delle Grázie,
Necrópoli Eneolítica della-
204 C 1
Madonna delle Grázie,
Santuário- (LE) **230** B 2
Madonna delle Grázie,
Santuário- (PZ) **219** E 6
Madonna delle Grázie,
Santuário della- (GE)
113 D 6
Madonna delle Grázie,
Santuário della- (LI) **156** D 2
Madonna delle Grázie,
Santuário della- (PG)
152 E 2
Madonna delle Grázie,
Santuario della- (PZ)
220 D 2
Madonna delle Grondici,
Santuário della- **151** E 5
Madonna delle Grotte,
Chiesa della- **171** B 5
Madonna delle Milizie,
Santuário- **292** C 3
Madonna delle Mosse,
Chiesa della- **168** B 1
Madonna delle Nevi, Rifúgio-
54 B 1
Madonna delle Querce,
Chiesa della- (RM) **180** C 2

Madonna delle Querce,
Chiesa della- (SI-Castiglione
d'Órcia) **150** E 1
Madonna delle Querce, Chiesa
della- (SI-Montepulciano)
150 C 3
Madonna delle Querce,
Santuário della- (AR)
150 A 2
Madonna delle Querce,
Santuário della- (CZ)
244-245 E 3-4
Madonna dell'Éschio,
Chiesa della- **160** D 1
Madonna delle Vigne Piane,
Chiesa della- **193** A 5
Madonna dell'Incoronata,
Chiesa della- **186** D 3
Madonna dell'Oleandro,
Chiesa della- **256** E 1
Madonna dell'Ólio, Santuário-
278 D 1-2
Madonna dell'Olivo,
Chiesa della- (MT) **220** C 3
Madonna dell'Olivo,
Chiesa della- (VT) **168** B 2
Madonna dell'Olmo **109** C 6
Madonna del Monte **145** E 4
Madonna del Monte, Cappella
della- **233** B 5
Madonna del Monte,
Chiesa della- (FR) **180** C 3
Madonna del Monte,
Chiesa della- (MT) **221** D 5
Madonna del Monte,
Chiesa della- (PG) **162** A 3
Madonna del Monte, Santuário
della- (LI) **156** D 1
Madonna del Monte, Santuário
della- (PC) **100** B 1
Madonna del Monte Vivo,
Chiesa della- **233** B 5
Madonna del Palazzo,
Chiesa della- **210** B 3
Madonna del Palmento,
Chiesa di- **266** C-D 3
Madonna del Pantano **220** D 1
Madonna del Parto, Chiesa
della- (VT-Sutri) **169** D 5
Madonna del Parto,
Chiesa della-
(VT-Vignanello) **169** B-C 5
Madonna del Pasco **110** C 2
Madonna del Passo **171** B 4
Madonna del Pettoruto,
Santuário della- **240** C 3
Madonna del Piano (FR-Castro
dei Volsci) **192** B 3
Madonna del Piano
(FR-Morolo) **192** A 2
Madonna del Piano (PU)
143 C 4
Madonna del Piano,
Chiesa della- (AN) **143** C 5
Madonna del Piano,
Chiesa della- (CT) **288** B 3
Madonna del Piano,
Chiesa della- (FR) **193** C 4
Madonna del Piano,
Chiesa della- (GR) **159** E 6
Madonna del Piano,
Chiesa della- (IS) **194** B 3
Madonna del Piano,
Chiesa della- (PG) **152** D 1
Madonna del Piano,
Chiesa della- (SA) **233** A 4
Madonna del Piano,
Chiesa della- (VT) **169** D 4
Madonna del Piano,
Chiesa della- **101** D 4
Madonna del Pianto **145** E 4-5
Madonna del Pilone (CN-
Cavallermaggiore) **96** E 2
Madonna del Pilone (CN-
Ceresole Alba) **96** C-D 2
Madonna del Pino, Oratório-
121 C 4-5
Madonna del Pino, Santuário
della- **121** E 5
Madonna del Póggio **104** E 3
Madonna del Ponte **135** E 6

Madonna del Ponte,
Chiesa della- **192** B 2
Madonna del Ponte,
Chiesa di- **262** B 2
Madonna del Pozzo,
Chiesa della- **211** E 6
Madonna del Pozzo,
Santuário della- **84** E 2
Madonna del Prato,
Chiesa della- (GE) **114** B 2
Madonna del Prato,
Chiesa della- (TA) **212** E 2
Madonna del Rimédio,
Santuário della- (NU)
309 C 5
Madonna del Rimédio,
Santuário della- (OR)
310 C 3
Madonna del Rosário **274** E 1
Madonna del Rosário,
Chiesa della- **33** D 4
Madonna del Roseto **183** A 6
Madonna del Sábato,
Chiesa della- **206** B 2
Madonna del Salto,
Chiesa della- **112** C 1
Madonna del Sasso **50** D 3
Madonna del Sasso,
Chiesa della- **131** E 6
Madonna del Sirino, Cappella-
235 C 5
Madonna del Soccorso **151** C 6
Madonna del Soccorso,
Chiesa- **247** D 4
Madonna del Soccorso,
Chiesa della- (CS) **245** C 4
Madonna del Soccorso,
Chiesa della- (PG) **151** C 4
Madonna del Soccorso,
Chiesa della- (PZ) **237** B 4
Madonna del Soccorso,
Chiesa della- (SO) **25** E 4
Madonna del Soccorso,
Chiesa della- (VT) **169** C 5
Madonna del Soccorso,
Santuário della- **235** D 5
Madonna del Sole, Santuário
della- **143** C 6
Madonna del Sorbo,
Santuário della- **177** A 6
Madonna del Taburno,
Santuário della- **203** D 4
Madonna del Verde,
Chiesa della- **225** E 6
Madonna del Vetrano,
Chiesa della- **223** D 4
Madonna del Viandante-
185 B 5
Madonna del Vitellino,
Chiesa della- **151** C 4
Madonna d'Enrouvel,
Chiesa della- **109** C 4
Madonna del Baiano **162** C 1
Madonna di Balli,
Chiesa di- **227** C 5
Madonna di Barcaglione,
Chiesa della- **144** B 3
Madonna di Bosci,
Chiesa della- **263** C 4
Madonna di Bracciano,
Chiesa della- **177** B 6
Madonna di Brecciaro,
Chiesa della- **180** B 2
Madonna di Briano,
Chiesa della- **202** D 1
Madonna di Campíglio
38 D 2
Madonna di Canneto, Badia-
Santuário della- **184** C 3
Madonna di Canneto,
Chiesa della- **183** E 4
Madonna di Caravággio,
Chiesa della- **113** D 5
Madonna di Caravággio,
Santuário della- **75** B 4
Madonna di Castiglione,
Chiesa della- **127** C 5
Madonna di Condolío,
Chiesa- **247** D 5
Madonna di Costantinópoli,
Chiesa della- **233** A 4

Madonna di Cotolivier,
Cappella- **80** E 1
Madonna di Crispino,
Chiesa della- **258** C 1
Madonna di Cristo,
Chiesa della- **188** E 1
Madonna di Fátima,
Chiesa della- **308** A-B 1
Madonna di Fontigliano,
Chiesa della- **204** E 2
Madonna di Frave **110** B 2
Madonna di Fucináia,
Chiesa della- **147** D 6
Madonna di Galiano,
Chiesa della- **213** E 6
Madonna di Gallano,
Chiesa della- **212** E 3
Madonna di Gallo **150** B 2
Madonna di Láres,
Santuário della- **56** C 2
Madonna di Leco, Chiesa della-
112 A 3
Madonna di Lenne,
Chiesa della- **224** C 2
Madonna di Loreto,
Cappella della- **181** D 4
Madonna di Loreto,
Chiesa della- (BA) **209** D 6
Madonna di Loreto, Chiesa
della- (FG-Cagnano Varano)
188 C 2
Madonna di Loreto, Chiesa
della- (FG-Péschici) **189** B 4
Madonna di Loreto,
Chiesa della- (FR) **193** C 4
Madonna di Loreto,
Chiesa della- (IS) **183** C 6
Madonna di Loreto,
Chiesa della- (PZ) **235** B 6
Madonna di Loreto, Chiesa
della- (SA-Polla) **219** E 5
Madonna di Loreto,
Chiesa della-
(SA-Trentinara) **232** A 3
Madonna di Loreto,
Chiesa della- (VT) **169** C 4
Madonna di Lourdes, Chiesa
della- = Lourdeskapelle
26 D 1
Madonna di Luciago,
Santuario della- **51** D 4
Madonna di Mácera,
Chiesa della- **255** C 6
Madonna di Manipúglia,
Santuário della- **243** E 6
Madonna di Mare,
Chiesa della- **247** A 6
Madonna di Mellitto,
Chiesa della- **209** E 4
Madonna di Mezzo Agosto,
Chiesa della- **192** B 2
Madonna di Mompilieri,
Chiesa della- **283** B 3
Madonna di Mongiovino,
Santuário della- **151** D 5
Madonna di Monserrato,
Chiesa della- **316** B 1
Madonna di Monserrato,
Santuário della- **156** D 3
Madonna di Monte Castello,
Santuário della- **71** B 6
Madonna di Monteforte,
Santuário- **220** E 1
Madonna di Montegridolfo
135 E 4
Madonna di Monte la Téglia,
Santuário della- **185** B 4
Madonna di Montenero,
Santuário della- **126** D 3
Madonna di Monte Saraceno,
Chiesa della- **236** A 3
Madonna del Monte Spineto,
Santuário della- **99** E 4
Madonna di Montevetro,
Santuário della- **193** C 5
Madonna di Moretta,
Santuário della- **97** E 4
Madonna di Niella,
Chiesa della- **111** B 4
Madonna di Novi Vélia,
Santuário della- **233** C 5

Madonna di Nozarego, Santuário della- **113** D 5-6
Madonna di Pasano **225** D 5
Madonna di Peráries, Chiesa della- **43** E 6
Madonna di Pérgamo, Santuário della- **222** E 1
Madonna di Picciano, Santuário della- **221** B 6
Madonna di Pietracquária, Santuário della- **181** A 5
Madonna di Pietracupa, Convento della- **139** D-E 5
Madonna di Pietravolta **117** E 5
Madonna di Pollino, Santuário della- **238** E 2
Madonna di Ponte **33** E 5
Madonna di Pugliano, Chiesa della- **134** E 2
Madonna di Puianello, Santuário della- **118** C 1
Madonna di Rávere, Chiesa della- **88** B 3
Madonna di Riguardo, Chiesa della- **150** D 1
Madonna di Ripalta, Santuário della- **199** E 4
Madonna di Roseto, Chiesa della- **202** C 3
Madonna di Rossano, Chiesa della- **220** C 2
Madonna di San Clemente, Chiesa della- **104** D 2
Madonna di San Luca, Santuário della- **119** C 4
Madonna di Senáles = Unserfrau in Schnals **26** C 2
Madonna di Sito Alto, Santuário della- **236** A 2
Madonna di Soviore, Santuário della- **126** C 3
Madonna di Stignano, Chiesa della- **188** E 1
Madonna di Stra **90** B 3
Madonna di Tirano **36-37** D 3-4
Madonna di Torre, Chiesa della- **209** E 5
Madonna di Trápani, Chiesa della- **275** B 6
Madonna di Trápani, Chiesetta- **275** C 5
Madonna d'Itri, Chiesa della- **247** A 5-6
Madonna di Valverde, Chiesa della- **308** D 3
Madonna di Valverde, Santuário della- **172** C 2
Madonna di Viatosto, Chiesa della- **97** B 5
Madonna di Viggiano, Santuário della- **236** A 3
Madonna di Zappino, Chiesa della- **207** A 6
Madonna d'Olmetto **83** E 5
Madonna Grumentina, Chiesa della- **235** A 6
Madonna in Cima al Moscardo **44** B 2
Madonna Luzzara, Chiesa della- **51** E 4
Madonna Mora, Chiesa della- **75** E 4
Madonna Orti **95** C 6
Madonna Parággio, Chiesa della- **218** D 1
Madonna Perrero **82** B 1
Madonna Potentíssima, Casa- **220** E 1
Madonna Pozzo Guacito **212** B 2
Madonna Pradoro, Chiesa della- **191** A 6
Madonna Sanità, Chiesa della- **151** E 4
Madonna San Zeno **98** B 2
Madonna Seritella, Chiesa della- **197** B 5
Madonna Serre, Chiesa della- **138** D 1
Madonne **92** E 3
Madonnella, Chiesa la- **168** C 2

Madonnetta **74** B 1
Madonnetta, Chiesa della- **297** C 4
Madonnetta d'Ete **155** B 4
Madonnina (AL) **99** D 5
Madonnina (FC) **134** A 2
Madonnina (TO) **83** C 4
Madonnina, Chiesa la- **138** E 3
Madonnina, la- (AL) **83** D 6
Madonnina, la- (FR) **181** E 5
Madonnina, la- (RE) **103** D 4
Madonnina, Rifúgio la- **310** A 3
Madonnina di Renòn = Gissmann **27** D 6
Madonnino, Bivio del- **149** D 4
Madonnino, Chiesa del- **150** C 2
Madonnúccia **141** C 5
Madonnuzza, Portella- **266** E 3
Madra **34** B 2
Madrano **57** B 6
Madrasco, Torrente- **36** E 1
Madrégolo **102** D 2
Madríccio, Passo- = Madritsch Scharte **26** E 1
Madrignano **127** C 4
Madrísio (UD-Fagagna) **62** B 2
Madrísio (UD-Varmo) **62** D 1-2
Madritsch Scharte = Passo Madríccio **26** E 1
Madulain **24** D 2
Maè, Torrente- **41** C 5-6
Maéggio **291** E 5
Maèn **47** A 6
Maenza **192** B 1-2
Maerne **75** D 5
Maestà (AN) **143** D 5
Maestà (MC) **154** A 2
Maestra, Cala- **157** E 5
Maestra Fornelli, Punta- **298** B 1-2
Maestrale, Stagno di- **319** D 4
Maestra Serre, Punta- **298** A 2
Maestrazza **107** A 6
Maestrello **151** B 6
Mafalda **184** B 3
Mafauda, Casa- **267** D 6
Maffiotto **81** D 4
Mafrollo, Casa- **189** C 5
Maga Circe, Grotta della- **191** E 6
Magadino **33** E 6
Magadino, Piano di- **33** D-E 6
Magaggiaro, Monte- **275** C 6
Maganoce, Monte- **263** C 4
Magara, Timpone- **240-241** B 3-4
Magari, Monte- **281** B 6
Magasa **56** E 2
Magazzinazzo, Fattoria- **279** C 4
Magazzino **118** B 2
Magazzolo, Fiume- **284** A 1
Magdeleine, la- **48-49** C 3-4
Magenta **67** D 4
Mággia **33** C-D 5
Mággia, Fiume- **33** C 5
Mággia, Valle- **33** C-D 5
Maggiana (CO) **35** E 4
Maggiana (LC) **53** C-D 5
Maggiánico **53** D 6
Maggiano (FI) **139** D 4
Maggiano (LU) **129** E 5
Maggiano (SI) **149** A-B 4
Maggiate Inferiore **66** A-B 1
Maggiate Superiore **51** E 4
Mággio (BO) **119** C 5
Mággio (LC) **53** C 6
Mággio, Cima- **57** E 6
Mággio, Colle- **161** D 6
Mággio, Monte- (AN-PG) **153** A 4
Mággio, Monte- (FC) **133** B 5
Mággio, Monte- (PG) **162** B 3
Mággio, Monte- (SI) **149** A 4
Maggio, Rio- **133** E 5
Maggiora **66** B 1
Maggiorasca, Monte- **114** B 3
Maggiore, Campo- **203** E 5
Maggiore, Ísola- **151** C 5

Maggiore, Lago- **51** A-E 5-6
Maggiore, Monte- (CE-Pietramelara) **194** E 3
Maggiore, Monte- (CE-Rocca d'Evandro) **194** C 1
Maggiore, Monte- (FG-Áscoli Satriano) **205** B 6
Maggiore, Monte- (FG-Orsara di Púglia) **197** D 6
Maggiore, Monte- (FI-PO) **131** D 4
Maggiore, Monte- (GR) **167** B 6
Maggiore, Monte- (PG) **162** A 2
Maggiore, Monte- (VR) **72** B 2
Maggiore, Palude- **76** D 2
Maggiore, Punta- (CI) **318** C 2
Maggiore, Punta- (OT) **303** C 6
Maggiore, Serra- **239** C 4
Magherno **86** C 2
Magino, Monte- **52** B 2
Magioncalda **113** A 5
Magione (BO) **119** D 6
Magione (PG) **151** C 5
Magione, la- **181** E 5
Magisano **245** E 6
Magli **245** B 4
Máglia, Fiume- **235** B 6
Magliacane **251** C 4
Magliana, Via della- **177** D 6
Maglianello Alto **170** C 3
Maglianello Basso **170** C 3
Magliano (FI) **139** D 4
Magliano (LE) **227** C 4
Magliano (LU) **129** A 4
Magliano (MS) **116** E 1-2
Magliano (PU) **135** E 6
Magliano (TE) **164** C 1
Magliano, Torre di- **185** D 5
Magliano Alfieri **97** D 4
Magliano Alpi **110** B 2
Magliano de' Marsi **181** A 5
Magliano di Tenna **154** B 3
Magliano in Toscana **158** C 3
Magliano Nuovo **233** B 4
Magliano Romano **169** E 6
Magliano Romano, Stazione di- **169** E 6
Magliano Sabina **169** C 6
Magliano Vétere **233** B 4
Magliasina **52** B 2
Magliaso **52** C 2
Magliati, Masseria- **223** C 5
Máglie **227** E 6
Máglio (BO) **120** D 1
Máglio (MN) **89** D 5
Máglio (PD) **74** C 3
Máglio (VI) **74** B 1
Maglióggio **32** D 2-3
Magliolo **111** E 5
Maglione **65** E 4
Máglio Superiore **73** C 5
Magna, Villa- **180** E 3
Magnaboschi, Monte- **58** E 1
Magnacavallo **104** A 3
Magnadorsa **143** D 5
Magnago **66** C 3
Magnanella **164** C 2
Magnaníns **43** C 6
Magnano (BI) **65** D 4
Magnano (CE) **194** D 2
Magnano (LU) **129** A 5
Magnano (PC) **101** D 4
Magnano (PZ) **237** E 5
Magnano (VR) **90** B 2
Magnano, Bosco- **237** E 5
Magnano, Ponte del- **103** D 5
Magnano in Riviera **44** E 3
Magnasco **114** B 2
Magnavacca **142** B 1
Magnisi, Penísola- **291** C 5-6
Magno **70** B 3
Magno, Pizzo- **34** B 2
Magnola, Monte della- **172** E 1
Magnolina **106** A 3
Magnolini, Rifúgio- **55** D 4
Magnone **111** E 6
Magnonévolo **65** D 4-5
Mago **95** A 5
Magognino **51** D 5
Magomádas **306** D 3
Magone, Piano di- **277** D 6

Magonfia **117** C 4
Magra, Fiume- **115** D-E 6
Magra, Villa- **141** B 6
Magrano **73** D 4
Magrano, Palazzo- **152** B 2
Magràs **38** C 3
Magrassi **99** D 4
Magrè **73** B 5
Magrédis **63** A 4
Magréglio **53** C 4-5
Magrena **71** D 4
Magrè sulla Strada del Víno = Margreid an der Weinstrasse **39** D 5
Magreta **118** A-B 1
Magri **278** E 3
Magrignano **117** E 6
Magugnano (VR) **71** B 6
Magugnano (VT) **160** E 3
Magusu, Punta- **314-315** D 3-4
Maguzzano **71** E 5
Mai, Monte- **217** B 6
Maiano (FI) **139** B 5
Maiano (PG) **162** B 4
Maiano (RN) **133** E 5
Maiano, Stazione di- **44** E 2
Maiano, Torrente- **158** C 3
Maiano Monti **120** C 2
Maiaso **43** D 6
Maiático **102** E 2
Máida **249** B 5
Máida, Torrente di- **249** B 4
Máida Marina **249** B 4
Máie **110** C 3
Maiella **195** B 5
Maiella, Montagna della- **173** E 6
Majella, Parco Nazionale della- **183** A-B 4-5
Maielletta, Monte la- **173** E 6
Maienfelder Furka **24** B 1
Maierà **240** C 2
Maierato **249** D 4
Maierhöfe = Masserie **31** B 4
Maiern = Masseria **28** B 2
Maiero **96** D 2
Maime, Masseria- **213** D 6
Máina, la- **43** D 5
Mainarde, Monti le- **183** E 4
Máio **214** D 2
Máio, Monte- (CE) **195** C 5
Máio, Monte- (FR-Monti Aurunci) **193** D 6
Máio, Monte- (FR-Víticuso) **194** B 1
Máio, Monte- (VI) **57** E 6
Maiocca **87** D 4
Maiolati Spontini **143** D 6
Maioletto **133** D-E 6
Maioletto, Rocca di- **133** E 6
Maiolo (PC) **100** E 2
Maiolo (RN) **133** E 6
Maione **244** D 3
Maior, Col- **60** D 3
Maiorana, Masseria- **207** D 5
Maiorani **258** B 1
Maiorano di Monte **195** E 4
Maiorca **305** D 4
Maiore, Cala- **297** B 4
Maiore, Monte- **300** D 3
Maiori **217** D 4
Maiori, Monte- **311** C 5
Maiori, Nuraghe- **302** A 2
Maiori, Páuli- (OR) **310** D 3
Maiori, Páuli- (OR-Láconi) **311** E 5-6
Maiori, Páuli- (VS) **311** E 6
Máira **35** B 6
Máira, Fiume- **35** C 6
Máira, Torrente- **96** E 1
Máira, Valle- **108-109** A 3-5
Mairago **86** C 3
Mairano (BS) **70** E 2
Mairano (LO) **86** B 2
Mairano (MI) **85** B 5
Mairano (PV) **99** A-B 5
Mairengo **33** A 6
Maíris, Cabane de la- **122** B 1
Mair-Spitze **28** A 1
Máiru, Punta- **314** C 3

Maisano **53** D 5
Maison **81** A 5
Maison-Méane **108** B 2
Maissana **114** D 3
Maiulo, Monte- **202** C 2
Majano **62** A 2
Makallè **53** C 5
Mala **57** B 6
Malabotta, Bosco- **269** C 4
Malacalzetta **314** D 3
Malacapa, Serra- **237** B 5
Malacappa **105** E 4
Maladécia, Punta- **108** D 3
Malafede, Ponte- **238** D 3
Malafesta **62** E 1
Malafrasca **139** C 5
Malagnino **88** D 1
Malagrotta **177** C 6
Malaguárdia **35** C 5
Malaina, Monte- **192** A 1
Malalbergo **105** D 6
Malamocco (VE-San Michele al Tagliamento) **77** B 6
Malamocco (VE- Venezia) **93** B 5
Malamocco, Porto di- **93** B 5
Malamot, Mont- **80** C 2
Malamuri **305** D 4
Malanággio **95** B 4
Malandriano **102** E 3
Malandroni **97** B 4
Malanghero **82** C 1
Malanotte, Monte- **110** D 2
Malapesa **150** D 3
Malarizza, Masseria- **211** E 4
Malaspina, Lago- **68** C 3
Malaura, Colle- **94** C 3
Malavalle, Cima di- = Sonklar Spitze **28** B 1
Malavedo **53** D 5-6
Malavicina **89** C 6
Malávidos, Fontana sos- **308** E 2
Malavista, Colle- **246** E 3
Malbe, Monte- **151** C 6
Malborghetto (FE) **106** B 1
Malborghetto (UD) **45** B 4
Malborghetto, Casa- **179** A 4
Malborghetto, Vallone di- **45** B 4
Malborghetto-Valbruna **45** B 4
Malcangi, Masseria- **207** B-C 5
Malcantone (FE) **105** B 5
Malcantone (MN-San Giácomo delle Segnate) **104** A 2
Malcantone (MN-Sérmide) **105** A-B 4
Malcantone (RA) **120** C-D 2
Malcantone (RO) **105** B 6
Malcantone (Svízzera) **52** B 2
Malcésine **72** A-B 2
Málchina **63** E 6
Malchittu, Nuraghe- **297** D 4
Malciaússia, Lago- **81** D 4
Malcontenta **75** E 5-6
Mal di Ventre, Ísola di- **310** B-C 1
Malè **38** C 3
Maledetta, Nuraghe- **319** D 5
Malegno **55** C 5
Malemaséria **44** E 3
Malenco, Val- **36** C-D 1-2
Malene **58** B 2
Maleo **87** D 5
Malesco **32-33** E 3-4
Maletto **268** E 3
Maletto, Monte- **268** E 3
Malfa **272** D 3
Malfatano, Capo- **319** E 6
Malfidano **314** D 2
Malfrancato, Torrente- **242** D-E 2
Malga, Valle- **37** E 5
Malga Alta di Pora **55** D 4
Malga Arza **38** D 3
Malga Borche **38** C 3
Malga Breguzzo **56** B 1
Malga Cagnon di Sotto **39** E 6
Malga Calleda **41** C 6

Malga Campo **38** C 1-2
Malga Campobove = Ochsenfelder Alpe **31** A 5
Malga Camporotondo **72** B 3
Malga Céngles di Sotto = Untertschenglser Alm **26** D 1
Malga Cércena Alta **38** B 2
Malga Ciapela **41** B 4
Malga Costa **58** C 1
Malga Crocifisso **40** B 3
Malga d'Arnò **56** B-C 2
Malga dei Dossi = Knuttenalm **29** D 5
Malga delle Pécore = Lahner Alm **39** C 6
Malga di Valmaggiore **40** D 3
Malga Doch **40** E 3
Malga Fana = Fanealm **30** A 1
Malga Fánes Grande = Grosse Fanesalpe **31** D 4
Malga Fiorentina **41** B 6
Malga Foresta **31** C 4
Malga Frómmer **40** B 2
Malga Gaver **55** D 6
Malga Giuggia **56** C 2
Malga Londo **43** D 6
Malga Mandrielle **58** C 2
Malga Maranza **57** C 5
Malga Mare **38** B 1
Malga Marzòn = Marzoner Alm **26** D 3
Malga Miesnotta **40** D 3
Malga Monzòn **43** B 4
Malga Monzoni **40** B 3
Malga Nuova **40** D 2
Malga Porta Manazzo **58** C 1
Malga Pozze **38** C 2
Malga Púdio = Pidig Alpe **31** A 5-6
Malga Ra Stua **31** D 5
Malga Romeno, Rifúgio- **39** C 5
Malga Sádole **40** D 2
Malga Sáisera **45** C 5
Malgasot **27** E 4
Malga Spora **38** B 2
Malga Stue Alta **39** E 6
Malga Toazzo **40** D 2
Malga Val Cion **40** E 2
Malga Venegia **41** C 4
Malga Venegiotta **41** C 4
Malga Zirago = Zirogalm **28** B 3
Malgesso **51** D 6
Malghe di Valparola **30-31** E 3-4
Malghe Langegger = Langeggalm **31** B 5
Malgher, Canale- **76** A-B 3
Malghera **36-37** D 3-4
Malghette, Lago delle- **38** D 2
Malgina, Pizzo- **36** D 3
Malgina, Valle- **55** A-B 4
Málgolo **39** C 4
Malgrate (LC) **53** D 5
Malgrate (MS) **115** D-E 6
Malia **267** D 4
Malignano **149** B-C 5
Malija (Monte Mália) **79** D 4
Malina, Torrente- **63** B 4
Malintrada **76** B 3
Malinvern, Testa- **109** E 4
Málio, Monte- → Malija **79** D 4
Malisana **62** E 3
Maliseti **131** D 4
Malito **244** D 3
Malito, Valle di- **171** D 6
Mállare **111** D 5
Mállero, Torrente- **36** D 2
Málles Venosta = Mals im Vinschgau **25** C 6
Málliu, Rio- **321** A 4-5
Malmantile **139** B 4
Malmare, Monte- **246** A 3
Malnago **53** D 6
Malnate **52** E 2
Malnik **45** D 3
Malnísio **61** B 4
Malnome, Valle- **218** E 2
Malo **73** C 6
Malò **268** A 2

Malócchio **130** D 1
Malocco **71** E 5
Malója **36** B 1
Malója, Passo- (Malojapass) **36** B 1
Malojapass → Passo Malója **36** B 1
Malone, Torrente- **82** B 1
Malonno **37** E 5
Malopasseto, Passo- **267** D-E 4
Malopertuso, Cozzo- **279** E 5
Malopirtusillo **279** E 5
Malora, Pizzo- **33** B 4
Malosco **39** B 4
Malpaga (BG) **69** C 6
Malpaga (BS-Calvisano) **88** B 2-3
Malpaga (BS-Casto) **71** B 4
Malpaga (VE) **75** E 5
Malpassággio, Ponte- **184** A 1
Malpasso (PA) **263** B 4
Malpasso (SV) **111** E 6
Malpasso, Casa- **158** E 2
Malpasso, Monte- **116** D 2
Malpasso, Osteria- **179** D 4
Malpensa, Aeroporto Intercontinentale della- **66** B 3
Malpertúgio, Torrente- **266** C 3
Malpertùs **94** C 3
Malpertus, Monte- **126** C 3
Malpertuso, Torrente- **244** B 2
Malpotremo **111** C 4
Malrif **94** C 2
Mals im Vinschgau = Málles Venosta **25** C 6
Malta, Rio- **315** E 5
Maltese, Casa- **288** E 2
Malti **296** D 2
Maltignano (AP) **155** E 4
Maltignano (PG) **162-163** C 3-4
Malu, Rio- (CA) **315** D 6
Malu, Rio- (VS) **315** B 4
Malva, Ísola della- **226** D 3
Malváglia **34** B 2
Malváglia, Valle- **34** A-B 2
Malváglio **66** D 3
Malvagna **269** C-D 4
Malvani, Casa- **223** C 5
Malvarano, Colle- **183** A 4
Malvezza **105** E 6
Malvezzi, Masseria- **221** B 6
Malviano **144** A-B 2
Malvicino **111** A 6
Malvino **99** D 4
Malvito **241** D 4
Malvizza **197** E 4
Malvizzo **285** C 4
Malvizzo, Monte- **285** C 4
Mama **72** B 3
Mámago **87** E 4
Mamaor, Monte- **89** B 6
Mambrotta **90** B 3
Mamerto **256** B 3
Mamiano **116-117** A 3-4
Mamma, Case- **267** C 6
Mammi **140-141** D-E 3-4
Mammiano **130** C 2
Mammiano Basso **130** C 2
Mammicómito, Monte- **255** D 4
Mámmola **253** E 5-6
Mamoiada **308** E 2
Mamone **303** E 4-5
Mamuntánas, Stazione- **300** D 2
Mamusa, Azienda Agricola- **315** C 4-5
Mamusi **303** C 5
Manaccora, Báia di- **189** B 4
Manacore del Gargano, Scogliera- **189** B 4
Managu, Porto- **306** D 2
Manara, Punta- **114** E 2
Manarola **126** D 3
Manasúddas, Cantoniera- **309** D 4
Manasúddas, Monte- **309** D 4
Manatecco, Bosco- **189** B-C 4
Manazzons **61** B 6
Manca, Serra- **237** E 5
Manca, Serra la- **233** B 6

Manca, Torrente la- **285** E 6
Manca di Basso **237** E 5
Manca di Sopra **237** E 5
Mancanello, Coste del- **194** C 3
Mancasale **103** E 5
Manca Verrascina **220** C 3
Manče **79** A 6
Manchet, le- **80** A 3
Manchi **279** D 5
Manciano (AR) **150** A 3
Manciano (GR) **159** E 5
Mancine **237** E 6
Mancinello, Monte- **130** A 2
Mancini **174-175** C 3-4
Manco **242** E 3
Mancuso, Monte- **244** E 3
Mancuso, Valle di- **278** D 3
Mandanici **269** B 6
Mándara, Monte sa- **316** C 3
Mandarádoni (VV-Briático) **248** D 2
Mandarádoni (VV-Limbadi) **248** E 2
Mandarano-Centúripe, Stazione- **282** B 3
Mándas **316** B 2
Mandasco **99** C 6
Mandatoríccio **243** E 4
Mandatoríccio-Campana, Stazione di- **243** D 5
Mandela **180** A 2
Mandello del Lário **53** C 5
Mandello Vitta **66** D 1
Manderini, Portella- **266** D 3
Mandia **233** D 4
Mandolossa **70** D 2
Mándorli **138** C 3
Mandra, la- **193** B 6
Mandra de Cáia, Punta- **312** A 3
Mandragiumenta, Masseria- **266** E 1
Mandralisca, Torrente- **281** B 4
Mandra Murata, Monte- **173** E 4
Mandranova, Ponte di- **285** D 4
Mandras, Stazione- **302** C 3
Mandrazzi, Portella- **269** C 5
Mandre **75** A 6
Mandre, Torrente- **281** B 4
Mándria (PD) **92** B 2
Mándria (TO-Chivasso) **82** B 3
Mándria (TO-Venaría) **82** C 1
Mándria, Cima della- **59** D 4
Mándria, la- **167** C 5
Mándria, Parco Regionale la- **82** C 1
Mándria Luci **241** C 5
Mandrielle, Malga- **58** C 2
Mandrino **85** B 6
Mándrio **103** D 6
Mandriola **179** D 4
Mandriola, Cala- **156** C 3
Mandriole **121** B 4
Mandrioli, Passo dei- **140** A 3
Mandriolo, Cima- **58** C 1
Mandrione, Nuraghe su- **302** B 3
Mandrogne **98** C 3
Mandrolisai **312** A 1
Mandrone, Monte- **37** E 6
Mandrone, Monte del- **193** C 5
Manduino, Sasso- **35** D 5
Mandúria **225** D 6
Manegra **51** B 5
Maneia **101** E 4-5
Manera **67** B 5
Manerba del Garda **71** D 5
Manérbio **88** B 1
Manfredónia **188** E 3
Manfredonia, Golfo di- **189** E 4
Manfredónico, Castello- **279** D 4
Mánfria **287** D 5
Manfriana, Monte- **241** A 5
Manganaro, Bívio- **263** E 6
Manganello, Monte- **287** A 6
Manganile, Serra- **239** E 4
Mángano **283** A 6
Mángart, Monte- **45** C 6

Mangartska Koča **45** C 6
Mánghen, Passo- **39** E 6
Mángia **115** E 4
Mangiante, Portella- **266** E 1
Mangiatoriello, Pizzo- **263** C 5
Mangione, Masseria- **199** C 5
Mango **97** E 4-5
Mangona **131** C 4-5
Mangone **245** C 4
Mangone, Monte- **288** A 1
Maniace **268** D 2
Maniace, Abbazia di- **268** D 2
Maniáglia **44** E 3
Maniago **61** B 4-5
Maniago, Rifúgio- **42** E 2-3
Mánie **111** E 6
Manieri, Masseria- **227** D 4
Maníglia, Monte- **108** A 2
Manimundu, Sedda- **312** A 1
Manina, Passo della- **55** C 4
Maniva, Passo del- **55** C 4
Manna, Fontana- **312** D 2
Manna, Salina- **309** A 6
Manna, Punta- **303** E 5
Manna, Vallone di- **281** C 4
Manna, Zéppara- **311** E 6
Mannara, Masseria- **212** D 2
Mannau, Grotta de su- **314** D 2
Mannaulacche, Monte- **308** C 1
Mannella, Serra di- **238** C 3
Manno (RE) **117** D 5
Manno (Svizzera) **52** B 2
Mánnoti, Monte- **256** C 1
Mannu, Capo- (OR) **310** B 1-2
Mannu, Capo- (SS) **298** E 1
Mannu, Fiume- (CA-VS) **315** D 5-6
Mannu, Fiume- (OR-VS) **315** A 4
Mannu, Fruncu- **309** C 5
Mannu, Monte- (OR) **306** C 2
Mannu, Monte- (VS) **316** D 1
Mannu, Nuraghe- (OT) **302** C 2-3
Mannu, Nuraghe- (SS) **301** E 4
Mannu, Piano- **298** A 2
Mannu, Pizzu- **312** E 1
Mannu, Planu- **307** B 6
Mannu, Rio- (CA-Barale) **316** D-E 2
Mannu, Rio- (CA-Dómus de Maria) **319** D 6
Mannu, Rio- (CI-Fluminimaggiore) **314** D 2
Mannu, Rio- (CI-Narcao) **319** B 5
Mannu, Rio- (CI-Santadi) **319** C 5
Mannu, Rio- (NU-Aústis) **312** B 1
Mannu, Rio- (NU-Lodè) **303** D 5
Mannu, Rio- (OG) **313** D 5
Mannu, Rio- (OR-Gonnostramatza) **315** A 5
Mannu, Rio- (OR-Cúglieri) **306** E 2
Mannu, Rio- (OR-Masúllas) **315** A 5
Mannu, Rio- (OR-Milis) **310** B 3
Mannu, Rio- (OR-Ruínas) **311** C 6
Mannu, Rio- (SS-Nulvi) **299** E 5
Mannu, Rio- (SS-Ozieri) **307** B 6
Mannu, Rio- (VS) **312** E 1
Mannu, Riu- **298** D-E 3
Mannu, Scóglio- **318** A 2
Mannu della Reale, Porto- **298** A 2
Mannu de Pattada, Rio- **302** E 2
Mannu de Planu de Múrtas, Rio- **307** D 4
Mannuri, Rio- **303** B 5
Manocalzati **203** E 6
Manolfo, Pizzo- **262** A 3
Manona **103** B 6
Manoppello **173** D 6
Manoppello Scalo **173** C 6
Mansuè **76** A 2

Manta **95** E 6
Mantana = Montal **30** B 3
Mante **239** C 4
Mantegazza **67** D 4
Mantelle **98** D 2
Mantello **35** E 5
Mantello, Bonifica del- **120-121** B 3-4
Mantena = Welschmontal **30** C 3
Mántie **84** C 1-2
Mantignana **151** C 6
Mantigno **132** B 1
Mantineo **248** D 3
Mántova **89** D 6
Mántova, Rifúgio- **49** B 5
Mantovana **98** D 2
Mantovana, la- **91** E 4
Manune **72** C 2
Manžan (Manzano) **79** D 5
Manzana **60** E 2
Manzano (AR) **150** B 3
Manzano (PR) **116** A 3
Manzano (UD) **63** C 4
Manzano → Manžan **79** D 5
Manzari, Villa- **198** D 3
Manzella, Torrente- **247** B 5
Manzi **141** C 4
Manzi, Bivacco- **36** C 1
Manziana **169** E 4
Manzina, Lago della- **37** B 6
Manzinello **63** C 4
Manzolino **118** A-B 3
Manzoni **110** A 3
Maor, Sass- **41** D 4
Mapello **86** D 4
Mappa **279** E 5
Mappano **82** C 2
Mara **306-307** C 3-4
Mara, Alpe- **36** D 2
Mara, Capanna- **53** D 4
Mara, Corno- **36** D 2
Mara, Torrente- **52** C 3
Maracalagónis **320** A 3
Maraconis, Monte- **317** C 4
Marafò, Cantoniera- **267** C 5
Maragnole **74** B 1
Marais, Riserva Naturale- **46** C 2
Maraldi **61** B 5
Maralunga, Punta di- **127** D 4
Maran **24** B 1
Marana (AQ) **163** E 5
Marana (SS) **297** E 5-6
Marana (VI) **73** C 5
Marana, Cima di- **73** C 5
Marana, la- **205** B 5
Marana Castello, Fosso- **199** C 4
Marane **183** A 4
Maranello **118** B 1
Maranfusa, Monte- **262** D 2
Marangana **66** D-E 1
Maranghetto, Ponte- **77** B 5
Marangiuli, Masseria- **212** B 2
Marangone, Torre- **176** A 2
Marani **57** E 4
Maranise **245** E 6
Marano (BO-Castenaso) **119** B 5
Marano (BO-Gággio Montano) **130** A 3
Marano (PR) **102** E 3
Marano (TN) **57** D 4
Marano (VE) **75** E 5
Marano, Laguna di- **78** B 1
Marano, Monte- **193** D 4
Marano, Póggio- **197** B 4
Marano, Rio di- = Maraunerbach **27** E 4
Marano, Torrente- **134** D 2
Marano dei Marsi **171** E 6
Marano di Nápoli **215** B 4
Marano di Valpolicella **72** D 3
Marano Équo **180** B 2
Maránola **193** E 5
Marano Lagunare **78** A-B 1
Marano Marchesato **244** B 2-3
Marano Principato **244** B 3
Marano sul Panaro **118** C 2
Marano Ticino **66** B 2

Marano Vicentino **73** B 6
Maranza = Meransen **30** B 2
Maranza, Malga- **57** C 5
Maraone, Ísola- **260** D 2
Marárgiu, Capo- **306** D 2
Mararosa, Cozzo- **239** A 4
Maràs **41** E 5
Marasca, Colle- **184** D 3
Maratea **235** E 4-5
Maratea, Grotta di- **235** E 5
Maratea Castrocucco **235** E 5
Maraunerbach = Rio di Marano **27** E 4
Maráusa **260** D 3
Maráusa, Stazione di- **260** E 3
Marazzino **296** C 3
Marca, Monte- **65** B 4
Marcadòr **59** B 6
Marcaglione, Monte- **239** A 4
Marcallo con Casone **67** D 4
Marcanta **92** D 3
Marcantónio **196** B 2
Marcanzotta, Fiume di- **260** E 3
Marcaria **89** E 4
Marcarolo, Capanne- **112** A 2-3
Marcasita, Monte- **280** D 3
Marcato Bianco (EN) **280** E 3
Marcato Bianco (PA) **274** E 4
Marcato Bianco, Stazione di- **279** C 4
Marcato d'Arrigo **280** E 2
Marceddì **314** A 2-3
Marceddì, Stagno di- **314** A 2-3
Marcedusa **247** E 4
Marcellano **161** A 6
Marcelli **145** C 5
Marcellina (CS) **240** B 2
Marcellina (RM) **180** A 1
Marcellina, Rovine- **179** A 4
Marcellinara **249** A 6
Marcellise **73** E 4
Marcemigo **73** D 4
Marcena (AR) **140** C 3
Marcena (TN) **38** B 3
Marcésina **58** C 2
Marcetelli **171** D 4
Marcheno **70** B 3
Marchesa, la- (FG) **197** A 6
Marchesa, la- (VC) **65** D 6
Marchesa, Masseria la- **186** E 1
Marchesa, Torre della- **245** D 6
Marchesale, Riserva Naturale- **253** C 5-6
Marchesana Marina **269** A 5
Marchesato **251** A-B 4-6
Marchese, Bosco del- (BA) **210-211** D 3-4
Marchese, Bosco del- (PZ) **235** A 5
Marchese, Podere del- **156** A 1
Marchese, Punta del- **156** A 1
Marchese, Villa del- **291** C 4
Marchesino **90** B 2
Marchetti, Rifúgio- **57** D 4
Marchiazza, Torrente- **65** C-D 6
Marchione, Castello- **211** C 4
Marchioni, Masseria- **226** C 3
Marchiora, Váio- **72** C 3
Marchirolo **52** C 2
Márcia, la- **33** C 5
Marcialla **139** D 4
Marciana (LI) **156** D 1
Marciana (PI) **137** B 6
Marciana Marina **156** C 1
Marcianise **202** D 2
Marciano (AR) **140** A 3
Marciano (NA) **215** E 5
Marciano (SI) **149** B 5
Marciano della Chiana **150** A 3
Marciano Freddo **195** E 4
Marciaso **128** A 3
Marcigliana, Riserva Naturale della- **179** A-B 5
Marcignago **85** C 5
Marcignana **138** D 2
Marcignano **141** E 5
Márcio, Lago- **54** C 2
Marco **57** E 4
Marcoiano **131** C 5

Marcolano, Monte- **182** C 2
Marcòn **73** D 6
Marcónia **223** E 4
Marcónia, Stazione di- **239** A 6
Marco Polo, Aeroporto- **75** D-E 6
Marcorengo **83** D 4
Marco Rosa, Rifúgio- **36** C 2
Marcóssina → Markovščina **79** D 6
Marcottini **63** D 5
Marcova, Torrente- **84** C 1
Marcu, Rio- **311** B 5
Marcusa, Punta- **312** C 2
Mardimago **92** E 2
Mare **74** A-B 1
Mare, Casino- **227** D 6
Mare, Malga- **38** B 1
Mare, Monte- **194** A 1
Mare, Portella di- **265** E 6
Mare, Val de la- **38** C 1
Mare, Via del- **178-179** D 3-4
Marebbe = Enneberg **30** C 3
Marebbe, Valle di- **30** C 3
Marebello **134** C 3
Marécchia, Fiume- **134** C 2
Marechiaro **215** C 4
Mareddu, Monte- **321** B 5
Mare Foghe, Riu di- **310** B 3
Marega **91** D 3
Maregge **72** C 3
Mare Grande **224** D 3
Mareit = Mareta **27** A 6
Maremma **166-167** A-C 3-6
Maremma, Parco Regionale della- **158** E 2
Maremma Pisana, Regione- **147** A-D 6
Marémola, Torrente- **124** B-C 3
Marena **101** E 5
Maréndole **92** D 1
Marene **96** E 2
Mareneve, Albergo- **269** E 4
Marengo (AL) **98** C 2
Marengo (CN) **96** E 3
Marengo (MN) **89** C 5
Mareno di Piave **75** A 6
Marentino **82** E 3
Mare Píccolo **224-225** C 3-4
Marepótamo, Fiume- **253** C 2
Maresca **130** C 2
Marescalchi, Villa- **119** C 4
Marescotto, Castello di- **267** C 4
Marese, Cima- **56** D 1
Maréshego → Marezige **79** D 5
Maresòn **41** C 6
Maresso **68** B 3
Mareta = Mareit **27** A 6
Mareto **100** E 2
Maréttimo **260** A 1
Maréttimo, Ísola- **260** A 1
Maretto **97** B 4
Marezige (Maréshego) **79** D 5
Marezzane **91** B 4
Marga = Margen **30** B 2
Marga, Casa la- **140** C 3
Márgana, Valle della- **263** E 5
Marganai, Monte- **314** E 3
Margarita **110** C 1
Margaroli, Rifúgio- **32** B 3
Margen = Marga **30** B 2
Marghera **75** E 5-6
Margherita **100** D 2
Margherita, Col- **40-41** C 3-4
Margherita, Colle- **109** B 4
Margherita, Colle di- **238** C 3
Margherita, Rifúgio- **49** B 5
Margherita, Timpone- **260** D 3
Margherita di Savóia **199** C 6
Margherita di Savóia, Riserva Naturale Salina di- **199** C 6
Margherita di Savóia-Ofantino, Stazione di- **199** C 6
Margherito, Fiume- **288** A 2-3
Margherito Soprano **288** A 3
Margherito Sottano **282** D 2
Márghine, Catena del- **307** D 5-6
Márghine, Rocca sa- **299** E 5
Margi, Fiume dei- **288** B 3

Margi, Ponte- **289** B 5
Margi, Torrente- **289** B 5
Margiani, Monte- **315** C 4
Márgine di Momigno **130** C 2
Márgine Rosso **320** B 3
Marginetto, Punta- **297** B 4
Marginone **130** E 1
Márgio, Valle di- **275** D 5
Margione **293** B 5
Margna, Piz la- **36** B 1
Margnier **47** C 6
Margno **53** B 5
Margno, Cimone di- **53** B 6
Margòn, Villa- **57** C 5
Margone (TN) **57** B 4
Margone (TO) **81** C 4
Margone, Nuraghe- **298** D 2
Margreid an der Weinstrasse =
   Magrè sulla Strada del
   Vino **39** D 5
Marguaréis, Punta- **110** E 1
Maria, Monte- (CA-Dómus de
   Maria) **319** D 6
Maria, Monte- (CA-Villasimíus)
   321 C 5
Maria Addolorata **253** E 4
Maria Cristina, Ponte- **195** E 6
Maria e Alberto, Rifúgio-
   38 E 2
Maria e Franco, Rifúgio- **56** C 1
Mariahilf **31** A 6
Maria Himmelfahrt = l'Assunta
   39 A 6
Maria Incantata, Nuraghe-
   312 C 1
Maria Luggau **43** A 5
Maria Luisa, Rifúgio- **32** A 3
Mariana Mantovana **89** D 4
Marianella **215** B 4
Mariani, Casa- **307** C 5
Mariánis, Casa- **77** A-B 6
Marianitto **163** D 4
Mariannáccia, Casa-
   158-159 E 3-4
Mariannina, Villa- **205** C 6
Mariano al Brembo **69** C 5
Mariano Comense **67** B 6
Mariano del Friuli **63** D 5
Marianópoli **279** D 5
Marianópoli, Stazione di-
   279 D 5
Maria Santíssima di Stignano,
   Santuário di- **188** D 1
Maria Vérgine, Santuário di-
   203 E 5
Mariech, Rifúgio- **59** D 5
Mariedda, Torre- **247** E 6
Marienberg, Kloster- = Abbazia
   di Monte Maria **25** C 6
Mari Ermi **310** C 2
Mariglianella **215** A-B 6
Marigliano **215** A-B 6
Marignana **61** E 5
Marigosa, Casa- **314** C 3
Marigosa, sa- **310** B 2
Marija na Krasu (Madonna del
   Carso) **78-79** E 3-4
Marilleva 900 **38** C 2
Marilleva 1400 **38** C 2
Marina (PE) **165** D 5
Marina (SV) **125** C 4
Marina (VE) **77** B 5
Marina, Casa della- **321** B 6
Marina, Masseria della- **26** C 1
Marina, Monte della- **226** C 2
Marina, Pineta della- **223** D 6
Marina d'Andrano **231** C 5
Marina dei Ronchi **128** C 3
Marina del Cantone **215** E 5
Marina della Lobra **215** E 5
Marina di Acquappesa **240** E 3
Marina di Alberese **158** D 1
Marina di Amendolara **239** E 5
Marina di Andora **124** E 2
Marina di Árbus **314** B 2
Marina di Ascea **232** D 3
Marina di Ávola **295** C 4
Marina di Belmonte **244** D 2
Marina di Belvedere **240** E 3
Marina di Bibbona **147** B 6
Marina di Camerota **234** E 2

Marina di Campo **156** D 1-2
Marina di Caronía **267** B 5
Marina di Carrara **128** C 2-3
Marina di Casàl Velino **232** D 3
Marina di Castagneto Carducci
   147 B 6
Marina di Caulónia **255** E 4
Marina di Cécina **147** A 5-6
Marina di Chialolella **214** D 3
Marina di Chiéuti **186** B 1
Marina di Dávoli **255** A 5
Marina di Équa **215** D 6
Marina di Gáiro **313** E 5
Marina di Ginosa **223** D 6
Marina di Gióia Táuro **252** D 3
Marina di Gioiosa Iónica
   253 E 6
Marina di Grosseto **158** D 1
Marina di Lago di Pátria
   214 B 3
Marina di Leporano **225** E 4
Marina di Lésina **186** B 2
Marina di Iu Impostu **305** C 4
Marina di Mancaversa **230** C 2
Marina di Mandatoriccio
   243 D 5
Marina di Maratea **235** E 5
Marina di Maríttima **231** B 5
Marina di Massa **128** C 3
Marina di Minturno **193** E 5-6
Marina di Módica **293** D 4
Marina di Montemarciano
   144 A 3
Marina di Montenero **185** A 4
Marina di Montignoso **128** C 3
Marina di Nocera **244** E 2
Marina di Nováglie **231** D 5
Marina di Nova Siri **239** C 5
Marina di Orosei **309** C 6
Marina di Ostuni **212** B 3
Marina di Palidoro **177** C 5
Marina di Palma **285** D 4
Marina di Palmi **252** E 2
Marina di Páola **244** B 1
Marina di Patti **268** A 3
Marina di Péscia Romana
   167 D 5
Marina di Pescoluse **231** D 4
Marina di Pietrasanta
   128-129 D 3-4
Marina di Pisa **137** B 4
Marina di Pisciotta **233** E 4
Marina di Pisticci **239** A 6
Marina di Pulsano **225** E 4-5
Marina di Puolo **215** E 5
Marina di Ragusa **292** C 2
Marina di Ravenna **121** C 5
Marina di Salívoli
   156-157 B 3-4
Marina di San Lorenzo **259** E 4
Marina di Sant'António
   255 C 5
Marina di Sant'Ilário **257** C 5
Marina di San Vito **174** C 3
Marina di Síbari **242** B 2
Marina di Sorso **299** D 4
Marina di Stróngoli **247** B 6
Marina di Stróngoli, Stazione
   di- **247** C 6
Marina d'Itála **258** D 1
Marina di Torre del Lago
   Puccini **129** E 4
Marina di Torre Grande
   310 C-D 2-3
Marina di Tor San Lorenzo
   190 B 2
Marina di Varcaturo **214** B 3
Marina di Vasto **175** E 5
Marina di Vietri **217** C 5
Marina di Zambrone **248** D 2
Marina Faleriense **155** A 5
Marina Grande **216** E 2
Marina Iúlia **63** E 5
Marina Palmense **155** B 5
Marina Píccola **216** E 2
Marina Porto **231** C 5
Marina Romea **121** B-C 5
Marina San Gemiliano **313** C 5
Marina Schiavonea **242** C 2
Marinasco **127** C-D 4

Marina Serra **231** C 5
Marina Velca **168** D 1
Marine **49** E 5
Marinella (CS) **243** D 4
Marinella (KR) **247** E 6
Marinella (TP) **275** D 5
Marinella (VE) **77** B 6
Marinella, Fermata- **297** E 5
Marinella, Golfo di- **297** E 5-6
Marinella, Masseria- (BA)
   221 B 6
Marinella, Masseria- (TA)
   224 D-E 1
Marinella di Bruzzano **257** E 4
Marinella di Sarzana **127** D-E 5
Marinelli, Bosco- **207** B 6
Marinelli, Rifúgio- (SO) **36** C 2
Marinelli, Rifúgio- (UD) **43** B 6
Marinelli, Rifúgio- (VB) **49** B 5
Marinello **211** D 6
Marineo **263** C 4-5
Marineo, Casa- **288** B 3
Marini (LE) **231** D 4
Marini (VI) **74** B 3
Marini, Rifúgio- **266** D 2
Marino (RM) **179** D 5
Marino (TP) **260** D 3
Marino, Casa- **239** C 5
Marino, Monte- (AL) **98** E 1
Marino, Monte- (FC) **132** E 3
Marino, Monte- (PR) **115** B 6
Marins **43** E 6
Mario, Monte- **179** B 4
Mario Calderari, Rifúgio-
   181 C 5
Mariotti, Rifúgio- **115** C-D 6
Mariotto **207** B 6
Maríschio **153** A 4
Maristella **300** D 1
Maritani **111** D-E 4
Maríttima **231** B 5
Maritza **299** D 4
Märjelensee **32** A 1
Markinkele = Cornetto di
   Confine **31** B 6
Markovščina (Marcóssina)
   79 D 4
Marlengo = Marling **27** C-D 4
Márlia **129** D 6
Marliana **130** D 1-2
Marliano **139** B 4
Marling = Marlengo **27** C-D 4
Marmagna, Monte- **115** D 6
Marmarole, Gruppo delle-
   31 E 6
Marmarole, Rifúgio- **42** C 3
Marmentino **55** E 5
Marmi, Grotta dei- **189** C-D 5
Marmigliáio **137** D 5
Marmilla, Regione- **315** A 4-6
Marmirolo (MN) **89** C-D 5
Marmirolo (RE) **117** A 6
Marmitte dei Giganti, Riserva
   Naturale- **35** C 5
Marmo, Válico del- **219** C-D 5
Marmolada **41** B 4
Marmolada, Ghiacciáio della-
   41 B 4
Marmontana, Monte- **34** E 3
Mármora **108** B 3
Mármora, Fiumara- **258** A 1
Mármora, Vallone di- **108** B 3
Marmoráia **149** B 4
Marmorata, Ísole- **296** B 3
Marmorata, Ia- **296** B 3
Mármore **162** E 1
Mármore, Cascate delle-
   162 D-E 1
Marmore, Torrente- **47** B 6
Marmóreo **124** D 1-2
Marmóreo, Porto- **291** D 6
Marmorera **35** A 6
Marmoreto **116** D 3
Marmorito **83** D 4
Marmorta **106** E 1
Marmotta, Lago- **38** B 1
Marmottere, Punta- **80** C 3
Mármuri, Grotta su- **313** D 4
Marnate **67** B-C 4
Marniga **72** B 2

Maro **117** D 4
Maro, Passo del- **123** D 5
Marocchi **96** B 2
Marocco **75** D 5
Marocco, Podere- **150** A 1
Maróggia **52** C 2
Maróglio, Fiume- **288** C 1-2
Marogna, Ponte della- **31** D 5
Marola (RE) **117** C 4
Marola (SP) **127** C 4
Marola (VI) **74** D 1
Marolta **33** A 6
Maròn **61** E 4
Marona, Pizzo- **51** B 5
Marone (BS) **70** B 2
Marone (VB) **32** E 3
Marone, Rio- **95** C 5
Marópati **253** D 4
Maróstica **74** B 1-2
Marotta **143** A 6
Maroz, Valle- **35** B 6
Marozzo **107** D 4
Marra **115** C 6
Marrada, Rio- **317** D 4
Marona **74** D 3
Marrara **106** D 1
Marrara **106** D 1
Marreri, Ponte- **308** C 3
Marri **244** A 2
Marro, Torrente- **252-253** E 3-4
Marrocco **182** E 2
Marroccu **321** C 4
Marrone, Monte- **194** A 1
Marroneto **159** B 5
Marrúbiu **310-311** E 3-4
Marrucheto **158** C 1
Mars, Monte- **49** E 5
Marságlia (CN) **110** B 3
Marságlia (PC) **100** E 1
Marságlia (TO-Cirìè) **82** C 1
Marságlia (TO-Monastero di
   Lanzo) **81** B 6
Marsala **274** A-B 2
Marsala, Fiume- **274** B 2
Marsala, Punta- **260** E 2
Marsàn **74** B 2
Marsango **74** D 3
Marsciano **151** E 6
Marsèr, Monte- **55** B 6
Mársia (AP) **154** E 2
Mársia (AQ) **180** A 3
Marsiai **59** B 5
Mársica, Regione- **182** A-C 1-3
Marsicano, Monte- **182** D 3
Marsicano, Torrente- **220** E 1
Mársico Nuovo **236** A 2
Mársico Vétere **236** A 3
Marsíglia **113** C 5
Marsignano **133** B 4
Marsiletti **89** C 5
Marsiliana **129** E 6
Marsiliana, Castello della-
   148 E 2
Marsiliana, Fattoria- **148** E 2
Marsiliana, Riserva Naturale-
   148 E 1
Marsullo, Masseria- **197** C 4
Marsure **61** C 4
Marsure di Sopra **62** A 3
Marsure di Sotto **63** A 4
Marta **74** D 3
Marta (VT) **160** E 1-2
Marta, Cime de- **122** C 3
Marta, Fiume- **168** C 1-2
Martana, Ísola- **160** D-E 2
Martani, Monti- **161** B-C 6
Martano (LE) **227** D 6
Martano (PR) **116** B 2
Martano, Monte- **161** B 6
Martassina **81** B 5
Marteddu, Rio- **308** C 2
Martell = Martello **26** E 2
Martella, Ia- **221** C 6
Martellago **75** D 5
Martellago, Monte il- **173** E 6
Martelli **181** E 4
Martelli, Casa- **197** C 6
Martello = Martell **26** E 2
Martello, Fiume di- **268** D 2
Martello, Pizzo- **35** D 4
Martello, Val- = Martelltal
   26 D-E 1-2

Martellotta, Masseria- **223** C 6
Martelltal = Val Martello
   26 D-E 1-2
Márter **58** B-C 1
Martesana, Navíglio della-
   68 D 3
Marti **138** C 1
Mártica, Monte- **52** D 2
Martigliano **141** A 6
Martignacco **62** B 2
Martignana **138** C 3
Martignana di Po **102** B 3
Martignano (LE) **227** D 6
Martignano (TN) **57** B 5
Martignano, Lago di- **169** E 5
Martignone **118** B 3
Martin, Punta- **112** B 3
Martina = Martinsbruck **25** A 6
Martina, Ia- (BO) **131** A 6
Martina, Ia- (CN) **110** B 3
Martina, Punta- **157** C 5
Martina Franca **211** E 6
Martina Olba **112** B 1-2
Martinelli **58** C 3
Martine, Nuraghe- **301** C 6
Martinella, Dosso della- **57** D 5
Martinella, Monte- **244** B 2
Martinelle **93** E 4
Martinenghe **87** B 6
Martinengo **69** C 6
Martinetti **81** D-E 4
Martinetto **124** C 2
Martínez **280** E 2
Martini (AL) **84** E 1
Martini (ME) **268** B 2
Martini (TO) **95** B 6
Martiniana Po **95** E 5
Martino, Póggio- **168** C 1
Martino, Punta- (OT) **297** D 4
Martino, Punta- (TP) **260** A 1
Martino, Rio- **191** C-D 5
Martinsbruck = Martina **25** A 6
Martinsicuro **155** E 6
Martirano **244** E 3
Martirano Lombardo **244** E 3
Mártis **299** E 6
Martisberg **32** B 1
Mártone **253** E 6
Martorano (FC) **133** A 6
Martorano (PR) **102** E 3
Martucci, Masseria-
   (BR-Fasano) **211** C 6
Martucci, Masseria-
   (BR-Ostuni) **212** C 3
Martucci, Masseria- (BR-Torre
   Santa Susanna) **213** E 4
Marturanum, Parco Regionale
   Suburbano- **168** D 3
Marudo **86** C 2
Marúggio **225** E 6
Marúggio, Monte- **219** E 6
Marušići (Marusici) **79** E 4
Marusici → Marušići **79** E 4
Marza (PV) **84** C 3
Marza (RG) **293** D 6
Marza, Torrente- **233** A 6
Marzabotto **118** D-E 3
Marzáglia **104** E 1
Marzalengo **87** C-D 6
Marzalesco **66** B 1
Marzamemi **295** E 4
Marzana (ME) **268** B 3
Marzana (VR) **72** D 3
Marzanata **105** A 5
Marzanello **194** D 2
Marzano (AV) **203** E 5
Marzano (GE) **113** B 5
Marzano (LO) **69** E 4
Marzano (PV) **85** C 6
Marzano, Monte- **218** B 3
Marzano Áppio **194** D 2
Marzano di Nola **217** A 4
Marzénego, Fiume- **75** D 5
Marzeno **132** A 3
Marzeno, Torrente- **132** A 3
Marzette **103** B-C 6
Marzettelle **103** B 6
Marzi **245** D 2
Marziai **59** C 5
Marziale, Santuário del- **87** D 3
Marziano, il- **206** B 3

Marzínis **61** E 5
Márzio **52** C 2
Marzo, Monte- **47** E 6
Marzocca **144** A 2
Marzocco, Torre del- **137** C 4
Marzola **117** C 6
Marzola, Monte Ia- **57** B 5
Marzolana, Monte- **151** D 5
Marzolara **116** A 2
Marzolo, Monte il- =
   Vermoi Spitze **26** C 2
Marzòn, Malga- =
   Marzoner Alm **26** D 3
Marzòn, Val- **31** D 6
Marzoner Alm = Malga Marzòn
   26 D 3
Marzotto **77** B 5
Mas (BL) **41** E 6
Mas (TN) **73** B 4
Masaínas **319** C 4
Masaínas, Cantoniera- **315** D 5
Masano **69** D 5
Masanti di Sopra **115** B 4
Masanti di Sotto **114-115** B 3-4
Masarè **41** C 5
Masarè **42** E 2
Masarólis **63** A 4
Masate **69** C 4
Máscali **269** E 5
Mascalucia **283** B 5
Máscari, Rio- **300** C 3
Mascarino-Venezzano **105** E 4
Maschio di Lariano **180** E 1
Maschito **206** D 1
Mascia, Casa- (FG-San Severo)
   186 E 2
Mascia, Casa-
   (FG-Serracapriola) **186** D 1
Masciaga **71** D 4
Masciago **67** C 3
Masciago Primo **51** C 6
Mascione **196** A 1
Mascioni **163** E 6
Mascioni, Monte- **163** E 6
Masculo, Masseria- **197** B 5
Masella **258** C 3
Masenzías, Punta- **317** E 5
Masèr **59** E 5
Masera **32** E 2
Masera, Ia- **130** A 2
Maserada sul Piave **75** B 6
Maserà di Pádova **92** C 2
Masereto **115** A 6
Maséris **61** E 5
Maserno **118** E 1-2
Masetto **39** E 4
Masi (MN) **104-105** A 3-4
Masi (PD) **91** E 5
Masi (PZ) **219** A-B 6
Masi, i- **192** B 2
Masi d'Ávio **72** E 3
Masi di Cavalese **39** D 6
Masiénnera, Punta- **307** B 6
Masiera **120** C 3
Másino **35** E 6
Másino **65** E 4
Másino, Torrente- **35** D-E 6
Másino, Val- **35** D-E 6
Másio (AL) **97** C 6
Másio (TO) **96** B 2
Masi San Giácomo **106** D 1
Masi Torello **106** C 1
Masliánico **52** D 3
Masnago **51** E 6
Maso (VE) **93** B 4
Maso (VI) **57** E 6
Maso, Rio- **58** B 2
Maso Cantòn **39** E 4
Maso Casera = Kaserhof
   39 B 6
Maso Corto = Kurzras **26** B 2
Maso del Castello **26** D 1
Maso della Rena = Sandwirt
   27 B 5
Masogelato = Eishof **26** B 3
Masone (GE) **112** B 2
Masone (RE) **117** A 6
Masone, Ponte- **239** A 4
Masone, Ponte del- **50** B 3
Masonedili, Cantoniera-
   317 C 6

A B C D E F G H I J K L M N O P Q R S T U V W X Y Z

Masone Pardu **321** B 5
Masoni Nostu, Ponte de- **315** B 5
Mason Vicentino **74** B 1
Maso Stádio = Stadelhöf **39** C 5
Maspiano **70** B 2
Massa (BN) **195** E 5
Massa (FC-Cesena) **133** B 5
Massa (FC-Forlì) **133** A 4
Massa (FC-Longiano) **133** B 6
Massa (FC-Sársina) **133** E 5
Massa (FI) **139** C 6
Massa (LU) **129** A 5
Massa (MC) **153** B 5
Massa (MS) **128** C 3
Massa (PU) **142** D 2
Massa (PZ) **235** E 5
Massa (RA) **121** E 4
Massa (RE) **117** D 5
Massa (SA) **233** C 4
Massa, Ponte- **158** C 1-2
Massa Annunziata **283** B 5
Massaciúccoli **129** E 5
Massaciúccoli, Lago di- **129** E 4-5
Massa d'Albe **172** E 1
Massa del Turlo (Giandolino) **50** C 3
Massa di Somma **215** B 6
Massa e Cozzile **130** D 1
Massa Fermana **154** B 2
Massa Finalese **104-105** C 3-4
Massa Fiscáglia **106** C 3
Massafra **224** B 2
Massaíni, Palazzo- **150** C 2
Massalengo **86** C 3
Massa Lombarda **120** C 2
Massa Lubrense **215** E 5
Mássama **310** C 3
Massa Maríttima **148** E 2
Massa Martana **161** B 6
Massa Martana, Stazione di- **161** C 6
Massangla, Torrente- **56** D 2
Massanzago **75** D 4
Massaprofóglio **153** D 5
Massaquano **215** D 6
Massarella **138** B 2
Massari (BN) **195** E 5
Massari (CB) **195** B 5
Massari, Pizzo- **33** A 5
Massarosa **129** E 4-5
Massarotto, Casa- **188** D 3
Massa-San Giórgio **258** A 2
Massa-San Giovanni **258** A 2
Massa-San Nicolò **258** A 2
Massa-Santa Lucia **258** A 2
Massascusa **233** C 4
Massazza **65** D 5
Masselli (VR-Bosco Chiesanuova) **72** C 3
Masselli (VR-Erbezzo) **72** C 3
Massello **94** A 3
Massenzática **107** B 4
Massenzático **103** E 5
Masseranga **65** B 5
Masserano **65** C 5
Masserano, Stazione di- **65** C 6
Masserecci, Póggio- **140** B 2
Masseria **65** E 4
Masseria (BA) **209** E 5
Masseria = Maiern **28** B 2
Masserie = Maierhöfe **31** B 4
Masseto **131** E 6
Massicelle **233** D 4
Mássico, Monte- **201** D 5
Massignani **73** C 5
Massignano (AN) **145** B 4
Massignano (AP) **155** C 5
Massignano, Marina di- **155** C 5
Massimbona **89** C 5
Massimeno **38** E 2
Massimino **111** D 4
Mássimo **164** E 2
Mássimo, Porto- **297** B 4-5
Massino Visconti **51** D 5
Massiola **50** C 3
Masso **114** E 3
Masso, Monte- **139** C 5-6

Masso d'Orso **163** E 4
Massoncello, Monte- **156** B 3
Massone **56-57** D 3-4
Massone, Monte- **50** C 3
Massumático **105** D 4
Mastallone, Torrente- **50** D 2
Mastánico **71** B 4
Mastáun, Monte- **26** C 2
Mastáun, Val di- = Mastauntal **26** C 2
Mastauntal = Val di Mastáun **26** C 2
Mastiano **129** D 6
Mástixi, Punta su- **313** D 6
Mastramici **195** D 6
Mastrángolo, Monte- **268** B 3
Mastrati **194** C 2
Mastri **82** B 2
Mastro Giovanni, Ponte- **219** B 4
Mastromarco **130** E 2
Mastro Pietro, Fosso di- **191** C 4-5
Mastro Stéfano, Coppa di- **188** D 1
Masua **314** E 2
Masua, Forte- **72** C 2
Masúccio, Monte- **37** D 4
Masuéria **95** E 5
Masul, Rio- **27** C 5
Másullas **315** A 4-5
Mataiùr, Monte- **45** E 5
Matanna, Monte- **129** C 4-5
Matarazzo, Monte- **279** D 6
Matarocco **274** A 3
Matassaro Renna, Monte- **262** C 3
Matassino **139** C 6
Matassone **57** E 5
Matavun **79** C 6
Matélica **153** B 5
Matélica, Masseria- **227** D 5
Matellica **133** A 6
Matèr, Monte- **35** B 5
Matera **222-223** B 3-4
Materada (Matterada) **79** E 4
Materdómini (AV) **204** E 3
Materdómini (LE) **227** C 5
Materdómini (SA) **217** B 5
Matorija (Motteria) **79** C G
Maternigo **73** D 4
Matese, Lago del- **195** C 4
Matese, Monti del- **195** B-C 4-5
Matese, Parco Regionale del- **195** C-D 4-5
Matese, Punta- **264** A-B 1
Mathi **82** B 1
Matigge **162** A 1
Matina **241** D 4
Matine di latta, Masseria le- **207** C 6
Matinella **218** E 1
Matinella, Fiumara- **206** C 1-2
Matini **268** A 2
Matino **230** B 3
Matonti **232** B 2
Matráia **129** D 6
Matrice **196** A 2
Matrice-Montágano, Stazione di- **195** A 6
Matro **33** B 6
Matrona, Casa- **285** B 4
Matsch = Mázia **26** C 1
Matscher Joch = Passo di Mázia **26** B 1
Matscher Tal = Val di Mázia **26** C 1
Matscher Winkel Kogel → Monte Cantone **26** A 1
Matschiedl **45** A 5
Matta, Fontana- **168** D 1
Mattaciùl, Cima- **37** D 5
Mattaleto **116** A 3
Matta Masónis, Cúccuru- **320** A 2
Mattarana **114-115** E 3-4
Mattarelle, Torre- **213** D 6
Mattarello **57** C 5

Matt' e Abramu, Monte sa- **317** D-E 5
Mattei Enrico, Rifúgio- **115** D 6
Matterada → Materada **79** E 4
Matteria = Materija **79** C 6
Máttie **81** D-E 4
Mattina, Monte- **205** D 4
Mattinata **189** D 4
Mattinata, Porto di- **189** D-E 4
Mattinella **204** D 3
Mattling **43** A 6
Mattlishorn **24** A 1
Mattmarksee **49** A 6
Matto, Monte- **109** E 4
Mattone, Monte- (AQ-Pettorano sul Gízio) **183** B 4
Mattone, Monte- (AQ-Villetta Barrea) **183** D 4
Mattone, Rio su- **300** C 2-3
Mattoni, Monte- **55** D 6
Mattoni, Torre- **224** D 1
Matzáccara **318** B 3
Matzenboden = Piàn di Mázzes **42** A 3
Maucini **293** D 6
Maudit, Mont- **46** A 1-2
Maugeri **283** B 6
Máula, Casa- **205** D 5
Maulazzo, Lago- **268** C 1
Mauletta **66** B 1
Mauls = Múles **30** A 1
Maulser Tal = Val di Múles **30** A 1
Maurer Kopf = Monte Muro **31** C 4
Máuria **42** D 3
Máuria, Passo della- **42** D 3
Maurin **94** E 1
Maurin, Col de- **108** A 2
Maurin, Valle del- **108** A 2
Maurion **122** C 2
Máuro, Monte- (BN) **203** D 4
Máuro, Monte- (CB) **184** C 3
Máuro, Valle di- **238** E 1
Mautino, Rifúgio- **94** B 1
Mauvoisin **48** A 2
Mauvoisin, Lac de- **48** A 2
Matélica, Masseria- **227** D 5
Mavellia, Masseria- **199** C 4
Mavigliano, Torrente- **244** A 3
Mavone, Fiume- **164** E 2
Máxia, Casa- **315** D 5
Máxia, Punta- **319** C 6
Mayt, Col- **94** B 2
Mazara del Vallo **274** C 3
Mázaro, Fiume- **274** C 3
Mázia = Matsch **26** C 1
Mázia, Passo di- = Matscher Joch **26** B 1
Mázia, Val di- = Matscher Tal **26** C 1
Mazonzo, Punta 'e- **308** C 2
Mazzabue **102** C 3
Mazzáglia **283** B 4
Mazzagullo, Monte- **247** A 4
Mazzalorsa, Masseria- **211** D 6
Mazzangrugno **144** B-C 2
Mazzano **71** D 4
Mazzano Romano **169** D 6
Mazzanta **147** A 5
Mazzantica **90** C 2-3
Mazzarelli **112** A 3
Mazzarino **287** B 6
Mazzarò **269** D 6
Mazzarrà, Torrente- **269** A 4-5
Mazzarrà Sant'Andrea **269** B 4-5
Mazzarrone **288** D 2
Mazzarrone, Póggio- **288** D 2
Mazzaschi **101** D 4
Mazzè **82** B 3
Mazze, Monte- **58** E 2
Mazzeni, Bivacco- **45** C 5
Mazzetta, Masseria- **226** B 3
Mazzi (FC) **133** E 5
Mazzi (VR) **89** B 5
Mazzìn **40** B 3
Mazzináiu, Cantoniera- **303** C 4
Mazzo di Valtellina **37** D 4
Mazzocco, Torrente- **134** E 2

Mazzola **128** A 3
Mazzolada **77** B 4
Mazzolano **120** E 1
Mazzolla **148** A 2
Mazzolu, Monte- **297** D 4
Mazzoni, i- **201** E 5-6
Mazzorbo **76** E 2
Mazzorno **107** A 4
Mazzorno Sinistro **107** A 4
Mazzucco, Oratório- **107** A 5
Mazzurega **72** D 2
Mea **107** A 5
Meana **81** E 5-6
Meana di Susa **80** D 3
Meana Sardo **312** C 1
Meana Sardo, Stazione di- **312** C 1
Méan Martin, Pointe de- **80** B 3
Meano (BL) **59** B 5
Meano (BS) **70** E 1
Meano (TN) **57** A-B 5
Meano (TO) **95** A 4
Meatta, Monte- **58** D 1
Mecca **81** B 6
Méchel **38** C 3
Meda (MB) **67** B 6
Meda (VI) **58** E 1
Meda, Forca della- **61** A 4-5
Medadu, Monte- **308** E 3
Medálghes, Fúrcia di- = Kreuzjoch **30** D 3
Medana **63** C 5
Medáris, Monte- **308** D 1
Medaro, Pizzo- **32** D 3
Medassino **99** B 4
Medau, Genna 'e- **312** D 3
Medau Zirimilis, Lago di- **319** A 6
Méddas, is- **319** B 5
Mede **84** D 3
Mede, Piz di- **43** C 6
Medea **63** D 4
Medea, Monte di- **63** D 4
Medeazza **63** E 6
Medéglia **34** E 2
Medelana (BO) **118** D 3
Medelana (FE) **106** D 2
Medesano **101** E 6
Medezza **63** C-D 4
Mediana, Strada- **191** D 6
Mediano **116** B 3
Mediatore, Monte- **218** B 3
Medicina (BO) **119** C 6
Medicina (PT) **130** D 1
Médico, Scoglio del- **265** A 5
Mediglia **68** E 3
Medis **43** D 5
Medio Fortore, Parco Regionale- **186** C-D 1
Medolago **69** B 4
Médole **89** B 4
Médole, Crocevia di- **89** B 4
Medolla **104** C 2-3
Meduna, Fiume- **61** E 4
Meduna, Torrente- **61** B-C 5
Meduna di Livenza **76** A 3
Meduno **61** A 5
Medusa, Castello- **311** D 6
Medusa, Castello di- **313** C 5
Méfite, Sorgente- **204** D 2
Mefito, Sorgenti del- **202** E 3
Megara-Giannalena, Stazione- **291** C 5
Megara Hyblaea **291** B 5
Megarese, Porto- **291** B 5
Meggiano (PG) **162** B 2
Meggiano (VR) **73** E 5
Megliadino San Fidénzio **91** D 6
Megliadino San Vitale **91** D 6
Megna, Monte- **114** A 3
Megno **37** E 4
Mégolo di Cima **50** B 3
Mégolo di Fondo **50** B 3
Méia, Rocca la- **108** B 3
Meianiga **74** E 3
Meilogu **307** A-C 4-6
Méina **51** E 5
Mel **59** B 5
Mela, Fiume- **269** A 6
Mela, Monte- **313** D 4

Mela, Monte di- **284** A 2
Mela, Póggio di- **148** A 1
Mela, sa- **302** C 1
Melacce, Torrente- **158** B 3
Meláccio, Pizzo- **53** B 6
Meláccio, Monte- **26** A 1
Melager Alm = Malga di Melago **26** B 1
Melago = Melag **26** A 1
Melago, Malga di- = Melager Alm **26** B 1
Melago, Passo di- = Weisseejoch **26** A 1
Melara **90** E 3
Melarolo **63** C 4
Mélas, Rio- **301** C 4
Melazza, Punta della- **180** E 2
Melazzo **97** E 6
Méldola **133** B 5
Mele **112** C 2
Mele, Capo- **124** E 2
Mele, Monte- **284** B 2
Mele, Piana delle- **173** E 6
Mele, Serra di- **207** E 6
Mele, Stazione di- **112** B 2
Mel é dis, Passo di- **44** A 2
Meledo **73** E 6
Melédrio, Torrente- **38** D 2
Melédrio, Val- **38** C-D 2
Melegnanello **87** C 4
Melegnano **86** B 2
Melello **141** C 5
Melendugno **229** D 4-5
Melera **34** D 2
Meleta **148** E 3
Meletello **159** E 5
Meleti **87** D-E 5
Meleto (AR) **139** D 6
Meleto (RN) **135** E 4
Meleto, Castello di- **139** E 6
Melétole **103** D 4
Meletta di Gállio, Monte- **58** D 2
Melezen **108** A 1
Mélezet (Fráncia) **94** D 1
Mélezet (TO) **80** E 1
Melezzo, Torrente- (Svízzera-VB) **33** D 5
Melezzo, Torrente- (VB) **32** E 3
Melézzole **161** C 4
Melfa **193** B 5
Melfa, Fiume- **183** E 4
Melfa, Valle del- **193** A 5
Melfi **205** C 6
Melfi, Casa- **288** D 3
Meli, Ísola dei- **318** A 2
Melia (ME) **269** D 6
Melia (RC) **256** C 1
Meliciano **140** D 3
Melicuccà (RC) **252** E 3
Melicuccà (VV) **253** C 5
Melicucco **253** D 4
Melide **52** C 2
Melignon **46** D 3
Melilli **291** C 5
Melilli, Casa- **289** D 6
Melillo, Monte- (BAT) **206** B 2
Melillo, Monte- (CS) **245** C 5
Melirolo **34** D 2
Melíscio, Villa- **238** E 1
Melisenda **317** B 6
Melissa **247** B 5
Melissano **230** C 3
Melitello **245** E 5
Mélito, Fiumara- **259** E 4
Mélito, Fiume- **245** E 5
Mélito, Ponte- **204** B-C 1
Mélito di Nápoli **215** B 4
Mélito di Porto Salvo **259** E 4
Mélito Irpino **204** B 1
Mélito Irpino Vécchia **204** B 1
Melizzano **202** C 3
Mella, Fiume- **70** E 2
Mella, Monte di- **221** E 4
Mellame **58** C 3
Mellana **109** C 6
Mellani **110** A 2

Mellaredo **75** E 4
Mellaro, Torre- **245** C 5
Mellarolo **35** E 6
Melle **109** A 5
Mellea **110** A 1
Mellea, Torrente- **110** A 1
Mellicciano **138** C 2
Mellier **47** D 6
Mellitto, Stazione- **210** C 1
Mello **35** E 6
Mello, Valle di- **35** D 6
Mellweg **45** A 4
Melo **130** B 1
Melodia, Masseria- **207** D 4
Melognara, Timpa- **247** A 4
Melogno **111** E 5
Melogno, Colle di- **111** E 5
Meloni, Casa- **313** E 5
Melonta, Monte di- **160** A 3
Melória, Torre della- **137** C 4
Melosa, Colla- **122** C 3
Melotta **69** E 6
Melpignano **227** E 6
Mels **62** A 2
Méltina = Mölten **27** D 5
Méltina, Monte di- = Möltner Joch **27** D 5
Meluzzo, Lago di- **42** E 3
Melzo **68-69** D 3-4
Memmenano **140** B 3
Memmo **55** E 6
Mena (UD) **44** D 2
Mena (VR) **91** E 5
Menáccia **98** C 3
Menággio **53** B 4
Menággio, Rifúgio- **53** B 4
Menago, Fiume- **90** C 3
Menai **96** E 2
Menarola **35** C 4
Menàs **38** C 2
Menata **120** B 3
Mencónico **99** D 6
Mendática **123** B 4
Mendelpass = Passo della Méndola **39** B 5
Mendicino **244** C 3
Méndola **261** E 4
Méndola, Bosco la- **237** A-B 5-6
Méndola, Fiume della- **263** E 5
Méndola, Passo della- = Mendelpass **39** B 5
Méndola, Torrente- **285** D 5
Mendrísio **52** D 3
Menegosa, Monte- **100** E 3
Menegotto **70** B 3
Menezzo **124** C 1
Menfi **275** D 6
Menga, Punta- **319** D 4
Mengaccini **115** A 5
Mengara **152** A-B 2
Mengucci, Colle- **184** A 3
Menhir, Rovine- **209** D 4
Menìn **59** B 5
Menna, Cima di- **54** C 2
Menna, Masseria- **175** E 4
Mennella **194** A 2
Menniti **249** C 5
Ménnola, Monte- **247** A 5
Menócchia, Torrente- Ísola **155** C 4-5
Menogno **32** E 2
Menolécchia, Masseria- **205** C 4
Menólzio **81** D-E 4
Menósio **124** D 2
Menotre, Fiume- **153** E 4
Menotti Garibaldi, Tomba di- **191** A 4
Menouve **47** A 4
Menouve, Colle- **47** A 4
Mensa **133** A 6
Mensanello **149** A 4
Mensano **148** B 3
Menta (AL) **112** B 3
Menta (PR) **114** C 3
Menta, Punta la- **299** C 5
Mentana **179** A 5
Mentaro, Torrente- **244** D 3
Menton (Mentone) **122** E 2
Mentone → Menton **122** E 2

Mentorella, Santuário della- **180** B 2
Mentoulles **80** E 3
Menulla **81** B 6
Menza, ex Rifúgio- **283** A 5
Menzago **51** E 6
Menzano **171** B 6
Menzónio **33** B 5
Méolo **76** C 2
Meoste **139** B 5
Mera, Alpe di- **50** E 2
Mera, Fiume- **35** D 5
Mera, Monte- **122** D 3
Meran = Merano **27** C-D 4-5
Meran 2000 = Merano 2000 **27** C 5
Merana **111** B 5
Merángeli **194** E 3
Merano = Meran **27** C-D 4-5
Merano 2000 = Meran 2000 **27** C 5
Merate **68-69** B 3-4
Meravíglia, Monte- **162** C 3
Meravíglie, Grotta delle- **54** E 1
Merbe, Passo- = Merbjoch **29** C 6
Merbjoch = Passo Merbe **29** C 6
Mercadante, Foresta- **210** C 1
Mercaldi Nuova, Masseria- **198** A 2
Mercallo **51** E 5-6
Mercante, Grotta del- **199** D 6
Mercante, Passo del- **253** E 5
Mercantelli, Pizzo- **35** D 6
Mercantour, Cima di- **109** E 4
Mercantour, Parc National du- **108** E 1-3
Mercatale (AR) **151** B 5
Mercatale (BO) **119** D 5
Mercatale (FC) **132-133** C 3-4
Mercatale (FI) **139** C 5
Mercatale (PO) **131** C 4
Mercatale (PU) **142** A 1
Mercatale (RA) **132** A 1
Mercatale Valdarno **140** D 1
Mercatello (PG-Castèl Ritaldi) **162** A 1
Mercatello (PG-Marsciano) **151** E 6
Mercatello (SA) **217** C 5
Mercatello, Passo del- **114** A 2
Mercatello sul Metáuro **141** B 6
Mercatino Conca **134** E 2
Mercato (PR) **116** B 3
Mercato (PU) **135** D 4
Mercato (SA) **218** C 1
Mercato, Ponte- **170** E 2
Mercato Cilento **232** C 2
Mercato San Severino **217** B 5
Mercato Saraceno **133** D 5
Mercato Vécchio (PU) **134** E 2
Mercato Vécchio (TV) **59** E 5
Merče **79** B 6
Mercenasco **64** E 3
Mérchis, Ponte- **307** E 5
Mérchis, Rio- **307** E 4
Merciantáira, Punta- **94** B 2
Merciére, Col- **109** E 4
Mercogliano **203** E 5
Mércore **101** B 5
Mercurago **51** E 5
Mércure, Fiume- **238** E 1
Mercuri Tedesco **245** E 4
Merella **98** D 3
Merendáore **73** B 4
Mereta **111** E 4
Mereto di Capítolo **63** D 4
Mereto di Tomba **62** B 2
Meretto **131** D 4
Mereu, Monte- **320** D 1
Mergnano San Pietro **153** C 5
Mergnano San Savino **153** C 5
Mergo **143** D 5
Mergóscia **33** D 6
Mergozzo **51** C 4
Mergozzo, Lago di- **51** C 4
Meri **269** A 5
Meri, Fiume di- **269** A 6

Meri, Rio- **112** A 1
Meria, Monte- **181** B 6
Mericolo, Monte- **55** E 5
Méride **52** D 2
Meridiana **97** B 4
Merine **227** C 6
Merinum **189** B 4
Meríšče (Meríschie) **79** E 4
Merischie → Merišče **79** E 4
Merizzo **115** E 6
Merlana **63** C 4
Merlano **118** D 3
Merlara **91** D 5
Merláschio **120** E 2
Merlazza **97** C 4
Merlengo **75** B 5
Merli **73** C 4
Merlier, Cime de- **108** E 3
Merlini **97** E 5
Merlino **68-69** E 3-4
Merlo (CN) **110** C 2
Merlo (VI) **58** E 3
Merna → Miren **63** D 6
Mernicco **63** B 5
Merone **53** E 4
Merone, Torrente- **245** C 4
Merse, Fiume **149** C 4-5
Mersino **63** A 5
Merso di Sopra **63** A 5
Mérula, Torrente- **124** D 2
Meruzzano **97** E 4
Merveilles, Refuge des- **122** B 2
Merveilles, Vallée des- **122** B 1
Mesa **192** C-D 1
Mesa, Punta sa- **302** D 3
Mesa de s'Attentu, sa- **300** E 3
Mesagne **213** D 4-5
Mesau **320** E 1
Mesca, Ponte- **244** A 3
Mesco, Punta- **126** C 2-3
Mescolino **60** D 2
Mescolino, Monte- **133** D 4
Mese **35** C 4-5
Mésero **67** D 4
Mesiano **248** E 3
Mésima, Fiume- **252** C 3
Mesocco **34-35** B 3-4
Mésola **107** B 4
Mésola, Monte la- **41** B 4
Mesolcina, Val- **34** C-D 3
Mésole, Masseria- **224** B 3
Mesonette **81** A 6
Mesoraca **246** D 3
Mesoraca, Fiumara di- **246** D 3
Mesches, Lac des- **122** B 2
Messer, Monte- **60** B 3
Messercola **202** D 3
Messi, Valle delle- **37** C-D 6
Messignadi **256** B 3
Messignè **47** C 6
Messina **258** B 2
Messina, Monte- **235** D 5
Messina, Stretto di- **258** A-B 2-3
Messori, Casa- **207** A 5
Mestre **75** D-E 5-6
Mestriago **38** C 2
Mestrino **74** E 2
Mesu 'e Róccas, Monte- **310** A 3
Mésule (Möseler) **29** A 5
Mesumundu, Chiesa di- **301** D 5
Meta (AQ) **181** C 5
Meta (NA) **215** E 6
Meta, Monte la- **183** E 4
Meta, Monti della- **183** D-E 4
Meta, Pizzo di- **154** C 1
Meta, Serra- **293** B 4
Meta, Torrente- **141** C 6
Metallífere, Colline- **148-149** C 3-4
Metanópoli **68** E 2
Metaponto **223** E 5
Metaponto, Riserva Naturale- **223** E 5-6
Metapontum **223** E 5
Metato, Póggio- **148** A-B 3
Metáuro, Fiume- **142** B 3

Metello **116** E 3
Metilde, Casa- **188** B 1
Métola, Torre- **142** B 1
Metra **129** A 4
Métramo, Fiume- **253** D 5
Metrano **215** E 5
Metti (MS) **127** C 4-5
Metti (PR) **101** E 4
Metti → Kmeti **78** E 3
Méttien **49** D 5
Meugliano **64** D 2
Meule **50** D 2
Mevale **162** A 3
Meyriés, les- **94** C 1
Meyronnes **108** A 1
Mezzacca **53** C 6
Mezzago **68-69** C 3-4
Mezzalama, Rifúgio- **49** B 4
Mezzalora, Casa- **268** D 1
Mezzaluna, Cala- **318** B-C 2
Mezzana (MS) **128** A 3
Mezzana (PI) **131** E 4
Mezzana (PO) **131** E 4
Mezzana (RO) **106** A 3
Mezzana (TN) **38** C 2
Mezzana (TO) **83** C-D 4
Mezzana, Cima- **38** C 2
Mezzana, Monte- **182** B 3
Mezzana, Ponte de- **85** D 5
Mezzana Bigli **84** E 3
Mezzana Casati **87** E 4
Mezzana Corti **85** D 5
Mezzana della Quércia, Masseria- **186** D 3
Mezzana Frido **238** E 2
Mezzana Grande, Masseria- **197** B 6
Mezzanagrande, Masseria- **188** E 1
Mezzana Lória **103** B 4
Mezzana Mortigliengo **65** B 5
Mezzana Rabattone **85** D-E 5
Mezzana Sálice **238** E 2
Mezzana Torre **238** D-E 2
Mezzane **88** B 3
Mezzane, le- **197** C 5
Mezzane, Torrente- **73** D 4
Mezzane di Sopra **73** E 4
Mezzane di Sotto **73** E 4
Mezzánego **114** D 2
Mezzanelle, Masseria- **197** B 6
Mezzani **102** C 3
Mezzanino (AL) **98** B 3
Mezzanino (LO) **87** E 5
Mezzanino (PV) **85** D 6
Mezzano (AL) **98** B 1
Mezzano (CE) **202** D 2
Mezzano (PC) **87** E 6
Mezzano (PV-Pieve Porto Morone) **86** E 2
Mezzano (PV-Sannazzaro de' Burgondi) **85** D 4
Mezzano (RA) **120** C 3
Mezzano (TN) **41** E 4
Mezzano (VT) **159** E 6
Mezzano, Lago di- **159** E 6
Mezzano, Monte- (PR) **101** E 4
Mezzano, Monte- (VA) **52** C 2
Mezzano, Valle del- **106** D-E 2-3
Mezzano di Sotto **87** D 5
Mezzano Inferiore **102** C 3
Mezzano Rondani **102** B 3
Mezzano Scotti **100** D 1
Mezzano Siccomário **85** D 5-6
Mezzano Superiore **102** C 3
Mezzanotte **143** C 4
Mezzaselva (Svízzera) **24** A 2
Mezzaselva (VI) **58** D 1
Mezzaselva = Mittewald **30** B 1
Mezzate **68** E 3
Mezzavalle (GE) **114** C 2
Mezzavalle (TN) **40** C 2
Mezzavia (AR) **151** A 4
Mezzavia (PG) **141** D 5
Mezzavia, Rifúgio- **39** B 5
Mezzavilla (VR-Ferrara di Monte Baldo) **72** B 2
Mezzavilla (VR-San Martino Buon Albergo) **73** E 4
Mezzegra **53** C 4

Mézzema **114** E 3
Mezzenile **81** C 6
Mezzenile, Punta- **81** B 4
Mezzeno **120** E 2
Mezzeno, Conca de- **54** C 2
Mezzi **82** C-D 2
Mezzo, Colle di- **195** B 4
Mezzo, Coppa di- **188** D 2
Mezzo, Giogo di- = Mitterjöchl **29** C 3
Mezzo, Lago di- **89** D 6
Mezzo, Monte di- (EN) **281** B 4
Mezzo, Monte di- (GE) **113** B 4
Mezzo, Monte di- (FG) **188** C 3
Mezzo, Monte di- (AQ-TE) **163** D 6
Mezzo, Punta di- = Mittereck **26** B 1
Mezzo, Serra di- **287** A 5
Mezzocampo **246** A 3
Mezzocanale **41** D 6
Mezzo Canale, Ponte- **60** B 3
Mezzocolle, Parrócchia di- **119** E 6
Mezzocorona **39** D 4
Mezzodì, Beccas del- **109** C 5
Mezzodì, Gúglia del- **80** E 1
Mezzodì, Picco di- **45** C 6
Mezzodì, Piz di- **41** D 5
Mezzodì, Pizzo di- **54** C 1
Mezzodì, Sasso di- **42** E 2
Mezzodì, Spiz di- **41** C 6
Mezzogiorno, Faraglioni di- **190** D 1
Mezzogoro **107** B 4
Mezzojuso **263** D 5
Mezzola, Lago di- **35** D 5
Mezzolago **56** D 2-3
Mezzolara **119** B 6
Mezzoldo **54** B 1
Mezzolombardo **39** D-E 4
Mezzomerico **66** B-C 2
Mezzomonreale **263** B 4
Mezzomonte (PN) **60** C 3
Mezzomonte (TN) **57** D 5
Mezzoni **113** B 6
Mezzovico **33** E 6
Mezzovico-Vira **33** E 6
Mia, Monte- **45** E 5
Miage, Ghiacciáio del- **46** B 1
Miagliano **49** E 6
Miale Ispina, Monte- **300** C 3
Miane **59** D 5-6
Miani, Villa- **211** B 4-5
Miano (FC) **132** B 3
Miano (PR-Corníglio) **116** B-C 2
Miano (PR-Medesano) **101** E 6
Miano (NA) **215** B 5
Miano (TE) **164** D 2
Miano, Monte- **197** A 4
Mianu, Spécchia- **212** D 3
Miasino **51** D 4
Miazzina **51** B-C 5
Micarone **173** B 5
Micciano (AR) **141** C 4
Micciano (PI) **148** B 1-2
Miccichè, Casa- **284** C 3
Míccio, Monte- **266** D 3
Micheletta, Monte- **256** D 2
Micheli, Rifúgio- **116** C 2
Michellórie **91** C 4
Micigliano **171** B 4
Micóttis **44** E 3
Midi, Aiguille du- **46** A 2
Midi, Col du- **46** A 1-2
Midi, Punta- **95** A 4
Mídia, Monte- **180** A 3
Miega **91** C 4
Mièl, Pizzo di- **41** C 4
Mieli **43** C 6
Mieme **148** A 1
Miesnotta, Malga- **40** D 3
Miezegnòt, lôf di- **45** C 4-5
Migáido, Torre- **267** C 4
Miggiano **231** C 4-5
Miggiano, Torre- **231** B 5
Migiana **151** C 6
Migiana di Monte Tézio **152** B 1
Migiandone **51** B 4
Migianella dei Marchesi **151** A 6

Migiondo **37** C 5
Migliana **131** C 4
Migliandolo **97** B 5
Miglianello **129** D 5
Migliánico **174** B 2
Migliano (AV) **217** A 4
Migliano (PG) **151** E 6
Migliara **117** B-C 4
Migliardo **269** A 5
Migliarese, Punta di- **122** E 3
Migliarina (AR) **140** D 1
Migliarina (GE) **113** B 4
Migliarina (MO) **103** D 6
Migliarino (FE) **106** D 2
Migliarino (PI) **137** A 4-5
Migliarino-San Rossore-Massaciúccoli, Parco Regionale- **137** A-B 4
Migliaro (CR) **87** D 6
Migliaro (FE) **106** C 3
Migliéglia **52** B 2
Migliere **81** B 5
Miglierina **249** A 6
Miglio, Monte- (AQ) **182** B 3
Míglio, Monte- (IS) **183** D 6
Migliónico **221** D 6
Migliorero, Rifúgio- **108** D 2
Migliorini **130** C 1-2
Migliuso **249** A 6
Mignágola **75** B 6
Mignánego **112** B 3
Mignano **141** B 4
Mignano, Lago di- **101** D 4
Mignano, Monte- **113** C 6
Mignano Monte Lungo **194** C 1
Mignete **68-69** E 3-4
Mignone (BS) **71** B 6
Mignone (VT) **168** D-E 1-2
Mignone, Fiume- **168** D 2
Mignone, Monte- **55** C 5
Milanere **81** E 6
Milanesi **256** C 1
Milani **97** E 6
Milano **68** D-E 2
Milano-Cremona-Po, Canale- **87** C 4
Milano Due **67** D 6
Milanolago **68** D 3
Milano Maríttima **121** E 5
Milano San Felice **68** D 3
Milano Tre **85** B 6
Milanu, Nuraghe su- **312** E 1
Milazzese, Punta- **273** C 5
Milazzo **271** C 5
Milazzo, Capo di- **271** C 4
Milazzo, Golfo di- **271** C 6
Milè, Fiume- **268** D 2
Milena **285** A 4
Mileo **237** E 5
Mileto **248** E 3
Mileto, Torre- **188** B 1
Miletto, Monte- **195** C 4
Mili, Fiumara- **258** C 1-2
Milia, Casa- **283** A 4
Milia, Torrente- **148** D 2
Milianni **266** C 3
Milici **269** B 5
Milicia, Fiume- **263** B-C 5
Miliès **59** D 5
Mili Marina **258** C 2
Milingiana, Montagna- **287** C 5
Milis **310-311** B 3-4
Mili San Marco **258** C 1-2
Mili San Pietro **258** C 1
Miliscola, Spiággia di- **214** C 3
Militello in Val di Catánia **289** B 4
Militello Rosmarino **268** B 1
Militino, Serra- **247** C 5
Millàn = Milland **30** C 2
Milland = Millàn **30** C 2
Millecampi, Valle di- **93** C 4
Millepini **68** D 3
Miller, Corno- **37** E 6
Millésimo **111** C 5
Millicucco **269** C 5
Millifret, Monte- **60** C 2
Milo (CT) **283** A 5-6
Milo (TP) **260** D 3
Milo, Stazione di- **260** D 3

Milocca, Torre di- **291** D 6
Milone, Fosso- **173** B 6
Milzanello **88** B 3
Milzano **88** C 2
Mimiani-San Cataldo, Stazione di- **279** E 6
Mimóias, Casera- **43** C 4
Mimola, Cantoniera- **183** C 4
Mimose, Baia delle- **299** C 6
Mincengo **83** D 5
Minciaredda, Nuraghe- **298** D 2
Míncio, Fiume- **89** D 5
Míncio, Parco Regionale del- **89** B-E 5-6
Mindino **110** E 3
Mindino, Bric- **110** E 3
Mine, Monte delle- **25** E 4
Mineo **288** B 3
Mineo, Stazione di- **289** B 4
Minerbe **91** C 4
Minérbio **105** E 5
Minerva, Monte- **301** E 4
Minerva, Palazzo- **301** E 4
Minervino, le Murge di- **206** C 3
Minervino di Lecce **231** A 5
Minervino Murge **206** C 3
Mingardo, Fiume- **233** E 5
Miniera **183** D 6
Minière, Vallon de la- **122** B 2
Minniminni, Monte- **321** B 5
Minniti **280** E 3
Minóprio **67** B 5
Minor, Piz- **36** B 3
Minore, Ísola- **151** B 5
Minore, Rio- (SS-Benetutti) **308** B 2
Minore, Rio- (SS-Íttiri) **301** C 4
Minori **217** D 4
Minozzo **117** D 4
Minschuns, Piz- = Schafberg **25** D 6
Míntina, Bívio **285** C 6
Minturnae **193** E 6
Minturno **193** E 6
Minucciano **129** A 4
Minúsio **33** D 6
Mióglia **111** B 6
Miogliola **111** B 6
Miola **57** B 4
Mione (TN) **38** B 3
Mione (UD) **43** D 6
Miosa **81** E 6
Mira **75** E 5
Mirabella **74** B 1
Mirabella, Passo di- **204** C 1
Mirabella Eclano **204** C 1
Mirabella Imbáccari **288** A 1
Mirabello **105** C 5
Mirabello, Monte- **73** E 4
Mirabello Círia **87** C 6
Mirabello di Pavia **85** C 6
Mirabello Monferrato **84** E 1
Mirabello San Bernardino **87** D 4
Mirabello Sannítico **195** B 6
Mirabilandia **121** E 5
Mirabucas **94** C 3
Mirácolo, Santuário il- **308** B 3
Miradolo **95** B 5
Miradolo Terme **86** D 2-3
Miráglia, Portella della- **268** C 1
Miralago **36** D 3
Miralago, Passo di- **195** C 4
Miraldella **141** B 6
Miralduolo **152** D 1
Miramare **134** C 3
Miramare, Area Marina Protetta- **79** B 4
Miramare, Castello di- **79** B 4
Miranda (IS) **183** E 6
Miranda (TR) **162** E 1
Mirándola (BS) **70** C 1
Mirándola (MO) **104** B 2-3
Mirano **75** E 5
Mirasole (MI) **67** E 6
Mirasole (MN) **90** E 2
Mirasole (NO) **66** C 2
Miratóio **141** A 6
Miráuda, Punta- **110** E 1

Miravalle 119 B 6
Miravidi, Monte- 46 C 1
Miren (Merna) 63 D 6
Mirenu, Rio- 313 C 5
Mirìò, Cozzo- 281 C 4
Miróglio 110 D 2
Miroir, le- 46 D 1
Mirra, Monte sa- 319 B 6
Mirrino, Póggio- 282 D 3
Mirteto 128 C 3
Mirto (CS) 243 C-D 4
Mirto (ME) 268 B 2
Mirto Castello 243 D 4
Mirto di Siderno 253 E 6
Mis 41 E 5
Mis, Canale del- 41 E 5
Mis, Lago del- 41 E 5
Misa, Fiume- 143 B 6
Misa, Necrópoli Etrusca-
118 E 3
Misano Adriático 135 D 4
Misano di Gera d'Adda
69 D-E 5
Misano Monte 135 D 4
Misaun, Piz- 36 B 2
Miscano, Fiume- 197 E 4
Mischie, Lago delle- 65 A 5
Misciano (AR- Arezzo) 141 D 4
Misciano (AR-Sansepolcro)
141 C 5
Miscilli, Masseria- 188 E 2
Misciotto, Monte- 263 D 6
Miscoso 116 D 2
Misegna, Torrente- 221 E 5
Miseno 214 C 3
Miseno, Capo- 214 C 3
Miséria, Masseria- 210 E 2
Misericórdia 150 A 3
Misericórdia, Quadrívio della-
281 C 4
Misericórdia, Santuário della-
(CR) 87 B 5
Misericórdia, Santuário della-
(TP) 261 C 4
Misern, Lago- 47 D 6
Misicuro, Masseria- 212 E 2
Misilbesi, Portella- 277 B 4-5
Misilifurme, Piana Grande di-
277 C 5
Misilifurme, Piana Píccola-
277 C 5
Misilmeri 263 B 5
Misinto 67 B 5
Misitano 269 C 6
Misleče 79 C 6
Misma, Monte- 69 B 6
Misone, Monte- 56 C 3
Misságlia 68 B 3
Missanello 237 B 6
Missano (MO) 118 D 2
Missano (PC) 100 D 2
Missério 269 C 6
Missiano 151 D 5
Missiano = Missian 39 A 5
Misterbianco 283 C 5
Mistongo, Vado- 196 C 2
Mistrano 153 C 5
Místras, Stagno di- 310 D 2
Mistretta 267 C-D 5
Místris, i- 61 B 5
Misurina 31 D 6
Misurina, Lago di- 31 D 6
Mita 211 E 6
Mita, la- 151 A 5-6
Mita, Masseria- 212 D 1
Mitschig 45 A 4
Mitta 269 C 6
Mittager = Monte Catino
27 C 5
Mitteltäli 24 B 2
Mitterbad = Bagni di Mezzo
27 E 4
Mitterberger 27 D 5
Mittereck = Punta di Mezzo
26 B 1
Mitterjöchl = Giogo di Mezzo
29 C 5
Mitterolang = Valdáora di Mezzo
31 B 4
Mittertal = Val di Mezzo 27 A 6
Mittewald = Mezzaselva 30 B 1

Mittl Seelenkogl 27 B 4
Mitza de s'Orcu, sa- 319 D 6
Mizófato, Torrente- 241 D 6
Mizzana 105 C 6
Mizzole 72-73 E 3-4
Moano 123 B 5
Moar 27 E 5
Moarda, Punta della- 263 B 4
Moasca 97 D 5
Mocaiana 142 E 1
Mocáio, Fattoria- 148 A 1
Mocasina 71 D 4
Móccaro, Fermata- 219 B 6
Mócchie 81 D 5
Mocchirolo 67 B 6
Moccone 245 B 4
Mocenigo 38 B 3
Mócheni, Valle dei- 57 A-B 6
Mocílnik (Rio del Macile)
79 A 6
Mocogno 117 E 6
Mocogno, Monte- 117 E 6
Mocónesi 113 C 6
Mocrone 115 D-E 6
Moda, Pizzo della- 258 C 1
Modane 80 C 1
Modanella 150 A 2
Modditonalza 302 B 1
Modditzi, Punta sa- 317 D 6
Módena 104 E 1-2
Möderndorf 45 A 4
Modesti, Masseria- 207 C 5
Modestino, Masseria- 196 A 3
Módica 293 B 4
Módica, Casa- 293 C 6
Módica, Casale- 293 C 6
Módica, Fiumara di- 293 C 4
Módica, Vílla- 293 C 5
Modighina, Punta- 311 D 6
Modigliana 132 A-B 3
Modignano 86 B 2
Módine 140 D 1
Modino, Monte- 117 E 5
Modolena 103 E 4
Módolo 306 D 3
Modugno 209 D 5
Modunato, Casale di- 226 C 2
Moè 41 B 5
Moena 40 C 3
Moerna 56 E 1
Moésa, Fiume- 34 C 3
Moèsa, Fiume- 34 A 3
Moèsola, Lago- 34 A 3
Moggessa di Là 44 C 2-3
Moggessa di Qua 44 C 3
Mogginano 141 A 4
Móggio 53 C 6
Móggio, Torrente- 58 C 1
Móggio di Sopra 44 C 3
Móggio di Sotto 44 C 3
Moggiona 140 A 3
Móggio Udinese 44 C 3
Moghegno 33 D 5
Móglia (BS) 71 C 5
Móglia (GE) 113 A-B 6
Móglia (MN-Móglia) 103 C 3
Móglia (MN-Sérmide)
105 A 4
Móglia d'Inverno 110 A 3
Mogliano 154 A 3
Mogliano Véneto 75 D 5-6
Móglie 99 C 5
Moglio 99 C 6
Móglio 124 D 2
Mognata 92 D 2
Mogne 131 B 4
Mogno 33 A-B 5
Mogorella 311 D 5
Mógoro 315 A 4-5
Mógoro, Rio- 314 A 3
Mógumu, Bruncu- 320 A 3
Moi, Col de- 59 C 6
Móia (SO) 36 E 2
Móia (UD) 43 D 6
Moiana 53 E 4
Moiano (BN) 202 D 3
Moiano (NA) 215 E 6
Moiano (PG) 151 D 4
Moiazza, Monte- 41 C 5
Móie (AN) 143 D 6

Móie (BL) 42 B 3
Moietto 57 D 5
Moimacco 63 B 4
Moimacco 63 B 4
Móio, Monte- 219 C 4
Móio, Stazione- 269 C 4
Móio de' Calvi 54 C 1
Móio della Civitella 233 C 4
Moiola 109 D 5
Moirano 97 E 6
Moistrocca, Passo- → Vršič
45 C 6
Moitzus, Punta- 321 A 5
Mójo Alcántara 269 C 4
Mokarta, Castello di- 275 A 4
Mola 54 B 3
Mola, Casa la- 114 E 3
Mola, Fosso della- 190 B-C 3
Mola, Ponte della- 192 B 3
Mola, Portella- 278 C 2
Moladi 248 E 3
Mola di Bari 211 A 4
Molara 263 B 4
Molara, Ísola- 305 C 5
Molara, Monte- 204 B 2
Môlard, le- 80 B 3
Molare 112 A 1-2
Molare, Pizzo- 33 A 6
Molaretto 80 D 3
Molaro 258 E 3
Molaro, Fiumara di- 258 D-E 3
Molarotto, Ísola- 305 C 5
Molas, is- 320 E 1
Molassa 61 B 4
Molassana 113 C 4
Molazzana 129 B 5
Mole di Draffù, Monte- 285 B 6
Molella 191 E 6
Móleno 34 C 2
Móleno, Valle di- 34 C-D 2
Molentárgius, Stagno dei-
320 B 2-3
Molentárgius Saline, Parco
Regionale- 320 B 2-3
Molentina, Rio- 313 B 5
Moléntis, Punta- 321 C 6
Molère 47 D 4
Moleti 258 C 2
Moleto 83 E 6
Moletta 56 D 3
Moletta, Fosso della- 190 A 3
Molette (TO) 81 B 5
Molette (VI) 73 B 6
Molevana 61 B 6
Molezzano 131 C-D 6
Molfetta 207 A 6
Moliccìara 127 D 5
Molina (AO-Cogne) 47 D 5
Molina (AO-Fénis) 47 C 6
Molina (CO) 53 D 4
Molina (Svízzera) 34 C 3
Molina (TN) 39 D 6
Molina (VI) 73 C 6
Molina (VR) 72 C 3
Molina Aterno 172 E 3
Molináccio Umbro 153 B 4
Molina di Ledro 56 D 2
Molina di Quosa 129 E 5
Molinara 196 D 3
Molinat 61 B 5
Molinázzo, Monte- 115 C 5
Molinazzo (PC) 100 B 3
Molinazzo (Svízzera) 34 D 2
Molinazzo, Torre- 262 A 2
Molin Bianco 140 D 3
Moline (BL) 58 B 3
Moline (CN) 110 C 2
Moline, le- (LE) 227 B 5
Moline, le- (PC) 114 A 3
Moline, le- (PV) 99 C 6
Molinella (BO) 106 E 1
Molinella (RO) 105 A 6
Molinello 115 C 6
Molinello, Ponte- 268 E 2
Molinello Piani 120 D 2
Molineri 98 A-B 3
Molines-en-Queyras 94 D 2
Molinetto (AP) 155 B 5
Molinetto (BS) 71 D 4
Molinetto (VB) 32 D 2
Molini (AL) 112 A 3
Molini (BS) 71 E 5

Molini (GE) 114 B 2
Molini (IM) 123 D 5
Molini (PV) 85 C 4
Molini (PZ) 235 D-E 4
Molini (VI) 57 E 6
Molini, Cava dei- 289 C 6
Molini, i- 72-73 E 3-4
Molini, Torrente dei- 266 D 3
Molinia, Case- 288 D 3
Molini d'Ísola 97 C 5
Molini di Triora 123 C 4
Molini di Túres = Mühlen
30-31 A 3-4
Molínis 62 A 3
Molino (ME) 258 C 1
Molino (SV) 111 B 5
Molino (TO) 81 E 5
Molino (UD) 44 E 2
Molino (VC-Móllia) 49 C 6
Molino (VC-Rímasco) 50 C 2
Molino (VI) 73 C 5
Molino, Ponte del- 205 E 5-6
Molino dei Torti 85 E 4
Molino del Conte
(PV-Cassolnovo) 84 B 3
Molino del Conte
(PV-Ponte Nizza) 99 C 5
Molino del Pallone 130 B 2
Molino del Piano 131 E 6
Molino di Báscio 141 A 5
Molino Faenza 84 C 3
Molino Nuovo (GE) 113 C-D 5
Molino Nuovo (MN) 89 C 4
Molino Nuovo (PT) 130 E 1
Molino Nuovo (SV) 124 E 2
Molino Paderi, Casa- 316 B 1
Molínos, Ponte- 308 D 2
Molínos, Rio sos-
310-311 A 3-4
Molinu, Ponte- 302 E 2
Molise 195 A 5
Molise, Regione-
184-185 D-E 1-4
Moliterno 235 B 5
Molla, Canale- 158 C 1
Molla, Capo- 298 A 2
Molla, Ponte- 158 B-C 1-2
Mollaro 39 D 4
Mollasco, Rio- 108 A 2
Molleone 142 C 3
Mullette 81 D 5
Móllia 49 C 6
Móllie 50 E 3
Mollières (Fráncia)
108-109 E 3-4
Mollières (TO) 94 A 1
Mollières (Torrente) 109 E 4
Mollo, Rio- 182 E 3
Molò, Rio de- 308 B 2
Molóchio 253 E 4
Molo di Borbera 99 D 4
Mologna Piccola, Colle della-
49 D 5-6
Molpa, Castello di- 233 E 4
Moltedo (IM) 123 D 5
Moltedo (IM-Diano San Pietro)
123 D 6
Mólten = Méltina 27 D 5
Molteni Valsecchi, Bivacco-
35 C-D 6
Molteno 53 E 5
Möltner Joch =
Monte di Méltina 27 D 5
Moltone, Monte- 220 B 2
Moltrásio 52 D 3
Molvena 74 B 1
Molveno 38 E 3
Molveno, Lago di- 57 A-B 4
Molviano 164 B 2
Molvina, Punta- 56 E 2
Mombaldone 111 A 6
Mombarcaro 111 B 4
Mombaróccio 143 A 4
Mombarone 97 B 5
Mombarone, Colma di- 64 C 3
Mombaruzzo 98 D 1
Mombasíglio 110 C 3
Mombello (BI) 65 C 5
Mombello (MI) 67 C 5-6
Mombello (VA) 51 C-D 5
Mombello di Torino 82 E 3

Mombello Monferrato 83 D 5
Mombercelli 97 D 5
Mombianco 64 D 1
Mombissággio 99 C 4
Mombracco 95 E 5
Momeliano 100 C 2
Momiano → Momjan 79 E 4
Momigno 130 C 2
Momjan (Momiano) 79 E 4
Mómmio 116 E 2
Mómmio Castello 129 D 4
Mómmio Piano 129 D 4
Momo 66 C 2
Mompantero 80 D 3
Mompellato 81 D 5-6
Mompeo 170 D 2
Momperone 99 C 5
Mompiano (BS) 70 D 3
Mompiano (CN) 97 E 4
Mónaca, Timpone della-
245 C 6
Monacelle, Bosco di- 221 E 4
Monacelle, le- 210 C 2
Monacelli, Masseria- 227 A 5
Mónache, Chiesa le- 192 C 2
Mónache, Fonte delle- 159 B 5
Mónache, Masseria- 225 C 5
Mónache, Masseria delle-
210 C 3
Mónache, Serra delle- 237 B 5
Mónache, Villa delle- 148 A 2
Monachelle, le- 245 A 4
Monachina, la- 177 C 6
Monachino 130 C 3
Mónaci, Casa- 253 E 5
Mónaci, Cozzo dei- 278 C 2
Mónaci, Fiume dei- 282 D 3
Mónaci, Ísole i- 297 C 5
Mónaci, Lago dei- 191 D 5
Mónaci, Masseria- 226 B 3
Mónaci, Masseria dei- 225 D 6
Mónaci, Masseria i- (LE)
231 C 5
Mónaci, Masseria li- 227 D 5
Mónaci, Passo dei- 183 E 4
Mónaci, Ponte dei- 288 A 3
Mónaci, Pozzi- 235 B 4
Mónaci, Pozzi doi- 186 D 2
Mónaci, Serra dei- 240 D 3
Monaciano 149 A 5-6
Monacilioni 196 A 2
Monacizzo 225 E 5
Mónaco, Colle del- 249 E 5
Mónaco, Masseria- 197 A 6
Mónaco, Monte- (CE) 194 D 3
Mónaco, Monte- (TP) 261 B 4
Mónaco, Pizzo- 263 D 6
Mónaco, Pizzo del- 260 A 3
Mónaco, Portella del- 267 E 6
Mónaco, Torre del- 201 E 6
Mónaco Cappelli, Masseria-
198 A 1
Mónaco di Gióia, Monte-
195 D 5
Monale 97 B 4
Monarco, Monte- 52 D 2
Monasterace 255 C-D 5
Monasterace Marina 255 D 5
Monasterello, Cava- 289 D 6
Monasteri di Sopra 291 D 5
Monasteri di Sotto 291 D 5
Monastero (AR) 140 D 1
Monastero (BI) 65 D 5-6
Monastero (CN-Dronero)
109 B 5
Monastero (CN-Mondoví)
110 C 2
Monastero (MC) 154 C 1
Monastero (PD) 91 C 5
Monastero (PU) 142 A 1
Monastero (SO-Berbenno di
Valtellina) 36 C 1
Monastero (SO-Samólaco)
35 D 4
Monastero (UD) 63 E 4
Monastero, Abbadia- 150 A 1
Monastero Bórmida 97 E 6
Monastero di Lanzo 81 C 6
Monastero di Vasco 110 C 2

Monastero d'Ombrone 150 A 1
Monasterolo (CR) 88 C 1
Monasterolo (LO) 86 C 3
Monasterolo (TO) 81 C 6
Monasterolo Casotto 110 E 3
Monasterolo del Castello
54 E 3
Monasterolo di Savigliano
96 E 1
Monastiér di Treviso 76 C 2
Monastiero 74 C 3
Monastir 316 E 2
Monate 51 D 5-6
Monate, Lago di- 51 E 5-6
Monbiel 24 A 2
Moncalieri 82 E 1-2
Moncalieri, Rifúgio- 122 A 1
Moncalvo 83 E 5
Moncenísio 80 C 3
Moncerato 117 C 6
Moncestino 83 C-D 5
Monchiero 110 B 3
Mónchio (MO) 117 D 5-6
Mónchio (PR) 116 B 3
Mónchio delle Corti 116 C 2
Mónchio delle Olle 117 B 4
Moncígoli 128 A 3
Moncioni 140 D 1
Monclássico 38 C 2-3
Moncódeno, Vò di- 53 C 5
Moncolombone 81 D 6
Moncrivello 83 A-B 4
Moncucco 85 B 5
Moncucco, Monte- 32 E 2
Moncucco Torinese 82 D 3
Mondadizza 37 C 5
Mondagnola 110 D 2
Mondaino 135 E 4
Mondaniga 120 C 2
Mondarello 95 D 5
Mondávio 143 B 5
Mondelli 49 A 6
Mondello 264 A-B 2
Mondello, Masseria- 262 D-E 2
Mondello, Torre di- 264 A 2
Mondini 96 E 2
Mondolè, Monte- 110 E 2
Mondolfo 143 A 6
Mondondone 99 B 5
Mondoni 111 C 4
Mondónico (PV) 86 E 2
Mondónico (VA) 52 C 1-2
Mondóno San Doménico Sávio
83 E 4
Mondonuovo (BO) 105 E 6
Mondonuovo (LE) 227 C 4
Mondoví 110 C 2
Mond'Ovile, Monte- 112 A 2-3
Mondragon, Monte- 59 C 6
Mondragone 201 D-E 5
Mondrone 81 B 5
Mondrone, Úia di- 81 B 4
Mónega, Monte- 123 C 4
Monéglia 114 E 2-3
Monello, Sella- 285 B 4
Mónesi di Triora 123 B 4
Monesíglio 111 B 4
Monesíglio, Piàn di- 111 B 4
Monestirolo 106 D 1
Moneta 297 C 4-5
Moneta, Monte- 193 E 4
Moneta, Passo della- 297 C 5
Moneta, Serra della- 278 C 2
Money, Punta- 47 E 4
Monfalcon di Montanáia,
Monte- 42 E 3
Monfalcone 63 E 5
Monfallito 97 B 6
Monferrato, Regione-
96-97 A-C 3-6
Monfestino 118 C 1
Monfol 80 E 2
Monforte d'Alba 110 A 3
Monforte Marina 271 C 6
Monforte San Giórgio 269 A 4
Monfret, Cima- 81 B 4
Monfumo 59 E 4
Mongardino (AT) 97 C 5
Mongardino (BO) 118 C-D 3
Mongerbino, Capo- 263 A 5
Mongerbino, Torre- 263 A 5

Monghidoro **131** A 5
Móngia, Torrente- **110** C-D 3
Mongiana **253** C 6
Mongiardino **112** A 2
Mongiardino Lígure **113** A 5
Mongibello, Monte- **268-269** E 3-4
Mongióia, Monte- **94** E 2
Mongióie, Monte- **110** E 2
Mongiove **269** A 4
Mongiuffi **269** C-D 6
Mongiuffi Melia **269** C-D 6
Mongivetto, Castello- **65** D 4
Mongovone **97** C 5
Mongrando **65** C 4
Mongrassano **241** E 4
Mongrassano-Cervicáti, Stazione di- **241** D 5
Mongreno **82** D 2
Monguelfo-Tesido = Welsberg-Taisten **31** B-C 5
Monguzzo **53** E 4
Moni, Casa- **293** D 5
Moniego **75** D 4
Moniga del Bosco **71** D 5
Moniga del Garda **71** D 5
Monístero **140** E 3
Monleale **99** C 4
Monleone **113** C 6
Monna, Colle della- **183** D 5
Monna, Monte- **217** B-C 6
Monna, Monte la- **181** D 5
Monna Casale, Monte- **194** A 1
Monna Rapanella, Monte- **182** C 2
Monna Rosa, Monte- **181** B 4
Monno **37** D 5
Mónnola, Torrente- **184** B 2
Monòcchia, Torrente- **144-145** D 3-4
Monópoli **211** B 5-6
Monreale **262-263** B 3-4
Monreale, Azienda Agrária- **315** B 4
Monreale, Castello di- (TN) **39** E 4
Monreale, Castello di- (VS) **315** B 5
Monrupino **79** B 5
Monsagrati **129** D 5
Monsampietro **154** D 3
Monsampietro Mórico **154** C 3
Monsampolo del Tronto **155** D-E 5
Monsano **144** B 2
Monsanto **139** E 4
Monsélice **92** C 1
Monserrato **320** B 2
Monsigliolo **151** B 4
Monsignore, Casino di- **208** B 2
Monsola **109** A 6
Monsole **92** D 3
Monsoreto **253** C 5
Monstein **24** C 1
Monsummano Terme **130** E 2
Mont, Col du- **46** D 2
Montà (CN) **96** C 3
Montà (PD) **74** E 3
Monta, la- **94** C 3
Montabone **97** E 6
Montacchia **138** C-D 1
Montacuto (AL) **99** D 5
Montacuto (AN) **145** B 4
Montacuto (PG) **151** A 6
Montacuto (PV) **99** C 6
Montacuto (SS) **302** C-E 1-2
Montafia **81** E 4
Montágano **184** E 3
Montagna (AR) **141** C 5
Montagna (CS) **240** A 2-3
Montagna (SV) **111** D 6
Montagna = Montan **39** C 5
Montagna, la- (AV-FG) **197** D 5
Montagna, la- (CL) **285** C 6
Montagna, la- (CT) **282** D-E 2
Montagna, la- (PA-Ália) **279** B 4
Montagna, la- (PA-Roccapalumba) **263** E 6
Montagna, la- (VT) **160** D 1
Montagna, Monte la- **237** D 5
Montagna, Póggio- **288** B 2

Montagna, Punta- **267** D 4
Montagna di Torricchio, Riserva Naturale- **153** E 5
Montagna Flassin Superiore **46-47** B 3-4
Montagnaga **57** B 6
Montagna in Valtellina **36** E 2
Montagnana (FI) **139** C 4
Montagnana (MO) **118** C 1
Montagnana (PD) **91** C-D 5
Montagnana (PT) **130** D 2
Montagnana, Monte- **116** B 2
Montagnano **150** A 3
Montagnareale **268** A 3
Montagna Spaccata, Lago- **183** E 4
Montagne **56** B 2-3
Montagne della Duchessa, Riserva Naturale delle- **171** E 6
Montagne delle Felci e dei Porri, Riserva Naturale le- **272** D 3
Montagnola (AQ) **183** E 4
Montagnola (CS) **241** E 6
Montagnola (IS) **183** D 6
Montagnola (PZ) **235** D 6
Montagnola, Bosco- **221** D 5
Montagnola, Cantoniera- **183** D 4
Montagnola, Colline- **149** B 4
Montagnola, la- (CH) **184** A 2
Montagnola, la- (IS-Civitanova dei Sánnio) **195** A 4
Montagnola, la- (IS-Rionero Sannítico) **183** D 5
Montagnola, la- (PA-Camporeale) **262** D 2
Montagnola, la- (PA-Lercara Friddi) **263** E 6
Montagnola, la- (RI) **162** E 1
Montagnola, Monte- **279** D 5
Montagnola, Monte la- (CT) **283** A 5
Montagnola, Monte la- (PU) **142** C 2
Montagnola, Rifúgio- **283** A 4-5
Montagnola, Villa- **152** D 1
Montagnone **70** C 3
Montagnone, il- **204** E 2
Montagnone, Monte il- **235** A 4
Montaguto **197** E 5
Montaguto, Stazione di- **197** E 5
Montaiate **142** D 3
Montáio **139** E 6
Montaione **138** D 2
Montal = Mantana **30** B 3
Montalbano (BR) **212** B 2
Montalbano (FE) **105** D 6
Montalbano (MO) **118** D 2
Montalbano (RN-San Giovanni in Marignano) **135** D 4
Montalbano (RN-Santarcángelo di Romagna) **134** C 2
Montalbano, Casa- **262** D 2
Montalbano Elicona **269** B 4
Montalbano Jónico **239** A 5
Montalbo **100** B 1
Montalcinello **149** C 4
Montalcino **149** E 6
Montaldeo **98** E 2
Montaldo (AL-Cerrina Monferrato) **83** D 5
Montaldo (AL-Spigno Monferrato) **111** B 6
Montaldo (BI) **65** B 5
Montaldo, Monte- **113** B 5
Montaldo Bórmida **98** E 1-2
Montaldo di Cósola **99** E 5-6
Montaldo di Mondovì **110** D 2
Montaldo Roero **96** D 3
Montaldo Scarampi **97** C 5
Montaldo Torinese **82** D 3
Montale (AN) **143** C 5
Montale (MO) **118** B 1
Montale (PC) **100-101** A-B 3-4
Montale (PT) **130** D 3
Montale (RE) **117** B 4
Montale (SP-Lévanto) **126** C 2-3

Montale (SP-Varese Lígure) **115** D 4
Montale Celli **99** C-D 4
Montalenghe **64** E 3
Montalera, Castello di- **151** D 5
Montalero **83** D 5
Montaletto **133** A 6
Montaletto, Chiesa di- **133** A 6
Montalfina **160** C 2
Montalfóglio **143** C 4
Montali **151** D 5
Montalla **151** B 4
Montallegro **284** B 1
Montaltino (BA) **208** B 1
Montaltino (FG) **208** B 1
Montalto (CO) **35** D 4
Montalto (FC) **133** D 5
Montalto (IS) **183** D 5-6
Montalto (MC) **154** B 1
Montalto (MO) **118** E 2
Montalto (RE) **117** B 5
Montalto, Báglio- **274** B 3
Montalto, Castello- **151** A 6
Montalto, Castello di- **140** E 1
Montalto, Chiesa di- **283** A 4
Montalto, Monte- (CH) **183** C 6
Montalto, Monte- (PZ) **206** E 1
Montalto, Monte- (RC) **256** C 3
Montalto, Pizzo- **32** E 1
Montalto delle Marche **154** D 3
Montalto di Castro **167** D 6
Montalto Dora **64** D 3
Montalto Lígure **123** D 4
Montalto Marina **167** E 6
Montalto Pavese **99** B 6
Montalto-Rose, Stazione di- **244** A 3
Montalto Tarugo **143** B 4
Montalto Uffugo **244** A 2
Montaltuzzo, Villa- **140** E 2
Montan = Montagna **39** C 5
Montanara (CR) **88** D 1
Montanara (MN) **89** D-E 5
Montanara, Rifúgio la- **38** E 3
Montanare **151** B 4
Montanari, Masseria- **188** B 3
Montanaro (CE) **194** E 2
Montanaro (PC) **101** B 4
Montanaro (TO) **82** B-C 3
Montanaro, Masseria- **224** A-B 2
Montanaso Lombardo **86** B 3
Montanello **144** E 3
Montanello, Pizzo- **262** B 2
Montanèr **60** D 2-3
Montanera **110** B 1
Montani, Castelli- = Ruine Montani **26** D 2
Montani, Ruine- = Castelli Montani **26** D 2
Montanina, la- **140** B 3
Montanino **139** C 6
Montano **52** E 3
Montano Antília **233** D 5
Montano-Lucino **52** E 3
Montaperti **138** E 2
Montaperto (AG) **284** B-C 3
Montaperto (AV) **203** D-E 6
Montappone **154** B 2
Montáquila **194** A 2
Montarale, Monte- **151** E 5
Montaratro, Masseria- **197** C 6
Montardone **118** C 1
Montarice **145** D 5
Montariolo (AL) **98** B 3
Montariolo (PV) **84** D 2
Montarlone, Monte- **114** B 2
Montarolo **83** C 5
Montarone, Monte- **184** D 1
Montarossa **96** E 2
Montarsíccio **114** B 3
Montarso = Östliches Feuerstein **28** A-B 1-2
Montásico **118** D 3
Montásio, Altipiano del- **45** C 4-5
Montásio, Iòf di- **45** C 4
Montásola **170** B 2

Montaspro, Torre- **266** D 2
Montassilone = Tesselberg **31** B 4
Montata **117** B 4
Montáttico **193** A 5
Montáuro **249** C 6
Montáuro, Monte- **197** B 4
Montautello, Chiesa di- **141** D 5
Montauro, Stazione di- **250** E 2
Montáuto (SI-Asciano) **149** C 6
Montáuto (SI-Monteriggioni) **149** A 4
Montáuto (SI-San Gimignano) **138** E 3
Montáuto, Castello- **141** C 4
Montáuto, Riserva Naturale- **167** C 6
Mont Avic, Parco Regionale del- **47** C-D 6
Montavuto, Serra- **207** E 4
Montázzoli **184** B 1
Montbardon **94** D 1
Mont Cenis, Col du- **80** C 2
Mont Cenis, Lac du- **80** C 2-3
Monte (AL) **84** E 2
Monte (BS) **55** B 6
Monte (RN) **134** C 2
Monte (SO) **37** B 5
Monte (Svízzera) **52** D 3
Monte (TN) **39** D 4
Monte (VC) **83** C 4
Monte (VI) **58** E 2
Monte (VR) **72** D 2
Monte = Berg **39** B 5
Monte, Cima del- **156** C 3
Monte, il- (CB) **185** C 4
Monte, il- (CH-Castelguidone) **184** C-D 2
Monte, il- (CH-San Giovanni Lipioni) **184** C 2
Monte, il- (MO) **117** E 5
Monte, Monastero del- **204** C 1
Monte, Nuraghe su- **307** C-D 5
Monte, Piano del- **184** B 1
Monte, Pizzu 'e- **313** E 5
Monte, Torre del- **207** B 6
Monte, Valle del- **38** C 1
Montea, Monte- **240** C 3
Monte Acuto **139** B 6
Monteacuto, Fiume- **192** A-B 2
Monteacuto delle Alpi **130** B 2
Monteacuto Ragazza **131** A 4
Monteacuto Vallese **131** A 5
Monte Adone, Galleria di- **119** D-E 4
Monte Adranone, Scavi di- **277** B 5
Monte Altavellio **134** E 3
Monte Altesina, Riserva Naturale **281** B-C 4
Monte Amiata **150** E 1
Monte Antico **159** A 4
Monte Antico, Stazione di- **159** A 4
Monteaperta **45** E 4
Monteaperti **149** B 6
Monte a Péscia **130** D 1
Monte Arbus sul Rio Leni, Invaso di- **315** D 4
Monte Argentário **166** C 3
Monte Armato **119** D 5
Monte Baldo, Rifúgio- **72** B 2
Montebámboli **148** D 2
Montebaranzone **117** C 6
Monte Baroni, Podere- **150** A 1
Montebello (AL) **99** C-D 4
Montebello (FC) **134** D 2
Montebello (FI) **138** D 3
Montebello (PG) **152** D 1
Montebello (PR) **116** C 2
Montebello (PU) **143** B 4
Montebello (VT) **168** C 2
Montebello della Battáglia **99** B 5
Montebello di Bertona **173** B 4
Montebello di Mezzo **127** C 4
Montebello Iónico **256** C 3
Montebello sul Sangro **184** B 1
Montebello Vicentino **73** E 6
Montebelluna **59** E 5
Monte Benedetto **133** E 6

Montebenichi **140** E 1
Monte Bérico, Basílica di- **74** D 1
Monte Bernardini, Grotta- **227** E 4
Monte Bianco, Massíccio- **46** A-B 1-2
Montebíbico **162** C 1
Montebollo **142** E 3
Montebonello (FI) **131** E 6
Montebonello (MO) **118** D 1
Monte Bora **133** C 6
Montebotolino **141** A 5
Montebradoni **148** A 2
Montebruno **113** B 6
Montebudello **118** C 2
Montebufo **162** A 3
Montebúglio **51** C 4
Montebuoni **139** C 5
Monte Buono **151** C-D 5
Montebuono (GR) **159** D 5
Montebuono (RI) **170** C 1
Montecagnano **149** B 5
Montecagno **117** D 4
Monte Calderaro **119** D 5
Montecalende **142** A 2
Montecalvello **160** D-E 3
Montecalvo **123** C 5
Monte Calvo **119** C-D 5
Montecalvo-Buonalbergo, Stazione di- **197** E 4
Montecalvo in Fóglia **134** E 3
Montecalvo Irpino **197** E 4
Montecálvoli (PI) **138** C 1
Montecálvoli (SI) **150** B 1
Montecalvo Versíggia **99** B 6
Monte Cammarata, Riserva Naturale- **278** D 2-3
Montecampano **161** E 5
Montecampione **55** E 5
Montecanepino **145** D 5
Montecani **314** E 2
Montecanino **100** B 2
Montecanne **99** E 4
Monte Capra, Costa- **100** C 1-2
Montecapraro **99** E 5
Monte Carafa, Masseria- **199** E 6
Monte Carasso **34** D 2
Monte Cárcaci, Riserva Naturale- **278** C 2
Montecarelli **131** C 5
Montecarulli **138** E 3
Montecarlo, Convento di- **140** C 1
Montecarotto **143** D 5
Montecarulli **138** E 3
Montecassiano **144** D 3
Montecassino, Abbazia di- **193** B 6
Montecastelli **151** A 6
Montecastelli Pisano **148** B 3
Monte Castello **133** D 5
Montecastello (AL) **98** B 2
Montecastello (PI) **138** C 1
Monte Castello di Víbio **161** A 4
Montecastrilli **161** C 5
Montecastrilli, Stazione di- **161** C 6
Monte Catillo, Riserva Naturale- **180** B 1
Montecatini Alto **130** D 2
Montecatini Terme **130** D-E 1-2
Montecatini Val di Cécina **148** A 1
Monte Catone **119** D 6
Montecavallo **141** B 5
Monte Cavallo **153** E 5
Montecávolo **117** A 5
Montecchía di Crosara **73** E 5
Montécchio (AR-Castiglion Fiorentino) **150** A 3
Montécchio (AR-Chiusi della Verna) **140** D 3
Montécchio (AR-Cortona) **150** B 3
Montécchio (AR-Subbiano) **140** C 3

Montécchio (BS) **55** D 5
Montécchio (FC) **133** C 6
Montécchio (NO) **66** B 2
Montécchio (PG-Giano dell'Umbria) **161** A 6
Montécchio (PG-Nocera Umbra) **152** C 3
Montécchio (PI) **138** D 1
Montécchio (PU) **135** E 4
Montécchio (RA) **132** A 2-3
Montécchio (SI) **149** B 5
Montécchio (TR) **161** C 4
Montécchio (VR) **72** D 3
Montécchio Emília **102** E 3
Montécchio Maggiore **73** D 6
Montécchio Precalcino **74** C 1
Monte Céneri, Passo- **33** E 6
Montecérboli **148** C 2
Monte Cerignone **134** E 2
Montecerreto **117** D 6
Montechiane **73** D 4
Montechiaro **149** B 6
Montechiaro = Lichtenberg **25** D 6
Montechiaro, Castello di- **100** C 2
Montechiaro Alto **111** A 6
Montechiaro d'Ácqui **111** A 6
Montechiaro d'Asti **83** E 4
Montechiaro Piana **111** A 6
Montechiarúgolo **102** E 3
Montechiesa, Rio di- = Kirchbergbach **38** B 2
Montechino **100** D 3
Montecíccardo **135** E 5
Monte Cicerale **232** B 3
Montecilfone **185** B 4
Montéclana **70** C 3
Montecóccioli **193** A 5
Montecódes, Nuraghe- **307** D 4
Monte Codi, Cantoniera- **317** B 5
Montecodruzzo **133** C 6
Monte Cofano, Riserva Naturale- **261** C 4
Montecológnola **151** C 5
Monte Colombo **134** D 3
Monte Cómpatri **179** D 6
Monte Conca, Riserva Naturale- **285** A 4
Montecontieri **150** B 1
Montecopiolo **134** E 2
Montecopiolo, Castello di- **134** E 2
Montecórice **232** C 2
Monte Corno, Parco Regionale- **39** C-D 5-6
Monte Corona, Éremo di- **151** A-B 6
Montecoronaro **141** A 4
Montecoronaro, Válico di- **141** A 4
Montecorone **118** D 2
Montecorvino, Torre- **197** B 5
Montecorvino Pugliano **217** C 6
Montecorvino Rovella **218** C 1
Montecorvo, Masseria- **198** E 2
Montecósaro **145** E 5
Monte Cotugno, Lago di- **238** B-C 3
Monte Cremasco **86** B 3
Monte Cresia **321** B 4
Montecrestese **32** D 2
Montecreto **117** E 6
Montecristo, Formica di- **156-157** E 3-4
Montecristo, Ísola di- **157** E 5
Monte Croce, Passo di- **62** A 3
Monte Croce Cárnico, Passo di- = Plöckenpass **44** A 1
Monte Croce di Comélico, Passo di- = Kreuzbergpass **42** B 3
Monte Crocione, Rifúgio- **52** C 3
Monte Cucco **158** B 3
Monte Cucco, Parco Regionale del- **142** E 3
Montecúccoli **131** C 4
Montecúccolo **118** E 1

Montecurto **127** B-C 5-6
Monte d'Accoddi, Santuário Preistórico di- **298** E 3
Montedale **141** C 6
Monte d'Arena **225** E 4
Monte de' Bianchi **128** A 3
Montedecoro **202** D 3
Monte del Lago **151** C 5
Monte della Madonna, Santuário del- (PD) **92** B 1
Monte di Capodístria → Šmarje **79** D 4
Monte di Fúnes = Munt **30** D 2
Monte di Malo **73** C 5
Montedimezzo, Riserva Naturale- **183** D 6
Monte di Nese **54** E 1
Montedinove **154** D 3
Monte di Prócida **214** C 3
Monte di Terlago **57** B 4
Montedivalli **127** C 4
Montedóglio **141** C 5
Montedóglio, Lago di- **141** C 4
Monte Doménico **114** D 2
Monte Donato **119** C 4
Montedoro **285** A 5
Montedoro, Fiume di- **285** A 5
Montedoro, Monte- **197** A 6
Montedauro **116-117** C 3-4
Montefabbri **135** E 4
Montefalcone **203** E 6
Montefalco (PG) **162** A 1
Montefalco, Rovine- (RM) **180** A 1
Montefalcone **138** B 1
Montefalcone, Riserva Naturale di- **138** B 1
Montefalcone Appennino **154** C-D 2-3
Montefalcone di Val Fortore **197** D 4
Montefalcone nel Sánnio **184** C 3
Montefallónio **110** D 1
Montefano **144** D 3
Montefano Vécchio **144** D 3
Monte Farno, Rifúgio- **54** D 3
Montefatúcchio **141** A 4
Montefegatesi **129** B 6
Montefelcino **143** A 4
Montefeltro, Regione- **133** E 5-6
Monte Fenera, Parco Regionale del- **65** A-B 6
Monteferrante **184** B 1
Monte Ferru, Castello di- (Etzu) **306** E 3
Montefiascone **160** E 2
Montefiésole **139** A-B 6
Monte Figu, Nuraghe- **311** E 5
Montefino **164** D 3
Montefioralle **139** D 5
Montefiore **129** A 4
Montefiore, Castello di- **144** D 3
Montefiore Conca **134** E 3
Montefiore dell'Aso **155** C 4
Montefiorello **162** B 2
Montefiorentino, Convento di- **142** A 1
Montefiorino **117** D 5
Montefiridolfi **139** D 4-5
Monteflávio **170** E 3
Montefollónico **150** C 2
Monteforno **142** C 1
Monteforte **298** E 2
Monteforte Cilento **232** B 3
Monteforte d'Alpone **73** E 5
Monteforte Irpino **217** A 5
Montefortino (AN) **143** D 5
Montefortino (FM) **154** D 1-2
Montefortino (RA) **132-133** A 3-4
Montefosca **63** A 4
Montefóscoli **138** D 1
Montefotogno **134** D 1
Montefranco **162** D 1
Montefrédane **203** E 5
Montefreddo **111** D 5
Montefreddo, Villa- **151** D 6
Montefredente **131** A 5

Montefresco **150** B 1
Monte Frúsciu, Bívio- **307** C 5
Monte Fulcadu, Cantoniera- **300** E 3
Monte Fumo, Passo di- **37** E 6
Monte Fungale, Masseria- **210** E 1
Montefusco **203** D 6
Montegabbione **151** E 5
Montegalda **74** E 2
Montegaldella **74** E 2
Montegallo **154** E 1-2
Montegallo, Villa- **145** B-C 4
Montegáudio **142-143** A 3-4
Montegelli **133** D 6
Monte Gemmellaro, ex Osservatório- **268-269** E 3-4
Monte Gemmellaro, Rifúgio- **268-269** E 3-4
Montegémoli **148** B 2
Monte Genuardo e Santa Maria del Bosco, Riserva Naturale- **277** B 5-6
Monte Genzana e Alto Gízio, Riserva Naturale- **183** B 4
Montéggio **52** B 2
Montéggiori **129** D 4
Monte Gherardo **143** C 4
Monteghirfo **113** C 6
Montegiardino **70** E 1
Monte Giardino **134** D 2
Montegióbbio **117** C 6
Monte Giberto **154-155** B 3-4
Montegioco **99** C 4
Montegiordano **239** D 4
Montegiordano Marina **239** D 5
Montegiórgio **154** B 3
Montegiove **151** E 5
Monte Giove, Éremo di- **135** E 4
Montegiove di Sopra **82** C 3
Montegiove di Sotto **82** C 3
Montegiovi (AR) **140** C 3
Montegiovi (GR) **150** E 1
Monte Giovo, Passo di- = Jaufenpass **27** A 5
Monte Giovo, Punta di- = Jaufenspitz **27** B 6
Montegiozi **139** E 6
Montegranaro **155** A 4
Monte Granata, Posta- **188** E 1
Monte Grande **133** B 5
Montegranelli **133** E 4
Montegrázie **123** D 5
Montegridolfo **135** E 4
Monte Grimano Terme **134** E 2
Montegrino Valtraváglia **51** C 6
Montegroppo **115** C 4
Montegrosso (AT) **97** B 4
Montegrosso (BA) **199** E 6
Montegrosso (GE) **114** B 2
Montegrosso (TO) **95** A 5
Montegrosso d'Asti **97** C 5
Montegrosso Pián Latte **123** B 4
Montegrottone **170** D 2
Montegrotto Terme **92** B 1
Montegualtieri **164** D 3
Monteguidi **148** B 3
Monteguidi, Chiesa- **132-133** D 3-4
Monteguidúccio **142** A 3
Monteiasi **212** E 1
Monteiasi-Montemésola, Stazione di- **212** E 1
Monte Ísola **99** D 4
Monte Jottone **133** C 5
Montelabate **152** B 1
Montelabbate **135** E 5
Monte Labbro, Riserva Naturale- **159** B 5
Montelabreve **141** B 6
Montelago (AN) **142-143** E 3-4
Montelago (RE) **117** C 5
Montelaguárdia **269** D 4
Monte Lanaro, Riserva Naturale del- **79** A-B 5
Montelánico **191** A 6
Montelánico, Campo di- **191** A 6
Montelapiano **184** B 1

Monte la Pieve **119** E 6
Montelaterone **159** B 5
Monte Lattáia **158** A 2
Monte Láura **34** D 3
Monte Lavadè **35** E 4
Monteleone (FC) **133** C 6
Monteleone (PV) **86** D 2
Monteleone, Castello- = Schloss Lebenberg **27** D 4
Monteleone, Castello di- **215** B 4
Monteleone di Fermo **154** C 3
Monteleone di Púglia **204** B 3
Monteleone di Spoleto **162** C 3
Monteleone d'Orvieto **151** E 4
Monteleone Rocca Dória **301** E 4
Monteleone Sabino **170** D 3
Montelepre **262** B 3
Montelera **81** D 6
Monteleto **142** E 2
Montelibretti **170** E 2
Montelicciano **134** E 2
Montelifrè **150** C 2
Monte Limbara, Foresta Demaniale- **302** B 2-3
Monte Lívrio, Rifúgio- = Livriohütte **25** E 6
Montella **204** E 1
Montelli, Masseria- **210** D 3
Montello **69** B 6
Montello, il- **59** E 5-6
Montelongo **185** D 5
Monte Longo, Nuraghe- **301** E 6
Montelópio **138** E 1-2
Montelovesco **152** A 1
Montélparo **154** C 3
Monteluco **162** C 1
Montelungo (MS) **115** C 5-6
Montelungo (RM) **180** E 3
Montelungo Superiore **115** C 5
Montelupo Albese **97** E 4
Montelupo Fiorentino **138** B 3
Montelupone **145** E 4
Monte Madre, Masseria- **213** D 4
Montemággio (GE) **113** B 4
Montemággio (RN) **134** D 2
Montemággio, Castello di- **134** D 2
Monte Mággio, Grotta- **162** B 3
Montemaggiore (BO) **118** C 3
Montemaggiore (FC) **132-133** B 3-4
Montemaggiore (RM) **170** E 2
Montemaggiore (UD-Savogna) **63** A 5
Montemaggiore (UD-Taipana) **45** E 4
Montemaggiore, Abbazia di- **142** D 1
Montemaggiore, Stazione di- **265** E 5
Montemaggiore al Metáuro **143** A 5
Montemaggiore Belsito **279** A-B 4
Montemagno (AT) **97** A-B 6
Montemagno (PI) **137** A 6
Montemagno (PT) **130** E 3
Monte Magrè **73** B 5
Monte Maiore, Grotta- **301** E 4
Montemale di Cúneo **109** B 5
Montemanno **99** E 5
Montemarano **204** D 1
Montemarcello **127** E 5
Montemarcello-Magra, Parco Regionale- **127** E 4
Montemarciano (AN) **144** A 2
Montemarciano (AR) **140** C 1
Monte Marcone **174** E 3
Monte Marenzo **53** E 6
Monte Maria, Abbazia di- = Kloster Marienberg **25** C 6
Monte Mario **155** A 5
Monte Marmo, la Rotonda di- **219** C 5
Monte Mars, Riserva Naturale- **49** E 5
Montemartano **161** B 6

Monte Martello **142** C 3
Montemartino **100** C 1
Montemarzino **99** C 4
Montemarzo **97** C 5
Montemassi **148** E 3
Monte Melino **151** C 6
Montemerano **159** E 4
Montemerlo **92** B 1
Monte Mesma, Riserva Naturale- **51** E 4
Montemésola **212** D-E 1
Monte Mezza, Ponti di- **58** B 2
Montemezzo (CO) **35** D-E 4
Montemezzo (VI) **73** D 6
Montemíccioli, Torre di- **148** A 3
Monte Migliore **179** E 4
Montemignáio **140** A 1
Montemiletto **203** D 6
Montemiletto, Stazione di- **203** E 6
Montemilone **206** C 2
Montemiscoso **116** D 3
Montemitro **184** C 3
Montemóggio **114** C 2
Montemolino (MO) **117** E 6
Montemolino (PG) **161** A 5
Montemónaco **154** E 1
Montemontanaro **143** A 4
Monte Mori, Fattoria- **150** B 1
Monte Moro **111** D 6
Monte Moro, Passo di- **49** A 6
Monte Muradu, Nuraghe- **307** D 4
Montemurlo **130-131** D 3-4
Montemurro **235** A 6
Montemurro, Serra di- **237** A 4
Monte Musi, Cime del- **45** D 4
Monte Nai **321** B 6
Monte Navegna e Monte Cervia, Riserva Naturale- **171** D-E 4-5
Montenars **44** E 3
Montenero (GR) **159** A 4
Montenero (LI) **137** D 4-5
Montenero (PG) **161** C 5
Montenero, Grotta di- **188** D 1
Monte Nero, Lago di- → Krnsko jezero **45** E 6
Montenero, Monte- (CS) **245** C 6
Montenero, Monte- (FG) **188** D 1-2
Montenero, Monte- (SA) **218** C 2
Montenero, Portella di- **266** C 3
Montenero, Riserva Naturale- **138** E 2
Montenero, Stazione di- **183** D 5
Montenero di Bisáccia **185** B 4
Montenerodomo **183** B 6
Montenero Sabino **170** C-D 3
Montenero Val Cocchiara **183** E 5
Monte Níbbio, Válico di- **160** A 3
Monte Nieddu, Rio- **320** D 1
Montenotte Inferiore **111** C 6
Montenotte Superiore **111** C 6
Montenovo **133** C 6
Monte Nuovo **145** E 4
Montedorísio **175** E 5
Monte Olimpino **52** D 3
Monte Oliveto **138** E 3
Monte Oliveto Maggiore, Abbazia di- **150** B 1
Monte Olivo, Chiesa- **142** A 2
Monte Ombraro **118** D 2
Monte Orlando, Parco Urbano- **200** D 2
Monte Orsario, Riserva Naturale del- **79** B 5
Monteorsaro **117** E 4
Monte Orsello **118** D 2
Monte Orsino, Bosco di- **220** B 3
Monteortone **92** B 1
Monteossolano **32** E 2
Montepagano **165** C 4
Monte Pagáccio **142** C 3

Monte Pana **30** E 2
Montepaone **249** C 6
Montepaone Lido **250** E 2
Monteparano **225** D 5
Montepastore **118** D 3
Monte Paza, Ísola- **311** A 5-6
Montepegli **113** C-D 6
Monte Pelati e Torre Cives, Riserva Naturale- **64** E 2
Monte Pellegrino, Riserva Naturale- **263** A 4
Monte Pelmo-Mondeval-Passo Giau, Riserva Naturale- **41** B 5-6
Monte Penna, Riserva Naturale- **159** C 5-6
Montepennino **162** A 1
Monte Pérgola **291** B 6
Montepescali **158** B 2
Montepescini **149** D 5
Montepetra **133** D 5
Monte Petriolo **151** D 6
Monte Petrosu **303** B 6
Monte Petrosu, Cima di- **305** C 4
Montepiano **131** B 4
Montepiano, Bosco- **220** E 3
Monte Piatto **53** D 4
Monte Piè **101** E 6
Montepláir = Dörfl **25** B 6
Montepò, Castello di- **158** C 3
Montepolesco **144** C 3
Monte Polo **142** B 3
Monte Polverácchio, Oasi Naturale del- **218** C 2
Monteponi **314** E 2-3
Monteponi, Lago- **314** E 2
Montepórzio **143** B 5
Monte Pórzio Catone **179** D 6
Monte Poto, Masseria- **206** D 3
Monteprandone **155** D 5
Monte Pranu, Lago di- **319** D-E 4
Monteprato **45** E 4
Monte Prinzera, Riserva Naturale- **116** A 2
Monte Pucci, Torre di- **189** B 4
Montepulciano **150** C 2-3
Montepulciano, Lago di- **150-151** C 3-4
Montepulciano, Stazione di- **150** C 3
Monterado **143** B 6
Monterado, Colle- **160** D 2
Monterano **168-169** E 3-4
Monterano, Póggio- **141** B 5
Monterano, Riserva Naturale- **168-169** E 3-4
Monteráppoli **138** C 3
Monte Ráschio **100** C 3
Monterchi **141** D 6
Montereale (AQ) **163** E 5
Montereale (FC) **133** B 6
Monte Reale, Masseria- **212** C 2
Montereale Valcellina **61** B 4
Montereggi **131** E 5
Monteréggio **115** E 5
Monterenu **302** B 1
Monterénzio **119** E 5
Monterénzio, Rovine di- **119** E 5
Monte Rest, Forcella di- **43** E 5
Monterico **117** A 5-6
Monteriggioni **149** A 4
Monte Rinaldo **154** C 3
Monteríolo **133** E 5
Monterivoso **162** D 2
Monte Roberto **143** D 6
Monterocchetta **203** D 5
Monteroduni **194** B 3
Monterolo **143** C 4
Monteromano **141** B 6
Monte Romano **168** D 2
Monte Romano, Parrocchiale di- **132** B 2
Monterone (AR) **142** B 1
Monterone (BN) **203** D 6
Monterone (NA) **214** D 2
Monterongríffoli **150** C 1
Monteroni d'Árbia **149** C 6

Monteroni di Lecce **227** C 5
Monte-Rosa-Hütte **49** A 5
Monterosi **169** D-E 5
Monterosi, Lago di- **169** D 5
Monterosso (AL) **98** D 3
Monterosso (AN) **143** D 4
Monterosso = Roteck **26** C 3
Monterosso, Casa- **291** D 5
Monterosso, Ponte di- **249** C 4-5
Monterosso, Stazione di- **143** D 4
Monterosso, Torre di- **284** C 2
Monterosso al Mare **126** C 3
Monterosso Almo **289** D 4
Monterosso Cálabro **249** D 5
Monterosso Etneo **283** B 5
Monterosso Grana **109** B-C 5
Monterota = Radsberg **31** C 5
Monterotondo (AL) **98** D 3
Monterotondo (BS) **70** C 2
Monterotondo (RM) **179** A 5
Monterotondo Maríttimo **148** D 2
Monterotondo Scalo **179** A 5
Monte Róvere, Albergo- **57** C 6
Monteróvero, Monte- **196** A 3
Monterubbiano **155** B-C 4
Monte Rubiágio **160** B 2
Monte Rufeno, Riserva Naturale- **160** B 1
Monteruga, Masseria- **226** C 3
Monterúmici, Rovine- **119** E 4
Montès **38** C 2
Móntes **301** C 5
Montesabinese **180** A 3
Monte Sacro **179** B 5
Monte Salaiole, Casa- **152** A 2
Montesalso **101** E 5
Monte Salviano, Riserva Naturale- **181** B 5
Monte Samorrè **189** D 5
Monte San Bartolo, Parco Regionale- **135** D 4-5
Monte San Biágio **192** D 3
Monte San Calógero, Riserva Naturale- **265** D-E 5
Monte San Giácomo **233** B 6
Monte San Giorgio, Parco Regionale- **95** A 6
Monte San Giovanni **118** D 3
Monte San Giovanni Campano **193** A 4
Monte San Giovanni in Sabina **170** C 2-3
Monte San Giusto **154** A 3
Monte San Lorenzo **73** D 6
Monte San Martino **154** C 2
Montesano **85** D 6
Montesano Salentino **231** C 5
Montesano Scalo **235** A 4
Montesano sulla Marcellana **235** A-B 4
Monte San Pietrángeli **154** A 3
Monte San Pietro **118** C 3
Monte San Pietro = Petersberg **39** B 6
Monte San Quírico **129** E 6
Monte San Savino **150** A 2
Monte Santa Maria **170** D 2
Monte Santa Maria, Chiesa- **143** A 4
Monte Santa Maria Tiberina **141** E 5
Monte Sant'Ángelo **188-189** D-E 3-4
Monte Sante Marie **150** A 1
Montesanto (FE) **106** D 1
Montesanto (PG) **162** A 3
Monte Santo, Chiesa di- **161** B 5
Monte Santo di Lussari, Santuário di- **45** B 5
Monte Santu, Capo di- **313** B 6
Monte San Vigílio = Vigiljoch **27** D 4
Monte San Vito (AN) **144** B 2
Monte San Vito (PG) **162** C 2
Montesárchio **203** D 4

Montesardo **231** D 5
Monte Sasso **133** D 5
Montesca, la- **141** D 6
Montescaglioso **223** C 4
Monte Scalari, Fattoria-
139 C 6
Montescano **85** E 6
Montescena = Schennaberg
27 C 5
Montescheno **32** E 2
Montescudáio **147** A 6
Montescudo **134** D 3
Monte Scuro, Válico di-
245 B 4
Montese **118** E 1-2
Montesecco (PT) **130** D 3
Montesecco (PU) **143** C 4
Monteségale **99** C 5
Monte Senário, Convento-
131 D 5
Montesicuro **144** B 3
Monte Siera, Rifúgio- **43** C 5
Montesilvano **165** E 5
Montesilvano Colle **165** E 5
Montesilvano Marina **165** E 5
Montesinaro **49** D-E 6
Montesírico **205** E 5
Montesiro **68** B 3
Montesóffio **142** B 2
Montesolaro **67** B 5
Monte Sole, Parco Storico di-
118-119 D-E 3-4
Monte sopra Róndine **140** D 3
Monte Soratte, Riserva
Naturale- **169** D 6
Monte Sorbo, Pieve di- **133** D 5
Monte s'Orcu, Rio- **319** A-B 4
Montesoro **249** C 5
Montespaccato (Fogaccia)
177 C 6
Montespécchio **118** E 1
Monte Sperello **151** C 6
Montespértoli **139** C 4
Montespino → Dornberk
63 D 6
Montespluga **35** A 4
Montespluga, Lago di- **35** A 4
Montessoro **99** E 4
Montestrutto **64** C 3
Monte Subásio, Parco
Regionale del- **152** C-D 3
Monte Suello, Ossário di-
56 E 1
Monte Táuro, Castello- **134** D 3
Monte Tavianella **131** B 4-5
Monteti, Monte- **167** B 5
Montetiffi **133** D 6
Montetórtore **118** E 2
Monte Tranquillo, Santuário di-
182 D 3
Monte Tre Denti-Freidour,
Parco Regionale- **95** A 5
Montette, la- **94** D 2
Monteu **64** D 1
Monteu da Po **83** C-D 4
Monte Urábice → Vrabče
79 A 6
Monte Urano **155** A 4
Monteu Roero **96** D 3
Montevacà, Passo de **114** B 3
Montevago **275** B-C 6
Montevarchi **140** C 1
Montevécchia **68** B 3
Montevecchia e della Valle del
Curone, Parco Regionale di-
68 B 3
Montevécchio (CA) **314** B 3
Montevécchio (CB) **195** B 6
Montevécchio (FC) **133** C 5
Montevécchio (PU) **143** C 4
Montevécchio, Pizzo- **49** B 6
Montevécchio, Rio di-
314 B 3
Montevéglio **118** C 3
Monteveneroso **85** C 4
Monteventano **100** C 2
Monteverde (AP) **154** B 3
Monteverde (AV) **205** C 5
Monteverde (CB) **195** B 5
Monteverde (PG) **152** C 2

Monteverde, Quadrívio di-
195 B 6
Monteverde, Stazione di-
205 D 5
Monteverdi Maríttimo **148** C 1
Montevérgine **214** C-D 2
Monte Vérgine, Santuário di-
231 A 5
Montevettolini **130** E 2
Monteviale (AR) **141** B 5
Monteviale (VI) **73** D 6
Monteviasco **52** B 2
Monte Vibiano Nuovo **151** E 6
Monte Vibiano Vécchio **151** E 6
Monte Vidon Combatte **154-
155** C 3-4
Monte Vidon Corrado **154** B 2
Montevirgínio **169** E 4
Montevitozzo **159** C 6
Montezémolo **111** C 4
Monte Zuccone, Rifúgio- **54** C 2
Montgenèvre **94** A 1
Montgenèvre, Col de- **94** A 1
Monti (AN) **144** C 3
Monti (BG) **55** D 4
Monti (MS-Licciana Nardi)
115 E 6
Monti (MS-Pontrémoli) **115** C 5
Monti (PR) **115** B 4
Monti (SI-Gaiole in Chianti)
149 A 6
Monti (SI-San Gimignano)
139 E 4
Monti (OT) **303** B 4
Monti (SV) **111** B 5
Monti (TO) **81** C 6
Monti (VR) **72** B 2
Monti, Rio de- **319** D 5-6
Montiano (FC) **133** B 6
Montiano (GR) **158** D 2-3
Monti Aurunci, Parco
Regionale dei- **193** D 4-5
Monticano, Fiume- **75** A 6
Monticchie, Riserva Naturale-
87 D 4
Monticchiello **150** D 2
Montícchio **172** C 1
Montícchio, Laghi di- **205** D 5
Montícchio, Monte- **238** A 3
Montícchio, Stazione di-
205 D 5
Montícchio Bagni **205** D 5
Monticelle **70** D 1
Monticelli (AL) **99** C 5
Monticelli (AN) **143** E 4
Monticelli (BR) **212** B 3
Monticelli (FE) **107** B 4
Monticelli (FR) **193** C 5
Monticelli (LO) **87** C 4
Monticelli (PG-Corciano)
151 C 6
Monticelli (PG-Marsciano)
151 D 6
Monticelli (PG-Perúgia) **152** C 1
Monticelli (PR) **115** B 4
Monticelli (SA) **218** C 1
Monticelli Brusati **70** C 2
Monticelli d'Óglio **88** C 1
Monticelli d'Ongina **87** E 6
Monticelli Pavese **86** D-E 3
Monticelli Ripa d'Óglio **88** D 2
Monticelli Síllaro **86** C 3
Monticelli Terme **102** E 3
Monticello (AR) **140** D 2
Monticello (BI) **65** C 4
Monticello (NO) **66** E 2
Monticello (PC) **100** C 2
Monticello (VI-Barbarano
Vicentino) **91** B 6
Monticello (VI-Lonigo) **91** B 5
Monticello, Masseria- **213** E 5
Monticello, Monte- (FR)
193 A 5
Monticello, Monte- (PZ)
235 A 5
Monticello, Monte- (SA)
235 B 4
Monticello, Monte- (TN) **39** D 4
Monticello Amiata **159** B 4
Monticello Brianza **68** B 3
Monticello Conte Otto **74** C 1

Monticello d'Alba **96** D 3
Monticello di Fara **73** E 6
Montichiari **71** E 4
Monticiano **149** D 4
Monticino, Monte il- **141** A 5
Montícolo = Montiggl **39** B 5
Montícolo, Laghi di- =
Montiggler Seen **39** B 5
Monti del Sole **41** D-E 5
Monti di Cadiróggio **117** B 6
Monti di Palazzo Adriano e
Valle del Sósio, Riserva
Naturale- **278** D 1
Monti di San Carlo **33** B 5
Monti di Villa **129** C 6
Montiego **142** C 2
Monti Eremita-Marzano,
Riserva Naturale dei-
218 B 3
Montieri **148** D 3
Montieri, Póggio di- **148** D 3
Montiggl = Montícolo **39** B 5
Montiggler Seen = Laghi di
Montícolo **39** B 5
Montíglio Monferrato **83** D-E 4
Montignano (AN) **144** A 2
Montignano (PG) **161** B 6
Montignoso (FI) **138** E 2
Montignoso (MS) **128** C 3
Monti Lattari, Parco Regionale
dei- **216-217** C-D 3-4
Montillgallo **134** C 2
Montilongu, Punta di- **297** E 4
Monti Lucrétili, Parco
Regionale dei- **180** A 1
Montinelle **71** D 5
Montingégnoli **148** C 3
Montioni **148** E 1
Montioni, Parco
Interprovinciale di-
157 A-B 5
Monti Pállidi, Rifúgio- **30** E 3
Monti Picentini, Parco
Regionale dei- **218** B 1-2
Montirone **70** E 3
Montisi **150** C 2
Monti Sibillini, Parco Nazionale
dei- **163** A 4-5
Monti Simbruini, Parco
Regionale dei-
180-181 B-C 3-4
Montísola **162** E 2
Monti-Telti, Stazione di-
303 B 4
Monti Uri, Cantoniera- **302** D 2
Montjovet **49** D 4
Montócchio **219** C 6
Montódine **87** C 4
Montóggio **113** B 5
Montonate **51** E 6
Montone (PG) **141** E 6
Montone (TE) **165** B 4
Montone = Rammelstein **31** B 4
Montone, Fiume- **120** E 3
Montone, Fosso- **132** D 2
Montonero **83** B 6
Montópoli di Sabina **170** E 2
Montópoli in Val d'Arno
138 C 1
Montórfano (CO) **53** E 4
Montórfano (VB) **51** C 4
Montorgiali **158** C 3
Montório (GR) **159** C 6
Montório (VR) **73** E 4
Montório al Vomano
164 D 1-2
Montório in Valle **171** E 4
Montório nei Frentani **185** D 5
Montório Romano **170** E 3
Montoro (AN) **144** C 3
Montoro (TR) **161** E 5
Montoro Inferiore **217** B 5
Montoro Superiore **217** B 5-6
Montorsáio **158** B 2
Montorsi, Monte- **197** B 4
Montorso **118** E 3
Montorso, Galleria di-
192 C-D 2
Montorso Vicentino **73** E 5
Montoso **95** D 4
Montósoli **149** E 6

Montotto (AP-Fermo) **155** B 4
Montotto (AP-Monterubbiano)
155 C 4
Montottone **154** C 3
Montóvolo, Santuário di-
131 A 4
Montozzi **140** D 2
Montpont **64** D 1
Mont Pourri, Refuge- **46** E 1
Montresta **306** C 2
Montrigon **46** D 1
Montrigone **50** E 3
Montrin (Montrino) **79** E 4
Montrino → Montrin **79** E 4
Montù Beccaria **86** E 2
Montúccio, Monte- **204** B 3
Montuolo **129** E 5
Montursi, Monte- **210** E 2
Montvalezan **46** D 1
Montvenix **46** D 1
Mont Viso, Refuge- **94** D 3
Monumento di Fuori **194** B-C 2
Monvalle **51** D 5
Monveso di Forzo, Monte-
47 C 5
Monza **68** C 2-3
Monza, Autódromo di- **68** C 3
Monza, Parco di- **68** C 3
Monza, Rifúgio- =
Hochfeilerhütte **29** B 4
Monzambano **89** B 5
Monzanaro, Masseria- **280** B 3
Monzesi, Rifúgio- **53** D 6
Monzino, Rifúgio- **46** B 2
Monzòn, Malga- **43** B 4
Monzone (MO) **117** D-E 6
Monzone (MS) **128** A 3
Monzone, Monte- **241** A 4
Monzoni **40** C 3
Monzoni, Malga- **40** B 3
Monzoro **67** D 5
Monzuno **119** E 4
Moo, Lago- **114** A 3
Moos = Moso **31** C 6
Moos in Passeier =
Moso in Passíria **27** B 4
Mooskofel **43** B 6
Mopolino **163** E 5
Mora **152** C 2
Mora, Crasta- **24** D 2
Mora, Val- (BG) **54** B-C 1
Mora, Val- (Svízzera) **25** D 4-5
Morachi **245** D 4
Moradúccio **132** A 1
Moranda (TO) **95** A 6
Moranda (VR) **91** C 5
Moránego **113** B 5
Morano, Osteria di- **152** B 3
Morano, Torrente- **249** E 4
Morano Cálabro **241** A 4
Morano sul Po **83** C-D 6
Moransengo **83** D 4
Moranzani **75** E 5
Moraro **63** D 5
Morásco, Lago- **32** A 3
Morática **90** D 2
Morazzone **52** E 2
Morbegno **35** E 6
Morbello **112** A 1
Mórbio Inferiore **52** D 3
Mórbio Superiore **52** D 3
Morca **50** D 2
Morcella **151** E 6
Morciano di Léuca **231** D 5
Morciano di Romagna **135** D 4
Morcone **195** D 6
Morcote **52** C 2
Mordano **120** D 1-2
Morea, Masseria- **211** D 4
Moregallo, Monte- **53** D 5
Moregnano **155** B 4
Mörel **32** B 1
Morella, Casa- **152** B 2
Morelli (FI) **138** B 2
Morelli (MC) **154** C 1
Morelli, Casa- **245** A 5
Morelli, Rifúgio- **109** E 4
Morello (AN) **143** D 4
Morello (FI) **131** E 5
Morello, Casa- **227** B 6
Morello, Fiume- **281** C 4

Morello, Monte- **131** E 5
Morello, Ponte- **278** C 3
Morello, Timpone- **245** D 6
Morena **95** E 5
Morena, Parròcchia di-
142 D 1
Morengo **69** D 5
Moreri (ME) **268-269** A 3-4
Moreri (TO) **95** C 5
Móres **301** D 6
Móres, Rifúgio- **32** A 3
Moresco **155** B 4
Móres-Ittireddu, Stazione-
301 D 6
Moreto, Serra- **237** D 5
Moretta (CN) **95** D 6
Moretta (PC) **86** E 2
Moretta, Monte- **316** C 3
Moretti (AL) **112** B 1
Moretti (TO) **64** D 3
Morfasso **100** E 3
Morfreid, Monte- **108** A 3
Morgàn **59** B 6
Morgano **75** C 5
Morgantina **281** E 6
Morge (AO) **46** B 3
Morgex **46** B 2-3
Morghengo **66** C-D 2
Mórgia, Monte la- **183** A 6
Mórgia Giuntatore **196** C 3
Mórgia Schiavóne, Ponte-
184-185 D-E 3-4
Mórgie, le- **175** D 4
Morgo, Ísola- **78** B 2
Morgonaz **47** B 5
Morgongiori **311** E 4
Mori **57** E 4
Mori, Stazione di- **57** D 4
Mória **142** D 2
Moriago della Battáglia **59** D 6
Morialdo **83** E 4
Moriano (FI) **139** B 5
Moriano (PG) **161** A 6
Morichella **154** B-C 1
Morico (MC-Pollenza) **154** A 2
Morico (MC-San Ginésio)
154 A 2
Moricone **170** E 2
Moricone, Monte- **163** A 4
Moricone, Osteria- **170** E 2
Morigerati **233** D 6
Morigino **227** E 6
Moriglione **110** A 3
Morignano **154** C 3
Morignole (Morignolo) **122** B 3
Morignolo → Morignole
122 B 3
Morignone **37** B 5
Morimondo **85** B 4
Morini **89** C 4
Morino **181** C 5
Morion, Monte- (AO-Bionaz)
47 A 5
Morion, Monte- (AO-Nus)
47 B 6
Moriond **80** A 1
Moriondo **82-83** D 3-4
Moriondo Torinese **82** E 3
Moritzing = San Maurízio
27 E 5
Mori Vécchio **57** D 4
Morléschio **152** B 1
Morliere **80** D-E 2-3
Morlupo **170** E 1
Morlupo-Capena, Stazione di-
169 E 6
Mormanno **240** A 3
Mormorola **115** B 5
Mornaga **71** C 6
Mornago **51** E 6
Mornera **34** D 2
Mornese **112** A 3
Mornico al Sério **69** C 6
Mornico Losana **99** A-B 6
Morno → Murina **78** E 3
Moro, Lago- (BG) **54** B 2
Moro, Lago- (BS) **55** B 4
Moro, Monte- (CH) **184** B 3
Moro, Monte- (CN) **110** D 2
Moro, Monte- (GE) **113** C 4
Moro, Monte- (IM) **123** D 4

Moro, Monte- (OT) **297** D 5
Moro, Monte- (RI) **171** C 5
Moro, Monte- (Svízzera-VB)
49 A 6
Moro, Monte- (TR) **162** D 1
Moro, Punta del- →
Pakleni Rt **78** E 3
Moro, Sasso- **36** C 2
Moro, Torrente- **174** C-D 3
Moróbbia, Valle- **34** E 2-3
Morolo **192** A 2
Morolo, Stazione di- (FR)
181 E 4
Morolo, Stazione di- (RM)
169 E 6
Moron **49** D 4
Morondo **50** D 3
Moroni **36** E 1-2
Moroni, Ponte- **303** A 4
Morónico **132** A 3
Morosolo **51** D 6
Moròss, Rocca- **81** C 5
Morozzo **110** B-C 1
Morra (PG) **141** E 5
Morra, La- **96** E 3
Morra, Monte- **180** A 1
Morra del Villàr **109** B 5
Morra De Sánctis **204** D 3
Morrano Nuovo **160** B 3
Morra San Bernardo **109** B 6
Morra San Giovanni **109** A 6
Morra-Teora, Stazione di-
204 E 3
Morre **161** C 4
Morrea **181** C 6
Morrea, Forchetta- **181** C 6
Morrice **163** C 6
Morro (MC) **153** C 5
Morro (PG) **153** E 4
Morrocco **139** D 4
Morro d'Alba **143** C 6
Morro d'Oro **165** C 4
Morrona **138** D 1
Morrone, Colle- **249** E 5
Morrone, Montagne del-
173 E 5
Morrone, Monte- (AQ) **173** E 5
Morrone, Monte- (FR) **193** A 6
Morrone, Monte- (MT) **221** E 6
Morrone, Monte- (PE) **173** B 4
Morrone, Monte- (RI) **171** D 6
Morrone del Sánnio **185** E 4
Morroni **203** D 6
Morro Reatino **162** E 2
Morrovalle **145** E 4
Morrovalle, Stazione di-
145 E 4
Morruzze **161** C 4
Morsano al Tagliamento **62** D 1
Morsano di Strada **62** D 3
Morsara, Serra- **210** F 2
Morsasco **98** E 1
Morsella **84** D 3
Morsiano **117** E 4-5
Morsone **71** D 5
Mort, Lago- **47** A 6
Mortaiolo **137** B-C 5
Mortale **193** A 5-6
Mortara **84** C 3
Mortara, Rifúgio- **49** C 5
Mortaso **56** B 2
Morte, Mácera della- **163** C 6
Morte, Monte la- **212** C 2
Mortegliano **62** C-D 3
Mortella, Bívio- **239** B 4
Mortelle **258** C 3
Mórter **26** D 2
Morteratsch **36** B 2
Morteratsch, Piz- **36** B 2
Morteratsch, Vadret da-
36 B 2
Morterone **53** D 6
Morti, Dosso dei- **56** C 2
Morti, Ísola dei- **59** E 6
Morti, Serra dei- **285** A 4
Mortillaro **263** A 4
Mortirolo, Passo del- **37** D 4-5
Mortirolo, Valle di- **37** D 5
Mortisa **58** E 2
Mortizza **87** E 5
Mortizzuolo **104** B 3

Morto, Lago- **60** C 2
Morto, Portella del- **279** D 6
Mórtola **122** E 2
Mortore, Casa- **186** E 2
Mortório, Ísola- **297** D 6
Mortório, Torre- **321** B 4
Moru, Nuraghe- **313** D 5
Moruri **73** D 4
Moruzzo **62** B 2
Morzano **65** E 4
Mórzola **102** E 3
Morzone, Monte- **195** B-C 4
Morzulli **269** C 5
Mosana **39** E 4
Mosca (VI-Asiago) **58** E 2
Mosca (VI-Roana) **58** E 1
Mosca, Masseria- **230** B 2
Moscano **143** E 5
Moscardo **44** B 2
Moscarello, Canale- **191** C 4
Moscata, Torre- **207** A 6
Moscazzano **87** C 4
Mosce di Bramante, Masseria le- **198** A 3
Möschel, Stalle- **54-55** C 3-4
Moschera **244** A 1
Moschereto, Monte- **241** A 5
Móscheri **57** D 5
Moschesin, Forcella- **41** D 6
Moscheta, Badia di- **131** B 6
Moschetta **64** C 3
Moschiano **217** A 4
Moschiaturo, Monte- **195** C 6
Moschin, Col- **58** D 3
Moschini **98** C 3
Moschitta, Monte- **288** B 2
Móscia, Torrente- **132** E 1
Mósciagh, Monte- **58** D 1
Mosciano **139** B 4
Mosciano Sant'Ángelo **164** B 3
Moscona **87** B 5
Moscona, Póggio di- **158** B 2
Moscosi **153** A 6
Moscufo **173** B 6
Mose, le- **87** E 5
Möseler → Mésule **29** A 5
Moser **30** C 1
Mosezzo **66** D 1
Mosh na Soči (Santa Lucia) **63** A 6
Mósio **88-89** D 3-4
Mosnigo **59** D 5
Moso = Moos **31** C 6
Moso in Passíria = Moos in Passeier **27** B 4
Mosogno **33** D 4
Mosórrofa **256** D 1
Mossa **63** C-D 5
Mossale **115** C 6
Mossano **91** A 6
Mosse **160** E 2
Mossini **36** E 2
Mosso **65** B 5
Mossòn **58** E 1
Mosso Santa Maria **65** B 5
Mostarico, Monte- **239** E 4
Mostizzolo, Ponte- **38** C 3
Most na Soči (Santa Lucia) **63** A 6
Mostra d'Oltremare di Nápoli **215** C 4
Mostri, Parco dei- **161** E 4
Motegu, Fontana- **316** B 1
Motella **87** B 6
Motívon **46** A 1
Mótola, Monte- (AQ) **172** D 3
Mótola, Monte- (PG) **162** C 2
Mótola, Monte- (SA) **233** A 5
Motrone **129** C 5-6
Motrone di Versília **129** D 4
Motta (AT) **97** C 5
Motta (BN) **203** D 5
Motta (CN) **96** D 2
Motta (CS) **244** C 3
Motta (MN) **89** D 5
Motta (MO) **104** C 2
Motta (PD) **92** D 1
Motta (PR) **101** B 6
Motta (SO-Campodolcino) **35** B 4

Motta (SO-Villa di Tirano) **36** E 3
Motta (Svízzera) **33** C 6
Motta (TO) **96** C 1
Motta (VI) **73** C 6
Motta, Casa la- **281** B 5
Motta, Fattoria della- **288** D 3
Motta, la- (Svízzera) **36** B 3
Motta, la- (VR) **91** E 4
Motta, Monte- **36** C 2
Motta, Monte la- **249** D 4
Motta, Punta di- **47** E 5
Motta Baluffi **88** E 2
Mottác, Pizzo- **51** B 4
Motta Caggiano, Colle- **184** A-B 3
Motta Camastra **269** D 5
Mottáccio, Monte il- **35** C 4
Motta d'Affermo **267** C 4
Motta de' Conti **84** C 1
Motta di Livenza **76** A 3
Motta Filocastro **248** E 2
Mottafollone **241** C 4
Motta Gastaldi **96** D 1
Mottaiola **88** D 2
Mottalciata **65** D 5
Motta Montecorvino **197** B 4
Motta Montecorvino, Fiumara di- **197** B 5
Motta Naluns **25** B 4
Motta Panetteria, Masseria- **198** A 1
Mottarelle **92** D 1
Mottarone, Monte- **51** D 4
Motta San Damiano **85** D 6
Motta San Fermo **102** B 3
Motta San Giovanni **256** E 1
Motta Santa Lucia **244-245** D 3-4
Motta Sant'Anastásia **283** C 4
Motta Sant'Anastásia, Stazione- **283** D 4
Motta Vigana **86** C 3
Motta Visconti **85** B 4
Mottaziana **100** B 2
Motte, le- (CR) **88** D 2
Motte, le- (MN) **103** B 6
Motteggiana **103** B 5-6
Mottella **89** D 6
Motti, i- **73** E 5
Motticella **257** E 4
Motticella, la- **197** A 6
Mottinello Nuovo **74** B 2-3
Mottinello Vécchio **74** B-C 3
Mottíscia, Punta- **32** C 1
Motto **34** B 2
Móttola **224** B 2
Mottolone, Monte- **91** A 5-6
Mottura **95** C 6
Motturone **96** D 2
Moulin **47** A 6
Moulinet **122** C 1
Moulins, les- **94** C 1
Mounier, Mont- **108** E 2
Moutière, Col de la- **108** C 1
Movraž **79** E 6
Mózia **260** E 2
Mozza, Torre- **186** B 1
Mozzacatena **153** A 6
Mozzagrogna **174** D 3
Mozzánica **69** D 5
Mozzano **154** E 3
Mozzano, Monte- **163** E 5
Mozzate **67** B 4
Mozzecane **89** C 6
Mózzio **32** D 2
Mozzo **69** B 5
Mózzola, Torrente- **115** A 5-6
Mrše **79** C 6
Mrzli vrh **45** E 6
Mu (BS) **37** E 5
Mu (CN) **111** C 5
Múcchia **151** B 4
Múccia **153** C-D 5
Mucciano **131** C 6
Mucciatella **117** A 5
Muceno **51** C 6
Mucigliani **149** B 6
Mucinasso **100** B 3
Mucone, Fiume- **241** E 5
Mucone, Lago- **245** A 5

Mucrone, Lago del- **49** E 5-6
Mucrone, Monte- **49** E 5-6
Muculufa, Monte la- **285** D 6
Muda, la- **41** D 6
Muddetru, Monte- **302** A 3
Muddizza, la- **299** C 5-6
Mudégiu, Cantoniera- **301** E 4
Mudregu, Monte- **307** E 6
Múfara, Monte- **266** D 2
Muffa **118** C 3
Muffetto, Monte- **55** E 5
Mufloni, Cúccuru 'e- **312-313** C 3-4
Mugarone **84** E 2
Mugello, Regione- **131** D 6
Mugena **52** B 2
Múggia **79** C 5
Múggia, Báia di- **79** C 5
Muggiano **127** D 4
Múggio **52** C-D 3
Muggiò **67** C 6
Muggio, Monte di- **53** B 5
Mughera, Cima di- **56** E 2
Múglia **282** B 3
Mugnai **59** C 4
Mugnano (PG) **151** D 5-6
Mugnano (SI) **149** C 5
Mugnano (VT) **161** E 4
Mugnano del Cardinale **203** E 4
Mugnano di Nápoli **215** B 4
Mugnone, Punta- **260** A 1
Mugnone, Torrente- **131** E 5
Mugoni **300** C-D 1
Mühlbach = Rio di Pusteria **30** B 2
Mühlbach = Riomolino (BZ-Gáis) **31** A 4
Mühlbach = Riomolino (BZ-Lagundo) **27** C 4
Mühlbach Bad = Bagni di Riomolino **31** A 4
Mühlebach **32** B 1
Mühleck = Costa Molini **29** A 6
Mühlen = Molini di Túres **30-31** A 3-4
Mühlwald = Selva dei Molini **30** A 3
Mühlwalder Tal = Valle Selva dei Molini **30** A 2-3
Muiach **59** B 5
Mruina **43** D 6
Mula, Monte la- **240** C 3
Mulara, Serra- **247** C 5
Mulárgia **307** D 5
Mulárgia, Lago- **316** B-C 3
Mulárgia, Rio- **316** B 3
Mùlaz, Rifúgio- **41** C 4
Mulazzana **87** D 4
Mulazzano (LO) **86** A-B 2
Mulazzano (RN) **134** D 3
Mulazzano Monte **116** A 3
Mulazzo **115** D-E 5
Mulegns **35** A 6
Múles = Mauls **30** A 1
Múles, Val di- = Maulser Tal **30** A 1
Muli, Serra del- **241** E 5
Mulina **129** C 4
Mulinelli **141** D 4
Mulinello, Fiume- **291** B 5
Mulinello, Torrente- **281** D 5
Mulini **202** D 2-3
Mulíno **118** C 2
Mulino di Arzachena **297** D 4-5
Mulinu, Rio- **306** C 3
Muliparte **59** E 5
Mulo, Colle- **108** C 4
Mulo, Timpa del- **222** E 2
Multeddu **299** C-D 5
Multedo **112** C 3
Mummuiola **144** D 2
Mumullónis, Punta- **314** C 2
Munciarrati **266** D 2
Muncinale, Bruncu- **312** B 2
Mundin, Piz- **25** A 6
Mundúgia, Monte- **313** B 5
Mungianeddu, Punta- **312** B 2
Municca, Ísola- **296** B 3
Münster **32** A 2
Munt = Monte di Fúnes **30** D 2
Muntiggioni **299** C 6

Muottas Muragl **24** E 2
Mura (BS-Mura) **71** B 4
Mura (BS-Puegnago del Garda) **71** D 5
Mura (FI) **138** D 2
Mura (TV) **59** C 6
Mura, Sass de- **41** E 4
Muráccio, Póggio- **131** C 5
Mura Ciclopiche **192** E 1
Muradelle **87** D 6
Muradello **101** B 4
Muradolo **87** E 5
Muragl, Fuorcla- **24** E 2
Muragl, Piz- **24** E 2
Muragl, Punt- **24** E 2
Muráglia **111** D 4
Muraglione, Passo del- **132** D 2
Muralto **33** D 6
Murana, Lago di- **275** C 4
Murano **75** E 6
Murano, Monte- **143** E 5
Murata **193** A 4
Muratella **69** C 6
Muratello **70** C 3
Muratone, Passo- **122** C 3
Muravalle **72** B 3
Muravera **317** E 6
Murazzano (AN) **143** E 4
Murazzano (CN) **110-111** D 3-4
Murazzo **110** B 1
Murci **159** C 4
Murdegu, Pranu- **315** B 4
Mure (PN) **77** A 4
Mure (TV) **76** A 3
Murelle Vécchia **75** E 4
Murello **96** D 1
Murènz **108** C 2
Murera, Rio- **316** B 2
Muret, Punta- **95** A 4
Muretto, Passo del- **36** C 1
Murfi **261** D 4
Murge, le- **206-207** B-D 3-6
Murge, Monte le- **220** D 3
Murge di Minervino, le- **206** B 3
Murge di Sant'Orónzio **237** C 5
Murge Orientali, Riserva Naturale- **211** E 5
Murge Salentine **230-231** A-C 3-4
Murge Tarantine **226** B-C 1-3
Múrgia, Casa- (OR) **315** A 4
Múrgia, Casa- (VS-Gúspini) **314-315** B 3-4
Múrgia, Casa- (VS-Villacidro) **315** C 4
Múrgia Albanese, Masseria- **211** E 4
Múrgia del Ceraso **207** C 6
Múrgia di Lamapera **207** D 5
Múrgia di Serraficáia **207** D 5
Múrgia Lampazzo **207** C 4
Murgia Materana, Parco Regionale della- **222-223** A-B 2-4
Múrgia Pellicciari **207** E 5-6
Múrgia Sant'Elia **207** D 6
Múrgia Sgólgore **210** D 1
Múrgia Suagna **210** C 1
Múrgie, le- **247** B 5
Múrgie Santa Caterina **239** C 5
Muriáglio **64** D 2
Murialdo **111** D 4
Muriana **130** A 2
Muríccia, Chiesa- **132** E 1
Muriè, Nuraghe- **309** C 6
Murina (Morno) **78** E 3
Múris **61** B 4
Murisasco **99** B 5
Muriscovo **305** E 5
Murisenghi **95** B 6
Murisengo **83** D 5
Muristene, Nuraghe- **309** D 4
Murittu, Punta- **308** D 3
Murle **59** B 4
Múrlis **61** D 5
Murlo **149** D 6
Murlo, Miniera di- **149** D 6
Murlo, Monte- **151** B 6
Múrmari **268** B 3
Muro (BS) **71** C 5

Muro (VC) **50** D 2
Muro, Casa de- **316** C 3
Muro, Fiumara di- **219** B-C 5
Muro, Masseria- (BR-Latiana) **213** E 4
Muro, Masseria- (BR-Mesania) **213** E 5
Muro, Monte- **139** C 6
Muro, Monte- = Maurer Kopf **31** C 4
Muro Leccese **231** A 5
Muro Lucano **219** B 4
Muro Pizzo, Monte- **170** D 3
Múros **301** C 4
Muros, Monte- **302** B 2
Murredda, Rio- **321** B-C 5
Múrria, Fiumara- **248** D 3
Murro di Porco, Capo- **291** E 6
Murroni, Rio- **301** C 5
Mursecco **110** E 3
Mursía **274** D 1
Murta **112** B-C 3
Murta, Rio de sa- **314** A 2
Múrtas, Cala di- **317** D 6
Múrtas, Paúli- **310** B 2
Múrtas, Scóglio di- **317** D 6
Múrtas, Torre di- **317** C 6
Murtazzolu, Rio- **307** E 5
Murtèr, Piz- **25** C-D 4
Murtiddi, Ponte- **263** C 5
Muru Mannu, Rio su- **316** C 3
Musadino **51** C 6
Musano **75** B 5
Musa Soprana **267** E 5-6
Musa Sottana **267** E 5
Múscas, Casa- **311** B 4
Muschiada, Cima di- **53** D 6
Muschiaturo **188** B 2
Muschieto **111** E 4
Muscillo, Monte- **206** E 3
Muscletto **62** D 2
Múscoli **63** E 4
Muscoline **71** D 4
Muse **44** A 2
Museddu **313** E 5
Musei **315** E 4
Musella **133** D 5
Musella, Rifúgio- **36** C 2
Musellaro **173** D 5
Musèrale **151** D 5
Musestre **76** D 1
Musi **44** D 3
Musi, Forcella- **44** D 3
Musiara Inferiore **116** B-C 2
Musiara Superiore **116** B-C 2
Musigliano **117** E 4
Musignano (VA) **51** B 6
Musignano (VT) **168** B 1
Musile di Piave **76** C 3
Musinè, Monte- **81** E 6
Muslone **71** B 6
Muso di Porco, Punta- **262** B 2
Musone **145** C 4
Musone, Fiume- **144** D 2
Musone, Masseria- **212** C 3
Mussático **116** B 3
Mussi **110** C 1
Mussingiua **308** D 1
Musso **35** E 4
Musso, Fattoria- **289** E 4
Mussolente **58-59** E 3-4
Mussolino **73** D 5
Mussomeli **289** D-E 4
Mussons **62** E 1
Mussotto **97** D 4
Mùstair **25** D 6
Müstair, Valle- **25** D 6
Muta, Alpe di- = Haider Alm **25** B 6
Muta, Lago della- = Haider See **25** B 6
Mutenock = Monte Mutta **30** A 3
Mutigliano **129** D 5
Mutignano **165** D 4
Mútria, Monte- **195** C 5
Mutrucone, Cantoniera- **309** C 6
Mutta, Monte- = Mutenock **30** A 3
Mutteddu, Pranu- **316** C 3

Mutterberg-Alpe **28** A 1
Mutterberger Tal **28** A 1
Mutti, Póggio- **148** D 3
Muttler **25** A 5
Mutucrone, Punta su- **303** E 6
Muxarello, Masseria- **284** A 3
Múzio **123** C 5
Muzza, Canale- **86** B 3
Muzza, Masseria- **229** E 5
Muzza, Torre- **262** A 4
Muzza Sant'Ángelo **86** C 3
Muzzana del Turgnano **62** E 2
Muzzaniga **120** C 1
Muzzano (BI) **65** C 4
Muzzano (LO) **68** E 3
Muzza Piacentina **86** C 3
Muzzolito, Torrente- **241** C 4
Muzzolòn **73** C 5

N

Nacciarello **149** E 6
Nadiža **45** E 5
Nadore, Rocca- **277** C 5
Nadro **55** C 6
Nággio **53** B 4
Nagler, Rifúgio- **25** E 6
Nago **56** D 3
Nago-Tórbole **56** D 3
Nai, Monte- **321** B 6
Náia, Torrente- **161** B-C 5
Naiarda, Monte- **43** E 5
Naiftal = Val di Nova **27** C 5
Nair, Piz- (Svízzera) **24** E 1
Nair, Piz- (Svízzera) **25** C 4
Nálles = Nals **27** C 5
Nals = Nálles **27** E 5
Naluns, Motta- **25** B 4
Nambino, Lago di- **38** D 2
Nambino, Monte- **38** D 2
Nambrone, Rifúgio- **38** D-E 2
Nancroix **46** E 1
Nani **97** B 6
Nanno **39** C 4
Nansignano **202** C 3
Nante **33** A 4-5
Nanto **74** E 1
Nao **240** E 3
Náole, Punta di- **72** C 2
Napfspitz = Cima Cadini **29** C 5
Nápola **260-261** D 3-4
Napoléon, Refuge- **94** C 1
Napoleone, Póggio- **149** C 5
Napoleone, Villa- **156** D 2
Napoleónico, Cavo- **105** C 5
Nápoli **215** B 4
Nápoli, Golfo di- **215** D 4-5
Nápoli, Monte- **249** B 6
Nápoli, Mostra d'Oltremare di- **215** C 4
Napolitano, Villa- **197** B 6
Naracáuli **314** C 2
Narba, Monte- **317** E 5
Narbolía **310** B 3
Narbona **109** B 4
Narbone, Fattoria- **285** C 4
Narcao **319** B 5
Narcao, Monte- **319** B 5
Nardi **138** B 1
Nárdis, Ago di- **38** E 1
Nárdis, Cascata di- **38** E 1
Nardò **227** D-E 4
Nardò Centrale, Stazione di- **227** E 4
Nardodipace **253** C 6
Nardodipace Vécchio **253** D 6
Nardoni, Masseria- **196** C 2
Nardozza, Masseria- **206** D 1-2
Naregno **156** D 3
Narét, Lago di- **33** A 4
Narét, Passo del- **33** A 4
Nárgius, Nuraghe- **311** A 4
Narni **161** E 6
Narni Scalo **161** E 6
Naro **285** C 4
Naro, Abbazia di- **142** C 2
Naro, Fiume- **285** C 4
Naro, Portella di- **285** D 5
Narro **53** B 5
Narzole **110** A 2

Nasari 109 B 6
Násari 269 A 5
Násari, Fiume- 246-247 E 3-4
Nasca 51 C 6
Nasci, Casa- 175 E 5
Náscio 114 D 2
Náscio, Croce di- 110 D 3
Nasco, Timpone- 274 A 3
Nasidi 268 B 3
Nasino 124 C 1
Nasirec 79 C 6
Naso 268 A 2
Naso, Fiume di- 268 A-B 2
Naso, Punta del- 25 E 6
Nasolino 54 D 3
Nassfeldhütte 44 B 3
Nasuti 174 D 3
Natile Nuovo 257 C 4
Natile Vécchio 257 C 4
Nationalpark 25 C-D 4-5
Natisone, Fiume- 63 B 4
Natissa, Fiume- 78 B 2
Naturno = Naturns 26 D 3
Naturno, Bosco di- =
    Naturnser Wald 26-27 D 3-4
Naturns = Naturno 26 D 3
Naturnser Wald = Bosco di
    Naturno 26-27 D 3-4
Natz = Naz 30 B-C 2
Natzárgius, Nuraghe- 316 C 2
Natz-Schabs = Naz-Sciáves
    30 B-C 2
Nauderer Schihütte 25 A 6
Nauders 25 A 6
Nauders = San Benedetto
    30 B 2
Naunina 44 B 2
Nauque, Cime de la- 122 B 2
Nava (IM) 123 B 4
Nava (LC) 53 E 5
Nava, Colle di- 123 B 4-5
Navaròns 61 A 5
Navate 70 D 2
Navazzo 71 B 6
Nave (BL) 59 B 5
Nave (BS) 70 C 3
Nave (LU) 129 E 5
Nave, la- 150 A 3
Nave, Monte la- 268 E 3
Navedano 52 E 3
Navegna, Monte- 171 D 4
Navelli 172 D 3
Navene 56 E 3
Navene, Bocca di- 56 E 3
Navèrt, Monte- 115 D 6
Nave San Felice 39 E 4
Nave San Rocco 39 E 4
Navetta 64 D 1
Navezze 70 C 2
Navicelli, Canale dei- 137 C 4
Navicello 104 E 2
Navíglio Cívico di Cremona
    87 C 6
Navíglio della Martesana
    68 D 3
Navíglio di Melotta, Riserva
    Naturale- 69 E 6
Navíglio di Pavia 85 B 5
Navíglio Grande 85 B 5
Navíglio Langosco 66 E 3
Navolè 76 A 3
Navone, Monte- 287 A 6
Navono 71 B 4
Navrino, Monte- 306 C 3
Naxos 269 D-E 6
Naz (Svízzera) 24 C 2
Naz (Svízzera) 24 D 1
Naz = Natz 30 B-C 2
Naz-Sciáves = Natz-Schabs
    30 B-C 2
Nazzano (PV) 99 B 5
Nazzano (RM) 170 D 1
Nazzano-Tévere-Farfa, Riserva
    Naturale di- 170 D 1
Ne 114 D 2
Nebbia, Bivacco- 47 A 6
Nébbia, Monte della- 171 E 6
Nébbia, Torre di- 207 C 4
Nebbiano (AN) 143 E 4
Nebbiano (FI-Certaldo) 139 D 4

Nebbiano (FI-Montespértoli)
    138 C 3
Nebbione 65 E 5
Nebbiù 42 D 2
Nebbiuno 51 D 5
Nébida 314 E 2
Nebin, Monte- 109 A 4
Nebiùs, Monte- 108 C 3
Nebla, Fiume- 253 E 6
Neblo 63 C 5
Nébrodi, Monti- 268 C 1-2
Nébrodi, Parco Regionale dei-
    268 C-D 1-3
Necrópoli (RM) 178-179 A 3-4
Necrópoli (TP) 275 D 5
Necrópoli e Mura Megalítiche
    226 B 2
Necrópoli eneolítica della
    Madonna delle Grázie
    204 C 1
Necrópoli Etrusca (GR) 158 B 1
Necrópoli Etrusca (VT)
    168 D 1-2
Negarine 72 D 2
Negi 122 E 3
Negra, Punta- (SS-Alghero)
    300 D 2
Negra, Punta- (SS-Stintino)
    298 C 2
Negra, Torre- 300 C 1
Negrar 72 D 3
Nègre, Lac- 109 E 4
Negrísia 76 B 2
Negrisiola 60 D 2
Negro, Col- 42 D 2
Negro, Lago- (BL) 31 D 5
Negro, Lago- (SO) 37 C 4
Negro, Lago- (CH) 184 B 1
Negrone, Torrente- 123 A-B 4
Negruzzo 99 E 6
Neige, Pointe de- 80 A 3
Neillier, Mont- 122 B 1
Neirone 113 C 5-6
Neirone, Torrente- 113 C 5-6
Néive 97 D 4
Nella 92 B 3
Nelo, Nuraghe su- 302 E 2
Némbia 57 B 4
Nembro 69 A-B 6
Neméggio 59 C 5
Nemi (MC) 153 D 6
Nemi (RM) 179 E 6
Nemi, Lago di- 179 E 6
Némoli 235 D 5
Nenno 113 A-B 4
Neoneli 311 B 6
Nepezzano 164 C 2-3
Nepi 169 D 5
Nera, Cima- = Schwarzkopf
    27 B-C 4
Nera, Croda- = Schwarze Wand
    31 A 4
Nera, Fiume- 162 A 3
Nera, Parco Fluviale del-
    162 D 2
Nera, Punta- (AO) 47 E 5
Nera, Punta- (LI) 156 D 1
Nera, Punta- (NU) 309 C 6
Neraissa, Torrente-
    108-109 C 3-4
Neraissa Inferiore 108 C 3
Neraissa Superiore 108 C 3
Nera Montoro 161 E 5
Nerano 215 E 5
Nérbisci 142 E 1
Nercone, Monte su- 313 A 4
Nere, Cime- (Hintere Schwärze)
    26 B 3
Nereo, Grotta di- 300 D 1
Nereto 155 E 5
Nerito 163 D-E 6
Nero (PA) 266 E 2-3
Nero (TO) 64 E 1
Nero, Capo- 122 E 3
Nero, Colle- 182 E 3
Nero, Corno- 56 E 3
Nero, Fiume- 245 C 5
Nero, Lago- (BG) 54 C 3
Nero, Lago- (BS) 37 C 6
Nero, Lago- (SO) 35 B 5
Nero, Lago- (Svízzera) 36 B 3

Nero, Lago- (TN) 56 C 1
Nero, Lago- (TO) 81 D 4
Nero, Lago- (VC) 49 C 5
Nero, Monte- (CT) 269 E 4
Nero, Monte- (GE-PR) 114 C 2
Nero, Monte- (LT) 191 B 6
Nero, Monte- (SP) 115 E 4
Nero, Monte- → Krn 45 E 6
Nero, Sasso- 49 D 5
Nero, Sasso- = Schwarzenstein
    29 A 6
Nérola 170 E 3
Nerone, Monte- 142 C 2
Nerone, Palazzo di- 180 C 3
Neroniane, Terme- 92 C 1
Nervesa della Battáglia 59 E 6
Nervi 113 C 4
Nérvia, Torrente- 122 E 3
Nerviano 67 C-D 4
Nery, Monte- 49 D 5
Nesce 171 D 5
Nese 69 A-B 6
Nésima Inferiore 283 C 5
Nésima Superiore 283 C 5
Nesso 53 C 4
Néstore, Fiume- 151 E 4
Néstore, Torrente- 141 E 5
Neto, Fiume- 247 C 5
Neto Valente 245 B 5
Netro 64-65 C 3-4
Netti, Masseria- 210 D 2
Netto, Monte- 70 E 2
Nettuno 190 C 3
Nettuno, Grotta di- 300 D 1
Nettuno, Témpio di- 232 A 2
Neue Barmer Hütte 31 A 5
Neue Essenerhütte 29 C 6
Neue Regensburger-Hütte
    28 A 1
Neue Samoar-Hütte 26 B 3
Neuhaus = Canova 29 C 5-6
Néula, Monte della- 303 A 4
Neulache, Ponte- 308 D 3
Neumarkt = Egna 39 C 5
Neuner Kopf = Cima Nove
    31 C 6
Neurateis = Rattísio Nuovo
    26 C 3
Neustift = Abbazia di
    Novacella 30 C 2
Neu-Toblach = Dobbiaco Nuovo
    31 C 5
Neva, Torrente- 124 C-D 2
Nevea, Sella- 45 C 5
Nevegàl 60 C 2
Nevéia, Monte- 123 D 4
Néves, Forcella di- =
    Nevessattel 29 A-B 5
Néves, Lago di- =
    Neveser See 29 B 5
Néves, Passo di- =
    Neveser Joch 29 B 5
Neveser Joch = Passo di Néves
    29 B 5
Neveser Jochhütte =
    Rifúgio Porro 29 B 5
Neveser See = Lago di Néves
    29 B 5
Nevessattel = Forcella di
    Néves 29 A-B 5
Neviano 227 E 5
Neviano degli Arduini 116 B 3
Neviano de' Rossi 116 A 2
Neviera, Pizzo- 263 B 4
Neviera, Serra la- 220 D 1
Nevíglie 97 E 4
Nevissano 82 D 3
Névola, Fiume- 143 B 6
Neyran 47 C 5
Niada, Bruncu- 313 E 4
Niana 49 E 5
Niardo 55 C 6
Nibani, Ísole di li- 297 D 5-6
Nibaru, Punta de lu- 298 D 1
Nibbia 66 B 2
Nibbiáia 137 D 5
Nibbiano 100 C 1
Nibbio 51 B 4

Níbbio, Cima del- 192 C 3
Nibbio, Corni di- 51 B 4
Níbbio, Póggio- 169 C 4
Nibbiola 66 E 2
Nibionno 53 E 5
Niblè, Monte- 80 D 2
Nicà, Fiume- 247 A 4
Nicastrello 249 D 5
Nicastro 249 A 5
Nicchiara 289 B 4
Nicciano 129 A 4
Niccioleta 148 D 3
Niccone 151 A 6
Nice, Col de- 122 E 1
Nice, Rifúgio- 122 B 1
Niceto, Fiumara di- 269 A 6
Nicetta 267 B 6
Nichelino 82 E 1
Nichesola 91 D 5
Nicola 127 D 5
Nicola, Monte- 189 C 4
Nicola, Rifúgio- 53 C 6
Nicola, Serra- 219 E 4
Nicola Bove, Monte- 321 B 4
Nicoletti, Lago- 281 C 5
Nicoletto, Masseria- 213 D 5
Nicolia, Masseria- 224 B 2
Nicolino, Serra- 241 E 4
Nicolízia, Capanne della-
    279 D 6
Nicolízia, Regione- 279 D 5-6
Nicolosi 283 B 5
Nicolosi, Pizzo- 263 D 4
Nicorvo 84 B 2
Nicosia 267 E 5
Nicosia, Portella di- 267 E 6
Nicótera 252 C 3
Nicótera Marina 252 C 3
Nidastore 143 C 5
Nido di Corvo, Pizzo di- 188 C 2
Nido, Pizzo- 267 C 6
Nídos, Punta sos- 309 D 4
Nieddio, Nuraghe- 312 A 2
Nieddu, Monte- (CA)
    321 B-C 4-5
Nieddu, Monte- (CI) 319 B 6
Nieddu, Monte- (OT) 303 C 6
Nieddu, Nuraghe- 301 C 5
Nieddu di Ottana, Monte-
    308 E 1
Nieddu Mannu, Monte- 317 E 6
Niederdorf = Villabassa 31 C 5
Niederjoch → Giogo Basso
    26 B 2
Niederolang = Valdáora di
    Sotto 31 B 4
Niederrasen = Rasun di Sotto
    31 B 4
Niedertal 26 A-B 3
Niedervintl = Vandóies di Sotto
    30 B 2
Niederwald 32 A 2
Nielio, Cappella- 246 B 3
Niella Belbo 111 B 4
Niella Tánaro 110 C 3
Niemet, Valle- 35 A 5
Niera, Roc della- 94 E 3
Niévole, Torrente- 130 D 2
Nigerpass = Passo Nigra
    40 B 2
Nigoline Bonomelli 70 C 1
Nigra, Passo- = Nigerpass
    40 B 2
Nigri, Masseria- 211 E 5
Nikolajevka, Rifúgio- 56 C 1
Nimiani, Monte- 279 D 5
Nímis 62 A 3
Ninci, Villa- 140 E 2
Ninfa 191 A 6
Ninfa, Lago di- 130 A 1
Ninfe, Cascata delle- 183 D 4
Ninfeo, Masseria- 230 C 3
Niquidetto 81 D 5
Nirano 118 C 1
Nirasca 123 B 5
Nirone 116 D 2
Niscemi 288 C 1
Niscima, Masseria- 288 B 3
Nisi, Masseria- (FG) 186 C 2
Nisi, Masseria- (TA) 225 D 4

Nísida, Ísola di- 215 C 4
Nismozza 116 D 3
Nisportino 156 C 3
Nisporto, Punta di- 156 C 3
Nissod 49 C 4
Nissoría 281 B-C 5
Nitti, Villa- 209 D 4
Niva 33 C 4
Niviano (MO) 118 E 1
Niviano (PC) 100 B 3
Niviere, Pizzo delle- 261 D 5
Nivolet, Colle del- 46 E 3
Nizza 99 C 5
Nizza, Torrente- (AT) 97 D 5-6
Nizza, Torrente- (PV) 99 C 5
Nizza di Sicília 258 D 1
Nizza Monferrato 97 D 6
Nizzolina 67 C 4
Nóboli 70 C 3
Nocara 239 C 4
Nocara, Serra la- 235 D 5
Nocchi 129 D 5
Nocchia, Canale- 191 C-D 5
Nocciano 173 C 5
Nocciola 83 E 4
Nocegrossa 89 E 4
Nocella 164 C 2
Nocella, Torrente- 262 B 2
Nocella, Fontana- 206 E 2
Nocellari 256 C 1
Nocelle (CZ) 249 A 5-6
Nocelle (SA) 216 D 3
Nocelleto 201 D 6
Nocera, Canale di- 217 B 4
Nocera Inferiore 217 B-C 4
Nocera Scalo 152 C 4
Nocera Superiore 217 B 5
Nocera Terinese 244 E 3
Nocera Terinese, Stazione di-
    244 E 2
Nocera Umbra 153 C 4
Noce Secca, Cantoniera-
    309 E 5
Noceto (CN) 111 B 4
Noceto (GE) 113 A 5
Noceto (PR) 101 D 6
Nocétolo 103 D 4
Noche 97 D 6
Noci (BA) 211 D 4
Noci (GE) 113 B 5
Noci, Piano delle- 52 C 3
Nociara, Torrente- 287 A 6
Nociazzi 266 E 2
Nociforo 289 B 4
Noci Garioni 88 C 1
Nocíglia 231 B 5
Nocilla, Ponte- 266 D 3
Nocivéglia 114-115 B 3-4
Nocolino 137 E 6
Nócria 163 A 4
Nódica 129 E 5
Nodiggheddu 298 D 2
Noduladu, su- 302 D 3
Nodu Pianu 303 A 6
Noépoli 238 C 3
Nogara 90 D 2
Nogarè 57 B 6
Nogare 59 E 5
Nogaredo (TN) 57 D 4
Nogaredo (UD) 63 D 4
Nogaredo di Corno 62 B 2
Nogaredo di Prato 62 B 2
Nogaro 62 E 3
Nogarole Rocca 89 C 6
Nogarole Vicentino 73 D 5
Nogarolo 60 D 2

Nogheredo 61 D 4
Noha 227 E 5
Noiáris 43 C 5
Noicáttaro 209 D 6
Noir, Lac- (Frância) 46 D 2
Noir, Lac- (Frância) 122 B 2
Noire de Peutérey, Aiguille-
    46 B 2
Nola 202 E 3
Nölbling 44 A 2
Nole 82 B 1
Noli 111 E 6
Noli, Capo di- 111 E 6
Nolza, Nuraghe- 312 C 1
Nomadélfia 158 B 2
Nomáglio 64 C 3
Nomentana, Via- 179 B 5
Nomentum 179 A 5
Nomentum, Riserva Naturale-
    179 B 5
Nomesino 57 D 4
Nomi 57 D 5
Nommisci 163 D 5
Non, Val di- 38-39 B-E 3-4
Nona 55 C 4
Nona, Pizzo- 50 C 2
Nonántola 104 E 2
None 95 B 6
Nongruella 45 E 4
Nónio 51 D 4
Nora 320 E 1
Nora, Fiume- 173 C 6
Noragúgume 307 C 6
Norántola 34 C 3
Norba 191 A 6
Norbello 311 A 5
Nórcen 59 B 4
Nórcia 163 B 4
Nörderkogl 26 A 3
Nordheim = Villa 27 C-D 6
Nórdio, Rifúgio- 45 B 5
Nórea 110 D 2
Norge Polésine 93 E 4
Norghio 309 B 5
Nori, Ponte di- 73 C 5
Noríglio 57 D 5
Norma 191 A 6
Noroni, Monte- 72 D 3
Nortiddi 303 E 4
Nortosce 162 B 3
Nosadello 69 E 4
Nosate 66 C 3
Nosédole 90 E 2
Nosellari 57 D 6
Nösslach 28 A 3
Nostra 43 A 6
Nostra Signora Bonária,
    Chiesa di- 317 D 4
Nostra Signora de Cabu Ábbas,
    Chiesa di- 301 E 5
Nostra Signora de Córos,
    Chiesa di- 301 D 4
Nostra Signora degli Ángeli,
    Chiesa di- 309 D 4
Nostra Signora de is Grázias,
    Chiesa di- 319 B 5
Nostra Signora del Buon
    Cammino, Chiesa di- (CA)
    314 E 3
Nostra Signora del Buon
    Cammino, Chiesa di- (NU)
    309 D-E 4
Nostra Signora della
    Solitudine, Chiesa di-
    308 D 3
Nostra Signora del Todocco
    111 B 5
Nostra Signora de Paúlis,
    Abbazia di- 301 C 4
Nostra Signora de su Monte,
    Chiesa di- (NU) 312 A 2
Nostra Signora de su Monte,
    Chiesa di- (OT) 297 E 5-6
Nostra Signora di Bonária,
    Chiesa di- (NU) 308 D 3
Nostra Signora di Bonária,
    Santuário di- 299 E 5
Nostra Signora di
    Buoncammino,
    Chiesa di- 319 A 6

Nostra Signora di Castro, Chiesa di- **302** C 2
Nostra Signora di Gonari, Santuário di- **308** E 2
Nostra Signora di Loreto, Chiesa di- **308** E 3
Nostra Signora di Monserrato, Chiesa di- **309** D 4
Nostra Signora di Montallegro, Santuário di- **113** D 6
Nostra Signora d'Interríos, Chiesa di- **300** E 3
Nostra Signora di Otti, Chiesa di- **302** C 2-3
Nostra Signora d'Ítria, Santuário di- **312** A 2
Nostra Signora d'Íttiri, Chiesa di- **311** E 6
Nostra Signora Liscoi, Chiesa di- **308** D 1
Nostra Signora Sinni, Chiesa di- **308** D 1
Nota, Monte- **56** E 2-3
Nota, Passo- **56** E 3
Notara **269** E 5
Notaresco **164** C 3
Notaresco, Stazione di- **164** C 3
Notargiácomo **207** E 4
Noto **293** B 6
Noto, Golfo di- **295** C-D 4
Noto Antica **293** A-B 6
Notre Dame de Clausis **94** D 2
Notre Dame de la Guérison, Santuário di- **46** B 2
Notre Dame de la Menour **122** D 1
Notre-Dame-des-Fontaines **122** B 3
Notre-Dame-des-Vernettes **46** E 1
Nötsch (Áustria) **45** A 6
Notteri, Stagno- **321** C 5
Nóttola **150** C 3
Nova, Fiume la- **159** E 6
Nova, Fonte- **183** A 6
Nova, Val di- = Naiftal **27** C 5
Novacella, Abbazia di- = Neustift **30** C 2
Novacco, Piani di- **240** A-B 3
Novaféltria **133** E 6
Novággio **52** B 2
Novali Campagna **88** A-B 3
Nováglie **72** E 3
Novagli Mattina **88** B 3
Novágulo **51** B 5
Novagli Sera **88** B 3
Nova Gorica **63** C 6
Novalba di Cardinale **249** D 5
Novale **73** C 5
Novale = Kreut **27** E 5
Novale = Rauth **39** C 6
Novale = Ried (BZ-Monguelfo) **31** B-C 5
Novale = Ried (BZ-Val di Vizze) **28** B 3
Novale = Ried (BZ-Vipiteno) **27** A 6
Novale di Fuori, Monte- = Eisatz **31** B 5
Novaledo **58** C 1
Novalesa **80** D 3
Novalesa, Abbazia di- **80** D 3
Nova Levante = Welschnofen **40** B 2
Nova Milanese **67** C 6
Nova Ponente = Deutschnofen **39** B 6
Novara **66** D-E 2
Novara, Rocca- **269** C 5
Novara, Torrente- **269** B 4
Novara di Sicília **269** B 4-5
Novare **72** D 3
Novaretto **81** E 5
Nova Siri **239** C 4
Nova Siri, Marina di- **239** C 5
Novate Mezzola **35** D 5
Novate Milanese **67** D 6
Novate Roglieri, le- **100** B 3
Nova Vas (Villanova) **79** E 4
Novazza **54** C 3

Novazzano **52** D 3
Nove (TV) **60** C 2
Nove (VI) **74** B 2
Nove, Cima- = Neuner Kopf **31** C 6
Novedrate **67** B 5-6
Nove Fontane, Località- **115** E 5
Novegígola **127** C 4
Novéglia **115** A 4-5
Novéglia, Torrente- **115** A 4
Novegno, Monte- **73** B 5
Novéis, Alpe di- **50** E 2
Novella, la- **159** B 6
Novella, Torrente- **39** A-B 4
Novellano **117** E 4
Novellara **103** D 5
Novelle **55** B 6
Novello **110** A 3
Novena, Passo della- →
Nufenenpass **32** A 3
Noventa di Piave **76** C 2
Noventa Padovana **92** A-B 2-3
Noventa Vicentina **91** C 5-6
Novezza, Cavallo di- **72** B 2
Novezzina, Rifúgio- **72** B 2
Novi di Módena **103** C 6
Novíglio **85** B 5
Novilara **135** E 5-6
Novi Lígure **98** D 3
Novito, Fiumara- **257** B 5
Novi Vélia **233** C 4
Novo, Cuile- **298** C 1
Novoledo **74** C 1
Nóvoli (FI) **131** D 5
Nóvoli (LE) **227** B 4
Novo San Giovanni, Monte- **312** A 3
Nozza **71** B 4
Nozza, Torrente- **71** B 4
Nozzano Castello **129** E 5
Nozzano Vécchio **129** E 5
Núbia **260** D 3
Núbia, Torre- **260** D 2
Núccio **274** A 2-3
Núccio, Ca'- **141** B 6
Nucetto **111** D 4
Nuche, Monte sa- **309** B 5
Núchis **302** A 2-3
Nuciddi, Ponte dei- **262-263** E 3-4
Nuda, Monte della- **218** D 3
Nuda, Monte la- **116** E 3
Nuda, Serra- **233** A 5
Nudo, Col- **60** A 3
Nudo, Crep- **60** B 3
Nudo, Monte- **51** C 6
Nufenenpass (Passo della Novena) **32** A 3
Nughedu San Nicolò **302** E 1-2
Nughedu Santa Vittória **311** A 6
Núgola **137** C 5
Nule **308** B 2
Nuluttu, Rio- **312** E 2
Nulvi **299** E 5
Numana **145** C 5
Nuna, Piz- **25** C 4
Nunnale, Nuraghe- **308** C 3
Nunzi, Masseria- **196** C 3
Nunziata (CT) **269** E 5
Nunziata (RG) **292** B 3
Nunziatella (GR) **167** C 4
Nunziatella (ME) **258** B 1-2
Núoro **308** D 3
Nuova, Casa- (PU) **142** B 1
Nuova, Casa- (TR) **160** B 2
Nuova, Fontana- **315** D 5
Nuova, Malga- **40** D 2
Nuova, Masseria- (LE-Lecce) **227** B 6
Nuova, Masseria- (LE-Surano) **231** B 5
Nuova, Montagna- **58** E 2
Nuova, Posta- **198** C 1
Nuova, Torre- (BA) **211** C 4
Nuova, Torre- (CA) **310** E 2
Nuova, Torre- (SS) **300** D 1
Nuova Bisáccia **204** C 3
Nuova Olónio **35** E 5

Nuovo, Castello- **63** E 6
Nuovo, Lago- **37** E 6
Nuovo, Monte- **233** B 6
Nuovo, Piano- **160** B 3
Nuovo, Podere- **159** A 4
Nuovo, Ponte- (BN) **195** D 6
Nuovo, Ponte- (CA-Cagliari) **320** C 2
Nuovo, Ponte- (CA-Villasor) **315** D 5-6
Nuovo, Ponte- (FG) **198** D 2
Nuovo, Ponte- (FR) **192** B C 2
Nuovo, Ponte- (IS) **194** A 2
Nuracale, Nuraghe- **306** E 3
Nuracciolu, Punta- **314** B 2
Nurachi **310** C 3
Nuraciana, Nuraghe- **310** D 3
Nuradeo, Nuraghe- **306** D 3
Nuragheddu **303** B 6
Nuraghi, Valle dei- **301** E 5-6
Núragus **312** E 1
Nurallao **316** A 2
Nuráminis **316** E 1-2
Nuraxi, Nuraghe su- **315** A 6
Nuraxi de Mesu **319** D 6
Nuraxi Fígus **318** A 3
Nuraxinieddu **310** C 3
Nureci **311** D 6
Núria, Monte- **171** C 5
Nurietta, Monte- **171** C 5
Nuritzi, Monte- **316** C 2
Nürnbergerhütte **28** A 1
Nurra, Monte- **298** E 2
Nurra, Regione la- **300** B-C 2-3
Núrres, Monte- **303** D-E 6
Nurri **316** B 3
Nurri, Cantoniera di- **312** E 2
Nurta, Nuraghe- **313** D 5
Nus **47** C 5
Núschele, Monte- **308** C 2
Nusco **204** E 1
Nusco, Stazione di- **204** E 1-2
Nusenna **140** D 1
Nuvolato **104** A 2
Nuvolau, Monte- **31** E 4
Nuvolento **71** D 4
Nuvolera **71** D 4
Núxis **319** B 5
Nuzzo, Piani del- **197** E 4-5

O

Óasi del Simeto, Riserva Naturale- **283** D 5
Oasi di Crava-Morozzo, Riserva Naturale- **110** C 1
Óasi Faunística di Vendícari, Riserva Naturale- **295** D 4
Obachelle, Monte- **193** A 5-6
Oberau = Prà di Sopra **30** B 1
Oberbozen = Soprabolzano **39** A 6
Obereggen = San Floriano **40** C 2
Oberfennberg = Favogna di Sopra **39** D 4
Ober Gabelhorn **49** A 4
Obergailtal **44** A 2-3
Obergurgl **26-27** A 3-4
Oberhausalpe **29** D 6
Oberinn = Áuna di Sopra **27** E 6
Oberkreuth **45** A 6
Oberluttach = Lutago di Sopra **29** B 6
Obermöschach **45** A 4
Obernberg am Brenner **28** A 3
Obernberger See **28** A 3
Oberlang = Valdáora di Sopra **31** B 4
Oberplanitzing = Pianizza di Sopra **39** B 5
Oberplanken = Planca di Sopra **31** B 5

Oberrasen = Rasun di Sopra **31** B 4
Oberring **43** A 5
Obersee (Áustria) **31** A 5
Obersee (VB) **32** B 3
Oberseitsee **29** D 6
Obertal **28** A 2
Obertall = Talle di Sopra **27** C 5
Obertilliach **43** A 4
Obertilliacher Tal **43** A 4
Oberto, Rifúgio- **49** A 6
Obervellach **45** A 4
Obervierschach = Versciaco di Sopra **31** C 6
Obervintl = Vandóies di Sopra **30** B 2
Oberwielenbach = Vila di Sopra **31** B 4
Obledo **59** D 4
Oblizza **63** A 5-6
Óbolo **100** D 3
Óbolo, Monte- **100** E 3
Óbolo, Portella dell'- **267** D 6
Obstanserseehütte **42** A 3
Oca (RO) **107** B 5
Oca (VR) **91** C 5
Oca, Bric dell'- **112** B 1
Oca, Pizzo d'- **115** A 5
Occa **95** D 5
Occagno **52** C 3
Occhetta **302** E 1
Occhieppo Inferiore **65** C 4
Occhieppo Superiore **65** C 4
Occhiobello **105** B 6
Occhione, Punta- **297** D 4
Occhito, Lago di- **196** A 3
Occiano **218** C 1
Óccido, Fiume- **241** C 4
Occimiano **84** C 1
Oche, Grotte sa- **309** D-E 4
Oche, Punta delle- **318** B 2
Oche, Rio de sa- **309** D 4
Ochsenfelder = Monte Campobove **31** A 5
Ochsenfelder Alpe = Malga Campobove **31** A 5
Ochsenlacke **31** A 6
Ochsner **29** A 5
Óčizla **79** C 6
Oclini, Passo di- = Grimm Joch **39** C 6
Ocosce **162** C 3
Ocre (AQ) **172** C 1
Ocre (RI) **162** D 3
Ocre, Monte- **172** D 1
Ocrículum **169** B 6
Odalengo Grande **83** D 5
Odalengo Píccolo **83** D 5
Oddastru, Rio- **297** D-E 4
Oddastru, Fermata- **297** E 4
Oddeu, Monte- **309** E 4
Oddie, Monte- **309** B-C 5
Ode, Monte- **170** C 2
Odecla **37** E 4-5
Odello-Grandori, Bivacco- **36** C-D 1
Odeno **71** B 4
Oderzo **76** A 2
Odescalchi, Castello- **177** B 4
Ódio, Fiume- **165** E 4
Odle, le- = Geisler Gruppe **30** D 2
Ódolo **71** C 4
Oes, Nuraghe- **301** E 5
Oetting **43** A 6
Ófanto, Fiume- **199** D 6
Ófanto, Foce dell'- **199** C 6
Ófanto, Torre d'- **199** C 6
Ofena **172** C 3
Ofenpass = Pass dal Fuorn **25** D 5
Offagna **144** C 3
Offanengo **87** A-B 5
Offeio **171** C 4
Offida **155** D 4
Offlaga **88** B 1
Oga **37** B 5
Oggébbio **51** B 5-6
Óggia, Colle d'- **123** C 4
Oggiogno **51** B 6
Oggiona **66** B 3

Oggiona-Santo Stéfano **66** B 3
Oggioni, Bivacco- **36** D 1
Oggiono **53** E 5
Ogliana, Torrente- **32** E 2
Ogliano **60** E 2
Ogliara **217** C 5
Ogliara, Castello di- **217** B 6
Ogliastra, Ísola dell'- **313** C 6
Ogliastra, Regione- **313** D 5
Ogliastra, Cozzo- **289** B 6
Ogliastro (CT) **288** A 3
Ogliastro (PZ) **235** D-E 4
Ogliastro, Lago di- **282** D 1
Ogliastro, Villa- **283** E 4
Ogliastro Cilento **232** B 2
Ogliastro Cilento, Stazione- **232** A 2
Ogliastro Marina **232** C 2
Óglio, Fiume- **89** E 4
Óglio Frigidolfo, Torrente- **37** C 6
Ogliolo, Torrente- **37** E 4-5
Óglio Nord, Parco Regionale- **87** A-B 6
Óglio Sud, Parco Regionale- **88-89** D-E 2-5
Ogna **54** D 3
Ogna, Monte- **218** C 3
Ogna, Torrente- **54-55** C 3-4
Ognato **70** E 2
Ogne, le- **55** C 5
Ógnina (CT) **283** C 5-6
Ógnina (SR) **291** C 6
Ógnina, Capo- **291** E 6
Ógnio **113** C 5
Ognissanti (CR) **88** C 2
Ognissanti (VR) **90** B 2
Ognissanti, Chiesa d'- **209** D 5-6
Óia **96** C 1-2
Ólen, Colle d'- **49** B 5
Óira **32** D 2
Oisternig **45** A 5
Oitana **96** B 1
Ola **54** D 2
Ola, Nuraghe- **308** C 3
Olaca **239** B 4
Oladri, Monte- **320** A 2
Olai, Rio- **312** A 3
Olang = Valdáora **31** B 4
Olano **111** D 5
Olano, Pizzo- **35** E 5
Olántreghe **60** A 2
Ólbia **303** A 5
Ólbia 2 **304** B 3
Ólbia, Golfo di- **303** A 6
Olbicella **112** B 1
Olcella **67** C 4
Olcenengo **65** E 6
Ólcio **53** C 5
Olda **54** D 1
Oldenico **65** E 6
Oldésio **71** B 6
Oléggio **66** C 2
Oléggio, Ponte di- **66** C 2-3
Oléggio Castello **51** E 4-5
Óleis **63** C 4
Olena **139** E 5
Olengo **66** E 2
Olera **54** E 1
Olesa, Punta- **302** E 2
Olesi **99** B 5
Oletto, Rio- **307** B 6
Olévano di Lomellina **84** C 3
Olévano Romano **180** C 2
Olévano sul Tusciano **218** C 1
Olévola, Torre- **192** E 1
Olévole **160** A 3
Olfino **89** B 5
Ólgia **33** E 4
Olgiasca **35** E 4
Olgiata **177** A 6
Olgiate Comasco **52** E 3
Olgiate Mólgora **68** B 3
Olgiate Olona **67** B 4
Olginásio **51** D 6
Olginate **53** E 5-6
Olginate, Lago di- **53** E 6
Olgísio, Rocca d'- **100** C 1
Olía, Monte- **303** C 4

Olía Speciosa **321** A 5
Olíena **308** D 3
Olíena, Rio d'- **308** D 2
Oliero **58** E 3
Olina **117** E 6
Olinie, Monte- **313** B 4
Olino **53** D 6
Oliosi **71** E 6
Oliva **99** D 4
Oliva, Fiume- **244** D 2
Oliva, Masseria l'- **199** D 6
Oliva, Rifúgio- **51** C 4
Oliva, Torre- **233** E 6
Oliva, Villa- **293** B 6
Olivadi **249** C-D 6
Oliva Gessi **99** B 6
Olivara **118** D 1-2
Olivarella **269** A 5
Olivè **73** E 4
Olivella **193** B 6
Olivella, Monte- **235** C 4
Olivello **149** D 6
Olivento, Torrente- **205** C 6
Olivera, Cantoniera s'- **306** D 3
Oliveri **269** A 4
Oliveto (AR) **140** E 2
Oliveto (BO) **118** C 3
Oliveto (FI) **138** D 3
Oliveto (PA) **277** B 6
Oliveto (RC) **256** E 1
Oliveto (RI) **170** D 3
Oliveto, Torrente- **256** E 1
Oliveto Citra **218** C 3
Oliveto Lário **53** C 5
Oliveto Lucano **221** D 4
Olivetta **122** D 2
Olivetta San Michele **122** D 2
Olivi **60** D 2
Oliviera **150** B 1
Olivo, Ísola dell'- **72** B 2
Olivo, Ponte- **287** D 6
Olivo, Torrente- **287** A 6
Olívola (AL) **83** E 6
Olívola (MS) **115** E 6
Olívola, Masseria- **203** B-C 5
Olivone **34** A 2
Ollasteddu, Monte s'- **319** C 5
Ollastra **311** C 4
Ollastu, Conca s'- **311** E 4
Ollastu, Riu- **317** E 4-5
Olle **58** B 1
Ollion **49** D 4
Ollolai **312** A 2
Ollomont **47** A-B 4-5
Olme **75** D 5-6
Olmedo **300** C 3
Olmeneta **87** C 6
Olmeto (PG) **151** E 6
Olmeto (TE) **164** B 1
Olmeto → Brest **79** E 6
Ólmi **184** B 2
Olmi (PT) **130** E 3
Olmi (TV) **75** C 6
Olmi = Hohlen **39** C 6
Olmi, Monte degli- = Ilmenspitz **38** A 3
Olmo (AR) **140** E 3
Olmo (AT) **97** D 4
Olmo (BS) **88** B 2
Olmo (FI) **131** E 5
Olmo (LO) **86** C 3
Olmo (PC) **100** E 3
Olmo (PD) **92** D 2
Olmo (RE) **102-103** D 3-4
Olmo (SO) **35** C 4
Olmo (TO) **80** D 3
Olmo (TV) **58** E 3
Olmo (VE) **75** D 4
Olmo (VI) **73** D 6
Olmo, l'- (NA) **214** C 3
Olmo, l'- (PG) **151** A 5
Olmo, Masseria- **282** D 3
Olmo al Brembo **54** C 1
Olmo Gentile **111** A 5
Olóbbia, Torrente- **65** D 4
Olócchia, Torrente- **50** C 2
Oloitti **199** B 4
Olólvica, Punta- **303** C 4
Olona **52** D 2
Olona, Fiume- **86** D 2
Olona, Torrente- **52** D 1

Olperer 29 A 4
Ólpeta, Fosso- 159 E 6
Olsano 71 B 4
Oltra, Ponte d'- 58 B 3
Oltrádige al Roèn, Rifúgio- = Uberetscher Hütte 39 C 5
Oltrefiume 51 C 4
Oltre il Colle 54 D 2
Oltre Vara 126-127 C 3-4
Oltrepò, Regione- 99 A-B 4-6
Óltris 43 D 5
Oltro, Cima d'- 41 D 4
Oltrona al Lago 51 D 6
Oltrona di San Mamette Ísola 52 E 2
Olza (LO) 87 C 4
Olza (PC) 87 E 6
Olzai 308 E 1-2
Olzai, Rio di- 308 E 1
Olzano 87 C 5
Omate 68 C 3
Ombréglio 129 D 6
Ombría, Castelliere- 115 A 5
Ombriano 87 B 4
Ombriano di Mella 70 B 3
Ombrone, Fiume- 158 B-C 3
Ombrone, Torrente- 130 E 3
Ome 70 C 2
Omegna 50-51 D 3-4
Ometto 73 B 4
Omignano 232 C 3
Óminis, Perda de is- 318 C 3
Ómio, Rifúgio- 35 D 6
Omodeo, Lago- 311 A 5-6
Omomorto, Sella- 284 B 1
Omu, Nuraghe s'- 313 E 4
Onach = Ónies 30 C 3
Onamarra, Punta- 309 E 5
Onanì 309 B 4
Onano 160 C 1
Onara 74 C 3
O.N.C., Bonífica- 315 C 5
Oncédis 44 D 2
Oncino 95 D 4
Onè 59 E 4
Oneda 51 E 5
Onéglia 123 D 6
Onelli 162 C 3
Oneta 54 D 2
Oneto 113 D 6
Onferno 134 E 3
Onferno, Riserva Naturale di- 134 E 3
Óngara, Croce di l'- 58 D 2
Ongarie 75 C 5
Óngaro 73 B 5
Ongina, Torrente- 101 B 5
Oni 91 D 5
Ónies = Onach 30 C 3
Onifai 309 C 5
Oniferi 308 D 2
Oniferi, Stazione de- 308 D 2
Onigo 59 E 5
Onna 172 C 1-2
Onno 53 C-D 5
Ono Degno 71 B 4
Onoranza 198 B 3
Onore 55 D 4
Ono San Pietro 55 C 6
Onsernone, Torrente- 33 D 4
Onsernone, Valle- 33 D 4-5
Ontagnano 62 D 3
Ontaneta 132 C 3
Ontignano 131 E 5
Ontrat, Rio di- = Ontrattbach 27 B 3
Ontrattbach = Rio di Ontrat 27 B 6
Onzato (BS-Castèl Mella) 70 D 2
Onzato (BS-Flero) 70 D 2
Onzo 124 D 1-2
Opacchiasella → Opatje Selo 63 D 5
Opagna 163 C 4
Opatje Selo (Opacchiasella) 63 D 5
Oppeano 90 C 3
Ópera 67 E 6

Opi (AQ-Fagnano Alto) 172 D 2-3
Opi (AQ-Opi) 182 D 3
Oppi (VR-Casaleone) 90 D 3
Oppi (VR-Veronella) 91 B 4
Óppia Nuova 301 D 6
Óppidi 218 D 2
Óppido, Monte- 204 E 2
Óppido Lucano 220 B 2
Óppido Lucano, Fermata- 220 B 2
Óppido Mamertina 256 B 3
Óppio, Passo di- 130 C 2
Oppioli 91 D 4
Ora = Auer 39 C 5
Orago 66 B 3
Oramala 99 C 6
Oramara, Monte- 114 A 2
Orani 308 E 2
Orasso 33 E 4
Orata, Torrente- 204-205 D 3-4
Oratiddo, Nuraghe- 310 A 2
Oratino 195 A 6
Oratório 137 B 5
Orázio, Villa di- 180 A 1
Orba, Torrente- 98 C 2
Orbai 319 A 5
Orbai, Monte- 319 D 6
Orbassano 96 A 1
Orbeillaz 49 D 4
Orbetello 166 C 3
Orbetello Scalo 167 C 4
Orbetello, Laguna di- 166-167 C 3-4
Orbicciana 129 D 5
Orcenico Inferiore 61 D 5
Orcenico Superiore 61 D 5
Orcesco 32 E 3
Orchi 194 D 1
Órcia, Fiume- 159 A 4
Orciano di Pésaro 143 B 5
Orciano Pisano 137 D 6
Orciático 138 E 1
Orco 111 E 6
Orco, Torrente- 81 A 6
Orco-Feglino 111 E 5-6
Ordignai, Nuraghe d'- 309 C 5
Órdini, Monte- 317 D 6
Orditano, Monte- 112 B 3
Ordona 198 D 2
Oréggia, Monte- 112 A 3
Oréggia, Valle- 43 B 5
Oregone, Passo dell'- 43 B 5
Oregone, Valle dell'- 43 B 4
Orello, Monte- 142 D 2
Orena, Cima- 40 E 2
Oreno 68 C 3
Orentano 138 B 1
Orero (GE-Orero) 113 C 6
Orero (GE-Serra Riccò) 113 B 4
Orestano, Rifúgio- 266 D 2
Oreto, Fiume- 262-263 B 3-4
Orezzo 54 E 2
Orézzoli 114 A 2
Órfano, Monte- (BS) 70 C 1
Órfano, Monte- (VB) 51 C 4
Orfengo 66 E 1
Orfento, Fiume- 173 E 6
Orgel Spitze = Punta di Lasa 26 D-E 1
Órgia 149 C 5
Orgials, Vallone d'- 108 D-E 3
Orgiano 91 B 5
Órgiu Trudu, Punta- 319 C 5
Orgnano (UD) 62 C 3
Orgnano (VE) 75 D-E 6
Orgnano (VR) 73 E 4-5
Orgnese 61 B 5
Orgorui, Nuraghe- 308 E 3
Orgósolo 308 E 3
Orguda, Monte- 313 C 4
Ori, Monte- (BZ) 27 E 4
Ori, Monte- (TN) 39 B 4
Ória (BR) 212 E 3
Ória (CO) 52 B 3
Oriago 75 E 5
Oriano 115 A 6
Oriano Ticino 51 E 5
Orícola 180 A 2

Oridda, Valle- 314 D 3
Oríggio 67 C 5
Orimento, Bocca dell'- 52 C 3
Orimento, Rifúgio dell'- 52 C 3
Orímini, Masseria- (TA-Crispiano) 212 D 1
Orímini, Masseria- (TA-Martina Franca) 211 E 5
Orino (Svízzera) 34 B 2
Orino (VA) 51 D 6
Orino, Punta di- 51 D 6
Orino, Torrente- 34 A 2
Ório al Sério 69 B 5
Ório Canavese 82 A-B 3
Oriola 133 C 6
Ório Litta 86 D 3
Oriolo (BS) 71 C 4
Oriolo (CS) 239 D 4
Oriolo (PV) 85 E 5
Oriolo (RA) 132 A 3
Oriolo Romano 169 E 4
Oriomosso 49 E 6
Oris = Eyrs 26 D 1
Oristano 310 D 3
Oristano, Golfo di- 310 D-E 2-3
Oritti, Nuraghe- 312 A 1
Orizanna, Nuraghe de- 308 C 2
Orlando, Capo d'- 268 A 2
Orlando, Torre d'- 200 C-D 2
Orláscio 33 A 5
Orlegna 36 B 1
Orlek 79 B 5
Orme, Col de l'- 122 D 1
Ormè, Monte- 111 D 6
Orme, Torrente- 138 C 3
Ormea 123 A 5
Ormea, Pizzo d'- 123 A 4
Ormelle 76 C 2
Ormelune, Monte- 46 D 2
Ornago 68 C 3
Ornano Grande 164 E 2
Ornaro 170 D 3
Ornavasso 51 C 4
Ornella 41 A-B 4
Orneta 204 B 2
Orneto 115 D 4
Ornica 54 C 1
Ornito 217 C 6
Oro (LC) 53 B 5
Oro (PG) 161 E 5
Oro, Cima d'- 56 D 3
Oro, Conca d'- (PA) 263 A-B 4
Oro, Conca d'- (TN) 57 D 6
Oro, Monte- 180 E 2
Oro, Monte d'- (FR) 193 C 5
Oro, Monte d'- (PA) 265 E 6
Oro, Monte d'- (PU) 142 A 2
Oro, Monte d'- (SR) 291 E 5
Oro, Ponte d'- (VT) 160 E 2
Oro, Ponte d'- 147 C 6
Oróbie, Alpi- 54-55 A-B 1-5
Oróbie Bergamasche, Parco Regionale delle- 54 B-C 1-3
Oróbie Valtellinesi, Parco Regionale delle- 54-55 B 1-4
Orocco, Monte- 114 B 3
Orolo, Torrente- 74 D 1
Oronaye, Monte- 108 B 2
Oropa 49 E 6
Oropa, Santuário di- 49 E 6
Oropa, Torrente- 49 E 6
Orosei 309 C 5-6
Orosei, Golfo di- 309 D-E 5-6
Orosei, Monte- 313 B 4
Orotelli 308 D 1
Orotelli, Serra d'- 308 C-D 1
Orri, Monte- 319 A 5
Órria 232 B 3
Órria, Nuraghe- 299 E 5-6
Órrido di Botri, Riserva Naturale dell'- 130 B 1
Órrido di Foresto, Riserva Naturale de'- 81 D 4
Órrido e Stazione di Leccio del Chianocco, Riserva Naturale- 81 D 4
Orríola, Monte- 302 C 3
Orrisezzo, Monte- 311 B 6
Orroli 316 B 3
Orru, Cúccuru- 316 D 3

Orsa, Monte- 173 E 5
Orsago 60 E 3
Orsaiola, Chiesa- 142 B-C 2
Orsalia, Pizzo- 33 B 4
Orsano 217 C 4
Orsara 132 A 1
Orsara Bórmida 98 E 1
Orsára 63 B 4
Orsaro, Monte- 115 C 6
Orselina 33 D 5-6
Orsello, Monte- 172 D 1
Orsenigo 53 E 4
Orsetti, Monte- 211 E 4
Orsi 245 E 4
Orsía 49 C 5
Orsiera, Monte- 81 E 4
Orsiera-Rocciavrè, Parco Regionale- 80-81 E 3-4
Orsigliadi (VV-Ricadi) 248 E 1-2
Orsigliadi (VV-Rombiolo) 248 E 1
Orsigna 130 B 2
Orsigna, Monte- 130 B 2
Orsini, Casa- 169 D 5
Orsino, Monte- 262 D-E 1
Orsino, Ponte- 180 D 2
Orsino, Rio- 262 E 1
Orso, Capo d'- (OT) 297 C 4-5
Orso, Capo d'- (SA) 217 D 5
Orso, Col dell'- 59 D 4
Orso, Colle dell'- (AQ) 172 E 1
Orso, Colle dell'- (IS) 195 A 4
Orso, Monte- 193 D-E 4
Orso, Monte dell'- 99 C 5
Orsogna 174 D 2
Orsolina, Casa- 31 E 6
Orsolina, Case- 42 C 3
Orsomarso 240 B 2
Orta, Fiume- 173 D 5
Orta, Lago d'- 51 D 4
Ortacésus 316 D 2
Orta di Atella 202 E 1-2
Ortanella 53 C 5
Ortano 156 D 3
Ortano, Capo- 156 C-D 3
Orta Nova 198 D 3
Orta Nova, Stazione di- 198 C 3
Orta San Giúlio 51 D 4
Orte 169 A-B 6
Ortelle (FR) 192 A 2
Ortelle (LE) 231 B 5
Orte Scalo 169 B 6
Ortezzano 154 C 3
Ortì 256 D 1
Orti (AL) 98 C 2
Orti (VR) 91 C-D 4
Orti, Casa l'- 158 C 3
Ortiano 242 C 2
Ortiano, Torrente- 242 E 3
Orticelli 92 E 3
Ortigara, Monte- 58 C 2
Ortígia 291 D 6
Ortiglieto, Lago di- 112 A 2
Ortignano 140 B 2
Ortignano-Raggiolo 140 B 2
Ortimino 138 C 3
Ortisei = Sankt Ulrich 30 D-E 2
Orti su Loi 320 C 1
Ortler = Órtles 25 E 6
Órtles = Ortler 25 E 6
Orto, Rio su- 308 D 1
Ortobene, Monte- 308 D 3
Ortodónico 232 C 2
Ortolano 163 E 6
Orto Liuzzo 258 A 1
Ortolu, Nuraghe- 301 D 5
Orton 61 A 6
Ortona 174 B-C 3
Ortona dei Marsi 182 B 2
Ortonovo 127 D 5
Orto Nuceri 267 D 6
Ortovero 124 D 2
Ortuábis, Cantoniera- 312 D 1
Ortuábis, Stazione- 312 D 1
Ortúcchio 182 B 2
Ortueri 311 B 6
Ortueri, Rio di- 311 B-C 6
Orturano 115 D 6
Orune 308 C 3
Oruni, Canale- 300 C-D 2

Orvieto 160 C 3
Orvili, Cantoniera- 305 E 5
Orvínio 171 E 4
Orzale 151 A 4
Orzano 63 B 4
Orzes 41 E 6
Orzignano 137 A 5
Orzili, Monte- 313 C 5
Orzinuovi 70 E 1
Orzivecchi 70 E 1
Osa 161 B 4
Osa, Osteria dell'- 179 C 6
Osa, Torrente- 158 E 2-3
Osacca 115 B 4
Osáis 43 C 5
Osalla, Caletta di- 309 D 5
Osalla, Rio d'- 309 D 5
Osan 72 D 2
Osarella 160 B 3
Osasco 95 C 5
Osásio 96 B-C 1
Osaspera, Cantoniera- 302 E 3
Oscano 151 C 6
Oscasale 87 C 5
Oscata 204 C 3
Oscata Inferiore 204 C 3
Oscato 217 B 5
Óschina, Nuraghe- 311 B 4
Óschiri 302 C 2
Óschiri, Contra di- 308 C 1
Óschiri, Rio di- 302 C-D 2
Osco 33 A 6
Oscuro, Ponte- 33 D 4
Oscúrus → Oskuruš 79 E 4
Ose, Torrente- 152 D 2
Oseacco 45 D 4
Oselle 96 C 2
Osellín 93 E 4
Osellino, Canale- 75 E 6
Osento, Fiume- 175 E 4
Osento, Torrente- 205 D 5
Ósero, Monte- 100 E 2
Oseròt, Monte- 108 B 2
Osesa, Monte- 99 E 4
Osidda 308 D 2
Osíglia 111 D 5
Osigo (CO) 53 D 5
Osigo (TV) 60 D 2
Ósilo 299 E 5
Ósimo 145 C 4
Ósimo Stazione 145 C 4
Ósini 313 D 4
Ósini Nuovo 313 D 4
Ósini Vécchio 313 D 4
Ósio Sopra 69 C 5
Ósio Sotto 69 C 5
Oskuruš (Oscúrus) 79 E 4
Oslávia 63 C 6
Osmate 51 E 5
Osnago 68 B 3
Osogna 34 C 2
Ósola, Val d'- 33 C 5
Ósoli 154 E 2
Osoppo 44 E 2
Osp (Ospo) 79 D 5
Ospedale, l'- 140 D 1
Ospedale, Masseria- 227 B 5
Ospedale Psichiátrico (BR) 213 D 5
Ospedale Psichiátrico (GE) 112 C 2
Ospedaletti 122 E 3
Ospedaletto (FC-Bertinoro) 133 A 5
Ospedaletto (FC-Forlì) 133 A 4
Ospedaletto (LT) 191 A 6
Ospedaletto (PG) 162 B 3
Ospedaletto (PI) 137 B 5
Ospedaletto (RE) 117 A 6
Ospedaletto (RN) 134 D 3
Ospedaletto (TN) 58 B 2
Ospedaletto (TR) 160 A 3
Ospedaletto (TV) 75 C 5
Ospedaletto (UD) 44 E 2
Ospedaletto (VI) 74 D 1
Ospedaletto d'Alpinolo 203 E 5
Ospedaletto Euganéo 91 D 6
Ospedaletto Lodigiano 86 D 3
Ospedalícchio 152 D 2

Ospiate 67 D 5
Ospitale (FE) 105 B 5
Ospitale (MO) 130 A 2
Ospitale di Brenta 74 C 2
Ospitale di Cadore 42 E 2
Ospitale di Zoldo 42 E 1
Ospitaletto (BS) 70 D 2
Ospitaletto (MN) 89 D 4
Ospitaletto (MO) 118 C 1
Ospitaletto (RE) 116 E 3
Ospitaletto (RO) 105 B 6
Ospitál Monacale 106 E 1
Ospízio, Chiesa- 160 A 1
Ospo → Osp 79 D 5
Ossa, Grotta delle- 233 E 4
Ossago Lodigiano 86 C 3
Ossáia 151 B 4
Ossalengo 87 D 6
Ossana 38 C 1-2
Ossanesga 69 B 5
Ossano 120 E 1
Ossário, Monumento- 37 D 6
Ossário di Castelfidardo 145 C 4
Ossasco 33 A 4
Osségliano → Ozeljan 63 C 5-6
Ossegna 114 D 3
Ossenigo 72 B-C 2-3
Osservanza, Chiesa dell'- 149 E 6
Osservatório di Merate 69 B 4
Osservatório Geofísico 266 C 2
Osservatório Meteorológico di Monte Cimone 130 A 1
Ossi 301 C 4
Óssimo 55 C 5
Óssimo Inferiore 55 C 5
Óssimo Superiore 55 C 5
Osso 32 C 2
Osso, Casino dell'- 223 D 4
Osso, Lago d'- 34 A 3
Óssola, Val d'- 32 C-E 2-3
Ossolaro 87 D 6
Ossona 67 C 5
Ossoni, Monte- 299 C 5
Ossúccio 53 C 4
Osta 83 C 5
Ostana 95 D 4
Ostanetta, Punta d'- 95 D 4
Ostano, Monte- 50 D 3
Ostellato 106 D 2
Ósteno 52 B 3
Osteria (AN) 143 C 5
Osteria (PI) 138 E 1
Osteria, I'- 319 E 5
Osteriáccia, I'- 160 A 2
Osteriáccia, Monte- 134 E 3
Osteria del Colle 151 C 6
Osteria di Morano 152 B 3
Osteria di Piávola 133 C 5
Osteria Grande 119 C-D 5-6
Osterianova 144 D 3
Osteria Nuova (FI) 139 B 5-6
Osteria Nuova (PU-Apécchio) 142 C 1
Osteria Nuova (PU-Montelabbate) 135 E 4-5
Osteria Nuova (RI) 170 D 3
Osteria Nuova (RM) 177 A 6
Osteriola 119 B 5
Ostia 177 D 6
Óstia Antica 177 D 6
Ostiano 88 C 2
Óstia Parmense 115 B 5
Ostíglia 90 E 3
Ostigliano 232 B 3
Óstina 140 B 1
Ostina, Cala- 299 C 5
Ostra 143 C 6
Ostra Antica 143 C 6
Ostra Vétere 143 C 5
Ostrič 79 D 6
Ostuni 212 B-C 3
Ostuni, Villa- 211 C 5
Ot, Piz- 24 E 1
Otemma, Glacier d'- 48 A-B 2
Otemma, Pointe d'- 48 A 2

Óten, Monte- 31 E 6
Óten, Valle d'- 42 D 2
Otra (VB) 50 C 3
Otra (VC) 49 C 6
Ótranto 231 A 6
Ótranto, Capo d'- 231 A 6
Otre, Grotta l'- 181 A 4
Otrícoli 169 B 6
Otro, Valle d'- 49 C 5-6
Ottana 308 E 1
Óttano 123 B 4
Ottati 218 E 3
Ottava 298 E 3
Ottava, Rio d'- 298 D-E 3
Ottava Presa 77 C 5
Ottavello 100 B 3
Ottávia 179 B 4
Ottaviano 215 B 6
Ottávio, Monte- 285 A 5
Ottavo 139 D 6
Ottíglio 83 E 6
Ottignana 132 C 2
Ottiolu 305 D 5
Ottiolu, Punta d'- 305 D 5
Ottobiano 84 D 2
Ottohütte 45 A 6
Ottone (LI) 156 C 2
Ottone (PC) 114 A 2
Ouille, Monte- 46 C 1
Ouille Noire 81 A 4
Oulme 80 E 2
Oulx 80 E 2
Ova 98 B 3
Ovada 112 A 2
Ovaga, Becco d'- (o Res) 50 D 2-3
Ovanengo 87 B 6
Ovarda, Torre d'- 81 C 4
Ovaro 43 D 6
Ova-Spin 25 C 4
Ovasta 43 C 6
Ovedasso 44 C 3
Ovesca, Torrente- 50 A-B 2
Ovíglia 82 E 3
Ovíglio 98 C 1
Ovile Nazionale 198 C 1
Ovíndoli 172 E 2
Ovo, Castèl dell'- 215 C 5
Ovo, Torre dell'- 225 E 5
Ovodda 312 A 2
Ovoledo 61 D 5
Ovrano 98 E 1
Oxentina, Torrente- 123 D 4
Oyace 47 A 5
Ozegna 64 E 2
Ozein 47 C 4
Ozeljan (Ossegliano) 63 C-D 6
Ozieri 302 e 1
Ozieri, Rio d'- 302 E 1
Ózol, Monte- 39 B 4
Ózola, Torrente- 117 E 4
Ozzano dell'Emilia 119 C 5
Ozzano Monferrato 83 D 6
Ozzano Taro 101 E 6
Ozzastru, Nuraghe- 301 C 5
Ózzero 67 E 4
Ozzóla 100 E 1

P

Pabillónis 315 B 4
Pabillónis, Stazione di- 315 B 4
Pacciano, Torre di- 207 A 5
Pace (ME) 258 B 2
Pace (RI) 171 D 5
Pace, Chiesa la- (AR) 150 A-B 3
Pace, Chiesa la- (FG) 188 E 3
Pace, la- (TN) 38 E 2
Pace, la- (MC) 144-145 E 3-4
Pace, Monte- 258 A 2
Pace, Rifúgio della- 108 B 2
Pace, Santuário della- 112 D 1
Paceco 260 D 3
Pace del Mela 271 C-D 6
Pacengo 71 E 6
Pacentro 183 A 4
Pachino 293 D 6
Paci, Rifúgio- 164 A-B 1
Paciano 151 D 4
Pacima, Monte la- 172 B 1
Pácina 149 B 6
Pacini, Rifúgio- 131 C 4
Padano Polésine, Collettore- 107 A 5
Padedda, Punta- 298 E 1
Pádena → Padna 79 D-E 4
Padenghe sul Garda 71 D 5
Padente, Nuraghe de- 312 D 2
Padéon, Valle- 31 D 5
Padergnone 57 B 4
Paderna (AL) 99 C-D 4
Paderna (PC) 101 B 4
Paderna (RE-Baiso) 117 B 6
Paderna (RE-Vezzano sul Cróstolo) 117 B 5
Padernello (BS) 87 B 6
Padernello (TV) 75 B-C 5
Paderno (BL) 59 B 5
Paderno (BO) 119 C 4
Paderno (FC) 133 D 5-6
Paderno (TV) 75 B 5
Paderno (UD) 63 B 4
Paderno d'Adda 69 B 4
Paderno del Grappa 59 E 4
Paderno Dugnano 67 C 6
Paderno Franciacorta 70 C 2
Paderno Ponchielli 87 C 6
Padiglione 144-145 C 3-4
Padiglione, Bosco del- 190-191 B 3-4
Padiglione, Monte- 181 A 4
Padiglione, Stazione di- 190 B 3
Padion, Pizzo di- 35 C 4
Padivarma 126-127 C 3-4
Padna (Pádena) 79 D-E 4
Pado 268 C 2
Pádola 42 B 3
Pàdola, Val- 42 B-C 3
Padòn, Monte- 41 B 4
Padónchia 141 D 5
Pádova 92 A-B 2
Pádova, Rifúgio- 42 D 3
Padovano, Posta- 188 E 2
Padre Eterno, Chiesa del- 209 C 4
Padri, i- 58 E 1
Pádria 306 C 3
Padriciano 79 C 5
Pádrio, Monte- 37 E 4
Padrogiano 303 A 5
Padrogiano, Fiume- 303 A 5
Padru 303 C 5
Padru, Monte- 296 E 3
Padru Maggiore, Nuraghe- 306 E 3
Padru Mannu 307 C-D 5
Padula (SA) 235 A 4
Padula (TE) 163 D 6
Padula, Torrente- 244 B 3
Padúlas, Fruncu- 308 E 3
Padule (FI) 131 D 6
Padule (PG) 152 A 2
Paduledda 299 B 6
Padule di Fucécchio 130 E 2
Padule di Raspollino 158 B-C 1
Paduli 203 C 6
Paduli, Lago- 116 D 2
Paduli, Stazione di- 203 C 6
Padulivo 131 D 6
Padulle 105 E 4
Padulo, Cantoniera- 302 A 2
Paesana 95 D 4-5
Paese 75 C 5
Paestum 232 A 2
Paestum, Ponte- 218 E 2
Paestum, Torre di- 232 A 2
Pagana, Póggio della- 166 D 1
Paganella 38 E 3
Paganella, Monte- 245 C 4
Pagani 217 B-C 4
Pagani, Masseria- 227 E 4
Paganía-Vallone Cupo 241 D 6
Pagánica 172 C 1-2
Pagánico (FC) 133 E 4
Pagánico (GR) 158 A 3
Pagánico (PU) 142 B 1
Pagánico Sabino 171 E 4
Paganina 148 C 3
Pagano, Monte- (AQ) 183 D 5-6
Pagano, Monte- (BS) 37 D 5
Pagano, Pizzo di- 267 C 5
Pagano, Serra- 240 C 2
Paganúccio, Monte- 142 B 3
Pagazzano (BG) 69 D 5
Pagazzano (PR) 115 B 6
Paggese 163 B 6
Paggi 114 D 2
Paghera 55 C 6
Paghera, Valle- 37 D 5
Paghette 163 E 4
Pagino 142 B 3
Páglia, Fiume- 160 B 2
Páglia, Portella della- 262 C 3
Pagliacastro, Rio- 249 D-E 4
Pagliáccia 152 C 1
Pagliáia 245 E 4
Paglialunga, Masseria- 206 C 3
Pagliana 131 B 5-6
Pagliana, Casa- 137 C 6
Paglian Casale 179 E 5
Pagliano 153 A 5
Pagliara (AQ) 181 B 4
Pagliara (BN) 203 D 5
Pagliara (CS) 242 A 2
Pagliara (ME) 269 C 6
Pagliara, la- 202 E 2
Pagliara, Torrente- (CS) 239 E 4
Pagliara, Torrente- (ME) 269 C 6
Pagliare (AP) 155 E 5
Pagliare (AQ) 171 C 6
Pagliare, Rovine- 172 C 3
Pagliarella, Trívio- 247 C 5
Pagliarelle 246 D 3
Pagliarelle, Monte- 195 D 6
Pagliaro 54 D 2
Pagliaro, Monte- (GE) 113 C 6
Pagliaro, Monte- (RM) 180 B 1
Pagliaro Inferiore 99 E 5
Pagliaro Superiore 99 E 5
Pagliaroli 164 D 1
Pagliarone, Masseria- 198 D 3
Pagliarone, Monte- 197 C 5
Pagliaspica, Serra- 242 E 3
Pagliate 66 E 2
Paglicci, Grotta- 188 E 1
Pagliéres 109 B 4
Paglieríccio 140 A 2
Paglierone, Masseria- 238 B 3
Paglieta 175 E 4
Pagliete, Bonífica delle- 177 C 5
Paglino 32 D 1
Páglio 53 B 6
Pagliola, Torrente- 159 B 6
Paglione, Monte- 33 E 6
Pagliosa, Ísola sa- 306 C 2
Pagliuca 204 C 1
Pagnacco 62 A 3
Pagnana 138 B 2
Pagnano (CO) 53 D 5
Pagnano (TV) 59 E 4
Pagno (CN) 95 E 5-6
Pagno (FC) 133 E 5
Pagnona 53 B 5-6
Pago, Monte il- 171 B 6
Pago, Monte lo- 172 E 1
Pago del Vallo di Láuro 217 A 4
Pago Veiano 196 E 3
Pai 71 C 6
Paiane 60 B 2
Paiano, Monte- 269 C 5
Paidorzu, Monte- 308 B 1
Paiere 81 E 6
Paína 67 B 6
Pairana 86 B 1-2
Pairolo, Rifúgio di- 52 B 3
Paisco 55 B 5
Paisco, Valle- 55 B 5-6
Paisco-Loveno 55 B 5
Paitone 71 D 4
Pakleni Rt (Punta del Moro) 78 E 3
Pal, Cime de- 108 D-E 1
Pal, Col de- 108 E 1
Pala 51 B 5
Palà 106 A 2
Pala, Cimòn della- 41 D 4
Pala Alta 41 E 6
Pala Barzana, Forcella di- 61 B 4
Palabione, Monte- 37 E 4
Palacane, Masseria- 188 E 1
Palacéris, Casa- 320 E 1
Pala d'Altei 61 B 4
Palade, Passo delle- = Gampen Joch 27 E 4
Paladina 69 B 5
Paladini 163 E 6
Paladino, Monte- 249 C 6
Pala di San Martino 41 D 4
Pala di Santa 40 C 2
Pala 'e Rughes, Nuraghe- 307 C 6
Palafavera 41 B 6
Pala Fontana 61 B 4
Palágano 117 E 5-6
Palagianello 223 B 6
Palagiano 224 B-C 2
Palagiano-Chiatona, Stazione- 224 C 2
Palagiano-Móttola, Stazione- 224 B 2
Palágio 138 E 2
Palagione 148 A 2
Palagnedra 33 E 5
Palagogna, Masseria- 212 C 3
Palagonía 289 A 4
Palagonía, Stazione di- 283 E 4
Palai, Punta- 307 D 6
Paláia 138 D 1-2
Palamara, Timpone- 239 D 5
Palanfrè 109 E 6
Palanuda, Monte- 240 A 3
Palanzano (LE) 231 A 5
Palanzano (PR) 116 C 2
Palanzo Lário 53 D 4
Palanzone, Monte- 53 D 4
Palâr, Torrente- 44 D 2
Paláscia, la- 231 A 6
Palata (BO) 105 C 4
Palata (CB) 185 C 4
Palata, Masseria- 198 B 3
Palatimone, Monte- 261 C 4
Palau 297 C 4
Palazza 120 C 1
Palazza, la- 141 B 5
Palazzago 53 E 6
Palazzata 153 A 6
Palazzelli 283 E 4
Palazzello 244 A 2
Palazzetto (MN) 90 E 2
Palazzetto (PG) 152 B 3
Palazzetto (SI) 149 D 4
Palazzi 76 A 3
Palazzi (AR) 141 B 5-6
Palazzi (PI) 137 B 5
Palazzi (PU) 142 B 1
Palazzi, i- 106 A 1
Palazzina (SI) 149 C 5
Palazzina (VR) 90 A-B 2
Palazzina, la- (CE) 195 C 4
Palazzina, la- (PI) 137 B 4
Palazzina, la- (SI) 160 A 1
Palazzina d'Ete 155 B 4
Palazzine Santa Maria 222 E 1-2
Palazzo (AN) 143 C-D 4
Palazzo (BO) 118 E 2
Palazzo (LI) 156 D 2-3
Palazzo (MC-Esanatoglia) 153 B 5
Palazzo (MC-Póggio San Vicino) 143 E 6
Palazzo (PG) 152 C 2
Palazzo (PV) 85 D 6
Palazzo (PZ) 220 D 1
Palazzo, il- (FI) 132 E 1
Palazzo, il- (PU) 142 A 2
Palazzo, il- (PZ) 235 D 4
Palazzo, Riserva Naturale- 148 C 3
Palazzo Adriano 278 C 1
Palazzo Bovarino 160 A 3
Palazzo Canavese 65 D 4
Palazzo d'Áscoli 198 E 1-2
Palazzo del Pero 141 E 4
Palazzo Diamantina 105 B 5-6
Palazzo Guerrino 120 C 1
Palazzo Guglielmi 152 B 1
Palazzolo (FI) 139 C 6
Palazzolo (MI) 67 C 6
Palazzolo (PG) 152 A 3
Palazzolo (VR) 72 E 2
Palazzolo Acréide 289 D 5
Palazzolo dello Stella 62 E 2
Palazzolo sull'Óglio 70 C 1
Palazzolo Vercellese 83 C 5
Palazzo Mancinelli 152 B 3
Palazzo Marcucci 132 A 3
Palazzo Martinengo 71 C 5
Palazzo Moneta 91 B 4
Palazzone (PG) 141 E 5
Palazzone (SI-Pienza) 150 C 2
Palazzone (SI-San Casciano dei Bagni) 160 A 1-2
Palazzo Pignano 69 E 4
Palazzo Pio 106 C 2
Palazzo Rossi 119 D 4
Palazzo San Gervásio 206 D 2
Palazzo Tamba 120 B 3
Palazzuolo (AR) 140 E 1-2
Palazzuolo (NA) 215 B 6
Palazzuolo Alto 140 E 1
Palazzuolo sul Sénio 132 B 1
Palcano 142 D 2
Pálchisce 63 D 5
Palco, Monte- 285 A 6
Pale 152 E 3
Pale delle Buse 39 E 6
Pale delle Rive 58 B-C 2
Pale di San Lucano 41 C 4-5
Pale di San Martino 41 D 4
Pale, Monte le- 57 C 5
Palena 183 B 5
Palena, Stazione di- 183 B 5
Palente, Rio di- 153 C 5
Paléparto, Monte- 242 E 2
Palermiti 249 C 6
Palermo (PA) 263 A-B 4
Palermo (TP) 274 B 3
Palermo, Golfo di- 263 A 4-5
Palermo, Portella- 279 D 6
Palermo, Torre- 189 C 4
Palese 209 C 4-5
Palese, Serra- 221 B 5
Palesella 91 D 4
Palestrina 180 C 1
Palestro 84 B 1
Palevierte, Monte- 44 C 2
Pali, Masseria i- 231 D 4
Paliano 180 D 2-3
Palidano 103 B 5-6
Palidoro 177 B 5
Palino, Masseria- 205 B 4
Palino, Monte- 36 D 2
Palino, Serra- 198 E 1
Palinudo 245 D 4
Palinuro 233 E 4
Palinuro, Capo- 233 E 4
Palistro, Fiume- 233 C-D 4
Palizzi 259 D-E 5
Palizzi Marina 259 E 5
Palla, Monte- 58 E 3
Palla Bianca = Weisskugel 26 B 1
Palladino, Monte- 235 D 4
Pallagorío 247 B 4
Pallano, Monte- 184 A 1
Pallanza 51 C 5
Pallanzeno 50 B 3
Palla Palla 246 B 3
Pállare 111 D 5
Pallareta, Monte- 237 D 5
Pallavicino (AL) 99 E 5
Pallavicino (PA) 263 A 4
Pallera 82 E 2
Pallerone 128 A 2
Palleroso 129 B 5
Palleusieux 46 B 2
Palline 55 C 4
Pallòn, Monte- 59 D 4
Pallosu, Cala su- 310 B 2
Pallosu, su- 310 B 2
Palma 260 D 3
Palma, Fiume- 285 D 4
Palma, Monte- 314 D 2
Palma Campánia 216-217 A 3-4
Palma di Montechiaro 285 D 4
Palmádula 298 E 1
Palmaiola, Ísola- 156 C 3
Palmano, Masseria- 293 B 4
Palmanova 63 D 4
Palmária, Ísola- 127 E 4
Palmariggi 231 A 5
Palmarini, Masseria- 213 D 5
Palmaro 112 C 3
Palmarola, Ísola- 190 C 1
Palmarola Nuova 177 B 6
Pálmas 319 C 4
Pálmas, Golfo di- 318-319 C-D 3-4
Pálmas, Porto- 298 E 1
Pálmas, Rio- 319 C 4
Pálmas Arboréa 310-311 D 3-4
Palmático 249 A 5
Palmavera, Nuraghe- 300 D 2
Palmeto, Monte- 262 A-B 2
Palmi 252 E 2-3
Palmiano 154 E 2
Palmieri, Rifúgio- 41 B 6
Palmina, Monte- 41 C 4
Palmirano 106 D 1
Pálmoli 184 B 2
Pálmori 198 A 1
Palmschoss = Plàncios 30 C 2
Palò 56 D 2
Palo (RM) 177 B 4
Palo (SV) 112 B 1
Palo, Monte- 70 B 3
Palóbbia, Torrente- 55 C 6
Palo del Colle 209 D 4
Palombáia, Colle- 156 D 1
Palombáio 207 B 6
Palombara (TE) 164 E 2
Palombara (TR-Allerona) 160 A 2
Palombara (TR-Narni) 161 D 6
Palombara, Masseria la- 212 E 3
Palombara, Osteria- 192 B 2
Palombara, Serra- 233 D 5
Palombara Marcellina, Stazione di- 180 B 1
Palombara Sabina 179 A 6
Palombare 162 D 1
Palombarese, Via- 179 B 5
Palombaro 174 E 2
Palombaro, Monte- 253 E 5
Palombaro, Torre del- 250 E 2
Palombe, Grotta delle- 269 E 4
Palombe, le- 199 E 6
Palombi 154 C 2
Palombieri, Cava- 293 B 5
Palombina Nuova 144 A-B 3
Palombina Vécchia 144 A-B 3
Palombino, Cima- 43 B 4
Palombino, Passo- 43 B 4
Palombo, Monte- 182 C 3
Palomonte 218 C 3
Palòn, Cima- 57 E 5
Palòn, Monte- (TN-Drena) 57 C-D 4
Palòn, Monte- (TN-Trento) 57 C 5
Palòn, Monte- (TO) 81 D 4
Palone, Cima- 56 D 2
Palone, il- 147 B 6
Pallone del Badile, Monte- 49 B 6
Palone di Torsolazzo 55 B 5
Palosco 69 C 6
Palosso, Monte- 70 C 3
Palotto 55 E 5
Palse 61 E 4
Paltana, Fossa- 92 C 2
Paltrático 137 D 5
Palù (PD) 92 D 2
Palù (TN) 39 E 4
Palù (VR) 90 B 3
Palù, Cima- 38 D 1
Palù, Lago- 36 C 2
Palu, Picco- = Gross Moosnock 29 D 5
Palù, Pizzo- 36 B 2
Palü, Vadret da- 36 C 2-3
Paluaccio di Oga, Riserva Naturale- 25 E 5
Palù del Férsina 39 E 6
Paluda 76 D 3
Palude 71 D 5
Paludea 61 B 6

Palude Brábbia, Riserva Naturale- **51** E 6
Palude del Conte e Duna Costiera-Porto Cesáreo, Riserva Naturale- **226** C 2-3
Palude di Casalbeltrame, Riserva Naturale- **66** E 1
Palude di Ostíglia, Riserva Naturale- **90** E 3
Palude Loja, Riserva Naturale- **84** C 2
Palude Maggiore **76** D 2
Paludi **242** D 3
Paludi, Cantoniera- **309** C 4
Palud, la- **46** B 2
Paludo di Latisana **62** E 2
Palue **41** B 5
Paluello **92** B 3
Palugana **91** D 6
Palumbo **225** D 4
Palumbo, Monte- **206** B 3
Paluri, Serra- **246** B 3
Palùs San Marco **31** E 6
Paluzza **44** B 2
Pampalù, Monte- **80** D 3
Pampaluna **62** E 3
Pamparato **110** D 3
Pampeago, Alpe di- **40** C 2
Pampuro **90** D 2
Panaía **248** E 2
Panarea, Ísola- **273** C 5
Panarella **106** A 3
Panareo, Masseria- **227** B 5
Panargen **29** D 6
Panaro, Fiume- **118** C 2
Panaro, Monte- **160** C 2
Panarotta, Monte- **57** B 6
Panarotti **73** D 5
Páncali, Monte- **289** B 6
Pancalieri **96** C 1
Pancallo **267** E 5
Pancarana **85** E 5
Páncaro, Casa- **241** C 4
Panchià **40** D 2
Panco, Cima- **161** B 6
Páncole (GR) **158** D 3
Páncole (SI) **138** E 3
Pandino **69** E 4
Pan di Zúcchero (Zuckerhütl) **28** B 1
Pan di Zúcchero, Scóglio- **314** E 2
Pándola **217** B 5
Pandolfina, Torre- **277** B 5
Pandoro, Masseria- **211** E 4
Panduri, Serra- **257** C 4
Panebianco, Fiume- **283** D 4
Pane e Vino, Fosso- **191** B 4
Panella, Masseria- **195** D 4
Panemolle, Masseria- **212** E 3
Panesi **114** D 2
Panetti **245** E 4
Panettieri **245** E 5
Panevéggio **40** C 3
Panevéggio-Pale di San Martino, Parco Regionale- **40-41** C-D 3-4
Panevino **239** B 5
Paneyron, Tête de- **108** A 1
Pangone, Bívio- **73** D-E 6
Pánia della Croce, Monte- **129** C 4-5
Pánia di Corfino, Monte- **129** A 5
Pánica **74** B 1
Panicáglia **131** C 6
Panicágliora **130** D 1-2
Panicale (PG-Città di Castello) **141** D 6
Panicale (PG-Panicale) **151** D 5
Panicale, Stazione di- **151** D 4
Panicali **143** E 6
Panicarola **151** D 5
Pánico **118** D 3
Panider Sattel = Passo di Pinei **30** D 1
Panigai **76** A 3
Panigheto, Monte- **132** A-B 2
Panighina **133** A-B 5
Panna **131** B-C 5
Pannáconi **248** D 3

Pannarano **203** E 5
Pánnesi **113** C 5
Panni (FG) **197** E 6
Panni (PZ) **206** E 2
Pannone **57** D 4
Pano, Monte- **219** D 6
Panócchia **102** E 2
Panorama **30** E 1
Panossière, Cabane de- **48** A 1-2
Pansera, Bivacco- **36** C 2
Pantaleo **319** C 6
Pantálica, Necrópoli di- **289** C 6
Pantálica Valle dell'Ánapo e Torrente Cava Grande, Riserva Naturale- **289** C-D 5-6
Pantalla **161** A 5
Pantana (PU) **143** C-D 4
Pantana (RI) **170** C 3
Pantana (SA) **232** C 3
Pantanelle **235** B 5
Pantanelle, le- **177** C 6
Pantanelle, Passo delle- **288** D 1
Pantanelli **240** C 3
Pantanello, Regione- **239** B 5
Pantaniello (IS-Pettoranello del Molise) **194** A 3
Pantaniello (IS-Sessano del Molise) **195** A 4
Pantaniello, Lago- **183** D 4
Pantano (CE) **195** E 4
Pantano (FR) **181** C 4
Pantano (IS) **194** A 2
Pantano (PG) **151** B 6
Pantano (RE) **117** C 5
Pantano, Casa- **168** E 1
Pantano, Chiesa di- **132-133** D 3-4
Pantano, Fonte di- **183** C 4
Pantano, Fosso del- **284** B 1
Pantano, Lago- **37** E 6
Pantano, Masseria- **223** B 5
Pantano, Monte- **194** A 2
Pantano, Regione- **238** A 2-3
Pantano Borghese **179** C 6
Pantano dei Monti, Monte- **240** D 3
Pantano Grande **258** A 2
Pantanolata, Serra- **241** E 4
Pantanolungo **244** C 3
Pantano Monastero **177** C 6
Pantano Píccolo **258** A 2-3
Pantano Soprano, Bosco- **239** B 5
Pantano Sottano, Bosco- **239** B 5-6
Pantasina **123** D 5
Pantè **57** B 5
Pantelleria **274** D 1
Pantelleria, Ísola di- **274** D 1-2
Pantena, Val- **72** E 2
Pantianicco **62** C 2
Pantiara **86** C 3
Pantiere **143** D 6
Pantigliate (MI-Pantigliate) **68** E 3
Pantigliate (LO-Livraga) **86** D 3
Pantone **206** C 2
Panza (BR) **212** B 2
Panza (NA) **214** D 2
Panzano (FI) **139** D 5
Panzano (GO) **63** E 5
Panzano (MO-Campogalliano) **103** E 6
Panzano (MO-Castelfranco Emília) **104** E 2
Panzano, Golfo di- **78-79** B 3-4
Panzano Bagni **63** E 5
Panzendorf **42** A 3
Panzo Grande, Masseria- **210** D 2
Páola **244** B 1-2
Páola, Cóppola di- **238** E 1
Páola, Torre- **192** E 1
Paoladoce **219** B 6
Paolantónio **164** A-B 2
Paolécchio **105** B 5
Paolelli **169** D 6
Páoli **57** E 6

Paolillo, Masseria- (BAT) **207** A 4
Paolillo, Masseria- (FG) **198** D 3
Paolini **274** A 3
Paolino **105** A 6
Paolino, Masseria- **188** D 3
Paolino, Monte- **193** C 6
Paolisi **203** D 4
Paolo VI, Quartiere- **224-225** C 3-4
Paolório **96** D 2
Papa, Casa- **293** B 4
Papa, Monte del- **235** C 5
Papa, Rifúgio- **57** E 5
Papà, Serro- **257** C 4
Papaglionti **248** C 3
Papalai, Punta- **308** D 1
Papale, Masseria- **196** A 2
Papanice **247** D 5
Papariano **63** E 4
Paparotti **62** C 3
Papasídero **240** A 2
Papatonno, Masseria- **223** C 6
Pape, Cima di- **41** C 4
Paperino **131** E 4
Papiano (AR) **132** E 2
Papiano (PG) **151** E 6
Papiano (PT) **130** E 3
Papiano-Castello di Forme, Stazione di- **152** E 1
Papigno **162** E 1
Papozze **106** A 3
Paquier **47** A 6
Para **133** B 5
Para, Torrente la- **133** E 5
Parabiago **67** C 4
Parábita **230** B 3
Paradigna **102** D 2-3
Paradiso (ME-Messina) **258** B 2
Paradiso (ME-Milazzo) **271** C 5
Paradiso (RC) **253** D 6
Paradiso (Svízzera) **52** B-C 2
Paradiso (UD) **62** D 3
Paradiso (VI) **91** C 5
Paradiso, Costa- **296** D-E 1
Paradiso, Masseria- **213** E 4
Paradiso, Monte- **176** A 3
Paradiso, Passo del- **37** D 6
Paradiso, Scóglio- **189** B 4
Paradiso degli Aranci **283** D 5
Paradiso del Cevedale **26** E 1
Paradísoni **248** D 3
Paraggi **113** D 6
Paragnano, Cala di- **296** A 2
Paramont, Monte- **46** C 2
Parana **115** E 5
Paranesi **164** C 1
Parantoro **244** A 2
Paranzello, Punta- **284** D 1
Parapinta, Rio- **302** A 2
Parasacco (FE) **106** D 2
Parasacco (PV) **85** C 4
Parasacco, Masseria- **205** B 6
Parasano, Monte- **182** B 2
Parático **70** C 1
Paratiello, Monte- **219** B 4
Paratizzi, Serra- **240** B 3
Paratore, Ponte- **266** D 3
Paratore, Torrente- **269** B 4
Paravanto **73** D 4
Paravati **248** E 3
Paravenna **124** D 2
Paravento **142** D 3
Parazzuolo **114** B-C 1
Parc, le- **108** E 2
Parchetto, il- **189** C 4
Parchiule **141** B 6
Parcínes = Partschins **27** C 4
Parco dei Mónaci **223** B 4
Parco dei Príncipi **209** E 6
Parco Nuovo **271** C 5
Parco-Zoo del Garda **72** E 2
Pardella **189** D 1
Pardesca **257** D 4
Párdis, Monte- **316** B 3
Pardu, Monte- **317** D 4
Pardu, Nuraghe- **316** B 2
Pardu, Rio- **313** D 4
Pardu Atzei **314** B 3
Parè (CO) **52** D 3
Parè (LC) **53** D 5

Parè (TV) **60** E 2
Parè, Monte- **54** D 3
Pareat, Monte la- **94** C 3
Parèch **41** D 5
Parella **64** D 2
Parello, Cascata del- **183** B 6
Parenti **245** D 4
Parenti, Stazione- **245** D 4
Páres, Monte- **31** D 4
Parete **202** E 1
Parete Rossa, Rifúgio- = Rotwand Hütte **27** C 5
Pareti **156** D 2-3
Pareto **111** B 6
Paretone, Masseria- **211** E 6
Parghelia **248** D 3
Pari **149** E 5
Parì, Cima- **56** D 3
Pariana **130** D 1
Pariassa **49** E 5
Parina, Torrente- **54** D 1-2
Paringianu **318** B 3
Páris, Monte sos- **299** D 5
Parisa, Masseria- **197** A 5
Parisata **91** D 5
Parisi, Casa- **288** A 1
Pariti, Masseria- **187** E 6
Parlapiani **196** C 1-2
Parláscio **137** C 6
Parlasco **53** B 5
Parlati **73** B 4
Parlesca **152** B 1
Parma **102** D 2-3
Parma, Torrente- **102** E 2-3
Parma di Badignana, Torrente- **115** C-D 6
Parma Morta, Riserva Naturale- **103** C 4
Parmentile, Colle- **296** A 3
Parmetta **92** E 2
Parnacciano **141** C 6
Parodi Lígure **98** E 3
Parola **101** C-D 6
Parola, Torrente- **101** D 5
Paroldo **111** C 4
Paroletta **101** C 6
Parolise **203** D 4
Parolito **154** A 1
Parona **84** E 2
Parona di Valpolicella **90** B 2
Parone **50** D 3
Parpanese **86** E 2
Parrachée, Dent- **80** B 1
Parrana San Giusto **137** C 5
Parrana San Martino **137** C 5
Parrano (PG) **162** A 1
Parrano (TR) **160** A 3
Parrédis, Monte- **317** D 5
Parrina, la- **167** B 4
Parrina, Ponte della- **277** A 6
Parrinello, Ponte- **266** C 3
Parrini **274** C 2
Parrino, Pizzo- **263** C 4
Parrino, Serre del- **262** D-E 2
Parrócchia (CN) **109** B 5
Parrócchia (TN) **57** E 5
Parrozzo, Ponte- **198** E 2
Parrutta **235** D 5
Parsennfurka **24** A 1
Partanna (PA) **263** A 4
Partanna (TP) **275** B 5-6
Pártina **140** A 3
Partinico **262** B 2
Partino **138** D 1
Partite, Valli le- **104-105** B 3-4
Partitore **102** E 3
Partschins = Parcínes **27** C 4
Partut **58** E 1
Paruzzaro **51** E 4-5
Parzánica **70** B 2
Parzano (CO) **53** E 4
Parzano (PV) **84** D 2

Pasa **59** B 6
Pascalícchio, Casa- **235** C 6
Pascaretto **95** B 6
Pascarola **202** E 2
Pascarosa **212** C 2
Pascellata **164** C 1
Paschera San Carlo **109** B 5
Paschera San Defendente **109** B 5
Paschero (CN) **108** A 3
Paschero (TO) **95** A 5
Pascolet, Monte- **60** C 2
Páscoli **41** E 6
Páscoli, i- **104** B 3
Pascomonti **110** C 3
Pascoso **129** C 5
Pasiàn di Prato **62** B 3
Pasiano di Pordenone **76** A 3
Pasò, Dosso- **37** C 4
Pason **73** B 5
Paspardo **55** B 6
Pasquale **111** E 4
Pasquale, Casa- **246** C 3
Pasquali **101** E 5
Pasquarelli **203** D 5
Pasquaro **82** B 2
Pasquero **180** B 1-2
Pasquier, le- **94** C 1
Pasquílio **128** C 3
Passággio **152** D 2
Passággio, Punta del- **264** A-B 1
Passággio d'Assisi **152** D 2
Passa Madonna, Ponte- **284-285** C 3-4
Passanetello, Torrente- **289** B 4
Passano **134** D 3
Passante, Fiume- **245** D 5
Passante, Lago- **245** D 5
Passanti **215** C 6
Passarella (VE) **76** C-D 3
Passarella di Sotto **76** D 3
Passarello (BA) **211** B 5
Passarello (AG) **285** D 5
Passarera **87** B 4
Passariano **62** C-D 2
Passatempo **144** C 3
Passatore **109** B 6
Passavanti, Case- **248** E 3
Passeiertal = Val Passíria **27** A-B 4
Passer = Fiume Passírio **27** B-C 5
Passerano **83** E 4
Passerano, Castello di- **179** C 6
Passerano-Marmorito **83** D-E 4
Passerelli, Masseria- **196** C 2
Passcrotto, Monte- **238** B 3
Pássero, Capo- **295** E 6
Passetto (RO-Ádria) **92** E 3
Passetto (RO-Crespino) **106** A 2
Passi, Ponte dei- **123** C 4
Passiano **217** C 5
Passignano **139** D 5
Passignano, Monte- **192** D 3
Passignano sul Trasimeno **151** B 5
Passionata **112** B 2
Passionisti, Chiesa dei- **145** E 4
Passionisti, Convento- **166** C 3
Passirana **67** C 5
Passirano **70** C 2
Passíria, Fiume- **27** A 4
Passíria, Val- = Passeiertal **27** A-B 4-5
Passírio, Fiume- = Passer **27** B-C 5
Passo (PU) **143** A 4
Passo (VB) **32** C 3
Passo, Corno del- = Jochköpfl **27** A 4
Passo, il- **35** E 5
Passobreve **49** E 6
Passo Corese **170** E 2
Passo dei Pecorai **139** C 5
Passo della Fogolana **93** C 4

Passo della Morte, Galleria del- **43** D 5
Passo delle Radici **129** A 6
Passo del Lupo, Monte- **261** B 4
Passo di Rigano **263** A 4
Passo di Ripe **143** B 6
Passo di Riva **74** C 1
Passo di Tréia **144** E 3
Passo d'Orta **198** D 3
Passo Gatta, Ponte- **293** B 4
Passogatto **120** B 2
Passo Martino, Stazione- **283** D 5
Passomasseria **259** E 4
Passone, Passo il- **117** E 4
Passòns **62** B 3
Passo Oscuro **177** C 5
Passopisciaro **269** D 4
Passo Principe, Rifúgio- **40** B 2
Passo Sant'Ángelo **154** B 2
Passo Segni **105** D 6
Passovécchio, Bívio- **247** D 5-6
Passo Zíngaro **282** A 3
Passriach **45** A 4
Pastelletto, Monte- **72** C 2
Pastello, Monte- **72** C-D 2
Pástena (FR) **193** C 4
Pástena (IS) **195** A-B 4
Pástena, Grotte di- **193** B 4
Pástene **203** D 5
Pasteria-Lápide **269** E 5
Pasticciola Seconda, Masseria- **198** C 4
Pástina (PG) **152** B 3
Pástina (PI) **137** D 6
Pástine **139** E 4
Pastinelle, le- **194** B 1
Pastorano (BN) **203** D 4
Pastorano (CE) **202** C 1
Pastore, Báita del- **37** A 6
Pastore Francesco, Rifúgio- **49** B 6
Pastorello **116** B 3
Pastrengo **72** D-E 2
Pasturago **85** B 5
Pasturana **98** D 3
Pasturèl **95** E 4
Pasturera **64** D 1
Pasturo **53** C 6
Pasúbio, Gruppo Montuoso- **57** E 5-6
Pasúbio, Ossário del- **73** B 4-5
Patada, Nuraghe sa- **299** E 4
Patalécchia, Monte- **195** B 4
Patanella, Masseria- **207** B 5
Paternò **283** B-C 4
Paterno (AN-Ancona) **144** B 3
Paterno (AN-Fabriano) **153** A 5
Paterno (AQ) **181** A 6
Paterno (FI-Montespértoli) **138** C 4
Paterno (FI-Pélago) **140** A 1
Paterno (FI-Váglia) **131** E 5
Paterno (MC-San Severino Marche) **153** A-B 6
Paterno (MC-Tolentino) **154** A 1
Paterno (PZ) **236** A 2
Paterno (RI) **171** B 4
Paterno (TE) **164** B 2
Paterno Cálabro **244** C 3
Paternópoli **204** D 1
Paternópoli, Stazione di- **204** D 1
Paterno Sant'Arcángelo **217** C 4
Paterriti **256** E 1
Paticchi, Masseria- **213** D 5
Patigno **115** D 4
Patino, Monte- **163** A 4
Patone **57** D 4
Patri, Punta- **47** E 5
Patri, Torrente- **269** A 5
Pátria, Lago di- **214** A 3
Pátrica **192** A 2
Patrignani, Podere- **121** B 5
Patrignolo **143** A 6
Patrignone (AP) **154** D 3
Patrignone (AR) **140** D 3
Patrignone (PI) **129** E 5
Patrignone, Fosso- **158** E 3

Patro **83** E 6
Patscherbach **31** A 5
Patscher Hütte **31** A 5
Pattada **302** E 2
Pattada, Nuraghe sa- **308** A-B 1-2
Pattada, Rocca sa- **306** E 3
Pattano **233** C 4
Pattemouche **94** A 2
Patti (ME) **268** A 3
Patti (PA) **263** A 4
Patti, Fiume di- **268** A 3
Patti, Scóglio di- **268** A 3
Patù **231** D 5
Pau **311** E 5
Paù, Monte- **58** E 1
Pau, Rio- **315** D 4-5
Paucéris, is- **319** B 6
Paucéris Mannu, Monte is- **319** B 6
Paugnano → Pomjan **79** D 5
Paularo **44** B 2
Paularo, Monte- **44** A-B 2
Paúle, Casa- **301** C-D 5
Paúle, Monte- **302** E 3
Paule, Pont de- **108** E 3
Paúle, sa- **306** D 3
Paúli Arbarei **315** A 5-6
Paulilátino **311** A-B 4
Paulilátino, Cantoniera di- **311** B 4
Paúli Maiori (CA) **311** E 6
Paúli Maiori (NU) **311** E 5-6
Paúli Maiori (OR) **310** D 3
Paulinu, Punta- **312** B 3
Paúlis, Monte- **313** D 5
Paulli **102** D 3
Paullo **68** E 3
Pauloni, Serra- **296** C 3
Paupisi **195** E 6
Paùr, Rocca della- **109** D 4
Paura, Corno della- **57** E 4
Paura, la- **192** B 1
Paura, Passo della- **183** C 5
Paurano **149** A 4
Páusa **39** C 6
Páusa Alta, Monte- = Hochrast **31** B 6
Pausabella, Monte- = Schönrast **39** C 6
Pautasso **96** B 1
Pavaglione **81** D 4
Pavaglione, Monte- **112** B 2
Pávana Pistoiese **130** B 3
Pavarano **91** C 6
Pavareto **114** E 3
Pavarolo **82** D 3
Pavelli **139** D 6
Pavia **85** C-D 5-6
Pavia, Navíglio di- **85** B 5
Pavia di Údine **63** C 4
Pavignano **104** C 3
Pavignano **65** C 2
Paviole **106** B 1
Pavione, Monte- **59** B 4
Pavo **83** E 5
Pavona **179** E 5
Pavonara, la- **106** B 1
Pavone **71** C 4
Pavone, Bívio del- **169** E 5
Pavone, Cozzo il- **277** C 6
Pavone, Masseria- **207** D 4
Pavone, Torrente- **148** C 2
Pavone Canavese **64** D 3
Pavone d'Alessándria **98** B 2
Pavone del Mella **88** C 2
Pavoni, Masseria i- **199** E 4
Pavullo nel Frignano **118** D 1
Payer, Rifúgio- = Payerhütte **25** E 6
Payerhütte = Rifúgio Payer **25** E 6
Paza, Cúccuru 'e- **312** A 3
Pazienza, Masseria- **186** E 1
Pazzano (MO) **118** C 1
Pazzano (RC) **255** C 4
Pazze **230** D 3
Pazzere **130** E 2
Pazzòn **72** C 2

Pazzosa, Seno de sa- **306** C 2
Peagna **124** C 3
Peáio **42** D 2
Peano, Villa- **152** C 1
Pecchione **117** A 6
Péccia **33** B 5
Péccia, Fiume- **194** C 1
Péccia (Torrente) **33** A 4
Péccia, Valle- **33** A-B 4
Péccioli **138** D 1
Pecco **64** D 2
Pecè **25** E 5
Pecetto **49** A 6
Pecetto di Valenza **98** B 2
Pecetto Torinese **82** E 2
Peci **63** D 5
Peci, Monte- **116** E 2
Péclet-Polset, Refuge de- **80** B 1
Pecòl **41** C 6
Pecol **41** B 4
Pecol, Casa- **61** A 6
Pécora, Capo- **314** C 1-2
Pécora, Fiume- **157** B 6
Pécora, Monte- **73** D 4
Pecorara **100** C 1
Pecorara, Masseria **231** B 4
Pecorari **217** B-C 5
Pecoraro, Cantoniera del- **253** C 6
Pecoraro, Monte- (CE) **194** E 1
Pecoraro, Monte- (PA) **262** A 2
Pecoraro, Monte- (VV-RC) **253** C 6
Pécore, Malga delle- = Lahner Alm **39** C 6
Pécore, Piano di- **218** B 3
Pécore, Pizzo delle- **33** C 5
Pecorella, Monte- **281** D 5
Pecorile **117** B 5
Pecorile, il- **131** B 5
Pecorini **272** A 3
Pecorone (PZ) **160** C 1-2
Pecorone (TR) **235** D 5
Pedace **245** B 4
Pedagaggi **289** C 5
Pedaggera **111** A 4
Pedaggera, la- **111** B 4
Pedagne, Ísole- **213** C 6
Pedale, la Ráia del- **233** C 5
Pedalino **288** E 2-3
Pedara (AP) **154** E 2
Pedara (CT) **283** B 5
Pedaso **155** B 5
Pedavena **59** B-C 4
Peddi de Cani, Fontana- **317** B 5
Péddis, Casa- **319** D 5
Peddiu **302** B-C 3
Pedeguarda **59** D 6
Pedemonte (GE) **113** B 4
Pedemonte (PN) **61** C 4
Pedemonte (SO) **36** E 1
Pedemonte (Svízzera) **34** C 2
Pedemonte (VB) **51** C 4
Pedemonte (VC) **49** C 6
Pedemonte (VI) **57** D 6
Pedemonte (VR) **72** D 3
Péden **41** D 3
Pedenosso **25** E 5
Peder di Fuori, Punta- **26** E 1
Pedergnano **70** C 1
Pederiva **73** E 6
Pederiva di Biádene **59** E 5
Pederoa **30** D 3
Pederobba **59** D 5
Pederù, Rifúgio- **31** D 4
Pederzano **57** D 4
Ped 'e Sali, Punta- **320** D 2
Pedescala **58** E 1
Pedesina **54** B 1
Pediano **120** E 1
Pediciano **172** D 2
Pedicino, Monte- **181** D 6
Pédina **100** E 3
Pedivigliano **245** D 4
Pedocca, la- **105** B 4
Pedóchio **73** E 6
Pedogna **129** C 5-6
Pedogna, Torrente- **129** D 5-6
Pedona **129** D 4

Pedone, Masseria- (FG-Foggia) **198** B 2
Pedone, Masseria- (FG-Manfredonia) **198** B 3
Pedrabianca, sa- **303** D 5
Pedráces = Pedratsches **30** D 3
Pedra Ettóri **300** E 3
Pedra Lada, Monte- **307** C 4
Pedra Longa, Punta- **313** B 6
Pedralonga, Monte- **302** D 2
Pedralonga, Punta sa- **303** C 5
Pedrami, Ísola dei- **305** E 5
Pédras de Fogu, Cantoniera- **299** D 4
Pédras de Fogu, Rio- **299** D 4-5
Pédras Nióddas, Cúccuru sas- **303** E 5
Pedra Taleri, Monte- **307** E 6
Pedratsches = Pedráces **30** D 3
Pedredu, Cantoniera- **302** C 2
Pedrengo **69** B 6
Pedreso, Castello- **303** B 5
Pedriazzi, Cantoniera li- **298** E 3
Pedrignano **102** D 3
Pedrinate **52** D 3
Pedrocca **70** D 2
Pedrosa **63** A 4
Pedrósola **132** B 2
Pedrosu, Monte- **301** B 5
Pedrotti, Rifúgio- **41** D 4
Pedrotti e Tosa, Rifugi- **38** E 3
Pedru Ghisu, Punta- **298** E 2
Pedrumalu, Case- **299** C 6
Pedruna, Passo di- **37** C 4
Pedùn, Monte- **51** B 4
Peghera **54** D 1
Pegherolo, Monte- **54** B 2
Pegli **112** C 3
Péglia, Monte- **160** B 3
Péglio (CO) **35** E 4
Péglio (FI) **131** B 6
Péglio (PU) **142** B 1
Péglio, Torrente- **233** B 6
Pegna, Torre della- **300** D 1
Pegognaga **103** B 4
Pégola **105** D-E 5
Pegolotte **92** D 3
Pégui **127** C 4
Pei **99** E 6
Péia **54** E 3
Péidru, Nuraghe- **307** D 4
Pellizzano **217** C 5
Peille **122** E 1
Peillon **122** E 1
Peilstein = Monte il Sasso **26** D 3
Peinin **94** C 2
Peïra-Cava **122** D 1
Peïra-Cava, Cime de- **122** C 1
Peist **24** A 1
Peitagù, Testa di- **109** C 4
Peitler Kofel = Sass de Pútia **30** D 3
Péjo **38** C 1
Péjo, Valle di- **38** C 1
Péjo Terme **38** C 1
Pelagatta, Passo- **73** B 4
Pelágia, Monte- **53** C 5
Pelágie, Ísole- **284** E 1-2
San Pelágio **63** E 6
Pélago **140** A 1
Pelao, Monte- **301** D 5
Pelato, Colle- **164** E 1
Pelato, Monte- (LI) **137** D-E 5
Pelato, Monte- (ME) **267** D 6
Pelato, Monte- (PR) **101** E 5
Pelato, Monte- (PZ-Latrónico) **235** D 6
Pelato, Monte- (PZ-San Severino Lucano) **238** C 4
Pelau, Fiume- **313** E 5
Peledo **35** D 5
Pelf, Monte- **41** D 6
Péller, Monte- **38** C 3
Pelingo **142** B 3
Pelissa, Torrente- **252** D 3
Pelizzare **105** A 6
Pelizzone, Passo del- **100** E 3
Pella **51** D 4
Pellacini **100** E 2

Péllare **233** C 4
Pellarini, Rifúgio- **45** C 5
Péllaro **256** E 1
Péllaro, Punta di- **258** D 3
Pellécchia, Monte- **180** A 1
Pellegai **59** B 6
Pellegra **87** B 5
Pellegrina (RC) **256** B 2
Pellegrina (VR) **90** C-D 2
Pellegrina, Punta- **307** B 6
Pellegrini **241** B 5
Pellegrino **269** A 6
Pellegrino, Cozzo del- **240** B 3
Pellegrino, Masseria- **213** C 4
Pellegrino, Monte- (CS) **244** D 2
Pellegrino, Monte- (LT) **190** C 2
Pellegrino, Monte- (PA) **263** A 4
Pellegrino Parmense **101** E 5
Pellenghi **95** B 4
Pellescritta **163** E 5
Pellestrina **93** C 3
Pellestrina, Litorale di- **93** C 5
Pellíccia, Serra- **205** E 6
Pellicciari, Fermata- **207** E 4
Pellicciari, Masseria- **207** E 5
Pellicciari, Múrgia- **207** E 6
Péllice, Torrente- **95** C 6
Péllio Intelvi **52** C 3
Pelòs di Cadore **42** C 3
Pelosa **114** C 3
Pelosa, Monte la- **162** D 2
Pelosa, Spiággia della- **298** C 1-2
Pelosa, Torre- **298** C 1
Pelosi **73** C 4
Peloso, Monte- **185** C 4
Pelpi, Monte- **115** B 4
Peloritani, Monti- **269** A-B 5-6
Peloro, Capo- **256** B 1
Pelosa, Monte la- **162** D 2
Pelpi, Monte- **115** B 4
Pelvas, Tête du- **94** C 3
Pelvo d'Elva, Monte- **108** A 3
Pelvoz, Mont- **80** B 2
Pemmern = Tre Sentieri **27** D 6
Penango **83** E 5
Penaudbach = Rio di Pinalto **26** C 2-3
Penavara **105** D 6
Pendenza **171** C 4
Pendinello, Masseria- **227** D 4
Pendola, Monte- **70** B 1
Pénegal, Monte- **39** B 5
Peneto **141** D-E 4
Penía **41** B 4
Pénice, Monte- **99** D 6
Pénice, Passo del- **100** D 1
Penisola del Sínis-Ísola Mal di Ventre, Area Marina Protetta- **310** C 1-2
Penna (AR-Laterina) **140** D 2
Penna (AR-Terranuova Bracciolini) **140** C 1
Penna, Monte- (AR) **141** A 4
Penna, Monte- (BL) **41** B 6
Penna, Monte- (GE-PR) **114** B-C 3
Penna, Monte- (PG) **153** B 4
Penna, Monte- (RE) **117** E 4
Penna, Monte della- **117** E 6
Penna, Monte la- **183** D 6
Penna, Punta- **225** C-D 4
Penna, Punta della- **175** D 5
Penna, Serra la- **240** D 3
Penna, Torrente- **114** C 2
Pennabilli **133** E 6
Pennadomo **184** A 1
Penna Grossa, Punta- **213** C 4
Penna in Teverina **161** E 4-5
Pennapiedimonte **174** E 2
Pennapizzuto, Colle- **183** B 6
Pénnar **58** D 2
Pennarossa, Monte- **162** D 1
Pennarrone, Monte- **235** B 5
Penna San Giovanni **154** C 2
Penna Sant'Andrea **164** D 3

Pennaváira, Rio- **124** C 2
Penne **165** E 4
Penne, Cozzo di- **238** B 3
Penne, Forca di- **173** C 4
Penne, Lago di- **173** B 4-5
Penne, Pizzo delle- **124** C 1-2
Penne, Punta- **213** C 5
Penne Blanche, Monte- **47** D 5
Pennella, Masseria- **227** E 5
Pénnes = Pens **27** B 6
Pénnes, Montáccio di- = Tatschspitze **30** B 1
Pénnes, Passo di- = Penser Joch **27** B 6
Pénnes, Val di- = Penser Tal **27** B-C 6
Pennino, Monte- **153** C 4
Pennisi **283** A 6
Penon = Penone **39** C 5
Penone = Penon **39** C 5
Pens = Pénnes **27** B 6
Penta **217** B 5
Pentécchia, Torrente- **207** E 5
Pentedáttilo **258-259** E 3-4
Péntema **113** B 5
Péntime, Monte- **203** C 4
Pentimele **256** D 1
Pentolina **149** C 4
Pentone **250** B-C 2
Péonis **44** C 2
Pepe, Casa- **198** D 2
Pepponi **205** D 4
Pera (AP) **154** D 2
Pera (BO) **120** D 1
Pera (SP) **114** D 3
Pera (TN) **40** B 3
Pera, Monte- **42** E 3
Perabruna, Alpe di- **110** E 3
Perácchia **163** B 6
Peraga **75** E 4
Peralba, Monte- **43** B 5
Perano **174** E 3
Perarolo (PD) **75** E 4
Perarolo (VI) **73** E 6
Perarolo di Cadore **42** C 2
Perazzo, Taverna- **195** B 6
Perca = Percha **31** B 4
Percha = Perca **31** B 4
Perciata, Case- **279** C 4
Perciato, Punta- **272** A 2
Perciato, Punta di- **272** D 3
Percile **180** A 1
Percoto **63** C 4
Percozzone **143** D 4
Perda Asua de Pari **318** B 3
Perda Carcina, Nuraghe- **313** D 5
Perdaddossu, Nuraghe- **311** C 5
Perda de Pibera **314-315** C 3-4
Perda de sa Mesa, Punta- **314** D 3
Perdáia, Monte- **319** D 6
Perdáias, Rio- **318** A 3
Perdaiola **319** C 5
Perd'Áira, Monte- **313** C 4
Perda is Furónis **317** B-C 5
Perda Lada **317** C 4
Perda Liana, Monte- **312** C 3
Perda Longa, sa- **319** E 6
Perda Pera, sa- **313** E 5
Perdas de Fogu **318** C 3
Pérdas de is Óminis **318** C 3
Perda Ziara, Bruncu- **312** C 1
Perdáxius **319** B 4
Perdedu, Monte- **312** D 2
Perdifumo **232** C 2
Perdioni **109** D 4
Perdogni = Prédonico **27** E 5
Perdosu, Monte- **314** B 2
Perdosu, Nuraghe- **319** B 5
Perdosu, Rio de su- **321** A 4-5
Perdu Carta **314** E 3
Perducco **99** C 6
Perdugúgoni, Rio- **312** E 3

Perdu Loci, Rio- **315** E 4
Perdu Loi, Nuraghe- **317** C 6
Perduto, Isolotto- **297** A 4
Pere, Colle delle- **153** B 5
Peregallo **68** C 3
Pérego **68** A 3
Père Laurent, Monte- **47** C 5
Perentile, Monte- **191** A 6
Perèr (BL) **58** C 3
Perèr (TV) **75** B 4
Peressine **61** E 4
Pereta **158** D 3
Pereta, Casa- **159** E 5
Pereto (AQ) **180** A 3
Pereto (RN) **133** E 5
Perétola **131** E 4
Peretti **96** B 1
Pérfugas **299** D 6
Pergari **73** D 4
Pergatti **97** B 6
Pérgine Valdarno **140** D 2
Pérgine Valsugana **57** B 6
Pergo **151** B 4
Pérgola (PU) **143** C 4
Pérgola (PZ-Avigliano) **205** E 6
Pérgola (PZ-Mársico Nuovo) **236** A 2
Pérgola (RA) **120** E 1-2
Pérgola, Cala delle- **189** D 5
Pérgola, la- **260** E 3
Pérgola, Monte- **275** B 6
Pérgola, Torrente- **219** E 6
Pérgola Bella **151** D 5-6
Pergolacce, Casa- **159** E 5
Pergolese **57** C 4
Pergusa **281** D 4
Pergusa, Lago di- **281** D 4
Peri **72** C 3
Periasc **49** C 4
Perignano **137** B-C 6
Perillo, Bosco- **219** E 5
Perinaldo **122** D 3
Perinera **81** C 4
Perino (PC) **100** D 2
Perino (TP) **274** A 3
Perisco, Ponte- **193** C 5
Perito **232** B 3
Perlà **95** C 4
Perlasca **52-53** D 3-4
Periedo **53** B 5
Perletoa **49** C 5
Perletta **111** D 4
Perletto **111** A 5
Perletto, Ponte di- **97** C 2
Perlo **111** D 4
Perlo, Monte- **59** D 5
Perlo, Torrente- **53** C-D 5
Perloz **49** E 5
Pernasca **84** B 1
Pernasiti **256** C 1
Pernate **66** D 2
Perni, Monte- **287** B 5
Pernice, Masseria- **262** D 3
Pernice, Monte- (AG-Castrofilippo) **285** B 4
Pernice, Monte- (AG-Racalmuto) **285** A 4
Pernice, Ponte- **262** D 2
Pernici, Rifúgio- **56** D 3
Perno (AT) **97** B 5
Perno (CN) **110** A 3
Pernocari **248** E 3
Pernosano **217** A 4
Pernúmia **92** C 1
Pero (MI) **67** D 5
Pero (MN) **89** C-D 6
Pero (SV) **112** C 1
Pero (TV) **75** B 6
Pero, Golfo- **297** D 5
Pero, il- **138** C-D 3
Pero dei Santi **181** C 5
Perolla **148** E 3
Peron **41** B 6
Perone, Monte- **156** D 1
Peroni, Póggio- **157** D 5
Perosa Argentina **95** A 4
Perosa Canavese **64** C 3
Perosso **89** B 4
Perotta **152** C 1
Perotti **114** A 3
Peroulaz **47** C 4

Pérpoli **129** B 5
Perral **49** D 4
Perrana, Casa- **277** C 6
Perrères, les- **48-49** B 3-4
Perrero (TO-Barbania) **82** B 1
Perrero (TO-Perrero) **95** A-B 4
Perrillo **203** D 5
Perrone, Case- **223** C 6
Perrone, Monte- **205** C 4
Perrone, Sella del- **195** C 5
Perrotta, Monte- **247** E 6
Pers (UD-Lusévera) **44** E 3
Pers (UD-Majano) **62** A 2
Pers, Aiguille- **81** A 4
Pers, Munt- **36** B 2
Persaga **70** C 2
Persano **218** E 1
Persereano **63** C 4
Persi **99** E 4
Persiana **77** A 4
Persichello **88** D 1
Pérsico **88** D 1
Pérsico-Dósimo **88** D 1
Persignano **140** C 1
Persone **56** E 1
Persónico **33** B 6
Pert **61** A 6
Pertegada **77** B 6
Pertengo **84** C 1
Pertéole **63** E 4
Perti **111** E 5
Pértica **72** D 2
Pértica, Monte- **58** D 3
Pértica, Passo- **73** B 4
Pértica Alta **71** B 4
Pértica Bassa **71** A-B 4
Perticano **142** E 3
Perticara **133** D 6
Perticara, Monte della- **133** D 6
Perticaro **247** A 4
Pertosa **219** D 4
Pertosa, Grotta di- **219** E 4
Pertüs, Passo del- **53** E 6
Pertusa, Portella- **269** C 5
Pertusato, Faro di- **296** A 3
Pertusella **67** C 5
Pertúsio **64** E 1
Pertuso (AL) **99** E 5
Pertuso (PC) **114** A 3
Perucca **110** B 2
Perúgia **152** C 1
Perugini, Bivacco- **42** E 3
Peruledda **299** C 5
Pérus, Col du- **122** D 2
Peruzzo, Casa- **149** E 4
Perzacco **90** B 3
Pesa, la- **91** C 4
Pesa, Torrente- **139** E 6
Pesáriis **43** C 5
Pesarina, Torrente- **43** C 4-5
Pesarina, Val- **43** C 4-5
Pésaro **135** D 5
Pescáglia **129** C 5
Pescáia **150** A 3
Pescáia, la- **158** A 2
Pescallo **53** C 5
Pescantina **72** E 2
Pescara (FE) **106** B 1
Pescara (FR) **192** A 2
Pescara (PE) **165** E 6
Pescara, Fiume- **173** D 5
Pescara, Lago- **197** C 5
Pescara, Rio- **38-39** B 3-4
Pescara, Sorgenti del- **173** E 4
Pescara del Tronto **163** B 5
Pescariello, Fermata di-
  210 C 1
Pescarola (MO) **117** C 6
Pescarola (UD) **62** E 2
Pescarolo ed Uniti **88** D 2
Pescarzo (BS-Breno) **55** C 6
Pescarzo (BS-Capo di Ponte)
  55 B 6
Pescasséroli **182** D 3
Pescate **53** D 5
Pescatore, Casa del- **49** E 6
Pescatori, Casotto dei- **158** C 1
Pescatori, Rifúgio dei- **188** A 2
Pescaù **53** C 4
Pesce, Torre del- **192** D 2
Pesce, Villa- **199** E 6

Pescegallo, Lago di- **54** B 1
Pescegallo, Villággio- **54** B 1
Pesche **194** A 3
Pesche, Riserva Naturale di-
  194 A 3
Péschici **189** B 4
Péschici, Stazione di- **189** B 4
Peschiena, Monte- **132** D 1
Peschiera **222** E 3
Peschiera, Sorgenti del-
  171 C 4
Peschiera, Torrente- **237** E 5
Peschiera Borromeo **68** E 3
Peschiera del Garda **71** E 6
Peschiera Maráglio **70** B 2
Peschiere **65** C 5
Péschio, Monte- (LT) **192** C 2
Péschio, Monte- (RM) **179** E 6
Peschiola **184** A 2
Péscia (PG) **163** C 4
Péscia (PT) **130** D 1
Péscia, la- **198** C 3
Péscia, Torrente- **130** C 1
Péscia Fiorentina **167** C 5
Péscia Romana **167** C 5
Pescina (AQ) **182** A 2
Pescina (FI-Greve in Chianti)
  139 D 6
Pescina (FI-Váglia) **131** E 5
Pescina (GR) **150** E 1
Pescina (PC) **100** E 1
Pescincanna **61** E 5
Pescinello, Riserva Naturale-
  159 C 5
Pescione, Toppo- **205** E 5
Pesco **244** A 1
Pesco, Cozzo del- **242** D 2
Pescocanale **181** B 5
Pescocostanzo **183** C 5
Pescocupo **184** E 1
Pesco della Carta, Monte-
  196 B 3
Pesco del Tesoro, Monte-
  196 B 3
Pescogrosso, Canale-
  238-239 A 3-4
Pesco Grosso, Masseria-
  231 B 5
Pesco la Messa, Monte-
  195 A 4
Pescolanciano **184** E 1
Pescomaggiore **172** C 2
Pescone **51** D 4
Pescopagano **205** E 4
Pescopagano, Torre di- **201** E 5
Pescopennataro **183** C 6
Pescorocchiano **171** D 5
Pescosansonesco **173** D 4
Pescosólido **182** D 2
Pescùl **41** B 5
Peséggia **75** D 5
Pesek di Grozzana **79** C 6
Pésina **71** C 6
Pésio, Torrente- **110** B 2
Pésipe, Torrente- **249** B 5
Pessa, la- **36** E 2
Pessa, Punta della- **36** E 2
Pessano **68** C-D 3
Pessano con Bornago
  68 C-D 3
Pessé **49** E 4
Pessina **51** C 6
Pessina Cremonese **88** D 2
Pessinea **81** C 5
Pessinetto **81** C 6
Pessione **96** A-B 2
Péssola **115** A 5
Péssola, Torrente- **115** A 6
Pesta **148** E 2
Pestarena **49** A 6
Pestello, Trívio- **140** D 1
Pestrino **142** B 3
Pésus **319** B 4
Petacciato **185** A 4
Petacciato Marina **185** A 4
Petano, Monte- **162** D 2
Petazzano, Chiesa di- **142** E 2
Petélia **247** B 5
Peternel **63** A 6

Petersberg = Monte San Pietro
  39 B 6
Petília Policastro **246** D 3
Petina **219** E 4
Petina, Monte- **255** B 5
Pétina, Ráia della- **233** B 5
Petit Belvédère **94** D 3
Petit Combin **48** A 1
Petite Serenne **108** A 1
Petit Mont Cenis, Col du-
  80 C 2
Petit Rosier **49** E 4
Petosino **69** B 5
Petracca, Case- **289** E 6
Petrace, Fiume- **252** D 3
Petraio, Masseria- **197** B 5
Petralía Soprana **266** E 3
Petralía Sottana **266** E 3
Petra Maína, Serra di- **302** D 2
Petrano, Monte- **142** D 2
Petrara (IS) **194** A 2
Petrara (PU) **142** D 3
Petrara, Cozzo- **240** A 2
Pétrarca, Rifúgio- =
  Eisjochl Hütte **26-27** B 3-4
Petra Rúia, Cala di- **297** D-E 5
Petrarvella, Monte- **151** D 5
Petrazzi **138** D 3
Petreddu, Monte- **302** A 3
Petrella, Monte- **193** D 5
Petrella Guidi **133** E 6
Petrella Liri **181** A 4
Petrella Massana **141** A 6
Petrella Salto **171** C 5
Petrella Tifernina **184** E 3
Petrelle **151** A 5
Petrelle, Case- **142** A 1
Petreto **151** A 4
Petriano **142** A 3
Petriano, Torrente- **249** E 4
Petricci **159** C 5
Petríccio, Póggio- **157** D 6
Petrignácola **116** B 2
Petrignano (PG-Assisi) **152** C 2
Petrignano (PG-Castiglione del
  Lago) **151** C 4
Petrignone **133** A 4
Petrinje **79** C-D 6
Petrino, Monte- **201** D 5
Petriolo (FI) **139** B 6
Petriolo (MC) **154** A 2-3
Petriolo, Bagni di- **149** E 5
Petriolo, Fattoria- **150** B 2
Petrítoli **155** C 4
Petrizza, Serra- **237** B 6
Petrizzi **249** D 6
Petrofiani, Masseria- **186** E 1
Petrognano (AR) **140** D 3
Petrognano (FI-Barberino Val
  d'Elsa) **139** D 4
Petrognano (FI-San Godenzo)
  132 D 1
Petrognano (LU-Capannori)
  130 D 1
Petrognano (LU-Piazza al
  Sérchio) **129** A 4
Petrognano (PG) **162** B 1
Petróia (PG-Città di Castello)
  141 E 5
Petróia (PG-Gúbbio) **152** B 2
Petróio (FI) **132** E 1
Petróio (SI-Castelnuovo
  Berardenga) **149** A 5
Petróio (SI-Trequanda) **150** C 2
Petrona **131** D 5-6
Petronà **246** E 3
Petrone **199** E 6
Petroro **161** A 5
Petrosa **233** D 4
Petrosino (CT) **268** D 2
Petrosino (TP) **274** B 2-3
Petrosino, Masseria- **210** C 3
Petrosino, Monte- **187** E 4
Petrosino, Stazione- **274** B 3
Petroso, Monte- **183** E 4
Petroso, Torrente- **195** B 5
Petrotondo, Monte- **257** B 4
Petróvia = Petrovija **78** E 3
Petrovija (Petróvia) **78** E 3
Petrucci **130** C 3
Petrulla, Monte- **285** D 6

Petrulli, Masseria- **197** A 5
Petrulli, Passo di- **256** D 2
Petrulo **194** E 3
Petruro **217** A 5
Petruro Irpino **203** D 5
Petrúscio, Villággio Ipogeo
  di- **224** B 2
Pettenadu, Monte- **300** D 3
Pettenasco **51** D 4
Pettinara **120** E 2
Pettinascura, Monte- **245** A 6
Pettine, Torre di- **207** A 6
Pettinengo **65** B 5
Pettineo **267** C 4
Pettino **162** A 2
Pettíva **83** B 6
Petto **164** D 2
Petto di Mandra, Monte-
  246 D 3
Pettogállico **256** C 1
Pettoranello del Molise
  194 A 3
Pettorano sul Gízio **183** B 4
Pettorazza **92** E 3
Pettorazza Grimani **92** E 3
Pettorazza Papafava **92** E 3
Pettorina, Torrente- **41** B 5
Peveragno **110** C-D 1
Peveranza **67** B 4
Pévero **297** D 5
Pez **59** B 5
Pezza **140** A 3
Pezza, Monte- **41** B 4
Pezza, Piano di- **172** C 1
Pezza, Vado di- **172** C 2
Pezzalunga, Balza di- **267** E 4
Pezzan (TV-Carbonera) **75** B 6
Pezzan (TV-Istrana) **75** B 4-5
Pezzana **84** B 1
Pezzano **217** C 6
Pezzatti **73** A-B 4
Pezzaze **55** E 5
Pezzeda **55** E 6
Pezze di Greco **211** D 6
Pezzéit **45** C 4
Pezzo **37** D 6
Pezzo, Pizzo del- **268** D 2
Pezzo, Valle di- **37** D 6
Pezzo della Stella, Colle-
  195 A 4
Pezzo la Corte **238** E 1
Pezzoli **106** A 2
Pezzolla **211** D 6
Pezzolo (BG) **55** C 4
Pezzolo (RA) **120** D 3
Pézzolo **258** C 1
Pezzolo Valle Uzzone **111** A 5
Pezzoro **55** E 5
Pezzos, Scala �- **307** C 6
Piana (CB) **195** A 5
Piana (CN) **95** E 5
Piana (PG) **151** C 4
Piana (PV) **99** B 5
Piana (SO) **54** A-B 1-2
Piana (VB) **50** C 3
Piana (VC) **49** C 6
Piana, Cima- **47** D 6
Piana, Ísola- (CI) **318** C 2
Piana, Ísola- (OT-la Maddalena)
  297 B 4
Piana, Ísola- (OT-Ólbia) **303** A 6
Piana, Ísola- (SS-Alghero)
  300 D 1
Piana, Ísola- (SS-Porto Tórres)
  298 B-C 1-2
Piana, la- (AT) **97** C 6
Piana, la- (LT) **190** C-D 1-2
Piana, la- (TP) **275** B 5
Piana, la- (VI) **73** C 5
Piana, Masseria la- **221** E 5
Piana, Monte- **31** D 6
Piana, Pieve di- **149** D 6
Piana, Podere- **152** D 1
Piana, Posta- **198** A 3
Piana, Rocca- **39** D 4
Piana Battolla **127** C 4
Piana Bella di Montelibretti,
  Stazione di- **179** A 5
Pianacce **129** E 6
Pianacci **149** E 6
Pianáccio **130** B 2
Piana Comune, Masseria-
  281 C 5
Piana Crixia **111** B 5
Piana Crixia, Parco Regionale
  di- **111** B 5
Piana degli Albanesi
  262-263 C 3-4
Piana degli Albanesi, Lago di-
  262-263 C 3-4
Piana dei Mónaci, Casa-
  289 E 5
Piana del Capo, Località-
  268 A 1
Pianadelle **100** E 2

Pianadetto **116** D 2
Piana di Forno **50** C 3
Piana di Monte Verna **202** C 2
Piana di San Raffaele **82** C-D 3
Pianali, Podere- **147** C 6
Pianaronda **50** D 2
Pianasca **52** E 2
Pianaz **41** C 6
Pianazze, Passo delle-
  114-115 A 3-4
Pianazzo **35** B 4
Pianazzola **35** C 5
Piàn Bausano **81** C 6
Piàn Belfè **81** C 5
Piàn Bernardo **110** E 3
Piàn Bracca **54** C-D 2
Pianca (BG) **54** D 1
Pianca (TO) **95** A 5-6
Piancada **62** E 2
Piancalcáio, Casa- **167** B 5
Piancáldoli **131** A 6
Piàn Camuno **55** D 5
Piàn Cansáccio **54** D 2
Piancarani **164** B 2
Piancasale **100** D 1
Piancáscia, Pizzo- **33** C 5
Piàn Castagna **112** B 1
Piancastagnáio **159** B 6
Piàn Cavallo **51** B 5
Piancavallo **60** C 3
Pianceri Alto **65** B 5
Piancerreto **83** D 5
Pianche **108** D 3
Pianchiosso **110** E 3
Pianciano, Monte- **162** B 2
Piancogno **55** D 5
Piancone **50** E 2
Piandagli **129** A-B 6
Piàn d'Alma **157** C 6
Piandassino **152** A 1
Piàn d'Áudi **64** E 1
Piàn de Fontana, Rifúgio-
  41 D 6
Piàn degli Ontani, Riserva
  Naturale- **130** B 1
Piàn dei Bighi **158** A 1
Piandeipreti **113** C 5
Piàn dei Ratti **113** C 6
Piàn dei Ratti-Pianezza **113** C 6
Piandelagotti **129** A 6
Piàn del Colle **80** E 1
Piàn del Falco **130** A 1-2
Piàn della Mussa **81** B 4
Piàn dell'Armà **99** E 6
Piàn della Serra **142** D 1
Piàn della Stele, Riserva
  Naturale- **60** C 3
Piàn dell'Elmo **153** A 5
Piàn delle Mérie **61** B 4-5
Piàn delle More, Casera-
  60 B 3
Pian del Leone, Lago-
  278 C-D 2
Piàn delle Vigne **149** E 6
Piàn dell'Osteria **60** C 3
Piàn del Moro **123** C 4
Piàn de Lóbbia **41** B 4
Piàn del Póggio **99** E 6
Piàn del Ponte **140** A 3
Piàn del Torno **95** C 4
Piandema **81** B 6
Piandera **52** A-B 3
Piàn de' Valli **171** B 4
Piàn di Balestra **131** A 5
Piàn di Barca **126-127** C 3-4
Piàn di Bartolo **131** E 5
Piàn di Casale **130** A 3
Piandicastello **134** E 3
Piàn di Cengia, Rifúgio-
  31 D 6
Piàn di Cerreto **129** B 5
Piàn di Gembro, Riserva
  Naturale- **37** E 4
Piàn di Landro-Baldassare,
  Riserva Naturale- **60** C 3
Piàn di Lúcchio **142** D-E 3
Piàn di Mácina **119** D 4
Piàn di Mággio, Monte-
  141 D 4
Piàn di Marte **151** B 5

Piàn di Mázzes = Matzenboden 42 A 3
Piàn di Mea, Casere- 45 D-E 4
Piandimeleto 142 A 1
Piàn di Molino 142 C 1
Piàn di Morrano 159 E 5
Piàn di Mugnone 131 E 5
Piàn di Novello 130 B 1
Piàn di Rocca (GR) 157 D 6
Piàn di Rocca (SI) 149 D 5-6
Piàn di Rote, Monte- 133 E 5
Piàn di San Lázzaro 145 B 4
Piàn di San Martino 161 B 5
Piàn di Scò 140 B 1
Piandisetta 118 E 3
Piàn di Spagna Lago di Mezzola, Riserva Naturale- 35 D-E 5
Piàn di Spille 168 D 1
Piàn di Spino 133 C 5
Piàn di Vedóia 60 B 2
Piàn di Vénola 118 E 3
Piàn di Ventena 135 D 4
Piándoli 162 B 3
Piane (AP) 154 D 2
Piane (MC) 153 A 5
Piane (TO) 65 D-E 4
Piane, le- (AP) 154 B 3
Piane, le- (CH) 174 C 2-3
Piane, le- (VC) 50 D 3
Piane, le- (VI) 73 B 5
Piane Crati 245 C 4
Pianedda, Monte sa- 303 C 5
Piane di Falerone 154 B 3
Piane di Mocogno 117 E 6
Pianella (PE) 173 B 6
Pianella (SI) 149 A-B 6
Pianelle, Bosco delle- 224 A-B 3
Pianelleto 115 A 5
Pianelli 202 C 2
Pianello (AN-Monte Roberto) 143 D 6
Pianello (AN-Ostra) 143 B-C 6
Pianello (PA) 266 E 3
Pianello (PG) 152 C 2
Pianello (PU) 142 D 2
Pianello, Torrente- 184 A 1
Pianello del Lário 35 E 4
Pianello Val Tidone 100 B 1
Pianengo 69 E 5
Piane Nuove, Contrada- 265 D 6
Pianera 70 D 2
Piane Sésia 65 B 6
Pianeta 73 D 6
Pianetti (AT) 97 C 4
Pianetti (GR) 158 B 3
Pianetto (CN) 109 D 5
Pianetto (FC) 132 C 3
Pianetto (TO-Usséglio) 81 C 5
Pianetto (TO-Valprato Soana) 47 E 6
Pianetto, Portella del- (PA-Belmonte Mezzagno) 263 C 4
Pianetto, Portella del- (PA-Contessa Entellina) 277 B 5
Pianezza (BG) 55 C 4
Pianezza (GE) 113 C 6
Pianezza (RI) 162 D 3
Pianezza (TO) 82 E 3
Pianezze (BL) 42 E 2
Pianezze (TV) 59 D 5
Pianezze (VI) 74 B 1
Pianezzo 34 D-E 2
Pianézzoli 138 C 2
Pianfei 110 C 1
Piàn Fienile, Casa- 162 A 2
Piàn Gelassa 80 E 3
Piangipane 120 D 3
Piàn Grande, Piz- 34 B 3
Piani (CN) 110 C 3
Piani (IM) 123 E 5
Piani (LE) 227 E 6
Piani (TO) 64 D 1
Piani (UD) 44 D 2
Piani, i- (AL) 111 A 6
Piani, i- (PN) 61 A 6
Piani, i- (SS) 300 C 2

Piani, Laghi dei- = Bödenseen 31 D 6
Piani, Valle dei- 233 C 4
Pianiano 168 A 1
Piánico 55 E 4
Piani d'Erna 53 D 6
Piani di Artavaggio 53 C 6
Piani di Bóbbio 53 C 6
Piani di Là 45 C 4
Piani di Luzza 43 B 5
Piani di Póggio Fidoni 170 B 3
Pianiga 75 E 4
Pianillo 216-217 D 3-4
Piàni Resinelli 53 D 5
Pianissolo 111 C 5
Pianizza di Sopra = Oberplanitzing 39 B 5
Pianizza di Sotto = Unterplanitzing 39 B 5
Pianlargo = Breiteben 27 B 5
Piàn Múcini, Podere- 148 E 2
Piàn Munè 95 E 4
Piano (AN) 143 D 4
Piano (AP) 154 E 1
Piano (AT) 97 C 5
Piano (AV) 217 B 5
Piano (BG) 54 E 3
Piano (CN-Bagnasco) 111 D 4
Piano (CN-Battifollo) 110 D 3
Piano (CT) 283 B 5
Piano (PU) 142 C 1
Piano (RO) 107 A 4
Piano (SA) 232-233 B 3-4
Piano (SI) 150 C 2-3
Piano (SV) 111 D 4
Piano (Svízzera) 33 C 4
Piano (TN-Commezzadura) 38 C 2
Piano (TN-Vallarsa) 57 E 5
Piano (TO) 95 B 4
Piano, Casa del- 167 B 4
Piano, il- (VT) 169 B 6
Piano, il- 117 E 6
Piano, Lago di- 53 B 4
Piano, Monte- (CB) 184 D 2
Piano, Monte- (MT) 221 D 5
Piano, Monte- (TE) 163 E 6
Piano, Pizzo del- 202 C 3
Piano, Regione il- 172-173 C 3
Piano Alastre 261 C 4
Piano Cardone, Località- 207 E 4
Piano Cavallo, Cima di- 123 B 4
Piano Cerreto, Località- 206 E 3
Pianoconte 273 E 4
Piano d'Annaia, Masseria- 207 C 4
Piano d'Api 283 B 6
Pianodárdine 203 E 5-6
Piano d'Arta 44 B 2
Piano degli Ontani 130 B 1
Piano dei Greci 203 D 6
Piano dei Peri 235 E 5
Piano del Conte 205 E 6
Piano della Fárnia 130 A 2
Piano della Fiera 287 C 5
Piano della Límina 253 D 5
Piano della Pieve 152 C 3
Piano della Rocca 129 C 6
Piano delle Fonti 174 D 2
Piano delle Noci 52 C 3
Piano dell'Ospedale 184 A 2
Piano del Mónaco, Masseria- 207 C 4
Piano del Vóglio 131 A 5
Piano di Collécchia 128 A 3
Piano di Coréglia 129 C 6
Piano di Follo 127 C 4
Piano di Nese 151 B 6
Piano di Péccia 33 B 4
Piano di Sorrento 215 E 6
Piano d'Orta 173 D 5
Piano Grande 164 C 2
Piánola 172 C 1
Piano Lago 245 C 4
Piano Madama Giúlia, Località- 206 D 3
Piano Maggiore 164 B 1
Piano Marino, Monte- 281 E 5
Pianomarotta 204 D 1-2

Piano Mezzapelle 274 C 3
Pianone 54 D 3
Pianopantano 204 C 1
Pianópoli 249 A 5
Piano Porlezza 53 B 4
Pianore 129 D 4
Piano Ristéccio 164 B 2
Pianoro 119 D 4
Pianoro, Grotta del- 169 E 5
Pianoro Vécchio 119 D 4
Pianorso 117 D 6
Pianosa 156 A 1
Pianosa, Ísola- (FG) 188 A 2
Pianosa, Ísola- (LI) 156 A 1
Piano San Felice 207 E 4
Piano San Pietro 164 B 2
Pianosinático 130 B 1
Pianostano 99 E 6
Piano Távola 283 C 4
Piano Viorano, Località- 206 E 3
Piano Vomano 164 D 1
Piàn Palù, Lago- 38 C 1
Piàn Paradiso, Stazione di- 169 D 6
Piàn San Giácomo 34 B 3
Piansano 160 E 1
Piàn Soprano 111 D 5
Piàn Sottano 111 D 5
Piansuolo 113 A 5
Pianta 119 C-D 6
Piante 61 C 4
Pianteto 35 E 5
Piantelli, Palazzo- 111 D 5
Piantivello 111 A 5
Piántoli 194 D 1
Piantonetto, Valle di- 81 A 6
Piantoni 92-93 B 3-4
Piantónia 116 A 2
Piantorre 119 C 2
Piantravigne 140 C 1
Piàn Trevisàn 41 B 4
Pianu, Cantoniera- 301 D 4
Pianu Ladu, Cantoniera- 302 D 1
Pianura 215 B 4
Piàn Zaeta, Monte- 163 C 5
Pianzano (RE) 117 C 5
Pianzano (TV) 60 E 2-3
Piaon, Gorges du- 122 D 1
Piardi, Rifúgio- 55 E 5
Plário 54 D 3
Piaro 49 E 6
Piasco 109 A 6
Piasent 41 D 5
Pia Spis 54 C 2-3
Piastra 128 B 3
Piastra, Lago della- 109 E 5
Piastre 130 C 2
Piateda 36 E 2
Piateda Alta 36 E 2
Piatour 81 A 6
Pietrafráccia 113 A 4
Piatta (CN) 109 B 5
Piatta (SO-Castione Andevenno) 36 E 1
Piatta (SO-Valdisotto) 37 B 5
Piatta, Cima- = Plattspitz 30 A 1
Piatto 65 C 5
Piatto, Lago- 130 B 1
Piattoni 155 E 4
Piatu, Rio- 302-303 A 3-4
Piavàc, Monte- 40 C 3
Piave, Fiume- 59 B 5-6
Piave, Sorgenti del- 43 B 5
Piavenna = Plawenn 25 B-C 6
Piave Nuovo 76 D 3
Piave Vécchia 76 D 3
Piave Vécchia, Porto di- 76 E 3
Piávola 133 C 5
Piavon 76 B 2
Piavon, Canale- 76 A-B 2
Piaz, Rifúgio- 43 D 5
Piazza (AL) 112 A 1
Piazza (BG) 55 E 4
Piazza (BO) 130 A-B 3
Piazza (BS) 71 B 4
Piazza (CN) 110 C 2
Piazza (NA-Pimonte) 216 C 3
Piazza (NA-Roccaraínola) 202-203 E 3-4

Piazza (PI) 137 C 6
Piazza (PR) 102 E 3
Piazza (PT) 130 C 2
Piazza (RO) 106 A 3
Piazza (SI) 139 D-E 5
Piazza (SO) 37 B 5
Piazza (SP-Déiva Marina) 114 E 3
Piazza (SP-Rocchetta di Vara) 115 E 3
Piazza (TN) 57 D 5
Piazza (TO) 95 A 6
Piazza (VB-Oggébbio) 51 B 5
Piazza (VB-Prémia) 32 C 2
Piazza (VI) 58 E 2
Piazza = Platz 29 B 4
Piazza, Fiume- 249 A 5
Piazza al Sérchio 129 A 4
Piazza Armerina 288 A 1
Piazza Brembana 54 C 1
Piazza del Galdo 217 B 5
Piazza del Gobo 31 E 6
Piazza di Bráncoli 129 D 6
Piazza di Pándola 217 B 5
Piazza di Sabbione, la- 117 A 6
Piazzanello 129 D 5
Piazzano (AL) 83 D 5
Piazzano (CH) 174 E 3
Piazzano (FI) 131 D 6
Piazzano (LU) 129 D 5
Piazza Nuova 103 C 4
Piazza Rivalunga 90 B 3
Piazzatorre 54 C 1-2
Piazze (BS) 55 D 5
Piazze (SI) 150 E 3
Piazze, Lago di- 39 E 5
Piazze, le- (BO) 131 A 4
Piazze, le- (TN) 39 E 5
Piazzetta Sandelonga 194 C 2
Piazzette 81 C 5
Piazzi, Cima de'- 37 B 4
Piazzo (GE) 99 E 4
Piazzo (Svízzera) 37 D 4
Piazzo (TN) 39 E 5
Piazzo (TO) 83 D 4
Piazzogna 33 E 6
Piazzola sul Brenta 74 D 2
Piazzolla (NA) 216 A 3
Piazzolla (PZ) 236 A 2
Piazzolo 54 C 1
Picarelli 203 E 5
Picca, Monte- 173 D 4
Piccalinna 314 B 3
Piccarello 113 B 4
Piccarolu, Rio- 306 C 3
Picchetta 66 D 3
Picchiara, Monte- 115 D 4
Picchiasassi, Ponte- 130 A 1
Picci, Casa- 317 E 6
Piccianello 165 E 4
Picciano 165 E 4
Picciano, Bosco di- 221 B 6
Picciche 162 A 1
Piccilli 194 D 2
Piccinini, Taverna- 154 E 3
Pícciola, la- 217 D 6
Piccione 152 B 2
Piccirella, Masseria- 188 E 1
Picco, Forcella del- = Birnlücke 29 C 6
Píccola, Bocca- 216 D-E 2
Píccola, Cala- 166 C 2-3
Piccolein = Piccolino 30 C 3
Piccoli 100 D 2
Piccoli, Masseria- 211 E 5
Piccolini 84 B 3
Piccolino = Piccolein 30 C 3
Píccolo, Corno- 164 E 1
Piccolo, Lago- 81 E 5
Piccolo, Lago di- 55 B 5
Píccolo, Mare- 224-225 C 3-4
Píccolo Paradiso, Monte- 47 E 4
Píccolo San Bernardo, Colle del- 46 C 1
Picedo 71 D 5
Picentini, Monti- 218 B-C 1-2
Picentino, Fiume- 217 C 6
Picerno 219 C 5-6
Picerno, Fiumara di- 219 C 5

Picerno, Ponte di- 219 C-D 5
Pichères, Pointe des- 46 E 1
Piciàt, Monte- 44 D 2
Picinisco 193 A 6
Pico 193 C 4
Picocca, Masseria- 199 C 5
Picocca, Torrente sa- 317 E 5
Picógnola, Casa- 142 E 2
Picógnola, Monte- 142 E 2
Pidéura 120 E 1
Pidig Alpe = Malga Púdio 31 A 5-6
Pidócchio, Monte- 183 B 6
Pidone, Villa- 267 E 5
Pie, Gorges de la- 122 B 3
Piè, Monte- 101 E 6
Piea 83 E 4
Piecorto 139 E 4
Pied-du-Mélezet 94 D 1
Piè del Colle 163 A 4
Piè del Dosso 70 C 2
Piè del Pecol 43 C 6
Piedelpóggio 162 D 3
Piè del Sasso 153 D-E 5
Piedepíccolo, Masseria- 207 C 4
Piede Rocca, Masseria- 183 C 6
Piedicavallo 49 D-E 6
Piedicolle (AQ) 163 E 4
Piedicolle (PG) 161 A 5
Piedicolle (RI) 162 E 2
Piè di Costa 179 A 5
Piedigrotta, Chiesa di- 249 C 4
Piedilago 32 C 3
Piedilama 163 D 6
Piediluco 162 E 1
Piediluco, Lago di- 162 E 1
Pièdim 44 C 2
Piedimeggiana 49 D 6
Piè di Móggio 162 E 1
Piedimonte (FI) 132 B 1
Piedimonte (NA) 214 D 2
Piedimonte (SA) 217 B 4
Piedimonte → Podgorje 79 D 6
Piedimonte Alta 193 B 6
Piedimonte Etneo 269 E 5
Piedimonte Massicano 201 D 5
Piedimontc Matese 195 D 4
Piedimonte San Germano 193 B 6
Piedimulera 50 B 3
Piedipaterno 162 B 2
Piediripa (MC) 145 E 4
Piediripa (PG) 163 B 4
Piedivalle 162-163 A 3-4
Piè di Via 101 D 5
Pied-Montet 80 A 3
Piè Falcade 41 C 4
Piega 133 D 6
Piegáio (AR) 151 A 4
Piegáio (LU) 129 D 5
Piegari, Casa- 219 C 4
Piegaro 151 E 5
Piegolelle 217 C 6
Piegusciano 153 C 6
Pieia 142 C-D 2
Piè la Costa 171 C 6
Piè la Terra 244 C 3
Piéltinis, Casera- 43 C 5
Piéltinis, Monte- 43 C 5
Pielungo 61 A 6
Piene-Basse 122 D 2
Pienza 150 D 2
Piepasso 97 B 6
Pierabec 43 B 5
Pieránica 69 E 5
Pierantónio 152 B 1
Piercy, Villa- 307 C-D 5
Piéria 43 C 5
Piéris 63 E 5
Pierle 151 B 5
Pierno 219 B 5
Pierno, Monte- 219 B 6
Pierosà 31 E 5
Pierosara 143 E 5
Pierre, Pont la- 94 D 1
Pierre Blanche 108 E 3
Pierre-Grosse 94 D 2
Pierremenaud 80 E 2
Pierre Menue 80 D 1

Pierre-Rousse, Lago della- 46 C 2
Pietà, Bívio la- 241 A 5
Pietà, Casa la- 232 C 2
Pietà, Chiesa la- (FG) 189 C 5
Pietà, Chiesa la- (ME) 267 C 5
Piétole 89 E 6
Pietra (PD) 92 D 2
Pietra (RC) 255 D 4
Pietra (SV) 124 C 3
Pietra, Castèl- = Schloss Sprechenstein 28 B-C 3
Pietra, Castèl- 57 D 5
Pietra, Castello di- 158 A 1
Pietra, la- 83 D 4
Pietra, Monte- 133 D 5
Pietra, Riserva Naturale la- 149 D-E 4
Pietra, Torre- 199 B 5
Pietra Appesa, Monte- 189 C-D 4
Pietrabbondante 184 D 1
Pietrabianca, Rio- 194 D-E 3
Pietrabissara 99 E 4
Pietrabruna 123 D 5
Pietrabuona 130 C 1
Pietracamela 164 E 1
Pietra Cappa, Monte- 256-257 C 3-4
Pietracatella 196 A 3
Pietra Cavallera, Monte- 249 C 4
Pietra Cipolle, Masseria- 186 D 2
Pietracolora 118 C 2
Pietracupa (CB) 184 E 2
Pietracupa (FR) 192 B 3
Pietra Cupa, Monte- 232 B 3
Pietracuta 130 D 2
Pietradefusi 203 D 6
Pietra de' Giorgi 99 A 6
Pietra del Caricatore, Monte- 253 C 6
Pietra dell'Uso 133 D 6
Pietra del Pertusillo, Lago di- 235 A 6
Pietra di Bismántova, Monte- 117 C 4
Pietra di Corvo, Monte- 100 D 1
Pietra di Febo, Monte- 256 C 3
Pietraferrazzana 184 D 1
Pietraferrúggia, Monte- 244 C 2
Pietrafilaia, Podere- 148 A 1
Pietrafiore, Monte- 261 D 5
Pietrafitta (CS) 245 C 4
Pietrafitta (FR) 182 E 3
Pietrafitta (PG) 151 E 6
Pietrafitta (SI) 139 E 5
Pietrafitta, Masseria- 198 B 1
Pietrafitta, Villa- 139 E 4
Pietraforte 171 E 4
Pietragalla 220 B 1
Pietragalla, Stazione di- 220 B 1
Pietragavina 99 C 6
Pietra Gentile, Monte- 182 C 3
Pietra Grande 38 D 3
Pietra Grande, Scoglio la- 250 E 2
Pietraguisa 117 E 6
Pietráia (AR) 151 B 4
Pietráia (PG) 151 D 6
Pietralacroce 145 E 4
Pietralata, Monte- 142 B 3
Pietralavezzara 112 B 3
Pietralba = Weissenstein 39 C 6
Pietra Lígure 124 C 3
Pietralisca, Serra- 288 A 3
Pietralonga, Monte- 244 C 2
Pietralta 163 C 6
Pietralunga (CT) 282 B 3
Pietralunga (PG) 142 E 3
Pietralunga, Fiume- 262 D 3
Pietralunga, Monte di- 261 E 5
Pietralunga, Ponte di- (CT) 283 B 4
Pietralunga, Ponte di- (CZ) 247 C 4
Pietralunga, Villa- 267 E 5

Pietramala **131** A 5-6
Pietra Marazzi **98** B 2
Pietramarina **269** D 4
Pietramáura **134** D 2
Pietramelara **194** E 3
Pietramelina **152** A-B 1
Pietramonte **196** C 3
Pietramontecorvino **197** A 4-5
Pietramora **132** A 3
Pietramurata **57** C 4
Pietranera **113** A 6
Pietránico **173** C-D 5
Pietransieri **183** C 5
Pietra Palomba, Monte- **205** D 4
Pietrapana, Rifúgio- **129** C 4
Pietrapáola **243** E 4
Pietrapáola, Stazione di- **243** D 5
Pietra Parcellara, Monte- **100** C 2
Pietra Patella, Scoglio di- **284** E 3
Pietrapazza **132** E 3
Pietrapennata **256** E 3
Pietrapertosa **220** E 3
Pietra Pertusa, Monte- **129** D 6
Pietraperzía **280** E 3
Pietrapiana **140** B 1
Pietrapórzio **108** C 3
Pietrarara **115** A 4-5
Pietraroja **195** D 5
Pietrarossa, Fiume- **288** A 2
Pietra Rossa, Punta di- **37** C 5-6
Pietrarúbbia **142** A 1
Pietrarva, Colle- **245** C 5
Pietrasanta **129** C-D 4
Pietrasanta, Rifúgio- **129** B 4
Pietrascritta, Monte- **182** B-C 2
Pietrasecca **171** E 4
Pietraspaccata **101** E 5
Pietra Spada, Passo di- **254** C 3
Pietrastornina **203** E 5
Pietra Stretta, Passo- **164** C 1
Pietraporciana, Riserva Naturale- **150** D 3
Pietratagliata **44-45** B-C 3-4
Pietratonda **158** A 2
Pietrauta **161** A 4
Pietravairano **194** D 3
Pietravécchia, Monte- **122** C 3
Pietraviva **140** E 1
Pietre **217** C 4
Pietre, Pizzo delle- **31** C 4
Pietrebianche **244** E 3
Pietre Cadute, Monte- **278** C 3
Pietrelcina **196** E 3
Pietrelcina, Stazione di- **196** E 3
Pietrenere **252** D 3
Pietre Nere, Punta- **186** B 2
Pietreréie, Colle- **183** E 6
Pietretagliate **260** D 3
Pietroso, Monte- (BAT) **207** B 4
Pietroso, Monte- (PA) **262** D 2
Pievalle = Bewaller **40** C 2
Pievasciata **149** A 4
Pieve (BL) **41** C 6
Pieve (BS-Lumezzane) **70** C 3
Pieve (BS-Tremósine) **56** E 2-3
Pieve (CR) **88** C 1
Pieve (GE) **113** A 4
Pieve (LU) **129** D 4-5
Pieve (MC) **153** E 6
Pieve (MS) **115** E 6
Pieve (PC) **100** D 2
Pieve (PD) **74** D 3
Pieve (PG) **152** C 1
Pieve (PN) **61** D 4
Pieve (PR) **115** A 5
Pieve (PV) **84** D 3
Pieve (SI) **150** B 2
Pieve (SP) **115** E 4
Pieve (TV) **59** D 4
Pieve (VR) **73** E 4
Pieve, Basílica della- **103** C 5
Pieve, Chiesa la- (BS) **88** B 3
Pieve, Chiesa la- (FI) **131** D 5
Pieve, Chiesa la- (MC) **144** E 3
Pieve, Chiesa la- (PI) **138** E 2
Pieve, la- (AL) **98** E 2

Pieve, Chiesa la- (AR-Búcine) **140** D-E 1
Pieve, la- (AR-Búcine) **140** E 1
Pieve, la- (GR) **158** D 3
Pieve, la- (SI) **149** E 6
Pieve, la- (UD) **44** C 2
Pieve a Élici **129** D 4-5
Pieve Albignola **85** D 4
Pieve al Toppo **140** D 3
Pieve a Maiano **140** D 2
Pieve a Niévole **130** D-E 2
Pieve a Pitiana **140** A 1
Pieve a Presciano **140** D 2
Pievebelvicino **73** B 5
Pievebovigliana **153** D 6
Pieve Cáina **151** D 6
Pievécchia **139** B 6
Pieve d'Alpago **60** B 2
Pieve del Cáiro **84** E 3
Pieve Delmona **88** D 1
Pieve del Pino **119** D 4
Pieve del Véscovo **151** C 6
Pieve di Bono **56** C 2
Pieve di Bráncoli **129** D 6
Pieve di Búdrio **119** B 6
Pieve di Cadore **42** D 2
Pieve di Cadore, Lago di- **42** D 3
Pieve di Cagna **142** A 2
Pieve di Campi **115** C 4
Pieve di Cásio **130** A 3
Pieve di Castévoli **115** C 4
Pieve di Cento **105** D 4
Pieve di Cesato **120** D-E 2-3
Pieve di Chio **151** A 4
Pieve di Cómpito **137** A 6
Pieve di Compresseto **152** B 3
Pieve di Concésio **70** C 3
Pieve di Controne **130** C 1
Pieve di Coriano **104** A 3
Pieve di Cusignano **101** D 6
Pieve di Gáifa **142** B 3
Pieve di Gusaliggio **115** A-B 5
Pieve di Ledro **56** D 2
Pieve di Limana **59** B 6
Pieve di Livinallongo **41** B 5
Pieve di Marebbe = Ennebergpfarre **30** C 3
Pieve di Panzano **139** D 5
Pieve di Rigutino **140** E 3
Pieve di Rosa **61** E 6
Pieve di San Pietro di Romena **140** A 2
Pieve di Santa Luce **137** D 6
Pieve di Sant'Andrea **119** E 6
Pieve di Scalenghe **95** B 6
Pieve di Soligo **59** D 6
Pieve di Sorano **115** D 5-6
Pieve di Stadera **100** C 1
Pieve di Teco **123** B-C 5
Pievedízio **70** E 2
Pieve d'Olmi **88** E 1
Pieve Dugliara **100** C 2-3
Pieve Emanuele **85** B 6
Pievefavera **153** C 6
Pievefavera, Lago di- **153** C 6
Pieve Fissiraga **86** C 3
Pieve Fosciana **129** B 5
Pieve Lígure **113** C-D 5
Pieveottoville **101** B 6
Pievelunga **160** A 3
Pievepélago **130** A 1
Pieve Petróia **151** B 6
Pieve Porto Morone **86** D-E 2
Pievequinta **133** A 5
Pieve Rivóschio **133** C 4
Pieve Roffeno **118** E 2
Pieve Rossa **103** E 5
Pieve Saliceto **103** C 4
Pieve Salutare **132-133** B 3-4
Pieve San Giácomo **88** D 1
Pieve San Giovanni **140** C 3
Pieve San Lorenzo **129** A 4
Pieve San Michele **134** C 2
Pieve San Nicolò **152** C 2
Pieve San Páolo (LU) **129** E 6
Pieve San Páolo (MS) **116** E 2
Pieve San Quírico **152** B 1
Pieve Santo Stéfano **141** B 4
Pieve San Víncenzo **116** D 3
Pievescola **149** B 4

Pieve Sócana **140** B 3
Pieve Terzagni **88** D 2
Pieve Tesino **58** B 2
Pieve Torina **153** D 5
Pieve Trébbio **118** D 2
Pievetta (CN) **110** D-E 3
Pievetta (GE) **114** B 2
Pievetta (PC) **86** E 3
Pieve Vécchia (AR) **150** A 2
Pieve Vécchia (BS-Idro) **71** B 4-5
Pieve Vécchia (BS-Manerba del Garda) **71** D 5
Pieve Vécchia (PI) **137** D 5-6
Pieve Vergonte **50** B 3
Pievina **150** B 1
Pigazzano **100** C 2
Pigge **162** A 1
Pigelleto, Riserva Naturale- **159** C 5-6
Piglimò, Corno- **49** B 6
Píglio **180** D 3
Piglione, Monte- **129** C 5
Piglíonico, Monte- **129** B-C 5
Pigna (CT) **283** D 5
Pigna (IM) **122** D 3
Pigna (SV) **124** E 2
Pigna, Cima della- **110** D 1
Pigna, Póggio- **49** B 6
Pigna Flóres, Masseria- **213** D 5
Pignan **75** C 4
Pignano (AN) **143** E 4
Pignano (AV) **217** A 4
Pignano (FR) **181** E 5
Pignano (PI) **148** A 3
Pignano (UD) **61** B 6
Pignataro Interamna **193** C 6
Pignataro Maggiore **202** C 1
Pignatella, Masseria- **199** D 4-5
Pignatelli, Casa- **275** D 5-6
Pigno **142** C 3
Pignola **220** D 1
Pignona **115** D 4
Pignone **126** C 2
Pigozzo **73** D-E 4
Pigra **53** C 4
Pila (AO) **47** C 4
Pila (PG) **151** D 6
Pila (RO) **107** A 6
Pila (VC) **50** E 2
Pila, la- (FG) **199** C 4
Pila, la- (LI) **156** D 1-2
Pila, la- (VE) **93** B 4
Pila, Monte della- **205** C 4
Pilano, Masseria- **224** B 3
Pilarciano **131** D 6
Pila Rocca, Monte- **180** D 3
Pilastrello (FE) **105** C 4
Pilastrello (PD) **92** D 1
Pilastrello (PR) **102** E 3
Pilastri (FE) **105** B 4
Pilastri (RO) **105** B 6
Pilastrino **118** D 3
Pilastro (MN) **89** E 5
Pilastro (PR) **102** E 2
Pilastro (RA) **120-121** D-E 3-4
Pilastro (RO) **93** E 4
Pilastro (VI) **91** B 5
Pilastro (VR) **91** C 4
Pilati **259** E 4
Pilato, Grotte di- **190** D 2
Pilato, Lago di- **154** E 1
Pilato, Lóggia di- **211** C 5-6
Pilcante **72** A 3
Piletta **65** D 4
Piletto, Torrente- **265** D 6
Pili **175** E 4
Pilieri **262** A 3
Pillo **138** D 3
Pilla, Masseria la- **219** D 6
Pilla, Torrente- **249** B 5
Pillaz **49** E 5
Pille **89** B 5
Pillerone, Monte- **100** C 2
Pilli, Fattoria- **310** A 3
Pillónis, is- (CI-Perdáxius) **319** B 4
Pillónis, is- (CI-Sant'Anna Arresi) **319** D 4

Pilo, Stagno di- **298** D 2
Pilone (CB) **195** C 6
Pilone (MN) **89** D 5
Pilone (PU) **143** A 5
Pilone, Monte- **33** D 4
Pilone del Piovale **95** D 4
Piloni (GR) **149** E 4
Piloni (TR) **170** B 1
Pilónico Materno **151** D 6
Pilónico Paterno **152** C 2
Pilostro, Colle- **172** E 3
Pilosu, Monte- **301** B 5
Pilota **103** D 4
Pilotti **154** C 2
Piludu, Rio- **307** D 4
Pilzone **70** B 2
Pimentél **316** D 2
Piminoro **256** B 3
Pimonte **216** C 3
Pimpisu **315** C-D 5
Pin, Monte- **38** B 3
Pinalto, Rio di- = Penaudbach **26** C 2-3
Pinarella **134** A 2
Pinarolo Po **85** E 6
Pinasca **95** A 4
Pincaldo, Monte- **39** C 5
Píncara **105** A 6
Pincáscia **33** C 6
Pinceto **113** A 4
Pinè **60** E 3
Pinè, Val di- **57** A-B 6
Pinedo **60** A 3
Pinei **41** D 6
Pinei, Passo di- = Panider Sattel **30** D 1
Pinerolo **95** B 5
Pineta = Steinmannwald **39** B 6
Pineta D'Avalos **165** E 6
Pineta del Tómbolo **158** C-D 1
Pineta di Appiano Gentile e Tradate, Parco Regionale della- **52** E 2
Pineta di Castèl Fusano, Parco Urbano- **177** E 6
Pineta di Ravenna, Riserva Naturale- **121** C 5
Pineta di Santa Filomena, Riserva Naturale di- **165** E 6
Pineta Grande **214** A 2
Pineta Saline **121** E 5
Pinete **138** B 1
Pineto **165** D 5
Pineto, Parco Regionale Urbano- **177** B 6
Pingrosso, Tenuta- **158** C 1
Pinguente → Buzet **79** E 6
Pinidello **60** D-E 2-3
Piniè **42** C 3
Pino **150** B 3
Pino, Capo- **122** E 3
Pino, il- (FI) **139** D 4
Pino, il- (RM) **178** B 3
Pino, Monte- **71** C 4
Pino, Porto- **319** D 4
Pinócchio **145** B 4
Pino Collito **245** C 5
Pino d' Aleppo, Riserva Naturale- **292** B 2-3
Pino d'Asti **83** E 4
Pino Lago Maggiore **33** E 5
Pino Solitário, il- **224** C 3
Pino Soprano **113** B-C 4
Pino Torinese **82** E 2
Pin-Pen **211** D 4
Pintàs, Monte- **80** E 3
Pinto **154** A 2
Pinto, Masseria- **212** B 3
Pintorna **266** D 3
Pintura di Bolognola **154** D 1
Píntus, is- **319** B 4-5
Pinu, Monte- **303** A 4
Pinus Village **320** E 1
Pinzano = Pinzon **39** C 5
Pinzano **67** C 5
Pinzano al Tagliamento **61** B 6
Pinzolo **38** E 2
Pinzon = Pinzano **39** C 5
Pio **105** A 4
Pio VI, Linea- **192** C-D 6

Pio XI, Rifúgio- = Weisskugel Hütte **26** B 1
Pióbbico (MC) **154** C 1
Pióbbico (PU) **142** C 2
Pióbesi d'Alba **96** D 3
Pióbesi Torinese **96** B 1
Pioda di Crana **32** D 3
Piode **49** D 6
Piodina **33** E 5
Piogera, Monte- **50** D 3
Piolánas **319** A 4
Piolo **116-117** D 3-4
Pioltello **68** D 3
Pioltone, Pizzo- **32** D 1
Piomba, Torrente- **165** D 4
Piombada, Monte- **43** E 6
Piombino **157** B 4
Piombino, Canale di- **156-157** B-C 3-4
Piombino, Monte- **266** E 1
Piombino, Porto Vécchio- **157** B 4
Piombino Dese **75** C 4
Piombo, Cala- **319** E 4
Piona, Abbazia di- **35** E 4
Piona, Laghetto di- **35** E 4
Pionca **75** E 4
Pione **114-115** A 3-4
Piossasco **95** A 4
Piot, Piz- **35** B 6
Piota, Torrente- **112** A 2
Piotta **33** A 5
Piova, Torrente- **42** C-D 3
Piovàcqua, Masseria- **224** B 3
Piovà Massáia **83** E 4
Piovani **110** B 1
Piove di Sacco **92** C 3
Pióvega **92** C 3
Piovene **73** B 6
Piovene-Rocchette **73** A-B 6
Pióvera **98** B 3
Pióvere **71** B 6
Pioverna, Torrente- **53** B 5
Pioverno **44** D 2
Piovezzano **72** D 2
Piozzano **100** C 2
Piozze **72** C 2
Piozzo **110** B 3
Pipinari, Monte- **312** B 3
Pira, Cala- **321** C 6
Pira, Nuraghe- **302** E 1-2
Pira 'e Onni, Cantoniera- **312** B 3
Piragineti **242** C-D 2
Pirago **60** A 2
Piráino **268** A 2
Pirámide Vincent **49** B 5
Piramidi di Zone, Riserva Naturale- **70** A-B 2
Piran (Pirano) **78** D 3
Pirano → Piran **78** D 3
Pirano, Vallone di- → Piranski Zaliv **78** D 3
Piranski Zaliv (Vallone di Pirano) **78** D 3
Pirao **268** D 3
Píras **303** D 5
Píras, Cantoniera sas- **302** D 1-2
Piras, Rio- **314-315** C 3-4
Pirastreddu **299** D 5
Pirastru, Rio- **296** E 1
Pirastru, su- **300** C 2
Pirastu, Porto- **321** A 6
Piratello **119** D 6
Pirato, Stazione di- **281** D 2
Pirazzolu **297** E 4
Piréddas, is- **319** B 5
Pirenta, la- **83** D 4
Piretto **241** E 4

Piriferta, Nuraghe- **311** A 4
Pirillo **245** D 4
Pirkner Scharte **43** A 6
Pirknerbach **43** A 5-6
Pirocco **85** E 3
Piroi, Monte su- **317** D 4
Pirola, Lago- **36** C 1
Pirri **320** B 2
Pirtusiddu, Cozzo- **279** D 5
Pis, le- **108** C 1
Pisa **137** A 5
Pisa, Certosa di- **137** A 6
Pisana **92** D 1
Pisana, Cala- **284** E 3
Pisana, la- **177** C 6
Pisaneddu, Monte- **313** A 4
Pisani, Abbazia- **74** C 3
Pisanino, Monte- **129** B 4
Pisano (CT) **283** C 5-6
Pisano (NO) **51** E 4
Pisano, Monte- **137** A 6
Pisanu, Casa- **313** C 5
Pisanu, Punta de lu- **298** C 3
Pisanu Mele, Monte- **308** E 2
Pisari, Masseria- **230** C 3
Pischahorn **24** B 2
Pischennero, Nuraghe- **301** D 6
Pischiano **141** C 5
Pischiello **151** B 5
Pischinàppiu, Rio- **310** B 2-3
Pischina Salida **298** C 1-2
Pischina Tereme, Casa- **301** D 6
Pisciacane, Monte- **285** B 6
Pisciadù, Rifúgio- **30** E 3
Pisciarelli **169** E 4
Pisciatello, Fiume- **134** A-B 2
Piscavini **193** A 6
Piscicelli, Masseria- **185** D 3
Piscina **95** B 6
Piscina Nuxedda, Ponte- **321** B 4
Piscina Rúbia, Nuraghe- **310** C 2
Piscínas (CI) **319** C 5
Piscínas (VS) **314** C 2
Piscínas, Rio- **314** B 2
Piscínas, Rio de- **319** C 5
Piscine **39** D 3
Piscinni, Stagno di- **319** E 5-6
Piscinni, Torre di- **319** E 5
Piscínola **215** B 4
Pisciolo, Fermata di- **205** C 5
Pisciotta **233** D 4
Pisciotta-Palinuro, Stazione- **233** E 4
Piscità **273** A 6
Piscitelli, Masseria- **205** A-B 6
Pisco Montano, Rupe- **192** E 2
Pisconi, Riserva Naturale i- **206** E 1
Pisconti, Nuraghe- **311** E 6
Piscopío **248** D 3
Piscopío, Masseria- **227** E 4
Piscu, Nuraghe- **316** C 2
Piselli, Monte- **164** B 1
Pisenti **153** D 4
Pisignano (FI) **139** C 4
Pisignano (LE) **227** E 6
Pisignano (RA) **133** A 6
Pisnengo **66** E 1
Pišnica, Krnica- **45** C 6
Pisoc, Piz- **25** B 5
Pisogne **55** E 4
Pisogno **51** D 4
Pisoniano **180** C 2
Pissácqua, Monte- **114** D 1-2
Pissaillas **80** A 3
Pissándolo, Ponte- **42** B 3
Pissátola **105** A 5
Pissavini **174** E 2
Pisse, Bocchetta delle- **49** B 5-6
Pissignano **162** A 1
Pista di Collaudo di Nardó **226** C 3
Pisterzo **192** B 2
Pisticci **222** E 3
Pisticci Scalo **221** E 6
Pistillo, Timpa- **233** E 5
Pistis, is- **319** C 4

Pistóia 130 D 3
Pistolesa 65 B 5
Pistone, Monte- 126 C 3
Pistone, Varco del- 218 B 1
Pistrino 141 D 5
Pistunina 258 C 2
Pistuolo, Monte- 240 E 3
Pisu, Bruncu 'e- 313 A 5
Pisucerbu, Bruncu 'e- 313 B 4
Pitéccio 130 C 2
Pitéglio 130 C 1-2
Pitelli 127 D 4
Pitícchio 143 C 5
Pitigliano (GR) 159 E 6
Pitigliano (PG) 141 D 5
Pitino 144 E 2
Pito 163 B 6
Pito, Monte- 269 B 4
Pitrighinosu, Monte- 296 E 1-2
Pitrosu, Porto- 296 C 2-3
Pittada, Monte sa- 306 C 2
Pittarella 244-245 D 3-4
Pittáus, is- 319 B 5
Pitti, Villa- 139 C 6
Pittinuri, Torre- 310 A 2
Píttolo 100 B 3
Pittu, Monte- 301 C 6
Pittulongu 303 A 5-6
Pitzack = Pizzago 30 D 2
Pitziu, Rio- 311 B 4-5
Piúbega 89 C 4
Piuma 63 C 6
Piumazzo 118 B 2
Piumesana 99 C 5
Piumogna 33 A 5
Piuro 35 C 5
Piuzzo 99 E 5
Piverone 65 D 4
Pixina Longa, Gora- 315 D 5
Piz, Vallone del- 108 C 2-3
Piz Boè 30 E 3
Piz di Mede 43 C 6
Piz di Mezzodì 41 D 5
Piz di Sagròn 41 E 4
Piz la Villa 30 E 3
Piz Mundin 25 A 6
Piz Popena 31 D 5
Piz Tri, Monte- 37 E 4
Pizza, Monte la- 128 B 3
Pizza Alto 55 C 5
Pizzabrasa 85 B 6
Pizzáccio, Monte il- 35 C 4
Pizzago = Pitzach 30 D 2
Pizzale 85 E 5
Pizzalto, Monte- 183 B 5
Pizzanco 32 E 1
Pizzano (BO) 119 D 5
Pizzano (TN) 38 C-D 1
Pizzarosto 84 B 1
Pizzetto, Monte- 54 E 3
Pizzi, Monte- 183 D 6
Pizzi, Monte i- 171 B 6
Pizzica, Masseria la- 224 B 3
Pizziche, Località- 223 E 5
Pizziferro, Masseria- 224 B 2
Pizziferro Monsignore
210-211 E 3-4
Pizzighettone 87 D 5
Pizzillo, Monte- 269 E 4
Pizzini-Fráttola, Rifúgio- 37 B 6
Pizzinni 248 E 3
Pizzinni, Monte- 249 D 5
Pizzinnu, Monte- 301 E 4
Pizzinnu, Rio- 301 E 6
Pizzino 54 D 1
Pizziogu, Monte- 316 B 3
Pizzíu, Rio- 310 A 3
Pizzo 249 C-D 4
Pizzo, Monte- 241 D 4
Pizzo, Monte il- 220 D 3
Pizzo, Stazione di- 249 D 4
Pizzo, Torre del- 230 C 2
Pizzo al Piano 149 B 4
Pizzo Alto, Rifúgio- 53 B 6
Pizzo Bello, Monte- 36 D 1
Pizzoc, Monte- 60 D 2
Pizzocalvo 119 C 5
Pizzo Cane, Pizzo Trigna e
Gratta Mazzamuto,
Riserva Naturale- 265 D 4

Pizzocco, Monte- 41 E 5
Pizzócolo, Monte- 71 B 5
Pizzocorno 99 C 5
Pizzo del Piano 142 A 3
Pizzo di Nido di Corvo 188 C 2
Pizzoferrato 183 B 6
Pizzoferro Argentieri
210-211 E 3-4
Pizzofreddo (PR) 115 A 6
Pizzofreddo (PV) 100 B 1
Pizzolato 274 C 2
Pizzoletta 89 B 6
Pízzoli 171 B 6
Pizzolungo 260 C 3
Pizzon 71 C 6
Pizzone (CE) 201 D 6
Pizzone, Monte- (AV) 217 A 5
Pizzone, Monte- (LT) 191 A 6
Pizzoni (PD) 92 E 2
Pizzoni (VV) 249 E 4
Pizzorne, Altopiano delle-
129 D 6
Pizzorusso, Villa- 213 E 4
Pizzuta, Monte la- 262 C 3
Pizzuta, Serra- 283 B 5
Pizzuta, Timpa- 220 C 2
Pizzuto, Casa- 280 D 3
Pizzuto, Masseria- 281 D 4
Pizzuto, Monte- (CH) 184 C 2
Pizzuto, Monte- (FR) 192 C 3
Pizzuto, Monte- (MC) 153 E 5
Pizzuto, Monte- (RI) 171 C 2
Pizzuto, Monte- (SA) 218 E 3
Placa, Dólmen- 227 C 6
Placánica 255 D 4
Place Moulin, Lago di- 47 A 6
Plaesano 253 C 4
Plaghera Alta 37 B 6
Plagne, Lac de la- 46 E 1
Pláia, Capo- 266 B 2
Pláia Grande 292 C 3
Plaíno 62 B 3
Plampinet 80 E 1
Plan (BZ) 30 E 2
Plan (TO) 94 A 2
Plan = Pfelders 27 B 4
Plan, Rifúgio di- =
Planferner Hütte 27 B 4
Plan, Val di- = Pfelderer Tal
27 B 4
Planaval (AO-Arvier) 46 C 3
Planaval (AO-La Salle) 46 B 3
Planay 80 A 1
Planay, le- (Fráncia) 80 A 1
Planay, le- (Fráncia) 80 C 2
Planaz 49 E 5
Planca di Sopra = Oberplanken
31 B 5
Planca di Sotto = Unterplanken
31 B 5
Plan-Chécrouit 46 B 2
Pláncios = Palmschoss 30 C 2
Plan de Gralba = Kreuzboden
30 E 2
Plan di Láris 44 B 2
Planeil = Planol 26 C 1
Planeilscharte =
Passo di Planol 26 B 1
Planeiltal = Val di Planol
26 B-C 1
Planferner Hütte =
Rifúgio di Plan 27 B 4
Planica 45 B-C 6
Planina (Slovénia) 45 E 4
Planina (Slovénia) 79 A 6
Planina Boziza 45 E 5
Planina Polog 45 E 6
Plan Maison 49 B 4
Planol = Planeil 26 C 1
Planol, Passo di- =
Planeilscharte 26 B 1
Planol, Val di- = Planeiltal
26 B-C 1
Plan Pessey 47 E 4
Plan-Pincieux 46 A-B 2
Plans 44 B 3
Planu Sartu 314 D 2
Plaséncis 62 B 2
Plaski Vogel 45 D 6
Plassa 54 D 2

Plata = Platt 27 B 4
Plátaci 239 E 4
Platamona Lido 298 D 3
Plátani, Fiume- 284 A 2
Platania 245 E 4
Platanía, Villino- 283 A 4
Plátano, Torrente- 219 C 5
Plate, Cime de la- 108 D 1
Plateau Rosà 49 B 4
Platì 257 C 4
Platì, Fiumara di- 257 C 4
Platíschis 45 E 4
Platór, Cime di- 25 E 4-5
Platt = Plata 27 B 4
Platta, Piz- 35 A 6
Plattjen, Hôtel- 50 A 1
Plattkofelhütte =
Rifúgio Sasso Piatto 30 E 2
Plattspitz = Cima Piatta 30 A 1
Platz = Piazza 29 B 4
Platzers = Plazzöles 27 E 4
Plätzwiesen = Prato Piazza
31 D 5
Plaun da Lej 36 B 1
Pláuris, Monte- 44 D 3
Pláus 27 D 4
Pláuto 193 A 5
Plava → Plave 63 B 6
Plave (Plava) 63 B 6
Plávia Montedoro → Plavje
79 D 5
Plavje (Plávia Montedoro)
79 D 5
Plavna, Val- 25 B-C 4
Plavna Dadaint, Piz- 25 C 4
Plawenn = Piavenna 25 B-C 6
Plazza 35 C 5
Plazzola 37 B 5
Plazzöles = Platzers 27 E 4
Plebi, Monte- 297 E 5
Plello 50 E 3
Area Marina Protetta
Plemmirio, Area Marina
Protetta- 291 D-E 6
Plemo 55 D 5
Pléros, Monte- 43 C 5
Plésio 53 B 4
Plešivica 79 B 6
Plessiva 63 C 5
Pleureur, Mont- 48 A 2
Pleyne 94 E 3
Plezzo → Bovec 45 D 5
Plezzüt 45 B 5
Plima, Rio- = Plimabach
26 D-E 2
Plimabach = Rio Plima 26 D-E 2
Pliniana, Villa- 53 D 4
Plinio, Villa di- 177 E 6
Pliskovica 79 A 5
Ploaghe 301 C 6
Plöckenpass = Passo di Monte
Croce Cárnico 44 A 1
Plódio 111 C 5
Plose 30 C 2
Plose, Cima della- =
Plose Bühel 30 C 2
Plose Bühel = Cima della Plose
30 C 2
Plout (AO-Montjovet) 49 D 4
Plout (AO-Saint-Marcel) 47 C 5
Pluda 88 B 2
Plugna 43 D 6
Plužna 45 D 5
Po, Croda- 42 D 2
Po, Fiume- 106 A 2
Po, Parco Fluviale del- 84 e 2-3
Poasco 67 E 2
Po Bandino 151 D 4
Póbbia (MI) 67 D 4
Póbbia (TO) 65 D 4
Póbbio 99 E 5
Pobeghi → Pobegi 79 D 5
Pobegi (Pobeghi) 79 D 5
Pobietto 83 C 6
Pocáia 141 D 5
Pocapáglia 96 D 3
Pocchiano, Monte- 221 D 5
Pocciano, Rio- 194 D 3
Pocenía 62 E 2
Pochettino 96 B 2
Pochi = Bucholz 39 D 5

Pöckau 45 B 6
Pockschin 27 E 5
Pocòl 31 E 5
Podalla 153 D 6
Podárgoni 256 C 2
Podbela 45 E 5
Po della Pila 107 B 6
Po della Pila, Bocche del-
107 A-B 6
Po delle Tolle 107 B 6
Po delle Tolle, Bocca del-
107 C 6
Podenzana 128 A 2
Podenzano 100 B 3
Podenzoi 60 A 2
Podere 142 D 3
Poderia 233 E 5
Podestatenhaus 35 B 6
Podgorje (Piedimonte) 79 D 6
Podgrad 79 C 6
Podgrič (Pogricci) 79 A 6
Podigliano 99 D 4
Po di Gnocca 107 C 5
Po di Gnocca, Bocche del-
107 C 6
Po di Goro 107 B 5
Po di Goro, Bocca del- 107 C 6
Po di Levante 107 A 5
Po di Levante, Foce del-
93 E 5-6
Po di Maistra 107 A 5
Po di Maistra, Foce del-
107 A 6
Pódio 110 A 2
Po di Primaro 121 B 4-5
Po di Venézia 107 B 5-6
Po di Volano 106 C 3
Podlanig 43 A 6
Podnanos (San Vito di Vipacco)
79 A 6
Podona, Monte- 54 E 1-2
Podpeč 79 D 6
Podraga 79 A 6
Podresca 63 B 5
Poetto 320 B 3
Poffabro 61 A-B 5
Pofi 192 A-B 3
Pogallo, Rio- 51 B 4
Pogérola 217 D 4
Poggetello 181 A 4
Pöggeto 153 A 5
Poggetto (BO) 105 D 4
Poggetto (FI) 130 E 3
Poggetto (PU) 143 D 4
Poggetto (VT) 160 E 2
Póggia, Monte la- 137 C 5
Poggiale 132 A 2
Poggialto 123 C 5
Poggiana 74 B 3
Poggiardo 231 B 5
Poggibano 148 E 3
Poggibonsi 139 E 4
Poggi del Sasso 158 A 3
Poggione, il- (GR-Grosseto)
158 C 2
Poggioni 151 A 5
Póggio Nuovo 161 D 4
Póggio Parrano 153 C 4
Póggio Perugino 170 C 2
Póggio Píccolo 119 C 6
Póggio Picenze 172 C 2
Póggio Pinci 150 B 1
Póggio Primocaso 162 B 3
Póggio Rattieri 164 C 1
Poggioreale (NA) 215 B 5
Poggioreale (TP) 262 E 2
Poggioreale, Masseria-
213 C 4
Poggioreale, Ruderi- 262 E 2
Póggio Renático 105 D 5
Póggio Rondino 100 E 1
Poggiorsini 207 D 4
Poggiorsini-Gravina, Stazione-
207 D 4
Póggio Rusco 104 A 3
Póggio San Giovanni 171 D 5
Póggio San Lorenzo 170 D 3
Póggio San Marcello 143 D 5-6
Póggio Sannita 184 D 1
Póggio San Polo 139 E 6
Póggio San Romualdo 143 E 5
Póggio Santa Cecília 150 A 1

Póggio Bandinelli, Casa-
150 E 2
Póggio Berni 134 C 2
Póggio Brúcoli 149 D 5
Póggio Bustone 162 E 2
Póggio Cancelli 163 D 5
Póggio Canoso 154 D 3
Póggio Catino 170 C 2
Póggio Cinolfo 171 E 4-5
Póggio Cono 164 C 3
Póggio Cupro 143 D 6
Póggio d'Acona 140 B 3
Póggio d'Api 163 C 5
Póggio dei Pini 320 C 1
Póggio delle Corti 151 D 6
Póggio delle Rose 164 D 3
Póggio di Badi, il- 130 B 3
Póggio di Bretta 155 E 4
Póggio di Chiesanuova 134 D 2
Póggio di Croce 162 A 3
Póggio di Loro 140 C 1
Póggio di Róio 172 C 1
Poggiodomo 162 C 3
Póggiofelice 283 A 5
Póggio Ferrato 99 C 5-6
Póggio Fidoni 170 B 3
Póggio Filippo 171 A 4
Poggiofiorito 174 D 3
Poggiofranco, Masseria-
199 D 6
Póggio Imperiale 186 C 2
Póggio Imperiale, Stazione di-
186 C 2
Póggiola 140 D 3
Poggiolàccio, Monte- 101 D 4-5
Póggio Lavarino 162 D 1
Poggiolforato 130 A 2
Poggioli 100 E 2
Poggiolo (AR) 140 C 1
Poggiolo (BO) 119 E 4
Poggiolo (CN) 111 B 5
Poggiolo (FI) 131 D 6
Poggiolo (PV) 100 A-B 1
Poggiolo (SI) 149 A 5
Póggiolo (TR) 170 B 1
Poggiolungo 150 E 1
Poggiomarino 216-217 B 3-4
Póggio Miliotto 159 B 4
Póggio Mirteto 170 C 2
Póggio Mirteto, Stazione-
170 C 2
Póggio Moiano 170 E 3
Póggio Montone 160 B 3
Póggio Morello 164 B 3
Póggio Morico 152 C 3
Póggio Murella 159 D 5
Póggio Nativo 170 D 3

Póggio Santa Maria 171 C 6
Póggio Sant'Ercolano 152 B 3
Póggio San Vicino 143 E 6
Póggio Selva 160 D 2
Póggio Sommavilla 170 C 1
Póggio Spedaletto, Riserva
Naturale- 157 C 6
Póggio Terzarmata 63 D 5
Póggio Tre Cancelli, Riserva
Naturale- 157 B 5
Póggio Ugolino 139 C 5
Poggiovalle 171 E 5
Póggio Vittiano 171 D 4
Poggiridenti 36 C 2
Poggi San Siro 110 C 3
Poggi Santo Spírito 110 C 3
Poggitazzi 140 C 1
Pogi 140 D 1
Pogli 124 D 2
Pogliana 52 D 2
Pogliano Milanese 67 D 5
Póglina, Torre- 300 E 2
Pogliola 110 C 2
Pognana 116 E 2
Pognana Lário 53 D 4
Pognano 69 C 5
Pogno 51 E 4
Pogricci → Podgrič 79 A 6
Póia, Valle di- = Pojental 29 B 6
Poiana di Grisignano 74 E 2
Poiana Maggiore 91 C 5
Poiane 88 B 2
Poianella 74 C 1
Poiano (MN) 88 C 3
Poiano (RE) 117 D 4
Poiano (VR) 72 E 3
Poiatte 60 C 2
Poidomani, Casa- 293 B 5
Poieto, Monte- 54 E 2
Poincicco 61 D-E 5
Pointe-de-Contes, la- 122 E 1
Póira 35 E 6
Póira, Portella di- 262 C 2
Poirino 96 E 2
Pója, Torrente- 55 B 6
Pója di Adamè, Torrente- 56 B 1
Pója di Salarno, Torrente-
55 B 6
Pojental = Valle di Póia 29 B 6
Pojo della Cattiva 268 C 1
Pojummoro, Monte- 268 C 2-3
Pola, Monte- 193 C 4
Polággia 36 E 1
Polánesi 113 C 5
Pólava 63 A 5
Polàveno 70 B 2
Polazzo 63 D 5
Polcanto 131 D 6
Polcenigo 60 D 3
Polegge 74 C 1
Polenaco 162 C 1
Polengo 87 C 6
Polenta 133 B 5
Polentès 59 B 6
Poleo 73 B 5
Polesella 106 A-B 1
Polésine 103 B 6
Polésine, Ísola di- 107 B 6
Polésine, Regione-
106-107 A 1-4
Polésine Camerini 107 B 6
Polesinello 107 B 5
Polésine Parmense 101 B 6
Polésio 154 D-E 3
Polgeto 151 A 6
Poli 180 C 1
Polía 249 C 5
Policaretto, Serra- 241 E 6
Policastrello 240 C 3
Policastro, Golfo di-
234-235 D 3-4
Policastro Bussentino 233 E 5
Policoro 239 B 5-6
Policoro-Tursi, Stazione di-
239 B 6
Policorvo 184 A 2
Polignano (PC-Lugagnano
Val d'Arda) 101 D 4
Polignano (PC-San Pietro in
Cerro) 87 E 6
Polignano a Mare 211 B 5

Polina 115 C 5
Polinago 117 D 6
Polinik (Monte) (Áustria) 43 B 6
Polino 162 D 2
Polino, Monte- 281 E 4
Polístena 253 D 4
Polita 115 C 6
Pólito, Masseria- 213 E 5
Polizzello 279 D 5
Polizzi Generosa 266 E 2
Polizzo, Monte- 261 E 5
Polje (Slovénia) 79 A 6
Polla 219 E 4-5
Pollano, Monte- 114 C 3
Pollara 272 D 3
Pollaro, Monte- 218 B 2
Pollastra 98 C 3
Polle, le- 130 A 1
Pólleca, Rio- 193 D 5
Pollégio 34 B 2
Pollein 47 C 5
Pollella 244 B 2
Póllena-Trócchia 215 B 6
Pollenza 144 E 3
Pollenza, Stazione di- 154 A 2
Pollenzo 96 E 3
Póllica 232 D 3
Polligrone 247 C 4
Polligrone, Serra- 247 C 4
Póllina 266 C 3
Póllina, Fiume- 266 C 3
Póllina, Stazione- 266 B-C 3
Pollino, Monte- 238 E 2
Pollino, Parco Nazionale del-
    238 D-E 1-2
Pollone 65 C 4
Pollone, Bric- 83 D 4
Polluce, Masseria- 198 A 2
Polluce, Punta- 49 B 5
Pollutri 175 E 4-5
Polo, Monte- 115 C 6
Pologar 45 E 6
Polonghera 96 C 1
Polonig → Polovnik 45 D-E 5
Polosa 220 B 2
Polovnik (Polonig) 45 D-E 5
Polpenazze del Garda 71 D 5
Polpèt 60 B 2
Polpresa 81 C 5
Polsa 57 E 4
Polsette, Aiguille de- 80 B-C 1
Polsi, Santuário di- 256 C 3
Póltolu, Nuraghe- 307 C 4-5
Poltu Quatu 297 D 5
Poludnig, Monte- 45 A 4
Polvano 141 E 4
Polverácchio, Masseria-
    188 E 2
Polverácchio, Monte- 218 C 2
Polveráia 158 C 3
Polveráia, Punta- 156 D 1
Polverara (PD) 92 C 3
Polverara (SP) 127 C 4
Polverello 268 C 3
Polvereto 139 D 4
Polverigi 144 C 3
Polverina (AP) 154 E 3
Polverina (MC) 153 C 6
Polverina, Lago di- 153 C 6
Polverini 249 A 5-6
Polverosa 167 B 4
Polvese, Ísola- 151 C 5
Pólvica (NA) 202 E 3
Pólvica (SA) 217 C 4
Poma, Lago- 262 C 2
Poma, Passo di- =
    Kreuzkofeljoch 30 D 3
Pomagagnòn 31 D-E 5
Pomáia 137 D 6
Pomáio 141 D 4
Pomara 89 E 4
Pomarance 148 B 2
Pomaretto 95 A 4
Pomárico 221 D 6
Pomárico Vécchio 221 E 6
Pomaro, Monte-
    (ME-Fondachelli) 269 C 2
Pomaro, Monte- (ME-Milici)
    269 B 5
Pomarolo 57 D 4
Pomaro Monferrato 84 E 2

Pómbia 66 B 2
Pomeano 95 B 4
Pomerolo 109 A 6
Pometo 99 B 6
Pomézia 179 E 4
Pomézia, Stazione di- 179 E 5
Pomezzana 129 C 4-5
Pomiere, Monte- 267 D 6
Pomieri, Serra- 245 A 6
Pomigliano d'Arco 215 B 6
Pomino 132 E 1
Pomjan (Paugnano) 79 D 5
Pomo, Fiume- 245 E 5
Pomonte (GR) 159 E 4
Pomonte (LI) 156 D 1
Pomonte (PG) 152 E 2
Po morto di Primaro 105 D 6
Pompagnano 162 C 1
Pompeano 117 D 6
Pompegnino 71 C 5
Pompegno, Monte- 132 B 2
Pompei 216 B 3
Pompeiana 123 E 4
Pompei Scavi 215 C 6
Pompiano 70 E 1
Pomponesco 103 C 4
Pompóngias 310 E 3
Pomposa 107 C 4
Pomposa, Abbazia di- 107 C 4
Pompu 311 E 5
Ponale, Cascata del- 56 D 3
Ponale, Torrente- 56 D 3
Poncarale 70 E 2
Ponchiera 36 E 2
Ponci, Valle- 111 E 6
Ponciach 39 E 5
Pondásio 38 C 3
Pondel 47 C 4
Ponderano 65 C 4
Ponente, Capo- 284 E 2
Ponente, Porto- 270 A 3
Ponente, Riviera di-
    124-125 A-E 2-6
Pongelli 143 C 4
Ponikve (Slovénia) 79 A 5
Ponina 140 C 3
Ponna 52 C 3
Ponsacco 137 B 6
Ponsano 148 A 3
Ponso 91 D 6
Pont (AO) 46-47 E 3-4
Pont (BL) 59 C 5
Pontásio 55 E 4
Pontassérchio 137 A 5
Pontassieve 139 B 6
Pontássio 103 E 2
Pontboset 49 E 4
Pont Canavese 64 D 1
Ponte (BN) 195 E 6
Ponte (BS) 55 B 6
Ponte (CE) 194 E 1
Ponte (PG) 162 B 2
Ponte (RO) 106 A 3
Ponte (SV) 111 D 4
Ponte (Svízzera) 33 E 6
Ponte (UD) 44 C 3
Ponte (VB) 32 B 3
Ponte (VI) 74 A-B 1
Ponte, Nuraghe- 307 E 5
Ponte Abbadesse 133 B 6
Ponte a Buriano 140 D 3
Ponte a Buriano e Penna,
    Riserva Naturale- 140 D 2
Ponte a Cappiano 138 B 1-2
Ponteacco 63 A 5
Ponte a Egola 138 C 2
Ponte a Elsa 138 C 2
Ponte agli Stolli 139 D 6
Ponte a Greve 139 B 4
Ponte Albanito, Masseria-
    198 C 1
Ponte Albersano 106 A 3
Ponte alla Chiassa 140 D 3
Ponte alla Nave 140 D-E 3
Ponte alla Piera 141 C 4
Ponte Alto (BL) 41 D 5
Ponte Alto (RI) 171 B 4
Ponte Alto (VE) 76 C 3
Ponte a Moriano 129 D 6
Ponte Arche 56 B 3
Ponte Arnò, Rifúgio- 56 B 2

Ponte Arzana 106 D 2
Ponte a Serráglio 129 C 6
Ponte a Signa 139 B 4
Ponte a Tre Luci 247 D 4
Ponte a Tressa 149 C 6
Pontebari 162 B 1
Ponte Barizzo 218 E 1
Pontebba 44 B 3
Pontebbana, Torrente- 44 B 3
Pontebernardo 108 C 3
Ponte Binuara 261 D 4
Ponte Buggianese 130 E 1
Ponte Cáffaro 56 E 1
Ponte Calcara 142 E 3
Ponte Caliano 140 C 4
Ponte Cappuccini 142 A 1
Ponte Carate 85 C 6
Pontecasale 92 D 3
Pontecasali 77 B 4
Pontécchio 119 C-D 4
Pontécchio, Archi di- 119 C-D 6
Pontécchio Polésine 106 A 2
Pontéccio 129 A 4
Ponteceno 114 B 3
Ponteceno Sopra 115 A 4
Ponteceno Sotto 115 A 4
Pontecentésimo 152 D 3
Pontechianale 94 E 3
Ponte Chiasso 52 D 3
Pontechiúsita 162 A 3
Ponte Cíngoli 70 C 2
Ponte Crenna 99 D 5
Ponte Crepaldo 77 C 4
Pontecurone 99 B 4
Pontecuti 161 B 5
Ponte d'Árbia 149 D 6
Ponte d'Assi 152 A 2
Pontedássio 123 D 5
Pontedazzo 142 D 2
Pontedécimo 113 B 4
Ponte degli Álberi 143 B 4
Ponte dei Cani 202 E 3
Ponte dei Falciani 139 C 5
Ponte dei Rodoni 105 C 5
Ponte del Barone 116 D-E 3
Ponte del Gallo 25 D 4
Ponte del Giúlio 61 B 5
Ponte della Delizia 61 D 6
Ponte della Forca 103 D 5
Ponte della Muda 60 E 3
Ponte della Valle 132 C 2
Ponte della Venturina 130 B 3
Ponte dell'Ólio 100 C 3
Ponte dell'Uso 133 D 6
Ponte del Rio 143 A 6
Pontedera 137 B 6
Ponte di Barbarano 91 B 6
Ponte di Brenta 74 E 3
Ponte di Castegnero 74 E 1
Ponte di Castelvécchio Pascoli
    130 C-D 1
Ponte di Catagnana 129 B 6
Ponte di Falmenta 33 E 4
Ponte di Ferro 161 A 6
Ponte di Ghiáccio, Passo- =
    Eisbruggjoch 29 B 5
Ponte di Gómbola 117 D 6
Ponte di Legno 37 D 4
Ponte di Masino 138 B 2
Ponte di Mossano 91 B 6
Ponte di Nava 123 B 4
Ponte di Nori 73 C 5
Ponte di Piave 76 B 2
Ponte di Serravalle 130 D 2
Ponte di Sorana 130 D 1
Ponte di Véia 72 C 3
Ponte di Verzuno 130-131 A 3-4
Ponte Dolo 117 D 5
Ponte Enza 102 D 3
Ponte Felcino 152 C 1
Ponte Galéria 177 D 6
Ponte Gardena = Waidbruck
    30 D 1
Pontegatello 70 E 2
Pontéggia 35 C 5
Ponteginori 148 B 1
Ponte Giurino 54 E 1

Ponte Gorzone 92 D 1
Pontegradella 105 C 6
Pontegrande (CZ) 250 C 2
Pontegrande (VB) 50 B 2
Pontegrosso 101 D 5
Ponte in Valtellina 36 C 2
Pontelagoscuro 105 B 6
Ponte Lambro 53 E 5
Pontelandolfo 196 D-E 1-2
Pontelangorino 107 C 4
Pontelatone 202 B-C 1
Pontelatone, Stazione- 202 C 1
Pontelatrave 153 D 6
Ponte Locatello 131 A 4
Pontelongo 92 C 3
Ponte Losco 104 C 3
Ponte Lucano 179 B 6
Ponte Lungo 24 E 3
Pontelungo (PT) 130 D 2
Pontelungo (PV) 85 C 6
Ponte Macereto 149 D 5
Pontemáglio 32 D 2
Ponte Máglio 154 C 3
Ponte Máira 108 B 2
Pontemanco 92 C 2
Pontemaodino 107 C 4
Ponte Mármora 108 A 3
Pontemázzori 129 D 4
Ponte Menóccia 155 C 5
Ponte Merlano 89 E 6
Ponte Messa 133 E 6
Ponte Minchione, Casale-
    169 D 5
Ponte Molino 90 E 3
Ponte Murello 143 A 5
Ponte Náia, Stazione di-
    161 B 5
Pontenano 140 C 2
Pontenove 195 A 4
Pontenuovo 130 D 3
Ponte Nuovo (IS) 194 A 2
Ponte Nuovo (MC) 153 E 5
Ponte Nuovo (MI) 67 D 4
Ponte Nuovo (MO) 118 B 1
Ponte Nuovo (PG) 152 D 1
Ponte Nuovo (VC) 65 B 6
Pontenure 101 B 4
Ponte Organasco 99 E 6
Ponte Parrano 152 C 3
Ponte Páttoli 152 C 1
Pontepetri 130 C 2
Ponte Pià, Lago- 56 B 3
Ponte Pietra (FC) 133 B 6
Ponte Pietra (TO) 81 E 5
Pontepóssero 90 C 2
Ponteprimário 217 C 4
Ponte Príula 75 A 6
Ponte Punzetti 188 B 3
Ponte Racli 61 A 5
Ponteránica 69 A-B 5
Pontéranica, Monte- 54 B 1
Ponte Récchio 101 D 6
Ponte Ribellasca 33 E 4
Pontericcioli 142 E 2
Ponte Rio (PG-Perúgia)
    152 C 1
Ponte Rio (PG-Todi) 161 B 5
Ponte Rio (PG-Valtopina)
    152 D 3
Ponte Rizzoli 119 C 5-6
Ponte Ronca 118 C 3
Ponte Rosso 88 B 2
Ponterosso 139 C-D 6
Ponte Samóggia 118 B 3
Ponte San Giovanni 152 C 1
Ponte San Lorenzo 58 D 3
Ponte San Ludovico 122 E 2
Ponte San Luigi 122 E 2
Ponte San Marco 71 E 4
Ponte San Martino 100 D 4
Ponte San Nicolò 92 B 2
Pontesano, Canale- 197 A 6

Ponte San Pellegrino 104 B 3
Ponte San Pietro (BG) 69 B 5
Ponte San Pietro (FE) 106 B 2
Ponte San Pietro (LU) 129 E 5
Ponte San Quírico 50 E 3
Ponte San Quirino 63 B 5
Ponte Santa Margherita
    115 E 4
Ponte Santo Stéfano 258 C 2
Ponte Schiavo 258 C 1-2
Ponte Scodogna 102 E 2
Pontesei 41 C 6
Pontesei, Lago di- 41 C 6
Ponte Sestaione 130 B 1-2
Pontesesto 67 D 4
Ponte Stazzemese 129 C 4
Ponte Stella 130 D 3
Ponte Stoppino 120 B 1
Pontestrambo 114 C 3
Pontestura 83 D 6
Pontet 58 B 3
Ponte Taro 102 D 2
Ponteterra 102 B 3
Pontetetto 129 E 6
Ponte Tre Denari 177 C 5
Ponte Tresa 152 C 1
Pontetto 32 D-E 2
Ponte Ulica 191 A 5
Ponte Valleceppi 152 C 1
Pontevécchio 111 B 5
Ponte Vécchio (MI) 67 D-E 4
Ponte Vécchio (RC) 252 E 3
Ponte Ventuno 89 E 5
Ponte Verúcchio 134 D 2
Pontevico 88 C 1
Pontey 47 C 6
Ponte Zanano 70 B 3
Ponte Zurlo, Torre di- 245 C 6
Pont-Haut 108 D 2
Ponti (AL) 97 E 6
Ponti (CA) 318 C 3
Ponti (IM) 123 B 4
Ponti, Rifúgio- 36 D 1
Ponticelli (BO-Ímola) 119 E 6
Ponticelli (BO-San Pietro in
    Casale) 105 D 5
Ponticelli (NA) 215 B 5
Ponticelli (PG-Città della Pieve)
    151 E 4
Ponticelli (PG-Deruta) 152 D 1
Ponticelli (RI) 170 E 3
Ponticelli di Sotto 138 C 1
Ponticello (MS) 115 D 5-6
Ponticello = Brückele 31 C 5
Ponticino 140 D 2
Ponticino = Bundschen 27 D 6
Pontida 69 A-B 4
Ponti di Spagna 105 B 5
Pontignano 149 A 6
Pontile 153 B 5
Pontinia 191 C 6
Pontinvrea 111 C 6
Pontirolo 88 D 2
Pontirolo Nuovo 69 C 4
Pontirone 34 B 2
Pontirone, Valle- 34 B 2
Ponti Rossi 202 E 3
Ponti sul Míncio 89 A 5
Pontito 130 C 1
Pontóglio 69 C 6
Ponton 72 D 2
Ponton, Alpe- 47 D 5
Pontoncello 90 B 3
Pontone 117 C 4-5
Pontorme 138 B 2
Pontoro 130 D 1
Ponto Valentino 33 A 6
Pontrémoli 115 D 5
Pontresina 24 E 2
Pontes, Castello- 309 C 5
Ponte Saetta 77 C 5
Pont Serrand 46 C 2
Pont-Suaz 47 C 4-5
Pont-Trentaz 49 D 5
Ponturin 46 E 1
Ponza 190 D 1
Ponza, Ísola di- 190 D 2
Ponza Grande, Monte- =
    Visoka Ponca 45 C 6
Ponzalla 131 C 6
Ponzana 66 E 1

Ponzanello 128 A 2
Ponzano (BO) 118 D 3
Ponzano (PO) 131 E 4
Ponzano (PT) 130 D 3
Ponzano (TE) 164 B 2
Ponzano (VT) 160 D 3
Ponzano di Fermo 155 B 4
Ponzano Magra 127 C 5
Ponzano Monferrato 83 D 5
Ponzano Romano 170 D 1
Ponzano Superiore 127 C 5
Ponzano Véneto 75 B 5
Ponzate 53 E 4
Ponze 153 E 4
Ponzema, Torrente- 112 B 2-3
Ponziane, Ísole- 190 D 2-3
Ponzolotti 73 B 4
Ponzone (AL) 112 A 1
Ponzone (BI) 65 B 5
Ponzone, Torrente- 65 B 5
Poorse, Valle di- 42 C 2-3
Popelli 253 D 6
Popena, Piz- 31 D 5
Popera, Monte- = Hochbrunner
    Schneid A2 B 2-3
Popera di Valgrande, Monte-
    42 C 3
Popetra 79 D 5
Popíglio 130 C 1
Popini, Monte- 245 B 5
Pópola 153 E 4
Popolano 132 B 2
Pópoli (PE) 173 E 4
Pópoli (PG) 163 B 4
Pópolo (AL) 84 D 1
Pópolo (TE) 164 C 1-2
Poponi, Monte- 163 E 4
Poppe, Monte- 156 C 2
Poppi 140 A 2
Poppiano 139 C 4
Poppino 51 B 6
Populónia 147 D 5
Populónia, Stazione- 147 D 5
Por 56 C 2
Pora 71 C 6
Pora, Malga Alta di- 55 D 4
Pora, Monte- 55 D 4
Pora, Torrente- 111 E 5
Porággia, Ísola di- 296 A 3
Porana 85 E 5
Porano 160 C 3
Porassey 46 C 2
Porcara (BN) 196 C 3
Porcara (MN) 105 A-B 4
Porcara (VR) 73 D 4
Porcara, Monte- 263 B 5
Porcari 129 E 6
Porcaria, Torrente- 291 B 5
Porceddu, Monte- 316 D 1
Porceddus, Rio- 321 C 6
Porcella 72 E 2
Porcellengo 75 B 5
Porcellino 140 C 1
Porcello, Monte- 262 E 1
Porcèn 59 C 4
Porcentico 133 C 4
Porcetti 91 C 5
Porche, Monte- 154 E 1
Porcheria, la- 279 C 4
Porcheria, Ponte- 287 B 6
Porchette, Foce di- 129 C 5
Pórchia 154 C 3
Porchiano (AP) 154 D 3
Porchiano (PG) 161 B 5
Porchiano (TR) 161 D 4
Porchiles, Nuraghe- 308 E 1
Porcia 61 D 4
Porciano (FR) 181 D 4
Porciano (PT) 130 E 3
Porcigatone 115 B 4
Porcile 113 A 5
Porcile, Monte- 114 D 3
Porcina, Montagne della-
    245 B 5
Porcino 72 C 2
Porciorasco 114-115 D 3-4
Porco, Ísola- 297 C 5
Porco, Monte- 195 C 5
Porco, Ponte del- 186 E 1
Pórcos, Nuraghe- 306 C 2
Pordenone 61 D 4-5

Pordenone, Rifúgio- **42** E 3
Pordoi, Passo- **30** E 3
Poreta **162** B 2
Porettina **35** D 5
Poris, Pizzo- **54** B 3
Porle **71** C 4
Porlezza **53** B 4
Pornassino **123** A-B 4
Pornássio **123** B 4
Pornello **160** A 3
Pornina, Róccolo- **37** D 5
Poro, Capo di- **156** D 2
Poro, Monte- **248** E 2
Porossan **47** B 4-5
Porotto **105** C 6
Porpetto **62** D 3
Porponi **138** B 3
Porporana **105** B 5
Porporano **102** E 3
Porrara, Monte- **183** B 5
Porrazzito **289** B 6
Porrello, Casa- **293** D 5
Porrena **140** A 2
Porreta **129** B 4-5
Porretta Terme **130** A-B 3
Porri **111** C 6
Porri, Ísola dei- **298** D 1
Porri, Monte dei- **272** D 3
Porrino **181** E 6
Porro, Rifúgio- =
    Neveser Jochhütte **29** B 5
Porrona (AL) **98** C 3
Porrona (GR) **159** A 4
Porta (BG) **54** B 2
Porta (MS) **128** C 3
Porta (Svízzera) **33** E 5
Porta, Masseria la- **186** D 1
Porta Carlo, Rifúgio- **53** D 5
Portacomaro **97** B 5
Portacomaro, Stazione di-
    97 B 5
Portálbera **86** E 2
Porta Manazzo, Malga- **58** C 1
Porta Materna, Passo- **151** D 5
Portanuova **98** D 2
Portária **161** C 6
Portatore, Fiume- **192** D 2
Porte **95** B 5
Porte, Col de la- **122** D 1
Portedda, Válico sa- **319** D 5
Porte del Cavallino **76** E 3
Portegrandi **76** D 2
Portella **194** B 1
Portella, Monte- (AQ) **172** B 2
Portella, Monte- (CZ) **250** B-C 1
Portella Bordonaro **263** C 5
Portella Calcatizzo **268** B 2
Portella Campanaro **279** C 5
Portella Castanea **258** B 2
Portella Castro **281** D 4
Portella Cerasa
    (ME-Montalbano Elicona)
    269 C 4
Portella Cerasa (ME-Capizzi)
    267 D 5
Portella Cipolla **285** D 5
Portella Corso **285** D 5
Portella Creta **281** B 4
Portella Croce Mancina
    269 C 4
Portella del Bafurco **266** E 3
Portella dell'Áccia **263** C 5
Portella della Croce **263** E 5
Portella della Miráglia **268** D 1
Portella della Páglia **262** C 3
Portella dell'Óbolo **267** D 6
Portella dello Scavo **279** C 4
Portella dello Zoppo **268** C 3
Portella del Lupo **279** B 4
Portella del Mónaco **267** E 6
Portella del Morto **279** D 6
Portella del Pianetto
    (PA-Belmonte Mezzagno)
    263 C 4
Portella del Pianetto
    (PA-Contessa Entellina)
    277 B 5
Portella del Toro **285** A 6
Portella del Vento **280** D 3
Portella Di Blasi **263** D 5
Portella di Cáscio **265** E 6

Portella di Mare (PA-Misilmeri)
    263 B 5
Portella di Mare (PA-Válico)
    265 E 6
Portella di Montenero **266** C 3
Portella di Naro **285** D 5
Portella di Nicosia **267** E 6
Portella di Póira **262** D 3
Portella di Recattivo **279** D 6
Portella di Rocca Corvo **285** D 4
Portella di Sette Frati **265** E 6
Portella di Xirbi **279** E 6
Portella Fémmina Morta
    268 D 1
Portella Ginestra **262** C 3
Portella Grottacalda **281** E 5
Portella Guastella **262** C 2
Portella Imbriaca **278** C 1
Portella Impiso **262** B 3
Portella Madonnuzza **266** E 3
Portella Manderini **266** D 3
Portella Mandrazzi **269** C 5
Portella Mangiante **266** E 1
Portella Misilbesi **275** C 6
Portella Mola **278** C 2
Portella Palermo **279** D 6
Portella Pertusa **269** C 5
Portella San Martino **267** E 5
Portella San Rizzo **258** B 1
Portella Sant'Ágata **263** C 4
Portella Scannata **278** C 3
Portella Scorciavacche **263** E 4
Portella Tanabuco **278** E 3
Portella Torretta **262** A 3
Portella Zilla **269** C 4
Portelle, Trívio- **267** E 5
Portello, Válico- **113** B 5-6
Portese **71** C 5
Portese, Cala- **297** C 5
Portesine **93** E 5
Portette, Lago delle- **109** E 4
Porticciolo, il- **156** C 3
Porticciolo, Torre del- **300** C 1
Porticelle Soprane **268** D 2
Porticelle Sottane **268** D 2
Porticello (ME) **273** D 4
Porticello (PA) **263** B 5
Porticello, Torre di- **189** B 5
Porticello-Santa Trada
    256 B-C 1
Portichetto **52** E 3
Pórtici (BG) **69** E 6
Pórtici (PT) **130** E 1
Pórtici (NA) **215** C 5
Pórtico **69** E 6
Pórtico di Caserta **202** D 2
Pórtico di Romagna **132** C 3
Portico e San Benedetto
    132 C 2-3
Portiere-Stella, Stazione-
    283 D 4
Portigliola **257** B 5
Portigliola, Fiumara- **257** B 5
Portiglione **157** C 5
Portile **118** B 2
Pórtio **111** E 6
Portiolo **103** A-B 6
Portirone **70** B 2
Pórtis **44** D 2
Portisco **297** E 5
Portixeddu **314** D 2
Portjoch = Forcella di Porto
    28 B 2
Pórtles, Pizzo- = Portles-Spitze
    26 B 1
Portles-Spitze = Pizzo Pòrtles
    26 B-C 1
Porto (GE) **113** B 5-6
Porto (PD) **92** C 1
Porto (PG) **151** D 4
Porto (PZ) **235** E 4
Porto (RA) **121** C 4-5
Porto (RM) **177** D 6
Porto (SI) **150** B 3
Porto, Bonífica di- **177** D 6
Porto, Forcella di- = Portjoch
    28 B 2
Porto, il- **190** C 1
Porto, Masseria del- **210** E 2
Porto Alabe **306** E 2
Porto Azzurro **156** D 3

Porto Badino **192** E 2
Portobello di Gallura **296** D 1-2
Porto Botte **319** C 4
Porto Botte, Stagno di- **319** C 4
Portobuffolè **76** A 2
Portocannone **185** B 5-6
Porto Cerésio **52** C-D 2
Porto Cervo **297** D 5
Porto Cesáreo **226** D 3
Porto Cesáreo, Area Marina
    Protetta- **226** D 2-3
Porto Civitanova **145** E 5
Porto Clementino **168** D 1
Porto Columbu-Perd 'e Sali
    320 D 2
Porto Conte **300** D 1
Porto Conte, Parco Regionale-
    300 C-D 1-2
Porto Corsini **121** C 5
Porto d'Adda **69** B 4
Porto d'Áscoli **155** D 5
Porto di Brenzone **72** B 2
Porto di Vasto, Stazione di-
    175 D 5
Porto Dusano **71** D 5
Porto Empédocle **284** C 2-3
Porto Ércole **166** C 3
Porto Faro **297** C 4
Portoferráio **156** C 2
Portofino **113** D 6
Portofino, Area Marina
    Protetta- **113** D 5
Portofino, Monte di- **113** D 5
Portofino, Parco Regionale di-
    113 D 5
Portofino, Punta- **113** D 6
Portofino Vetta **113** D 5
Porto Foxi **320** D 2
Porto Fuori **121** D 5
Porto Garibaldi **107** E 4-5
Portogreco **189** C 5
Portogruaro **77** A-B 4-5
Portolano, Masseria- **227** E 5
Pórtole (AR) **151** A 4
Pórtole (BS) **70** B 2
Porto Levante (ME) **270** A 3
Porto Levante (RO) **107** A 5
Pórtolo **39** C 4
Portomaggiore **106** D-E 1-2
Porto Mandriola **310** B 2
Porto Mantovano **89** D 5-6
Porto Marghera **75** E 6
Porto Maurízio **123** D 4-5
Portone del Pizzo **102** B 2
Portonovo (AN) **145** B 4
Portonovo (BO) **120** B 1
Porto Nuovo **258** C 2-3
Porto Páglia (CA) **318** A 3
Porto Páglia (SS) **297** D 5
Portopaleddu **318** A 2
Porto Palma **314** A 2
Porto Palo **275** D 6
Portopalo, Rada di- **295** E 4
Portopalo di Capo Pássero
    295 E 4
Porto Portese **71** C 5
Porto Potenza Picena **145** D 5
Porto Puddu **297** C 4
Porto Recanati **145** C-D 5
Porto Ronco **33** E 5
Portorose → Portorož
    78-79 D 3-4
Porto Rotondo **297** E 5
Portorotta **106** D-E 1
Portorož (Portorose)
    78-79 D 3-4
Portosalvo **269** A 5
Porto Salvo (LT) **193** E 4
Porto Salvo (VV) **248** D 3
Porto San Giórgio **155** A 5
Porto San Páolo **303** B 6
Porto Santa Margherita
    77 C-D 5
Porto Sant'Elpídio **145** E 6
Porto Santo Stéfano **166** C 3
Portoscuso **318** A 2-3
Porto Secco **93** E 5
Portoselvaggio e Palude del
    Capitano, Parco Regionale-
    226-227 E 3-4
Porto Tolle **107** B 5

Porto Tórres **298** D 3
Porto Valtraváglia **51** C 6
Portovécchio la Báia **105** B 4
Portovénere **127** D-E 4
Portovénere, Parco Regionale
    di- **127** D 4
Portoverrara **106** E 2
Portovesme **318** A 3
Porto Viro **107** A 4-5
Portuense, Via- **177** C-D 6
Pórtula (BI-Bióglio) **65** B 5
Pórtula (BI-Pórtula) **65** B 5
Pórtula, Válico sa- **54** B 3
Pórtule, Cima- **58** C 1
Porvica, Masseria- **225** E 5
Porza **52** B 2
Porzano **70** E 3
Porzehütte **43** A-B 4
Porziano **152** C 3
Porzus **63** A 4
Posa **59** E 4
Posada **305** E 5
Posada, Fiume di- **303** D 4
Posada, Lago di- **303** D 5-6
Posara **116** E 2
Posasso, Monte- **113** B 6
Posatora **145** B 4
Poscante **54** E 1
Poschiano **36** C 3
Poschiavo **36** C 3
Poschiavo, Lago di- **36** C-D 3
Poschiavo, Val di-
    36-37 B-D 3-4
Pósico **71** B 4
Posillesi **275** A 4-5
Posíllipo **215** C 4
Posíllipo, Capo di- **215** C 4
Pósina **57** E 6
Pósina, Torrente- **57** E 6
Positano **216** D 3
Posmon **59** E 5
Pósola **130** B 3
Possagno **59** E 4
Possàl **43** C 5
Possidente **219** B 6
Posta (RI) **163** E 4
Posta (TO) **82** E 1
Posta (VI) **57** D 6
Posta, la- **131** A 5
Posta Berardi **199** B 4
Posta dei Preti, Masseria-
    199 C 4
Posta Fibreno **182** E 2
Póstal = Burgstall **27** D 5
Postalésio **36** E 1
Posta Nuova **186** D 3
Posta Nuova, Masseria-
    199 C 4
Posta Piana **206** B 1
Postegàe, Cima- **42** E 3
Posterle **94** E 3
Posticciola **171** D 4
Posticeddu **213** C 5
Postiere, Taverna del- **235** D 5
Postiglione (SA-Ogliastro
    Cilento) **232** B 3
Postiglione (SA-Postiglione)
    218 D 3
Postignano, Rocca di- **152** C 3
Postino **86** B 3
Postioma **75** B 5
Postoncicco **61** D 6
Posto Rácale **230** C 2
Posto Rosso **230** C-D 3
Póstua **50** E 2-3
Postúmia, Via- (MN) **89** C-D 4-5
Postúmia, Via- (TV) **75** B 4-5
Potame **244** C 3
Pótami, Torrente- **249** E 4
Pótamo, Fiume- **253** D 5
Potenza **220** C 1
Potenza, Fiume- **145** D 4
Potenza Picena **145** D 5
Poténzoni **248** D 3
Poti, Alpe di- **141** D 4
Potocco, Torrente- → Potok
    78-79 E 3-4
Potoče (Slovénia) **79** B 6
Potok (Torrente Potocco) **78** E 3
Pourachet **94** A 1
Pourri, Mont- **46** E 1

Pourrières **80** E 3
Pove del Grappa **58** E 3
Povéglia **93** B 5
Povegliano **75** B 5
Povegliano Veronese **89** B 6
Poverella **245** C 5
Poverella-Villággio Mancuso,
    Riserva Naturale- **245** E 5-6
Poverello, Monte- **269** B 6
Póvici **44** D 3
Povíglio **103** D 4
Povir **79** B 6
Povolaro (UD) **43** C 6
Povolaro (VI) **74** C 1
Povoletto **63** B 4
Poyaz **47** C 4
Poza **194** D-E 2
Pozza (AP) **163** B 6
Pozza (AQ) **171** B 6
Pozza (MO) **118** B 3
Pozza (VI) **73** B 5
Pozza, Monte- = Stadlegg
    39 B 4
Pozzácchera, Monte- **148** B 1
Pozzácchio **57** E 5
Pozza di Fassa **40** B 3
Pozzáglia Sabina **171** E 4
Pozzáglio ed Uniti **88** D 1
Pozzale (BL) **42** D 2
Pozzale (FI) **138** C 3
Pozzális **62** B 2
Pozzallo **293** D 5
Pozze, le- **130** D 3
Pozze, Malga- **38** C 2
Pozzecco **62** C 2
Pozzella, Torre- **212** B 3
Pozzelle, Masseria- **199** D 6
Pozzelle, Serra delle- **195** C 4
Pozzello, Masseria- **229** E 5
Pozzengo **83** D 5
Pozzette, Cima delle- **72** B 2
Pozzetto **92** D 2
Pozzetto, Monte- **287** B 6
Pozzi (LU) **129** C 4
Pozzi (RC) **256** D 1
Pozzi (VE) **62** E 1
Pozzi, i- **235** E 4
Pozzilli **194** B 2
Pozzillo (CE) **194** F 3
Pozzillo (CT) **283** A 6
Pozzillo (TP) **260** E 3
Pozzillo, Cantoniera- **204** B 3
Pozzillo, Lago di- **282** A 1-2
Pozzillo, Monte- **285** D 4
Pozzillo, Torre- **262** A 2
Pózzis **43** C 6
Pozzo (AL) **83** D 5
Pozzo (AR) **150** A 3
Pozzo (CN) **96** E 3
Pozzo (MC) **143** E 6
Pozzo (MS) **115** D 3
Pozzo (PG) **161** A 5-6
Pozzo (PN-Pasiano di
    Pordenone) **76** A 3
Pozzo (PN-San Giórgio della
    Richinvelda) **61** C 6
Pozzo (RA) **132** A 2
Pozzo (RC) **257** C 5
Pozzo (UD) **62** C 1
Pozzo (VR-Roverchiara) **91** C 4
Pozzo (VR-San Giovanni
    Lupatoto) **90** B 2
Pozzo, Monte- **122** E 2
Pozzo, Piano del- **289** C 4
Pozzo, Porto- **296** C 3
Pozzo Alto **135** E 4-5
Pozzo Barónzio **88** D 2
Pozzobòn **75** B 4
Pozzo Catena **89** B 4
Pozzo Colmo, Masseria-
    199 D 5
Pozzo d'Adda **69** C 4
Pozzofetente, Serra- **233** D 4
Pozzolengo **89** A-B 5
Pozzoleone **74** C 2
Pozzòl Groppo **99** C 4
Pozzòl Groppo, Castello di-
    99 C 5
Pozzolo (MN) **89** C 5
Pozzolo (PR) **101** E 4
Pozzolo (PV) **85** E 6

Pozzolo (VI) **91** A-B 5
Pozzolo, Ponte- **34** C 2
Pozzolo Formigaro **98** D 3
Pozzomaggiore **307** C 4
Pozzo Maiore, Nuraghe-
    307 E 4
Pozzo Mónaco, Masseria
    di- **199** E 4
Pozzoni, Monte- **163** C 4
Pozzonovo **92** D 1
Pozzo Nuovo **150** A 3
Pozzorómolo **217** A 4
Pozzo Rossi **119** D 4
Pozzo Salerno, Masseria-
    211 E 6
Pozzo San Nicola **298** D 2
Pozzo Terraneo **199** E 4
Pozzovétere **202** D 2
Pozzo Zingaro, Masseria-
    198 C 2
Pozzuoli **215** C 4
Pozzuoli, Cima di- **32** E 1
Pozzuoli, Golfo di-
    214-215 C 3-4
Pozzuolo (LU) **129** E 5
Pozzuolo (MC) **153** C 6
Pozzuolo (PG) **151** C 4
Pozzuolo (PU) **143** A 4
Pozzuolo (SI) **150** B 1
Pozzuolo del Friuli **62** C 3
Pozzuolo Martesana **69** D 4
Pra' **112** C 3
Pra (CN) **110** D 2
Pra (PD) **91** D 6
Pra (TO) **94** C 3
Prà (VI) **57** E 6
Pra, le- **108** C 2
Prabernardo **50** B 2
Prabione **71** B 6
Pracabàn, Monte- **112** A 2-3
Prà Campo **37** D 4
Pra Catinat **80-81** E 3-4
Pracchi **129** B 6
Prácchia (PT) **130** C 2
Prácchia (TR) **161** C 6
Prácchiola **115** C 6
Praciadelan **42** D 2
Pracúpola = Kuppelwies **26** E 3
Prada (CU) **53** B 5
Prada (LO) **86** B 3
Prada (PR) **116** B 3
Prada (RA) **120** D-E 3
Prada (Svízzera) **36** C 3
Prada (TN) **57** E 4
Prada (VR) **72** C 2
Prada, Bocchetta di- **53** C 5
Pradalago **38** D 2
Pradálbora **100** E 3
Pradalunga **69** A 1
Pradamano **63** B-C 4
Prad am Stilfserjoch =
    Prato allo Stélvio **26** D 1
Pradarena, Passo de- **116** C 3
Pra da Stua, Lago- **56-57** E 3-4
Pradazzo **87** B 5
Pradazzo, Monte- **41** C 4
Prade **40** E 3
Pradeboni **110** D 1
Pradella (BG) **55** C 4
Pradella (Svízzera) **25** B 5
Pradellano **58** B 2
Pradelle (PV) **99** C 6
Pradelle (VR-Gazzo Veronese)
    90 D 2
Pradelle (VR-Nogarole Rocca)
    89 C 6
Pradello (MN) **90** D 2
Pradello (PC) **100** D 2
Pradeltorno **95** B 4
Praderádego, Osteria- **59** C 6
Pra di Botte **91** C 6
Pradidali, Rifúgio- **41** D 4
Pradiélis **44** E 3
Pradil **37** D 4
Prà di Levada **76** B 3
Pradipaldo **58** E 3
Pradipozzo **77** A 4
Pra de Ran **49** C-D 4
Pradis **43** E 5
Prádis **44** C 3
Prádis di Sopra **61** A 6

Prádis di Sotto **61** A 6
Prà di Sopra = Oberau **30** B 1
Pradléves **109** B 4
Pradónego **72** C 2
Pradovera **100** E 2
Prads, les- **108** A 1
Pradumbli **43** C 5
Praesto, Croce di- **123** D 4
Pragatto **118** C 3
Pragelato **94** A 2
Prággia **112** B 3
Práglia, Abbazia di- **92** B 1
Prags = Bráies **31** C 5
Pragser Wildsee =
 Lago di Bráies **31** C 4-5
Práia, Villaggio- **252** C 3
Práia a Mare (CS) **240** A 1
Práia a Mare (TA) **224** D 3
Praialonga **251** C 5
Praiano **216-217** D 3-4
Práie (TO-Locana) **81** A 6
Praie (TO-Monteu da Po) **83** D 4
Práie, Grotta delle- **173** E 5-6
Praiet, Piano del- **122** A 1
Prainito, Cava del- **293** B 5
Prainito, il- **293** B 5
Pralboino **88** C 2
Prale **123** B 5
Prali **94** B 3
Pralin-Mugnier, Refuge- **80** A 1
Pralognan-la-Vanoise **80** A 1
Pralongia, Monte- **30** E 3
Pralongo **41** C 6
Pralormo **96** C 3
Pralunghi **73** C 4
Pralungo **65** B-C 4
Pramadíccio, Passo di- **39** C 6
Pramaera, Rio- **313** B-C 5
Pramaggiore **77** A 4
Pramaggiore, Monte- **43** E 4
Pramaggiore, Stazione di-
 77 A 4
Pramallè **109** B 5
Pramand, Monte- **80** E 2
Prà Marina **107** B 5
Prà Martino, Colle- **95** B 5
Pramollo **95** B 4
Pramollo, Passo di- **44** B 3
Pramónico **64** E 2
Prampa, Monte- **117** D 4
Pramper, Cima di- **41** D 6
Pranárgia, Monte sa- **312** E 3
Prandáglio **71** C 5
Prandoni, Fattoria- **70** E 3
Praneddas, Rio sas- **303** D-E 5
Pranello **116** A 2
Pran 'e Sartu, Monte- **317** C 4
Prano, Monte- **129** D 5
Pranòlz **59** B 6
Prantach = Prantago **27** B 5
Prantago = Prantach **27** B 5
Prantalladas, Nuraghe- **307** E 6
Pranu de Fóllas, Nuraghe-
 312 E 1
Pranu de Sedda, su- **315** D 5
Pranu Murdegu (CA) **315** B 4
Pranu Murdegu (NU) **312** D 2
Pránus, Foresta is- **317** B 4
Pranu Mutteddu **316** C 5
Pranu Ollisa, Nuraghe- **311** C 5
Pranu Sánguni, Cantoniera-
 316 D 3
Pranu Siddi **315** A 5
Pranzalito **64** E 3
Pranzaturo, Monte- **195** C 4
Pranzo **56** D 3
Práole **72** D 3
Pra Piano **80** D 3
Prapótnizza **63** A 6
Praproče (Slovénia) **79** D 6
Prarayer **47** A 6
Prarion, le- **46** A 1
Prariond (AO) **46** D 3
Prariond (Fráncia) **81** A 4
Pra Riondo, Rifúgio- **112** C 1
Prarolo (GE) **99** E 4
Prarolo (VC) **84** B 1
Prarostino **95** B 5
Prasco **98** E 1
Prasco Cremolino, Stazione di-
 98 E 1

Prascondù, Santuário di- **81** A 6
Prascorsano **64** E 1
Pra Sec **46** A 2-3
Praso **56** C 2
Prasomaso **36** E 2
Prà Sottano **111** C 6
Prassolàn, Monte- **58** D 3
Prástio **238** E 1
Prastmann = Pratomagno
 29 C 6
Prata (CN) **110** C 3
Prata (GR) **148** D 3
Prata (LI) **148** D 1
Prata (VB) **50** B 3
Prata, le- **153** D 4
Prata, Pizzo di- **35** C 5
Prata Camportáccio **35** C 5
Pratáccio **130** C 2
Prata d'Ansidónia **172** C-D 2
Prata di Pordenone **61** E 4
Prata di Principato Ultra
 203 E 6
Prata di Sopra **61** E 4
Prata di Sotto **61** E 4
Prata Inferiore **194** C 3
Pratalborato **98** E 2
Pratale **140** A 2-3
Pratalútoli **140** A 2
Pratantico **140** B 2
Prata Sannita **194** C 2
Pratavécchia **109** B 5
Pratella **194** C 3
Pratello (AQ) **183** C 4-5
Pratello (BS) **71** D 5
Pratello, Monte- (AQ) **183** C 4
Pratello, Monte- (FC) **132** B 3
Prateria **253** C 5
Pratetto **49** E 6
Prati (GE) **114** D 2
Prati (RA) **120** C 3
Prati (VR) **72** C 3
Prati = Wiesen **28** B 3
Prati, i- (BS) **71** E 4
Prati, i- (TR) **162** E 1
Pratica di Mare **179** E 4
Praticello **102** D 3
Prati di Logárghena **115** D 6
Prati di Santa Maria **172** E 2
Prati di Tésido = Wiesen **31** B 5
Prati di Tivo **164** E 1
Pratieghi **141** A 5
Prati Gággio **36** D 1
Pratíglio, Monte- **180** C 3
Pratiglione **64** E 1
Pratignano, Lago- **130** A 2
Prati Nuovi **77** B 5
Pratìssolo **117** A 6
Pratizzano, Passo di- **116** D 3
Prato (GE-Génova) **113** C 4
Prato (GE-Ne) **114** D 2
Prato (PG) **141** E 5
Prato (PO) **131** E 4
Prato (PR-Bedónia)
 114-115 B 3-4
Prato (PR-Mónchio delle Corti)
 116 C 2
Prato (RE) **103** E 5
Prato (Svízzera) **33** A 5
Prato (Svízzera) **33** B 5
Prato (TR) **160-161** B 3-4
Prato (VB) **50** B 2
Prato, Casa- **281** D 5
Prato, Cozzo- **281** E 5
Prato, Monte- (RE) **117** E 4
Prato, Monte- (RI) **163** D 4
Prato, Ponte- **196** A 2
Prato, Tempa del- **218** E 3
Prato, Valle- **33** B 5
Prato alla Drava = Winnebach
 31 C 6
Prato all'Isarco = Blumau
 40 A 1
Prato allo Stélvio = Prad am
 Stilferjoch **26** D 1
Prato Barbieri **100** E 3
Pratobello **312** A 3
Pratobotrile **81** D 5
Prato Cárnico **43** C 5
Prato Caselle, Pizzo del-
 193 A 6
Prato Ciorliero **108** B 2

Prato Croce, Rifúgio- =
 Kreuzwiesenhütte **30** B 3
Prato delle Fémmine **115** B 4
Prato delle Macináie **159** B 5
Prato di Résia **45** D 4
Prato di Strada **140** A 2
Pratoferro **64** E 3
Pratofontana **103** E 5
Prato Gentile **183** C 6
Pratogrande **101** E 4
Prato Guglielmo **95** E 4
Pratoianni **171** C 4
Prátola Peligna **182** A 3
Prátola Serra **203** E 6
Pratolino **131** E 5
Pratolungo (AL) **98** E 3
Pratolungo (CN-Sampéyre)
 109 A 4
Pratolungo (CN-Vinádio)
 108 D 3
Pratolungo (GR) **159** D 6
Pratolungo (NO) **51** D 4
Pratolungo (PR) **116** C 3
Pratolungo (PV) **99** E 6
Pratolungo, Forcella di- **194** B 1
Pratomagno = Prastmann
 29 C 6
Pratomagno, Croce di- **140** B 2
Pratomagno, Monti- **140** B 1-2
Prato Maiuri, Monte- **182** C 2
Prato Maslino **36** D 1
Pratomédici **115** E 6
Prato Mollo, Rifúgio- **114** C 2
Pratone, Monte- **131** C 6
Pratomorone **97** C 4
Prato Nevoso **110** D 2
Prato Perillo **233** A 6
Prato Piazza = Plätzwiesen
 31 D 5
Prátora **249** A 6
Prato Ranieri **157** B 5
Prato Rosso, Rifúgio- **182** C 3
Pratorotondo **108** B 2
Pratorsi, Piano di- **130** B 2
Prato San Pietro **53** B 6
Prato Sardo, Stazione- **308** D 2
Prato Selva **164** E 1
Prato Sésia **65** D 6
Prato Sopralacroce **114** C 2
Prato-Sornico **33** B 5
Prato Spilla **116** D 2
Prato Valentino **36** E 3
Pratovalle **140** C 2
Pratovécchio **140** A 2
Pratovigero **95** A 6
Pratrivero **65** B 5
Praturlone **61** E 5
Pravisdòmini **76-77** A 3-4
Pravlarin **112** B 1
Pray **65** B 5
Praz (AO-Issime) **49** D 5
Praz (AO-Nus) **47** B 6
Praz, le- **80** A 1
Prazet **24** C 3
Prazzo **108** A 3
Prazzo Inferiore **108** B 3
Prazzo Superiore **108** B 3
Prea (CN) **110** D 1
Prea (CE) **194** D 1
Prealba, Monte- **70** C 3
Prealpi Giulie, Parco Regionale
 delle- **44** D 3
Preara **74** B-C 1
Prearba, Monte- **123** C 4
Preare **92** C 1
Preazzano **215** E 6
Precariti, Fiumara- **255** D 4
Precaságlio **37** D 6
Precenicco **62** E 2
Precenico **63** E 6
Preci **162** A 3
Precícchie **143** E 5
Precona **105** A 6
Preda **24** D 1
Predáia **39** D 6
Predálbora **100** E 3
Predáppio **133** B 4
Predáppio Alta **133** B 4
Preda Rossa **36** D 1
Predazzo **40** C 2

Predda Niedda **299** E 4
Pré de Bar **46** A 3
Predel (Predil) **45** C 5
Predella, Monte- **101** D 5
Predèlp, Passo- **33** A 6
Prediera **117** B 5
Predil → Predel **45** C 5
Predil, Lago del- **45** C 5
Predil, Passo del- **45** C 5
Prè di Ledro **56** D 3
Predoi = Prettau **29** C 5
Predónico = Perdonig **27** E 5
Predore **70** B 2
Predosa **98** D 2
Predosa, Monte- **70** C 3
Predosu, Nuraghe- **308** D 2
Prefetti, Fosso dei- **191** A 4
Preganti, Nuraghe- **316** B 2
Preganziòl **75** C 5
Pregara **79** E 5
Pregásio **71** A-B 6
Pregassona **52** B 3
Preggio **151** B 6
Preghena **38** B 3
Pregiato **217** C 5
Préglia **32** E 2
Pregnana Milanese **67** D 5
Pregno **70** C 3
Pregola **99** D 6
Prégonde, la- **108** B 1
Pregossa **33** D 6
Préia **50** C 3
Preisi, Monte- **197** E 6
Préit **108** B 3
Préit, Vallone del- **108** B 3
Preitoni **248** E 2
Prel, Colla del- **110** D 2
Prelà **123** D 5
Prelerna **115** A 6
Prelle **65** D 4-5
Prelo (VB-SO) **50-51** C 3-4
Prelo (SV) **111** E 6
Premádio **25** E 5
Premana **53** B 6
Premaòr **59** D 6
Premare **92** B 3
Premariacco **63** B 4
Premeno **51** B-C 5
Premenugo **68** D 3
Premezzo **66** B 3
Prémia **32** C 3
Premilcuore **132** D 2-3
Prémolo **54** D 3
Premosello Chiovenda **50** B 3
Pren **59** B 4
Prena, Monte- **172** B 3
Prendera, la Rocchetta di-
 41 B 6
Prendómino **99** C 5
Prene = Prenn **27** C 5
Prenestina, Via- **179** C 6
Prenestini, Monti- **180** B-C 1-2
Prenn = Prene **27** C 5
Préola, Lago- **275** C-D 4
Preone **43** E 6
Preonzo **34** C 2
Preore **56** B 3
Prepezzano **217** C 6
Prepo **152** C 1
Preposti, Guárdia- **297** C 4
Prepotto **63** B 5
Presa **269** E 5
Presa, Ísola la- **297** B 4
Pré-Saint-Didier **46** B 2
Presanella, Cima- **38** D 1
Presanella, Gruppo Montuoso
 la- **38** D 1
Presciane **105** A 6
Presciano (AR) **141** A 2
Presciano (SI) **149** B 6
Prescudin, Foresta del- **60** B 3
Prese **81** A 5
Prese, le- (SO) **37** C 5
Prese, le- (Svízzera) **36** C 3
Preséglie **71** B-C 4
Presegno **55** E 6
Preselle **158** C 3
Presena, Cima- **37** D 6
Presena, Val- **38** D 1
Presenáio **43** B 4

Presenzano **194** C 2
Presezzo **69** B 4-5
Presicce **231** C-D 4
Presina **74** D 2
Présina **91** C 4
Presinaci **248** E 3
Prešnica **79** D 6
Presolana, Passo della-
 55 C-D 4
Presolana, Pizzo della- **55** C 4
Pressana **91** C 5
Pressano **39** E 4
Presseger See **45** A 4-5
Pressocito **257** E 4
Presson **38** C 2
Presta, Forca di- **163** B 5
Prestento **63** A 4
Prestianni **285** A 6
Prestieri **235** D 6
Prestinari **89** C 6
Prestine **55** C-D 6
Prestone **35** B 4
Présule = Prösels **30** E 1
Preta (CE) **194** E 2
Preta (RI) **163** D 6
Pretara **164** E 2
Pretare **163** B 5
Pretaro **174** B 2
Prete, Bosco del- **206** D 2
Prete, Casa- **288** C 2
Prete, Col del- **95** E 4
Prete, Serra del- **238** E 2
Preti, Cima dei- **42** E 3
Preti, Colle dei- **245** C 4
Prétola **152** C 1
Pretónico, Torrente- **164** E 3
Pretoro **173** D 6
Prettau = Predoi **29** C 5
Preturo (AQ) **171** B 6
Preturo (AV) **217** A 5
Prevacina → Prvačina **63** D 6
Prevala, Sella- **45** D 5
Prevalle **71** D 4
Prevallo → Razdrto **79** A 6
Prevenisco **164** C 1
Preyòn **92** D 2
Prezza **182** A 3
Prezza, Monte- **182** A 3
Prezzo **56** D 2
Priabona **73** C 6
Priacco **64** E 2
Priaforà, Monte- **57** E 6
Priami **49** C 6
Priaux, les- **80** B 1
Príccio, Cozzo- **289** E 4
Pri Cerkvi **45** C 6
Pridvor (Sant'António) **79** D 5
Priero **111** C 4
Priezzo **56** E 3
Prignano Cilento **232** B 3
Prignano sulla Sécchia **117** C 6
Prima Porta **179** B 4
Primaluna **53** C 6
Primavalle **177** C 6
Prime Case **170** D 2
Priméglio **83** D-E 4
Primero, Bocca di- **78** B 3
Primicello **106** B 1
Primicério, Masseria- **211** E 6
Primo Campo, Piano- **183** B 5
Primolano **58** C 3
Prímolo **36** D 1-2
Primosole **283** D 5
Prinardo **108** C 2
Príncipe, Bosco del- **253** D 6
Príncipe, Castello del- **215** B 6
Príncipe, Cozzo- **245** A 6
Príncipe, Monte- (Hoher First)
 27 B 4
Príncipe, Trappeto del-
 209 D 4
Principina a Mare **158** D 1
Prinzera, Monte- **116** A 2
Priò **39** D 4
Priocca **97** D 4
Priola (CN) **110** C 3
Priola (UD) **43** C 6
Priola, Punta di- **263** A 4
Priolo **288** D 1
Priolo Gargallo **291** C 5

Priolo-Melilli, Stazione di-
 291 C 5
Priora **215** C 5
Priora, Monte- **154** D 1
Priorato **81** C 6
Priore, Masserie- **207** E 6
Priosa **113** B 6
Prisdarella **253** E 6
Prisnig, Monte- **45** B 5
Prissian = Prissiano **27** E 4-5
Prissiano = Prissian **27** E 4-5
Priuso **43** D 5
Priuso, Forcella di- **43** E 5
Priverno **192** B-C 1-2
Privernum **192** B 2
Privilasco **36** C 3
Prizzi **278** C 2
Prizzi, Lago di- **278** C 1
Procária **81** C 6
Prócchio **156** D 2
Prócchio, Golfo di- **156** C-D 1-2
Proceno **160** B 1
Prócida **214** C 3
Prócida, Canale di- **214** C 3
Prócida, Ísola di- **214** D 3
Prodino, Torrente- **235** D 5
Prodo **161** B 4
Prodolone **61** E 5-6
Profécchia, Casone di- **129** A 5
Profeti (CE) **194** E 3
Profeti (FI) **138** D 3
Prófluo, Canale- **183** D 4
Profóglio, Monte- **153** D 3
Prógero **33** D 6
Progno, Torrente il- **72** C-D 3
Progno di Val Pantena **72** C-D 3
Proh **66** C 1
Promàn, Pizzo- **51** B 4
Promano **141** E 6
Prombialla **130** C 2
Promeggen **43** A 5
Promiod **47** B 6
Promo **71** B 4
Promontogno **35** C 6
Promósio, Passo di- **44** A 2
Propata **113** A-B 5-6
Proratato, Monte- **112** B 3
Prosciutto, Punta- **226** C 2
Prosecco **79** B 4
Prösels = Présule **30** E 1
Prosérpio **53** D 4
Prosito **34** C 2
Prospiano **67** B 4
Prossedi **192** B 2
Prossenicco **45** E 4
Prosto **35** C 5
Prota **116** C 2
Protonotaro **269** A 5
Protte **162** B 1
Prova (MN) **105** A 4
Prova (VR) **91** B 4
Prováglio d'Íseo **70** C 2
Prováglio Val Sábbia **71** B 4
Provagna **60** A 2
Provazzano **116** B 3
Proveis = Proves **38** B 3
Proves = Proveis **38** B 3
Provesano **61** C 6
Provezza **133** A 5
Provonda **95** A 5
Provvidenti **185** D-E 4
Provvidenza, Chiesa la- **212** C 4
Provvidenza, Lago di- **163** E 6
Prózzolo **92** B 3
Prudenzini, Rifúgio- **37** E 6
Prugiasco **33** A 6
Prugna, la- **180** A-B 2
Prugno **132** A 1
Prun **72** D 3
Pruna, Punta sa- **309** C 4
Pruna, Rio sa- **308** E 2
Prunaro **119** C 5-6
Prunarolo **118** E 3
Prunella **259** E 4
Prunetta **130** C 2
Prunetto **111** B 4
Pruno (LU) **129** C 4
Pruno (SA) **233** C 5
Pruno = Elzenbaum **27** A 6
Pruno, Croce di- **233** B 5
Pruno, Fiume- **233** C 5

Pruno, Monte- **233** A 5
Pruno, Póggio al- **148** C 1
Prvačina (Prevacina) **63** D 6
Publino, Lago di- **54** B 2-3
Pubulena, Monte- **301** C 5
Pucci, Villa- **152** D 1
Puccia, Serra di- **279** C 5
Pucciarelli **151** C 4-2
Puccini, Villa- **129** D 5
Puče (Púzzole) **79** E 4
Pudiano **70** E 1
Púdio, Malga- = Pidig Alpe
31 A 5-6
Puéchem **57** D 5
Puegnago del Garda **71** D 5
Púez, Punte del- = Puezspitzen
30 D 3
Púez, Rifúgio del- **30** D 3
Púez-Odle, Parco Regionale-
30 D 2-3
Puezspitzen = Punte del Púez
30 D 3
Pufels = Bulla **30** E 1
Puflatschalpe = Bulláccia
30 E 1
Puginate **67** B 5
Púglia (AR) **140** D 3
Púglia (PC) **87** E 4
Púglia, Torrente- **152** E 1
Puglianella **129** B 4-5
Puglianello **195** E 5
Pugliano (CE) **194** E 2
Pugliano (SA) **217** C 6
Pugliano (PU) **134** E 2
Pugliese **207** E 5
Pugliese, Taverna- **219** B 5
Puglietta **218** C 2
Púgliola **127** D 4
Pugnano **129** E 5
Pugnello **73** D 5
Pugnenta, Becca- **46** C 2
Pugnétolo **116** B 2
Pugnetto **81** C 6
Pugnochiuso **189** D 5
Pugnochiuso, Báia di-
189 D 5
Pugnolo **88** E 2
Púia **61** E 4
Puianello **117** A 5
Pula **320** D-E 1
Pula, Capo di- **320** E 2
Pula, Rio di **320** D 1
Pulcherini **193** D-E 6
Pulchiana, Monte- **296** E 2
Pulci, Castello- **139** B 4
Pulci, le- **152** C 1
Puliciano **140** E 3
Púliga, Nuraghe sa- **313** D 5
Puligno **131** B 6
Pulledrari **130** B 2
Pullir **59** B 5
Pullo **268** B 2
Pulo, Dolina il- (BA-Altamura)
207 D 6
Pulo, Dolina il- (BA-Molfetta)
207 A 6
Pulpazo **299** D 5
Púlpito, Punta del- **156** A 1
Pulsano **225** D 4
Pumenengo **69** D 6
Puni, Rio- = Punibach **26** B-C 1
Punibach = Rio Puni **26** B-C 1
Punnacci, Nuraghe- **313** B 5
Punta, Capo la- **318** A 2
Punta, Monte- **41** C 6
Punta, Torre la- **232** D 3
Punta Aderci, Riserva Naturale
Guidata di- **175** D 5
Punta Ala **157** C-D 5
Punta Campanella, Area
Marina Protetta- **215** C 6
Puntáccia, Monte- **296** E 2
Punta Cervina, Rifúgio- =
Hirzer Hütte **27** C 5
Punta del Lago **169** C 4
Punta del Púlpito **156** A 1

Punta d'Oro = Goldknopf
30 E 1-2
Puntadura **242** E 3
Punta Gennarta, Lago- **314** E 3
Puntalazzo **269** C 5
Punta Marina **121** C 5
Punta Ráisi, Aeroporto- **262** A 2
Punta Secca **292** C 2
Punta Spinosa **234** D 3
Puntazza, Capo- **261** C 5
Punt-Chamues-ch, la- **24** D 2
Punti, li- **299** E 4
Puntígia, Rio sa- **307** C 4
Punt la Drossa **25** C 4
Punt Muragl **24** E 2
Puntone **138** B 1
Puntone Galera **256** D 3
Puntoni **130** E 2
Puós d'Alpago **60** B 2
Pupaggi **162** A 2
Pura **52** C 2
Pura, Passo della- **43** D 5
Puranno, Monte- **153** E 4
Purano **72** D 2
Pürd **35** A 5-6
Purello **152** A 3
Purga, Monte- **73** C 4
Purga di Bolca **73** C 5
Purgatório (FR) **193** A 5
Purgatório (TP) **261** C 4
Purgatório, Chiesa il- **160** C 1
Purgatório, Masseria- **209** E 6
Purgéssimo **63** B 5
Púria **52** B 3
Púria, Monte- **56** E 2
Puriac, Colle di- **108** C 2
Puro, Monte- **153** E 4
Purtud **46** B 2
Puschera, Bric- **111** A 5
Pusiano **53** E 5
Pusiano, Lago di- **53** E 4-5
Pussa, Rifúgio- **43** E 4
Pusteria, Val- = Pustertal
42-43 A 1-4
Pusterno **58** C 3
Pustertal = Val Pusteria
42-43 A 1-4
Pútia, Sass de- = Peitler Kofel
30 D 3
Putifígari **300** D 3
Putignano (BA) **211** C 4
Putignano (PI) **137** B 5
Putignano (TE) **164** C 2
Putignano, Grotta di- **211** C 4
Putzolu, Cantoniera- **303** A 4
Putzu, Nuraghe su- **316** A 2
Putzu, Sassa- **312** E 3
Putzu Idu **310** B 2
Puxeddu, Casa- **314** A 2
Puys **80** E 1
Puzzillo, Monte- **172** D 1
Puzzittu, Nuraghe- **309** C 4
Púzzole → Puče **79** E 4
Puzzu, Monte- **303** A 4
Pyrgi **176** A 3

Q

Quaderna **119** C 5-6
Quaderna, Torrente- **119** C 6
Quaderni **89** B 6
Quadrada, Contra- **303** C 4
Quadrato, Monumento del-
89 B 6
Quadreggiana **153** B 5
Quadrelle **203** E 4
Quadrelli (PC) **100** C 2
Quadrelli (TR) **161** C 6
Quadri **183** B 6
Quadri, Monte dei- **183** D 4
Quadrívio di Pátria **214** A-B 3
Quadro, Pizzo- **35** B 4
Quadrone, Masseria- **207** A 4
Quadroni **169** E 4
Quaglietta **218** B 3
Quáglio **288** D 3
Quagliuzzo **64** D 2
Quáira, Cima di- (Karles-Spitze)
26 B 3

Quáira, Lago di- = Arzkersee
26 E 3
Quáira, Pizzo- = Körlspitze
31 B 6
Quáira, Punta di- = Karspitze
30 B 1
Quáira, Valle di- = Karbachtal
31 B 5
Quáire, Cima di- = Karnspitz
27 B 6
Qualiano **215** B 4
Qualso **62** A 3
Qualto **131** A 5
Quantin **60** C 2
Quao, Porto- **313** A 6
Quara **117** D 5
Quaranta (FI) **131** D 4
Quaranta (SI) **159** B 6
Quarantano Inferiore **252** E 3
Quaranti **98** D 1
Quarántoli **104** B 3
Quaras **39** E 5
Quarata **140** D 3
Quarática **126** C-D 3
Quare **49** C 6
Quaregna **65** C 5
Quarelli **111** A 5
Quarena **71** C 4
Quargnenta **73** C 5
Quargnento **98** B 1
Quarnàn, Rifúgio- **44** E 3
Quarna Sopra **51** E 3
Quarna Sotto **50-51** D 3-4
Quarona **50** E 3
Quarrata **130** E 3
Quart **47** B 5
Quart, Castello di- **47** C 5
Quartáccio **169** C 6
Quartáccio, Monte- **176** A 3
Quartáia **149** A 4
Quartarella, Cozzo- **293** C 4
Quartesana **130** E 2
Quarti (AL) **83** D 6
Quarti (RO) **106** A 1
Quartiano **86** B 2
Quarticciolo **168** C 2
Quartiere **106** D 1
Quartino (AT) **97** D 6
Quartino (Svízzera) **33** E 6
Quartirolo **103** E 2
Quarto (FC) **133** D-E 5
Quarto (NA) **215** B 4
Quarto (PC) **100** B 3
Quarto, Canale di-
214-215 B 3-4
Quarto, Lago di- **133** E 5
Quarto d'Altino **75** D 6
Quarto dei Mille **113** C 4
Quartodípalo, Masseria-
207 C 2
Quártolo **132** A 3
Quarto Inferiore (AT) **97** B 5-6
Quarto Inferiore (BO) **119** B 5
Quártora, Monte le- **172** C 1
Quarto Superiore **97** B 6
Quartu, Golfo di- **320** B 3
Quartu, Spiággia di- **320** B 3
Quartu, Stagno di- **320** B 3
Quartúcciu **320** B 3
Quartu Sant'Èlena **320** B 3
Quarzano **53** D 4
Quarzina **123** B 4
Quasano **207** C 6
Quassa **51** D 5
Quassolo **64** C 3
Quatrelle **105** B 5
Quattervals, Piz- **24** D 3
Quattórdici, Monte- **192** B 3
Quattórdio **97** B 6
Quattro Cascine (AL) **98** C 3
Quattro Cascine (PC) **100** C 3
Quattro Case **103** B 4
Quattrocase **104** A 3
Quattro Castella **117** A 4
Quattrocchi, Lago- **267** D 5
Quattrócchio **100** D 2
Quattro Fináite, Dosso- **279** D 5
Quattro Fináite, le- **287** C 4
Quattrofináite, Monte- **269** B 4
Quattromani **240** C 2
Quattro Masserie, le- **199** C 5

Quattromíglia **244** B 3
Quattropani **273** D-E 4
Quattrostrade **166-167** B 3-4
Quattro Strade (AG) **284** B 3
Quattro Strade (FR) **192** A 2
Quattro Strade (MN) **88** C-D 3
Quattro Strade (PI) **138** B 1
Quattro Strade, le- **139** C-D 5
Quattro Stradoni, Masseria-
194 C 2
Quattro Torri, Castello delle-
149 B 6
Quattro Venti, Casa- **129** E 5
Quattroventi, i- **194** D 3
Querce (FI) **130** E 1
Querce (LU) **129** D 5-6
Querce, la- **131** E 4
Querce al Pino **150** D 3
Querce d'Orlando **160** E 3
Quercegrossa **149** A 5
Querceta **129** C 4
Querceto (AR) **140** B 3
Querceto (PI) **148** B 1
Querceto (SI) **149** B 4
Querci, le- **130** D 3
Quércia **115** E 6
Quércia, Masseria la- **198** C 2
Quércia, Monte- **206** B 1
Querciabella, Quércia
Centenaria- **154** B 3
Quércia del Mónaco,
Passo della- **192** C 3
Quercianella **137** E 3
Quércie, Valle delle- **193** D 4
Querciola (BO) **130** A 2
Querciola (FI) **131** D 5
Quercioláie, Terme- **150** A 1
Querciolano, Chiesa di- **132** C 3
Quercioli **103** E 4
Quercione, Póggio del- **158** A 1
Quero **59** D 4
Questa, Rifúgio- **109** E 4
Quetta **39** D 4
Queyras, Combe du- **94** D 1
Queyras, Parc Naturel Régional
du- **94** C-D 1-2
Quezzi **113** C 4
Quiesa **129** E 5
Quiete, la- **105** C 4
Quiliano **111** D 6
Quinciano **149** C 6
Quincinetto **64** C 2
Quincod **49** D 4
Quindici **217** A 4
Quingéntole **104** A 2
Quinís **63** B 5
Quinseina, Punta di- **64** D 1
Quintano (BG) **70** C 1
Quintano (CR) **69** E 5
Quintílio Varo, Villa- **179** B 6
Quinto (FI) **131** E 5
Quinto (Svízzera) **33** A 5
Quinto, Masseria- **207** B 5
Quinto al Mare **113** C 4
Quinto Alpini, Rifúgio- **25** E 6
Quintodécimo **163** B 6
Quinto de' Stampi **67** E 6
Quinto di Treviso **75** C 5
Quinto di Valpantena **72** E 3
Quinto Romano **67** D 5
Quinto Vercellese **65** E 6
Quinto Vicentino **74** D 1
Quinzanello **70** E 2
Quinzano (AP) **154** D 2
Quinzano (BO) **119** E 4
Quinzano (PR) **116** A-B 3
Quinzano d'Óglio **87** B 6
Quinzano San Pietro **51** E 6
Quinzano Veronese **72** E 3
Quirino, Torrente- **195** C 5
Quirl **29** C 6
Quirra **317** D 6
Quirra, Castello di- **317** D 6
Quirra, Ísola di- **317** D 6
Quirra, Rio de- **317** C 6
Quirra, Rio di- **313** E 5
Quisca → Kojsko **63** C 5
Quisisana, Villa- **277** D 5
Quistello (MN) **104** A 2
Quistello (VR) **89** C 6
Quistro **88** D 1

Quittengo **49** E 6
Quóio, Monte- **149** D 4
Quorle **140** A 2
Quota **140** B 2

R

Rabatana **239** A 4
Rabatta **131** D 6
Rabbi **38** B 2
Rabbi, Fiume- **133** B 4
Rabbi, Valle di- **38** C 2-3
Rabbiès, Torrente- **38** C 2
Rabbini **100-101** E 3-4
Rabbito, Casa- **292** B 2
Rabenstein = Corvara
(BZ-Moso in Passíria) **27** A 4
Rabenstein = Corvara
(BZ-Sarentino) **27** C 6
Rabioux **94** E 3
Rablà = Rabland **27** C 4
Rabland = Rablà **27** C 4
Raboso, Torrente- **59** D 6
Rabuiese **79** C 5
Rabuons, Lac de- **108** D 2
Rácale **230** C 3
Racalmuto **285** B 4
Racalófani **159** B 6
Racchiuso **63** A 4
Racciano **138** E 3
Raccolana **45** C 4
Raccolana, Canale di- **45** C 4
Raccolana, Torrente- **45** C 4
Racconigi **96** D 1
Raccúia **268** B 3
Raci, Monte- **288** E 3
Racínes = Ratschings **27** A 5
Racínes, Val di- = Ratschingstal
27 A 5
Radda in Chianti **139** E 6
Raddusa **281** E 6
Raddusa-Agira, Stazione di-
281 D 6
Radein = Redagno **39** C 6
Radelspitze = Cima Rodella
27 C 6
Radi **149** C 6
Radici, Foce delle- **129** A 6
Radicófani **159** B 6
Radicóndoli **148** B-C 3
Radicosa (AN) **143** D 4
Radicosa (FR) **194** B 1
Radicosa, Torrente- **186** D 2
Radlseehütte = Rifúgio Lago
Rodella **30** C 1
Radnig **45** A 4
Rado, Santuário di- **65** C 3
Radogna **198** D 1
Radsberg = Monte Roterota **31** C 5
Radurschlhaus **26** A 1
Radurschltal **26** A 1
Rafael, Porto- **297** C 4
Rafenstein = Castello
Sarentino **39** A 6
Raffa **71** D 5
Raffadali **284** B 2
Raffi **115** A 4
Raga, Monte- **250** C 3
Ragada **38** E 1
Ragalna **283** B 4
Raganello, Gole del- **241** A 5
Raganello, Torrente- **241** B 6
Ragattisi, Stazione di- **260** C 3
Ragazzola **101** B 6
Raggiano **153** C 5
Rággio (FC) **132-133** D 3-4
Rággio (PG-Gúbbio) **142** E 2
Rággio (PG-Massa Martana)
161 B 6
Raggiolo **140** B 2
Ragione **113** A 5
Ragiura, Monte- **279** B 4
Ragnáie **149** E 6
Ragnola, Torrente- **155** D 5
Ragogna **61** B 6
Rágola, Monte- **114** A 3
Rágoli **56** B 3
Ragonà **253** D 6

Ragone, Canale- **239** C 4
Ragosia **261** C 4
Ragusa **292-293** B 3-4
Ragusa Ibla **293** B 4
Rai **75** A 6
Rai, su- **319** C 5
Ráia, Cresta di- **262** E 1
Ráia, Monte- **218** B-C 1
Ráia dei Carboni **236** A 2
Ráia della Pétina **233** B 5
Ráia del Pedale, la- **233** C 5
Raialunga, Monte- **233** B 5
Raiamagra, Monte- **218** B 1
Raiano **182** A 3
Raignina, Nuraghe sa- **308** B 2
Raille, la- **94** E 1
Raineri **98** E 3
Rain in Taufers = Riva di Túres
29 D 5
Raino, Torrente di- **267** D-E 4
Raintal = Valle di Riva **31** A 4
Rainuzzi **102** D 3
Ráio, Torrente- **171** D 6
Ráiser, Col de- **30** D 2
Ráisi, Punta- **262** A 2
Raisigerbi, Punta di- **266** B 3
Raitano, Monte- **262** D 3
Raíto **217** C 5
Raiù **269** B 5
Rakitovec **79** E 6
Raldòn **90** B 2
Rállio **100** C 2
Rallo **39** C 4
Ram, Rio- = Rambach **25** C-D 6
Rama, Capo- **262** A 2
Rama, Monte- **112** C 2
Ramacca **282** D-E 2
Ramaceto, Monte- **113** C 6
Ramata, Bívio- **287** E 4
Ramatico, Monte- **204** E 2
Ramàts **80** D 3
Ramàz, Casera- **44** A 2
Ramazzano **152** B 1
Rambach = Rio Ram **25** C-D 6
Rambona **144** E 2
Ramedello **105** A 6
Ramèn **58** C 3
Ramera **75** A 6
Rameᴢᴢa, Monte- **59** B 4
Ramezzana **83** C 5
Rami **104** D 2-3
Ramiano **116** A 2
Ramière, Punta- **94** B 2
Ramilía **285** B 6
Ramilía, Monte- **285** B 6
Rámini **130** D 2
Ramiola **101** E 6
Ramione, Molino- **288** C 2
Ramiseto **116** C 3
Ramitelli, Torre di- **185** B 6
Rammelstein = Montone **31** B 4
Ramo di Palo **91** E 6
Ramolhaus **26** A 3
Ramolkogl **26** A 3
Ramòn **74** B 3
Ramoscello **102** D 3
Ramosch **25** A 5
Rampa, Masseria- **185** A 5
Rampazzo **74** D 2
Rampingallotto **275** A-B 4
Rampinzeri **262** E 1
Rampónio **52** C 3
Rampónio Verna **52** B-C 3
Ramudla, Passo di- =
Rappen Scharte **26** C 1
Ramulàzz, Pass dal- **34** B 3
Ramundo **245** B 6
Ramuscello **61** E 6
Ramuscello Vécchio **61** E 6
Ranalt **28** A 1
Ránas, Nuraghe- **301** E 6
Ranca **101** D 4
Rancale **152** B 1
Rancate **52** D 2
Ranchi **151** A 6
Ránchio **133** D 5
Ráncia, Castello della-
154 A 2
Râncio Valcúvia **51** C 6
Rancitella **142** A 2
Ranco (AR-Arezzo) **141** D 4

Ranco (AR-Badia Tedalda) 141 A 5
Ranco (CH) 175 E 4
Ranco (PG) 152 A 3
Ranco (VA) 51 D 5
Rancoi 33 C 6
Rancolfo 152 B 1
Rancolin, Monte- 43 D 4
Randazzo 268 D 3
Randeci, Sáia- 293 C 6
Randelino, Monte- 61 A 4
Randello, Cava di- 292 B 2
Ranè 60 D 2
Rango 71 B 5
Rangona 105 B 4
Ránica 69 B 5-6
Ranzanico 54 E 3
Ranzano (PN) 60 D 3
Ranzano (PR) 116 C 3
Ranzi 124 C 3
Ranziano → Rènce 63 D 6
Ranzo (IM) 123 B 5
Ranzo (Svízzera) 33 E 5
Ranzo (TN) 57 B 4
Ranzola, Colle della- 49 D 5
Rao, Rocche di- 263 D 4
Ráossi 57 E 5
Rapagnano 154 B 3
Rápale 140 E 1
Rapallo 113 D 6
Rapano 258 B 1
Raparello, Monte- 237 C 5
Raparo, Croce di- 235 B 6
Raparo, Monte- 235 B 6
Rapattoni 173 B 6
Rapegna 163 A 4
Rápido, Fiume- 194 A 1
Rapino (CH) 174 D 2
Rapino (TE) 164 D 2
Rapolano Terme 150 A 1
Rapolla 205 D 6
Rapolla-Lavello, Stazione di- 205 C 6
Rapone 205 E 4-5
Rappareddi 274 C 3
Rappen Scharte = Passo di Ramudla 26 C 1
Rappersbichl = Colle Renòn 39 A 6
Rasa 91 E 6
Raša (Torrente Rassa) 79 A 6
Rasa di Varese 51 D 6
Rasai 59 C 4
Rasalgone, Monte- 288 A 1
Rasass, Passo di- → Rasasser Scharte 25 B 6
Rasáss, Rifúgio- = Rasasshütte 25 C 6
Rasasser Scharte (Passo di Rasass) 25 B 6
Rasasshütte = Rifúgio Rasáss 25 C 6
Raschiacco 63 A 4
Raschione, Canale- 227 E 5
Raschötz = Monte Rasciesa 30 D 2
Raschötz Hütte = Rifúgio Rasciesa 30 D 2
Rasciesa, Monte- = Raschötz 30 D 2
Rasciesa, Rifúgio- = Raschötz Hütte 30 D 2
Rascino, Lago- 171 C 5
Rascino, Piano di- 171 C 5
Rásega, la- 56 B 1
Rasen Antholz = Rasun Anterselva 31 B 4-5
Rasenna 153 E 5
Raseri 35 B 4
Rásia, Pizzo- 33 C 5
Rásiga, Rio- 32 D 1-2
Rasíglia 153 E 4
Rasíglio 118 D 3
Rasignano 195 E 4
Rásina, Torrente- 152 B 3
Rasis, Pointe de- 94 D 1
Raso, Póggio- 158 E 2
Rasora 131 B 4
Raspano 62 A 3
Raspollino, Padule di- 158 B-C 1

Rassa 49 D 6
Rassa, Torrente- → Raša 79 A 6
Rássina 140 B 3
Rassu, Monte- 310 B 3
Rastciàs, Monte- 109 A 4
Rastellino 104 E 3
Rastello 110 D 1
Rastello, Foce di- 115 D 4
Rastia 153 A 5
Rastiglione 50 E 3
Rastignano 119 C 4
Rastrello, Bívio- 280-281 E 3-4
Ra Stua, Malga- 31 D 5
Rasu, Monte- (OG) 317 B 5
Rasu, Monte- (SS) 307 C 6
Rasun Anterselva = Rasen Antholz 31 B 4-5
Rasun di Sopra = Oberrasen 31 B 4
Rasun di Sotto = Niederrasen 31 B 4
Rasura 35 E 6
Rata 132 E 1
Rateče 45 B 6
Raticosa, Passo della- 131 A 5-6
Ratino, Masseria- 186 E 3
Rattísio Nuovo = Neurateis 26 C 3
Rattísio Vécchio = Altrateis 26 C 3
Ratschings = Racínes 27 A 5
Ratschingstal = Val di Racínes 27 A 5
Rattendorf 44 A 3
Rattendorfer Alpe 44 A 3
Ratti, Ísola dei- 318 A 2
Ratti, Rifúgio- 53 C 6
Ratti, Val dei- 35 D 5
Ratto, Monte del- 112 A 1
Ratzes = Rázzes 30 E 1
Rauhe Bühel = Colle Scabro 27 D 4
Rauhekopfhütte 26 A 2
Raus, Col de- 122 B-C 1
Rauscedo 61 C-D 5
Ráut, Monte- 61 A 4
Rauth = Novale 40 C 2
Rautkofel = Monti Rudo 31 D 6
Rauzi, Bivacco- 36 D 1
Rava 53 C 6
Rava, Cimon- 58 B 2
Rava, Torrente- (FR) 194 A 1
Rava, Torrente- (IS) 194 B 2
Ravadese 102 C-D 3
Ravagnese 256 D 1
Ravaldino in Monte 133 B 4
Ravalle 105 B 4
Ravanusa 285 C 6
Ravanusa, Masseria- 262 E 2
Ravarano 116 B 2
Ravarano, Castello di- 116 B 2
Ravàri, Bocca dei- 118 E 2
Ravarino 104 D 3
Ravascletto 43 C 6
Ravazzone 57 D 4
Ravécchia 34 D 2
Raveis-ch, Lai da- 24 C 2
Ravellino 53 E 5
Ravello (MI-Parabiago) 67 C 4
Ravello (MI-Rescaldina) 67 C 4
Ravello (SA) 217 D 4
Raven (San Pietro dell'Amata) 79 E 4
Ravenna 121 C-D 4-5
Ravenna, Masseria- 227 C 4
Ravenna, Montagna di- 318 B 1-2
Raveo 43 D 6
Ravera 95 A 5
Ravet 49 D 4
Ravezza 114-115 C 3-4
Ravi 157 B 6
Ravignano 152 D 3
Ravina 57 B 5
Ravíndola, Taverna- 194 B 3
Ravinèt, Monte- 124 C 3
Ravinís 44 B 2
Raviola, Case- 289 D 5
Raviscanina 194 C-D 3

Ravoire, la- 46 C 3
Ravoledo 37 C 4
Ravosa 63 A 4
Ray, Cascade du- 122 B 1
Rayette, Becca- 47 A 5
Razzà 257 E 4
Razza, Torrente- 253 E 4
Razzano, Monte- 169 E 6
Rázzes = Ratzes 30 E 1
Razzo, Sella di- 43 D 4
Razzóli, Ísola- 297 B 4
Razzoni, lu- 299 C 6
Razzuolo 131 C 6
Re 33 E 4
Re, Colle del- 269 B 5
Re, Monte- (Königskogl) 27 A 4
Re, Monte- → Pleša 79 A 6
Re, Piano del- 94 D 3
Re, Ponte del- (IS) 194 C 2
Re, Ponte del- (SA) 235 B 4
Re, Serra del- 268 C 2
Rea 85 D 5-6
Rea, Torrente- 110 A-B 3
Reáglie 82 D 2
Reala 96 D 3
Realbate, Torrente di- 262 E 3
Realdo 122 C 3
Reale 89 B 5
Reale, Canale- 212-213 D-E 3-4
Reale, Fosso- 137 B 5
Reale, la- 298 A-B 2
Reale, Rada della- 298 B 2
Realízio 64 E 3
Realmesi, Casa- 281 C 4
Realmonte 284 C 2
Reana del Roiale 62 A 3
Reane 42 C 3
Reano 81 E 6
Reatini, Monti- 162 E 2-3
Rébbio 52 E 3
Rebecco 89 B 4
Rebeccu 307 C 5
Reboana 88 E 2
Rebróio 113 A 6
Recale 202 D 2
Recanati 145 D 4
Recastello, Pizzo- 55 B 4
Recattivo 279 D 6
Recattivo, Portella di- 279 D 6
Récchio, Torrente- 101 D 6
Recco 113 D 5
Recenza 149 C 5
Recésio 100 D 3
Recetto 66 D 1
Reckingen 32 A 2
Recoaro 1000 73 B 5
Recoaro di Broni 86 E 1
Recoaro Terme 73 B 5
Recoleta 239 A 5
Recórfano 88 E 3
Recovato 104 E 2
Reda 120 E 3
Redabue, Castello in- 98 C 1
Redagno = Radein 39 C 6
Redasco, Cime- 37 C 5
Redavalle 85 E 6
Redebus, Passo del- 39 E 5
Rédena 105 B 4
Redentore, Monumento al- 122 B 3
Redentore, Statua il- 193 D 5
Redenzicco 61 C 6
Re di Castello, Monte- 56 C 1
Redicesi 129 B 4
Redinoce 156 D 1
Redipiano 245 B 4
Redipúglia 63 E 5
Redival, Monte- 38 C 1
Redona 61 A 4
Redondesco (CR) 88 D 1
Redondesco (MN) 89 D 4
Redondo, Monte- 54 C 3
Redorta, Pizzo- 54 B 3
Redù 104 E 2
Refavaie, Rifúgio- 40 D 2
Reforzate 143 B 4
Refrancore 97 B 6
Réfréi 122 A 3
Réfréi, Torrente- 122 A-B 3
Refróntolo 59 D 6
Regalbuono, Torrente- 285 D 6

Regalbuto 282 A-B 2
Regaleale, Masseria- 279 C 5
Regaleale Nuova 279 C 5
Regalgióffoli 263 E 6
Regastili 244 D 2
Regátola 53 C 5
Reggello 140 B 1
Reggello, Varco di- 140 B 1
Reggente 197 C 6
Reggentòri 29 C 6
Reggetto 53 D 6
Réggia 33 D 6
Réggio di Calàbria 258 C 2-3
Reggiolo 103 C 6
Réggio nell'Emília 103 E 4-5
Reghinera 87 D 4
Regi Lagni (CE) 201 E 6
Regi Lagni (NA) 202 E 2
Regina 241 E 4
Regina, Piano della- 94 D 3
Regina, Pineta- 223 D 6
Regina Élena, Canale- 66 C-D 2
Reginaldo 173 C 6
Regine, le- 130 B 1
Regino, Castello- = Schloss Reinegg 27 D 6
Regnana 39 E 5
Regnano (MC) 154 B 1
Regnano (MS) 116 E 3
Regnano (RE) 117 B 5
Regno di Nettuno, Area Marina Protetta- 214 B-C 2
Regoledo (LC) 53 B 5
Regoledo (SO-Berbenno di Valtellina) 36 E 1
Regoledo (SO-Cósio Valtellino) 35 E 6
Régona (BS) 88 C 2
Régona (CR) 87 C-D 5
Rei, Costa- 321 B 6
Rei, Piscina- 321 A-B 6
Reifenstein, Schloss- = Castèl Tasso 27 A 6
Reina, Cozzo- 279 E 4
Reinegg, Schloss- = Castello Regino 27 D 6
Reinello, Torrente- 196 D 2-3
Reinero 108 B 3
Reino 196 D 2
Reino, Bívio di- 196 E 3
Reinswald = San Martino 27 C 6
Réisa, Monte- 112 C 2
Reisach 44 A 3
Reischach = Riscone 31 B 4
Réit, Cresta di- 25 E 5-6
Reitana 283 B 5
Reitano 267 C 5
Religione, Punta- 293 D 4
Remanzacco 63 B 4
Remedello 88 C 3
Remedello di Sopra 88 C 3
Remedello di Sotto 88 C 3
Remelli 89 C 5
Remia, Fil di- 34 B 3
Remit, Dos- 56-57 E 3-4
Remoncino 91 B 4
Remondato 82 B 1
Remondino, Rifúgio- 109 E 4
Remondò 84 C 3
Remulo, Torrente- 37 E 5
Remune 193 A 6
Ren 41 E 5
Rena 106 A 2
Rena, la- 210 C 2
Rena, Maso della- = Sandwirt 27 B 5
Renacci 140 C 1
Renággiu, Fonte- 302 A 2
Renáio 129 B 6
Rena Majore 296 C-D 3
Rena Majore, Spiággia di- 296 C 2-3
Renata, Rifúgio- 49 E 5-6
Renate 68 B 3
Renaz 30 E 3
Renazzo 105 D 4
Rènce (Ranziano) 63 D 6
Réncine 149 A 5
Réncine, Piano- 163 C 4
Réncio Inferiore 32 D 2

Réncio Superiore 32 D 2
Renda, Villa- 262 B 3
Réndale 58 C-D 2
Rende 244 B 3
Rendena, Valle- 56 A-B 2-3
Rendesi, Canale- 239 C-D 5
Rendina, Lago del- 205 C 6
Rendinara 181 C 5
Réndola 140 D 1
Renelli, Cozzo di- 262 E 2
Renga, Catena della- 181 B 4
Renna, Cava- 292 B 3
Renna, Monte- (RG) 292 B 3
Renna, Monte- (SR) 293 B 6
Renno 118 E 1
Reno (PR) 116 B 2
Reno (VA) 51 D 5
Reno, Fiume- 120 B 2
Reno, Foce del- 107 E 5
Reno Centese 105 C 4
Reno Finalese 105 C 4
Renòn = Ritten 39 A 6
Renòn, Corno di- = Rittner Horn 27 D 6
Reno Posteriore → Hinterrhein 34-35 A 3-4
Renzana 71 C 4
Reoso 92 C 2
Reparac 79 E 5
Repasto 162 E 1
Repergo 97 C 5
Réppia 114 D 2
Requin, Refuge du- 46 A 2
Rero 106 C 2
Res → Becco d'Ovaga 50 D 2-3
Resana 75 C 4
Rescalda 67 B-C 4
Rescaldina 67 C 4
Resceto 129 B 4
Reschen = Résia 25 A-B 6
Reschenpass = Passo di Résia 25 A 6
Reschen See = Lago di Résia 25 B 6
Réschia, Fiume- 249 C 5
Reschigliano 74 E 3
Réschio 151 A 5
Réscia 162 D 3
Réscia, Forca di- 162 D 3
Réscia, Grotte di- 53 B 4
Réscio, Masseria- 226 C 2
Resecata, Masseria- 198 A 3
Resegone, Monte- 53 D 6
Resegotti, Rifúgio- 49 B 5
Resera 59 C 6
Resettùm, Monte- 61 A 4
Résia 44-45 D 3-4
Résia = Reschen 25 A-B 6
Résia, Lago di- = Reschen See 25 B 6
Résia, Passo di- = Reschenpass 25 A 6
Résia, Torrente- 44 D 3
Résia, Valle di- 44-45 D 3-4
Resicata, Masseria- 186 E 1
Resínego 41 B 6
Resinelli, Piani- 53 D 5
Resiutta 44 D 3
Respíccio 116 A 2
Resta, Fattoria- 149 D 6
Restefond, Col de- 108 C 1
Restegassi 99 D 5
Restino, Masseria- 213 C 5
Restocina 63 B 5
Restone 140 C 1
Resuni, Forca- 183 E 4
Resuttana 263 A 4
Resuttano 279 C 6
Retafani, Monte- 180 D 3
Retegno (CO) 52 C 3
Retegno (LO) 87 D 4
Retignano 129 C 4
Retinella 107 A 4
Retórbido 99 D 5
Retorto (AL) 98 D 2
Retorto (PC) 114 C 4
Retrosi 163 D 5
Réusa 128-129 A 3-4
Revèdoli 77 D 4

Revello 95 E 5
Reventa, Torrente- 196 E 2
Reventino, Monte- 245 E 4
Révere 90 E 3
Reviano 57 D 4
Revigliasco 82 E 2
Revigliasco d'Asti 97 C 5
Revine-Lago 59 C 6
Revislate 66 B 2
Revò 39 C 4
Révole, Monte- 193 D 5
Revolto, Rifúgio- 73 B 4
Rey 47 A 4
Rey, Rifúgio- 80 E 1
Rezzago 53 D 4
Rezzalasco, Torrente- 37 C 5
Rezzalo, Val di- 37 C 5-6
Rezzanello 100 C 2
Rezzano 101 C 4
Rezzato 70-71 D 3-4
Rezzo (IM) 123 C 4
Rezzo (RO) 105 A-B 6
Rezzoáglio 114 B 2
Rheinwaldhorn 34 A 2
Rhêmes, Colle di- 46 E 3
Rhêmes, Valle di- 46 D-E 3
Rhêmes-Notre-Dame 46 D 3
Rhêmes-Saint-Georges 46 C-D 3
Rho 67 C 3
Rhône (Ródano) 32 A 2
Rhuilles 94 B 2
Ri, Rifúgio la- 57 B 4
Riabella 49 E 6
Riace 255 D 4
Riace, Torre di- 255 D 5
Riace Marina 255 D 5
Riaglietto 95 B 5
Riale 32 A 2
Rialmosso 49 E 6
Rialto (PD-Barbona) 92 E 1
Rialto (PD-Brúgine) 92 C 3
Rialto (SV) 111 E 5
Rialto, Torrente- 217 D 6
Riana (LU) 129 B 5-6
Riana (PR) 116 C 2
Riano (PR) 116 A 2
Riano (RM) 179 A 4
Riardo 194 E 3
Riardo, Stazione di- 194 E 2
Riazzolo 67 E 4
Ribera 278 E 1
Ríbis 62 A 3
Ribo 33 D 4
Ribolla 158 A 1
Ribone, Monte- 115 C 4
Ribòr, Torrente- 56 C 1
Ribordone 81 A 6
Ribotti, Serra- 206 E 1
Ribóttoli 217 A 6
Ribusieri, Torrente- 159 A 4
Ricadi 248 E 2
Ricadi, Stazione di- 248 E 1
Ricalcata, Fosso di- 275 A 4
Ricaldone 98 D 1
Ricami, Grotta dei- 300 D 1
Ricásoli 140 D 1
Ricavo 139 E 5
Ricca 97 E 4
Riccardi, Torre- 137 A 4
Riccardina 119 B 6
Riccardo, Masseria- 210 E 3
Ricchiardi 81 B 5
Ricchiardo 96 C 2
Ricchiardo, Torrente- 96 C 2
Riccia 196 B 2
Ríccia, la- 177 A 5
Ricciardi, Masseria- 198 B 2
Riccio 151 B 4
Riccione 134-135 C 3-4
Riccò (MO) 118 C 1
Riccò (PR) 101 E 6
Ricco, Monte- (FR) 193 A 5
Ricco, Monte- (PD) 92 C 1
Riccò del Golfo di Spézia 126 C 3
Riccomássimo 56 E 1

Riccourt **49** E 5
Riccovolto **117** E 5
Riceci **142** A 3
Ricengo **69** E 5
Riceno **32** D 2
Ricetto **171** E 5
Richiáglio **81** D 6
Ricifari, Casa- **281** C 5
Ricigliano **219** C 4
Ricò **133** B 4
Ricota Grande **242** C 2
Ricotta, Bosco- **221** D 5
Ricóvero, Cantoniera- **278** C 2
Rid, Monte- = Ridberg **30** C 3
Ridanna = Ridnaun **27** A 5
Ridanna, Val- = Ridnauntal
   28 B 2
Ridberg = Monte Rid
   30-31 C 3-4
Riddone, Torrente- **96** D 3
Ridello **89** B 4
Ridnaun = Ridanna **27** A 5
Ridnauntal = Val Ridanna
   28 B 2
Ridotti, i- **182** D 2
Ridrácoli **132** E 3
Ridrácoli, Lago di- **132** E 3
Riebenkofel **43** A 5
Rieca, Torrente- **63** A 5
Ried (Svízzera) **32** B 1
Ried = Novale (BZ-Monguelfo)
   31 B-C 5
Ried = Novale (BZ-ValdiVizze)
   30 A 1
Ried = Novale (BZ-Vipiteno)
   27 A 6
Rieglbach = Rio Rigolo **26** B 1
Riello **74** D 1
Riello, Ponte- **77** C 5
Riena, Casa- **278** C 2
Riena, Valle- **278** C 2
Rienz = Fiume Rienza **31** B 4
Rienz = Rienza **31** C 5
Rienza = Rienz **31** C 5
Rienza, Fiume- = Rienz **31** B 4
Rienza, Valle del- = Rienztal
   31 D 5-6
Rienztal = Valle del Rienza
   31 D 5-6
Riepenspitze = Monte Ripa
   31 A 6
Rierna, Cima di **33** C 6
Ríes, Vedrette di- =
   Rieserfernergruppe **31** A 4-5
Riesci **227** C 5
Riese Pio X **74** B 3
Rieserfernergruppe =
   Vedrette di Ríes **31** A 4-5
Riesi **287** B 5
Rieti **170** B 3
Rif-Bel **94** E 1
Rifembergo → Branik **79** A 5
Rifesi, Santuário di- **278** D 1
Rifezza Pantone, Masseria-
   221 B 5
Riffelalp **49** A 5
Riffelberg **49** A 5
Riffelboden **49** A 4
Riffian = Rifiano **27** C 4-5
Rifiano = Riffian **27** C 4-5
Rifíglio **140** A 2
Riforano **110** B 1
Riforno **97** E 5
Rifreddo (CN) **95** E 5
Rifreddo (PZ) **220** D 1
Rifreddo, Torrente- **220** D 1
Rifredo **131** B-C 6
Rifugio Bertagnoli **73** B-D 4
Rigáini **184** D 1
Rigáis, Sass- **30** D 2
Rigali **153** B 4
Rigatti **171** D 4
Righetto, Passo del- **115** C 5
Righi **73** C 5
Righio, Fermata- **245** B 5
Rigiurfo Grange, Casa- **287** C 6
Ríglio **100** D 3
Ríglio, Torrente- **101** B 4
Riglione **137** A 5
Rignana **139** D 5
Rignanese, Casa- **188** D 2

Rignano **132** A 3
Rignano Flamínio **169** D 6
Rignano Gargánico **188** E 1
Rignano Gargánico, Stazione
   di- **198** A 1
Rignano sull'Arno **139** B 6
Rigo **154** E 1
Rigo, Ponte del- **159** B 6
Rigo, Torrente- (GR-Grilli)
   158 B 1
Rigo, Torrente- (GR-Sticciano
   Scalo) **158** A 2
Rigo, Torrente- (SI) **160** A 1
Rigolato **43** C 6
Rígole **76** A 2
Rígoli **129** E 5
Rigolízia **289** E 5
Rigolo, Rio- = Rieglbach **26** B 1
Rigolo Chiesa **100** E 2-3
Rigomagno **150** A-B 2
Rigopiano **173** B 4
Rigoroso **99** E 4
Rigosa (BG) **54** E 2
Rigosa (BO) **119** B-C 4
Rigosa (PR) **102** B 2
Rigoso **116** D 2
Rigrasso **96** E 1
Rigutino **140** E 3
Rilevo **291** C 5
Rilievo **260** E 3
Rima **49** B 6
Rimagna **116** D 2
Rimal, Ponte- **55** D 6
Rimale **101** C 5
Rima-San Giuseppe **49** B-C 6
Rimasco **49** C 6
Rimbianco, Casera- **31** D 6
Rimbocchi **140** A 2-3
Rimella **50** C 2
Rimembranza, Parco della-
   82 E 2
Rimendiello **235** C 6
Rimigliano **147** D 6
Rímini **134** B-C 3
Riminino **167** C 6
Rimiti **269** C 6
Rimonta, Torrente- **59** C 5
Rimpfischhorn **49** A 5
Rims, Lai da- **25** D 5
Rin, Val da- **31** E 6
Rina **269** C 6
Rina = Welschellen **30** C 3
Rinalda, Torre- **227** A 5
Rinaldi **97** D 5
Rinaldi, Masseria- **206** C 3
Rinaldi Mássimo, Rifúgio-
   162 E 3
Rinaldo, Monte- **43** B 4
Rinazzo, Báglio- **274-275** A 3-4
Ríncine **132** E 1
Rinco **83** E 5
Rinderschinken **31** A 6
Rinella **272** D 3
Ringelstein = Sasso Tondo
   30 A 3
Rinna, Monte- = Rinnerspitz
   27 A 5
Rinnerspitz = Monte Rinna
   27 A 5
Rino **37** E 5
Rinosi, Torre- **245** D 6
Rio (PD) **92** B 2
Rio (PG) **153** D 4
Rio (SP) **115** D-E 4
Rio, Fiume il- **195** B 4
Rio, Fosso- **161** B 5
Rio, il- (PE) **173** B 5-6
Rio, il- (RM) **191** A 6
Rio, Valle del- = Bachertal
   29 D 5
Riobianco = Weissenbach
   (BZ-Sarentino) **27** B 6
Riobianco = Weissenbach
   (BZ-Valle Aurina) **29** B 6
Rio Bianco, Valle del- =
   Weissbachtal **29** B 5
Rio Bianco, Vallone di- **45** B 4
Rio Bianco e Cucco, Riserva
   Naturale- **45** B 4
Riobono, Torrente- **153** A 4
Rioda, Casera- **43** C-D 4

Rioda, Forcella- **43** C 4
Rio dei Campi **132** C 3
Rio del Lago, Valle- **45** C 5
Rio di Lagundo = Aschbach
   27 D 4
Rio di Pusteria = Mühlbach
   30 B 2
Rio Fanale, Punta- **156** B 3
Rio Freddo **114** B 2-3
Riofreddo (FC) **133** E 5
Riofreddo (RM) **180** A 2
Riofreddo (SV) **111** D 4
Riofreddo (UD) **45** C 5
Riofreddo, Valle di- **45** C 5
Rio Freddo, Vallone di- **109** D 4
Ríol **30** B 1
Riola (BO-Castèl d'Aiano)
   118 E 2
Riola (BO-Vergato)
   130-131 A 3-4
Riola (PR) **116** A 2
Riola Sardo **310** B-C 3
Riolo (BO) **119** C 4
Riolo (LO) **86** B 3
Riolo (MN) **89** E 4
Riolo (MO) **104** E 3
Riolo Terme **120** E 1
Riolunato **130** A 1
Riomaggiore **126** D 3
Riomáio, Torrente- **185** E 4
Rio Marina **156** C 3
Riomolino = Mühlbach
   (BZ-Gáis) **31** B 4
Riomolino = Mühlbach
   (BZ-Lagundo) **27** C 4
Riomúrtas **319** B 5
Riondo, Monte- **112** C 3
Rio nell'Elba **156** C 3
Rionero = Schwarzenbach
   39 C 6
Rionero in Vúlture **205** D 6
Rionero Sannítico **183** E 5
Rione Trieste **215** B 6
Ríos, sos- **303** D 6
Rio Saliceto **103** D 6
Rio Salso **132** E 3
Rio San Martino **75** C-D 5
Rio Secco **132** C 2
Riosecco **141** D 6
Riosto **119** D 4
Riotorbu, Forcella di- =
   Tripbachsattel **29** A 6
Riototto **157** B 5
Riovalle **100** E 3
Riovéggio **118** E 3
Rioverde, Torrente- **96** B 3
Riozzo **86** B 2
Ripa (AQ) **172** D 2
Ripa (LU) **129** C 4
Ripa (PG) **152** C 2
Ripa (TE) **164** D 2
Ripa, la- **139** C 4
Ripa, Monte- = Riepenspitze
   31 A 6
Ripa, Torrente- **94** B 2
Ripaberarda **155** C 4
Ripabianca (BN) **203** D 5
Ripabianca (PG) **152** E 1
Ripabottoni **185** E 4
Ripabottoni-Sant'Elia,
   Stazione di- **185** E 4
Ripacándida **205** D 6
Ripacorbária **153** D 6
Ripa d'Api, Fermata- **220** B 3
Ripa dell'Alto **141** C 6
Ripa d'Órcia **150** D 1
Ripafratta **129** C 5
Ripaioli **161** A 5
Ripaldina **86** E 2
Ripalimosani **195** A 6
Ripalimosani, Stazione di-
   196 A 1
Ripalta (AN) **143** C 5
Ripalta (BA) **208** B 3
Ripalta (FG) **186** C 1
Ripalta (PU) **143** A 4
Ripalta (SP) **126** B-C 3
Ripalta, Monte- **218** C 4
Ripalta, Stazione di- **186** B 1
Ripalta Arpina **87** B 4
Ripalta Cremasca **87** B 4

Ripalta Guerina **87** B 4
Ripalta Nuova **87** B 4
Ripalta Vécchia **87** B 4
Ripalte, Fattoria- **156** D 3
Ripalti, Punta dei- **156** E 3
Ripalvella **161** A 4
Ripamassana **134** E 3
Ripanno, Monte- **207** B 5
Ripapérsico **106** E 1
Riparbella **137** E 6
Riparotonda **117** E 4
Ripa Sottile, Lago di- **162** E 2
Ripa Teatina **174** B-C 2
Ripattoni **164** C 3
Ripe (AN) **143** B 6
Ripe (PU) **135** E 4
Ripe (TE) **164** B 2
Ripe, le- **160** A 1
Ripe, Varco delle- **219** C 5
Ripe San Ginésio **154** B 2
Ripi **192** A 3
Ripiani **181** E 6
Ripiti, Torrente- **233** A 4-5
Ripizzata, Masseria- **226** B 2
Ripóira **95** D 5
Ripola **116** E 1-2
Rípoli (BO) **131** A 5
Rípoli (FI) **138** B 2
Rípoli (PI-Cáscina) **137** A 5
Rípoli (PI-Lari) **137** C 6
Ripollata, Serra- **245** A 6
Riposa, la- **80-81** D 3-4
Riposo **257** B 5
Riposo, Canale- **238** B 3
Riposo, Masseria del- **205** B 5
Riposto **283** A 6
Risáia, Masseria la- **199** C 4
Risana, Masseria- **211** E 5
Risano **62** C 3
Risano → Rižana **79** D 5
Riscone = Reischach **31** B 4
Risicone, Torrente- **289** C 4
Risigliano **203** E 4
Riso **54** D 2
Riso, Ponte- **54** D 3
Rissuolo, Bivacco- **49** C 5
Rístola, Punta- **231** D 5
Rištolas **94** C 2
Ristonchi **140** A 2
Ristónchia **151** A 4
Rita, Casone- **223** C 5
Ritani, Torre- **251** C 5
Rite, Monte- **42** E 2
Ritóio, Monte- **132** D 2
Ritornato **64** E 1
Ritorto, Lago- **38** D 2
Ritorto, Monte- **38** D 2
Ritorto, Ponte- **148** D 2
Ritorto, Torrente- **160** A 2
Ritórtolo **132** A 2
Rittana **109** C 5
Rittner Horn = Corno di Renòn
   27 D 6
Ritzingen **32** A 2
Riu Gironi, Cantoniera-
   317 D 6
Riu Piatu, Fermata- **296** E 3
Riu Sessini, Ponte- **314** C-D 2
Rivà **107** B 4
Riva (BS) **70** C 2
Riva (CN) **96** E 2
Riva (IM) **123** C 6
Riva (MN) **103** B 5
Riva (PC) **100** C 3
Riva (PV) **99** D 6
Riva (SO) **35** D 5
Riva (TN) **57** E 5
Riva (TO) **95** B 5
Riva (VC) **50** E 3
Riva, la- **117** B 6
Riva, Rifúgio- **53** C 6
Riva, Valle di- = Raintal **31** A 4
Rivabella (BO-Malalbergo)
   105 E 5
Rivabella (BO-Zola Predosa)
   118 C 3
Rivabella (LE) **230** B 2
Rivabella (RN) **134** B 3

Riva degli Etruschi **147** C 6
Riva dei Tarquini **167** D 6
Riva dei Téssali **223** D 6
Riva del Garda **56** D 3
Riva dell'Anziana **57** E 5
Riva del Sole **157** D 6
Riva di Faggeto **53** D 4
Riva di Solto **55** E 4
Riva di Túres = Rain in Taufers
   29 D 5
Rivago **77** B 5
Rivai **58** C 3
Rivalba (AL) **84** D 2
Rivalba (TO) **82** D 3
Rivale **75** E 4
Rivalgo **42** E 2
Riva Lígure **123** E 4
Rivalpo **44** B 2
Rivalta (BI) **65** D 4
Rivalta (CN) **96** E 3
Rivalta (PR) **116** A 3
Rivalta (RA) **132** A 3
Rivalta (RE) **117** A 5
Rivalta (VI) **58** D 3
Rivalta (VR) **72** C 2
Rivalta Bórmida **98** E 1
Rivalta di Torino **95** A 6
Rivalta Scrívia **98** C 3
Rivalta sul Míncio **89** D 5
Rivalta Trébbia **100** B 2
Rivalto **138** E 1
Riva Lunga, Casa- **78** B 3
Rivamonte Agordino **41** D 5
Rivanazzano Terme **99** B 4
Rivapiana **33** D 6
Riva presso Chieri **82** E 3
Rivara (MO) **104** C 3
Rivara (TO) **64** E 1
Rivarolo **102** C 2
Rivarolo Canavese **64** E 2
Rivarolo del Re ed Uniti
   102 B 3
Rivarolo Lígure **112** C 3
Rivarolo Mantovano **88** E 3
Rivarone **98** B 2
Rivarossa **82** B 2
Rivarotta (PN) **76** A 3
Rivarotta (UD) **62** E 2
Rivarotta (VI) **74** B 2
Rivasacco **81** D 6
Riva San Vitale **52** C 3
Rivasco **32** C 3
Rivasecca **95** B 6
Rivasso **100** B 2
Rivata **81** E 6
Riva Trigoso **114** E 2
Riva Valdóbbia **49** C 6
Riva Verde **121** C 5
Rivazzurra **134** C 3
Rive (VC) **84** C 1
Rive (VI) **74** B 2
Rive, Canale- **83** C 6
Rive, Pale delle- **58** B-C 2
Rive d'Arcano **62** A 2
Rive Haute **48** A 1
Rivella **92** C 1
Rivellese, Torrente- **235** C-D 4
Rivello **235** D 5
Rivello, Stazione di- **235** C 5
Riveo **33** C 4-5
Rivera (Svízzera) **33** E 6
Rivera (TO-Almese) **81** E 6
Rivera (TO-Chivasso) **82** C 3
Rivera (VB) **50** B 2
Rivere **111** A 6
Rivergaro **100** C 2-3
Rivetti, Rifúgio- **49** D 6
Rivetti Carla, Capanna- **49** C 5
Riviera **119** E 6
Riviera, Regione- **34** C-D 2
Rivignano **62** D 2
Rivioni **54** C 2
Rívis **61** D 6
Rivisco, Cozzo- **220** C 1
Rivisco, Torrente- **220** C 1
Rivisóndoli **183** C 5
Rivisóndoli-Pescocostanzo,
   Stazione di- **183** C 5
Rivò **50** E 2
Rivo (TR) **161** D 6
Rivo (UD) **44** B 2

Rivodora **82** D 2
Rivodutri **162** E 2
Rivoglia, Pizzo- **268** C 3
Rivóira (CN) **109** C 6
Rivóira (TO-Íngria) **64** D 1
Rivóira (TO-Pinasca) **95** A 4
Rívoli **81** E 6
Rívoli di Osoppo **44** E 2
Rívoli Veronese **72** D 2
Rivolta, Bosco- **239** B-C 5
Rivolta d'Adda **69** D 4
Rivoltella (BS) **71** E 5
Rivoltella (PV) **84** B 1-2
Rivolto **62** C 2
Rivoreta **130** B 1
Rivotorto **152** D 2
Rivotta **62** B 2
Rižana **79** D 5
Rižana (Risano) **79** D 5
Rizió **42** C 3
Rizza, Case- **288** D 3
Rizzacorno **174** E 3
Rizzardina **75** B 4
Rizzi (CN) **112** B 1
Rizzi (UD) **62** B 3
Rizzíconi **252** E 2
Rizzíos **42** C 2
Rizzo, Case- **289** E 5
Rizzolaga **39** E 5
Rizzolo (PC) **100** C 3
Rizzolo (UD) **62** A 3
Rizzolu de sa Costa, Rio-
   301 C 6
Rizzotti **258** B 2
Rizzuti **245** D 4
Rizzuto **244** C 3
Rizzuto, Capo- **251** C 6
Rizzuto, Torrente- **287** C 5
Ro **106** B 1
Roa **58** B 3
Roà Marenca **110** D 2
Roana **58** D 1
Roáschia **109** D 5-6
Roáscio **110** C 3
Roasco, Torrente- **37** C 4
Roásio **65** B 6
Roata Chiusani **110** B 1
Roata Rossi **109** B 6
Roatta Soprana **110** D 3
Roatta Sottana **110** C-D 3
Roatto **97** B 4
Robarello **65** E 6
Robasacco **34** E 2
Robassomero **82** C 1
Robbiate **69** B 4
Róbbio **84** B 2
Robecchetto con Induno
   66 C-D 3
Robecco **87** C 4
Robecco d'Óglio **88** C 3
Robecco Pavese **85** E 5-6
Robecco sul Navíglio **67** E 4
Robegano **75** D 5
Robella (AT) **83** D 4
Robella (CN) **95** E 5
Robella (VC) **83** C 4
Roberso **94** A 3
Robert, Cima- **110** E 2
Roberti, Bivacco- **38** E 1
Roberti, Masseria- **211** B 4
Robič (Róbis) **45** E 5
Robidišče **45** E 4
Robiei **33** A 4
Robilante **109** D 6
Robini **97** E 5
Róbis → Robič **45** E 5
Roboaro **111** B 6
Roburent **110** D 3
Roca Nuova **229** D 5
Roca Vécchia **229** D 5
Rocca (AL) **98** C 1
Rocca (AT) **83** B 4
Rocca (BL) **58** C 3
Rocca (CT) **283** B 4
Rocca (IM) **123** D 6
Rocca (PC) **114** A 3
Rocca (PR-Sala Baganza)
   102 E 2
Rocca (PR-Varsi) **115** A 5
Rocca (PV) **85** E 6

Rocca (RM) 168 E 3
Rocca (RO) 106 A 1
Rocca (SI) 159 B 6
Rocca (TO) 81 D 5
Rocca (VA) 51 E 5
Rocca, Cima- 38 D 3
Rocca, la- (CB) 195 A 6
Rocca, la- (ME) 268 A 1
Rocca, la- (PA) 263 B 4
Rocca, la- (PG) 152 E 1
Rocca, la- (RE) 103 E 4-5
Rocca, la- (RI) 163 D 4
Rocca, la- (VT) 168 C 2
Rocca, Monte della- 141 B 6
Rocca, Monte la- (AQ) 182 D 2
Rocca, Monte la- (BO) 119 D 4
Rocca, Monte la- (CB) 195 B 6
Rocca, Monte la- (CH) 184 C 1
Rocca, Monte la- (SO) 37 B 5
Rocca, Monte la- =
    Schwarzhorn 39 C 6
Rocca, Torrente la- 289 C 5
Rocca, Villa la- 292 B 3
Roccabascerana 203 D 5
Rocca Bernarda 63 C 4
Roccabernarda 247 D 4
Roccabernarda, Stazione di-
    251 C 4
Roccabianca 102 B 2
Roccabruna 109 B 5
Rocca Bruna, Monte- 114 B 2
Rocca Caláscio 172 C 3
Rocca Canavese 82 B 1
Rocca Canterano 180 B 2
Roccacaramánico 173 E 5
Roccacasale 173 E 4
Rocca Cerbáia 131 C 4
Roccacerro 181 A 4
Rocca Cigliè 110 B 3
Rocca Cilento 232 B 2-3
Roccacinquemíglia 183 D 5
Rocca Corneta 130 A 2
Rocca Corvo, Portella di-
    285 D 4
Rocca d'Aiello 153 B 5
Rocca d'Anfo 56 E 1
Rocca d'Arazzo 97 C 5-6
Rocca d'Arce 193 A 4
Roccadáspide 232 A 3
Rocca de' Baldi 110 B-C 2
Rocca de' Giorgi 99 B 6
Rocca dei Corvi, Ponte- 114 A 2
Rocca dell'Abisso 122 A 2
Rocca della Cernáuda 109 B 4
Rocca della Paùr 109 D 4
Rocca delle Caminate 133 B 4
Rocca delle Donne 83 D 5
Rocca d'Evandro 194 C 1
Rocca d'Evandro, Stazione
    di- 194 C 1
Rocca di Angera 51 E 5
Rocca di Botte 180 A 3
Rocca di Cámbio 172 D 2
Rocca di Cave 180 C 2
Rocca di Cavour, Riserva
    Naturale- 95 C 5-6
Rocca di Corno 171 B 5
Rocca di Corno, Stazione di-
    171 B 5
Rocca di Fondi 171 B 5
Rocca di Fondi, Stazione di-
    171 B 5
Rocca di Mezzo (AQ) 172 D 2
Rocca di Mezzo (RM) 180 B 2
Rocca di Neto 247 C 5
Rocca di Papa 179 D 6
Rocca di Roffeno 118 E 2
Rocca d'Órcia 150 D 1
Roccaferrara 115 C 6
Roccafinadamo 164 E 3
Roccafiorita 269 C 6
Roccafluvione 154 E 2
Roccaforte, Planu- 301 E 5
Roccaforte del Greco 256 E 3
Roccaforte Lígure 99 E 4
Roccaforte Mondovì 110 D 1-2
Roccaforzata 225 D 5
Roccafranca 70 E 1
Roccagióvine 180 A 1
Roccagloriosa 233 D 5
Roccagnano 141 E 5

Roccagorga 192 B 1
Roccagrande, Monte-
    114 D 2-3
Rocca Grimalda 98 E 2
Roccaguglielma 193 C 5
Rocca Iánula 193 B 6
Rocca Imperiale 239 C 5
Rocca Imperiale Marina
    239 C 5
Rocca la Méia 108 B 3
Roccalanzona 101 E 5-6
Roccalbegna 159 C 4-5
Roccalumera 258 E 1
Roccalvecce 160 D 3
Rocca Malatina 118 D 2
Roccamandolfi 195 B 4
Roccamare 157 D 6
Rocca Mássima 180 E 2
Roccamena 262 E 2-3
Rocca Monaldi 151 C 6
Roccamonfina 194 D-E 1
Roccamonfina-Foce Garigliano,
    Parco Regionale del-
    194 D-E 1
Roccamontepiano 173 D 6
Rocca Monte Vármine 155 C 4
Roccamorice 173 D 5
Roccamurata 115 B 5
Roccanolfi 162 A 3
Roccanova 237 C 6
Roccantica 170 C 2
Roccapalumba 263 E 6
Roccapalumba-Ália, Stazione
    di- 278-279 B 3-4
Roccapassa 163 D 5
Roccapélago 129 A 6
Rocca Pia 183 B 4
Rocca Piana 39 D 4
Roccapiemonte 217 B 5
Rocca Piétore 41 B 5
Rocca Pietra 50 D 3
Roccapipirozzi 194 C 2
Rocca Pitigliana 130 A 3
Roccaporena 162 C 3
Rocca Pratifi 133 E 5-6
Roccaprebalza 115 B 6
Roccapreturo 172 D 3
Rocca Priora (AN) 144 A 3
Rocca Priora (RM) 179 D 6
Roccaraínola 203 E 4
Roccaraso 183 C 5
Roccaravíndola 194 B 2
Roccareonile 154 E 2
Rocca Ricciarda 140 B 1
Rocca Ripesena 160 C 2
Roccaromana 194 E 3
Rocca Romana, Monte- 169 E 5
Roccarossa, Tempa di- 235 C 5
Roccasalli 163 C 4
Rocca San Casciano 132 C 3
Rocca San Felice 204 D 2
Rocca San Giovanni 175 D 4
Rocca Santa Maria (MO)
    118 C 1
Rocca Santa Maria (TE) 164 C 1
Rocca Sant'Ángelo 152 C 2
Rocca Santo Stéfano 180 C 2
Rocca San Zenone 162 D 1
Roccascalegna 183 A 6
Roccasecca 193 B 5
Roccasecca, Stazione di-
    193 B 5
Roccasecca dei Volsci 192 B 2
Roccasicura 183 E 6
Rocca Sigillina 115 D 6
Rocca Sinibalda 171 D 4
Rocca Sorella 182 E 2
Roccasparvera 109 C 5
Roccaspinalveti 184 B 2
Roccaspromonte 195 A 5
Rocca Steria, Punta- 319 B 6
Roccastrada 149 E 4
Roccastrada, Stazione di-
    158 A 2
Rocca Susella 99 B-C 5
Roccatagliata 113 B-C 6
Roccatagliata, Monte di-
    173 D 4
Roccatamburo 162 B 3

Roccatederighi 149 E 4
Roccati 82 D 3
Roccavaldina 271 C 6
Roccaverano 111 A 5
Roccavignale 111 C 4-5
Roccavione 109 D 6
Roccavivara 184 C 3
Roccavivi 181 D 6
Roccazza, Serra- 235 C 5
Roccelito, Monte- 279 B 4
Roccella 285 A 5
Roccella, Fiume di- 269 C-D 4
Roccella, Torrente- 265 D 6
Roccella Iónica 255 C 5
Roccella Valdémone 269 C 4
Roccelletta 250 D 2
Roccelletta (rovine-CZ) 250 D 2
Rocche, Cozzi delle- 287 A 6
Rocche, Monte delle- 279 D 6
Rocche, Santuário delle-
    112 A 1
Rocche, Serra delle- 275 A 4
Rocche del Crasto, Monte-
    268 B-C 2
Rocche di Civitella 164 B 2
Rocche di Cusa, Cave- 275 C 4
Rocchenere 269 C 6
Rocchetta (AL) 83 D 6
Rocchetta (AN-Fabriano)
    143 E 5
Rocchetta (AN-Genga) 143 D 5
Rocchetta (CE) 194 E 3
Rocchetta (CN) 95 E 5
Rocchetta (MO) 118 C-D 2
Rocchetta (PC) 100 E 3
Rocchetta (PG) 162 B 3
Rocchetta (TN) 39 D 4
Rocchetta (TP) 275 C 5
Rocchetta, Chiesa della-
    155 D 4
Rocchetta, la- (CZ) 248 D 3
Rocchetta, la- (LI) 157 B 4
Rocchetta, Monte- (BN)
    204 B 1
Rocchetta, Monte- (FC) 133 E 5
Rocchetta, Monte- (PC) 100 E 2
Rocchetta, Monte la- (CB)
    184 C 3
Rocchetta, Monte la- (PU)
    142 D 2
Rocchetta, Sorgente della-
    153 B 4
Rocchetta a Volturno 194 A 2
Rocchetta Belbo 97 E 5
Rocchetta Cáiro 111 C 5
Rocchetta Céngio 111 C 5
Rocchetta di Prendera, la-
    41 B 6
Rocchetta di Vara 115 E 4
Rocchetta e Croce 194 E 3
Rocchetta Lígure 99 E 5
Rocchetta Mattei 131 A 4
Rocchetta Nervina 122 D 2
Rocchetta Nuova 194 A 2
Rocchetta Palafea 97 E 6
Rocchetta Sandri 118 E 1
Rocchetta Sant'António
    205 B 4
Rocchetta Sant'António-
    Lacedónia, Stazione di-
    205 B 5
Rocchetta Tánaro 97 C 6
Rocchetta Tánaro, Parco
    Regionale- 97 C 6
Rocchette 73 A-B 6
Rocchette (GR) 159 C 5
Rocchette (RI-Otrícoli) 169 B 6
Rocchette (RI-Torri in Sabina)
    170 B-C 1
Rocchette, le- 157 D 5-6
Rocchi 244 A 3
Rocchicciola 117 E 5
Rocchione, Masseria- 186 D 1
Rocciamelone, Monte- 80 D 3
Rocciano 164 D 2
Rocciasone, Grángia- 108 B 3
Rocciavrè, Monte- 81 E 4
Roccile, Monte- 184 C 3
Róccoli dei Lorla, Rifúgio-
    35 E 4
Róccolo Pornina 37 D 5

Rocconi, Riserva Naturale-
    159 D 4-5
Rocco sull'Alpo = Cima Spessa
    56 E 1
Roc del Boucher 94 B 2
Roc della Niera 94 E 2
Rochebrune, Grand Pic de-
    94 C 1
Rochefort 46 C 3
Rochemolles 80 D 1
Rochemolles, Lago di- 80 D 1
Rocher, Dent de- 94 E 1
Rocheure, Vallon de la-
    80 B 2-3
Ro di Sopra 71 E 4
Ro di Sotto 71 E 4
Roditti → Rodik 79 C 6
Ródolo 36 E 1
Ródio 233 D 4
Ro di Sopra 71 E 4
Roè 71 C 5
Roe Alte 41 E 6
Roèn, Monte- 39 C 4-5
Roè-Volciano 71 C 5
Rofelle 141 A 5
Rofenhöfe 26 A 3
Rofeno, Abbazia a- 150 B 1
Rofental 26 A-B 2-3
Roffi 114 A 3
Róffia 138 B 2
Rofrano 233 C 4
Rogadeo, Villa- 207 C 6
Rógeno 53 E 5
Roggera, Cascina- 95 C 6
Roggiano Gravina 241 D 4
Roggiano Valtraváglia 51 C 6
Róggio 129 A-B 4
Roggione 87 D 5
Roggione, Pizzo- 35 C-D 4
Roghudi 256 E 3
Rógio, Canale- 129 E 6
Rogiura, Vallone- 279 B 4
Rogliano 245 C 4
Róglio, Torrente- 138 C-D 1
Rognano 85 B 5
Rogneux, Mont- 48 A 1
Rogno 55 D 4
Rognone, Monte- 182 B 3
Rognosa di Sestriere, Punta-
    94 A 2
Rógolo 35 E 5

Rogorbello 37 D 4
Rogoredo 68 B 3
Roi 50 C 2
Roi, Sass di- 41 B 4
Róia = Rojen 25 B 6
Róia, Fiume- 122 D 2
Róia, Valle- = Rojental 25 B 6
Roiano 164 C 2
Roiate 180 C 3
Róio del Sangro 184 B-C 1
Róio Piano 172 C 1
Roisan 47 B 4
Roiuzza, la- 61 C 5
Róivan 35 B 6
Rojen = Róia 25 B 6
Rojental = Valle Róia 25 B 6
Rola 118 B 2
Rolandi 96 C 3
Rolasco 83 D 6
Rolate 50 D 3
Roledo 32 D 2
Roledu, Riu- 312 E 1
Roletto (TO) 95 B 5
Roletto (VB) 50 B 2
Rolino 65 C 6
Rolle 59 C 6
Rolle, Cima di- = Rollspitze
    28 B 3
Rolle, Passo di- 40 D 3
Rollières 94 A 2
Rollin, Gobba di- 49 B 4
Rollini 83 D 6
Rollspitze = Cima di Rolle
    28 B 3
Rolo 103 C 6
Roma (MO) 103 D 6
Roma (PR) 102 D 2
Roma (RM) 179 C 4
Roma, Rifúgio- = Hochgallhütte
    31 A 5
Romagnano (TN) 57 C 5
Romagnano (VR) 72 D 3
Romagnano Scalo 219 D 4
Romagnano al Monte
    219 C-D 4
Romagnano Sésia 66 B 1
Romagnese 100 C-D 1
Romagnolo 263 B 4
Romallo 39 B 4
Romana 301 E 4
Romana, Fonte- 183 A 5
Romana, Monte la- 194 A 3
Romana, Villa- 166 E 2-3
Romandato, Torrente- 188 C 3
Romanella, Monte- 181 B 5-6
Romanelli, Grotta- 231 B 5
Romanengo 87 B 5
Romani (MC) 154 C 1
Romani (NA) 215 B 6
Romani, Castelli- 179 D-E 5-6
Romanina 65 B 5
Romano, Anfiteatro- 169 D 5
Romano, Casa- 197 A 4
Romano, Castèl- 56 D 2
Romanò, Fiumara- 253 E 6
Romano, Ponte- (BAT) 199 E 5
Romano, Ponte- (OR) 311 B 5
Romano, Ponte- (VT) 168 C 2
Romano Banco 67 E 5
Romanò Brianza 67 A-B 6
Romano Canavese 64 E 3
Romano d'Ezzelino 58 E 3
Romano di Lombardia 69 D 6
Romanore 89 E 5
Romanoro 117 E 5
Romans 62 D 2
Romàns d'Isonzo 63 D 4-5
Romanziol 76 C 2
Romazzano 161 B 5
Romazzino, Punta- 297 D 5-6
Rombiolo 248 E 3
Rombo, Passo del- =
    Timmelsjoch 27 A 4
Rombòn, Monte- → Veli Vrh
    45 D 5
Romea, Strada- 93 D-E 5
Romécchio, Passo di- 117 E 4
Roméggio 151 A 6
Romena, Castello di- 140 A 2
Romeno 39 C 4
Romentino 66 D 3

Rometta (ME) 258 B 1
Rometta (MS) 128 A 3
Rometta Marea 258 B 1
Romezzano, Passo del- 114 B 3
Romita 139 D 4
Romitella, Chiesa la- 153 B 4
Romitello, Santuário del-
    262 B 3
Romito 127 D 4-5
Romito, Grotta del- (CS)
    235 C 4
Romito, Grotta del- (PZ)
    236 A 3
Romito, Passo del- 116 E 2
Romito, Ponte- 204 E 1
Romito, Ponte del- 140 D 2
Romito, Toppa- 219 C 6
Romito, Villa del- 137 D 4-5
Romitório (LU) 129 D 6
Romitório (RM) 179 A 5
Romitório, Chiesa- 150 D 1
Rómola 139 C 4
Rómola, Monte- 217 A 5
Rompéggio 114 A 3
Romprezzagno 88 E 3
Ron, Vetta di- 36 D 2
Ronago 52 D 3
Roncà 73 E 5
Roncáccio, Póggio- 131 B 6
Roncade 75 C 6
Ronca de' Golferami 88 E 2
Roncadella 117 A 6
Roncadelle (BS) 70 D 2
Roncadelle (TV) 76 B 2
Roncadello (CR-Casalmaggiore)
    102 B-C 3
Roncadello (CR-Dovera) 86 B 3
Roncadello (FC) 120 E 3
Roncafort 57 B 5
Roncagli 123 D 6
Roncáglia (AL-Casale
    Monferrato) 84 E 1
Roncáglia (AL-Melazzo) 97 C 6
Roncáglia (CN-Bene Vagienna)
    110 A 2
Roncáglia (CN-Moretta) 95 C 6
Roncáglia (PC) 87 E 5
Roncáglia (PD) 92 B 2
Roncáglia (PU) 135 D 5
Roncáglia (SO) 35 E 6
Roncáglia (TO) 81 E 6
Roncáglio 117 B 4
Roncaiette 92 B 2
Roncalceci 121 D 4
Roncàn 60 B 2
Roncanova 90 C 3
Roncapiano 52 C 3
Roncarn 85 C 6
Roncarolo 87 E 5
Roncastaldo 131 A 5
Ronce, Pointe de- 80 C 3
Roncegno Terme 58 B 1
Roncello 69 C 4
Ronch (Svízzera) 34 C 3
Ronch (TN) 40 B 3
Ronche (CR) 87 B 5
Ronche (PN-Fontanafredda)
    61 D 4
Ronche (PN-Sacile) 60 D 3
Ronchelli 89 D 4-5
Rónchena 59 C 5
Ronchi (AT) 97 C 6
Ronchi (BG) 54 B 2
Ronchi (BO) 104 D 3
Ronchi (CN) 109 B 6
Ronchi (CS) 245 D 4-5
Ronchi (LO) 87 B 4
Ronchi (MN-Curtatone) 89 E 5
Ronchi (MN-Gonzaga) 103 C 6
Ronchi (MN-Sabbioneta)
    103 B 4
Ronchi (PD-Borgoricco) 75 D 4
Ronchi (PD-Casalserugo)
    92 C 2
Ronchi (PD-Piombino Dese)
    75 C 4
Ronchi (PG) 141 D 6
Ronchi (SV) 111 D 5
Ronchi (TN) 73 B 4

A B C D E F G H I J K L M N O P Q R S T U V W X Y Z

Ronchi (TO) **64** E 1
Ronchi (UD) **63** C 4
Ronchi (VC) **83** B 4
Ronchi (VI-Gállio) **58** D 2
Ronchi (VI-Recoaro Terme) **73** B 4
Ronchi (VR) **71** E 6
Ronchi = Rungg **39** C 5
Ronchi, i- **75** B 6
Ronchi, Val- **72-73** B 3-4
Ronchi dei Legionari **63** E 5
Ronchi di Campanile **74** E 2
Ronchidós, Cappella di- **130** A 3
Ronchini **33** D 5
Rónchis (UD-Faédis) **63** A 4
Rónchis (UD-Rónchis) **62** E 2
Ronchi Valsugana **58** B 1
Roncíglione **169** C 4
Roncino, Monte- **142** E 1
Roncino, Torrente- **245** D 6
Roncitelli **143** B 6
Ronco (BG) **55** B-C 4
Ronco (BI) **65** C 5
Ronco (BO) **119** E 6
Ronco (BS-Córteno Golgi) **37** E 4
Ronco (BS-Gussago) **70** C 2
Ronco (BS-Serle) **71** D 4
Ronco (FC) **133** C 5
Ronco (PC) **100** C 3
Ronco (RA) **120** E 2
Ronco (Svízzera) **33** A 4
Ronco (Svízzera) **33** E 5
Ronco (VB) **51** C 5
Ronco, Fiume- **121** E 4
Ronco all'Ádige **91** B 4
Roncobello **54** C 2
Ronco Biellese **65** C 5
Roncobiláccio **131** B 5
Ronco Briantino **68** B 3
Ronco Campo Canneto **102** C 2
Ronco Canavese **64** C 1
Roncocesi **103** E 4
Ronco Chiesa **40** E 3
Roncodigà **106** C 2
Ronco di Máglio, Monte- **111** D 5
Ronco di Máuro **133** E 5
Roncoferraro **90** D-E 2
Roncofreddo **133** C 6
Roncogennaro **97** E 6
Roncoi **59** B 5
Ronco Inferiore **51** D 4
Róncola **53** E 6
Roncole **114** A 3
Róncole (PR) **114** B 3
Róncole (VC) **50** E 2-3
Roncolevà **89** C 6
Róncole Verdi **101** B 6
Roncolla **148** A 2
Róncolo **117** A 4-5
Róncolo, Castèl- = Schloss Runkelstein **39** A 6
Roncolongo **116** A 2
Roncone **56** C 2
Roncone, Monte- **59** C 4
Ronconi **72** C 3
Roncopáscolo **102** D 2
Roncoscáglia **130** A 1
Ronco Scrívia **33** A 4
Ronco Todeschino **87** B 5
Róncrio **119** C 4
Rondanina **113** A-B 6
Rondelli **157** B 5
Rondináia **132** D 3
Rondináio, Monte- **129** B 6
Rondinara **117** B 6
Róndine **140** D 2
Róndine, Pizzo della- **278** D 3
Rondinella, Punta- **224** D 3
Rondissone **82** B 3
Rondo **50** D 2
Róndole **73** E 6
Roner, Rifúgio- **30** D 2
Rong **49** C 5
Róngia **33** D 6
Rongie **34** B 2
Róngio (CO) **52** E 2
Róngio (LC) **53** C 5
Róngio Superiore **65** B-C 6

Rongolise **194** E 1
Ronsecco **83** B 6
Ronta (FC) **133** A 6
Ronta (FI) **131** C 6
Rontagnano **133** D 6
Rontana, Monte di- **132** A 2
Rontano **129** B 5
Ronti **141** E 5
Ronzano (AR) **150** A-B 3
Ronzano (TE) **164** D 2
Ronzano (Svízzera) **33** B 6
Ronzina → Ročinj **63** B 6
Ronzo **57** D 4
Ronzo-Chienis **57** D 4
Ronzone **39** B 4
Ropolà, Passo di- **257** B 5
Roppa **42** D 3
Róppolo **65** E 4
Roquebillière **122** C 1
Roquebrune **122** E 1
Rorà **95** C 4
Rorai Píccolo **61** D 4
Rore **109** A 4
Roreto **96** E 2
Rosa **61** E 6
Rosà **74** B 2
Rosà, Col- **31** D 5
Rösa, la- **36** B 3
Rosa, Monte- (Itàlia-Svízzera) **49** B 5
Rosa, Monte- (ME) **273** E 4
Rosa, Monte- (RI) **171** E 6
Rosa, Monte la- **249** D 6
Rosa, Rifúgio- **55** C 6
Rosa dei Banchi, Monte- **47** E 6
Rosaguta **113** C-D 5
Rosaine **232** C 2
Rosalba, Rifúgio- **53** C 5
Rosalì **256** C 1
Rosalia, Case- **293** C 5
Rosa Marina **212** B 2
Rosamarina, Casa la- **282** B 2
Rosamarina, Lago- **263** D 6
Rosamarina, Monte- **263** C 6
Rosanisco **193** A 6
Rosano (AL-Cabella Lígure) **99** E 5
Rosano (AL-Casalnoceto) **99** B 4
Rosano (FI) **139** B 6
Rosano (RE) **117** C 4
Rosapineta **93** E 5
Rosa Pinnola, Monte- **182** B 3
Rosara (AP) **154** E 3
Rosara (PD) **93** C 4
Rosara (PV) **99** C 6
Rosário, Bívio- **298** D 2
Rosário, Masseria- **212** E 1
Rosário, Santuário del- **263** D 4
Rosário Valanidi **256** E 1
Rosarno **252** C 3
Rosarno, Bosco di- **252** D 3
Rosaro **161** C 5
Rosaro, Torrente- **116** E 2
Rosarolo **50** C 3
Rosàs **319** A 5
Rósas, Monte- **319** A 5
Rosasco **84** C 2
Rosate **85** B 5
Rosatsch, Piz- **24** E 2
Rosavita, Villa- **137** D 6
Rosazza **49** E 6
Rosazza, Rifúgio- **49** E 6
Rosazzo **63** C 4
Rosce, Piano di- **162** E 3
Rosceto **161** C 5
Roscetti, Fattoria dei- **141** E 6
Rosciano (CE) **202** D 3
Rosciano (PE) **173** C 5-6
Rosciano (PU) **135** E 6
Roscigno **233** A 5
Roscigno-Vécchio **233** A 4-5
Roscíolo dei Marsi **171** E 6
Rose (CS) **244** A 3
Rose (RI) **163** D 4
Rose, Bosco delle- **205** E 4
Rose, Coppa di- **186** C 1
Rose, Monte- **278** D 1-2
Rose, Pieve delle- **141** D 6
Rose, Timpa delle- **236** D 4

Roseg, Pizzo- **36** B 2
Roseg, Vadret da- **36** B 2
Roseg, Valle- **36** B 2
Rosegaferro **89** B 6
Roselle, Rovine- **158** B 2
Roselle Módica **293** D 6
Roselli (FR) **193** A 5
Roselli (PG) **161** B 6
Rosello **184** C 1
Rosengarten = Catináccio **40** B 2
Rosengarten Hütte = Rifúgio Fronza **40** B 2
Rosennano **140** E 1
Roseto **33** B 4
Roseto Capo Spúlico **239** D 5
Roseto degli Abruzzi **165** C 4
Roseto Valfortore **197** C 4
Rosetta, Cima della- **41** D 4
Rosia **149** C 5
Rosia, Torrente- **149** C 5
Rosier, le- **94** A 1
Rosignano Maríttimo **137** E 5
Rosignano Monferrato **83** D 6
Rosignano Solvay **137** E 5
Rósina **140** B 3
Rosingo **83** D 5
Rósio **67** E 4
Rosito **247** E 5
Rosmarino, Fiume di- **268** B 1
Rósola **118** E 2
Rósola, Rio- **118** E 2
Rosole, Bivacco- **38** B 1
Rosolina **93** E 4-5
Rosolina Mare **93** E 5
Rosolini **293** C 5
Rosone **81** A 6
Rosora **143** D 5
Rossa (BS) **87** B 6
Rossa (Svízzera) **34** B 3
Rossa (VC) **50** D 2
Rossa, Casa- **147** C 6
Rossa, Colla- **122** B 3
Rossa, Costa la- **220** D-E 3
Rossa, Cresta- **49** C 5
Rossa, Croda- = Hohe Gaisl **31** D 5
Rossa, Croda- = Rote Wand **31** A 5
Rossa, Croda- = Rotwand **30** A 2
Rossa, Gola della- **143** E 5
Rossa, Ísola- (CA) **319** E 5
Rossa, Ísola- (GR) **166** C 3
Rossa, Ísola- (OR) **306** D 2
Rossa, Ísola- (OT) **299** B 6
Rossa, Lago della- **81** C 4
Rossa, Masseria- **197** A 4
Rossa, Punta- (FG) **189** E 4
Rossa, Punta- (LI) **158** D 2
Rossa, Punta- (OT) **297** C 5
Rossa, Punta- = Rotes Beil **29** B 4
Rossa, Valle- = Röttal **29** C 6
Rossa, Valle- **54** E 2-3
Rossana **109** A 5
Rossana, Colletto di- **109** A 5-6
Rossani, Casa- **210** C 2
Rossano (CS) **242** D 3
Rossano (MS) **115** D 5
Rossano Stazione **242** D 3
Rossano Véneto **74** B 2-3
Rossbach **43** A 5
Rosse, Cúddie- **274** D 1
Rossella Dara, Masseria- **263** C 4
Rossellina **257** C 4
Rossello, Monte- **284** C 2
Rossena **117** B 4
Rossenna, Torrente- **117** C-D 6
Rosset, Casera- **59** C 6
Rosset, Lago- **46** E 2
Rossetta **120** C 3
Rossi (SV-Osíglia) **111** D 5
Rossi (SV-Stellanello) **124** D 1
Rossi, Cima delle- **35** B 5
Rossi, Monti- **285** B 5
Rossi, Tenuta- **315** A 4
Rossi, Villa- **316** E 2
Rossi Enrico, Rifúgio- **129** C 4-5
Rossiglione **112** A 2

Rossignago **75** D 5
Rossignoli **82** C 1
Rossignolo **74** C 2
Rossino **53** E 6
Rossino, Monte- **235** E 6
Rosskogel = Monte Cavallo **31** B 5
Rosskopf = Monte Cavallo **27** A 6
Rosso (GE) **113** C 5
Rosso (RC) **253** C 4
Rosso, Bric- **94** A 3
Rosso, Corno- (AO-VC) **49** B-C 5
Rosso, Corno- (AO-VC) **49** D 5
Rosso, Corno- (Svízzera-VB) **49** A 6
Rosso, Corno- (VC) **49** C 6
Rosso, Giogo- = Rotenmanjöch **29** C 6
Rosso, Monte- (AG) **268** E 3
Rosso, Monte- (CT) **285** C 6
Rosso, Monte- (PG) **142** D 1
Rosso, Monte- (SO-Svízzera) **36** C 1
Rosso, Monte- (SS) **300** C 1
Rosso, Piccone- **34** C 1
Rosso, Sasso- **38** D 3
Rosso, Scóglio- = Rote Riffl **30** A 2
Rosso, Timpone- **247** E 6
Rosso, Torrente- **220** B 1
Rosso di Predoi, Pizzo- = Rötspitze **29** C 6
Rosso di Ríbbia **33** C 4
Róssola, Pizzo della- **50** B 3
Rossomanno, Monte- **281** E 5
Rossòn, Col- **42** B 3
Rossone **99** C 6
Rossura **33** A 6
Rosswald **32** C 1
Rosta (TO) **81** E 6
Rosta (VR) **91** D 4
Rostagni **95** B 4
Rostania, Giardino- **95** B 4
Rostolena **132** D 1
Rosuel **46** E 1
Rota (FI) **139** C 6
Rota (RM) **168** E 3
Rotacesta **173** B 5
Rota d'Imagna **53** D 8
Rota Greca **241** E 4
Rotaldo, Torrente- **84** D 1
Rotale **235** D 4
Rotari **129** A 4
Rotaro, Monte- **197** A 4
Rotboden **49** A 5
Rote, le- **153** D 5
Rotecastello **161** A 4
Roteck = Monterosso **26** C 3
Rotéglia **117** C 6
Rotella **154** D 3
Rotella, Monte- **183** B 4
Rotelle, le- **150** C 2
Rotello **185** D 5-6
Rotenmanjöch = Giogo Rosso **29** C 6
Rötenspitze **28** A 2
Roterdspitze = Cime di Terrarossa **30** E 1
Rote Riffl = Scóglio Rosso **30** A 2
Rotes Beil = Punta Rossa **29** B 4
Rote Wand = Croda Rossa **31** A 5
Rothwald **32** C 1
Roti **153** D 5
Rótolo, Torre del- **263** A 4
Rotonda **238** E 1
Rotonda, Lago della- **235** D 6
Rotonda, Monte- **235** E 5
Rotonda, Póggio della- **168** D 2
Rotonda, Serra- **235** D 6
Rotonda-Viggianello **238** E 1
Rotondella (MT) **239** B 4
Rotondella, la- **283** C 4
Rotondella, Monte- **239** D 4
Rotondella, Monte la- (CS) **235** E 5
Rotondella, Monte la- (CS-PZ) **238** D 3

Rotondella, Stazione di- **283** C 4
Rotondi **203** D 4
Rotondo **143** D 4
Rotondo, Lago- (BG) **54** B 3
Rotondo, Lago- (TN) **38** C 2
Rotondo, Monte- (AQ-Campo Felice) **172** D 2
Rotondo, Monte- (AQ-Scanno) **182** C 3
Rotondo, Monte- (BA) **210** D 3
Rotondo, Monte- (FR-Amaseno) **192** C 2
Rotondo, Monte- (FR-Castro dei Volsci) **192** B 3
Rotondo, Monte- (LC-SO) **53** B 6
Rotondo, Monte- (MC) **153** E 6
Rotondo, Monte- (PE) **173** E 4-5
Rotondo, Monte- (SA) **236** C 2
Rotondo, Póggio- **268** D 3
Rotórscio **143** E 5
Rötspitze = Pizzo Rosso di Predoi **29** C 6
Rotta (FC) **133** A 5
Rotta (VE) **77** B 4
Rotta, la- (FE) **106** D 3
Rotta, la- (GR) **159** D 6
Rotta, la- (MN) **89** C 5
Rotta, la- (PI) **138** C 1
Rotta dei Cavalli, Passo- **141** A 4
Rottádola **89** D-E 6
Röttal = Valle Rossa **29** C 6
Rottanova **92** E 3
Rotte, le- **103** E 5
Rottofreno **86** E 3
Rotundella, Grotta- **231** B 5
Rotwand = Croda Rossa **30** A 2
Rotwand = Roda di Vaèl **40** B 2
Rotwand Hütte = Rifúgio Parete Rossa **27** C 5
Rotzo **58** D 1
Rouge, Aiguille- **46** D 1
Roure **95** C 4
Rouss, Cima del- **108** C 2
Roussa, Colle la- **95** A 4
Rousse, Aiguille- **81** A 4
Rousse, Tête- **46** A 1
Rousses, Bec des- **46** C 1
Roux, le- **94** C 2
Rova **54** E 2
Rovagnate **53** E 5
Rovale **245** C 5
Rovana **33** C 4
Rovara, Cona- **182** C 2
Rovarè **76** B-C 2
Rovasenda **65** C 6
Rovasenda, Torrente- **65** D 6
Rovate **67** B 4
Rovato **70** C-D 1
Roveda **57** B 6
Rovedaro **87** D 4
Rovegliana **73** B 5
Rovegno **113** A 6
Rovegno, Colónia di- **113** A 6
Rovegno, Ponte di- **113** A-B 6
Rovegro **51** C 4
Roveleto **101** B 3
Roveleto Landi **100** B 3
Rovella **244** B 3
Rovellasca **67** B 5
Rovello, Torrente- **186** D 1-2
Rovello Porro **67** B 5
Rovenaud **47** D 4
Rovenna **52** D 3
Rover **59** E 4
Roverazza **112** B 2
Roverbasso **60** E 3
Roverbella **89** C 5-6
Roverchiara **91** C 4
Roverchiaretta **91** C 4
Roverdicrè **92** E 1
Róvere (AQ) **172** E 2
Róvere (FC) **133** A 4
Róvere (Svízzera) **33** D 3
Roverè della Luna **39** D 4
Roveredo (Svízzera) **34** D 3
Roveredo (Svízzera) **52** B 3
Roveredo (UD-Pocenía) **62** D 2

Roveredo (UD-Varmo) **62** D 2
Roveredo di Guà **91** C 5
Roveredo in Piano **61** D 4
Rovereto (CR) **87** C 4
Rovereto (FE) **106** D 2
Rovereto (PC) **114** C 4
Rovereto (TN) **57** D 4-5
Rovereto sulla Sécchia **104** C 2
Roverè Veronese **73** C 4
Roverino **122** E 2
Roversano **133** B 5-6
Roversella **105** A 4
Rovesca **50** A 2
Rovescala **100** B 1
Roveta **139** B 4
Rovetino **154** D 3
Roveto **293** C 6
Roveto, Pantano- **294-295** D 3-4
Roveto, Val- **181** C-D 5-6
Rovetta **54** D 3
Rovezzano **139** B 5
Roviano **180** A 2
Roviasca **111** D 6
Roviera **108** D 3
Rovieto **112** C 1
Rovigliano **141** D 5
Rovigliano, Scóglio- **215** D 6
Roviglieto **152** E 3
Rovigo **92** E 1
Rovina **101** E 4
Rovina, Lago della- **109** E 5
Rovina, Ponte della- **109** E 5
Rovina, Vallone della- **109** E 5
Rovináglia **115** C 4-5
Roviniero, Torrente- **207** D 4
Róvio **52** C 3
Rovitello, Monte- **197** E 5
Rovito **245** B 4
Rovitello **269** D 4
Rovizza **71** E 4
Róvolo **117** E 5
Rovolòn **92** B 1
Roya **108** E 2
Roya (Fiume) **122** C 2
Royères **80** E 1
Rožice **79** C 6
Rozzámpia **74** B 1
Rozzano **67** E 6
Ru **81** B 2
Rua (CN) **95** E 4
Rua (TV) **60** E 2
Rua, Monte- (AQ) **171** B 6
Rua, Monte- (PD) **92** C 1
Ruà Bernardo **109** B 6
Rua la Cama, Forca- **162** C 2
Ruata (CN) **95** E 4
Ruata (TO) **95** B 4
Ruata Volpe **109** B 5
Ruazzo, Monte- **193** D 4
Rubano **74** E 2
Rubária, Rio de sa- **308** C-D 3
Rubbianello **155** C 4
Rubbianetta **82** C 1
Rubbiano (CR) **87** B 4
Rubbiano (MO) **117** D 5
Rubbiano (PR) **101** E 6
Rubbiara **104** E 2
Rúbbio **58** E 3
Rúbbio, Torrente- **237** D-E 6
Rubello, Monte- **65** B 5
Rubero **99** C 6
Rubiana (TO) **81** D 5-6
Rubiana (VR) **72** C 2
Rubicone, Fiume- **133** C 6
Rubicone, Foce del- **134** A 2
Rubiera **104** E 1
Rubina, Masseria- **262-263** E 3-4
Rubino **269** C 5
Rubino, Casa- **186** E 1
Rubino, Lago- **261** E 4
Rubino, Valle- **267** C 5-6
Rubíola **65** C 4
Rubiola, Masseria- **211** B 4
Rubizzano **105** E 5
Rucce **143** E 4
Rúccolo, Cerro- **185** D 5
Rucconi **175** E 4
Rucorvo **42** E 2
Ruda **63** E 4

Rudalza, Stazione- **297** E 5
Rúdas, Cantoniera- **300** D 3
Rudatòs **41** B 5
Rudedu, Monte- **300** D 1
Rudiae **227** C 5
Rudiano **70** D 1
Rudlhorn = Roda di Scándole **31** B 5
Rudnigalpe **44** A 3
Rudo, Monti- = Rautkofel **31** D 6
Rue **95** B 4
Ruéddos, Case sos- **303** C 4
Ruéglio **64** D 2
Ruera **95** D 4
Rüetzbach **28** A 1
Rufeno, Monte- **160** B 1
Ruffano **231** B-C 4
Ruffi, Monti- **180** B 2
Ruffia **96** D 1
Ruffignano **151** A 5
Rúffio **133** B 6
Ruffrè-Méndola **39** B 4
Rufiédo **31** D 5
Rúfina **132** E 1
Rufione, Molino di- **148** B 1
Ruga, la- **227** E 5
Rugarlo **115** A 5
Ruggero, Colle- **185** D 6
Ruggiano (FG) **188** E 3
Ruggiano (LE) **231** D 5
Ruggiero, Castello- **132** B 3
Ruggiero, Monte- **245** B 6
Rughe, Monte- **307** D 4
Rugliana **139** D 5-6
Rúgolo **60** D 3
Rúia, Ísola- **309** A 6
Rúia, Punta- **303** A 6
Ruicciano, Fosso- **162** A 1
Ruina **106** B 1
Rúina, Masseria- **225** D 4
Ruínas **311** C 5
Ruinedda, Arcu sa- **321** B 4
Ruinette, la- **48** A 2
Ruino **99** C 6
Rúiu, Casa- **299** C 4
Rúiu, Monte- (OT-Arzachena) **297** D 4
Rúiu, Monte- (OT-Lóiri-Porto San Páolo) **303** B 6
Rúiu, Monte- (SS-Bortigiádas-Viddalba) **302** A 1
Rúiu, Monte- (SS-Síligo) **301** D 5
Rúiu, Monte- (SS-Villanova Monteleone) **306** C 2
Rúiu, Nuraghe- (NU-Mamoiada) **308** D-E 3
Rúiu, Nuraghe- (NU-Silánus) **307** D-E 5
Rúiu, Nuraghe- (OR) **307** E 6
Rúiu, Nuraghe- (OT) **302** E 3
Rúiu, Nuraghe- (SS) **299** E 6
Rullato **133** D 5
Rumasinu, Punta- **298** D 1
Rumia **256** C 2
Rumianca **50** B 3
Rumiod **47** C 4
Rúmmolo, Piano di- **268** D 3
Rumo **38-39** B 3-4
Runara, Nuraghe- **301** D 4
Runaz **46** C 3
Runci **256** B 2
Runco **106** D 1
Rungg = Ronchi **39** C 5
Runkelstein, Schloss- = Castèl Róncolo **39** A 6
Runo **52** B 1
Runzi **105** A 5-6
Ruósina **129** C 4
Ruota **137** A 6
Ruote, Ponte delle- **170** C 3
Ruoti **219** B 6
Ruoti, Fiumara di- **219** C 6
Rupa **63** D 4
Rupecanina **131** D 6
Rupingrande **79** B 5
Rupinpíccolo **79** B 5
Rupo **164** C 2
Ruscada, Pizzo di- (Svízzera) **33** B 5

Ruscada, Pizzo di- (Svízzera) **33** D 4
Ruscello (AR) **140** D 2-3
Ruscello (FC) **133** D 5
Ruscello, Monte- **214** B 3
Rúscio **162** C 3
Ruscletto **62** B 2
Rusino **116** B 3
Rúsio **55** D 4
Russa **64** D 1
Russa, Pizzo- **269** B 5
Russenna, Piz- = Jochbodenkogel **25** A 6
Russi **120** E 3
Russi, Masseria- **175** E 4
Russo **33** D 4
Russo, Masseria- (FG-San Giovanni Rotondo) **187** E 5
Russo, Masseria- (FG-Torremaggiore) **186** D-E 1
Russu, Monte- **296** C-D 2
Rustano **153** B 5
Rústega **75** B 4
Rústica, la- **179** C 5
Rústici **154** C-D 1
Rústico **144** C 3
Rustigazzo **100** D 3
Rusteghino **100** E 3
Rustignè **76** B 2
Ruta (BI) **65** C 4
Ruta (GE) **113** D 5
Rutigliano **209** E 6
Rutino **232** B 3
Rutino, Stazione di- **232** B 3
Rutor, Lago de- **46** C 2
Rutor, Testa del- **46** D 2
Rutor, Torrente- **46** C 2
Rutorto, Torrente- **41** C 6
Rutte **45** B 5
Rutte, le- **111** A 4
Ruviano **195** E 4
Ruviato, Torrente- **196** A 1-2
Ruvo del Monte **205** E 5
Ruvo di Púglia **207** E 5-6
Rúvolo, Monte- **268** E 3
Ruzza, la- **131** C 5
Ruzza, Monte- **172** B 2
Ruzzano **116** C 3

S

Saak **45** A 6
Saalen = Sáres **30** B 3
Saarbrückener Hütte **24** A 3
Saas, Punta di- **49** A 6
Saas Almageli **50** A 1
Saas Fee **50** A 1
Saas Grund **50** A 1
Sabadi **321** B 5
Sabatina, la- **158** C 3
Sabatini, Monti- **169** E 4-6
Sabatino, Fontana- **192** A 3
Sábato, Fiume- **203** C-D 5
Sábato, Ponte del- **203** E 4
Sabáudia **191** D-E 6
Sabáudia, Lago di- **191** E 6
Sabbatino, Punta- **305** C 4
Sábbia **50** D 3
Sábbia, Val- **71** B-C 4-5
Sábbie Bianche **248** D 2
Sabbieta **153** C 6
Sábbio Chiese **71** C 4
Sabbión **91** C 5
Sabbionara **72** B 3
Sabbioncello **90** E 2
Sabbioncello San Pietro **106** C 1-2
Sabbioncello San Vittore **106** C 2
Sabbione (PV) **85** D 5
Sabbione (RE) **117** A 6
Sabbione, Colle del- **122** A 2
Sabbione, Lago del- **32** B 2-3
Sabbione, Punta del- **32** B 2
Sabbioneta **103** B 4
Sabbioni (BO) **119** E 4
Sabbioni (FE) **106** B 1
Sabbioni (MN) **103** B 4-5
Sabbioni (RO) **105** A 4
Sabbioni (VI) **91** C 5

Sabbioni (VR) **90** D 2
Sabbioni, Punta- **76** E 2
Sábbio Sopra **71** B-C 4
Sabbiuno di Montagne **119** C-D 4
Sabbucina, Monte- **280** D 3
Säben, Kloster- = Monastero di Sabiona **30** D 1
Sabetta, Lago- **233** C 6
Sabina, Punta- **298** A 2
Sabina, Regione- **170** C 1
Sabina, Vía- **171** C 5-6
Sabine, Villa le- **147** B 6
Sabini, Monti- **170** C-D 2-3
Sabìòn, Dos del- **38** E 2
Sabiona, Monastero di- = Kloster Säben **30** D 1
Saboni, Cala de- **318** C-D 2-3
Sabotino, Monte- **63** C 6
Sacca (BS) **55** D 5
Sacca (MN-Góito) **89** C 5
Sacca (MN-Pegognaga) **103** B 6
Sacca (PR) **102** B 3
Sacca, la- **51** D 5
Saccarello, Monte- **122** B 3
Sacca Séssola **93** B 5
Saccheddu, Casa- **298** E 3
Saccheddu, Monte- **296** D 3
Sacchello **86** E 3
Sacchetta **90** E 2
Saccione **140** E 3
Saccione, Torrente- **185** C 4
Sacco (SA) **233** A 5
Sacco (SO) **35** E 6
Sacco (TN) **57** D 4
Sacco = Sack **30** B 1
Sacco, Fiume- **192** B 3
Sacco, Monte- **132** C 2-3
Saccòl **59** D 5
Saccolongo **92** B 1
Saccona **81** B 6
Sacconago **67** C 4
Saccone **57** E 4
Saccovéscio **162** A 3
Saccuti **257** E 4
Sacerno **118-119** B 3-4
Sachet **41** C 4
Sacile **60** D 3
Saciletto **63** E 4
Sacra, Ísola- **177** D 6
Sacra di San Michele **81** E 5
Sacri Cuori, Chiesa dei- **155** B 4
Sacro, Monte- (FG) **189** D 4
Sacro, Monte- (SA) **233** C 5
Sacro Cuore **293** C 4
Sacro Cuore, Chiesa del- **53** C 6
Sacrofano **169** E 6
Sacrofano, Stazione di- **179** A 4
Sacro Monte, Santuário- **50** D 3
Sacro Monte Calvário di Domodóssola, Riserva Naturale del- **32** E 1-2
Sacro Monte della Santíssima Trinità di Ghiffa, Riserva Naturale- **51** C 5-6
Sacro Monte di Crea, Parco Regionale- **83** D 5-6
Sacromonte di Oropa, Riserva Naturale Speciale del- **49** E 6
Sacro Monte di Varallo, Riserva Naturale del- **50** D 3
Sacro Monte d'Orta, Riserva Naturale- **51** D 4
Sacudello **62** E 1
Sádali **312** D 2
Sádali, Río de- **312** D-E 2-3
Saddi, Pieve de'- **141** E 6
Sádole, Malga- **40** D 2
Sa Domu s'Orcu, Nuraghe- **320** D 1-2
Saduruno **133** A-B 4
Saepínum **195** C 6
Saetta, Colle- **246** E 2
Saetta, Lago de- **205** E 4
Safforze **60** B 2
Saflischhütte **32** C 1
Safò, Punta de- **248** D 3

Saga → Žaga **45** D 5
Ságama **306** D-E 3
Ságana **262** B 3
Ságana, Ponte di- **262** B 3
Saggese, Casa- **188** C 1
Sagginale **131** D 6
Sagittário **237** E 6
Sagittário, Fiume- **182** B 3
Sagliano **99** C 5-6
Sagliano Micca **49** E 6
Sagliaschi **65** B 6
Sagnes, Lac des- **108** B-C 1
Sagrado **63** D 5
Sagràn, Monte- **45** B 5
Sagrata, Chiesa- **142** B 2
Sagro, Monte- **128** B 3
Sagro, Torre di- **189** D 5
Sagròn, Piz di- **41** E 4
Sagròn Mis **41** E 4
Sáia, Monte- **113** A 5
Sáia Baroni **293** C 6
Saiáccio **133** D-E 4
Sáia Faliciotto **269** A 4
Saiano (BS) **70** C 2
Saiano (FC) **133** B 6
Saiano, Monte- **192** C 1
Sáia Randeci **293** C 6
S.A.I.F.A.R., Rifúgio- **181** B 4
Sailetto **103** B 5
Saint-Antoine **108** A 1
Saint-Barthélemy (AO) **47** B 5-6
Saint-Barthélemy, Torrente- **47** B 6
Saint-Bon-Tarentaise **80** A 1
Saint-Christophe **47** C 5
Saint-Colomban **122** C 1
Saint-Dalmas-de-Tende (San Dalmazzo di Tenda) **122** B 2-3
Saint-Dalmas-le-Selvage **108** D 1-2
Saint-Denis **47** C 6
Sainte-Agnès **122** E 1
Sainte-Anne, Chiesa di- **122** C 2
Sainte-Claire, Chiesa di- **122** C 2
Sainte-Foy-Tarentaise **46** D 1
Sainte-Madeleine, Chiesa di- **122** D 1
Sainte-Marguerite, Chiesa di- **49** E 5
Sainte-Thècle **122** E 1
Saint-Étienne-de-Tinée **108** D 2
Saint-Grat, Chiesa di- **49** E 5
Saint-Grat, Lago di- **46** D 2
Saint Grée **110** D 3
Saint-Honorat, Pont- **108** E 3
Saint-Jacques **49** B 4
Saint-Jean, Col- **122** D 1
Saint-Léonard **46-47** B 3-4
Saint-Marcel **47** C 5
Saint-Martin-d'Entraunes **108** E 1
Saint-Nicolas **46** C 3
Saint-Ours **108** A 1
Saint-Ours, Rochers de- **108** A 1
Saint-Oyen **47** B 4
Saint-Pantaléon, Cappella di- **47** B 6
Saint-Paul **108** A 1
Saint-Pierre **47** C 4
Saint-Rhémy-en-Bosses **47** A-B 4
Saint-Roch, Col- **122** D 1
Saint-Roch, Pont- **108** D 1
Saint-Sauveur, Mont- **108** E 3
Saint-Véran **94** D 2
Saint-Vincent **49** D 4
Saionchè, Cima del- **49** C 6
Sáipins **195** C 6
Sairano **85** D 5
Sáisera, Malga- **45** C 5
Sala (AP) **163** B 6
Sala (AR) **140** A 2
Sala (AV) **217** A 6
Sala (BL-Alleghe) **41** C 5
Sala (BL-Belluno) **41** E 6

Sala (CE) **202** D 2
Sala (CZ) **250** C-D 2
Sala (FI-Castelfiorentino) **138** C 3
Sala (FI-Greve in Chianti) **139** D 5
Sala (PC) **100** B 1
Sala (PR) **102** B 2
Sala (PV-Godiasco) **99** C 5
Sala (PV-Santa Margherita di Stáffora) **99** D 6
Sala (RI) **162** D 3
Sala (Svízzera) **52** B 2
Sala (TO) **81** E 5
Sala (TR) **160** B 2
Sala (TV) **75** B 4-5
Sala al Barro **53** C 5
Sala Baganza **102** E 2
Sala Biellese **65** C 4
Sala Bolognese **105** E 4
Salabue **83** D 6
Sálacio, Masseria- **284** A 2
Sala Comacina **53** C 4
Sala Consilina **236** A 1
Salaiola **159** B 4
Salaioli **159** D 4
Salamida, Río- **319** A 6
Salamina **211** D 6
Salamone **267** E 5
Sala Monferrato **83** D-E 6
Sálamu, Bruncu- **316** E 3
Salància, Monte- **81** E 4
Salandra **221** D 5
Salandra Gróttole, Stazione di- **221** D 5
Salandrella, Torrente- **222** E 3
Salanzada **39** D 6
Salaparuta **262** E 1
Salaparuta, Ruderi- **262** E 1
Salápia **199** C 5
Salara (AP) **154** E 3
Salara (RO) **105** A 5
Salária, Vía- **163** E 4
Salarno, Lago di- **56** B 1
Salàrs **43** C 6
Salasco **83** B 6
Salassa **64** C 2
Salata, Valle- **31** D 4
Salattu, Monte- **302** D 1
Salbertrand **80** E 2
Salboro **92** B 2
Salcano → Solkan **63** C 6
Salce **59** B 6
Salce, Castèl di- **168** C 3
Salcedo **74** B 1
Salceta, Stazione di- **149** E 6
Salci **160** A 2
Salcido **98** B 1
Salcito **184** D 2
Salcra **303** A 5
Saldano, Monte- **288** A 1
Saldoni, Masseria- **186** E 3
Saldura, Punta- = Saldurn Spitze **26** C 2
Saldura, Río- = Saldurbach **26** C 1
Saldurbach = Rio Saldura **26** C 1
Saldurn Spitze = Punta Saldura **26** C 2
Sale (AL) **98** B 3
Sale (BS) **70** C 2
Sale, Grotta del- **188** A 1
Sale, Piano di- **33** E 4
Sálea **124** C-D 2
Salécchia, Monte- **197** E 6
Salécchio **132** B 1
Sale delle Langhe **111** C 4
Sale di Sellía, Sorgente- **250** C 2
Sale Marasino **70** B 2
Salemi **275** A 5
Salemi, Strada di- **274** A-B 3
Salentina, Vía- **226** C 3
Salento **232-233** C 3-4
Sale Pórcus, Stagno- **310** D 2
Salera **129** A 5
Salerano Canavese **64** D 3
Salerano sul Lambro **86** B 2
Salere **97** D 5

Salério, Monte- **192** A 1-2
Salerno **217** C 5
Salerno, Golfo di- **217** D 4-6
Sáles **79** B 4
Sale San Giovanni **111** C 4
Salesiani, Masseria dei- **223** C 4
Saletta (FE) **106** B 1
Saletta (RI) **163** C 5
Saletta (TO) **81** C 5
Saletta (VC) **83** C 6
Salette (AP) **155** A 4
Salette (VR) **89** C 6
Saletto (BO) **105** E 5
Saletto (PD-Saletto) **91** C-D 6
Saletto (PD-Vigodárzere) **74** E 3
Saletto (PN) **61** E 6
Saletto (UD-Chiusaforte) **45** C 4
Saletto (UD-Dogna) **44** C 3
Saletto = Wieden **28** B 3
Saletto di Piave **76** B 2
Salettuòi **75** B 6
Salgareda **76** B 2
Saliano **245** C 5
Sálica **247** E 6
Sálica, Fosso- **158** B 2
Sálice (CS) **244** D 2
Sálice (FG) **199** D 4
Sálice (ME) **258** A 1
Sálice, Fonte Minerale di- **55** D 5
Sálice Cálabro **256** C 1
Sálice Salentino **227** B 4
Saliceta, Bosco della- **104** C 3
Sálice Terme **99** B-C 5
Saliceto (CN) **111** C 4-5
Saliceto (ME) **268** A 3
Saliceto (PC-Alseno) **101** C 5
Saliceto (PC-Cadeo) **101** B 4
Saliceto Buzzalino **103** E 6
Saliceto Panaro **104** C 2
Sálici, Monte- **282** A 2
Sálici, Pizzo- **269** A 6
Sálici, Punta- **302** A 1
Salietto **194** A 3
Salignano **231** D 5
Salimbeni, Villa- **150** C 2
Salin, Lac- **24** E 3
Salinà **268** A 2
Salina (CS) **241** B 4
Salina (MN) **103** B-C 4
Salina, Canale della- **272-273** D-E 3-4
Salina, Ísola- **272** B 3
Salina di Margherita di Savóia, Riserva Naturale- **199** C 6
Salina di Punta della Contessa, Parco Regionale- **213** D 6
Salina di Tarquínia, Riserva Naturale- **168** D 1
Salina Grande **225** D 2
Salinchièt, Monte- **44** B 3
Saline (FG) **199** B-C 5-6
Saline (MC) **154** C 2
Saline (RO-Lúsia) **92** E 1
Saline (RO-San Martino di Venezze) **92** E 2
Saline (SO) **35** D 5
Saline (TP) **260** D 3
Saline (TP-Marsala) **260** E 2
Saline (VI) **91** C 6
Saline (VT) **168** D 1
Saline, Cala- **310** B 2
Saline, Fonte- **165** E 5
Saline, Golfo di- **297** C 4-5
Saline, Passo delle- **110** E 1
Saline, Stagno delle- **317** E 6
Saline, Torre delle- **317** E 6
Saline di Trápani e Paceco, Riserva Naturale- **260** D 2
Saline di Volterra **148** A 2
Saline Jóniche **258** E 3
Saline Jóniche, Stazione- **258** E 3
Salinella, Lago- **223** E 6
Salinello, Fiume- **164-165** B 3-4
Salino (SP) **114** D 3
Salino (UD) **44** B 2
Salino, Torrente- **154** C 2
Salioni, Cozzo- **288** A 2

Salionze **89** B 5
Salirod **49** D 4
Salisano **170** D 2
Salito, Fiume- (CL) **279** E 4-5
Salito, Fiume- (PA) **266** E 1
Salitto **218** C 1
Sali Vercellese **83** B 6
Salívoli **156-157** B 3-4
Salizzole **90** C 3
Salle **173** E 5
Salle, la- **46** B 3
Salleret **49** E 4
Salle Vécchia **173** E 5
Salmagi **321** B 4
Salmarégia **153** B 4
Salménega **59** B 5
Salmenta, Masseria- **226** D 3
Salmour **110** A 2
Salò **71** C 5
Salogni **99** E 5-6
Salomino **65** E 5
Salomone, Cozzo- **267** C 5
Salomone, Ponte- **239** B 4
Salona d'Isonzo → Anhovo **63** B 6
Salone **179** C 5
Salonetto = Schlaneid **27** D 5
Salorino **52** D 3
Salorno = Salurn **39** D 5
Salsa, Torre- **284** B 1
Salsásio **96** C 2
Salse, le- **123** B 4
Salse di Nirano **118** B 1
Salse di Nirano, Riserva Naturale- **118** B 1
Salso **101** C 6
Salso, Fiume- (AG) **285** D 6
Salso, Fiume- (EN) **282** A 2
Salso, Rio- **133** B 5
Sálsola, Torrente- **198** A 2
Salsomaggiore Terme **101** D 5
Salsominore **114** A 2
Salt **62** B 3
Saltalfabbro **150** B 1
Saltara **143** A 4
Saltaria = Saltner **30** E 2
Saltaus = Saltúsio **27** C 5
Salten = Monte il Salto Ísola **27** E 5
Sálter **39** C 4
Salterana (SP) **114** D 3
Salterana (VC) **50** D 2
Salti **154** B 2
Salti, i- **132** B 1
Salti, Pieve a- **150** C 1
Saltino (FI) **140** A 1
Saltino (MO) **117** C 5-6
Saltner = Saltaria **30** E 2
Salto (GE) **114** D 3
Salto (MO) **118** E 1
Salto (TO) **64** E 1
Salto, Fiume- **171** C 4
Salto, Lago del- **171** D 4-5
Salto, Masseria il- **288** A 2-3
Salto, Monte- **217** B 5
Salto, Monte il- = Salten **27** E 5
Salto del Cieco **162** D 2
Salto di Quirra, Regione- **317** C-D 5-6
Saltore **75** B 6
Sáltrio **52** D 2
Saltúsio = Saltaus **27** C 5
Salúbio, Monte- **58** B 1
Saluci **283** B 4
Saludécio **135** E 4
Salúggia **83** C 4
Salurn = Salorno **39** D 5
Salussola **65** D 5
Salute di Livenza, la- **77** C 4
Salutío **140** B-C 3
Salutío, Torrente- **140** C 3
Saluzzo **95** E 6
Salvarano **117** A 5
Salvarola, Terme della- **117** B 6
Salvaro **77** A 4
Salvarosa **75** B-C 4
Salvaterra (RE) **117** A 6
Salvaterra (RO) **91** E 5-6
Salvatónica **105** B 5

Salvatore, Santuário del- **204** E 1
Salvatore dei Greci **258** B 2
Salvatore Troga, Ponte- **319** D 5
Salvatoronda **60** E 3
Salvatronda **75** C 4
Salve **231** D 4-5
Sálven, Croce di- **55** C 4
Salve Regina, Chiesa- **199** E 4
Salvéria, Monte- **287** B 6
Salvi (AP) **154** D 2
Salvi (RC) **258** E 6
Salviano **137** C 4
Salvirola **87** B 5
Salvitelle **219** D 4
Salvore → Savudrija **78** D-E 3
Salvore, Punta- → Rt Savudrija **78** D 3
Salza di Pinerolo **94** A 3
Salza Irpina **203** E 6
Salzano (VE) **75** D 5
Salzano (VR) **72** C 2
Sálzen **59** B 4
Salzetto **47** E 6
Samaden = Samedan **24** E 2
Samarate **66** B-C 3
Samassi **315** C 5-6
Samatorza **79** B 4
Samatzai **316** D 2
Sambasso → Šempas **63** D 6
Sambatello **256** C 1
Sambiase **249** A 4-5
Sambo **45** E 4
Sambock = Monte Sommo **30** A 3
Samboseto **101** B 6
Sambro, Torrente- **118** E 3
Sambrusòn **75** E 4
Sambuca **139** D 5
Sambuca, Passo- **131** B-C 6
Sambuca di Sicília **277** B 5
Sambuca Pistoiese **130** B 3
Sambucaro, Monte- **194** C 1
Sambuceto (CH) **174** B 2
Sambuceto (PR) **115** B 4
Sambucétole **161** D 5
Sambucheto (MC) **145** D 4
Sambucheto (TR) **162** C 2
Sambuchetti-Campanito, Riserva Naturale- **267** D-E 5
Şambuchi **263** D 6
Sambuci **180** B 2
Sambucina, Abbazia della- **245** A 4
Sambuco **108** C 3
Sambuco, Cala- **296** B 3
Sambuco, Lago- **33** A 4-5
Sambuco, Monte- (EN) **281** E 5
Sambuco, Monte- (FG) **197** B 4
Sambuco, Valle- **33** A 4-5
Sambughè **75** C 5
Sambughetti, Monte- **267** D-E 5
Sambughetto **50** C 3
Samedan = Samaden **24** E 2
Sammardénchia (UD-Pozzuolo del Friuli) **62** C 3
Sammardénchia (UD-Tarcento) **44** E 3
Sammaro, Torrente- **233** A 5
Sammartini **104** D 3
Sammichele di Bari **210** C 3
Samminiatello **138** B 3
Sammommè **130** C 3
Samo **257** D 4
Samoar-Hütte **26** B 3
Samoclevo **38** C 3
Samóggia **118** D 2
Samóggia, Torrente- **118** D 2
Samólaco **35** D 4-5
Samone (MO) **118** D 2
Samone (TN) **58** B 2
Samone (TO) **64** D 3
Samone, Ponte di- **118** D 1
Samorrè, Monte- **119** D 4
Samperone **85** C 5
Sampéyre **109** A 4
Sampéyre, Colle di- **108** A 3
Sampierdarena Ísola **112-113** C 3-4
Sampieri **293** D 4

Sampieri, Pizzo- **279** C 5
Sampieri, Stazione di- **293** D 4
Samprogno **59** B 6
Sampuoir, Valle- (Svízzera) **25** B-C 4
Samugheo **311** C 6
Sana, Pointe de la- **80** A 2-3
Sanagra, Val- **53** B 4
Sanárica **231** A 5
Sanatório (BS) **71** B 4
Sanatório (RC) **256** C 3
Sanatório (TA) **212** E 2
San Bacchísio, Chiesa di- **309** B 4
San Bachísio, Chiesa di- (NU) **307** D 6
San Bachísio, Chiesa di- (OT) **302** B 2
San Bainzo, Ísola di- **296** A 3
San Bainzu, Chiesa di- **307** E 5
San Bainzu, Colle- **301** D 5
San Barbano, Costa- **237** B 5
Sanbarbaro Fughetto, Fiume- **267** C 6
San Barbato **175** E 4
San Bárnaba (AP) **155** D 4
San Bárnaba (CN) **109** B 6
San Bárnaba (RA) **120** E 2
San Baronto **130** C 3
San Bártolo (FE) **105** C 6
San Bártolo (RA) **121** D 4
San Bártolo (PU) **143** B 4
San Bártolo, Casa- (AG) **277** C 5
San Bártolo, Casa- (EN) **281** E 5
San Bártolo, Chiesa di- **273** A 6
San Bártolo, Monte- **143** A 4
San Bartolo, Monte di- **135** D 5
San Bartolomeo (AT-Buttigliera d'Asti) **82** E 3
San Bartolomeo (AT-Castagnole delle Lanze) **97** D 4-5
San Bartolomeo (BS) **70** C-D 3
San Bartolomeo (CH) **174** D 2
San Bartolomeo (CN-Cherasco) **96** E 3
San Bartolomeo (CN-Chiusa di Pésio) **110** D 1
San Bartolomeo (CN-Clavesana) **110** B 3
San Bartolomeo (CO) **52** E 2
San Bartolomeo (CR) **87** B 4
San Bartolomeo (GE-Lavagna) **114** D 2
San Bartolomeo (GE-Savignone) **113** B 4
San Bartolomeo (RA) **121** D 4
San Bartolomeo (RE) **117** A 5
San Bartolomeo (RM) **180** D 1
San Bartolomeo (SI) **150** D 2
San Bartolomeo (SO) **36** E 2
San Bartolomeo (Svízzera) **33** D 6
San Bartolomeo (TS) **79** C 4
San Bartolomeo (TV) **76** B 2
San Bartolomeo, Badía di- **173** C 4
San Bartolomeo, Chiesa di- (CO) **35** D 4
San Bartolomeo, Chiesa di- (TR) **161** D 6
San Bartolomeo, Colle- **123** C 5
San Bartolomeo, Monte- **180** B 3
San Bartolomeo, Torre- **209** C 5
San Bartolomeo al Mare **123** D 6
San Bartolomeo de' Fossi, Chiesa di- **151** B 6
San Bartolomeo in Bosco **105** D 6
San Bartolomeo in Galdo **197** C 4
San Bartolomeo Val Cavargna **53** B 4
San Bartolomeo Valmara **33** E 5
San Basile (CH) **174** D 2
San Basile (CS) **241** A-B 4
San Basile (MT) **239** B 5
San Basílio (CA) **316** D 3

San Basílio (ME-Galati Marmetino) **268** B-C 2
San Basílio (ME-Novara di Sicília) **269** B 4
San Basílio, Castello- (MT) **239** A 6
San Basílio (RM) **179** B 5
San Basílio (RO) **107** B 4
San Basílio (TA) **210** E 3
San Basílio, Chiesa di- (CA) **321** A 4
San Basílio, Chiesa di- (NU) **312** A 2
San Basílio, Serra- **247** B 5
San Bassano **87** C 5
San Bavello **132** D 1
San Bellino **105** A 6
San Benedetto (AQ) **172** C 1
San Benedetto (BO-San Pietro in Casale) **105** D 4
San Benedetto (BO-Sant'Ágata Bolognese) **104** E 3
San Benedetto (CA) **314** E 3
San Benedetto (CS) **244** B 3
San Benedetto (RI-Amatríce) **163** D 5
San Benedetto (RI-Montenero Sabino) **170** D 3
San Benedetto (SI) **138** D-E 3
San Benedetto (SP) **126-127** C 3-4
San Benedetto (VR) **71** E 6
San Benedetto = Nauders **30** B 2
San Benedetto, Abbazia di- **142** E 1
San Benedetto, Alpe di- **132** C-D 1-2
San Benedetto, Chiesa di- (CB) **184** D 2
San Benedetto, Chiesa di- **152** A 1
San Benedetto, Chiesa di- (RM) **180** C 3
San Benedetto, Villa- **151** D 4
San Benedetto Belbo **111** B 4
San Benedetto dei Marsi **182** A-B 2
San Benedetto del Tronto **155** D 5
San Benedetto in Alpe **132** C-D 2
San Benedetto in Perillis **173** E 4
San Benedetto Po **104** A 1-2
San Benedetto Querceto **119** E 5
San Benedetto Ullano **244** A 2
San Benedetto Val di Sambro **131** A 5
San Benedetto Val di Sambro-Castiglione dei Pépoli, Stazione- **131** A 4-5
San Benedetto Vécchio **142** E 1
San Benigno **109** B 6
San Benigno Canavese **82** C 2
San Berardo, Rifúgio- **203** D 4
San Bernardino (AN) **144** B-C 3
San Bernardino (CR) **87** B 4
San Bernardino (NO) **66** D 2
San Bernardino (PC) **100** D 3
San Bernardino (RA) **120** B-C 2
San Bernardino (RE) **103** D 5
San Bernardino (SP) **126** C-D 3
San Bernardino (Svízzera) **34** A 3
San Bernardino (TO) **95** A 5-6
San Bernardino (VR) **90** C 2
San Bernardino, Chiesa di- **184** D 1
San Bernardino, Passo del- **34** A 3
San Bernardino, Stazione di- **103** C 5
San Bernardino, Torrente- **51** B-C 4
San Bernardino Verbano **51** C 5
San Bernardo (CN-Bene Vagienna) **110** A 2
San Bernardo (CN-Cervasca) **109** C 6

San Bernardo (CN-Marene) **96** E 2
San Bernardo (CN-Roáschia) **109** D 5
San Bernardo (CN-Valdieri) **109** D 5
San Bernardo (CZ) **245** E 4
San Bernardo (GE-Sant'Olcese) **113** B 4
San Bernardo (GE-Sestri Levante) **114** E 2
San Bernardo (LO) **86** B 3
San Bernardo (SO-Caiolo) **36** E 1
San Bernardo (SO-Ponte in Valtellina) **36** D 2
San Bernardo (SV-Savona) **111** D 6
San Bernardo (SV-Stella) **112** C 1
San Bernardo (TN) **38** B 2
San Bernardo (TO-Brusasco) **83** D 4
San Bernardo (TO-Carmagnola) **96** C 1-2
San Bernardo (TO-Ivrea) **64** D 3
San Bernardo (UD) **62** B 3
San Bernardo (VA) **67** B 4
San Bernardo (VC) **50** E 3
San Bernardo, Chiesa di- (CN) **109** A 6
San Bernardo, Chiesa di- (Svízzera) **33** D 5
San Bernardo, Chiesa di- (VB) **32** D 1
San Bernardo, Colla- **123** B 4
San Bernardo, Colle- **110-111** E 3-4
San Bernardo, Monte- **109** A 5
San Bernardo, Timpone- **245** B 6
San Bernardo di Cónio **123** C 4
San Berniero, Chiesa di- **218** E 1
San Bernolfo **108** D 3
San Besso, Santuário di- **47** E 6
San Biágio (AN-Filottrano) **144** D 3
San Biágio (AN-Ósimo) **145** C 4
San Biágio (AV) **217** A 6
San Biágio (BL) **31** D 5
San Biágio (BS) **71** C 4-5
San Biágio (CN-Centallo) **110** B 1
San Biágio (CN-Mondovì) **110** C 1
San Biágio (FE-Argenta) **120** B 2
San Biágio (FE-Bondeno) **105** B 5
San Biágio (ME) **269** A 5
San Biágio (MN) **89** E 6
San Biágio (MO) **104** C 3
San Biágio (PA) **277** B 6
San Biágio (PD) **92** B 4
San Biágio (PV-Castéggio) **99** B 5
San Biágio (PV-Garlasco) **85** C 4
San Biágio (RE) **103** E 6
San Biágio (RI) **170** C 1
San Biágio (VE) **77** A 4
San Biágio, Casa- (MT) **223** E 5
San Biágio, Casa- (RG) **292** C 3
San Biágio, Casa- (SR) **289** B 4
San Biágio, Casa- (VT) **160** C 1-2
San Biágio, Chiesa di- (AG) **284** D 2
San Biágio, Chiesa di- (BR) **212** B 2
San Biágio, Chiesa di- (RA) **120** E 2
San Biágio, Chiesa di- (SA) **232** B 2-3
San Biágio, Chiesa di- (SI) **150** C 2
San Biágio, Grotta- **213** C 4
San Biágio, Ísola di- **71** D 5
San Biágio, Ponte- **160** C 1
San Biágio, Santuário- **235** E 5
San Biágio, Serra- **278** E 2-3

San Biágio, Torre- **167** C 4
San Biágio della Cima **122** E 3
San Biágio della Valle **151** D 6
San Biágio di Callalta **75** B 6
San Biágio in Caprile, Chiesa di- **153** B 4
San Biágio Plátani **278** E 2
San Biágio Saracinisco **194** A 1
San Biágio **296** E 2
San Biase (CB) **184** E 3
San Biase (CS) **244** C 2
San Biase (SA) **233** C 4
San Blásio, Colle- **185** A 4
San Boldo, Passo di- **59** C 6
San Bonico **100** B 3
San Bonifácio **91** B 4
San Bonónio **65** B 5-6
San Bórtolo (PD) **92** D 1
San Bórtolo (VI) **73** D 5
San Bórtolo, Cappella- **58** B 2
San Bórtolo delle Montagne **73** C 4
San Bóvio **68** D 3
San Bovo **97** E 4
San Bríccio **73** E 4
San Brízio (MN) **89** C 5
San Brízio (PG) **162** B 1
San Bruno, Chiesa di- **256** E 2
San Bruno, Convento di- **255** D 5
San Brúzio **158** E 3
San Buono **184** B 2
San Calógero **248** C 3
San Calógero, Chiesa di- (AG) **278** D 2
San Calógero, Chiesa di- (PA) **278** D 1
San Calógero, Monte- **265** D 5
San Calógero, Santuário di- **277** D 5
San Calógero, Terme di- **273** E 4
San Cándido = Innichen **31** C 6
San Canzian d'Isonzo **63** C 6
San Canziano, Grotte di- → Škocjanske Jame **79** B 6
San Carlo (AL) **99** B 4
San Carlo (AT-Costigliole d'Asti) **97** C-D 5
San Carlo (AT-Viarigi) **97** B 6
San Carlo (CE) **194** D 1
San Carlo (FC) **133** B 5
San Carlo (FE) **105** C 5
San Carlo (LI) **147** C 4
San Carlo (ME) **269** C 6
San Carlo (MI) **67** C 6
San Carlo (NO) **51** E 5
San Carlo (PA) **277** B 6
San Carlo (RC) **259** E 4
San Carlo (SO) **25** E 4
San Carlo (Svízzera) **33** B 4
San Carlo (Svízzera) **33** B 4
San Carlo (Svízzera) **34** C 3
San Carlo (Svízzera) **36** C 3
San Carlo (VB) **50** B 2
San Carlo, Chiesa di- (BI) **64** C 3
San Carlo, Chiesa di- (SO) **35** E 6
San Carlo, Colle- **46** B 2
San Carlo, Rio- **51** C 4
San Carlo Borromeo, Státua di- (San Carlone) **51** E 5
San Carlo Canavese **82** B 1
San Carlo d'Áscoli **205** B 4
San Carlo di Cese **112** B 3
San Carlo Terme **128** C 3
San Casciano, Lago di- **160** A 1
San Casciano dei Bagni **160** A 1
San Casciano in Val di Pesa **139** C 4
San Cassiano (AN) **153** A 4
San Cassiano (AR-Arezzo) **141** E 4
San Cassiano (AR-Caprese Michelángelo) **141** B 4
San Cassiano (MC) **153** C 5
San Cassiano (MN-Cavriana) **89** B 4

San Cassiano (MN-Piúbega) **89** D 4
San Cassiano (LE) **231** B 5
San Cassiano (RA) **132** B 2
San Cassiano (RE) **117** C 5
San Cassiano (RO) **106** A 2
San Cassiano = Sankt Kassian **30-31** E 3-4
San Cassiano, Cima- = Kassianspitze **28** D-E 3
San Cassiano, Valle di- **30-31** E 3-4
San Cassiano di Controne **130** C 1
San Cassiano di Livenza **60** E 3
San Cassiano in Pennino, Chiesa di- **133** B 4
San Cassiano Valchiavenna **35** C 5
San Castrese **194** E 1
San Cataldo (CE) **194** C 1
San Cataldo (CL) **285** A 6
San Cataldo (LE) **227** B 6
San Cataldo (MN) **89** E 6
San Cataldo (PZ) **219** B 6
San Cataldo, Chiesa di- (CS) **243** D-E 5
San Cataldo, Chiesa di- (FR) **193** B 4
San Cataldo, Chiesa di- (PA) **262** B 2
San Cataldo, Chiesa di- (SA) **233** D 5
San Cataldo, Fosso- **285** A 6
San Cataldo, Masseria- (EN) **280-281** D 3-4
San Cataldo, Masseria- (IS) **194** A 3
San Cataldo, Punta di- **209** C 5
San Cataldo, Riserva Naturale- **227** B 6
San Cataldo, Stazione di- **285** A 6
San Celestino **151** B 4
San Centignano, Chiesa di- **169** B 5
San Cesáreo (PU) **135** E 6
San Cesáreo (RM) **180** D 1
San Cesáreo, Casale- (RM) **179** D 4
San Cesário di Lecce **227** C 5
San Cesário sul Panaro **118** B 2
San Chiaffredo **109** B 6
San Chiaffredo, Santuário di- **95** D 4
San Chierlo **118** D 3
San Chírico, Fosso di- **220** C 3
San Chírico, Masseria- **198** A 3
San Chírico Nuovo **220** C 3
San Chírico Raparo **237** C 5
San Cipirello **262** C 3
San Cipriano (BL) **41** D 5
San Cipriano (GE) **113** B 4
San Cipriano (PI) **148** A 2
San Cipriano (PU) **142** B 2
San Cipriano (SP) **127** C 4
San Cipriano (TV) **75** C 6
San Cipriano = Sankt Cyprian **40** B 2
San Cipriano d'Aversa **202** E 1
San Cipriano Picentino **217** C 6
San Cipriano Po **85** D 6
San Cláudio al Chienti, Chiesa di- **145** E 4
San Clemente (BO) **119** E 5
San Clemente (CE-Caserta) **202** D 2
San Clemente (CE-Gallúccio) **194** D 1
San Clemente (RI) **162** D 3
San Clemente (RN) **134** D 3
San Clemente (SA) **217** B-C 4
San Clemente (VE) **93** A-B 5
San Clemente, Chiesa di- **139** B 6
San Clemente, Ísola di- **186** C 2
San Clemente a Casáuria, Abbazia di- **173** D 5
San Clemente al Vomano, Chiesa di- **164** D 3

San Clemente in Valle **140** B-C 2
San Colombano (BS) **55** E 6
San Colombano (FC) **133** B 4
San Colombano (FI) **139** B 4
San Colombano (GE) **114** D 1-2
San Colombano (LU) **129** D 6
San Colombano (TO) **80** E 2
San Colombano, Corno di- **37** B 5
San Colombano-Certénoli **113** D 6
San Colombano al Lambro **86** D 3
San Colombano Belmonte **64** E 1
San Colombo, Chiesa- **172** C 2
San Cono (CT) **288** B 1
San Cono (ME-Rometta) **258** B 1
San Cono (ME-Tripi) **269** B 4
San Cono (VV) **248** D 3
San Corrado di Fuori **293** B 6
San Cosimato, Romitório di- **180** A 1
San Cósimo, Santuário di- (NU) **308** E 2
San Cósimo, Santuário di- (SS) **301** E 5
San Cósimo della Mácchia, Santuário di- **226** B 2
San Cósimo, Monte- **182** A 3
San Cosma **92** D 1
San Cosmo **283** B 6
San Cosmo Albanese **241** D 6
San Costantino (ME) **268** A 2
San Costantino (PZ) **235** D 4
San Costantino (VV) **248** D 3
San Costantino, Chiesa di- = Sankt Konstantin **30** E 1
San Costantino Albanese **238** D 3
San Costantino Cálabro **248** E 3
San Costanzo (MC) **154** C 1
San Costanzo (PU) **143** A 5-6
San Costanzo, Monte- **215** E 5
San Costanzo sul Monte, Chiesa di- **109** B 5
San Crescentino, Chiesa di- **142** D 2
San Cresci (FI-Borgo San Lorenzo) **131** D 6
San Cresci (FI-Greve in Chianti) **139** D 5
San Crispieri **225** D 5
San Crispo, Rio- **311** D 4
San Cristóforo (AL) **98** E 3
San Cristóforo (AR) **141** C 4
San Cristóforo (CH) **184** B 2
San Cristóforo (SA) **233** E 6
San Cristóforo (TR) **160** A 2
San Cristóforo, Chiesa di- (FC) **133** B 4
San Cristóforo, Chiesa di- (NU) **312** A 2
San Cristóforo, Valle- **268** E 2
San Cristófor al Lago (TN) **57** B 6
San Cristóforo de' Vallí, Chiesa di- **142** B 3
San Cristóforo di Carda, Chiesa di- **142** C 1
San Cristolu, Chiesa di- **317** D 4
San Cuono, Monte- **267** C 4
San Cusumano **291** C 5
San Cusumano, Tonnara- **260** C 3
Sand **24** C 2
Sanda **112** C-D 1
San Dalmázio (MO) **118** D 1
San Dalmázio (PI) **148** B 3
San Dalmazzo di Tenda → Saint-Dalmas-de-Tende **122** B 2-3
Sándalo, Capo- **318** B 1
San Dámaso **118** A-B 2
San Damiano (BO) **131** A 4
San Damiano (FC) **133** D 5
San Damiano (PC) **100** C 3

San Damiano (PG-Assisi) **152** D 2
San Damiano (PG-Todi) **161** B 5
San Damiano (SV) **124** D 2
San Damiano (VC) **65** D 5
San Damiano al Colle **86** E 2
San Damiano d'Asti **97** C 4
San Damiano Macra **109** B 4
San Dana **231** D 5
San Daniele del Carso → Štanjel **79** A 5
San Daniele del Friuli **62** A 2
San Daniele in Monte, Convento di- **92** B 1
San Daniele Po **88** E 1
San Defendente **109** B 6
San Demétrio, Monte- **256** D-E 1
San Demétrio Corone **241** D 6
San Demétrio ne' Vestini **172** C 2
San Desidério (AT) **83** E 5-6
San Desidério (GE) **113** C 4
San Desidério (PV) **99** C 5
Sandétole **132** E 1
Sandhubel **24** B 1
San Didero **81** D 4
Sandigliano **65** C 4
Sand in Taufers = Campo Túres **31** A 4
Sandjöchl = Passo del Santícolo **28** B 3
Sándolo **106** D 1-2
San Doménico (AN) **145** C 4
San Doménico (CH) **174** D-E 2
San Doménico (FI) **139** A-B 5
San Doménico (FR) **181** C 4
San Doménico (VB) **32** C 2
San Doménico, Chiesa di- **195** E 4
San Doménico, Colle- **245** D 5
San Doménico, Éremo di- **182** B 3
San Doménico, Masseria- (BA) **210** C 2
San Doménico, Masseria- (BAT) **199** E 6
San Doménico, Masseria- (BR) **213** E 4
San Doménico, Masseria- (TA) **223** B 6
San Doménico, Monte- (AV) **204** B 1
San Doménico, Monte- (CH) **183** B 6
San Dómino, Ísola- **188** A 1
Sandón **92** B 3
San Donà **58** E 1
San Donà di Piave **76** C 3
San Dónaci **226** A-B 3
San Donato (AN) **143** E 4
San Donato (AQ) **181** A 4
San Donato (AR-Pratovécchio) **140** A 2
San Donato (AR-Sestino) **141** A 6
San Donato (BL) **58** B 3
San Donato (BN) **203** C 6
San Donato (CE) **201** C-D 5
San Donato (CN) **97** E 4-5
San Donato (CR) **87** B 4
San Donato (FI-Calenzano) **131** E 4
San Donato (FI-Reggello) **140** A 1
San Donato (FI-Tavarnelle Val di Pesa) **139** D 5
San Donato (GR) **158** E 3
San Donato (LU) **129** D 6
San Donato (PD) **74** C 2
San Donato (PU-Sant'Ágata Féltria) **133** E 5
San Donato (PU-Urbino) **142** A 3
San Donato (PZ) **236** A 2
San Donato (SA) **233** C 6
San Donato (SI) **138** E 3
San Donato (TA) **225** D 4
San Donato, Casa- **148** B 3
San Donato, Chiesa di- (FI) **139** D 4

San Donato, Chiesa di- (PG) **151** D 4
San Donato a Livizzano **138** C 3
San Donato di Lecce **227** C 5
San Donato di Ninea **240** C 3
San Donato in Ávane **139** D 6
San Donato in Collina **139** B 6
San Donato in Taviglione **142** A 2
San Donato Milanese **67** E 6
San Donato Val di Comino **182** E 3
San Donato Vécchio **166** B 3
San Donino (BO-Argelato) **105** E 4
San Donino (BO-Bologna) **119** B-C 5
San Donnino (AN) **143** D 4
San Donnino (FI-Campi Bisénzio) **139** A-B 4
San Donnino (FI-Certaldo) **139** D 4
San Donnino (LU) **129** A 4-5
San Donnino (MO) **118** B 2
San Donnino (PI) **138** E 2
San Donnino, Chiesa di- **132** C 3
San Donnino a Maiano, Chiesa di- **141** E 4
San Donnino di Ligúria **117** A 6
San Dono **75** D 4
San Dorligo della Valle (Dolina) **79** C 5
Sandrà **72** E 2
Sandrigo **74** C 1
Sandulli **252** D 3
Sandwirt = Maso della Rena **27** B 5
San Fabrízio, Monte- **180** A 2
San Fantino **247** E 5
Sanfatúcchio **151** D 4
San Faustino (BS-Bione) **71** B 4
San Faustino (CR) **88** E 2
San Faustino (RE) **117** A 6
San Faustino, Chiesa di- (PG) **142** E 1
San Faustino, Chiesa di- (TR) **160** B 3
San Faustino, Stabilimento- **161** C 6
San Fedele (PV) **85** D 5
San Fedele (SO) **35** D 5
San Fedele (SV) **124** D 2
San Fedele, Chiesa di- **149** A 5
San Fedelino, Chiesa di- **35** D 5
San Fele (AV) **203** E 6
San Fele (PZ) **205** E 5
San Felice (AV) **142** E 3
San Felice (AV) **203** E 5
San Felice (CE) **194** D 3
San Felice (CR) **88** D 1
San Felice (PG) **151** D 4
San Felice (PT) **130** C 2
San Felice (RN) **134** E 3
San Felice (SI) **149** A 6
San Felice (TN) **57** B 6
San Felice (TO) **82** E 2
San Felice = Sankt Felix **27** E 4
San Felice, Abbazia di- **161** A 6
San Felice, Cala di- **189** C 5
San Felice, Chiesa di- **170** B 3
San Felice, Taverna- **194** D 2
San Felice a Cancello **202** E 3
San Felice al Lago **54** E 3
San Felice Circeo **192** E 1
San Felice del Benaco **71** C 5
San Felice del Molise **184** C 3
San Felice d'Ocre **172** C 1
San Felice sul Panaro **104** C 3
San Feliciano (PG) **151** C 5
San Feliciano (VI) **91** B 5
San Ferdinando **252** C 3
San Ferdinando, Chiesa di- **195** E 4
San Ferdinando di Púglia **199** D 5
San Fermo (BG) **70** B 1
San Fermo (BL) **59** B 6
San Fermo (MN) **89** D 4
San Fermo (VA) **52** D 2

San Fermo, Chiesa di- (BG) **55** D 4
San Fermo, Chiesa di- (BI) **49** E 6
San Fermo, Chiesa di- (BS) **71** C 5
San Fermo, Chiesa di- (GE) **113** A 5
San Fermo della Battáglia **52** E 3
San Fidénzio, Abbazia- **161** B 6
San Filastro **70** B 1
San Fili **244** B 2
San Fili, Torre- **255** D 4
San Filippo (FI) **139** E 4
San Filippo (LU) **129** E 6
San Filippo (PU) **143** B 5
San Filippo (RC) **256** E 1
San Filippo (RI) **170** B 2
San Filippo (SS) **302** A 2
San Filippo (SV) **111** E 6
San Filippo (VE) **77** B 6
San Filippo, Chiesa di- (FM) **154** B 3
San Filippo, Chiesa di- (FR-Anagni) **180** D 3
San Filippo, Chiesa di- (FR-Tórrice) **192** A 3
San Filippo, Cozzo- (PA-Corleone) **262** E 3
San Filippo, Cozzo- (PA-Roccapalumba) **263** E 6
San Filippo, Torrente di- **269** A 6
San Filippo-Battendieri **240** E 3
San Filippo del Mela **269** A 4
San Filippo Inferiore **258** B 2
San Filippo-Santa Lucia, Stazione- **271** C 6
San Filippo Superiore **258** B 1
San Filo **250** C 3
San Fiòr **60** E 2
San Fiorano **87** D 4
San Fiorano, Chiesa di- **142** C 2
San Fiorano del Palazzo **88** E 1
San Fiòr di Sopra **60** E 2
San Fiòr di Sotto **60** E 2
San Firenze **140** D-E 3
San Firmano **145** D 4
San Firmino **95** D 6
San Floreano **62** A 2
San Floriano (PN) **61** E 6
San Floriano (TV-Castelfranco Véneto) **75** B 4
San Floriano (TV-San Biágio di Callalta) **75** C 6
San Floriano (TV-Vittório Véneto) **60** D 2
San Floriano (VI) **91** C 6
San Floriano (VR) **72** D 2-3
San Floriano = Obereggen **40** C 2
San Floriano, Lago- **167** C 4
San Floriano del Cóllio (Števerjan) **63** C 5-6
San Floro **249** B 6
San Foca (LE) **229** D 5
San Foca (PN) **61** C 4-5
San Fortunato (AN) **143** E 4
San Fortunato (PG-Marsciano) **151** E 6
San Fortunato (PG-Montefalco) **162** A 1
San Fortunato (PG-Perúgia) **152** D 1
San Fortunato (RN) **134** C 3
San Fortunato (VI) **74** B 1
San Forzório **320** B 3
San Francesco (BI) **65** C 5
San Francesco (FI) **139** B 6
San Francesco (GR) **159** D 6
San Francesco (ME) **268** A 3
San Francesco (PN) **43** E 6
San Francesco (SA) **235** A 4
San Francesco (TN) **57** B 6
San Francesco (TP) **274** D 2
San Francesco (VR) **73** C 4
San Francesco, Chiesa di- (AV) **204** B 1
San Francesco, Chiesa di- (BN) **196** E 3

San Francesco, Chiesa di- (FI) **131** E 5
San Francesco, Chiesa di- (NU) **308** E 2
San Francesco, Chiesa di- (RM-Bellegra) **180** C 2
San Francesco, Chiesa di- (RM-Subiaco) **180** C 3
San Francesco, Chiesa di- (SI) **150** C 2
San Francesco, Chiesa di- (SS) **299** E 4
San Francesco, Chiesa di- (TN) **58** B 1
San Francesco, Chiesa di- (TR) **162** E 1
San Francesco, Convento- (RM) **179** A 6
San Francesco, Convento- (SA) **232** B 2
San Francesco, Convento di- (LE) **231** D 5
San Francesco, Convento di- (RI) **170** A-B 2
San Francesco, Convento di- (SI) **150** E 3
San Francesco, Convento di- (TA) **223** B 6
San Francesco, Fonte- **249** E 4
San Francesco, Masseria- (BAT) **208** B 1
San Francesco, Masseria- (TA) **210** E 3
San Francesco, Santuário di- (CS) **244** A 2
San Francesco, Santuário di- (NU) **309** B 4
San Francesco, Villággio- **177** D 6
San Francesco a Folloni, Chiesa e Convento di- **204** E 1
San Francesco al Campo **82** C 1
San Francesco del Deserto, Convento- **76** E 2
San Francesco di Páola **269** C 6
San Franco, Monte- **172** A 1
San Fratello **267** B 6
San Fratello, Fiume di- **267** C 6
San Fratello, Monte- **267** B 6
San Fratello, Ponte- **291** B 5
Sanfrè **96** D 2
San Frediano **137** C 6
San Frediano a Séttimo **137** D 6
Sanfrònt **95** E 5
San Fruttuoso **67** C 6
San Fruttuoso, Abbazia di- **113** D 5
San Gabriele (BO) **105** E 6
San Gabriele (PC) **100** C 2
San Gabriele (VR) **90** C 4
San Gabriele, Monte- → Škabrijel **63** C 6
San Gabriele, Santuário- **164** E 2
San Gaetano (TV) **75** B 4
San Gaetano (VE) **77** C 5
San Gaetano (VI) **58** D 3
San Gaetano, Chiesa di- (CA) **320** B 3
San Gaetano, Chiesa di- (FM) **154** B 3
San Gaetano, Chiesa di- (VT) **168** B 3
San Gággio **139** B 5
San Galgano, Abbazia di- **149** D 4
San Gallo (BG) **54** D 1
San Gallo (BS) **70-71** D 3-4
San Gallo, Ponte- **38-39** B 3-4
Sangano **95** A 6
San Gáspare, Rifúgio- **161** B 6
San Gaudénzio (NO) **66** C 2
San Gaudénzio (PV) **85** E 4
San Gaudénzio (VI) **73** E 6
San Gaudénzio a Cámpoli **139** D 5
San Gaudénzio a Ruballa **139** D 4
San Gavino, Chiesa di- (FI) **131** C 5

San Gavino, Chiesa di- (NU) **307** E 5
San Gavino (OT) **303** D 6
San Gavino, Chiesa di- (SS-Sassari) **298** E 3
San Gavino, Chiesa di- (SS-Viddalba) **302** A 1
San Gavino a Mare, Chiesa di- **298** D 3
San Gavino Monreale **315** B-C 4-5
San Gemignano di Controne **129** C 6
San Gemiliano, Chiesa di- **320** A 2
San Gemiliano, Torre- **313** C 6
San Gémini **161** D 6
San Gémini Fonte **161** D 6
San Genésio **82** C 3
San Genésio, Chiesa di- **53** E 5-6
San Genésio Atesino = Jenesien **27** E 5
San Genésio ed Uniti **85** C 6
San Gennariello **216** A 3
San Gennaro (FR) **194** A 1
San Gennaro (LU) **130** D 1
San Gennaro, Chiesa di- (BN) **196** E 3
San Gennaro, Chiesa di- (CZ) **244** E 3
San Gennaro Vesuviano **216** A 3
San Genuário **83** C 5
San Germano **84** D 1
San Germano, Chiesa di- **183** A 5
San Germano Chisone **95** B 4
San Germano dei Bérici **91** B 5
San Germano Vercellese **65** E 5-6
San Gerólamo **111** A 5
San Gerólamo, Chiesa di- **152** A 2
San Gervásio (CR) **87** C 6
San Gervásio (PI) **138** C 1
San Gervásio (UD) **62** E 3
San Gervásio, Chiesa di- **142** B 3
San Gervásio Bresciano **88** B 1
San Giácomo (AL) **98** E 2
San Giácomo (BI) **65** C 5
San Giácomo (BN) **203** D 6
San Giácomo (BO) **131** B 5
San Giácomo (BS) **71** C 5
San Giácomo (CH) **175** E 4
San Giácomo (CN-Bóves) **109** D 6
San Giácomo (CN-Demonte) **109** C 4
San Giácomo (CN-Entrácque) **109** E 5
San Giácomo (CN-Envie) **95** D 5
San Giácomo (CN-Frabosa Sottana) **110** D 2
San Giácomo (CN-Roburent) **110** D 2
San Giácomo (CN-Savigliano) **96** E 1
San Giácomo (CS) **241** E 4
San Giácomo (FC) **132-133** D 3-4
San Giácomo (MN) **89** B 4
San Giácomo (NU) **303** D 6
San Giácomo (PE) **173** E 5
San Giácomo (PG) **162** B 2
San Giácomo (PV) **85** D 6
San Giácomo (RG) **289** E 4
San Giácomo (SO) **36** E 3
San Giácomo (SS) **299** E 4
San Giácomo (TE-Atri) **165** D 4
San Giácomo (TE-Valle Castellana) **164** B 1
San Giácomo (TN-Brentónico) **57** E 4
San Giácomo (TN-Caldès) **38** C 3
San Giácomo (TO-Locana) **81** A 6
San Giácomo (TO-San Maurízio Canavese) **82** C 1

San Giácomo (TV) **76** C 2
San Giácomo (VC) **83** C 4
San Giácomo = Sankt Jakob (BZ-Láives) **39** B 6
San Giácomo = Sankt Jakob (BZ-Val di Vizza) **29** B 4
San Giácomo = Sankt Jakob (BZ-Valle Aurina) **29** A 4
San Giácomo, Chiesa di- (CS) **243** D 4
San Giácomo, Chiesa di- (OT) **297** E 4
San Giácomo, Chiesa di- (SS-Ittireddu) **301** D 6
San Giácomo, Chiesa di- (SS-Sédini) **299** D 6
San Giácomo, Chiesa di- = Sankt Jakob **38** C 3
San Giácomo, Cima- = Jakobsspitze **27** B 6
San Giácomo, Colle- **181** E 5
San Giácomo, Colle di- **110** D 3
San Giácomo, Convento- **162** E 2
San Giácomo, Lago di- **25** E 4-5
San Giácomo, Masseria- **212** D 3
San Giácomo, Passo di- **32** A 3
San Giácomo, Stazione di- **188** C 2
San Giácomo, Valle- **35** B 4
San Giácomo d'Acri **242** E 2
San Giácomo de Calí, Chiesa di- **71** B 6
San Giácomo degli Schiavoni **185** B 5
San Giácomo delle Segnate **104** A 2
San Giácomo di Martignone **118** A-B 3
San Giácomo di Musestrelle **75** B 6
San Giácomo di Véglia **60** D 2
San Giácomo-Fellette **58** E 3
San Giácomo Filippo **35** C 4
San Giácomo in Colle → Štiak **79** A 6
San Giácomo Lovara **88** D 1
San Giácomo Maggiore (MO) **118** E 1
San Giácomo Maggiore (RE) **103** C 5
San Giácomo Minore **103** C 5
San Giácomo Po **89** C 4
San Giácomo Róncole **104** C 2
San Giácomo Vercellese **65** D 6
Sangiaimo, Casa- **281** B 5
San Gianni **141** A 6
Sangiano **51** D 5
San Gíllio **81** D 6
San Gimignanello **150** B 1-2
San Gimignano **138** E 3
San Ginese di Cómpito **129** E 6
San Ginésio **154** B 1
San Giobbe **119** B 4
San Giórgio (AL) **99** C-D 5
San Giórgio (AT) **83** D 4
San Giórgio (BA) **209** D 6
San Giórgio (BS) **88** B 3
San Giórgio (CA) **320** D 1
San Giórgio (CE) **195** E 4
San Giórgio (CN) **109** B 5
San Giórgio (EN) **281** C 5-6
San Giórgio (LC) **53** C 5
San Giórgio (ME) **268** A 3
San Giórgio (PD) **92** C 2
San Giórgio (PG) **162** B 3
San Giórgio (PU) **135** E 4
San Giórgio (PZ) **220** B 1
San Giórgio (RC) **256** C 3
San Giórgio (RI) **163** D 5
San Giórgio (SV) **111** E 6
San Giórgio (Svízzera) **33** D 5
San Giórgio (TE-Castiglione Messer Raimondo) **164** E 3
San Giórgio (TE-Crognaleto) **164** D 1
San Giórgio (TP) **275** B 4

San Giórgio (TR) **160** B 3
San Giórgio (UD) **44** D 3
San Giórgio (VC) **65** B-C 6
San Giórgio (VI-Bassano del Grappa) **58** E 3
San Giórgio (VI-Velo d'Ástico) **58** E 1
San Giórgio (VR-Bosco Chiesanuova) **73** B 4
San Giórgio (VR-Sant'Ambrógio di Valpolicella) **72** D 2
San Giórgio = Sankt Georgen **30** B 3
San Giórgio, Bruncu- **312** B 1
San Giórgio, Cantoniera- **317** C 6
San Giórgio, Casa- **298** E 2
San Giórgio, Chiesa di- (BA) **207** B 6
San Giórgio, Chiesa di- (CS) **241** E 6
San Giórgio, Chiesa di- (PZ) **205** D 5
San Giórgio, Chiesa di- (SS) **299** D 6
San Giórgio, Chiesa di- (Svízzera) **52** C 2
San Giórgio, Cozzo- **289** C 2
San Giórgio, Stazione- **300** C 3
San Giórgio, Fortezza di- **146** D 1
San Giórgio, Lago- **196-197** D 3-4
San Giórgio, Montagna di- **197** D 4
San Giórgio, Monte- (AG) **284** B 1-2
San Giórgio, Monte- (AV) **205** C 4
San Giórgio, Monte- (EN) **282** B 2
San Giórgio, Monte- (SV) **111** C 6
San Giórgio, Monte- (TO) **95** A 6
San Giórgio, Oratório di- **103** C 5
San Giórgio, Pieve di- **120** A-B 2
San Giórgio, Ponte- **112** A 3
San Giórgio, Rifúgin- **73** B 4
San Giórgio, Rio di- **317** C 5
San Giórgio a Colónica → Colónica **131** E 4
San Giórgio a Cremano **215** C 5
San Giórgio Albanese **242** D 2
San Giórgio a Liri **193** C 6
San Giórgio all'Ísola **154** E 2
San Giórgio al Tagliamento **62** E 1
San Giórgio Canavese **64** E 2
San Giórgio del Sánnio **203** D 6
San Giórgio della Richinvelda **61** C 6
San Giórgio delle Pértiche **74** D 3
San Giórgio di Cesena **133** A 6
San Giórgio di Livenza **77** C 4
San Giórgio di Lomellina **84** C-D 3
San Giórgio di Mántova **89** D 6
San Giórgio di Nogaro **62** E 3
San Giórgio di Pésaro **143** A 5
San Giórgio di Piano **105** E 5
San Giorgio in Bosco **74** C-D 3
San Giórgio in Brenta **74** C 2
San Giórgio in Ceparano **132** A 3
San Giorgio in Sálici **72** E 2
San Giórgio Iónico **225** C-D 4
San Giórgio la Molara **196** D-E 3
San Giórgio Lucano **238** C 3
San Giórgio Monferrato **83** D 6
San Giórgio Morgeto **253** D 4
San Giórgio Perlena **74** B 1
San Giórgio Piacentino **100** B 3
San Giórgio Scarampi **111** A 5
San Giórgio su Legnano **67** C 4
San Giório di Susa **81** D 4

San Giovannello **281** D 4
San Giovannello, Chiesa di- **195** A 6
San Giovannello, Torrente- **281** D 4
San Giovanni (AN-Fabriano) **143** E 5
San Giovanni (AN-Sassoferrato) **143** D 4
San Giovanni (AP-Acquasanta Terme) **163** C 6
San Giovanni (AP-Áscoli Piceno) **154** E 3
San Giovanni (AQ-Cagnano Amiterno) **171** A-B 6
San Giovanni (AQ-San Demétrio ne' Vestini) **172** C 2
San Giovanni (AQ-Sante Marie) **181** A 4
San Giovanni (AR) **150** A 3
San Giovanni (BG) **54** B-C 1
San Giovanni (BN-Apollosa) **203** D 5
San Giovanni (BN-Ceppaloni) **203** D 5
San Giovanni (BS) **70** C 2
San Giovanni (CA) **314** E 2
San Giovanni (CH) **184** B 1
San Giovanni (CN-Carrù) **110** B 2
San Giovanni (CN-Cherasco) **110** A 2
San Giovanni (CN-Limone Piemonte) **109** E 6
San Giovanni (CN-Trinità) **110** B 2
San Giovanni (CO) **53** C 4
San Giovanni (CZ) **245** E 6
San Giovanni (FE) **106** D 3
San Giovanni (FR-Ripi) **192** A 3
San Giovanni (FR-Trivigliano) **181** D 4
San Giovanni (ME) **271** C 5
San Giovanni (MN) **90** E 2
San Giovanni (NO) **66** C 2
San Giovanni (OR) **311** B 5
San Giovanni (PE) **165** E 5
San Giovanni (PG-Perúgia) **151** B 6
San Giovanni (PG-Spello) **152** D 3
San Giovanni (PG-Spello) **152** E 2-3
San Giovanni (PN-Casarza della Delízia) **61** E 5-6
San Giovanni (PN-Polcenigo) **60** D 3
San Giovanni (PN-San Quirino) **61** C 5
San Giovanni (PU) **134** E 3
San Giovanni (PV) **99** E 5
San Giovanni (RC) **256** C 1
San Giovanni (RE) **117** C 4
San Giovanni (RI) **163** C 4
San Giovanni (SA-Giffoni Valle Piana) **217** B 6
San Giovanni (San Marino) **134** D 2
San Giovanni (SA-Stella Cilento) **232** C 3
San Giovanni (SI) **149** A-B 6
San Giovanni (SR) **293** B 6
San Giovanni (SS) **298** E 3
San Giovanni (SS-Alghero) **300** D 2
San Giovanni (SV-Andora) **124** E 2
San Giovanni (SV-Stella) **112** C 1
San Giovanni (TN-Arco) **56** C 3
San Giovanni (TN-Vigo di Fassa) **40** B 3
San Giovanni (TO-Carmagnola) **96** C 2
San Giovanni (TO-Castellamonte) **64** D-E 2
San Giovanni (TO-Giaglione) **80** D 3
San Giovanni (TO-Luserna San Giovanni) **95** C 4-5

San Giovanni (TO-Riva presso Chieri) **82** E 3
San Giovanni (TO-Trana) **95** A 5
San Giovanni (TO-Villafranca Piemonte) **95** C 6
San Giovanni (TV-Motta di Livenza) **76** A 3
San Giovanni (TV-Valdobbiádene) **59** D 5
San Giovanni (VV-Mileto) **248** E 3
San Giovanni (VV-Zambrone) **248** D 2
San Giovanni = Sankt Johann **29** A 6
San Giovanni, Cantoniera- **299** D 5
San Giovanni, Chiesa di- (AL) **84** E 1
San Giovanni, Chiesa di- (CA-Escalaplano) **317** C 4
San Giovanni, Chiesa di- (CA-Muravera) **317** E 6
San Giovanni, Chiesa di- (MT) **207** E 4
San Giovanni, Chiesa di- (NU-Bitti) **308** B 3
San Giovanni, Chiesa di- (NU-Olíena) **309** D 4
San Giovanni, Chiesa di- (OR) **311** D 4
San Giovanni, Chiesa di- (OT-Aglientu) **296** D 3
San Giovanni, Chiesa di- (OT-Monti) **303** B 4
San Giovanni, Chiesa di- (OT-Ólbia) **297** E 4
San Giovanni, Chiesa di- (RM) **180** C 3
San Giovanni, Chiesa di- (SS-Móres) **301** D 6
San Giovanni, Chiesa di- (SS-Sénnori) **299** E 4
San Giovanni, Chiesa di- (TA) **211** E 6
San Giovanni, Chiesa di- (VI) **58** D 3
San Giovanni, Chiesa di- (VR) **72** C 3
San Giovanni, Colle- (CB) **185** C 6
San Giovanni, Colle- (CH-Monti dei Frentani) **184** B 2
San Giovanni, Colle- (CH-Scerni) **175** E 4
San Giovanni, Convento- **195** A 6
San Giovanni, Fiumara- **256** E 1
San Giovanni, Grotta- (BR) **213** C 4
San Giovanni, Grotta- (PE) **173** E 6
San Giovanni, Grotta di- **314** E 3
San Giovanni, Lago di- **285** C 4
San Giovanni, Monte- (CI) **319** B 4
San Giovanni, Monte- (FG) **196** A 3
San Giovanni, Pieve di- **72** C 3
San Giovanni, Ponte- **289** B 5
San Giovanni, Rio- (OR) **311** D 5
San Giovanni, Rio- (OT) **297** E 4
San Giovanni, Rio di- **320** A 3
San Giovanni, Rovine- **315** E 5
San Giovanni, Santuário- **49** E 6
San Giovanni, Serra- (PZ-Senise) **238** B-C 2-3
San Giovanni, Serra- (PZ-Teana) **237** D 6
San Giovanni, Stagno di- **314** A 3
San Giovanni **305** E 5
San Giovanni, Torrente- **51** B-C 5
San Giovanni a Corazzano **138** C 2
San Giovanni alla Vena **137** B 6
San Giovanni al Mavone, Chiesa di- **164** E 2

San Giovanni al Natisone **63** C 4
San Giovanni a Piro **233** E 5-6
San Giovanni a Tedúccio **215** C 5
San Giovanni Battista **104** B 2
San Giovanni Bianco **54** D 1
San Giovanni Bosco **283** A 6
San Giovanni d'Asso **150** C 1
San Giovanni dei Prati, Santuário di- **123** C 4
San Giovanni del Dosso **104** A-B 3
San Giovanni della Corneta → Sveti Ivan **78** E 3
San Giovanni della Fossa **103** D 5
San Giovanni delle Contee **159** C 6
San Giovanni del Témpio **60** D 3
San Giovanni di Baiano **162** B-C 1
San Giovanni di Duíno **63** E 6
San Giovanni di Gerace **253** C 6
San Giovanni di Livenza **60** E 3
San Giovanni di Quérciola **117** B 5
San Giovanni di Sárrala, Torre- **317** B 6
San Giovanni di Sínis **310** D 2
San Giovanni e Páolo **202** C 2
San Giovanni Galermo **283** C 5
San Giovanni Gémini **278** D 3
San Giovanni Govoni **110** B-C 2
San Giovanni Ilarione **73** D 5
San Giovanni in Argentella, Chiesa di- **179** A 6
San Giovanni in Bosco **119** C 6
San Giovanni Incárico **193** B 4
San Giovanni Incárico, Lago di- **193** B 4
San Giovanni in Cómpito **134** B 2
San Giovanni in Croce **88** E 3
San Giovanni in Fiore **245** B 6
San Giovanni in Fonte **198** E 3
San Giovanni in Fonte, Chiesa di- **235** A 4
San Giovanni in Galdo **196** A 2
San Giovanni in Galilea **133** C 6
San Giovanni in Ghiaiolo, Chiesa di- **142** B 2
San Giovanni in Marignano **135** D 4
San Giovanni in Monte, Chiesa di- **74** E 1
San Giovanni in Offaga, Chiesa di- **142** C 3
San Giovanni in Persiceto **104** E 3
San Giovanni in Petra, Chiesa di- **142** B 1
San Giovanni in Pozzuolo **142** B 2
San Giovanni in Strada, Chiesa di- **155** D 4
San Giovanni in Triário **119** B 5
San Giovanni in Vénere, Abbazia di- **175** D 4
San Giovanni la Punta **283** C 5
San Giovanni Lipioni **184** C 2
San Giovanni Lupatoto **90** B 2
San Giovanni Maggiore **131** D 6
San Giovanni Montebello **283** A 6
San Giovanni Nuovo **181** D 6
San Giovanni Pagánica **163** C 6
San Giovanni Profiamma **152** E 3
San Giovanni Reatino **170** C 3
San Giovanni Rotondo **188** C 2
San Giovanni-Santa Caterina **217** B 6
San Giovanni Suérgiu **319** B 4
San Giovanni Teatino **174** B 2
San Giovanni Valdarno **140** C 4
San Giovanni Vécchio, Monastero di- **255** C 4
San Giovenale (CN) **109** D 6

550

San Giovenale (RI) **162** D 3
San Giovenale, Zona Archeologica- (VT) **168** D 3
San Giovenale, Chiesa di- **153** C 4
San Gírio **145** D 5
San Girólamo **103** C 5
San Girólamo, Chiesa di- (FM) **155** B 4
San Girólamo, Chiesa di- (PG) **152** D 3
San Girólamo, Rio- **312** D 3
San Giuliano (PC) **87** E 6
San Giuliano (SA) **232** B 3
San Giuliano (SR) **289** B 6
San Giuliano (VE) **75** E 6
San Giuliano (VT) **168** B 1
San Giuliano, Bosco- **206** E 1
San Giuliano, Chiesa di- **78** B 2
San Giuliano, Convento di- (AQ) **172** B 1
San Giuliano, Convento di- (Fráncia-Corsica) **296** A 3
San Giuliano, Lago di- **221** C 6
San Giuliano, Monte- **280** D 2
San Giuliano, Rifúgio di- **38** E 1
San Giuliano, Rovine- **168** D 3
San Giuliano a Mare **134** B 3
San Giuliano del Sánnio **195** B-C 6
San Giuliano di Púglia **185** E 5
San Giuliano Milanese **68** E 3
San Giuliano Nuovo **98** B-C 3
San Giuliano Terme **137** A 5
San Giuliano Vécchio **98** C 3
San Giúlio **97** C 4
San Giúlio, Ísola- **51** D 4
San Giuseppe (AG) **285** B 5
San Giuseppe (BS) **70** D 1
San Giuseppe (CN-Busca) **109** B 6
San Giuseppe (CN-Magliano Alpi) **110** B 2
San Giuseppe (CN-Sommariva Perno) **96** D 3
San Giuseppe (FE) **107** D 4
San Giuseppe (LI) **137** E 6
San Giuseppe (PI) **148** B 1
San Giuseppe (SA) **219** E 5
San Giuseppe (SI) **150-151** D 3-4
San Giuseppe (SO) **36** C 1
San Giuseppe (SV) **111** C 5
San Giuseppe (VC) **49** C 6
San Giuseppe, Chiesa di- (AP) **155** C 4
San Giuseppe, Chiesa di- (BN) **196** E 3
San Giuseppe, Chiesa di- (FR) **181** E 5
San Giuseppe, Chiesa di- (LE) **231** B 5
San Giuseppe, Chiesa di- (MC) **154** A 1
San Giuseppe, Chiesa di- (NU) **303** E 6
San Giuseppe, Chiesa di- (PA) **266** D 3
San Giuseppe, Chiesa di- (PO) **131** B 4
San Giuseppe, Chiesa di- (SS) **302** C 1
San Giuseppe, Chiesa di- (TP) **261** B 4
San Giuseppe, Masseria- (BR) **213** C 4
San Giuseppe, Masseria- (LE) **227** D 5
San Giuseppe, Pizzo di- **287** A 4-5
San Giuseppe, Ponte- (MS) **115** E 5
San Giuseppe, Ponte- (PA) **263** E 5
San Giuseppe al Lago = Sankt Joseph am See **39** C 5
San Giuseppe alla Renna, Chiesa di- **283** D 5
San Giuseppe della Chiusa **79** C 5
San Giuseppe Jato **262** C 3

San Giuseppe Vesuviano **216** A 3
San Giustino **141** C 5
San Giustino Valdarno **140** C 2
San Giusto (MC) **153** C 6
San Giusto (PI) **137** A 5
San Giusto (RO) **107** A 4
San Giusto (VE) **77** A-B 4
San Giusto (VT-Acquapendente) **160** C 1
San Giusto (VT-Tuscánia) **168** B 2
San Giusto alle Mónache **149** A 6
San Giusto a Monte Albino **139** D 4
San Giusto Canavese **82** B 2
San Giusto in Sálcio, Chiesa di- **139** E 6
Sangle **95** B 4
San Glisente, Chiesa di- **55** D 5
San Godenzo **132** D 1-2
San Godenzo, Fosso di- **132** D 1
Sangone, Torrente- **81** E 5
San Gottardo (GE) **113** C 4
San Gottardo (SO) **37** B 5-6
San Gottardo (UD) **62** B 3
San Gottardo (VC) **50** C 2
San Gottardo, Chiesa di- **73** E 6
Sangratignano **151** B 6
San Grato (CN-Vicoforte) **110** C 3
San Grato (CN-Víllanova Mondoví) **110** C 2
San Grato (LO) **86** B 3
San Grato (TO-Agliè) **64** E 2
San Grato (TO-Groscavallo) **81** B 5
San Grato, Chiesa di- **96** C 3
San Grato, Santuário di- **65** C 4
San Gregório (AQ) **172** C 2
San Gregório (CA) **321** A 4
San Gregório (ME) **268** A 2
San Gregório (PC) **114** A 3
San Gregório (PG) **152** C 2
San Gregório (RC) **256** E 1
San Gregório (VR) **91** B 4
San Gregório, Chiesa di- **225** D 6
San Gregório, Santuário di- **70** B 2
San Gregório da Sassola **180** C 1
San Gregório di Catánia **283** B 5-6
San Gregório d'Ippona **248** E 3
San Gregório Magno **219** C 4
San Gregório Matese **195** C 4
San Gregório nelle Alpi **59** B 5
San Grisante **83** C 4-5
San Grisógono, Chiesa di- **154** A 3
Sangro, Fiume- **175** D 4
Sangro, Sorgenti del- **182** C 2
Sanguarzo **63** B 5
San Guglielmo al Goleto, Abbazia- **204** D-E 2
San Guido **147** B 6
Sanguigna **102** B 3
Sanguignano **99** C 5
Sanguigno, Valle- **54** C 2-3
Sanguináio, Fiume- **159** E 4
Sanguinára, Cala- **189** C 5
Sanguinaro **101** D 6
Sanguinaro, Ponte- **161** E 6
Sanguineto **151** B 4
Sanguinetto **90** D 3
Sanguinière, Tête de- **108** D 1
San Gusmè **140** E 1
San Iácopo (PI-Cáscina) **137** A 5-6
San Iácopo (PI-Vicopisano) **137** A 6
Saníco **71** C 5
Sánico **83** E 5
Sánilo, Nuraghe- **307** E 5
San Iório, Val- **34** E 3
San Iúnio, Monte- **257** B 5
Sankt Andrä = Sant'Andrea in Monte **30** C 2

Sankt Anton = Sant'António **39** B 5
Sankt Christina in Gröden = Santa Cristina Valgardena **30** C 2
Sankt Cyprian = San Cipriano **40** B 2
Sankt Felix = San Felice **27** E 4
Sankt Georgen (Áustria) **45** A 5
Sankt Georgen = San Giórgio **30** B 3
Sankt Gertraud = Santa Geltrude **26** E 1
Sankt Gertraud = Santa Gertrude **26** E 2
Sankt Jacob in Defereggen **31** A 6
Sankt Jakob = Chiesa di San Giácomo **30** D 2
Sankt Jakob = San Giácomo (BZ-Láives) **39** B 6
Sankt Jakob = San Giácomo (BZ-Val di Vizza) **29** B 4
Sankt Jakob = San Giácomo (BZ-Valle Aurina) **29** A 6
Sankt Jakob im Lesachtal **43** A 6
Sankt Johann = San Giovanni **29** A 6
Sankt Joseph am See = San Giuseppe al Lago **39** C 5
Sankt Kassian = San Cassiano **30-31** E 3-4
Sankt Katharina = Santa Caterina **27** D 5
Sankt Konstantin = Chiesa di San Costantino **30** E 1
Sankt Leonhard = San Leonardo (BZ-Badia) **30** D 3
Sankt Leonhard = San Leonardo (BZ-Bressanone) **30** C 2
Sankt Leonhard in Passeier = San Leonardo in Passíria **27** B 5
Sankt Lorenzen = San Lorenzo di Sebato **30** B 3
Sankt Lorenzen im Lesachtal **43** A 5
Sankt Magdalena **28** A 2
Sankt Magdalena = Santa Maddalena **30** D 2
Sankt Magdalena = Santa Maddalena Vallalta **31** B 5
Sankt Maria in der Schmelz = Chiesa di Santa Maria alla Fonderia **26** F 2
Sankt Martin = San Martino (BZ-San Lorenzo di Sebato) **30** B 3
Sankt Martin = San Martino (BZ-Valle Aurina) **29** B 6
Sankt Martin = San Martino (BZ-Valle di Casíes) **31** B 5
Sankt Martin am Schneeberg = San Martino Monteneve **27** A 4-5
Sankt Martin am Vorberg = San Martino al Monte **26** D 2
Sankt Martin in Passeier = San Martino in Passíria **27** B 5
Sankt Martin in Thurn = San Martino in Badia **30** C 3
Sankt Martius = San Márzio **27** C 4
Sankt Michael = San Michele **39** B 5
Sankt Moritz **24** E 2
Sankt Moritz Bad **24** E 2
Sankt Moritzer See **24** E 2
Sankt Nikolaus = San Nicola **30** C 2
Sankt Nikolaus = San Nicolò (BZ-Caldaro sulla strada del vino) **39** B 5
Sankt Nikolaus = San Nicolò (BZ-Último) **26** E 2
Sankt Oswald (Áustria) **42** A 3
Sankt Oswald = Sant'Osvaldo (BZ-Avelengo) **27** C 5

Sankt Oswald = Sant'Osvaldo (BZ-Castelrotto) **30** E 1
Sankt Pankraz = San Pancrázio **27** D 4
Sankt Paul **45** A 5
Sankt Pauls = San Páolo **39** B 5
Sankt Peter = San Pietro (BZ-Fúnes) **30** D 2
Sankt Peter = San Pietro (BZ-Laion) **30** D 1
Sankt Peter = San Pietro (BZ-Valle Aurina) **29** C 5
Sankt Sigmund = San Sigismondo **30** B 3
Sankt Sisinius = Chiesa di San Sisinio **26** D 1
Sankt Stefan auf der Gail **45** A 5
Sankt Ulrich = Ortisei **30** D-E 2
Sankt Valentin auf der Haide = San Valentino alla Muta **25** B 6
Sankt Veit = San Víto **31** C 4-5
Sankt Vigil = Chiesa di San Vigílio **30** E 1
Sankt Vigil = San Vigílio (BZ-Lana) **27** D 4
Sankt Vigil = San Vigílio (BZ-Marebbe) **30-31** C 3-4
Sankt Walburg = Santa Valburga **26** E 3
Sankt Walburgen = Chiesa di Santa Valburga **31** A 4
San Larentu, Chiesa di- **307** C 5
San Latino **87** C 5
San Láuro **261** B 4
San Lázzaro (CN) **95** E 6
San Lázzaro (FI) **139** D 4
San Lázzaro (LO) **86** D 3
San Lázzaro (MC) **154** A 1
San Lazzaro (MN) **89** C 4
San Lázzaro (MS) **127** D 5
San Lázzaro (NA) **217** D 4
San Lázzaro (PU) **142** B 3
San Lázzaro (SP) **128** B 2
San Lázzaro (TN) **39** E 4
San Lázzaro, Casa- **160** D 1
San Lázzaro, Chiesa di- (AP) **155** D 4
San Lázzaro, Chiesa di- (PG) **162** A 3
San Lázzaro di Sávena **119** C 5
San Lázzaro Parmense **102** D 3
San Lázzaro Reale **123** C 5
San Leo (AR-Anghiari) **141** D 5
San Leo (AR-Arezzo) **140** C 2
San Leo (RN) **133** D-E 6
San Leo (HC) **256** E 1
San Leo (VV) **248** D 3
San Leo, Case- **289** B 4
San Leo, Monte- (CT) **283** A 4
San Leo, Monte- (PU) **142** A 1
San Leo, Monte- (SA) **232** B 3
San Leo, Rocca di- **133** D 6
San Leo Bastia **151** A 5
San Leolino (AR) **140** D 1
San Leolino (FI) **132** E 1
San Leonardello **283** A 6
San Leonardo (FG) **205** B 6
San Leonardo (GR) **159** D 6
San Leonardo (LU) **129** E 6
San Leonardo (ME) **268** A 3
San Leonardo (PV) **85** D 6
San Leonardo (RC) **259** E 4
San Leonardo (SA) **217** C-D 5-6
San Leonardo (SS) **302** C 2
San Leonardo (TP) **260** E 2
San Leonardo (UD) **63** A-B 5
San Leonardo = Sankt Leonhard (BZ-Badia) **30** D 3
San Leonardo = Sankt Leonhard (BZ-Bressanone) **30** C 2
San Leonardo, Cappella di- **223** E 4
San Leonardo, Chiesa- **247** E 6
San Leonardo, Chiesa di- (CS) **241** B 4
San Leonardo, Chiesa di- (TN) **72** B 3

San Leonardo, Cozzo- **279** E 6
San Leonardo, Fiume- (PA) **263** C 6
San Leonardo, Fiume- (SR) **283** E 5
San Leonardo, Monte- (CE) **194** C 2
San Leonardo, Monte- (OT) **296** E 3
San Leonardo, Monte- (TS) **63** E 6
San Leonardo, Passo- **183** A 4-5
San Leonardo, Rio di- **307** E 4
San Leonardo, Fermata- **302** A 3
San Leonardo, Torre- **212** B 2
San Leonardo, Zona Archeológica di- **185** D 5
San Leonardo al Lago, Chiesa di- **149** B 5
San Leonardo de Siete Fuéntes **307** E 4
San Leonardo di Cutro **251** C 5
San Leonardo di Siponto **198-199** A 3-4
San Leonardo in Passíria = Sankt Leonhard in Passeier **27** B 5
San Leonardo in Schiova **133** A 5
San Leonardo Valcellina **61** C 4
San Leone **284** C 3
San Leonino **149** A 5
San Leopardo **145** D 4
San Leo Vécchio **248** D 3
San Léucio (CB) **185** C 4
San Léucio (CE) **202** D 2
San Léucio, Basílica di- **199** E 5
San Léucio del Sánnio **203** C-D 5
San Liberale **75** D 6
San Liberato **161** E 5
San Liberato, Lago di- **161** E 5
San Liberatore, Chiesa di- **204** B 1
San Liberatore a Maiella, Chiesa di- **173** D 6
San Librório, Chiesa di- **182** C 3
San Limato, Rio di- **201** D 4-5
San Limato, Torre- **201** D 4
San Litardo, Chiesa di- **151** E 4
San Lorenzello **195** E 5
San Lorenzo (AL) **99** C 5
San Lorenzo (AN) **145** C 4
San Lorenzo (AP) **154** C 3
San Lorenzo (AQ) **171** B 6
San Lorenzo (AR) **141** D 4
San Lorenzo (BO-Castèl San Pietro Terme) **119** D 4
San Lorenzo (BO-Sasso Marconi) **119** D 4
San Lorenzo (CH) **175** E 5
San Lorenzo (CN-Caráglio) **109** B 6
San Lorenzo (CN-Demonte) **109** D 5
San Lorenzo (CN-Fossano) **110** A 2
San Lorenzo (CN-Paesana) **95** E 4
San Lorenzo (CN-Peveragno) **110** C 1
San Lorenzo (CN-Racconigi) **96** D 1
San Lorenzo (CN-Santo Stéfano Roero) **96** C 3
San Lorenzo (CN-Valdieri) **109** D 5
San Lorenzo (FC) **133** C 6
San Lorenzo (GR) **159** B 5
San Lorenzo (LI) **148** E 5
San Lorenzo (LT) **193** E 6
San Lorenzo (MC-Loro Piceno) **154** B 2
San Lorenzo (MC-Tréia) Ísola **144** E 2
San Lorenzo (MI) **67** C 4
San Lorenzo (MN-Curtatone) **89** E 5

San Lorenzo (MN-Pegognaga) **103** B 6
San Lorenzo (MO) **118** B 2
San Lorenzo (NA) **217** C 4
San Lorenzo (NU) **303** D 6
San Lorenzo (PA) **263** A 4
San Lorenzo (PC) **101** C 4-5
San Lorenzo (PG-Bastia Umbra) **152** D 2
San Lorenzo (PG-Trevi) **162** A 1
San Lorenzo (PN) **61** D 5
San Lorenzo (RA) **120** C 2
San Lorenzo (RC) **256** E 2
San Lorenzo (RI) **171** E 4
San Lorenzo (SA) **217** B-C 4
San Lorenzo (SS) **299** E 5
San Lorenzo (SV) **124** C 3
San Lorenzo (TO) **81** A 6
San Lorenzo (TR-Calvi dell'Úmbria) **170** B 1
San Lorenzo (TR-Monteleone d'Orvieto) **160** C 2
San Lorenzo (TV) **60** D 2
San Lorenzo (UD-Fiumicello) **63** E 4
San Lorenzo (UD-Manzano) **63** C 4
San Lorenzo (UD-Sedegliano) **62** C 2
San Lorenzo (VB) **32** E 2
San Lorenzo, Bosco- **235** A-B 6
San Lorenzo, Capo- **317** D 6
San Lorenzo, Cappella di- **209** E 6
San Lorenzo, Casa- (CA) **316** E 2
San Lorenzo, Casa- (PI) **148** A 2
San Lorenzo, Case- **197** D 6
San Lorenzo, Certosa- **235** A 4
San Lorenzo, Chiesa di- (AN) **143** C 6
San Lorenzo, Chiesa di- (AR) **151** B 4
San Lorenzo, Chiesa di- (CH) **184** A-B 1
San Lorenzo, Chiesa di- (FG) **189** B 5
San Lorenzo, Chiesa di- (FI) **139** C-D 4
San Lorenzo, Chiesa di- (MO) **104** D 2
San Lorenzo, Chiesa di- (UD) **43** D 4
San Lorenzo, Chiesa di- (VI) **58** C 2
San Lorenzo, Convento- (FR) **180** C 3
San Lorenzo, Convento- (PZ) **205** E 4
San Lorenzo, Cuile- **298** C 1
San Lorenzo, Fattoria- **294** D-E 3
San Lorenzo, Monte- **299** E 5
San Lorenzo, Podere- **158** C 2
San Lorenzo, Timpa de- **238** E 3
San Lorenzo al Lago **153** D 6
San Lorenzo al Lanzo, Chiesa di- **149** E 5
San Lorenzo alle Corti **137** B 5-6
San Lorenzo al Mare **123** E 5
San Lorenzo a Merse **149** D 5
San Lorenzo a Montalbano, Chiesa di- **148** C 3
San Lorenzo a Pagnático **137** B 6
San Lorenzo Aroldo **88** E 3
San Lorenzo a Váccoli **129** E 5-6
San Lorenzo Bellizzi **238** E 3
San Lorenzo della Costa **113** D 5-6
San Lorenzo del Vallo **241** C 5
San Lorenzo de' Picenardi **88** D 2
San Lorenzo di Rabatta **152** C 1
San Lorenzo di Rovetta **54** D 3
San Lorenzo di Sebato = Sankt Lorenzen **30** B 3
San Lorenzo Guazzone **88** E 3

San Lorenzo in Banale **57** B 4
San Lorenzo in Campo **143** C 5
San Lorenzo in Collina **118** C 3
San Lorenzo in Colpolina
153 C 6
San Lorenzo in Correggiano
134 C 3
San Lorenzo in Noceto **133** B 4
San Lorenzo Isontino **63** D 5
San Lorenzo Lo Vécchio,
Stazione- **293** C 6
San Lorenzo Maggiore **195** E 6
San Lorenzo Nuovo **160** C 1-2
San Lorenzo Vécchio **152** D-E 3
San Luca (CH) **174** E 3
San Luca (MC) **153** C 6
San Luca (MS) **128** B 3
San Luca (PD) **92** D 2
San Luca (PG) **162** A 1
San Luca (RC) **257** C 4
San Luca (TO) **95** C 6
San Luca (TV) **75** B 5
San Luca (VI) **74** B 1
San Luca, Chiesa di- **112** A 1
San Luca, Chiesa Rupestre-
223 B 4
San Luca, Monte- **183** C 6
San Luca, Rio di- **153** C 6
San Luca, Serra- **237** B 5
San Lucano, Chiesa di- **41** D 5
San Lucano, Monte- **41** C 5
San Lucano, Pale di- **41** C 4-5
San Lucano, Val di- **41** C 5
San Lucchese **139** E 4
San Lúcido **244** B 2
San Lúcio, Chiesa di- **54** D 3
San Lugano **39** C 6
San Luigi (CA) **314** D 2
San Luigi (IM) **123** B 4
San Luigi, Chiesa di- **170** D 2
San Lupo **195** E 6
Sanluri **315** B 5
Sanluri, Stazione di- **315** C 5
San Lussório **307** E 4-5
San Lussório, Chiesa di- (CA)
316 E 1
San Lussório, Chiesa di- (NU)
312 C 1
San Lussório, Chiesa di- (OR)
311 C 5
San Lussurgoddu, Chiesa di-
310 B 3
San Lussúrgiu, Casa- **311** D 6
San Lussúrgiu, Chiesa di- (SS)
301 E 4
San Macário **66** C 3
San Macário, Ísola- **320** E 2
San Macário in Monte **129** D 5
San Macário in Piano **129** E 5
San Maderno, Chiesa di-
211 A 4
San Magno (BA) **207** C 5
San Magno (CN) **110** C 1
San Magno (LT) **192** D 3
San Magno, Santuário di-
109 B-C 4
San Mama **140** B 3
San Mamante **132-133** A 3-4
Stazione- **52** B 3
San Mamiliano (LI) **156** D 1-2
San Mamiliano (TR) **162** D 1
San Mango **232** C 3
San Mango d'Aquino **244** E 3
San Mango Piemonte **217** C 6
San Mango sul Calore
204 D 1
San Marcellino **202** E 1
San Marcello (AN) **144** B 2
San Marcello (MC) **153** C 6
San Marcello (VR) **91** B 4
San Marcello Pistoiese
130 B-C 2
San Marco (AQ) **171** B 6
San Marco (AR-Cortona)
151 B 4
San Marco (AR-Montevarchi)
140 D 1
San Marco (BA) **211** D 6
San Marco (BG) **54** E 1-2
San Marco (CE-Castèl di Sasso)
202 C 1

San Marco (CE-Dragoni)
195 E 4
San Marco (CE-Santa Maria a
Vico) **202** D-E 3
San Marco (CE-Teano) **194** E 2
San Marco (CH) **174** E 3
San Marco (CT) **269** E 5
San Marco (MC) **153** D 6
San Marco (ME) **269** B 5
San Marco (PD) **74** E 2
San Marco (PG-Gúbbio)
152 A 2
San Marco (PG-Perúgia)
152 C 1
San Marco (RA) **121** D 4
San Marco (SA-Castellabate)
232 C 2
San Marco (SA-Teggiano)
233 A 6
San Marco (SS) **300** C 2
San Marco (TO) **80** E 2
San Marco (TP) **260** C 3
San Marco (TV) **75** C 4
San Marco (UD) **62** B 2
San Marco (VB) **32** E 2
San Marco (VC) **65** D 6
San Marco (VI) **73** D 6
San Marco (VV) **248** D 3
San Marco, Ca'- **54** B 1
San Marco, Capo- (AG)
275 D 4-5
San Marco, Capo- (OR) **310** D 2
San Marco, Casa- **31** E 6
San Marco, Case- **277** D 5
San Marco, Chiesa di- (FM)
155 A 4
San Marco, Chiesa di- (FM-
Ponzano di Fermo) **155** B 4
San Marco, Masseria- (FG)
198 D 2
San Marco, Masseria- (MT)
223 D 5
San Marco, Monte- (AG)
284 B 3
San Marco, Monte- (BN)
196 D 3
San Marco, Passo di- **54** B 1
San Marco, Ponte- **196** D 1
San Marco, Rifúgio- **42** D 1
San Marco, Santuário di-
306 E 2
San Marco Argentano **241** D 4
San Marco d'Alúnzio **268** B 1
San Marco dei Cavoti **196** D 3
San Marco Evangelista **202** D 2
San Marco in Lámis **188** D-E 1
San Marco in Lámis, Stazione
di- **186** D 3
San Marco la Cátola **197** B 4
San Marco-Roggiano,
Stazione di- **241** D 5
San Mariano (AN) **143** D 5
San Mariano (PG) **151** D 6
San Marino (BO) **119** A-B 5
San Marino (CR) **88** D 1
San Marino (MO) **104** C 1-2
San Marino (RN) **134** C 2
San Marino (TR) **160** A 3
San Marino (VI) **58** D 3
San Marino, Chiesa di- (PU)
142 B 3
San Marino, Monte- **192** A 1
San Marino, Repúbblica di-
134 D 2
San Martino (AL-Borghetto di
Borbera) **99** D 4
San Martino (AL-Roccaforte
Lígure) **99** E 4
San Martino (AL-Rosignano
Monferrato) **83** E 6
San Martino (AN) **143** D 5
San Martino (AP-Acquasanta
Terme) **163** D 4
San Martino (AP-Castignano)
154 D 3
San Martino (AQ) **172** C 2
San Martino (AR-Búcine)
140 E 1
San Martino (AR-Cavríglia)
139 D 6
San Martino (AV) **204** C 2

San Martino (BO) **120** C 1
San Martino (BS) **71** B 5
San Martino (CE) **194** D 1
San Martino (CL) **285** B 6
San Martino (CN-Barge) **95** D 5
San Martino (CN-Castiglione
Tinella) **97** D 5
San Martino (CO) **67** B 4
San Martino (FC) **133** D 5
San Martino (FE) **105** D 6
San Martino (GE-Cerénasi)
112 B 3
San Martino (GE-Génova)
113 C 4
San Martino (LI) **156** D 2
San Martino (LT) **192** C 3
San Martino (MC-Serravalle di
Chienti) **153** E 5
San Martino (ME) **271** C 6
San Martino (MO-San
Próspero) **104** C 2
San Martino (MO-Montese)
118 E 1
San Martino (MO-Polinago)
117 D 6
San Martino (NO) **66** D 3
San Martino (PI) **137** E 6
San Martino (PN) **60** A 2
San Martino (PO) **131** D 4
San Martino (PR-Valmózzola)
115 B 5
San Martino (PV-Gambarana)
84 E 3
San Martino (PV-Varzi) **99** D 6
San Martino (RC)
252-253 E 3-4
San Martino (RE-Corréggio)
103 E 6
San Martino (RE-Guastalla)
103 C 5
San Martino (RI) **171** C 4
San Martino (SA) **218** C 1
San Martino (SI) **139** E 4
San Martino (SO) **35** D 6
San Martino (SV) **112** C 1
San Martino (TN) **56** D 3
San Martino (TO-Castiglione
Torinese) **82** D 2
San Martino (TO-Garzigliana)
95 C 6
San Martino (TO-Perrero)
95 A 4
San Martino (TO-Pinerolo)
95 B 5
San Martino (UD) **62** D 1-2
San Martino (VA) **51** C 6
San Martino = Reinswald
27 C 6
San Martino = Sankt Martin
(BZ-San Lorenzo di Sebato)
30 B 3
San Martino = Sankt Martin
(BZ-Valle Aurina) **29** B 6
San Martino = Sankt Martin
(BZ-Valle di Casíes) **31** B 5
San Martino, Capo- **112** C 2
San Martino, Casa- **199** D 5
San Martino, Casino- **207** B 6
San Martino, Castello-
192 C 2
San Martino, Chiesa di- (FC)
133 C 4
San Martino, Chiesa di- (PU)
142 B 2
San Martino in Colle
(PG-Perúgia) **151** D 6
San Martino, Chiesa di- (RI)
163 D 5-6
San Martino, Chiesa di- (TR)
161 C 5
San Martino, Colle- **196** C 2
San Martino, Cozzo- **239** B 4
San Martino, Masseria- (BA)
209 E 6
San Martino, Masseria- (FG)
198 E 3
San Martino, Monte- (CB)
196 B 2
San Martino, Monte- (TN)
56 B 3
San Martino, Pala di- **41** D 4
San Martino, Pale di- **41** D 4
San Martino, Pizzo- **50** B 2

San Martino, Ponte- **100** D 1
San Martino, Portella- **267** E 5
San Martino, Stazione di-
185 C 5
San Martino al Cimino **169** C 4
San Martino al Cimino,
Stazione di- **169** B 4
San Martino al Fággio **154** C 2
San Martino Alfieri **97** C 4
San Martino alla Palma
139 B 4
San Martino alla Vena,
Chiesa di- **154** D 1-2
San Martino al Monte = Sankt
Martin am Vorberg **26** D 2
San Martino al Tagliamento
61 D 6
San Martino al Vento **149** A 6
San Martino a Maiano **138** D 3
San Martino a Scopeto **131** D 6
San Martino a Toreggi, Chiesa
di- **139** C-D 6
San Martino a Ulmiano **137** A 5
San Martino Buon Albergo
73 E 4
San Martino Canavese **64** E 3
San Martino Carano **104** B 2
San Martino d'Agri **237** C 6
San Martino dall'Árgine **89** E 4
San Martino d'Alpago **60** B 2-3
San Martino dei Colli **151** D 6
San Martino dei Mulini **134** C 2
San Martino dei Muri **143** B 4
San Martino del Carso **63** D 5
San Martino Délfico **152** D 1
San Martino della Battáglia
71 E 5
San Martino del Lago **88** E 2
San Martino delle Scale
262 B 3
San Martino del Piano
(PU-Apécchio) **142** C 1
San Martino del Piano
(PU-Fossombrone) **143** B 4
San Martino di Campagna
61 C 4
San Martino di Castrozza
41 D 4
San Martino di Finita **241** E 4
San Martino di Lúpari **74** C 3
San Martino di Mugnano
118 B 1
San Martino di Terzo **63** E 4
San Martino di Venezze **92** E 2
San Martino d'Ocre **172** D 1-2
San Martino Gusnago **89** C 4
San Martino in Árgine **119** B 6
San Martino in Avello, Chiesa
di- **132-133** B 3-4
San Martino in Badia =
Sankt Martin in Thurn **30** C 3
San Martino in Beliseto **87** C 6
San Martino in Campo (FI)
138 B 3
San Martino in Campo (PG)
152 D 1
San Martino in Cásola **118** C 3
San Martino in Colle (LU)
130 E 1
San Martino in Colle
(PG-Gúbbio) **152** A 2
San Martino in Colle
(PG-Perúgia) **151** D 6
San Martino in Converseto
133 C 6
San Martino in Fiume **133** A 6
San Martino in Freddana
129 D 5
San Martino in Gattara **132** B 2
San Martino in Gránia **149** C 6
San Martino in Olza **101** B 5
San Martino in Passíria = Sankt
Martin in Passeier **27** B 5
San Martino in Pedriolo
119 D 6
San Martino in Pénsilis
185 C 5-6
San Martino in Póggio **140** D 2
San Martino in Rio **103** E 5-6

San Martino in Selvanera
142 B 1
San Martino in Soverzano
119 A-B 6
San Martino in Strada (FC)
133 A 4
San Martino in Strada (LO)
86 C 3
San Martino in Tremoleto
140 B 2
San Martino in Trignano
162 B 1
San Martino Monte l'Abate
134 C 3
San Martino Montenere
= Sankt Martin am
Schneeberg **27** A 4-5
San Martino Olearo **68** E 3
San Martino Piana, Stazione-
283 D 5
San Martino Pizzolano **87** D 4
San Martino Sannita **203** D 6
San Martino Siccomário **85** D 5
San Martino Sopr'Arno **140** C 3
San Martino Spino **105** B 4
San Martino sul Fiora **159** D 5
San Martino sulla Marrucina
174 D 2
San Martino Valle Caudina
203 D 4
San Martino Villafranca
120 E 3
San Marzano **86** E 2
San Marzano di San Giuseppe
225 D 5
San Marzano Oliveto **97** D 5-6
San Marzano sul Sarno **217** B 4
San Marzanotto **97** C 5
San Marziale **149** A 4
San Márzio = Sankt Martius
27 C 4
San Massenza **57** B 4
San Massenza, Lago di- **57** B 4
San Mássimo (CB) **195** B 4
San Mássimo (GE) **113** D 5-6
San Mássimo (SV) **111** B 5
San Mássimo (TE) **164** E 2
San Mássimo, Stazione-
195 B 5
San Mássimo all'Ádige **72** E 3
San Matteo (CN-Bra) **96** D 2
San Matteo (CN-Valgrana)
109 C 5
San Matteo (FG) **186** E 3
San Matteo, Casa- **186** C 1
San Matteo, Chiesa di- (FC)
133 C 5
San Matteo, Chiesa di- (IS)
195 B 4-5
San Matteo, Colle- **184** B 1
San Matteo, Punta- **37** B 6
San Matteo della Décima
104-105 E 3-4
San Matteo delle Chiáviche
103 B 4-5
San Matteo in Lámis, Convento
di- **188** E 1
San Mattia **217** D 6
San Maurízio (AL) **84** E 1
San Maurízio (CN-Demonte)
109 C 4
San Maurízio (CN-Frássino)
109 A 4
San Maurízio (CO) **52** D 3
San Maurízio (RE) **103** E 5
San Maurízio (VB) **51** C 5
San Maurízio (VC) **65** B-C 6
San Maurízio = Moritzing
27 E 5
San Maurízio Canavese **82** C 1
San Maurízio d'Opáglio
50-51 E 3-4
San Maurízio di Monti **113** D 6
San Máuro (CE) **195** E 4
San Máuro (CN-Bóves) **109** C 6
San Máuro (CN-Rittana)
109 C 5
San Máuro (GO) **63** C 6
San Máuro (MC) **153** A 6
San Máuro (NU) **312** B 1
San Máuro (SA) **217** B 4

San Máuro (TE) **164** C 3
San Máuro (TN) **39** E 5
San Máuro (VE) **62** E 1
San Máuro, Chiesa di- **227** E 4
San Máuro, Monte- (BL) **59** B 4
San Máuro, Monte- (CA)
316 C 3
San Máuro, Varco- **245** A 6
San Máuro a Signa **139** B 4
San Máuro Castelverde
266 D 3
San Máuro Cilento **232** C 2
San Máuro di Saline **73** D 4
San Máuro Forte **221** E 4
San Máuro la Bruca **233** D 4
San Máuro la Bruca,
Stazione di- **233** E 4
San Máuro Marchesato
247 D 4
San Máuro Mare **134** B 2
San Máuro Páscoli **134** B 2
San Máuro Torinese **82** D 2
San Mazzeo **244** E 3
San Mazzeo, Cona di- **244** E 3
San Menáio **188** B 3
Sanmezzano **139** C 6
San Miai, Monte- **319** A 4
San Miali, Punta di- **315** D 4
San Miceli **244** A 1
San Michele (AG) **284** B 3
San Michele (AL) **98** B 2
San Michele (AN) **153** A 5
San Michele (AT) **96** B 3
San Michele (BR) **212** D 2
San Michele (BS) **56** E 2
San Michele (CA) **315** C 5
San Michele (CN-Salíceto)
111 C 4
San Michele (CN-Vignolo)
109 C 6
San Michele (CR) **88** E 1
San Michele (CZ) **249** A 6
San Michele (FR) **194** B 1
San Michele (IM) **122** D 2
San Michele (LT) **191** C 5
San Michele (MO) **130** A 1
San Michele (OR) **311** A 5
San Michele (PC) **100** D 3
San Michele (PI) **148** B 2
San Michele (PU) **143** B 5
San Michele (RA) **121** D 4
San Michele (RE) **103** D 5
San Michele (SV) **124** C 3
San Michele (TO) **95** C 5
San Michele (TP) **274** E 1
San Michele (VA) **51** C 6
San Michele (VB) **32** B 3
San Michele = Sankt Michael
39 B 5
San Michele, Abbazia-
205 D 5
San Michele, Cappella di-
58 C 3
San Michele, Chiesa di- (AN)
143 D 6
San Michele, Chiesa di- (AP)
155 C 4
San Michele, Chiesa di- (AQ)
183 C 5
San Michele, Chiesa di- (BAT)
199 D 5
San Michele, Chiesa di- (CE)
195 D 4
San Michele, Chiesa di- (CH)
184 B 2
San Michele, Chiesa di- (CL)
285 A 6
San Michele, Chiesa di- (CN)
108 A 3
San Michele, Chiesa di- (FG)
188 B 3
San Michele, Chiesa di- (IS)
184 E 2
San Michele, Chiesa di- (LT)
193 D 5
San Michele, Chiesa di- (NA)
216 C 3
San Michele, Chiesa di- (NU)
309 D 5
San Michele, Chiesa di-
(OT-Ólbia) **297** D-E 5

San Michele, Chiesa di- (OT-Témpio Pausánia) **297** C 4
San Michele, Chiesa di- (RI) **170** C 2
San Michele, Chiesa di- (RM) **179** A 6
San Michele, Chiesa di- (SA) **236** A 2
San Michele, Chiesa di- (TS) **79** C 5
San Michele, Cimitero- **75** E 6
San Michele, Cripta di- **211** D 4
San Michele, Grotta di- (AV) **203** E 4
San Michele, Grotta di- (SS) **302** E 1
San Michele, Monte- (BA) **211** B 4
San Michele, Monte- (FI) **139** D 6
San Michele, Monte- (GO) **63** D 5
San Michele, Pieve di- **134** C 2
San Michele, Pizzo- **217** B 6
San Michele, Podere- **210** D 1
San Michele, Ponte- **263** B 6
San Michele, Punta- **314** E 3
San Michele, Rovine- **317** D 6
San Michele, Sacra di- **81** E 5
San Michele, Torrente- **263** C 5-6
San Michele, Valle di- **56** E 2
San Michele all'Ádige **39** E 4
San Michele al Tagliamento **77** A-B 6
San Michele Arénas, Monte- **319** B 4
San Michele a Torri **139** C 4
San Michele Cavana **116** B 3
San Michele de' Gatti **102** E 2
San Michele dei Mucchietti **117** B-C 6
San Michele delle Badesse **74-75** D 3-4
San Michele delle Vigne **199** D 4
San Michele di Basso, Santuário di- **217** B 5
San Michele di Ganzaría **288** B 1
San Michele di Pagana **113** D 6
San Michele di Piave **75** A 6
San Michele di Plaianu, Chiesa di- **299** E 4
San Michele di Salvénero, Chiesa di- **301** C 5
San Michele di Serino **217** A 6
San Michele di Tiorre **102** E 2
San Michele e Grato **96** C 1-2
San Michele Extra **72-73** E 3-4
San Michele in Bosco **89** E 4
San Michele in Quarneto **132** A 2
San Michele in Teverina **160** D 3
San Michele Mondovì **110** C 3
San Michele Salentino **212** D 3
San Miniato (AR) **140** B 1
San Miniato (PI) **138** C 2
San Miniato Basso **138** C 2
San Miniato in Alpe **140** A 1
San Miro al Monte, Erémo di- **53** D 5
San Moderanno, Fonte- **115** B-C 6
San Montano, Báia di- **214** C 2
San Morello **243** E 5
Sannace, Monte- **210** D 3
Sannaco **115** E 6
San Nazário (CN) **110** A 3
San Nazário (SA-Bracigliano) **217** B 5
San Nazário (SA-San Máuro la Bruca) **233** D 4
San Nazário (VI) **58** E 3
San Nazário, Chiesa di- **83** E 4
San Nazzário, Chiesa di- **150** C 1
San Nazzário, Masseria- **186** C 3
San Nazzaro (AL) **99** E 5

San Nazzaro (BN) **203** D 6
San Nazzaro (PC-Monticelli d'Ongina) **87** E 6
San Nazzaro (PC-Piozzano) **100** C 1
San Nazzaro (PR) **102** B 2
San Nazzaro (Svízzera) **33** E 5-6
San Nazzaro, Chiesa di- **88** B 2
Sannazzaro de' Burgondi **85** D 4
San Nazzaro Sésia **66** D-E 1
San Nazzaro Val Cavargna **34** E 3
Sannelli, Masseria- **223** D 6
San Nicandro **172** C 2
San Nicandro, Convento e Chiesa di- **194** B 2
San Nicandro di Bari **209** E 5
Sannicandro di Bari, Stazione- **210** C 2
San Nicandro Gargánico **186-187** C 3-4
San Niccolò **119** E 4
San Niccolò, Chiesa di- (AN) **143** E 4
San Niccolò, Chiesa di- (SI) **139** E 5
Sannicola **227** E 5
San Nicola (AG) **285** C 5
San Nicola (AQ) **171** C 6
San Nicola (CS) **244** A 2
San Nicola (LT) **193** D 4
San Nicola (ME) **258** B 1
San Nicola (NA) **217** C 4
San Nicola (PZ) **220** B 1
San Nicola (RC-Ardore) Ísola **257** C 4
San Nicola (RC-Caulónia) **254-255** D 3-4
San Nicola (RC-Fiumara) **256** C 1
San Nicola (RE) **117** A 6
San Nicola (RM) **177** B 6
San Nicola (SA) **233** E 4
San Nicola (TO) **95** C 6
San Nicola = Sankt Nikolaus **30** C 2
San Nicola, Casa- (PA) **266** C 2
San Nicola, Casa- (TP) **275** A 4
San Nicola, Chiesa di- (AG) **284** C 3
San Nicola, Chiesa di- (AQ) **171** B 6
San Nicola, Chiesa di- (CA) **317** D 6
San Nicola, Chiesa di- (CB) **195** C 5
San Nicola, Chiesa di- (CS) **241** D 6
San Nicola, Chiesa di- (CT) **268** E 2
San Nicola, Chiesa di- (FR) **181** D 5
San Nicola, Chiesa di- (RC) **256** D 1
San Nicola, Chiesa di- (RI) **162** E 2
San Nicola, Chiesa di- (SS) **302** E 1
San Nicola, Contrada- **275** C 4
San Nicola, Ísola- **188** A 1
San Nicola, Masseria- (BA) **207** E 4
San Nicola, Masseria- (FG-Foggia) **198** B 1
San Nicola, Masseria- (FG-Foggia) **198** D 1
San Nicola, Masseria- (TA) **212** E 1
San Nicola, Monte- (AQ-FR) **182** D-E 3
San Nicola, Monte- (AQ-Gagliano Aterno) **172** E 3
San Nicola, Monte- (BA) **211** C 5
San Nicola, Monte- (CL) **287** C 6
San Nicola, Monte- (CT) **282** D 2
San Nicola, Monte- (CZ) **249** E 6

San Nicola, Monte- (EN) **288** A 1
San Nicola, Monte- (PA) **278** E 1
San Nicola, Monte- (PZ) **236** A 3
San Nicola, Podere- **186** B 1
San Nicola, Punta- **231** A 6
San Nicola, Punta- **189** B 4
San Nicola, Rocca- **285** E 5
San Nicola, Tempa- **238** D 3
San Nicola, Timpa- **220** E 3
San Nicola, Torrente- **239** C 5
San Nicola, Valle di- **266** D 2
San Nicola Arcella **240** A 2
San Nicola Atore, Casa- **282** A 3
San Nicola Baronia **204** C 2
San Nicola da Crissa **249** D 5
San Nicola de' Legistis **252-253** B-C 3-4
San Nicola dell'Alto **247** B 4-5
San Nicola di Mazara, Stazione di- **275** C 4
San Nicola di Melfi, Stazione di- **205** B 6
San Nicola di Silánis, Rovine- **299** D 6
San Nicola di Trémiti **188** A 1
San Nicola l'Arena **263** C 6
San Nicola la Strada **202** D 2
San Nicola Manfredi **203** D 5-6
San Nicola Politi, Éremo di- **268** C 1-2
San Nicolao (CA) **314** D 2
San Nicolao (PE) **173** E 5
San Nicolao, Chiesa di- **95** C 6
San Nicola-Silvana Mánsio, Stazione- **245** B 5
San Nicola Varano **188** C 1
San Nicola Varco d'Éboli, Stazione- **218** D 1
San Nicolò (BO) **119** D 6
San Nicolò (CT) **283** B 6
San Nicolò (CZ) **248** E 1
San Nicolò (FE) **106** D 1
San Nicolò (ME) **268** B 3
San Nicolò (PG) **162** B 1
San Nicolò (SO) **37** B 5
San Nicolò (TV) **76** B 2
San Nicolò (UD) **63** E 4
San Nicolò = Sankt Nikolaus (BZ-Caldaro sulla strada del vino) **39** B 5
San Nicolò = Sankt Nikolaus (BZ-Último) **26** E 3
San Nicolò, Monte- **283** B 5
San Nicolò, Valle di- **40** B 3
San Nicolò a Tordino **164** C 3
San Nicolò a Trébbia **87** E 4
San Nicolò d'Arcidano **314-315** A 3-4
San Nicolò di Celle **152** D 1
San Nicolò di Comélico **42** C 3
San Nicolò di Trúllas, Chiesa di- **307** C 4
San Nicolò Gerrei **317** D 4
San Nicolò Po **89** E 6
Sánnio **196** B-E 1-2
Sánnio, Monti del- **196** B-C 1-3
Sannoro, Torrente- **197** D 6
San Novo **67** E 5
Sano **57** E 4
San Pacífico, Chiesa di- **153** B 6
San Pancrázio (AR) **140** E 2
San Pancrázio (BS) **70** C 1
San Pancrázio (FI) **139** C 4
San Pancrázio (IM) **122** E 2
San Pancrázio (RA) **120** D 3
San Pancrázio (TO) **82** D 1
San Pancrázio (VA) **51** E 6
San Pancrázio = Sankt Pankraz **27** D 4
San Pancrázio, Chiesa di- (FR) **182** E 2
San Pancrázio, Chiesa di- (OT) **302** A 2
San Pancrázio, Chiesa di- (SS) **299** D 6
San Pancrázio, Monte- **170** B 1

San Pancrázio, Punta- **214** D 2-3
San Pancrázio Parmense **102** D 2
San Pancrázio Salentino **226** B 3
San Pánfilo d'Ocre **172** C 1-2
San Pantaleo (CA) **316** E 3
San Pantaleo (FI) **138** B 2
San Pantaleo (SS) **297** E 5
San Pantaleo, Rovine- **299** E 6
San Pantaleo, Ísola- **260** E 2
San Pantaleone (BG) **70** C 1
San Pantaleone (RC) **256** E 2
San Paolino, Monte- **279** E 4
San Páolo (AT) **96** B 3
San Páolo (BS) **87** B 6
San Páolo (CN) **110** C 3
San Páolo (FC) **133** E 4
San Páolo (ME-Barcellona Pozzo di Gotto) **269** A 5
San Páolo (ME-Messina) **258** C-D 1
San Páolo (PG) **151** A 5
San Páolo (PN) **61** E 6
San Páolo (PV-Langosco) **84** C 2
San Páolo (PV-Rocca Susella) **99** C 5
San Páolo (RN) **134** C 2
San Páolo (SR) **293** C 6
San Páolo (TA) **212** D 1
San Páolo = Sankt Pauls **39** B 5
San Páolo, Casa- **207** D 5
San Páolo, Chiesa di- (AP) **163** B 6
San Páolo, Chiesa di- (NU) **308** E 2
San Páolo, Fiume- **269** D 4-5
San Páolo, Ísola- (BS) **70** B 2
San Páolo, Ísola- (TA) **224** D 3
San Páolo, Masseria- **225** D 4
San Páolo, Monte- (CZ) **255** C 5
San Páolo, Monte- (PU) **134** E 2
San Páolo, Ponte- **313** E 5
San Páolo, Porto- **303** A-B 6
San Páolo, Santuário di- **303** C 4
San Páolo, Stazione di- **212** D 1
San Páolo Albanese **238** D 3
San Páolo a Mosciano, Chiesa di- **139** B 4
San Páolo Bel Sito **216-217** A 3-4
San Páolo Cervo **49** E 6
San Páolo d'Argòn **69** B 6
San Páolo di Civitate **186** D 1
San Páolo di Jesi **143** D 6
San Páolo di Peltuino, Chiesa di- **172** C 3
San Páolo in Alpe, Chiesa di- **132** E 3
San Páolo in Aquilano **133** C 4
San Páolo-Solbrito **96** B 3
San Pasquale (PZ) **238** E 1
San Pasquale (SS) **296** C 3
San Pasquale, Chiesa di- (FG) **197** B 6
San Pasquale, Chiesa di- (FR) **193** B 6
San Pasquale, Chiesa di- (SS) **299** E 4
San Pasquale, Convento- **227** D 6
San Pasquale, Fiumara- **259** E 5
San Pasquale Vallaspra, Chiesa di- **184** A 1
San Pastore, Abbazia di- **170** B 2
San Paterniano **144** C 3
San Patrízio **120** C 2
San Pedrino **68** D 3
San Pelágio (PD) **92** C 2
San Pelágio (TS) **63** E 6
San Pelágio (TV) **75** B 5
San Pelino (AQ-Avezzano) **181** A 5
San Pelino (AQ-Cagnano Amiterno) **163** E 5
San Pelino, Basílica di- **173** E 4
San Pellegrinetto (LU) **129** C 5
San Pellegrinetto (MO) **117** C 6

San Pellegrino (FI) **131** B 6
San Pellegrino (MO-Pavullo nel Frignano) **118** E 1
San Pellegrino (MO-Spilamberto) **118** B 2
San Pellegrino (PG-Gualdo Tadino) **152** B 3
San Pellegrino (PG-Nórcia) **163** B 4
San Pellegrino (PR) **102** D 2
San Pellegrino (RE) **117** A 5-6
San Pellegrino, Passo di- **40-41** C 3-4
San Pellegrino, Valle di- **40** C 3
San Pellegrino al Cássero **130** B-C 3
San Pellegrino in Alpe **129** A 5-6
San Pellegrino Terme **54** D 1
San Peretto **72** D 3
San Peri **256** C 1
San Pièr d'Isonzo **63** E 5
San Pierfedele **253** C 5
San Pierino **138** B 2
San Pier Niceto **269** A 6
San Piero **139** C 6
San Piero a Ema **139** B 5
San Piero a Grado **137** B 4-5
San Piero a Ponti **139** A 4
San Piero a Sieve **131** D 5
San Piero in Bagno **133** E 4
San Piero in Campo (LI) **156** D 1
San Piero in Campo (LU) **130** E 1
San Piero in Campo, Abbazia di- **150** E 2-3
San Piero in Frássino **140** B 2
San Piero Patti **268** B 3
San Pietro (AN-Arcévia) **143** C 5
San Pietro (AN-Filottrano) **144** C 3
San Pietro (AQ) **181** A 5
San Pietro (AT) **97** C 4
San Pietro (AV) **217** B 5
San Pietro (BN) **195** E 6
San Pietro (BO) **119** D 5
San Pietro (BS-Cologne) **70** D 1
San Pietro (BS-Corteno Golgi) **37** E 4
San Pietro (BS-Desenzano del Garda) **71** E 5
San Pietro (CE) **194** E 1
San Pietro (CH) **174** C 2
San Pietro (CN) **97** B 4
San Pietro (CR) **88** D 1
San Pietro (CS) **244** A 1
San Pietro (CZ-Ísola di Capo Rizzuto) **247** E 5
San Pietro (CZ-Magisano) **245** E 6
San Pietro (FR) **193** A 6
San Pietro (ME-Ísola Panarea) **273** C 5
San Pietro (ME-Milazzo) **271** C 5
San Pietro (ME-Saponara) **258** B 1
San Pietro (MN) **88** C 3
San Pietro (MT) **239** B 5
San Pietro (NA) **215** E 6
San Pietro (NU) **303** D 6
San Pietro (PP) **115** B 5
San Pietro (PV) **85** D 6
San Pietro (SA-Cava dei Tirreni) **217** C 5
San Pietro (SA-Scafati) **216-217** B 3-4
San Pietro (SO-Samólaco) **35** D 4
San Pietro (SO-Tresívio) **36** E 2
San Pietro (SO-Valdisotto) **37** B 5
San Pietro (TE-Ísola del Gran Sasso d'Itália) **164** E 2
San Pietro (TE-Teramo) **164** C 2
San Pietro (TO-Coassolo Torinese) **81** C 6
San Pietro (TO-Pecetto Torinese) **82** E 2
San Pietro (TV) **59** D 5

San Pietro (UD-Codróipo) **61** E 6
San Pietro (UD-Ragogna) **61** B 6
San Pietro (VA-Castelveccana) **51** C 6
San Pietro (VA-Gemónio) **51** D 6
San Pietro (VB) **50** B 2
San Pietro (VE-Cavárzere) **93** E 4
San Pietro (VE-Stra) **92** B 3
San Pietro (VR-Bovolone) **90** C 3
San Pietro (VR-Lavagno) **73** E 4
San Pietro (VR-Legnago) **91** D 4
San Pietro = Sankt Peter (BZ-Fúnes) **30** C 2
San Pietro = Sankt Peter (BZ-Laion) **30** D 1
San Pietro = Sankt Peter (BZ-Valle Aurina) **29** C 5
San Pietro, Badia di- **145** B 5
San Pietro, Canale di- **44** A-B 1-2
San Pietro, Capanna- **53** D 4
San Pietro, Cappella- **223** E 4
San Pietro, Casa- **232** B 2
San Pietro, Case- **287** C 4
San Pietro, Casino- **210** D 2
San Pietro, Chiesa di- (AQ) **172** B 1
San Pietro, Chiesa di- (BS) **56** E 3
San Pietro, Chiesa di- (CA) **317** D 4
San Pietro, Chiesa di- (CS) **241** A 5
San Pietro, Chiesa di- (FR) **193** A 5
San Pietro, Chiesa di- (LC) **53** C 5
San Pietro, Chiesa di- (NU-Baunei) **313** A 5
San Pietro, Chiesa di- (NU-Ollolai) **308** E 2
San Pietro, Chiesa di- (NU-Ovodda) **312** A 2
San Pietro, Chiesa di- (OG) **307** E 5
San Pietro, Chiesa di- (PA) **263** D 6
San Pietro, Chiesa di- (RI) **170** C 1
San Pietro, Chiesa di- (RM-Carpineto Romano) **192** A 1
San Pietro, Chiesa di- (RM-Segni) **180** E 2
San Pietro, Chiesa di- (SS-Pozzomaggiore) **307** C 4
San Pietro, Chiesa di- (SS-Tula) **302** C 1
San Pietro, Chiesa di- (TN) **72** B 3
San Pietro, Chiesa di- (VS) **315** D 4
San Pietro, Cima- **237** A 5
San Pietro, Colle- **164** D 2
San Pietro, Coppa- **197** B 4
San Pietro, Cozzo- **266** E 3
San Pietro, Crode- **42** D 2
San Pietro, Cúlmine- **53** D 6
San Pietro, Ísola- **224** D 3
San Pietro, Ísola di- **318** B 1-2
San Pietro, Lago di- **205** C 4
San Pietro, Masseria- (BA) **211** C 4
San Pietro, Masseria- (FG) **197** A 4
San Pietro, Masseria- (TA) **212** E 1
San Pietro, Monte- (AN) **144** C 3
San Pietro, Monte- (CI) **314** E 2
San Pietro, Monte- (EN) **281** B 6
San Pietro, Monte- (ME) **268** B 3
San Pietro, Monte- (OT) **296** E 3
San Pietro, Ponte- (IS) **194** A 1-2

A B C D E F G H I J K L M N O P Q R S T U V W X Y Z

San Pietro, Ponte- (VT) **167** B 6
San Pietro, Rio- **194** A 2
San Pietro, Rio di- **287** C-D 5
San Pietro, Serra- **221** E 5
San Pietro, Tempa- **237** B 5
San Pietro, Torre- **206** A 3
San Pietro a Cesarano, Convento- **203** E 4
San Pietro Acquaeórtus, Chiesa di- **160** A 1
San Pietro a Dame **151** A 5
San Pietro ad Oratórium, Chiesa di- **173** D 4
San Pietro alli Marmi, Basílica di- **218** D 1
San Pietro all'Olmo **67** D 5
San Pietro al Monte, Basílica di- **53** D 5
San Pietro al Natisone **63** A 5
San Pietro al Tánagro **219** E 4
San Pietro a Máida **249** B 5
San Pietro a Máida Scalo **249** B 5
San Pietro a Marcigliano **129** D 6
San Pietro a Mare, Chiesa di- **299** C 6
San Pietro a Monte **151** A 5
San Pietro a Patierno **215** B 5
San Pietro Apóstolo **245** E 5
San Pietro Apóstolo, Stazione- **245** E 5
San Pietro a Presciano, Chiesa di- **149** B 6
San Pietro Assarti **95** D 5
San Pietro a Strada **131** E 6
San Pietro Avellana **183** D 6
San Pietro Avellana, Fermata di- **183** C 6
San Pietro Avellana, Stazione di- **183** D 6
San Pietro a Vico **129** E 6
San Pietro Belvedere **138** D 1
San Pietro Bestazzo **67** E 5
San Pietro Capofiume **105** E 6
San Pietro Casasco **99** D 6
San Pietro Chiazzacco **63** B 5
San Pietro Clarenza **283** B 5
San Pietro Cúsico **67** E 5
San Pietro del Gallo **109** B 6
San Pietro dell'Amata → Raven **79** E 4
San Pietro delle Immágini, Chiesa di- **299** D 6
San Pietro di Cadore **43** B 4
San Pietro di Caridà **253** C 5
San Pietro di Feletto **59** D 6
San Pietro di Madrasso → Klanec **79** C 6
San Pietro di Morúbio **91** C 4
San Pietro di Romena, Pieve di- **140** A 2
San Pietro di Ruda, Chiesa di- **302** A 1-2
San Pietro di Samaria, Chiesa di- **230** B 2
San Pietro di Simbrános, Chiesa di- **299** D 6
San Pietro di Sórres, Basílica di- **301** E 5
San Pietro d'Olba **112** B 1
San Pietro d'Órzio **54** D 1
San Pietro Extramúros, Chiesa di- **306** D 3
San Pietro in Amantea **244** D 2
San Pietro in Bevagna **226** C 2
San Pietro in Campiano **121** E 4
San Pietro in Cariano **72** D 2
San Pietro in Caságlia **131** D 4-5
San Pietro in Casale **105** D 5
San Pietro in Cerro **101** B 5
San Pietro in Corte **87** E 6
San Pietro in Cúrolis **193** C 5
San Pietro in Elda (MO) **104** D 2
San Pietro Infine **194** C 1
San Pietro in Frássino **140** B 2
San Pietro in Gu **74** C 2
San Pietro in Guarano **245** B 4
San Pietro in Guardiano **133** A 5-6

San Pietro in Laguna **120** E 2
San Pietro in Lama **227** C 5
San Pietro in Mavino, Chiesa di- **71** D 5
San Pietro in Mercato **139** C 4
San Pietro in Palazzi **147** A 6
San Pietro in Silvis, Pieve di- **120** C-D 3
San Pietro in Trento **120** E 3
San Pietro Intrigogna **74** E 1
San Pietro in Valle (IS) **195** A 5
San Pietro in Valle (TR) **162** C 2
San Pietro in Valle (VR) **90** D-E 2-3
San Pietro in Víncoli **121** E 4
San Pietro in Volta **93** C 5
San Pietro Irpino **203** D 5
San Pietro Mártire, Chiesa di- **299** B 6
San Pietro Mosezzo **66** D 1-2
San Pietro Mussolino **73** C-D 5
San Pietro Polésine **91** E 4
San Pietro Poligosu, Chiesa di- **299** D-E 6
San Pietro Val d'Ástico **58** D 1
San Pietro Val Lémina **95** B 5
San Pietro Vara **114** D 3
San Pietro Vécchio **73** C 5
San Pietro Vernótico **213** E 6
San Pietro Viminário **92** C 2
San Pio **172** D 2
San Pio, Chiesa di- **180** C 2
San Pio delle Cámere **172** C 3
San Polo (AR) **140** D 3
San Polo (BS) **70** D 3
San Polo (PC) **100** B 3
San Polo (PR) **102** C 3
San Polo (RI) **170** C 1
San Polo (SI) **150** D 3
San Polo, Fermata- **180** B 1
San Polo dei Cavalieri **180** B 1
San Polo d'Enza **117** A 4
San Polo di Piave **75** A 6
San Polo in Chianti **139** C 5-6
San Polomatese **195** B 5
San Polomatese, Stazione di- **195** B 5
San Ponso **64** E 2
San Ponzo Sémola **99** C 5
San Portolu, Chiesa di- **307** D 5
San Possidónio **104** B 2
San Potito (AQ) **172** E 2
San Potito (RA) **120** C 2
San Potito (SA) **217** B 4-5
San Potito Sannítico **195** D 4
San Potito Ultra **203** E 6
San Presto **152** C 3
San Príamo **321** A 6
San Primo **54** C 4
San Primo, Monte- (CO) **53** C 4
San Primo, Monte- (TS) **79** B 4
San Primo, Ponte- **235** E 6
San Prisco **202** D 1-2
San Procópio (BA) **211** C 6
San Procópio (RC) **256** B 2
San Próspero (BO-Galliera) **105** D 5
San Próspero (BO-Ímola) **120** D 1
San Próspero (BO-Savigno) **118** D 2
San Próspero (MN) **103** B 6
San Próspero (MO) **104** C 2
San Próspero (PR) **102** D 3
San Próspero (RE) **103** E 5
San Protaso **101** C 4
San Puoto, Lago- **192** E 3
San Quírico (AL-Bosco Marengo) **98** C 3
San Quírico (AL-Orsara Bórmida) **98** E 1
San Quírico (CN) **109** B 6
San Quírico (FI) **131** D 6
San Quírico (GR) **159** D 6
San Quírico (LU) **129** E 6
San Quírico (PO) **131** C 4
San Quírico (PR) **115** C 4
San Quírico (PT) **130** C-D 1
San Quírico (RI) **171** B 5
San Quírico (TR) **160** C 2
San Quírico (VI) **73** B-C 5

San Quírico → Sočerga **79** E 6
San Quírico, Chiesa di- **311** A 5
San Quírico di Moriano **129** D 6
San Quírico d'Órcia **150** D 1
San Quírico in Collina **139** C 4
San Quírico in Valle Polcévera **112-113** B 3-4
San Quirino **61** C-D 4
San Rabano **158** E 1-2
San Raffaele **82** C 3
San Raffaele, Piana di- **82** C-D 3
San Raffaele-Cimena **82** C 3
San Raimondo, Chiesa di- **308** C 1
San Raineri, Chiesa di- **25** E 5
San Régolo (PI) **137** C 5
San Régolo (SI) **149** A 6
Sanremo **123** E 4
San Remo, Rifúgio- **123** B 4
San Roberto **256** C 1
San Rocchetto **145** C 4
San Rocchino **101** C 5
San Rocchino, Chiesa di- **129** C 4-5
San Rocco (AL) **98** D 1
San Rocco (AT-Agliano Terme) **97** C-D 5
San Rocco (AT-Asti) **97** C 5
San Rocco (AT-Castelnuovo Calcea) **97** D 6
San Rocco (BS) **88** B 3
San Rocco (CH-Castèl Frentano) **174** D 3
San Rocco (CH-Giuliano Teatino) **174** C 2
San Rocco (CH-Roccamontepiano) **173** D 6
San Rocco (CN-Busca) **109** A 6
San Rocco (CN-Montà) **96** C 3
San Rocco (CN-Montaldo Roero) **96** D 3
San Rocco (CR) **86** B 3
San Rocco (GE) **113** D 5
San Rocco (LU) **129** E 6
San Rocco (MN) **104** A 2
San Rocco (NA) **215** B 4
San Rocco (PR) **101** C 5
San Rocco (PT) **130** E 2
San Rocco (RA) **120** E 2
San Rocco (RE-Borètto) **103** C 4
San Rocco (RE-Guastalla) **103** C 5
San Rocco (RN) **135** E 4
San Rocco (SO-Lívigno) **24-25** E 3-4
San Rocco (SO-Villa di Tirano) **37** E 4
San Rocco (Svízzera) **34** D 2
San Rocco (Svízzera) **33** D-E 5
San Rocco (TO) **95** C 6
San Rocco (TS) **79** C 5
San Rocco (UD) **44** E 2
San Rocco (VB) **32** C 3
San Rocco (VI) **73** B 6
San Rocco (VR-Marano di Valpolicella) **72** D 3
San Rocco (VR-Rovere Veronese) **73** D 4
San Rocco (VT) **169** C 4-5
San Rocco, Chiesa di- (CN-Alba) **97** E 4
San Rocco, Chiesa di- (CN-Bossolasco) **111** B 4
San Rocco, Chiesa di- (LE) **231** B 5
San Rocco, Chiesa di- (RC) **256** C 1
San Rocco, Chiesa di- (SO) **37** B 5
San Rocco, Monte- **171** D 6
San Rocco, Válico di- **133** B-C 4
San Rocco al Porto **87** E 4
San Rocco a Pilli **149** C 5
San Rocco Castagnaretta **109** C 6
San Rocco di Bernezzo **109** C 6
San Romano (FC) **133** C 5
San Romano (LU) **129** C 6
San Romano (PI) **138** C 1
San Romano (RE) **117** B 6

San Romano in Garfagnana **129** A 5
San Romédio, Santuário di- **39** C 4
San Rómolo **122** E 3
San Romualdo **121** C 4
San Ruffillo (BO) **119** C 4
San Ruffillo (RA-Brisighella) **132** A 3
San Ruffillo (RA-Cásola Valsénio) **132** A 1
San Ruffillo, Chiesa di- **132** B 3
San Ruffino (PI) **137** C 6
San Ruffino (PR) **102** E 2
San Ruffino (RE) **117** B 6
San Ruffino, Lago di- **154** C 2
San Rufo **233** A 5
San Rústico **154** A 3
San Saba, Chiesa di- **258** A 1
San Sabino **145** C 4
San Sabino, Chiesa di- **162** B 1
San Sabino, Masseria- **186** C 2
San Sabino-Basanello **171** B 6
San Salvà, Castello di- **96** B 2
San Salvaro **91** D 5
San Salvatore (CN) **96** E 1
San Salvatore (CR) **88** E 2
San Salvatore (FG) **188** C 3
San Salvatore (LU) **130** E 1
San Salvatore (PC) **100** E 1
San Salvatore (RC) **256** D 1
San Salvatore (RN) **134** C 3
San Salvatore (VA) **52** E 2
San Salvatore, Cappella di- **241** C 5
San Salvatore, Chiesa di- (AV) **217** A 6
San Salvatore, Chiesa di- (BAT) **207** A 4
San Salvatore, Chiesa di- (BG) **54** E 2
San Salvatore, Chiesa di- (CA) **316** B 2
San Salvatore, Chiesa di- (CO) **53** D 4
San Salvatore, Chiesa di- (MT) **221** C 6
San Salvatore, Chiesa di- (OG) **317** B 5
San Salvatore, Chiesa di- (TR) **161** D-E 5
San Salvatore, Colle- **189** C 5
San Salvatore, Masseria- **223** D 5
San Salvatore, Monte- (PA) **266** D-E 2
San Salvatore, Monte- (Svízzera) **52** C 2
San Salvatore, Ponte- **233** A 6
San Salvatore, Sorgente- **314** D 2
San Salvatore, Villággio Religioso di- **310** C 2
San Salvatore a Maiella **173** D 6
San Salvatore a Pilli **149** C 5
San Salvatore a Fitália **268** B 2
San Salvatore di Nulvara **302** B 3
San Salvatore Monferrato **98** A-B 1
San Salvatore Telesino **195** E 5
San Salvo **184-185** A 3-4
San Salvo Marina **185** A 4
San Samuele di Cafiero **199** D 5
San Sano **149** A 6
San Saturnino **114** E 3
San Saturnino, Chiesa di- **308** C 1
San Savino (CR) **88** D 1
San Savino (FC) **133** B-C 4
San Savino (PC) **100** E 2
San Savino (PG-Giano dell'Úmbria) **161** A 6
San Savino (PG-Magione) **151** C 2
San Savino (PU) **142** C 3
San Savino (RA) **120** C 3
San Savino (RE) **103** D 4
San Savino (RN) **134** D 3

San Savino (SI) **150** D 3
San Savino, Chiesa di- **132** A-B 3
San Sebastiano (AQ) **182** B 3
San Sebastiano (BS) **70** C 3
San Sebastiano (CN-Fossano) **110** A 1
San Sebastiano (CN-Prunetto) **111** B 4
San Sebastiano (PU) **143** A 6
San Sebastiano (RI) **170** C 3
San Sebastiano (TN) **57** D 6
San Sebastiano, Chiesa di- (AT) **111** A 5
San Sebastiano, Chiesa di- (OG) **312** D 3
San Sebastiano, Chiesa di- (NU) **312** A 1
San Sebastiano, Cime di- **41** C 6
San Sebastiano, Monte- **308** E 2
San Sebastiano al Vesúvio **215** B 5-6
San Sebastiano Curone **99** D 5
San Sebastiano da Po **82** C 3
San Secondino **202** C 1
San Secondo (BI) **65** D 4
San Secondo (PG) **141** E 6
San Secondo, Chiesa di- **65** D 4
San Secondo di Pinerolo **95** B 5
San Secondo Parmense **102** C 2
Sansepolcro **141** C 5
San Serafino **311** B 5
San Sérgio, Masseria- **224** C 2-3
San Sérvolo **75** E 6
San Sérvolo → Socerb **79** C 5
San Severino **233** E 5
San Severino Lucano **237** E 6
San Severino Marche **153** B 6
San Severo (AR) **141** D 4
San Severo (FG) **186** E 2
San Severo (RA) **120** C 2
San Severo, Abbazia di- **160** C 3
San Sicário **94** A 1
San Sigismondo = Sankt Sigmund **30** B 3
San Sillo **88** D 1
San Silverio, Chiesa di- **190** C 1
San Silvestro (AN) **144** A 2
San Silvestro (BI) **65** D 5
San Silvestro (BO) **119** D 4
San Silvestro (FC) **133** D-E 4
San Silvestro (ME) **268** B 3
San Silvestro (MN) **89** E 5
San Silvestro (PE) **174** B 2
San Silvestro (PG) **162** B 1
San Silvestro (RI) **171** C 4
San Silvestro (TE) **165** D 5
San Silvestro (VC) **83** C 5
San Silvestro, Chiesa di- **153** A 4
San Silvestro, Colle- **184** C 2
San Silvestro, Masseria- **281** B 4
San Silvestro, Ponte- **40** E 3
San Silvestro, Rocca di- **147** C 6
San Silvestro, Valle- = Silverstertal **31** B 6
San Silviano **192** D 2
San Simeone, Chiesa di- **307** C 4
San Simeone, Monte- **44** D 2
San Simeone, Nuraghe- **301** C 6
San Simòn, Chiesa di- **41** C 4
San Simone (BG) **54** B 1
San Simone (LE) **230** A-B 3
San Simone (NU) **316** B 2
San Simone, Chiesa di- (CA) **320** B 2
San Simone, Chiesa di- (TA) **224** B 3
San Simone, Passo- **54** B 1
San Simone, Rio- **303** B 4-5
San Simplíciu, Chiesa di- **296** D 3

San Siro (CO) **53** B 5
San Siro (MN) **90** E 2
San Siro (PD) **92** D 2
San Siro (PR) **115** B 5
San Siro, Quartiere di- **67** D 5-6
San Siro Foce **114** C 2
San Sisínio, Chiesa di- = Sankt Sisinius **26** D 1
San Sisto (CN) **95** E 4
San Sisto (IS) **195** A 4-5
San Sisto (PU) **141** A 6
San Sisto (RE) **103** D 4
San Sisto (SO) **35** B 4
San Sisto, Chiesa di- **161** B 5
San Sisto, Nuraghe- **301** E 5
San Sisto dei Valdesi **244** A 2
Sansóbbia, Torrente- **112** C 1
Sanson, Colla di- **122** C 3
Sansone, Masseria- (BR) **212** B 3
Sansone, Masseria- (MT) **223** E 5
Sansonetti, Casino- **224** C 2
San Sósio **192** B 3
San Sósio, Chiesa di- **193** B 4
San Sóssio (AV) **217** A 6
San Sóssio (CE) **214** A 3
San Sóssio Baronia **204** C 2
San Sóstene **249** D 6
San Sóstene, Stazione di- **255** A 5
San Sosti **240** C 3
San Sperate **320** A 1
Santa, la- **89** E 5
Santa, Pala di- **40** C 2
Santa Agrippina, Masseria- **267** E 5
Santa Bárbara (AR) **139** D 6
Santa Bárbara (CA) **321** C 5
Santa Bárbara (CS) **244** D 2
Santa Bárbara (LE) **227** D 5
Santa Bárbara (ME) **269** B 4
Santa Bárbara (SA) **233** D 4
Santa Bárbara (TS) **79** C 5
Santa Bárbara, Cantoniera- **317** D 6
Santa Bárbara, Cappella- **57** D 4
Santa Bárbara, Casa- **268** D-E 2
Santa Bárbara, Chiesa di- (OG-Ulássai) **313** E 4
Santa Bárbara, Chiesa di- (OG-Villagrande) **313** C 4
Santa Bárbara, Chiesa di- (OR) **311** A 5
Santa Bárbara, Chiesa di- (PA) **263** D 4
Santa Bárbara, Colle- **153** C 5
Santa Bárbara, Masseria- **211** B 5
Santa Bárbara, Monastero di- **253** E 6
Santa Bárbara, Monte- **320** C 1
Santa Bárbara, Nuraghe- (NU-Macomér) **307** D 5
Santa Bárbara, Nuraghe- (NU-Sindía) **307** D 4
Santa Bárbara, Rifúgio- **38** B 3
Santa Bárbara, Toppo- **196** D-E 3
Santa Bárbara in Campitelli **142** A 2
Sant'Abbóndio (LC) **53** B 5
Sant'Abbóndio (Svízzera) **33** E 5
Santa Bianca **105** C 5
Santa Brera **68** E 3
Santa Brígida (BG) **54** C 1
Santa Brígida (BO) **119** B 5
Santa Brígida (FI) **131** E 6
Santa Brígida (TV) **75** C 4
Santa Brígida, Colle- **95** B 5
Santa Cándida, Masseria- (BA) **210** D-E 3
Santa Cándida, Masseria- (MT) **210** E 1
Santa Caterina (AR) **150** A 3
Santa Caterina (AT) **97** C 5
Santa Caterina (AV) **204** C 1
Santa Caterina (BL) **42** C 3

Santa Caterina (BN) **196** D 2
Santa Caterina (CT) **283** B 6
Santa Caterina (GR) **159** C 4
Santa Caterina (LE) **227** E 4
Santa Caterina (MO) **104** B 2
Santa Caterina (PR) **101** B 6
Santa Caterina (SA) **217** B 6
Santa Caterina (SP) **127** D 5
Santa Caterina (TN) **57** C 6
Santa Caterina (UD) **45** B 4
Santa Caterina (VI-Conco)
58 E 2
Santa Caterina (VI-Schio)
73 B 5
Santa Caterina (VT) **168** B 3
Santa Caterina = Katharinaberg
26 C 3
Santa Caterina =
Sankt Katharina **27** D 5
Santa Caterina, Chiesa di- (BA)
211 B 4
Santa Caterina, Chiesa di- (LI)
156 C 3
Santa Caterina, Chiesa di- (VT)
160 D 3
Santa Caterina, Lago di- **42** C 3
Santa Caterina, Monte-
260 B 3
Santa Caterina, Múrgie-
239 C 5
Santa Caterina, Passo di-
73 C 5
Santa Caterina, Rio- **310** A 2-3
Santa Caterina, Stagno di-
318 C 3
Santa Caterina Albanese
241 D 4
Santa Caterina dello Iónio
255 C 5
Santa Caterina dello Iónio-
Marina **255** C 5
Santa Caterina del Sasso,
Santuário di- **51** D 5
Santa Caterina di Pittinuri
310 A 2
Santa Caterina Valfurva **37** B 6
Santa Caterina Villarmosa
279 D 6
Santa Cecília **57** E 4
Santa Cecília, Chiesa di-
218 E 1
Santa Cecília, Posta- **198** C 1
Santa Cesárea Terme **231** B 6
Santa Chiara (OR) **311** B 5
Santa Chiara (TP) **274** D 2
Santa Chiara, Cozzo- **281** D 6
Santa Chiara, Masseria-
(BA-Altamura) **207** D 6
Santa Chiara, Masseria-
(BA-Via Áppia Antica) **207** E 6
Santa Colomba **149** B 5
Santa Colomba, Lago di-
57 B 5-6
Santa Corona, Villággio-
124 C 2
Santa Cristina (NO) **66** B 1
Santa Cristina (PG) **152** A 2
Santa Cristina (PV-Santa
Cristina e Bissone) **86** D 2
Santa Cristina (PV-Varzi) **99** D 6
Santa Cristina (SO) **36** E 3
Santa Cristina (TV) **75** C 5
Santa Cristina, Chiesa di-
(PG-Gúbbio) **152** B 1
Santa Cristina, Chiesa di-
(PG-Valtopina) **152** D 3
Santa Cristina, Chiesa di-
(OR-Bonárcado) **311** A 4
Santa Cristina, Chiesa di-
(OR-Paulilátino) **311** B 4
Santa Cristina, Complesso
Nurágico- **311** B 4
Santa Cristina, Monte- (PR)
101 E 4
Santa Cristina, Monte- (CL)
280 C 3
Santa Cristina a Mezzana
138 A 3
Santa Cristina d'Aspromonte
256 B 3
Santa Cristina e Bissone **86** D 2

Santa Cristina Gela **263** C 4
Santa Cristina Valgardena =
Sankt Christina in Gröden
30 E 2
Santa Croce (BG) **54** D 1
Santa Croce (BN-Ceppaloni)
203 D 5
Santa Croce (BN-Sant'Ágata
de' Goti) **202** D 3
Santa Croce (CE-Carínola)
201 D 5
Santa Croce (CE-Roccaromana)
194 B 3
Santa Croce
(CN-Bene Vagienna) **110** A 2
Santa Croce (CN-Cervasca)
109 C 6
Santa Croce (LT) **193** E 5
Santa Croce (MN) **105** A 4
Santa Croce (MO) **103** E 6
Santa Croce (NO) **51** E 4
Santa Croce (PD) **91** C 6
Santa Croce (PE) **173** E 5
Santa Croce (PR) **101** B 6
Santa Croce (RE) **103** C 4
Santa Croce (RI) **163** D 4
Santa Croce (RO) **105** A 5
Santa Croce (SO-Civo) **35** E 6
Santa Croce (SO-Piuro) **35** C 5
Santa Croce (TN) **56** C 3
Santa Croce (TS) **79** B 4
Santa Croce (TV) **59** E 6
Santa Croce, Bosco di- **219** B 5
Santa Croce, Capo- (CT)
291 B 6
Santa Croce, Capo- (SV)
124 D 2
Santa Croce, Chiesa di- (AN)
143 E 4
Santa Croce, Chiesa di- (AR)
141 C 5
Santa Croce, Chiesa di- (FM)
154 A 3
Santa Croce, Chiesa di- (ME)
268 B 2
Santa Croce, Croda di- =
Kreuzkofel **30-31** D 3-4
Santa Croce, Forca di- **163** B 4
Santa Croce, Lago di- **60** C 2
Santa Croce, Masseria- (BAT)
207 A 5
Santa Croce, Masseria- (FG)
198 E 2
Santa Croce, Monte- (CE)
194 D 1
Santa Croce, Monte- (EN)
288 A 2
Santa Croce, Monte- (GR)
148 D 2
Santa Croce, Monte- (PZ)
219 B 5
Santa Croce, Monte- (SP)
126-127 D 3-4
Santa Croce, Santuário- =
Heiligkreuz **30-31** D 3-4
Santa Croce, Serra- **197** C 5
Santa Croce, Stazione di-
196 C 2
Santa Croce Bigolina **74** C 2
Santa Croce Camerina **292** C 2
Santa Croce del Lago **60** C 2
Santa Croce del Sánnio **196** C 2
Santa Croce di Lazfons,
Rifúgio- = Latzfonser
Kreuzhütte **30** C 1
Santa Croce di Magliano
185 D-E 5
Santa Croce di Marmorta
120 A-B 1
Santa Croce di Santo Stéfano,
Chiesa di- **267** C 5
Santa Crocella, Passo- **195** C 6
Santa Croce sull'Arno
138 B 1-2
Sant'Adele **150** C 3
Santadi **319** C 5
Santadi, Piano di- **310** E 2
Santadi, Rio- **319** B-C 5
Santadi Basso **319** C 5

Santa Doménica (CZ) **248** D 1-2
Santa Doménica (ME)
258 B-C 1
Santa Doménica (Svízzera)
34 C 3
Santa Giórgia **256** B 3
Santa Doménica, Abbazia di-
244 C 2
Santa Doménica, Bosco di-
220 D 3
Santa Doménica, Casa- **289** C 4
Santa Doménica, Chiesa di-
249 D 6
Santa Doménica Talao
240 A-B 2
Santa Doménica Vittória
268 D 3
Santa Donna, Monte- **115** B 4
Sant'Adriano **132** B 2
Santa Elisabetta **284** A 3
Santa Febbrónia, Éremo-
289 A 4
Santa Fede, Chiesa della-
83 D 4
Santa Felícita, Torrente- **58** E 3
Santa Filomena (PE) **165** E 6
Santa Filomena (TE) **164** B 3
Santa Fiora (AR-Arezzo)
140 D 3
Santa Fiora (AR-Sansepolcro)
141 C 5
Santa Fiora (GR) **159** B 5
Santa Firmina **140** E 3
Santa Fista **141** D 5
Santa Flávia **263** B 5
Santa Fosca (BL) **41** B 5
Santa Fosca (TV) **75** C 6
Santa Franca **101** B 6
Santa Franca, Monte- **100** E 3
Santa Francesca **181** E 5
Sant'Agápito (RI) **171** D 5
Sant'Agápito (IS) **194** B 3
Sant'Agápito, Chiesa di-
180 D 1
Sant'Agápito-Longano,
Stazione- **194** A 3
Sant'Ágata (AR) **150-151** A 3-4
Sant'Ágata (FI-Reggello)
140 B 1
Sant'Ágata (FI-Scarperia)
131 C 5
Sant'Ágata (ME) **258** A 2
Sant'Ágata (PA) **265** D 6
Sant'Ágata (PC-San Giórgio
Piacentino) **101** B 4
Sant'Ágata (PC-Villanova
sull'Arda) **101** B 5
Sant'Ágata (RE) **103** E 6
Sant'Ágata (SO) **35** E 5
Sant'Ágata (VB) **51** A-B 6
Sant'Ágata (VR) **90** D 2
Sant'Ágata, Campi di- **256** D 2
Sant'Ágata, Chiesa di- (CH)
183 A 6
Sant'Ágata, Chiesa di- (CS)
241 C 6
Sant'Ágata, Chiesa di- (FG)
186 C 1
Sant'Ágata, Fiumara- **258** C 2-3
Sant'Ágata, Masseria- **263** C 4
Sant'Ágata, Monte- **281** C 6
Sant'Ágata, Portella- **263** C 4
Sant'Ágata Bolognese **104** E 3
Sant'Ágata de' Goti **202** D 3
Sant'Ágata del Bianco **257** D 4
Sant'Ágata delle Terrine
141 E 4
Sant'Ágata d'Ésaro **240** D 3
Sant'Ágata di Púglia
204-205 B 3-4
Sant'Ágata Féltria **133** E 5-6
Sant'Ágata Fóssili **99** D 4
Sant'Ágata in Montalto
132 D 3
Sant'Ágata Irpina **217** A 5-6
Sant'Ágata li Battiati
283 B-C 5
Sant'Ágata Militello **268** B 1
Sant'Ágata sui Due Golfi
215 E 6
Sant'Ágata sul Santerno
120 C 2

Santa Geltrude =
Sankt Gertrude **26** E 1
Santa Gertrude = Sankt
Gertraud **26** E 2
Santa Gilla, Saline di- **320** B 1
Santa Giórgia **256** B 3
Santa Giuletta **85** E 6
Santa Giúlia (RO) **107** C 5-6
Santa Giúlia (SV) **111** B 5
Santa Giúlia, Monte- (SS)
301 C 5
Santa Giúlia, Monte- (MO)
117 D 6
Santa Giúlia, Ponte- **149** A 4
Santa Giúlia di Centáura,
Chiesa di- **114** D-E 2
Santa Giuliana **151** B 6
Santa Giuliana, Cantoniera-
316 E 2
Santa Giusta (CH) **174** D 3
Santa Giusta (OR) **310** D 3
Santa Giusta (RI-Amatrice)
163 C 5
Santa Giusta (RI-Cittareale)
163 D 4
Santa Giusta, Chiesa di- (CB)
185 C 4
Santa Giusta, Chiesa di- (OT)
303 B 6
Santa Giusta, Chiesa di-
(Rovine) **312** A 2
Santa Giusta, Chiesa di- (SS)
299 E 5-6
Santa Giusta, Masseria-
186 E 2
Santa Giusta, Monte- **298** D 2
Santa Giusta, Ponte- **186** E 2
Santa Giusta, Punta di- **321** B 6
Santa Giusta, Stagno di-
310 D 3
Santa Giustina (BL) **59** B 5
Santa Giustina (BS) **70** E 3
Santa Giustina (FE) **107** B 5
Santa Giustina (PR) **114** A 3
Santa Giustina (RN) **134** C 2
Santa Giustina (SV) **112** C 1
Santa Giustina (VI) **73** E 6
Santa Giustina, Chiesa di-
100 B 1
Santa Giustina, Lago di- **39** C 4
Santa Giustina in Colle **74** D 3
Santa Giustina Vigona
104 B 2-3
Sant'Agnello **215** E 6
Sant'Agnese **57** B 5
Sant'Agnese, Chiesa di- (SI)
139 E 5
Sant'Agnese, Chiesa di- (UD)
44 E 2-3
Sant'Agostino (CS) **244** B 3
Sant'Agostino (FE) **105** C 5
Sant'Agostino (OR) **311** A 4
Sant'Agostino (PT) **130** D 3
Sant'Agostino (TE) **164** D 2
Sant'Agostino, Masseria- (BAT)
207 A 4
Sant'Agostino, Masseria- (MT)
210 E 1
Sant'Agostino, Oratório di-
100 E 1
Sant'Agostino, Torre- (LT)
193 E 4
Sant'Agostino, Torre- (RM)
168 E 1
Sant'Agostino Vécchio **300** D 2
Santa Greca, Chiesa di-
311 A 5
Santa Igne, Convento- **133** D 6
Santa Illuminata, Éremo di-
161 D 4
Sant'Albano **99** C 6
Sant'Albano Stura **110** B 1
Sant'Alberto (BO) **105** D 5
Sant'Alberto (RA) **121** B 4
Sant'Alberto (TV) **75** C 5
Sant'Alberto, Chiesa di-
113 C 5
Sant'Alberto di Butrio,
Abbazia- **99** C 5
Sant'Albino **150** D 3
Sant'Alessandro (BG) **70** B 1

Sant'Alessandro (PV) **84** C-D 2
Sant'Alessandro, Catacombe
di- **179** B 5
Sant'Aléssio **129** E 5-6
Sant'Aléssio, Capo- **269** C 6
Sant'Aléssio con Vialone
85 C 6
Sant'Aléssio in Aspromonte
256 C 1
Sant'Aléssio Sículo **269** C 6
Sant'Alfano, Casa- **289** D 6
Sant'Álfio **269** E 5
Sant'Álfio, Chiesa di- **283** A 5
Santa Liberata (GR) **166** C 3
Santa Liberata (MC) **145** E 4
Sant'Alò **77** B 4
Santa Loppina, Casa- **293** B 6
Sant'Alósio **99** D 4
Santa Luce (AR) **150** A 3
Santa Luce (PI) **137** D 6
Santa Luce, Stazione di-
137 D 5-6
Santa Lucerna, Monte- **244** D 3
Santa Lucia (AN-Jesi) **144** B 2
Santa Lucia (AN-Monte
San Vito) **144** B 2
Santa Lucia (AQ) **163** D 5
Santa Lucia (BA) **211** C 5
Santa Lucia (BO) **118** E 2
Santa Lucia (CA) **314** D 2
Santa Lucia (CN-Dronero)
109 B 5
Santa Lucia (CN-Monterosso
Grana) **109** C 4-5
Santa Lucia (CS) **244** B 3
Santa Lucia (FI) **131** B 5
Santa Lucia (MC) **145** E 4
Santa Lucia (ME) **258** B-C 2
Santa Lucia (MN-Quistello)
104 A 2
Santa Lucia (MN-Roverbella)
89 C 6
Santa Lucia (NA) **215** C 5
Santa Lucia (NU) **309** A 6
Santa Lucia (PE) **165** E 5
Santa Lucia (PG) **141** E 6
Santa Lucia (PI) **137** B 5
Santa Lucia (PO) **131** D 4
Santa Lucia (PR) **101** E 5
Santa Lucia (RI-Fiamignano)
171 D 5
Santa Lucia
(RI-Pescorocchiano) **171** E 5
Santa Lucia (RN) **134** E 2
Santa Lucia (SA-Battipáglia)
218 D 1
Santa Lucia (SA-Cava
dei Tirreni) **217** C 5
Santa Lucia (SA-Sessa Cilento)
232 C 3
Santa Lucia (SI-Poggibonsi)
149 A 4
Santa Lucia (SI-San Gimignano)
138 E 3
Santa Lucia (SO) **37** B 5
Santa Lucia (SR) **291** D 6
Santa Lucia (TE) **164** C 3
Santa Lucia (TN) **57** E 4
Santa Lucia (VR-Albaredo
d'Ádige) **91** C 4
Santa Lucia (VR-Valéggio sul
Míncio) **89** B 6
Santa Lucia → Lucija **79** D 4
Santa Lucia → Most na Soči
63 A 6
Santa Lucia, Abbazia di-
172 D 2
Santa Lucia, Cantoniera-
316 B 3
Santa Lucia, Chiesa di- (AQ)
183 D 5
Santa Lucia, Chiesa di- (AV)
204 D 3
Santa Lucia, Chiesa di- (CA-
San Nicolò Gerrei) **317** D 4
Santa Lucia, Chiesa di-
(CA-Senorbì) **316** D 2-3
Santa Lucia, Chiesa di-
(CA-Uta) **320** B 1
Santa Lucia, Chiesa di- (CN)
109 D-E 5

Santa Lucia, Chiesa di- (CS)
240 A 2
Santa Lucia, Chiesa di-
(FC-Cesena) **133** C 5-6
Santa Lucia, Chiesa di-
(FC-Predáppio) **133** B 4
Santa Lucia, Chiesa di- (MC)
154 A 3
Santa Lucia, Chiesa di- (ME)
267 D 4
Santa Lucia, Chiesa di- (MT)
223 C 4
Santa Lucia, Chiesa di- (OR)
311 D 5
Santa Lucia, Chiesa di- (PA)
266 E 3
Santa Lucia, Chiesa di- (PZ)
235 A 6
Santa Lucia, Chiesa di- (SI)
150 B 1
Santa Lucia, Convento-
315 B-C 5
Santa Lucia, Masseria- (BR)
213 D 6
Santa Lucia, Masseria- (MT)
221 D 6
Santa Lucia, Monte- **148** C 3
Santa Lucia, Posta- **198** C 1
Santa Lucia, Rio- **320** C 1
Santa Lucia, Santuário di- (BN)
195 C 6
Santa Lucia, Santuário di- (SS)
307 C 5
Santa Lucia, Stabilimento
Termale- **301** E 6
Santa Lucia, Terme di- **116** D 3
Santa Lucia, Torre- **266** B 2
Santa Lucia delle Spianate
132 A 3
Santa Lucia del Mela **269** A 6
Santa Lucia di Budóia **60** D 3
Santa Lucia di Piave **75** A 6
Santa Lucia di Serino **217** A 6
Santa Lucia Marina **268** A 1
Santa Lúghia, Rio- **301** E 4-5
Santa Maddalena =
Sankt Magdalena **30** D 2
Santa Maddalena Vallalta =
Sankt Magdalena **31** B 5
Santa Mama **140** B 3
Santa Manza, Torre di- **296** A 3
Santa Margherita (AT) **97** D 5
Santa Margherita (CA) **320** E 1
Santa Margherita (CN-Dronero)
109 B 4
Santa Margherita
(CN-Peveragno) **110** C 1
Santa Margherita (CO) **52** B 3
Santa Margherita (CR) **88** C 1
Santa Margherita (FE) **106** D 3
Santa Margherita (FI) **131** C 4-5
Santa Margherita (ME) **258** C 1
Santa Margherita (PD) **93** C 4
Santa Margherita (PR) **101** D 6
Santa Margherita (PV) **86** D 2
Santa Margherita (SS) **301** C 4
Santa Margherita (TE) **165** D 4
Santa Margherita (TN) **57** E 4
Santa Margherita (TO) **82** D-E 2
Santa Margherita (VR) **73** E 5
Santa Margherita, Chiesa di-
(BO) **119** E 6
Santa Margherita,
Chiesa di- (FM) **154** B 2
Santa Margherita, Fermata-
245 E 4
Santa Margherita d'Ádige
91 D 6
Santa Margherita di Bélice
275 C 6
Santa Margherita di Stáffora
99 D 6
Santa Margherita Lígure
113 C 6
Santa Margherita Vécchia
214 D 3
Santa Maria (AN) **144** B 2
Santa Maria (AP) **163** B 6
Santa Maria (AT) **83** E 6
Santa Maria (BG) **69** E 6
Santa Maria (BI-Curino) **65** B 6

Santa Maria (BI-Roásio) **65** B-C 6
Santa Maria (BL) **59** C 4
Santa Maria (CN) **96** E 3
Santa Maria (CR) **88** D 1
Santa Maria (CS) **244** C 3
Santa Maria (CZ) **250** D 2
Santa Maria (FC) **132** D 3
Santa Maria (FI) **138** B 3
Santa Maria (FR) **192** A 3
Santa Maria (LT) **190** D 1
Santa Maria (ME) **268-269** B 3-4
Santa Maria (PC) **100** D 1
Santa Maria (PO) **131** E 4
Santa Maria (PU) **134** E 2
Santa Maria (PZ) **220** C 1
Santa Maria (SO) **25** E 4
Santa Maria (SP-Cálice al Corníviglio) **115** E 5
Santa Maria (SP-Maíssana) **114** D 3
Santa Maria (SS) **298** B 2
Santa Maria (Svízzera) **34** C 3
Santa Maria (TE) **164** D 2
Santa Maria (TO-Agliè) **64** E 2
Santa Maria (TO-Quincinetto) **64** C 2
Santa Maria (TR-Calvi dell'Úmbria) **170** B 1
Santa Maria (TR-Monteleone d'Orvieto) **160** A 2
Santa Maria (TV-Revine-Lago) **59** C 6
Santa Maria (TV-San Pietro di Feletto) **59** D 6
Santa Maria (UD) **62** C 3
Santa Maria (VC-Crescentino) **83** C 5
Santa Maria (VC-Fobello) **50** C 2
Santa Maria (VC-Mottalciata) **65** D 5
Santa Maria (VI-Camisano Vicentino) **74** D 2
Santa Maria (VI-Marano Vicentino) **73** B 6
Santa Maria (VI-Zugliano) **74** B 1
Santa Maria (VR) **90** B 3
Santa Maria (VV) **248** E 1
Santa Maria, Abbadia di- **95** C 5
Santa Maria, Bosco- (CZ) **249** E 5
Santa Maria, Bosco- (PZ) **206** C 2
Santa Maria, Canale- **186** E 2
Santa Maria, Cantoniera- **312** E 2
Santa Maria, Cappella- (PZ-Episcópia) **237** D 5
Santa Maria, Cappella- (PZ-Teana) **237** D 6
Santa Maria, Casale- **168** D 2
Santa Maria, Case- **306** C 2
Santa Maria, Chiesa di- (AN) **153** A 5
Santa Maria, Chiesa di- (CA) **315** D 5
Santa Maria, Chiesa di- (CS-Cetraro) **240** E 3
Santa Maria, Chiesa di- (CS-Mendicino) **244** C 3
Santa Maria, Chiesa di- (MT) **222** E 1-2
Santa Maria, Chiesa di- (OT) **296** D 2
Santa Maria, Chiesa di- (PG) **152** B 1
Santa Maria, Chiesa di- (PU-Cartoceto) **143** A 4
Santa Maria, Chiesa di- (SS-Bessude) **301** D 5
Santa Maria, Chiesa di- (SS-Cargeghe) **301** C 4
Santa Maria, Chiesa di- (VT) **160** E 3
Santa Maria, Colle- (CZ) **245** D 4

Santa Maria, Colle- (FR) **192** A 3
Santa Maria, Convento di- **139** E 6
Santa Maria, Giogo di- **25** E 6
Santa Maria, Ísola- (OT) **297** B 4
Santa Maria, Ísola- (TP) **260** E 2
Santa Maria, Lago di- (BO) **131** A-B 4
Santa Maria, Lago di- (BZ) **27** E 4
Santa Maria, Masseria- (BA) **210** D 3
Santa Maria, Masseria- (BAT) **199** D 6
Santa Maria, Monte- (CT) **268-269** E 3-4
Santa Maria, Monte- (CZ-Feroleto Antico) **249** A 5
Santa Maria, Monte- (CZ-San Biase) **244** E 3
Santa Maria, Nuraghe- **311** C 5
Santa Maria, Pieve di- **129** C-D 6
Santa Maria, Ponte- **186** E 2
Santa Maria, Rio- **315** C 4
Santa Maria, Santuário di- **238** E 1
Santa Maria = Aufkirchen **31** C 5
Santa Maria a Bagnano **139** D 4
Santa Maria a Carbonara, Chiesa di- **217** B 6
Santa Maria a Dófana **149** B 6
Santa Maria a Fiume, Chiesa di- **192** A 3
Santa Maria al Bagno **227** E 4
Santa Maria alla Fonderia, Chiesa di- = Sankt Maria in der Schmelz **26** E 2
Santa Maria a Marciola **139** B 4
Santa Maria a Mare **155** B 5
Santa Maria a Mare, Chiesa di- **165** B 4
Santa Maria Amaseno, Chiesa di- **181** E 5
Santa Maria Ammalati **283** A-B 6
Santa Maria a Monte **138** C 1
Santa Maria a Monte, Chiesa di- **196** B 2
Santa Maria a Pantano, Chiesa di- **214** A 3
Santa Maria a Piè di Chienti, Chiesa di- **145** E 5
Santa Maria a Pino **216-217** C 3-4
Santa Maria Apparente **145** E 5
Santa Maria Arabona, Chiesa di- **173** C 6
Santa Maria a Toro **203** D 5
Santa Maria a Valogno **194** D 1
Santa Maria a Vezzano **131** C 6
Santa Maria a Vico **202** D 3
Santa Maria Candelora, Chiesa di- **143** E 6
Santa Maria Cápua Vétere **202** D 1
Santa Maria Codifiume **105** E 6
Santa Maria Coghínas **299** C 6
Santa Maria d'Ádige **92** E 1
Santa Maria d'Alto Cielo **154** B 1
Santa Maria d'Anglona **239** A 5
Santa Maria d'Áttoli, Chiesa di- **223** C 5
Santa Maria de Fora, Chiesa di- **195** A 6
Santa Maria degli Ángeli **152** D 2
Santa Maria degli Ángeli, Chiesa di- **88** C 2
Santa Maria degli Ángeli, ex Convento- **210** C 2
Santa Maria degli Ángeli, Monastero- **205** D-E 6
Santa Maria degli Ángeli, Monastero di- **235** C 5

Santa Maria dei Bisognosi, Convento-Santuário di- **180** A 3
Santa Maria dei Cintorelli, Chiesa di- **172** D 3
Santa Maria dei Córdici, Chiesa di- **235** D 4
Santa Maria dei Láttani, Santuário di- **194** D 1
Santa Maria dei Manzi **199** C 4
Santa Maria dei Mártiri, Chiesa di- **235** C 4
Santa Maria dei Mirácoli, Basílica di- **207** A 4
Santa Maria dei Sabbioni **87** C 5
Santa Maria de is Ácquas **315** B 4-5
Santa Maria del Belvedere, Chiesa di- **220** B 2
Santa Maria del Bosco, Éremo- **277** A 6
Santa Maria del Campo, Chiesa di- **182** E 3
Santa Maria del Cármine, Chiesa di- **263** D 6
Santa Maria del Casale, Abbazia di- **222-223** E 3-4
Santa Maria del Casale, Chiesa di- **213** C 5
Santa Maria del Castello, Basílica di- **241** A-B 5
Santa Maria del Castello, Chiesa di- **215** E 6
Santa Maria del Cedro **240** B 2
Santa Maria del Colle **144** C 2
Santa Maria del Fiume **268** A 2
Santa Maria del Giúdice **137** A 5
Santa Maria del Glorioso, Chiesa di- **153** B 6
Santa Maria della Catena, Chiesa di- **253** E 4
Santa Maria della Croce **87** B 4
Santa Maria della Fede, Chiesa di- **155** C 4
Santa Maria della Foce, Santuário di- **217** A-B 4
Santa Maria della Fossa **103** D 5
Santa Maria del Lago, Chiesa di- **173** B 6
Santa Maria della Líbera, Santuário di- **196** B 2
Santa Maria dell'Alto, Chiesa di- **213** E 6
Santa Maria dell'Alto, Monte- **287** C 5
Santa Maria della Matina, Abbazia di- **241** D 4-5
Santa Maria della Neve **170** B 1
Santa Maria della Neve, Chiesa di- **296** E 3
Santa Maria della Penna, Santuário di- **175** D 5
Santa Maria della Petrella, Chiesa di- **155** C 5
Santa Maria della Piana, Chiesa di- **194** E 1
Santa Maria della Pieve, Chiesa di- **153** B 6
Santa Maria della Portella, Chiesa di- **183** C 5
Santa Maria dell'Armi, Santuário di- **241** A 6
Santa Maria dell'Arzilla **135** E 5
Santa Maria della Scala, Chiesa di- **247** C 4
Santa Maria della Stella **283** B 6
Santa Maria della Stella, Santuário di- **255** C 4
Santa Maria della Strada, Chiesa Abbaziale di- **184-185** E 3-4
Santa Maria della Valle, Chiesa di- **143** B 4
Santa Maria della Versa **99** B 6

Santa Maria della Vittória, Convento e Chiesa di- **181** A 5
Santa Maria della Vittória, Santuário di- **196** B 3
Santa Maria delle Corti **151** B 5
Santa Maria delle Grázie **271** C 5
Santa Maria delle Grázie, Chiesa di- (AQ) **181** B 5
Santa Maria delle Grázie, Chiesa di- (AR-Arezzo) **140** D 3
Santa Maria delle Grázie, Chiesa di- (AR-Stia) **132** E 2
Santa Maria delle Grázie, Chiesa di- (FR) **192** A 3
Santa Maria delle Grázie, Chiesa di- (OT) **296** E 2-3
Santa Maria delle Grázie, Convento- **196** B 2
Santa Maria delle Grázie, Convento di- **170** E 3
Santa Maria delle Grázie, Santuário di- **239** C 5
Santa Maria delle Grázie di Fornò, Chiesa di- **133** A 5
Santa Maria delle Grotte, Chiesa di- (AQ) **172** C 2
Santa Maria delle Grotte, Chiesa di- (BA) **209** D 5
Santa Maria delle Mácchie, Chiesa di- **153** B 6
Santa Maria delle Mole **179** D 5
Santa Maria delle Vérgini, Chiesa di- **145** E 4
Santa Maria delle Vertighe, Chiesa di- **150** A 2
Santa Maria dell'Ídria, Chiesa di- **288** C 2
Santa Maria dell'Ísola, Chiesa di- **211** B 4
Santa Maria dell'Udienza, Chiesa di- **247** B 5
Santa Maria del Mare **93** B 5
Santa Maria del Mare, Chiesa di- **306** D 2
Santa Maria del Mássimo **220** E 2
Santa Maria del Molise **195** A-B 4
Santa Maria del Molise, Stazione di- **195** B 4
Santa Maria del Monte (RN) **135** D 4
Santa Maria del Monte (VA) **51** D 6
Santa Maria del Monte, Chiesa di- (CS) **241** B 4
Santa Maria del Monte, Chiesa di- (PC) **100** B 1
Santa Maria del Monte, Passo- **184** C 1
Santa Maria del Pátire, Monastero di- **242** D 2
Santa Maria del Piano (PR) **116** A 3
Santa Maria del Piano (RN) **134** D 3
Santa Maria del Piano, Chiesa di- **209** E 5
Santa Maria del Piano, Santuário di- **193** D 6
Santa Maria del Ponte **172** D 3
Santa Maria del Pozzo **215** B 6
Santa Maria del Regno, Chiesa di- **301** C 6
Santa Maria del Rosário, Chiesa di- **260** E 2
Santa Maria del Taro **114** C 3
Santa Maria del Témpio **84** D 1
Santa Maria de Óssolo, Chiesa di- **311** A 6
Santa Maria de Saucu **307** C-D 5
Santa Maria de Sea, Chiesa di- **301** D 5
Santa Maria de Torana, Chiesa di- **311** A 6
Santa Maria di Antico **133** E 6

Santa Maria di Barbana, Santuário di- **78** B 2
Santa Maria di Belvedere, Chiesa di- **220** B 2
Santa Maria di Bressanoro, Chiesa di- **87** B 5
Santa Maria di Cálena, Chiesa di- **189** B 4
Santa Maria di Campagna **76** B 3
Santa Maria di Cásole, Convento- **227** D 4
Santa Maria di Castellabate **232** B-C 2
Santa Maria di Castellabate, Área Marina Protetta- **232** B-C 1-2
Santa Maria di Cavamonte, Chiesa di- **180** C 1
Santa Maria di Cerrate **227** A 5
Santa Maria di Colonna, Abbazia di- **208** B 2
Santa Maria di Colonnata **152** A 2
Santa Maria di Córos, Chiesa di- **302** C 1
Santa Maria di Corte, Abbazia di- **307** D 4
Santa Maria di Cotrino, Convento di- **213** E 4
Santa Maria di Faífula, Abbazia di- **184** E 3
Santa Maria di Flumentépido **318** A 3
Santa Maria di Fogliano **97** E 5
Santa Maria di Galéria, Chiesa di- **177** A 6
Santa Maria di Gesù, Chiesa di- **288** B 2
Santa Maria di Giano, Chiesa di- **208** B 2
Santa Maria di Legarano, Chiesa di- **170** C 2
Santa Maria di Léuca **231** D 5
Santa Maria di Léuca, Capo- **231** D 5
Santa Maria di Léuca, Santuário di- **231** D 5
Santa Maria di Lévola, Chiesa di- **134** F 3
Santa Maria di Lícodia **283** B 4
Santa Maria di Lugana **71** E 6
Santa Maria di lu Macchietu, Chiesa di- **296** D 3
Santa Maria di Mércuri **240** B 2
Santa Maria di Merino, Santuário di- **189** B 4
Santa Maria di Mole **179** D 5
Santa Maria di Monte Léucio, Santuário di- **193** D 5
Santa Maria di Mórtola **194** D 1
Santa Maria di Mugnano **118** B 1
Santa Maria di Neápoli, Chiesa di- **314** A 3
Santa Maria di Negràr **72** D 3
Santa Maria di Non **74** D 3
Santa Maria di Palati, Cappella- **267** C 4
Santa Maria di Paterno **144** E 2
Santa Maria di Piave (TV) **75** A 6
Santa Maria di Piave (VE) **76** D 3
Santa Maria di Pieca, Chiesa di- **154** C 1
Santa Maria di Pierno, Santuário- **219** B 5
Santa Maria di Pístia, Chiesa di- **152** D 3
Santa Maria di Pitérnis, Santuário di- **194** B 1
Santa Maria di Portonovo, Chiesa di- **145** B 4
Santa Maria di Propezzano, Chiesa di- **165** C 4
Santa Maria di Pugliano, Chiesa di- **180** D 3
Santa Maria di Pulsano, Abbazia di- **188** E 3

Santa Maria di Rispéscia **158** D 2
Santa Maria di Ronzano, Chiesa di- **164** D 2
Santa Maria d'Irsi **221** B 5
Santa Maria d'Irsi, Chiesa di- **221** B 4
Santa Maria di Sala **75** D 4
Santa Maria di Sala, Chiesa di- **159** E 6
Santa Maria di Scórpano, Chiesa di- **240** A 2
Settia delle Sette **151** A 6
Santa Maria di Siponto, Chiesa di- **187** E 6
Santa Maria di Sturla **114** D 2
Santa Maria d'Ítria, Chiesa di- (Rovine) **316** D 2
Santa Maria di Veggiano **74** E 2
Santa Maria di Versano **194** E 2
Santa Maria di Vertighe, Chiesa di- **150** A 2
Santa Maria d'Oriente **181** A 4
Santa Maria 'e Giosso, Chiesa di- **312** B-C 1
Santa Maria 'e Mare, Chiesa di- **309** C 5
Santa Maria 'e susu, Chiesa di- **312** C 1
Santa Maria Fabbrecce **135** D 5
Santa Maria Hoè **53** E 5
Santa Maria Imbaro **174** D 3
Santa Maria in Caláfria, Chiesa di- **142** A 1
Santa Maria in Caspiano, Chiesa di- **153** D 5
Santa Maria in Castello **132** B-C 3
Santa Maria in Colleromano, Chiesa di- **173** B 5
Santa Maria Incoronata **175** E 5
Santa Maria in Fabriago **120** C 2
Santa Maria Infante **193** E 6
Santa Maria Ingrisone **203** D 6
Santa Maria in Iscalas **299** E 4
Santa Maria in Pantano, Chiesa di- (IS) **195** A 5
Santa Maria in Pantano, Chiesa di- (PG) **161** B 6
Santa Maria in Piana, Chiesa di- **144** E 2
Santa Maria in Piano, Chiesa di- **173** B 5
Santa Maria in Potenza **145** D 5
Santa Maria in Punta **106** A 3
Santa Maria in Selva **130** E 1
Santa Maria in Selva, Abbazia di- **144** E 3
Santa Maria in Spinateci, Chiesa di- **142** B 2
Santa Maria in Stelle **72** D-E 3
Santa Maria in Strada **118** B 3
Santa Maria in Valle **162** A 1
Santa Maria in Valle Porclaneta, Chiesa di- **172** E 1
Santa Maria in Vescóvio, Chiesa di- **170** C 1
Santa Maria in Vulgano, Masseria- **197** C 5-6
Santa Maria Iscálas, Chiesa di- **301** E 5
Santa Maria la Bruna **215** C 6
Santa Maria la Carità **216** C 3
Santa Maria la Castagna **244** A 2
Santa Maria la Fossa **201** C 2
Santa Maria la Longa **62-63** D 3-4
Santa Maria la Nova, Cava di- **293** C 4
Santa Maria la Nova, Chiesa di- **212** C 3
Santa Maria la Palma **300** C 2
Santa Maria la Scala (CT) **283** B 6
Santa Maria la Scala (NA) **215** C 6

Santa Maria la Strada **269** E 5
Santa Maria la Strada,
Convento di- **195** E 6
Santa Maria le Grotte **241** E 4
Santa Maria Lignano **152** C 3
Santa Maria Macerata **139** D 5
Santa Maria Maddalena (AQ)
182 B 2
Santa Maria Maddalena (CN)
110 A 3
Santa Maria Maddalena (RO)
105 B 6
Santa Maria Maddalena
(SO-Lóvero) **37** D 4
Santa Maria Maddalena
(SO-Valdisotto) **37** B 5
Santa Maria Maddalena (TR)
170 B 1
Santa Maria Maddalena,
Chiesa di- (PG) **152** D 2
Santa Maria Maddalena,
Chiesa di- (SS) **299** E 6
Santa Maria Maggiore **32** E 3
Santa Maria Maggiore,
Chiesa di- **173** B 5-6
Santa Maria Mutata,
Chiesa di- **212** D 1
Santa Maria Navarrese
313 B-C 5-6
Santa Maria Nova **133** A 5
Santa Maria Nuova **144** C 2
Santa Maria Nuova,
Chiesa di- **180** B 1
Santa Maria Occorrevole,
Santuário di- **195** D 4
Santa Maria Oliveto **194** B 2
Santa Maria Orsoleo,
Monastero di- **237** C 6
Santa Maria Pietrafitta **135** D 4
Santa Maria Pietrarossa,
Chiesa di- **162** A 1
Santa Maria Rassinata **141** E 4
Santa Maria Rezzónico **53** B 5
Santa Maria Riopetra **133** C 6
Santa Maria Rossa (MI) **67** C 5
Santa Maria Rossa (PG)
152 D 1
Santa Maria Stella, Chiesa di-
222 E 2-3
Santa Maria Tempitelle, Bívio-
232 B 3
Santa Maria Val di Loto,
Chiesa di- **142** A 1
Santa Maria Valentina,
Chiesa di- **185** A 5
Santa Maria Val Müstair
25 D 5-6
Santa Maria Villiana **118** E 2
Santa Maria Zuárbara,
Chiesa di- **311** E 4
Santa Mariedda, Chiesa di-
303 A 5
Santa Marina (FC)
132-133 C 3-4
Santa Marina (ME) **271** C 5
Santa Marina (PU) **135** D 5
Santa Marina (SA) **233** D 6
Santa Marina, Bosco- **239** C 4
Santa Marina Salina **272** D 3
Santa Marinella **176** A 2-3
Santa Marizza **62** D 1
Sant'Ambrógio (GE) **113** D 6
Sant'Ambrógio (MO) **104** E 2
Sant'Ambrógio (PA) **266** B-C 3
Sant'Ambrógio (PD) **75** C 4
Sant'Ambrógio (VA) **51** D 6
Sant'Ambrógio, Chiesa di-
150 C 2
Sant'Ambrógio di Torino **81** E 5
Sant'Ambrógio di Valpolicella
72 D 2
Sant'Ambrógio sul Garigliano
193 D 6
Sant'Amico (AN) **144** A-B 2
Sant'Amico (CH) **174** E 3
San Támmaro **202** D 1
Sant'Anania, Chiesa di- **308** E 3
Sant'Anastasia **215** B 6
Sant'Anastasia **247** A 5
Sant'Anastásia, Chiesa di-
230 B 3

Sant'Anastásia, Torre- **192** E 3
Sant'Anastásio (LU) **129** A 4
Sant'Anastásio (MC) **144** D 2
Sant'Anastásio (PI) **148** A 3
Sant'Anastásio (TV) **76** B 3
Sant'Anatólia (PG) **162** B 3
Sant'Anatólia (RI) **171** E 6
Sant'Anatólia di Narco
162 B-C 2
Santandràs **75** B 5
Sant'Andràt (UD-Corno di
Rosazzo) **63** C 5
Sant'Andràt (UD-Talmassons)
62 D 3
Sant'Andrea (AL) **98** D 1
Sant'Andrea (AR) **141** B 6
Sant'Andrea (BO) **119** D 5
Sant'Andrea (BS-Agnósine)
71 C 4
Sant'Andrea (BS-Rovato)
70 D 1
Sant'Andrea (CA) **320** B 3
Sant'Andrea (CE) **201** D 6
Sant'Andrea (CT) **268** D 2
Sant'Andrea (FC) **133** A 5
Sant'Andrea (FI) **138** C 3
Sant'Andrea (FR) **193** A 5-6
Sant'Andrea (GO) **63** D 6
Sant'Andrea (IS) **184** E 1
Sant'Andrea (LE) **229** D 5
Sant'Andrea (LI) **156** C 1
Sant'Andrea (MC) **154** B 1
Sant'Andrea (ME) **258** B 1
Sant'Andrea (MT) **239** B 4
Sant'Andrea (PD) **74** E 3
Sant'Andrea (PG) **163** C 4
Sant'Andrea (PN) **61** E 4
Sant'Andrea (PR) **101** B 5
Sant'Andrea (PU) **135** E 6
Sant'Andrea (PZ) **205** D-E 5
Sant'Andrea (RA-Brisighella)
132 A 2
Sant'Andrea (RA-Cérvia)
133 A 6
Sant'Andrea (RA-Faenza)
120 E 2
Sant'Andrea (RI) **170** B 1
Sant'Andrea (RN) **134** C 2
Sant'Andrea (SI) **149** A 4
Sant'Andrea (TE) **164** B 2
Sant'Andrea (TV) **74** C 3
Sant'Andrea (VA) **51** D 6
Sant'Andrea (VR-Badia
Calavena) **73** C 4
Sant'Andrea (VR-Cologna
Véneta) **91** C 5
Sant'Andrea, Capo- (LI) **156** C 1
Sant'Andrea, Capo- (ME)
269 D 6
Sant'Andrea, Chiesa di- (BL)
60 B 2
Sant'Andrea, Chiesa di- (EN)
281 E 5
Sant'Andrea, Chiesa di- (OT)
302 B-C 3
Sant'Andrea, Chiesa di- (SI)
138 E 3
Sant'Andrea, Chiesa di- (SO)
35 D 4-5
Sant'Andrea, Chiesa di- (TV)
59 E 4
Sant'Andrea, Faro- **230** B 2
Sant'Andrea, Ísola- (BR)
213 C 6
Sant'Andrea, Ísola- (LE)
230 B 2
Sant'Andrea, Ísola di- **78** B 1
Sant'Andrea, Masseria-
199 E 4
Sant'Andrea, Monte- (CZ)
249 A 6
Sant'Andrea, Monte- (FG)
197 C 6
Sant'Andrea, Monte- (RC)
253 D 6
Sant'Andrea, Monte- (SA)
232 A 3
Sant'Andrea, Porto di- **78** B 1
Sant'Andrea a Mane **102** C 2
Sant'Andrea a Morgiano
139 C 5

Sant'Andrea Apóstolo **217** A 6
Sant'Andrea Apóstolo dello
Iónio **255** B 5
Sant'Andrea Apóstolo dello
Iónio Marina **255** B 5
Sant'Andrea a Sera **102** C 2
Sant'Andrea Bagni **101** E 6
Sant'Andrea Barbarana **76** B 2
Sant'Andrea Bonagia **260** C 3
Sant'Andrea d'Agliano **152** D 1
Sant'Andrea de' Lagni **202** D 1
Sant'Andrea del Garigliano
193 D 6
Sant'Andrea delle Fratte
151 D 6
Sant'Andrea di Borghi **133** C 6
Sant'Andrea di Cómpito
137 A 6
Sant'Andrea di Conza
204-205 E 3-4
Sant'Andrea di Fóggia
113 D 5-6
Sant'Andrea di Sorbello
151 A 5
Sant'Andrea di Suasa **143** B 5
Sant'Andrea Fríus **316** D 3
Sant'Andrea in Bagnolo
133 A 6
Sant'Andrea in Besanigo
134-135 D 3-4
Sant'Andrea in Casale **135** D 4
Sant'Andrea in Flumine,
Abbazia- **170** D 1
Sant'Andrea in Monte =
Sankt Andrä **30** C 2
Sant'Andrea in Percussina
139 C 4
Sant'Andrea in Pescaiola
137 A 5
Sant'Andrea in Proverso,
Chiesa di- **142** B 1
Sant'Andrea Pélago **129** A 6
Sant'Andria Priu, Domus de
Janas- **307** C 5
Sant'Ángelo (AN) **144** A 2
Sant'Ángelo (CA) **314** D 2
Sant'Ángelo (CH) **174** E 3
Sant'Ángelo (CS) **240** D 3
Sant'Ángelo (CZ) **249** E 4
Sant'Ángelo (FC) **134** B 2
Sant'Ángelo (GR) **159** D 6
Sant'Ángelo
(MC-Castelraimondo) **153** B 5
Sant'Ángelo (MC-Esanatóglia)
153 B 4
Sant'Ángelo (MC-Tolentino)
154 A 2
Sant'Ángelo (NA) **214** D 2
Sant'Ángelo (PG) **163** A 4
Sant'Ángelo (PU) **143** A 5
Sant'Ángelo (PZ) **220** B 1
Sant'Ángelo (RI-Amatrice)
163 C 5
Sant'Ángelo (RI-Leonessa)
163 D 4
Sant'Ángelo (SA) **217** B 5
Sant'Ángelo (TV) **75** C 5
Sant'Ángelo (VE) **75** D 4
Sant'Ángelo (VT) **160** D 3
Sant'Ángelo, Abbazia di-
237 C 5
Sant'Ángelo, Casa- **180** C 1
Sant'Ángelo, Chiesa di- (FI)
139 C 4
Sant'Ángelo, Chiesa di- (RC)
256 C 2
Sant'Ángelo, Col- **31** D 6
Sant'Ángelo, Colle- **184** A 3
Sant'Ángelo, Convento-
169 C 4
Sant'Ángelo, Cozzo- **241** E 6
Sant'Ángelo, Fiumara- **268** A 3
Sant'Ángelo, Grotta- **164** B 2
Sant'Ángelo, Grotta di- **241** B 5
Sant'Ángelo, Lago di- **174** E 2
Sant'Ángelo, Masseria- (BR)
211 D 6
Sant'Ángelo, Masseria- (PZ)
206 D 1
Sant'Ángelo, Monte- (BN)
203 C 4

Sant'Ángelo, Monte- (BN-FG)
197 B 4
Sant'Ángelo, Monte- (CS)
244 D 3
Sant'Ángelo, Monte- (LT-Monti
Aurunci) **193** D 5
Sant'Ángelo, Monte- (LT-Monti
Lepini) **192** B 1
Sant'Ángelo, Monte- (ME)
273 E 4
Sant'Ángelo, Monte- (MT)
221 C 4
Sant'Ángelo, Monte- (RC)
256 E 2
Sant'Ángelo, Monte- (RM)
169 E 5
Sant'Ángelo, Pizzo- (PA-
Caltavuturo) **265** E 6
Sant'Ángelo, Pizzo- (PA-Cefalù)
266 B 2
Sant'Ángelo, Punta- **214** D 2
Sant'Ángelo, Serra- **242** E 2
Sant'Ángelo, Val- **153** D 5
Sant'Ángelo a Cancelli **203** D 6
Sant'Ángelo a Cúpolo **203** D 5
Sant'Ángelo a Fasanella
218 E 3
Sant'Ángelo all'Esca **204** C 1
Sant'Ángelo a Palombara,
Santuário di- **202** E 3
Sant'Ángelo a Scala **203** E 5
Sant'Ángelo a Tre Pizzi, Monte-
216 D 3
Sant'Ángelo-Cinigiano,
Stazione di- **159** A 4
Sant'Ángelo d'Alife **194** D 3
Sant'Ángelo dei Lombardi
204 D 2
Sant'Ángelo dei Lombardi,
Stazione di- **204** E 2
Sant'Ángelo del Pesco **183** C 6
Sant'Ángelo di Brolo **268** A 3
Sant'Ángelo di Celle **152** D 1
Sant'Ángelo di Chieti **152** B 1
Sant'Ángelo di Piove di Sacco
92 B 3
Sant'Ángelo in Colle **149** E 6
Sant'Ángelo in Fórmis **202** C 1
Sant'Ángelo in Grotte **195** A 4
Sant'Ángelo in Lízzola **135** E 5
Sant'Ángelo in Maiano,
Chiesa di- **142** C 3
Sant'Ángelo in Mercole
162 B 1
Sant'Ángelo in Pontano
154 B 2
Sant'Ángelo in Theodice
193 C 6
Sant'Ángelo in Vado **142** B 1
Sant'Ángelo in Villa **181** E 5
Sant'Ángelo le Fratte **219** D 5
Sant'Ángelo Limosano **184** E 3
Sant'Ángelo Lodigiano **86** C 2
Sant'Ángelo Lomellina **84** C 2
Sant'Ángelo Muxaro **284** A 3
Sant'Ángelo Romano **179** A 6
Sant'Angiolino in Aiola,
Chiesa di- **142** B 3
Santa Nicolella **268** A 3
Santa Ninfa **275** B 5
Sant'Anna (AG-Caltabellotta)
277 C 6
Sant'Anna (AG-Racalmuto)
285 B 4
Sant'Anna (AT) **97** D 5
Sant'Anna (BO) **105** E 6
Sant'Anna (BS) **70** D 1
Sant'Anna (CN-Bellino) **94** E 2
Sant'Anna (CN-Bernezzo)
109 C 5
Sant'Anna (CN-Bóves) **109** C 6
Sant'Anna (CN-Dronero)
109 B 5
Sant'Anna (CN-Montaldo
di Mondoví) **110** D 2
Sant'Anna (CN-Roccabruna)
109 B 5
Sant'Anna (CN-Roccaforte
Mondoví) **110** D 1
Sant'Anna (CN-Valgrana)
109 C 5

Sant'Anna (CT) **283** B 6
Sant'Anna (CZ) **247** E 5
Sant'Anna (EN) **280** C-D 3
Sant'Anna (LU) **129** C 4
Sant'Anna (MN) **89** C 4
Sant'Anna (OR) **311** E 4
Sant'Anna (RC-Bianco) **257** D 4
Sant'Anna (RC-Seminara)
252 E 3
Sant'Anna (RE) **103** D 4
Sant'Anna (SI) **150** C 1-2
Sant'Anna (SO) **36** E 2
Sant'Anna (SP) **126-127** D 3-4
Sant'Anna (TN) **57** E 5
Sant'Anna (TO-Novalesa)
80 D 3
Sant'Anna (TO-Rivarolo
Canavese) **82** B 2
Sant'Anna (TO-San Francesco
al Campo) **82** C 1
Sant'Anna (VA) **51** E 5
Sant'Anna (VE) **93** D 5
Sant'Anna (VI) **74** B 2
Sant'Anna, Cantoniera-
310 D 3
Sant'Anna, Cantoniera di-
303 E 6
Sant'Anna, Cappella di- (BL)
42 B 3
Sant'Anna, Cappella di- (RM)
180 D 2
Sant'Anna, Casa- **281** D 4
Sant'Anna, Chiesa di- (BA)
209 D 6
Sant'Anna, Chiesa di- (BN)
195 D 6
Sant'Anna, Chiesa di- (BZ)
31 A 6
Sant'Anna, Chiesa di- (CB)
184 E 3
Sant'Anna, Chiesa di- (CN)
109 A 4
Sant'Anna, Chiesa di- (CS)
238 E 3
Sant'Anna, Chiesa di- (FG)
188 C 3
Sant'Anna, Chiesa di- (SS)
300 D 2
Sant'Anna, Chiesa di- (VB)
51 B 6
Sant'Anna, Lago- **42** B 3
Sant'Anna, Lago di- **247** E 5
Sant'Anna, Santuário di-
108 D 3
Sant'Anna, Torre- **283** B 6
Sant'Anna, Vallone di- **108** D 3
Sant'Anna Arresi **319** C-D 4
Sant'Anna Boschi **64** E 2
Sant'Anna d'Alfaedo **72** C 3
Sant'Anna di Boccafossa
77 C 4
Sant'Anna di Valdieri **109** D 5
Sant'Anna Morosina **74** C 3
Sant'Anna Pélago **129** A 6
Santanni **82** C 2
Sant'Ansano (FI-Borgo
San Lorenzo) **131** D 6
Sant'Ansano (FI-Vinci) **138** B 3
Sant'Ansovino **135** E 4
Sant'Ántimo **202** E 1
Sant'Ántimo, Abbazia di-
150 D 1
Sant'Antíne, Monte- **311** E 6
Sant'Antíne, Nuraghe-
301 E 5
Sant'Antíne, Santuário di-
311 A 6
Sant'Antíoco (CI) **318** C 2-3
Sant'Antíoco (OR) **306** E 3
Sant'Antíoco, Ísola di-
318 C 2-3
Sant'Antíoco di Bisárcio
301 C 6
Sant'Antíoco di Bisárcio,
Chiesa di- **301** C 6
Sant'Antonino (CN) **110** A 2
Sant'Antonino (PV) **99** B 5
Sant'Antonino (RE) **117** B 6
Sant'Antonino (Svízzera) **34** E 2
Sant'Antonino (TV) **75** C 6
Sant'Antonino (VC) **83** B 4

Sant'Antonino di Susa **81** E 5
Sant'Antonino Ticino **66** C 3
Sant'António (AL) **83** D 5
Sant'António (AQ) **181** A 4-5
Sant'António (AT-Canelli)
97 D 5
Sant'António (AT-Villafranca
d'Asti) **97** B 4
Sant'António (BG) **70** B 1
Sant'António (BO) **120** B 1
Sant'António (BS) **37** E 4
Sant'António (CE) **202** D 1
Sant'António (CH) **175** E 5
Sant'António (CN-Fossano)
110 A 1
Sant'António (CN-Magliano
Alfieri) **97** D 4
Sant'António (CN-Monticello
d'Alba) **96** D 3
Sant'António (CN-Piasco)
109 A 6
Sant'António (CN-Saluzzo)
95 D 6
Sant'António (CO) **52** E 3
Sant'António (FR) **181** E 4
Sant'António (GR) **158** B 3
Sant'António (IM) **122** E 2
Sant'António (MC) **144** D 3
Sant'António (MN) **89** D 6
Sant'António (MO) **181** D 1
Sant'António (NO) **66** B 1
Sant'António (PN) **61** D 6
Sant'António (PR) **101** C 4
Sant'António (RA) **121** C 4
Sant'António (SA) **235** A 4
Sant'António (SO-Livigno)
25 E 4
Sant'António (SO-Valfurva)
37 B 5
Sant'António (Svízzera) **36** C 3
Sant'António (Svízzera)
34 D-E 2
Sant'António (TO-Busano)
82 B 2
Sant'António (TO-Cavour)
95 C 6
Sant'António (UD) **63** E 4
Sant'António (VA) **51** C 6
Sant'António (VC) **49** C 6
Sant'António (VE) **93** C 5
Sant'António (VI-Roana) **58** E 1
Sant'António (VI-Sarego) **73** E 6
Sant'António (VI-Valli del
Pasúbio) **73** B 5
Sant'António (VR-Casaleone)
90 D 3
Sant'António (VR-Minerbe)
91 C 5
Sant'António (VT) **160** D 2
Sant'António → Pridvor **79** D 5
Sant'António = Sankt Anton
39 B 5
Sant'António, Bocchetta di-
33 D 4
Sant'António, Cappella di-
55 D 4
Sant'António, Case- **256** E 1
Sant'António, Chiesa di-
(AQ-Ateleta) **183** C 6
Sant'António, Chiesa di-
(AQ-Gióia dei Marsi) **182** C 2
Sant'António, Chiesa di-
(AQ-Trasacco) **181** B 6
Sant'António, Chiesa di- (BL)
42 C 3
Sant'António, Chiesa di- (BS)
56 E 1
Sant'António, Chiesa di- (CA)
316 B 3
Sant'António, Chiesa di-
(CH-Bomba) **184** A 1
Sant'António, Chiesa di-
(CH-Palena) **183** B 5
Sant'António, Chiesa di- (CN)
109 D 5
Sant'António, Chiesa di- (CZ)
247 B 4
Sant'António, Chiesa di- (FR)
192 A 3
Sant'António, Chiesa di- (IS)
183 E 5

Sant'António, Chiesa di- (ME) **268** A 2
Sant'António, Chiesa di- (OG) **313** E 4
Sant'António, Chiesa di- (OT) **296** E 3
Sant'António, Chiesa di- (PA) **262** C 1
Sant'António, Chiesa di- (PN) **43** E 6
Sant'António, Chiesa di- (PZ) **219** C 5
Sant'António, Chiesa di- (RM) **168** E 2
Sant'António, Chiesa di- (SO) **54** B 2
Sant'António, Chiesa di- (SS-Codrongiános) **301** C 5
Sant'António, Chiesa di- (SS-Ossi) **301** C 4
Sant'António, Convento di- (CH) **184** B 2
Sant'António, Convento di- (PZ) **235** A 6
Sant'António, Croce di- **58** D 2
Sant'António, Éremo di- **183** B 4-5
Sant'António, Fiume- **247** E 4
Sant'António, Monte- (NU) **307** E 4
Sant'António, Monte- (SA) **233** E 5
Sant'António, Pizzo- **284** B 1
Sant'António, Ponte- **173** B 5
Sant'António, Punta- **296** A 3
Sant'António, Romitório di- **162** C 2
Sant'António, Santuário di- **132** B 3
Sant'António, Serra- (AQ) **181** C 5
Sant'António, Serra- (FG) **205** B 5
Sant'António, Valle- **257** D 4
Sant'António Abate **216-217** C 3-4
Sant'António Abbandonato, Chiesa di- **54** E 1
Sant'António a Picénzia **217** D 6
Sant'António a Trébbia **87** E 4
Sant'António d'Adda **53** E 6
Sant'António de li Colti, Chiesa di- **296** E 1
Sant'António di Gallura **296-297** E 3-4
Sant'António di Mavignola **38** E 2
Sant'António di Mura, Chiesa di- **301** E 5
Sant'António di Ranverso, Abbazia di- **81** E 6
Sant'António di Santadi **314** A 2
Sant'António in Bosco **79** C 5
Sant'António in Gualdo, Chiesa di- **133** B 4
Sant'António in Mercadello **104** C 2
Sant'António Morignone **37** B 5
Sant'António Negri **88** D 2
Sant'António Tortal **59** B-C 6
Sant'Antuono **232** B 3
Santa Oliva **193** C 5
Santa Oliva, Stazione- **285** D 5
Santa Palomba **179** E 5
Santa Panagía **291** C-D 6
Santa Panagía, Capo- **291** C-D 6
Santa Páola **133** C 6
Santa Paolina (AN) **144** C 3
Santa Paolina (AV) **203** D 6
Sant'Apollinare (BO-Castello di Serravalle) **118** C 2
Sant'Apollinare (BO-Fontanélice) **119** E 5
Sant'Apollinare (CH) **174** C 3
Sant'Apollinare (FR) **193** C 6
Sant'Apollinare (PG) **151** E 6
Sant'Apollinare (RO) **106** A 2

Sant'Apollinare (TV) **59** E 4
Sant'Apollinare in Classe **121** D 4-5
Sant'Apollinare in Girfalco **142** A 2
Sant'Apollónia **37** C 6
Sant'Apollónio **70** C 3
Sant'Appiano **139** E 4
Santa Prócula Maggiore **190** A 2-3
Santa Rania **246** C 3
Sant'Arcángelo (PG) **151** D 5
Sant'Arcángelo (PZ) **237** C 6
Sant'Arcángelo (SA) **217** B 5
Sant'Arcángelo, Fontana- **194** C 2
Sant'Arcángelo, Monte- **238** B 3
Santarcángelo di Romagna **134** C 2
Sant'Arcángelo Trimonte **203** C 6
Santa Reparata **296** C 2-3
Santa Reparata, Báia di- **296** B-C 3
Santa Reparata, Chiesa di- **302** E 3
Santa Reparata, Parrocchiale di- **132** B 2
Santa Restituta (AQ) **181** C 6
Santa Restituta (TR) **161** C 4
Santa Restituta, Chiesa di- **308** C 1
Santa Rita (CL) **285** B 6
Santa Rita (PU) **134** E 2
Santa Rosa **60** E 2
Santa Rosalia **96** E 1
Santa Rosalia, Lago di- **289** E 4
Santa Rosalia, Monte- **268** B 3
Santa Rosalia, Santuário di- **263** A 4
Santa Rosalia alla Quisquina, Santuário di- **278** D 2
Sant'Arpino **202** E 1
Sant'Arsénio **219** E 4
Santa Ruba, Chiesa di- **248** D 3
Santa Rúfina (AQ) **172** C 1
Santa Rúfina (RI) **171** B 4
Sant'Árvara, Chiesa di- **308** C 2
Santa Sabina, Nuraghe- **307** D 5
Santa Sabina, Torre- **213** B 4
Santa Scolástica, Chiesa di- (PG) **163** B 4
Santa Scolástica, Chiesa di- (RM) **180** C 3
Santa Severa **176** A 3
Santa Severina **247** D 4
Santa Sofia (AR) **141** A 5
Santa Sofia (FC) **132-133** D 3-4
Santa Sofia, Rovine- **316** C 2
Santa Sofia d'Epiro **241** D 6
Santa Spina, Santuário- **246** D 3
Santa Susanna, Chiesa di- **311** B 5
Santa Técchia, Masseria- **198** A 3
Santa Tecla (CT) **283** B 6
Santa Tecla (SA) **217** C 6
Santa Tecla, Coppa- **189** D 5
Santa Teresa, Masseria- (BR) **213** E 5
Santa Teresa, Masseria- (TA) **224** C 3
Santa Teresa di Longarini, Stazione- **291** E 6
Santa Teresa di Riva **258** E 1
Santa Teresa Gallura **296** B-C 3
Santa Trada, Fiumara- **256** C 1
Santa Trinità (PG) **163** C 4
Santa Trinità (PN) **60-61** B 3-4
Santa Trinità, Monte- **223** B 5
Sant'Atto **164** C 3
Santa Valburga = Sankt Walburg **26** E 3
Santa Valburga, Chiesa di- = Sankt Walburgen **31** A 4
Sant'Avendrace **320** B 2
Santa Vénera (CT) **269** E 5
Santa Vénera (TP) **274** A-B 2

Santa Vénera, Torrente- **269** D 5
Santa Veneranda **135** E 5
Santa Veneranda, Chiesa di- **144** A 2
Santa Vénere, Bosco di- **241** A 5-6
Santa Vénere, Monte- **289** C 5
Santa Vénere, Ponte- **205** C 5
Santa Vénere, Ponti- **202** D 1
Santa Vénere, Torrente- **247** A 5
Santa Venerina **283** A 6
Santa Vénia, Masseria- **226** C 3
Santa Viola, Monte- **72** D 3
Santa Vittória (AQ) **163** D 5
Santa Vittória (AR) **150** A 3
Santa Vittória (RE) **103** D 4-5
Santa Vittória (SS) **299** E 5
Santa Vittória, Chiesa di- (OR-Bauladu) **311** B 4
Santa Vittória, Chiesa di- (OR-Sennaríolo) **306** E 2
Santa Vittória, Chiesa di- (PC) **86** E 3
Santa Vittória, Chiesa di- (RI) **170** D 3
Santa Vittória, Monte- (CA) **312** E 3
Santa Vittória, Monte- (OR) **311** A 6
Santa Vittória, Villággio Nurágico di- **316** B 2
Santa Vittória d'Alba **96** D 3
Santa Vittória di Libiola **114** E 2
Santa Vittória in Matenano **154** C 3
Sant'Efísio **308** C 3
Sant'Efísio, Cantoniera- **308** C 3
Sant'Efísio, Chiesa di- (CA) **320** E 1-2
Sant'Efísio, Chiesa di- (OG) **313** C 5
Sant'Egídio, Rovine- (AQ) **172** B 3
Sant'Egídio (CH) **175** D 4
Sant'Egídio (FE) **105** D 6
Sant'Egídio (MC) **144** F 3
Sant'Egídio (PG-Panicale) **151** E 5
Sant'Egídio (PG-Perúgia) **152** C 1
Sant'Egídio (TR) **160** C 3
Sant'Egídio, Chiesa di- **169** C 5
Sant'Egídio, Convento- **203** D 6
Sant'Egídio, Éremo di- **151** A 4
Sant'Egídio alla Vibrata **155** E 4
Sant'Egídio del Monte Albino **217** C 4
Santèl **39** E 4
Sant'Élena (AQ) **183** C 6
Sant'Élena (MC) **153** A 6
Sant'Élena (PD-Battáglia Terme) **92** C 1
Sant'Élena (PD-Sant'Élena) **92** D 1
Sant'Élena (PG) **151** E 6
Sant'Élena (TV) **75** C 6
Sant'Élena (VE) **77** B-C 4
Sant'Élena, Casa- **208** B 2
Sant'Élena, Monte- **309** D 5
Sant'Élena Sannita **195** A 5
Sant'Elene, Chiesa di- **309** B 5
Sant'Eleutério, Serra- **230** B 3
Sant'Elia (AN) **143** E 5
Sant'Elia (BR) **213** D 5
Sant'Elia (CA) **320** B 2
Sant'Elia (CZ) **250** C 2
Sant'Elia (PA) **263** B 5
Sant'Elia (RC) **258** E 3
Sant'Elia (RI) **170** C 3
Sant'Elia, Capo- **320** C 3
Sant'Elia, Casa- **275** C 4
Sant'Elia, Casotti- **268** D 3
Sant'Elia, Chiesa di- (AQ) **172** C 1
Sant'Elia, Chiesa di- (SS) **301** D 5
Sant'Elia, Colle- **243** D 4

Sant'Elia, Colle di- **241** B 5
Sant'Elia, Fiumara di- **259** D-E 4
Sant'Elia, Grotta di- **218** D 3
Sant'Elia, Monte- (CA) **320** B 3
Sant'Elia, Monte- (RC-Ammámola) **253** E 5
Sant'Elia, Monte- (RC-Palmi) **252** E 2-3
Sant'Elia, Monte- (RM) **180** A 2
Sant'Elia, Monte- (TA) **224** B 2
Sant'Elia, Múrgia- **207** D 6
Sant'Elia, Torrente- **268** D-E 1
Sant'Elia, Villa- **227** B 4
Sant'Elia a Pianisi **196** A 3
Sant'Elia di Calabria **256** D 1
Sant'Elia Fiumerápido **193** B 6
Sant'Eliano **233** C 6
Sant'Elías, Bruncu- **312** C 1
Sant'Elmo, Monte- **274** D 1
Sant'Elpídio **171** D 5
Sant'Elpídio a Mare **155** A 4
Sant'Elpídio Mórico **154** C 3
Sante Marie **171** E 6
Sante Marina e Cristina, Cripta- **229** E 5
Sant'Emiliano, Monte- **70** B 3
Sant'Emiliano, Torre- **231** A 6
Sántena **96** B 2
Sant'Enea **152** D 1
Sant'Enoc, Monte- **237** A 4
San Teodoro (CT) **269** D 4
San Teodoro (ME) **268** D 1
San Teodoro (OT) **305** D 4
San Teodoro (PI) **138** D 1
San Teodoro, Stagno di- **305** C 4
San Teodoro, Terme di- **204** D 2
San Teodoro, Torre- **260** E 2
San Teodoro Nuovo, Masseria- **223** E 5
San Teodoro Vécchio, Masseria- **223** E 5
Sant'Eráclio **152** E 3
Sant'Éramo, Chiesa di- **185** B 5
Santéramo in Colle **210** D 2
Sant'Erasmo (MC) **153** C 5
Sant'Erasmo (PA) **263** A-B 4
Sant'Erasmo (SA) **217** C 4
Sant'Erasmo (VE) **76** E 2
Sant'Erasmo, Chiesa di- (BG) **54** E 2
Sant'Erasmo, Chiesa di- (TR) **161** D 6
San Terenziani **161** A 5
San Terenzo **127** D 4
San Terenzo Monti **128** A 3
Sant'Ermete (FC) **134** C 2
Sant'Ermete (SV) **111** E 6
Sant'Ermete, Chiesa di- **193** C 5
Sant'Ermo **137** C 6
Santerno **120** C 3
Santerno, Fiume- (FI) **131** B 5-6
Santerno, Fiume- (RA) **120** D 2
Sant'Eufémia (LE) **231** C 5
Sant'Eufémia (PD) **75** D 4
Sant'Eufémia (RA) **132** A 2
Sant'Eufémia, Chiesa di- **132** C 3
Sant'Eufémia, Faro di- **189** B 5
Sant'Eufémia, Golfo di- **248** B-C 3
Sant'Eufémia, Piana di- **249** A-B 4
Sant'Eufémia a Maiella **173** E 5-6
Sant'Eufémia d'Aspromonte **256** B 2
Sant'Eufémia della Fonte **70** D 3
Sant'Eufémia Lamézia **249** A 4
Sant'Eufémia Vétere **249** A 4

Sant'Eulália **59** E 4
Sant'Eurósia **49** E 6
Sant'Eusánio **171** B 6
Sant'Eusánio del Sangro **174** E 3
Sant'Eusánio Forconese **172** C 2
Sant'Eusébio (BS) **71** C 4
Sant'Eusébio (GE) **113** C 4
Sant'Eusébio (MO) **118** B 2
Sant'Eusébio (PU) **142** B 1
Sant'Eusébio (PV) **99** C 5-6
Sant'Eusébio, Chiesa di- **169** D 5
Sant'Eustácchio, Grotta di- **153** B 6
Sant'Eustáchio (AV) **217** A-B 5
Sant'Eustáchio (SA) **217** B 5
Sant'Eutízio **169** B 5
Sant'Eutízio, Abbazia di- **162** A 3
Santhià **65** E 5
Santi **171** B 6
Santi, Éremo dei- **153** D 5
Santícolo **37** E 4
Santícolo, Passo del- = Sandjöchl **28** B 3
Santi Cosma e Damiano (LT) **193** D 6
Santi Cosma e Damiano (RC) **255** D 4
Santi Filippo e Giácomo **274** B 3
Sant'Ignázio (MC) **145** E 4
Sant'Ignázio (ME) **268** A 3
Sant'Ignázio (OR) **307** E 4
Sant'Ignázio, Chiesa di- **144** D 2
Sant'Ignázio, Santuário di- **81** C 6
Sant'Igne, Chiesa di- **134** D 1-2
Sant'Ilário (FI-Lastra a Signa) **139** B 4
Sant'Ilário (FI-Palazzuolo sul Sénio) **132** B 1
Sant'Ilário (MC) **153** D 6
Sant'Ilário (MI) **67** C 5
Sant'Ilário (P7) **219** B G
Sant'Ilário, Chiesa di- (PV) **99** C 6
Sant'Ilário, Chiesa di- (TN) **57** D 4
Sant'Ilário, Fonte- **183** D 5
Sant'Ilário dello Iónio **257** C 5
Sant'Ilário d'Enza **102** E 3
Sant'Ilário di Baganza **116** A 3
Sant'Ilário in Campo **156** D 1
Sant'Ilário Lígure **113** C-D 5
Sant'Ilário Sangro, Stazione- **183** D 5
Santilli, Colle- **184** A 2
Santi Lorenzo e Flaviano **163** C 5
Sant'Imento **86** E 3
Santina, la- **101** B 5
Sant'Ingenuino = Saubach **30** D 1
Santins, Zuc di- **61** A 6
Sant'Ippólito (CS) **244** B 3
Sant'Ippólito (PI) **148** B 2
Sant'Ippólito (PO) **131** C 4
Sant'Ippólito (PU) **143** B 4
Sant'Ippólito (RI) **171** D 5
Sant'Ippólito, Fiume- **249** B 5
Sant'Ippólito, Pieve di- **138** B 3
Sant'Irene **242** C 3
Santi Rufino e Vitale, Abbazia dei- **154** C 2
Sant'Isidoro (CA-Cagliari) **321** B 4
Sant'Isidoro (CA-Teulada) **319** D 5
Sant'Isidoro (LE) **226-227** D 3-4
Santíssima Annunziata (LU) **129** E 6
Santíssima Annunziata (ME) **258** B 2
Santíssima Annunziata (NU) **303** E 5
Santíssima Annunziata, Chiesa- **138** D 1

Santíssima Annunziata, Convento della- **161** E 5
Santíssima Trinità, Abbazia della- (SA) **217** C 5
Santíssima Trinità, Chiesa della- (IS) **194** A 3
Santíssima Trinità, Chiesa della- (RM) **181** B 4
Santíssima Trinità di Délia **275** C 4
Santíssima Trinità di Saccárgia, Chiesa di- **301** C 5
Santíssimi Ángeli **59** E 6
Santíssimi Martiri, Chiesa dei- **169** D 6
Santíssimo, Masseria- **197** C 6
Santíssimo Salvatore **269** A 6
Santo (ME) **258** B 2
Santo (SI) **149** D 5
Santo, Chiesa il- **150** B 2
Santo, Col- **57** E 5
Santo, Fiume- **298** D 2
Santo, Forcella del- = Bildstocklioch **26** B 2
Santo, il- **140** C 3
Santo, Lago- (MO) **129** B 6
Santo, Lago- (PR) **115** D 6
Santo, Lago- (TN-Cembra) **39** E 5
Santo, Lago- (TN-Terlago) **38-39** E 3-4
Santo, Monte- (PG) **162** A 2
Santo, Monte- (RM) **177** A 4
Santo, Monte- (SS) **301** D 5-6
Santo, Monte- (VV) **249** D 4
Santo, Monte- → Skalnica **63** C 6
Santo, Rio- **303** A 4
Sant'Odorico **61** C 6
Santo Ianni (CB) **184** E 1
Santo Ianni (CE) **194** E 1-2
Santo Ianni, Fermata di- **245** B 4
Santo Ianni, Ísola- **235** E 4
Santo Iona **181** A 6
Santo Iório **202** C 1
Sant'Olcese **113** D 4
Sant'Oliva, Forma di- **193** C 4-5
Sant'Oliviero **143** A 4
San Tomà **91** B 5
San Tomaso (BS) **71** D 4
San Tomaso (UD) **62** A 2
San Tomaso, Chiesa di- **38** E 3
San Tomaso Agordino **41** C 5
Santomato **130** D 3
San Tomè **120** E 3
San Tomè, Chiesa di- (BG) **54** E 1
San Tomè, Chiesa di- (PN) **60** C 3
Santomenna **218** B 3
Sant'Omero **164** B 3
San Tomio **73** C 6
San Tómio **91** C 4
San Tommaso (CH) **174** E 3
San Tommaso (CZ) **245** D-E 4
San Tommaso (PE) **173** D 5
San Tommaso (RE) **103** D 5
San Tommé **140** D 1
Sant'Omobono Terme **53** E 6
Santo Monte **275** C 4
Santomoro **130** D 3
Santona, la- **117** E 6
Sant'Onófrio (CH) **175** E 5
Sant'Onófrio (CS) **238** E 1
Sant'Onófrio (FR) **182** E 2
Sant'Onófrio (PA) **263** C 6
Sant'Onófrio (RM) **179** B 4
Sant'Onófrio (TE) **164** B 2
Sant'Onófrio (VV) **249** D 4
Sant'Onófrio, Chiesa di- **193** C 4
Sant'Onófrio, Convento di- **185** D 4
Sant'Onófrio, Monte- **184** C 1
Santopadre **193** A 5
Santo Padre, Monte- **307** D 5
Santo Padre delle Perriere **274** B 3
Santo Pietro **288** D 2
Sant'Oreste **170** D 1

Sant'Oreste, Stazione di- **169** D 6
Santoria, Masseria- **213** E 4
Santoro, Masseria- **212** C 2
Santoro, Ponte- **249** C 5
Sant'Orónzio, Murge di- **237** C 5
Sant'Oronzo, Monte- **238** B 3
Sant'Oronzo, Santuário di- **212** B 2
Santorso **73** B 6
Sant'Órsola **299** E 4
Sant'Órsola = Schweinsteg **27** C 5
Sant'Órsola Terme **57** B 6
Santoru, Porto- **317** C 6
Santo Scalone, Masseria- **212** C 3
Santo Sperato **256** D 1
Santo Spírito (BA) **209** C 4
Santo Spírito (PV) **85** D 5
Santo Spírito, Convento- **280** D 3
Santo Spírito, Masseria- (FG-Manfredonia) **199** A 4
Santo Spírito, Masseria- (FG-Póggio Imperiale) **186** C 2
Santo Spírito a Maiella, Abbazia di- **173** E 6
Santo Stéfano (AL) **98** E 3
Santo Stéfano (AN-Arcévia) **143** D 4
Santo Stéfano (AN-Ôsimo) **144-145** C 3-4
Santo Stéfano (AQ) **171** E 6
Santo Stéfano (AT) **97** B 6
Santo Stéfano (BA) **211** B 6
Santo Stéfano (BN) **195** E 6
Santo Stéfano (CA) **321** C 5
Santo Stéfano (CB) **195** A 6
Santo Stéfano (CN-Bene Vagienna) **110** A 2
Santo Stéfano (CN-Cervasca) **109** C 6
Santo Stéfano (FG) **199** E 4
Santo Stéfano (FI) **138** D 2
Santo Stéfano (LU) **129** D 5
Santo Stéfano (MC) **153** A 6
Santo Stéfano (NO) **66** C 2
Santo Stéfano (PD) **92** C 2
Santo Stéfano (PU) **135** D 4
Santo Stéfano (RA) **121** E 4
Santo Stéfano (RC) **255** C 4
Santo Stéfano (RI-Fiamignano) **171** D 5
Santo Stéfano (RI-Selci) **170** C 1
Santo Stéfano (RO) **90** E 3
Santo Stéfano (TE) **162** C 1
Santo Stéfano (TN) **38** E 1-2
Santo Stéfano (TV) **59** D 5
Santo Stéfano (UD) **62** A 2
Santo Stéfano (VA) **66** B 3
Santo Stéfano (VR-Minerbe) **91** C 4
Santo Stéfano (VR-Zimella) **91** B 4
Santo Stéfano = Stefansdorf **30** B 3
Santo Stéfano, Arcu- **317** B 4
Santo Stéfano, Chiesa di- (AP) **154** D 3
Santo Stéfano, Chiesa di- (LI) **146** D 1
Santo Stéfano, Chiesa di- (SO) **36** E 2
Santo Stéfano, Fiume di- **267** C 5
Santo Stéfano, Ísola- (LT) **191** E 5
Santo Stéfano, Ísola- (OT) **297** C 4
Santo Stéfano, Monte- **192** D 2
Santo Stéfano, Palazzo- **239** D 4
Santo Stéfano, Punta- **321** C 5
Santo Stéfano a Cornétole **131** D 5
Santo Stéfano al Mare **123** E 4-5

Santo Stéfano a Tizzano **139** C 5
Santo Stéfano Belbo **97** E 5
Santo Stéfano d'Aveto **114** B 2
Santo Stéfano degli Ángeli **69** B 6
Santo Stéfano del Sole **217** A 6
Santo Stéfano di Briga **258** C 1
Santo Stéfano di Cadore **42-43** C 3-4
Santo Stéfano di Camastra **267** C 5
Santo Stéfano di Magra **127** C 4-5
Santo Stéfano di Moriano **129** D 6
Santo Stéfano di Rogliano **245** C 4
Santo Stéfano di Sessánio **172** C 3
Santo Stéfano in Aspromonte **256** C 2
Santo Stéfano in Bosco, Chiesa di- **132** B 3
Santo Stéfano Lodigiano **87** D 4-5
Santo Stéfano Médio **258** C 1
Santo Stéfano Quisquina **278** D 2
Santo Stéfano Roero **96** D 3
Santo Stéfano Ticino **67** D 4
Santo Stéfano Udinese **62** C 3
Santo Stino di Livenza **76-77** B 3-4
Sant'Osvaldo **62** B 3
Sant'Osvaldo = Sankt Oswald (BZ-Avelengo) **27** C 5
Sant'Osvaldo = Sankt Oswald (BZ-Castelrotto) **30** E 1
Sant'Osvaldo, Passo di- **60** A 3
Santo Tódaro **253** D 6
Sant'Ottaviano, Chiesa di- **138** E 2
San Trovaso **75** C 5
Santu **285** B 5
Santuário **111** D 6
Sant'Ubaldo **144** B 2
Sant'Ubaldo, Basílica di- **152** A 2
Sant'Uberto, Castello- **31** D 5
Santuedi, Monte- **311** E 5
Sant'Ulderico **73** B 5
Santu Lussúrgiu **311** A 4
Santu Lussúrgiu, Chiesa di- **296** D 3
Santu Miali, Cantoniera- **306** C 2
Santu Perdu, Casa- **321** B 5
Sant'Urbano (PD) **91** E 6
Sant'Urbano (TR) **170** A 1
Sant'Urbano (VI) **73** D 6
Sant'Urbano, Chiesa di- (BS) **71** C 5
Sant'Urbano, Chiesa di- (MC) **143** E 6
Santuzza **285** B 5
San Valentino (GR) **159** D 6
San Valentino (PG) **151** E 6
San Valentino (RE) **117** B 6
San Valentino (RI) **170** D 2
San Valentino (TN) **57** E 4
San Valentino (TR) **162** E 1
San Valentino (UD) **63** E 4
San Valentino (VR) **73** D 4
San Valentino, Castello di- **117** B 6
San Valentino, Chiesa di- (FR) **181** E 4
San Valentino, Chiesa di- (SI) **150** C 2
San Valentino, Santuário di- **57** E 4
San Valentino, Valle di- **56** B 2
San Valentino alla Muta = Sankt Valentin auf der Haide **25** B 2
San Valentino in Abruzzo Citeriore **173** D 5
San Valentino in Campo = Gummer **40** B 1-2
San Valentino Tório **217** B 4

San Valeriano **81** E 5
San Varano **133** A 4
San Varese **85** C 5
Sanvarezzo **111** B 5
San Venánzio (BO) **105** D 5
San Venánzio (MO) **118** C 1
San Venánzio, Chiesa di- **106** B 1
San Venánzio, Val di- **172-173** E 3-4
San Venanzo (AP) **155** D 4
San Venanzo (MC) **153** B 5
San Venanzo (TR) **161** A 4
San Vendemiano **60** E 2
San Veran, Colle di- **94** D 2
San Veriano, Badía- **141** D 4
San Vérolo **71** C 6
San Vero Cóngius **311** C 4
San Vero Mílis **310** B 3
San Vettore **91** B 5
San Vicino **134** C 2
San Vicino, Monte- **153** A 5
San Vidotto **61** E 6
San Vigílio (BG) **55** D 4
San Vigílio (BS) **70** C 3
San Vigílio (MN) **89** B 4
San Vigílio (VR) **71** D 6
San Vigílio = Sankt Vigil (BZ-Lana) **27** D 4
San Vigílio = Sankt Vigil (BZ-Marebbe) **30-31** C 3-4
San Vigílio, Abbazia di- **71** E 5
San Vigílio, Chiesa di- **38** E 2
San Vigílio, Chiesa di- = Sankt Vigil **30** E 1
San Vigílio, Valle di- **31** C 4
San Vincenti **140** E 1
San Vincenzo (BO) **105** D 5
San Vincenzo (FR) **182** D 2
San Vincenzo (LI) **147** C 6
San Vincenzo (ME) **273** A 6
San Vincenzo (PE) **173** C 4-5
San Vincenzo (PG) **151** A 5
San Vincenzo (PR) **115** C 5
San Vincenzo, Chiesa di- **143** B-C 5
San Vincenzo, Corte- **211** D 5
San Vincenzo, Croce di- **144** C 3
San Vincenzo, Masseria- **199** D 6
San Vincenzo, Monte- **197** C 6
San Vincenzo a Torri **139** C 4
San Vincenzo al Furlo, Chiesa di- **142** B 3
San Vincenzo al Volturno, Abbazia- **183** E 5
San Vincenzo la Costa **244** A 2
San Vincenzo Nuovo **181** C-D 6
San Vincenzo Valle Roveto **181** C 6
San Vincenzo Valle Roveto Superiore **181** C 6
San Vitale (CN) **109** A 4
San Vitale (CR) **87** B 5
San Vitale (PG) **152** D 2-3
San Vitale (VR) **73** C-D 4
San Vitale, Oratório di- **117** C 5
San Vitale, Pineta di- **121** B-C 4
San Vitale di Baganza **116** A 2
San Vitale di Reno **119** B 4
San Vitaliano **215** A-B 6
San Vito (AV-Ariano Irpino) **197** C 5
San Vito (AV-Torella dei Lombardi) **204** D 1
San Vito (BA) **211** B 5
San Vito (BL) **58** C 3
San Vito (BN) **203** C 6
San Vito (BS) **71** D 4
San Vito (CA) **317** E 5
San Vito (CN) **96** C 3
San Vito (CO) **53** A-B 5
San Vito (FI-Certaldo) **139** D 4
San Vito (LT) **192** D 3
San Vito (LU) **129** E 6
San Vito (MI) **67** E 5
San Vito (MN) **88** C 3
San Vito (MO) **118** B 2
San Vito (RI) **163** D 4
San Vito (RN) **134** B 2
San Vito (SI) **149** A 6

San Vito (TE) **164** B 1
San Vito (TN) **57** B-C 6
San Vito (TO) **82** E 2
San Vito (TP) **274** D 1
San Vito (TR) **169** B 6
San Vito (TV-Altívole) **74** B 3
San Vito (TV-Valdobbiádene) **59** D 5
San Vito (VR-Cerea) **90** D 3
San Vito (VR-Legnago) **91** D 4
San Vito (VR-Negrar) **72** D 3
San Vito = Sankt Veit **31** C 4-5
San Vito, Abbazia di- **205** C 4
San Vito, Bívio- **218** E 3
San Vito, Capo- (TA) **224** D 3
San Vito, Capo- (TP) **261** B 4
San Vito, Chiesa di- (CE) **201** D 4
San Vito, Chiesa di- (FG) **186** C 1
San Vito, Chiesa di- (LT) **191** E 6
San Vito, Chiesa di- (NA) **215** C 5
San Vito, Chiesa di- (PG) **151** B 5
San Vito, Chiesa di- (SA-Éboli) **218** E 1
San Vito, Chiesa di- (SA-Montecorvino Pugliano) **218** C 1
San Vito, Chiesa di- (SI) **150** A 1
San Vito, Chiesa di- (VT) **169** C 4
San Vito, Lago di- **41** B 6
San Vito, Masseria- (FG) **199** B 4
San Vito, Masseria- (PZ-Rionero in Vúlture) **205** D 5
San Vito, Masseria- (PZ-Sant'Arcángelo) **238** A 3
San Vito, Monte- (CL) **279** C 4
San Vito, Monte- (FG) **197** D 5
San Vito, Monte- (MT) **221** C 5
San Vito, Monte- (PE) **173** B 4
San Vito, Monte- (RM) **177** A 4-5
San Vito, Passo di- **235** A 6
San Vito, Pieve di- **106** D 2
San Vito, Ponte- **263** C 4
San Vito, Rovine- **138** B 3
San Vito, Valle di- **31** E 5-6
San Vito al Tagliamento **61** C 4
San Vito al Torre **63** D 4
San Vito Chietino **174** C 3
San Vito dei Normanni **213** C 4
San Vito dei Normanni, Stazione di- **213** C 4
San Vito di Cadore **41** E 5
San Vito di Fagagna **62** B 2
San Vito di Leguzzano **73** B 6
San Vito di Vipacco → Podnanos **79** A 6
San Vito e Modesto **87** C 6
San Vito in Monte **151** E 6
San Vito Io Capo **261** B 4
San Vito Romano **180** C 2
San Vito sul Cesano **143** C 4
San Vito sullo Iónio **249** D 6
San Vittore (CN-Fossano) **110** A 1
San Vittore (CN-Priocca) **97** D 4
San Vittore (FC) **133** B 5
San Vittore (MC) **144** D 2
San Vittore (PR) **101** D 5
San Vittore (PV) **85** B 4
San Vittore (SO) **35** C 4
San Vittore (Svízzera) **34** D 3
San Vittore (VR) **73** E 5
San Vittore del Lázio **194** C 1
San Vittore delle Chiuse **143** E 5
San Vittore Olona **67** C 4
San Vittorio (AQ) **171** B 6
San Vittorio (IS) **183** E 5
San Vittorio (PE) **173** E 5
San Vittorio (RM) **180** C 1
San Vittorino, Chiesa di- **152** A 2
San Vittório, Torre- **318** B 2
San Vivaldo **138** D 4

Sanza **233** C 6
San Zaccaria (PZ) **206** E 1
San Zaccaria (RA) **121** E 4
Sanzanelli, Masseria- **206** B 2
San Zanùti **63** E 5
San Zavedro **88** E 3
Sanzeno **39** C 4
San Zeno (AR) **140** E 3
San Zeno (BS) **71** E 5
San Zeno (FC) **132** C 3
San Zeno (VI) **74** B 2
San Zeno (VR-Cerea) **90** D 3
San Zeno (VR-Colognola ai Colli) **73** E 4
San Zeno (VR-Mozzecane) **89** B 6
San Zeno (VR-Roncà) **73** E 5
San Zeno di Montagna **71** C 6
San Zeno in Volpinara, Chiesa di- **133** B 4
San Zenòn **59** B 5
San Zeno Navíglio **70** D 3
San Zeno (BS) **70** C 2
San Zenone (VR) **91** C 5
San Zenone al Lambro **86** B 2
San Zenone al Po **86** D-E 2
San Zenone degli Ézzelini **59** E 4
Saonara **92** B 3
Saonda, Torrente- **152** A 2-3
Saone **56** B 3
Saorge (Saórgio) **122** C 2
Saorge, Gorges de- **122** C 2
Saórgio → Saorge **122** C 2
Saoseo, Cima- **37** B 4
Saoseo, Rifúgio- **36** B 3
Sapè **109** C 5
Sapè, Monte- **109** E 6
Sapestra, Torrente- **185** D 6
Sapienza, Rifúgio- **283** A 5
Sapigno **133** D 5
Saponara **258** B 1
Saponara, Fiumara- **258** B-C 1
Sappada **43** C 4-5
Sappade **41** C 4
Sappánico **144** B 3
Sapri **235** D 4
Sapri, Golfo di- **235** D 4
Saps **44** B 3
Sapün **24** A 1
Sapünerbach **24** A-B 1
Sara, Monte- **284** A 1
Saracchi **97** C 4
Saracco, Rifúgio- **110** E 1
Saracena **241** B 4
Saracena, Costa- **283** E 6
Saracena, Fiume della- **268** C-D 2
Saracena, Torre- **185** A 5
Saraceni, Grotte dei- **279** C 4
Saraceni, Monte dei- **268** B 3
Saraceni, Ponte dei- **282** A 3
Saraceno, Fiume- **242** A 1-2
Saraceno, Monte- (AG) **285** C 6
Saraceno, Monte- (CB) **196** B 2
Saraceno, Monte- (PA) **262** B 3
Saraceno, Ponte- **265** C 4
Saraceno, Punta del- **261** B-C 4
Saraceno, Torre- **242** A 2
Saracinesco **180** B 2
Saracino, Monte- **218** B-C 3
Saragano **161** A 5
Saragiolo **159** B 5-6
Saragnano **217** C 5
Saragozza **87** C 4
Saráis, Casa- **315** D 4
Saraloi, Monte- **308** B 3
Sarbene, Genna- **313** A 5
Sárbia **127** D 4
Sarca, Fiume- **57** C 4
Sarca di Campíglio, Torrente- **38** E 2
Sarca di Génova, Torrente- **38** E 1
Sarca di Nambrone, Torrente- **38** D-E 2
Sarcedo **74** B 1
Sarcerei, Cantoniera- **313** D 4
Sarche **57** B 4
Sarcidano, Regione- **312** D-E 1-2

Sarcidano, Stazione di- **312** E 1
Sarconi **235** B 6
S'Arcu de Tascussi **312** B 2
Sarda, Torrente- **204** D-E 3
Sardagna **57** B 5
Sárdara **315** B 5
Sárdara, Cantoniera di- **315** B 5
Sardasca **24** A 2
Sardegna, Mar di- **314** B-C 1
Sardegna, Punta- **297** C 4
Sardegnana, Lago di- **54** B-C 2
Sardières **80** C 1
Sardigliano **99** D 4
Saréggio, Pizzo- **36** D 3
Sarego **91** B 5
Sarentina, Valle- = Sarntal **27** D-E 6
Sarentino = Sarnthein **27** D 6
Sarentino, Castello- = Rafenstein **39** A 6
Sáres = Saalen **30** B 3
Saretto (CN-Accéglio) **108** B 2
Saretto (CN-Monterosso Grana) **109** C 5
Sarezzano **99** C 4
Sarezzo **70** C 3
Sargano, Ponte- **162** A 3
Sarginesco **89** D 4
Sariano (PC) **100** C 3
Sariano (RO) **105** A 5
Sarignana **116** B 3
Sarissola **113** A 4
Sarizzola **99** D 4
Sarmara, Monte- **281** C 6
Sármata **100** D 3
Sármato **86** E 3
Sarmazza **73** E 5
Sármede **60** D 2
Sarmego **74** D-E 2
Sarmento, Fiume- **238-239** C 3-4
Sarméola **74** E 3
Sarmo, Monte- **279** E 6
Sarna (AR) **140** B 3
Sarna (RA) **132** A 3
Sarnano **154** C 1
Sarnelli **219** B 6
Sárnes = Sarns **30** C 2
Sárnico **70** B 1
Sarno **217** B 4
Sarno, Fiume- **217** B 4
Sarnónico **39** B 4
Sarns = Sárnes **30** C 2
Sarntal = Valle Sarentina **27** D-E 6
Sarnthein = Sarentino **27** D 6
Sarola **123** D 5
Sarómini, Bosco- **313** C 4
Sarone **60** D 3
Saronno **67** B-C 5
Saronno, Rifúgio C.A.I.- **49** A 6
Sárrabus, Regione- **317** D-E 5
Sarraina, Cala- **296** D 1
Sárrala de Susu, Arcu de- **317** B 6
Sarre **47** C 4
Sarrípoli **130** D 2
Sarro **283** A 5
Sárroch **320** D 1-2
Sarrottino **250** C 1
Sársina **133** D 5
Sarsura, Piz- **24** C 3
Sarsura, Val- **24** C 3
Sart, Monte- **45** D 4
Sartácini, Monte- **210** D 1
Sartágine, Capo- **189** B 4
Sartano **241** E 4-5
Sarteano **150** E 3
Sartena **59** B 5
Sartiano **133** E 6
Sartirana Lomellina **84** D 2
Sartori **73** C 4
Sartorona **86** E 3
Sarturano **100** B 2
Sarúle **308** E 2
Sarúle, Cantoniera di- **308** E 2
Sarzana **127** D 5
Sarzano (RE) **117** B 4-5
Sarzano (RO) **92** E 2
Sasc Furà, Rifúgio- **35** C 6
Sa serra **303** D 5

Sassa (AQ) **171** C 6
Sassa (PI) **148** B 1
Sassabanek **70** B-C 2
Sassai, Castello- **317** D 4
Sassalbo **116** E 2
Sassano **233** B 6
Sassano, Regione- **205** D 5
Sassa Putzu **312** E 3
Sássari **301** B 4
Sássari, Cala di- **305** A-B 4
Sassatella **117** E 5
Sassatelli **120** B-C 1
Sassatello, Tombe- **119** E 5
Sass de Mura **41** E 4
Sass de Pútia = Peitler Kofel **30** D 3
Sass de Pútia, Rifúgio- = Würzjochhaus **30** C 3
Sass di Roi **41** B 4
Sassella **36** E 1
Sassello **112** B 1
Sassersa, Laghetti di- **36** D 1
Sasseta (PO) **131** C 4
Sasseta (SP) **115** E 4
Sasseto = Zazid **79** D 6
Sassetta **148** D 1
Sassi **129** B 5
Sassicari, Monte- **168** E 2
Sassi di Rocca Malatina, Parco Regionale dei- **118** D 1-2
Sassière, Lac de là- **46** E 2
Sassière, Pointe- **46** E 2
Sassinoro **195** C 6
Sassinoro, Torrente- **195** D 6
Sass Maor **41** D 4
Sasso (AN) **143** E 5
Sasso (BS) **71** B 6
Sasso (CE) **195** E 4
Sasso (MC) **153** E 6
Sasso (NA) **202** E 3
Sasso (PG) **152** D 3
Sasso (PR) **116** B 3
Sasso (RM) **177** A 4
Sasso (VI) **58** D 2
Sasso = Stein **29** A 4
Sasso, Fiume- **245** E 4
Sasso, Monte il- = Peilstein **26** D 3
Sasso Bianco **41** B 5
Sasso Campana **37** C 4
Sassocorvaro **142** A 1-2
Sasso di Bordighera **122** E 3
Sasso di Castalda **219** E 6
Sasso di Mezzodì **42** E 2
Sasso di San Zanobi **131** A 6
Sasso di Stria **31** E 4
Sasso d'Itália **144** E 3
Sasso di Valfredda **41** B 4
Sasso d'Ombrone **158** A 3
Sassoféltrio **134** E 3
Sassoferrato **143** E 4
Sassoforte, Monte- **149** E 4
Sassofortino **149** E 4
Sasso Gordona **52** C 3
Sasso Guidano, Riserva Naturale di- **118** E 1
Sassoleone **119** E 5
Sasso Lungo = Langkofel **30** E 2
Sassolungo di Cibiana, Monte- **42** E 2
Sasso Lungo di Collalto = Lenkstein **29** D 6
Sasso Malascarpa, Riserva Naturale- **53** D 5
Sasso Manduino **35** D 5
Sasso Marconi **119** D 4
Sassomolare **118** E 2
Sasso Morelli **120** D 1
Sasso Moro **36** C 2
Sassone, Cima del- **33** D 4
Sasso Nero **36** C 2
Sassonero **119** E 5
Sasso Nero = Schwarzenstein **29** A 6
Sassónghér, Monte- **30** E 3
Sasso Piatto, Rifúgio- = Plattkofelhütte **30** D 2
Sasso Pisano **148** C 2
Sasso Rosso **38** D 3
Sasso Simone, Riserva Naturale del- **141** A 6

Sasso Simone e Simoncello, Parco Regionale del- **141** A 6
Sasso Stéfani **58** D 3
Sassostorno **117** E 6
Sasso Tetto **154** C 1
Sasso Tignoso, Monte- **129** A 6
Sassovivo, Abbazia di- **152** E 3
Sass Rigáis **30** D 2
Sassu **310** E 3
Sassu, Monte- **302** C 1
Sassuolo **118** B 1
S.A.T., Rifúgio- **39** E 4
Satanasso, Torrente- **241** A 6
Satriano **249** D 6
Satriano di Lucánia **219** D 6
Satriano, Torre di- **219** D 5
Sattoa, Casa- **301** E 6
Satúrnia **159** D 4
Saubach = Sant'Ingenuino **30** D 1
Sauch, Casera- **60** C 3
Sáucolo, Monte- **202** D 3
Sáuli, Massería- **230** B 3
Sáuna **116** B 2
Sáuris **43** D 5
Sáuris, Lago di- **43** D 4-5
Sáuris di Sopra **43** D 4
Sáuris di Sotto **43** D 5
Sáuro **268** A 2
Sáuro, Torrente- **237** B 5
Saurru, Monte- **302-303** A 3-4
Saut, le- **46** E 2
Sautròn, Monte- **108** A 2
Sauze di Cesana **94** A 2
Sauze d'Oulx **80** E 2
Sava **225** D 6
Sava, Fiume- **194** B-C 2
Sava, Massería- **210** E 1
Sava, Stazione di- **225** D 6
Savagnasco **65** C 4-5
Savaiana **130** C 3
Savalòns **62** B 2
Savara, Torrente- **47** D 4
Savarino, Monte- **282** B 2
Savarna **121** C 4
Savazza **119** E 5
Savelletri **212** A 1
Savelli (KR) **246** B 3
Savelli (PG) **163** C 4
Savelli, Castello- **179** E 5
Savellòn **92** D 1
Savena, Torrente- **119** D 4
Savenca, Torrente- **64** D 2
Savi **82** E 3
Saviana **133** D 4
Saviano **215** B 6
Savigliano **96** E 1
Savigliano, Rifúgio- **94** E 3
Savignano (BA) **207** C 4
Savignano (CE) **194** E 3
Savignano (PU) **134** E 3
Savignano (TN) **57** D 5
Savignano di Rigo **133** D 6
Savignano Irpino **197** E 5
Savignano Mare **134** B 2
Savignano sul Panaro **118** C 2
Savignano sul Rubicone **134** D 2
Savigno **118** D 2-3
Savignone **113** A 4
Savinaro **91** D 4
Saviner **41** B 5
Savini **174** B 3
Savino, Colle- **185** B 6
Sávio **121** E 5
Sávio, Fiume- **121** E 5
Sávio, Molino- **314-315** C 3-4
Saviore, Val di- **55** B 6
Saviore dell'Adamello **55** B 6
Savogna **63** A 5
Savogna d'Isonzo (Sovodnje ob Seči) **63** D 5
Savognática **117** C 5
Savóia, Albergo- **46** E 3
Savóia, Castello- **49** D 5
Savóia di Lucánia **219** D 5
Savona **112** D 1
Savona, Rifúgio- **110** E 3

Savonarolo **105** B 6
Savone, Fiume- **194** E 2
Savone, Torrente- **201** D 5-6
Savonera **82** D 1
Savoniero **117** E 6
Savorgnano (AR) **141** C 4
Savorgnano (PN) **61** E 6
Savorgnano della Torre **62** A 3
Savoulx **80** E 1
Savuci **245** E 6
Savuco, Casa- **206** D 3
Savudrija (Salvore) **78** E 3
Savudrija, Rt- (Punta Salvore) **78** D 3
Savuto **244** E 3
Savuto, Fiume- **245** D 5
Savuto, Lago del- **245** C 5
Savuto, Sorgente del- **245** C 6
Saxe, la- **46** B 2
Sazzo **36** E 2
Sbidri, Massería- **213** C 5
Sbiego, Ponte- **194** A 2
Sbornina, Rio- **110** E 2
Scabbiabella **113** B 5
Scabro, Colle- = Rauhe Bühel **27** D 4
Scacchieri **283** A 5
Scacciano **135** D 4
Scafa **173** D 5
Scafali **152** E 3
Scafati **216** B 3
Scaffaiolo, Lago- **130** B 2
Scafi, Monte- **256** E 2
Scáglia **168** E 1
Scaglieri **156** C 2
Scagnello **110** D 3
Scagni **99** C 6
Scagno, Massería- **212** D 1
Scai **163** D 5
Scaiano **33** E 5
Scála (ME-Patti) **269** A 4
Scala (ME-Torregrotta) **271** C 6
Scala (PI) **138** C 2
Scála (SA) **217** C-D 4
Scala, Convento della- **289** E 6
Scala, la- **150** D 2
Scala, Nuraghe- **310** A 3
Scala Cavalli, Cantoniera- **300** C 3
Scala Coeli **243** E 5
Scala di Giocca **301** B 4
Scala Erre, Trívio- **298** C 2
Scala Greca **291** D 6
Scala Manna, Punta- **309** E 4
Scalambra, Monte- **180** C 3
Scalambri, Capo- **292** C 2
Scala Nuova, Casa- **279** D 5
Scala Piccada, Cantoniera- **300** E 3
Scalaro **64** C 2
Scala Rúia, Stazione- **302** B 1
Scálas, Genna- **313** A 5
Scala s'Ebba **311** C 6
Scala sos Pezzos **307** C 6
Scalate **33** D 4
Scaldasole **85** D 4
Scale, Corno alle- **130** B 2
Scale, Ponte delle- **56** B 3
Scalea **240** A-B 2
Scalea, Capo- **240** A 1
Scalella, Massería- **207** D 5
Scalella, Massería la- **226** C 2
Scalelle **154** E 2
Scalenghe **95** B 6
Scalera **205** E 6
Scaléres = Schalders **30** C 1
Scaléres, Valle di- = Schaldertal **30** C 1
Scaletta, Monte la- **114** C 2
Scaletta Marina **258** D 1
Scalettapass **24** C 2
Scaletta Superiore **258** D 1
Scaletta Uzzone **111** B 5
Scaletta Zanclea **258** D 1
Scalette, Cima delle- **100** E 1
Scali, Póggio- **132** E 3
Scalilla, Massería- **229** D 5
Scalilla, Pizzo- **269** C 6
Scalilli, Fermata- **283** B 4
Scalino, Pizzo- **36** C-D 2

Scaliti **248** E 3
Scalitta, la- **299** B 6
Scalittas **314** D 2
Scalo dei Saraceni **199** A 4
Scalòn **59** C 4
Scalone, Passo dello- **240** D 3
Scalorbi, Rifúgio- **73** B 4
Scalo Romagnano **219** D 4
Scalo Teverina **169** B 6
Scalpello, Monte- **282** C 2
Scaltenigo **92** B 3
Scalúcchia, Monte- **116** D 3
Scalváia **149** D 4
Scalvino **54** C 1
Scálzeri **57** D 6
Scampamorte, Torre- **186** B 3
Scampitella **204** B 3
Scanaiòl, Cima- **40** E 3
Scanapà, Monte- **55** D 4
Scanarello **107** A 6
Scancio **39** E 5
Scandale **247** D 4-5
Scandarello, Lago dello- **163** D 5
Scandeluzza **83** E 5
Scandiano **117** A-B 6
Scandicci **139** B 4
Scandolara **75** C 5
Scandolara Ravara **88** E 2
Scandolara Ripa d'Óglio **88** C 1
Scandolaro **152** E 3
Scandole **72** C 3
Scandósio **47** E 6
Scandríglia **170** E 3
Scanello **119** E 4
Scannabue **87** B 4
Scannata, Portella- **278** C 3
Scanno **182** C 3
Scanno, Lago di- **182** B-C 3
Scanno, lo- **224** D 3
Scanno del Tesoro, Monte- **233** B 5
Scano al Brembo **69** B 5
Scano di Montiferro **306** E 3
Scansano **158** D 3
Scanu, Casa- **314-315** B 3-4
Scanuppia, Riserva Naturale- **57** C 5-6
Scanza **115** B 6
Scanzano (AQ) **171** C 6
Scanzano (NA) **215** D 6
Scanzano (PG) **152** E 3
Scanzano, Lago dello- **263** D 4
Scanzano Jónico **239** A 6
Scanzorosciate **69** B 6
Scaparone **96** D 3
Scapati, Massería- **223** C 4
Scapezzano **143** A 6
Scapitella, Válico- **204** C 3
Scápoli **194** A 2
Scapoli, Villa- **164-165** C 3-4
Scapparone, Monte- **256** E 3
Scarámia, Capo- **292** C 2
Scarampi **101** E 5
Scarborato, Monte- **242** E 3
Scarcelli **244** A 1
Scardevara **91** B 4
Scardilla, Monte- **265** E 5
Scardilli, Massería- **281** C 6
Scardina, Cava- **293** C 5
Scardina, Monte- **261** C 5
Scardino, Casa- **262** D 2
Scardovari **107** B 6
Scardovari, Sacca degli- **107** B-C 6
Scaréglia **107** C 5
Scarenna **53** D 5
Scareno **51** B 5
Scarfiotti, Rifúgio- **80** D 2
Scária Intelvi **52** C 3
Scari **273** A 6
Scário **233** E 6
Scarlino **157** B 6
Scarlino Scalo **157** B 6
Scarmagno **64** E 3
Scarna **149** A 4
Scarnafigi **95** E 6
Scarpa, Rifúgio- **41** D 5

Scarpagiano **35** E 4
Scarpaléggia **238** D-E 1
Scarpelli, Massería- **186** C 2
Scarpello **129** B 6
Scarperia **131** C 6
Scarperia, Giogo di- **131** C 6
Scarpignano, Corno di- **50** B 2
Scarpizzolo **88** B 1
Scarráus, Rio su de- **319** C 5
Scárria, Monte- **115** B 4
Scarrone, Monte- **256** E 2
Scarsito, Fiume- **153** C 5
Scarzana **132** C 2
Scarzara **102** D 2
Scassella, Monte- **115** C 4
Scatolari **57** E 6
Scáttas, is- **319** C 5
Scávarda, Rifúgio- **46** D 2
Scavignano **132** A 3
Scavioli, Fiume di- **268** C 1-2
Scavo, Portella dello- **279** C 4
Scavolino **133** E 6
Scazzolino **100** B 1
Scena = Schenna **27** C 5
Scerne **165** C 5
Scerni **175** E 4
Scérscen, Torrente- **36** C 2
Scérscen Inferiore, Vedretta di- **36** C 2
Scessa **36** D 2
Scesta **130** C 1
Scezze = Tschötsch **30** C 1
Schabs = Sciáves **30** B 2
Schafberg = Piz Minschuns **25** D 6
S-chalambert, Piz- **25** B 5
Schalderertal = Valle di Scaléres **30** C 1
Schaldern = le Laste **30** A 2
Schalders = Scaléres **30** C 1
Schalfkogl **26** B 3
S-chanf **24** D 2-3
S-charl **25** C 5
S-charl, Val- **25** C 5
S-charljöchl = Passo della Crocetta **25** C 5
Schartlkogl **25** A 6
Schatzalp **24** B 1
Schatzbühel **43** A 6
Schaubachhütte = Rifúgio Città di Milano **26** E 1
Schaufel-Spitze **28** A 1
Schéggia **142** E 3
Schéggia, Pizzo la- **32** D 3
Schéggia, Válico di- **141** C 4
Schéggia e Pascelupo **142** E 3
Scheggiánico **131** B 6
Scheggino **162** C 2
Schegli **111** B 6
Schémbari, Casa- **288** E 3
Schenèr, Castello- **58** B 3
Schenèr, Valle- **58** A-B 3
Schenèr o Pontèt, Lago- **58** A-B 3
Schenna = Scena **27** C 5
Schennaberg = Montescena **27** C 5
Schenone, Monte- **45** C 4
Schera, Munt la- **25** C 4
Scherbina → Škrbina **63** E 6
Schettino, Contrada- **282-283** B 3-4
Schettino, Stazione di- **283** B 4
Schia **116** C 2
Schiagni **153** C 4
Schianchetta, Massería- **235** D 6
Schianno **52** E 2
Schiápparo, Foce- **186** B 3
Schiara **126-127** D 3-4
Schiara, Monte- **41** D 6
Schiava **203** E 4
Schiavi (PC) **100** D 1
Schiavi (VI) **73** D 6
Schiavi, Torre degli- **201** E 6
Schiavi di Abruzzo **184** C-D 2
Schiavo **257** C 5
Schiavòi **60** E 3
Schiavòn **74** B 1

Schiavone, Massería- **197** A 6
Schiavoni **195** D 6
Schiavoni, Massería- **226** B 1
Schiazza, Canale della- **191** C 6
Schiena Cavallo, Monte- **182** D 2
Schierano **50** B 2
Schierano **83** D-E 4
Schierano, Monte- **193** C 4
Schieti **142** A 2
Schiette, le- **287** B 5
Schievenin **59** D 4
Schifani, Casa- **279** D 5
Schifanóia (PG) **152** B 3
Schifanóia (TR) **170** A-B 1
Schignano (CO) **52-53** C 3-4
Schignano (PO) **131** D 4
Schigno **141** A 5
Schilpário **55** C 5
Schiltfluh **24** A 2
Schina de sa Stóia, Rio sa- **319** A 6
Schino della Croce, Monte- **267** E 6
Schio **73** B 6
Schiranna **51** E 6
Schirò **283** D 3
Schisò **269** D-E 6
Schisò, Capo- **269** D 6
Schivenóglia **104** A 2-3
Schizzola, Torrente- **99** B 5
Schlanders = Silandro **26** D 2
Schlandrauner Tal = Val di Silandro **26** C-D 2
Schlaneid = Salonetto **27** D 5
Schlappinbach **24** A 2
Schlarigna = Celerina **24** E 2
Schlegeisspeicher **29** A 5
Schleis = Clúsio **25** C 6
Schlern = Monte Scíliar **30** E 1
Schlernhaus = Rifúgio Bolzano **30** E 1
Schlinig = Slíngia **25** C 6
Schliniger Tal = Valle Slíngia **25** C 6
Schluderbach = Carbonin **31** D 5
Schluderns = Sluderno **26** C 1
Schluder Spitze = Punta di Slúder **26** E 1
Schlüterhütte = Rifúgio Génova **30** D 3
Schmieden = Ferrara (BZ-Bráies) **31** C 5
Schmieden = Ferrara (BZ-Sesto) **31** C 6
Schnals = Senáles **26** C 3
Schnalstal = Val Senáles **26** B-C 2-3
Schnauders = Snódres **30** C 1
Schneespitzhütte = Rifúgio Cremona **28** A-B 2
Schönau = Belprato **27** A 4
Schönbichl = Bel Colle **31** A 4
Schönbielhütte **49** A 4
Schöne Aussicht = Rifúgio Bellavista **26** B 2
Schöneben = Belpiano **25** B 6
Schönrast = Monte Pausabella **39** C 6
Schönwies-Hütte **26** A-B 3
Schönwipfel Schutzhaus **45** B 5
Schottensee **24** B 2
Schrammacher **29** A 4
Schrankogl **28** B 1
Schröfwand = Crodarotta **26** C 3
Schuls = Scuol **25** C 5
Schwarzenbach = Rionero **39** C 6
Schwarzenstein = Sasso Nero **29** A 6
Schwarzes Törl **29** D 6
Schwarze Wand = Croda Nera **31** A 4
Schwarzhorn (Svízzera) **24** B 2
Schwarzhorn = Monte la Rocca **39** C 6
Schwarzkopf = Cima Nera **27** B-C 4

Schwarzsee **49** A 4
Schwarzseespitze =
Cima Lago Nero **27** D 6
Schweinsteg = Sant'Órsola
27 C 5
Sciabani **285** C 5
Sciacca (AG) **277** D 5
Sciacca (TP) **274** B 3
Sciacqui **130** E 1
Sciaguana, Vallone- **282** B 1-2
Scialandro, Scoglio- **261** B-C 4
Sciale Bórgia **199** A 4
Scialmarino, Spiággia- **189** B 5
Scianica **55** B 6
Sciano **139** D 4
Sciara **265** E 5
Sciara, Bívio- **263** D 6
Sciara, Rocca di- **266** E 1
Sciara-Aliminusa, Stazione-
265 E 5
Sciaraffi, Masseria- **220** B 2
Sciarapótamo, Fiumara-
253 D 5
Sciarborasca **112** C 1-2
Sciáves = Schabs **30** B 2
Scicli **292-293** C 3-4
Sciconi **248** D 3
Scido **256** B 3
Sciedi **162** C 3
Sciesa, Monte- **35** D-E 5
Sciessere **58** E 2
Scifa, Monte- **253** E 5
Scifarello, Timpone- **241** B 4
Scifelli **181** E 6
Scifi **269** C 6
Scifo **247** E 6
Scigliano **244-245** D 3-4
Scíglio **269** C 6
Scíliar, Monte- = Schlern **30** E 1
Scíliar, Torrente- **30** E 1
Scíliar-Catinaccio, Parco
Naturale- **30** E 1
Scilla **256** B 1
Scillato **265** E 6
Scille **141** C 4
Scillichenti **283** A 6
Scímmia, Tomba della- **151** D 4
Scindarella, Monte della-
172 B 2
Scintilía **285** B 4
Scióllas, Bruncu- **317** D 6
Scioltabino, Masseria- **281** D 4
Sciolze **82** D 3
Sciora, Capanna- **35** C 6
Scipione **101** D 5
Scipione di Blasi, Ponte-
185 D 4
Scirca **152** A 3
Scirocco, Cala- **157** E 5
Scirocco, Punta- **256** C 2
Scirthaea **277** B 6
Scisciano (AN) **143** D 6
Scisciano (NA) **215** B 6
Scit, i- **66** B 2
Scláfani Bagni **266** E 1
Sclamóris, Cantoniera- **317** B 4
Sclaunicco **62** C 2-3
Sclavons **61** D 4
Sclos **122** E 1
Scodella, Póggio- **157** C 6
Scoffera, Passo della- **113** B 5
Scoglietti, Punta- **298** E 1
Scoglio d'Áffrica **156-157** E 3-4
Scoglitti **292** B 1
Scogna Superiore **115** E 4
Scoiano **141** D 4
Scoíne, Monte- **313** B 5
Scolaticci **270** B 3
Scolca, Nuraghe- **307** C 4
Scoltenna, Torrente- **117** E 6
Scombro di Dentro, Cala-
298 E 2
Scombro di Fuori, Cala- **298** B 1
Scomigo **60** E 2
Scomúnica, Punta della-
298 A 2
Sconchíglio **174** C 2
Scontrone **183** D 5
Scopa **50** D 2
Scopa, Monte- **211** C 5

Scopelle **50** D 3
Scopello (TP) **261** C 5
Scopello (VC) **50** E 2
Scopello, Tonnara di- **261** C 5
Scopeti **132** E 1
Scopetone, Foce di- **141** E 4
Scopetta **50** D 2
Scópoli **153** E 4
Scópolo **115** A 4
Scoppieto **161** C 4
Scóppio **161** C 6
Scoppito **171** B 6
Scorace, Monte- **261** D 5
Scorcétoli-Montelúscio **115** D 6
Scorciabove, Masseria-
197 A 2
Scorciavacche, Portella-
262-263 E 3-4
Scorciavuoi, Monte- **245** C 6
Scorciosa **174** D 3
Scorda, Monte- **256** C 3
Scordia **289** A-B 4
Scorgiano **149** A 4
Scorgnano **73** D 4
Scórnari, Fiume- **249** E 4
Scorno, Punta dello- **298** A 2
Scorpura, Masseria- **226** C 1
Scorrano (LE) **227** E 6
Scorrano (TE) **164** D 3
Scorsonara **213** E 6
Scortichino **105** B-C 4
Scorzarolo **89** E 5
Scorzatello, Póggio- **129** A 6
Scorzè **75** D 5
Scorzo **218** D 3
Scorzone, Monte- **206** B-C 3
Scossicci **145** C 5
Scotaneto **142** A 3
Scotano, Monte- **212** D 2
Scoto, Masseria- **227** B 6
Scotoni, Rifúgio- **31** E 4
Scottini **57** D 5
Scotto, Casa- **307** B 6
Scova, Monte sa- **312** C 2
Scovetta **107** B 5
Scózia, Villa- **211** D 4
Scrájo, Terme- **216** C 3
Scrau, Punta su- **313** D 4
Scravaión, Colle- **124** B-C 2
Scrimignano **99** C 4
Scrisà **256** E 3
Scrisi, Monte- **256** C 1
Scritto **152** B 2
Scrívia, Torrente- **98** D 3
Scrocca Manna, Monte sa-
318 C 3
Scrofiano **150** B 2
Scrófola, la- **198** C 3
Scrofório **253** E 4
Scrutto **63** A 5
Scubiago **34** C 2
Scubina **63** A 5
Scudellate **52** C 3
Scuderi, Monte- **258** D 1
Scudiero, Monte- **244** C-D 3
Scudo, Porto- **319** E 5
Scupetu, Cantoniera- **296** E 2
Scura, Monte della- **141** A 6
Scurano **116** B 3
Scurati **261** C 4
Scúrcola Marsicana **181** A 4-5
Scurelle **58** B 2
Scurigogu, Cantoniera- **301** E 6
Scuro, Lago- **115** D 6
Scuro, Monte- (CS) **245** B 4
Scuro, Monte- (SA) **233** C 5
Scurzolengo **97** B 5
Scusi, Dólmen di- **231** A 4
Sdobba, Punta- **78** B 3
Sdragonato, Grotta dello-
296 A 2
Sdriscia, la- **147** D 6
Sdruzzinà **72** B 3
Sealza **122** E 2
Seano **130** E 3
Sebastiani, Rifúgio- **172** E 1
Sébera, Punta- **319** C 6
Sebino, Lago- **70** A-B 2
Seborga **122** E 3

Seča (Sezza) **79** D 4
Secca, la- **60** B 2
Secca, Punta- (AG) **284** C 2
Secca, Punta- (GR) **166** E 3
Secca, Punta- (LI) **156** B 1
Seccada **33** B 6
Seccagrande **277** E 6
Seccata **110** D 2
Seccata, Torrente- **247** B 5
Secche della Melória, Area
Marina Protetta- **136** C 3
Secche di Tor Paterno, Area
Marina Protetta- **179** C 3
Seccheto **156** D 1
Sécchia **117** C 6
Sécchia, Fiume- **117** C 6
Secchiano (PU) **142** C 2
Secchiano (RN) **133** D 6
Secchieta, Monte- **140** A 1
Sécchio **117** D 4
Secciano **131** D 4
Secco, Monte- **54** C 3
Secco, Fiume- **281** E 6
Secco, il- **84** E 3
Secco, Rio- (CH) **183** A 6
Secco, Rio- (GR) **148** D 1-2
Secco, Rio- (PA) **266** E 2
Secco, Tonnara del- **261** B 5
Seceda, Monte- **30** D 2
Secinaro **172** E 3
Sécine, Monte- **183** C 5
Secli **227** E 5
Seclì-Neviano-Aradeo,
Stazione di- **227** E 5
Secondigliano **215** B 4-5
Sečovlje (Sicciole) **79** E 4
Sečovlje, Soline- (Saline di
Sicciole) **79** E 4
Sečovlje, Ušće- (Vallone di
Sicciole) **78-79** D-E 3-4
Secretondo, Monte- **54** D 2
Secugnago **86-87** C 3-4
Sécula **74** E 1
Sedda, su Pranu de- **315** D 5
Sedda Manimundu **312** A 1
Seddánus, Torrente- **315** C 5
Sedda sa Férula **308** C-D 2-3
Séddas Moddízzis **314** E 2
Seddusai, Monte- **312** A 2
Sedegliano **61** D 6
Sedena **71** D-E 5
Sédico **59** B 6
Sedilis **44** E 3
Sédilo **307** E 5-6
Sédime **82** B 1
Sédini **299** D 6
Sedita, Monte- **284** B 1
Sedlo **45** E 4
Sedrano **61** C 4
Sedriano **67** D 4
Sedrina **54** E 1
Sédrio **117** A 5
Seduto, Monte- **253** D 5
Seebach **29** D 6
Seekofel = Croda del Becco
31 C 4
Seekofel Hütte = Rifúgio Biella
31 C 4
Seespitze **29** D 6
Seewerbach =
Torrente del Lago **27** A 4
Séez **46** D 1
Seezoller **28** A 3
Sefro **153** C 5
Sega (VE) **77** A 4
Sega (VI) **59** E 4
Sega (VR) **72** D 2
Sega, la- **72** B 3
Segabiello **70** D 2
Segada, sa- **300** C-D 2
Sega Digòn **42** B 3
Segagliate **99** C 4
Segalari, Torre- **147** B 6
Segantini, Báita- **41** D 4
Segantini, Rifúgio- **38** D 1
Segariu **316** C 1
Segavécchia, Rifúgio- **130** B 2
Segesta **261** D 5
Segesta, Fermata- **261** D 5
Seggiano (GR) **150** E 1

Seggiano (MI) **68** D 3
Seggiano (PG) **161** A 6
Séggio (FC) **133** C 4
Séggio (LU) **129** C 6
Séggio, Contrada- **275** C 5
Séggio, Toppo- **197** B 5
Seghe **58** E 1
Seghe, le- **38** E 3
Seghébbia **52** B 3
Segl-Baselgia = Sils-Baselgia
36 B 1
Séglia **122** E 2
Segl-Maria = Sils-Maria **36** B 1
Segnacco **62** A 3
Segnale, Torre del- **189** C 5
Segni **180** C 2
Segno (SV) **111** E 6
Segno (TN) **39** C 4
Segonda **104** A 3
Segonzano **39** E 5
Segonzano, Pirámidi di- **39** E 5
Segrate **68** D 3
Segrino, Lago di- **53** D 4-5
Segromigno in Monte **129** D 6
Séguret, Monte- **80** E 2
Seguro **67** D 5
Segusino **59** D 5
Seguzzone **100** B 1
Seiano **215** E 6
Sei Busi, Monte- **63** E 5
Seigne, Col de la- **46** B 1
Séio **39** B 4
Seis = Siusi **30** E 1
Seiser Alm = Alpe di Siusi
30 E 1-2
Seissogne **47** C 5
Selárgius **320** B 3
Selasca **51** C 5
Selassa, Punta- **95** D 4
Selbagnone **133** A 5
Selce, la- (AR) **150** B 3
Selce, la- (RM) **177** C 6
Selcella, Canale della- **191** C 6
Selci (PG) **141** D 5
Selci (RI) **170** C 1
Sele, Canale Principale-
218 D 1
Sele, Fiume- **218** D 2
Sele, Foce del- **217** E 6
Sele, Piana del- **217** D-E 6
Sele, Ponte- (AV) **218** B 3
Sele, Ponte- (SA) **218** D 2
Sélegas **316** C 2
Seleron, Monte- **36** E 1
Selfranga **24** A 2
Sélice, Ponte a- **202** D 1
Selino Alto **53** E 6
Selinunte **275** D 5
Selkingen **32** C 2
Sella (BI) **65** B 5
Sella (GE) **113** B 5
Sella (TN) **58** C 1
Sella (UD) **62** D 2
Sella = Söll **39** C 5
Sella, Cima- **42** E 3
Sella, Cima, la- **32** E 3
Sella, Gruppo di- **30** E 2-3
Sella, la- **36** C 2
Sella, Laghi della- **109** D 2
Sella, Monte della- **117** B 4
Sella, Passo di- **30** E 2
Sella, Rifúgio- (AO-Cogne)
47 D 4
Sella, Rifúgio-
(AO-Courmayeur) **46** B 1
Sella, Rifúgio- (AO-Gressoney-
la-Trinité) **49** B 5
Sella, Val di- **58** C 1
Sella Ciampigotto **43** C-D 4
Sella delle Trincee →
Selo na Krasu **63** E 6
Sella di Caporetto →
Staro Selo **45** E 5
Sella di Corno **171** C 5-6
Sella di Corno, Stazione di-
171 C 5
Sella di Razzo **43** D 4
Sella di Sènnes, Monte- **31** C 4
Sella Eugénio, Rifúgio- **49** A 5
Sellano **162** A 3
Sella Quintino, Canale- **66** E 2

Sella Quintino, Rifúgio- **94** E 3
Sella Quintino e Tuckett,
Rifugi- **38** E 2
Séllaro, Monte- **241** A 6
Sella Soprano, Lago della-
109 D 4
Sella Sottano, Lago della-
109 D 4
Sellata, Rifúgio la- **220** D-E 1
Sellate, Torrente- **148** B 3
Sellécchia **162** E 1
Séllere **55** E 4
Selleries, Rifúgio- **81** E 4
Séllero **55** B 6
Séllero, Monte- **55** B 5
Selle Vécchie, Colle- **122** A 3
Sellía **250** B-C 2
Sellía Marina **250** C 3
Sellía Marina, Stazione di-
250 C 3
Sellustra, Torrente- **119** E 6
Selma **34** C 3
Selo **63** A 6
Selo na Krasu
(Sella delle Trincee) **63** E 6
Seltschach **45** B 6
Selva (BG) **70** B 1
Selva (BR) **211** D 6
Selva (CH) **174** E 3
Selva (FI) **131** B 5
Selva (GR) **159** C 5
Selva (MO) **117** D 6
Selva (PC-Cerignale) **114** A 2
Selva (PC-Farini) **100** E 3
Selva (PC-Ferriere) **114** A 3
Selva (PN) **61** C 4
Selva (RO) **106** A 2
Selva (SO) **36** E 3
Selva (TN-Grigno) **58** C 2
Selva (TN-Lévico Terme) **57** C 6
Selva (VI) **73** E 6
Selva, Bocca della- **195** C 5
Selva, Casa- **195** A 6
Selva, Fienili- **42** B-C 3
Selva, la- (AR) **140** E 1
Selva, la- (FR-Sora) **181** E 6
Selva, la- (FR-Vallerotonda)
194 A 1
Selva, la- (SI) **149** B 4
Selva, Lago della- =
Waldner See **29** C 5
Selva, Masseria la- **212** D 2
Selva, Monte della-
(AO-Bariscianto) **172** C 2
Selva, Monte della- (AQ-Ortona
dei Marsi) **182** A 2
Selva, Póggio- **160** D 2
Selva, Ponte- **54** D 2
Selva Alta, Monte- **71** C 5
Selva a Mare, 'Pizzo- **263** C 4
Selva Candida Lucchina
177 B 6
Selvacava **193** D 5-6
Selva dei Molini = Mühlwald
30 A 3
Selva dei Molini, Valle- =
Mühlwalder Tal **30** A 2-3
Selva del Bocchetto **115** A 6
Selva del Lamone, Riserva
Naturale Parziale- **159** E 6
Selva del Montello **59** E 6
Selva di Cadore **41** B 5
Selva di Progno **73** C 4
Selva di Tríssino **73** C 5
Selva di Val Gardena =
Wolkenstein in Gröden
30 E 2
Selvaggi, Masseria-
224 A-B 3
Selvággio **81** E 5
Selvággio, Bosco- **253** D 4
Selvággio, Lago- = Wilder See
30 A 1
Selva Grossa **115** A 6
Selva Maggiore **193** A 4
Selva Malvezzi **119** B 6
Selvanizza **116** C 3
Selvapiana, Cona di- **192** A 1
Selvapiana (AL) **99** D 5-6
Selvapiana (FC) **133** E 4
Selvapiana (RE) **117** B 4

Selvara **204** C 1
Selvarizzo **89** C 4
Selva Rotonda **163** D 4
Selvata, Rifúgio- **38** E 3
Selvatelle **138** D 1
Selvática, Casa- **101** B 5
Selvatorta **144** B 2
Selvavécchia **72** C 3
Selvazzano **153** C 5
Selvazzano Dentro **92** B 1
Selve **83** B 6
Selvella, Masseria la- **210** C 1
Selve Marcone **65** B 5
Selvena **159** C 5
Selvetta **35** E 6
Selvino **54** E 2
Sélvis **63** B 4
Sélvole **88** B 3
Selvone **194** A 2
Selvotta (FR) **194** C 1
Selvotta (RM) **179** E 4
S.E.M., Rifúgio- **53** D 5
Semantile, Bosco- **268** D 2
Semedela (Semedella) **79** D 4
Semedella → Semedela
79 D 4
Semensis **114** A 2
Sementina **34** D 2
Semenza, Rifúgio- **60** B 3
Semering **45** A 5
Seméstene **307** C 4
Semiana **84** D 3
Semifonte **139** D 4
Seminara **252** E 3
Seminário **160** C 1
Seminário, Monte- **204** B 1
Seminenga **83** D 5
Seminiato, Canale-
106-107 B 3-4
Seminò **100** D 1
Semino **113** A 4
Semione **34** B 2
Semivícoli **174** C 2
Semogo **25** E 4
Semonte **142** E 2
Semonzetto **58** E 3
Semonzo **58** E 3
Semorile **113** D 6
Semoriva **101** B 6
Šempas (Sambasso) **63** D 6
Sempeter pri Gorici **63** D 6
Sémpio, Monte- **303** D 5-6
Sempione → Simplon **32** D 1
Sempione, Galleria del-
32 C-D 1
Semprevisa, Monte- **192** A-B 1
Semproniano **159** C-D 5
Semurano **35** E 4
Sena, Rio- **306** E 3
Senadole **79** B 6
Senaga **72** B 2
Senago **67** C 5
Senáia **151** A 2
Senáiga, Lago della- **58** C 3
Senáiga, Torrente- **58** B 3
Senale = Unsere Liebe Frau im
Walde **27** E 4
Senáles = Schnals **26** C 3
Senáles, Val- = Schnalstal
26 B-C 2-3
Senale-San Felice = Unsere
Liebe Frau im Walde-
Sankt Felix **27** E 4
Senalonga, Punta di- **303** D 4
Senárega **113** B 5
Senárica **164** D 1
Senarico **206** C 3
Senatello **141** A 5
Séneghe **310** A-B 3
Senérchia **218** B 2
Senes, Monte- **309** B 5
Sénes, Rifúgio- **41** B 5
Séngie, Punta delle- **47** E 5
Seniga **88** C 1
Senigállia **144** A 2
Sénio, Torrente- **120** C 3
Sénis **311** D 6
Senise **238** C 3
Senna, Fosso- **158** C 3
Senna, Torrente- **159** C 6
Senna Comasco **52** E 5

Senna Lodigiana 86-87 D 3-4
Sennaríolo 306 E 3
Sénnes, Rifúgio- 31 D 4
Senni 131 C-D 6
Sénnori 299 E 4
Senoli 257 C 4
Senorbì 316 D 2
Sénore, Torrente- 277 A 5
Sénore, Vallone- 277 A 5
Senosécchia → Senožeče
79 B 6
Sensole 70 B 2
Sent 25 B 5
Sente, Torrente- (FG) 197 A 4
Sente, Torrente- (IS) 184 D 2
Sentèr 57 D 5
Sentieri, Sella dei- =
Gasteiger Sattel 27 D 6
Sentinella 239 D 5
Sentinella, Colle della-
185 A-B 4
Sentinella, Monte- 192 A 1-2
Sentino 153 C 6
Sentino, Torrente- 142 E 3
Sentinum 143 E 4
Sentviška Tura 79 A 6
Senzano 70 B 2
Seo 56 B 3
Separone, Masseria- 198 C 2
Sepino 195 C 6
Seppiana 50 A-B 3
Séppio 153 C 5
Septimerpass 35 B 6
Septumian 47 C 6
Sequals 61 B 5
Serafini 58 C 3
Serano, Monte- 162 A 2
Sérapo 200 C 2
Seráuta, Pizzo- 41 B 4
Seravezza 129 C 4
Serbaríu 319 B 4
Sérchio, Fiume- 129 D 6
Sércia, Valle- 263 C 5
Sérdes 41 B 6
Serdiana 316 E 3
Serdiana, Stagno di- 320 A 2
Serè, Bric del- 111 C 6
Seregno 67 B 6
Serena, Testa di- 46 B 3
Serenàt, Monte- 44 C 2
Serèn del Grappa 59 C 4
Serenne, Col de- 94 E 1
Sergassi → Srgaši 79 A 6
Sergnano 69 E 5
Seriana, Valle- 54 B-E 2-3
Seriate 69 B 6
Sérico, Monte- 206 E 3
Serignana 132 D 2
Serina 54 D 2
Serino 217 A 6
Serino, Masseria- 211 D 4
Serino, Monte- 242-243 E 3-4
Sério, Fiume- 87 B 4
Sério, Masseria- 211 C 4
Sério, Monte- 211 D 4
Sério, Parco Regionale del-
69 C-E 5-6
Seriola 88 C 3
Serlale, Torrente- 150 C 1
Serle 71 C 4
Sermenza, Torrente- 49 C 6
Sermério 56 E 2
Sermezzana 129 A 4
Sérmide 105 A 4
Sermoneta 191 B 6
Sermória 98 E 3
Sermugnano 160 C 3
Sernáglia della Battáglia
59 D 6
Serneus 24 A 2
Serniga 71 C 5
Sérmio 37 D 4
Sérnio, Monte- 44 C 2
Serò 115 E 4
Seródoli, Lago- 38 D 2
Serole 111 A 5
Seroti, Laghi- 37 D 5
Serottini, Monte- 37 C-D 5
Serpe, Torre del- 231 A 6
Serpeddì, Punta- 317 E 4
Serpentara 179 B 4

Serpentara, Ísola- 321 C 6
Serpente, Torrente- 287 C 6
Serpiano (MO) 117 E 5
Serpiano (Svízzera) 52 C 2
Serpiolle 131 E 5
Serra (AL-Bósio) 98 E 3
Serra (AL-Odalengo Píccolo)
83 D-E 5
Serra (AL-Quattórdio) 97 B 6
Serra (AT) 82 E 3
Serra (AV-Montefusco) 203 D 6
Serra (AV-Prátola Serra)
203 E 6
Serra (CN) 110 D 3
Serra (FC) 133 D 6
Serra (GE-Cicagna) 113 C 6
Serra (GE-Torríglia) 113 B 5-6
Serra (MO) 118 D 1
Serra (PI) 148 B 2
Serra (RA) 120 E 1
Serra (SP) 127 D 4-5
Serra (TE) 164 C 1
Serra, Alpe di- 141 A 4
Serra, Colline la- 64-65 C-D 3-4
Serra, la- (PI) 138 C 2
Serra, la- (PO) 130 E 3
Serra, Monte- (LI) 156 C 3
Serra, Monte- (LU) 137 A 6
Serra, Monte- (PG-Nórcia)
163 B 4
Serra, Monte- (PG-Valfábbrica)
152 B 3
Serra, Monte- (PZ) 238 E 1
Serra, Monte- (RI) 170 C 3
Serra, Monte- (SO-Svízzera)
24 D 3
Serra, Monte della- 132 C 3
Serra, Monte la- (AQ) 172 C 3
Serra, Monte la- (AV) 204 E 3
Serra, Monte la- (CL-CT)
288 B 1
Serra, Monte la- (CS-Cetraro)
240 E 3
Serra, Monte la- (CS-Morano
Càlabro) 241 A 4
Serra, Monte la- (FG-Gargano)
188 D 1
Serra, Monte la- (FG-Panni)
197 E 6
Serra, Monte la- (MT) 222 E 1
Serra, Monte la- (PZ-Maratea)
235 D 4
Serra, Monte la- (PZ-Spinoso)
235 B 6
Serra, Monte la- (RI) 171 D 5
Serra, Nuraghe sa- 316 B 3
Serra, Passo della- 203 D 6
Serra, Pìan della- 142 D 2
Serra, Podere la- 148 A 3
Serra, Ponte della-
(BL-Fonzaso) 58 C 3
Serra, Ponte della- (BL-Forno
di Zoldo) 42 E 1-2
Serra, Rio- 300 D 2
Serra, sa- 302 E 3
Serra, Torrente- 162 D 1
Serra Améndola, Località-
220 B 3
Serra Brunamonti 152 B 2-3
Serracapriola 186 C 1
Serra Cavallo, Cozzo- 223 D 4
Serrada 57 D 4
Serra d'Aiello 244 E 2
Serradarce 218 C-D 2
Serra de' Conti 143 C 5
Serra degli Ángeli, Masseria-
226 C 2
Serra del Corvo, Lago di-
207 E 4
Serra del Fiego, Válico-
245 A 4
Serra del Monte 99 D 5
Serra della Stella 221 B 6
Serra di Bisi, Masseria-
197 D 5-6
Serradica 153 B 4
Serra di Croce 222 E 2
Serra di Falco 267 E 6
Serradifalco 285 A 5
Serradifalco, Stazione di-
285 A 5

Serra di Genga 135 E 4
Serra di Maiolo 133 E 6
Serradimigni 117 E 5
Serradipiro 245 D 5
Serra di Sopra 134 E 3
Serra di Sotto 134 D-E 3
Serraficáia, Múrgia di- 207 D 5
Serrafiori, Casa- 293 C 5
Serráglio 89 E 5
Serráia 39 E 5
Serráia, Lago di- 39 E 5
Serralonga, Contrada-
275 D 5-6
Serralta 153 A 6
Serralta di San Vito, Monte-
249 C 5
Serralunga 112 A 1
Serralunga, Monte- 287 B 5
Serralunga, Serra- 235 C 4
Serralunga d'Alba
110-111 A 5
Serralunga di Crea 83 D 6
Serramale, Monte- 235 E 5
Serramanna 315 D 6
Serramazzoni 117 C-D 6
Serramezzana 232 C 2
Serramonacesca 173 D 6
Serranetta, Monte- 220 D 1
Serra Nicolino-Piano d'Álbero,
Riserva Naturale- 241 E 4
Serrano 229 E 5
Serranova, Castello- 213 C 4
Serra Órrios 309 D 4
Serra Partucci 152 A 1
Serra Pedace 245 B 4
Serrapetrona 153 C 6
Serra Pistoiese 130 C-D 1-2
Serrapolla, Monte- 204 C 3
Serrapótamo, Torrente-
238 C 2-3
Serrara (NA) 214 D 2
Serrara-Fontana 214 D 2
Serra Riccò 113 B 4
Serra San Bruno 249 E 5
Serra San Marcello 144 B 2
Serra San Quírico 143 D-E 5
Serra Santa, Monte- 153 B 4
Serra Sant'Abbóndio 142 D 3
Serraspinosa 143 C 4
Serrastretta 245 E 4-5
Serrastretta-Carlópoli,
Stazione- 245 E 5
Serrata 253 C 4
Serratore, Monte- 244 C 3
Serra Traversa, Masseria-
197 C 6
Serravalle (AR) 140 A 3
Serravalle (AT) 97 B 5
Serravalle (CT) 288 B 5
Serravalle (FE) 106 A 3
Serravalle (MS) 115 D 6
Serravalle (PG) 162 B 3
Serravalle (PR) 101 E 5
Serravalle (San Marino)
134 D 2
Serravalle (SI) 149 D 6
Serravalle, Castello di- (MC)
153 D 5
Serravalle, Castello di- (OR)
306 D 2-3
Serravalle, Castello di- (SO)
37 C 5
Serravalle, Monte- 289 A 4
Serravalle all'Ádige 57 E 4
Serravalle a Po 90 E 3
Serravalle di Carda 142 C-D 1-2
Serravalle di Chienti 153 D 5
Serravalle Langhe 111 A 4
Serravalle Pistoiese 130 D 2
Serravalle Scrívia 98 E 3
Serravalle Sésia 65 B 6
Serrazanna 148 C 2
Serrazzone 130 A 2
Serre (CH) 184 B 2
Serre (CN-Elva) 108 A 3
Serre (CN-Oncino) 95 E 4
Serre (CN-Valloriate) 109 C 5

Serre (SA) 218 D 2
Serre (TO-Angrogna) 95 B-C 4
Serre (TO-Salza di Pinerolo)
94 A 3
Serre, Cimata delle- 171 E 4
Serre, le- (CB) 185 E 4
Serre, le- (Fráncia) 94 A 1
Serre, le- (LT) 192 C 2
Serre, Monte- 263 D 6
Serre, Monte le- 237 B 6
Serre, Parco Regionale delle-
254-255 B-C 3-4
Serre della Pizzuta, Riserva
Naturale- 264 D 1-2
Serre, Passo delle- 194 B 1
Serre di Ciminna, Riserva
Naturale- 263 D 6
Serre di Rapolano 150 B 1
Serre Marchetto 95 A 5
Serremoretto 95 A 5
Serrenti 316 D 1
Serrenti, Cantoniera di- 315 C 6
Serreta 123 C 4
Serri 316 B 2
Serriola, Bocca- 141 D 6
Serrípola 153 B 6
Serristori, Rifúgio- =
Zaytal Hütte 26 E 1
Serro (CN-Frabosa Soprana)
110 D 2
Serro (CN-Sanfrònt) 95 E 5
Serro (ME) 258 B 1
Serro lo Greco, Masseria-
223 B 5
Serrónchia 143 E 6
Serrone (CS) 244 C 2
Serrone (FR) 180 C 3
Serrone (MC-San Ginésio)
154 B 1
Serrone (MC-San Severino
Marche) 153 B 6
Serrone (PG) 153 E 4
Serrone (SA) 233 A 6
Serrone, Monte- 204 D 3
Serro Papà 257 C 4
Serrù, Lago- 81 A 4
Serrungarina 143 A 4
Sersale 246 E 3
Serso 57 B 6
Sertig-Bach 24 B 2
Sertig-Dörfli 24 B-C 2
Sertigpass 24 C 2
Seruci, Nuraghe- 318 A 5
Serva, Monte- 41 E 6
Serviera, Valle- 173 E 6
Servigliano 154 B-C 2-3
Servillo 164 D 1
Servo 58 B 3
Sesana → Sežana 79 B 5
Sésia, Fiume- 65 B 6
Sesílis, Monte- 43 D 5
Sesona 51 E 6
Sessa 52 B 2
Sessa Aurunca 194 E 1
Sessa Aurunca-Roccamonfina,
Stazione di- 201 D 5
Sessa Cilento 232 C 3
Sessaglia 142 C 1
Sessame 97 E 6
Sessana 83 D 5
Sessano del Molise 195 A 4
Sessant 97 B 5
Sessárego 113 C 5
Séssera, Bocchetta di- 49 E 6
Séssera, Torrente- 49 D-E 6
Sesso 103 E 4
Sesta Godano 115 E 4
Sesta Inferiore 115 C 6
Sestaione, Fiume- 138 B 1
Sestano 150 A 1
Sestantarile, Punta- 308 B 3
Sestino 141 B 6
Sesto (BO) 119 D 4
Sesto (LO) 86 C 3
Sesto = Sexten 31 C 6
Sesto, Valle di- = Sextental
31 C 6
Sesto al Réghena 77 A 4
Sesto Calende 51 E 5
Sesto Campano 194 C 2

Sesto Cremonese 87 D 6
Sesto ed Uniti 87 D 6
Sesto Fiorentino 131 E 4-5
Sesto Imolese 120 C 1
Séstola 130 A 2
Sesto San Giovanni 67 D 6
Sesto Ulteriano 67 E 6
Sestriere 94 A 2
Sestriere, Colle di- 94 A 2
Sestrière, Refuge de- 108 C 1
Sestri Levante 114 E 2
Sestri Ponente 112 C 3
Sestu 320 A 2
Sestu, Cantoniera di- 320 A 2
Sesvenna, Piz- 25 C 5
Seta 103 D 4-5
Setta 126 C 2
Setta, Torrente- 119 D 4
Settala 68 E 3
Settebagni 179 B 4
Settecamini 179 B 5
Sette Casoni 77 C 4
Settecerri 164 B 1
Sette Comuni, Altopiano dei-
58 D-E 1-3
Sette Féudi 288 A 2
Sette Fontane 39 E 5
Settefonti 119 D 5
Sette Frati, Abbazia dei-
151 E 5
Sette Frati, Portella di- 265 E 6
Sette Galli 132 D 3
Sette Laghi 58 B 1
Settepani, Monte- 111 E 5
Settepolésini 105 B 5
Sette Ponti, Località- 221 B 6
Setteporte 247 C 5
Sette Poste 199 B 4
Settequerce = Siebeneich
27 F 5
Setterone 114 C 3
Sette Selle, Cima di- 39 E 6
Sette Soldi, Monte- 275 A 5
Settesorelle 101 E 4
Sette Términi, Rifúgio- 52 C 1
Sette Torri 207 A 6
Sette Vene 169 E 5
Setti, Rio- 35 B 4
Settignano 193 A 6
Séttima 100 B 3
Settimana, Torrente-
42-43 E 3-4
Settimana, Val- 42-43 E 3-4
Séttime 97 B 4
Séttimo (PV) 85 C 6
Settimo (TV-Gaiarine)
60-61 E 3-4
Séttimo (TV-Morgano) 75 C 5
Séttimo (VE) 77 A 4
Séttimo (VR) 72 E 2-3
Séttimo, Torrente- 244 B 3
Séttimo Alpini, Rifúgio-
41 D 6
Séttimo di Gallese 90 B 2
Séttimo Milanese 67 D 6
Séttimo Persiana 77 A 4
Séttimo Rottaro 65 E 4
Séttimo San Pietro 320 A 3
Séttimo Torinese 82 C-D 2
Séttimo Vittone 64 C 3
Settingiano 249 A 6
Settsàss, Monte- 31 E 4
Sétzu 316 A-B 1
Seui 312 D 3
Seúlo 312 D 2
Seuni 316 C 2
Sevegliano 63 D 4
Severiana, Via- 190 B 2-3
Sevignano 39 E 5
Sevina, Torrente- 256 B 2
Sevizzano 100 C 1
Sevo, Pizzo di- 163 C 6
Sexten = Sesto 31 C 6

Sextental = Valle di Sesto
31 C 6
Sežana (Sesana) 79 B 5
Sezza 44 C 2
Sezza → Seča 79 D 4
Sezzádio 98 D 1
Sezze 191 B 6
Sezze, Stazione di- 191 B 6
Sfaranda 268 B 2
Sfércia 153 C 6
Sferracavallo 262 A 3
Sferracavallo, Capo- 317 B 6
Sferro 282 C 3
Sfilzi, Bosco- 189 C 4
Sfinale, Torre di- 189 B 4
Sfondato, Lago- 279 D-E 5-6
Sfondo, Lago- 173 B 4
Sfornioi Nord, Monte- 42 E 1
Sforzacosta 154 A 2
Sforzática 69 B 5
Sforzesca (GR) 159 C 6
Sforzesca (PV) 85 B 4
Sfrizzo, Monte lo- 188 C 1
Sfruz 39 C 4
Sgarbina 99 B 5
Sgarrone, lo- 210 E 1
Sgólgore, Múrgia- 210 D 1
Sgonico 79 B 5
Sgrilla, la- 159 E 4
Sgrillozzo 167 A-B 5
Sgui 115 A 5-6
Sgúrgola 180 E 3
Sgúrgola, Stazione di- 180 E 3
Sia, Monte sa- 302 C 1
Siacco 63 A 4
Siamaggiore 310 C 3
Siamanna 311 C 4
Siano (CZ) 250 C 2
Siano (SA) 217 B 5
Siano, Collégio di- 206 C 3
Siapiccía 311 C 4
Síbano 118 E 3
Síbari 241 B 6
Síbari, Laghi di- 242 B 2
Síbari, Porto di- 242 C 2
Sibéria 137 C 6
Sibilla, Monte- 154 E 1
Sibilla, Rúderi di- 192 C 2
Sibillini, Monti- 154 D-E 1
Síbiri, Rio- 317 B 6
Sicaderba, Rio- 313 C 4
Sicaminò 269 A 6
Sicária, Masseria- 198 A 1
Sicciole → Sečovlje 79 E 4
Sicciole, Saline di- →
Soline Sečovlje 79 E 4
Sicciole, Vallone di- → Ušče
Sečovlje 78-79 D-E 3-4
Sicci San Biágio 316 E 3
Sicelle 139 D 5
Sicignano degli Alburni 218 D 3
Sicignano degli Alburni,
Stazione- 218 D 3
Sicilì 233 D 6
Sicille 150 C 2
Sicina 39 D 6
Siculiana 284 B 2
Siculiana Marina 284 B 1
Siddi 315 A 5
Siddi, Pranu- 315 A 5
Siddo, Rio- 311 A 5
Siddu, Monte- 317 B 6
Siderno 257 B 5
Siderno Superiore 253 E 6
Sidéroni, Torrente- 259 E 5
Sídolo 115 A-B 4
Siebeneich = Settequerce
27 E 5
Sieci 139 B 6
Siegerland-Hütte 28 B 1
Siele, Torrente- 159 C 6
Siena 149 B 5
Siena Vécchia, Póggio-
149 C 4-5
Siera, Passo- 43 C 4-5
Sierre 212 C 2
Sieti 217 B 6
Sieve, Fiume- 131 D 5
Siggiare, Monte- 260 E 3
Sighignola 52 C 3
Sigilletto 43 B 5

Sigillo (PG) **152** A 3
Sigillo (RI) **163** E 4
Sigirino **52** A-B 2
Sigliano **141** B 4
Siglioli **123** C 5
Sigmundskron =
   Castèl Firmiano **39** A-B 5
Signa **139** B 4
Signático **116** B 2
Signayes **47** B 4
Signols **80** E 1
Signora **34** E 2
Signora, Monte- **262** C 3
Signora, Monte della- **108** B 2
Signora Pulita, Monte- **211** D 6
Signoressa **75** B 5
Signorino, il- **130** C 3
Siguret, Tête de- **108** B 1
Sila, la- **245** C 4-6
Sila, Parco Nazionale della-
   245 B-C 5-6
Sila Grande **245** A-B 4-6
Sila Greca **242** E 2-3
Silana, Genna- **313** A 4
Silandro = Schlanders **26** D 2
Silandro, Val di- =
   Schlandrauner Tal **26** C-D 2
Silánis, Rio- **299** D 6
Sila Piccola **246** D-E 1-3
Silánus **307** D 5
Sile **61** E 5
Sile, Fiume- (PN) **76** A 3
Sile, Fiume- (TV) **75** C 6
Silea **75** C 6
Sili **310** C 3
Siligata, la- **135** D 5
Síligo **301** D 5
Silíqua **315** E 5
Sílis, Fiume- **299** D 5
Silisia, Torrente- **61** A 4
Sílius **317** D 4
Silla (BO) **130** A 3
Silla (SA) **233** B 6
Silla, Torrente- **130** A 3
Sillano **129** A 4
Sillano, Monte- **116** E 3
Sillano, Rocca di- **148** B 3
Sillara, Monte- **115** D 6
Sillara, Passo della- **115** C 6
Sillaro, Torrente- **120** B 1-2
Sillavengo **66** D 1
Sillesköpfl **29** A 4
Sillian **42** A 3
Sillicagnana **129** A 5
Sillicano **129** B 5
Sillico **129** B 5
Síllico, Torrente- **129** A 5-6
Sillitti, Casa- **285** D 5
Sils-Baselgia = Segl-Baselgia
   36 B 1
Silser See **36** B 1
Sils-Maria = Segl-Maria **36** B 1
Silva **64** E 2
Silvana Mánsio **245** B 5
Silvani **101** D 4
Silvano d'Orba **98** E 2
Silvano Pietra **85** E 4
Silvaplana **36** A-B 1
Silvaplaner See **36** B 1
Silvella (TV) **60** D 2
Silvella (UD) **62** B 2
Silvella, Casera di- **42** A-B 3
Silvelle **75** C 4
Silverstertal =
   Valle San Silvestro **31** B 6
Silvi **165** D 5
Silvia **63** E 6
Silviane **70** C 2
Silvignano **162** A-B 2
Silvi Marina **165** D 5
Silvi Paese **165** D 5
Silvretta **24-25** A 3-4
Silvrettahorn **24** A 3
Silvrettahütte **24** A 3
Silvretta Stausee **25** A 4
Símala **315** A 5
Simano **34** A 2
Simáxis **311** C 4
Simbário **249** E 5
Simbirizzi, Stagno- **320** B 3
Simbruini, Monti- **181** B-C 4-5

Simeone, Masseria- **186** E 2
Símeri **250** C 2
Símeri, Fiume- **245** E 6
Símeri-Crichi **250** C 2
Símeri-Crichi, Stazione di-
   250 D 3
Símeri Mare **250** D 3
Simeto, Fiume- **268** E 2
Simeto, Foce del- **283** D 5
Simignano **149** B 4
Similáun **26** B 2-3
Similáun, Rifúgio del- =
   Similaun Hütte **26** B 2
Similaun Hütte =
   Rifúgio del Similáun **26** B 2
Simíus **321** C 5
Simòn, Rio- **44** C 3
Simoncello, Monte- **141** A 6
Simonelli **193** E 5-6
Simoni, Masseria- **213** D 4
Simplon (Sempione) **32** D 1
Simplonpass
   (Passo del Sempione) **32** C 1
Sinablana = Tanna **39** B 4
Sinagra **268** B 2
Sinagra, Fiumara di- **268** B 2-3
Sinalunga **150** B 2
Sinarca, Torrente- **185** B 4
Sinasi, Cantoniera- **312** A 1
Sináuz, Monte- **45** B 4
Sindacale **77** B 5
Sindaro Marina **258** A 1
Sindía **307** D 4
Sinello, Fiume- **175** D-E 5
Sinestra, Valle- **25** A 5
Sinfarosa, Masseria- **226** C 2
Singa, Monte- **255** D 4
Singerna, Torrente- **141** B-C 4
Singlin **49** B 4
Sini **311** E 5
Sinich = Sínigo **27** D 4
Sínigo = Sinich **27** D 4
Sínigo, Rio- = Sinichbach
   27 C 5
Sínio **111** A 4
Sínis, Regione- **310** C 2
Siniscóla **309** A 5-6
Siniscóla, Rio de- **309** A 5-6
Sínnai **320** A 3
Sinne **31** B 5
Sinni, Fiume- **239** B 5
Sinópoli **256** B 2
Sinópoli Inferiore **256** B 2
Sinópoli Vécchio **256** B 2
Síntria, Torrente- **132** A 2
Sinuessa **201** D 4
Sínzias, Cala di- **321** B 6
Sipari, Masseria- (FG-Foggia)
   198 C 1
Sipari, Masseria-
   (FG-Manfredonia) **199** B 4
Sipicciano (CE) **194** D 1
Sipicciano (VT) **161** D-E 4
Sipíu, Torrente- **316** C 2
Siracusa **291** D 6
Sirai **318** B 3
Sirai, Monte- **318** B 3
Siregiolo **140** A 3
Sirena, la- **118** D 3
Sirente, Monte- **172** E 2
Sirente-Velino, Parco
   Regionale- **172** E 2-3
Sírgole **227** E 5
Siriddi, Rio- **319** C 5-6
Sirignano (AV) **203** E 4
Sirignano (PA) **261** E 6
Sirignano, Fiume di- **261** E 6
Sirino, Lago- **235** C 5
Sirino, Monte- **235** C 5
Sírio, Lago- **64** D 3
Siris **315** A 4-5
Sirmione **71** D 5
Sirmione, Punta di- **71** D 5
Sirolo **145** C 5
Sirone **53** E 5
Siròr **41** B 4
Sirri **319** A 4
Sirta **35** E 6
Sirtori **53** E 5
Sísamo **235** C 4

S'Iscala **305** E 5
Sísemol, Monte- **58** D 2
Siserno, Monte- **192** B 2
Sises, Monte- **94** A 2
Sisine, Cala- **309** E 5
Sísini **316** C 3
Sismano **161** C 5
Siso **116** A 1-2
Sísola **99** E 5
Sissa **102** B 2
Sissone, Monte- **36** C 1
Sista **93** D 4
Sistiana **63** E 6
Sisto **211** E 6
Sisto, Fiume- **191** C 6
Sisto, Masseria- **282** A 3
Sitacciano, Monte- **183** E 5
S.I.T.A.P.E.M., Rifúgio- **94** D 3
Sitizano **256** B 3
Sitràn **60** B 2
Sitria, Badia di- **142** D 3
Sitzerri, Torrente- **314** A 3
Sitziddiri, Nuraghe- **316** C 2
Siúrgus-Donigala **316** C 3
Siusi = Seis **30** E 1
Siusi, Alpe di- = Seiser Alm
   30 E 1-2
Siviano **70** B 2
Sivigliano **62** D 2
Sivignano **163** E 5
Sivizzano **116** A 2
Sivizzo **116** C 2
Siziano **85** B 6
Sizzano **66** C 1
Škabrijel (Monte San Gabriele)
   63 C 6
Skalnica (Monte Santo) **63** C 6
Skandančina **79** D 6
Škocjan **79** D 5
Škocjanske Jame (Grotte
   di San Canziano) **79** B 6
Škoflje **79** C 6
Škoflje (Albaro Vescovà) **79** D 5
Skopo **79** A 5
Škrbina (Scherbina) **63** E 6
Slap (Slovénia) **79** A 6
Slavnik (Monte Taiano) **79** D 6
Slíngia = Schlinig **25** C 6
Slíngia, Valle- =
   Schliniger Tal **25** C 6
Slívia **79** A 4
Slivje **79** D 6
Slizza, Torrente- **45** B 5
Slope **79** C 6
Slúder, Punta di- =
   Schluder Spitze **26** E 1
Sluderno = Schluderns **26** C 1
Slum **79** E 6
Slúžnica **79** E 5
Smarano **39** C 4
Šmarje (Monte di Capodístria)
   79 D 4
Šmarje (Slovénia) **79** A 5
Šmarje (Slovénia) **79** B 5
Smarlacca **121** B 4-5
Šmartno (San Martino Cóllio)
   63 C 5
Smast **45** E 6
Sméglio **32** D 2
Smeralda, Costa- **297** C-E 5
Smeralda, Grotta- **189** D 5
Smeraldo, Grotta dello-
   217 D 4
Smergoncino **107** A 4
Smerillo **154** C 2
Smirra **142** C 3
Smokvica **79** D 6
Snive **109** D 6
Snódres = Schnauders **30** C 1
Soana, Torrente- **64** D 1
Soanne **133** E 6
Soara, Torrente- **141** D 6
Soarza **87** E 6
Soave (MN) **89** D 5
Soave (VR) **73** E 5
Soazza **34** B 3
Sobretta, Monte- **37** B 6
Sóbrio **33** B 6
Soča (Fiume Isonzo) **45** E 5
Soča (Sónzia) **45** D 6
Soccavo **215** B 4

Socchèr **60** B 2
Socchieve **43** D 5-6
Socco **97** D 4
Soccorso **269** A 6
Soccorso, Convento del-
   288 D 2
Soče, Izvir- (Sorgenti
   dell'Isonzo) **45** C 6
Socerb (San Sérvolò) **79** C 5
Sočerga (San Quírico) **79** E 5
Soci **140** A 3
Socòl **31** E 5
Socrággio **51** B 5
Sodano, Monte- **238** D 3
Soddì **311** A 5
Sodo **151** A 4
Sodo, Ponte- **178** A 3
Sodolungo, Monte- **142** D 1
Soffi, Ísola- **297** D-E 6
Soffiano **139** B 5
Soffranco **41** D 6
Soffratta **75** A 6
Sogáies, Bruncu- **311** C 5
Sogliano al Rubicone **133** C 6
Sogliano Cavour **227** E 5-6
Sóglio (AT) **83** D 4
Sóglio (CN) **109** B 4
Sóglio (GE) **113** C 6
Sóglio (Svízzera) **35** C 6
Sóglio (VI) **58** D 1
Sóglio, Monte- **64** E 1
Sogni, Grotta dei- **189** D 5
Sogno **53** E 6
Sogno, Ísola- **72** B 2
Soi, Passo di- = Soy Scharte
   26 E 2
Soiana **138** D 1
Soianella **138** D 1
Soiano del Lago **71** D 5
Sóis **41** E 6
Sola **69** D 5
Solagna **58** E 3
Soláia **149** D 5
Soláio (LU) **129** C 4
Soláio (SI) **148** C 3
Solaise, Tête du- **80** A 3
Solánas (CA) **321** C 5
Solánas (OR) **310** C 3
Solánas, Rio- **321** C 5
Solano Inferiore **256** B 2
Solano Superiore **256** B 2
Solara **104** D 3
Solare, Monte- **151** D 5
Solarino **291** D 5
Solaro (BS) **88** B 2
Solaro (GE) **113** D 6
Solaro (MI) **67** C 5
Solaro (PC) **100** E 2
Solaro, Monte- **216** E 1
Solarolo (BS) **71** D 5
Solarolo (CR) **88** D 1
Solarolo (MN) **89** C 4
Solarolo (NO) **66** C 1
Solarolo (RA) **120** D 2
Solarolo Monasterolo **88** E 2
Solarolo Paganino **88** E 2
Solarolo Rainério **88** E 3
Solarussa **311** C 4
Solata **140** D-E 1
Solbiate **52** E 2
Solbiate Arno **66** A-B 3
Solbiate Olona **67** B 4
Solbrito **96** B 3
Solchiaro, Punta- **214** D 3
Sólcio **51** D 5
Solda = Sulden **26** E 1
Solda, Rio- **25** D 6
Solda, Val di- = Suldental
   25 D 6
Solda di Fuori = Ausser Sulden
   25 E 6
Soldai, Nuraghe- **308** D 2
Soldano **122** E 3
Solduno **33** B 5-6
Sole **116** C 3
Sole, Masseria del- **207** C 6
Sole, Monte- (AG) **285** E 5
Sole, Monte- (RI) **171** C 4
Sole, Monte- (TN) **38** B 2

Sole, Monti del- **41** D-E 5
Sole, Vado di- **173** B 4
Sole, Val di- **38** C-D 2-3
Soléminis **320** A 3
Sóleo, Fiume- **246** D 3
Soleo, Torrente- **240** C-D 2
Solere **96** E 1
Solero **98** B 1
Sole Ruju **297** C 5
Solesino **92** D 1
Soleto **227** D 6
Solfagnano **152** B 1
Solfatara, la- **215** C 4
Solferino (MN) **89** B 4
Solferino (VE) **93** D 4
Sólgia **33** E 4
Soli **150** C 1
Solicchiata **269** D 4
Soliera (MO) **104** D 2
Soliera (MS) **128** A 3
Soliera, Stazione di- **103** E 6
Solighetto **59** D 6
Solignano **115** A 6
Solignano Nuovo **118** B 1
Soligo **59** D 6
Soligo, Fiume- **59** C 6
Solimbergo **61** B 5
Solina, Casa- **260** E 3
Solinas, is- **319** C 4
Solità **303** D 6
Solitta, Punta- **309** E 4
Soliva **50-51** E 3-4
Soliva, Cima- **54** B 3
Solivo, Monte- **65** B 5-6
Solkan (Salcano) **63** C 6
Söll = Sella **39** C 5
Sollazzetto **77** B 6
Soller **59** C 6
Sollières-Envers **80** C 2
Sollières-Sardières **80** C 2
Solofra **217** A 6
Solofrone, Fiume- **232** A 3
Sologno (NO) **66** C 2
Sologno (RE) **117** D 4
Sólogo, Torrente- **309** C 5
Solomeo **151** D 4
Solomiac **94** A 1-2
Solonghello **83** D 6
Solopaca **202-203** B-C 3-4
Solopaca, Stazione di- **195** E 6
Soltárico **86** C 3
Solto Collina **55** E 4
Solunto **263** B 5
Sólunto, Punta di- **261** B 5
Solva **124** D 2
Solza **69** B 4
Solzago **53** E 4
Somadeo **52** E 2
Somadida, Riserva Naturale-
   31 E 6
Somadino **53** D 5
Somággia **35** D 5
Somáglia **87** D 4
Somana **53** C 5
Somano **110** A 3
Somasca **53** E 6
Somazzo **52** D 2
Sombreno **69** B 5
Someda **40** C 3
Somendenna **54** E 1
Someo **33** B 5-6
Someraro **51** C 4-5
Somma, Monte- **215** B 6
Somma, Válico della- **162** C 1
Sommacampagna **89** A-B 6
Sommacologna **37** C 5
Somma Lombardo **66** B 3
Somma Lombardo, Rifúgio-
   32 B 3
Sommana **202** D 2
Sommaprada **55** C 5
Sommariva **41** C 6
Sommariva al Pramperét,
   Rifúgio- **41** D 6
Sommariva del Bosco **96** D 2
Sommariva Perno **96** D 3
Sommati **163** C 5
Sommatino **285** B 6
Somma Vesuviana **215** B 6
Sommavilla **72** B 2
Sommeiller, Punta- **80** C 2
Sommo **85** D 5

Sommo, Monte- = Sambock
   30 A 3
Sommo, Passo del- **57** D 6
Sommocolónia **129** B 6
Sommo con Porto **88** E 1
Somole **141** C 6
Sompdogna, Sella di- **45** C 4-5
Sompiano **141** B 6
Som Picol **43** D 4
Somplago **44** D 2
Somp la Mont, Casera- **43** E 5
Somprade **31** E 6
Somprei **33** A 6
Sompunt **30** D 3
Somrabbi **38** B 2
Somtiolo **37** C 5
Sona **72** E 2
Soncino (CR) **69** E 6
Soncino (PV) **85** B 5
Sóndalo **37** C 5
Sóndrio **36** E 2
Sónego **60** D 2
Songavazzo **54** D 3
Sónico **37** E 5
Sonico **70** C 3
Sonino, Rifúgio- **41** C 5
Sonklar Spitze =
   Cima di Malavalle **28** B 1
Sonlerto **33** B 4
Sonnenburg = Castelbadia
   30 B 3
Sonnino **192** C 2
Sonnleitn **44** A 3
Sonnstein **43** A 5
Sonogno **33** B 5-6
Sonórcolos, sos- **303** D 4
Sonvico **52** B 3
Sonvigo = Aberstückl **27** C 5-6
Sónzia → Soča **45** D 6
Soprabolzano = Oberbozen
   39 A 6
Sopracastello **59** E 4
Sopramonte (NU)
   308-309 D-E 3-4
Sopramonte (TN) **57** B 5
Soprana **65** B 5
Sopránes, Val di- =
   Spronser Tal **27** C 4
Sopranico **71** C 4
Soprano, Monte- (CS) **239** C 4
Soprano, Monte- (SA) **232** A 3
Soprapiana **59** D 5
Sopraponte **71** C 4
Sopra Tiera, Monte- **41** B 6
Sopravia **217** A 4
Sora (CO) **53** D 4
Sora (FR) **182** E 2
Sora, Ponte di- **235** B 5
Sora, Rifúgio- **53** C 6
Sorafúrcia = Geiselsberg **31** C 4
Soraga **40** C 3
Soragna **101** C 6
Soragno **52** B 3
Sorana **130** C 3
Sorano (CN) **96** E 3
Sorano (GR) **159** D 6
Sorano, Pieve di- **115** D 5-6
Soranzèn **59** B 4-5
Sorapiss **31** E 5
Sorasi, Rio- **308** E 3
Soratte, Monte- **170** D 1
Sorba, Torrente- **49** D 6
Sorbano (LU) **129** E 6
Sorbano Ponte **133** D 5
Sorbara (MN) **88** D 3
Sorbara (MO) **104** D 2
Sorbello **194** E 1
Sorbello, Monte- **245** B 4
Sorbétolo, Chiesa- **142** B 1
Sorbo (AQ) **181** A 4
Sorbo (AV) **204** E 1
Sorbo (MC) **153** E 6
Sorbo (PI) **137** C 6
Sorbo, Monte- **184** B 2
Sorbo-Fossato, Stazione-
   245 C 6
Sórbolo (PR) **102** D 3
Sórbolo (SP) **127** C 4
Sórbolo a Mane **102** D 3
Sorbolongo **143** B 4
Sorbo San Basile **245** E 6

Sorbo Sérpico **217** A 6
Sorci, Punta dei- **260** A 3
Sorciaro, Cava- **291** C 5
Sórcio, Monte- **284** A 1-2
Sordanu, Punta- **307** B 6
Sordévolo **65** C 4
Sordi, Torre dei- **179** B 6
Sordíglio **117** B 4
Sordillo, Monte- **245** A 6
Sórdio **86** B 2
Sordo, Fiume- (IS) **194** A 3
Sordo, Fiume- (PG) **162-163** B 3-4
Sorella, Rocca- **181** E 6
Sóres, Rifúgio- **39** C 4
Soresina (CR) **87** C 5-6
Soresina (Svízzera) **33** E 6
Sorgà **90** D 2
Sorge, Casa- **279** E 4
Sorgente Amerina,
    Stabilimento- **161** C 6
Sorgente del Belbo, Riserva
    Naturale- **111** C 4-5
Sorgente Funtanì, Riserva
    Naturale- **71** B-C 5
Sorgenti del Pescara, Riserva
    Naturale- **173** E 4
Sorgenti del Vera, Riserva
    Naturale- **172** B 1
Sorgenza, Ponte- **195** D 6
Sorgnano **128** B 3
Sórgono **312** B 1
Sori **113** D 5
Sória-Ellena, Rifúgio- **122** A 1
Sorianello **249** E 4
Soriano **67** D 4
Soriano Cálabro **249** E 4
Soriano nel Cimino **169** B 5
Soriasco **100** B 1
Sórico **35** E 4
Sórico, Val di- **35** D 4
Sorifa (MC) **153** C 4
Sorifa (PG) **153** D 4
Sorina **83** E 5
Sório **73** E 5
Soriso **51** E 4
Sorísole **54** E 1
Sormano **53** D 4
Sormazzana **53** C 4
Sorna, Torrente- **57** E 4
Sornadello, Monte- **54** D 1
Sornico **33** B 5
Soro, Monte- **268** C 1
Sorra, Torrente- **149** C 5-6
Sorradile **311** A 6
Sorreley **47** C 5
Sorrentini **268** A 3
Sorrento **215** E 5-6
Sórres, Piàn de- **298** E 3
Sorrezzana **138** C 2
Sorricchio **165** E 4
Sorriva **58** B 3
Sorrivi **113** A-B 4
Sorrívoli **113** C 6
Sorso **299** D-E 4
Sorte **34** C 3
Sortei, Ponte di- **309** D 5
Sortenna, Pineta di- **36** C 3
Sorti (MC-Pieve Torina) **153** C 5
Sorti (MC-Sefro) **153** C 5
Sortino **289** C 6
Sorvito **243** E 6
Sorvo, Masseria- **207** B 5
Sorzana **71** D 4
Sorzento **63** A 5
Sósio, Fiume- **278** C 1
Sósio, Ponte- **278** C 2
Sospel (Sospello) **122** D 1
Sospello → Sospel **122** D 1
Sospiro **88** E 1
Sospirolo **41** E 5
Sossai **60** C 2
Sossano **91** B 5-6
Sossasso **154** D 1
Sóssio, Fiume- **274** B 2-3
Sostásio **43** C 5
Sostegno (BI) **65** B 6
Sostegno (PV) **86** D 2
Sostino **153** E 4
Sotta, Monte- **111** D 4
Sottano, Monte- (MT) **223** E 4
Sottano, Monte- (SA) **232** A 3

Sottile, Capo- **216** D 3
Sottile, Ospízio- **49** C 5
Sottile, Punta- (AG) **284** E 3
Sottile, Punta- (TP) **260** B 3
Sottile, Punta- (TS) **79** C 4
Sottili **138** C 1
Sottocastello **42** D 2
Sottochiesa **54** D 1
Sottocorno, Rifúgio- =
    Unterhorn Hütte **27** D 6
Sottocroda **59** C 6
Sotto di Troina, Fiume di-
    282 A 2
Sotto il Monte Giovanni XXIII
    69 B 4
Sotto la Frua **32** B 3
Sottoguda **41** B 4
Sottomarina **93** D 5
Sottomonte **61** A 5
Sottoselva **63** D 4
Sottovalle **98** E 3
Souchères Basses **80** E 3
Souchères Hautes **94** A 2
Souliers **94** C 1
Soustra, Rifúgio- **94** D 3
Sovággio, Monte di- **141** B 4
Sovana **159** D 5-6
Sovara **141** C-D 4
Sovara, Torrente- **141** D 5
Sovata, Torrente- **158** B 1
Sovazza **51** D 4
Sovèr **39** D 5
Soverato **255** A 5
Soverato Marina **255** A 5
Soverato Superiore **249** D 6
Sóvere **55** E 4
Sovereto **207** B 6
Soveria Mannelli **245** D-E 4
Soveria Símeri **250** C 3
Sovernigo **75** B 5
Sovérzene **60** B 2
Sovicille **149** B 5
Sovico **67** B 6
Sovigliana **138** B 3
Sovilla **59** E 6
Sovizzo **73** D 6
Sovodnje ob Seči →
    Savogna d'Isonzo **63** D 5
Sovramonte **58-59** B 3-4
Sovvieco **217** B 6
Soy Scharte = Passo di Soi
    26 E 2
Sozza **303** C 5
Sozza, Monte- **302** A 2
Sozzago **66** E 3
Sozzi **115** B 5
Sozzigalli **104** D 2
Sozzine **37** D 6
Spaccabellezze, Monte-
    166 C 2-3
Spaccarelli **174** D 3
Spaccata, Forra- **73** C 5
Spaccata, Montagna- **215** B 4
Spaccato, Colle- **174** C 2
Spaccato, Póggio- **161** A 4
Spada, Masseria- **207** B 5
Spada, Monte- **312** B 3
Spada, Villa- **144** E 3
Spadacenta **76** A 3
Spadafora **271** C 6
Spadaro, Fiumara- **248** D 3
Spadarolo **134** C 3
Spadillo, Punta- **274** D 2
Spadlatscha, Val- **24** C-D 1
Spádola **249** E 5
Spádula, Regione- **315** B-C 4
Spagna, Piano di- **35** E 4-5
Spagnoletti, Masseria-
    (BAT-Ándria) **206** B 3
Spagnoletti, Masseria-
    (BAT-Canosa di Púglia)
    206 B 1-2
Spagnolo, Masseria- **224** C 3
Spagnolo, Monte- **268** E 3
Spagnuola, Stazione di- **274** A 2
Spagnuolo, Masseria- **210** C 2
Spalavera, Monte- **51** B 5
Spalla, Forcella della- **42** E 2
Spalmatóio, lo- **166** E 3
Spalmatore, Cala- (OT)
    297 B 4-5

Spalmatore, Cala- (TP) **260** A 1
Spalmatore, Punta- **318** B 1-2
Spalmatore, Punta dello-
    265 A 5
Spampinato, Cava di-
    291 D 4-5
Spanna, Rifúgio- **50** D 2
Spanò **274** C 3
Spanò, Castello di- **282** A 3
Spante **160** A 3
Sparácia, Casa- **262** D 3
Sparácia, Ponte- **262** D 3
Sparacollo **282** A 2
Sparanise **201** D 6
Sparavieri, Monte- **72-73** B 3-4
Spargi, Ísola- **297** B-C 4
Spargiotto, Ísola- **297** B 4
Sparone **64** D 1
Spartà **258** A 2
Spartimento **252** D 3
Spartivento, Capo- (CA) **319** E 6
Spartivento, Capo- (RC) **259** E 6
Spartivento, Ponte- **198** D 2
Sparvera, Serra- **183** C 4
Sparviere, Monte- **238** E 3
Sparviero, Scóglio dello-
    157 D 5
Sparvo **131** A 4-5
Spataro, Bivacco- **47** A 5
Spaviento, Masseria- **211** C 4
Spazzate **120** B 1
Spazzavento **130** D 2
Spazzona **98** D 1
Speca, Rio la- **205** B 4
Specchi, Monte li- **230** C 3
Spécchia (BR) **212** B 2
Spécchia (LE) **231** C 4
Spécchia, Casina la- **213** D 4
Spécchia, Masseria- **223** B 6
Spécchia dell'Alto **227** B 6
Spécchia Miano **212** D 3
Specchiárica **226** C 2
Spécchia Ruggeri, Torre-
    229 D 5
Spécchio **115** A 6
Specchiolla, Torre- **227** A 5
Specchiulla, Masseria- **229** E 5
Spécie, Monte- = Strudel Köpfe
    31 D 5
Speco, Convento lo- **170** B 1
Spedaletto (PI) **138** E 1-2
Spedaletto (PT) **130** C 3
Spedaletto (SI) **150** D 2
Spedino **171** E 6
Speikboden = Monte Spico
    30 A 3
Spello **152** E 3
Spello, Stazione di- **152** E 3
Spelonga **163** B 5
Spéndula, Cascata- **315** C 4
Spera **58** B 2
Spera, la- **162** E 2
Speranza, Cappella la- **300** E 2
Speranza, Nuraghe- **298** E 3
Spercenigo **75** C 6
Sperella, Vetta- **37** C 4
Sperina **96** E 2
Sperlinga **267** E 5
Sperlinga, Bosco di- **281** B 4
Sperlinga, Fiumetto di- **267** E 4
Sperlonga **192** E 3
Sperlongara, Torre- **259** D-E 6
Sperone (AQ) **182** B 2
Sperone (AV) **203** E 4
Sperone (CN) **96** D 3
Sperone (TP) **261** C 4
Sperone, Capo- **318** D 2
Sperone, Punta dello- **296** A 3
Speróngia **100** E 3
Spert **60** C 3
Spéscia **132** D 3
Spessa (AL) **98** C 3
Spessa (PD) **74** C 2
Spessa (PV) **86** D 2
Spessa (UD) **63** B 5
Spessa (VR) **91** B 5
Spessa, Cima- =
    Rocco sull'Alpo **56** E 1

Spessa, Forcella- **61** A 5
Spessa, Valle di- = Wengental
    31 D 4
Spettoleria **119** A-B 5
Spézia, Golfo della- **127** D-E 4
Spézia, La- **127** D 4
Spézia, Serra di- **282** B 2
Speziale **212** B 2
Speziale, Monte- **261** C 5
Spezzano **118** B 1
Spezzano Albanese **241** C 5
Spezzano Albanese Terme,
    Stazione di- **241** C 5
Spezzano della Sila **245** B 4
Spezzano Píccolo **245** B 4
Spiaggi, Monte- **115** D 4-5
Spiággia di Rio Torto **190** A 2
Spiággia di Pizzomunno
    189 C 5
Spiággia Scialmarino **189** B 5
Spiággio **101** E 5
Spianate **130** E 1
Spiano (SA) **217** B 5
Spiano (TE) **164** D 2
Spiazzi (BG) **54** C 3
Spiazzi (VR) **72** C 2
Spiazzo **56** B 2
Spícchio (FI) **138** B 3
Spícchio (PT) **138** B 2
Spicciano (FI) **139** D 4
Spicciano (MS) **128** A 3
Spico, Monte- = Speikboden
    30 A 3
Spigarolo **101** B 6
Spignana **130** B 2
Spigno, Monte- **188** D 3
Spigno, Stazione di- **111** A-B 6
Spigno Monferrato **111** A 6
Spignon **63** A 5
Spigno Satúrnia **193** D 6
Spigno Satúrnia Superiore
    193 D 5
Spigolizzi, Masseria- **231** D 4
Spigone **117** C 4
Spígulu, Rio- **317** D 4
Spilamberto **118** B 2
Spilimbergo **61** C 6
Spilla, Prato- **116** D 2
Spillo, Póggio allo- **132** E 3
Spina (BS) **70** C 1
Spina (PG) **151** E 6
Spina, Bruncu- **312** B 3
Spina, Genna- **311** E 4
Spina, Lago della- **96** C 3
Spina, Monte- **245** A 6
Spina, Monte la- **235** E 6
Spina, Rovine- **107** E 4
Spina, Torrente- **162** B 2
Spinabad **24** B 1
Spinaceto **170** B 2
Spinaceto **179** D 4
Spina dell'Ausino, Monte-
    219 E 4
Spina del Lupo, Monte- =
    Wolfendorn **28** A 3
Spinadesco **87** D 6
Spináia, Póggio- **158** D 3
Spinale, Monte- **38** D 2
Spina Nuova **162** A 2
Spina Pulci, Bosco di- **188** C 1
Spinarda, Monte- **111** E 4
Spinas **24** D 2
Spina Santa, Monte- **240** C 3
Spina Vécchia **162** A 2
Spina Verde di Como, Parco
    Regionale- **52** D 3
Spinazza, Masseria- **292** C 3
Spinazzino **105** D 6
Spinazzo **232** A 2
Spinazzola **206** C 3
Spíndoli **153** B 4
Spinea **75** E 5
Spineda (CR) **89** E 4
Spineda (TV) **74** B 3
Spinella, Masseria- **213** E 4
Spinelli (BG) **54** C 3
Spinelli (CT) **282-283** B 3-4
Spinelli (PI) **137** C 6
Spinello (FC) **133** D 4
Spinello (KR) **247** C 4

Spineta **150** E 3
Spineta Nuova **217** D 6
Spinete **195** B 5
Spineto (MT) **223** D 5
Spineto (TO) **64** E 2
Spinétoli **155** E 5
Spineto Scrívia **98** C 3
Spinetta (AL) **98** C 2
Spinetta (CN) **109** C 6
Spinetta-Marengo **98** C 2
Spinga = Spinges **30** B 2
Spinges = Spinga **30** B 2
Spini, Ponte- **198** A 2
Spinimbecco **91** D 5
Spino (MO) **118** C 1
Spino (Svízzera) **35** C 6
Spino, Monte- **71** B 5
Spino, Válico dello- **141** B 4
Spino d'Adda **69** E 4
Spinola, Castello- **99** E 4
Spínola, Fattoria- **152** D 1
Spinone al Lago **54** E 3
Spinosa, Punta- **319** C 6
Spino Santo, Masseria-
    198 A 1
Spinoso **235** A 6
Spinti, Torrente- **99** E 4
Spirano **69** C 5
Spírito, Bosco di-
    206-207 B 3-4
Spírito Santo, Chiesa dello-
    309 D 5
Spitalieri, Villa- **283** A 4
Spitz, Monte- (VI-Enego) **58** D 3
Spitz, Monte- (VI-Recoaro
    Terme) **73** B 5
Spitz di Tonezza, Monte- **57** D 6
Spiz Agnelessa **41** C 6
Spiz di Mezzodì **41** C 6
Spiz Gallina **60** A 2
Spizzichino **178** B 3
Spluga, Cima- **35** D 6
Spluga, Passo dello- **35** A 4
Spóccia **33** C 4
Spodnje Škofije (Albaro
    Vescovà) **79** D 5
Spöl, Torrente- **36** B 3
Spöl, Val dal- **25** C-D 4
Spoleto **162** B-C 1
Spoltore **165** E 5
Spondigna = Spondinig **26** D 1
Spondinig = Spondigna **26** D 1
Spongano **231** B 5
Spora **114** B 3
Spora, Malga- **38** E 3
Spormaggiore **39** D 4
Sporminore **38** D 3
Sporno, Monte- **116** A 2
Sportelle, Forcella delle-
    162 D 2
Sportínia **94** A 2
Spoto, Masseria- **284** A 2
Spotorno **111** E 6
Sprè **57** B 5
Sprea **73** C 4
Sprechenstein, Schloss- =
    Castèl Pietra **28** B-C 3
Spresiano **75** A 6
Spriana **36** D 2
Spronser Tal = Val di Soprànes
    27 C 4
Sprópolo **259** E 6
Sprópolo, Punta di- **259** E 6
Spruga **33** C 4
Spugna, Passo della- **141** B 6
Spúlico, Capo- **239** E 5
Spúlico, Torre- **239** E 5
Squadretto **88** B 2
Squadro, Costa- **219** B 5
Squaneto **111** B 6
Squaranto, Torrente- **73** D 4
Squaranto, Valle di-
    72-73 C-D 3-4
Squarci **115** C 4
Squarciarelli, Ponte- **179** D 5-6
Squarzanella **103** B 4
Squillace **250** E 3
Squillani **203** D 5
Squille **202** C 3
Squinzano **227** B 4
Srednje **63** A 6

Srgaši (Sergassi) **79** D 4
Srpenica **45** E 5
Stábbia **138** B 2
Stábbio **113** B 4
Stabello **54** E 1
Stabiata, Monte- **172** B 1
Stabiazzoni **130** C 3
Stábie (BL-Lentiai) **59** C 5
Stábie (BL-Lorenzago di
    Cadore) **42** D 3
Stábile **211** E 5-6
Stabilimento Termale
    253 C-D 5
Stabina, Torrente- **54** C 1
Stábio **52** D 2
Stabiuzzo **75** B 6
Stabiziane **31** E 6
Staccata, Cozzo- **220** B 1
Staccarino, Sorgente- **219** B 3
Stacciola **143** A 6
Stadelhöf = Maso Stádio
    39 C 5
Stadera **100** B 1
Stádio, Maso- = Stadelhöf
    39 C 5
Stadirano **116** A 3
Stadlegg = Monte Pozza **39** B 6
Stadolina **37** D 5
Städtli **35** B 5
Staffa **49** A 6
Staffa, Ponte- **199** C 5
Staffarda **95** D 6
Staffi, Campo- **181** B 4
Stáffola, Monte- **117** B 4
Stáffoli (PI) **138** B 1
Stáffoli (RI) **171** C 4-5
Stáffoli, Bívio- **184** D 1
Stáffolo (AN) **143** E 6
Stáffolo (CR) **102** B 3
Stáffolo (MN) **89** B 4
Stáffolo (VE) **77** C 4
Stoffor **72** C 3
Stàffora, Torrente- **99** C-D 5
Stafjelalp (Svízzera) **49** A 4
Stággia (MO) **104** C 2
Stággia (SI) **149** A 4
Stággia, Torrente- **132** E 2
Staggiano **140** D 3
Staghiglione **99** B 6
Staglieno **113** C 4
Stáglio, Chiesa dello- **275** C 5
Stagnali **297** C 5
Stagnataro, Pizzo- **278** D 2
Stagnedo **126** C 3
Stagnetto, Case- **315** C 5
Stagno (BO) **131** B 4
Stagno (FI) **139** B 4
Stagno (LI) **137** C 4-5
Stagno (PR) **102** B 2
Stagno di Holay, Riserva
    Naturale- **64** B-C 3
Stagno di Oulx, Riserva
    Naturale- **80** E 1-2
Stagnolo, Porto di- **296** A 2
Stagno Lombardo **88** E 1
Stagnone, Fosso- **284** B 1
Stagnone, Ísole dello- **260** C 2
Stagnone, lo- **146** D 1
Stagno Torto, Báia di- **297** B 4
Stáina, Torrente- **186** E 1
Stalti **187** A 4
Stalder, Rifúgio- **58** D 2
Staletti **250** E 2
Staletti, Punta di- **250** E 2
Stallavena **72** D 3
Stalle, Passo- = Staller Sattel
    31 A 5
Stalle Möschel **55** C 4
Stallerberg **35** B 6
Staller Sattel = Passo Stalle
    31 A 5
Stallone **101** B 5-6
Stallone, Masseria- (CB)
    185 D 6
Stallone, Masseria- (PA) **263** C 5
Stampa **35** C 6
Stampfer Bad =
    Bagni Mezzavalle **31** A 5
Stanco, Monte- **118** E 3

Stanga = Stange **27** A 6
Stanga, Colle della- **58** C 1
Stanga, la- (BL) **41** E 6
Stanga, la- (VI) **74** D 1
Stange = Stanga **27** A 6
Stanghella **92** E 1
Stangioni, su- **318** B 3
Stangone, Monte- **205** D 6
Štanjel (San Daniele del Carso) **79** A 5
Stara Gora **63** D 6
Staranzano **63** E 5
Starda **140** D 1
Starléggia **35** B 4
Starlex, Piz- **25** C 5
Staro **73** B 5
Staro Selo (Sella di Caporetto) **45** E 5
Statale **114** D 3
Statigliano **194** E 3
Statte (MC) **153** C 6
Statte (TA) **224** C 3
Statto **100** C 2
Statua **177** B 5
Stauden **28** A 2
Staulanza, Forcella- **41** B 6
Stáuli Gnivizza **45** D 4
Stausee-Gepatsch **26** A 2
Stava **40** C 2
Stava = Staben **26** D 3
Stával **49** C 5
Stavèl **38** D 1
Stazzano (AL) **98** E 3
Stazzano (RM) **179** A 6
Stazzema **129** C 4-5
Stazzo **283** A 6
Stazzona (CO) **35** E 4
Stazzona (SO) **36** E 3
Steccato **251** C 4
Stecori, Nuraghe- **312** B 1
Steddu, Cantoniera su- **311** B 6
Stedro **39** E 5
Stefanáconi **248** D 3
Stefanago **99** B 6
Stefansdorf = Santo Stéfano **30** B 3
Stegen = Stegona **30-31** B 3-4
Stegona = Stegen **30-31** B 3-4
Stein = Sasso **29** A 4
Steinegg = Collepietra **39** B 6
Steinhaus **32** A 2
Steinhaus = Cadipietra **29** A 6
Steinmannwald = Pineta **39** B 6
Steliere, Monte le- **108** D 3
Stellà **106** A 2
Stella (AP) **155** E 5
Stella (MO) **118** C 1
Stella (SV) **112** C 1
Stella (TO) **95** C 6
Stella (UD) **44** E 3
Stella, Capo della- **156** D 2
Stella, Corno- **54** B 2
Stella, Fiume- **62** D 2
Stella, Golfo- **156** D 2
Stella, la- **117** B 4-5
Stella, Masseria- **198** A 1
Stella, Monte- (EN) **281** C 5
Stella, Monte- (SA) **217** C 5-6
Stella, Monte della- **232** C 2-3
Stella, Pizzo- **35** B 5
Stella, Scóglio della- **71** D 6
Stella, Serra- **245** B 4
Stella, Torre delle- **321** C 4
Stella, Torrente- **130** E 3
Stella Alpina, Rifúgio- **94** D 3
Stella Cilento **232** C 3
Stella d'Itália, Rifúgio- **57** D 5
Stellanello **124** D 1-2
Stellata **105** B 5
Stelle, Báita delle- **110** D 2
Stellétanone **253** C 4
Stellina, Rifúgio- **80** C 3
Stellone, Rio- **96** B 2
Stellune, Cima di- **40** E 2
Stelo, Lago- **281** C 4
Stélvio = Stilfs **25** D 6
Stélvio, Parco Nazionale dello- **37** A-C 5-6
Stélvio, Passo dello- – Stilfser Joch **25** E 6
Stemigliano **99** D 5

Sténico **56** B 3
Stern = la Villa **30** D 3
Šterna **79** E 5
Sternai, Cima- = Hinter Eggen Spitze **26** E 2
Sternatía **227** D 6
Sterpáia **137** A 4-5
Sterpara Soprana, Masseria- **206** C 1-2
Sterpara Sottana, Masseria- **206** C 1-2
Sterpete **152** E 3
Sterpeti **160** D 3
Sterpeto (PG-Assisi) **152** C 2
Sterpeto (PG-Spoleto) **162** C 1
Sterpeto → Strped **79** E 6
Sterpeto, Fattoria- **158** C 2
Sterpito di Sopra **219** B 6
Sterpito di Sotto **219** B 6
Sterpo **62** D 2
Sterru, Monte su- **313** A 5
Sterza, la- **138** E 1
Sterza, Podere- **138** E 1
Sterza, Torrente- (Fiume Cécina) **148** B 1
Sterza, Torrente- (Fiume Era) **138** E 1
Sterzing = Vipiteno **27** A 6
Stevani **83** E 6
Stevenà **60** D 3
Števerjan → San Floriano del Collio **63** C 5-6
Stezzano **69** B-C 5
Stia **140** A 2
Stiago **62** E 1
Štiak (San Giácomo in Colle) **79** A 6
Stiano **117** D 5
Stiappa **130** C 1
Stiático **105** E 4
Stiava **129** D 4
Stiavola **141** B 5
Stibbio **138** C 2
Sticcianese **158** C 3
Sticciano **158** A 2
Sticciano Scalo **158** A 2
Sticozze, Masseria- **196** B 3
Stièn, Torrente- **59** B 4
Stienta **105** B 6
Stiffe **172** D 2
Stifone **161** E 5
Stigliano (MC) **153** B 6
Stigliano (MT) **222** E 1
Stigliano (SI) **149** C 5
Stigliano (VE) **75** D 4
Stignano (PT) **130** D 1
Stignano (RC) **255** D 4
Stígolo, Monte- **56** D 2
Stílaro, Fiumara- **255** D 5
Stílaro, Torrente- **255** D 4
Stilfes = Stílves **30** A 1
Stilfs = Stélvio **25** D 6
Stilfser Joch = Passo dello Stélvio **25** E 6
Stilla, Masseria- **197** A 5
Stillo, Monte- (FG-Pietramontecorvino) **197** A 5
Stillo, Monte- (FG-Roseto Valfortore) **197** C 5
Stilo **255** C 4
Stilo, Bosco di- **254-255** B-C 3-4
Stilo, Punta- **255** C 5
Stilo de' Mariani **88** D 2
Stílves = Stilfes **30** A 1
Stimigliano **170** C 1
Stimigliano Scalo **170** C 1
Stimpagnato, Punta- **272** A 3
Stimpato, Masseria- **282** D 3
Stinco **154** C 1
Stino, Monte- **56** E 1
Stintino **298** C 1-2
Stio (CS) **245** A 4
Stio (SA) **233** B 4
Stiolo (BO) **119** E 4
Stiolo (RE) **103** E 6
Stipes **171** D 4
Stirone, Parco Fluviale Regionale dello- **101** C-D 5
Stirone, Torrente- **101** B-C 6

Stivo, Monte- **57** D 4
Stizzòn, Torrente- **59** D 4
Stoccaredo **58** D 2
Stockhorn (Svízzera) **49** A 5
Stoffanell **43** A 5
Stol **45** E 5
Stolvizza **45** D 4
Stóner **58** D 3
Stoppa, Piano della- **263** B 4-5
Stoppani, Pozzo Glaciale- **57** B 4
Stoppiaro **104** B 3
Stora, Torrente- **114** D 3
Stóraco **144** C-D 2-3
Stórie → Štorje **79** B 6
Štorje (Stórie) **79** B 6
Storlo **116** D 3
Stornade, Cima delle- **41** E 5
Stornara **198** D 3
Stornara, Riserva Naturale Biogenetica- **224** C-D 1-2
Stornarella **198** D 3
Stornello, Monte- **287** B 4
Storo **56** D 1
Storta, la- **177** B 6
Storti **73** B 4
Storto, Ponte- **195** D 4
Strà (PC) **100** B 1
Strà (VR) **91** B 4
Stra (SV) **124** C 2
Strà (VE) **92** A-B 3
Strabatenza **132** E 3
Straboria **260** E 2
Stráccis **61** E 6
Stracia **259** E 5
Straciugo, Monte- **32** E 1
Stracóncolo **88** E 1
Strada (AR) **140** A 2
Strada (MC) **144** D 2
Strada (SV) **111** E 4
Strada (Svízzera) **25** A 6
Strada, la- (PR) **116** B 2
Strada, la- (RA) **132** A 2
Strada, Podere- **138** D 2
Strada in Chianti **139** C 5
Strada San Zeno **132** C 3
Stradella (MN) **89** D 6
Stradella (PR-Bardi) **115** B 4
Stradella (PR-Collécchio) **102** E 2
Stradella (PV-Gambolò) **85** C 4
Stradella (PV-Stradella) **85** E 6
Stradella, Póggio- **101** E 4
Stradelle **75** D 4
Stradin **25** C 5
Strádola **204** B 2
Stradona **93** A-B 4
Stradone **91** D 5
Stradone, lo- **134** C 2
Straface, Torrente- **239** E 5
Stráling, Punta- **49** C 5
Stramare **59** D 5
Strambinello **64** D 2
Strambino **64** E 3
Strambone, Masseria- **211** C 4
Stramentizzo **39** D 6
Stránges **257** D 4
Strangolagalli (CE) **202** C 2
Strangolagalli (FR) **193** A 4
Stranig **44** A 2
Stranigeralpe **44** A 2
Strano **253** D 6
Straorini **256** D 1
Strasatti **274** B 3
Strassberg **24** A 1
Strassen **42** A 3
Strasserra **113** A 5
Strassoldo **63** D 4
Stráulas **303** C 6
Stravignano **153** D 4
Stravino **57** C 4
Strazzavértole, Monte- **281** D 4
Stregna **63** A 5
Strela **115** B 4
Strelagrat **24** B 1
Strelapass **24** B 1
Strella **65** E 6
Strembo **38** E 2
Strémiz **63** A 4
Strepeto **114** C 3
Strcppcnosa, Cozzo **293** C 4

Stresa **51** C-D 5
Strettara, Ponte di- **117** E 6
Strette, le- **141** C 4
Stretti (UD) **45** C 4
Stretti (VE) **76-77** C 3-4
Stretto, Ponte- **196** D 1
Stretto Benesiti, Gola- **281** D 4
Strettóia **129** C 4
Strettura **162** D 1
Strevi **98** E 1
Stria, Sasso di- **31** E 4
Striano (FI) **131** C 6
Striano (NA) **217** B 4
Stribugliano **159** B 4
Strícchio, Masseria- **206** B 3
Stridone → Žrenj **79** E 5-6
Strigara **133** C 6
Strigno **58** B 2
Strino, Valle- **38** C-D 1
Stríppoli **213** A 6
Strómboli **273** A 6
Strómboli, Ísola- **273** A 5-6
Stromblícchio, Ísola- **273** A 6
Strona (BI) **65** B 5
Strona (VB) **50** C 3
Strona, Torrente- (BI-Torrente Cervo) **65** B 5
Strona, Torrente- (VB) **51** C 4
Strona, Torrente- (VC-Fiume Sésia) **50** E 3
Strona di Póstua, Torrente- **50** E 2
Stroncone **162** E 1
Stroncone, Stazione di- **162** E 1
Strone, Fiume- **88** B 1
Stróngoli **247** B 5
Stroppare **92** D 2
Stroppari **74** B 2
Stroppia, Rifúgio- **108** A 2
Stroppiana **84** C 1
Stroppito, Fosso dello- **205** E 6
Stroppo **108** A 3
Strove **149** A 4
Strovina **315** C 5
Strozza **54** E 1
Strozzacapponi **151** D 6
Strozzavolpe, Castello- **139** E 4
Strped (Sterpeto) **79** E 6
Strudà **227** C 4
Strudel Köpfe = Monte Spécie **31** D 5
Strúgas **303** C 6
Strugnano → Strunjan **79** D 4
Strunjan (Strugnano) **79** D 4
Stua, Fienili- **42** D 2
Stua, Lago della- **41** E 5
Stúdena Alta **44** B 3
Stúdena Bassa **44** B 3
Stue, Ponte delle- **39** E 6
Stue Alta, Malga- **39** E 6
Stuerda **96** B 2
Stuetta **35** A 4
Stuffione **104** D 3
Stugl **24** C 1
Stúlles = Stuls **27** B 5
Stuls = Stúlles **27** B 5
Stumiaga **56** C 3
Stúparich, Bivacco- **45** C 4
Stupinigi **82** E 1
Stupinigi, Parco Regionale di- **82** E 1
Stupizza **63** A 5
Stura, Torrente- (AL) **83** D 5
Stura, Torrente- (FI) **131** B-C 5
Stura, Torrente- (GE) **112** B 3
Stura di Ala, Torrente- **81** B 5
Stura di Demonte, Fiume- **109** B-C 6
Stura di Lanzo, Torrente- **82** C 1
Stura di Sea, Torrente- **81** B 4
Stura di Val Grande, Torrente- **81** B 5-6
Stura di Viù, Torrente- **81** C 4
Sturággia, Capo sa- **310** C 2
Sturla **74** C 2
Sturla, Torrente- (GE-Borzonasca) **114** C 2
Sturla, Torrente- (GE-Génova) **113** C 4

Sturno **204** C 2
Suagna, Múrgia- **210** C 1
Sualdin **61** A 6
Suardi **84** E 3
Suaredda **303** C 6
Suasa **143** B 5
Subásio, Monte- **152** D 3
Subbiano **140** C 3
Subiaco **180** B 3
Subit **45** E 4
Suc **49** E 5
Succhivo **214** D 2
Succiano **172** D 3
Succida, Torrente- **196** B 3
Succinto **64** C 2
Succiso **116** D 2
Succiso, Alpe di- **116** D 2
Succivo **202** E 1
Suchello, Monte- **54** D 2
Sucinva **55** C 5
Sud, Costa del- **319** D-E 5-6
Sud Milano, Parco Agrícolo- **68** E 1-3
Suéglio **53** B 5
Suelli **316** C 2
Suello **53** E 5
Suérgiu Mannu, Rio- **321** B 4
Suessa, Becca di- **46** E 2
Suéssola **202** E 2
Súgame, Póggio delle- **139** D 6
Sugano **160** C 2
Sugello, Póggio- **158** B 3
Súghera **138** D 2
Súghera, Monte la- **139** B 4
Sughereta di Niscemi, Riserva Naturale- **288** C-D 1-2
Súghero, Pizzo- **269** B 5
Súio **193** D 6
Súio, Terme di- **193** D 6
Suira **53** C 4
Suísio **69** B 4
Sulau **312** D 1
Sulbiate **69** C 4
Sulbiate Inferiore **68** C 3
Sulbiate Superiore **69** C 4
Súlcis **318-319** A-C 3-5
Sulden = Solda **26** E 1
Suldental = Val di Solda **25** D-E 6
Sule **91** B 4
Suliano, Monte lu- **296** D 3
Sulla, Cappella della- **239** C 4
Sulleria, Cantoniera- **269** A 5
Sulmona **183** A 4
Sulpiano **83** D 5
Sulzano **70** B 2
Sulzenau-Hütte **28** A 1
Sumbra, Monte- **129** B 4
Sumbráida, Monte- **25** E 5
Sumirago **51** E 6
Summaga **77** A 4
Summano, Monte- **73** B 6
Summonte **203** E 5
Suna **51** C 5
Suni **306** D 3
Suníglia **110** A 1
Sunnegga **49** A 5
Suno **66** B 2
Sunvile **44** E 3
Suola, Val di- **43** E 4
Suozzi **203** D 5-6
Superga **82** D 2
Superiore, Lago- (AO) **47** C 5
Superiore, Lago- (MN) **89** D 5-6
Superiore, Lago- (VB) **32** C 3
Supersano **231** B 3
Supino **192** A 2
Sur **35** A 6
Surano **231** B 5
Surbo **227** B 5
Surdo, Casa- **188** E 1
Surdo, Torrente- **244** B 3
Sur En **25** B 5
Suretta **35** A 4-5
Surier **46** D 2
Suriheddu **300** D 3
Suringar, Bivacco- **45** C 4
Surlej **36** B 1
Surlej, Fuorcla- **36** B 2
Surrau, Rio- **297** C-D 4
Surrau, Stazione- **297** D 4

Susà **57** B 6
Susa **80** D 3
Susa, Valle di- **80-81** D-E 2-5
Susano (BO) **118** E 2-3
Susano (MN) **90** D 2
Susàns **62** C 4
Susasca **24** B 3
Susauna **24** D 3
Susauna, Val- **24** C-D 2-3
Susch **24** B 3
Susegana **59** E 6
Susella **99** C 5
Suseneo **122** E 3
Susin **41** E 5
Susinana, Badia di- **132** B 1
Susinna **262** A 3
Suso **191** B 6
Sussisa **113** C 5
Sustinente **90** E 2
Sustinenza **90** D 3
Sute, Lastè delle- **40** D-E 2
Sutera **279** E 4
Sutera, Stazione- **279** E 4
Sutri **169** D 5
Sútrio **43** C 6
Suvari, Lago di- **266** E 2
Suvarita, Masseria- **263** C 5
Súvaro, Monte- **247** A 4
Suvereto **148** D 1
Súvero **115** E 4-5
Súvero, Capo- **249** A 4
Suviana **130** B 3
Suviana, Lago di- **130-131** B 3-4
Suvignano **149** C 6
Suvretta, Pass- **24** E 1
Suvretta Samedan, Val- **24** E 1
Suvretta Sankt Moritz, Val- **24** E 1
Sužid **45** E 5
Suzza, Monte- **284** E 2
Suzzano **100** B 3
Suzzara **103** B 5
Suzzi **113** A 6
Suzzolins **62** E 1
Svarchi **145** C 4-5
Sveti Ivan (San Giovanni della Corneta) **78** E 3
Sveti Martin (Croazia) **79** E 6
Sveto **63** E 6
Svino (Slovénia) **45** E 5
Svolta, la- **117** C 4
Sýbaris-Cópia **242** B 2
Symaethus, Necrópoli di- **283** D 5

T

Tabaccaro **274** A 2-3
Tabanaro, Masseria- **186** E 1
Tabano **143** D 6
Tabarano **230** C 2
Tabaretta, Rifúgio- = Tabarettahütte **25** E 6
Tabarettahütte = Rifúgio Tabaretta **25** E 6
Tabbiano **116** A 3
Tabellano **103** B 5
Tabiano **101** D 5
Tabiano Bagni **101** D 5
Tablà = Tabland **26** D 3
Tabland = Tablà **26** D 3
Tabor **79** A 6
Tabor **79** B 5
Tabòr, Monte- **34** C 4
Taburno, Monte- **203** D 4
Taburno, Parco Regionale del- **202-203** C 3-4
Taburri, i- **130** A 1
Tacca Rossa **318** B 2
Tacco, Monte- **112** B 2
Taccone **206** E 3
Taceno **53** B 5
Tâche **46** C 3
Tácina, Fiume- **251** C 4
Tacquara, Nuraghe- **316** B 3
Tacul, Aiguille du- **46** A 2
Tadasuni **311** A 5
Taddeide **179** A 4

A
B
C
D
E
F
G
H
I
J
K
L
M
N
O
P
Q
R
S
T
U
V
W
X
Y
Z

Tádega, Passo- **31** D 4
Tafele, Casa- **261** E 4
Taffuri, Monte- **268** C 3
Tafuri, Masseria- **210** E 2
Tagewaldhorn =
  Corno di Tramin **30** B 1
Tággia **123** E 4
Tággia, Forra di- **123** E 4
Taggi di Sopra **74** E 3
Taggi di Sotto **74** E 3
Tagli **256** B 1-2
Tagliacozzo **181** A 4
Tagliacozzo, Masseria- **205** B 4
Tagliaferro (FI) **131** D 5
Tagliaferro (TO) **82** E 1
Tagliaferro, Monte- **49** B 6
Tagliamento, Fiume- **61** B 6
Tagliamento, Foce del- **77** C 6
Taglianaso, Monte- **197** C 4
Tagliante **110** E 2
Tagliaorécchio, Toppo- **197** C 5
Tagliaretto **95** A 5
Tagliata (BG) **54** D 2
Tagliata (CN-Fossano) **110** A 2
Tagliata (CN-Racconigi) **96** D 1
Tagliata (MO) **118** D 2
Tagliata (RA) **134** A 2
Tagliata (RE) **103** C 5
Tagliata, Monte la- **115** B 5
Tagliata Etrusca **167** C 4
Tagliate, le- **111** D 5-6
Tagliente, Casale- **180** D 1
Taglieto **114** C 3
Táglio **92** D 2
Táglio Corelli **120** B 3
Táglio della Falce **107** C 5
Táglio di Po **107** A 4
Tagliole, le- **129** A 6
Tagliolo Monferrato **98** E 2
Tagliuno **70** C 1
Tagusa = Tagusens **30** D 1
Tagusens = Tagusa **30** D 1
Taiano, Monte- → Slavnik **79** D 6
Táibo **133** C 5
Taibòn Agordino **41** D 5
Tai di Cadore **42** D 2
Taiedo **61** E 5
Taiêt, Monte- **61** A 6
Tainate **67** E 5
Taino **51** E 5
Táio **39** C 4
Taioli **73** C-D 4
Taiòn **92** E 2
Taipana **45** E 4
Tairano **50** E 3
Tairano, Monte- **202** D 3
Taisten = Tésido **31** B 5
Taizzano **161** E 5-6
Tal = la Valle **26** E 2
Talácchio **135** E 4
Talada **116-117** D 3-4
Talamello **133** D 6
Talamini G., Rifúgio- **41** C 6
Talamona **35** E 6
Talamone **158** E 2
Talamone, Stazione di- **158** E 2
Taléna **313** B 4
Talánico **202** E 3
Talarico, Rifúgio- **108** C 2
Talasai, Nuraghe- **311** A 6
Talavà **303** D 6
Talavorno **115** D-E 5-6
Talbignano **117** D 6
Talciona **139** E 4
Talèfre, Aiguille de- **46** A 2
Taléggio **53** D 6
Taléggio, Valle- **54** D 1
Talente **139** C 4
Talere, Rio di- **302** E 1
Talesso, Rio de- **312** A-B 2
Talferbach = Torrente Tálvera **27** D-E 6
Talignano **101** E 6
Talla **140** C 3
Tallacano **163** B 6
Talle di Sopra = Obertall **27** C 5
Tallone Grande, Monte- =
  Hohe Ferse **27** A 5

Tallória, Torrente- **110-111** A 3-4
Tallorno **64** C 2
Talmassons **62** D 2
Talocci **170** E 2
Talonno **51** E 4
Taloro, Fiume- **311** A 6
Talósio **81** A 6
Talponada **76** B 2
Talponedo **61** D 4
Talsano **225** D 4
Talschlusshütte =
  Capanna Fondovalle **31** D 6
Talucco **95** A 5
Talvácchia **164** B 1
Talvácchia, Lago di- **164** B 1
Talvena, Monte- **41** D 6
Tálvera, Torrente- = Talferbach **27** D-E 6
Tamai **61** E 4
Tamar **45** C 6
Támara **106** C 1
Tamaricciola, Masseria- **198** B-C 3
Tamarispa **303** D 6
Támaro, Monte- **33** E 6
Támaro, Rifúgio- **33** E 6
Tamaròz **45** C 4
Tamatten **50** A 1
Tambò, Pizzo- **35** A 4
Tambone, Monte- **156** D 2
Tambre **60** B-C 3
Tambruz **60** B 3
Tambulano, Pizzo- **268** C 1
Tambura, Monte- **129** B 4
Tamburello, Bívio- **278** E 1
Tamburino **131** E 6
Tamburo, Casa- **160** C 1-2
Tamburoni, Masseria- **212** B 1
Tamburrini, Masseria- **221** B 4
Tamburu, Serra- **296** D 1
Tamer, Monte- **41** C 6
Tamers = Tamóres **31** D 4
Tamiòn **40** B 3
Tammarécchia, Torrente- **196** C-D 2
Támmaro, Fiume- **196** D 2
Tamone, Casa- **220** E 3
Tamóres = Tamers **31** D 4
Tamuli, Nuraghe- **307** D-E 4
Tana **97** C 5
Tanabuco, Portella- **278** E 3
Tanagro, Fiume- **219** D 4
Tanai = Thanai **26** C 1
Tanamea, Passo di- **45** C 4
Tanarello, Passo di- **122** B 3
Tanarello, Torrente- **123** B 4
Tánaro, Fiume- **98** B 2-3
Tánaro, Fosso- **158** C 1
Tanas = Tannas **26** D 1
Tanaunella **305** E 5
Tanca, Rio sa- **320-321** B 3-4
Tanca Altara **303** E 6
Tanca Manna **297** D 4-5
Tanca Marchese **310** E 3
Tanca Molino **311** C 4
Tanca Noa, Nuraghe- **307** C 6
Tanca Régia **311** A 4
Táncia, Monte- **170** C 2
Tane, Monte delle- **114** A 2
Taneto **102** E 3
Tanga, Masseria- **204** C 3
Tangarelli, Masseria- **211** B 4
Tangi **261** D 4
Tángia, Monte- **237** A 4
Tangone, Porto- **306** C 2
Tani **319** A 4
Tanka Village **321** C 5
Tanna = Sinablana **39** B 4
Tannaghe, Rio- **311** B 5
Tannas = Tanas **26** D 1
Tanno **35** C 5
Tannóia **199** D 5
Tannore, Punta- **261** D 4
Tantlon **121** E 5
Tanzbach = Rio Danza **27** D 6
Tanze **81** D 4
Tanzónia, Punta di- **32** B 3
Tao, Casa- **60** A 1-2
Taormina **269** D 6

Taormina, Capo- **269** D 6
Taout Blanc, Monte- **46** E 3
Tapigliano **51** D 4
Tapogliano **63** D 4
Taponecco **116** D-E 2
Táppia **32** E 2
Tappino, Torrente- **196** A 3
Taramelli, Rifúgio- **40** C 3
Tarano **170** C 1
Taranta Peligna **183** A 5-6
Tarantasca **109** B 6
Tarantina, Via la- =
  Via Áppia Antica **207** E 5-6
Tarantina, Via la- **221** A 6
Tarantini, Masseria- **225** D 6
Táranto **224-225** C-D 3-4
Taranto, Castello- =
  Schloss Dornsberg **26** D 3
Táranto, Golfo di- **224** D 2
Táranto-Galese, Stazione- **224** C 3
Tarasp **25** B 4
Tarcento **44** E 3
Tárces = Tartsch **25** C 6
Tarcetta **63** A 5
Tardane **160** D 3
Tardara, Torrente- **287** C 3
Tarderia **283** A 5
Tardiano **235** B 4-5
Tarè, Monte- **313** D 5
Tárgia, Casa- **291** D 6
Tarifi **244** C 2
Tarignano **171** B 6
Tarino, Monte- **181** B 4
Tarlapini **96** D 2
Tarlisse, Fienili- **42** C 3
Tarmassia **90** C 2-3
Tarnell = Tarnello **26** D 1
Tarnello = Tarnell **26** D 1
Tarnólgio **33** A 6
Tarnova della Selva → Trnovo **63** C 6
Taro **153** D 6
Taro, Fiume- **102** C 2
Taro, Parco Fluviale Regionale del- **102** D 2
Taródine, Torrente- **115** C 4-5
Taroni, Cantoniera- **303** A 4
Taroni, Rio- **302-303** A 3-4
Tarquínia **168** D 1
Tarquínia, Rovine- **168** D 1-2
Tarquínia, Stazione di- **168** D 1
Tarquínia Lido **168** D 1
Tárres = Tarsch **26** D 2-3
Tárres, Passo di- =
  Tarscher Joch **26** D-E 3
Tarricone, Casino- **207** A 5
Tarsch = Tárres **26** D 2
Tarscher Joch = Passo di Tárres **26** D-E 3
Társia **241** D 5
Társia, Lago di- **241** D 5-6
Társia, Masseria- **211** B 4
Társia, Stazione di- **241** C 5
Tarsogno **114-115** C 3-4
Tarsogno, Cantoniera di- **115** C 4
Tártago **113** A 6
Tártano **35** E 6
Tártano, Valle- **35** E 6
Tártaro, Fiume- **90** D 2
Tártaro, Scolo- **93** E 4
Tartavalle Terme **53** B 5
Tartíglia **140** A 2
Tartogni **113** B 6
Tartúfoli, Rifúgio- **163** B 5
Tarucco, Torrente- **275** B 6
Tarugo **142** C 3
Tarvísio **97** B 4
Tarvísio, Foresta di- **45** B-C 4-6
Tarzo **59** C 6
Tasca, Giogo- = Taschel Jöchl **26** C 2
Taschachhaus **26** A 2
Taschachtal **26** A 2
Taschel Jöchl = GiogoTasca **26** C 2
Tascione, Timpone di- **239** C 4
Tascussi, S'Arcu de- **312** B 2
Tasna, Piz- **25** A 4

Tasna, Valle- **25** A-B 4
Tasola **114** B 3
Tassáia, Chiesa- **131** D 5
Tassani **114** E 2
Tassara **100** B 1
Tassare **99** D 4
Tassarolo **98** E 3
Tassè **38** B 2
Tassei **60** C 2
Tassere, le- **71** E 5
Tassina **92** E 1
Tasso **140** C 1
Tasso, Castèl- =
  Schloss Reifenstein **27** A 6
Tasso, Fiume- **182-183** C 3-4
Tasso, Torrente- **72** D 2
Tassóbbio, Torrente- **117** B-C 4
Tasso-Camigliatello Silano, Riserva Naturale- **245** B 4-5
Tassone **249** D 5
Tassone, Casa- **130** A 1-2
Tassu, Serra di Iu- **296** E 2
Tasua, Monte- **319** A 4
Tatinnu, Rio di- **319** B 5
Tatorba, Torrente- **97** E 5-6
Tatschspitze =
  Montáccio di Pénnes **30** B 1
Tattarena, Fosso- **162** B 1
Tatteresu, Ponte- **300** D-E 3
Tatti **148** E 3
Tauferer Tal = Valle di Túres **30-31** A-B 3-4
Taufers = Túres **31** A 4
Taufers im Münstertal =
  Tubre **25** C-D 6
Taurano **217** A 4
Taurasi **203** D 6
Taureana **252** D-E 3
Táuri, Passo dei- =
  Krimmler Tauern **29** C 6
Tauriano **161** C 6
Taurianova **253** E 4
Taurine, Terme- **168** E 2
Taurisano **231** C 4
Táuro, Monte- (PZ) **206** E 1
Táuro, Monte- (SR) **291** B 5
Taurro, Ponte- **262** C 2
Táusia **44** B 2
Tavagnacco **62** A 3
Tavagnasco **64** C 3
Tavaiano, Torrente- **131** C 5
Tavanara **90** D 3
Tavanelle **139** B 5
Tavarone **114** D 3
Tavazzano **86** B 2
Tavazzano con Villavesco **86** B 2
Tavéggia, Bivacco- **36** D 1
Tavenna **185** B 4
Taverna **134** D 3
Taverna (CE) **194** C 1
Taverna (CZ) **245** E 6
Taverna (FR) **194** C 1
Taverna (SR) **291** D 5
Taverna, la- **193** C 4
Taverna, Monte- **184** A 3
Taverna, Pizzo- **267** C 4
Taverna, Porto della- **303** B 6
Tavernacce **152** B 1
Tavernago **100** B 2
Tavernanova **215** B 5
Taverna Nuova, Masseria- **207** C 4
Tavernaro **57** B 5
Tavernazza **197** C 6
Taverne (AT) **97** B 4
Taverne (MC) **153** D 4
Taverne (PC) **100** D-E 3
Taverne (Svízzera) **52** B 2
Taverne, le- **188** C 2-3
Taverne, Masseria- **212** B 2
Taverne d'Árbia **149** B 6
Tavernelle (AN) **145** B 4
Tavernelle (AR) **141** C 4
Tavernelle (MO) **118** D 2
Tavernelle (MS) **116** E 1-2
Tavernelle (PG) **151** D 5

Tavernelle (PU) **143** A 4
Tavernelle (SI) **149** E 6
Tavernelle (VI) **73** D 6
Tavernelle d'Emília **118-119** B 3-4
Tavernério **53** E 4
Tavernette **95** A 5
Tavérnola (BO) **131** A 4
Tavérnola (CO) **52** D 3
Tavérnola (FG) **198** B 3
Tavérnola Bergamasca **70** B 2
Tavérnola San Felice **217** A 5-6
Tavérnole **73** D 4
Tavérnole, le- **194** C-D 2
Tavérnole sul Mella **70** B 3
Taverone, Torrente- **115** E 6
Taviano (LE) **230** C 3
Taviano (PT) **130** B 3
Tavigliano **49** E 6
Tavignano **144** C 2
Tavo **74** E 3
Tavo, Fiume- **173** B 5
Tavodo **56** B 3
Távola **130** E 3
Tavolacci, Fóndaco- **263** D 5
Tavoláia **138** B 1
Tavolara, Ísola- **305** B 5
Tavolara-Punta Coda Cavallo, Area Marina Protetta- **305** B-C 4-5
Távola Rotonda, Monte- **183** A 5
Távole **123** D 5
Távole, Ponte- **288** C 1
Távole Palatine, Témpio Dórico- **223** D 5
Tavoleto **134** E 3
Tavoletta Pavoncelli, Masseria- **199** E 5
Tavolicci **133** E 5
Tavoliere **198-199** A-B 1-4
Tavoliere di Lecce **226** A-B 2-3
Tavòn **39** C 4
Tavòn, Lago di- **39** C 4
Tavrü, Piz- **25** C 5
Tavu de Mari, Grotta- **306** C 3
Tavúllia **135** D 4
Tazzetti, Rifúgio- **81** C 4
Teana **227** B 6
Teano **194** E 2
Tebaldi **73** C 4
Tebano **120** E 1
Técchia **115** D 5
Técchie **73** C 4
Tecchiena, Convento di- **181** E 4
Tedeschi, Rifúgio- **53** C 6
Tega, Cantoniera- **310** A 3
Teggiano **233** A 6
Teggiate, Cantoniera di- **35** A 4
Tegli **113** A 4
Téglia (AP) **154** D 2
Téglia (MS) **115** D 5
Téglia (VB) **51** B 4
Téglia, Monte- **163** B 6
Téglia, Monte la- **185** B 4
Téglia, Passo di- **123** C 4
Téglia, Punta della- **146** C 1
Téglia, Torrente- **115** D 5
Téglie **71** C 5
Teglieto **171** D 5
Téglio **36** E 3
Téglio Véneto **62** E 1
Tegna **33** D 5
Tegnàs, Torrente- **41** D 5
Tegóia **149** B 4
Tegoleto **140** E 3
Tegorzo, Ponte- **59** D 4
Tegorzo, Torrente- **59** D 4
Tei, Becca di- **46** D 3
Teialone, Monte- **297** C 5
Teiolo, Bric di- **112** B 3
Téiro, Torrente- **112** C 1
Teis = Tiso **30** D 1
Tel = Töll **27** C 4
Tel, Rio di- = Zielbach **26-27** D 3-4
Tela Niedda, Casa- **317** B 4
Telégrafo, Cala del- **156** C 3

Telégrafo, Monte il- **166** C 2
Telégrafo, Pizzo- **277** C 6
Telégrafo, Punta del- **232** D 3
Telégrafo, Torre del- **232** D 3
Telégrafo, Rifúgio- **72** B 2
Telenek, Monte- **55** B 5
Telese Terme **195** E 5
Telésia **195** E 5
Teléssio, Lago di- **47** E 5
Telfes = Télves **27** A 6
Telgate **69** C 6
Teliseri **312** B 2
Tella, Arcu sa- **314** B-C 3
Tella, Rivo- **195** E 4
Tellarita, Torrente- **269** B 4
Tellaro **127** D 4-5
Tellaro, Fiume- **294-295** D 3-4
Tellaro, Torrente- **293** C 6
Tellénae **179** D 5
Tellesimo, Torrente- **293** B 5
Telliers, Monts- **46** A 3
Tellura, sa- **314** B 2-3
Telo, Torrente- **52** B-C 3
Telti **303** B 4
Telti, Monte- **303** A 5
Telve **58** B 1
Telve di Sopra **58** B 1
Télves = Telfes **27** A 6
Temenizza → Temnica **63** E 6
Témete, Fiume- **218** B 3
Temi **308-309** A-B 3-4
Temnica (Temenizza) **63** E 6
Temo, Fiume- **306** C 3
Temo, Lago di- **300-301** E 3-4
Temo, Rio- **307** C-D 4
Temossi **114** C 2
Tempa Ácqua Seccagna **237** C 6
Tempa Altare **237** D 6
Tempa Aquara **233** A 4
Tempa Candore **237** B 5
Tempa Cappúccio **221** D 4
Tempa Cisterna **221** E 4
Tompa Coda di Volpe **237** C 6
Tempa del Prato **218** E 3
Tempa di Cristo **221** E 4
Tempa di Roccarossa **235** C 5
Tempalta **232** A 3
Tempa San Nicola **238** D 3
Tempa San Pietro **237** B 5
Tempa Vicenza **221** E 4
Tempéra **172** B-C 1
Tempesta **56** E 3
Témpio **76** A 2
Témpio, Fiume- **288** B 1-2
Tempio Pausania **302** A 2
Templi, Valle dei- **284** C 3
Tempo, Cima di- =
  Wetter Spitze **28** B 2
Tempone, Monte- **233** D 6
Tempone Bruscata **238** E 3
Temù **37** D 6
Tenáglie **161** C 4
Tencarola **92** B 2
Ténchia, Monte- **43** C 6
Tencione, Bric- **111** E 4
Tenda → Tende **122** B 3
Tenda, Colle- **163** E 4
Tenda, Colle di- **109** E 6
Tende (Tenda) **122** B 3
Téndola **128** A 3
Tenerano **128** A 3
Ténero **33** D 6
Ténero-Contra **33** D 6
Tenese, Timpone- **251** C 4
Tengia **33** A 6
Ténibres, Mont- **108** D 2
Tenna (TN) **57** C 6
Tenna, Fiume- **155** A 4
Tennácola, Fiume- **154** C 1-2
Tenno **56** C 3
Tenno, Lago di- **56** C 3
Tenuta di Castelporziano, Riserva Naturale- **178-179** E 3-4
Tenuta Mássimi, Riserva Naturale della- **178** C 3
Tenutella, Masseria- **285** D 5
Tenza, Valle- **218** D 2
Teo, Laghi del- **36** C 3
Teodone = Dietenheim **31** B 4

Teodorano **133** B 5
Teódulo, Colle del- **49** A-B 4
Teódulo, Corno del- **49** A 4
Teódulo, Rifúgio del- **49** B 4
Teolo **92** B 1
Teónghio **91** B 5
Teòr **62** D 2
Téora **171** B 6
Teora **204** E 3
Tepilora, Punta- **303** D 5
Téppia, Fosso- **191** A 5
Ter **79** A-B 6
Tera di Casso **87** C 5
Téramo **164** C 2
Tercesi **113** B 5
Terdobbiate **66** E 2-3
Terdóppio, Torrente- **66** E 2-3
Teréglio **129** B-C 6
Terelle **193** B 6
Terelle, Colle- **182** E 2
Terenten = Terento **30** B 2
Terententeal = Valle di Terento **30** A-B 2
Terento = Terenten **30** B 2
Terento, Valle di- = Terententeal **30** A-B 2
Terenzano (LO) **87** C 4
Terenzano (MS) **128** A 3
Terenzano (UD) **62** C 3
Terenzo **116** A 2
Terenzone, Torrente- **113** A 6
Térgola, Fiume- **74** C-D 3
Tergu **299** D 5
Teriasca **113** C 5
Terlago **57** B 4-5
Terlago, Lago di- **57** B 5
Terlan = Terlano **27** E 5
Terlano = Terlan **27** E 5
Terlizzi **207** A-B 6
Terme (BO) **119** D 6
Terme (LI) **147** D 6
Terme Caronte **249** A 4
Terme dei Gracchi **169** D 5
Terme di Antonimina (RC) **257** B 5
Terme di Bóbbio **100** D 1
Terme di Brénnero = Brennerbad **28** A 3
Terme di Comano **56** B 3
Terme di Cretone **179** A 5-6
Terme di Firenze **139** C 5
Terme di Lurísia **110** D 1
Terme di Miradolo **86** D 2
Terme di Sárdara **315** B 5
Terme di Satúrnia **159** D 5
Terme di Spezzano **241** C 5
Terme Furapane **161** C 6
Terme Luigiane **240** E 3
Termenago **38** C 2
Termeno sulla Strada del Vino = Tramin an der Weinstrasse **39** C 5
Terme Pompeo **181** E 4
Terme San Giovanni Battista **150** A 1
Terme Santa Lucia **154** A 1
Terme Segestane **261** D 5-6
Terme Vigliatore **269** A 4
Termignon **80** C 2
Términe (AQ) **171** B 6
Términe (BL) **60** A 2
Términe (SP) **115** E 4
Términe (VE) **77** C 4
Términe, Chiesa di- **250** C 2
Términe, Colle del- (CB) **185** C 4
Términe, Colle del- (SV) **111** D 5-6
Términe, Osteria del- **58** C 1
Términe, Passo del- **153** C 4
Términe, Punta del- **32** A 3
Términe Grosso (KR) **247** E 4
Términe Grosso (PC) **100** C 2
Termineto, Masseria- **211** C 5
Términi **215** E 5
Términi, Colla dei- **110** E 2
Términi Imerese **265** C 5
Terminillo **171** B 4
Terminillo, Monte- **162** E 3
Terminio, Monte- **217** A 6
Termo **127** D 4

Térmoli **185** A 5
Termòn **38** D 3
Ternate **51** E 6
Ternavasso **96** C 2
Ternavasso, Lago di- **96** C 2
Ternengo **65** C 5
Terni **162** D 1
Terno d'Ísola **69** B 4
Ternova d'Isonzo → Trnovo ob Sòči **45** E 5
Ternova Píccola **63** E 6
Teróntola **151** B 4
Teróntola, Stazione- **151** B 4
Terra **163** E 4
Terra, Fiumara la- **220** E 2
Terra, Fosso la- **220** E 1
Terra Amata **87** D 6
Terracina **192** E 2
Terracino **163** C 5
Terracorpo **194** D 2
Terra delle Gravine, Parco Regionale- **224** A-B 2-3
Terra del Sole **133** A 4
Terradura (PD) **92** C 2
Terradura (SA) **233** D 4
Terragnolo **57** D 5
Terráia **162** B 1
Terralba **314** A 3
Terralba, Monte- **312** C 3
Terralva, Cantoniera sa- **301** E 5
Terra Mala **321** B 4
Terramala, Canale- **302** B 3
Terrana, Póggio- **288** D 2
Terranegra **91** D 4
Terranera **172** D 2
Terranova (AL) **84** D 1
Terranova (BN) **203** D 5
Terranova (CH-Roccamontepiano) **173** D 6
Terranova (CH-Torricella Peligna) **183** A 6
Terranova (PD) **92** C 3
Terranova (SA) **218** D 3
Terranova da Síbari **241** C 6
Terranova dei Passerini **87** C 4
Terranova di Pollino **238** D-E 2-3
Terranova Sappo Minúlio **253** E 4
Terranuova Bracciolini **140** C 1
Terra Padedda **303** C 6
Terrarossa (GE-Arenzano) **112** C 2
Terrarossa (GE-Carasco) **114** D 2
Terrarossa (GR) **166** C 3
Terrarossa (MS) **115** E 6
Terrarossa, Cime di- = Roterdspitze **30** E 1
Terrarossa, Foce di- **129** A 5
Terrasa **84** C 1-2
Terrasea **319** A 4
Terrasini **262** A 2
Terrassa Padovana **92** C 2
Terrati **244** D 2
Terratta, Monte la- **182** C 3
Terratta, Serra della- **182** C 3
Terrauzza **291** E 6
Terravécchia **243** E 5
Terraverde **86** B 3
Terrazzano **67** D 5
Terrazze **82** E 3
Terrazzo **91** D 5
Terre Dónniche **244** C 2
Terremorte, Stazione- **269** D-E 5
Terremoto, Masseria- **221** B 4
Terrenove **274** B 3
Terrenove, Stazione- **274** B 2
Terre Rouge **94** B 1
Térres **38** C 3
Terresoli **319** C 5
Terreti **256** D 1
Térria (RI) **170** B 3
Térria (RI) **162** C 2
Terríccio **137** E 6
Terricciola **138** D 1
Terrícoli **153** B 5
Terrile **113** C 5
Terrinca **129** C 4

Terrizzo **127** D-E 4
Terro **154** C 1
Terrossa **73** E 5
Terróssola **140** B 3
Terrúbia **39** D 3
Terrúggia **84** D 1
Terrusso **113** C 5
Tersádia, Monte- **44** B 2
Tersiva, Punta- **47** D 5
Tersteli → Trstelj **63** D 6
Tertenia **317** B 6
Tertílo, Nuraghe- **308** D 3
Tertíveri **197** C 5
Tertíveri, Torre- **197** B-C 5
Terzago **71** D 4
Terza grande, Monte- **43** C 4
Terzano **139** B 6
Terza píccola, Monte- **43** C 4
Terzerie **188** B 2
Terzi, Bosco dei- **210** E 3
Terzigno **215** C 6
Terzo (AL) **97** E 6
Terzo (GR) **149** E 4
Terzo (UD) **44** C 2
Terzo (VE) **75** D 6
Terzo d'Aquiléia **63** E 4
Terzo di Iuso, Masseria- **279** B 4
Terzólgio **65** C 5
Terzo la Pieve **162** B 1
Terzolàs **38** C 3
Terzo Marzóccolo, Masseria- **239** A 4
Terzone San Páolo **163** D 4
Terzone San Pietro **163** D 4
Terzório **123** E 5
Terzo San Severo **161** B 6
Tesa, Monte- **117** B 4
Tesa, Torrente- (BL) **60** B 2
Tesa, Torrente- (BN) **203** D 4
Tescino, Torrente- **162** D 1
Téscio, Fiume- **152** C-D 3
Tese **81** C 6
Tésero **40** C 2
Tésido = Taisten **31** B 5
Tésimo = Tisens **27** E 4
Tesina, Fiume- **74** D 1
Tesino, Fiume- **155** D 4
Tésis **61** C 5
Tesoriero **268-269** B 3-4
Tesoro, Bric del- **111** C 6
Tesoro, Toppe del- **183** C-D 4-5
Tessa, Giogáia di- = Texel Gruppe **26-27** C 3-4
Tessano **244** C 3
Tesselberg = Montassilone **31** B 4
Tessello **133** B 5
Tessenberg **42** A 3
Tessennano **168** A 1
Tessera **75** D 6
Tesserete **52** B 3
Testà **103** C 6
Testa, Capo- **296** C 2
Testa, Capo la- **208** B 2
Testa, Torre- **213** C 5
Testáccio (NA) **214** D 2
Testáccio (TR) **161** E 6
Testa Ciaudon **110** E 1
Testa d'Arp **46** B 2
Testa del Ban **80** E 1
Testa dell'Ácqua **289** E 6
Testa del Rutor **46** D 2
Testa di Comagna **49** D 4
Testa di Garitta Nuova **95** E 4
Testa di Pietagù **109** C 4
Testa di Serena **46** B 3
Testa Grígia (AO) **49** C 5
Testa Grígia (AO-Svízzera) **49** B 4
Testa Malinvern **109** E 4
Testanello **115** B 5
Teste, Válico le- **241** A 4
Testene, Fiume- **232** B-C 2
Testeni **63** B 6
Testi, Casa- **159** C 6
Téstico **124** D 1
Testo, Monte- **57** E 5
Testona **82** E 2
Tête d'Arpy **46** B 2
Tête de Ferret **46** A 3

Tête du Pelvas **94** C 3
Teti **312** A 1
Teti, Monte- **306** C 2
Tetti (CN-Clavesana) **110** B 3
Tetti (CN-Dronero) **109** B 5
Tetti (CN-Montezémolo) **111** C 4
Tetti (TO) **64** D 1
Tetti (VC) **49** C 6
Tetti Avena **109** A 6
Tetti Cavalloni **96** B 1
Tetti Chiaramelli **110** A 2
Tetti dei Milanesi **96** D 2
Tetti Giro **96** B 2
Tetti Grella **109** E 5
Tetti Mauriti **96** B 2
Tetti Merlet **110** C 1
Tetti Neirotti **81** E 6
Tetti Pésio **110** C 1
Tetti Rolle **82** E 1
Tetti Sapini **96** B 2
Tetto, Sasso- **154** C 1
Tetto Chiappello **109** D 6
Tetto Piano **109** D 6
Tettorosso **109** B 5
Téula, Lago sa- **313** C 4
Téula, Rio sa- **313** C 5
Teulada **319** D 5
Teulada, Capo- **319** E 4
Teulada, Porto di- **319** D 5
Teveno **55** C 4
Teveráccio, Monte- **154** D 2
Tévere, Fiume- **177** D 6
Tévere, le Vene del- **141** A 5
Tévere, Parco Fluviale del- **161** B 4
Teverina **151** A 5
Teverola **202** E 1
Teverone, Fiume- **152** E 3
Teverone, Torrente- **196** B 3
Tevíggio **114-115** D 3-4
Texelgruppe = Giogáia di Tessa **26-27** B-C 3-4
Texelgruppe, Naturpark- = Parco Naturale Gruppo di Tessa **26-27** B-C 2-4
Tézio, Monte- **151** B 6
Tezze (BS-Carpenédolo) **88** B 3
Tezze (BS-Mazzano) **71** D 4
Tezze (BS-Trenzano) **70** D-E 1
Tezze (MN) **89** C 4
Tezze (TN) **58** C 3
Tezze (TV) **75** A 6
Tezze (VE) **76-77** B 3-4
Tezze (VI) **73** D 6
Tezzeli **57** D 6
Tezze sul Brenta **74** B 2
Tezzo **133** D 5
Tezzoli **89** C 6
Thaler **27** D 6
Thanai = Tanai **26** C 1
Thápsos **291** C 5
Thárros **310** D 2
Thiene **73** B 6
Thiesi **301** E 5
Tho, Pieve del- **132** A 2
Thoules **47** B 5
Thovex **46** C 2
Thuile, Ia- (AO) **46** C 2
Thuile, Ia- (Frància) **46** D 1
Thuins = Túnes **27** A 6
Thun, Castello- **39** D 4
Thuras **94** B 2
Thuras, Colle di- **94** B 2
Thuras, Torrente- **94** B 2
Thures **94** B 2
Thures Gorlier **94** B 2
Thúrio **242** C 2
Thurntaler, Monte- **31** B 6
Thurwieser, Punta- **25** E 6
Thuy **47** C 6
Tiago **59** B-C 5
Tíana **312** B 1
Tiarfin, Monte- **43** D 4
Tiarno di Sopra **56** D 2
Tiarno di Sotto **56** D 2
Tiberina, Val- **141** C-D 5
Tiberina, Via- **179** A-B 4
Tibério, Grotta di- **193** E 4
Tibério, Masseria- **212** E 2

Tibério, Villa di- **192-193** E 3-4
Tibèrt, Bedale- **109** B 4
Tibèrt, Monte- **108** B 3
Tiburtina, Via- **179** B 5
Tiburtini, Monti- **180** B 1
Ticchiano, Passo di- **116** C 2
Ticciano **215** E 6
Ticengo **87** B 5
Ticineto **84** D 1
Ticino, Fiume- **66** D 3
Ticino, Lido- **85** B 4
Tídolo **88** E 1
Tidoncello, Torrente- **100** C 1
Tidone, Torrente- **86** E 3
Tiédoli **115** B 5
Tiépido, Torrente- **118** C 1
Tiera, Ponte- **220** C 1
Tiera, Torrente- **220** C 1
Tierno **57** E 4
Tiers = Tíres **40** B 2
Tierser Tal = Val di Tíres **40** A-B 1-2
Tiezzo **61** E 4
Tifata, Monte- **202** C 1-2
Tiggiano **231** C 5
Tighet, Torre del- **46** C 3
Tigliano (FI-Pontassieve) **131** E 6
Tigliano (FI-Vinci) **130** E 3
Tigliano, Monte- **219** E 6
Tiglieto **112** B 2
Tiglietto **64** D 1
Tíglio (LU) **129** B 6
Tíglio (PR) **114** A 3
Tíglio (UD) **63** A 5
Tíglio, Alpe del- **34** E 2
Tíglio, Ponte del- **138** B 1
Tigliole **97** B-C 4
Tiglione **97** C 5
Tiglione, Torrente- **97** C 6
Tignaga, Pizzo- **49** B 6
Tignai **81** D 4
Tignale **71** B 6
Tignámica, la- **131** D 4
Tignano (BO) **118** C 3
Tignano (FI) **139** D 4
Tignano (PI) **148** A 3
Tignès **60** B 2
Tignes **46** E 1
Tignes, Lac de- **80** A 2-3
Tignino, Serra- **279** B 4
Tigúllio, Golfo del- **113** D-E 6
Tíles = Tils **30** C 1
Tília, Monte- **162** D 3
Tilípera, Cantoniera- **307** C 4
Tilly **49** D 4
Tils = Tíles **30** C 1
Timau **44** A 2
Timavo, Fiume- **63** E 5
Timeto, Fiume- **268** A 3
Timeto, Torrente- **268** B 3
Timidone, Monte- **300** D 1
Tímmari **221** C 6
Timmelsjoch = Passo del Rombo **27** A 4
Timmelstal **27** A 4
Timogno, Cima di- **54** C 3
Timoline **70** C 1-2
Timone, Fosso- **168** B 1
Timone, Punta- **305** B 5
Timpa Ceraso **235** B 6
Timpa d'Ariddu **267** D 4
Timpa del Demónio **238** E 2
Timpa delle Rose **236** A 2
Timpa del Mulo **222** E 2
Timpa di Castello **220** D 3
Timpa di San Lorenzo **238** E 3
Timpa Melograra **247** A 4
Timpa Pistillo **233** E 5
Timpa Pizzuta **220** C 2
Timparossa, Casa- **289** D 6
Timpa San Nicola **220** E 3
Timpone (SA) **235** D 4
Timpone (TP) **261** B 4
Timpone Bruno **245** B 4
Timpone Centonze **247** D 5
Timpone del Castello **247** B 4

Timpone della Foresta **239** E 4
Timpone della Mónaca **245** C 6
Timpone del Vaccaro **240-241** A 3-4
Timpone di Tascione **239** C 4
Timpone Garramillo **240** A 2
Timpone i Comuni **250** C 2
Timpone il Cupone **237** D 5
Timpone Magara **240-241** B 3-4
Timpone Margherita **260** D 3
Timpone Morello **245** D 6
Timpone Nasco **274** A 3
Timpone Palamara **239** D 5
Timpone Rosso **247** B 4
Timpone San Bernardo **245** B 6
Timpone Scifarello **241** B 4
Timpone Tenese **251** C 4
Timpone Víncolo **245** C 6
Timpone Vetrici **239** E 4
Timponívoli, Monte- **267** E 6
Tina **64** E 3
Tina, Torrente- = Tinnebach **30** D 1
Tináia **138** B 3
Tincave **80** A 1
Tinchi **223** E 4
Tíndari, Capo- **269** A 4
Tinée **108** E 2
Tinella, Torrente- **97** D 5
Tinisa, Monte- **43** D 5
Tinjan (Antignano) **79** D 5
Tínnari, Monte- **296** E 1
Tinnebach = Torrente Tina **30** D 1
Tinniri, Cantoniera- **306** D 2
Tinnura **306** D 3
Tino **163** C 5
Tino, Ísola del- **127** E 4
Tino, Torrente- **312** A 1
Tintillónis, Punta- **314** D 3
Tintinali, Rio- **317** B 4
Tintioni, Rio su- **320** D-E 1
Tintoria **105** C 6
Tiola **118** D 2
Tiolo **37** C 5
Tione, Fiume- **89** B 6
Tione degli Abruzzi **172** D 3
Tione di Trento **56** B 2
Tiorre **116** A 3
Tipano **133** B 5
Tipoldo **258** C 1
Tiranni **268** B 1
Tirano **37** D 4
Tíres = Tiers **40** B 2
Tíres, Val di- = Tierser Tal **40** A-B 1-2
Tiría **311** D 4
Tiría, Monte- **308** C 2
Tirino, Fiume- **173** D 4
Tiriolo **249** A 6
Tirivolo **245** D 6
Tirli (FI) **131** A-B 6
Tirli (GR) **157** C 6
Tirol = Tirolo **27** C 4
Tiroler Kopf **25** A 4
Tirolle, Rio- **160** B 1
Tirolo **89** C 5
Tirolo = Tirol **27** C 4
Tirrénia **137** B 4
Tirreno, Mar- **200** D 1-3
Tirso, Cantoniera del- **307** D 6
Tirso, Fiume- **307** E 6
Tirso, Foce del- **310** D 3
Tirso, Sorgenti del- **303** C 4
Tirso, Stazione del- **307** D 6
Tisana = Tisens **30** E 1
Tiscali, Monte- **309** E 4
Tisch, Valle- **24** D 1
Tisens = Tésimo **27** E 4
Tisens = Tisana **30** E 1
Tiser **41** D 5
Tiso = Teis **30** D 1
Tisoi **41** E 6
Tissano **62** C 3
Tissi **301** C 4
Tissi, Rifúgio- **41** C 5
Tissino, Fosso- **162** B 3
Tistigliosi, Rio- **312** C 2
Titelle **41** E 5

Titerno, Torrente- **195** E 5
Titiano **77** B 6
Titignano **161** B 4
Tito **219** D 6
Tito, Fiumara di- **219** D 6
Tito, Monte- **153** E 5
Títolo, Cantoniera del- **237** C 5-6
Titta **141** D 6
Tittiri, Ponte- **312** B 1
Tivano, Piano del- **53** D 4
Tivegna **127** C 4
Tiveriacco **62** A 2
Tivo **133** E 5
Tívoli (BO) **104** E 3
Tívoli (RM) **179** B 6
Tiziano, Bivacco- **31** E 6
Tizzana **130** E 3
Tizzano **129** C 4
Tizzano Val Parma **116** B 2
Tizzola **117** D 4
Toano **117** D 5
Toara **91** B 6
Toazzo, Malga- **40** D 2
Tobbiana **130** D 3
Tóbbio, Monte- **112** A 3
Tobenna, Monte- **217** C 6
Tobia **169** C 4
Toblach = Dobbiaco **31** C 5
Toblacher See = Lago di Dobbiaco **31** C 5
Toblino, Castèl- **57** B 4
Toblino, Lago di- **57** B 4
Toc, Monte- **60** A 2
Toccalmatto **101** C 6
Toccanisi **203** D 5
Tocchi **149** D 5
Tocchi, Riserva Naturale- **149** D 5
Tocco **97** C 6
Tocco, Monte- **183** C 5
Tocco Cáudio **203** C 4
Tocco da Casáuria **173** D 5
Tóccol **41** D 5
Toce, Cascata del- **32** B 3
Toce, Fiume- **51** C 4
Toceno **32** E 3
Todaro, Serra- **241** E 6
Todi **161** B 5
Todiano **163** A 4
Toesca, Rifúgio- **81** E 4
Tofane, le- **31** E 4
Tofe **154** E 1
Tóffia **170** D 2
Toffol (BL-Selva di Cadore) **41** B 5
Toffol (BL-Vallada Agordina) **41** C 4
Toffoz **49** D 4
Tofino, Monte- **56** C 3
Tofo **164** C 2
Tógano, Monte- **32** E 3
Tóggia, Lago di- **32** A 3
Togliano **63** B 4
Tóglie **81** C 6
Togna **193** A 5
Tognana **92** C 3
Tognazza, Cima- **40** D 3
Tognola, Alpe- **40** D 3
Tognola, Monte- **40** D 3
Tognoni **101** E 4
Toiano (PI) **138** B 2
Toiano (PI) **138** D 2
Toiano (SI) **149** B 5
Toirano **124** C 3
Toirano, Giogo di- **124** C 2
Toirano, Grotte di- **124** C 3
Tola **37** B 5
Tolcinasco **85** B 6
Toldi **57** D 5
Tole **117** E 6
Tolè **118** E 2
Tolentino **154** A 1
Tolentino, Monte- **162** D 3
Toleto **112** A 1
Tolfa **168** E 2-3
Tolfa, Monti della- **168** E 2-3
Tolfáccia, Monte- **168** E 2
Tolfe, le- **149** B 5
Toline **55** E 4
Tolinu, Nuraghe- **307** E 6

Töll = Tel **27** C 4
Tollara **100** C 3
Tolle **107** B 6
Tollégnaz **49** D 4
Tollegno **65** C 4
Tolli **196** C 3
Tollo **174** C 2
Tolmezzo **44** C 2
Tolmin (Tolmino) **63** A 6
Tolminka **45** E 6
Tolmino → Tolmin **63** A 6
Tolminski **45** E 6
Tolminski Lom **63** A 6
Tolosano **108** B 3
Toltu, Rio- **299** D 5
Tolu, Rio- **317** D 4
Tolve **220** C 2
Tolve, Fiumara di- **220** B 3
Tolve, Masseria- **220** C 3
Tomacella **192** A 2
Tomádio → Tomaj **79** A-B 5
Tomaini **245** E 4
Tomaiuolo **188** E 3
Tomaj (Tomádio) **79** A-B 5
Tomárchio, Case- **283** A 5
Tomarlo, Monte- **114** B 3
Tomarlo, Passo del- **114** B 3
Tomassucci **154** C 2
Tomático, Monte- **59** C 4
Tomba (UD-Búia) **44** E 2
Tomba (UD-Mereto di Tomba) **62** B 2
Tomba, Masseria- **183** D 6
Tomba, Monte- (BL-TV) **59** D 4
Tomba, Monte- (VR) **72-73** B 3-4
Tombáccia **135** D 4
Tomba di Nerone **179** B 4
Tomba di Sotto **91** C 4
Tombazosana **91** C 4
Tombe (BO) **120** D 1
Tombe (FE) **107** D 4
Tombe Etrusche (LI) **156-157** A-B 3-4
Tombe Etrusche (RM) **168** E 1
Tombe Etrusche (TR) **160** C 3
Tombe Etrusche (VT-Montalto di Castro) **168** B 1
Tombe Etrusche (VT-Tuscánia) **168** B 2
Tombelle **92** B 3
Tómboli di Cécina, Riserva Naturale dei- **147** A 5-6
Tómboli di Follónica, Riserva Naturale- **157** B 5-6
Tombolino **76** C-D 3
Tómbolo **74** C 3
Tómbolo, Pineta del- **158** C-D 1
Tómbolo, Stazione di- **137** B 4-5
Tómbolo della Giannella **166** B-C 3
Tómbolo di Feníglia **166-167** C 3-4
Tommaselle **105** B 5
Tommaso, Ponte- **196** E 2-3
Tommaso Natale **262** A 3
Tomo **59** C 4
Ton **39** D 4
Ton, Pizzo del- **50** B 2
Tona, Torrente- **185** D 6
Tonadico **41** E 4
Tonale, Monte- **37** D 6
Tonale, Passo del- **37** D 6
Tonara **312** B 2
Tonco **83** E 5
Tonco-Alfiano, Stazione di- **83** E 5
Tonda **138** D 2
Tonda, Chiesa- **152** D 3
Tondi di Falória **31** E 5
Tondo, Monte- (LU) **116** E 3
Tondo, Monte- (VR) **72** D 3
Tondo, Póggio- **139** C 6
Tondo, Sasso- = Ringelstein **30** A 3
Tondu, Mont- **46** B 1
Tonengo (AT) **83** D 4
Tonengo (TO) **82** B 3

Tonezza del Cimone **57** D 6
Tónfano **129** D 4
Toni, Croda dei- = Zwölferkotel **31** D 6
Tonini (VI) **73** D 5
Tonnara **318** A 3
Tonnara Saline **298** C 1-2
Tonnare **318** B 2
Tonnarella **269** A 4
Tónneri, Monte- **312** D 3
Tonni **149** C 4
Tonnicoda **171** D 5
Tonno **113** A 5
Tono **271** C 5
Tono, Fiumara di- **258** A 2
Tonolini, Rifúgio- **37** E 5
Tóntola **133** C 4
Topaligo **60** E 3
Topi, Ísola dei- **156** C 3
Topino, Fiume- **152** D 2
Topolovec (Toppolo in Belvedere) **79** E 5
Toppa, Monte la- **204** C 3
Toppa Atella **219** B 6
Toppa Barrata **196** E 2
Toppa Castellúccio **219** B 5
Toppa Castellúccio Santa Sofia **219** B-C 5
Toppa del Guardiano **196** E 3
Toppa della Chiesa **196** D 3
Toppale, Serra- **246** A 3
Toppa Romito **219** C 6
Toppe del Tesoro **183** C-D 4-5
Toppo **61** B 5
Toppo dell'Elce **205** D 5
Toppo di Castelgrande **205** E 4
Tóppola Grande, Monte- **203** E 4
Tóppole **141** D 4
Toppolo in Belvedere → Topolovec **79** E 5
Toppo Pescione **205** E 3
Topporusso, Masseria- **205** B 6
Toppo Santa Bárbara **196** E 3
Toppo Séggio **197** B 5
Toppo Tagliaorécchio **197** C 5
Tor Caldara, Riserva Naturale- **190** B 2-3
Tora **194** D 2
Toranello **120** E 1
Torano (CE) **194** E 1
Torano (MS) **128** B 3
Torano (RI) **171** E 6
Torano, Fosso- **195** D 4
Torano Castello **241** E 4
Torano-Lattárico, Stazione di- **241** E 5
Torano Nuovo **155** E 5
Tora-Piccilli **194** D 2
Tora-Presenzano, Stazione di- **194** D 2
Toraro, Monte- **91** B 4
Torassi **82** C 3
Torba **52** E 2
Torbecchia **130** D 2
Tor Bella Mónaca **179** C 5
Torbiato **70** C 1
Tórbido, Fiume- (CS) **244** E 2
Tórbido, Fiume- (RC) **253** E 6
Tórbido, Torrente- (CZ) **249** B 5-6
Tórbido, Torrente- (RC) **256** B 2
Torbiere, le- **106** C 3
Torbiere del Sebino d'Iseo, Riserva Naturale- **70** C 1-2
Torbo, Lago- = Trüber See **28** B 1
Tórbole (BS) **70** D 2
Tórbole (TN) **56** D 3
Tórbole-Caságlia **70** D 2
Torca **215** D 4
Torcegno **58** B 1
Torcello **76** D-E 2
Torch **60** B 2
Torchè, Becca- **49** D 5
Torchiagina **152** C 2
Torchiara **232** B 2
Torchiara, Stazione di- **232** B 2
Torchiari **155** B 4
Torchiarolo **213** E 6

Torchiati **217** B 5
Torchiera **88** C 1
Tórchio (NO) **65** B 6
Tórchio (TN) **57** B 5-6
Torcigliano (LU-Camaiore) **129** D 5
Torcigliano (LU-Pescáglia) **129** D 5
Torciliano **318** B 2
Tonnara Saline **298** C 1-2

Tórcola, Monte- **54** C 1
Tor d'Andrea **152** D 2
Tordenaso **116** A 3
Tordibetto **152** C 2
Tordimonte **160** C 3
Tordinia **164** D 2
Tordino, Fiume- **164** C 2-3
Torella dei Lombardi **204** D 2
Torella del Sánnio **184** E 2
Torello (RN) **134** D 2
Torello (SA) **218** C 1
Torena, Monte- **55** B 4
Torgiano **152** D 1
Torgnon **47** B 6
Tori, Casa- **87** C 4
Torino **82** D-E 1-2
Torino, Rifúgio- **46** A 2
Torino di Sangro **175** D 4
Torino di Sangro, Stazione- **175** D 4
Toritto **209** E 4
Torlano di Sopra **44** E 3
Torlino Vimercati **69** E 5
Torlónia, Palazzo- **152** B 3
Tórmeno **74** D 1
Tórmeno, Monte- **57** E 6
Tórmine **89** C 6
Tórmini **71** C 5
Tórnaco **84** A-B 3
Tornaréccio **184** A 1
Tornata **88** E 3
Tornazzano **144** C-D 3
Tornello **85** D 6
Tornello, Pizzo- **55** B 4
Tornetti **81** C 5
Tórnia **151** A 4
Torniella **149** E 4
Tornimparte **171** C 6
Tornini, i- **115** D 6
Tornitore, Póggio- **268** D 1
Torno (CO) **53** D 4
Torno (PZ) **238** E 1-2
Torno, Fiumara- **257** E 4
Torno, Pizzo- **269** B 5
Torno, Torrente- **233** B 4
Tórnolo **114-115** B-C 3-4
Tornova **93** E 4
Toro **196** A 2
Toro, Ísola il- **318** E 3
Toro, Masseria il- **199** D 4
Toro, Monte- **203** E 5
Toro, Portella del- **285** A 6
Torone (AV) **204** C 2
Torone (CE) **202** C 2
Tor Paterno **177** E 6
Torpè **303** D 6
Torpiana **115** D-E 4
Torraca **235** C 4
Torráccia, la- **147** D 6
Torráccia, Monte della- **130** A 3
Torralba **301** E 5
Torralba, Stazione di- **301** E 5
Torrani, Rifúgio- **41** C 5
Torrano (MS) **115** D 5
Torrano (PC) **100** C 3
Torrata, Masseria- **223** C 6
Torrate **61** E 5
Torrazza (BI) **65** D 4
Torrazza (CN) **95** E 6
Torrazza (GE) **113** B 4
Torrazza (IM) **123** D 5
Torrazza (PV) **85** C 4
Torrazza (Svízzera) **34** D 2
Torrazza Coste **99** B 5
Torrazza Piemonte **82-83** C 3-4
Torrazzetta **99** B 5
Torrazzo (BI) **65** D 4
Torrazzo (TP) **261** B 4
Torre (AN) **143** C 5
Torre (AQ) **171** B 6
Torre (AR) **140** D 1
Torre (BS) **71** D 4
Torre (FI) **138** B 2

Torre (GE) **113** A 5
Torre (GR) **158** E 2
Torre (LU) **129** D 5-6
Torre (MC) **144** D 2
Torre (MN) **89** C 5
Torre (PD) **91** D 6
Torre (PR) **116-117** A 3-4
Torre (RA) **120** C 2
Torre (Svízzera) **34** A 2
Torre (VR) **90** C 2
Torre, Casa la- **188** E 1
Torre, Case la- **289** B 5
Torre, Cima la- **192** B 2
Torre, la- (BA) **206** B 2
Torre, la- (FC) **133** B 3
Torre, la- (MO) **118** C 2
Torre, la- (PU) **142** A 3
Torre, la- (PV) **84** B 2
Torre, la- (RG) **293** C 5
Torre, la- (SA) **219** E 4
Torre, Lago dietro la- **81** C 4
Torre, Masseria- **225** D 6
Torre, Masseria la- **196** E 2
Torre, Monte- **287** A 6
Torre, Monumento- **71** E 5
Torre, Podere- **161** A 5
Torre, Rio- **133** C 5
Torre, Torrente- **44** E 3
Torre a Castello **150** A 1
Torre a Cona **139** B 6
Torre Alfina **160** B 2
Torre a Mare **209** D 6
Torre Annunziata **215** C-D 6
Torreano (UD-Martignacco) **62** B 3
Torreano (UD-Torreano) **63** A 4
Torre Archirafi **283** A 6
Torre Balfredo **64** D 3
Torrebelvicino **73** B 5
Torre Beretti **84** E 2
Torre Beretti e Castellaro **84** E 2-3
Torre Bert **82** E 2
Torre Bianca, Masseria- (TA-Mandúria) **225** D 6
Torre Bianca, Masseria- (TA-Taranto) **212** E 1
Torre Boldone **69** B 5
Torre Bórmida **111** A 4
Torrebruna **184** C 2
Torre Cajetani **181** D 4
Torre Calderari **91** D 4
Torre Calzolari **152** A 3
Torre Canavese **64** E 2
Torrecane, Monte- **171** C 5
Torre Canne **212** A 2
Torre Canne, Terme di- **212** A 2
Torre Cavallo, Capo di- **213** C 6
Torre Cerchiara **242** B 2
Torre Cervara **179** B-C 5
Torre Cérvia, Faro di- **191** E 6
Torre Chianca **226** D 3
Torrechiara **116** A 3
Torre Ciana, Punta di- **166** D 3
Torre Colimena **226** C 2
Torrecuso **195** E 6
Torre d'Accéglio **109** C 6
Torre d'Aiala (TA) **224** D 3
Torre d'Aiala (TA-Monteiasi) **212** E 1
Torredaniele **64** C 3
Torre d'Arese **84** C 2
Torre de' Busi **53** E 6
Torre degli Álberi **99** C 6
Torre dei Fiori, Masseria- **262** D 3
Torre dei Frati **110** C 1
Torre dei Giunchi, Masseria- **186** D 3
Torre del Cerrano, Area Marina Protetta- **165** D 5
Torre del Colle **152** E 2
Torre del Filósofo, Rifúgio- **283** A 5
Torre del Greco **215** C 5-6
Torre della Chiesa **241** B 6
Torre della Cisterna, Monte- **205** C 5
Torre della Fossa **105** C 6
Torre del Lago Puccini **129** E 4
Torre dell'Impiso **261** B 5

Torre dell'Orso **229** D 5
Torre dello Spineto **245** C 5
Torre del Mángano **85** C 5
Torre del Mare **111** E 6
Torre del Moro **133** B 6
Torre del Padiglione **191** B 4
Torre del Sale **157** B 4
Torre del Vento **207** B 4
Torre de' Negri **86** D 2
Torre de' Pásseri **173** D 5
Torre de' Picenardi **88** D 2
Torre de' Ratti **99** E 4
Torre de' Róveri **69** B 6
Torre de' Torti **85** D 5
Torre di Bocca, Masseria- **199** C 5
Torre di Fine **77** D 4
Torre di Gerace **257** C 5
Torre di Lama, Azienda- **198** A 2
Torre di Masino **90** D 2
Torre di Mezzo **260** D 2
Torre di Mosto **77** B 4
Torre di Nolfi **182** A 3
Torre di Palme **155** B 5
Torre di Piombo **292** D 2
Torre di Pisa, Rifúgio- **40** C 2
Torre di Ruggiero **249** D 5
Torre di Santa Maria **36** C 3
Torre d'Ísola **85** C 5
Torre di Táglio **171** D 5
Torre d'Óglio **103** A-B 5
Torre Faro **256** C 1
Torre Fortore **186** B 2
Torre Gáia **179** C 5
Torre Galli **248** C 3
Torregáveta **214** C 3
Torre Garófoli **98** C 3
Torre Gentile **161** C 5
Torréggio, Torrente- **36** D 1
Torre Giuffrida **244** C 3
Torréglia **92** B 1
Torréglia Alta **92** B 1
Torre Grimesi **275** B 4
Torregrotta **271** C 6
Torre Guaceto, Area Marina Protetta- **213** B-C 4
Torre Guaceto, Riserva Naturale- **213** C 4
Torre Guevara **197** C 4
Torrei, Lago- **312** B 2
Torrei, Rio- **312** B 2
Torre Iano **118** D 3
Torre Lapíllo **226** C 3
Torre le Nocelle **203** D 6
Torre Logge **249** C 5
Torre Lupara **202** C 1
Torremaggiore **186** E 2
Torre Maggiore, Monte- **161** D 6
Torre Máina **118** C 1
Torre Mancina **179** A 5
Torre Mandelli **66** D 3
Torre Melissa **247** B 6
Torremenapace **85** E 4
Torre Mettéglia **100** E 1
Torremezzo di Falconara **244** C 2
Torre Mondovì **110** C 3
Torremontanara **174** B 2
Torre Mozza (FG) **186** B 1
Torre Mozza (LE) **230** D 3
Torre Mozza (LI) **157** B 5
Torremuzza **267** C 4
Torrenieri **150** C 1
Torre Nócciola, Monte- **116** E 2
Torrenova (ME) **268** B 1
Torrenova (RM) **179** C 5
Torrent **46** B 2
Torrente Cállora, Riserva Naturale- **195** B 4
Torrente Cerrano **165** D 5
Torrente Farma, Riserva Naturale- **149** D-E 4-5
Torrente Orba, Riserva Naturale- **98** D 2
Torrenuova, Regione- **275** D 6
Torre Nuova Scalo **136** D 1
Torreone **151** A 4
Torre Orsáia **233** D 6

Torre Orsáia, Stazione di- **233** E 6
Torreorsina **162** D 1
Torrepaduli **231** B-C 4
Torre Pali **231** D 4
Torre Pallavicina **70** E 1
Torre Paponi **123** D 5
Torre Pedrera **134** B 3
Torre Péllice **95** C 4
Torre Rivera **199** E 6
Torrerossa **74** D 2
Torre Ruffa **248** E 1
Torrès **60** B 2
Torre San Gennaro **213** D 6
Torre San Giórgio **95** D 6
Torre San Giovanni **230** D 3
Torre San Gregório **231** D 5
Torre San Marco **143** B 4
Torre San Patrízio **155** A 4
Torre San Severo **160** C 2
Torre Santa Lucia **163** B 6
Torre Santa Susanna **226** A-B 2
Torre Santo Stéfano **229** E 6
Torresella **77** B 5
Torresella, Monte- **34** D 3
Torreselle (PD) **75** C 4
Torreselle (VI) **73** C 6
Torresena, Fattoria di- **293** B 6
Torresina **111** C 4
Torre Spaccata **212** B 2
Torre Spada **105** D 4
Torre Spagnola, Masseria- **210** E 1
Torre Squillace **226** D 3
Torre Sterpi **99** D 4
Torre Suda **230** C 2
Torretta (AT) **97** B 5
Torretta (CT) **289** C 4
Torretta (KR) **243** E 6
Torretta (LI) **137** C 5
Torretta (LO) **86** B 3
Torretta (MI) **67** C 5
Torretta (PA) **262** A 3
Torretta (PV) **85** C 6
Torretta (RO) **91** E 4
Torretta (SA) **232** C 2
Torretta (TA) **225** E 5
Torretta, Casa la- **197** C 4
Torretta, la- **197** A 5
Torretta, Masseria- (BA) **210** E 1
Torretta, Masseria- (FG-Cerignola) **198** E 3
Torretta, Masseria- (FG-Foggia) **198** C 3
Torretta, Monte- **220** B 1
Torretta, Monte la- **184** B 3
Torretta, Pizzo- **266** C 3
Torretta, Portella- **262** A 3
Torrette (AN) **144** B 3
Torrette (CN) **94** E 3
Torrette di Fano **143** A 6
Torre Vado **231** D 4
Torre Valgorrera **96** B 3
Torre Varano **188** B 2
Torre Varcaro, Masseria- **189** E 4
Torrevécchia (CS) **240** D 2-3
Torrevécchia (OR) **310** E 3
Torrevécchia (RM) **177** B 6
Torrevécchia Pia **86** C 2
Torrevécchia Teatina **174** B 2
Torre Vosa, Fermata- **220** A-B 2
Torrezzo, Monte- **54** E 3
Torri (FI) **139** B 6
Torri (IM) **122** E 2
Torri (PT) **130** B-C 3
Torri (RA) **121** C 4
Torri (SI) **149** C 4-5
Torri (VI) **74** E 1
Torri, le- (FG) **199** E 5
Torri, le- (PG) **161** A 6
Torri, Grotta di- **170** D 2
Torri, Masseria le- **213** E 4
Torri, Villa le- **211** B 5
Tórria **123** C 5
Torriana (MN) **90** E 3
Torriana (RN) **134** C-D 2
Torriano **85** C 5
Torrícchio **184** A 1

Tórrice **192** A 3
Torricella (CE) **202** C 3
Torricella (MN) **103** B 5
Torricella (PG) **151** C 5
Torricella (PN) **61** D 6
Torricella (PR) **102** B 2
Torricella (PU-Fossombrone) **143** C 4
Torricella (PU-Serra Sant'Abbóndio) **142** D 3
Torricella (RN) **133** E 6
Torricella (RO) **105** A 4
Torricella (SI) **160** B 1
Torricella (Svízzera) **52** B 2
Torricella (TA) **225** E 5
Torricella, la- **151** D 6
Torricella del Pizzo **102** B 2
Torricella in Sabina **170** D 3
Torricella Peligna **183** A 6
Torricella Sicura **164** C 2
Torricella Verzate **85** E 6
Torricelli, Masseria- **199** D 4
Torricola, Stazione di- **179** D 5
Torri del Benaco **71** C 6
Torri di Confine **73** E 5
Torri di Quartesolo **74** D 1
Torríggia **53** D 4
Torríggia, Monte- **33** E 4
Torríglia **113** B 5
Torri in Sabina **170** C 1
Torrile **102** C 2
Torrimpietra **177** B 5
Torrini, Monte dei- **142** B 1-2
Torriola **142** A 1
Torrione (FG) **186** D 1
Torrione (NO) **84** B 1
Torrione (SA) **217** C 5
Torrione (VC) **83** C 6
Torrione, il- **150** C 3
Torrione Quartara **66** E 2
Torrioni **203** D 5
Torrioni della Portella **192** D 3
Torrita **163** D 5
Torrita di Siena **150** C 2
Torrita Tiberina **170** D 1
Tórrite **129** B 5
Torron Alt **34** C 2
Torrone (IS) **194** B 2
Torrone (MC) **153** C 6
Torrone (PV) **100** B 1
Torrone, Póggio- **161** B 4
Torsa **62** D 2
Torsana **116** E 2
Tor San Lorenzo **190** B 2
Tor Sapienza **179** C 5
Torso, Bivacco del- **45** C 4
Torsolazzo, Palone di- **55** B 5
Torsoleto, Monte- **55** B 5
Tórsoli **139** D 6
Tortiano **102** E 3
Tortigliano **141** D 4
Tórtima **58** E 2
Torto, Fiume- **265** E 5
Torto, Rio- (RI) **171** D 6
Torto, Rio- (TO) **95** B 5-6
Torto, Rio- (RM) **190** A 2
Tórtoli **313** C 5
Tórtoli, Stagno di- **313** C 5
Tortona **98-99** C 3-4
Tórtora **235** E 5
Tórtora Marina **235** E 5
Tortorella **235** C 4
Tortorella, Fermata di- **198** D 2
Tortorelle **274** B 3
Tortoresi, Fattoria- **279** C 4
Tortoreto **165** B 4
Tortoreto Lido **165** B 4
Tortorici (ME) **268** B 2
Tortorici (PA) **277** B 6
Tortorolo **84** E 3
Tor Tre Ponti **191** B 5
Tortu, Rio- **308** B 1
Tor Vaiánica **190** A 2
Torviscosa **62** E 3
Torza **114** E 3
Tos **41** D 5
Tos, Becca di- **46** D 3
Tosa, Cima- **38** E 4
Tosca **115** A 5
Tosca, la- **120** B-C 3

Toscana **38** E 3
Toscanella **119** D 6
Toscano **150** C 1
Toscolano (BS) **71** C 5-6
Toscolano (TR) **161** C 4-5
Toscolano, Valle- **71** B 5
Toscolano-Maderno **71** C 5-6
Toselli, Masseria- **198** A 2
Tosi **140** A 1
Tosoni, Palazzo- **150-151** E 3-4
Toss **39** D 4
Tossícia **164** D-E 2
Tossignano **119** E 6
Tossilo **307** E 4-5
Tossino **132** A 3
Totenkarspitze **29** D 6
Toteri **195** D 4
Tótila, Monte- **184** E 1
Totoga, Monte- **40** E 3
Tottea **163** D 6
Tottubella **300** C 2
Touët-de-l'Escarène **122** D 1
Toules, Lac des- **47** A 4
Tour-d'Héréraz **49** E 5
Touristen, Wirts Haus- = Osteria dei Turisti **27** D 6
Tournoux **108** A 1
Tovale, Croda del- = Gfallwand **26** C 3
Tovazza **99** C 6
Tóvel, Lago di- **38** D 3
Tóvena **59** C 6
Tovo **123** C 6
Tovo, Monte- (BI) **49** E 6
Tovo, Monte- (TO) **81** A 6
Tovo, Monte- (VC) **50** E 2
Tovo di Sant'Ágata **37** D 4
Tovo San Giácomo **124** B-C 3
Tozza, la- **299** C 6
Tozzaga **38** C 3
Tozzo, Colle del- **245** D 4
Trabacche, Grotta delle- **292** B 3
Trabária, Bocca- **141** C 6
Trabía **263** C 6
Trabia Miniere **285** C 6
Trabona, Monte- **279** E 6
Trabuccato **298** B 2
Trabuccato, Punta- **298** B 2
Trabuchello **54** C 2
Tracchi **72** C 3
Tracciora di Cervatto, Pizzo- **50** D 2
Trácimo **274** E 2
Trácino, Punta- **274** D 2
Tracóccia **271** C 6
Tradate **67** A-B 4
Tradori, Nuraghe- **310** B 3
Traessa, la- **296** E 2
Traessu, Monte- **301** E 5
Traetta, Masseria- **212** C 3
Trafficanti **54** E 2
Traffiume **51** B 6
Trafiore, Casa- **238** B 3
Trafoi **25** E 6
Trafoi, Val di- = Trafoier Tal **25** D-E 6
Trafoier Tal = Val di Trafoi **25** D-E 6
Traghetto **106** E 1
Tragliata **177** B 5
Tragliatella **177** A 5
Tragónia, Casera- **43** D 4
Traì **102** C 3
Traiana **140** C 2
Trainito, Cozzo- **285** D 5
Traino, Torrente- **118** C 1
Tralariva **115** B 6
Tra le Serre, Monte- **171** C 5
Tralía **215** D 6
Tramacere, Masseria- **227** D 5
Tramaríglio **300** D 1
Tramaríglio, Porto del- **300** D 1
Tramatza **310-311** B 3-4
Tramazzo, Torrente- **132** B 2-3
Trambacche **74** E 2
Trambileno **57** D 5
Tramezzo, Masseria- **199** C 4
Tramin, Corno di- = Tagewaldhorn **30** B 1

Tramin an der Weinstrasse = Termeno sulla Strada del Vino **39** C 5
Tramontana **98** E 3
Tramontana, Punta- (LT) **190** C 1
Tramontana, Punta- (SS) **299** D 4
Tramonte **92** B 1
Tramonti **217** C 2
Tramonti, Lago dei- **61** A 5
Tramonti di Mezzo **61** A 5
Tramonti di Sopra **43** E 5
Tramonti di Sotto **61** A 5
Tramúschio **104** B 3
Tramútola **235** A 5
Trana **81** E 6
Trana, Cala di- **297** C 4
Tránego, Monte- **42** D 2
Trani **208** B 2
Tranquillo, Monte- **182** D 3
Transácqua **41** E 4
Transácqua = Ennewasser **26** D-E 2
Tranzi **194** E 2
Traona **35** E 5
Trápani **260** C-D 3
Trappa **110** E 3
Trappa, la- **65** C 4
Trappeto (CT) **283** C 5
Trappeto (PA) **262** B 2
Trappeto Bambino **253** D-E 4
Trappeto del Principe **209** D 4
Trappitello **269** D 5
Tráppola (AR) **140** B-C 2
Tráppola (GR) **158** D 1
Tráppola (MO) **118** E 2
Tráppola, Torre della- **158** D 1
Trárego **51** B 6
Trárego-Viggiona **51** B 6
Trarivi **134** D 3
Trasacco **181** B 6
Trasághis **44** E 2
Trasanni **142** A 3
Trasasso **179** E 4
Tráschio **114** A 1-2
Trasimeno, Lago- **151** C 5
Traso **113** C 5
Trasquera **32** D 2
Trasúbbie, Torrente- **158** C 3
Trasubbino, Torrente- **159** C 4
Tratalias **319** B-C 4
Tratten **45** A 5
Tratturo, Taverna del- **185** E 4
Tratzális, Monte- **320** A 3
Trausella **62** D 2
Trava (FE) **106** E 2
Trava (UD) **43** D 6
Travacò Siccomário **85** D 6
Travagliato **70** D 2
Travaglino **99** B 6
Travagliore **101** C 4
Trave, Scóglio del- **145** B 4
Trave, Torre del- **208-209** D 3-4
Travedona **51** D 6
Travedona-Monate **51** D 5-6
Travenánzes, Valle- **31** D-E 4
Traversa (CO) **35** E 4
Traversa (FI) **131** B 5
Traversa (Svízzera) **33** A 6
Traversa, la- **309** D 4
Traversa, Serra- **182** E 3
Traversara **120** D 3
Traversella **64** C 2
Traverses **94** A 2
Traversétolo **117** A 4
Traversette, Col de la- **94** D 3
Tráves **81** C 6
Travésio **61** B 6
Travettore **74** B 2
Travignolo, Torrente- **40-41** C 3-4
Travignolo, Val- **40** D 3
Travo **100** C 2
Trazzonara, Masseria- **212** D 1
Trazzonara, Monte- **212** D 1
Tre, Passo dei- **268** C 1
Tre Abati, Monte- **100** D 1

Tre Archi **155** A 5
Treárie **245** D 4
Treárie, Masseria- **268** C 2
Treárie, Masseria- **268** C 2
Treárie, Monte- **250** B-C 1
Treárie, Serra di- **268** C 2
Trebaséleghe **75** C-D 4
Trébbia, Fiume- **100** A-B 2-3
Trébbia, Parco Regionale Fluviale del- **100** A-C 2-3
Trebbiantico **135** E 6
Trébbio (AR) **141** C 5
Trébbio (BS-Agnósine) **71** C 4
Trébbio (BS-Treviso Bresciano) **71** B 5
Trébbio (FC) **132** B 3
Trébbio (FI) **131** D 5
Trébbio (MC-Fiastra) **153** D 6
Trébbio (MC-Pollenza) **154** A 2
Trébbio (PV) **99** B 5
Trébbio (RN) **134** C 2
Trébbio, Foce del- **130** C 1
Trebbiola **100** B 3
Trebbo **133** B 6
Trebbo di Reno **119** B 4
Trebecco **99** C 5
Trebecco, Lago di- **99** C 6
Trebeše **79** B 5
Trebiano **127** D 4
Trebiciano **79** B 5
Trébina Longa, Punta- **311** E 4
Trebisacce **242** A 2
Trebucchi, Piano di- **217** A 4
Trecallo **52** E 3
Tre Cancelli **191** B 4
Tre Cancelli, Válico- **220** C 3
Tre Canne **91** D 6
Trecasali **102** C 2
Tre Case **159** B 6
Trecase **215** C 6
Trecastagni **283** B 5
Trecate **66** E 3
Trécchina **235** D 5
Treccione **53** B 5
Trecella **69** D 4
Trecenta **105** A 5
Tre Cerri **158** C 2
Tre Chiese = Dreikirchen **30** D 1
Tre Cime, Parco Regionale- **31** C-D 5-6
Tre Cime del Monte Bondone, Riserva Naturale- **57** C 4-5
Tre Cime di Lavaredo = Drei Zinnen **31** D 5
Trécine **151** B 5
Tre Colli **137** A 6
Tre Confini, Foce dei- **115** D 4
Tre Confini, Monte- (AQ) **182** D 2
Tre Confini, Monte- (CB) **195** C 6
Tre Confini, Monte- (FR) **181** D 5
Tre Cornelli, Monte- **71** C 4
Tre Croci (VT) **169** C 4
Tre Croci (VV) **249** C 5
Tre Croci, Cappella- **113** A 6
Tre Croci, Monte- **130** B 3
Tre Croci, Monte delle- **164** C 1
Tre Croci, Passo- **31** E 5
Tre Denti, Monte- **95** A 5
Trédenus, Torrente- **55** B-C 6
Trédici Archi, Ponte- **196** B 3
Tredózio **132** B 2
Trefináidi, Monte- **267** C 5
Trefináite, Monte- **269** C 4-5
Trefiumi **116** D 2
Tre Fontane (AV) **197** E 5
Tre Fontane (TP) **275** D 4
Trefontane, Case- **281** B 6
Tre Fontane, le- = Drei Brunnen **25** E 6
Tregásio **68** B 3
Treggiáia **138** C 1
Tregiovo **39** B 4
Tréglia **194** E 3
Tréglio **174** C 3
Tregnago **73** D 4
Trégole **139** E 5
Tregozzano **140** D 3

Tréia **144** E 2
Tréiso **97** E 4
Treja, Parco Regionale Valle del- **169** D-E 6
Trela, Alpe- **25** E 4
Tre Laghetti, i- **49** D 6
Tré-la-Tête, Aiguille de- **46** B 1
Trelli **44** B 2
Tremalzo, Monte- **56** E 2
Tremalzo, Passo di- **56** E 2
Tremáterra, Monte- **249** E 6
Tremea **59** B 5
Tremeácque, Ponti di- **76** A 3
Tremenesca, Cima- **38** C 2
Tremènico **53** B 5
Tremensuoli **193** E 5
Tremestieri **258** C 2
Tremestieri Etneo **283** B 5
Tremezzo **53** C 4
Tremezzo, Monte di- **53** B 4
Tremignòn **74** D 2-3
Trémiti, Ísole- **188** A 1
Tre Mogge, Pizzo delle- **36** C 1
Trémoli **240** A 2
Tremona **52** D 2
Tre Mónaci, Cozzo- **278** C 3
Tremonti **180-181** A 3-4
Tremórgio, Lago- **33** E 5
Tremósine **56** E 2-3
Trempu, Punta- **312** E 1
Treni **56** C 3
Trenno **67** D 5
Trens **27** A 6
Trenta (CS) **245** B 4
Trenta (Slovénia) **45** D 6
Trenta (Slovénia) **45** C 6
Trentacoste, Riserva Naturale- **242** E 2
Trenta Míglia, Cantoniera- **169** D 5
Trentángeli, Masseria- **206** C 1
Trentinara **232** A 3
Trentino **130** A 2
Trento (RO) **105** A-B 5
Trento (TN) **57** B 5
Tréntola (BO) **120** D 1
Tréntola (FC) **133** B 5
Tréntola-Ducenta **202** C 2
Trenzanésio **68** D 3
Trenzano **70** D-E 1
Trepalade **76** D 2
Trepalle **25** E 4
Trepéllice **95** C 6
Tre Perazzi, i- **198** E 3
Trepidò Soprano **246** C 2
Trepidò Sottano **246** C 3
Tre Piere **76** A 2
Tre Pietre, Monte- **59** B 5
Tre Pietre, Punta- **274** E 1
Tre Pini, Rifúgio- **123** B 4
Tre Pizzi, Monte- **153** B 5
Tre Ponti (NA) **202** E 3
Tre Ponti (RO) **105** A 6
Treponti (BS) **71** D 4
Treponti (PD-Correzzola) **93** D 4
Treponti (PD-Teolo) **92** B 1
Treporte, Grotta- **231** D 5
Tre Portelle, Monte- **288** A 3
Treporti **76** E 2
Tre Potenze, Alpe- **130** B 1
Tréppio **130** B 3
Treppo Cárnico **44** B 2
Treppo Grande **62** A 3
Treppo Píccolo **62** A 3
Trepunti **283** A 6
Trepuzzi **227** B 4-5
Trequanda **150** B 2
Tre Re **85** D 5
Tre Rii **116** B 2
Trerío **132** A 1
Tres **39** C 4
Très, Cimòn del- **39** E 6
Tres, Corno di- **39** C-D 4
Tresa, Fiume- **51** D 6
Tresa, Torrente- **151** D 5
Tresana **115** E 5-6
Tresanti (FI) **138** D 3
Tresanti (SA) **233** C 5
Tresáuro **292** B 3
Tresca, Monte- **130** B 3

Tre Scarperi, Cima- = Dreischusterspitze **31** C 6
Tre Scarperi, Rifúgio- = Dreischusterhütte **31** C 6
Treschè **58** E 1
Treschiera **69** C 6
Treschietto **115** D 6
Tréscine **203** D 4
Trescolmen, Piz de- **34** B 3
Trescore Balneário **69** B 6
Trescore Cremasco **69** E 5
Tresenda (SO-Livigno) **24** E 3
Tresenda (SO-Téglio) **36** E 3
Tresenda, Torrente- **24-25** E 3-4
Tresenta, Monte la- **47** E 4
Tre Sentieri = Pemmern **27** D 6
Tresigallo **106** C 2
Tre Signori, Corno dei- **37** C 6
Tre Signori, Picco dei- = Dreiherrnspitze **29** C 6
Tre Signori, Pizzo dei- **53** B 6
Tresílico **256** B 3
Tresinaro, Torrente- **117** A 6
Tresino, Monte- **232** B 2
Tresino, Punta- **232** B 2
Tresívio **36** E 2
Tres Móntis, Genna- **316** D 3
Tresnurághes **306** E 3
Tres Nurághes, Nuraghi- (SS-Bonorva) **307** C 4
Tres Nurághes, Nuraghi- (SS-Móres) **301** E 6
Tre Sorelle, Rifúgio- **31** E 6
Trespiano **131** E 5
Tressano **117** B 6
Tressanti **199** C 4
Tressdorf **44** A 3
Tresse **46** A 1
Tressi **47** E 5
Tressi, Punta- **47** E 5
Treste, Fiume- **184** A 3
Trestina **141** E 6
Troeto **91** D 6
Tret **39** A-B 4
Tre Términi, Passo dei- **70** B-C 2
Tre Títoli, Masseria- **198** E 3
Tre Títoli, Monte- **197** E 6
Tretto **73** B 5
Trettu, Punta- **318** B 3
Trévane **140** C 2
Trévano **52** D 2
Trevenzuolo **90** C 2
Tre Véscovi, Monte- **49** D 5-6
Tre Véscovi, Póggio dei- **141** A 5
Trevi (PG) **162** A 1
Trevi (TR) **162** D 1
Trevi, Cascate di- **180-181** C 3-4
Trevi, Monte- **191** B 6
Trevico **204** C 2
Trevíglio **69** D 5
Trevignano (PR) **116** C 2
Trevignano (TV) **75** B 4
Trevignano Romano **169** E 5
Treville (AL) **83** D 6
Treville (TV) **74** C 3
Trevinano **160** A-B 1
Trevine **141** E 5
Trevi nel Lázio **181** C 4
Treviolo **69** B 5
Trevisago **51** D 6
Trevisàn, Piàn- **41** B 4
Treviso **75** B-C 5-6
Treviso, Rifúgio- **41** D 4
Treviso Bresciano **71** B 5
Trevozzo **100** B 1
Trexenta, Regione- **316** C 2
Trezzano Rosa **69** C 4
Trezzano sul Navíglio **67** E 5
Trezzo **126** C 3
Trezzolano **73** D 4
Trezzolasco **69** E 5
Trezzone **35** E 4
Trezzo sull'Adda **69** C 4
Trezzo Tinella **97** E 4
Triana **159** C 5
Trianelli, Masseria- **199** E 6
Triángia **36** E 1

Triángolo di Riva, Monte- = Dreieckspitze **29** D 6
Triatel **47** B 6
Triban (Tribano) **79** E 4
Tribano **92** D 2
Tribano → Triban **79** E 4
Tríbbio **143** D 5
Tribiano **68** E 3
Tríbil Inferiore **63** A 5
Tríbil Superiore **63** A 6
Tribogna **113** C 6
Tribola **134** C 2
Tribulàun, Monte- = Pflerscher Tribulàun **28** A 2
Tribulaunhütte **28** A 2
Tribulàunhütte = Rifúgio Calciati al Tribulàun **28** A 2
Tribuna, Monte la- **188** C 3
Tricarai, Ponte- **313** C 5
Tricárico **220** C 3
Tricárico, Bívio di- **220** C 2
Tricase **231** C 5
Tricase Porto **231** C 5
Tricella, Monte- **182** B 2
Tricella dei Láuri, Torrente- **237** B-C 5
Tricerro **83** C 6
Tricésimo **62** A 3
Trichès **59** B 6
Trichiana **59** B 6
Trícoli, Punta- **313** D 4
Tridáttoli, Torrente- **249** A 4
Triei **313** B 5
Trieste **79** C 5
Trieste, Golfo di- **78-79** B-C 3-4
Trieste, Rifúgio- **41** C 5
Trifari **240** C 2
Triflisco **202** C 1
Trift **49** A 4
Tríglio **233** C 5
Trigna, Pizzo della- **263** C 6
Trignano (MO) **130** A 2
Trignano (RE) **103** E 6
Trignano (TE) **164** E 2
Trignete **194** B 3
Trigno, Fiume- **184** D 2
Trígolo **87** B 5
Trigona, Fiume- **289** B 5
Trigória **179** D 4
Trigória Alta **179** E 4
Trígus, Serra- **314** C 2
Trimelone, Ísola- **72** B 2
Trimezzo **163** C 4
Trimoletto, Rio- **201** D 4
Trina, Monte- **193** D 4
Trincello, Monte- **240** B 3
Trincinaro, Regione- **221** E 6
Tródica **145** E 4
Tródio **252** E 3
Trofarello **82** E 2
Troghi **139** B 6
Trognano (PG) **163** D 4
Trognano (PV) **86** B 2
Trógola, Rio della- **131** C 4
Trogoni **130** B 3
Tróia **197** C 6
Tróia, Ponte di- **197** B 6
Tróia, Punta- **260** A 1
Troiano **164** E 3
Tróili, Masseria- **239** B 5
Tróina **267** E 6
Tróina, Fiume- **268** E 1-2
Trois Communes, Pointe des- **122** C 1
Trois-Villes **47** B 5
Trojer Almtal **29** D 6
Tromello **85** C 4
Trómpia, Val- **70** A-C 3
Trona, Bocchetta di- **53** B 6
Trona, Lago di- **53** B 6
Trona di Sopra **92** E 2
Trona di Sotto **92** E 2
Tronchetto, Ísola del- **75** E 6
Troncea **94** A 2-3
Tróncia, Rio- **319** A 4
Tronco **186** D 1
Tronco Reale **298** E 3
Troncone, Torrente- **49** A 6
Trontano **32** E 2

Triolo, Torrente- **197** A 6
Triona, Monte- **277** A 6
Trione **64** E 1
Trionfo, Masseria- **199** C 5
Trionfo, Masseria il- **198** C 3
Trionto, Capo- **243** C 4
Trionto, Torrente- **243** D 4
Triora **123** C 4
Tripalle **137** C 6
Triparni **248** D 3
Tripbachsattel = Forcella di Riotorbo **29** A 6
Tripi **269** B 4
Triplex, Monte- **94** A 2
Triponzo **162** A 3
Tripputi, Masseria- **206** E 3
Trischiamps **43** D 6
Triscina di Selinunte **275** D 5
Trisóbbio **98** E 1
Trisolla, Torrente- **159** A 4
Tríssino **73** D 6
Trisulti, Certosa di- **181** D 5
Trisungo **163** B 5
Tritanti **253** D 4
Trito **211** D 6
Triúggio **67** B 6
Triulza **87** D 4
Triulzo **67** E 6
Trivella **133** B 4
Trivella, Forca- **182** C 2
Trivellano **104** A 2
Trivento **184** D 2
Trivero (BI-Bióglio) **65** B-C 5
Trivero (BI-Trivero) **65** B 5
Triversa, Torrente- **97** A-B 4
Triviat **61** A 6
Trivigliano **181** D 4
Trivignano **75** D 5
Trivignano Udinese **63** C-D 4
Trivigno (PZ) **220** D 2
Trivigno (SO) **37** E 4
Trívio (AN) **143** D 5
Trívio (LT) **193** E 5
Tríviu (ME) **258** A 2
Trívio (PG) **162** C 3
Trivolischi **195** E 4
Trivólzio **85** C 5
Trizzino **256** D 1
Trnovo (Tarnova della Selva) **63** C 6
Trnovo ob Sočí (Ternova d'Isonzo) **45** E 5
Trobaso **51** C 5
Trobiolo, Torrente- **55** C 5
Trócchia **215** B 6
Trócchio, Monte- **193** C 6
Trockner Steg **49** A 4
Tródena nel Parco Naturale = Trúden im Naturpark **39** C 6
Tródica **145** E 4

Tronto, Fiume- **163** B 5-6
Tronzano **154** E 3
Tronzano Lago Maggiore **33** E 5
Tronzano Vercellese **65** E 5
Tropea **248** D 2
Tröpolach **44** A 3
Troppola **142** E 2
Trosa, Pizzo- **33** D 5
Tróscia **152** E 1
Trossa, Torrente- **148** B 1-2
Trossieri **95** B 4
Trotu, Rio- **315** B 4
Trovasta **123** B 5
Troviggiano **144** D 2
Trovo **85** B 5
Trozza, Masseria- **227** C 4
Trsek (Trúscolo) **79** D-E 5
Trstelj (Tersteli) **63** D 6
Trstenik **79** E 6
Trüber See = Lago Torbo **28** B 1
Truc di Miola **81** D 6
Truccazzano **69** D 4
Trucchi **110** C 1
Trucco **122** E 2
Trudda, Case- **303** B 5
Trúden im Naturpark = Tródena nel Parco Naturale **39** C 6
Truglione **225** E 5
Trúia **43** C 5
Trullo, Masseria- **213** D 6
Trullo di Mezzo, Masseria- **207** C 4
Trullo di Sopra, Masseria- **207** C 4
Trullo di Sotto, Masseria- **207** C 4
Trúmes, Punta di- = Trumser Spitze **26** C 3
Trumser Spitze = Punta di Trúmes **26** C 3
Trunajoch **28** A 2-3
Trunconi, Nuraghe- **313** E 5
Trupchun, Valle- **24** D 3
Trusnje **63** H 6
Trúscolo → Trsek **79** D-E 5
Truzzo, Lago di- **35** B 4
Tsa, Aiguille de la- **48** A 3
Tsaat à l'etsena, Monte- **47** B 5
Tschars = Ciárdes **26** D 3
Tschaufenhaus = Capanna Giovo del Salto **27** B 5
Tscheischhorn **35** B 5
Tschengls = Céngles **26** D 1
Tschenglser Hochwand = Croda di Céngles **26** D 1
Tscherms = Cérmes **27** D 4
Tschierv **25** D 5
Tschigat = Monte Gigot **27** C 4
Tschirland = Cirlano **26** D 3
Tschlin **25** A 5-6
Tschöfs = Céves **27** A 6
Tschötsch = Scezze **30** C 1
Tschuggen **24** B 2
Tu **37** D 5
Tuális **43** C 6
Tuatti, Cima- **38** B 2
Tublje **79** C 6
Tucci **130** D 3
Tucconi, Cantoniera- **302** C 3
Tudaio di Razzo, Monte- **43** D 4
Túdderi, Monte- **299** D 5
Túdia **279** C 6
Túdurighe, Monte- **301** B 4
Tuenno **38** C 3
Tufano **181** E 4
Tufara (BN) **203** D 5
Tufara (CB) **196** B 3
Tufaro, Monte- **197** D 4
Tufaroli, Masseria- **206** D 1
Tufello **179** B 4
Tufillo **184** B 3
Tuffo **83** D 4
Tufillo **184** B 3
Tufino **203** E 4
Tufo (AP) **163** B-C 5
Tufo (AV) **203** D 5

Tufo (LT) **193** E 6
Tufo (PU) **142** B 2
Tufo Alto **171** E 5
Tufo Basso **171** E 5
Tuglia, Casera- **43** C 5
Túglie **230** B 3
Tuili **315** A 6
Tula **302** C 1
Tulfer = Tulve **30** A 1
Tullen = Monte Tullo **30** D 2
Tulliano **140** B 3
Tullio, Monte- = Tullen **30** D 2
Tului, Monte- **309** D 5
Tulve = Tulfer **30** A 1
Tumarrano, Valle- **279** D 4
Tumbarino **298** B 2
Tumbarino, Punta- **298** B 1
Tumboi, Rio- **311** D 4
Tummino, Casa- **288** E 3
Tundu, Cúccuru- **317** B 6
Tundu, Monte- (NU) **303** E 6
Tundu, Monte- (OT) **302** A 3
Túnes = Thuins **27** A 6
Tungoni **302** A 1
Tuoi, Chamanna- **25** A 4
Tuoi, Val- **25** A-B 4
Tuoma, Torrente- **150** C 1
Tuómaz **63** A 5
Tuono, Serra- **235** D 4
Tuono, Torre- **207** C 6
Tuori **140** E 2
Tuori, Masseria- **198** A 3
Tuorlo **149** B 6
Tuoro (CE-Caserta) **202** D 2
Tuoro (CE-Sessa Aurunca) **194** E 1
Tuoro (CE-Teano) **194** E 2
Tuoro (CE-Tora-Piccilli) **194** D 1-2
Tuoro Alto, Monte- **203** C 4
Tuoro di Massella, Masseria- **198** C 1
Tuorofunaro **194** D 2
Tuoro sul Trasimeno **151** B 5
Tuors, Val- **24** C-D 1-2
Tuors Davant **24** C 1
Tupei, Torrente- **318** C 2
Turago Bordone **85** B 6
Turánia **171** E 4
Turano (BS) **71** A-B 5
Turano (MS) **128** C 3
Turano (VR) **73** E 4
Turano, Fiume- **170** C 3
Turano, Lago di- **171** D 4
Turano Lodigiano **87** C 4
Túras **306** D 2
Turate **67** B 5
Turbigo **66** D 3
Turbigo, Ponte di- **66** D 3
Turbone **138** B 3
Turchi, Balata dei- **274** C 2
Turchi, Casino dei- **229** E 5
Turchia, Ia- **120** B 2
Turchina, Casale- **168** C 3
Turchino, Passo del- **112** B 2
Túrchio, Monte- (AQ) **182** C 2
Túrchio, Monte- (CT) **283** A 4
Túrcio **58** E 2
Turco, Cala del- **300** C 1
Turco, Monte- **168** C 2
Turcu, Cala su- **319** D 4
Túres = Taufers **31** A 4
Túres, Valle di- = Tauferer Tal **30-31** A-B 3-4
Turettas, Piz- **25** D 5
Turill **33** C 4
Turin, Col de- **122** C 1
Turisti, Osteria dei- = Wirts Haus Touristen **27** D 6
Turlago **128** A 3
Turlo, Massa del- (Giandolino) **50** C 3
Turlo, Passo del- **49** B 6
Turlon, Monte- **42** E 3
Turnerkamp = Cima di Campo **29** A 5
Turpino **111** A 6
Turrali, Rio- **302** A 2
Turri (VS) **315** A 5-6

Turri (PD) **92** C 1
Turri, Cúccuru- **316** C 3
Turri, Monte- **316** C 3
Turriaco **63** C 4
Turrida **61** D 6
Túrsi **239** A-B 4
Turuddò, Monte- **309** B 4
Turusele, Monte- **313** A 5
Túrvoli, Fiume- **278** E 2-3
Tusa **267** C 4
Tusa, Fiume di- **267** C 4
Tuscánia **168** B 2
Tuscánia, Riserva Naturale di- **168** B 2
Tusciano, Fiume- **218** C 1
Tuscolana, Via- **179** C-D 5
Tuscolo **179** D 6
Tussillo **172** D 2
Tússio **172** D 3
Tussui **41** E 5
Tutino **231** C 5
Tuttavista, Monte- **309** C 5
Tuttobene, Masseria- **281** C 5
Tuttusoni, Nuraghe- **296** D 1-2
Tuturano **213** D 5
Tuvoi, Piana- **315** E 5
Tuvonari, Monte- **310** A 3
Tuvu de Giorzi, Ponte- **300** D 3
Tuzzi di Monte Piano, Monte- **233** C 5
Tyndaris **269** A 4
Tzatelet, Riserva Naturale- **47** B 5
Tzinneberu, Cantoniera- **313** B 4

U

Uana, Nuraghe- **307** E 5
Uatzu, Rio- **312** B-C 1-2
Ubac, l'- **108** B 1
Ubaga **123** C 5
Ubaghetta **123** C 5
Ubaye, l'- **108** A 1
Ubayette **108** B 1-2
Uberetscher Hütte = Rifúgio Oltrádige al Roèn **39** C 5
Ubiale **54** E 1
Ubiale-Clanezzo **54** E 1
Uboldo **67** C 5
Uccaidu, Passo o'- **307** C 6
Uccea **45** D 4
Uccea → Učeja **45** D 4
Uccellina, Monti dell'- **158** E 2
Uccellina, Torre dell'- **158** D 2
Uccello, Pizzo d'- **128-129** D 3-4
Uccello, Posta- **199** C 5
Učeja (Uccea) **45** D 4
Ucerano **140** D 1
Úcia, Monte- **71** C 4
Úcina, Pizzo di- **268** B 2
Ucria **268** B 3
Uda, Monte- **316** D 2
Uddè, Monte- **309** D 4
Údine **62** B 3
Uditore **263** A 4
Udulia, Cantoniera- **301** D 6
Uertsch, Piz- **24** D 2
Uffente, Fiume- **191** B-C 6
Uffogliano **133** C 6
Úfita, Fiume- **204** B 1
Ugento **230** D 2
Ugento-Taurisano, Stazione di- **231** C 4
Uggiano, Castello di- **221** E 5

Uggiano la Chiesa **231** A 5-6
Uggiano Montefusco **225** D 6
Uggiate **52** D 2
Uggiate-Trévano **52** D 2
Úggio, Masseria- **213** E 5
Ugliancaldo **129** A 4
Ugliano **153** A 6
Ugovizza **45** B 5
Ugovizza, Valle di- **45** B 5
Úia, Monte- **95** A 4
Úia Bessanese **81** B 4
Úia Calcante **81** C 6
Úia di Ciamarella **81** B 4
Úia di Mondrone **81** B 4
Uina, Val d'- **25** B 5
Ula, Ponte dell'- **95** D 4-5
Ulássai **313** D-E 4
Ulássai, Rio di- **313** E 4
Ula Tirso **311** B 5
Úlfas = Ulfass **27** B 5
Ulfass = Úlfas **27** B 5
Ulia, Monte- **302** D 2
Ulia, Nuraghe s'- **306** C 3
Ulignano (PI) **148** A 2
Ulignano (SI) **139** E 4
Ulisse, Porto d'- **283** C 5-6
Uliveto Terme **137** B 6
Ulmeta, Cantoniera- **206** C 2
Ulmi **275** C 4
Ulrichen **32** A 2
Ultana, Monte- **299** D 6
Ulten = Último **26** E 3
Ultental = Val d'Ultimo
   26-27 D-E 3-4
Último = Ulten **26** E 3
Último, Val d'- = Ultental
   26-27 D-E 3-4
Ultrino, Monte- **205** A-B 4
Umag (Umago) **78** E 3
Umago → Umag **78** E 3
Umaški Rt (Punta delle Vacche)
   78 E 3
Umbaltal **29** C-D 6
Umbértide **151** A 6
Umbra, Cantoniera d'- **189** C 4
Umbra, Foresta- **189** C 4
Umbrail, Piz- **25** E 5
Umbriano, Monte- **129** B 4
Umbriático **247** A 4
Úmes = Ums **30** E 1
Umin **41** E 4
Umito **163** B 6
Úmmari **261** E 4
Ums = Úmes **30** E 1
Únchio **51** C 5
Uncinano **162** B 1
Úndici, Cima- = Elfer Spitz
   25 B 6
Úndici, Cima- = Elferkofel
   31 D 6
Unérzio, Vallone- **108** B 2-3
Unghiasse, Monte- **47** E 4
Ungiasca **51** C 5
Ungroni, s'- **310** E 2
Uniti, Fiumi- **121** D 5
Unnichedda, Punta- **309** A 6
Únnoro, Monte- **313** A 4
Unsere Liebe Frau im Walde =
   Senale **27** E 4
Unsere Liebe Frau im Walde-
   Sankt Felix =
   Senale-San Felice **27** E 4
Unserfrau in Schnals =
   Madonna di Senáles **26** C 2
Unterberg Tal **28** A 1
Unter Engadin (Bassa
   Engadina) **24-25** A-B 3-6
Unterfennberg =
   Favogna di Sotto **39** D 4
Untergailtal **45** A 4-6
Unterhorn Hütte = Rifúgio
   Sottocorno **27** D 6
Unterinn = Áuna di Sotto
   39 A 6
Unterkreuth **45** A 6
Untermoi = Antermóia **30** C 3
Untermöschach **45** A 4
Unterplanitzing =
   Pianizza di Sotto **39** B 5

Unterplanken = Planca di Sotto
   31 B 5
Unterstalleralm **31** A 6
Untertal **28** A 2
Unterthörl **45** B 6
Untertilliach **43** A 4
Unterschenglser Alm = Malga
   Cóngles di Sotto **26** D 1
Untervellach **45** A 4
Unterwielenbach =
   Vila di Sotto **31** B 4
Unterwielenbach =
   Versciaco di Sotto **31** C 6
Untruxu, Monte- **321** B 4
Untulzu, Punta de s'- **302** C 3
Unturzu, Monte- **301** D 4
Unzulei **313** A 4
Uómini **149** A 5
Uomo, Capo d'- **166** C 2-3
Uomo, Cima dell'- **34** D 1
Uomo di Sasso, Póggio-
   140 B 1
Úopini **149** A 5
Úpega **122-123** B 3-4
Uppiano **141** D 5
Urachi, Nuraghe s'- **310** B 3
Urago (BS) **70** D 3
Urago (CO) **53** E 4
Urago d'Óglio **70** D 1
Urano, Monte- **173** E 4
Úras **315** A 4
Úras, Casa- **315** C 5
Úras, Nuraghe- **311** A 5
Urbana **91** D 5
Urbani **73** C 5
Urbánia **142** B 2
Urbe **112** B 1-2
Urbiano (RA) **132** A 3
Urbiano (TO) **80** D 3
Urbignacco **44** E 2
Urbino **142** A 2
Urbino, Monte- **152** B 2
Urbiságlia **154** A 2
Urbiságlia, Stazione di- **154** A 2
Urbs Sálvia **154** A 2
Urda, Monte- **256** E 2
Urgnano **69** C 5
Uri **300** C 3
Uri, Flúmini- **317** E 5
Úria **250** C 3
Úria, Torrente- **250** C 3
Urígus, is- **318** B 3
Úrio **52-53** D 3-4
Urni **258** B 2
Urralidi, Monte- **314-315** B 3-4
Uršič (Úrsig) **45** D-E 6
Úrsig → Uršič **45** D-E 6
Ursini **255** D 4
Ursitto, Monte- **288** C 1
Urso, Casa- **285** D-E 5
Urtigu, Monte- **310** A 3
Urtiola **25** D 5
Ururi **185** C 6
Ururi-Rotello, Stazione di-
   185 C-D 5
Urzano **116** B 3
Urzulei **313** A 4
Usago **61** B 6
Usánis, Nuraghe- **308** B 2
Uscerno **154** E 2
Úscio **113** C 5
Usella **131** C 4
Uselle, Chiesa di- **141** C 6
Uséllus **311** D-E 5
Userna **141** D 6
Usi **159** D 4
Usigliano (PI-Lari) **137** C 6
Usigliano (PI-Paláia) **138** C 1
Usigni **162** C 3
Úsini **301** C 4
Usito, Fiume- **249** B 6
Usmai, Torre- **189** B 4
Usmate Velate **68** B 3
Uso, Fiume- **134** B 2
Uso, Torrente- **133** C-D 6
Ussana **316** E 2
Ussaramanna **315** A 5-6
Ussassái **312** D-E 3
Ussassái, Stazione di-
   313 D 4
Usseaux **80** E 3
Usséglio **81** C 4

Ussel **47** C 6
Ussin **47** A-B 6
Ússita **153** E 6
Ussolo **108** A-B 3
Ústica **265** A 5
Ústica, Ísola di- **265** A 5
Uta **320** A 1
Utèr, Piz- **24** E 2
Útero, Monte- **163** C 4
Útile **203** C 4-5
Utovlje **79** B 5-6
Uttenheim = Villa Ottone
   31 A 4
Uzza **37** B 5
Uzzano (FI) **139** D 5
Uzzano (PT) **130** D 1
Uzzo, Tonnarella dell'- **261** B 5

V

Vacale, Torrente- **253** D 4
Vacalizza, Monte- **60** A 3
Vacca, Cala di- **298** C 3
Vacca, Ísola la- **318** D 3
Vacca, Lago della- **55** C 6
Vaccaggi, li- **296** D 1
Vaccara **152** B 3
Vaccaréccia (MS) **115** E 6
Vaccaréccia (RI) **171** C 4
Vaccareccia, la- **193** A 6
Vaccari, i- **100-101** B 3-4
Vaccari della Contessa **211** D 5
Vaccarile **143** C 6
Vaccarino **74** D 3
Vaccarizza **85** D 6
Vaccarizzo **244** A 2
Vaccarizzo, Fiume- **280** C 2-3
Vaccarizzo Albanese **241** D 6
Vaccaro, Timpone del-
   240-241 A 3-4
Vaccarolo **71** E 5
Vaccarone, Rifúgio- **80** D 2
Vaccarra, Monte- **267** E 5
Vacche, Punta delle- →
   Umaški Rt **78** E 3
Vacchelli, Canale- **69** E 4
Vaccheria **202** C 2
Vacci **95** C 5
Váccia, Monte- **108** C 3
Vacciago **51** E 4
Vaccileddi **303** B 6
Vaccolino **107** C 4
Váccos, Cantoniera sos-
   303 E 4
Vaccuta, Monte la- **233** E 5
Vaccuta, Torrente- **240** C 2-3
Vacheres **49** E 4
Vachette, la- **94** B 1
Vachey, la- **46** A 2-3
Vacíglio **104** E 2
Vacil **75** B 6
Vacile **61** B 6
Vacone **170** B 2
Vacri **174** C 2
Vada **187** E 5
Vadà, Monte- **51** B 5
Vada, Secche di- **147** A 5
Vadaione **38** E 2
Vadarengo **83** E 5
Vádena = Pfatten **39** B 5
Vadi **244** D 2
Vado (AN) **143** D 5
Vado (AQ) **172** C 1
Vado (BO) **119** E 4
Vado (LU) **129** C 4
Vado (VE) **62** E 1
Vado, Capo di- **111** E 6
Vado di Corno **172** B 2
Vado di Pezza **172** C 1
Vado di Sole **173** B 4
Vado Lígure **111** D-E 6
Vado Mistongo **196** C 2-3
Vadopiano, Casa- **149** E 4
Vadossi **149** D 6
Vadret, Piz- **24** C 2
Vaèl, Roda di- = Rotwand
   40 B 2
Vaestano **116** C 3
Vaggimàl **72** C 3
Vággio **140** B 1

Vagli **161** C 4
Vagli, Lago di- **129** B 4
Váglia **131** D 5
Váglia, Monte- **193** C 4
Vagliagli **149** A 5
Vagliano **131** C-D 6
Váglie (AR) **151** A 5
Váglie (CE) **194** D 1
Váglie (RE) **116** D-E 3
Vaglierano **97** C 4-5
Váglio (BI) **65** B-C 4
Váglio (MO) **117** E 6
Váglio (Svízzera) **52** B 3
Váglio Basilicata **220** C 2
Váglio Basilicata, Stazione di-
   220 C 1
Váglio Serra **97** D 6
Vagli Sopra **129** B 4
Vagli Sotto **129** B 4
Vagliúmina **65** C 4
Vagna **32** E 2
Vagnole, le- **201** D 4
Vago **73** E 4
Vago, Alpe- **36** B 3
Vagnone, le- **201** D 4
Vahrn = Varna **30** C 1-2
Vahrner See = Lago di Varna
   30 B 1
Vaiale **55** E 6
Vaiana, Monte- **235** B 5
Vaiano (LO) **69** E 4
Vaiano (PG) **151** D 4
Vaiano (PO) **131** C-D 4
Vaiano (VT) **160** D 3
Vaiano Cremasco **87** B 4
Váie **81** E 5
Vailate **69** E 5
Váiolet, Rifúgio- **40** B 2-3
Váio Marchiora **72** C 3
Vairano (PV) **85** C 6
Vairano (Svízzera) **33** E 4
Vairano, Lago di- **194** D 2
Vairano Patenora **194** D 2
Vairano Scalo **194** D 2
Váiro **116** C 2
Vajònt **61** B 5
Vajònt, Diga del- **60** A 2
Val (BL) **41** B 5
Val (UD) **43** D 6
Valágola, Lago di- **38** C 2
Valaisan, Monte- **46** C 2
Val Alba, Riserva Naturale
   della- **44** B 3
Valanidi, Fiumara- **256** E 1
Valas = Flaas **27** D 5
Valazzo **188** B 3
Valbella (Svízzera) **34** B 3
Valbella (VC) **50** D 2
Val Bella, Monte di- **58** D 2
Valbella, Punta- = Valvel-Spitze
   26 B 1
Valbiano **133** D 5
Valbione **37** D 6
Valbiore **35** D 6
Valbona (LU) **129** A 5
Valbona (PD) **91** C 6
Valbona (PR) **115** B 6
Valbona (RE) **116** D 3
Valbona (SO) **36** E 2
Valbona, Cima di- **56** C 1
Valbona, Passo- **60** A 3
Valbondione **55** B 4
Valbrembo **69** B 5
Valbrevenna **113** A-B 5
Valbrona **53** D 5
Valbruna **45** B 5
Valbruna, Valle- **45** B-C 5
Valbrutta **36** C 2
Valbuona **141** B 6
Valcalda, Bric- **112** A 2
Valcalda, Monte- **43** E 5
Valcalda, Sella- **43** C 6
Valcaldara **153** D 5
Valcanale **54** C 3
Valcanneto **177** B 5
Valcarecce **143** E 6
Valcasotto **110** E 3
Valcava (AR) **141** A 6
Valcava (LC) **53** E 6
Valcava (TN) **39** E 5
Valcavera, Colle di- **108** C 3
Valcérere **93** E 4

Valcesura **106** D 3
Valchava **25** D 5
Valchiusella **64** C 2
Valcieca **116** D 2
Valcimarra **153** C 6
Val Cion, Malga- **40** E 2
Val Claret **80** A 2
Valconasso **101** B 4
Valcorrente, Stazione- **283** C 4
Valcroce = Kreuztal **30** C 2
Vald **33** C 5
Valda **39** E 5
Valdagno **73** C 5
Valdagno, Rifúgio- **73** B 5
Valdáier, Castello di- **44** B 2
Valdalena **132** E 1-2
Valdamonte **100** B 1
Val d'Antenne, Colle di- **58** C 2
Valdáora = Olang **31** B 4
Valdáora di Mezzo =
   Mitterolang **31** B 4
Valdáora di Sopra = Oberolang
   31 B 4
Valdáora di Sotto =
   Niederolang **31** B 4
Valdarena **162** C 1
Valdarmella **123** A 5
Valdarno, Regione- **140** B-D 1-2
Val d'Asso **150** B 1
Valdástico **58** D 1
Val dei Frati, Lago- **54** B 2-3
Val dell'Ácqua, Colesèl- **59** E 5
Val della Torre **81** D 6
Valdena **115** C 3
Valdengo **65** C 5
Valdenoghèr **60** C 2
Valdérice **260** C 3
Valderoa, Monte- **59** D 4
Valdeserta, Punta di- **32** B 2
Val-des-Prés **94** A 1
Valdevarri **171** E 5
Valdibella **262** D 2
Valdibrana **130** D 3
Valdicastello Carducci **129** D 4
Val di Castro, Abbazia di-
   143 E 5
Val di Cava **149** E 6
Valdichiesa **272** D 3
Valdichiesa (AT) **96** B 3
Val di Chiesa (ME) **272** A 3
Val di Clapa, Passo di- =
   Klapfbergjoch **38** B 3
Valdidentro **25** D 5
Valdiea **153** C 6
Valdieri **109** C 5
Valdieri, Terme di- **109** E 4
Val di Fumo, Rifúgio- **56** B 1
Val di Mela **296** C 3
Val della Meda, Chiesa-
   132 C 1-2
Val di Mezzo = Mittertal **27** A 6
Val di Mezzo, Monte- =
   Fallmetzer **30** A 2
Valdimolino **73** D 6
Valdimonte **141** C 6
Val di Mora **132** C 1
Valdina **271** C 6
Valdinferno **110** E 3
Val di Nizza **99** C 5-6
Valdinoce **133** C 5
Valdiperga **137** E 6
Valdiporro **72-73** C 3-4
Val di Rosa **151** B 5
Val di Rua **90** D 3
Val di Sasso, ex Convento-
   153 A 4
Val d'Isère **80** A 3
Val di Sogno **72** B 2
Valdisotto **37** B 5
Valditacca **116** D 2
Valdivilla **97** D 5
Val di Vizze = Pfitscher Tal
   30 A 1
Valdo **32** B 3
Valdóbbia **49** D 5
Valdóbbia, Corno- **49** C 5
Valdobbiádene **59** D 5
Val Dolce, Sella di- **44** A 3
Valdolenga **84** E 1
Valdolmo **143** E 4

Valdoltra (Valle Oltra) **79** D 4
Valdone, Rio- **30** D 1-2
Valdóneghe **72** C-D 2
Valdórbia **142** E 3
Valdottavo **129** D 5-6
Valdrigo **75** B 6
Valdritta, Cima- **72** B 2
Valduga **57** D 5
Valdúggia **50** E 3
Valdurna = Durnholz **27** C 6
Valdurna, Valle- =
   Durnholzer Tal **27** C 6
Valéggio **85** D 4
Valéggio sul Míncio **89** B 5
Valentano **160** D 1
Valente **208-209** D 3-4
Valente, Bosco- **207** B 6
Valente, Casa- **188** B 3
Valente, Masseria- **188** E 3
Valenti, Ponte- **301** E 6
Valentina, Masseria- **198** B 2
Valentinbach **43** B 6
Valentino, Parco- **53** D 5
Valenza **84** E 2
Valenza, Ponte di- **84** E 2
Valenza, Rifúgio- **95** C 4
Valenzana **129** E 5
Valenzani **97** B 6
Valenzano (AR-Sestino) **141** B 6
Valenzano (AR-Subbiano)
   140 B 3
Valenzano (BA) **209** D 5
Valera **67** C 5
Valera Fratta **86** C 2
Valéria, Vía- **181** A 6
Valeriano (PN) **61** B 6
Valeriano (SP) **127** C 4
Valésio **213** E 6
Valestra **117** C 5
Valette, Cime de la- **122** B 1
Valette, Col de la- **108** E 3
Valfábbrica **152** C 2
Valfábbrica, Lago di- **152** B 2
Valfenera **96** B 3
Valfloriana **39** D 6
Valformosa **99** D 6
Valfredda, Punta- **80** D 2
Valfredda, Rio di- **80** D-E 1-2
Valfredda, Sasso di- **41** B 4
Valfurva **37** B 5-6
Valfurva, Valle- **37** B 6
Valganna **52** C 2
Valganna, Valle- **52** D 2
Valgatara **72** D 3
Valgella **36** E 3
Valgera **97** B 5
Valgiano **129** D 6
Valgióie **81** E 5
Valgiovo = Jaufental **27** A 6
Valgóbbia **70** C 3
Valgóglio **54** C 3
Valgrana **109** B-C 5
Valgrande, Cima di- **32** D 1
Val Grande, Parco Nazionale-
   51 B 4-5
Val Grande, Rio di- **51** B 4
Valgrande, Valle- **50** D-E 1-2
Valgreghentino **53** E 5
Valgrisenche **46** D 3
Valguarnera Caropepe **281** D 5
Valiano **150** C 3
Válico, Rifúgio del- =
   Hochganghaus **27** C 4
Valico dello Spino **141** B 4
Vallà **74** B 3
Valla, Bric- **97** E 6
Valla, Torrente- **111** B 6
Vallaccia, la- **25** E 4
Valláccia, Monte- **40** C 3
Vallada Agordina **41** C 4-5
Vallaga, Forcella di- =
   Flaggerscharte **27** B 6
Vallaga, Val di- = Flaggertal
   30 B 1
Vall'Alta **54** E 2
Vallalta (BL) **41** E 5
Vallalta (MO) **104** B 2
Vall'Alta, Cala- **296** C 2-3
Vallancón **91** D 6
Vallandro, Picco di- =
   Dürrenstein **31** C 5

Vallanzengo **65** C 5
Vallare **84** D 1
Vallarella **196** B 2
Vallarga = Weitental **30** A-B 2
Vallarsa **57** E 5
Vallarsa, Valle- = Branten Tal **39** B 6
Vallasino **83** B 6
Vallassina, Valle- **53** D 4-5
Vallata **204** C 3
Vallata, Masseria- **210** E 2
Vallato **154** C 1
Vallatrone, Monte- **203** E 5
Vallatscha **25** B 4
Vallazza **153** E 6
Vallazza, Monte- **59** B 4
Valle (AV) **203** E 5
Valle (BL) **43** B 4
Valle (BN) **203** D 4
Valle (BO) **131** A 5
Valle (BS-Lumezzane) **70** C 3
Valle (BS-Ome) **70** C 2
Valle (BS-Saviore dell'Adamello) **55** B 6
Valle (CN-Dogliani) **110** A 3
Valle (CN-Gottasecca) **111** B 5
Valle (CN-Pezzolo Valle Uzzone) **111** A 5
Valle (FI-Pontassieve) **131** E 6
Valle (FI-Vinci) **138** B 2
Valle (FR) **193** C 5
Valle (IS) **194** B 2
Valle (LU) **129** C 6
Valle (MS-Bagnone) **115** D 6
Valle (MS-Pontrémoli) **115** D 5
Valle (PC) **100** D 3
Valle (PV) **99** B 4
Valle (SA) **218** C 1
Valle (SO-Colorina) **36** E 1
Valle (SO-Gerola Alta) **54** B 1
Valle (SO-Morbegno) **35** E 6
Valle (SO-Tártano) **35** E 6
Valle (SV) **111** D 4
Valle (TN) **39** D 6
Valle (UD-Arta Terme) **44** B 2
Valle (UD-Faédis) **63** A 4
Valle (UD-Reana del Roiale) **62** A 3
Valle (VI-Bréndola) **73** E 6
Valle (VI-Tonezza del Cimone) **57** D 6
Valle, Badia della- **132** B 2
Valle, Canale di- **93** D-E 5
Valle, Fosso la- **157** D 6
Valle, la- (TV) **59** E 5
Valle, la- = Tal **26** E 2
Valle, Ponte della- (FR) **193** A 5
Valle, Ponte della- (PZ) **238** E 1
Valle, Ponti della- **202** D 2
Valle, Punta di- (Wollbach Spitze) **29** A 6
Valle, Taverna della- **183** D 6
Valle, Torrente della- **132** B-C 2
Valle Agordina, la- **41** D 5
Valle Agrícola **194** C 3
Valleandona **97** B 4
Valleandona e Valbotto, Riserva Naturale- **97** B 4
Valle Aurina = Ahrntal **29** C-D 5
Valle Avellana **134** E 3
Valle Baroni **173** D 5
Valle Benedetta **137** C 5
Vallebona (IM) **122** E 3
Vallebona (VT) **160** E 3
Vallebruca **268** B 1
Vallebuona **171** E 4
Vallecalda **113** A 4
Valle Canal Novo, Riserva Naturale della- **78** B 1
Valle Canzano **164** C 3
Valle Carbone, Bosco- **237** B 6
Valle Castellana **164** B 1
Valle Castellone **160** E 2
Valle Cavanata, Riserva Naturale della- **78** B 3

Vallécchia **129** C 4
Vallécchio (FI) **138** C 3
Vallécchio (PG) **142** E 1
Vallécchio (RN) **134** D 3
Valle Ceppi **82** E 2
Valle Cerrina **83** D 5
Vallecetta, Monte- **37** B 5
Valle Cornuta di Mezzo **206** C 1-2
Vallecorsa **192** C 3
Vallecrósia **122** E 3
Vallecrósia Alta **122** E 3
Vallecrósia, Torrente di- **122** E 3
Vallecupa (AQ) **172** D 2
Vallecupa (CH) **184** A 1
Vallecupa (IS) **194** C 2
Vallecúpola **171** D 4
Valle Dame **151** A 5
Valle dei Ronchi **58** D 2
Valle del Fico **69** B 6
Valle del Fiume Lao, Riserva Naturale- **240** A 2-3
Valle del Freddo, Riserva Naturale- **54-55** E 3-4
Valle del Lambro, Parco Regionale della- **67** A-B 6
Valle delle Ferriere, Riserva Naturale- **217** C 4
Valle dell'Ángelo **233** B 5
Valle dell'Érica **296-297** C 3-4
Valle del Ticino, Parco Regionale della- **66** C-D 2-3
Valle del Ticino, Parco Regionale Lombardo della- **66-67** C-D 3-4
Valle del Treja, Parco Regionale- **169** D-E 6
Valle di Cadore **42** D 2
Valle di Cadore, Lago di- **42** D 2
Valle di Casíes = Gsies **31** B 5-6
Valle di Chiáscio **152** B 2
Valle di Ginestreto, la- **135** E 5
Valle di Maddaloni **202** D 2-3
Valle di Sopra (CN) **96** E 2
Valle di Sopra (VI) **58** E 2
Valle di Teva **194** E 1
Valle di Vícari, Cantoniera- **263** E 4
Valle d'Ocre **172** C 1
Valledolmo **279** C 5
Valledolmo, Stazione di- **279** C 4
Valledória **299** C 6
Valle Dorizzo **55** D 6
Valle Dossi, Casa- **78** B 3
Valle Fame, Casa- **289** D 6
Vallefiorita **249** C 6
Vallefora **153** B 6
Vallefredda **181** E 6
Valléggia **111** D 6
Vallegrande **193** A 6
Vallegrande → Veliki Dol **79** A 5
Vallegráscia **154** E 1
Valle la Spina, Punta- **272** D 3
Vall'Éllero **110** B-C 3
Vallelarga **183** B 4
Valle Lomellina **84** D 2
Vallelonga **249** D 5
Valleluce **193** A 6
Valleluna **208** B 2
Vallelunga **194** B 3
Vallelunga, Ippódromo di- (Autódromo) **169** E 6
Vallelunga, Cima- **154** E 1
Vallelunga, Torrente- **237** C 4-5
Valle Lunga, Torrente di- **162** D 3
Vallelunga Pratameno **279** C 5
Valle Maggiore **158** D 2
Vallemáio **193** D 6
Vallemara **113** A 4
Vallemare (PE) **173** C 6
Vallemare (RI) **163** E 4
Vallemontagnana **143** E 5

Vallemontana **45** E 4
Vallemora **182** B 2
Valle Mosso **65** B 5
Vallene **72** C 3
Vallenoncello **61** E 4
Vallenza, Masseria- **224** B 3
Vallenzona **113** A 5
Valle Oltra → Valdoltra **79** D 4
Valle Orsara **154** E 1
Valle Petrina **141** E 5
Vallepíccola **245** B 6
Vallepietra **181** B 4
Vallera **100** B 3
Vallerana **91** D 5
Valleranello **179** D 4
Vallerano (PR) **116** A 2
Vallerano (SI) **149** D 5
Vallerano (VT) **169** B 5
Vallerémita **153** A 4
Vallerenzo **100** C 1
Vallermosa **315** C 5
Vallerona **159** C 4
Vallerotonda **194** B 1
Válles = Vals **30** A-B 2
Valles, Passo di- **41** C 4
Vallesaccarda **204** C 3
Valle Salimbene **85** D 6
Vallesana **71** D 6
Valle San Bartolomeo **98** B 2
Valle San Felice **57** D 4
Valle San Floriano **58** E 3
Valle San Giórgio **92** C 1
Valle San Giovanni (AT) **97** D 6
Valle San Giovanni (TE) **164** D 1-2
Valle San Martino (MC) **153** C 5
Valle San Martino (MN) **103** B-C 6
Valle San Martino (PG) **162** D 1
Valle San Nicolao **65** B 5
Valle San Silvestro = Wahlen **31** C 5
Valle Santa **177** B 6
Valle Santa, Cassa di- **120** C 3
Valle Sant'Anastásio **134** E 2
Valle Santa Croce **68** B 3
Valle Saúglio **82** E 2
Valle Scodella, Masseria- **198** D 2
Vallescura **113** B 6
Valle Scura, Cima di- **99** D 6
Valle Scuropasso **85** E 6
Vallese **90** B 3
Vallesella (BL-Domegge di Cadore) **42** D 3
Vallesella (BL-San Víto di Cadore) **41** B 6
Vallesina **42** D 2
Vallesinella, Rifúgio- **38** D-E 2
Vallestretta **153** E 6
Vallestura **83** D 5
Valle Superiore **65** C 5
Valletta = Flitt **30** C 2
Valletta, la- **119** B 6
Valletta, Punta- **47** D 4
Valletta, Punta della- **47** D 4
Valletta, Valle della- **109** E 4
Valletta, Vallone della- **109** D 4
Vallette, Cime de la- (Fráncia) **122** B 1
Vallette, Col de la- **108** E 3
Valleve **54** B 2
Valle Vegenana **153** C 6
Valleverde, Santuário di- **197** D-E 6
Valle Violata **179** D 5-6
Vallevona, Cima di- **180** A-B 3
Vallevona, Masseria- **185** E 6
Valli (AP) **154** E 3
Valli (MN) **88** D 3
Valli (PR) **102** E 2
Valli (VE-Chióggia) **93** D 4

Valli (VE-Noale) **75** D 4
Valli, Bivacco- **35** D 6
Valli, Bocca delle- **39** C 4
Valli, le- (CR) **87** B 5
Valli, le- (FI) **131** B 6
Vallíbbia **153** B 4
Vallícchio **153** D 5
Vallicciola **302** B 2-3
Valli Comuni, le- **104** B 3
Vállico Sopra **129** C 5
Vállico Sotto **129** C 5
Valli del Cedra e del Parma, Parco Regionale delle- **116** D 1-2
Valli del Pasúbio **73** B 5
Valli di Sant'António, Riserva Naturale- **55** A 5
Valliera (RO-Ádria) **92** E 3
Valliera (RO-Loréo) **93** E 4
Valli Grandi Veronesi **91** E 4
Valli Mocenighe **91** D 6
Vallina (AN) **153** A 4
Vallina (FI) **139** B 6
Vallinfante **163** A 4
Vallinfreda **180** A 2
Vallingegno, Abbazia di- **152** B 2
Vallinotto, Santuário di- **96** B 1
Vállio **76** C 2
Vállio, Fiume- **76** C 2
Vállio Terme **71** C 4
Vallisnera **116** D 3
Vallming = Valmigna **28** B 2-3
Vallo **82** B 3
Vallo-Castelnuovo, Stazione di- **232** C 2
Vallócchia **162** C 2
Vallo della Lucánia **233** C 4
Vallo di Diano **236** A-C 1-2
Vallo di Nera **162** B 2
Vallombrosa **140** A 1
Vallombrosa, Riserva Naturale- **140** A 1
Vallona, la- **120** B 1
Vallona, Regione la- **106** B 2
Vallonara **74** B 3
Vallone (AN) **143** B 6
Vallone (CN) **108** A 3
Vallone = Pflung **31** C 5
Vallone, Solco Cársico- **63** E 5
Vallone, Torrente il- **237** D 5
Vallonet, Pointe du- **80** C 1
Vallonetto, Cima- **80** D-E 2
Vallonga (PD) **92** C 3
Vallonga (TN) **40** B 3
Vallongo **96** B 2
Valloni (CH) **184** A 2
Valloni (IS) **194** A 2
Valloni, Monte- **162** E 3
Vallonina, Valle- **162** E 3
Vallonto **76** A 2
Vallorano **154** E 3
Vallorca **58** C 3
Vallorch **60** C 2
Vallória (IM) **123** D 5
Vallória (LO) **87** E 4
Valloriate **109** C 5
Vallósio **112** A 1
Vallo Torinese **81** D 6
Vallúcciole **132** E 2
Vallugana **73** C 6
Vallúmida **97** C 5
Vallunga **162** D 3
Vallunga, Valle- = Langtal **30** D-E 2-3
Vallurbana **141** D 6
Valmacca **84** D 2
Valmadonna **98** B 2
Valmadre, Valle- **54** A-B 2
Valmadrera **53** D 5
Valmággia **50** D 2-3
Valmaggiore **54** E 3
Valmaggiore, Malga di- **40** D 3
Valmairone **97** B 5
Valmala **109** A 5
Valmala, Cima- = Wurmaulspitze **30** A 1-2
Valmala, Colle di- **109** A 5

Valmala, Santuário di- **109** A 5
Valmarana (VE) **75** E 5
Valmarana (VI) **73** D 6
Valmareno **59** D 5
Val Másino **35** D 6
Valmasque **122** A-B 2
Valmasque, Refuge de la- **122** B 2
Valmeronte, Monte- **141** C 6
Valmesta **41** D 4
Valmiana **47** E 4
Valmiana, Punta di- **47** E 5
Valmigna = Vallming **28** B 2-3
Valmontone **180** D 1-2
Valmórbia **57** E 5
Valmorea **52** D 2
Valmorèl **59** B 6
Valmorecca **54** C 1
Valmosca **49** E 6
Valmózzola **115** B 5
Valmózzola, Stazione di- **115** B 6
Val Müstair **25** D 5
Valnegra **54** C 1
Valnera **64** C 3
Valnerina, Valle- **162** B-C 2
Val Noana, Lago di- **41** E 4
Val Noci, Lago di- **113** B 5
Valnogaredo **92** C 1
Valnontey **47** D 4-5
Valnontey, Valle- **47** D-E 4-5
Valnúvola **58** B 3
Valogno **194** E 1
Val Pantena, Progno di- **72** C 3
Valparola, Malghe di- **30-31** E 3-4
Valparola, Passo di- **31** E 3
Valpelina **77** C 6
Valpelline **47** A-B 5-6
Valpelline, Valle- **47** A-B 5-6
Valperga **64** E 4
Valperosa **97** B-C 4
Valpiana **148** E 2
Valpiana (BG) **54** D 2
Valpiana (VB) **50** B 2
Valpiana (VC) **50** E 3
Val Piana, Monte- **39** E 6
Val Piana, Osteria- **141** C 6
Val Piana, Rifúgio- **38** C-D 2
Valpicetto **43** C 6
Valpolicella, Regione- **72** D 2-3
Valprato Soana **47** E 6
Valpredina **69** B 6
Valpreveyre **94** C 2-3
Valpromaro **129** D 5
Val Rezzo **52-53** B 3-4
Val Rosandra, Riserva Naturale della- **79** C 6
Val Rosera **36** C 2
Valrossa, Punta di- **32** A 3
Val Rossara **98** E 3
Valrovina **58** E 3
Vals (Áustria) **28** A 3
Vals (PN) **61** B 5
Vals = Válles **30** A-B 1
Vals, Valle di- = Falser Tal **27** B 4-5
Valsalva **132** A 1
Valsanzíbio **92** C 1
Val Sarmassa, Riserva Naturale- **97** C-D 6
Valsássina, Valle- **53** B-C 5-6
Valsavarenche **47** D 4
Valsavarenche, Valle- **47** D-E 4
Valsavignone **141** A 4
Valschauerbach = Rio Valsura **27** D 4
Val Scura, Cima di- **38** D 3
Valsecca **53** D 6
Valsecca, Torrente- **54** C 2
Valsénio **132** A 2
Valsereino **87** B 5
Valser Tal = Val di Válles **30** A-B 1
Valsésia, Regione- **50** C-D 1-2
Valsésia, Rifúgio- **49** B 5
Valsigiara **113** A 6

Valsinni **239** B 4
Valsoera, Lago di- **47** E 5
Valsolda **52** B 3
Valsorda **57** C 5
Valsorda, Cima- **40** E 3
Valsorda, Cima di- **40** C 2
Val Sorda, Forcella di- **40** E 2
Valsorda, Rifúgio- **153** B 4
Valsorda, Ro-D-E 3
Valsorda, Valle- **40** C 2
Valsorey, Cabane de- **47** A 4
Valstagna **58** E 3
Valstrona **50-51** C 3-4
Valsugana **58** B-C 1-2
Valsura, Rio- = Valschauerbach **27** D 4
Valt **41** C 4
Valtellina **36-37** C-E 1-5
Valternigo **39** E 4
Váltero, Monte- **55** D 4
Valtieri, Casa- **160** B 1
Váltina = Walten **27** B 5
Valtopina **152** D 3
Valtorta **53** C 6
Valtorta, Valle- **54** C 1
Valtournenche **47** A-B 6
Valtournenche, Valle- **47** A-B 6
Val Tovanella, Riserva Naturale- **42** E 2
Valtreara **143** E 5
Val Trela, Passo di- **25** E 4
Valtriano **137** B 6
Valtrómpia, Rifúgio- **55** E 5
Val Troncea, Parco Regionale- **94** A-B 2-3
Valva **218** B 3
Valvasone **61** D 6
Valvel-Spitze = Punta Valbella **26** B 1
Valventosa **129** C 4
Valverde (CT) **283** B 5-6
Valverde (FC) **134** A 2
Valverde (PV) **99** C 6
Valverde, Santuário di- **300** C 3
Valvestino **71** A-B 6
Valvestino, Lago di- **71** B 5
Val Viola, Casa- **37** B 4
Val Viola, Lago- **36-37** B 3-4
Val Viola, Passo di- **37** B 4
Valvisciolo, Abbazia di- **191** A 6
Val Vomano **164** D 3
Válvori **194** A 1
Valzanca, Rio di- **40** D 3
Valzangona, Sorgente Minerale- **142** A 3
Valzella **55** C 4
Valzémola **111** C 5
Valzúrio **54** C-D 3
Vancimúglio **74** D 1
Vancori, Monte i- **273** A 6
Vandalino, Monte- **95** C 4
Vandelli, Rifúgio- **31** E 5
Vandóies = Vintl **30** B 2
Vandóies di Sopra = Obervintl **30** B 2
Vandóies di Sotto = Niedervintl **30** B 2
Vandra **183** E 6
Vandra, Ponte della- **183** E 6
Vandra, Torrente- **194** A 2
Vandrella, Torrente- **183** E 5-6
Vanelle, Grotte delle- **268-269** E 3-4
Vanette, Grotta delle- **268** E 3
Vaneze **57** B 5
Vanga = Wangen **39** A 6
Vanga, Castèl- = Schloss Wangen **39** A 6
Vangadizza **91** D 4
Vaninetti, Bivacco- **35** C 6
Vánnes, Passo di- = Wannser Joch **27** B 6
Vánnes, Valle di- = Wannser Tal **27** B 6
Vannino, Lago- **32** B 2-3
Vanoi, Torrente- **58** A-B 3
Vanoise, Col de la- **80** A 2

Vanoise, Massif de la- **80** A-B 1-2
Vanoise, Parc National de la- **80** A-B 2-3
Vanoni **89** B 5-6
Vantaggiani, Masseria- **226** C 3
Vantággio, il- **160** B 3
Vantone **71** B 5
Vanza **57** E 5
Vanzaghello **66** C 3
Vanzago **67** D 5
Vanze **227** C 6
Vanzi **57** E 6
Vanzo **92** C-D 2
Vanzone (BG) **69** B 4
Vanzone (VB) **50** B 2
Vanzone (VC) **50** E 3
Vanzone con San Carlo **50** B 2
Váprio d'Adda **69** C 4
Váprio d'Agogna **66** C 2
Var **108** E 1
Vara, Fiume- **114** D 3
Varádega, Passo di- **37** D 5
Varagna, Monte- **56** E 3
Varago **75** B 6
Vara Inferiore **112** B 1-2
Varáita, Torrente- **94-95** E 3-4
Varáita, Valle- **108-109** A 3-5
Varallo **50** D 3
Varallo Pómbia **66** B 2
Varana **117** C 6
Varano (AN-Ancona) **145** B 4
Varano (AN-Fabriano) **153** A 4
Varano (MS) **116** E 1-2
Varano (TE) **164** C 2
Varano (TN) **57** D 4
Varano, Crocifisso di- **188** C 2
Varano, Foce di- **188** B 2
Varano, Lago di- **188** C 2
Varano, Rocca di- **153** C 6
Varano Borghi **51** E 6
Varano de' Melegari **101** E 5
Varano dei Marchesi **101** E 5
Varapódio **253** E 4
Vararo **51** C 5
Vara Superiore **112** B 2
Varatella, Torrente- **124** C 3
Varavo **124** D 2
Varazze **112** D 1
Varco (MC) **154** A 2
Varco (PZ) **238** E 2
Varco di Reggello **140** B 1
Varco la Mánica, Ponte- **240** A 3
Varco Sabino **171** D 4
Varda (BL) **30** E 3
Varda (BZ) **30** E 3
Varda (PN) **60** E 3
Varda, Col de- **31** E 6
Vardella, Punta- **190** C-D 1
Varedo **67** C 6
Varella, Monte la- **31** E 4
Varella, Rifúgio la- **31** D 4
Varena **39** C 6
Varengo **83** D 5
Varenna **53** B 5
Varenna, Torrente- **112** B-C 3
Vareno, Colle di- **55** D 4
Varese **51** D 6
Varese, Lago di- **51** D 6
Varese Lígure **114** D 3
Vargno, Lago- **49** E 5
Vargo **99** D 4
Vari **153** E 6
Variala **97** C 6
Variana **99** E 4
Variano (AL) **99** E 4
Variano (UD) **62** C 2
Variante, Passo la- **302** B 2
Varíglie **97** C 5
Varignana **119** D 5
Varignana, Stazione- **119** C 6
Varignano **56** D 3
Varigotti **111** E 6
Varinella **99** E 4
Variney **47** B 4
Varise, Monte la- **46** B 3
Varisella **81** D 6
Varivértola **233** C 6
Varliano **129** A 4
Varmo **61** E 6
Varna **138** D 3
Varna = Vahrn **30** C 1-2
Varna, Lago di- = Vahrner See **30** B 1
Varo della Spina, Ponte- **218** B 1
Varone **56** D 3
Varoni (BN) **203** D 4
Varoni (RI) **163** D 5
Varri, Val di- **171** E 5
Varro, Monte- **55** D 4
Varrone, Bivacco- **109** E 4
Varrone, Serra- **240** E 3
Varrone, Torrente- **53** B 5
Varrone, Val- **53** B 5-6
Vars, Col de- **108** A 1
Varsi **115** A 5
Varzi **99** D 6
Varzo **32** D 2
Vas **59** D 4
Vasanello **169** B 5
Vasari **144** A 2
Vasário **64** D 1
Vascagliana **97** C 4
Vascello, Póggio- **288-289** C 3-4
Vasche **171** B 4
Vasciano (PG) **161** B 5
Vasciano (TR) **170** B 1
Vasco **110** C 2
Vascòn **75** B 6
Vasconi **153** B 5
Vasì, Torrente- **256** B-C 2
Vásia **123** D 5
Vaso **88** B 3
Vasòn **57** B 4-5
Vásquez, Casa- **293** B 6
Vassallo, Casa- **288** C 3
Vassena **53** C 5
Vaste **231** B 5
Vasto (CH) **175** E 5
Vasto (MN) **89** C 4
Vastogirardi **183** D 6
Vastogirardi, Stazione di- **183** D 6
Vaticano, Capo- **248** E 1
Vaticano, Città del- **179** C 4
Vátles, Monte- = Watlesspitze **25** C 6
Vatolla **232** C 2
Vatovlje **79** C 6
Vattaro **57** C 6
Vau, Val- **25** D 5
Váuda, Riserva Naturale- **82** B 1-2
Váuda Canavese **82** B 1
Vaudagne **46** A 1
Váuda Inferiore **82** B 1
Vaudet, Colle di- **46** D 2
Vaüglia, Piz- **24** D-E 3
Váuro, Santuário di- **49** D 5
Vázia **170** B 3
Vazon **80** E 2
Vazzano **249** E 4
Vazzola **75** A 6
Vazzoler, Rifúgio- **41** C 5
Vè, Monte- **126** C 2
Vécchia, Caserma- (AR) **140** C 3
Vécchia, Caserma- (CA) **321** B 4-5
Vécchia, Colle della- **49** D 5
Vécchia, Denti della- **52** B 3
Vécchia, Foresta- **268** C 2
Vécchia, la- (BI) **49** E 6
Vécchia, la- (RE) **117** B 5
Vécchia, Lago della- **49** D 5
Vécchia, Torre- **136** D 1
Vécchia, Valle- **77** C 5
Vecchia Dispensa, Ruderi- **315** D 4
Vecchiano **137** A 5
Vecchiarelli **144** C 2
Vecchiarello, Case- **243** D 4
Vecchiazzano **133** A 4
Vécchie, Case- **279** E 5
Vecchietto **127** C 5
Vécchio, Fosso- **120** C 3
Vécchio, Monte- **184** B 1
Vécchio, Timpone- **245** D 6
Vecchiuzzo, Grotta del- **266** E 3
Vecciano **134** D 3
Vecciática **116** C 2
Vecciola **154** C 1
Vecérsio **124** C 2
Vécite **217** C 4
Vedana, Certosa di- **41** E 6
Vedano al Lambro **67** C 6
Vedano Olona **52** E 2
Veddasca, Val- **51** B 6
Vedéggio, Fiume- **34** E 2
Vedegheto **118** D-E 3
Vedelago **75** B 4
Vedeseta **53** D 6
Vedetta, la- **117** B 5
Vedetta Alta, Monte- = Hochwart **26** E 3
Védole **102** C 3
Vedrana **119** B 6
Vedretta, Lago- **38** D 1
Vedretta dei Forni **37** B 6
Vedretta di Scérscen Inferiore **36** C 2
Vedrette di Ríes = Rieserfernergruppe **31** A 4-5
Vedrette di Ríes-Aurina, Parco Regionale- **31** A 4-5
Vedriano (BO) **119** D 5-6
Vedriano (MS) **128-129** A 3-4
Vedriano (RE) **117** B 4
Vedronza **44** E 3
Vedúggio con Colzano **53** E 4-5
Vedun **46** C 3
Veduro **119** B 5
Vedute, le- **138** B 1-2
Vedute di Faito, Monte- **181** C 4
Vegáia, Cima- **38** C 2
Véggia **117** B 6
Veggiano **74** E 2
Véggio **118** E 3
Vegli **44** E 2
Véglia (CN) **96** E 2
Véglia (Svízzera) **33** B 4-5
Véglia, Alpe- **32** C 1
Véglia, Croce a- **130** C 1
Vegliasco **124** D 2
Véglie **227** C 4
Véglio (BI) **65** B 5
Véglio (CO) **52** C 3
Vegna **34** E 3
Vegni **113** A 5
Vegno (LC) **53** B 5
Vegno (VB) **32** D 2
Vegri (RO) **105** B 5
Vegri (VI) **73** C 5
Véia, Ponte di- **72** C 3
Vélia **232** D 3
Veliki Dol (Vallegrande) **79** A 5
Véio **177** A 6
Véio, Parco Regionale di- **179** A 4
Veirera **112** B 1
Vejano **169** D 4
Vela, Becco di- **297** B-C 5
Vela, Villa- **289** E 6
Vélan, Cabane du- **47** A 4
Vélan, Monte- **47** A 4
Velate **51** D 6
Vélatro, Monte- **240** A 3
Velbe, Monte- **133** B 4
Vele, le- **298** C 2
Véleso **53** C 4
Vélez, Villa- **262** C 2
Velezzo Lomellina **84** D 3
Veli Gradišće (Monte Castellaro) **79** C 6
Velika Vrata **45** D 6
Veliki Muzec **45** E 4
Velino, Fiume- **170** B 3
Velino, Gole del- **171** A-B 5
Velino, Monte- **172** E 1
Veli Vrh (Monte Rombòn) **45** D 5
Vella, Fiume- **183** A 4-5
Vella, Ponte di- **221** E 6
Vellai **59** C 4
Véllano **34** D-E 2
Vellano **130** D 1
Vellau = Velloi **27** C 4
Véllego **124** D 1
Velléia **100** D 3
Velletri **179** E 6
Vellezzo Bellini **85** C 5
Vello **55** E 4
Velloi = Vellau **27** C 4
Velmáio **52** D 2
Velo **74** A 1
Velo d'Ástico **57** E 6
Velo Veronese **73** C 4
Velturno = Feldthurns **30** C 1
Velucciana **117** D 4-5
Velva **114** E 3
Velva, Colle di- **114** E 3
Velzo **53** B 4
Vena (CT) **269** E 5
Vena (CZ) **249** B 5
Vena (TO) **64** D-E 1
Vena, Canale di- **214** A 3
Vena, Passo della- **57** D 6
Vena, Rio- = Winnebach **30** A-B 3
Vena, Serra la- **221** E 5
Vena, Torrente- **259** E 5
Venafro **194** B 2
Venagrande **154** E 3
Vena Inferiore **248** D 3
Vena Média **248** D 3
Venanzi, Podere- **150** A 3
Venaria, Castello- **275** B 6
Venaría Reale **82** C-D 1
Venarotta **154** E 2-3
Venasca **109** A 5
Venàs di Cadore **42** D 2
Vena Superiore **248** D 3
Venatura **142-143** D 3-4
Venáus **80** D 3
Vencò **63** C 5
Venda, Monte- **92** C 1
Vendaso **116** E 2
Vendersi **99** E 5
Vendícari, Ísola- **295** D 4
Vendícari, Torre- **295** D 4
Vendício **193** E 4
Venditti, Masseria- **197** A 5
Vendóglio **62** A 3
Vendone **124** D 2
Vendri **72** E 3
Vendrogno **53** B 5
Vene (PG) **162** A 2
Vene (SV) **111** E 5
Vene del Tévere, le- **141** A 5
Venegazzù **59** E 5-6
Venegia, Malga- **41** C 4
Venegiotta, Malga- **41** C 4
Venegono Inferiore **52** E 2
Venegono Superiore **52** E 2
Venenta **105** E 4
Venera **90** D 3
Vénere (AQ) **182** B 2
Vénere (AR) **140** D 3
Vénere, Monte- (BO) **119** E 4
Vénere, Monte- (VT) **169** C 4
Veneretta, Monte- **269** D 6
Veneria **83** B 6
Venerócolo, Lago del- **37** E 6
Venerócolo, Monte- **55** B 5
Venerócolo, Punta del- **37** E 6
Véneta, Laguna- **93** A-B 5
Venético **271** C 6
Venético Marina **271** C 6
Véneto, Scolo- **107** A 4
Venézia **93** A 5
Venézia, Cima- **38** B 1
Venézia, Lago- **38** D 1-2
Venézia, Rifúgio- **41** B 6
Venézia delle Nevi **60** C 3
Vengore **111** A 5
Veniano **67** A-B 5
Veniano Inferiore **67** B 5
Veniano Superiore **67** A-B 5
Venina, Lago di- **54** B 3
Venina, Passo- **54** B 3
Venina, Torrente di- **36** E 2
Veninata, Casa- **288** E 3
Venini, ex Forte- **25** E 5
Venna, Torrente- **174** C 2
Venosa **206** D 1
Venosa, Fiumara di- **206** C 1
Venosa-Maschito, Stazione di- **206** C 1
Venosta, Val- = Vinschgau **26-27** D 1-4
Vens (AO) **46** C 3
Vens (Fráncia) **108** C 2
Vens, Refuge de- **108** C 2
Vent **26** A 3
Ventarola **113** C 6
Ventarola, Monte- **114** C 3
Ventaroli **194** E 1
Ventasso, Monte- **116** D 3
Venter Ache **26** A 3
Venter Tal **26** A 3
Venti, Póggio dei- **167** B 4
Venticano **203** D 6
Ventimíglia **122** E 2-3
Ventimíglia di Sicília **263** D 6
Vento, Ca' al- **130** E 2
Vento, Casa- **277** C 5
Vento, Grotta del- **129** C 5
Vento, Grotta Grande del- **143** E 5
Vento, Portella del- **280** D 3
Vento, Serra del- **293** B 6
Vento, Torre del- **207** B 4
Vento, Valle del- = Windtal **29** C 6
Vento di fuori, Bocchetta del- = Vorderumbaltörl **29** C 6
Vento Grande, Cima del- = Grosse Windschar **31** A 4
Ventolaro, Monte- **50** C 3
Ventolone, Monte- **92** C 1
Ventosa **193** D 6
Ventoso **117** B 6
Ventósola, Monte- **163** B 4
Ventoténe **191** E 5
Ventoténe, Ísola di- **191** E 5
Ventrella, Casa di- **188** B 3
Ventrino, Monte- **182** A 2
Venturelli **89** B 5-6
Venturi, Casa- **300** C 3
Venturina **147** D 6
Venturosa, Monte- **54** C 1
Venúsio **221** B 6
Venúsio, Stazione di- **221** B 6
Veny, Val- **46** B 1-2
Venzonassa, Torrente- **44** D 3
Venzone **44** D 2-3
Vera, Rio la- **183** C 5
Verago **72** D 2
Verámpio **32** C 2
Veràn **41** D 5
Verano **100** B 3
Verano = Vöran **27** D 5
Verano Brianza **67** B 6
Verática **105** A 5
Veravo **124** C 2
Verazzano **141** D 4
Verbánia **51** C 5
Verbano ⟶ Lago Maggiore **51** A-B 6
Verbicaro **240** B 2
Verbumcáudo, Vallone di- **279** C 5
Vercana **35** E 4
Vercéia **35** D 5
Vercelli **83** B 6
Verchiano **153** E 4
Verciano **129** E 6
Vercoche, Lago- **47** D 6
Vercurago **53** E 6
Verdábbio **34** C 3
Verdásio **33** D 4
Verde, Báia- **230** B 2
Verde, Capo- **123** E 4
Verde, Costa- **314** B 2
Verde, Fiumara la- **257** D 4
Verde, Fiume- **174** E 2
Verde, Grotta- (LE) **231** C 5
Verde, Grotta- (NA) **216** E 1-2
Verde, Grotta- (SS) **300** D 1
Verde, Lago- (MS) **115** C 5
Verde, Lago- (PR) **116** D 2
Verde, Lago- = Grün See **26** E 2
Verde, Torrente- (GE) **112** B 3
Verde, Torrente- (MS) **115** C 5
Verdéggia **122** B 3
Verdellino **69** C 5
Verdello **69** C 5
Verdério Inferiore **69** B 4
Verdério Superiore **69** B 4
Verdesina **56** B 2
Verdeto **100** B 2
Verdi **266** E 3
Verdi, Villa- **101** B 5
Verdignana, Cima- **38** B 1
Verdígnes = Verdings **30** D 1
Verdings = Verdígnes **30** D 1
Verdins **27** C 5
Verdonda **104** A 3
Verdone, Monte- **196** B 2-3
Verduno **96** E 3
Verdura, Fiume- **277** C 6
Verdura, Stazione di- **277** D 6
Verdura, Torre- **277** D 6
Vereinabach **24** A-B 2-3
Vereinahütte **24** B 3
Verena, Monte- **58** D 1
Verenetta, Rifúgio- **58** D 1
Verezzi **124** C 3
Verezzo **123** E 4
Vergagni **99** E 5
Vergano **53** E 5
Vergano di Borgomanero **66** A-B 1
Vergante, Regione- **51** C-D 4-5
Vergari **103** C 5
Vergatello, Torrente- **118** E 2
Vergato **118** E 3
Vergeletto **33** D 4
Vergeletto, Valle di- **33** D 4
Vergelle **150** C 1
Vergémoli **129** C 5
Verghera **66** B 3
Verghereto (FC) **141** A 4
Verghereto (PO) **138** B 3
Vergheto, Casa del- **128** B 3
Vérgia, Punta- **95** C 4
Vergiano (BO) **131** A 5
Vergiano (RN) **134** C 3
Vergiate **51** E 6
Vérgine, Bosco della- **207** B 6
Vérgine, la- **130** D 2
Vérgine Maria **263** A 4
Vergineto **143** B 4
Vergnacco **62** A 3
Vergnacco ⟶ Vrnjak **79** E 5
Vergnasco **65** D 4
Vergne **96** E 3
Vergóbbio **51** C 6
Veri, Monte- **114** A 2
Verica **118** E 1
Verigo **32** E 3
Verla **39** E 4
Verlucca **64** D 1
Vermegliano **63** E 5
Vermenagna, Torrente- **109** D 6
Vermenone, Monte- **153** C 4-5
Vermezzo **67** E 4
Vérmica **247** E 6
Vermíglio **38** C 1
Vermíglio, Val- **38** C-D 1
Vermogno **65** D 4
Vermoi Spitze = Monte il Marzolo **26** C 2
Vermunt Pass **25** A 4
Verna (CO) **52** B 3
Verna (TO-Cumiana) **95** A 5
Verna (TO-Val della Torre) **81** D 6
Verna, la- (AR) **140-141** B 3-4
Verna, la- **117** D 5
Vernà, Pizzo di- **269** B 5
Vernacchi, Casa- **158** D 2
Vernago = Vernagt **26** C 2
Vernago, Lago di- = Vernagt Stausee **26** C 2
Vernagt = Vernago **26** C 2
Vernagt-Haus **26** A 2
Vernagt Stausee = Lago di Vernago **26** C 2

Vernante **109** D 6
Vernasca **101** D 4
Vernasso **63** A 5
Vernate **85** B 5
Vernaun = Vernone **27** C 5
Vernazza **126** C-D 3
Vernazzano **151** B 5
Vernéa, la- **122** E 1
Vernelabach **24** A 3
Vernetti **108** B 3
Vernetto **96** D 1
Verney, Lago- **46** C 1
Verney, le- **80** C 1-2
Verni **129** C 5
Verniana **140** C 2
Vernine **150** C 1
Vérnio **131** C 4
Vernita, Monte- **240** A 3
Vérnole **227** C 6
Vernone **82** D 3
Vernone = Vernaun **27** C 5
Vernone, Monte- **188** C 3
Vernuga **37** C 4-5
Vernurio **27** C 4
Verola, Monte- **116** B 3
Verolanuova **88** B 1
Verolavécchia **88** B 1
Verolengo **82-83** C 3-4
Véroli **181** E 5
Verona **72** E 3
Verona, Pizzo- **36** C 3
Veronella **91** B 4
Verosso, Cima- **32** D 1
Verrand **46** B 2
Verratti **174** E 3
Verrayes **47** B 6
Verrécchie **181** A 4
Verrécchie, Grotta di- **181** A 4
Verrès **49** E 4
Verretto **85** E 5
Vérrico **163** D 5
Verrino, Torrente- **184** D 1
Verrone **65** D 5
Verroni **202** C 3
Verrua Po **85** D 6
Verrua Savóia **83** C 4
Verruca, Castello- = Schloss
Fragsburg **27** D 5
Verrucolette **129** A 4
Verrútoli, Monte- **221** B 4
Versa **63** D 4
Versa, Torrente- (AT) **97** B 5
Versa, Torrente- (GO-Slovénia)
63 C 5
Versa, Torrente- (PV) **99** A-B 6
Versano **194** E 2
Verschneid = Frassineto
27 E 5
Versciaco di Sopra =
Obervierschach **31** C 6
Versciaco di Sotto =
Untervierschach **31** C 6
Vérscio (Svízzera) **33** D 5
Vérscio (Svízzera) **34** C 2
Versília, Regione- **129** C 4
Versino **81** C 6
Versiola **62** E 1
Versola **115** C 6
Versoye-les-Granges **46** C 1
Verstancla **24** A 3
Versutta **61** E 6
Vert, Lac- (Fráncia) **94** E 1
Vert, Lac- (Fráncia) **122** B 1-2
Verta, Cima- **34** E 3
Vertain Spitze = Cima Vertana
26 E 1
Vertana, Cima- = Vertain Spitze
26 E 1
Vertéglia, Piano di- **218** A-B 1
Vertemate **52** E 3
Vertemate con Minóprio
67 A-B 5
Verthuy **47** C 6
Vertine (BS) **70** B 2
Vertine (SI) **139** E 6
Vertóiba → Vrtojba **63** D 6
Vertosan, Comba di- **46** B 3
Vértova **54** E 2
Verúcchio **134** C-D 2
Veruno **66** B 2
Vervece, Scóglio- **215** E 6

Ververt **49** E 5
Vérvio **37** D 4
Vervò **39** C 4
Verza **100** A-B 3
Verzáglia **134** B 2
Verzago **53** E 4
Verzale, Monte- **204** B 2
Verzasca **33** B 5-6
Verzasca, Fiume- **33** C 6
Verzasca, Val- **33** C-D 6
Verzedo **37** C 5
Verzégnis **43** E 6
Verzégnis, Lago di- **43** E 6
Verzégnis, Monte- **43** E 6
Verzèl, Punta- **64** D 1-2
Verzi (GE) **113** C 6
Verzi (SV-Finale Lígure)
111 E 6
Verzi (SV-Loano) **124** C 3
Verzi, Monte- **244** D 2
Verziano **70** D 3
Verzimo **50** D 3
Verzino **247** B 4
Verzolo **33** C 6
Verzuno **131** A 4
Verzuolo **95** E 6
Vésale **117** E 6
Vesallo **117** C 5
Vésalo, Monte- **233** C 4
Véscia **152** E 3
Vescigli, Serra- **196** E 3
Vescona **150** A 1
Vescovado (PR) **102** C 2
Vescovado (SI) **149** D 6
Vescovana **92** E 1
Vescovato **88** D 1
Véscovo, Laghi del- **192** C 1
Vesetto **53** B 4
Vesignano **64** E 2
Vésime **97** E 5
Vesina, Alpe- **53** B 5
Vésio **56** E 2
Vésole, Monte- **232** A 3
Vespero, Poncione di- **33** A 4
Vespignano (FI) **131** D 6
Vespignano (RA) **132** A 2
Vespolate **84** A-B 2
Véspolo, Monte- **36** E 1
Vessa **133** D-E 4
Vessálico **123** C 5
Vesta **56** E 1
Vesta, Valle di- **71** B 5
Vestea **173** B 4
Vestenanova **73** D 5
Vestenavécchia **73** D 4
Vestignano **153** C 4
Vestignè **64-65** E 3-4
Véstola **116** B 2
Vestone **71** B 4
Vestreno **53** B 5
Vésubie **122** B 1
Vesúvio, Monte- **215** C 6
Vesúvio, Parco Nazionale del-
216 A-B 2-3
Vetan **47** C 4
Veternigo **73** E 4
Vetrale **233** B 4
Vetralla **168** C 3
Vetralla, Rocca- **162** C 3
Vetrego **75** E 5
Vétria **111** E 4
Vetriano **129** C 5-6
Vetrici, Timpone- **239** E 4
Vetrícia, Cime di- **129** B 6
Vetriolo **160** D 3
Vetriolo Terme **57** B 6
Vetta **92** D 1
Vetta d'Itàlia =
Glockenkarkogel **29** C 6
Vette, le- **59** B 4
Véttia, Valle- **192** C 2
Véttica **217** D 4
Véttica Maggiore **216** D 3
Vettignè **65** E 5
Vetto (RE) **116** C 3
Vetto (SO) **36** D 2
Véttola, la- **137** B 5
Vettorazzi **59** D 4
Vettore, Monte- **154** E 1
Vettoretto, Monte- **163** C 5
Vetulónia **158** B 1

Véveri **66** D 2
Veyer, le- **94** D 1
Vézimo **99** E 6
Vézio **52** B 2
Vezza **140** C 3
Vezza, Torrente-
160-161 E 3-4
Vezza d'Alba **96** D 3
Vezza d'Óglio **37** D 5
Vezzan = Vezzano **26** D 2
Vezzana, Cima della- **41** D 4
Vezzanelli **115** E 4
Vezzanello **128** A 3
Vezzano (BL) **41** E 6
Vezzano (MO) **117** C 6
Vezzano (PR) **116** B 3
Vezzano (TN) **57** B 4
Vezzano = Vezzan **26** D 2
Vezzano Lígure **127** C-D 4
Vezzano sul Cróstolo **117** A 5
Vezzara **194** D 1
Vézzena, Cima di- **57** C 6
Vézzena, Passo di- **57** C 6
Vezzola **194** D 1
Vezzo **51** D 5
Vezzola **103** D 5
Vézzola **115** E 4
Vezzola, Rio- **164** C 1
Vezzolano, Abbazia di-
82 D 3
Vho (AL) **99** C 4
Vho (CR) **88** D-E 3
Vho (SO) **35** B 4
Via, Posta della- **198** A 3
Viacce **143** E 4
Via Cupa, Scolo- **121** D 4
Viadágola **119** B 5
Viadana **103** C 4
Viadana Bresciana **88** B 3
Viadánica **70** B 1
Via dei Romani **95** D 6
Viagrande **283** B 5
Viaiano **110** A 3
Viáio **141** C 4
Vialarda **83** D 6
Via Larga **104** E 2
Viale **83** E 4
Vialfrè **64** E 3
Vialone **85** C 6
Viamággio **141** B 5
Viamággio, Passo di- **141** B 5
Viancino **83** B 5
Vianino **101** E 5
Viano (CH) **174** D 2
Viano (PU) **142** A 1
Viano (RE) **117** B 5
Viano (Svízzera) **36-37** D 3-4
Vianoce **97** D 5
Via Nuova, Casa- **181** A 5
Via Piana **142** A 3
Viarago **57** B 6
Viaréggio **129** D-E 4
Viarelle, Masseria- **186** C 1
Viarigi **97** B 6
Viarolo **102** C 2
Viaróvere **105** C 4
Viaso **43** D 6
Via Tagliata **121** C 4
Via Vécchia **95** C 6
Viazza **106** E 1
Viazzano **101** E 5-6
Víbbiana **129** A 5
Viberti, Rifúgio- **80** D 2
Viboldone **67** E 6
Vibo Valéntia **248** D 3
Vibo Valéntia Marina
248 D 3
Vibrata, Torrente- **164** C 3
Vicalvi **182** E 2
Vicanino **101** D 4
Vicarello (LI) **137** B 5
Vicarello (PI) **138** B 5
Vicarello (RM) **169** E 4
Vicaretto, Torrente-
266 D 2-3
Vicaretto, Valle- **279** C 5
Vicari **263** C 6
Vicário, Masseria- **220** D 1
Vícchio **131** D 6
Viceno (TR) **160** B 2

Víceno (VB) **32** D 2
Vicenza **74** D 1
Vicenza, Rifúgio- =
Langkofelhütte **30** E 2
Vicenza, Tempa- **221** E 4
Viceré, Alpe del- **53** D 4
Vich **60** B 2
Vicinióri, Scóglio- **273** C 5
Vicino, Monte- **142** C 1
Viciomággio **140** D 2
Vico (BS-Capovalle) **71** B 5
Vico (BS-Treviso Bresciano)
71 B 5
Vico (CS) **245** C 4
Vico (MS) **115** D 6
Vico (NA) **217** A 4
Vico (PT) **130** D 2
Vico (RE) **117** A 4
Vico (UD-Forni di Sopra)
43 D 4
Vico (UD-Forni di Sotto)
43 E 4
Vico (VC) **50** E 3
Vico, Lago di- **169** C 4
Vicobarone **100** B 1
Vicobellignano **102** B 3
Vicobonghísio **102** B 3
Vico Canavese **64** D 2
Vico d'Arbia **149** D 6
Vico d'Elsa **139** E 4
Vico del Gargano **188** B 3
Vico Equense **216** D 6
Vicoferaldi **131** E 6
Vicofértile **102** C 2
Vicoforte **110** C 2
Vicoforte, Santuário di-
110 C 2
Vícoli **173** C 5
Vicolungo **66** D 1
Vicomarino **100** B 1
Vico-Matrino, Stazione di-
169 D 4
Vicomero **102** C 2
Vico Morcote **52** C 2
Vicomoscano **102** B 3
Vicomune **85** E 4
Viconago **52** C 2
Vico nel Lázio **181** D 5
Viconovo **106** C 1
Vico Pancellorum **130** C 1
Vicopisano **137** A 6
Vicosoprano (GE) **114** A 2
Vicosoprano (Svízzera) **35** C 6
Vicovaro **180** A 1
Vidàl, Col- **42** C 3
Vidalengo **69** D 5
Vidalenzo **101** B 6
Vidali **45** C 4
Vidardo **86** C 2
Viddalba **299** C 6
Vidiana **116** A 3
Vidiano Soprano **100** C 2
Vidiceto **88** C 2
Vidiciático **130** A 2
Vidigulfo **85** B 6
Vidolasco **69** E 5
Vidoni **154** D 1
Vidòr **59** D 5
Vidracco **64** D 2
Vídulis **61** C 6
Viè **71** B 5
Vieille **47** B 6
Viélia, Torrente- **43** E 5
Viepri **161** A 6
Viering **49** D 4
Vierle **132** E 1
Viesci **162** D 3
Vieste **189** B-C 5
Vietri di Potenza **219** D 5
Vietri sul Mare **217** C 5
Vietti **81** B-C 6
Viévola **122** B 2
Vieyes **47** D 4
Viezze **106** B 1
Viézzena, Monte- **40** C 3
Vigalfo **86** C-D 1
Vigalzano **57** B 6
Vigánego **113** C 6
Viganella **50** B 2
Viganò **68** B 3
Vigano Certosino **67** E 5

Vigano San Martino **70** B 1
Vigarano Mainarda **105** C 5
Vigarano Pieve **105** C 5-6
Vigarolo **86** C 3
Vigásio **90** C 2
Vigatto **102** C 2
Vigéllio **65** D 5
Vigentina (RO) **106** A 2
Vigera **33** A 5
Vigese, Monte- **131** A 4
Vigévano **84-85** B 3-4
Vigévano, Rifúgio- **49** B 5
Vigezzo, Piana di-
32-33 D 3-4
Vigezzo, Val- **32-33** E 3-4
Viggianello **238** E 1
Viggiani, Masseria- **206** B 1
Viggiano **235** A 6
Viggiona **51** B 6
Viggiù **52** D 2
Vighizzolo (BS) **71** E 4
Vighizzolo (CO) **53** E 4
Vighizzolo (CR) **88** D 2
Vighizzolo d'Este **91** D 6
Vigi, Fiume- **153** E 5
Vigiljoch = Monte San Vigílio
27 D 4
Vigliano (PV) **171** C 6
Vigliano Biellese **65** C 5
Vigliano d'Asti **97** C 5
Viglierchi **111** C 4
Víglio, Monte- **181** D 4
Viglione **111** C 4
Viglione, Masseria- **210** E 1-2
Vigna **110** D 1
Vignacastrisi **231** B 5
Vigna d'Ascari, Cozzo-
287 A 5
Vigna di Valle **177** A 5
Vigna Grande **169** E 4
Vignai **123** D 4
Vignale (LI) **157** B 5
Vignale (NO) **66** D 2
Vignolo (PR) **117** A 4
Vignale (SA) **217** C 6
Vignale Monferrato **83** E 6
Vignale-Riotorto, Stazione-
157 B 4
Vignana **126** C 2-3
Vignanello **169** B 5
Vignano **149** B 5-6
Vigna Nocelli **198** B 1
Vigna, Nuraghe- **306** C 3
Vignarca, Casa- **157** B 4
Vignarello **84** B 3
Vigna Soliva, Monte- **54** C 3
Vignate **68** D 3
Vigna Vaga, Monte- **55** C 4
Vigne (AN) **143** E 5
Vigne (CE) **194** D 1
Vigne (CT) **268** C 2
Vigne (SS) **302** E 2
Vigne (TN) **56** D 3
Vigne (TR) **161** E 6
Vigne, le- (CS) **241** B 5
Vigne, le- (GR) **159** A 4
Vigne, le- (IS) **183** E 5-6
Vigne di Cotugno, Monte le-
207 C 5
Vigneta **128-129** A 3-4
Vignettes, Cabane des-
48 A 3
Vigne Vanasco, Bívio-
287 B 6
Vígnola (MO) **118** C 2
Vígnola (MS) **115** D 5
Vignola (PC) **101** C 5
Vignolo (SS) **296** D 1-2
Vignola (TN) **57** B 6
Vignola, Monte- (BO) **118** D 3
Vignola, Monte- (TN) **57** E 4
Vignola, Porto di- **296** D 5
Vignola, Regione- **296** D 1-2
Vignola, Rio- **296** E 2
Vignola, Torre- **296** D 5
Vignola-Falésina **57** B 6
Vignola Mare **296** D 5
Vignole (BL) **41** E 6
Vignole (PT) **130** E 3
Vignole (TN) **56-57** D 3-4
Vignole Borbera **98-99** E 3-4

Vignoli, Monte- **299** C-D 6
Vignolo (CN) **109** C 6
Vignolo (SV) **124** C 1
Vignols **108** E 2
Vignone **51** C 5
Vignoni **150** D 1
Vignui **59** B 4
Vigo (BO) **131** A 4
Vigo (TN) **57** C 4
Vigo (VI) **73** D 6
Vigo (VR-Grezzana) **72** D 3
Vigo (VR-Legnago) **91** D 4
Vigo, Monte- **38** D 2
Vigo Anáunia **39** D 4
Vigodárzere **74** E 3
Vigo di Cadore **42** C 3
Vigo di Fassa **40** B 3
Vigogna **113** A 5
Vigolante **102** D 2
Vigolo (BG) **70** B 2
Vígolo (PC) **100** D 3
Vígolo Baselga **57** B 4
Vígolo Marchese **101** C 4
Vígolo Vattaro **57** C 5-6
Vigolzone **100** C 3
Vigo Meano **39** E 4
Vigone **95** C 6
Vigonovo (PN) **60-61** D 3-4
Vigonovo (VE) **92** B 3
Vigonza **75** E 4
Vigonzone **86** C 2
Vigoponzo **99** D 5
Vigo Rendena **56** B 2
Vigoreto **102-103** B 3-4
Vigorovea **92** C 3
Vigorso **119** B 5
Vigostano **101** C 4
Viguzzolo **99** C 4
Viktor-Hinterberger-Hütte
42 A 3
Vila, Valle di- = Wielental
31 B 4
Vila di Sopra = Oberwielenbach
31 B 4
Víla di Sotto =
Unterwielenbach **31** B 4
Vill = Villa **39** C 5
Villa (AR) **132** C 2
Villa (BL-Forno di Zoldo)
41 C 6
Villa (BL-Pieve d'Alpago)
60 B 2
Villa (BL-Sédico) **59** B 5-6
Villa (BS-Gargnano) **71** B 6
Villa (BS-Gussago) **70** C 2
Villa (BS-Lodrino) **70** B 3
Villa (BS-Lózio) **55** C 5
Villa (BS-Salò) **71** C 5
Villa (BS-Serle) **71** C 4
Villa (BS-Tremósine) **56** E 2
Villa (BS-Villa Carcina) **70** C 3
Villa (CE) **194-195** E 3-4
Villa (CN-Montezémolo)
111 C 4
Villa (CN-Scagnello) **110** D 3
Villa (CO) **53** C 4
Villa (FC) **133** E 5
Villa (GE-Léivi) **113** D 6
Villa (GE-Mezzánego)
114 C-D 2
Villa (GE-Santo Stéfano
d'Áveto) **114** B 2
Villa (LC) **53** E 5
Villa (LU) **129** A 5
Villa (MN) **88** C 3
Villa (MO) **118** B-C 1
Villa (PC) **100** D 3
Villa (PD) **92** B 1
Villa (PG-Gualdo Cattáneo)
161 A 6
Villa (PG-Magione) **151** C 6
Villa (PG-Perúgia) **151** D 6
Villa (RN) **134** D 3
Villa (SA) **217** B 5
Villa (SI) **139** E 6
Villa (SP) **114** D 3
Villa (Svízzera) **33** A 4
Villa (Svízzera) **33** D 5

Villa (SV-Massimino) 111 D 4
Villa (SV-Piana Críxia) 111 B 5
Villa (TN) 58 B 2
Villa (TO-Ceresole Reale) 81 A 5
Villa (TO-Giaveno) 95 A 5
Villa (TO-Lémie) 81 C 5
Villa (TO-Quagliuzzo) 64 D 2
Villa (UD) 63 E 4
Villa (VC) 49 C 6
Villa (VE-Portogruaro) 77 A 4
Villa (VE-Portogruaro) 77 B 5
Villa (VI-Arcugnano) 74 D 1
Villa (VI-Solagna) 58 E 3
Villa (VR) 72 D 3
Villa = Dörfl (BZ-Rasun Anterselva) 31 B 5
Villa = Dörfl (BZ-Valle di Casíes) 31 B 6
Villa = Nordheim 27 C-D 6
Villa = Vill 39 C 5
Villa, la- (AQ) 172 E 3
Villa, la- (AR) 141 C 5
Villa, la- (BO) 118 B 3
Villa, la- (FI) 139 D 5-6
Villa, la- (LI) 157 E 5
Villa, la- (LU) 129 B 5-6
Villa, la- (MC) 154 B 1
Villa, la- (PR) 117 B 4
Villa, la- (PU) 142 A 1
Villa, la- (RE) 103 E 5
Villa, la- (RM) 178-179 A 3-4
Villa, la- (SI) 149 E 6
Villa, la- (SP) 126 C 3
Villa, la- (SR) 289 C 6
Villa, la- (SV) 111 B 5
Villa, la- = Stern 30 D 3
Villa, Piz la- 30 E 3
Villa Adriana 179 B 6
Villa-Agnedo 58 B 2
Villa Andreoli 174 D 3
Villa a Sesta 149 A 6
Villa Assunta 300 C 1-2
Villa a Tolli 149 E 6
Villa Azaro 114 D 2
Villa Badessa 173 C 5
Villa Baldassarri 227 B 4
Villabalzana 74 E 1
Villa Banale 56 B 3
Villa Barco 289 E 4
Villa Barone 131 D 4
Villa Bartolomea 91 D 5
Villa Basílica 130 D 1
Villabassa 45 B 6
Villabassa = Niederdorf 31 C 5
Villabate 263 B 5
Villabella (AL) 84 E 1-2
Villabella (VR) 91 B 4
Villa Bentivóglio 153 D 6
Villa Berarde 154 B 2
Villaberza 117 C 4
Villabianca 118 C 1-2
Villa Bibone 118 D 1
Villa Bignago 92 C 1
Villa Biscossi 84 D 3
Villabona 89 C 5
Villa Bótteri 98 E 2
Villa Bozza 165 D 4
Villabruna 59 B 4
Villa Bruna 62 E 3
Villabuona (BS) 87 B 6
Villabuona (LU) 129 D 5
Villa Buonrespiro 169 B 4
Villacáccia 62 C 2
Villa Caldari 174 C 3
Villacampagna 87 B 5
Villa Campanile 138 A-B 1
Villa Canale 184 D 1
Villa Cappella 89 C 4
Villa-Carcina 70 C 3
Villa Casale 149 C 6
Villa Castelli 212 D 2
Villa Castelli, Stazione di- 212 E 2
Villa Ceccolini 135 E 5
Villa Celiera 173 B 4
Villacella 114 B 2
Villa Cheloni 137 C 5
Villacher Alpe 45 A 6
Villachiara 87 B 6

Villa Chiarini 155 E 4
Villa Chiáulis 43 E 6
Villa Chiáviche 133 A-B 6
Villa Ciambra 263 B 4
Villacidro 315 C-D 4
Villa Col de' Canali 142 E 3
Villa Collemandina 129 A 5
Villa Convento 227 B 4-5
Villa Corbelli 117 A 5
Villa Cordopatri 252 D 3
Villa Cortese 67 C 4
Villacríccola 76 A 3
Villa d'Adda 69 B 4
Villa d'Ádige 91 E 5
Villa d'Agri 236 A 3
Villa d'Aiano 118 E 2
Villa Dalegno 37 D 6
Villa d'Almè 54 E 1
Villa d'Arco 61 D 4
Villadeati 83 D 5
Villa Decani → Dekani 79 D 5
Villa dei Cavalieri 99 C 6
Villa del Bosco (BI) 65 B 6
Villa del Bosco (PD) 92 D 3
Villa del Cerreto 141 E 5
Villa del Conte 74 D 3
Villa de Leonárdis 253 D 4
Villa del Ferro 91 B 5
Villa del Foro 98 C 1
Villa delle Fontane 160 D 1
Villa del Monte (PU) 143 B 4
Villa del Monte (SI) 138 E 3
Villa di Bággio 130 C 3
Villa di Briano 202 E 1
Villa di Chiavenna 35 C 5
Villa di Piazzano 151 B 4
Villa di Postignano 152 C 3
Villa di Sério 69 B 6
Villa di Su 103 B 5
Villa di Tirano 36 D 3
Villa di Villa (BL) 59 B 5
Villa di Villa (TV) 60 D 3
Villa Dogana 131 B 5
Villa d'Ogna 54 D 3
Villadòlt 61 D 4
Villadoro 281 B 4
Villa d'Orri 320 C 1
Villadose 92 E 2
Villadósia 51 E 6
Villadóssola 32 E 2
Villa Elce 174 D 3
Villa Estense 92 D 1
Villa Eucheria 193 B 5
Villafalletto 109 A 6
Villa Faraldi 123 C 6
Villa Fastiggi 135 E 5
Villafélice 193 A-B 5
Villafontana 90 C 3
Villa Fontana 119 C 6
Villafora 91 E 6
Villa Fornace 99 B 6
Villa Fornaci 69 D 4
Villafranca 104 C 2
Villafranca d'Asti 97 B 4
Villafranca di Forlì 120 E 3
Villafranca di Verona 89 B 6
Villafranca in Lunigiana 115 E 6
Villafranca Padovana 74 E 2
Villafranca Piemonte 95 C-D 6
Villafranca Sícula 278 D 1
Villafranca Tirrena 258 B 1
Villafrati 263 D 5
Villaga 91 B 6
Villa Galeazzi 99 C 6
Villagana 87 B 6
Villaganzería 74 E 1
Villa Gardè 104 C 3
Villa Garibaldi 90 D 2
Villággio Alpino del Touring Club Italiano 52 C 2
Villággio Améndola 198 A 3
Villággio Aniene 137 E 5
Villággio Ápulo 210 D 3
Villággio Boncore 226 C 3
Villággio Bucaletto 220 C 1
Villággio Busonera 92-93 D 3-4
Villággio Carrao 251 C 4
Villággio Colustrai 321 A 6
Villággio Cóppola 214 A 3

Villággio d'Arcángelo 189 E 4
Villággio De Leo 256 C 2
Villággio del Bridge 240 A 2
Villággio del Fanciullo 176 A 2
Villággio dello Stumio 251 C 6
Villággio del Pescatore 63 E 5
Villággio Europa 130 A 2
Villággio Frasso 242 C 2
Villággio Fratta 246 D 3
Villággio Gaudiano 206 B 1
Villággio Isuledda 297 D 5
Villággio La Lóggia 285 C 4
Villággio Lagomar 245 D 5
Villággio Mancuso 245 D-E 5-6
Villággio Masaniello 285 A 4
Villággio Moschella 206 B 1
Villággio Mosè 284 C 3
Villággio Nuovo 58 C 3
Villággio Palumbo 245 C 6
Villággio Pino Grande 246 B 3
Villággio Praia 252 C 3
Villággio Preistórico 289 E 5
Villággio Racise 245 C 6
Villággio Residenziale 199 A 4
Villággio Resta 227 C 4
Villággio Righi 314 B 3
Villággio Roma 62 E 3
Villággio S.A.T. 58 B 3
Villággio Santa Bárbara 280 D 3
Villággio Santa Margherita 281 B 6
Villággio Sisma 32 E 2
Villággio Snia 67 B-C 5
Villággio Turístico (BR) 212 B 3
Villággio Turístico (KR) 247 E 6
Villággio Turístico (LE) 229 E 5
Villággio Vacanze del T.C.I. alla Maddalena 297 B 4
Villággio Vacanze del T.C.I. alle Ísole Trémiti 188 A 1
Villággio Vacanze del T.C.I. a Marina di Camerota 234 E 2
Villággio Ziia 255 C 4
Villa Grande (AQ) 172 E 3
Villa Grande (CH) 174 C 3
Villagrande 171 C 6
Villagrande (BL) 41 D 5
Villagrande (PU-Monbaróccio) 135 E 5
Villagrande (PU-Montecopiolo) 134 E 2
Villagrande, Stazione di- 313 C 4
Villagrande Strisáili 313 C 4
Villagrappa 133 A 4
Villagrázia 263 B 4
Villa Grázia di Carini 262 A 3
Villagreca 316 D 1
Villagrossa (MN) 90 D 2
Villagrossa (SP) 115 E 5
Villa Guárdia 52 E 3
Villa Guarino 262 A 3
Villa Hanbury 122 E 2
Villa Inferiore 103 B 5
Villa Inferno 133 A 6
Villair (AO-Courmayeur) 46 C 1
Villair (AO-la Salle) 46 B 2
Villa Lagarina 57 D 4
Villalago 182 B 3
Villalago Riviera 182 B 3
Villa Latina 193 A 6
Villalba (AR) 141 C 5
Villalba (CL) 279 D 5
Villalba (RM) 179 B 6
Villalba, Casa- 292 B 2
Villalba, Stazione di- 279 D 5
Vill'Albese 53 E 4
Villa le Maschere 131 C 5
Villalfonsina 175 E 4
Villa Literno 214 A 3
Villa Littório 233 A 5
Villalta (FC) 134 A 2

Villalta (PD) 74 D 2
Villalta (PN) 77 A 4
Villalta (UD) 62 E 2
Villalunga (RE) 117 B 6
Villalunga (SV) 124 D 2
Villalvérnia 98 D 3
Villa Maddalena 180 B 3
Villamaggiore 85 B 6
Villa Maggiore 164 D 2
Villamágina 162 A 2
Villamagna (CH) 174 C 2
Villamagna (FI) 139 B 6
Villamagna (PG) 142 E 2
Villamagna (PI) 138 E 2
Villa Magra 141 B 6
Villamáina 204 D 1
Villa Malvezzi 154 D 1
Villamar 316 C 1
Villa Margherita 147 B 6
Villa Margi 267 C 4
Villa Mariani 169 B 5
Villamarina 134 A 2
Villa Martelli 174 D 3
Villamarzana 106 A 1
Villamassárgia 319 a 4-5
Villamassárgia-Domusnóvas, Stazione di- 314 C 3
Villa Mesa 256 C 1
Villa Minozzo 117 D 4
Villamiróglio 83 D 5
Villammare 233 E 6
Villa Molvena 74 B 1
Villamontagna 57 B 5
Villa Montalceto 150 B 1
Villanders = Villandro 30 D 1
Villandersberg = Monte Villandro 27 C-D 6
Villandro = Villanders 30 D 1
Villandro, Monte- = Villandersberg 27 C-D 6
Villaneto 237 E 4
Víllano, Masseria- 198 A 1
Villanoce 114 B 2
Villanova (BL) 41 B 6
Villanova (BO) 119 C 5
Villanova (BR) 212 B 3
Villanova (CR) 102 A-B 3
Villanova (FC) 120 E 3
Villanova (FE) 106 C 2
Villanova (FI) 138 B 3
Villanova (MC) 153 A 6
Villanova (MI) 68 C 3
Villanova (MO) 100 D-E 1-2
Villanova (PC) 100 D 2
Villanova (PD) 75 D 4
Villanova (PE) 173 B 6
Villanova (PI) 138 D 6
Villanova (PN-Fiume Véneto) 61 E 5
Villanova (PN-Pordenone) 61 E 4
Villanova (PN-Prata di Pordenone) 61 E 4
Villanova (PU) 143 A 5
Villanova (PV) 66 E 3
Villanova (RA-Ravenna) 121 D 4
Villanova (RA-Bagnacavallo) 120 C 3
Villanova (RE) 103 C 6
Villanova (RI) 163 C 5
Villanova (RM) 179 B 6
Villanova (RN) 134 D 2
Villanova (TO) 94 C 3
Villanova (TV-Istrana) 75 C 4-5
Villanova (TV-Motta di Livenza) 76 B 3
Villanova (TV-Sernáglia della Battáglia) 59 D 6
Villanova (TV-Valdobbiádene) 59 D 5
Villanova (UD-Chiusaforte) 44 C 3
Villanova (UD-Lusévera) 44 E 3
Villanova (UD-San Daniele del Friuli 61 B 6
Villanova (UD-San Giórgio di Nogaro) 62 E 3
Villanova (VE-Fossalta di Portogruaro) 77 A-B 5

Villanova (VE-San Michele al Tagliamento) 62 E 1
Villanova (VR) 71 C 6
Villanova → Nova Vas (Slovénia) 79 E 4
Villanova, Masseria- 213 D 6
Villanova, Ponte- 188 E 1
Villanova Biellese 65 D 5
Villanova Canavese 82 B 1
Villanova d'Albenga 124 D 2
Villanova d'Ardenghi 85 D 5
Villanova d'Asti 96 B 3
Villanova de Béllis 89 D 6
Villanova del Battista 204 B 3
Villanova del Ghebbo 91 E 6
Villanova del Júdrio 63 C 4
Villanova del Síllaro 86 C 3
Villanova di Camposampiero 75 E 4
Villanova di Farra 63 D 5
Villanovaforru 315 A-B 5
Villanovafranca 316 B 1
Villanova Maiardina 89 D 6
Villanova Marchesana 106 A 3
Villanova Mondovì 110 C 2
Villanova Monferrato 84 C 1
Villanova Monteleone 300 E 3
Villanova Solaro 96 D 1
Villanova Strisáili 313 C 4
Villanova sull'Arda 101 B 5
Villanova Truschedu 311 C 4
Villanovatulo 312 E 2
Villanovatulo, Stazione di- 312 E 2
Villanovetta 109 A 6
Villantério 86 C 2
Villanuova (BG) 69 B 6
Villanuova (BS-Trenzano) 70 D-E 1
Villanuova (BS-Verolavécchia) 88 C 1
Villanuova (TO) 64 D 1
Villanuova sul Clisi 71 C 4
Villa Oliveti 173 C 6
Villa Opicina 79 B 5
Villaorba 62 C 2
Villa Orténsia, Stazione- 195 E 4
Villa Ottone = Uttenheim 31 A 4
Villapaiera 59 C 5
Villa Pantano 151 D 6
Villa Pasquali 103 B 4
Villa Passo 164 B 2
Villa Penna 164 B 2-3
Villa Pépoli 154 C-D 1
Villapéricolo 319 B 5
Villapetrosa 274 B 3
Villapia 67 D 4
Villapiana (BL) 59 B-C 5
Villapiana (CS) 241 A 6
Villapiana Lido 242 A 2
Villapiana Scalo 242 B 2
Villapíccola 42 C 3
Villa Pieri 168 B 3
Villa Pieve a Pitti 138 E 1
Villapinta 35 C 6
Villa Pitignano 152 C 1
Villa Pitti 139 C 6
Villa Poma 104 A 3
Villa Pompeiana 69 E 4
Villa Potenza 144 E 3
Villa Pozzi 292 B 3
Villaprara 117 C 4-5
Villa Prima (BL-Limana) 59 B 6
Villapriolo 280 C 3
Villa Pulcini 162 D 2-3
Villaputzu 317 E 6
Villar 94-95 E 3-4
Villa Rangoni 105 B-C 4
Villarasca 85 B 5
Villaraspa (VI-Marano Vicentino) 73 B 6
Villaraspa (VI-Mason Vicentino) 74 B 1
Villaraspa (VR) 91 C 4
Villa Ravério 67 B 6

Villarbasse 81 E 6
Villarbóit 65 D 6
Villarchiosso 110 E 3
Villard 46 D 1
Villard, le- (Fráncia) 80 B 2
Villard, le- (Fráncia) 94 C 2
Villard-de-Planay, le- 80 A 1
Villàr Dora 81 E 5-6
Villareale 66 E 3
Villaréggia 83 B 4
Villaréggio 85 C 6
Villaregia 107 B 5
Villaréia 173 C 6
Villa Rendena 56 B 2
Villaret 46 C 3
Villaretti 81 C 5
Villaretto (CN-Bagnolo Piemonte) 95 C 5
Villaretto (CN-Casteldelfino) 94 C 3
Villaretto (CN-Sampéyre) 95 E 4
Villaretto (TO-Novalesa) 80 D 3
Villaretto (TO-Roure) 95 A 4
Villaretto (TO-Usséglio) 81 C 4
Villaretto Superiore 95 A 4
Villàr Focchiardo 81 E 4-5
Villargaudin 94 C-D 1
Villaricca 215 B 4
Villaro (CN-Bagnolo Piemonte) 95 D 5
Villaro (CN-Ceva) 110 C 3
Villarocca 88 D 2
Villarodin-Bourget 80 C 1
Villa Rogatti 174 C 3
Villaroger 46 D 1
Villaromagnano 99 C 4
Villa Romagnoli 174 D 3
Villa Romana 180 A 3
Villa Romana, Rovine- (AG) 284 C 2
Villa Romana, Rovine- (GR) 166 E 2-3
Villa Romana, Rovine- (SS) 299 D 4
Villa Romana del Casale 288 A 1
Villaron 80 B 3
Villa Rosa 155 E 6
Villarosa 280 C 3
Villarosa, Lago- 281 C 4
Villarosa, Stazione di- 280 D 3
Villa Rossi 164 E 2
Villarotta 103 C 5
Villàr Péllice 95 C 4
Villàr Perosa 95 B 4
Villàr San Costanzo 109 B 5
Villa Saletta 138 D 1
Villasalto 317 E 4
Villa San Carlo 53 E 5-6
Villa San Faustino 161 B-C 6
Villa San Filippo 154 A 3
Villa San Giórgio in Vezzano 120 C 1
Villa San Giovanni (CH) 174 C 2
Villa San Giovanni (PE) 173 C 5
Villa San Giovanni (RC) 258 B 2-3
Villa San Giovanni in Túscia 168 C-D 3
Villa San Giuseppe 256 C 1
Villa San Leonardo 174 C 3
Villa San Martino 120 D 2
Villa San Michele (IS) 183 D 6
Villa San Michele (NA) 216 E 1-2
Villa San Paterniano (AN) 144 C 3
Villa San Pietro (CA) 320 D 1
Villa San Pietro (CN) 109 C 5
Villa San Romualdo 165 D 4
Villa San Sebastiano 181 A 4
Villa San Sebastiano, Stazione- 181 A 4
Villa San Secondo 83 E 5

A
B
C
D
E
F
G
H
I
J
K
L
M
N
O
P
Q
R
S
T
U
V
W
X
Y
Z

Villa San Silvestro 162 C 3
Villasanta (MB) 68 C 3
Villasanta (VS) 315 C 5-6
Villa Santa Caterina = Aufhofen 31 B 4
Villa Santa Croce 202 C 2
Villa Santa Lucia 193 B 6
Villa Santa Lucia d'Abruzzo 173 C 4
Villa Santa Maria (AQ) 182 B 2
Villa Santa Maria (CH) 184 B 1
Villa Santa Maria (PE) 173 A-B 6
Villa Sant'Andrea 41 D 5
Villa Sant'Ángelo 172 D 2
Villa Sant'António (AP) 155 E 4
Villa Sant'António (OR) 311 D 5
Villa Sant'Apollinare 152 A 2
Villa Santina 43 D 6
Villa San Tommaso 174 B-C 3
Villa Santo Stéfano 192 B 2
Villa Saviola 103 B 6
Villa Scalea 263 A 4
Villasco 88 D 1
Villa Scontrone 183 D 5
Villa Sera 70 C 3
Villa Serráglio 120 C 1
Villaseta 284 C 3
Villasimíus 321 C 5
Villasmundo 289 B 6
Villasmundo Sant'Álfio, Riserva Naturale- 289 B 6
Villasor 315 D 6
Villaspeciosa 315 E 6
Villa Stanazzo 174 D 3
Villastanza 67 C-D 4
Villastellone 96 B 2
Villastrada (MN) 103 B 5
Villastrada (PG) 151 D 4
Villa Superiore 103 B 5
Villata (AT) 96 C 3
Villata (CN) 109 B 6
Villata (VC) 66 E 1
Villatalla 123 D 5
Villate 64 E 3
Villatella 122 E 2
Villático 35 E 4
Villa Torre (CH) 174 C 3
Villa Torre (SI) 149 D 6
Villa Tucci 174 C 3
Villaurbana 311 D 4-5
Villáurea 265 D-E 6
Villavallelonga 182 C 2
Villa Vallucci 164 D 1
Villavécchia 113 A 4
Villa Verde 311 E 5
Villa Verdi 101 B 5
Villaverla 73 C 6
Villa Verúcchio 134 C 2
Villavesco 86 B 2
Villa Viani 123 D 5
Villa Vicentina 63 E 4
Villaviera 77 B 5
Villa Vignano 139 D 5
Villa Vomano 164 D 2
Villaz 49 D 4
Villazzano 57 B 5
Ville (AL) 99 C 4
Ville (AO) 49 E 4
Ville (AR) 140 C 1
Ville (BS) 55 E 5
Ville (SV) 111 C 5
Ville, le- (AR) 141 D 5
Ville, le- (FC-Mercato Saraceno) 133 C 2
Ville, le- (FC-Verghereto) 141 A 4
Ville, le- (PU) 143 A 4
Ville, le- (RE) 117 B 6
Villécchia 115 E 5
Ville del Monte 56 D 3
Ville-des-Glaciers, la- 46 C 1
Ville di Corsano 149 C 5
Ville di Fano 163 E 4-5
Ville di Giovo 39 E 4
Ville di Marmentino 70 A-B 3
Ville di Roti 141 A 4
Ville di Sasso 103 D 5-6
Villefranche (AO) 47 C 5
Ville Montevécchio → Vogrsko 63 D 6

Villeneuve (AO) 47 C 4
Villeneuve-d'Entraunes 108 E 1
Villerose 171 E 6
Villes 46 C 3
Ville San Pietro 123 C 5
Ville San Sebastiano 123 C 5
Ville Santa Lucia 153 B 4
Villesse 63 D 4-5
Ville-sur-Sarre 47 C 4
Villetta (CN) 108 C 3
Villetta (TN) 57 E 4
Villetta = Dörf 30 B 2
Villetta Barrea 183 D 4
Villette (VB) 33 E 4
Ville-Vieille 94 C 1-2
Villgraten = Villgratental
Villgratental 31 A-B 6
Villico, Monte- 297 D-E 5
Villimpenta 90 D 2
Villnöss = Fúnes 30 D 2
Villnösstal = Valle di Fúnes 30 D 1-2
Villò 100 C 3
Villongo 70 B 1
Villora 101 E 4
Villorba 75 B 5
Villore 132 D 1
Villoresi, Canale- 68 C 3
Villotta (PN-Aviano) 61 C 4
Villotta (PN-Chions) 61 E 5
Villotta (PN-Pasiano di Pordenone) 61 E 4
Villula 116 C 2
Villutta 61 E 5
Villuzza 61 B 6
Vilmaggiore 55 C 4
Vilmezzano 72 C 2
Vilminore di Scalve 55 C 4
Vilpian = Vilpiano 27 E 5
Vilpiano = Vilpian 27 E 5
Vimanone 85 C 6
Vimercate 68 C 3
Vimignano 131 A 4
Vimodrone 68 D 3
Vimogno 53 C 6
Vina, Valle di- 268 A 1-2
Vinacciano 130 D 2
Vinaders 28 A 3
Vinádio 109 D 4
Vinago 51 E 6
Vináio 43 D 6
Vinano 153 A 5
Vinca 128 A-B 3
Vincendières 80 B 3
Vincent, Piramide- 49 B 5
Vinchiana 129 D 6
Vinchiaturo 195 B 6
Vinchiaturo, Sella di- 195 C 6
Vínchio 97 C-D 6
Vinci 138 B 3
Vinciarello 255 C 5
Vinco 256 D 1
Vincolise 245 E 6
Vindola 154 E 2
Víndoli 162 D 3
Vinigo 42 D 2
Vinovo 96 B 1
Vinschgau = Val Venosta 26-27 D 1-4
Vintébbio 65 B 6
Vintl = Vandóies 30 B 2
Vinzáglio 84 B 1
Vio 153 E 4-5
Viola (CN) 110 D 3
Viola (MN) 103 B 6
Viola (RA) 120 C-D 3
Viola, Cala- 300 C 1
Viola, Costa- 256 B 1-2
Viola, Torre- 200 C 2
Viola, Val- 37 A-B 4
Viona, Torrente- 64-65 C 3-4
Vione (BS) 37 D 6
Vione (SO) 37 D 4
Vione, Valle- 71 B 6
Vionène, Val- 108 E 2-3
Viosa, Val- 40 E 3
Viotte, Rifugio alle- 57 C 4
Viotto 95 B 6
Viou, Becca di- 47 B 5
Vioz, Cima- 38 B 1

Vioz, Monte- 38 B 1
Vioz, Rifúgio- 38 B 1
Viozene 123 A 4
Vipacco → Vipava 79 A 6
Vipacco, Fiume- → Vipava 63 D 6
Vipacco, Sorgenti del- → Izvir Vipava 79 A 6
Vipava (Fiume Vipacco) 63 D 6
Vipava (Vipacco) 79 A 6
Vipava, Izvir- (Sorgenti del Vipacco) 79 A 6
Viperella, Monte- 181 B 5
Vipiteno = Sterzing 27 A 6
Vipolže 63 C 5
Vira (Svízzera) 33 E 6
Vira (Svízzera) 33 E 6
Virago 59 D 4
Virani 96 C 3
Virano 132-133 A-B 3-4
Virco 62 D 2
Virgiliana 89 E 6
Virgiliana, Stele- 260 C 3
Virgílio (MN) 89 E 6
Virgoletta 115 E 6
Vírgl = Vírgolo 39 A 6
Virgoletta 115 E 6
Vírgolo = Vírgl 39 A 6
Virgonello 289 B 5
Viríbianc, Colle- 109 C 4
Virídio, Monte- 108 C 3
Virle 71 D 4
Virle Piemonte 96 B-C 1
Virti 57 C-D 6
Visaille, la- 46 B 2
Visano (BS) 88 B 3
Visano (FI) 132 B 1
Visanti 195 E 5
Viscano 82 B 3
Viscarda 98 B 3
Vische 64 E 3
Visciano (CE) 194 E 2
Visciano (NA) 203 E 4
Visciano (TR) 161 E 5
Viscíglie, Masseria- 225 C-D 6
Viscíglieto, Colle- 247 E 4
Viscíglieto, Masseria- 197 A 6
Visco 63 D 4
Viscone 63 D 4
Visdende, Valle- 43 B 4
Visentin, Col- 60 C 2
Viséntium 160 D 1
Viserba 134 B 3
Viserbella 134 B 3
Visgnola 53 C 5
Visiano 101 E 5
Visícari 261 C 5
Visignano (FI) 131 A 6
Visignano (PI) 137 B 5
Visinale (GO) 63 C 5
Visinale (PN) 61 E 4
Visinale di Sopra 61 E 4
Visino 53 D 5
Visintini 63 D 5
Visletto 33 C 4
Visnà 76 A 2
Visnadello 75 B 5-6
Viso, Monte- 94 E 3
Viso, Refuge Mont- 94 D 3
Visoka Ponca =
    Monte Ponza Grande 45 C 6
Visome 59 B 6
Visone 98 E 1
Visone, Torrente- 112 A 1
Vispéréglia 129 C 5
Vissandone 62 C 2
Vissani 144 D 3
Vissignano 61 E 6
Visso 153 E 6
Vissone 55 E 5
Vistarino 86 C 2
Vistorta 60 E 3
Vistrório 64 D 2
Vit 44 C 2
Vita 261 E 5
Vita, Capo- 156 C 3
Vitalba, Podere- 137 E 6
Vitalba, Póggio- 137 E 6
Vitale, Casa- 249 B 5
Vitale, Villino- 282 A 3

Vitalengo, Cima- 54 B 2
Vitamore, Masseria- 205 D 4
Vitarolo 58 E 2
Vite, Bric della- 111 A 6
Vitelli, Masseria- 222 E 3
Vitello, Corno- 49 C 5
Vitello, Monte- 116 B 2
Viterbo 169 B 4
Vitereta 140 D 2
Vitiana (FI) 138 B 2
Vitiana (LU) 129 C 6
Vitiano 140 C 1
Vitiano Vécchio 140 E 3
Vitíccio 156 C 2
Viticuso 194 B 1
Vitigliano (FI) 139 D 5
Vitigliano (LE) 231 B 5
Vitigliano, Alpe di- 132 C 1
Vitignano 133 B 4
Vitinia 178-179 D 3-4
Vito 256 D 1
Vito, Serra di- 268 E 1-2
Vito d'Ásio 45 B 6
Vitóio 129 A 4-5
Vitolini 138 B 3
Vitorchiano 160 E 3
Vitranec 45 C 6
Vítravo, Fiume- 247 C 5
Vitriola 117 D 5
Vittadone 87 C 4
Vittória (GE) 113 B 4
Vittória (RG) 292 A-B 2
Vittória, Faro della- 79 B 5
Vittória, la- 150 D-E 2
Vittória, Rifúgio- 53 B 5
Vittória, Torre- 192 E 1
Vittoriale, il- 71 C 5
Vittória Apuana 128 C 3
Vittório, Masseria- 227 C 5
Vittório Emanuele II, Rifúgio- 47 C 4
Vittório Véneto 60 D 2
Vittório Véneto, Rifúgio- 29 A 6
Vittorlto 173 E 4
Vittuone 67 D 4
Vitulano 203 C 4
Vitulano-Foglianise, Stazione di- 203 C 4
Vitulázio 202 C 1
Viù 81 C 5-6
Viú, Val di- 81 C 4-5
Viustino 101 C 4
Viva, Róccia- 47 E 4
Vivagna, Stagno della- 318 B 2
Viváio 140 E 1
Viváio 245 A 6
Viváio, Fiume- 159 E 4
Vivara, Ísola- 214 D 3
Vivário 64 E 2
Vivaro (BI) 65 B 6
Vivaro (PN) 61 C 5
Vivaro (VI) 74 C 1
Vivaro Romano 180 A 2
Vivente 86 C 2
Viverone 65 D-E 4
Viverone, Lago di- 65 D-E 4
Viviere 108 B 2
Viviere, Valle del- 261 D 5
Vivione, Passo del- 55 B 5
Vivo, Lago- 183 E 4
Vivo, Torrente- 150 E 1
Vivo d'Órcia 150 E 1-2
Vizíliu 298-299 E 3-4
Vizzaneta 130 B 2
Vizzano 119 D 4
Vizze, Passo di- =
    Pfitscher Joch 29 A 4
Vizze, Val di- = Pfitscher Tal 28-29 B 3-4
Vizzini 289 C 4
Vizzini-Licodía, Stazione- 289 C 4
Vizzo, Masseria- 212 D 2
Vizzola Ticino 66 B 3
Vizzolo Predabissi 86 B 2
Vnà 25 A 5
Vo (PD) 91 B 6
Vò (VI) 73 E 6
Vò (VR) 90 C 2
Vò, Punta del- 71 E 5

Vò, Secca del- 71 D 6
Vobarno 71 C 5
Vóbbia 113 A 5
Vóbbia, Torrente- 113 A 4
Vobbietta 113 A 4
Vocáglia 33 D 4
Vocca 50 D 2
Vocémola 99 E 4
Vocino, Casa- 188 C 1
Vocogno 32 E 3
Vodice (Monte) 63 C 6
Vò di Moncódeno 53 C 5
Vodizze → Vodice 79 E 6
Vodo, Lago di- 41 E 6
Vodo Cadore 42 D 1-2
Voga 35 C 4
Voghenza 106 D 1
Voghera 99 B 5
Voghiera 106 D 1
Vóglia, Villa- 144 E 2
Vogliano → Voglie 79 B 5
Voglie (Vogliano) 79 B 5
Vogna, Valle- 49 C 5-6
Vogno 117 D 5
Vogogna 50 B 3
Vogognano 140 C 3
Vogorno 33 D 6
Vogorno, Lago di- 33 D 6
Vogorno, Pizzo di- 33 D 6
Vogrsko (Ville Montevécchio) 63 D 6
Vogu, Monte- 63 A 5
Volacra, Monte- 115 D 5
Volánia 107 D 4
Volano (FE) 107 C 5
Volano (TN) 57 D 5
Volargne 72 D 2
Volarje (Volária) 45 E 6
Volastra 126 D 3
Volče (Volzana) 63 A 6
Volciano 71 C 5
Volčja Draga 63 D 6
Volčji Grad 79 A 5
Voldómino 51 B 6
Volegno 129 C 4
Volla 215 B 5
Völlan = Foiana 27 D 4
Vollária → Volarje 45 E 6
Vollon 49 C 4
Volmiano 131 D 5
Volnik 63 B 6
Volognano 139 B 6
Vologno 117 D 4
Volon 90 B 3
Volongo (CR) 88 D 2
Volongo (MN) 88-89 D 3-4
Volpago del Montello 59 E 6
Volpáia 139 E 6
Volpara (AL) 99 E 5
Volpara (PV) 99 B 6
Volpária → Volparija 78 E 3
Volparija (Volpária) 78 E 3
Volparo (PD) 92 C 3
Volparo (SA) 232 A 3
Volpe, Cala di- 297 D 5
Volpe, Cava- 289 E 4
Volpe, Punta della- 297 E 5-6
Volpedo 99 C 4
Volpeglino 99 C 4
Volperino 153 E 4
Volpetta 81 B 5
Volpiano 82 C 2
Volpino 91 B 4
Volpintesta, Monte- 245 B 6
Volpreto 98 E 2
Völs am Schlern =
    Fiè allo Scíliar 30 E 1
Volsini, Monti- 160 C 1-2
Volta (BS) 70 D 3
Volta (VI) 91 B 5
Volta, Rifúgio- 35 D 6
Voltabrusegana 92 B 2
Voltággio 112 A 3
Volta Mantovana 89 B 5
Voltana 120 B 2
Volte, le- 111 E 4
Volterra 148 A 2
Volterráio 156 C 3
Volterrano 141 E 5
Voltiano, Faro- 52 D 3

Voltido 88 E 3
Voltigiano 138 D 3
Voltigno, Valle- 173 B-C 4
Voltino 56 E 3
Volto 93 E 5
Voltóis 43 D 5
Vóltole 152 B 3
Voltolina, Bivacco- 31 E 6
Voltorre 51 E 6
Volto Santo, Santuário del- 173 D 6
Voltráio, Monte- 148 A 2
Voltre 133 C 4
Voltre, Badia di- 133 C 4
Voltre, Torrente- 133 C 4
Voltri 112 C 2-3
Volturara Áppula 197 B 4
Volturara Irpina 217 A 6
Volturina, Masseria- 199 E 5
Volturino 197 B 5
Volturino, Monte- (CZ) 250 D 2
Volturino, Monte- (PZ) 236 A 3
Volturno, Bonifica del- 201 B 5
Volturno, Fiume- 194-195 D 3-4
Volturno, Foce del- 214 A 2
Volumni, Ipogeo dei- 152 C 1
Volvera 95 A-B 6
Volzana → Volče 63 A 6
Vomano, Fiume- 164-165 D 2-3
Vónchia, Ponte- 205 E 5
Vónchia, Torrente- 205 E 5
Vora 53 B 4
Voragno 81 B 6
Vöran = Verano 27 D 5
Vorderberg 45 A 5
Vorderkaser = Casera di Fuori 26 C 1
Vorderumbaltörl = Bocchetta del Vento di fuori 29 C 6
Vorno 137 A 6
Voscari 238 D-E 2
Vò Sinistro 72 B 3
Vota, Lago la- 249 A 4
Vottero 95 D 5
Vottignasco 109 A 6
Votturino, Lago- 245 B 5-6
Vo Vécchio 91 C 6
Voza, Col de- 46 A 1
Voze 111 E 6
Vrabče (Monte Urábice) 79 A 6
Vrata 45 E 6
Vremski Britof (Cave Auremiane) 79 C 6
Vrhovlje 79 B 5
Vrhovlje pri Kojskem 63 C 5
Vrhpolje 79 C 6
Vrnjak (Vergnacco) 79 E 5
Vršič (Passo Moistrocca) 45 C 6
Vrsnik 45 D 6
Vrsno 45 E 6
Vrtojba (Vertóiba) 63 D 6
Vru 81 B 6
Vuézzis 43 C 6
Vulcanello, Monte- 270 A 3
Vulcano, Bocche di- 270 A 4
Vulcano, Ísola- 270 B 3
Vulcano, Monte- 284 D 1
Vulci 167 C 6
Vulga, Serra la- 245 A 5
Vulgano, Masseria- 198 A 1
Vulgano, Torrente- 197 B 6
Vulmis 46 D 1
Vulpera 25 B 5
Vúlture, Monte- 205 D 4
Vuturu, Pizzo- 267 C 4

W

Wabenriegel 45 A 6
Wahlen = Valle San Silvestro 31 C 5
Waidbruck = Ponte Gardena 30 D 1
Waidegg 44 A 3
Waldner See = Lago della Selva 29 C 5
Walten = Váltina 27 B 5
Wamischhörner 32 D 1
Wangen = Vanga 39 A 6

Wangen, Schloss- = Castèl Vanga **39** A 6
Wannenhorn **32** A 1
Wannser Joch = Passo di Vánnes **27** B 6
Wannser Tal = Valle di Vánnes **27** B 6
Wasenhorn **32** A 1
Wasserfalle = Cascate **31** A 4
Wasserkopf Spitze = Cima dell'Ácqua **31** A 4
Watlesspitze = Monte Vátles **25** C 6
Watschig **45** A 4
Watschiger Alpe **44-45** A-B 3-4
Weidenburg **44** A 2
Weissbachtal = Valle del Rio Bianco **29** B 5
Weissbrunnsee = Lago di Fontana Bianca **26** E 2
Weisseejoch = Passo di Melago **26** A 1
Weissee-Spitze = Punta Lago Bianco **26** A 1
Weissenbach = Riobianco (BZ-Sarentino) **27** B 6
Weissenbach = Riobianco (BZ-Valle Aurina) **29** B 6
Weissenstein = Pietralba **39** C 6
Weisser Kogl **26** A 3
Weissfluh **24** A 1
Weissfluhjoch **24** A 1
Weisshorn = Corno Bianco (BZ-Aldino) **39** C 6
Weisshorn = Corno Bianco (BZ-Racines-Sarentino) **27** B 6
Weisskugel = Palla Bianca **26** B 1
Weisskugel Hütte = Rifúgio Pio XI **26** B 1
Weisslahnbad = Bagni di Lavina Bianca **40** B 2
Weissmatten, Monte- **49** D 5
Weissmies **50** A 1
Weisswandspitze → Parete Bianca **28** A 2
Weitental = Vallarga **30** A-B 2
Weitlanbrunn **42** A 3
Welsberg-Taisten = Monguelfo-Tesido **31** B-C 5
Welschellen = Rina **30** C 3
Welschmontal = Mantena **30** C 3
Welschnofen = Nova Levante **40** B 2
Welschtobel **24** B 1
Welsperg, Villa- **41** E 4
Wengen = La Valle **30** D 3
Wengental = Valle di Spessa **31** D 4
Wertschach **45** A 5
Wetter Spitze = Cima di Tempo **28** B 2
Wetzmann **43** A 6
Wieden = Saletto **28** B 3
Wielental = Valle di Vila **31** B 4
Wiesbadnerhütte **24-25** A 3-4
Wiesen (Áustria) **43** A 5
Wiesen (Svízzera) **24** C 1
Wiesen = Prati **27** A 6
Wiesen = Prati di Tésido **31** B 5
Wildbach **45** A 5
Wilde-Kreuz-Spitze = Picco della Croce **30** A 1
Wilder Freiger = Cima Líbera **28** A-B 1
Wilder See = Lago Selvággio **30** A 1
Wildnördererkogl **26** A 1
Wildspitze **26** A 2
Windische Höhe **45** A 5
Windtal = Valle del Vento **29** C 6
Winkelbad = Bagni di Cantúccio **31** A 4
Winnebach = Prato alla Drava **31** C 6

Winnebach = Rio Vena **30** A-B 3
Winterstallen **26** A 3
Wodmaier **43** A 6
Wolayer Bach **43** A-B 6
Wolfendorn = Monte Spina del Lupo **28** A 3
Wolfgang **24** A 2
Wölfl = Lupicino **39** B 6
Wolfsgruben = Costalovara **39** A 6
Wolkenstein in Gröden = Selva di Val Gardena **30** E 2
Wollbach Spitze → Punta di Valle **29** A 6
Wurmaulspitze = Cima Valmala **30** A 1-2
Wurmkogl **27** A 4
Würmlach **44** A 2
Würzjoch = Passo delle Erbe **30** C 3
Würzjochhaus = Rifúgio Sass de Pútia **30** C 3

X

Xifónio, Porto- **291** B 5-6
Xirbi **279** E 6
Xirbi, Portella di- **279** E 6
Xireni, Masseria- **279** C 6
Xitta **260** D 3
Xomo, Passo di- **57** E 6
Xon, Passo- **73** B 5

Z

Zabaino, Monte- **288** B 1
Zabía, Ponte di- **262** D 3
Zabrdo **63** C 6
Zábus, Monte- **45** C 4
Zaccagnino, Masseria- (FG-Apricena) **186** D 3
Zaccagnino, Masseria- (FG-San Nicandro Gargánico) **186** C 3
Zaccana, Monte- **235** D 6
Zaccanesca **131** A 5
Zaccanópoli **248** D 2
Zaccaria (NA) **214** B 3
Zaccaria (SI) **159** A-B 6
Zaccheo **164** C 3
Zacchi, Rifúgio- **45** C 6
Zadina Pineta **134** A 2
Zadnja Trenta **45** C 6
Zaffarana, Báglio- **260-261** E 3-4
Zafferana Etnea **283** A 5
Zafferano, Capo- **263** A 5
Zafferano, Porto- **319** C 5
Zafferia **258** C 2
Zaffignano **100** C 3
Žaga (Saga) **45** D 5
Zágare, Báia delle- **189** D 5
Zagarella, Masseria di- **221** C 6
Zagarise **245** E 6
Zagarolo **180** C 1
Zagarolo, Stazione di- **180** D 1
Zagonara (PV) **86** D 2
Zagonara (RA) **120** D 2
Zaiama **44** E 3
Zaiàur, Monte- **45** D 4
Zallingerhütte = Malga del Giogo **30** E 2
Zambana Nuova **39** E 4
Zambana Vécchia **39** E 4
Zamberlini **72** C 3
Zambla **54** D 2
Zambone **104** A-B 2
Zamboni **57** E 6
Zamboni, Rifúgio- **117** E 4
Zamboni-Zappa, Rifúgio- **49** B 6
Zambratija (Zambráttia) **78** E 3
Zambratija → Zambratija **78** E 3
Zambrone **248** D 2
Zambrone, Punta di- **248** D 2

Zammarò **248** D 3
Zampine **105** B 6
Zámpis **62** B 3
Zamser Tal **29** A 5
Zanano **70** B 3
Zanca **156** C 1
Zancàn **61** B 6
Zanchetto, Serra del- **131** B 4
Zanco **83** E 5
Zancona **159** B 5
Zandóbbio **69** B 6
Zanè **73** B 6
Zanengo **87** C 5
Zanetta **103** B 5
Zanga **65** D 4
Zangarona **249** A 5
Zanghi, Colle dei- **59** C 4
Zánica **69** C 5
Zánnes, Rifúgio- = Zanser Alm Hütte **30** D 2
Zannone, Ísola- **190** C 2
Zannotti, Masseria- **186** E 3
Zanon **40** D 2
Zanòn **90** C 2
Zanon-Morelli, Bivacco- **37** E 6
Zanotti **73** D 6
Zanotti, Rifúgio- **108** D 2
Zanser Alm Hütte = Rifúgio Zánnes **30** D 2
Zanzara, Masseria- **226** C 3
Zapalli **303** B 5
Zapotocco **63** A 5
Zappa **268** B 3
Zappalanotte, Vallone- **279** B 4
Zapparola **101** B 5
Zappello **87** B 4
Zappi, Monte- **180** A 1
Zappino, Casa- **186** B 2
Zappolino **118** C 3
Zapponeta **199** B 5
Zapport **34** A 3
Zapporthorn **34** A 3
Zapporthütte **34** A 3
Zappulla, Case- **293** C 4
Zappulla, Fiume di- **268** A 1-2
Zappulla, Stazione di- **268** A 1
Zara **103** B 6
Zara, Torrente- **57** E 6
Zatolmin **63** A 6
Zatta, Monte- **114** C 2
Zattáglia **132** A 2
Zavanasco **85** B 5
Zavattarello **99** C 6
Zavetišče pod Špičkom **45** C 6
Zavianni, Fiume- **269** C 5
Zavino **79** A 5
Zavorra, Punta- **320** D 2
Zavrh **63** C 6
Zaytal Hütte = Rifúgio Serristori **26** E 1
Zazid (Sasseto) **79** D 6
Žbevnica **79** E 6
Zebedassi **99** D 5
Zebedo **99** B 6
Zébio, Monte- **58** D 2
Zebrù, Báite dello- **25** E 6
Zebrù, Valle dello- **37** A-B 6
Zecchini **88** C 3
Zeccone **85** C 6
Zeda, Monte- **51** B 5
Zeddiani **310** B-C 3
Zeglianutto **62** A 3
Zehner Spitze = Cima Dieci **31** D 4
Zelant, Osteria di- **59** C 6
Zelarino **75** D 5
Zelata **85** C 4-5
Zélbio **53** D 4
Zella, Casino- **209** C 6
Zeller **56** B 2
Zellina **62** E 3
Zellina, Fiume- **62** E 3
Zello (BO) **120** D 1
Zello (MN) **104** A 3
Zelo **105** A 5
Zelo Buon Pérsico **68-69** E 3-4
Zelo Surrigone **67** E 5
Zembrasca, Pizzo- **37** B 4

Zeme **84** C 2
Zeminiana **75** D 4
Zena (BO) **119** D 4
Zena (PC) **101** B 4
Zena, Torrente- **119** D 5
Zendri **57** E 5
Zenerígolo **104-105** E 3-4
Zenevredo **86** E 2
Zenich **41** D 5
Zenna (AR) **140** C 3
Zenna (VA) **33** E 5
Zenóbito, Punta dello- **146** D 1
Zenódis **44** B 2
Zenone, Monte- (BS) **56** E 2
Zenone, Monte- (SP) **114** D 3
Zenson di Piave **76** B-C 2
Zenzalino **106** B 2
Zeparedda, Monte- **311** E 6
Zephyrium Promontorium **257** E 4
Zeppa **120** C 2
Zéppara **311** E 5
Zéppara, sa- **315** B 4
Zéppara Manna **311** E 6
Zepponami **160** E 2
Zerba **99** E 6
Zerbè **98** E 3
Zerbinate **105** B 5
Zerbini **101** D 6
Zérbio **87** E 5
Zerbiòn, Monte- **49** C 4
Zerbo **86** D 2
Zerbolò **85** C 5
Zerfalíu **311** C 4
Zeri **115** D 4
Zeriolo **75** C 5
Zermàn **75** D 6
Zermatt **49** A 4
Zermeghedo **73** E 6
Zérmen **59** C 4-5
Zerminiger Spitze = Monte Cermigna **26** C 2
Zermula, Monte- **44** B 2
Zernez **24** C 3
Zero, Fiume- **75** C 4
Zero Branco **75** C 5
Zervò, Piani di- **256** B-C 3
Zévio **90** B 3
Zévola, Monte- **73** B 4
Zeza, Ponte- **203** D 6
Ziánigo **75** D 4
Ziano di Fiemme **40** D 2
Ziano Piacentino **100** B 1
Zibana **116** C 2
Zibello **101** B 6
Zíbido al Lambro **85** C 6
Zíbido San Giácomo **85** A-B 5
Zielbach = Rio di Tel **26-27** C 3-4
Zifronte **271** C 6
Zighinu, Monte- **302** A 2
Zignago **115** E 4
Zignago, Valle- **77** B 5
Zilio, Lago- **267** C 5
Zilioli, Rifúgio- **163** B 5
Zilla, Portella- **269** C 4
Zillaro, Sorgente- **256** D 3
Zillastro, Piano- **256** B 3
Zimardo Inferiore **293** D 4
Zimardo Superiore **293** D 4
Zimbalío, Monte- **281** C 6
Zimella **91** B 5
Zimmara, Monte- **267** E 4
Zimone **65** D 4
Zinasco **85** D 5
Zinasco Nuovo **85** D 4
Zinasco Vécchio **85** D 5
Zinga **247** B 5
Zíngara, Masseria della- **211** C 5
Zingarella, Casera- **58** D 2
Zingarini **190** A 2
Zingaro, Riserva Naturale dello- **261** B-C 5
Zínghera **157** C 6
Zingla, Monte- **71** B 5
Zingolella **196** E 1

Zingomarro, Monte- **246** C 2
Zingónia **69** C 5
Zinnígas **319** A 5
Zinola **111** D 6
Zinzulusa, Grotta- **231** B 5
Ziona **114** E 3
Zipparíello **219** B 6
Zippo, Masseria- **211** D 5
Ziracco **63** B 4
Zirago, Malga- = Zirogalm **28** B 3
Žirje **79** B 6
Zirogalm = Malga Zirago **28** B 3
Zirra, Monte- **300** C 2
Zisa **263** A 4
Zita, Passo della- **268** B 2
Zititto, Masseria- **198** E 2
Zittola, Ponte- **183** D 5
Ziu Gárolu, Punta- **302** E 3
Zívido **68** E 3
Zmutt **49** A 4
Zoagli **113** D 6
Zoanno **37** D 6
Zocca (FE) **106** B 1
Zocca (MN) **103** C 6
Zocca (MO) **118** D 2
Zocca, Cima della- **36** E 1
Zoccada **54** B 1
Zoccalia **241** B 4
Zocchetta **118** D 2
Zócchio **57** E 5
Zocco (BS) **70** C 1
Zocco (PG) **151** C 5
Zocco (SR) **289** C 5
Zoccolanti, Chiesa degli- **141** D-E 6
Zoccolaro, Monte- **283** A 5
Zóccolo, Cima- **38** B 2-3
Zóccolo, Lago di- = Zoggler Stausee **26** E 3
Zoccorino **67** B 6
Zoggler Stausee = Lago di Zóccolo **26** E 3
Zogno **54** E 1
Zogo, Monte- **59** C 5
Zóia, Rifúgio- **36** C 2
Zola Predosa **118** C 3
Zoldo, Valle di- **41** C-D 6
Zoldo Alto **41** C 6
Zolla **79** B 5
Zollara **134** D 3
Zolli **203** D 5
Zollino **227** D 6
Zómaro **253** E 4
Zomeáis **44** E 3
Zompícchia **62** C 2
Zompitta **62** A 3
Zompo lo Schioppo, Cascata- **181** C 5
Zompo lo Schioppo, Riserva Naturale di- **181** C-D 5
Zoncolàn, Monte- **43** C 6
Zone (BS) **55** E 4
Zone (LU) **129** E 6
Zonzo, Monte- **218** D 2
Zoo Safari **66** B 2
Zoppè **60** E 2
Zoppè di Cadore **41** C 6
Zoppi **232** C 2
Zoppo, Portella dello- **268** C 3
Zóppola **61** D 5
Zoppu, Monte- **297** D 2
Zorba **284** B 3
Zóreri **57** D 5
Zorle, Colesèl delle- **59** E 6
Zorlesco **87** C-D 4
Zornasco **32** E 3
Zorzino **55** E 4
Zorzoi **58** B 3
Zorzone **54** D 2
Zottièr **59** B 6
Zóuf Plan **43** C 6
Zovallo, Monte- **114** A 3
Zovallo, Passo del- **114** B 3
Zovello **43** C 6
Zovencedo **73** E 6
Zovo (MN) **103** B 6

Zovo (VI-Valdagno) **73** B 5
Zovo (VI-Valdagno) **73** C 5
Zovo (VR) **73** C 5
Zovo, Forcella- **43** B 4
Zovo, Monte- **43** B 4
Zovo, Passo del- **42** C 3
Zovòn **91** B 6
Žrenj (Stridone) **79** E 5
Zu **55** E 4
Zuane **72** C 2
Zubiena **65** D 4
Zucca, Monte della- **141** A 5
Zuccaia, Riserva Naturale- **140-141** B 3-4
Zuccarello **124** C 2
Zuccarello, Monte- **101** D 4
Zúccaro **50** E 3
Zuccaro, Monte- **112-113** A 3-4
Zuccarone, Cozzo- **263** E 4
Zucchea **95** C 6
Zúcchero, Monte- **33** B 5
Zucchi, Piano- **266** D 2
Zucco **262** B 2
Zucco-Montelepre, Stazione di- **262** B 2
Zuccone Campelli, Monte- **53** C 6
Zuccone, Corno- **53** D 6
Zuccone, Monte- (BG) **54** E 1
Zuccone, Monte- (SP) **114** C 3
Zuccore, Colle di- **49** D 4
Zuc dal Bôr **44** C 3
Zuc di Santins **61** A 6
Zuchello, Monte- **113** A 6
Zúchero, Monte- **51** C 4
Zuckerhütl → Pan di Zúcchero **28** B 1
Zuclo **56** B 2-3
Zuddas, Grotte le is- **319** C 5
Zuèl **31** E 5
Zufall Hütte = Rifúgio Corsi **26** E 1
Zufallspitze = Monte Cevedale **38** B 1
Zuffinu, Ipogei- **301** E 6
Zufritt Hütte = Rifúgio Gioveretto **26** E 1
Zufrittsee = Lago di Gioveretto **26** E 1
Zufritt Spitze = Monte Gioveretto **26** E 2
Zugliano (UD) **62** C 3
Zugliano (VI) **74** B 1
Zúglio **44** C 2
Zugna, Monte- **57** E 5
Zugna Torta, Monte- **57** E 5
Zuiano **61** E 5
Zuighe, Cantoniera- **303** C 4
Zuighe, Monte- **302** E 1
Zuino **71** B 6
Zula **119** D 4
Zumáglia **65** C 4-5
Zumelle, Castello di- **59** C 5
Zumiè **71** B 5
Zumpano **244** B 3
Zum Zeri **115** D 4
Zunchini, Ponte- **298** E 3
Zúngoli **204** B 2
Zungri **248** D-E 2
Zungri, Cresta di- **248** E 2
Zuni **194** E 2
Zúnico **85** B 6
Zuoz **24** D 2
Zupò, Pizzo- **36** C 2
Zuppino **218** D 3
Zurco **103** E 4
Zuri **311** A 5
Zurin **44** E 3
Zurlengo **70** E 1
Zurru, Monte su- **316** E 2
Žusterna (Giusterna) **79** D 4
Zwischbergen **32** D 1
Zwischenwasser = Longega **30** C 3
Zwölferkofel = Croda dei Toni **31** D 6
Zwölferspitz **43** B 5

Punti Touring

23 centri polifunzionali: punto associativo, librerie e agenzie di viaggio dove acquistare volumi, viaggi e vacanze dei principali tour operator, accedere alle iniziative promosse dal Touring, oltre a sottoscrivere e rinnovare l'associazione.

PIEMONTE
Cuneo
- Via Caraglio 10/B,
  tel. 0171699113, fax 0171692251
Torino
- Via S. Francesco d'Assisi 3,
  tel. 0115627207, fax 0115627707

LOMBARDIA
Brescia
- Corso Cavour 35,
  tel. 0303756400, fax 03044461
Mantova
- Via XX Settembre 9,
  tel. 0376310170, fax 0376367615
Milano
- Corso Italia 10,
  tel. 028526304, fax 028526493
Monza
- Via De Gradi 2, ang. via Vittorio Emanuele II,
  tel. 0392326467, fax 0393901448
Varese
- Corso Matteotti 53,
  tel. 0332237553, fax 0332831345

VENETO
Padova
- Via S.Francesco 35,
  tel. 0498754227, fax 0498754722

LIGURIA
Genova
- Palazzo Ducale, Piazza Matteotti 62/r,
  tel. 0105955291, fax 0105955307
Imperia
- Via Don Abbo 5,
  tel. 0183764042, fax 0183809910
Savona
- Via Verzellino 60-64/r, ang. via Guidobono,
  tel. 019820901, fax 019815508

EMILIA-ROMAGNA
Bologna
- Viale A. Oriani 17/A-B-C,
  tel. 0516360962, fax 051306256
Parma
- Barilla Center, Largo F. Bocchi 57/A,
  tel. 0521038052, fax 0521038054

TOSCANA
Lucca
- Corso G. Garibaldi 32,
  tel. 0583924441, fax 0583441029

LAZIO
Roma
- Viale Giulio Cesare 96/98/100,
  tel. 0636005281, fax 0636005342

ABRUZZO
L'Aquila
- Centro Comm.le Globocenter,
  via Saragat 1 (già via Campo di Pile 1),
  tel. 0862406000, fax 0695055141

CAMPANIA
Napoli
- Via Domenico Cimarosa 38,
  tel. 08119136380, fax 08119137807

PUGLIA
Bari
- Via Melo da Bari 233,
  tel. 0805242448, fax 0805242308

SICILIA
Catania
- Via Pola 9/D,
  tel. 0955900000, fax 0952937796

Giunti al Punto

Distribuite su tutto il territorio nazionale, le 165 librerie del Gruppo Giunti rappresentano un punto di riferimento per scoprire e acquistare tutte le pubblicazioni Touring e non solo.

VALLE D'AOSTA
Aosta
- via Jean-Baptiste de Tillier 5,
  tel. e fax 0165239722

PIEMONTE
Beinasco (TO)
- Parco Comm.le Le Fornaci,
  Strada Torino 31,
  tel. e fax 0113499039
Caselle Torinese (TO)
- Aeroporto Sandro Pertini,
  Strada San Maurizio 42,
  piano 2 partenze (zona Land side,
  sopra sala partenze),
  tel. e fax 0119961101
- Aeroporto Sandro Pertini,
  Strada San Maurizio 42,
  piano 1 partenze (zona Air side,
  dopo i varchi di controllo), livello 6,61,
  tel. e fax 0119961359
Pavone Canavese (TO)
- Centro Comm.le Pavone,
  via Circonvallazione 39/I,
  tel. e fax 0125516692
Torino
- via Pietro Micca 22,
  tel. 0115176360 / 011537777
- Centro Comm.le Parco Dora,
  via Treviso 16/M, ex Area Michelin,
  tel. e fax 0114338504
Tortona (AL)
- Centro Comm.le Oasi,
  S.P. per Viguzzolo 2,
  tel. e fax 0131815294

Vigliano Biellese (BI)
- Centro Comm.le Vigliano,
  via della Tollegna,
  tel. e fax 015881150
Villanova Monferrato AL
- Centro Comm.le Monferrato
  Shopping Center, S.S. al km 31,7,
  tel. e fax 0142483899

LOMBARDIA
Bagnolo San Vito (MN)
- Fashion District Mantova Outlet,
  via M. Biagi,
  tel. e fax 0376252476
Brescia
- via X Giornate 53,
  tel. e fax 030292081
Cantù (CO)
- Centro Comm.le Cantù 2000,
  corso Europa 23,
  tel. e fax 031714606
- Centro Comm.le Mirabello,
  via Lombardia, 68,
  tel. e fax 031734066
Cerro Maggiore (MI)
- Centro Comm.le Move In,
  via Turati 52,
  tel. e fax 0331516526
Cornate D'Adda (MI)
- Centro Comm.le Globo, via Berlinguer,
  tel. e fax 0396957143
Cremona
- Centro Comm.le Cremona Po,
  via Castellone 108,
  tel. e fax 0372801236

Darfo Boario Terme (BS)
- A Boario Terme,
  Centro Comm.le Adamello,
  via Nazionale 43,
  tel. e fax 0364534014
Daverio (VA)
- Centro Comm.le Daverio,
  viale dell'Industria, S.P. 316 ,
  tel. e fax 0332949917
Desenzano (BS)
- Complesso Polifunzionale Le Vele,
  via Caduti Lager,
  tel. e fax 0309990434
- Piazza Matteotti, 10,
  tel. e fax 0309912824
Erba (CO)
- Centro Comm.le I Laghi,
  viale Prealpi,
  tel. e fax 031643264
Gadesco-Pieve Delmona (CR)
- Centro Comm.le Cremona 2,
  località S. Marino, S.S. 10,
  tel. e fax 0372837028
Gallarate (VA)
- Centro Comm.le Malpensa Uno,
  via Lario 37,
  tel. e fax 0331779268
Gavirate (VA)
- Centro Comm.le Campo dei Fiori,
  viale Ticino 82,
  tel. e fax 0332744305
Lecco
- Centro Comm.le Meridiana -,
  via Amendola, 168,
  tel. e fax 0341350936

Mantova
- Portici Broletto, 48,
  tel. e fax 0376322773

Mazzano (BS)
- Centro Comm.le Auchan,
  via A. De Gasperi, 6,
  tel. e fax 0302120801

Orio al Serio (BG)
- Centro Comm.le Orio Center,
  via Portico 59/61,
  tel. e fax 0354592630

Parona Lomellina (PV)
- Centro Comm.le Parona,
  via Case Sparse S.S. 494 ,
  tel. e fax 038491920

Pavia
- Centro Comm.le Carrefour,
  S.P. Vigentina angolo via Cassani,
  tel. e fax 0382571039

Peschiera Borromeo (MI)
- Galleria Borromea Shopping Center - Ipercoop,
  via Liberazione 8,
  S.P. 415 Paullese,
  tel. e fax 025470508

Piantedo (SO)
- Centro Comm.le Fuentes,
  via La Rosa 354,
  località Trivio di Fuentes,
  tel. e fax 0342683492

Pieve di Fissiraga (LO)
- Centro Comm.le Pieve,
  viale Nazioni Unite,
  tel. e fax 0371216148

Rescaldina (MI)
- Centro Comm.le Auchan dei Laghi,
  via Togliatti,
  tel. e fax 0331465223

Rozzano (MI)
- Centro Comm.le Fiordaliso,
  via E. Curiel 25,
  tel. e fax 0257514956

S. Martino Siccomario (PV)
- Centro Comm.le San Martino,
  S.P. per Mortara,
  tel. e fax 0382556347

Salò (BS)
- Angolo via S. Carlo,
  tel. e fax 0365522504

Seriate (BG)
- Centro Comm.le Alle Valli,
  via Brusaporto 41,
  tel. e fax 0354520331

Tavernola (CO)
- Centro Comm.le Lario,
  via Asiago 2,
  tel. e fax 031341242

Vanzaghello (MI)
- Centro Comm.le Il Parco Shopping Centre -
  Bennet, corso Italia (ex S.S. 527 Bustese),
  tel. e fax 0331630011

Varese (VA)
- Centro Comm.le Le Corti,
  Piazza della Repubblica 25,
  tel. e fax 0332284451

Vignate (MI)
- Centro Comm.le Acquario,
  S.P. Cassanese, ang. via Galilei,
  tel. e fax 0295938548

Villasanta (MB)
- Centro Comm.le Villasanta,
  via T. Vecellio 1,
  tel. e fax 039305520

Virgilio (MN)
- Centro Comm.le Virgilio,
  p.zzale Commercio 1,
  tel. e fax 0376440736

TRENTINO-ALTO ADIGE

Bolzano
- via Goethe, 25/B,
  tel. e fax 0471323514

Pergine Val Sugana (TN)
- Centro Comm.le Shop Center Valsugana,
  via Tamarisi 2,
  tel. e fax 0461533141

Riva Del Garda (TN)
- via Roma 7,
  tel. e fax 0464554452

Rovereto (TN)
- Millenium Center,
  via del Garda 113,
  tel. e fax 0464423325
- via delle Scuole 3,
  tel. e fax 0464480179

Trento
- Centro Comm.le Bren Center,
  via G. B. Trener 16,
  tel. e fax 0461826898
- via Oss Mazzurana 45,
  tel. e fax 0461237067

VENETO

Affi (VR)
- Centro Comm.le Grand'Affi Shopping Center,
  località Canove,
  tel. e fax 0456269215

Asiago (VI)
- corso IV Novembre 63,
  tel. e fax 0424462640

Bassano del Grappa (VI)
- Centro Comm.le Il Grifone,
  via Capitelvecchio 88/90,
  tel. e fax 0424219569
- via Angarano 5, ang. Ponte Vecchio,
  tel. e fax 0424504812

Bussolengo (VR)
- Centro Comm.le Auchan,
  località Ferlina, S.S. 11,
  tel. e fax 0456767023

Chioggia (VE)
- corso del Popolo 946/947,
  tel. e fax 041403660

Giacciano con Baruchella (RO)
- Centro Comm.le Il Faro,
  via Scavazza 1769/20,
  tel. e fax 042551918

Mareno di Piave (TV)
- Centro Comm.le Al Centro,
  via Campi 1, tel. e fax 0438309163

Mestre (VE)
- Ospedale dell'Angelo,
  via Paccagnella 11,
  tel. e fax 0415462608

Monselice (PD)
- Centro Comm.le Airone,
  via Cristoforo Colombo 79,
  tel. e fax 0429789806

Piove di Sacco (PD)
- Centro Comm.le Piazza Grande,
  S.S. 516, via F.lli Sanguinazzi,
  tel. e fax 0499700772

Rovigo
- Centro Comm.le La Fattoria,
  S.S. 16 Adriatica, località Borsea,
  tel. e fax 0425471148

Rubano (PD)
- Centro Comm.le Le Brentelle,
  località Sarmeola, via della Provvidenza 1,
  tel. e fax 049634561

S. Giovanni Lupatoto (VR)
- Centro Comm.le Verona Uno,
  via Monte Cristallo,
  tel. e fax 0458266443

Sona (VR)
- Centro Comm.le La Grande Mela,
  località Lugagnano, via Trentino,
  tel. e fax 0456090297

Treviso
- piazza dei Signori 7,
  tel. e fax 0422540279

Venezia
- calle S. Aponal 1228, San Polo,
  tel. e fax 0415208760
- rio Terà de la Madalena 2001/2/3,
  tel. e fax 0415243728

Verona
- via Leoni 9, tel. e fax 0458015877

Vicenza
- Centro Comm.le Palladio,
  strada Padana Verso Padova 60,
  tel. e fax 0444239240
- via Loschi 2, ang. corso Palladio,
  tel. e fax 0444324193

FRIULI VENEZIA GIULIA

Cassacco (UD)
- Centro Comm.le Alpe Adria,
  S.S. Pontebbana 13,
  tel. e fax 0432881621

Grado (GO)
- viale Regina Elena 11,
  tel. e fax 043180344

Pordenone
- corso V. Emanuele II 31/B,
  tel. e fax 0434524078

Torreano (UD)
- Centro Comm.le Città Fiera,
  via Antonio Bardelli 4,
  tel. e fax 0432541012

Trieste
- Centro Comm.le Torri d'Europa,
  via d'Alviano 43,
  tel. e fax 040763982
- via Imbriani 7,
  tel. e fax 040636067

Udine
- via Vittorio Veneto 26,
  tel. e fax 0432229214

LIGURIA

Genova
- Centro Comm.le Fiumara 2,
  Complesso Polifunzionale,
  località Sampierdarena, via Fiumara 16,
  tel. e fax 0106467732
- Terminal Traghetti,
  piazzale dei Traghetti Iqbal Masih 13/n,
  tel. e fax 0102471874

La Spezia
- corso Cavour 108,
  tel. e fax 018721934

Lerici (SP)
- via Roma 49,
  tel. e fax 0187967739

Sanremo (IM)
- via Roma 121,
  tel. e fax 0184591799

Sarzana (SP)
- Centro Comm.le Centroluna,
  via Variante Cisa 40,
  tel. e fax 0187624486

Varazze (SV)
- Centro Comm.le Corte di Mare,
  via Montegrappa 41,
  tel. e fax 0199399180

EMILIA-ROMAGNA

Cento (FE)
- Centro Comm.le Guercino,
  via Loves Matteo 2,
  tel. e fax 0516835961

Cesena (FC)
- Piazza Giovanni Paolo II 1/2 (ex Piazza Pia),
  tel. e fax 054722660

Fidenza (PR)
- Centro Comm.le Fidenza,
  via Giavazzoli, ang. Ponte Nuovo,
  tel. e fax 0524522750

Imola (BO)
- piazza caduti per la libertà 6,
  tel. e fax 054228302

Modena
- Centro Comm.le I Portali,
  via dello Sport 50,
  tel. e fax 059375458
- via Emilia Centro 261,
  tel. e fax 059218406

Parma
- strada G. Garibaldi 22/I,
  tel. e fax 0521228042

TOSCANA

Arezzo
- Al Magnifico,
  via Setteponti 2,
  1° piano, unità 202,
  tel. e fax 057520931

Barberino di Mugello (FI)
- Designer Outlet,
  via Meucci, tel. e fax 0558420686

Chianciano Terme (SI)
- piazza Italia 25/26/28,
  tel. e fax 057862629

Chiusi (SI)
- Centro Comm.le Etrusco,
  località Querce Al Pino,
  tel. e fax 0578274006

Firenze
- Aeroporto Amerigo Vespucci,
  via del Termine 11,
  tel. e fax 0553425876
- Meyer (ospedale pediatrico),
  Villa Ognissanti,
  viale Pieraccini Gaetano 24,
  tel. e fax 0554377553
- via de' Guicciardini 51-55/r,
  tel. e fax 0552302384

Forte dei Marmi (LU)
- via Mazzini 5,
  tel. 0584787938, fax 0584783118

Livorno
- via Grande 102,
  tel. e fax 0586887561

Pistoia
- via Bruno Buozzi 22,
  tel. e fax 0573-366371

Prato
- corso Mazzoni 27,
  tel. 0574440821, fax 057442017

Sinalunga (SI)
- Centro Comm.le I Gelsi,
  via Pasolini 1,
  tel. e fax 0577679655

MARCHE

Ancona
- Centro Comm.le Auchan,
  via F. Scataglini 6,
  tel. e fax 0712868450

Macerata
- Centro Comm.le Val di Chienti,
  località Piediripa, via Velluti 31,
  tel. e fax 0733288007

Porto S. Elpidio (FM)
- Centro Comm.le Cityper - Auchan,
  via Mar Rosso,
  tel. e fax 0734997218

Senigallia (AN)
- Centro Comm.le Il Molino,
  viale G.Bruno,
  tel. e fax 0717925461

UMBRIA

Corciano (PG)
- Warner Bros,
  località Gherlinda,
  via Nervi Ellera,
  tel. e fax 0755173510

Terni
- corso Vecchio 40,
  tel. e fax 0744421997

Trevi (PG)
- Centro Comm.le Piazza Umbra,
  località Torre Matigge, S.S. Flaminia al km 147,
  tel. e fax 0742677219

LAZIO

Bracciano (RM)
- Centro Comm.le Bracciano,
  via Sandro Pertini 2,
  tel. e fax 0699815948
- via Agostino Fausti 31,
  tel. e fax 0699802272

Civitavecchia (RM)
- Centro Comm.le La Scaglia,
  S.S. Aurelia incrocio Parco Nesta Enel,
  tel. e fax 0766569003

Fiumicino (RM)
- Aeroporto di Roma Leonardo da Vinci,
  via dell'Aeroporto di Fiumicino 320,
  c/o area imbarco H Q.ta. 6,
  tel. e fax 0697155098

Formia (LT)
- Centro Comm.le Itaca,
  località Santa Croce, via Mamurrano,
  tel. e fax 0771736094

Frosinone
- Centro Comm.le Le Sorgenti,
  via Le Lame,
  tel. e fax 0775898146

Pomezia (RM)
- Centro Comm.le 16 Pini,
  via Del Mare al km 16,8,
  tel. e fax 0691602903

Roma
- Centro Comm.le Casetta Mattei,
  località Corviale,
  via dei Sampieri 92,
  tel. e fax 066557582
- Piazza Dei Ss. Apostoli 59/65,
  tel. e fax. 0669941045

Valmontone (RM)
- Valmontone outlet Fashion District,
  località Pascolaro,
  via della Pace,
  tel. e fax 069590141

Viterbo
- Centro Comm.le Tuscia,
  località Riello, Tangenziale Ovest,
  tel. e fax 0761253043

ABRUZZO

Città Sant'Angelo (PE)
- Centro Comm.le Pescara Nord,
  via L. Petruzzi 140-142-144,
  tel. e fax 0859614596

Montesilvano (PE)
- Megastore - Porto Allegro,
  via Alberto d'Andrea 1,
  tel. e fax 085-4458676

Spoltore (PE)
- Centro Comm.le l'Arca,
  località Villa Raspa, via Montani 1,
  tel. e fax 0854159813

Teramo
- Centro Comm.le Gran Sasso - Gran Shopping,
  località piano D'Accio,
  tel. e fax 0861559048

MOLISE

Campobasso
- Centro Comm.le Centro del Molise,
  Contrada Colle d'Api, S.S. 87,
  tel. e fax 0874482053

Isernia
- Centro Comm.le In Piazza Centro D'Isernia,
  località Nunziatella,
  via Corpo Italiano di Liberazione,
  tel. e fax 0865299361

CAMPANIA

Avellino
- c.so Vittorio Emanuele 326,
  ang. via De' Concilj,
  tel. e fax 082524599

Caserta
- piazza Matteotti, angolo via Patturelli,
  tel. e fax 0823210407

Eboli (SA)
- Cilento Outlet Village, unità 23,
  località San Nicola Varco,
  tel. e fax 0828347036

Giugliano in Campania (NA)
- Centro Comm.le Auchan,
  via S.Francesco a Patria,
  angolo via S.Maria Cubito 39,
  tel. e fax 0818185404

BASILICATA

Tito (PZ)
- Polo Acquisti Lucania,
  località Tito Scalo,
  zona industriale Contrada S. Loja,
  tel. e fax 0971485160

PUGLIA

Bari
- Aeroporto civile Bari Palese,
  v.le D'Annunzio,
  piano 1 partenze (zona Land side),
  tel. e fax 080-5380357
- Aeroporto civile Bari Palese,
  v.le D'Annunzio,
  piano 1 area imbarchi (zona Air side),
  tel. e fax 0805312321

Brindisi
- Aeroporto civile Papola,
  località Casale (zona Land side),
  tel. e fax 0831412240
- Centro Comm.le Le Colonne,
  S.S. 7 Appia al km 712,
  tel. e fax 0831430443

Foggia
- Centro Ludico Città del Cinema -,
  via Luigi Miranda,
  tel. e fax 0881650191

Lecce
- via Vittorio Emanuele II 59-61-63,
  tel. e fax 0832288374

Molfetta (BA)
- Centro Comm.le Gran Shopping Mongolfiera,
  via Olivetti,
  tel. e fax 0803375215

CALABRIA

Maida (CZ)
- Centro Comm.le Due Mari,
  località Comuni Condomini,
  tel. e fax 0968751882

Montepaone (CZ)
- Centro Comm.le Le Vele,
  località Montepaone Lido,
  via Nausica,
  tel. e fax 0967577358

Rende (CS)
- Centro Comm.le Metropolis,
  via Kennedy,
  tel. e fax 0984466213

Rizziconi (RC)
- Centro Comm.le Porto degli Ulivi,
  località Sandalli, S.S. 111,
  tel. e fax 096659020

SICILIA

Agrigento
- Centro Comm.le Città dei Templi,
  località Villaseta,
  tel. e fax 0922597378

Carini (PA)
- Centro Comm.le Poseidon,
  località Contrada Ciachea,
  tel. e fax 0918691655

Catania
- Centro Comm.le Auchan - Porte di Catania,
  località Catania Bicocca,
  S.S. 192 del Gelso Bianco al km 84,5,
  tel. e fax 095574656

Marsala (TP)
- via 11 Maggio 44/46 tel. e fax 0923952287

Ragusa
- Centro Comm.le Le Masserie,
  via Achille Grandi,
  tel. e fax 0932626368

Riposto (CT)
- Centro Comm.le Conforama,
  località Contrada Rovettazzo, S.S. 114,
  tel. e fax 0959702182

Trapani
- Aeroporto Vincenzo Florio,
  località Contrada Birgi,
  tel. e fax 0923841038
- via Malato 1, ang. via Torre Arsa e via Roma,
  tel. e fax 092326220

SARDEGNA

Alghero (SS)
- Aeroporto di Alghero,
  Alghero Riviera del Corallo,
  Regione Nuraghe Biancu (zona Air side
  dopo controlli sicurezza),
  tel. e fax 079935028

- Aeroporto di Alghero,
  Alghero Riviera del Corallo,
  Regione Nuraghe Biancu,
  tel. e fax 079936029

Cagliari
- Centro Comm.le Marconi,
  via Dolianova,
  tel. e fax 070568282
- Centro Comm.le San Sperate - Conforama,
  S.S. 131 al km 15.600,
  tel. e fax 0709166013

Olbia
- Centro Comm.le Auchan Poltu Quadu,
  località Sa Marinedda,
  tel. e fax 078967296
- Centro Comm.le Terranova - Iperstanda,
  S.S. 125 Olbia Palau al km 4,
  tel. e fax 078957112

Oristano
- Centro Comm.le Porta Nuova,
  via Cagliari, tel. e fax 0783213049

Quartucciu (CA)
- Centro Polifunzionale Millennium,
  via delle Serre 2,
  tel. e fax 070880048

Sassari
- Galleria Auchan,
  località Preddaniedda,
  tel. e fax 079262360
- via Cavour 16/18,
  tel. e fax 0792013118

Milano Serravalle: chilometri di emozioni.

Provincia di Milano

Società soggetta all'attività di direzione e coordinamento da parte della Provincia di Milano.

milanoserravalle
milanotangenziali

TERRE DEL BAROLO

Vigneti storici da chi ha fatto la storia del vino di territorio.